Strategisches Marketing

Klaus Vollert

Strategisches Marketing

Grundlagen, Maßnahmen und Umsetzung

Klaus Vollert
Mittweida, Sachsen, Deutschland

ISBN 978-3-658-47659-5　　　ISBN 978-3-658-47660-1　(eBook)
https://doi.org/10.1007/978-3-658-47660-1

Die Deutsche Nationalbibliothek verzeichnet diese Publikation in der Deutschen Nationalbibliografie; detaillierte bibliografische Daten sind im Internet über https://portal.dnb.de abrufbar.

© Der/die Herausgeber bzw. der/die Autor(en), exklusiv lizenziert an Springer Fachmedien Wiesbaden GmbH, ein Teil von Springer Nature 2025

Das Werk einschließlich aller seiner Teile ist urheberrechtlich geschützt. Jede Verwertung, die nicht ausdrücklich vom Urheberrechtsgesetz zugelassen ist, bedarf der vorherigen Zustimmung des Verlags. Das gilt insbesondere für Vervielfältigungen, Bearbeitungen, Übersetzungen, Mikroverfilmungen und die Einspeicherung und Verarbeitung in elektronischen Systemen.
Die Wiedergabe von allgemein beschreibenden Bezeichnungen, Marken, Unternehmensnamen etc. in diesem Werk bedeutet nicht, dass diese frei durch jede Person benutzt werden dürfen. Die Berechtigung zur Benutzung unterliegt, auch ohne gesonderten Hinweis hierzu, den Regeln des Markenrechts. Die Rechte des/der jeweiligen Zeicheninhaber*in sind zu beachten.
Der Verlag, die Autor*innen und die Herausgeber*innen gehen davon aus, dass die Angaben und Informationen in diesem Werk zum Zeitpunkt der Veröffentlichung vollständig und korrekt sind. Weder der Verlag noch die Autor*innen oder die Herausgeber*innen übernehmen, ausdrücklich oder implizit, Gewähr für den Inhalt des Werkes, etwaige Fehler oder Äußerungen. Der Verlag bleibt im Hinblick auf geografische Zuordnungen und Gebietsbezeichnungen in veröffentlichten Karten und Institutionsadressen neutral.

Springer Gabler ist ein Imprint der eingetragenen Gesellschaft Springer Fachmedien Wiesbaden GmbH und ist ein Teil von Springer Nature.
Die Anschrift der Gesellschaft ist: Abraham-Lincoln-Str. 46, 65189 Wiesbaden, Germany

Wenn Sie dieses Produkt entsorgen, geben Sie das Papier bitte zum Recycling.

Vorwort

In einer dynamischer werdenden Umwelt wird der Wettbewerb um die Gunst der Kunden auf fast allen Märkten immer intensiver. Verantwortlich für die Dynamik sind u. a. die Digitalisierung, die zunehmende Umweltbelastung, demographische Entwicklungen, politische Veränderungen u. v. m. Um ihr langfristiges Überleben zu sichern, muss die Unternehmung komparative Konkurrenzvorteile (KKVs) besitzen. Populär ausgedrückt bedeutet dies, dass die Unternehmung bzw. ihr Angebot zum einen in den Augen der Kunden besser sein muss als die Konkurrenz und deren Angebot. Zum anderen muss die Unternehmung dabei langfristige Gewinne erwirtschaften, die es ihr erlauben, in die Zukunft zu investieren. Es obliegt dem strategischen Marketing, KKVs aufzubauen und zu erhalten. Das vorliegende Buch stellt diese Aufgabe in acht Abschnitten vor. Es spannt einen Bogen von den Grundlagen des strategischen Marketings über die Erfassung der Umwelt der Unternehmung, der Bestimmung ihrer Ziele, der Formulierung ihrer Strategien auf Gesamtunternehmensebene, Geschäftsfeldebene, Ebene der Marktteilnehmer und Instrumentalebene bis hin zur Implementierung von Marketingstrategien.

Ich bedanke mich bei meiner früheren Mitarbeiterin Frau Sarah Guth und meiner studentischen Hilfskraft Simon Werner für ihre Hilfe bei der Formatierung des Textes. Mein besonderer Dank gilt meiner geliebten Frau Simone. Sie hat nicht nur maßgeblich an der Erstellung der Literaturverzeichnisse mitgewirkt, sondern hat mich in einigen kritischen Situationen, die während der Erstellung des Buches eintraten, immer wieder mit viel Geduld und Einfühlungsvermögen zum Weitermachen motiviert. Ihr sei aus diesem Grund das Buch gewidmet.

Hof
2024

Klaus Vollert

Inhaltsverzeichnis

Teil I Definitorische Grundlagen des strategischen Marketings

1 Grundlagen des Marketings 3
   1.1   Entwicklung des Marketings 4
         1.1.1   Vermarktungsorientierung 4
         1.1.2   Moderne Marketingorientierung 6
   1.2   Marketing als Management komparativer Konkurrenzvorteile 7
         1.2.1   Kundenperspektive des KKV 8
                1.2.1.1   Nutzenperspektive 8
                1.2.1.2   Kostenperspektive 10
                1.2.1.3   Netto-Nutzen 11
                1.2.1.4   Netto-Nutzen-Differenz 15
         1.2.2   Anbieterperspektive 16
         1.2.3   Komparativer Konkurrenzvorteil 16
                1.2.3.1   Definition 16
                1.2.3.2   KKVs und Geschäftsmodelle 18
   1.3   Umsetzung des Marketings als Management von KKVs 22
         1.3.1   Marketing als Führungskonzept 22
                1.3.1.1   Marketing als Philosophie 22
                1.3.1.2   Marketing als Prozess 24
                1.3.1.3   Marketing als Relationship-Marketing 27
                1.3.1.4   Marketing als Customer Experience
                                Management 31
         1.3.2   Marketing als Funktion 35
   Literatur 37

2 Grundlagen des strategischen Marketings 43
   2.1   Strategisches Management 43
         2.1.1   Perspektiven des strategischen Managements 43

		2.1.2	Strategisches Management als Prozess	45
			2.1.2.1 Begriff der Strategie	46
			2.1.2.2 Strategische Planung	48
			2.1.2.3 Implementierung der strategischen Planung	50
			2.1.2.4 Strategische Kontrolle	50
	2.2	Marketingstrategien und strategisches Marketingmanagement		52
	Literatur			54

Teil II Umwelt der Unternehmung und ihre Erfassung

3	**Bereiche der Umwelt**			59
	3.1	Globale Umwelt		61
	3.2	Relevanter Absatzmarkt		70
		3.2.1	Abgrenzung des relevanten Absatzmarktes	71
			3.2.1.1 Sachliche Marktabgrenzung	71
			3.2.1.2 Räumliche Marktabgrenzung	78
			3.2.1.3 Zeitliche Marktabgrenzung	82
		3.2.2	Beurteilung des relevanten Absatzmarktes	82
			3.2.2.1 Wettbewerbskräfte des Marktes	83
			3.2.2.2 Marktlebenszyklus	87
			3.2.2.3 Marktpotenzial, Marktvolumen und Marktanteil	97
		3.2.3	Segmentierung des Absatzmarktes	100
	3.3	Strategische Geschäftsfelder (SGF)		101
		3.3.1	Definitorische Grundlagen	101
		3.3.2	Abgrenzung von SGFs	102
	3.4	Strategische Gruppen		106
	3.5	Kundensegmente		113
	3.6	Unternehmensinterne Umwelt		121
		3.6.1	Ressource-based View	123
		3.6.2	Capability-Based-View (CBV)	126
		3.6.3	Knowledge-based View (KBV)	129
		3.6.4	Integrierte Modelle des Organizational based Views	131
		3.6.5	VRIO-Rahmen	132
		3.6.6	Aktivitäten der Unternehmung	134
	Literatur			138
4	**Strategische Marketingforschung**			147
	4.1	Grundlagen der strategischen Marketingforschung		148
		4.1.1	Anforderungen an eine strategische Marketingforschung	148
		4.1.2	Elemente einer strategischen Marketingforschung	151

4.2	Klassische Marketingforschung		152
	4.2.1	Problemformulierung und Wahl des Forschungsdesigns	153
	4.2.2	Bestimmung der Informationsquellen und Erhebungsmethoden	156
		4.2.2.1 Primärforschung	156
		4.2.2.2 Sekundärforschung	158
	4.2.3	Operationalisierung und Messung der einbezogenen Variablen	165
	4.2.4	Auswahl der Erhebungseinheiten und Durchführung der Primärerhebung	167
	4.2.5	Durchführung der Untersuchung	169
	4.2.6	Vorbereitung und Durchführung der Datenauswertung	169
4.3	Marketingprognosen		173
	4.3.1	Quantitative Prognosen	174
		4.3.1.1 Kurzfristige quantitative Prognosen	174
		4.3.1.2 Langfristige quantitative Prognosen	175
	4.3.2	Qualitative Prognosen	179
4.4	Strategische Marketingaufklärung		187
	4.4.1	Strategische Frühwarnung	188
	4.4.2	Strategische Früherkennung	189
		4.4.2.1 Grundlagen der strategischen Früherkennung	189
		4.4.2.2 Erfolgsfaktoren des Marktes	192
		4.4.2.3 Erfolgsfaktoren des strategisches Geschäftsfelds	202
		4.4.2.4 Erfolgsfaktoren der strategischen Gruppe	209
		4.4.2.5 Erfolgsfaktoren der Kunden und Kundensegmente	212
		4.4.2.6 Erfolgsfaktoren der unternehmensinternen Umwelt	213
		4.4.2.7 Unternehmensspezifische Erfolgsfaktoren	217
	4.4.3	Strategische Frühaufklärung	219
4.5	Anwendung der strategischen Marketingforschung		227
	4.5.1	SWOT-Analyse	227
		4.5.1.1 Stärken-Schwächen-Analyse	227
		4.5.1.2 Chancen-Risiko-Analyse	229
		4.5.1.3 SWOT-Raster	231
	4.5.2	Portfolio-Analyse	232
	4.5.3	Strategische Erfolgspotenziale	232
Literatur			234

Teil III Ziele im strategischen Marketing

5 Ziele als Element des strategischen Marketings 245
   5.1   Definitorische Grundlagen 245
        5.1.1   Zielbegriff und -funktionen 245
        5.1.2   Zielbildung 246
        5.1.3   Zielebenen 247
   5.2   Normative Ziele 248
        5.2.1   Unternehmenszweck 248
        5.2.2   Unternehmensvision 250
        5.2.3   Managementphilosophie 252
        5.2.4   Unternehmensphilosophie 256
        5.2.5   Unternehmensleitbilder 260
   5.3   Handlungsziele 262
        5.3.1   Handlungsziele als Elemente eines Zielsystems 262
        5.3.2   Bildung von Zielsystemen 268
   Literatur 272

Teil IV Gesamtunternehmensbezogene Strategien

6 Marktfeldstrategien 279
   6.1   Strategiesystematik von Ansoff 279
   6.2   Portfoliomanagement 286
        6.2.1   Marktanteils-Marktwachstums-Portfolio 288
        6.2.2   Marktattraktivitäts-Wettbewerbspositions-Portfolio 293
        6.2.3   Kritische Würdigung des Portfoliomanagements 298
   Literatur 298

7 Marktarealstrategien 303
   7.1   Nationale Marktarealstrategien 304
   7.2   Übernationale Marktarealstrategien 305
        7.2.1   Grundorientierungen im internationalen strategischen
               Marketing 305
        7.2.2   Entscheidungen zu übernationalen Marktarealstrategien 309
               7.2.2.1   Auswahl von Ländermärkten 309
               7.2.2.2   Formen des Markteintritts 311
               7.2.2.3   Timing des Markteintritts 315
        7.2.3   Strategiemuster der regionalen Marktausdehnung 317
   Literatur 318

Teil V Geschäftsfeldbezogene Strategien

8 Marktstimulierungsstrategien 323
   8.1   Ansätze zur Formulierung von Marktstimulierungsstrategien 324
   8.2   Strategie der Differenzierung 326
        8.2.1   Qualitätsorientierung 328
               8.2.1.1   Definitorische Grundlagen zur Qualitätsorientierung 328
               8.2.1.2   Qualitätsstrategien in einem integrierten Qualitätsmanagement 332
               8.2.1.3   Qualitätskonzepte 338
        8.2.2   Markenorientierung 347
               8.2.2.1   Begriff der Marke 347
               8.2.2.2   Markenpositionierung 357
        8.2.3   Technologie- und Innovationsorientierung 369
               8.2.3.1   Begriff der Innovation 369
               8.2.3.2   Begriffliche Grundlagen des TIM 379
               8.2.3.3   Strategisches Technologie- und Innovationsmanagement 383
                       8.2.3.3.1   Technologiebezogene Umweltanalyse – und prognose 383
                       8.2.3.3.2   Strategien im Technologie- und Innovationsmanagement 394
                       8.2.3.3.3   Implementierung der Technologiestrategien 401
                       8.2.3.3.4   Strategisches Technologiecontrolling ... 402
        8.2.4   Kritische Würdigung der Strategie der Differenzierung 403
   8.3   Strategie der Kostenführerschaft 403
   8.4   Hybride Strategien 410
        8.4.1   Strategieveränderungen im Zeitablauf 410
               8.4.1.1   Outpacing-Strategien 411
               8.4.1.2   Strategieentwicklung nach dem PIMS-Projekt 413
        8.4.2   Strategiekombination durch technischen Fortschritt 414
               8.4.2.1   Mass Customization 415
               8.4.2.2   Stategien auf der Basis der Industrie 4.0 416
   Literatur 418

9 Timingstrategien 429
   9.1   Timing des Markteintritts 429
   9.2   Timing des Marktaustritts 434
   9.3   Wahl des richtigen Handlungszeitpunkts 438
   9.4   Geschwindigkeit und Anpassung von Aktivitäten 440
   Literatur 442

Teil VI Marktteilnehmerbezogene Strategien

10 Kundenbezogene Strategien 447
- 10.1 Auswahl der Kunden 448
  - 10.1.1 Bewertung von Kunden 448
    - 10.1.1.1 Bewertung einzelner Kunden 448
    - 10.1.1.2 Bewertung ex ante gebildeter Segmente 457
  - 10.1.2 Methoden der Auswahl von Kunden 458
- 10.2 Strategien der Kundenbearbeitung 461
- 10.3 Art der Kundenbeziehung 466
  - 10.3.1 Transaktionsmarketing 466
  - 10.3.2 Customer Relationship Management (CRM) 467
    - 10.3.2.1 Grundlage des CRM 467
    - 10.3.2.2 Strategieformulierung im CRM 472
    - 10.3.2.3 Strategien der Kundenakquisition 473
    - 10.3.2.4 Strategien der Kundenbindung 480
    - 10.3.2.5 Strategien der Kundenrückgewinnung 488
- Literatur 492

11 Konkurrenzbezogene Strategien 497
- 11.1 Definitorische Grundlagen 497
- 11.2 Einflussfaktoren konkurrenzbezogener Strategien 498
- 11.3 Ausgestaltung konkurrenzbezogener Strategien 501
  - 11.3.1 Ausweichstrategien 502
  - 11.3.2 Anpassungsstrategien 504
  - 11.3.3 Kooperationen 506
  - 11.3.4 Konfliktstrategien 514
- Literatur 515

12 Absatzmittlerbezogene Strategien 519
- 12.1 Einordnung absatzmittlerbezogener Strategien in die Distributionspolitik 519
- 12.2 Akquisitorisches Distributionssystem der Unternehmung 520
  - 12.2.1 Direkter und indirekter Vertrieb 521
  - 12.2.2 Länge und Breite des Vertriebsweges 528
  - 12.2.3 Breite des Vertriebssystems 530
- 12.3 Absatzmittlerbezogene Basisstrategien 533
  - 12.3.1 Notwendigkeit absatzmittlerbezogener Basisstrategien 533
  - 12.3.2 Formen absatzmittlerbezogener Basisstrategien 534
    - 12.3.2.1 Umgehungs- und Ausweichstrategien 535
    - 12.3.2.2 Konfliktstrategien 537
    - 12.3.2.3 Kooperationsstrategien 539
    - 12.3.2.4 Anpassungsstrategien 544
- Literatur 548

13 Anspruchsgruppenbezogene Strategien 553
13.1 Legitimität der Unternehmung zum Aufbau und Erhalt von KKVs ... 553
13.2 Elemente der anspruchsgruppenbezogenen Strategien 556
      13.2.1 Identifikation relevanter Anspruchsgruppen und Ansprüche 556
      13.2.2 Ausgestaltung anspruchsgruppenbezogene Strategien 561
Literatur 562

Teil VII Instrumentalbezogene Strategien

14 Leistungsbezogene Strategien 567
14.1 Definitorische Grundlagen 567
14.2 Strategische Entscheidungen der Leistungspolitik 574
      14.2.1 Strategische Entscheidungen zum Absatzprogramm 576
            14.2.1.1 Grundsätzliche Ausrichtung des Absatzprogramms 576
            14.2.1.2 Breite des Absatzprogramms 578
            14.2.1.3 Tiefe des Absatzprogramms 578
      14.2.2 Markenstrategien 581
            14.2.2.1 Einzelmarkenstrategie 581
            14.2.2.2 Familienmarkenstrategie 584
            14.2.2.3 Dachmarkenstrategie 589
            14.2.2.4 Mehrmarkenstrategie im Markenportfolio 590
Literatur 595

15 Preisbezogene Strategien 601
15.1 Grundlagen der Preispolitik 602
      15.1.1 Definition des Preises und der Preispolitik 602
      15.1.2 Preis-Absatz-Funktion 603
      15.1.3 Bedeutung des Preises 606
      15.1.4 Preismanagement 607
15.2 Grundlagen der Preisstrategie 609
      15.2.1 Definition Preisstrategien 609
      15.2.2 Einflussfaktoren der Preisstrategie 610
            15.2.2.1 Nachfragebezogene Einflussfaktoren 610
            15.2.2.2 Wettbewerbsbezogene Einflussfaktoren 612
            15.2.2.3 Netzwerkbezogene Einflussfaktoren 614
            15.2.2.4 Unternehmensbezogene Einflussfaktoren 615
            15.2.2.5 Transparenz 616
15.3 Preispositionierungsstrategien 617
      15.3.1 Identifikation von Preispositionen 618
            15.3.1.1 Luxuspreisposition 619
            15.3.1.2 Premiumpreisposition 620

	15.3.1.3	Mittelpreisposition	621
	15.3.1.4	Niedigpreisposition	622
	15.3.1.5	Ultra-Niedrigpreisposition	623
	15.3.1.6	Übervorteilungsposition	623
	15.3.1.7	Vorteilsposition	623
15.3.2	Formulierung preisbezogener Kundennutzenkonzepte		625
	15.3.2.1	Luxus- und Premiumkonzepte	625
	15.3.2.2	Value-Konzepte	626
	15.3.2.3	Schnäppchenkonzepte	627
	15.3.2.4	Preisfairness-Konzepte	627
	15.3.2.5	Niedrigpreiskonzepte	628
15.3.3	Preislinienpolitik		630

15.4 Strategien der Preisdifferenzierung ... 634
    15.4.1 Grundlagen der Preisdifferenzierung ... 634
    15.4.2 Alternativen der Preisdifferenzierung ... 636
15.5 Preisstrategien im Wettbewerb ... 646
15.6 Festlegung des Preis- und Konditionensystems ... 648
    15.6.1 Preissystem ... 649
        15.6.1.1 Bestimmung der Erlösquellen ... 649
        15.6.1.2 Preisdimensionen und -formen ... 649
        15.6.1.3 Preisbildung ... 651
    15.6.2 Konditionensystem ... 655
Literatur ... 658

16 Kommunikationspolitische Strategien ... 665
16.1 Grundlagen der Kommunikation ... 666
    16.1.1 Definitorische Grundlagen ... 666
    16.1.2 Ziele der Kommunikation ... 669
16.2 Kommunikationsinstrumente ... 672
    16.2.1 Definitorische Grundlagen und Klassifikation ... 672
    16.2.2 Klassische Werbung ... 674
    16.2.3 Digitale Kommunikation ... 678
        16.2.3.1 Grundlagen der digitalen Kommunikation ... 678
        16.2.3.2 Online-Kommunikation ... 679
        16.2.3.3 Social-Media-Kommunikation ... 685
        16.2.3.4 Mobile Kommunikation ... 691
    16.2.4 Direktkommunikation ... 694
    16.2.5 Verkaufsförderung ... 695
    16.2.6 Public Relations ... 696
    16.2.7 Sponsoring ... 697
    16.2.8 Messen und Ausstellungen ... 699
    16.2.9 Persönliche Kommunikation ... 699

		16.2.10	Event Marketing	704
		16.2.11	Product-Placement	705
	16.3	Kommunikationsstrategien		709
		16.3.1	Strategische Kommunikationspolitik	709
		16.3.2	Entscheidungstatbestände der Kommunikationsstrategien	710
			16.3.2.1 Kommunikationszielgruppen	710
			16.3.2.2 Kommunikationsobjekt	712
			16.3.2.3 Kommunikationsbotschaft	714
			16.3.2.4 Kommunikationsmedien	715
			16.3.2.5 Kommunikationsareal	720
			16.3.2.6 Kommunikationstiming	722
	Literatur			724
17	**Marketinglogistikbezogene Strategien**			733
	17.1	Einordnung der Marketinglogistik in die Distributionspolitik		733
	17.2	Lieferservice als strategische Grundlage der Marketinglogistik		734
	17.3	Lieferservice-Niveau und Strategie		737
	Literatur			741

Teil VIII   Auswahl und Implementierung von Marketingstrategien

18	**Beurteilung, Auswahl und Implementierung von Marketingstrategien**			745
	18.1	Strategiealternativen des Marketings		745
	18.2	Bewertung und Auswahl von Strategien		749
	18.3	Entscheidungen zu den Strategiealternativen des Marketings		755
		18.3.1	Entscheidungen unter Sicherheit	756
		18.3.2	Entscheidungen unter Unsicherheit	756
		18.3.3	Entscheidungen unter Risiko	759
	18.4	Implementierung der Marketingstrategie		761
		18.4.1	Problemstellung der Implementierung	761
		18.4.2	Gegenstand der Implementierung des strategischen Marketings	762
		18.4.3	Prozess der Implementierung des strategischen Marketing	767
	Literatur			770
19	**Organisationale Aspekte zur Implementierung der strategischen Marketingpläne**			773
	19.1	Grundlagen der Organisation		773
	19.2	Organisationstheorie		775
		19.2.1	Klassische Ansätze der Organisationstheorie	775
		19.2.2	Moderne Ansätze der Organisationstheorie	777

		19.2.2.1	Verhaltenswissenschaftliche Entscheidungstheorie	777

           19.2.2.1 Verhaltenswissenschaftliche Entscheidungstheorie 777
           19.2.2.2 Systemtheoretische Ansätze 779
           19.2.2.3 Situativer Ansatz 780
           19.2.2.4 Institutionenökonomische Ansätze 788
   19.3 Organisationsgestaltung 791
       19.3.1 Marketingstrategie und Organisation 791
       19.3.2 Aufbauorganisation 792
           19.3.2.1 Funktionsorientiertes Organisationssystem 792
           19.3.2.2 Objektorientiertes Organisationssystem 794
           19.3.2.3 Matrix- und Tensororganisation 798
       19.3.3 Ablauforganisation 800
   Literatur 804

20 Unternehmenskultur zur Implementierung des strategischen Marketing 809
   20.1 Begriff der Unternehmenskultur 809
   20.2 Ansätze zur Beschreibung von Unternehmenskulturen 813
   20.3 Gestaltung der Unternehmenskultur zur Implementierung eines strategischen Marketings 822
       20.3.1 Strategisches Marketing und Unternehmenskultur 822
       20.3.2 Erfassung der Unternehmenskultur für ein strategisches Marketing 824
       20.3.3 Realisation einer Unternehmenskultur zur Umsetzung des strategischen Marketings 833
       20.3.4 Individualebene zur Implementierung eines strategischen Marketings 834
   Literatur 837

21 Marketingcontrolling zur Implementierung des strategischen Managements 841
   21.1 Begriff und Funktionen des strategischen Controllings 841
   21.2 Marketingcontrolling 846
       21.2.1 Begriff des Marketingcontrollings 846
       21.2.2 Strategisches Marketingcontrolling 850
       21.2.3 Implementierung des Marketingcontrolling 851
   Literatur 852

22 Strategische Flexibilität 855
   22.1 Definition des Begriffs 855
   22.2 Anforderungen der strategischen Flexibilität 860
       22.2.1 Organisationale Aufmerksamkeit 861
       22.2.2 Dynamische Fähigkeiten 862

	22.2.3 Strategieemergenz	865
22.3	Strategische Flexibilität vs. Selbstbindung	866
Literatur		868

Stichwortverzeichnis ... 871

Über den Autor

Prof. Dr. Klaus Vollert ist seit mehr als 25 Jahren Professor für Marketing und Management. Seit seiner Dissertation beschäftigt er sich mit verschiedenen Aspekten des strategischen Marketings. Während seiner beruflichen Tätigkeit sammelte er Erfahrungen in leitenden Positionen im Marketing und im strategischen Management.

Teil I
Definitorische Grundlagen des strategischen Marketings

Grundlagen des Marketings

Inhaltsverzeichnis

1.1 Entwicklung des Marketings 4
    1.1.1 Vermarktungsorientierung 4
    1.1.2 Moderne Marketingorientierung 6
1.2 Marketing als Management komparativer Konkurrenzvorteile 7
    1.2.1 Kundenperspektive des KKV 8
        1.2.1.1 Nutzenperspektive 8
        1.2.1.2 Kostenperspektive 10
        1.2.1.3 Netto-Nutzen 11
        1.2.1.4 Netto-Nutzen-Differenz 15
    1.2.2 Anbieterperspektive 16
    1.2.3 Komparativer Konkurrenzvorteil 16
        1.2.3.1 Definition 16
        1.2.3.2 KKVs und Geschäftsmodelle 18
1.3 Umsetzung des Marketings als Management von KKVs 22
    1.3.1 Marketing als Führungskonzept 22
        1.3.1.1 Marketing als Philosophie 22
        1.3.1.2 Marketing als Prozess 24
        1.3.1.3 Marketing als Relationship-Marketing 27
        1.3.1.4 Marketing als Customer Experience Management 31
    1.3.2 Marketing als Funktion 35
Literatur 37

1.1 Entwicklung des Marketings

Ausgangspunkt aller Überlegungen der Wirtschaftswissenschaften sind prinzipiell unendliche Bedürfnisse der Menschen, zu deren Befriedigung ihm nicht genügend Mittel zur Verfügung stehen. Diese Diskrepanz wird als Knappheit bezeichnet (Vgl. Fehl und Oberender 2004, S. 1). Knappheit i. d. S. hat nichts mit physischer Seltenheit zu tun, sondern bezieht sich immer auf die spezifische Situation eines Individuums (Vgl. Oberender und Fleischmann 2003, S. 5). Erst diese Knappheit zwingt zum Wirtschaften, sodass man **Wirtschaften als Management von Knappheit** definieren kann. Oberender und Fleischmann (2003, S. 7) sprechen vom **„Management des Mangels"**. Die Minderung dieser Knappheit zwingt zur Arbeitsteilung (Vgl. Fehl und Oberender 2004 S. 1) und lässt dadurch Märkte entstehen, auf denen Anbieter und Nachfrager substitutiver Leistungen zusammentreffen (Vgl. Backhaus und Voeth 2014, S. 132) und in Austauschbeziehungen treten. Marketing beschäftigt sich mit der Professionalisierung und wissenschaftlichen Durchdringung dieser Austauschbeziehung (Vgl. Meffert et al. 2019, S. 3). Die Frage der Ausgestaltung von Austauschbeziehungen ist nicht unumstritten und hat sich im Zeitablauf von einer **Vermarktungsorientierung** zu einem **modernen Marketing** hin verändert (Vgl. Kotler et al., 2015, S. 24 ff.; Meffert 2009, S. 9 f.).

1.1.1 Vermarktungsorientierung

Ausgangspunkt der Vermarktungsorientierung bilden die **autonomen Pläne** der Unternehmung, die sie auf dem Markt umzusetzen versucht (Vgl. dazu Kotler et al. 2015, S. 10 ff.). Es wird von der Unternehmung unterstellt, dass ihre Pläne mit den Plänen der Kunden und anderer Marktteilnehmer kompatibel sind bzw. eine Kompatibilität erreicht werden kann. Die Unternehmung entwickelt und vermarktet z. B. eine Leistung und setzt voraus, dass diese den Wünschen und Bedürfnissen der Kunden entspricht bzw. die Kunden entsprechende Wünsche und Bedürfnisse entwickeln (Vgl. Abb. 1.1). Erfolgversprechend scheint dieses Konzept bestenfalls auf sogenannten **Verkäufermärkten,** auf denen das Angebot kleiner ist als die Nachfrage. Unter diesen Umständen steigt die Wahrscheinlichkeit, dass jedes beliebige Angebot auf unbefriedigte Wünsche und Bedürfnisse der Nachfrager trifft.

Abb. 1.1 Austauschbeziehung als Vermarktung

Ausprägungen der Vermarktung sind das Produktions-, das Produkt- und das Verkaufskonzept (Vgl. Kotler et al. 2015 S. 24):

Produktionskonzept
Das Produktionskonzept geht von der Vermutung aus, dass Nachfrager solche Leistungen bevorzugen, die leicht und schnell verfügbar sowie preisgünstig sind. Anbieter konzentrieren sich in diesen Fällen auf eine hohe Fertigungseffizienz, niedrige Kosten und eine flächendeckende Versorgung. Problematisch erscheint, dass das Konzept zu Lasten der Qualität und der Erfüllung spezifischer Kundenwünsche gehen kann.

Produktkonzept
Das Produktkonzept unterstellt, dass Kunden Leistungen mit spezifischen Eigenschaften bei höchster Qualität nachfragen (und bereit sind, dafür auch einen höheren Preis zu bezahlen). Anbieter konzentrieren sich in diesem Fall auf ihre Produktqualität (die oft technisch mit Fehlerfreiheit und Normengerechtigkeit definiert ist), deren Verbesserung und auf Innovationen. Neben der mangelnden Kundenorientierung können hohe Kosten und damit verbundene, nicht durchsetzbare Preise am Markt zu Problemen führen.

Verkaufskonzept
Das Verkaufskonzept basiert auf aggressiven Verkaufs- und Absatzförderungsmethoden, um den Nachfrager zum Kauf zu „verführen". Vergessen wird bei diesem Konzept, dass der Kunde sich übervorteilt fühlen könnte, wenn das Angebot seinen Bedürfnissen und Wünschen nicht entspricht. Seine Unzufriedenheit könnte der Kunde nicht nur durch Abwanderung, sondern auch durch Weitergabe seiner schlechten Erfahrungen zum Ausdruck bringen. Die sozialen Netzwerke liefern dazu heute eine hervorragende Basis. Inwieweit das Verkaufskonzept im Zeitalter der Kommunikation und Digitalisierung und der damit verbundenen Informationsüberlastung (information overload) noch wirksam ist, bleibt fraglich.

Zusammenfassend wird bei der Vermarktungsorientierung unterstellt, dass Unternehmen das verkaufen können, was sie herstellen wollen (Vgl. Kotler et al. 2015, S. 25). Dies birgt die Gefahr, den Kunden und dessen tatsächliche Wünsche aus dem Auge zu verlieren. Es können Leistungen am Markt vorbei entwickelt oder zu Preisen angeboten werden, bei denen die abgesetzte Menge die entstehenden Kosten nicht deckt. Darüber hinaus besteht die Möglichkeit, den Kunden zu verärgern. Nicht zuletzt kann die Vermarktungsorientierung zu unethischen Verhalten führen. Mit ihren Ausprägungen lassen sich ohne weiteres Waffen, Drogen, geschützte Tierarten u. ä. verkaufen.

1.1.2 Moderne Marketingorientierung

Der Beginn des **modernen Marketings** in den 60er Jahren des vergangenen Jahrhunderts ist mit dem Übergang von Verkäufer- in **Käufermärkte** verbunden, auf denen ein Angebotsüberhang besteht (d. h. das Angebot ist größer als die Nachfrage). Nachfrager können ihre Wünsche und Bedürfnisse vielfältig befriedigen, die Wahrscheinlichkeit, dass eine einzelne Leistung überhaupt als Möglichkeit der Bedürfnisbefriedigung betrachtet wird, sinkt erheblich.

In dieser Situation kehrt die moderne Marketingorientierung die Grundüberlegung der Vermarktungsorientierung um und macht aktuelle und potenzielle (latente) Wünsche und Bedürfnisse der Nachfrager zum Ausgangspunkt aller unternehmerischen Aktivitäten (Vgl. Abb. 1.2). Durch deren Befriedigung werden die Unternehmensziele realisiert (Vgl. Kotler et al. 2015, S. 25). Sabel (1993) spricht von der außenorientierten Alternative der Absatzpolitik.

Die Pläne der Kunden bestimmen die Pläne der Unternehmungen. Nicht das, was die Unternehmung anbieten möchte, sondern das, was der Kunde aus seiner subjektiven Sicht braucht und wofür er bereit ist, einen Teil seines Einkommens bzw. Gewinns zu opfern, also die **Bedürfnisse und Wünsche des Kunden,** werden zum Ausgangspunkt aller Unternehmensaktivitäten (Vgl. Kotler et al. 2015, S. 9 f.). Insbesondere steuern die Wünsche und Bedürfnisse der Kunden das Angebot der Unternehmung (Vgl. Abb. 1.3).

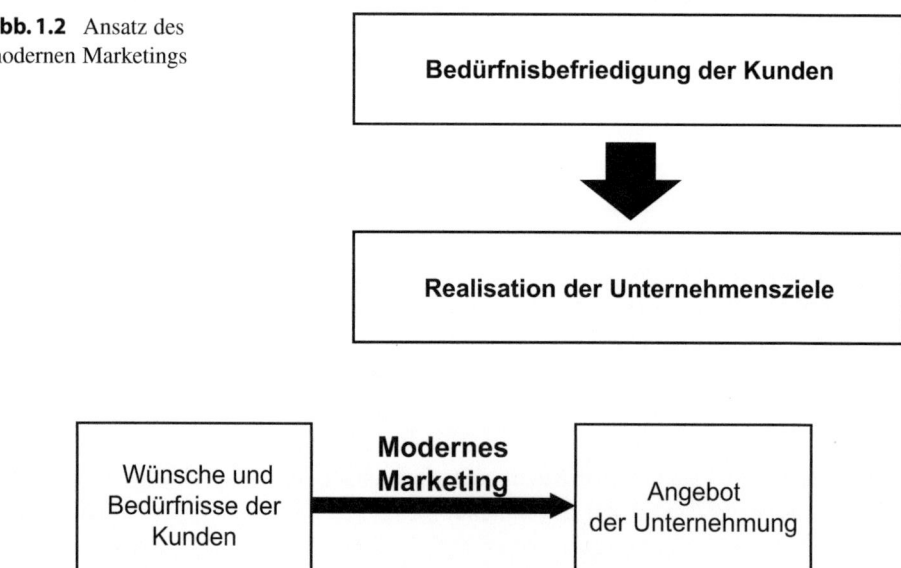

Abb. 1.2 Ansatz des modernen Marketings

Abb. 1.3 Wünsche und Bedürfnisse als Ausgangspunkt des Marketings

▶ Die American Marketing Association (AMA) z. B. definierte 2004 Marketing als "...an organizational function and a set of processes for creating, communicating, and delivering value to customers and for managing customer relationships in ways that benefit the organization and its stakeholders."

Diese Definition der AMA zeigt die Richtung, nicht aber den Inhalt eines modernen Marketings. Dazu bedarf es einer Operationalisierung des Marketings **als Management komparativer Konkurrenzvorteile (KKVs)**.

1.2 Marketing als Management komparativer Konkurrenzvorteile

Marketing als Management von KKVs berücksichtigt eine **Kundenperspektive** und eine **Unternehmensperspektive**. Während die Kundenperspektive des KKV sich auf die subjektive Sichtweise des Kunden bezieht, berücksichtigt die Unternehmensperspektive die subjektive Sichtweise der Unternehmung (Vgl. Abb. 1.4).

Als Grundlage des KKV-Konzepts dient die dynamische Wettbewerbstheorie.

> **Exkurs: Theorie des dynamischen Wettbewerbs als Grundlage des KKV**
>
> Die Wettbewerbstheorie stellt den dynamischen Wettbewerbsprozess als ständige Abfolge von Aktionen eines Anbieters und den darauffolgenden Reaktionen seiner Konkurrenten (Vorstoß – Nachstoß) in den Mittelpunkt ihrer Betrachtung (Vgl. Oberender 1977, S. 279; Oberender 1987, S. 10; Heuss 1980, S. 681). Triebkräfte des Prozesses sind **nach der Theorie der dissipativen Strukturen** die Innovation, die Imitation und die Arbitrage (Vgl. Fehl 1983, S. 76 ff.; Oberender 1987, S. 10 ff.; Vollert 1991, S. 10). Die Triebkräfte des Wettbewerbs treten in der Realität als Einheit auf, sollen hier aber der Klarheit wegen gedanklich getrennt werden.

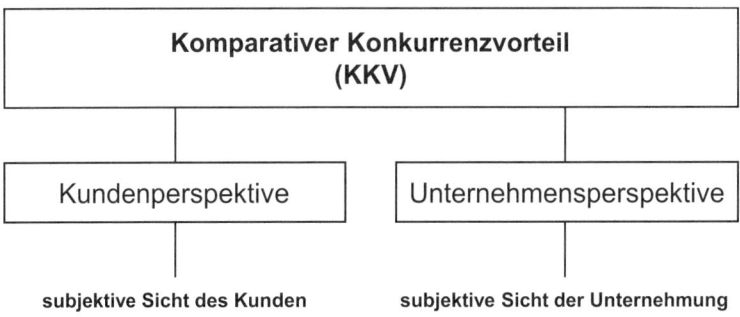

Abb. 1.4 Sichtweise des KKVs

Der Prozess beginnt zu dem Zeitpunkt, zu dem ein Innovator durch eine Innovation bislang unbefriedigte oder latente Bedürfnisse bzw. vorhandene Bedürfnisse der Nachfrager auf eine neuartige Art und Weise befriedigt.

Wird die Innovation von den Nachfragern angenommen, zieht der Innovator aktuelle und potenzielle Kaufkraft von den Konkurrenten ab. Diese sind, wollen sie ihre eigenen Wirtschaftspläne (z. B. ihre Gewinnziele) realisieren, dazu gezwungen, die Innovation zu imitieren. Im Falle der Imitation ergeben sich eine Nivellierung des Angebotes und eine Sättigung des betrachteten Marktes. Der (technische) Fortschritt breitet sich aus und wird in extensiver Form nutzbar gemacht.

Angesichts der zahlreichen Motive auf Anbieter- und Nachfrageseite kann man davon ausgehen, dass trotzdem nicht alle Pläne der Marktteilnehmer erfüllt werden (Vgl. Schumpeter 1952, S. 119 f.). Dies löst einen Suchprozess nach Möglichkeiten des Ausgleichs dieser Arbitrage (Differenzen) aus (Vgl. Mises 1940, S. 268 f.). Im Ergebnis kommt es zu einer Angebotsvielfalt. Die österreichische Schule (Vgl. dazu die Ausführungen bei Kirzner 1984, S. 140) stellt heraus, dass immer Unternehmen die Arbitrage realisieren (Vgl. dazu v. Hayek 1976, S. 107; Mises 1940; S. 269; Kirzner 1978, S. 11).

Die Beschreibung macht deutlich, dass Positionen auf wettbewerblich strukturierten Märkten permanent bestritten werden. Der Innovator bestreitet die Wettbewerbsposition etablierter Anbieter, der Imitator bestreitet Wettbewerbsposition des Innovators, der Arbitrageur die Wettbewerbsposition beider usw. Für den Angriff auf und die Verteidigung von Wettbewerbspositionen bedarf es jeweils einer Vielzahl von Ressourcen. Eine Unternehmung im Wettbewerb muss in Folge dessen Kundenbedürfnisse immer besser befriedigen als die Konkurrenz, um daraus ökonomische Vorteile zu ziehen (Vgl. Backhaus und Voeth 2014, S. 13).◄

1.2.1 Kundenperspektive des KKV

Durch die Leistung einer Unternehmung (zur Befriedigung von Kundenbedürfnissen) entstehen dem Kunden **subjektiv empfundene Nutzen und Kosten.** Ein einzelnes Leistungsmerkmal kann damit sowohl Nutzen- als auch Kostencharakter besitzen.

1.2.1.1 Nutzenperspektive

Mit dem Nutzen wird das Ausmaß der Bedürfnisbefriedigung beschrieben, den eine Leistung bietet. Fehl und Oberender (2004, S. 316) bezeichnen den Nutzen deshalb auch als Bedürfnisbefriedigungseinheit und weisen darauf hin, dass der Nutzen immer subjektiv in Abhängigkeit einer **individuellen Präferenzfunktion** zu verstehen ist (Vgl. Tab. 1.1).

1.2 Marketing als Management komparativer Konkurrenzvorteile

Tab. 1.1 Nutzen- und Kostenaspekte aus Kundensicht

Nutzenaspekte für den Kunden		Kostenaspekte für den Kunden	
Funktionaler Nutzen	Basisfunktion	**Monetäre Kosten**	Informations- und Beratungskosten wahrgenommener Preis Fahr-/Parkkosten Kosten der Nutzung
Ökonomischer Nutzen	zukünftige Einnahmen	**Zeitaufwand**	Zeitdauer der Auswahl und Bewertung des Anbieters Wege zum Anbieter Wartezeiten Zeit zum Erlernen des Gebrauchs der Leistung
Prozessbezogener Nutzen	Beschaffungs-/ Nutzungsvorgänge	**Kognitive Anstrengung**	Informationssammlung Entwicklung von Entscheidungskriterien Vergleich von Leistungen Erlernen der Anwendung von Leistungen
Emotionaler Nutzen	positive Gefühle	**Physische Belastungen**	Schmerzen Angst Stress
Sozialer Nutzen	positives Ansehen im sozialen Umfeld		

Ein Nutzen, den eine Unternehmung exklusiv anbietet, wird als **Unique Selling Proposition (USP)** bezeichnet (Vgl. Ries und Tout 1981). Dieses Konstrukt wurde lange Zeit als Steuerungsinstrument im Marketing genutzt (Vgl. Backhaus 2006).

Der Nutzen aus Kundensicht kann unterschiedlich klassifiziert werden. So kann ein Nutzen eine (zusätzliche) Bereicherung, aber auch eine Entlastung von Übel sein (Vgl. Plinke 2000, S. 13). Der Nutzen kann sich auf das Angebot, die Durchführung der Transaktion und auf die Folgewirkungen eines Angebotes beziehen. Üblich ist dann eine Klassifikation in Grund- und Zusatznutzen (Vgl. Vershofen 1940, S. 71; Vershofen 1950, S. 274). Diese sehr abstrakten Unterteilungen geben keine Hinweise auf Handlungsalternativen im Marketing. Dazu bedarf es inhaltlicher Konkretisierungen, auf was sich ein Nutzen konkret bezieht. Eine operative Unterteilung schlägt Homburg vor (Vgl. Homburg 2020, S. 549 sowie ähnlich Belz und Bieger 2004, S. 101). Er unterscheidet einen

- **funktionalen Nutzen** (dieser ist mit der Nutzung eines Angebotes verbunden und bezieht sich auf ihre Basisfunktionen wie z. B. die Datenverarbeitung der EDV).
- **ökonomischen Nutzen,** der (zukünftig) höhere Gewinne/Einkommen aufgrund des Gebrauchs des Angebotes verspricht (z. B. höhere Preise für auf einer gekauften Maschine gefertigten Leistungen).

- **prozessbezogenen Nutzen,** der auf einfachere Beschaffungs- oder Nutzungsvorgänge Bezug nimmt (z. B. Home Delivery Service, schnellere Produktion).
- **emotionalen Nutzen,** der positive Gefühle beim Kunden durch die Nutzung des Angebotes hervorruft (Sicherheit beim Autofahren).
- **sozialen Nutzen,** der positive Gefühle in Verbindung mit dem sozialen Umfeld erzeugt (Prestige bei Nutzung einer bestimmten Marke).

Die einzelnen Nutzenkomponenten können sich untereinander bedingen und weisen Überschneidungen auf.

1.2.1.2 Kostenperspektive

Kosten, die dem Kunden entstehen, um einen Nutzen zu empfangen, bleiben bei dem Konzept des USP unberücksichtigt. Sie entstehen dem Kunden während der Zeitdauer der Auswahl, des Kaufs, der Nutzung und der Entsorgung einer Leistung (Life Cycle Costs), wobei nicht nur an monetäre Kosten zu denken ist, sondern auch an den Zeitaufwand sowie kognitive und physische Anstrengungen (Vgl. Kuß 2003, S. 289 ff.; Belz und Bieger 2004, S. 378). Welche Kosten der Kunde tatsächlich berücksichtigt, liegt in seinem subjektiven Kalkül (Vgl. Tab. 1.1).

- Unter den **monetären Kosten** finden u. a. der (wahrgenommene) Preis, Informations- und Beratungskosten, Fahrt- und Parkkosten, Kosten des Transports und der Auslieferung der Leistung, Installationskosten und Kosten der Inbetriebnahme, Gebrauchskosten (z. B. Energie, Zubehör etc.) sowie Kosten der Entsorgung und Endlagerung Beachtung (Vgl. Belz; Bieger 2004, S. 378). Diller fasst alle Kostenelemente, die der Kunde berücksichtigt, zum Begriff des (kundenbezogenen) Preises zusammen, und definiert ihn als die Summe aller mittelbar und unmittelbar mit dem Kauf einer Leistung verbundenen Ausgaben eines Käufers (Vgl. Diller 2008, S. 31 f.; Diller et al. 2021, S. 38 ff.).
- Als **Zeitaufwand** sind der Weg zum Anbieter oder die Dauer des Messebesuchs, die notwendige Zeitdauer der Bewertung und Auswahl eines Angebotes, die Dauer des Einkaufsvorgangs und ggf. Wartezeiten (Lieferzeiten) ebenso zu berücksichtigen wie die Zeitdauer des Erlernens des Gebrauchs einer Leistung etc.
- Als **kognitive Anstrengungen** gelten z. B. die Informationssammlung, die Entwicklung von Kaufentscheidungskriterien, der Vergleich des Angebotes, die Kaufentscheidung, das Lernen des Gebrauchs eines Angebotes u. a.
- Als **physische Belastungen** können anstrengende Wege, der Aufbau von Leistungen (Beispiel IKEA) u. s. w. angeführt werden.

Die Beurteilung von Nutzen und Kosten durch den Kunden erfolgt anhand von Merkmalen des Angebots, die für den Kunden **wichtig** und **wahrnehmbar** sind (Vgl. Backhaus und Voeth 2014, S. 23). Es ist die originäre Aufgabe des Marketings, den gewünschten Nutzen und die akzeptierten Kosten des Kunden zu ermitteln und zu bestimmen.

1.2.1.3 Netto-Nutzen

Der Kunde wird das Angebot einer Unternehmung nur dann als Kaufalternative berücksichtigen, wenn der sich für ihn daraus ergebende (subjektiv empfundene) Nutzen größer ist als die (subjektiv empfundenen) Kosten, die ihm mit dem Angebot entstehen (Vgl. Backhaus 2006, S. 7). Man bezeichnet die Differenz von Nutzen und Kosten, die die Unternehmung dem Kunden aus der subjektiven Kundenperspektive anbietet, als **Netto-Nutzen** (Vgl. Plinke 2000, S. 79).

$$\text{Netto} - \text{Nutzen U} = \text{Nutzen U} - \text{Kosten U}$$

(mit Netto-Nutzen U = vom Kunden subjektiv empfundener Netto-Nutzen bzgl. des Angebots des eigenen Unternehmens U; Nutzen U = vom Kunden subjektiv empfundener Nutzen bzgl. des Angebots des eigenen Unternehmens U; Kosten U = vom Kunden subjektiv berücksichtigte Kosten bzgl. des Angebots des eigenen Unternehmens U).

Der Vergleich (die Verrechnung) des Nutzens einer Leistung mit den, dem Kunden entstehenden Kosten, macht es erforderlich, dass beide Größen in der gleichen Messeinheit angegeben werden können (Vgl. Kuß 2003, S. 289). Dazu werden der subjektiv empfundene Nutzen eines Kunden und seine subjektiven Kosten in Geldeinheiten ausgedrückt, was zum Begriff der **Value – Proposition** führt (Vgl. Backhaus 2006, S. 8; Backhaus; Voeth 2014, S. 22; Anderson und Narus 2004, S. 6).

> **Exkurs: Verfahren zur Messung der Value –Proposition**
>
> Zur Festlegung der Value-Proposition werden eine Reihe von Verfahren vorgeschlagen (Vgl. Anderson et al. 1993, S. 7 ff.; Kuß 2003, S. 290 ff.).
>
> Das „**Internal Engineering**" basiert auf Expertenurteilen. Wissenschaftler und Ingenieure des eigenen Unternehmens beurteilen den Wert des Kundennutzens ihrer Leistungen bzw. deren Kosten. Dies setzt genaue Kenntnisse über die Produktionsprozesse des Kunden voraus. Mögliche Auffassungsunterschiede von Experten und Kunden wirkten sich problematisch aus. Das Verfahren könnte seinen Einsatz bei Leistungsinnovationen finden, bei denen den Kunden, bezogen auf den Wert der Innovation, keine Erfahrungen vorliegen.
>
> Das „**Field – Value – in use – assessment**" beurteilt auf der Basis von Kundenbefragungen Nutzen- und Kostenveränderungen, die dem Kunden durch den Gebrauch der betrachteten Leistung entlang seiner Wertekette i. S. von Porter entstehen (Vgl. Porter 2010, S. 63 ff.). Als Vorteil dieses Verfahrens kann die Einbeziehung des Kunden gelten. Ebenso kann das Verfahren für innovative Leistungen eingesetzt werden.

Als Möglichkeiten der standardisierten Befragung zur Bestimmung der Value Proposition bei repräsentativ ausgewählten Auskunftspersonen kommen die indirekte Befragung, die direkte Befragung sowie die Benchmark-Befragung zum Einsatz. Bei der **indirekten Befragung** werden Kunden befragt, welche Auswirkungen die Änderung bestimmter Eigenschaften der Leistung bei ihnen hätten. Daraus wird dann auf entsprechende (monetäre) Nutzenunterschiede geschlossen. Bei der **direkten Befragung** wird der Kunde nach dem in Geldeinheiten gemessenen Nutzen und Kosten einer Leistung befragt. Die **Benchmark-Befragung** geht von Eigenschaften aus, die in der Produktklasse als Standard gelten und ermittelt monetär bewertete Nutzen- und Kostenabweichungen bei Veränderung der Eigenschaften.

Als Gruppenbefragung dient die **Kundenfokusgruppe.** Mehrere Kundengruppen (fünf bis acht Teilnehmer) bewerten dabei nach der Vorstellung einer Leistung und ihrer Eigenschaften den monetär bewerteten Nutzen bzw. die Kosten der Leistung. Werden entsprechende Einschätzungen zu Beginn und zum Ende des Gespräches ermittelt, lassen sich Anhaltspunkte finden, ob der Nutzen/die Kosten einer Leistung unmittelbar deutlich werden, aber auch, ob anfängliche Erwartungen erfüllt bzw. enttäuscht werden.

Beim **Conjoint Measurement** (Vgl. Simon und Fassnacht 2016; Backhaus et al. 2018; Meffert 1992) werden die Auskunftspersonen mit unterschiedlichen Preis-Leistungs-Profilen konfrontiert, zu denen sie ordinale Präferenzurteile abgeben (Vgl. Tab. 1.2). Es lassen sich daraus **Teilnutzenwerte** für einzelne Eigenschaften und **Gesamtnutzenwerte** errechnen.

*Durch den Vergleich der **Teilnutzwerte der Preise** lässt sich erkennen, dass ein Teilwertpunkt 10.000 / 0,4 = 25.000 € wert ist. Daraus wiederum lässt sich errechnen, dass der Nutzen der Marke A gegenüber der Marke B = 1 x 25.000 = 25.000 € beträgt. Der Nutzen der Steigerung der Höchstgeschwindigkeit von 200 km/h auf 220 km/h beträgt 0,4 x 25.000 = 10.000 €. Die Reduktion des Kraftstoffverbrauchs von 9 l auf 5 l hat beim betrachteten Kunden einen Nutzen von 0,6 x 25.000 = 15.000 € (vgl. auch Simon und Fassnacht 2016, S. 136f).*

Probleme des Conjoint Measurements beziehen sich auf die Auswahl beurteilungsrelevanter Merkmale und deren Ausprägungen. Der Vorteil des Verfahrens liegt darin, dass Auskunftspersonen nicht einzelne Leistungseigenschaften allein (auch nicht den Preis), sondern, wie in der Situation des Kaufs, ein Eigenschaftsbündel bewerten (Vgl. Vollert 2009, S. 240). Damit ist es auch für Kunden privater Haushalte anwendbar.

Als aufwendige Verfahren zur Ermittlung des monetär bewerteten Kundennutzens gelten die Kundennutzenrechnung und die Bestimmung des relativen Kundennutzens, die im B2B –Bereich besondere Bedeutung erlangen.

Bei der mehrstufigen **Kundennutzenrechnung** (Vgl. Abb. 1.5) wird in einer ersten Phase ein Team aus Technikern, Produkt- und Marketingspezialisten sowie Vertriebsmitarbeitern, die intensive Kontakte zu Kunden pflegen, zusammengestellt. Die zweite

1.2 Marketing als Management komparativer Konkurrenzvorteile

Tab. 1.2 Individuelle Nutzenwerte von Automarken. (Quelle: nach Simon und Fassnacht 2016)

Auto 1		Auto 2		Auto 3	
Merkmals-Ausprägung	Teilnutzen	Merkmals-Ausprägung	Teilnutzen	Merkmals-Ausprägung	Teilnutzen
Marke A	2,0	Marke B	1,0	Marke C	2,4
50.000.- €	1,8	60.000.- €	1,4	70.000.- €	1,0
200 km/h	1,0	220 km/h	1,4	220 km/h	1,4
5 l/100 km	1,6	7 l/100 km	1,3	9 l/100 km	1,0
Gesamt-nutzen	**6,4**	**Gesamt-nutzen**	**5,1**	**Gesamt-nutzen**	**5,8**

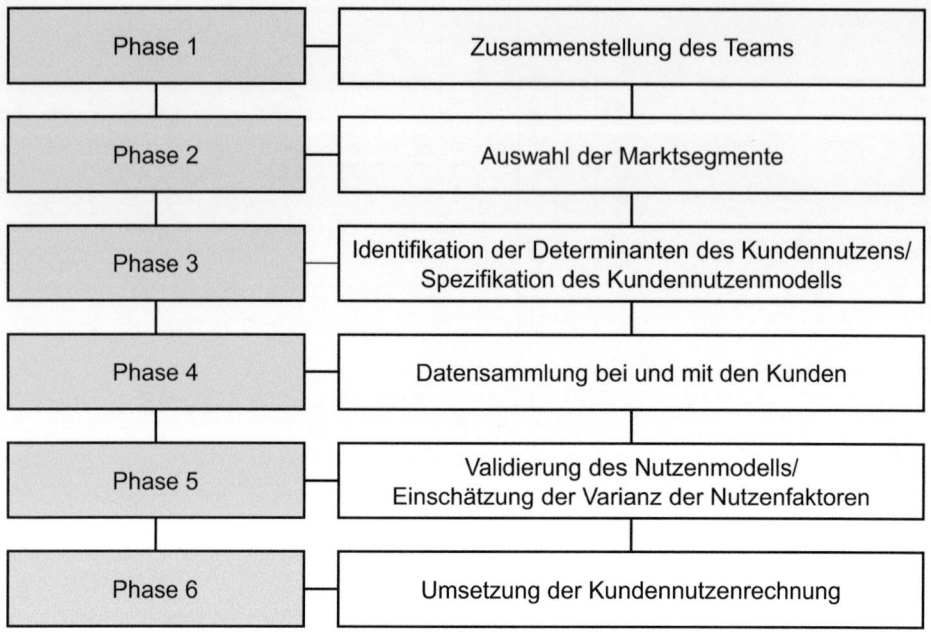

Abb. 1.5 Kundennutzenrechnung. (Nach Kuß 2003, S. 291)

Phase besteht in der Auswahl der Kunden und Kundensegmente, die in die Kundennutzenrechnung einbezogen werden sollen. Empfohlen wird auf Kunden zurückzugreifen, über die umfangreiche Informationen vorliegen, zu denen intensiver Kontakt besteht und deren Nutzung der betrachteten Leistung überschaubar ist. Zur Identifizierung der Einflussfaktoren des Kundennutzens und der Spezifizierung des Nutzenmodells in der dritten Phase werden über alle Phasen der Leistungsnutzung (Beschaffung, Installation, Einsatz, Entsorgung usw.) die relevanten technischen, betriebswirtschaftlichen und qualitativen Nutzenelemente erfasst und in ein Nutzenmodell integriert. Die Erfassung der Daten in der vierten Phase erfordert die enge Zusammenarbeit mit den Kunden. In der fünften Phase erfolgt die Validierung des Nutzenmodells durch die Einschätzung der Varianz der Nutzenfaktoren über unterschiedliche Kunden bzw. Kundensegmente. Insbesondere wird ermittelt, welche Nutzenfaktoren über eine Vielzahl von Kunden Bedeutung besitzen und welche Nutzenelemente segmentspezifisch sind. Die monetäre Bewertung der Nutzenelemente erfolgt in der sechsten Phase der Kundennutzenrechnung. Dazu werden Kosten und Erlösschätzungen abgegeben (Vgl. auch Diller 2000, S. 229 ff.).

Ein ähnlicher Prozess ist bei der **Bestimmung des relativen Kundennutzens** zu durchlaufen. Allerdings werden die Nutzenelemente einer Leistung denen vergleichbarer Konkurrenzleistungen gegenübergestellt, was immer auch die Existenz solcher bedingt.

Insgesamt stellen die Kundennutzenrechnung und die Bestimmung des relativen Kundennutzens hohe Anforderungen an die Datenbeschaffung und Interpretation. Für absolute Marktneuheiten ist vor allem die Bestimmung des relativen Kundennutzens tendenziell weniger gut geeignet, da sie auf Erfahrungen beruhen muss. Problematisch erscheint insbesondere die monetäre Bewertung von stark qualitativen Kriterien wie z. B. Erzeugung von weniger Stress für den Mitarbeiter.◄

1.2.1.4 Netto-Nutzen-Differenz

Simon verwies schon 1988 auf die Notwendigkeit der zusätzlichen Konkurrenzorientierung des Marketings: Ein Kunde wird nur dann das Angebot eines Unternehmens präferieren, wenn er es subjektiv besser beurteilt als das Angebot der Wettbewerber (Vgl. Simon 1988, S. 4). Eine Operationalisierung erfolgt mit dem Begriff der **Netto – Nutzen – Differenz.** Es gilt:

$$\text{Netto} - \text{Nutzen} - \text{Differenz}_U = $$
$$\text{Netto} - \text{Nutzen}_U - \text{Netto} - \text{Nutzen}_K = $$
$$(\text{Nutzen}_U - \text{Kosten}_U) - (\text{Nutzen}_K - \text{Kosten}_K)$$

(mit Netto – Nutzen – Differenz $_U$ = vom Kunden subjektiv empfundener Netto-Nutzen – Differenz bzgl. des Angebots des eigenen Unternehmens U; Netto-Nutzen $_U$ = vom Kunden subjektiv empfundener Netto-Nutzen bzgl. des Angebots des eigenen Unternehmens U; Nutzen $_U$ = vom Kunden subjektiv empfundener Nutzen bzgl. des Angebots des eigenen Unternehmens U; Kosten $_U$ = vom Kunden subjektiv berücksichtigte Kosten bzgl. des Angebots des eigenen Unternehmens U; Netto-Nutzen $_K$ = vom Kunden subjektiv empfundener Netto-Nutzen bzgl. des Angebots der Konkurrenz K; Nutzen $_K$ = vom Kunden subjektiv empfundener Nutzen bzgl. des Angebots der Konkurrenz K; Kosten $_K$ = vom Kunden subjektiv berücksichtigte Kosten bzgl. des Angebots der Konkurrenz K).

Die Netto-Nutzen-Differenz bestimmt die **gegenwärtige Position der Unternehmung im Wettbewerb.** Die Netto-Nutzen-Differenz der eigenen Unternehmung U muss größer als Null sein, d. h. der Netto – Nutzen des Angebotes des eigenen Unternehmens muss in der subjektiven Betrachtung des Kunden größer sein als der Netto-Nutzen des Konkurrenzangebots K.

$$\text{Nutzen}_U - \text{Kosten}_U - (\text{Nutzen}_K - \text{Kosten}_K) > 0$$
$$\text{Nutzen}_U - \text{Kosten}_U > \text{Nutzen}_K - \text{Kosten}_K$$

Bei einer positiven Netto – Nutzen – Differenz kauft der Kunde bei der eigenen Unternehmung, die eigene Unternehmung hat einen **Wettbewerbsvorteil,** bei einer negativen Netto – Nutzen – Differenz hat die eigene Unternehmung einen **Wettbewerbsnachteil.** Ist die Netto-Nutzen-Differenz gleich Null ist der Kunde beim Kauf indifferent zwischen dem Angebot der eigenen Unternehmung und dem Angebot der Konkurrenz.

1.2.2 Anbieterperspektive

Um den langfristigen Erfolg des Unternehmens zu sichern, muss das Marketing als Management von KKVs die Kunden- um eine **Anbieterperspektive** erweitern. Aus ihr ist die Erwirtschaftung eines (langfristigen) **Gewinns** zu fordern (Vgl. Backhaus und Voeth 2014, S. 28; Backhaus und Schneider 2020, S. 62 f.; ähnlich Grant und Nippa 2006, S. 65), der im dynamischen Wettbewerbsprozess der Absicherung und der Verbesserung der eigenen Wettbewerbsposition in der Zukunft durch Investitionen (z. B. durch Innovation, Markenaufbau und Pflege, Mitarbeiteraus- und –fortbildung etc.) dient. Gewinne sind demnach nicht nice, sondern necessary to have (Vgl. Simon 2011, S. 94 f.).

Zur Operationalisierung kann der Aufbau und Erhalt einer positiven Netto-Nutzen-Differenz als Investition betrachtet werden, mit der ein positiver Kapitalbarwert $C_O \geq 0$ erwirtschaftet werden muss:

$$C_0 = -A_0 + \sum_{t=1}^{n}((E_t - A_t)/(1+i)^t)$$

(mit A_0 = Anfangsausgaben; E_t = Einzahlung in Periode t; A_t = Ausgaben in Periode t; i = Kalkulationszins; t = Periode, n = betrachtete Laufzeit)

Die im Zeitablauf realisierten und abgezinsten Einzahlungen müssen die im Zeitablauf entstehenden, abgezinsten Auszahlungen (inkl. Kapitalkosten) zumindest decken. Entsprechend sind alle mit einer (positiven) Netto-Nutzen-Differenz mittelbar und unmittelbar verbundenen Einzahlungen und Auszahlungen im Zeitablauf zu planen (Vgl. Abb. 1.6).

1.2.3 Komparativer Konkurrenzvorteil

1.2.3.1 Definition

▶Abb. 1.7 zeigt, dass die Unternehmung des Begriffs einen **komparativen Konkurrenzvorteil (KKV)** besitzt, der ihr das langfristige Überleben auf dem Markt sichert, wenn sie sowohl eine positive Netto-Nutzen-Differenz als auch einen langfristigen Gewinn realisiert (Backhaus 2006, S. 9 sowie Kotler et al. 2015, S. 31).

Kundenvorteil und Anbietergewinn stehen in einem interdependenten Verhältnis. Erst die (gegenwärtige) Realisation von Kundenvorteilen führt zu Gewinnen. Gewinne erlauben Investitionen zur Schaffung **zukünftiger Kundenvorteile,** mit denen sich die Unternehmung dauerhaft im Wettbewerb behaupten kann.

Es ist zwar der Auffassung Reichhelds zuzustimmen, dass der Kunde ein „primus inter pares" darstellt, dem es permanent gilt, von der Vorteilhaftigkeit des eigenen Angebots gegenüber dem Angebot der Konkurrenz zu überzeugen. „Der Kunde hat gewöhnlich emotional und finanziell am geringsten in ein Unternehmen investiert und kann

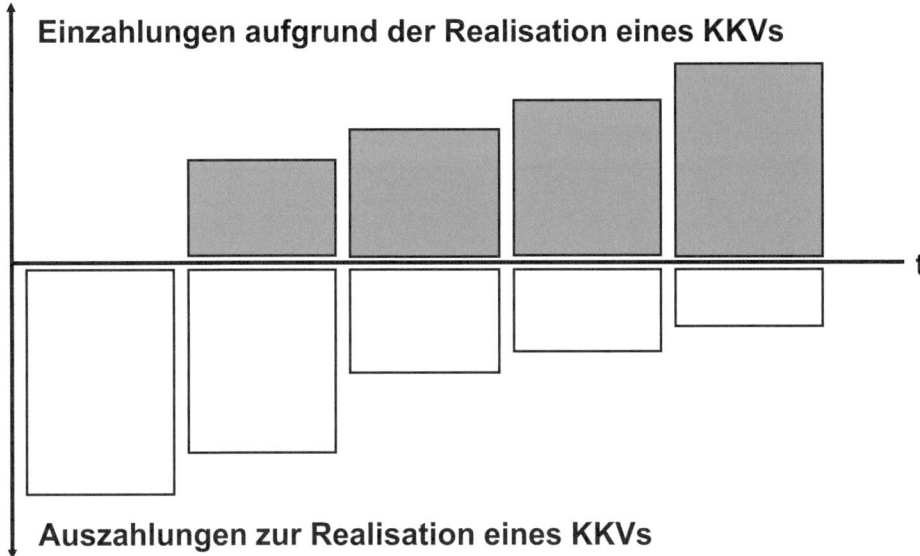

Abb. 1.6 Aufbau und Erhalt von KKVs als Investition mit positiven Kapitalbarwert

daher die Geschäftsverbindung mit minimaler Anstrengung wechseln. Buchhalter und Kapitalflussanalysen übersehen in der Regel die Tatsache, daß Kapitalfluß, die lebensnotwendige Quelle jedes Unternehmens, letztlich aus dem Portemonnaie des Kunden stammt." (Reichheld 1999, S. 52).

Eine einseitige Kundenorientierung aber, die die Notwendigkeit der Erwirtschaftung von Gewinnen negiert oder nur als Randbedingung akzeptiert, würde – angesichts der Dynamik des Wettbewerbs die Existenz des Unternehmens gefährden, indem sie notwendige Ressourcen der Zukunft in der Gegenwart verbraucht. Eine Übertonung der Gewinnrealisation würde verkennen, dass **heute** in den Aufbau und den Erhalt von Kundenvorteile zu investieren ist, um Gewinne auch in der Zukunft zu realisieren. „Die traditionelle Zielsetzung eines Unternehmens besteht darin, eine maximale Ausschüttung an seine Aktionäre sicherzustellen. Diese vereinfachte Sicht ist völlig unzureichend. Nur dieses eine Ziel zu verfolgen, kann ein Unternehmen in den Ruin treiben, insbesondere wenn seine Meßmethoden sich auf kurzfristige anstatt auf langfristige Bedürfnisse von Aktionären fokussieren. Diese falsche Perspektive ist für die immer schneller werdende Negativspirale von Entlassungen und Verkleinerungen verantwortlich. Sie hat zu einem Profitstreben auf Kosten der Mitarbeiter und Kunden geführt – und sie wird als Schuss nach hinten losgehen. Ausgedrückt mit den Worten Henry Fords: Ein Unternehmen muss profitabel geführt werden, … sonst kann es nicht überleben. Wird ein Unternehmen jedoch nur mit dem alleinigen Ziel der Profitanhäufung geführt, … dann ist dieses Unternehmen

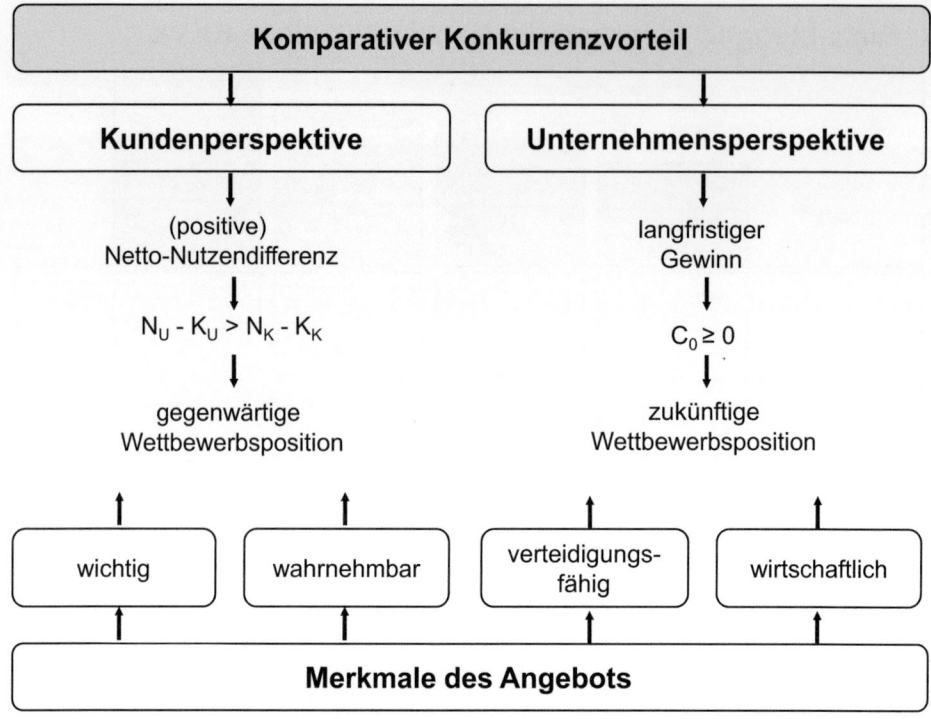

Abb. 1.7 Komparativer Konkurrenzvorteil

dem Untergang gewidmet, da es keinen Grund für seine weitere Existenz gibt" (Reichheld 1999, S. 51).

Backhaus beschreibt dies wie folgt: „Nur wer im Wettbewerb hocheffektiv und gleichzeitig effizient ist, wird im Markt überleben." (Vgl. Backhaus 2006, S. 9).

1.2.3.2 KKVs und Geschäftsmodelle

Grundlage von KKVs sind **Geschäftsmodelle** (Business Models). Der Begriff hat seinen und Geschäftsmodelle Ursprung in der Informations- und Kommunikationstechnologie (Vgl. Stähler, 2002, S. 38 f.). Er wird heute für die Beschreibung, Analyse und Gestaltung der Geschäftstätigkeit der Unternehmung genutzt (Vgl. Köster 2014, S. 24) und hat dabei folgende Fragen zu beantworten (Vgl. Gassmann et al. 2013, S. 6):

- Wer sind unsere Kunden?
- Welchen Nutzen (Netto-Nutzen) bieten wir unseren Kunden an?
- Wie erstellen wir die Leistung?
- Wie erzielen wir Gewinne?

1.2 Marketing als Management komparativer Konkurrenzvorteile

Eine allgemeingültige Definition des Begriffs Geschäftsmodell steht bislang aus (Vgl. Stähler 2002, S. 40 f.; Köster 2014, S. 23; Eckert 2014, S. 47 ff.; Schallmo 2018, S. 18). Dies ist auch der Tatsache geschuldet, dass mit ökonomischen, organisatorischen, technologischen, strategischen und integrierten Ansätzen verschiedene Arten von Geschäftsmodellen existieren (Vgl. Eckert 2014, S. 48 ff.; Köster 2014, S. 23 f.; Wirtz 2018, S. 38 ff.). Wirtz verweist zudem auf unterschiedliche Ebenen von Geschäftsmodellen (Vgl. Wirtz 2018, S. 84). Neben der **Marktebene** (Industrieebene) unterscheidet er die Unternehmens-, Geschäftsfeld- und Produktebene. Die **Marktebene** berücksichtigt im Geschäftsmodell die externe Umwelt der Unternehmung sowie die Leistungserstellung der verschiedenen Konkurrenten auf einem Markt. Die **Unternehmensebene** fokussiert mit ihrem Geschäftsmodell unternehmensinterne Einflussgrößen wie Ressourcen, Aktivitäten und die Positionierung der Unternehmung. Diese Aspekte können in Geschäftsmodellen auf **Geschäftsfeldebene** weitergehend heruntergebrochen werden. Geschäftsmodelle auf **Leistungsebene** beziehen sich auf die unterschiedlichen Bereiche der Leistungserstellung (z. B. F&E und Produktion), die damit verbundenen Prozesse und ihre Integration.

Integrierte Geschäftsmodelle (unterhalb der Marktebene) weisen eine strategische Komponente, eine Kunden- und Marktkomponente sowie eine Wertschöpfungskomponente auf (vgl. Abb. 1.8).

Jede Komponente rekrutiert sich aus weiteren Modellen (Vgl. Wirtz 2018, S. 134)

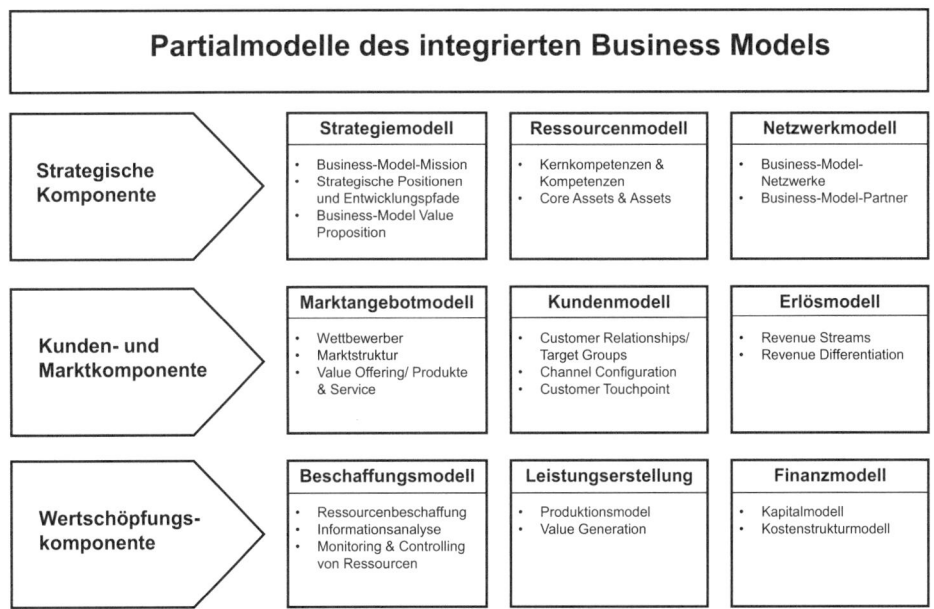

Abb. 1.8 Elemente eines integrierten Geschäftsmodells (Wirtz 2018, S. 134)

- Die strategische Komponente umfasst das Strategiemodell, das Ressourcenmodell und das Netzwerkmodell.
- Die Kunden- und Marktperspektive umfasst das Marktangebotsmodell, das Kunden- und Erlösmodell.
- Die Wertschöpfungskomponente integriert das Beschaffungsmodell, die Leistungserstellung sowie das Finanzmodell.

Die einzelnen Elemente werden in verschiedenen Geschäftsmodellen auf unterschiedliche Art und Weise berücksichtigt.

Die Darstellung eines Geschäftsmodells kann die Value Proposition, das Wertschöpfungsmodell und das Ertragsmodell berücksichtigen (Vgl. Gassmann et al. 2013, S. 6, Stähler 2002, S. 42 ff.).

Aus der Marketingperspektive bildet die **Value-Proposition** (Wertversprechen) den Ausgangspunkt. Zu bestimmen sind die mit dem Geschäftsmodell anvisierten **Kunden und Kundengruppen** (Kundensegmente). Zudem ist festzulegen, welcher **Netto-Nutzen** den Kunden durch das Angebot entsteht. Weiterhin wird die Frage beantwortet, wie Kunden in den **Wertschöpfungsprozess** eingebunden werden.

▶ Bei IKEA übernimmt der Kunde Teile des Transports und der Montage von Möbeln. Mymuesli.de bietet den Kunden die Möglichkeit der Zusammenstellung der Zutaten des Müslis.

Weiterhin werden die **Wertschöpfungspartner** ausgewählt, der ihnen durch die Zusammenarbeit mit der Unternehmung entstehende **Netto-Nutzen** sowie ihre **Integration** in die Wertekette.

Das **Wertschöpfungsmodell** enthält zunächst Angaben über die **Leistung der Unternehmung.** Es kann sich dabei um eine einzelne Leistung oder ein Leistungsbündel in unterschiedlichen Varianten handeln. Stähler verweist darauf, dass damit implizit auch festgelegt ist, was die Unternehmung nicht tut (Vgl. Stähler 2002, S. 43). Weiterhin enthält das Wertschöpfungsmodell Angaben über die vorhandenen **Kernkompetenzen** und **strategisch relevante Ressourcen** sowie das **relevante Wissen** der Unternehmung (Vgl. Abschn. 3.6) zur Erstellung der Leistung. Es werden die Elemente des **Wertschöpfungsprozesses** und ihre Reihenfolge ebenso festgelegt, wie die Akteure und ihre Rollen in den einzelnen Stufen. Implizit wird damit auch die Frage des make or buy beantwortet. Zu bestimmen sind weiterhin die **Kommunikationskanäle, sowie die Koordinationsmechanismen zwischen den Wertschöpfungsstufen.** Weiterhin sind die **Vertriebs- und Kommunikationskanäle** zum Kunden zu bestimmen. Zuletzt sind die **externen Partner** (Lieferanten, Anbieter von Komplementärgütern, Nachfrager, die als Advokaten der Unternehmung auftreten, etc.) Elemente des Wertschöpfungsmodells.

1.2 Marketing als Management komparativer Konkurrenzvorteile

Das **Ertragsmodell** beschäftigt sich mit den Kosten und der Kostenstruktur des Unternehmens, die durch die Wertschöpfungsarchitektur festgelegt sind. Die Ertragsquellen beschreiben, wie die Unternehmung Geld verdient. Hier ist nicht nur an Verkaufserlöse zu denken, sondern auch an Lizenzeinnahmen, Franchiseeinnahmen, Werbe- und Sponsoringeinnahmen usw.

Abb. 1.9 zeigt die Elemente im Überblick.

▶ Definition
Ein Geschäftsmodell beschreibt insofern, mit welcher Wertschöpfung in Abhängigkeit der Abstraktionsebene (Markt, Unternehmen, Geschäftsfeld, Leistung) durch die Befriedigung von Kundenbedürfnissen und dem Schaffen von Netto-Nutzen langfristige Gewinne realisiert werden (Vgl. Osterwalder und Pigneur 2010, S. 14; Bruhn und Hadwich 2017, S. 51).

Die Value Proposition und das Ertragsmodell ist Grundlage des KKV.

Wichtig erscheint nun, dass

- die Komplexe Value Proposition, Wertschöpfungsarchitektur und Ertragsmodell interdependent sind und
- auch die Elemente eines Komplexes miteinander verbunden sind.

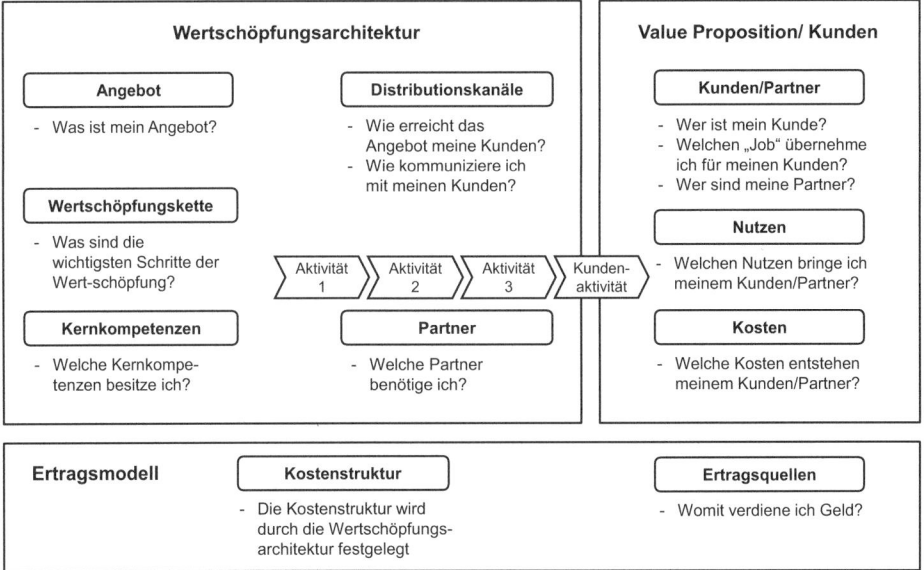

Abb. 1.9 Elemente eines Geschäftsmodells (in Anlehnung an Bruhn ud Hadwich 2017, S. 53)

Die Auswirkungen der Veränderungen in einem Element auf andere Elemente müssen infolgedessen überprüft und ggf. geeignete Anpassungsmaßnahmen bei anderen Elementen eingeleitet werden.

Es wurden eine Reihe von Geschäftsmodellen entwickelt, die sich in ihrer Schwerpunktsetzung unterscheiden (Vgl. Köster 2014, S. 45 ff.; Wirtz 2018, S. 33 f.). Bekannte Beispiele sind das Businessmodell Canvas (Osterwalder und Pigneur 2011, S. 48; Osterwalder und Pigneur 2010, S. 48), das Geschäftsmodell von Hamel (Vgl. Hamel 2002, S. 74 ff.), das Geschäftsmodell von Wirtz (Vgl. Wirtz 2018, S. 51 f.) u. a.

1.3 Umsetzung des Marketings als Management von KKVs

Die Überlegungen zum KKV legen die Inhalte eines Marketings fest, treffen aber keine Aussagen zur Umsetzung. Auch diesbezüglich kann eine Entwicklung im Zeitablauf beobachtet werden (Vgl. Homburg 2020, S. 6 f.; Meffert et al. 2019, S. 6 ff.), die in einem dualen Konzept des Marketings als Management von KKVs mündet (Vgl. Meffert et al. 2019, S. 12 ff.; Kotler et al. 2015, S. 27 ff.; Meffert 2009, S. 12 f.). Einerseits ist **Marketing das Leitkonzept der Unternehmensführung.** Marketing wird dadurch zur marktorientierten Unternehmensführung. Es ist anderseits eine **Funktion innerhalb der Unternehmung** gleichberechtigt neben anderen Funktionen wie z. B. der Beschaffung und der Produktion, wobei der Einsatz der Marketinginstrumente im Mittelpunkt steht (Abb. 1.10).

1.3.1 Marketing als Führungskonzept

Als Führungskonzept muss Marketing

- die Markt- und Kundenorientierung als **Philosophie** in der Unternehmung verankern,
- die Marketingaktivitäten als **Prozess** steuern,
- die zum Aufbau und Erhalt von KKVs notwendigen Beziehungen (**Relationships**) initiieren und pflegen und
- die **Customer Experience** sicherstellen.

1.3.1.1 Marketing als Philosophie

▶Marketing als Philosophie stellt in einer **kulturbezogene Perspektive** der marktorientierten Unternehmensführung die Kunden- und Wettbewerbsorientierung sowie die crossfunktionale Koordination der gesamten Unternehmung zum Aufbau und zum Erhalt von KKVs in den Mittelpunkt der Betrachtung (Kotler et al. 2015, S, 29; Jozic 2015, S. 70 f.).

1.3 Umsetzung des Marketings als Management von KKVs

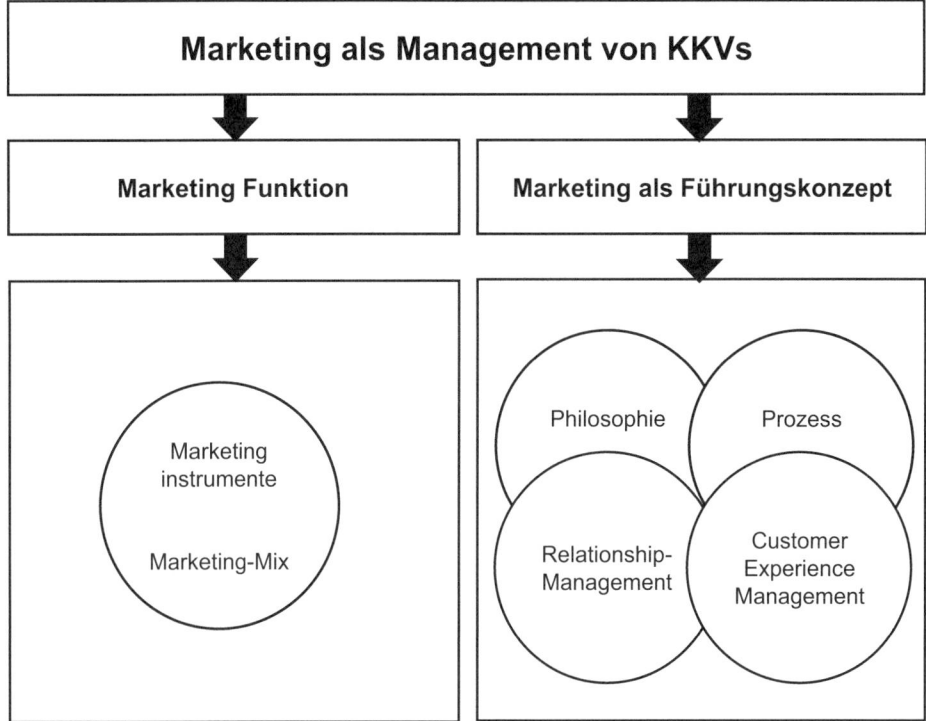

Abb. 1.10 Duales Konzept des Marketings zum Aufbau und Erhalt von KKVs (in Anlehnung an Meffert et al. 2019, S. 13; Kotler et al. 2015, S. 27)

Kotler (2009, S. 23) drückt dies wie folgt aus: „Marketing ist zu wichtig, um es allein der Marketingabteilung zu überlassen."

Dabei reicht es nicht aus, in einem „Prediger-Ansatz" an die Markt- und Kundenorientierung der Mitarbeiter im gesamten Unternehmen zu appellieren (Vgl. Plinke 1996, S. 44 f.). Vielmehr kommt es auf ein markt- und kundenorientiertes Verhalten auf Gesamtunternehmens-, Gruppen- und Individualebene an (Vgl. Abb. 1.11). Um dies durchzusetzen bedarf es einer geeigneten markt- und kundenorientierten **Unternehmenskultur,** markt- und kundenorientierten **Subkulturen** (z. B. auf Bereichs- und Abteilungsebene) sowie der **Markt- und Kundenorientierung des einzelnen Mitarbeiters**. Diese werden wiederum durch **markt- und kundenorientierte Strukturen** (Aufbau – und Ablauforganisation) sowie durch **markt- und kundenorientierte Informations-, Kommunikations-, Personalmanagement- und Controllingsysteme** unterstützt (Vgl. Bruhn 2002, S. 31 ff.; Homburg 2020, S. 1393 ff.; Plinke 1996, S. 44 ff.).

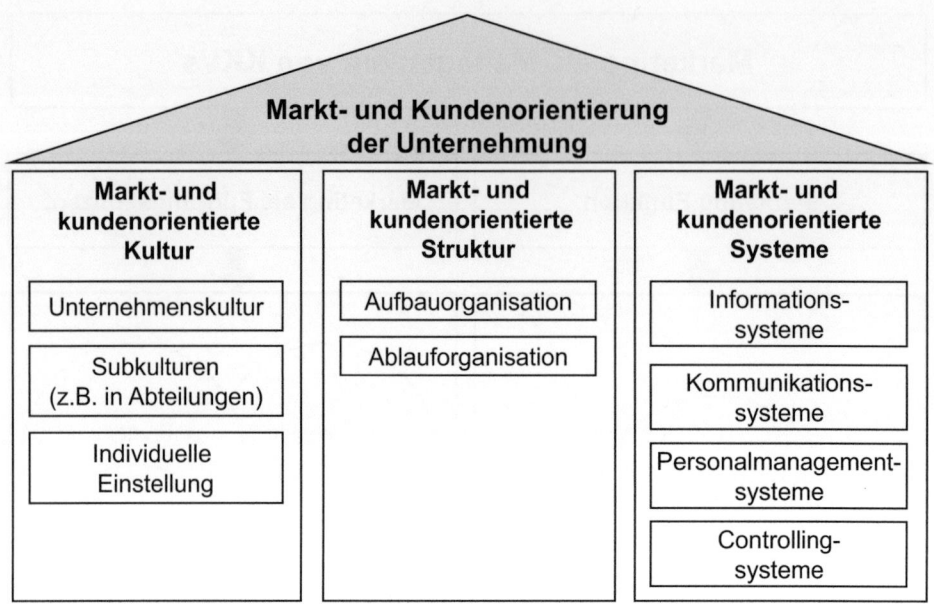

Abb. 1.11 Markt- und Kundenorientierung der Unternehmung. (Nach Bruhn 2002, S. 33)

1.3.1.2 Marketing als Prozess

Um die Komplexität der vielfältigen und interdependenten Aufgaben des Marketings zu bewältigen, wird Marketing als mehrstufiger Prozess verstanden. Der gesamte Aufgabenkomplex wird dadurch in einzelne Teile zerlegt, was seine Durchdringung vereinfacht (Vgl. Gälweiler 1985, S. 237). Der Prozess umfasst die Phasen Exploration, Planung, Implementierung und Kontrolle aller zum Aufbau und Erhalt von KKVs dienenden Aktivitäten (Vgl. Trux et al. 1984, S. 15 ff.; Mauthe 1984, S. 50 sowie ähnlich Köhler 1981; Köhler und Böhler 1984) und kann sich auf die **gesamte Marketingkonzeption** als grundlegenden Leitplan des Unternehmens für alle ihre markt- und kundenbezogenen Aktivitäten (Vgl. Becker 2019 S. 904), aber auch auf die **einzelnen Marketinginstrumente** beziehen.

Bei der Marketingkonzeption wird in der **Explorationsphase** der Status und die Entwicklung der externen und internen Unternehmensumwelt als Grundlage des Marketing-Managements analysiert und prognostiziert. Die **Planungsphase** umschließt die Ziel-, Strategie- und Maßnahmenplanung des Marketings. Während die Planung der Marketingziele und -strategien dem strategischen Marketing zuzuordnen sind, wird die Planung der Marketinginstrumente häufig dem operativen Marketing zugerechnet (Vgl. Meffert et al. 2019, S. 18). Da jedoch auch die Marketinginstrumente eine strategische Ausrichtung brauchen und deshalb z. T. strategisch geplant werden müssen, wird dieser Aufteilung nicht weiter nachgegangen. Um die geplanten Marketingziele und die daraus

1.3 Umsetzung des Marketings als Management von KKVs

festgelegten Marketingstrategien und -maßnahmen zu realisieren, bedarf es der **Implementierung** der jeweils geeigneten Strukturen, Systeme und Kulturen zur Realisation einer marktorientierten Unternehmensführung sowie der Budgetierung (Vgl. Homburg 2020, S. 1235 ff.; Bruhn 2002, S. 31 ff.). Die **Kontrollphase** hat die Aufgabe, Fehlentwicklungen des Planungs- und Implementierungsprozesses zu identifizieren und deren Ursachen zu ermitteln. Dazu werden die Prämissen der Unternehmung, ihre Ziele, Strategien und Maßnahmen sowie die Ergebnisse geprüft und hinterfragt. Dies kann gleichzeitig den Start einer „neuen Runde" des Marketing-Managementprozesses auslösen. Abb. 1.12 zeigt den Prozess im Überblick.

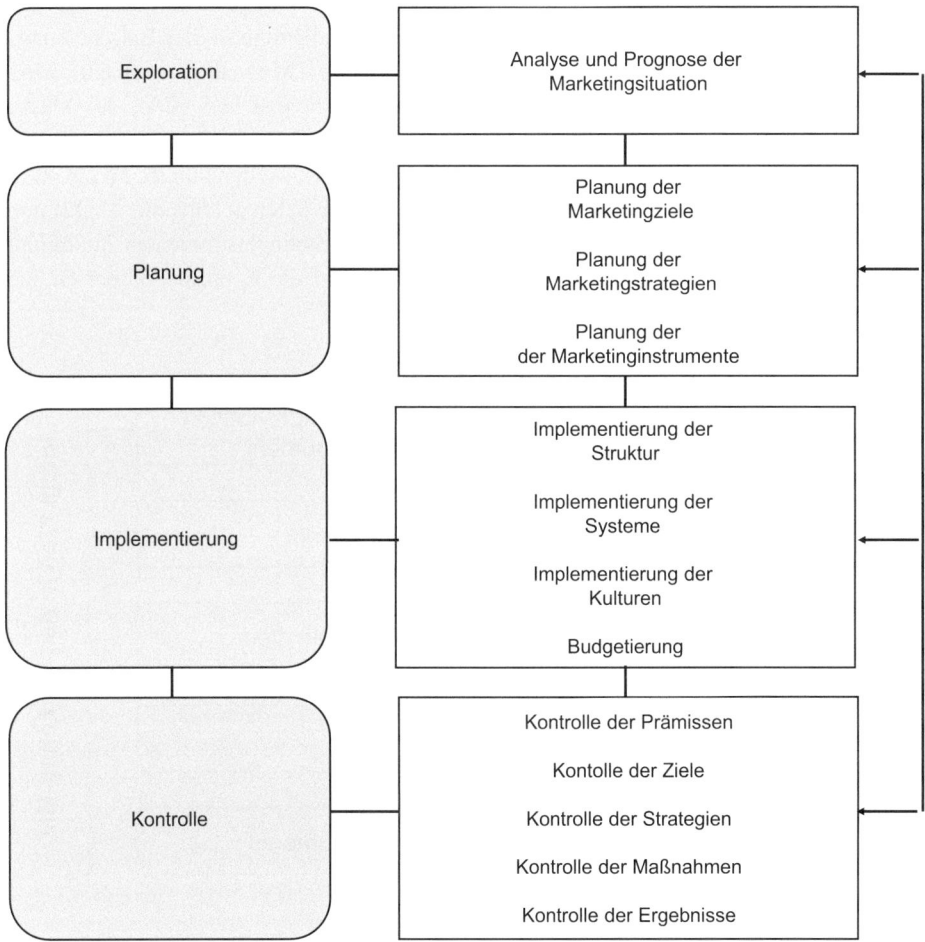

Abb. 1.12 Marketingmanagementprozess

Die hier angenommene idealtypische Abfolge von Phasen des Marketing-Managementprozesses kann in der Praxis nicht immer aufrechterhalten werden. Vielmehr sind dort die Grenzen der einzelnen Phasen fließend und es kommt zu vielfältigen Vor- und Rückkoppelungen.

▶ So kann es notwendig sein, sich bei der Zielplanung bereits mit den in der Unternehmung absehbar realisierbaren Strategien zu beschäftigen. Überlegungen bezüglich innovativer Strategien bedürfen ggf. neuer Prognosen u. s. w.

Auch für die einzelnen Marketinginstrumente ist ein mehrstufiger Managementprozess zu durchlaufen (Vgl. Abb. 1.13), der mit der Analyse und Prognose der Entscheidungssituation des Marketinginstruments beginnt, die Ziele des Marketinginstruments sowie die Instrumentalstrategien und einzelne Maßnahmen plant und budgetiert, das Marketinginstrument mit geeigneten Strukturen und Prozessen implementiert und schließlich kontrolliert. Auch bei diesem Prozess kann es zu Vor- und Rückkoppelungen kommen. Zu beachten ist, dass innerhalb des Instruments einzelne Aktivitäten aufeinander abgestimmt sind und das gesamte Instrument mit den anderen Marketinginstrumenten koordiniert wird. Im Zeitalter des Online-Marketings muss zudem auf die Koordination der Online- und Offline-Aktivitäten geachtet werden.

Abb. 1.13 Management der Marketinginstrumente

1.3.1.3 Marketing als Relationship-Marketing

Grundlegender Gedanke des Marketings als **Relationship-Marketing** ist, dass es zum Aufbau und Erhalt von KKVs langfristiger und dauerhafter Geschäftsbeziehungen der Unternehmung zu unternehmensexternen und –internen Stakeholdern (Anspruchsgruppen) bedarf.

▶ Das Relationship-Marketing umfasst sämtliche Maßnahmen der Analyse, Planung Realisierung und Kontrolle der Beziehungen von Unternehmen zu ihren externen und internen Anspruchsgruppen mit dem Ziel, auf beiden Seiten Vorteile durch die Initiierung, Stabilisierung, Intensivierung und Wiederaufnahme sowie gegebenenfalls die Beendigung von Geschäftsbeziehungen zu schaffen (Vgl. Grunwald und Schwill 2017a, S. 931, auch Grunwald und Schwill 2017b, S. 21; Bruhn 2016, S. 12; Berry 1983, S. 25; Gummesson 1987, S. 11).

Man versteht unter Anspruchsgruppen bzw. Stakeholder „any group or individual who can affect or is affected by the achievement of the organization's objectives." (Freeman 1984, S. 46) Mögliche Stakeholder, die von Grunwald und Schwill in interne und externe Stakeholder eingeteilt werden (Vgl. Grunwald und Schwill 2017a, S. 934), zeigt Tab. 1.3.

Stakeholder können den Aufbau von KKVs direkt oder indirekt beeinflussen (Vgl. Grunwald und Schwill 2017a, S. 934). Einen direkten Einfluss besitzt z. B. ein Lieferant, der der Unternehmung einen wertvollen Rohstoff exklusiv liefert. Ein indirekter Einfluss läge vor, wenn eine Umweltorganisation das Kaufverhalten der Kunden zu verändern versuchte (Vgl. Kotler et al. 2015, S. 27; Kreikebaum et al. 2018, S. 26) Zur Ermittlung der Gruppen, mit denen es notwendig und sinnvoll ist, eine langfristige Beziehung einzugehen, kann ein Portfolio, dessen Dimensionen **Beitrag zur Netto-Nutzen-Differenz** bzw. **Beitrag zum langfristigen Gewinn** sind, erste Aufschlüsse geben (Vgl. Abb. 1.14).

Tab. 1.3 Stakeholder der Unternehmung

Stakeholder der Unternehmung	
Unternehmensinterne Stakeholder	Unternehmensexterne Stakeholder
Eigenkapitalgeber; Arbeitnehmer; Management; …	Fremdkapitalgeber; Handel; Kunden; Lieferanten; Kooperationspartner; Gewerkschaften; Meinungsführer; Politik; Allgemeine Öffentlichkeit; …

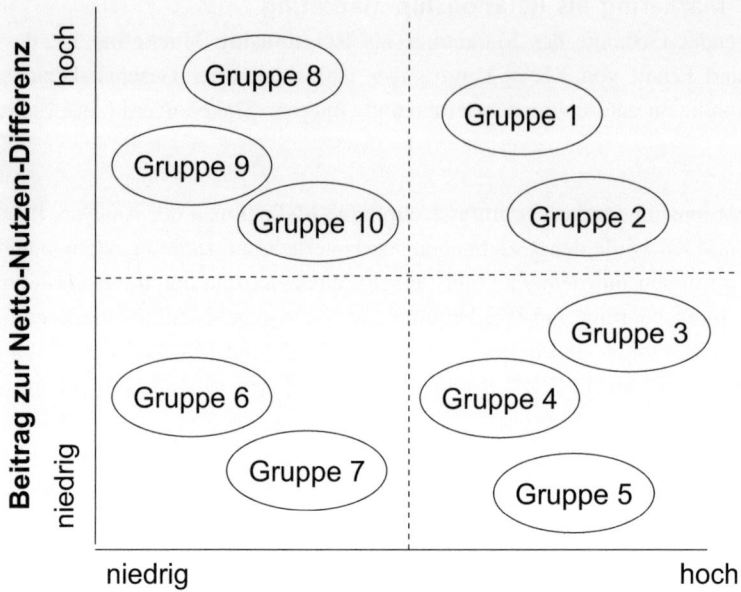

Abb. 1.14 Beziehungsportfolio

▶ Besonders wichtige Stakeholder, die sowohl einen erheblichen Beitrag zur Netto-Nutzen-Differenz als auch zum langfristigen Gewinn beitragen, befinden sich in der Gruppe 1 und 2 (z. B. der Handel), während Stakeholder in der Gruppe 6 und 7 zum Aufbau und Erhalt von KKVs eine geringe Bedeutung besitzen. Stakeholder in den Gruppe 8–10 trage zum Aufbau und Erhalt der positiven Netto-Nutzen-Differenz bei (z. B. die Presse als Meinungsbildner), während Stakeholder in den Gruppen 3, 4 und 5 einen Beitrag zum langfristigen Gewinn leisten (z. B. Kapitalgeber).

Der Aufforderung Kotlers folgend, „Bauen Sie ein effektives Netzwerk von Beziehungen mit den Hauptbeteiligten auf und der Erfolg wird sich ergeben" (Kotler et al. 2015, S. 27) muss die Unternehmung Geschäftsbeziehungen zu den Stakeholdern pflegen, die einen hohen Einfluss auf die Realisation von positiven Netto-Nutzen-Differenzen und auf den langfristigen Gewinn besitzen.

▶ Geschäftsbeziehungen stellen eine langfristige Folge von verschiedenen und hoch interdependenten Transaktionen, die von ökonomischen Zielen geleitet sind und Investitionscharakter besitzen, zwischen unternehmensinternen und/

1.3 Umsetzung des Marketings als Management von KKVs

oder -externen Zielgruppen im Zeitablauf dar (Vgl. ähnlich Tomczak 1994), die nicht zufällig sind (Vgl. Plinke 1997), sondern aufeinander aufbauen.

Verschiedene Transaktionen können dabei, wie in Abb. 1.15 gezeigt, zu Episoden zusammengefasst werden (Vgl. Bruhn 2016, S. 2 f.).

Geschäftsbeziehungen können nach den Trägern, der Richtung, der inhaltlichen Ebene, der Dauer und Intensität sowie der Symmetrie (Vgl. Tab. 1.4) klassifiziert werden (Vgl. Bruhn und Bunge 1994, S. 60).

Geschäftsbeziehungen werden dann aufgebaut und erhalten, wenn **für alle** Geschäftspartner Vorteile entstehen (Vgl. Backhaus 1997, S. 23, ähnlich Bruhn 2016, S. 14; Grundwald und Schwill 2017a, S. 935). Dabei wirken auch psychologische, verhaltensbezogene und ökonomische Faktoren (Vgl. Bruhn 2016, S. 67; Backhaus 1997, S. 26). Von besonderer Bedeutung sind die Zufriedenheit mit der Geschäftsbeziehung sowie das Vertrauen und Commitment der Partner (Vgl. Grundwald und Schwill 2017a, S. 932 f.). **Zufriedenheit** bedeutet, dass die gegenseitigen Erwartungen der Partner an die Geschäftsbeziehung erfüllt werden (Vgl. zum Zufriedenheitsbegriff Vollert 1998; Vollert 2004, S. 18 ff.; Fürst 2016 zu Ansätzen der Zufriedenheitsmessung). **Vertrauen** kann im Zusammenhang mit der Geschäftsbeziehung als Bereitschaft definiert werden, sich auf das zukünftige Verhalten des Geschäftspartners ohne weitere Prüfung zu verlassen (Vgl. Morgan und Hunt 1994). Das **Commitment** bezieht sich auf den Glauben der Geschäftspartner, dass eine Geschäftsbeziehung so wichtig ist, dass sie aufrechterhalten werden muss (Vgl. Morgan und Hunt 1994).

Aufgrund dieser Faktoren variiert die Intensität der Geschäftsbeziehungen im Zeitablauf. Im Rahmen eines Beziehungslebenszyklus werden dabei in idealtypischer Weise drei Phasen einer Beziehung unterschieden: die **Akquisitionsphase,** die **Bindungsphase** und

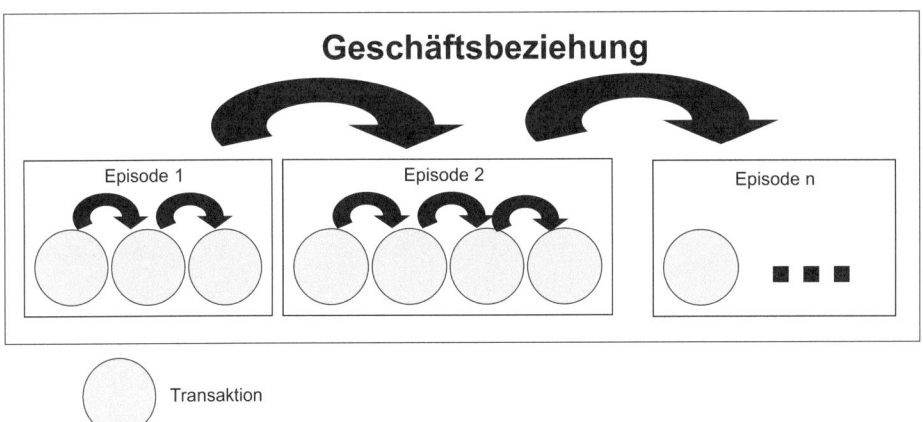

Abb. 1.15 Geschäftsbeziehungen

Tab. 1.4 Klassifikation von Geschäftsbeziehungen. (Quelle: Bruhn und Bunge 1994, S. 60)

Dimensionen von Geschäftsbeziehungen	Formen von Geschäftsbeziehungen		Beispiele
Träger von Geschäftsbeziehungen	Unternehmen		Konsumgüter-, Investitionsgüter-, DL-Unternehmen
	Institutionen		Staat, öffentliche Einrichtungen, Vereine
	Gruppen		Abteilungen, Familien, Aktionäre
	Individuen		Konsumenten, Zwischenhändler, Mitarbeiter
Richtung der Geschäftsbeziehung	unternehmens-extern gerichtet	horizontal	Joint Venture, strategische Allianzen
		vertikal	Hersteller-Konsument, Buying-Center, Selling-Center
		lateral	Beziehung zu Behörden, Medien, Marktforschungsinstituten
	unternehmens-intern gerichtet	horizontal	Beziehung Marketingleiter-Vertriebsleiter
		vertikal	Beziehung Filialleiter-Schalterpersonal
		lateral	Beziehung Marketingleiter-Personalsachbearbeiter
Inhaltliche Ebene der Geschäftsbeziehungen	Sachproblemebene		Produkt-/ Dienstleistungstransaktionen, Preisverhandlungen
	Organisationsebene		Warenlogistik, Zahlungsverkehr, Kommunikationskanäle
	Machtebene		Abhängigkeit Vorgesetzter -Mitarbeiter (Art/Ausmaß)
	menschlich-emotionale Ebene		Wertetransaktion (Ideen, Meinungen, Normen)
Dauer/Intensität der Geschäftsbeziehung	Dauer der Beziehung	kurz	2-wöchiges Unternehmensberatungsprojekt
		mittel	2-jährige Garantie beim Autokauf
		lang	langjährige Geschäftsbeziehungen
	Häufigkeit der Interaktion	gering	Hauserwerb
		mittel	Beziehung Autowerkstatt-Kunde
		hoch	LH-Einkauf, Bankdienstleistungen, Arbeitsverhältnis

(Fortsetzung)

1.3 Umsetzung des Marketings als Management von KKVs

Tab. 1.4 (Fortsetzung)

Dimensionen von Geschäftsbeziehungen	Formen von Geschäftsbeziehungen	Beispiele
Symmetrie der geschäftlichen Beziehungen	asymmetrisch	einseitige Markentreue des Nachfragers; Automobilhersteller-abhängiger Zulieferer
	symmetrisch	ausgeglichenes Business-to Business-Geschäft

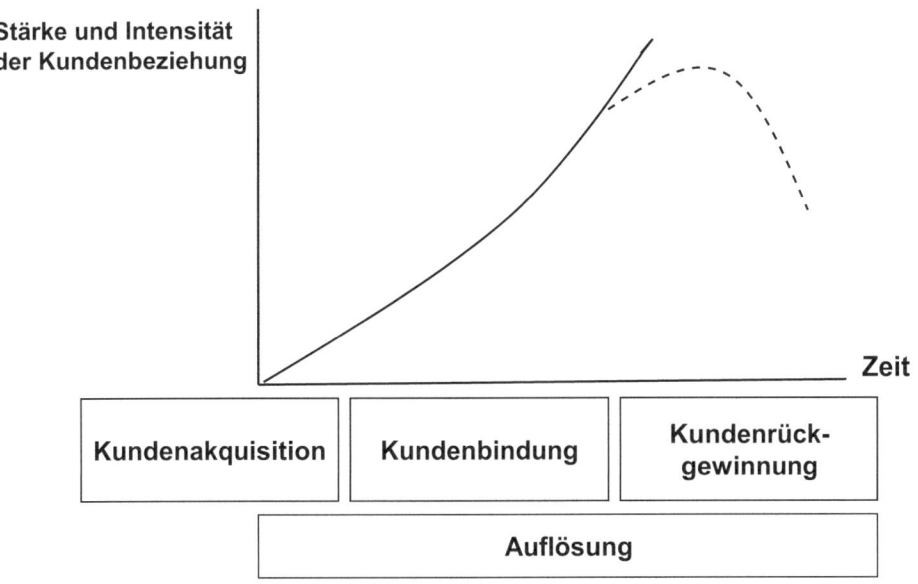

Abb. 1.16 Beziehungslebenszyklus (in Anlehnung an Bruhn 2016, S. 66)

die **Rückgewinnungsphase.** Jede Phase kann weitergehend unterteilt werden (Vgl. Bruhn 2016, S. 65 f.). Ggf. soll eine Geschäftsbeziehung aus Unternehmenssicht auch beendet werden, sodass zusätzlich eine **Auflösungsphase** einzufügen ist (Vgl. Abb. 1.16).

1.3.1.4 Marketing als Customer Experience Management

Mit dem **Customer Experience Management (CEM)** erfährt das Relationship Marketing eine Weiterentwicklung, die auf Kundenbeziehungen fokussiert (Vgl. Homburg 2020, S. 564).

Ausgangspunkt eines CEM bildet die Customer Journey. Der Begriff der Customer Journey ist nicht eindeutig definiert: Erste Ansätze zur Beschreibung der Customer Journey finden sich in Werbewirkungsmodellen wie z. B. dem bekannten AIDA-Modell (Vgl.

Tab. 1.5 Definitionen der Customer Journey. (Quelle: Zinkmann und Mahadevan 2018, S. 159)

Autor(en)	Definition
Richardson 2010	" … includes first engaging with a customer (perhaps with advertising or in a störe), buying the product or Service, using it, sharing about the experience with others (in person or online), and then finishing the journey by upgrading, replacing, or choosing a competitor (re-starting the journey with another Company)."
Homburg et al. 2015	"… is the evolvement of a person's sensorial, affective, cognitive, relational, and behavioural responses to a firm or brand by living through a journey of touchpoints along prepurchase, purchase, and post-purchase situations and continually judging this journey against response thresholds of co-occurring experiences in a person's related environment."
Esch et al. 2014	„Die Customer Experience Jouney bildet die Interaktion des Kunden mit der Marke über verschiedene Touchpoints ab. Dabei ist das Markenerlebnis an den für die Anspruchsgruppe zentralen Berührungspunkten entscheidend."
Lemon und Verhoef 2016	"… flows from pre-purchase (including search) to purchase to post-purchase; it is iterative and dynamic. This process incorporates past experiences (including previous purchases) as well as external factors. In each stage, customers experience touchpoints, only some of which are under the firm's control."

Schweiger und Schrattenegger 2017, S. 217; Bruhn 2015, S. 51; Kotler et al. 2017, S. 76 ff.). Heute gibt es verschiedene Definitionen des Begriffs (Vgl. Tab. 1.5).

▶ Im Folgenden soll die Customer Journey als zeitlicher Ablauf der Interaktion eines Nachfragers mit einer Unternehmung während des Kaufentscheidungsprozesses in der Vorkauf-, Kauf- und Nachkaufphase über Touchpoints und deren Dokumentation verstanden werden (Vgl. Zinkmann und Mahadevan 2018, S. 161).

Welche Aktivitäten der Kunde in den einzelnen Phasen des Kaufentscheidungsprozesses vollzieht hängt u. a. von der Person des Kunden und der Leistung ab (Vgl. Meffert et al. 2019, S. 124 ff.; Zinkmann und Mahadevan 2018, S. 160). In der **Vorkaufphase** kann u. a. die Problemerkennung, die Informationssuche und die Alternativenbewertung erfolgen. Die **Kaufphase** umfasst je nach Komplexität der Leistung ihre Lieferung, Annahme, Installation, Inbetriebnahme, Prüfung und die Akzeptanz oder Zurückweisung. In der **Nachkaufphase** wird die Leistung genutzt bzw. konsumiert und bewertet.

Auf seiner Customer Journey hat der Kunde verschiedene Touchpoints.

▶ **Touchpoints** sind alle von einem Kunden bewusst wahrgenommenen verbale und non verbale Ereignisse, die er einem bestimmten Anbieter (bzw. einer Marke) während der Customer Journey zuordnet (Vgl. auch Jozic 2015, S. 11).

1.3 Umsetzung des Marketings als Management von KKVs

Sie dienen der Kundenansprache, der Kundeninformation, der Distribution, dem Kundenservice (Vgl. Steinmann 2011, S. 9) und der Transaktion.

Die Touchpoints des Kunden auf dessen Customer Journey beziehen sich auf (Vgl. Steinmann 2011, S. 8; Zinkann; Mahadevan 2018, S. 160)

- die Unternehmung,
- Kooperationspartner der Unternehmung
- Konkurrenten
- unabhängige Institutionen (z. B. Preisvergleichsportale).

Durch die Digitalisierung wird die Zahl der Touchpoints um Online-Varianten erheblich erweitert, die der Kunde im Rahmen des Channel Hoppings (mit verschiedenen Endgeräten) auch einfach nutzen kann (Vgl. Meffert et al. 2019, S. 146; Kreutzer 2018, S. 145). Vor diesem Hintergrund ist die bisherige Annahme einer linearen Customer Journey, bei der einzelne Phasen und Aktivitäten mehr oder weniger intensiv in einem linearen Prozess durchlaufen werden (Vgl. Dierks 2017, S. 131; Kroeber-Riel und Gröppel-Klein 2019; Court u. a. 2009, S. 1 f.), nicht mehr haltbar. Vielmehr kann der Kunde bei einer Kaufentscheidung einzelne Phasen der Customer Journey bzw. deren Aktivitäten mehrfach (spiralförmig) durchlaufen (Vgl. Kotler et al. 2017, S. 83 ff.; Meffert et al. 2019, S. 126 ff.), aber auch Phasen bzw. Aktivitäten überspringen. Beim mehrfachen Durchlaufen der Customer Journey kann die Zahl der für die Kaufentscheidung berücksichtigten Leistungen variieren. Selbst die Auswahl einer spezifischen Leistung stellt oft keinen Endpunkt eines Entscheidungsprozesses dar, wenn diese problemlos revidiert werden kann, indem z. B. bestellte Ware kostenfrei zurückgeschickt wird und der Kunde erneut in die Vorkaufphase eintritt.

Entscheidend ist nun, dass Netto-Nutzen-Differenzen an allen Touchpoints entstehen können. Diesen Gedanken greift das Customer Experience Management auf.

▶**Customer Experience** (CE) ist definiert als die Summe aus sensorischen, affektiven, gedanklichen, und verhaltensbezogenen Reaktionen einer Person auf einen Anbieter oder eine Marke, die entlang mehrerer Touchpoints (Customer Journey) in der Vorkaufs-, Kauf- und Nachkaufphasen des Kunden und deren Vergleich mit anderen Customer Experiences hervorgerufen werden (Jozic 2015, S. 11; Jozic; Kühnl, 2016, S. 416; Homburg et al. 2015, S. 384; Lemon und Verhoef 2016, S. 74).

Die Reaktionen sollen die Realisation der Unternehmens- und Marketingziele unterstützen.

Grundlegend integriert die Definition zur CE zum einen die **Theorie der phänomenalen Wahrnehmung.** Sie beinhaltet die subjektiven Gefühle und Phantasien, die ein Kunde an einem einzigen Touchpoint erlebt. Ein schlechtes Erlebnis an einem Touchpoint

(z. B. eine inkompetente Beratung eines Verkäufers) kann dazu führen, dass eine Unternehmung, eine Leistung bzw. eine Marke als Kaufalternative ausscheiden. Zum anderen integriert die Definition die Summe der unternehmensbezogene Customer Experiences über die gesamte Customer Journey (im Vergleich zur Konkurrenz) die darüber entscheidet, ob der Kunde bei einer Unternehmung kauft oder nicht (Vgl. Jozic 2015, S. 13 f.). Im Mittelpunkt der Betrachtung steht damit nicht mehr allein die Leistung, sondern die Leistung und die Interaktion (Vgl. auch Schmidt und Mangold, 2019, S. 826). Zudem ist die Betrachtung nicht mehr zeitpunkt- sondern zeitraumbezogen.

Als Auslöser der CE können dienen (Vgl. Meffert et al. 2018, S. 205)

- sensorische Erlebnisse, die durch die Sinnesorgane wahrgenommen werden (z. B. Musik im Verkaufsraum, Geschmack und Geruch der Leistung, Handhabbarkeit der Verpackung usw.),
- emotionale Erlebnisse (z. B. durch Werbespots, YouTube-Video usw.),
- kognitive Erlebnisse bei der Aufnahme, Verarbeitung und Speicherung von Information (z. B. durch Influencer, Messe Videos etc.),
- verhaltensbezogene Erlebnisse (z. B. Probefahrt eines Autos, Privilegien durch Kundenbindungsmaßnahmen, Events),
- soziale Erlebnisse (z. B. durch Kundenclubs, Kundencommunities etc.).

Zu Gestaltung der Erlebnisse bedarf es vonseiten des Unternehmens des Einsatzes der Marketinginstrumente (Vgl. auch Kreutzer 2018, S. 144 ff.; Kaplan 2016).

Damit die Kundenerlebnisse zum Aufbau und Erhalt von KKVs beitragen, müssen sie (Vgl. Homburg 2020, S. 564 f.; Jozic 2015, S. 47 ff.; Jozic und Kühnl (2016), S. 417 ff.;)

- inhaltlich übereinstimmende Botschaften vermitteln,
- formal gem. dem Corporate Design abgestimmt sein, um ganzheitliche Erlebnisse zu gewährleisten
- dem jeweiligen Kontext des Kunden entsprechen, um einen unmittelbaren Mehrwert zu erzielen
- eine Online – und Offline-Integration erlauben.

Diese Aufgabe obliegt dem Customer Experience Management.

▶ Customer Experience Management kann insofern als permanente und integrierte Planung, Durchsetzung und Kontrolle von Kundenerfahrungen an den unternehmensbezogenen Touchpoints der Customer Journey des Kunden definiert werden, die zur langfristigen Kundenbindung führen und damit zum Aufbau und Erhalt von KKVs beitragen (Vgl. Homburg 2020, S. 564; Homburg et al. 2017, S. 384).

1.3.2 Marketing als Funktion

Dem Marketing als Funktion obliegt der Einsatz und die Gestaltung der Marketinginstrumente in einem koordinierten Marketing-Mix (Vgl. McCharthy und Perreault 1987) um dadurch KKVs aufzubauen und zu erhalten. Diese **Anwendungsorientierung** betrifft die mit der Gestaltung der Marketinginstrumente betrauten Unternehmensteile.

Marketinginstrumente können als Bündel sich ähnlicher Aktionsparameter verstanden werden, mit denen ein Unternehmen auf dem Markt agiert und reagiert (Vgl. Becker 2019, S. 487). Meist werden – wie auch in Abb. 1.17 mit der Leistungspolitik (Produkt- und Dienstleistungspolitik), der Distributions- bzw. Vertriebspolitik, der Kommunikationspolitik und der Preis- und Konditionenpolitik vier Marketinginstrumenten unterschieden (Vgl. Meffert et al. 2019, S. 393 ff.; Becker 2019, S. 487).

▶Die **Leistungspolitik** umfasst alle Entscheidungstatbestände, die sich auf die Absatzleistung des Unternehmens beziehen (Vgl. Bruhn 2022, S. 118).

Die Absatzleistung kann sowohl Produkte wie auch Dienstleistungen jeweils allein als auch in Kombination umfassen (Vgl. Vollert 2004, S. 34 f.; Engelhardt et al. 1993). Entscheidungstatbestände sind u. a. die Planung des Leistungsprogramms, die Kreation neuer Leistungen, die Leistungsmodifikation und -elimination, die Markierung (inklusive der Namensgebung), die Verpackung und Serviceleistungen (Vgl. Bruhn 2022, S. 122).

Abb. 1.17 Marketing-Mix (Vollert 2009)

▶**Die Distributionspolitik** wird als die Planung, Durchsetzung und Kontrolle aller betrieblichen Aktivitäten zur Übermittlung und Rückholung betrieblicher Leistungen zu bzw. von nachgelagerten Vertriebsstufen unter Überbrückung von Raum und Zeit verstanden (Vgl. auch Ahlert 1996, S. 8 ff., Specht 1992, S. 293 f.; Meffert et al. 2019, S. 579; Winkelmann 2010, S. 287; Specht und Fritz 2005, S. 37 ff.; Nieschlag et al. 2002; Bruhn 2022, S. 234) spricht von der **Vertriebspolitik.**

Entscheidungen beziehen sich u. a. auf die Gestaltung der Absatzwege und den Einsatz des Außendienstes (Vgl. Bruhn 2022 S. 236), was auch als **akquisitorische Distribution** bezeichnet wird. Die **logistische Distribution** regelt die Beziehungen, die notwendig sind, um Raum und Zeit durch Transport und Lagerhaltung der betrieblichen Leistungen zu überwinden, sowie den damit einhergehenden Informationsfluss zu bewältigen.

▶**Kommunikationspolitik** wird als die systematische und geplante Übermittlung von ausgewählten Informationen und Bedeutungsinhalten zum Zweck der Steuerung von Meinungen und Einstellungen, Erwartungen und Verhaltensweisen bestimmter Adressaten gemäß der spezifischen Ziele der Unternehmung mittels dazu bewusst ausgewählter Kommunikationsmaßnahmen definiert, um die Unternehmung und ihre Leistungen darzustellen und/oder mit den Anspruchsgruppen in Beziehung zu treten (Vgl. ähnlich Bruhn 2015, S. 3 ff.; Schmalen 1992, S. 15; Bruhn 2022, S. 108; Meffert et al. 2019, S. 633).

Entscheidungen der Kommunikationspolitik beziehen sich auf die Mediawerbung, das Direkt-Marketing, das Sponsoring und die Digitale Kommunikation, die Promotions (Verkaufsförderung), die Public Relations, den persönlichen Verkauf, Messen und Ausstellungen, das Event-Marketing sowie die Mitarbeiterkommunikation usw. und die Integration der Instrumente.

▶Unter der **Preispolitik** wird die Gesamtheit aller absatzpolitischen Maßnahmen zur Bestimmung und Durchsetzung einer bestimmten Preis-Leistungs-Beziehung verstanden (Vgl. ähnlich; Meffert et al. 2019, S. 489; Diller et al. 2021, S. 41). Die **Konditionenpolitik** regelt die Bedingungen, unter denen Leistungen am Markt angeboten werden.

Im Einzelnen werden bei der Preis- und Konditionenpolitik Entscheidungen zur Preishöhe, den Rabatten, Boni und Skonti, Liefer- und Zahlungsbedingungen getroffen.

Entscheidungen zu den Marketinginstrumenten sind sowohl strategischer als auch operativer Natur. Die qualitative, quantitative und zeitliche Koordination innerhalb und zwischen Marketinginstrumente wird als **Marketing-Mix** bezeichnet (Vgl. Kaas 1992, S. 682; Becker 2019 S. 486; Meffert et al. 2019, S. 896; Bruhn 2022, S. 76). Es geht um die Frage, welche Instrumente in welcher Ausgestaltung und Intensität zu welchem Zeitpunkt einzusetzen sind, um die KKVs bestmöglich zu realisieren.

▶ Z. B. wird eine niedrige Leistungsqualität i. d. R. nur zu einem niedrigen Preis über den Discounter verkauft werden können. In der Werbung dürfen keine Aussagen getroffen werden, die den Schluss auf eine hohe Qualität zulassen.

Literatur

Ahlert, D. (1996): Distributionspolitik. Das Management des Absatzkanals. 3. Aufl., Gustav Fischer Verlag, Stuttgart und Jena

Anderson, J. C.; Jain, D. J.; Chintagunta, P. K. (1993): Customer Value Assessment in Business Markets – A State-of-Practice Study. In: Journal of Business-to-Business Marketing, 1(1). S. 7–29.

Anderson, J. C.; Narus, J. A. (2004): Business Market Management, Under-standing, Creating and Delivering Value, 2nd ed., Upper Saddle River (NJ).

Backhaus, K. (1997): Relationship Marketing- Ein neues Paradigma im Marketing? In: Bruhn, M.; Steffenhagen, H. (Hrsg): Marktorientierte Unternehmensführung. Reflexion- Denkanstöße- Perspektiven, Gabler Verlag, Wiesbaden S. 19-35.

Backhaus, K. (2006): Vom Kundenvorteil über die Value Proposition zum KKV. In: Thexis Fachzeitschrift für Marketing, 23 (3), S. 7–10.

Backhaus, K.; Erichson, B.; Plinke, W.; Weiber, R. (2018): Multivariate Analysemethoden, 15. Aufl., Springer-Gabler, Berlin und Heidelberg.

Backhaus, K.; Schneider, H. (2020): Strategisches Marketing, 3. Aufl., Schäffer-Poeschel Verlag, Stuttgart.

Backhaus, K.; Voeth, M. (2014): Industriegütermarketing, 10. Aufl., Franz Vahlen, München

Becker, J. (2019): Marketing-Konzeption, 11. Aufl., Vahlen, München.

Belz, C.; Bieger, T. (2004): Customer Value. Kundenvorteile schaffen Unternehmensvorteile, Verlag Moderne Industrie, Frankfurt

Berry, L. L. (1983), "Relationship marketing". In: Berry, L. L., Shostack, G. L. and Upah, G. D. (Eds), Emerging Perspectives of Services Marketing, American Marketing Association, Chicago, IL, pp. 25–28

Bruhn, M. (2002): Integrierte Kundenorientierung. Implementierung einer kundenorientierten Unternehmensführung, Gabler Verlag, Wiesbaden

Bruhn, M. (2015): Kommunikationspolitik. Systematischer Einsatz der Kommunikation für Unternehmen. 8. Aufl., Vahlen, München.

Bruhn, M. (2016): Relationship Marketing, 5. Aufl., Vahlen Verlag München

Bruhn, M. (2022): Marketing. Grundlagen für Studium und Praxis, 15. Aufl., Springer Gabler, Wiesbaden

Bruhn, M.; Bunge, B. (1994): Beziehungsmarketing-Neuorientierung für Marketingwissenschaft und – praxis. In: Bruhn, M.; Meffert, H.; Wehrle, F. (Hrsg): Marktorientierte Unternehmensführung im Umbruch. Effizienz und Flexibilität als Herausforderungen des Marketing, Schäffer-Poeschel, Stuttgart, S. 41–84.

Bruhn. M; Hadwich, K. (2017): Produkt- und Servicemanagement, 2. Auflage, Franz Vahlen, München.

Court, D; Elzinga, D; Mulder, S; Vetvik, O. J. (2009): The consumer decision journey, 1 McKinsey Quarterly Number 3, S. 1–11.

Dierks, A. (2017): Re-Modeling the Brand Purchase Funnel. Conceptualization and Empirical Application. Springer Gabler, Wiesbaden,
Diller, H. (2000): Preispolitik, 3. Aufl., Verlag W. Kohlhammer, Stuttgart.
Diller, H. (2008): Preispolitik, 4. Aufl., Kohlhammer Stuttgart
Diller, H.; Beinert, M.; Ivens, B.; Müller, S. (2021): Pricing. Prinzipien, und Prozesse der betrieblichen Preispolitik, Verlag W. Kohlhammer, Stuttgart
Eckert, R. (2014): Business Model Prototyping, Springer Gabler, Wiesbaden
Engelhardt, W. H.; Kleinaltenkamp, M; Reckenfelderbäumer, M. (1993): Leistungsbündel als Absatzobjekte, ZfbF, 45 (5): S. 395–426.
Esch, F.-R.; Klein, J.; Knörle, C.; Schmitt, M. (2014): Customer Touchpoint Management für Corporate Brands umsetzen, in: Corporate Brand Management, Esch, F.-R.;Tomczak, T.; Kernstock, J.; Langner, T.; Redler, J., Wiesbaden, Springer Fachmedien, S. 427–448.
Fehl, U. (1983): Die Theorie dissipativer Strukturen als Ansatzpunkt für die Analyse von Innovationsproblemen in alternativen Wirtschaftsordnungen. In: Schüler, A.; Leipold, H.; Hamel, H. (Hrsg.): Innovationsprobleme in Ost und West, Fischer, Stuttgart ; New York : S. 65–89.
Fehl, U. ; Oberender, P. (2004): Grundlagen der Mikroökonomie, 9. Aufl., Franz Vahlen, München.
Freeman R. A. (1984): Strategic Management. A Stakeholder Approach, Pitman, Boston
Fürst, A (2016): Verfahren zur Messung der Kundenzufriedenheit im Überblick. In Homburg, C. (Hrsg.): Kundenzufriedenheit, 9. Aufl. 2016, Springer Gabler, Wiesbaden, S. 125–155
Gälweiler, A. (1985): Strategische Unternehmensplanung in der Praxis – unter besonderer Berücksichtigung der Verwertbarkeit strategischer Analyseinstrumente. In: Raffée, H.; Wiedmann K.-P. (Hrsg.): Strategisches Marketing, Poeschel Verlag, Stuttgart, S. 228–242
Gassmann, O.; Frankenberger, K; Csik, M. (2013): Geschäftsmodelle entwickeln, Carl Hanser, München
Grant, R. M.; Nippa, M (2006): Strategisches Management, 5. Aufl. Pearson Education Deutschland GmbH, München
Grunwald, G; Schwill, J. (2017a): Relationship Marketing. In: WISU 46 (8), S. 931–937
Grunwald, G; Schwill, J. (2017b): Beziehungsmarketing, Schäffer-Poeschel, Stuttgart.
Gummesson, E. (1987) The new marketing—Developing long-term interactive relationships. In: Long Range Planing, 20 (4), Pp. 10–20
Hamel, G. (2002): Leading the Revolution: How to Thrive Turbulent Times by Making Innovation a Way of Life, Harvard Business Press, Boston.
Hayek, F.A. van (1976): Individualismus und wirtschaftliche Ordnung, 2. Aufl.. Verlag W. Neugebauer, Salzburg
Heuss, E. (1980): Wettbewerb. In: Handwörterbuch der Wirtschaftswissenschaften, Bd. 8, S. 679ff, diverse Verlage Stuttgart und New York
Homburg, Chr.: (2020): Marketing Management, 7. Aufl. Gabler Springer, Wiesbaden
Homburg, C.; Jozić, D.; Kuehnl, C. (2015): Customer experience management. Toward implementing an evolving marketing concept. In: Journal of the Academy of Marketing Science 45 (3), S. 377–401.
Jozic, D. (2015): Customer experience management. Dissertation. Universität Mannheim, Mannheim; http://nbn-resolving.de/urn:nbn:de:bsz:180-madoc-415196. Zugegriffen: 16.08.21
Jozic, D.; Kühnl, C. (2016): Customer Experience Management. In: Homburg, C. (Hrsg.): Kundenzufriedenheit, 9. Aufl., Springer Gabler, Wiesbaden, S. 411–437
Kaas, K.-P. (1992): Marketing-Mix. In: Diller, H. (Hrsg.): Vahlens großes Marketing-Lexikon, Vahlen München, S. 682–685
Kaplan, K. (2016): When and How to Create Customer Journey Maps. https://www.nngroup.com/articles/customer-journey-mapping/, zuletzt geprüft am 30.04.2019.
Kirzner, I. (1978): Wettbewerb und Unternehmertum, Mohr, Tübingen.

Kirzner, I. (1984): Die Krise aus „Österreichischer" Sicht. In: Bell, D.; Kristol, I. (Hrsg.): Die Krise in der Wirtschaftstheorie, Springer Verlag, Berlin u. a., S. 140–153

Köhler, R. (1981): Grundprobleme der strategischen Marketingplanung. In: Geist, M.N.; Köhler, R. (Hrsg.): Die Führung des Betriebes, Festschrift zum 80. Geburtstag von C. Sandig, C. E. Poeschel, Stuttgart, S.261–291

Köhler, R.; Böhler, H. (1984): Strategische Marketing-Planung. Kursbestimmung bei ungewisser Zukunft. In: asw, 27 (3), S.93–103.

Köster, O. (2014): Systematik zur Entwicklung von Geschäftsmodellen in der Produktentstehung, Dissertation Uni Paderborn, https://d-nb.info/1053718659/34. Zugegriffen am 26.8.22

Kotler, Ph. (2009): Marketing wird es immer geben. In: Meffert, H. (Hrsg.): Erfolgreich mit den Großen des Marketings, Campus, Frankfurt und New York, S. 21–24

Kotler, P. ; Keller, K. L.; Opresnik, M. O. (2015): Marketing-Management. Konzepte – Instrumente – Unternehmensfallstudien; [inklusive MyLab, deutsche Version]. 14. aktualisierte Aufl., Pearson (Wirtschaft), Hallbergmoos.

Kotler, P.; Kartajaya, H.; Seitiawan, I. (2017): Marketing 4.0. Der Leitfaden für das Marketing der Zukunft. (1. Aufl.), Campus, Frankfurt.

Kreikebaum, H.; Gilbert, D. U; Behnan, M. (2018): Strategisches Management, 8. Aufl., W. Kohlhammer GmbH, Stuttgart.

Kreutzer, R. T. (2018): Toolbox für Marketing und Management. Kreativkonzepte – Analysewerkzeuge – Prognoseinstrumente. Springer Gabler, Wiesbaden. Schlagwörter: Management; Marketing.

Kroeber-Riel, W.; Gröppel-Klein, A. (2019): Konsumentenverhalten. 11., Aufl., Verlag Franz Vahlen München

Kuß, A. (2003): Subjektive Preiskalküle und Nutzenpreise. In: Diller, H.; Hermann, A. (Hrsg.): Handbuch Preispolitik, Gabler Verlag, Wiesbaden, S. 285–302.

Lemon, K.; Verhoef, P. (2016): Understanding Customer Experience Throughout the Customer Journey. In: Journal of Marketing, Vol. 80, No. 6, pp. 69–96

Mauthe, K. (1984): Strategische Exploration und Analyse als Basis der Planung strategischer Programme. In: Trux, W.; Müller, G.; Kirsch, W. (Hrsg.): Das Management strategischer Programme, Kirsch Herrsching, München, S.37–212.

Mc.Carthy, E. ; Perreault, W. D. (1987): Basic marketing : a managerial approach, Irwin, Homewood,Ill.

Meffert, H. (1992): Marketingforschung und Käuferverhalten, 2. Aufl., Gabler, Wiesbaden.

Meffert, H. (2009): Marketing Auf die marktorientierte Führung kommt es an. In Meffert, H. (Hrsg.): Erfolgreich mit den Großen des Marketings, Campus, Frankfurt und New York, S. S. 9–18.

Meffert, H; Bruhn, M.; Hadwich, K. (2018): Dienstleistungsmarketing, 9. Aufl., Springer Gabler Wiesbaden.

Meffert, H.; Burmann, C.; Kirchgeorg, M.; Eisenbeiß, M. (2019): Marketing, 13. Aufl., Springer Gabler, Wiesbaden

Mises, L. v. (1940): Nationalökonomie. Theorie des Handelns und Wirtschaftens, https://cdn.mises.org/Nationalokonomie%20Theorie%20des%20Handelns%20und%20Wirtschaftens_2.pdf abgerufen am 21.3.2017

Morgan, R. M; Hunt S. D. (1994): The Commitment-Trust-Theory of Relationship Marketing. In: Journal of Marketing, 58 (3), S. 20–38

Nieschlag, R.; Dichtl, E. Hörschgen, H. (2002): Marketing, 19. neu bearbeitete Aufl., Duncker & Humblot, Berlin.

Oberender, P. (1977): Zur Diagnose wettbewerblicher und nicht-wettbewerblicher Marktprozesse. In: Jahrbuch für Sozialwissenschaften, Bd.28, S.277–284.

Oberender, P. (1987): Marktwirtschaft und Innovation; Grenzen und Möglichkeiten staatlicher Innovationsförderung. In: Kantzenbach, E.; Oberender; Peters, D.; Seidenfus, F.: Beiträge zur Innovationspolitik, (Hrsg.: Werner, J.), Duncker u. Humblot, Berlin, S.9–26
Oberender, P. ; Fleischmann, J. (2003): Einführung in die Mikroökonomik, PCO Verlag, Bayreuth.
Osterwalder, A.; Pigneur, Y. (2010): Business Model Generation. A Handbook for Visionaries, Game Changers, and Challengers, John Wiley & Sons, New York, NY:..
Osterwalder, A.; Pigneur, Y. (2011): Business Model Generation, Campus, Frankfurt/M.
Plinke, W. (1996): Kundenorientierung als Voraussetzung der Customer Integration. In: Kleinaltenkamp, M.; Fließ, S.; Jacob, F. (Hrsg.): Customer Integration. Von der Kundenorientierung zur Kundenintegration, Gabler Verlag, Wiesbaden, S. 41–56.
Plinke, W. (1997): Grundlagen des Geschäftsbeziehungsmanagements. In: Kleinaltenkamp, M.; Plinke, W. (Hrsg.): Geschäftsbeziehungsmanagement, Springer Berlin u. a., S. 1–62
Plinke, W. (2000): Grundlagen des Marktprozesses. In: Kleinaltenkamp, M.; Plinke, W. (Hrsg.), Technischer Vertrieb. Grundlagen des Business to Business Marketing, 2. Aufl., Springer, Berlin u.a., S. 3–99
Porter, M. E. (2010): Wettbewerbsvorteile, 7. Aufl., Campus, Frankfurt/New York
Reichheld, F. F. (1999): Loyalität und die Renaissance des Marketing. In: Payne, A.; Rapp, R. (Hrsg.): Handbuch Relationship Marketing, Verlag Vahlen, München, S. 49–67
Richardson, A. (2010): Using Customer Journey Maps to Improve Customer Experience. In: Harvard Business Review, https:// hbr.org/2010/11/using-customer-journey-maps-to, Zugriff am: 21. December 2018,
Ries, A.; Trout, J. (1981): Positioning. The Battle For Your Mind, McGraw- Hill, New York.
Sabel, H. (1993): Marketing, Landsberg am Lech. Moderne Industrie
Schallmo, D. (2018): Geschäftsmodelle erfolgreich entwickeln und implementieren, 2. Aufl., Springer Gabler, Berlin.
Schmalen, H. (1992): Kommunikationspolitik, 2. Aufl., Kohlhammer Stuttgart u. a.
Schmidt, B; Mangold, M. (2019): Customer Experience Management als zentrale Erfolgsgröße der Markenführung. In: Esch, F.-R. (Hrsg.): Handbuch Markenführung, Springer Gabler, Wiesbaden, S. 825–838
Schumpeter (1952): Theorie der wirtschaftlichen Entwicklung, 5. Auflage, Duncker & Humblot, Berlin
Schweiger, G.; Schrattenecker, G. (2017): Werbung. Eine Einführung. 9., überarbeitete und erweiterte Auflage. UVK Verlagsgesellschaft mbH; UVK/Lucius (UTB, Nr. 1370), Konstanz, München.
Simon, H. (1988): Management strategischer Wettbewerbsvorteile. In: Simon, H. (Hrsg.): Wettbewerbsvorteile und Wettbewerbsfähigkeit, Schäffer, Stuttgart, S.1–17.
Simon, H. (2011): Die Wirtschaftstrends der Zukunft, Campus, Frankfurt/New York.
Simon, H.; Fassnacht, M. (2016): Preismanagement, Analyse – Strategie – Umsetzung, 4., vollständig überarbeitete und erweiterte Aufl., Springer Gabler Wiesbaden
Specht, G. (1992): Distributionsmanagement, Kohlhammer, Stuttgart.
Specht G.; Fritz W. (2005): Distributionsmanagement, 4. Aufl.. Kohlhammer GmbH Stuttgart
Stähler, P. (2002): Geschäftsmodelle in der digitalen Ökonomie, 2. Aufl., Josef Eul, Lohmar und Köln
Steinmann, S. (2011): Kundenkontakte und Kundenkontaktsequenzen im Multi Channel Marketing. Ausprägungen, Determinanten und Wirkungen. Zugl.: Göttingen, Univ., Diss. 2010, Gabler/Springer Fachmedien Wiesbaden GmbH, (SpringerLink Bücher), Wiesbaden, https://doi.org/10.1007/978-3-8349-6579-0. abgerufen am 26.10.22

Trux, W.; Müller, G.; Kirsch, W. 1984): Strategisches Management. In: Trux, W.; Müller, G.; Kirsch, W. (Hrsg.): Das Management strategischer Programme, Herrsching, Wartaweil 25 : Prof. Dr. W. Kirsch, S. 1–36

Tomczak, T. (1994): Relationship-Marketing-Grundzüge eines Modells zum Management von Kundenbeziehungen. In: Tomczak, T.; Belz, Chr. (Hrsg.): Kundennähe realisieren, Verlag Thexis, St. Gallen, S. 193–215

Vershofen, W. (1940): Handbuch der Verbrauchsforschung, C. Heymann, Berlin

Vershofen, W. (1950): Wirtschaft als Schicksal und Aufgabe, Necessitas-Verl. Wiesbaden

Vollert, K. (1991): EG-Pharmamarkt '92. Zugl.: Bayreuth, Univ., Diss., 1991 u.d.T.: Vollert, Klaus: Strategisches Management im EG-Binnenmarkt, dargestellt am Beispiel der pharmazeutischen Industrie. PCO, Bayreuth.

Vollert, K. (1998): Qualität lohnt sich. Psychographische und ökonomische Konsequenzen eines Qualitätsmanagements. Mittweida: FH, Fachbereich Wirtschaftswiss (Diskussionspapier/ Fachbereich Wirtschaftswissenschaften, Hochschule Mittweida (FH) – University of Applied Sciences, (4).

Vollert, K. (2004): Grundlagen des strategischen Marketing, 3. Aufl. PCO, Bayreuth

Vollert, K. (2009): Marketing, 2. Aufl., PCO, Bayreuth

Winkelmann, P. (2010): Marketing und Vertrieb. Fundamente für die Marktorientierte Unternehmensführung, 7. Aufl., Oldenbourg München

Wirtz, B. W. (2018): Business Model Management, 4. Aufl., Springer Gabler, Wiesbaden.

Zinkann, R. Chr.; Mahadevan, J. (2018): Zukünftige Customer Journeys und deren Implikationen für die Unternehmenspraxis. In: Marketing Weiterdenken : Zukunftspfade für eine marktorientierte Unternehmensführung; Herrn Prof. Dr. Dr. h.c. mult. Heribert Meffert zum 80. Geburtstag. Springer Gabler, Wiesbaden, S. 157–169.

Grundlagen des strategischen Marketings 2

Inhaltsverzeichnis

2.1 Strategisches Management 43
    2.1.1 Perspektiven des strategischen Managements 43
    2.1.2 Strategisches Management als Prozess 45
        2.1.2.1 Begriff der Strategie 46
        2.1.2.2 Strategische Planung 48
        2.1.2.3 Implementierung der strategischen Planung 50
        2.1.2.4 Strategische Kontrolle 50
2.2 Marketingstrategien und strategisches Marketingmanagement 52
Literatur 54

2.1 Strategisches Management

2.1.1 Perspektiven des strategischen Managements

Das strategische Marketing ist Teil des strategischen Managements. Eine einheitliche Definition des Begriffs strategisches Management existiert nicht (vgl. Tab. 2.1).

Prinzipiell besteht Einigkeit darüber, dass das strategische Management

- den langfristigen Erfolg und damit das langfristige Überleben der Unternehmung sichert,
- eine übergreifende Perspektive besitzt,
- die grundsätzliche Richtung der Unternehmensentwicklung bestimmt,
- die externe und interne Ausrichtung der Unternehmung bestimmt und
- Erfolgspotenziale schafft (vgl. Hungenberg 2014, S. 4 ff.; Johnson et al. 2018)

Tab. 2.1 Definitionen des strategischen Managements. (Quelle: Bamberger und Wrona 2012, S. 32)

Autor	Definition
Schendel und Hofer 1979	Strategic management is a process that deals with the entrepreneurial work of the organization, with organizational renewal and growth, and, more particulary, with the developing and utilizing the strategy which is to guide the organization's operations
Bracker 1980	Strategic management entails the analysis of internal and external enviroments of firms to maximize the utilization of resources in relation to objectives
Jemison 1981	Strategic management is the process by which general managers of complex organizations develop and use a strategy to coalign their organization's competences and the opportunities and constraints in the enviroment
Van Cauwenbergh und Cool 1982	Strategic management deals with the formulation aspects (policy) and the implementation aspects (organization) of calculated behavior in new situations and is the basis for future administration when repetition of circumstances occur
Smircich und Stubbart 1985	Strategic management is organization making – to create and maintain systems of shared meanings that facilitate organized action
Schendel/Cool 1988	Strategic management is essentially work associated with the term entrepreneur and his function of starting (and given the infinite life of corporations) renewing organizations
Teece 1990	Strategic management can be defined as the formulation, implementation, and evaluation of managerial actions that enhance the value of a business enterprise
Rumelt, Schendel und Teece 1991	Strategic management is about the direction of organizations, most often, business firms. It includes those subjects of primary concern to senior management, or to anyone seeking reasons for success and failure among organizations
Bowman; Singh; Thomas 2002	The strategic management field can be conceptualized as one centered on problems relating to the creation and sustainability of competitive advantage, or the pursuit of rents

Die Frage zur Ausgestaltung des strategischen Managements hängt nicht zuletzt von der Perspektive ab, die gegenüber dem Begriff eingenommen wird (vgl. Bamberger und Wrona 2012, S. 12 ff.). Eine **integrationsorientierte Perspektive** betrachtet die Unternehmung als Ganzes und spricht dem strategischen Management die Aufgabe zu, interdependente Aktivitäten der Unternehmung durch Bestimmung einer globalen Richtung zu integrieren. Eine **umweltorientierte Perspektive** sieht in der Strukturierung

2.1 Strategisches Management

Tab. 2.2 Perspektiven des strategischen Managements. (Quelle: in Anlehnung an Bamberger und Wrona 2012, S. 26)

Perspektive	Schwerpunkt	Aufgaben
Integrationsorientiert	Koordination interdependenter Aktivitäten der Unternehmung	Vorgabe der globalen Richtung der Unternehmung
Umweltorientiert	Strukturierung der Beziehungen der Unternehmung zur Umwelt	Anpassung an die Umwelt Beeinflussung der Umwelt Herstellung des Unternehmung-Umwelt-Fits
Ökonomisch orientiert	Erzielung dauerhafter Gewinne	Entwicklung dauerhafter Gewinnpotenziale Entwicklung dauerhafter Wettbewerbsvorteile Verhalten im Wettbewerb
Erfolgspotenzialorientiert	Aufbau von Erfolgspotenzialen	Wahl attraktiver Märkte Entwicklung von Wettbewerbsvorteilen Besitz wertvoller Ressource
Entscheidungsorientiert	Treffen innovativer Entscheidungen	Handhabung schlecht strukturierter Probleme Treffen von Entscheidungen, für die keine Lösungsalgorithmen existieren Treffen von wertbezogenen Entscheidungen

der Beziehungen der Unternehmung zur Umwelt den Fokus des strategischen Managements. Die **ökonomisch orientierte Perspektive** stellt die Erzielung dauerhafter Gewinne in den Mittelpunkt. Die **erfolgspotenzialorientierte Perspektive** überträgt dem strategischen Management die Aufgabe, Voraussetzungen für den zukünftigen Erfolg zu schaffen. Die **entscheidungsorientierte Perspektive** sieht die Aufgabe des strategischen Managements im Treffen innovativer Entscheidungen für die Unternehmung auf der Basis starker Unsicherheit und individueller Wertprämissen.

Die einzelnen Perspektiven und die damit verbundenen Aufgaben, die sich in der Realität überschneiden, sind in Tab. 2.2 dargestellt. Es hängt von der jeweiligen Problemstellung der Unternehmung ab, welche Perspektive dominiert.

2.1.2 Strategisches Management als Prozess

Begreift man den Begriff Management als FunktionFunktion (vgl. Thommen et al. 2023) macht Abb. 2.1 deutlich, dass das strategische Management ein auf der Umwelt und ihrer

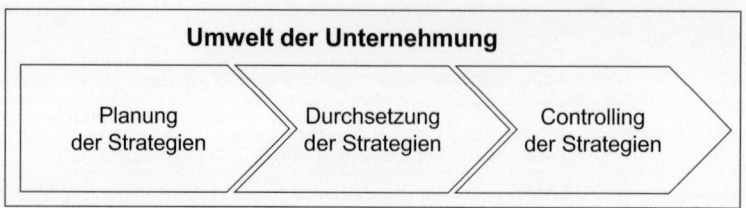

Abb. 2.1 Strategisches Management als Funktion

Entwicklung basierender Prozess der Planung, Implementierung und des Controllings von Strategien ist (vgl. auch Andrews 1971, S. 28).

2.1.2.1 Begriff der Strategie

Im Mittelpunkt des strategischen Managements steht der Begriff der Strategie. Er hat seine Wurzeln im Militärwesen und in der Spieltheorie (vgl. Backhaus und Schneider 2020, S. 29; Kreikebaum et al. 2018, S. 23) und ist fast zum modischen Schlagwort (vgl. Gälweiler 2005, S. 55) geworden. Dies zwingt dazu, jeweils zu definieren, was man unter einer Strategie versteht.

Für Chandler ist eine Strategie eine **Mittel-Zweck-Beziehung,** wenn er sie als "the determination of basic long term goals and objectives of an enterprise, and the adoption of cources of action and the resources nessesary for carrying out these goals" (Chandler 1962, S. 13) definiert. Chandlers Definition wird von Andrews konkretisiert, der die Strategie beschreibt als "the pattern of major objectives, purposes, or goals and essential policies and plans for achieving those goals, stated in such way as to define what business the company is in or is to be in and the kind of company it is or it is to be" (Andrews 1971, S. 28). Mintzberg unterscheidet mit den sogenannten **„5Ps for Strategy"** fünf verschiedene Sichtweisen einer Strategie (vgl. Mintzberg 1987, S. 11 ff.): Für ihn ist Strategie

- **Plan:** Die Strategie ist ein Plan, mit der die Unternehmung bestimmte Ziele erreichen will,
- **Ploy:** Die Strategie sind Winkelzüge im Wettbewerb,
- **Pattern:** Die Strategie ist ein Muster von Entscheidungen und Handlungen, um auf dem Markt erfolgreich zu sein,
- **Position:** Eine Strategie bestimmt, wie die Unternehmung im Verhältnis zu ihren Konkurrenten unter bestimmten Umwelt- und Marktbedingungen ihre Ressourcen sinnvoll einsetzt, um Erfolg zu haben,
- **Perspective:** Die Strategie als Perspektive fokussiert auf die Wahrnehmung der Umwelt innerhalb der Unternehmung und bestimmt ihre Beziehungen zu unterschiedlichen Anspruchsgruppen.

2.1 Strategisches Management

Auch zur Entstehung einer Strategie gibt es mit dem Modell der synoptischen Planung und dem Modell des Inkrementalismus zwei prinzipiell unterschiedliche Ansätze (vgl. Hungenberg 2014, S. 12 ff.; Nagel und Wimmer 2014, S. 27, die weiteren Ansätze unterscheiden). Das **Modell der synoptischen Planung** unterstellt einen festgelegten, stufenweisen Verlauf der Strategieplanung (vgl. Ansoff 1965), an dessen Ende ein „endgültiger" strategischer Plan steht, der normativen Charakter besitzt (vgl. Mintzberg 1978, S. 935). Es werden dabei folgende Annahmen getroffen (vgl. Müller-Stewens und Lechner 2016, S. 48 f.):

- Grundlage einer Strategie ist ein Entscheidungsprozess. Der Prozess unterteilt sich in klar definierte Phasen des Planung und Implementierung.
- Strategien werden einzelfallspezifisch und der Unternehmenssituation gemäß geplant und umgesetzt.
- Strategien werden vom Top-Management geplant, die Gesamtorganisation ist ausführendes Organ.

In einer dynamischen, auch von der Digitalisierung geprägten Umwelt ist dieses Vorgehen ungeeignet, da es Unsicherheiten in der Entscheidung unberücksichtigt lässt und die Flexibilität der Unternehmung (vgl. Kap. 22) in unverantwortbarere Weise beschränkt (vgl. auch Zahn et al. 2005, S. 76).

Das **Modell des Inkrementalismus** (vgl. Mintzberg 1978, Mintzberg 1991, S. 43; Mintzberg 1994, S. 107 ff.; Mintzberg 1995, S. 32; Schreyögg und Koch 2020, S. 237 ff.) geht davon aus, dass sich ursprünglich geplante Strategien (**intended strategies**) in dem letztlich realisierten strategischen Plan (**realized strategies**) nur in Teilen wiederfinden (**deliberate strategies**). Andere Teile der „indended strategies" sind nicht durchführbar und werden verworfen (**unrealized strategies**). Zudem kommen im Zeitablauf Strategien, die nicht geplant waren, aber durch kohärentes Verhalten in der Unternehmung (ungeplant) entstehen und sich durchsetzen (**emergent strategies**) dazu. Der „Strategiekanon" von Mintzberg kann weiterhin um einen Teil ergänzt werden, der die bewusste und gewollte Veränderung der intended strategies – die „**changed strategies**" umfasst (vgl. Abb. 2.2).

Es ist zu erwarten, dass emergente und bewusst geänderte Strategien in einer sich verändernden, von der Digitalisierung geprägten Umwelt zunehmend Bedeutung erlangen. Dabei spielt zum einen eine zunehmende Dynamisierung eine Rolle. Zum anderen wird die Digitalisierung zunehmend dazu führen, dass Menschen lernen und die Erkenntnisse daraus mit Hilfe der zur Verfügung stehenden Ressourcen auch nutzen. Damit gewinnt das **Graswurzelmodell** von Mintzberg an Bedeutung (vgl. Mintzberg 1991, S. 221 ff.). Demnach entstehen emergente und bewusst geänderte Strategien wie Gräser im Garten als bottom-up getriebene Muster. Zunächst als individuelle Problemlösungen werden sie zur Strategie der Unternehmung, wenn sie dort breiteren Zuspruch finden. Probleme

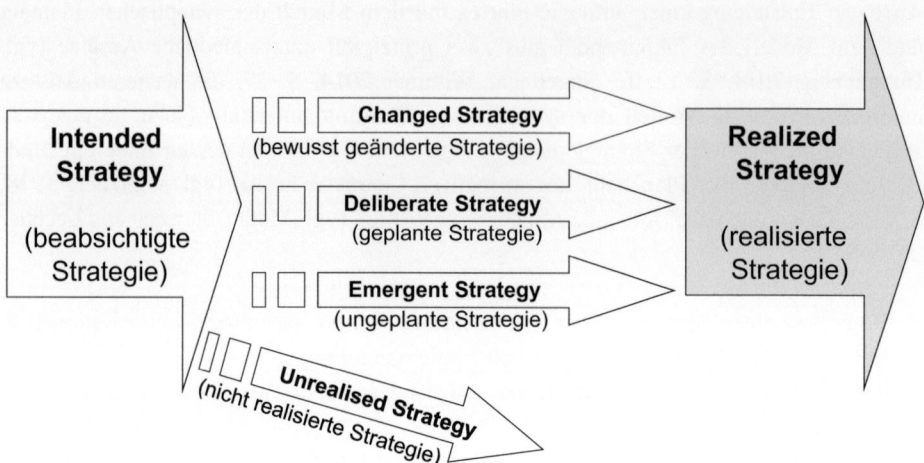

Abb. 2.2 Strategiekanon der Unternehmung (in Anlehnung an Mintzberg 1978, S. 945; Mintzberg 1995, S. 32; Backhaus und Schneider 2020, S. 33)

können sich in der Praxis dann ergeben, wenn dadurch die ursprünglich geplanten Strategien konterkariert werden. Dem normativen Management und der Zielformulierung kommen besondere Bedeutung zu, um dies zu vermeiden. Letztlich müssen die realisierten Strategien konsistent sein und die normativen Vorgaben der Unternehmung erfüllen.

> Zusammenfassend soll eine Strategie im Folgenden als ein System von Aktionen im Zeitablauf verstanden werden, das zur Sicherung des langfristigen Überlebens der Unternehmung deren langfristige Ziele realisiert.

2.1.2.2 Strategische Planung

Die strategische Planung ist Teil der Unternehmensplanung. Letztere umfasst die Institutionalisierung und Formalisierung aller Planungsaktivitäten der Unternehmung (vgl. Homburg 2000, S. 4) und übernimmt dabei folgende Funktionen (vgl. Homburg 2000, S. 5):

- Führungs- und Koordinationsfunktion,
- Chancengenerierungs- und Risikoreduktionsfunktion (Effektivitätsfunktion),
- Motivationsfunktion,
- Effizienzsteigerungsfunktion,
- Kreativitätsfunktion.

2.1 Strategisches Management

Abb. 2.3 Ansätze zur Definition der strategischen Planung

Zur Definition des Begriffs der strategischen Planung gibt es verschiedene Ansätze Abb. 2.3).

Der **formale Ansatz** stellt die Merkmale der strategischen Planung heraus:

- Die langfristige Orientierung,
- die besondere Bedeutung für den Fortbestand der Unternehmung,
- die maßgebliche Beteiligung des Top-Managements sowie
- die Behandlung von Problemen auf hoch aggregierter Ebene.

Der **instrumentelle Ansatz** hebt den Einsatz unternehmenspolitischer Instrumente hervor, wie z. B. das Marketing (als Funktion), die F&E, die Beschaffung, die Produktion etc. Der **teleologische Ansatz**, der den Zweck fokussiert, betont die Bedeutung der strategischen Planung zum langfristigen Überleben der Unternehmung (vgl. Homburg 2000, S. 8 f.).

> Zusammenfassend kann die strategische Planung als der Teil der Unternehmensplanung definiert werden (vgl. Homburg 2000, S. 9), der
>
> - langfristig auf hoch aggregierter Ebene (formaler Ansatz),
> - alle Bereiche der Unternehmung und Unternehmenspolitik umfasst (instrumenteller Ansatz),
> - um das langfristige Überleben der Unternehmung zu sichern (teleologischer Ansatz).

Die strategische Planung weist einige Besonderheiten auf:

- Sie berücksichtigt nicht nur den Markt der Unternehmung, sondern basiert auf einer Betrachtung breiter Umweltbereiche (vgl. Bea und Haas, 2017, S. 2 f.).

- Sie ist langfristig orientiert und sucht dabei nach Strukturbrüchen in der Zukunft.
- Sie ist Vorsteuerung der operativen Planung (vgl. Homburg 2000, S. 6).

2.1.2.3 Implementierung der strategischen Planung

Ein strategisches Management bedarf neben der Planung auch der Umsetzung der Strategie (vgl. Andrews 1971, S. 28).

▶Man versteht unter dem Begriff der Implementierung die Verwirklichung von Lösungen, die in konzeptioneller Hinsicht vorhanden sind und durch Umsetzung zu konkretem Handeln führen (vgl. Hilker 1993).

Die Implementierung weist sachbezogene und verhaltensbezogene Aspekte auf (vgl. Welge et al. 2017, S. 813 f.).

Bei den **sachbezogenen Aspekten** ist zwischen direkten und indirekten Aktionen zu unterscheiden (vgl. Müller-Stewens und Lechner 2016, S. 432). **Direkte Aktionen** beziehen sich auf die Umsetzung der Strategien in operative Maßnahmen, ihrer Budgetierung und der Ressourcenallokation. **Indirekte Aktionen** zielen auf die zur Umsetzung der Strategie notwendigen Unternehmenskultur, der Unternehmensstruktur und der Unternehmenssysteme.

Verhaltensbezogene Aspekte beschäftigen sich mit der Herstellung der Strategieakzeptanz, um die Implementierung der Strategie und die dazu ggf. notwendigen Veränderungsprozesse zu fördern (vgl. Welge et al. 2017, S. 815). Die Strategieimplementierung ist deshalb wichtig, weil eine gute Implementierungsfähigkeit selbst eine unangemessene Strategieformulierung ausgleichen kann. Ein mangelndes Implementierungsverständnis hingegen führt immer zu Problemen (vgl. Hilker 1993). Probleme bei der Implementierung entstehen aus

- Unklarheiten über Inhalt und Zielsetzung des Implementierungsgegenstands,
- fehlenden oder unangemessenen Know how über das Implementierungsvorgehen,
- mangelnder Qualifikation des Managements,
- fehlender Unterstützung des Top Managements.

2.1.2.4 Strategische Kontrolle

Unter der klassischen Kontrolle wird i. d. R. ein Soll-Ist –Vergleich verstanden, bei dem die geplanten Ziele mit der tatsächlichen Zielrealisation verglichen werden. Abweichungen und ggf. deren Ursachen gehen in den zukünftigen Planungsprozess ein (vgl. Schreyögg 2006, S. 101). Eine derartige ex post-Kontrolle bei den bereits eingetretenen Ergebnissen als fundamentaler Bestandteil des Kontrollprozesses dienen, sind für das strategische Management ungeeignet (vgl. Welge et al. 2017, S. 963 f.; Horváth et. al. 2020, S. 121; Reichmann et al. 2017, S. 590 f.), weil

2.1 Strategisches Management

- eine Planrevision auf der Basis von eingetretenen Ergebnissen möglicherweise zu spät kommt, um das langfristige Überleben der Unternehmung zu sichern,
- mögliche Umweltveränderungen nicht erfasst werden,
- die Soll-Größen nicht infrage gestellt werden.

Schreyögg schlägt, wie in Abb. 2.4 gezeigt, für die strategische Kontrolle deshalb ein System aus einer strategischen Prämissenkontrolle, einer strategischen Durchführungskontrolle und einer strategischen Überwachung vor (vgl. Schreyögg 2006, S. 104 ff.; Schreyögg und Koch 2020, S. 245 ff.; Weber 2009, S. 8 f.).

Die **Prämissenkontrolle** überprüft die der Planung zugrunde liegenden Annahmen über die Umwelt der Unternehmung und ihrer Entwicklung. Weil damit immer auch alternativ mögliche Entwicklungen ausgeschlossen werden, muss die Richtigkeit der getroffenen Annahmen permanent überprüft werden. Die **Durchführungskontrolle** hat die Aufgabe, die nach der Umsetzung der Strategie erfassbaren Ergebnisse zu sammeln und damit im Sinne eines Feedforward die Tragfähigkeit einer Strategie zu beurteilen. Dazu werden (strategische) Milestones bzw. Zwischenziele der Strategieumsetzung formuliert. Inhaltliche oder zeitliche Abweichungen zwingen ggf. zu Korrekturen der Strategie bzw. ihrer Umsetzung (vgl. Welge et al. 2017, S. 967). Mit der **strategischen Überwachung** sollen ungerichtet solche Entwicklungen identifiziert werden, die bei der Prämissen- und Durchführungskontrolle nicht erfasst werden, den Bestand der Unternehmung bedrohen können und an denen die Angemessenheit der Strategie überprüft wird.

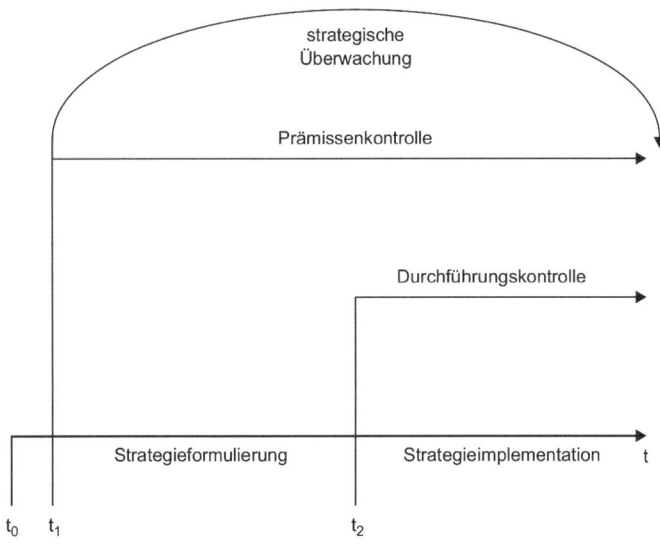

Abb. 2.4 Strategische Kontrolle (Schreyögg 2006, S. 105; Schreyögg und Koch 2020, S. 245)

Die relevante Fragestellung lautet, ob beim Eintritt von Situation x die Strategie y geeignet ist, das langfristige Überleben der Unternehmung zu gewährleisten.

Für die strategische Kontrolle ist weiterhin festzulegen, ob sie **außerplanmäßig, planmäßig** oder **kontinuierlich** erfolgen soll bzw. muss (vgl. Welge et al. 2017, S. 963). Für welche Variante sich eine Unternehmung entscheidet, hängt von den verfügbaren Ressourcen, den unternehmensspezifischen Gegebenheiten (Branche, Internationalisierung, Größe) sowie der Komplexität der Umwelt ab. Der Kontrollzyklus kann bezgl. der Arten des strategischen Controllings variieren.

2.2 Marketingstrategien und strategisches Marketingmanagement

Auch bei der Definition des strategischen Marketings gibt es Meinungsunterschiede. Grundlegende Einigkeit besteht darin, dass das strategische Marketing einen Handlungsrahmen bestimmt, aus dem sich einzelne, konkrete Marketingmaßnahmen der Unternehmung ableiten lassen (vgl. Benkenstein und Uhrig 2009, S. 17). Damit ist aber nicht geklärt, was ein strategisches Marketing umfasst, denn es kommt jeweils darauf an, was unter dem Begriff Marketing verstanden wird (vgl. Backhaus und Schneider 2020, S. 44 f.). So überrascht es nicht, dass dem strategischen Marketing in der Literatur unterschiedliche Aufgaben zugeordnet werden (vgl. Benkenstein und Uhrig 2009, S. 16).

Wenn Marketing als Management von KKVs verstanden wird, dann obliegt es der Marketingstrategie, ein System von Aktionen zu entwickeln und zu realisieren, um KKVs aufzubauen und zu erhalten, die das langfristige Überleben der Unternehmung sichern (vgl. Backhaus und Schneider 2020, S. 44). Aktivitäten, die nicht auf das Management von KKV-Positionen gerichtet sind, gehören nicht zum (strategischen) Marketing, sondern zum allgemeinen Management (Backhaus und Schneider 2020), und werden damit auch vom strategischen Marketing nicht berücksichtigt.

▶ Das strategische Marketing kann damit als Planung, Umsetzung und Kontrolle eines Systems von Aktionen und Plänen verstanden werden, das zur Sicherung des langfristigen Überlebens der Unternehmung KKVs realisiert.

Als Bezugsrahmen einer Marketingstrategie dient Abb. 2.5.

Ausgangspunkt der Marketingstrategien ist die Betrachtung der globalen Umwelt, deren Status und Entwicklungen auf die Märkte (Market-based View) und die unternehmensinternen Bedingungen (Organizational-based View) Einfluss besitzen. Die Marketingstrategie hat nun die Aufgabe festzulegen, wie vor diesem Hintergrund der gesamten Umweltentwicklung KKVs aufgebaut und erhalten werden. Diese wiederum sichern den langfristigen Geinn der Unternehmung und dadurch ihr langfristiges Überleben.

2.2 Marketingstrategien und strategisches Marketingmanagement

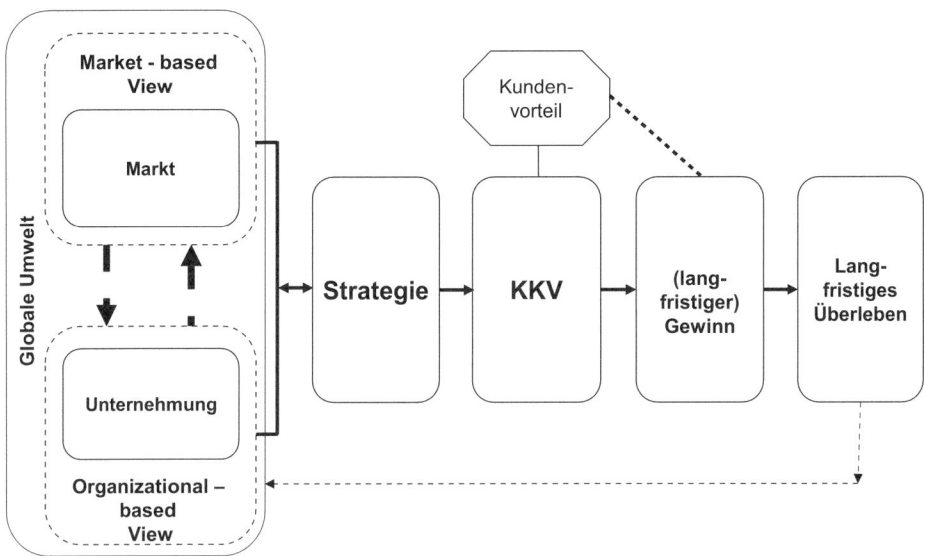

Abb. 2.5 Bezugsrahmen zur Formulierung von Marketingstrategien

Aktionen, die das strategische Marketing behandelt, müssen eine erhebliche Bedeutung oder Tragweite besitzen, einen erheblichen Ressourcenaufwand verursachen und schwer oder gar nicht reversibel sein (vgl. Grant 2014, S. 29). Damit befasst sind die Gesamtunternehmensebene, die Geschäftsfeldebene und die (Marketing-) Funktionsebene der Unternehmung (vgl. Backhaus und Schneider 2020, S. 44 ff.). Auf **Gesamtunternehmensebene** werden solche strategischen Marketingentscheidungen getroffen, die KKV-Position betreffen, die aber nicht dezentralisierbar sind, ohne Synergieverluste zu vermeiden (vgl. Backhaus und Schneider 2020, S. 35 ff.). Insbesondere handelt es sich um Entscheidungen zur Gestaltung des optimalen Geschäftsfeldportfolios und des internationalen Engagement. Auf **Geschäftsfeldebene** werden Entscheidungen zum Aufbau und Erhalt von Wettbewerbsvorteilen getroffen. Auf Marktteilnehmerebene wird das Verhältnis zu anderen Marktteilnehmern bestimmt. Entscheidungen auf **Funktionsebene** betreffen die optimale Ressourcenproduktivität. Im Marketingbereich betrifft dies Aspekte der Leistungs-, der Preis-, der Logistik- und der Kommunikationspolitik. Gleichzeitig obliegt es dem strategischen Marketingmanagement das strategische Marketing mit einer geeigneten Marketingstruktur, einer Marketingkultur und geeigneten Marketingsystemen umzusetzen.

Literatur

Andrews, K. R. (1971): The Concept of Corporate Strategy, Irwin, Homewood (IL.)
Ansoff, H. I. (1965): Corporate Strategy. An Analytic Approach to Business Policy For Growth And Expansion, McGraw-Hill, New York
Backhaus, K.; Schneider, H. (2020): Strategisches Marketing, 3. Aufl., Schäffer-Poeschel Verlag, Stuttgart
Bamberger, I.; Wrona, T. (2012): Strategische Unternehmensführung. Strategien, Systeme, Methoden, Prozesse. 2. vollst. überarb. und erw. Aufl., Vahlen (Vahlens Handbücher), München
Bea, F. X; Haas, J. (2017): Strategisches Management, 9. Aufl., UTB, Stuttgart
Benkenstein, M.; Uhrig, S. (2009): Strategisches Marketing, 3. Aufl., W. Kohlhammer, Stuttgart
Bowman, E. H.; Singh, H.; Thomas, H. (2002): The domain of strategic management. History and evolution. In: Pettigrew, A.; Thomas, H.; Whittington, R. (Hrsg.): Handbook of strategy and management, Sage Publications, London et al., S. 31–51
Bracker, J. (1980): The Historical Development of the Strategic Management Concept, The Academy of Management Review, 5 (2), S. 219–224
Chandler, A. D. (1962): Stategy and Structure. Chapters in the History of the Industrial Enterprise, MIT Press, Boston
Gälweiler, A. (2005): Strategische Unternehmensführung, 3. Aufl. Campus, Frankfurt am Main
Grant, R. M. (2014): Moderne strategische Unternehmensführung, Wiley-VCH Verlag GmbH &Co. KGaA, Weinheim
Hilker, J. (1993): Marketingimplementierung. Grundlagen und Umsetzung am Beispiel ostdeutscher Unternehmen, Deutscher Universitätsverlag, Wiesbaden
Homburg, C. (2000): Quantitative Betriebswirtschaftslehre, 3. Aufl., Gabler, Wiesbaden
Horváth, P.; Gleich, R; Seiter, M. (2020): Controlling, 14. Aufl., Verlag Franz Vahlen, München
Hungenberg, H. (2014): Strategisches Management in Unternehmen. Ziele – Prozesse – Verfahren. 8., aktualisierte Aufl., Springer Gabler, Wiesbaden
Jemison, D. B. (1981): Organizational Versus Environmental Sources of Influence in Strategic Decision Making. In: Strategic Management Journal 2 (1), S. 77–89
Johnson, G.; Whittington, R.; Scholes, K.; Angwin, D.; Regnér, P. (2018): Strategisches Management. Eine Einführung. 11., aktualisierte Aufl., Pearson, Hallbergmoos, Schlagwörter: Lehrbuch; Management; Strategisches Management
Kreikebaum, H.; Gilbert, D. U.; Behnam, M. (2018): Strategisches Management, 8. Aufl., W. Kohlhammer, Stuttgart
Mintzberg, H. (1978): Patterns in Strategy Formation. In: Management Science, 24 (9), S. 934–948
Mintzberg, H. (1987): The Strategy Concept I: Five Ps For Strategy. In: California Management Review 30 (1), S. 11–24
Mintzberg, H (1991): Mintzberg über Management: Führung und Organisation, Mythos und Realität, Gabler Verlag, Wiesbaden.
Mintzberg, H. (1994): The Fall and Rise of Strategic Planning. In: Harvard Business Review, 72 (1), S.107–114
Mintzberg, H. (1995): Die strategische Planung: Aufstieg, Niedergang und Neubestimmung, Hanser Verlag, München, Wien
Müller-Stewens, G.; Lechner, C. (2016): Strategisches Management. Wie strategische Initiativen zum Wandel führen, 5. Aufl., Schäffer-Poeschel, Stuttgart
Nagel, R.; Wimmer, R. (2014): Systemische Strategieentwicklung, Modelle und Instrumente für Berater und Entscheider, 6. Aufl., Schäffer-Poeschel, Stuttgart

Reichmann, T; Kißler, M; Baumöl, U. (2017): Controlling mit Kennzahlen. Die systemgestützte Controlling-Konzeption, 9. Aufl., Verlag Franz Vahlen, München

Rumelt, R. P.; Schendel, D.; Teece, D. J. (1991): Strategic management and economics. In: Strategic Management Journal, 12, Special Issue (Winter), S. 5–29

Schendel, D. E.; Cool, K. O. (1988): Development of the Strategic Management Field: Some Accomplishments and Challenges. In: Grant, J. H. (Hrsg.), Strategic Management Frontiers, JAI Press Inc., Greenwich Conneticut, S. 17–33

Schendel, D. E.; Hofer, C. W., (1979): Strategic Management: A New View of Business Policy and Planning, Little, Brown, Boston

Schreyögg, G. (2006): Strategische Kontrolle einer marktorientierten Unternehmensführung. In: Reinecke, S.; Tomczak, T. (Hrsg.) Handbuch Mar-ketingcontrolling, 2. Aufl., Betriebswirtschaftlicher Dr. Th. Gabler und GWV Fachverlag GmbH, Wiesbaden, S. 99–115

Schreyögg, G.; Koch, J. (2020): Management. Grundlagen der Unternehmensführung, 8. Aufl., Springer Gabler, Wiesbaden.

Smircich, L.; Stubbart, C. (1985): Strategic Management in an Enacted World. In: Academy of Management Review, 10 (4), S. 724–736

Teece, D.J. (1990): Contributions and impediments of economic analysis to the study of strategic management. In: Fredrickson, J. W. (Hrsg.): Perspectives on strategic management, Harper Business, New York et al., S. 39–81

Thommen, J. P.; Achleitner, A. K.; Gilbert, D. U. (2023): Allgemeine Betriebswirtschaftslehre, 10. Aufl., Springer Gabler, Wiesbaden

Van Cauwenbergh, A.; Cool, K. (1982): Strategic management in a new framework. In: Strategic Management Journal, 3 (3), S. 245–264

Weber, J. (2009): Rationalitätssicherung als zentrale Aufgabe des strategischen Controllings. In: Reimer, M.; Fiege, S. (Hrsg.): Perspektiven des Strategischen Controllings. Festschrift für Professor Dr. Ulrich Krystek, Gabler | GWV Fachverlage GmbH, Wiesbaden, S. 3–18

Welge M. K.; Al- Laham, A.; Eulerich, M. (2017): Strategisches Management, 7. Aufl., Springer Gabler, Wiesbaden

Zahn, E.; Nowak, M.; Schön; M. (2005): Flexible Strategien für wandlungsfähige Unternehmen. In: Kaluza, B., Blecker, T. (Hrsg.): Erfolgsfaktor Flexibilität. Strategien und Konzepte für wandlungsfähige Unternehmen, Erich Schmidt Verlag, Berlin, S. 71–103

Teil II
Umwelt der Unternehmung und ihre Erfassung

Bereiche der Umwelt 3

Inhaltsverzeichnis

3.1   Globale Umwelt 61
3.2   Relevanter Absatzmarkt 70
     3.2.1   Abgrenzung des relevanten Absatzmarktes 71
          3.2.1.1   Sachliche Marktabgrenzung 71
          3.2.1.2   Räumliche Marktabgrenzung 78
          3.2.1.3   Zeitliche Marktabgrenzung 82
     3.2.2   Beurteilung des relevanten Absatzmarktes 82
          3.2.2.1   Wettbewerbskräfte des Marktes 83
          3.2.2.2   Marktlebenszyklus 87
          3.2.2.3   Marktpotenzial, Marktvolumen und Marktanteil 97
     3.2.3   Segmentierung des Absatzmarktes 100
3.3   Strategische Geschäftsfelder (SGF) 101
     3.3.1   Definitorische Grundlagen 101
     3.3.2   Abgrenzung von SGFs 102
3.4   Strategische Gruppen 106
3.5   Kundensegmente 113
3.6   Unternehmensinterne Umwelt 121
     3.6.1   Ressource-based View 123
     3.6.2   Capability-Based-View (CBV) 126
     3.6.3   Knowledge-based View (KBV) 129
     3.6.4   Integrierte Modelle des Organizational based Views 131
     3.6.5   VRIO-Rahmen 132
     3.6.6   Aktivitäten der Unternehmung 134
Literatur 138

© Der/die Herausgeber bzw. der/die Autor(en), exklusiv lizenziert an Springer
Fachmedien Wiesbaden GmbH, ein Teil von Springer Nature 2025
K. Vollert, *Strategisches Marketing*, https://doi.org/10.1007/978-3-658-47660-1_3

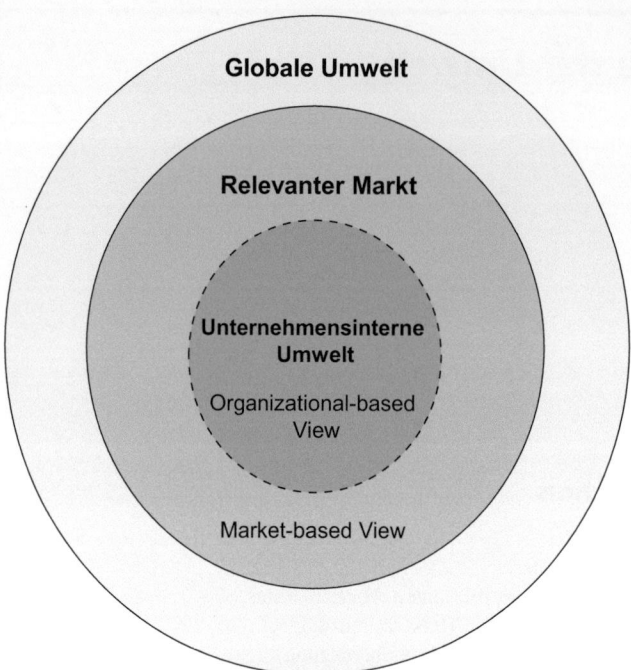

Abb. 3.1 Bereiche der Umwelt

Um KKVs aufzubauen und zu erhalten muss man wissen, **wo** dies zu geschehen hat, **welche KKVs** aufzubauen sind und **unter welchen Bedingungen** dies zu geschehen hat (vgl. Backhaus und Schneider 2020, S. 89). Dazu ist es notwendig, die Umwelt der Unternehmung zu kennen (vgl. Abb. 3.1).

Sie umfasst jene Elemente, die zur Realisation der Unternehmensziele eine Bedeutung besitzen (vgl. Kubicek und Thom 1976; Dill 1957/58, S. 410; Hungenberg und Wulf 2021, S. 15). Es hat sich durchgesetzt, die Unternehmensumwelt weitergehend in die **globale Umwelt** (man bezeichnet diese auch als **Makroumwelt**) und die **Aufgabenumwelt** (analog wird diese auch Mikroumwelt genannt) zu unterteilen. Die Aufgabenumwelt umfasst die **Märkte** der Unternehmung. Dazu gehören ihre **Absatz-** und ihre **Beschaffungsmärkte** (wie der Güterbeschaffungsmarkt, der Finanzmarkt, der Arbeitsmarkt, der Informationsmarkt u. a.). Im strategischen Marketing stehen die Absatzmärkte im Mittelpunkt der Betrachtung. Die Absatzmärkte können weitergehend in **strategische Geschäftsfelder, strategische Gruppen** und **Kundensegmente** aufgeteilt (segmentiert) werden. Nicht zuletzt ist die **unternehmensinterne Umwelt** Element der Aufgabenumwelt. Der **Market-based View** beschäftigt sich mit den Bedingungen eines Marktes und deren Auswirkungen auf den Unternehmenserfolg (d. h. den Aufbau und Erhalt von KKVs). Ressourcen, Fähigkeiten und Wissen der Unternehmung als Voraussetzung erfolgreicher Aktivitäten der Unternehmung werden in einem Resource-based View,

Capability-based View und einem Knowledge-based View untersucht. Die drei Ansätze werden hier zum **Organizational-based View** zusammengefasst.

3.1 Globale Umwelt

▶ Die globale Umwelt umfasst alle Bedingungen, denen Unternehmen unabhängig von ihrer Branchenzugehörigkeit und ihres Leistungsprogramms in einem bestimmten geographischen Raum ausgesetzt sind, ohne sie nennenswert beeinflussen zu können, wobei nicht alle Umweltbedingungen in allen Branchen und für alle Unternehmen von gleicher Relevanz sind.

Diese allgemeine Definition der globalen Umwelt ist für Analyse- und Prognosezwecke zu komplex. Es hat sich deshalb durchgesetzt, die globale Umwelt weitergehend in mehrere **Subumwelten** zu unterteilen. Der **P E S T E L – Ansatz** (vgl. Abb. 3.2) untergliedert die globale Umwelt in die politische (**P**olitical) Umwelt, die ökonomische (**E**conomic) Umwelt, die soziokulturelle (**S**ociocultural) Umwelt, die technologische (**T**echnological) Umwelt, die ökologische (**E**cological) Umwelt und die rechtliche (**L**egal) Umwelt (vgl. Köhler und Böhler 1984, S. 98; ähnlich Wunder 2016, S. 80 ff.; Johnson et al. 2018, S. 64 ff.). Es sind andere Alternativen der Unterteilung möglich. Wichtig ist, dass die jeweilige Einteilung für die Analyse und Prognose geeignet ist und diese vereinfacht.

Die einzelnen Subumwelten stehen zueinander in enger Verbindung und beeinflussen sich gegenseitig (vgl. Abb. 3.2).

▶ Die technologische Entwicklung kann zu Veränderungen der Gesetze zwingen, die sozio-demographische Entwicklung begünstigt neue technologische Entwicklungen, politische Entwicklungen verändern die ökonomische Umwelt. Die Entwicklung der Digitalisierung beeinflusst alle anderen Bereiche der globalen Umwelt usw.

Beispielhafte Entwicklungen in den einzelnen Subumwelten, die für Unternehmen von Relevanz sein könnten, zeigt Tab. 3.1.

Für das strategische Marketing ist es von Bedeutung, die globale Umwelt und ihre Entwicklung sowie die Zusammenhänge zu analysieren und zu prognostizieren. Veränderungen in der globalen Umwelt führen zu mehr oder minder starken Veränderungen in der Aufgabenumwelt und damit auf den Absatzmärkten. Diesen müssen sich Unternehmen rechtzeitig anpassen, um langfristig auf dem Markt erfolgreich agieren zu können.

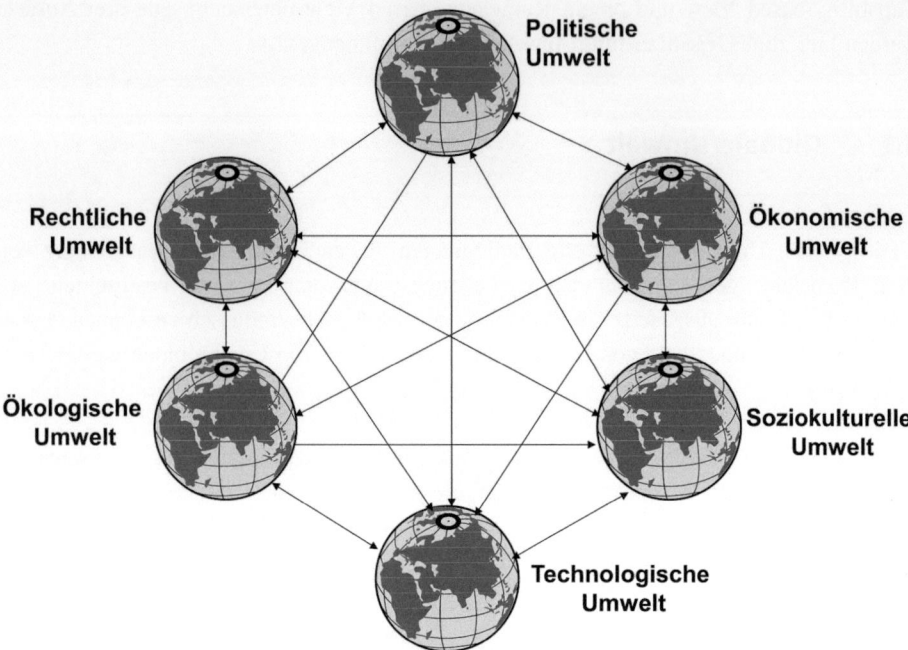

Abb. 3.2 Subumwelten der globalen Umwelt nach dem PESTEL-Ansatz

▶ Beredetes Negativbeispiel ist die Fa. Nokia, die binnen kürzester Zeit ihre Stellung als Marktführer verlor, als es ihr nicht möglich war, der technologischen Entwicklung zu folgen und Smartphones anzubieten.

Es gilt also, Veränderungen in der globalen Umwelt zu prognostizieren, ihre Folgen für die Märkte zu erkennen und geeignete Strategien zu entwickeln und in konkrete Maßnahmen umzusetzen, die das langfristige Überleben der Unternehmung sichern (vgl. Abb. 3.3). Dies schließt ein, die globale Umwelt selbst zu beeinflussen, wie dies z. B. bei der technologischen Umwelt, der politischen und der rechtlichen Umwelt manchem Unternehmen möglich ist.

Problematisch erscheint, dass sich die globale Umwelt nicht immer kontinuierlich, sondern durchaus dynamisch und abrupt verändert.

Simon (2011) identifiziert sechs Entwicklungen aus der globalen Umwelt, die nach seiner Ansicht, die Unternehmen, die Unternehmensführung und damit auch das strategische Marketing maßgeblich beeinflussen. Es handelt sich dabei um Überschriften, unter denen jeweils eine Vielzahl von Sachverhalten subsumiert sind.

Tab. 3.1 Subumwelten der globalen Umwelt

Subumwelt	Tatbestände und Entwicklungen
Technologische Umwelt	Digitalisierung Industrie 4.0 Neue Produkt -und Verfahrenstechnologien Neue Erkenntnisse aus der Grundlagenforschung Verschmelzung von Technologien F&E-Zeiten F&E-Kosten Technologielebenszyklen Entwicklung von F&E – Ausgaben nach Ländern und Konkurrenten …
Physikalisch-ökologische Umwelt	CO_2 –Entwicklung Umweltverschmutzung Abbau von Rohstoffen Entwicklung des Energieverbrauchs nach Erdteilen und Ländern Infrastruktur zum Einsatz moderner Telekommunikation Entwicklung der Kommunikationstechnologie Altersstruktur der Produktionsmittel in einem Land …
Sozio-demographische Umwelt	Bevölkerungswachstum (in unterschiedlichen Ländern) Altersstruktur (in unterschiedlichen Ländern) Migration und Kultur (in unterschiedlichen Ländern) Bildung (in unterschiedlichen Ländern) Wertesystem (in unterschiedlichen Ländern) Konnektivität Lifestyles …
Ökonomische Umwelt	Entwicklung der Konjunktur Entwicklung auf den Kapitalmärkten Stabilitätsrisiken im Ausland Inflationsentwicklung Geschäftsklima und Auftragslage Steuer- und Abgabenentwicklung …

(Fortsetzung)

Tab. 3.1 (Fortsetzung)

Subumwelt	Tatbestände und Entwicklungen
Politische Umwelt	Politische Stabilität Binnenmärkte und Zollunionen Politische Bündnisse ...
Rechtliche Umwelt	Gesetze und Gesetzesinitiativen in einem Land Gesellschaftsrecht Handelsrecht Produkthaftungsrecht Aktivitäten außerparlamentarischer Gruppen ....

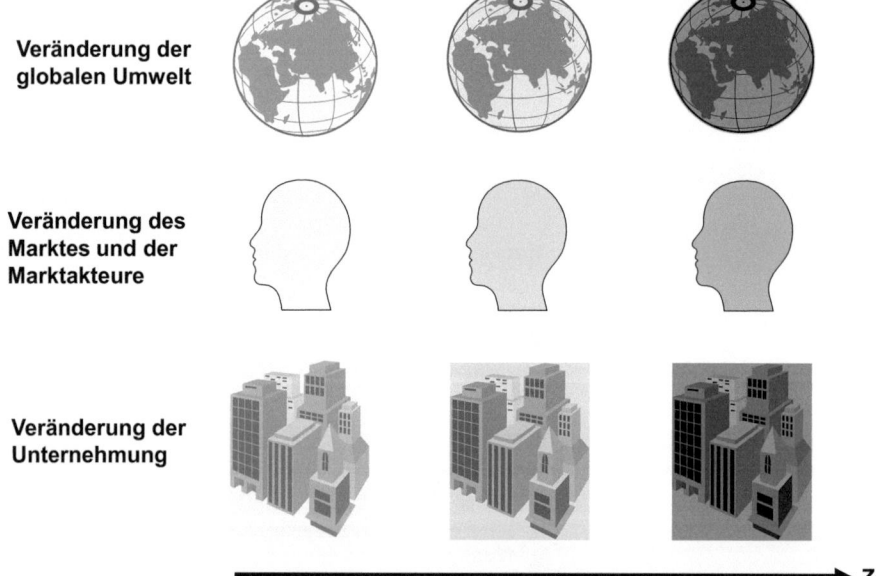

Notwendige Anpassungen der Unternehmung im Zeitablauf

Abb. 3.3 Globale Umwelt, Aufgabenumwelt und Unternehmen

Eine beschleunigte Globalisierung

Grenzüberschreitende Aktivitäten wachsen weltweit stärker als die länderinterne Wertschöpfung. Es besitzt nicht nur der Export von Gütern und Dienstleistungen, sondern die Verlagerung von Unternehmensaktivitäten wie z. B. der Produktion, der F&E oder des Marketings in das Ausland eine zunehmende Bedeutung. Damit werden die Exportstärke, die Wettbewerbsfähigkeit von Systemen, die geostrategische Lage, die Demographie, die

Zuwanderungs- und Integrationspolitik oder auch die Gewinnung internationaler Talente für eine Volkswirtschaft immer wichtiger.

Eine stärkere Einflussnahme der Politik
In der Folge weltweiter Wirtschaftskrisen, aber auch anderer politischer, sozialer und ökologischer Probleme sowie der Verschuldung öffentlicher Haushalte darf man befürchten, dass die Politik nicht nur in dem Finanzsektor, sondern auch in andere Systeme massiv eingreift. Beispiele sind Diskussionen zur Managementvergütung, zur Compliance, die Bestrebungen zu einer völligen Sozialisierung von Sozialversicherungssystemen usw. Eng damit verbunden würde sich die Bürokratisierung ausweiten.

Eine enge Verzahnung von Management und Kapital
Soweit Fremdkapital in der Zukunft als Folge von Finanzkrisen knapper wird, müssen – auch innovative – Alternativen zur Beschaffung von Eigenkapital geschaffen werden. Damit einhergehend ist eine Homogenisierung der Eigentümerinteressen und der Interessen des Managements notwendig. Simon (2011, S. 86 ff.) schlägt vor, Manager vermehrt zu Miteigentümern zu machen.

Eine tektonische Verschiebung in der Produktwelt
Produkte und Dienstleistungen im oberen Preis-Leistungssegment werden auch in der nahen Zukunft unverzichtbar sein. Gleichzeitig führt ein rapider Wandel der Weltmärkte zu einer zunehmenden Bedeutung von Luxusgütern einerseits und Ultra-Billigprodukten (vgl. Prahalad 2010; Mahajan und Banga 2006) andererseits. Damit verbunden ergeben sich neue Anforderungen an die F&E, die Produktion, den Vertrieb etc.

Ein nachhaltig verändertes Kundenverhalten
Verunsicherungen der Menschen als Folge vergangener Krisen lassen erwarten, dass der Kunde auch in Zukunft auf leichtfertige Käufe verzichtet, Spontankäufe hochpreisiger Leistungen vermeidet, Zeitpräferenzen entwickelt, Sicherheiten fordert usw. Um der Skepsis der Nachfrager zu begegnen, muss das angebotene Netto-Nutzen wirklich überzeugen.

Eine totale Vernetzung
Der sechste Trend beschäftigt sich unter der Überschrift „Totale Vernetzung" mit der Digitalisierung. Sie hat so weitreichende Auswirkungen auf alle Teile der globalen Umwelt und damit auf die Aufgabenumwelt, dass sie besonders herausgestellt werden muss.

> **Exkus Digitalisierung**
>
> Der Begriff der Digitalisierung hat eine mehrfache Bedeutung:
> *In einem technischen Kontext versteht man unter der Digitalisierung die Aufbereitung von analogen Texten, Bildern, Audio- und Videodaten zum Zweck der digitalen Speicherung und Bearbeitung (vgl. Kruse-Brandao und Wolfram 2018, S. 24; Böhnlein 2019,*

S. 936; Urbach und Ahlemann 2016, S. 10; Bendel 2018). *Im Folgenden wird unter Digitalisierung der Prozess der Nutzung und des Einsatzes von Informations- und Kommunikationssystemen verstanden, der zum Wandel von Leistungen, Geschäftsprozessen und Geschäftsmodellen führt. Im Englischen wird dafür der Begriff „Digitalization" genutzt. Synonym wird von der digitalen Revolution oder der digitalen Transformation gesprochen (vgl. Urbach und Ahlemann 2016, S. 10).*

Die digitale Transformation ist keine temporäre Erscheinung und besitzt disruptiven Charakter in vielen Unternehmen und Branchen (vgl. Biesel und Hame 2018, S. 2 ff.; Schawel und Billing 2018, S. 105).

Grundlage und Voraussetzung der digitalen Transformation stellt das Internet dar. Durch dieses werden Inhalte von Nutzern und Objekten für Nutzer und Objekte auf Online-Plattformen geschaffen, kombiniert und verlinkt (vgl. King 2014, S. 29; Kruse-Brandao und Wofram 2018, S. 31). Darüber hinaus sind weitere, durch das Internet erst realisierbare technologische und soziale Entwicklungen zu nennen, die die digitale Transformation erst ermöglichen (vgl. Urbach und Ahlemann 2016, S. 3 ff.; Böhnlein, 2019, S. 937; Chalons und Dufft 2016, S. 28 f.; Hänisch 2017, S. 10 ff.).

Big Data und Big Data – Analytics

Big Data *bezeichnet „… den Einsatz einer großen Datenmenge aus vielfältigen Quellen … zur Erzeugung wirtschaftlichen Nutzens" (Bitcom 2012, S. 21), deren Verarbeitung mit der vorhandenen Unternehmensinfrastruktur nicht mehr möglich ist.*

Big Data sind durch die „5Vs" gekennzeichnet: Volume, Variety, Velocity, Veracity und Value (vgl. King 2014, S. 35; Rossa und Holland 2014 S. 250ff; Tech America Foundation S. 11; Schroeck et al. 2012, S. 4 f; Bitcom 2015, S. 13 f.). **Volume** bezieht sich auf den Datenumfang, der notwendig ist, um ein bestimmtes Ergebnis zu erreichen (vgl. Rossa und Holland 2014, S. 252). Implizit wird der Erzeugung von Datenfriedhöfen damit eine Absage erteilt. **Variety** umschreibt die Vielzahl der Datenquellen und der Struktur der Daten. Bezogen auf die Datenstruktur werden strukturierte Daten, semistrukturierte Daten und unstrukturierte Daten unterschieden. **Strukturierten Daten** liegt eine gleichartige Art und Weise der Anordnung und Verknüpfung zugrunden, die in einer herkömmlichen Datenbankstruktur gespeichert wird (vgl. King 2014, S. 35; Rossa und Holland 2014, S. 252). **Semistrukturierte Daten** beinhalten neben strukturierten Elementen auch unstrukturierte Teile, die mit herkömmlichen, standardisierten Instrumenten nicht mehr verarbeitet werden können (vgl. King 2014, S. 35). Beispiele sind Textdokumente, Leistungsbewertungen etc. **Unstrukturierte Daten** sind in Form und Struktur inkonsistent, was ihre automatische Verarbeitung mit herkömmlichen Technologien erschwert bzw. unmöglich macht. (vgl. Rossa und Holland 2014, S. 253; King 2014, S. 35). Beispielhaft zu nennen sind Daten aus sozialen Netzwerken, Videos, Blogs usw. **Velocity** geht auf die Geschwindigkeit ein, mit der Daten erfasst, verarbeitet, geändert und gespeichert werden müssen. Zu denken ist hier in real- und near-time – Dimensionen. **Veracity** (Richtigkeit) berücksichtigt die Qualität der Datenquellen und der Daten. Die Qualität der Datenquellen kann insbesondere durch die Aufrichtigkeit und Stimmungen von Menschen, ggf. auch durch deren Angst vor ungewolltem Datenverlust, beeinträchtigt werden (vgl. Schroeck et al. 2012, S. 5). Die Qualität der Daten kann durch Inkonsistenz, Unvollständigkeit und Ambiguitäten geprägt sein (vgl. King 2014, S. 35). **Value** stellt den Mehrwert, der durch Big Data geschaffen wird, in den Mittelpunkt. Dieser wird nach Rossa und Holland durch die Schnelligkeit der Erkenntnisse und des Nutzen von Big Data erzeugt (vgl. Rossa und Holland 2014, S. 254), ohne dass sie den Nutzen explizit ausführen. Für das Marketing und insbesondere für das strategische Marketing muss sich der Nutzen auf den Aufbau und Erhalt von KKVs beziehen.

Die **Big-Data-Analytics** erlauben es, Big Data in kürzester Zeit effizient zu verarbeiten, ohne dass die Erfassung standardisiert erfolgen muss (vgl. Urbach und Ahlemann 2016, S. 3). Die Auswertung der Daten mit quantitativen und statistischen Verfahren der Big Data Analytics zur Beschreibung und Prognose von Sachverhalten (vgl. Kap. 4) erlaubt eine Reihe von faktenbezogenen, schnellen Entscheidungen in der Unternehmung (vgl. King 2014, S. 39 ff.).

Cloud Computing
Cloud Computing bietet die Möglichkeit eines integrierten Zugangs zu Hardware, Software und Datenressourcen über ein Netzwerk (vgl. Wang et al. 2010, S. 139). Der Zugang erfolgt ohne langwierige Installation und Implementierung, ist nahezu beliebig skalierbar und wird bei niedrigen Kosten nutzenabhängig vergütet (vgl. Abolhassan 2016, S. 15; Urbach und Ahlemann 2016, S. 5; Scheer 2016a, S. 52). Es werden verschiedene Cloud Service angeboten (vgl. King 2014, S. 33): **Software as a Service (SAAS)** nutzt die Infrastruktur des Anbieters und bietet Zugang zu Anwendungen und die Möglichkeit, die Konfiguration bedürfnisorientiert zu gestalten. **Platform as a Service (PaaS)** gibt den Kunden die Möglichkeit, ihre gewünschten Anwendungen selbst zu entwickeln und zu betreiben. **Infrastructur as a Service (IaaS)** stellt virtuelle Rechnerleistung, Netzwerk und Speicherkapazität zur Verfügung.

Social Media und Konnektivität
Social Media beschreibt internetbasierte Softwaresysteme, durch die sich Nutzer vernetzen und austauschen (vgl. Kaplan und Haenlein 2010, S. 61) und auch multimediale Inhalte gemeinsam erstellen und teilen (vgl Urbach und Ahlemann 2016, S. 4).

Die Vernetzung von Kunden mit Kunden, Kunden mit Unternehmen, Unternehmen mit anderen Unternehmen und Unternehmensteile mit anderen Unternehmensteilen wird Geschäftsmodelle verändern und bietet die Möglichkeiten, neue Geschäftsmodelle zu erschließen (vgl. Urbach und Ahlemann 2016, S. 4; Kruse-Brandao und Wolfram 2018, S. Kotler et al. 2017, S. 32 ff.).

Mobile Computing
Das Mobile Computing, dessen Potenzial sich vor allem durch die Entwicklung von mobilen Endgeräten entwickelt und dessen Nutzung weit über die Telefonie hinausgehen (vgl. Kruse-Brandao und Wolfram 2018, S. 129 ff.), erlaubt es, Computer,

Organizer, Navigationsgeräte, Digitalkameras etc. problemlos überall und zu jeder Zeit (durch Nachfrager und Anbieter) zu nutzen. Intelligente Uhren, Brillen und Kleidung ermöglichen die innovative Erfassung von Daten und erfassen Daten des Nutzers selbst (vgl. Urbach und Ahlemann 2016, S. 7). Für das Marketing ist relevant, dass der Kunde damit ggf. ständig ansprechbar ist, aber auch ständig Informationen liefert. Die Anwendungssysteme müssen deshalb für eine Vielzahl von Zugangskanälen und eine permanente Ansprechbarkeit geeignet sein (vgl. Scheer 2016b, S. 59).

Internet of Things
Im Internet of Things – IoT werden physische Geräte (bei denen es sich nicht um Computer oder Endgeräte handelt) mit dem Internet, aber auch untereinander verbunden.
Durch die Ausstattung von analogen Geräten mit Sensoren und Aktoren wird ein cyber –physisches System geschaffen, das aus mechanischen, elektronischen und informationstechnologischen Elementen besteht (vgl. Urbach und Ahlemann 2016, S. 7; Schmiech 2018, S. 2; Schmalfuß et al. 2016, S. 6; Kagermann et al. 2013, S. 23; Siepmann 2016, S. 29 ff.; BMWI 2019). Damit können Menschen mit der Maschine und Maschinen untereinander kommunizieren. Letztlich wird die Lücke zwischen der realen und virtuellen Welt geschlossen.

Eng damit verbunden sind intelligente Systeme mit dem Ziel, Computer eine menschenähnliche Intelligenz zu verleihen, die es ihnen ermöglicht, in Rechnerverbünden komplexe Probleme zu lösen (vgl. Urbach und Ahlemann 2016, S. 8; Kaufmann und Servatius 2020, S, 4). Das Europäische Parlament definiert diese sogenannte **Künstliche Intelligenz** als die Möglichkeiten von Maschinen, menschliche Fähigkeiten wie logisches Denken, Lernen, Planen und Kreativität zu imitieren (vgl. Europäisches Parlament 2023).

In diesem Zusammenhang ist auch der **3D-Druck** zu nennen (vgl. Hagl 2015). Auf der Basis einer digitalen Datei wird ein 3D-Drucker angesteuert, der dann ein Werkstück schichtenweise druckt. Das fertige Werkstück wird ggf. nachbearbeitet. Der Engpass liegt in der Erstellung und dem Zugang zu der digitalen Datei (vgl. Hagl 2015, S. 10).

Nicht zuletzt muss in diesem Zusammenhang die **Robotik** genannt werden (vgl. Babel 2021, S. 363f.). Alle Elemente unterstützen die Industrie 4.0 (vgl. dazu Abschn. 8.4.2.2).◄

Die Digitalisierung hat Konsequenzen für die Gestaltung von Geschäftsmodellen in der Zukunft. Bühler und Maas sehen insbesondere dort Veränderungspotenzial, wo latente Bedürfnisse der Kunden durch bisherige Geschäftsmodelle nicht oder nur unzureichend befriedigt wurden, bzw. wo durch Veränderungen der Geschäftsmodelle ein signifikanter Mehrwert erzeugt wird (vgl. Bühler und Maas 2017, S. 54).

Veränderungen des Geschäftsmodells können sich u. a. auf die Bereiche Leistungen, Strukturen, Prozesse und Kultur der Unternehmung beziehen (vgl. Abb. 3.4). Die einzelnen Bereiche werden durch weitere Größen gekennzeichnet, die jeweils unterschiedliche

3.1 Globale Umwelt

Pole besitzen, zwischen denen ein Geschäftsmodell aufgebaut wird (vgl. Bühler und Maas 2017, S. 56 ff.).

- Bezogen auf die **Leistung** muss der **Kundenzugang** festgelegt werden. Als Pole sind hier der der Offlinezugang und der Onlinezugang zu unterscheiden. Die **Kundeninteraktion** kann zwischen den Gegensatzpaaren persönlich und unpersönlich erfolgen. Der **Differenzierungsgrad der Leistung** kann zwischen den Polen Standardisierung und Differenzierung variieren.

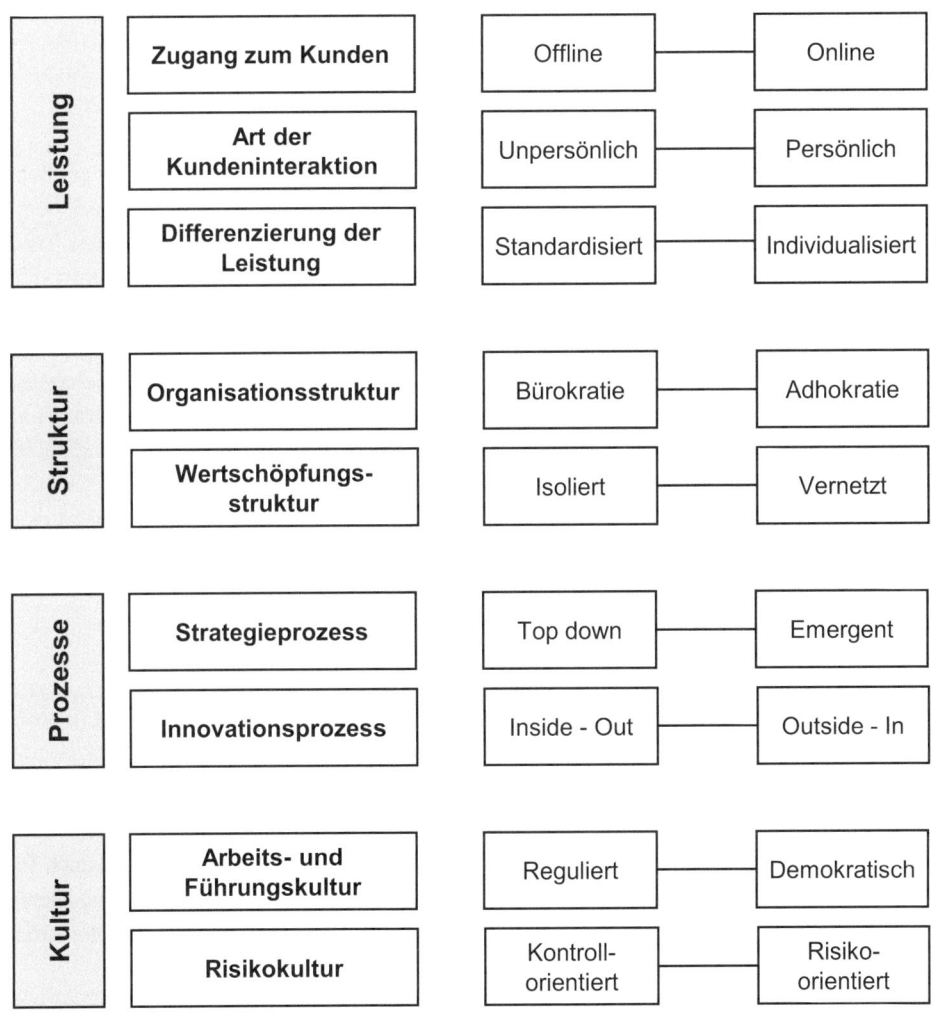

Abb. 3.4 Handlungsdimensionen eines Geschäftsmodells. (Nach Bühler und Maas 2017, S. 55)

- Als **struktureller Aspekt** kann sich die **Organisationsstruktur** zwischen der Bürokratie und der Adhokratie befinden. Die Adhokratie ist durch flexible, flache, basisdemokratische Strukturen gekennzeichnet, die wenig formal agieren. Die **Wertschöpfungsstruktur** befindet sich zwischen der Isolation und der Vernetzung.
- Bezogen auf die **Prozesse** erfolgt der **Strategieprozess** zwischen den Extrema top down und emergent, der **Innovationsprozess** zwischen Inside-Out und Outside-In.
- In **kultureller Hinsicht** bewegt sich die **Arbeits- und Führungskultur** zwischen der Regulierung und der Bürokratie, währen die **Risikokultur** eine Position zwischen der Kontroll- und der Risikoorientierung einnehmen kann.

Die Veränderungen können die Verbesserung existierender Geschäftsmodelle, Me-too Geschäftsmodelle und innovative Geschäftsmodelle bewirken (vgl. Kaufmann 2015, S. 12 ff.).

- Eine Verbesserung existierender Geschäftsmodelle kann sich u. a. auf die zeitliche Optimierung der Beschaffungs-, Produktions-, Liefer- und Serviceprozesse beziehen.
- Me-too-Geschäftsmodelle übertagen existierende Geschäftsmodelle aus anderen Branchen auf den Markt der eigenen Unternehmung. Beispiele sind cyber – physische Systeme wie z. B. selbstfahrende Autos, intelligente Services (verbraucher- und leistungsorientierte Abrechnungen und Mehrwertdienste auf der Basis anfallender Daten sowie Open Source Konzepte, die Verfügbarkeit on Demand und offene Geschäftsmodelle, bei denen sich die Unternehmung auf ihre Kernkompetenz konzentriert und andere Bereiche externen Partnern überlassen (vgl. auch Gassmann et al., 2013, S. 188 f.).
- Innovative Geschäftsmodelle werden erfunden oder aus bestehenden Geschäftsmodellen innovativ zusammengesetzt.

Damit verbunden verändern sich auch die KKVs der Unternehmung

3.2 Relevanter Absatzmarkt

Die Volkswirtschaftslehre definiert einen Markt als das Zusammentreffen von Angebot und Nachfrage. Sie impliziert dabei, dass das gesamte Angebot über das Einkommen in Beziehung steht. Für Entscheidungen in einem Unternehmen – insbesondere auch für Entscheidungen des strategischen Marketings – ist diese Definition zu breit und wenig operational. Deshalb arbeiten die BWL und das Marketing mit dem Begriff des **relevanten Absatzmarktes.**

3.2 Relevanter Absatzmarkt

Abb. 3.5 Abgrenzung des relevanten Marktes

▶ Der relevante Absatzmarkt wird als die Gesamtheit des Angebotes und der Nachfrage substitutiver (austauschbarer) Güter definiert. Er entspricht damit dem Begriff der „Industry", wie ihn z. B. Porter verwendet (vgl. Porter 2010; Porter 2013).[1]

3.2.1 Abgrenzung des relevanten Absatzmarktes

Der relevante Markt einer Unternehmung wird, wie Abb. 3.5 zeigt, in räumlicher, zeitlicher und sachlicher Hinsicht abgegrenzt (vgl. Backhaus und Voeth 2014, S. 131; Backhaus, 1979).

3.2.1.1 Sachliche Marktabgrenzung

Ausgangspunkt aller Überlegungen zur **sachlichen Marktabgrenzung** sollte die funktionsbezogene Problemlösung sein, die eine Unternehmung ihren Kunden anbietet, um auszuschließen, dass der Markt zu eng abgegrenzt wird (vgl. Levitt 1960, S. 45ff; Backhaus und Voeth 2014, S. 130; Meffert et al. 2019, S. 55). Besonders vor dem Hintergrund der Möglichkeiten der Digitalisierung, die auch zum „Aufweichen" von Marktgrenzen führt, gewinnt dies besondere Relevanz (vgl. auch Kap. 5).

▶ Ein Hersteller von Kosmetika würde seine Problemlösung nicht mit der Produktion von Lippenstift und Make-up beschreiben, auch wenn dies momentan die Leistungen sind, die er anbietet, sondern mit dem Angebot von Schönheit.

Durch die sachliche Marktabgrenzung werden Substitutionsbeziehungen bestimmt (vgl. Beckmann 1968; Hoppmann 1974; Dichtl et al. 1977; Bartling 1980, S. 92 ff.; Oberender 1975; Backhaus 1979; Kaufer 1967; Aberle 1977; Klauss 1975, S. 114 ff.; Srivastava et al. 1981; Day et al. 1979; Backhaus und Voeth 2014, S. 131). Sie besitzt auch durch

---

[1] Die Übersetzung des Begriffs industry mit dem Begriff Branche assoziiert die deutsche Branchenklassifikation, die im amerikanischen nicht bekannt ist.

die Diskussion zu den Art.81 und 82 EG bzw. § 22, Abs. 1 GWB eine hohe Bedeutung. Unterschieden werden prinzipiell die Nachfragesubstitution und die Angebotssubstitution (vgl. Bringer 2006, S. 42, der auch den potenziellen Wettbewerb berücksichtigt).

Die **Nachfragesubstitution** bestimmt die Austauschbarkeit von Leistungen aus Kundensicht. Damit ist die **Intensität der Substitution** von Leistungen angesprochen (vgl. Backhaus und Schneider 2020, S. 91 f.; Backhaus und Voeth 2014, S. 130). Die **Angebotssubstitution** klärt die Frage, bis zu welchem **Ausmaß die Substitution** von der Unternehmung berücksichtigt wird (vgl. Backhaus und Schneider 2020, S. 93). Diese Entscheidung wird letztlich subjektiv von der Unternehmung getroffen.

▶Schönheitsoperationen können von Nachfragern als Substitut zu Kosmetika genannt werden, diese aber von Kosmetikaherstellern bei ihren Entscheidungen unberücksichtigt bleiben.

Zur Bestimmung der Nachfrager- und Angebotssubstitution existieren eine Reihe von Ansätzen. (vgl. Abb. 3.6).

Um die **Substitution aus Nachfragersicht** zu erklären, werden mit Reaktionsmodellen und dem Bedarfsmarktkonzept zwei Ansätze unterschieden.

Zu den **Reaktionsmodellen** zählen die Triffin'sche Kreuzpreiselastizität und der Hypothetische Monopolistentest. In beiden Ansätzen werden Nachfrager jeweils nur implizit berücksichtigt.

Der Ansatz der **Triffin'schen Kreuzpreiselastizität des Angebots und der Nachfrage** geht davon aus, dass Leistungen mit einer hohen Triffin'schen Kreuzpreiselastizität T

$$T = \frac{relative\ Mengenänderung\ Leistung\ A}{relative\ Preisänderung\ Leistung\ B}$$

zu einem relevanten Markt gehören (vgl. zur Kritik Hoppmann 1974; Albach 1978; Bartling 1980; Dichtl et al. 1977; Backhaus 1979). Dabei kann jedoch die Schwelle der Kreuzpreiselastizität zur Marktabgrenzung objektiv nicht festgelegt werden. Es gibt erhebliche Datenbeschaffungsprobleme (jede Leistung müsste mit jeder anderen Leistung verglichen werden) und nicht zuletzt wird nur der Preis als Wettbewerbsparameter betrachtet (die Qualität wird z. B. ausgeblendet).

Bedeutung besitzt heute der **Hypothetische Monopolistentest (HMT),** der 1982 erstmals vom US Department of Justice eingeführt und von der Europäischen Kommission seit 1997 zur Abgrenzung des relevanten Marktes genutzt wird (vgl. Backhaus und Voeth 2014, S. 131). Er kann auch zur geographischen Marktabgrenzung genutzt werden. Ausgangspunkt sind zwei Leistungen (Produkten bzw. Dienstleistungen). Es wird mit dem **SSNIP-Test** (small significant and non – transitory increase in price) untersucht, was passieren würde, wenn ein hypothetischer Monopolist, der eine der Leistungen anbietet, den Preis geringfügig, aber signifikant und nicht nur vorübergehend steigert (vgl. Ivaldi und Lörincz 2011, S. 37f; Bringer 2006, S. 48; Friederiszick 2006 S. 30 f.). Sollten die

3.2 Relevanter Absatzmarkt

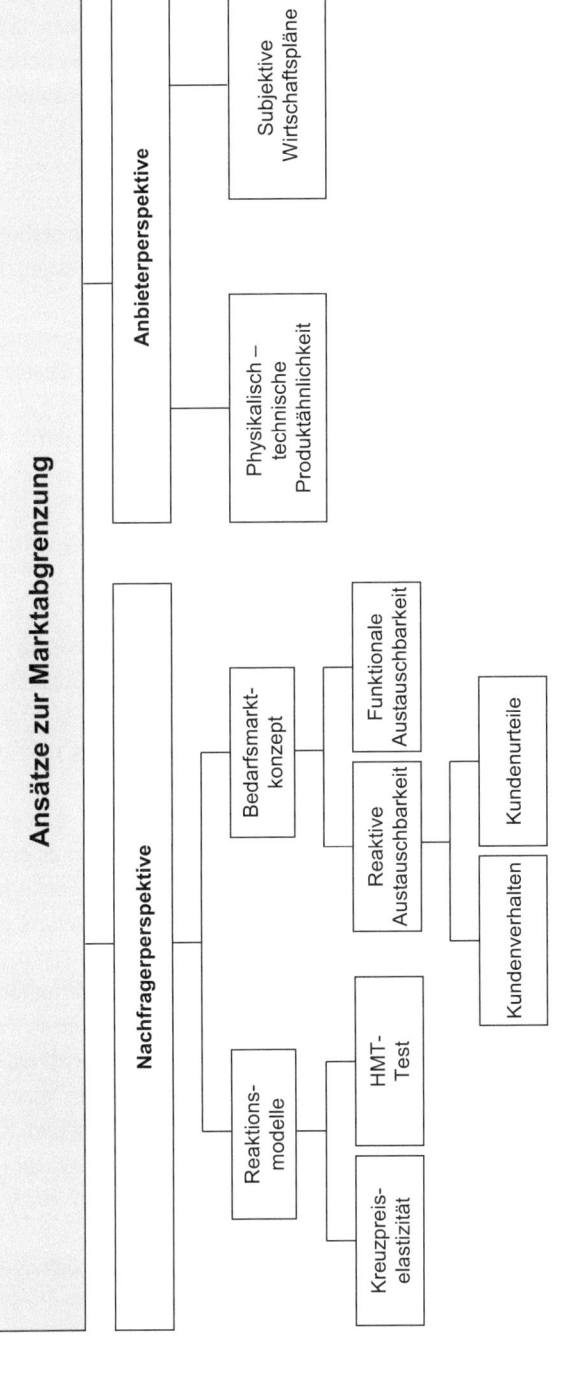

Abb. 3.6 Ansätze zur Abgrenzung des relevanten Marktes

meisten Kunden in diesem Fall die andere Leistung nachfragen, sodass es der Monopolist als nicht profitabel betrachten würde, die Preiserhöhung zu realisieren, gehört die andere Leistung zum relevanten Markt. Für diese beiden Leistungen wird der SSNIP – Test mit anderen Leistungen wiederholt, bis Leistungen gefunden werden, bei denen der hypothetische Monopolist die Preiserhöhung durchsetzen kann, ohne nennenswert Nachfrager zu verlieren.

Der Ansatz weist nicht unerhebliche Probleme auf:

- Es ist nicht geklärt, was eine geringfügige, aber signifikante Preiserhöhung bedeutet. I. d. R. wird von einem Preisaufschlag von fünf Prozent ausgegangen, was sich nicht objektiv begründen lässt.
- Vage bleibt, wie lange eine nicht nur vorübergehende Preissteigerung dauern muss. Häufig wird von mindestens einem Jahr gesprochen. Auch diese Festsetzung kann als willkürlich bezeichnet werden.
- Fraglich ist, wie das Ausmaß des Nachfragerückgangs bestimmt wird.
- Es kann (ähnlich wie bei der Kreuzpreiselastizität) zu Datenbeschaffungsproblemen kommen.
- Es wird nur der Preis geändert, Qualitätsänderungen (z. B. eine Qualitätsreduktion) u. a. werden nicht berücksichtigt.

Der letzte Kritikpunkt ließe sich heilen, wenn komplexere Methoden, wie z. B. die Conjoint-Analyse zusätzlich eingesetzt würden (European E&M Consultants o. J.), die jedoch häufig methodische Probleme aufweisen.

Das **Bedarfsmarktkonzept** unterscheidet mit der funktionalen und reaktiven Austauschbarkeit zwei unterschiedliche Ansatzpunkte.

Nach dem Konzept der **funktionalen Austauschbarkeit** (vgl. Hoppmann 1974; Dichtl et al. 1977; Backhaus 1979; Abbott 1958) gehören solche Leistungen zu einem relevanten Markt, die aus Nachfragersicht gleiche Funktion erfüllen. Hierbei können jedoch erhebliche Auffassungsunterschiede zwischen den Nachfragern bestehen, sodass dieses Konzept zur Marktabgrenzung nur vage Anhaltspunkte liefert.

Das **Konzept der reaktiven Austauschbarkeit** greift auf das Verhalten der Nachfrager bzw. auf Kundenurteile zurück, um den Markt sachlich abzugrenzen (vgl.; Backhaus 1979). Stellt man dabei auf das (beobachtbare) **Verhalten der Nachfrager** ab, gehören alle Leistungen zum relevanten Markt, die für ein und denselben Verwendungszweck tatsächlich gekauft werden. Obgleich die Daten z. B. über Panels (bei Konsumgütern) und die Analyse des Online-Kaufverhaltens beschaffbar wären, ist ihre Eignung zur Marktabgrenzung als eher problematisch zu bezeichnen (vgl. Böhler 1983; Day 1981c):

- Die erhältlichen Daten beziehen sich auf die Vergangenheit und setzen damit konstantes Kundenverhalten in der Gegenwart und Zukunft voraus.

3.2 Relevanter Absatzmarkt

- Das aktuelle Nachfrageverhalten wird durch Störfaktoren beeinflusst, wie z. B. die Verfügbarkeit von Produkten im Geschäft, die finanzielle Lage der Kunden etc.
- Die Ursachen der Substitutionsbeziehung werden nicht ermittelt.
- Das Konzept ist nur für Leistungen mit einer hohen Kauffrequenz praktisch anwendbar, da sonst nicht genügend Daten vorliegen.
- Kauf und Absatz von Produkten und Dienstleistungen einiger Branchen werden durch Panels nicht erfasst (z. B. bei Industriegütern).

Insofern dominiert der **Ansatz der Kundenurteile:** Dazu werden Nachfrager befragt, welche Leistungen sie für ein und denselben Verwendungszweck nutzen bzw. sich aus ihrer Sicht für ein und denselben Verwendungszweck eignen. Diese gehören dann zum relevanten Absatzmarkt. Das Vorgehen besitzt den Vorteil, dass zum einen die Austauschbarkeit durch Nachfrager (und nicht durch vermeintliche Experten) festgelegt wird, zum anderen auch Leistungen mit niedriger Kauf- bzw. Verbrauchsfrequenz und auch **Produkt- und Dienstleistungskonzepte** in die Untersuchung einbezogen werden können.

▶ Das Konzept der Verbraucherurteile bekam erhebliche Relevanz, als damit nachgewiesen wurde, dass Valium und Librium, zwei Tranquillizer, nicht zu einem relevanten Markt gehören, weil Ärzte die beiden Präperate für unterschiedliche Indikationen verschrieben. Das Angebot von Valium und Librium durch die Firma Hofman La Roche führte nicht zu einer marktbeherrschenden Stellung der Unternehmung.

Das Vorgehen des Ansatzes beschreibt Abb. 3.7.

In einer Vorstudie werden für eine betrachtete Leistung Verwendungszwecke sowie substitutive Leistungen ermittelt, die dann in der Hauptstudie bezüglich ihrer Substitutivität untersucht werden (vgl. Dichtl et al. 1977, S. 294 ff.). Das Konzept der Verbraucherurteile kann auch bei Leistungsinnovationen und für Konzepte für Innovationen angewendet werden.

> **Exkurs: Sachliche Abgrenzung des relevanten Marktes mit dem Konzept der Verbraucherurteile**
>
> Eine kleine, regional tätige Altbierbrauerei vom Niederrhein, die das Altbier Alt A anbietet, möchte in einem hypothetischen Beispiel wissen, wer ihre aktuellen und potenziellen Kunden und Konkurrenten sind. Dazu ist es notwendig den Markt sachlich abzugrenzen (vgl. Tab. 3.2).
>
> In einer Voruntersuchung wird ermittelt, dass die Kunden Alt A zum Essen, Feiern und zum Fernsehschauen trinken. Alternativ trinken sie Alt 1, Alt 2, Alt 3, Pils, Weizen, Kölsch, Mineralwasser und Apfelschorle.
>
> In der Hauptuntersuchung (bei einer repräsentativen Anzahl von Nachfragern) wird ermittelt, wie hoch das Ausmaß der Substitutivität aus Nachfragersicht ist. Als Maß gilt

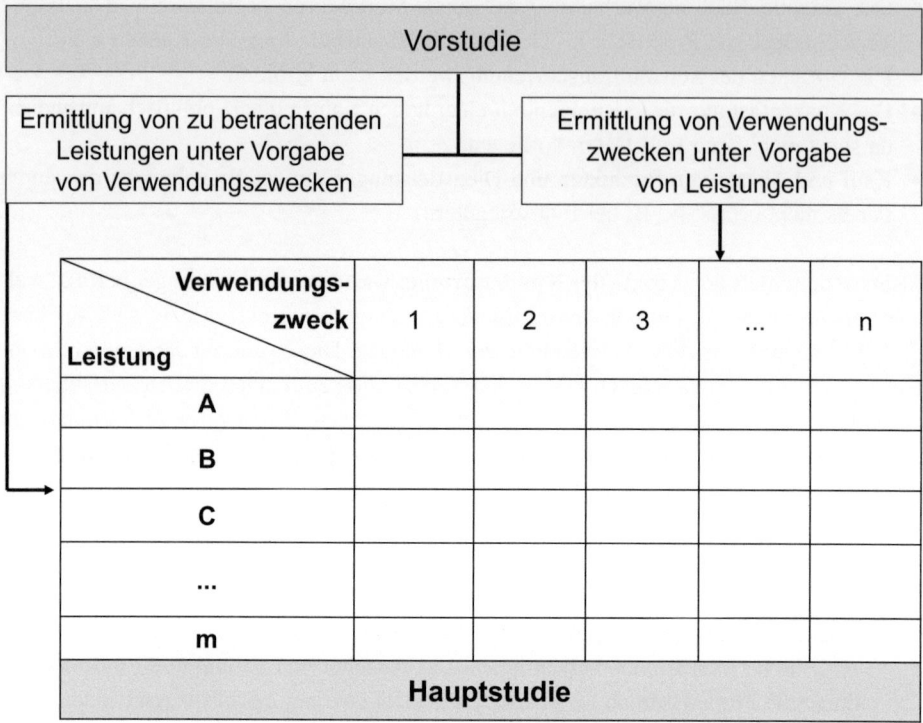

Abb. 3.7 Vorgehensweise zur Abgrenzung des relevanten Marktes. (Nach Dichtl et al. 1977, S. 295)

Tab. 3.2 Bestimmung der Substitutivität

Verwendungs-zweck				
Produkt	Essen	Feiern	Fernsehen	Mittelwert
	Angaben in %			
Alt 1	90	80	80	83,3
Alt 2	60	80	70	70
Alt 3	70	90	90	83,3
...				
Pils	80	60	60	66,3
Weizen	70	60	60	63,3
Kölsch	–	60	50	36,6
...				
Mineralwasser	40	20	20	26,6
Apfelschorle	50	–	20	23,3

der Mittelwert der Kunden, die über alle Verwendungszwecke ein Substitutionsprodukt zu Alt A nutzen.

Es wird ersichtlich, dass die unterschiedlichen Leistungen aus Nachfragersicht Alt A mit unterschiedlicher Intensität substituieren. Während Alt 1, Alt 2 und Alt 3, aber auch Weizen und Pils eine hohe Substitutionsintensität zu Alt A besitzen, ist die Substitutionsintensität zu Mineralwasser und Apfelschorle, aber auch zu Kölsch gering. ◄

Kritisch anzumerken ist, dass Nachfrager potenzielle Substitutionsbeziehungen nicht bzw. noch nicht erkennen. Weisen die unterschiedlichen Leistungen aus Nachfragersicht verschiedene Substitutionsintensitäten auf, ist es der Anbieter, der zu entscheiden hat, ab welcher Intensität der Substitutionsbeziehung er konkurrierende Produkte und Dienstleistungen bei seinen Marketingentscheidungen berücksichtigt (vgl. Backhaus und Schneider 2020, S. 93 f.). Dies führt zu Ansätzen der Marktabgrenzung aus Anbietersicht.

Zur **Abgrenzung des relevanten Marktes aus Anbietersicht** werden das Konzept der physikalisch-technischen Produktähnlichkeit und Konzept der subjektiven Wirtschaftspläne diskutiert.

Nach dem Konzept der **physikalisch technischen Produktähnlichkeit** gehören solche Leistungen zum relevanten Markt, die sich in der technischen Gestaltung, der Form, der stofflichen Zusammensetzung und der Verarbeitung gleichen oder sich ähnlich sind. Problematisch ist, dass die Kunden technisch unterschiedliche Leistungen für ein und denselben Verwendungszweck nutzen und der Markt mit diesem Ansatz viel zu eng abgegrenzt wird.

▶ Die Deutsche Bahn beschränkte sich jahrelang nur auf den Schienenverkehr, ohne zu berücksichtigen, dass Personen und Güter auch auf der Straße, in der Luft und auf dem Wasser transportiert werden können.

Zudem bereitet es Schwierigkeiten, den Markt für immaterielle Dienstleistungen gemäß diesem Ansatz abzugrenzen. Kurzfristig spielt der Ansatz nur dann eine Rolle, wenn bei knappen Ressourcen der Anbieter über deren alternativen Einsatz für unterschiedliche Leistungen zu entscheiden hat (vgl. Backhaus und Voeth 2014, S. 131). Langfristig kann der Ansatz dann Relevanz besitzen, wenn es um die Beantwortung der Frage geht, in welchen Märkten sich die Unternehmung (ggf. zusätzlich) zukünftig bewegen soll bzw. welche potenziellen Konkurrenten den eigenen Markt betreten könnten.

Nach dem **Konzept der subjektiven Wirtschaftspläne** umfasst der relevante Markt alle Anbieter und Nachfrager, die eine Unternehmung aufgrund ihrer subjektiven Erwartung und Einschätzung berücksichtigt, weil sie (subjektiv) annimmt, dass diese ihre Marketingentscheidungen beeinflussen (vgl. Oberender 1975, S. 576). Die Unternehmung bestimmt mit ihrer Abgrenzung des Marktes ihre Effektivität und die Effizienz (vgl. Backhaus und Schneider 2020, S. 89 f.) und damit ihre KKVs. Während eine breite

Marktabgrenzung der Effizienz dient, kommt eine enge Marktabgrenzung der Effektivität entgegen. Problematisch ist, dass die Pläne und Absichten der Konkurrenten (insb. potenzielle Kunden) und Kunden teilweise oder vollkommen unbekannt sind und die Marktabgrenzung damit subjektiv und willkürlich erfolgt.

Tab. 3.3 zeigt nachfrage- und anbieterbezogene Ansätze und ihre kritische Beurteilung im Überblick.

Aus Marketingsicht kann eine **duale Marktabgrenzung** vorgeschlagen werden, bei der zunächst die Substitution aus Sicht der Nachfrager – vorzugsweise mit dem Konzept der Verbraucherurteile – bestimmt wird (vgl. Abb. 3.8). Letztlich ist es dann der Anbieter, der mit entsprechenden Konzepten bestimmt, bis zu welcher Intensität der Substitution er seinen relevanten Markt abgrenzt (vgl. Freter 2008, S. 37 f.; Backhaus und Schneider 2020, S. 93 f.).

Die Berücksichtigung von Substitutionsbeziehungen auch mit sehr niedriger Intensität, führt zu einer **weiten** Marktabgrenzung. Dabei können Marktlücken in anderen als der eigentlich betrachteten Produkt- bzw. Dienstleistungsgruppe identifiziert werden, aber auch potenzielle Substitutionsprodukte aus anderen Produktgruppen. Diese Informationen zu Chancen und Risiken sind für die **strategische Marketingentscheidung** von Bedeutung.

▶ So könnte die Altbierbrauerei im Beispiel des Tab. 3.2 bei der Gefahr eines rückläufigen Biermarktes in der Herstellung von Mineralwasser, Apfelschorle bzw. sonstigen Antialkoholika zukünftige Marktchancen erkennen.

Eine **enge** Marktabgrenzung, die sich ergibt, wenn nur Produkte und Dienstleistungen mit hoher Substitutionsintensität z. B. aufgrund der physikalisch – technischen Produktähnlichkeit dem relevanten Markt zugeordnet werden, bietet Hinweise auf operative Marketingentscheidungen wie die Identifikation von Marktsegmenten und Marktnischen sowie auf die Gestaltung der absatzpolitischen Instrumente.

▶ So würde eine einseitige Preissteigerung von Alt A wohl dazu führen, dass eine Reihe von Kunden alternative Altbiere kauft (Alt 1, Alt 3, Alt 2) und ggf. zu Pils und Weizen zurückgreift (vgl. Tab. 3.2).

3.2.1.2 Räumliche Marktabgrenzung

In räumlicher Hinsicht umfasst der relevante Markt die geographischen Gebiete, die bei der Marketingentscheidung zu berücksichtigen sind (vgl. Abb. 3.9). Es kann sich dabei um Märkte **innerhalb der Grenzen eines Landes,** aber auch um **Ländergrenzen überschreitende Märkte** handeln (vgl. Backhaus und Voeth 2014, S. 132).

Innerhalb von Ländergrenzen können lokale, regionale und überregionale Märkte oder der gesamte nationale Markt abgegrenzt werden. Von einem **lokalen Markt** spricht man,

Tab. 3.3 Beschreibung und Würdigung der Ansätze zur Abgrenzung des relevanten Marktes

Konzept	Beschreibung	Kritik
Kreuzpreiselastizität	Relevanter Markt umfasst alle Produkte und Dienstleistungen mit hoher Kreuzpreiselastizität	Schwelle der Kreuzpreiselastizität zur Marktabgrenzung objektiv nicht festlegbar Datenbeschaffungsprobleme Preis wird als einziger Wettbewerbsparameter betrachtet
HMT	Relevanter Markt besteht aus den Leistungen, zwischen denen eine geringfügige, längerfristige Preiserhöhung, zu Nachfrageverschiebungen und Gewinneinbußen führt, sodass ein hypothetischer Monopolist diese unterlässt	Höhe der Preissteigerung ist objektiv nicht festlegbar Zeitraum der Preissteigerung ist ungeklärt Bestimmung des Ausmaßes des Nachfragerückgangs bei hypothetischer Preiserhöhung Nur der Preis wird als Aktionsparameter berücksichtigt. Datenbeschaffungsprobleme
Funktionale Austauschbarkeit	Relevanter Markt besteht aus Leistungen, die die gleiche Funktion erfüllen	Subjektive Auffassungsunterschiede bei den Nachfragern
Verbraucherurteile	Relevanter Markt besteht aus Leistungen, die von Nachfragern als austauschbar beurteilt werden	Festlegung der Substitutionsintensität zur Marktabgrenzung subjektiv vom Anbieter zu bestimmen. Eingeschränkte Phantasie der Nachfrager
Physikalisch-technische Produktähnlichkeit	Relevanter Markt besteht aus Leistungen gleicher Form, technischer Gestaltung, Verarbeitung, stofflicher Zusammensetzung	Physikalisch-technisch unterschiedliche Leistungen werden von Nachfragern für gleiche Verwendungszwecke genutzt Probleme bei der Abgrenzung des relevanten Marktes für (immaterielle) Dienstleistungen
Konzept der subjektiven Wirtschaftspläne	Relevanter Markt besteht aus Leistungen bzw. Anbietern von Leistungen, die im subjektiven Kalkül der Unternehmung einen Einfluss auf die (Marketing-) Entscheidung besitzen	Nicht vorhandene belastbare Daten zum Handeln der Konkurrenz Hohe Subjektivität

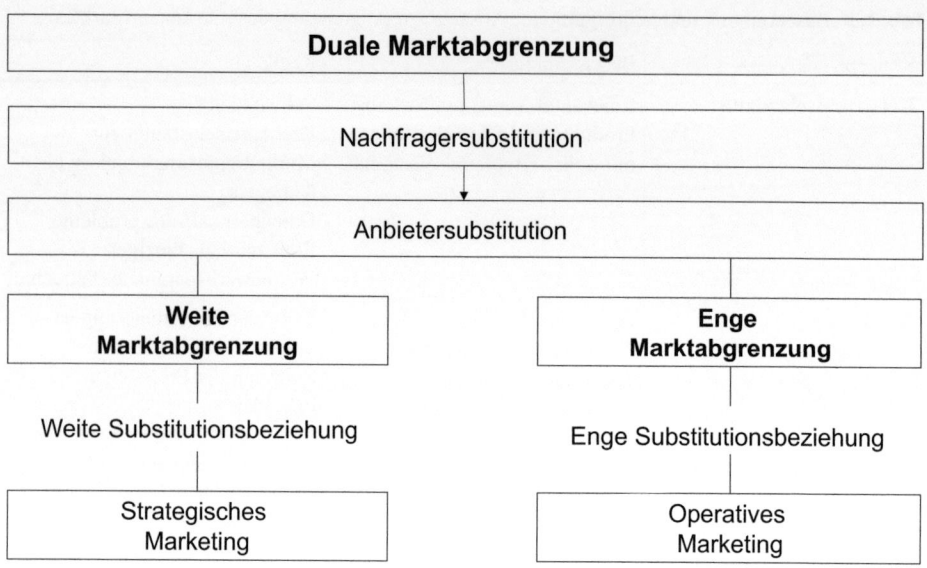

Abb. 3.8 Duale Marktabgrenzung

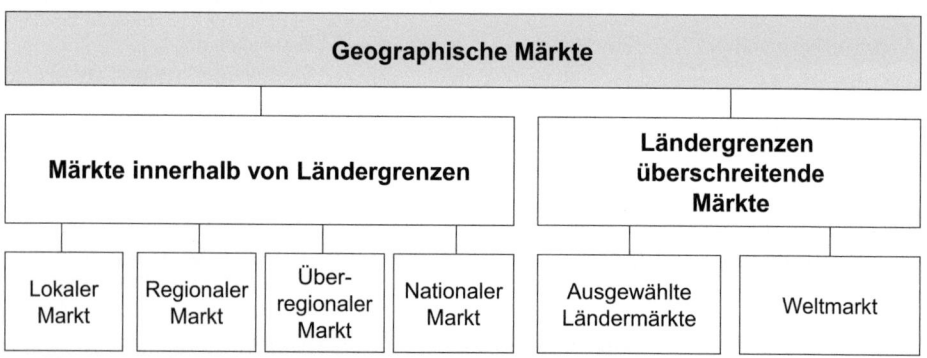

Abb. 3.9 Geographische Marktabgrenzung

wenn es sich um ein kleines geographisches Gebiet wie z. B. das Stadtviertel, in dem ein Friseur oder ein Allgemeinarzt seinen Salon bzw. seine Praxis betreibt, handelt. Vielfach rekrutieren beide ihre Kunden hauptsächlich aus diesem kleinen geographischen Gebiet. Ein **regionaler Markt** ist z. B. ein Bundesland oder ein Nielsen Gebiet, während ein **überregionaler Markt** mehrere Bundesländer bzw. Nielsen – Gebiete umfasst (z. B. die ostdeutschen Bundesländer). Ein **nationaler Gesamtmarkt** umfasst das gesamte geographische Gebiet innerhalb von Ländergrenzen. Ländergrenzen überschreitende Märkte

3.2 Relevanter Absatzmarkt

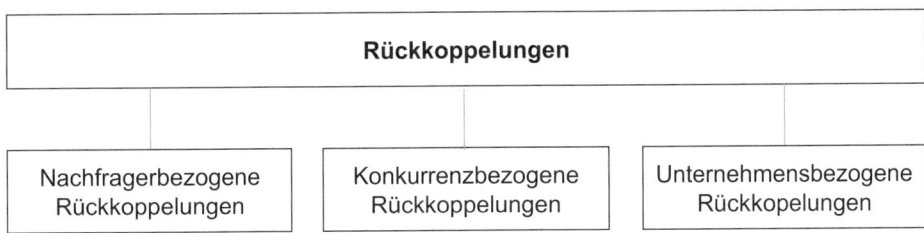

Abb. 3.10 Rückkoppelungen

können ausgewählte Auslandmärkte bzw. Teilmärkte ausländischer Märkte oder der Weltmarkt sein.

Die Abgrenzung hängt zum einen davon ab, wo die Unternehmung tatsächlich verkaufen will, was in ihren Marktarealstrategien festgelegt wird (vgl. Kap. 7). Zum anderen sind **Rückkoppelungen** aus geographischen Gebieten zu beachten, die nicht zwingend bearbeitet werden, die Marketingentscheidung für ein betrachtetes geographisches Gebiet aber beeinflussen. Es werden, wie Abb. 3.10 darstellt, nachfragerbezogene, konkurrenzbezogene und anbieterbezogene Rückkoppelungen unterschieden (vgl. Backhaus und Voeth 2010, S. 20 ff.; Homburg 2020, S. 1193).

Nachfragerbezogene Rückkoppelungen beziehen sich darauf, dass das Verhalten der Nachfrager in einem geographischen (Teil-)Markt aufgrund von Informationsaustausch und Arbitragepotenzial zu Veränderungen des Nachfrageverhaltens in anderen geographischen (Teil-)märkten führt und dort eine Anpassung der Unternehmensaktivitäten erforderlich macht.

Konkurrenzbezogene Rückkoppelungen sind zu berücksichtigen, wenn Aktivitäten der Unternehmung in einem geographischen (Teil-)Markt zu Konkurrenzreaktionen führen, die auch andere von der Unternehmung bearbeitete geographische (Teil-) Märkte betreffen.

Unternehmensbezogene Rückkoppelungen entstehen, wenn die Bearbeitung eines geographischen (Teil-)Marktes die unternehmensinternen Gegebenheiten derart verändern, dass sie Auswirkungen auf die gesamte Unternehmung und damit auch andere von ihr bearbeitete geographische (Teil-)Märkte besitzen. Davon betroffen sein können die Ziele in anderen geographischen (Teil-)Märkten und die Konfiguration der Aktivitäten bezogen auf die Verteilung der Aktivitäten und den Zentralisationsgrad der Entscheidungen.

▶ Eine Unternehmung im Land A muss (gerade im Zeitalter der Digitalisierung und Telekommunikation, verbunden mit einer hohen Markttransparenz, auf Preissenkungen ihrer Konkurrenten, die nur im Land B anbieten, reagieren, will sie vermeiden, dass ihre Kunden zukünftig z. B. im Online-Handel zur Konkurrenz im Land B abwandert (nachfragerbezogene Rückkoppelung).

Konkurrenten aus Land B, die gleichzeitig in Land A anbieten, würden auf die Preisreduktion der Unternehmung in Land A ebenfalls ihre Preise im Land A und B senken, um dort Absatzeinbußen zu vermeiden (konkurrenzbezogene Rückkoppelung). Sind z. B. aus Imagegründen für die Unternehmung hohe Preise in Land A wichtig, würde sie trotz niedrigerer Preise in B und der Gefahr des Verlustes von Kunden ihre Preise in A konstant halten (anbieterbezogene Rückkoppelung).

3.2.1.3 Zeitliche Marktabgrenzung

In zeitlicher Hinsicht wird der Markt nach der Zeitdauer, in der er bedient werden kann, abgegrenzt. Bedeutung besitzt die zeitliche Marktabgrenzung beim Angebot von Leistungen mit einem **periodisch wiederkehrenden Bedarf** wie z. B. Skiausrüstungen, Weihnachtsartikel etc. (vgl. Voeth und Herbst 2013, S. 30 f.). Darüber hinaus ist eine zeitliche Marktabgrenzung notwendig, wenn ein Markt nur zu einem **bestimmten Zeitpunkt bzw. in einem kurzen Zeitraum** existiert, wie dies z. B. bei Karten für ein Musikfestival oder einer Sportveranstaltung der Fall ist.

3.2.2 Beurteilung des relevanten Absatzmarktes

Eine Beurteilung des Marktes ist für etablierte Anbieter eines Marktes notwendig, um über die weiteren Aktivitäten auf diesem Markt zu entscheiden. Dies schließt Überlegungen zum Verbleib oder zum Austritt aus dem Markt ein. Potenzielle Anbieter bewerten den Markt hinsichtlich des zu erwartenden Erfolgs eines Markteintritts. In **qualitativer Hinsicht** werden dabei die Wettbewerbskräfte des Marktes und der Marktlebenszyklus untersucht, in **quantitativer Hinsicht** das Marktpotenzial, das Marktvolumen und der erreichbare Marktanteil (vgl. Abb. 3.11).

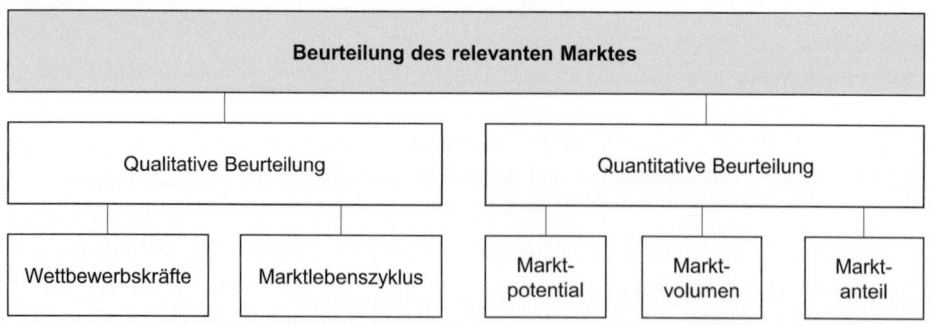

Abb. 3.11 Beurteilung des relevanten Marktes

3.2.2.1 Wettbewerbskräfte des Marktes

Ausgangspunkt zur Untersuchung der Wettbewerbskräfte eines Marktes stellt die sogenannte **Industrial Organzation-Forschung** da. Diese gewann im Rahmen der Industriepolitik der USA in den 1950er Jahren an Bedeutung. Den grundlegenden Forschungsansatz in den Untersuchungen der „**Industrial Organization**" stellt das **Marktstruktur-Marktverhalten-Marktergebnis-Paradigma** dar. Dabei werden Märkte hinsichtlich der sie bestimmenden Strukturen, des in ihnen vorherrschenden Wettbewerbsverhaltens, sowie der von ihnen erreichten Ergebnisse beschrieben (vgl. Abb. 3.12).

Die **Marktstruktur** bezeichnet jene Merkmale eines Marktes, die außerhalb der kurzfristigen Kontrolle der Marktteilnehmer die Beziehungen im Parallel- und Austauschprozess (vgl. Oberender 1973, S. 22) zwischen den Marktteilnehmern bestimmen und somit neben der globalen Umwelt Rahmendaten des Wettbewerbsprozesses eines Marktes darstellen (vgl. Bain 1968, S. 7; Bartling 1980, S. 21; Kanzenbach und Kallfass 1981, S. 133). Der Begriff des **Marktverhaltens** beschreibt die strategischen Möglichkeiten, die Unternehmen besitzen, um auf einem Markt zu agieren. Dabei werden Zielsetzungen, Strategien und Taktiken der Unternehmungen sowie die unmittelbaren Aktionen und Reaktionen der Wettbewerber erfasst (vgl. Klauss 1975, S. 26; Bartling 1980, S. 22; Kantzenbach und Kallfass 1981, S. 113; Poeche 1970 S. 18; Bain 1968, S. 9 und 303). Die **Ergebnisse eines Marktes** umfassen die ökonomischen Resultate der auf ihn stattfindenden Markt- und Wettbewerbsprozesse.

Das Paradigma geht davon aus (vgl. Abb. 3–12), dass die Struktur eines Marktes das Verhalten der auf dem Markt tätigen Unternehmen bestimmt. Das Verhalten auf dem Markt determiniert dann seinerseits dessen erreichte Ergebnisse (vgl. Grether 1970, S. 85; Scherer 1970, S.5; Porter 1981, S. 611). „Although the casual relations presumably run from structure to conduct to performance, the interest and the analysis usually goes directly from structure to performance results …" (Grether 1970, S. 85). Marktstruktur, -verhalten und -ergebnis werden von verschiedenen Faktoren determiniert. Grundgedanke war nun, dass die Politik für geeignete Marktstrukturen und -verhaltensweisen Sorge tragen muss, damit (politisch) erwünschte Marktergebnisse entstehen und erhalten bleiben. Für eine Unternehmung stellt sich die Frage, ob es sich vor dem Hintergrund der Marktstruktur und des Marktverhaltens um einen lukrativen Markt handelt.

Abb. 3.12 Struktur-Verhaltens-Ergebnis-Paradigma der Industrial Organization

In der Nachfolge der Industrial Organization Forschung identifiziert Porter (2013, S. 38, sowie zur theoretischen Begründung Vollert 1991) fünf Wettbewerbskräfte, die sich auf die Struktur des Marktes beziehen und die den Aufbau und Erhalt von KKVs bestimmen (vgl. Abb. 3.13):

- Den Wettbewerb zwischen den etablierten Anbietern eines Marktes,
- die Bedrohung durch potenzielle Konkurrenten (Höhe der Markteintrittsbarrieren),
- die Bedrohung durch Substitutionsprodukte,
- die Verhandlungsmacht der Lieferanten und
- die Verhandlungsmacht der Kunden.

Die Wettbewerbskräfte Porters werden von einer Vielzahl von Determinanten bestimmt, die in Tab. 3.4 zusammengestellt sind.

Die Analyse und Prognose der Wettbewerbskräfte erlauben die Beantwortung folgender Fragen:

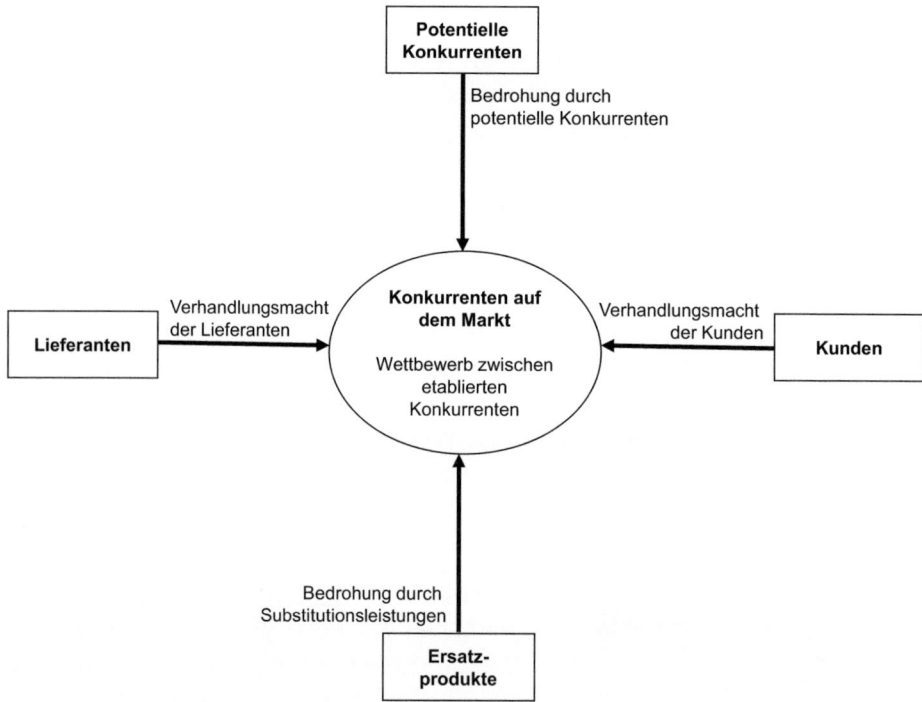

Abb. 3.13 Wettbewerbskräfte eines Marktes nach Porter (Porter 2013, S. 38, Porter 2010, S. 29)

Tab. 3.4 Determinanten der Wettbewerbskräfte von Porter. (Quelle: nach Porter 2010, S. 32)

Wettbewerbskraft	Determinanten
Wettbewerb auf dem Markt	Marktwachstum; Fix- und Lagerkosten/Wertschöpfung; Überkapazitäten; Produktunterschiede (Leistungsdifferenzierung); Markenvielfalt und –loyalität; Umstellungskosten; Konzentration (Zahl) der Anbieter; Unsicherheit des Marktes; Heterogenität der Anbieter; Strategische Unternehmensinteressen u. a.;
Bedrohung durch neue Anbieter (Höhe der Markteintrittsbarrieren)	Fixkostendegression, Economies of scale, Erfahrungskurveneffekte; Leistungsdifferenzierung; Markenrechte; Umstellungskosten der Abnehmer; Kapitalbedarf; Zugang zu den Vertriebskanälen; Absolute Kostenvorteile; Staatliche Politik; zu erwartende Vergeltungsmaßnahmen etablierter Anbieter u. a.;
Bedrohung durch Ersatzprodukte	Relative Preise der Ersatzprodukte; Umstellungskosten der Kunden; Substitutionsneigung der Kunden u. a.;
Verhandlungsmacht der Abnehmer	Kundenkonzentration; Abnehmervolumina; Umstellungskosten der Abnehmer; Informationsstand der Kunden; Fähigkeit zur Rückwärtsintegration; Ersatzprodukte u. a.;
Verhandlungsmacht der Lieferanten	Differenzierung des Inputs; Umstellungskosten der Lieferanten/der Kunden; Ersatzinputs; Lieferantenkonzentration; Bedeutung des Auftragsvolumens für die Lieferanten; Kosten/Gesamtumsatz des Marktes; Einfluss des Inputs auf die Kosten bzw. Möglichkeiten der Differenzierung der Kunden; Möglichkeiten der Vorwärtsintegration u. a.;

- Ist es für die Unternehmung sinnvoll, auf einen momentan bearbeiteten Markt zu verbleiben bzw. als „Newcomer" den Markt zu betreten?
- Welche noch nicht bearbeiteten Märkte bieten sich für ein alternatives oder zusätzliches Engagement der Unternehmung an?
- Welche Notwendigkeiten und Möglichkeiten gibt es, mit eigenen Strategien die Marktstruktur zu verändern (vgl. Grant 2014, S. 94 ff.).

Der Ansatz von Porter besitzt Vor- und Nachteile.

Als Vorteil des Modells von Porter kann betrachtet werden, dass die Analyse und Prognose der Wettbewerbskräfte sowohl etablierten wie auch potenziellen Anbietern Hinweise gibt, auf welchen Märkten sich der Aufbau und der Erhalt von KKVs lohnen kann (vgl. auch Kreikebaum et al. 2018, S. 251; Grant 2014, S. 95 f.). Porter verweist darauf, dass die fünf Wettbewerbskräfte unabhängig einer auf einem Markt vorherrschenden Technologie gelten, also in der Stahlindustrie ebenso wie im Finanzdienstleistungssektor und der Lebensmittelindustrie (vgl. Porter 2001, S. 62 ff.; Porter 2008, S. 78 ff.). Dies wird empirisch auch teilweise belegt.

Allerdings besitzt das Modell auch Nachteile und Probleme. So ist die Begrenzung der Strukturbereiche auf fünf Wettbewerbskräfte aus wettbewerbstheoretischer Sicht äußerst zweifelhaft. Der Wettbewerb führt nach v. Hayeck zu Ergebnissen, die niemand bewusst hätte anstreben können (vgl. v. Hayek 2011, S. 188). Diese (ex ante) unbekannten Ergebnisse können dann auch von (ex ante) unbekannten Strukturelementen beeinflusst werden (vgl. Bartling 1980). Dies wird deutlich, wenn Porter aktuelle und potenzielle Konkurrenten, Abnehmer und Lieferanten berücksichtigt, aber andere wichtige Gruppen, die den Aufbau und den Erhalt von KKVs beeinflussen können, wie z. B. Anbieter von Komplementärgütern (vgl. Grant und Nippa 2006, S. 142 f.), Geldgeber, Mitarbeiter u. a. bestenfalls implizit oder gar nicht einbeziehen. Porter und die Untersuchungen im Rahmen der Forschung zur Industrial Organization verallgemeinern zu stark, wenn sie mit Ergebnissen, die sich fast ausschließlich aus Querschnittsanalysen über viele Märkte und Unternehmen hinweg ergeben (vgl. Bass et al. 1977), einige Strukturmerkmale besonders herausstellen. Die Bedeutung einzelner Strukturmerkmale variiert zum einen zwischen unterschiedlichen Märkten und zum anderen in Abhängigkeit des Marktlebenszyklus (vgl. Müller-Stewens und Lechner 2016, S. 129). Jede Unternehmung muss für sich entscheiden, welche Strukturelemente nach ihrer Auffassung den Aufbau und Erhalt von KKVs positiv oder negativ beeinflussen (vgl. Kreikebaum et al. 2018, S. 252, aber auch Oberender 1977; Heuss 1965; Bartling 1980). Dies gilt umso mehr, als Porter von Entwicklungen der globalen Umwelt abstrahieren (vgl. Grundy 2006, S. 217; Shokeen, 2016, S, 180; Dälken, 2014, S. 4). Eng damit verbunden ist die Kritik am statischen Charakter des Modells (Grundy 2006, S. 223; Dulcic et al. 2012, S. 1028). Eine Dynamik ist bestenfalls implizit mit der Bedrohung durch neue Konkurrenten zu erkennen. Nicht zuletzt muss kritisiert werden, dass die einzelnen Wettbewerbskräfte nicht voneinander unabhängig sein müssen (vgl. Grundy 2006, S. 2018). So besteht Grund zur Annahme, dass z. B.

3.2 Relevanter Absatzmarkt   87

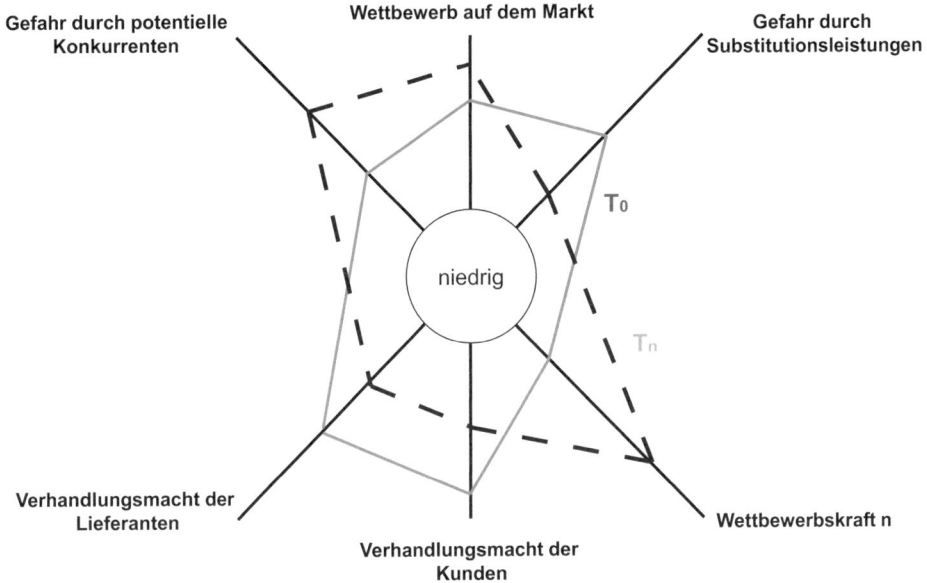

Abb. 3.14 Entwicklung der Wettbewerbskräfte im Zeitablauf

die Bedrohung durch Substitutionsprodukte und die Verhandlungsmacht der Nachfrager voneinander abhängige Wettbewerbskräfte sind.

Vor dem Hintergrund der Kritik kann das Modell z. T. modifiziert werden. So können unbeschadet seiner Vorteile weitere Wettbewerbskräfte in das Modell integriert werden. Wichtig erscheint, dass Einflussfaktoren der zusätzlichen Wettbewerbskräfte ermittelt und empirisch validiert werden.

Eine teilweise Dynamisierung des Modells kann erzielt werden, wenn die Stärke der Wettbewerbskräfte im Zeitablauf dargestellt werden (vgl. Abb. 3.14)

Dazu ist es notwendig, die Wettbewerbskräfte festzulegen und ihre Einflussfaktoren zu bestimmen. Die Einflussfaktoren pro Wettbewerbskraft sind dann in einem Punktbewertungsmodell zu gewichten und für den Zeitpunkt T_0 auf der Basis von Marketingforschungsergebnissen, zum Zeitpunkt T_n auf der Basis von Prognosen zu bewerten (vgl. Kap. 4). Die Verknüpfung der gewichteten Punktwerte (additiv oder multiplikativ) ergibt dann den Wert für die jeweilige Dimension zum betrachteten Zeitpunkt.

3.2.2.2 Marktlebenszyklus

▶Der Marktlebenszyklus ist – wie andere Lebenszyklusmodelle auch (vgl. Höft, 1992, S. 15 ff.) – ein zeitliches Entwicklungsmodell (vgl. Kotler et al. 2015, S. 399), das auch durch die Wettbewerbskräfte geprägt wird. Die Theorie des Marktlebenszyklus geht davon aus, dass ein Markt ähnlichen Gesetzen des Werdens und Vergehens unterliegen, wie biologisches Leben. In Abhängigkeit der Zeit wird, wie Abb. 3.15 zeigt, die Entwicklung des Absatzes, des Umsatzes, des Deckungsbeitrags oder des Gewinns für einen Markt dargestellt, wobei häufig ein idealtypisch glockenförmiger Verlauf unterstellt wird (vgl. Grant, 2014, S. 243; Grant und Nippa 2006, S. 381; Nieschlag et al. 2002, S. 123 ff.) und empirisch auch belegbar ist (vgl. Kotler et al. 2011, S. 676).

Ein Markt wächst nach seiner Entstehung durch die Einführung innovativer Leistungen auf Basis einer neuen Technologie zunächst langsam und nimmt dann enorm an Wachstum zu. Nach einer Phase niedrigeren Wachstums und der Stagnation beginnt der Markt zu schrumpfen und verschwindet. Der Marktlebenszyklus entsteht durch eine Vielzahl von **Produktlebenszyklen** (vgl. Oberender 1973, S.40), die u. a. unterschiedlichen Produktgenerationen zugeordnet werden können (vgl. Grant 2014, S. 243). Der Produktlebenszyklus unterstellt eine ähnliche zeitliche Entwicklung für einzelne Produkte und Dienstleistungen, wobei der glockenförmige Verlauf hier eher die Ausnahme darstellt.

Dem Marktlebenszyklus liegen ein Technologielebenszyklus und das Adoptionsmodell zugrunde.

▶ Der **Technologielebenszyklus** zeigt die Entwicklung einer Technologie bezüglich ihrer Leistungsfähigkeit (vgl. Schweitzer 2002, S. 36; Zotter 2007, S. 71) oder den Grad der Ausschöpfung ihres Wettbewerbspotenzials (vgl. Roussel 1984, S. 29 ff.) im Zeitverlauf (vgl. auch Abschn. 8.2.3.3.1.). Andere Ansätze beziehen sich auf die Entwicklung der Technologie in Abhängigkeit der F&E-Ausgaben (vgl. Corsten et al. 2016, S. 264 ff.).

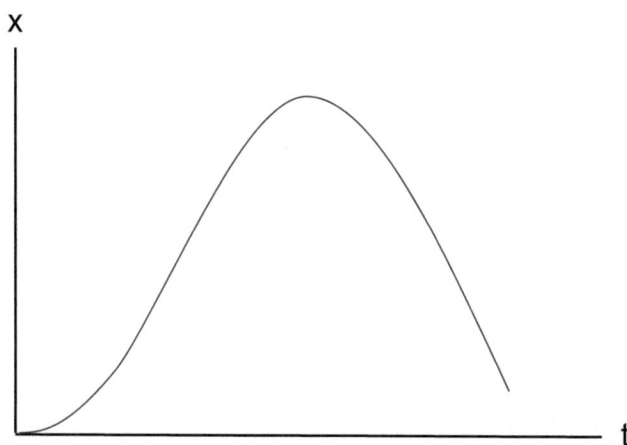

Abb. 3.15 Entstehung des Marktlebenszyklus

3.2 Relevanter Absatzmarkt

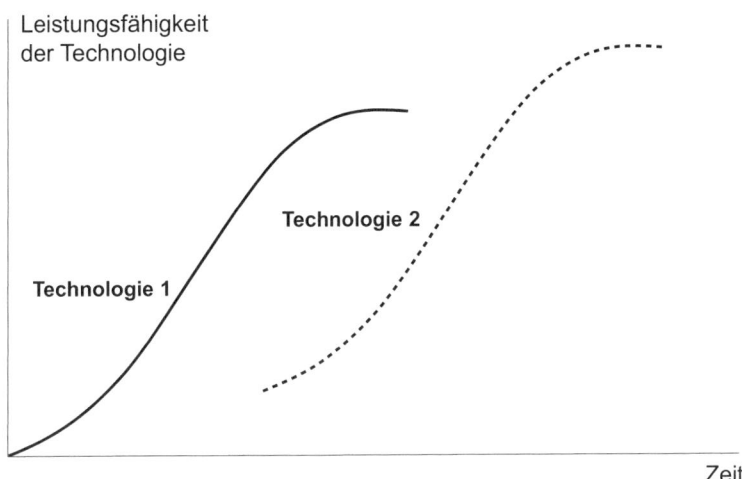

Abb. 3.16 Technologielebenszyklus

Für den Technologielebenszyklus wird häufig ein S-förmiger Verlauf angenommen (vgl. Abb. 3.16), bei dem sich Phasen mit niedriger und Phasen mit hoher Dynamik ablösen. Die Leistungsfähigkeit einer Technologie entwickelt sich zunächst langsam. Wird ihr Potenzial anbieterseitig erkannt, wird sie von einer Vielzahl von Anbietern weiterentwickelt bis sie ausgeschöpft ist, sodass ihre Leistungsfähigkeit nicht mehr weiterentwickelt werden kann. Gerade in einer dynamischen Umwelt wechseln sich Technologielebenszyklen häufig relativ schnell ab. Regelmäßig wird eine Technologie (Technologie1) von einer anderen Technologie (Technologie 2) spätestens dann abgelöst, wenn deren Leistungsfähigkeit, die der Technologie 1 übertrifft.

Der Technologielebenszyklus erklärt den zunächst verhaltenen, dann steigenden und stagnierenden Absatz bzw. Umsatzes im Marktlebenszyklus. Der S-förmige Verlauf einerseits und die Ablösung einer Technologie durch eine andere sind aber nicht naturgesetzmäßig vorgegeben, sondern hängen von der Intensität der F&E, den dafür aufgewandten Mittenl, dem politischen und kompetitiven Umfeld u. ä. ab (vgl. Brockhoff 1992, S. 27).

Die **Diffusionstheorie** untersucht den Prozess von der Kenntnisnahme einer neuen Leistung durch potenzielle Nachfrager bis zu deren Kauf (vgl. Roger 2003). Die Übernahmezeit (**Adoption**) variiert bei unterschiedlichen Nachfragern bzw. Nachfragergruppen in Abhängigkeit von personenbezogenen und umweltbezogenen Faktoren, Faktoren der Leistung aber auch den Marketinganstrengungen der Anbieter eines Marktes (vgl. Meffert et al. 2019).

Wie in Abb. Abb. 3.17 gezeigt, unterscheidet Rogers **Innovatoren** und **Frühadopter,** die eine neue Leistung übernehmen, sobald diese auf dem Markt erhältlich sind und bereit sind, die damit verbundenen technischen, sozialen und finanziellen Risiken zu tragen.

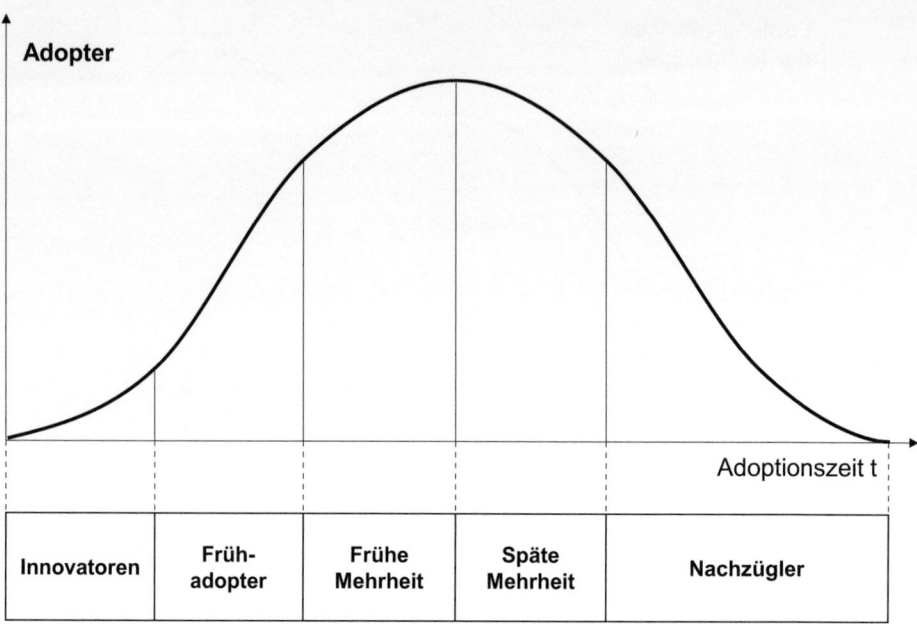

Abb. 3.17 Diffusion und Adoption. (Nach Roger 2003, S. 281)

Die **frühe Mehrheit** übernimmt eine Innovation, wenn die damit verbundenen „Kinderkrankheiten" beseitigt sind. Die **späte Mehrheit** akzeptiert die Innovation, wenn sie zum Standard geworden ist. **Nachzügler** greifen auf die Leistung erst dann zurück, wenn Produkte und Dienstleistungen auf der Basis älterer Technologien nicht mehr erhältlich sind. Insbesondere die späte Mehrheit und die Nachzügler sind dafür verantwortlich, dass ein Marktlebenszyklus nicht abrupt, sondern langsam endet.

Der Marktlebenszyklus wird üblicherweise in vier bis sechs Phasen unterteilt (vgl. Heuss 1965, S. 16 ff.; Day 1986, S. 59; Grant und Nippa 2006, S. 382; Grant 2014, S. 243). Im Folgenden soll der Marktlebenszyklus mit der Einführungsphase, der Wachstumsphase, der Reifephase und der Degenerationsphase in vier Phasen des Marktlebenszyklus unterteilt werden (vgl. Abb. 3.18).

Die Phasen unterscheiden sich bzgl.

- der Marktentwicklung (vgl. Tab. 3.5),
- der Marktstruktur (vgl. Tab. 3.6),
- des Einflusses der Wettbewerbskräfte (vgl. Tab. 3.7) und
- des Marktverhaltens (vgl. Tab. 3.8).

3.2 Relevanter Absatzmarkt

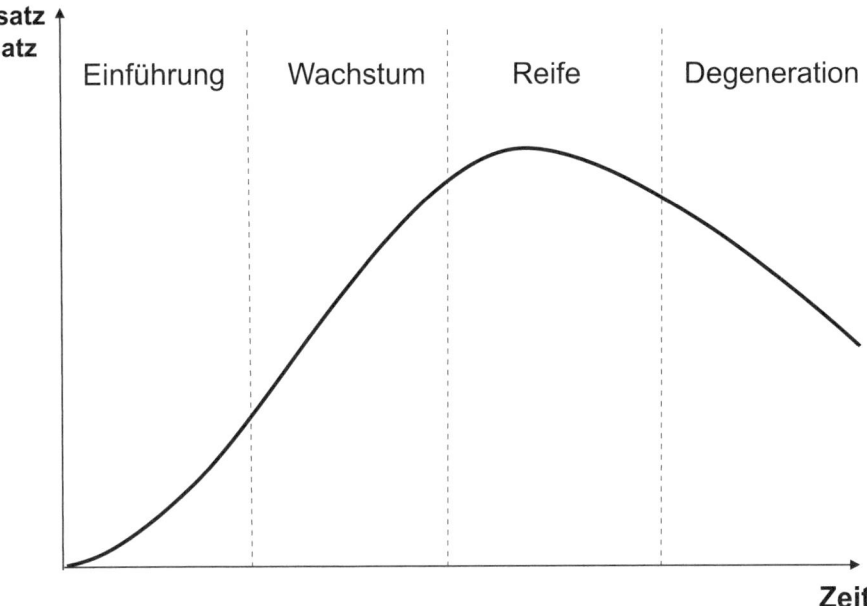

Abb. 3.18 Phasen des Marktlebenszyklus

Aus der Unterschiedlichkeit der Phasen lassen sich Unterschiede der strategischen Schwerpunkte ableiten.

▶ Z. B. ist in der Reife- und Degenerationsphase die Technologie der Leistungen eines Marktes tendenziell ausgereift, sodass kaum mehr mit technischen Verbesserungen zu rechnen ist. Dies gilt insbesondere dann, wenn bereits neue, leistungsstärkere Technologien existieren. Als Konsequenz ergeben sich tendenziell ähnliche und damit austauschbare Leistungen der Anbieter eines Marktes. Man darf erwarten, dass eine nennenswerte Zahl von Nachfragern in diesem Fall die preisgünstigsten Leistungen präferiert. Daraus folgt, dass Anbieter ihren strategischen Schwerpunkt auf das Kostenmanagement legen müssen, um mit niedrigen Kosten bei niedrigen Preisen trotzdem noch Gewinne zu erzielen.

Eine Unternehmung muss sich Gedanken darüber machen, welche strategischen Schwerpunkte aktuell und zukünftig auf einen Markt zu setzen sind und ob und wann sie in der Lage ist, diese (besser als die Konkurrenz) zu realisieren und dabei Gewinne zu erzielen. In der Konsequenz sind damit Fragen angesprochen

- der strategischen Flexibilität der Unternehmung (vgl. Kap. 22)

Tab. 3.5 Marktentwicklung im Marktlebenszyklus. (Quelle: nach Meffert 1988, S. 53 ff. Höft 1992, S. 104; Homburg 2000, S. 84; Grant 2014, S. 249; Grant und Nippa 2006, S. 389; Benkenstein und Uhrig 2009, S. 56; Homburg 2020, S. 487 f..; Müller-Stewens und Lechner 2016, S. 129)

Marktentwicklung				
	Einführung	Wachstum	Reife	Degeneration
Wachstum	Steigende Wachstumsraten	Stark steigende Wachstumsraten	Stagnation des Wachstums; Negatives Wachstum am Ende	Rückläufiges Wachstum
Marktanteile	Entwicklung der Marktanteile noch nicht absehbar	Konzentration der Marktanteile auf viele Anbieter	Konzentration der Marktanteile auf wenige Anbieter	Verstärkung der Konzentration der Marktanteile
Stabilität der Marktanteile	Instabile Marktanteile	Konsolidierung der Marktanteile aufgrund von Erfahrungskurveneffekten	Änderungen der Marktanteile bei außergewöhnlichen Anlässen und Ausscheiden von Konkurrenten	Änderungen der Marktanteile bei Ausscheiden von Konkurrenten
Ergebnis	Niedrig	Hoch	Normal	Zunehmender Druck

- des Timings des Markteintritts und Marktaustritts.

Das Modell des Marktlebenszyklus ist mit einer Reihe von Vor- und Nachteilen verbunden. Als Nachteile werden genannt (vgl. auch Fischer und Zimmermann 1983; Potucek 1984; Polli und Cook 1969; Rink und Swan 1979; Grimm 1983; Day 1981b; Day 1981c; Barksdale und Harris 1982; Dhalla und Yuspeh 1976; Porter 2013, S. 216 ff.):

- Es ist nicht trivial, den Entstehungszeitpunkt eines Marktes festzulegen. Prinzipiell beginnt dieser mit der Einführung von Leistungen mit einer neuen Technologie. Besitzen Leistungen unterschiedliche Schwerpunkttechnologien und kommt es zu einer technischen Innovation, müssen weitere Indikatoren beachtet werden, um ein Urteil zu bilden, ob ein neuer Markt vorliegt (z. B. neue Konkurrenten und Kunden).
- Die Dauer der Phasen des Marktlebenszyklus ist nicht eindeutig festzulegen und variiert auf unterschiedlichen Märkten. Prognosen strategischer Schwerpunkte sind damit zumindest mit Unsicherheit behaftet.

3.2 Relevanter Absatzmarkt

Tab. 3.6 Marktstruktur im Marktlebenszyklus. (Quelle: nach Meffert 1988, S. 53 ff. Höft 1992, S. 104; Homburg 2000, S. 84; Grant 2014, S. 249; Grant und Nippa 2006, S. 389; Benkenstein und Uhrig 2009, S. 56; Homburg 2020, S. 487 f.)

Marktstruktur	Einführung	Wachstum	Reife	Degeneration
Nachfrage	Innovatoren; Frühadopter;	Schnelle Marktdurchdringung	Massenmarkt; Ersatzbeschaffung; Wiederholungskäufe; Informierte und preissensible Kunden;	Technologieaverse Nachzügler
Stabilität der Abnehmerkreise	Instabilität	Alternative Bezugsquellen; Beginnende Kundentreue	Festgelegte Einkaufspolitik der Kunden	Stabile Abnehmerkreise
Konkurrenten	Geringe Zahl von Pionierunternehmen und frühen Folgern	Höchstwert der Zahl der Wettbewerber	Ausscheiden von Konkurrenten ohne Kosten- bzw. Leistungsvorteil	Weitere Verringerung der Zahl der Konkurrenten
Konkurrenzsituation	keine festgelegten „Spielregeln" auf dem Markt	steigende Wettbewerbsintensität; steigende (kostenbezogene) Markteintrittsbarrieren;	intensiver Wettbewerb	wenige Konkurrenten; starker Wettbewerb bei hohen Marktaustrittsbarrieren
Technologie	Ggf. Konkurrierende Technologien; Radikale Leistungsinnovationen;	Verbesserung einer dominanten Technologie; Leistungs- und Verfahrensverbesserungen;	Standardisierte Technologie; Rationalisierung der Produktions- und Distributionsprozesse;	Stagnierende technologische Entwicklungen

Tab. 3.7 Marktlebenszyklus und Wettbewerbskräfte. (Quelle: nach Müller Stewens und Lechner 2016, S. 129)

Wettbewerbskräfte	Einführung	Wachstum	Reife	Degeneration
Bedrohung durch neue Konkurrenten	Unsicherheit und Risiko als Eintrittsbarriere	Eintritt viele neuer Wettbewerber	Neueintritt bestenfalls bei günstigen Kostenbedingungen	Eintritt unwahrscheinlich
Bedrohung durch Substitutionsleistungen	Hoch	Niedrig	Ansteigend	Hoch
Verhandlungsmacht der Lieferanten	Niedrig	Niedrig	Ansteigend	Hoch
Verhandlungsmacht der Abnehmer	Hoch	Niedrig	Ansteigend	Hoch
Rivalität der Konkurrenten auf dem Markt	Tendenziell niedrig; Bei konkurrierenden Technologien hoch;	Ansteigend, jedoch können die Ziele der Konkurrenten in stark wachsenden Märkten realisiert werden	Besonders hoch oder oligopolistisches Verhalten	Sinkend bei niedrigen Marktaustrittsbarrieren Steigend bei hohen Marktaustrittsbarrieren

Tab. 3.8 Marktverhalten im Marktlebenszyklus. (Quelle: nach Meffert 1988, S. 53 ff. Höft 1992, S. 104; Homburg 2000, S. 84; Grant 2014, S. 249; Grant und Nippa 2006, S. 389; Benkenstein und Uhrig 2009, S. 56; Homburg 2020, S. 487 f..; Müller-Stewens und Lechner 2016, S. 129)

Marktverhalten	Einführung	Wachstum	Reife	Degeneration
Strategischer Schwerpunkt	F&E; Marketing;	Marketing;	Marketing; Effektivität; Kostenmanagement;	Kostenmanagement
Strategische Aktivitäten	Leistungsinnovationen; Kundenakquisition;	Kundenakquisition; Investitionen in Marktanteile; Entwicklung der Leistung und Leistungsqualität; Fertigungsgerechte Konstruktion; Zugang zu Distributionskanälen; Aufbau des Markenimages;	Kundenorientierung und Kundenbindung; Service; Qualität; Marke; Kostenreduktion durch mengenbezogene Kosteneffekte und Rationalisierung;	Käuferselektion; Kundenbindung; Service; Kostenreduktion durch Rationalisierung;
Marketing-schwer-punkte	Überwindung von Marktwiderständen; Steigerung des Bekanntheitsgrades; Schaffung von Makenimages;	Qualitätssteigerung; Leistungsdifferenzierung; Markenpolitik; Markenprofilierung;	Qualitätssicherung; Markenpolitik Mengenmäßiger Absatz; Kostenreduktion;	Überführung von Kunden in neue Märkte;
Leistungspolitik	Leistungsinnovation; Wenige Varianten;	Leistungsmodifikation; Leistungsdifferenzierung;	Zunehmende Standardisierung der Leistungen; Markenprofilierung;	Standardisierung der Leistung; Elimination von Varianten;

(Fortsetzung)

Tab. 3.8 (Fortsetzung)

Marktverhalten

	Einführung	Wachstum	Reife	Degeneration
Preispolitik	hohe oder niedrige Preise; (Scimming- bzw. Penetration-Pricing);	Wettbewerbs-orientiere Preispolitik;	Preisreduktionen	Defensive Preispolitik
Distribution	Aufbau von Distributions-systemen; Kooperationen mit dem Handel;	Intensive Distribution; Nutzung alternativer Vertriebssysteme;	Kooperation mit dem Handel oder Umgehung des Handels	Kooperation mit dem Handel oder Umgehung des Handels
Kommunikation	Kommunikation zur Schaffung von Information	Kommunikation zur Schaffung von Emotion und Information	Kommunikation zur Schaffung von Emotion	Kommunikation zum Erhalt der Aktualität

3.2 Relevanter Absatzmarkt

- Der glockenförmige Verlauf könnte durch Aktivitäten der Unternehmen eines Marktes, das Nachfragerverhalten, durch staatliche Eingriffe u. ä. verändert werden. Porter weist darauf hin, dass auch Phasen übersprungen werden (Vgl. Porter 2013, S. 216).
- Die strategischen Schwerpunkte der einzelnen Phasen können in unterschiedlichen Märkten variieren.

Als Vorteil gilt, dass das Konzept des Marktlebenszyklus auf die Dynamik von Märkten hinweist und die Unternehmung zwingt, sich (rechtzeitig) Gedanken zur Anpassung an sich verändernde Bedingungen eines Marktes machen. Die mutmaßlichen Ausprägungen der Struktur und des Verhaltens der Marktteilnehmer in den verschiedenen Phasen geben Hinweise auf die eigene Strategieformulierung bzw. bieten die Möglichkeit, die eigene Strategieformulierung kritisch zu hinterfragen und zu bewerten (vgl. Hax und Majluf 1991, S. 224).

3.2.2.3 Marktpotenzial, Marktvolumen und Marktanteil

Eine quantitative Beurteilung des Marktes erfolgt durch die Bestimmung des Marktpotenzials, des Marktvolumens und des Marktanteils, den eine Unternehmung erreicht bzw. erreichen kann (vgl. Abb. 3.19), wobei die Größen mengen- oder wertmäßig bestimmt werden können.

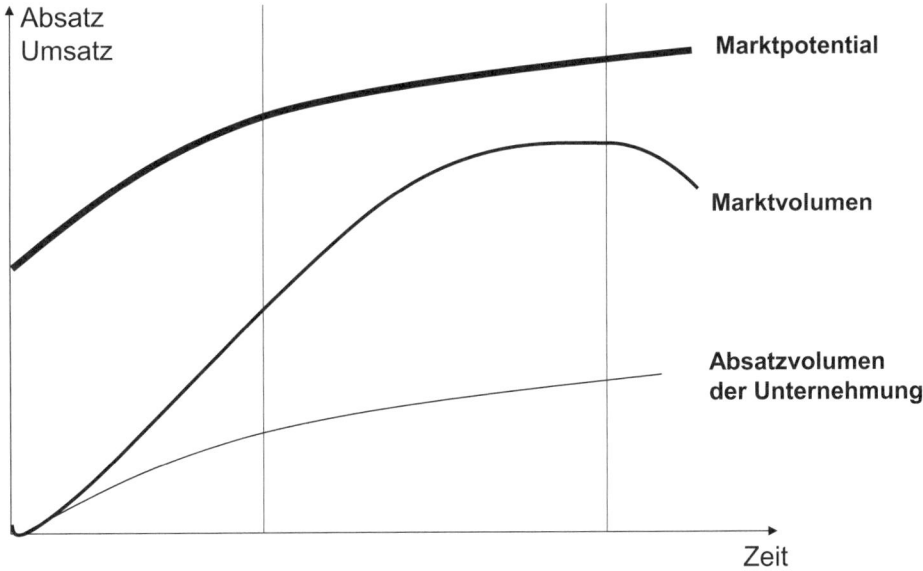

Abb. 3.19 Quantitative Analyse des Marktes

Das **Marktpotenzial** beschreibt die maximal mögliche Absatzmenge bzw. den maximal realisierbaren Umsatz eines Marktes und kann zeitpunkt- oder zeitraumbezogen erfasst werden. Es hängt u. a. ab von

- der Zahl der potenziellen Nachfrager,
- der Bedarfsintensität,
- der Markttransparenz,
- der Marktsättigung und
- den Marketingaktivitäten der Anbieter eines Marktes (vgl. Voeth und Herbst 2013, S. 151 ff.).

Das zeitraumbezogene Marktpotenzial gewinnt z. B. bei der Innovationsentscheidung Bedeutung, wenn die Frage zu beantworten ist, ob für eine Innovation überhaupt genügend Nachfrage- und Umsatzpotenzial vorhanden ist.

▶ So mag in der Vergangenheit das Marktpotenzial für Arzneimittel zur Behandlung degenerativer Erkrankungen wie Alzheimer und Demenz als nicht groß genug eingeschätzt worden sein, um hunderte Millionen Euro in die F&E zu investieren, da die Mehrzahl der Menschen verstarb, bevor bei ihnen die Krankheit ausbrach. Mit zunehmender Lebenserwartung der Menschen wird das Marktpotenzial für Arzneimittel zur Behandlung dieser Krankheiten enorm steigen.

Das **Marktvolumen** beschreibt die tatsächlich realisierte Absatzmenge bzw. den tatsächlich realisierten Umsatz aller Anbieter eines Marktes. Das Verhältnis des Marktvolumens zum Marktpotenzial kommt durch den **Marktausschöpfungsgrad** zum Ausdruck:

$$Marktausschöpfungsgrad = \frac{Marktvolumen\ (MV)}{Marktpotential\ (MP)}$$

Der Marktausschöpfungsgrad zeigt, welche Wachstumsmöglichkeiten für eine Unternehmung bestehen, ohne den Konkurrenten Absatz bzw. Umsatz wegzunehmen. Aktuelle Anbieter des Marktes entnehmen der Größe, ob es sinnvoll und möglich ist, auf dem Markt weiter zu wachsen. Potenzielle Konkurrenten können auf der Basis des Marktausschöpfungsgrades den potenziellen Erfolg eines Markteintritts beurteilen.

Das **Absatzvolumen** beschreibt den mengen- bzw. wertmäßigen Absatz bzw. Umsatzes der Leistung einer Unternehmung (vgl. Meffert et al. 2019, S. 57). Das Verhältnis des Absatzvolumens zum Marktvolumen kennzeichnet den **Marktanteil**.

$$Marktanteil = \frac{Absatzvolumen\ (x)}{Marktvolumen\ (MV)}$$

Der relative Marktanteil zeigt das Verhältnis des eigenen Marktanteils zum Marktanteil der Konkurrenz.

$$Relativer\ Marktanteil = \frac{Marktanteil\ des\ Produkts\ der\ Unternehmung}{Marktanteil\ des\ Produkts\ des\ Konkurrenten}$$

Der Marktanteil bzw. der relative Marktanteil besitzen ihre Bedeutung als Kostenindikatoren.

Den Ausgangspunkt bildet dabei die Stückkostenfunktion k

$$k = \frac{Gesamtkosten}{x}$$

$$= \frac{Fixkosten + variable\ Kosten}{x}$$

$$= \frac{Fixkosten}{x} + variable\ Kosten$$

Mit steigender Menge x sinken einerseits die Fixkosten pro Stück. Man bezeichnet dies auch als **Fixkostendegressionseffekt**. Weiterhin können **Skaleneffekte (economies of scale)** realisiert werden, die sich auch auf die Reduktion der variablen Kosten beziehen (z. B. bei der Durchsetzung niedriger Einkaufspreise aufgrund der Beschaffungsmenge). Nicht zuletzt bestimmt die Menge die **Erfahrungskurveneffekte**. Die Theorie der Erfahrungskurve basiert auf empirischen Untersuchungen über die langfristige Kostenentwicklung von Unternehmungen in verschiedenen Branchen (vgl. Grimm 1983, S. 115; Abell und Hammond 1979, S. 106). Es wurde festgestellt (vgl. Abb. 3.20), dass bei Verdoppelung der kumulierten Produktionsmenge die Stückkosten eines Produktes um einen festen Prozentsatz bis zu 30% zurückgehen können (vgl. Hax und Majluf 1991, S. 135; Henderson 1984, S. 19). Die Empirie gibt Anlass zu der Vermutung, dass das Kostensenkungspotenzial bei komplexen Technologien höher ist als bei einfacheren Technologien (vgl. Hax und Majluf 1991, S. 136).

Wohlgemerkt handelt es sich um ein Kostensenkungspotenzial, das es gilt zu realisieren (vgl. Meffert et al. 2019, S. 315). Der fortgesetzt wirksame Kostenrückgang bei allen Kostenelementen (Fertigungskosten, Distributionskosten, Kosten für Forschung und Entwicklung etc.) wirkt sowohl bei einer einzelnen Unternehmung als auch für die gesamte Branche (vgl. Henderson 1984, S. 19f; Hedley 1976, S. 3; Wittek 1980, S. 96; Abernathy und Wayne 1974, S. 110; Rupp 1980, S. 273; Day und Montgomery 1983, S. 144; Dunst 1979, S. 69f.). Die Quellen der Erfahrungskurve sind Lernkurve, technischer Fortschritt (Verbesserung des Input-Output-Verhältnisses), sowie Rationalisierungsmaßnahmen zur Kostensenkung (vgl. Coenenberg 2000, S. 20; Cravens 1982, S. 65; Kreikebaum et al. 2018; Hedley 1976, S. 3; Lange 1984, S. 230 f; Day und Montgomery 1983, S. 46 f; Abell und Hammond 1979, S. 104 ff. Henderson 1984, S. 15).

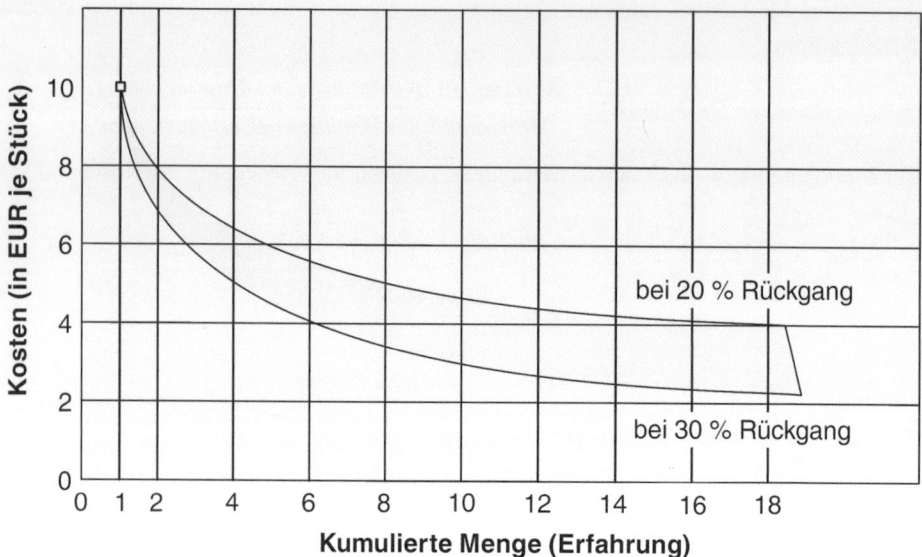

Abb. 3.20 Erfahrungskurve (entnommen aus Meffert et al. 2019, S. 316)

Je höher nun der Marktanteil einer Unternehmung ist, desto schneller verdoppelt sich ihre kumulierte Produktionsmenge und desto schneller sinken die Stückkosten. Ist der relative Marktanteil der Unternehmung größer als eins kann sie ihre kumulierte Produktionsmenge schneller verdoppeln als die betrachtete Konkurrenz und hat damit niedrigere Stückkosten. Bei konstanten Preisen auf dem Markt erwirtschaftet die Unternehmung dann höhere Gewinne als die Konkurrenz. Im Preiskampf steht ihr ein höheres Preissenkungspotenzial zur Verfügung (vgl. auch Coenenberg 2000, S. 21 f.)

3.2.3 Segmentierung des Absatzmarktes

Mit der Marktsegmentierung wird der relevante Markt weitergehend differenziert. Man kann eine Makrosegmentierung und eine Mikrosegmentierung unterscheiden. Bei der **Makrosegmentierung** wird der relevante Markt in strategische Geschäftsfelder (SGF) unterteilt. Bei der **Mikrosegmentierung** werden wettbewerbsbezogen strategische Gruppen und kundenbezogen Kundensegmente gebildet (vgl. Abb. 3.21).

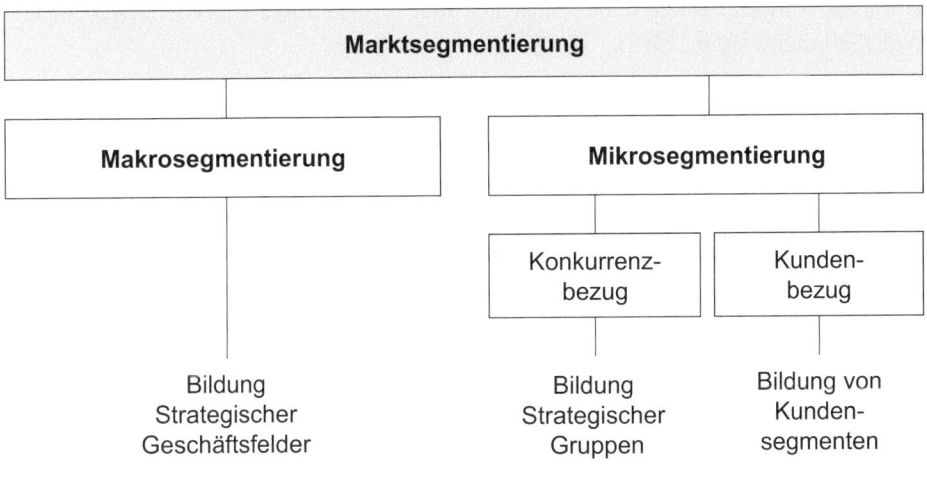

Abb. 3.21 Marktsegmentierung

3.3 Strategische Geschäftsfelder (SGF)

3.3.1 Definitorische Grundlagen

▶Man versteht unter einem SGF eine **relativ autonome Planungseinheit,** die sich von anderen SGFs der Unternehmung in Bezug auf **markt- und wettbewerbsbedingte Einflüsse,** sowie hinsichtlich **unternehmensinterner Bedingungen** unterscheidet, sodass sich eine **eigenständige strategische Planung** und damit eine eigenständige **strategische Marketingplanung** für dieses SGF lohnt (vgl. Müller-Stewens und Lechner 2016, S. 141; Abell und Hammond 1979, S. 403; Cravens 1982, S. 57).

SGF erfüllen eine Reihe von Aufgaben. Hervorzuheben sind

- die Komplexitätsreduktion in diversifizierten Unternehmen (vgl. Szyperski Wienand 1982, S. 30),
- die bessere Identifikation von unternehmensinternen und -externen Faktoren, die den Erfolg der Unternehmung bestimmen (so genannte strategische Erfolgsfaktoren),
- die vereinfachte Überwachung relevanter Bedarfsträger und Konkurrenten (vgl. Kreikebaum und Grimm 1983, S. 7),
- die verbesserten Möglichkeiten zur Erstellung strategischer Pläne und deren Umsetzung (vgl. Gerl und Roventa 1983).

Um diese Aufgabe zu realisieren, muss ein SGF verschiedenen Anforderungen genügen (vgl. Gerl und Roventa 1983):

- Erfüllung einer **spezifischen Marktaufgabe,** d. h. die Bedienung unternehmensexterner Kunden für Verwendungsfunktionen, die sich von denen anderer SGFs deutlich unterscheiden,
- **Eigenständigkeit,** d. h. insbesondere die Möglichkeit zur Planung und Durchsetzung eigenständiger Strategien, ohne dass andere SGFs dadurch beeinflusst werden,
- Erschließung eines **genügend großen Marktpotenzials,**
- Erarbeitung **eigener Erfolgspotenziale** (z. B. Realisation von Erfahrungskurveneffekten, mit denen dann langfristige Gewinne erzielt werden),
- **Stabilität,** d. h. dass sich SGF über einen längeren Zeitraum nicht verändert,
- **Möglichkeit der eigenständigen Führung.**

Letztlich bedeutet dies, dass ein SGF aus einem Unternehmen ausgegliedert werden könnte und erfolgreich agiert (vgl. Kreikebaum et al. 2018, S. 83).

3.3.2 Abgrenzung von SGFs

SGFs können in einem Inside – out Segmentierung oder in einer Outside – in Perspektive gebildet werden (vgl. Kreikebaum et al. 2018, S. 77 ff.).

In einer **Inside-out – Segmentierung** werden in einer zweidimensionalen **Produkt-Markt-Matrix** Leistungen bzw. Produktgruppen und Nachfragegruppen (Kundensegmente) eines Marktes dargestellt.

Darauf aufbauend werden, wie Abb. 3.22 zeigt, **Produkt-Markt-Kombinationen** aus Nachfragesektoren und Produktgruppen identifiziert, die die Unternehmung bearbeitet und Produkt-Markt-Kombinationen, die sie (noch) nicht bearbeitet. Bearbeitete und potenziell zu bearbeitende Produkt-Markt-Kombinationen, für die eine gemeinsame Marketingstrategie formuliert werden kann, werden unter Berücksichtigung der o. g. Anforderungen zu SGFs zusammengefasst (vgl. Abb. 3.23).

Problematisch ist, dass die Inside-out-Segmentierung an Produkten und Dienstleistungen anknüpft, die einem technischen Wandel und Bedarfsveränderungen unterliegen (vgl. Levitt 1960). Damit ist zumindest das Kriterium der Stabilität von SGF nicht erfüllt. Ebenso werden Kunden und keine Bedürfnisse berücksichtigt (vgl. Müller-Stewens und Lechner 2016, S. 144). Ein Wandel der Bedürfnisse kann aber die Kundenstruktur verändern.

Die **Outside-in-Segmentierung** kann nach dem Konzept von Abell operationalisiert werden (vgl. Abell 1980). Der relevante Markt einer Unternehmung wird dazu auf drei

3.3 Strategische Geschäftsfelder (SGF)

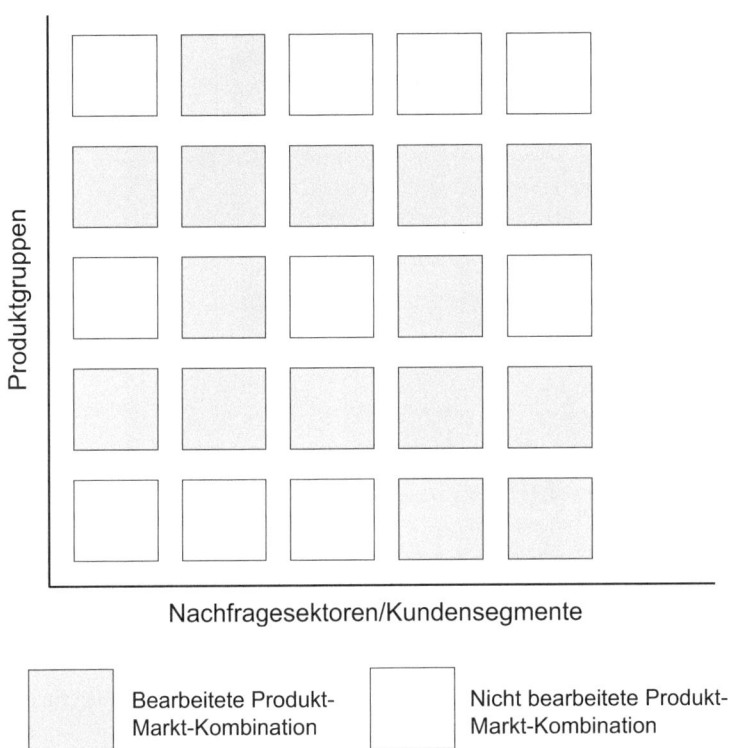

Abb. 3.22 Produkt-Markt-Matrix (in Anlehnung an Müller Stewens und Lechner 2016, S. 143)

Dimensionen beschrieben (vgl. Abb. 3.24): potenzielle Nachfragesektoren, Funktionserfüllung und verwendete Technologie (vgl. Abell 1980, S. 17 ff.). Jede Dimension wird in diskrete Kategorien unterteilt.

Weitergehend können die Dimensionen feiner strukturiert werden (vgl. Abell 1980, S. 186; Day 1981a, S. 286; Köhler 1993, S. 27 ff.). Dabei werden

- potenzielle Nachfragesektoren zu potenziellen Marktsegmenten,
- Funktionen zu spezifischen Bedarfsmerkmalen,
- verwendete Technologien zum Marketing-Mix.

Die Kombination jeweils diskreter Kategorien auf jeder der drei Dimensionen bilden eine **Produkt-Markt-Kombination**. Mehrere Produkt-Markt-Kombinationen werden zu **einem** SGF zusammengefasst (vgl. Abb. 3.25).

Es wirkt sich bei der Outside-in-Segmentierung positiv aus, dass nicht Leistungen, sondern Technologien und Funktionen den Ausgangspunkt der Analyse bilden, die es erlauben, neue Möglichkeiten der Bedürfnisbefriedigung zu identifizieren.

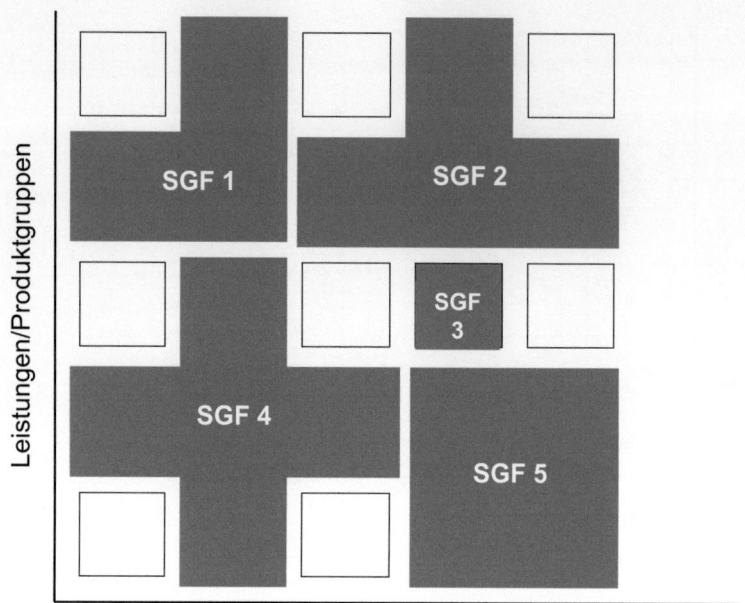

Abb. 3.23 Bildung strategischer Geschäftsfelder bei der Inside-Out-Orientierung (in Anlehnung an Stewens und Lechner 2016, S. 143)

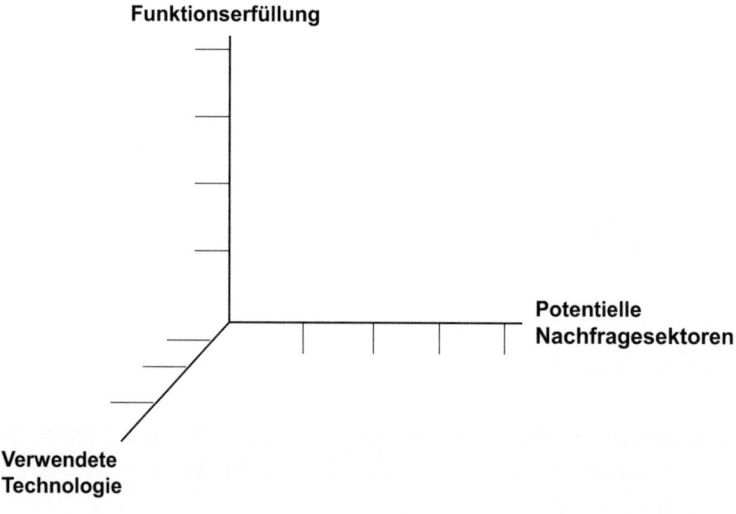

Abb. 3.24 Abell-Schema zu Outside-in-Segmentierung

3.3 Strategische Geschäftsfelder (SGF)

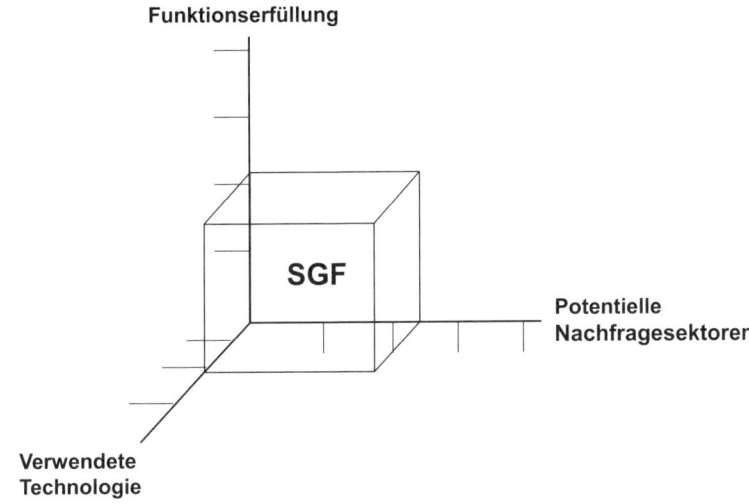

Abb. 3.25 Abgrenzung von SGF bei der Outside-in-Segmentierung

Tab. 3.9 Kriterien zur Abgrenzung von SGF. (Quelle: nach Hax und Majluf 1991, S. 56)

Markt	Produktkosten	Technologie
gemeinsame Abnehmer; gemeinsame Vertriebskanäle; gemeinsame geographische Märkte; gemeinsamer Kundennutzen;	gemeinsame Rohstoffe und Materialien; gemeinsame Vorprodukte; gemeinsame Herstellungsverfahren; gemeinsame Montagetechnologie; gemeinsames Betriebsprotokoll;	gemeinsame Produkttechnologie; gemeinsame Verfahrenstechnologie; technische Schnittstellen;

Bei der Zusammenfassung von Produkt-Markt-Kombinationen sowohl bei der Inside-out- als auch bei der Outside-in-Segmentierung spielen, wie Tab. 3.9 zeigt, marktbezogene, produktkostenbezogene und technologische Faktoren, die zu verschiedenen Verflechtungen führen können, eine Rolle (vgl. auch Müller-Stewens und Lechner 2016, S. 142; Hax und Majluf 1991, S. 56).

Welche Faktoren zur Abgrenzung von SGFs herangezogen werden, liegt im subjektiven Ermessen der Unternehmung. Eindeutige Ansätze zur Abgrenzung von SGF existieren nicht. Während auf **komplexen Märkten** (z. B. viele junge Märkte) tendenziell Marktfaktoren zur Abgrenzung von SGF herangezogen werden sollten, überwiegen auf **weniger komplexen Märkten** (z. B. ältere Märkte) tendenziell Kostenfaktoren, sodass Produkt-Markt-Kombinationen gemäß gemeinsamer Produktion und Technologie zu SGFs

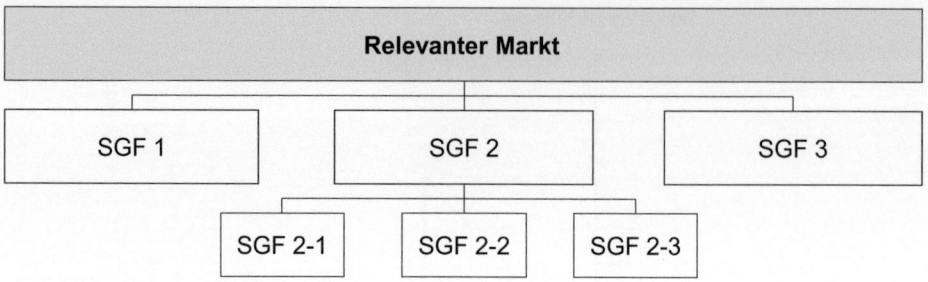

Abb. 3.26 Hierarchische Abgrenzung von SGF

zusammengefasst werden (vgl. Böhler 1983, S. 179 f.). Wenn Unternehmen eines Marktes ihre SGF deshalb unterschiedlich abgrenzen, kann dies zu unerwünschten und nicht beabsichtigten Reaktionen im Wettbewerb führen (Müller-Stewens und Lechner 2016, S. 145).

Bezüglich der **Zahl strategischer Geschäftsfelder,** die ein Unternehmen abgrenzt, muss sowohl bei der Inside-out- wie auch bei der Outside-in-Segmentierung eine Kompromisslösung gefunden werden. Die Zahl der SGF muss so groß sein, dass für jedes SGF eigenständige Strategien entwickelt werden können. Dabei besteht die Gefahr, dass zu viele SGF abgegrenzt werden, die operational nicht mehr handhabbar sind.

▶ General Electrics identifizierte 49 SGFs. Man darf vermuten, dass diese Zahl von SGFs auch ein derart großes Unternehmen überfordert.

Werden aber zu wenige große SGF abgegrenzt, können nur sehr allgemeine Strategien festgelegt werden, die schwer in operationale Maßnahmen umsetzbar sind. Die Lösung des Problems kann z. B. in einem hierarchischen Klassifikationsverfahren liegen (vgl. Böhler 1983, S. 186 f.), bei dem wenige große SGF in weitere kleine Einheiten unterteilt werden (vgl. Abb. 3.26).

3.4 Strategische Gruppen

Das Konzept der strategischen Gruppe (vgl. Porter 2013, S. 177 f.) knüpft an die Konkurrenten der Unternehmung auf dem Markt an.

▶Hungenberg definiert Konkurrenten als Unternehmen, die solche Leistungen anbieten, die zur Befriedigung der gleichen Bedürfnisse dienen, wie die Leistungen der eigenen Unternehmung (vgl. Hungenberg 2014, S. 131 f.). In der Nomenklatur des KKV können Konkurrenten als solche Unternehmen bezeichnet werden, die vom Kunden bei

3.4 Strategische Gruppen

der Bestimmung der Netto-Nutzen-Differenz herangezogen werden bzw. herangezogen werden könnten.

Diese Definition führt zu einer Unterscheidung in aktuelle und potenzielle Konkurrenten. Während **aktuelle Konkurrenten** bereits auf dem betrachteten Markt agieren, werden als **potenzielle Konkurrenten** solche Unternehmen angesehen werden, die dies noch nicht tun, dazu aber aufgrund ihrer Ressourcen, Fähigkeiten und ihres Wissens in der Lage sind und Markteintrittsbarrieren überwinden können (vgl. Bringer 2006, S. 42 f.). Dazu gehören z. B. (vgl. Backhaus und Voeth 2014, S. 134)

- Lieferanten (durch eine Vorwärtsintegration),
- Absatzmittler und Kunden (durch eine Rückwärtsintegration),
- Unternehmen mit neuer Technologie (durch Substitution),
- Konkurrenten aus nicht berücksichtigten regionalen Gebieten (durch regionale Expansion),
- Unternehmen mit ähnlicher Technologie (durch Diversifikation),
- Unternehmen, die gleiche Kunden beliefern (durch Produkt-Expansion) und
- Unternehmen, die an andere Kunden verkaufen (durch Zielgruppenexpansion).

Darüber hinaus muss insbesondere auf jungen Märkten mit Konkurrenten gerechnet werden, die im Rahmen einer Neugründung auf den Markt drängen. Ihre Erfassung ist kaum möglich.

▶Unter einer strategischen Gruppe versteht man eine Gruppe von Unternehmen, die **mit gleichen oder ähnlichen Strategien** auf dem Markt agieren (vgl. Porter 2013, S. 183, Müller-Stewens und Lechner 2016, S. 174; Johnson et al. 2018, S. 121).

Mögliche Bezugspunkte können dabei Strategien auf Unternehmens-, SGF- oder Funktionsebene sein (vgl. Backhaus und Voeth 2014, S. 135). Als Kriterien zur Bildung strategischer Gruppen bieten sich **verhaltensbezogene Kriterien** sowie **strukturelle und ressourcenbezogene Kriterien,** die das Verhalten beeinflussen an (vgl. Backhaus und Voeth 2014, S. 135). U. a. werden genannt genannt (vgl. Müller-Stewens und Lechner 2016, S. 175; Porter 2013, S. 181 ff.; McGee und Thomas 1986, S. 143 f.)

- die vertikale und horizontale Integration,
- die geographische Marktabdeckung,
- bearbeitete Kundensegmente,
- die Kapazitätsauslastung,
- die Kostenstruktur,
- die geforderten Preise
- die genutzten Vertriebskanäle,

- die Markenstrategie,
- die Vielfalt der angebotenen Leistungen,
- die Qualität der Leistung,
- das Produktprogramm,
- die Innovationsintensität usw.

Welche Kriterien ausgewählt werden, lässt sich nicht eindeutig klären. Entscheidend ist, dass es sich um relevante, nicht korrelierte Kriterien handelt (vgl. Backhaus und Voeth 2014, S. 137 ff.). Johnson et al. schlagen vor, sich an erfolgreichen Unternehmen des Marktes zu orientieren (vgl. Johnson et al. 2018, S. 122; ähnlich Grünig und Kühn 2011, S. 177). Dies würde jedoch zu einer statischen Segmentierung führen, die innovative Strategien behindert. Sinnvoll erscheint es, wenn sich die Unternehmung an ihrer aktuellen oder geplanten Strategie orientiert. Im letzteren Fall wäre das „Durchspielen" mehrerer Varianten denkbar.

Die Gruppenbildung (vgl. auch die Diskussion bei Backhaus und Voeth 2014, S. 137 ff.) erfordert i.d.R. den Einsatz multivariater Verfahren (insbesondere Clusteranalyse, MDS und Diskriminanzanalyse). Die mit den Verfahren verbundenen Probleme sind zu beachten (vgl. Backhaus et al. 2018).

Exkurs: Konkurrenzinformationssystem

Zur permanenten Sammlung, Auswertung, Interpretation und Verteilung konkurrenzbezogener Informationen bedarf es innerhalb der Unternehmung der Etablierung eines **Competitive Information Systems** (vgl. Brezski 1993) in Form von Stabsstellen, Spiegelorganisationen, Schattenorganisationen, Task Force Panels und EDV-gestützte Konkurrenzinformationssysteme (vgl. Backhaus und Voeth 2014, S. 168 f.).

Benötigte Informationen zur Konkurrenz stammen insbesondere aus unternehmensexternen und –internen Quelle (vgl. Porter 2013, S. 118), die durch Primär- und Sekundärforschung online und offline erfasst werden können. Als Quellen der **Sekundärforschung** können u. a. Presseveröffentlichungen zur Konkurrenz, Stellenanzeigen, Veröffentlichungen von Mitarbeitern der Konkurrenz, Berichte von Analytikern zur Konkurrenz, Eingaben an Verwaltungs- und Aufsichtsbehörden (z. B. Bauvorhaben) und Patentunterlagen dienen. Im Rahmen der **Primärforschung** werden eigene Außendienstmitarbeiter, Kunden Absatzmittler, Lieferanten, frühere Mitarbeiter der Konkurrenz, Mitarbeiter der Konkurrenz bei Fachtagungen, Effektenberater usw. befragt oder beobachtet.

Die **technische Analyse** von Leistungen der Konkurrenz kann als Vorstufe eines Benchmarkings betrachtet werden.

Das **Benchmarking** wird als Prozess des Vergleichs der eigenen Unternehmung und ihrer Leistungen mit der Bestleistung eines Marktes bzw. einer anderen Referenzleistung definiert, mit dem Ziel, sämtliche Prozesse und Potenziale zu identifizieren, die zur Überlegenheit und damit zum Wettbewerbsvorteil führen (vgl. Benkenstein und Uhrig 2009, S. 47 ff. Müller-Stewens und Lechner 2016, S. 363). Es werden ein internes, ein wettbewerbsorientiertes und ein Best Practice Benchmarking unterschieden werden. Ein **internes Benchmarking** ist für diversifizierte oder internationale Unternehmen möglich, wobei sich unterschiedliche Unternehmensteile bzw. Töchter in verschiedenen Ländern vergleichen. Dem Vorteil einer relativ einfachen Datenerfassung und der Vergleichbarkeit der Daten steht der Nachteil der Betriebsblindheit und des begrenzten Erkenntnisgewinns gegenüber. Bei einem **wettbewerbsorientierten Benchmarking** vergleichen sich zwei Unternehmen desselben Marktes (z. B. zwei Fluggesellschaften). Vorteilhaft wirkt sich aus, dass vergleichbare, relevante Informationen gewonnen werden. Problematisch ist die Gewinnung eines Benchmarking-Partners. Insbesondere dürfte der „Marktprimus" kaum ein Interesse daran haben, seine Interna anderen preiszugeben. Zudem besteht die Gefahr, dass es letztendlich nur zu Imitationen auf dem Markt kommt. Bei einem **Best Practice Benchmarking** vergleichen sich Unternehmen verschiedener Märkte miteinander (z. B. ein Hotel mit einem Krankenhaus). Im Mittelpunkt stehen dabei eher Prozesse als Leistungen. Im Ergebnis können sich Hinweise für Innovationen ergeben. Als problematisch könnte sich die zeitaufwendige Datenanalyse und der Datentransfer erweisen.◄

Ein Markt kann in einem Extremfall aus einer einzigen strategischen Gruppe bestehen (alle Anbieter des Marktes verfolgen die gleiche Strategie) oder in einem anderen Extremfall aus so vielen strategischen Gruppen, wie es Anbieter auf dem Markt gibt (alle Anbieter verfolgen eine eigenständige Strategie). Die Existenz unterschiedlicher strategischer Gruppen auf einem Markt erklärt sich aus einer Vielzahl von Gründen (vgl. z. B. Hungenberg 2014, S. 132): unterschiedliche Stärken und Schwächen der Unternehmung, unterschiedliche Unternehmensziele, unterschiedliche Risikoneigung der Entscheidungsträger in der Unternehmung, historische Entwicklungen des Marktes mit unterschiedlichen strategischen Markteintrittsoptionen zu unterschiedlichen Zeitpunkten, usw.. Die Annahme, dass die Zugehörigkeit zu unterschiedlichen strategischen Gruppen auch unterschiedlichen finanziellen Erfolg erklärt, ist bislang empirisch nicht belegt (vgl. Müller-Stewens und Lechner 2016, S. 175).

Der Wechsel von einer strategischen Gruppe in eine andere kann durch **Mobilitätsbarrieren** verhindert werden.

Mobilitätsbarrieren als Verallgemeinerung des Konzepts von Markteintrittsbarrieren verhindern oder behindern den Wechsel einer Unternehmung von einer strategischen Gruppe in eine andere, m. a. W. die Imitation einer Strategie, weil damit hohe Kosten oder ein hohes Risiko für das wechselnde Unternehmen verbunden sind (vgl. Homburg und Sütterlin 1992, S. 638).

Tab. 3.10 Beispiele für Mobilitätsbarrieren. (Quelle: nach Homburg und Sütterlin 1992, S. 639)

Quellen von Mobilitätsbarrieren		
Marktbezogene Aspekte	Rahmenbedingungen der Wertschöpfung	Strukturmerkmale der Unternehmung
Breite/Struktur des Angebots; Anwendertechnologien; Marktsegmentierung; Vertriebskanäle; Einsatz von Marken; ...	Kostensenkungsmöglichkeiten in den Bereichen wie Fertigung, Marketing/Vertrieb, Verwaltung, Fertigungsverfahren, F&E-Know how; ...	Eigentumsverhältnisse; Organisationsstruktur; Management-Know-how; Grad der Diversifikation; Grad der vertikalen Integration; Unternehmensgröße; Beziehungen zu Interessenverbänden; ...

Quellen von Mobilitätsbarrieren sind **marktbezogene Aspekte, Rahmenbedingungen der Wertschöpfung** auf dem Markt und **Strukturmerkmale der Unternehmen** einer strategischen Gruppe (vgl. Tab. 3.10)

Mobilitätsbarrieren wirken unternehmensspezifisch, d. h. der Wechsel von einer strategischen Gruppe in eine andere mag einer Unternehmung aufgrund spezifischer Mobilitätsbarrieren nicht gelingen, für eine andere Unternehmung stellt der Wechsel aber keine Probleme dar. Im Zeitablauf können sich Mobilitätsbarrieren verändern. Bekannte Mobilitätsbarrieren eruieren, neue Mobilitätsbarrieren, die bislang keine Rolle spielten, gewinnen an Bedeutung. Zudem sind auf verschiedenen Märkten unterschiedliche Mobilitätsbarrieren relevant (vgl. Homburg 2000, S. 119).

Das Ergebnis der Gruppenbildung kann in einer **Karte der strategischen Gruppen** dargestellt werden (vgl. Abb. 3.27).

Die Karte der strategischen Gruppen informiert über

- die Zahl der strategischen Gruppen eines Marktes,
- die Bedeutung der strategischen Gruppen, die im Kreisumfang zum Ausdruck kommt,
- Konkurrenten in einer strategischen Gruppe,
- Konkurrenten aus anderen strategischen Gruppen, denen es möglich ist, Mobilitätsbarrieren zu überwinden und sich in einer anderen strategischen Gruppe zu etablieren,
- „weiße Flecken" auf der Karte der strategischen Gruppen, d. h. strategische Optionen, die bislang nicht berücksichtigt wurden (z. B. die in der Abb. 3.27 als mit einer gestrichelten Linie eingezeichnete strategische Gruppe, in der noch keine Unternehmung aktiv ist).

Auf der Basis der Karte der strategischen Gruppen kann die Unternehmung entscheiden (vgl. Backhaus und Voeth 2014, S. 135)

3.4 Strategische Gruppen

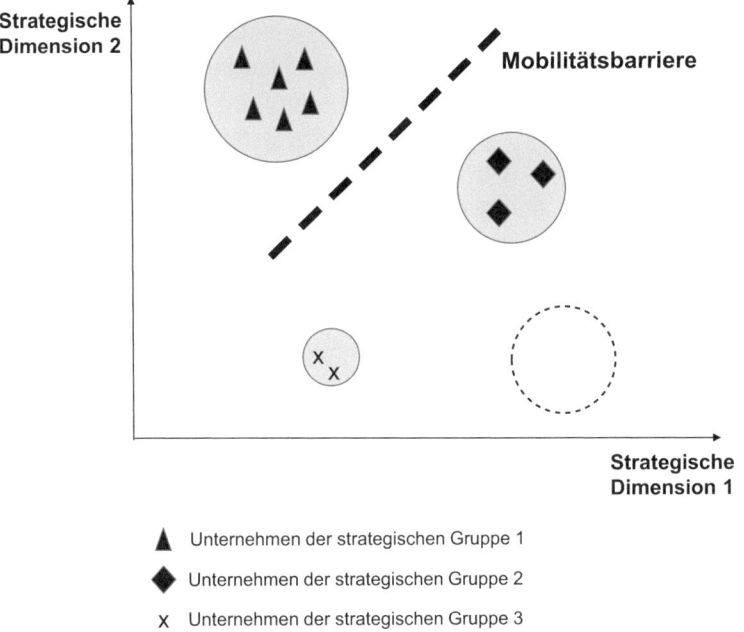

Abb. 3.27 Karte der strategischen Gruppe

- ob sie in eine für sie bessere, existierende strategische Gruppe wechseln kann und will,
- ob sie auf einem weißen Flecken der Karte der strategischen Gruppe eine neue strategische Gruppe schaffen möchte,
- wie die strukturelle Position der vorhandenen strategischen Gruppe gefestigt werden kann,
- wie die eigene Position in der vorhandenen strategischen Gruppe verbessert werden kann.

Problematisch erscheint, dass die Karte der Strategischen Gruppe statisch ist (vgl. Homburg und Sütterlin 1992, S. 657). Verschiedene strategische Gruppen unterscheiden sich in diesem Modell bezüglich ihres Verhaltens nur graduell, d. h. sie besitzen z. B. ein höheres oder niedrigeres Preisniveau, betreiben mehr oder weniger ausgeprägt F&E etc. In der Realität fußen Strategien unterschiedlicher Konkurrenten aber auf unterschiedlichen Ansätzen (z. B. Uhren von SWATCH bzw. Lange und Söhne). Hinzu kommt, dass die strategischen Dimensionen als voneinander unabhängig erachtet werden, was nicht immer realistisch erscheint (z. B. intensive F&E und Kosten). Zudem werden nur Konkurrenten berücksichtigt, die aktuell auf dem Markt aktiv sind.

Ein Teil der Probleme kann mit einer anderen Darstellung der Karte der strategischen Gruppen gelöst werden. Dazu werden im Raum eine Vielzahl von strategischen Variablen dargestellt, deren Lage ihre Abhängigkeit widerspiegelt. Für die einzelnen Konkurrenten wird die Position auf jeder strategischen Variable ermittelt und jeweils ein Profil erstellt. Konkurrenten mit gleichen oder ähnlichen Profilen können zu einer strategischen Gruppe zusammengefasst werden (vgl. Abb. 3.28)

▶ Im Beispiel der Abb. 3.28 wird deutlich, dass sich die Strategie der Strategischen Gruppe 1 auf die strategischen Dimensionen 1–4 bezieht, während die strategische Gruppe 2 sich auf die strategischen Dimensionen 1–6 konzentriert

Man erhält Hinweise auf dominierende strategische Dimensionen einer strategischen Gruppe aber auch dahingehend, auf welchen strategischen Dimensionen einzelne strategische Gruppen verwundbar sind (nicht genügend berücksichtigte, aber in enger Beziehung zu den dominierenden strategischen Dimensionen stehende Dimensionen). Sie zeigt Ansatzpunkte zum Eindringen in eine strategische Gruppe. Ebenso erlaubt die Darstellung die Integration bislang nicht berücksichtigter strategischer Dimensionen. Es können damit z. B. die Einführung neuer Geschäftsmodelle und die sie tragenden, neuen strategischen Dimensionen in das Konzept integriert werden.

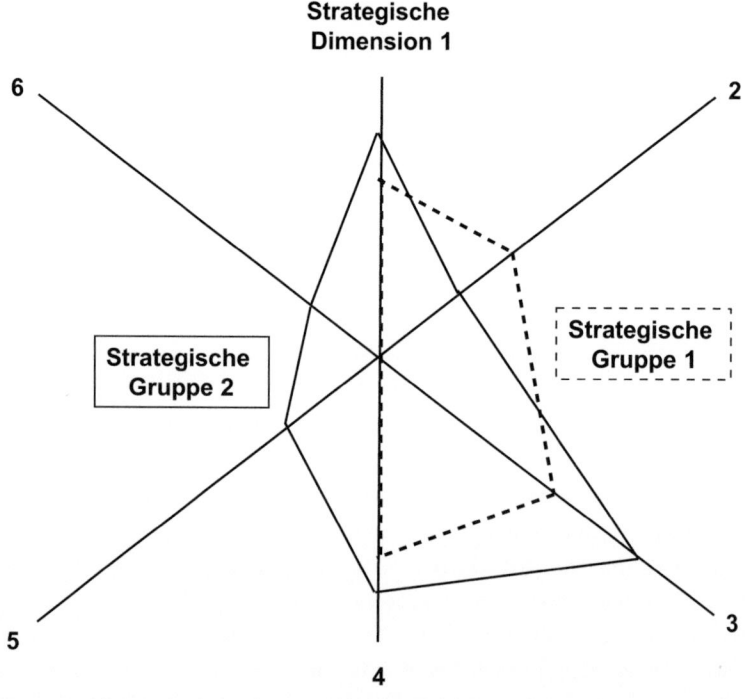

Abb. 3.28 Berücksichtigung einer Vielzahl strategischer Dimensionen

3.5 Kundensegmente

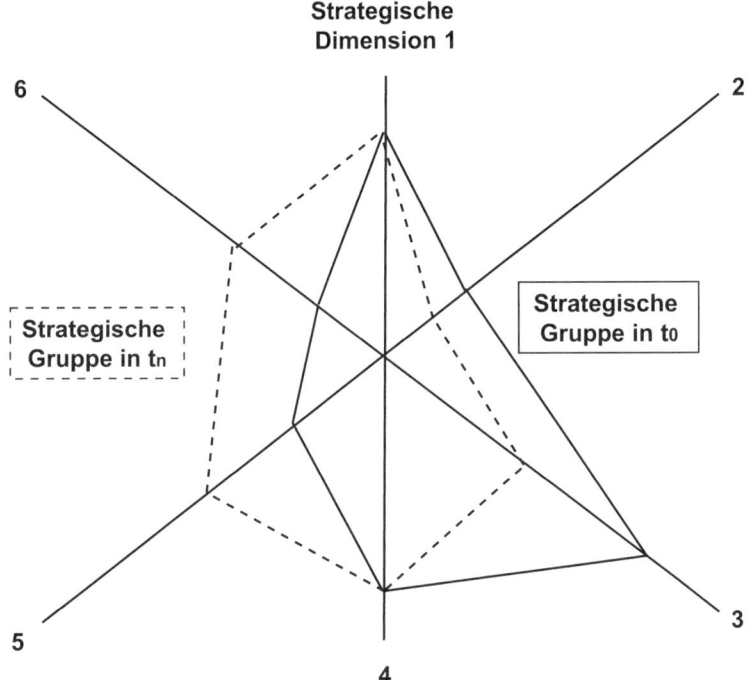

Abb. 3.29 Strategische Gruppe im Zeitablauf

Die Darstellung erlaubt auch eine gewisse Dynamisierung des Konzepts. Es ist möglich, die Position einer strategischen Gruppe im Zeitablauf (vor dem Hintergrund der Entwicklung der Umwelt) zu prognostizieren. Abb. 3.29 zeigt die Entwicklung einer strategischen Gruppe von t_0 bis t_n.

3.5 Kundensegmente

Grundlage der Kundensegmente bilden die Wünsche und Bedürfnisse der aktuellen und potenziellen Kunden eines Marktes. Aktuelle Kunden kaufen bereits das Angebot eines Marktes, während potenzielle Kunden dies noch nicht tun. Gründe des bisherigen Nicht-Kaufs können Unkenntnis (was realistisch nur in sehr frühen Phasen des Marktes der Fall sein kann) oder der Kauf von Substitutionsleistungen sein. Kundensegmente sind Gruppen von aktuellen und potenziellen Kunden, deren Wünsche und Bedürfnisse gleich oder ähnlich sind, die sich aber von den Wünschen und Bedürfnissen anderer

Kundensegmente unterscheiden. Es ist die Aufgabe der Kundensegmentierung, Kundensegmente zu identifizieren, zu bewerten und auszuwählen und ausgewählte Segmente kundensegmentspezifisch zu bearbeiten (vgl. Freter 2008, S. 26 ff.).

Zur Identifikation von Kundensegmenten werden aktuelle und potenzielle Kunden mit **Segmentierungskriterien** beschrieben. Diese werden so gewählt, dass

- sie Wünsche und Bedürfnisse der Kunden offenlegen,
- Hinweise zur Kundenbearbeitung geben,
- im besten Fall auch Aussagen über den Wert der Kunden zulassen.

Dazu müssen die Segmentierungskriterien einer Reihe von Anforderungen genügen (vgl. Freter 2008, S. 90 ff.):

- **Kaufverhaltensrelevanz:** Die Kriterien müssen die Unterschiede im Käuferverhalten unterschiedlicher Kundensegmente erklären und prognostizieren.
- **Aussagefähigkeit:** Die Kriterien müssen Hinweise auf Unterschiede der Bearbeitung von Segmenten geben.
- **Zugänglichkeit:** Die Kriterien bieten Hinweise zur Erreichbarkeit der Segmente (z. B. mit der Kommunikation und Distribution).
- **Wirtschaftlichkeit:** die Kosten der Identifikation und Bearbeitung der Kundensegmente werden durch Erlöse der segmentspezifischen Bearbeitung amortisiert.
- **Messbarkeit:** Die Segmentierungskriterien sind mit vorhandenen Messinstrumenten erfassbar.
- **Stabilität:** Die Kundensegmente können dauerhaft bearbeitet werden.
- **Trennschärfe:** Die Segmentierungskriterien erlauben eine eindeutige Zuordnung der Kunden zu Segmenten und geben Hinweise auf die interne Homogenität und externe Heterogenität von Kundensegmenten.

Bruhn unterscheidet exogene und endogene Kriterien der Kundensegmentierung (vgl. Bruhn 2016, S. 120 ff.). Während exogene Kriterien von der Unternehmung nicht oder kaum steuerbar sind, ist dies bei endogenen Kriterien der Fall.

Als **exogene** Variablen auf **Konsum- und Dienstleistungsmärkten** können, wie in Tab. 3.11 zusammengefasst, **soziodemographische Kriterien, geographische Kriterien, psychographische Kriterien, Kriterien des beobachtbaren Käuferverhaltens, physiologische Kriterien** und **zeitbezogene Kriterien** herangezogen werden (vgl. Freter 2008, S. 94 ff.; Bruhn 2016, S. 121).

Als **exogene Kundensegmentierungskriterien auf Industriegütermärkten** (vgl. Tab. 3.12) werden **organisationsbezogene Kriterien, organisationsmitgliederbezogene Kriterien** sowie **organisationsverhaltensbezogene** Kriterien genutzt (vgl. Becker 2019, S. 281)

Tab. 3.11 Exogene Segmentierungskriterien für Konsum- und Dienstleistungsmärkte. (Quelle: nach Freter 2008, S. 92 ff.)

Kriterienart		Kriterien
Sozio-demographische Kriterien	Sozial	Einkommen; Schulbildung: Beruf; …
	Demographisch	Geschlecht: Alter; Familienstand; Zahl der Kinder: Alter der Kinder; Haushaltsgröße; …
Geographische Kriterien	Makrogeographisch	Staat; Region (z. B. Bundesland); Stadt/Land; …
	Mikrogeographisch	Stadtviertel; Straße; Straßenseite; …
Psychographische Kriterien	Allgemein	Aktivitäten; Interessen; Meinungen; Lebensstil; soziale Orientierung; Wagnisfreudigkeit; Persönlichkeitsinventare; …
	Produkt-spezifisch	Wahrnehmung; Motive; Einstellungen; Präferenzen; Kaufabsicht; Involvement; …

(Fortsetzung)

Tab. 3.11 (Fortsetzung)

Kriterienart		Kriterien
Kriterien des beobachtbaren Konsumentenverhaltens	Preisverhalten	Kauf in Preisklasse; Kauf von Sonderangeboten; …
	Mediennutzung	Art und Zahl der Medien; Nutzungsintensität; Zeit der Nutzung; …
	Einkaufsstättenwahl	Betriebsform; Geschäftstreue; …
	Produktwahl	Käufer/Nichtkäufer; Markenwahl (Markentreue, Markenwechsel); Kaufvolumen (Vielkäufer, Wenigkäufer); …
	Nutzung des Internets	Intensität der Nutzung; Verwendete Endgeräte; Surfverhalten; Genutzte Einkaufsmöglichkeiten im Internet; Art der gekauften Leistungen; Zeitpunkt der Internetnutzung; Schreiben von Kommentaren und Bewertungen; …
Physiologische Kriterien	Körperliche Beschaffenheit	Körpergröße; Gesundheitszustand; Hauttyp; …
	Physiologische Defekte	Allergien; Behinderungen; Sehstärke; …

(Fortsetzung)

3.5 Kundensegmente

Tab. 3.11 (Fortsetzung)

Kriterienart		Kriterien
Zeitliche Kriterien	Situation	Situation (des Kaufs); Anlass; Physische und soziale Umgebung; Verfassung des Kunden; …
	Zeitpunkt	Tageszeit; Wochentag; Monatsablauf; Jahresablauf; …

Endogene Variablen der Kundensegmentierung, die auf allen Märkten Relevanz besitzen, entstammen dem Customer Relationship Management (CRM) und leiten sich aus der Erfolgskette ab (vgl. Bruhn 2016, S. 71 ff. Georgi und Mink 2011, S. 67 ff.). Die Erfolgskette ist eine gedankliche Verknüpfung nachfrager- und anbieterbezogener Aspekte des CRM (vgl. dazu Abschn. 10.3.2.1). Ausgangspunkt sind die Aktivitäten der Unternehmung im Rahmen des CRM. Diese Aktivitäten erzeugen psychologische und verhaltensbezogene Wirkungen bei den Nachfragern. Letztere führen zum ökonomischen Erfolg als Output der Unternehmung. Der Zusammenhang der Größen wird durch unternehmensexterne und –interne Faktoren moderiert.

Als psychologische Wirkungen bei den Nachfragern, die dann auch als psychologisch endogene Kriterien der Kundensegmentierung herangezogen werden können, gelten z. B. die **Kundenzufriedenheit** oder die **Beziehungsqualität**. Als verhaltensbezogenen endogene Kriterien, abgeleitet aus den Verhaltenswirkungen bei den Nachfragern, werden z. B. die **Wiederkaufabsicht** oder das **Weiterempfehlungsverhalten** genutzt. Abgeleitet aus dem ökonomischen Qutput werden als ökonomisch endogene Segmentierungskriterien u. a. der **Umsatz**, der **Deckungsbeitrag** oder der **Customer Lifetime Value** genannt (vgl. Bruhn 2016, S. 121).

Zur Bildung von Kundensegmenten werden ein – und mehrdimensionale Ansätze unterschieden. Die **eindimensionalen Ansätze** unterscheiden sich wiederum in ein- und mehrstufige Verfahren. **Einstufige Verfahren** (vgl. Freter 2008, S. 197) nutzen ein Kriterium, um Segmente zu bilden (z. B. Aus- und Inlandsmarkt, Käufer und Nichtkäufer oder Altersklassen). Da kein Segmentierungskriterium alle Anforderungen an Segmentierungskriterien erfüllt, ist dieses Vorgehen wenig zielführend (vgl. Freter 2008, S. 193), sodass dieses Verfahren im Weiteren nicht mehr berücksichtigt wird. **Mehrstufige Verfahren** (wie z. B. das zweistufige Modell von Cardozo und Wind, 1974, S. 156) bilden zunächst mit einem leicht zu erhebenden Kriterium (z. B. einem sozioökonomischen Kriterium) sogenannte Makrosegmente, wählen akzeptable Makrosegmente aus und überprüfen diese hinsichtlich der Anforderungen an Segmentierungskriterien bzw. bezüglich

Tab. 3.12 Exogene Kriterien der Kundensegmentierung auf Industriegütermärkten. (Quelle: nach Scheuch 1975, S. 70 ff. Gröne 1977, S. 34 ff. Bruhn 2016, S. 122)

Kriterienart		Kriterien
Organisationsbezogene Kriterien	Umwelt der Organisation	Technische Bedingungen; Politische Bedingungen; Rechtliche Bedingungen; Physikalisch – ökologische Bedingungen; Soziokulturelle Bedingungen; …
	Organisationsdemographie	Standort; Branche; Unternehmensgröße; …
	Beschaffungsverhalten	Zentralisation/Dezentralisation der Beschaffung; Bedeutung der Beschaffung; Verwendung der Beschaffung; Differenzierungsmöglichkeiten; Umstellungskosten; …
Organisationsmitgliederbezogene Kriterien	Buying Center	Größe des Buying Centers; Zusammensetzung des Buying Centers; Interpersonelle Beziehungen; …
	Mitglieder des Buying Centers	Alter ; Satus in der Organisation; Informationsverhalten; Einstellungen; Motivation; …
Organisationsverhaltensbezogene Kriterien		Auftragsgröße; Lieferantentreue; Ablauf der Einkaufsentscheidung; Angebotsbewertung; Zahlungsverhalten; …

ihrer Reaktion auf Marketingaktivitäten. Soweit die gebildeten Makrosegmente homogen reagieren, wird die Kundensegmentierung beendet. Andernfalls werden die Makrosegmente mit einem weiteren Segmentierungskriterium in Mikrosegmente aufgeteilt, die dann wiederum bewertet und auf ihre Homogenität bezüglich der Reaktion auf die Marketingaktivitäten untersucht werden. Letztlich kann die Zahl der Stufen beliebig fortgesetzt werden (vgl. Backhaus und Voeth 2014, S. 124 ff.). Vorteilhaft wirken sich sinkende Kosten der Marketingforschung aus, da nicht mehr auf allen Stufen alle aktuellen und potenziellen Kunden auf allen genutzten Segmentierungskriterien erfasst werden müssen, wenn Segmente im Laufe des Segmentierungsprozesses ausgesondert werden. Als Nachteil ist zu betrachten, dass die Zuordnung eines Kunden zu einem Segment in nachfolgenden Stufen nicht mehr rückgängig gemacht werden kann. Dies wiegt umso mehr, als in den ersten Stufen i.d.R. einfach erfassbare, aber oft wenig kaufrelevante Kriterien genutzt werden (vgl. auch Backhaus und Voeth 2014, S. 127). Bei den **mehrdimensionalen Verfahren** werden mehrere Segmentierungskriterien zugleich z. B. im Rahmen einer Clusteranalyse zur Segmentbildung herangezogen (vgl. Backhaus et al. 2018, S. 438 ff.). Der Vorteil liegt darin, dass nicht nur an einfachen (soziodemographischen und geographischen) Segmentierungskriterien orientierte Segmente entstehen. Nachteilig wirken sich hohe Kosten der Kundensegmentierung aus.

Da kein Segmentierungskriterium alle o. g. Anforderungen an Segmentierungskriterien erfüllt (vgl. Freter 2008, S. 189 ff.), müssen sowohl bei der mehrstufigen eindimensionalen als auch bei der mehrdimensionalen Kundensegmentierung eine Vielzahl von Segmentierungskriterien herangezogen werden, sodass tendenziell eine Vielzahl (kleiner) Segmente entsteht, die ökonomisch sinnvoll nicht mehr bearbeitbar sind (vgl. Backhaus et al. 2018, S. 475; Vollert 2004, S. 256 ff.). Insofern erscheint es sinnvoll (vgl. Bruhn 2016, S. 123; Cardozo und Wind 1974, S. 156) wie in Abb. 3.30 dargestellt,

- eine handhabbare Anzahl von Segmenten mit segmentbildenden Kriterien (aktiven Kriterien) abzugrenzen und
- diese mit weiteren segmentbeschreibenden Kriterien (passiven Kriterien) zu kennzeichnen (ohne damit weitere Kundensegmente zu bilden).

Bei der Bildung oder Beschreibung von Kundensegmenten im CRM handelt es sich immer um ein eindimensional mehrstufiges oder mehrdimensionales Verfahren (vgl. zu einer anderen Nomenklatur Bruhn 2016, S. 125). Eine Unterscheidung erfolgt danach, ob sich die Segmente

- auf die isolierte Betrachtung einzelner Glieder der Erfolgskette beziehen (z. B. psychographische Wirkung)
- mehrere Glieder der Erfolgskette integriert betrachtet werden (z. B. psychographische und verhaltensbezogene Wirkung).

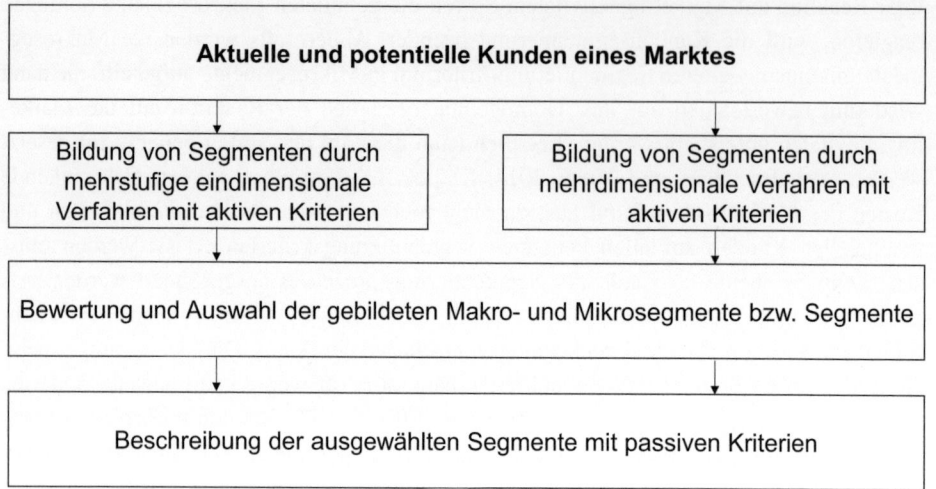

Abb. 3.30 Bildung und Beschreibung von Kundensegmenten mit aktiven und passiven Variablen

Soweit die Segmente mit zwei Kriterien gebildet werden, können sie in Kundensegmentportfolios abgebildet werden.

Werden mehrere Glieder der Erfolgskette gleichzeitig berücksichtigt, können auch mehrere Kundensegementportfolios pro Phase des Kundenbeziehungszyklus entstehen (vgl. Georgi und Minsk 2011, S. 68 ff.). Das Vorgehen wird in Abschn. 10.3.2.2 umfangreich dargestellt.

Bruhn schlägt vor, zur Segmentbildung endogene oder exogene Segmentierungskriterien heranzuziehen. Die nicht zur aktiven Segmentierung genutzte Kriteriengruppe wird zur passiven Beschreibung der gebildeten Segmente herangezogen (vgl. Bruhn 2016, S. 123). Unabhängig vom Vorgehen wird das Ergebnis der Kundensegmentierung relativ ähnlich sein. Es kann sich wie Abb. 3.31 zeigt eine Nullsegmentierung, eine Segmentierung nach Gruppen oder eine atomistische Segmentierung ergeben (vgl. Freter 2008, S. 29f; Kotler et al. 2015, S. 292).

Eine **Nullsegmentierung** liegt vor, wenn alle aktuellen und potenziellen Kunden auf den Segmentierungskriterien gleich oder ähnlich sind, sodass auch gleiche oder ähnliche Wünsche und Bedürfnisse (bezogen auf alle Marketinginstrumente) unterstellt werden können. Es spricht vieles dafür, dass es sich hier um einen theoretischen Fall handelt. Bei der **Segmentierung nach Gruppen** entsprechen sich einige Kunden bezüglich der Segmentierungskriterien, unterscheiden sich aber von anderen Kunden. Eine **atomistische Segmentierung** ergibt sich, wenn sich alle Kunden auf den Segmentierungskriterien unterscheiden. Eine Kombination aus der Segmentierung nach Gruppen und atomistischer Segmentierung ist möglich.

3.6 Unternehmensinterne Umwelt

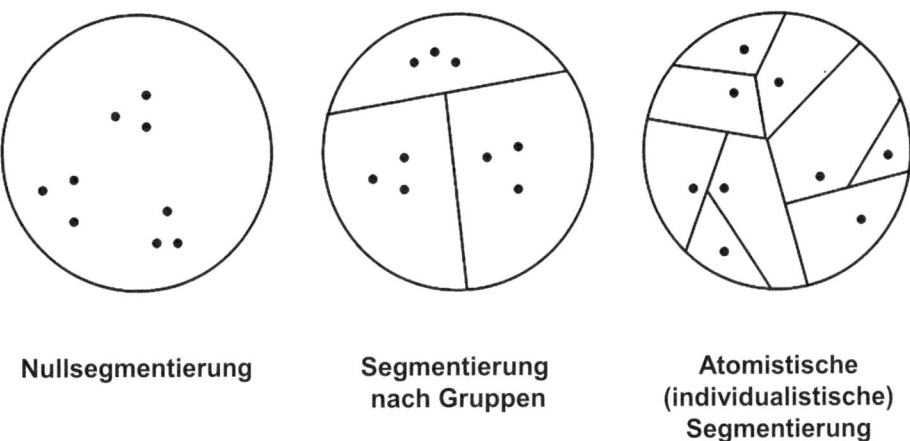

Nullsegmentierung **Segmentierung nach Gruppen** **Atomistische (individualistische) Segmentierung**

Abb. 3.31 Ergebnis der Segmentierung. (Nach Freter 2008, S. 30)

3.6 Unternehmensinterne Umwelt

Der Market-Based View kann nicht erklären, ob eine Unternehmung auf einem Markt, in einem SGF, einer strategischen Gruppe bzw. einem Kundensegment geeignete Strategien realisieren kann (vgl. Grant 2014, S. 141) bzw. ob, wo und wie sie im Falle der Erosion von Märkten ihr langfristiges Überleben sichert. Dazu ist es notwendig, sich auf Ressourcen, Fähigkeiten und das Wissen einer Unternehmung zu konzentrieren (vgl. Krüger und Homp 1996; Rühli 1995; Prahalad und Hammel 1991; Freiling 2017, S. 171f.), die der Unternehmung ihre Aktivitäten ermöglichen (vgl. Abb. 3.32).

Vielfach werden Ressourcen, Fähigkeiten und das Wissen der Unternehmung unter dem Begriff des Ressource-Based-View zusammengefasst (Grant 2014, S. 140). Welge et al. (2017, S. 82 f.) unterscheiden den Resource-Based View, mit dem Ressourcen

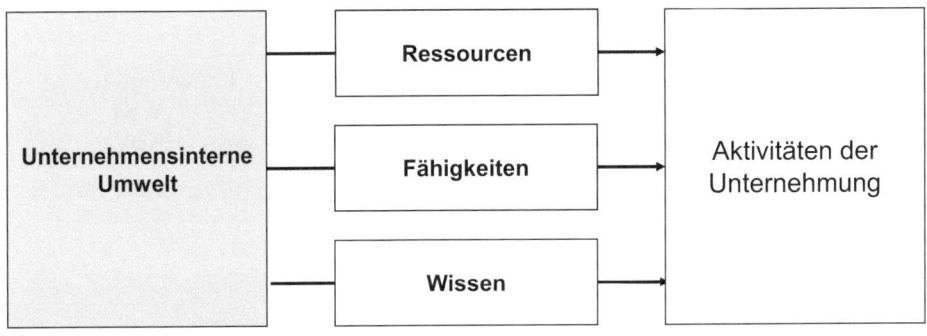

Abb. 3.32 Unternehmensinterne Umwelt

und Fähigkeiten erfasst werden, und den Knowledge-Based View, der das Wissen in der Unternehmung untersucht. Im Folgenden soll entsprechend der Abb. 3.33 zwischen der **Ressourced-Based-View** (Ressourcen), dem **Capabitity-Based-View** (Fähigkeiten) und dem **Knowledge-Based-View** (Wissen) als Teile eines **Organizational-Based-Views** unterschieden werden (vgl. Müller-Stewens und Lechner 2016, S. 342 f.; ähnlich Zahn et al. 2000). Die einzelnen Perspektiven sind in einer dynamischen Betrachtung nicht immer überschneidungsfrei.

Als Erfolgsgröße fokussiert der Organizational-Based- View häufig auf **(ökonomische) Renten**. Die Rente ist eine Gewinngröße und wird als Ertrag von Ressourcen, Fähigkeiten und Wissen über deren Opportunitätskosten in einem Industriezweig definiert (vgl. Woll 2007, S. 257; Müller-Stewens und Lechner 2016, S. 342). Sie dienen damit der Erzielung langfristiger Gewinne und somit auch dem Aufbau und Erhalt von KKVs. Es werden verschiedene Renten unterschieden (vgl. Welge et al. 2017, S. 86 f.):

- **Ricardo-Renten** (Madhok et al. 2010, S. 91 ff.) entstehen, wenn eine Unternehmung die (exklusive) Verfügungsgewalt über knappe Ressourcen, Fähigkeiten bzw. knappes Wissen besitzt, die es ihr ermöglicht, zu niedrigeren Kosten als die Konkurrenz zu produzieren und so Kostenvorteile aufzubauen.
- **Bain-Renten** ergeben sich aus einer monopolistischen Stellung einer Unternehmung, die durch den Aufbau von Markteintrittsbarrieren verteidigt wird.
- **Schumpeter-Renten** sind die Pioniergewinne, die einem Innovator zufließen, bis der Wettbewerb die Innovation imitiert.
- **Quasi-Renten** fließen der Unternehmung aus der unternehmensspezifischen Nutzung von Ressourcen, Fähigkeiten und Wissen zu. Sie berechnen sich aus der Differenz zwischen den Rückflüssen ihrer optimalen (unternehmensspezifischen) Nutzung und den Rückflüssen der nächstbesten Verwendung.

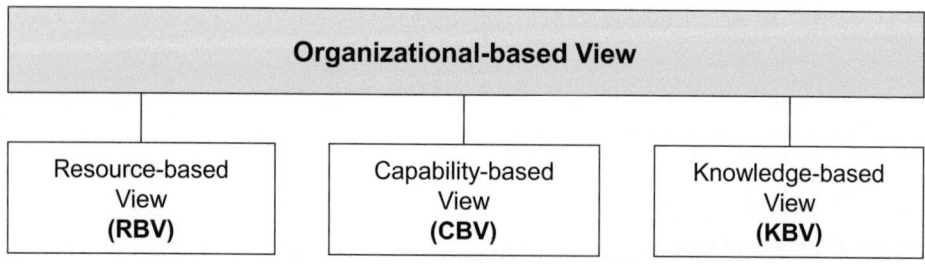

Abb. 3.33 Organizational-based View

3.6.1 Ressource-based View

Der RBV der Chicago-School, dessen Ursprünge auf Selznick 1957; Penrose 1959; Wernerfeld 1984; Amit und Schoemaker 1993; Barney 1986; Dierickx und Cool 1989 und Mahoney und Pandian 1992 zurückgehen, stellt die Betrachtung der Unternehmung als Bündel von Ressourcen in den Mittelpunkt (Müller-Stewens und Lechner 2016, S. 342; Welge et al. 2017, S. 85).

▶Eine Ressource bezeichnet Produktivmittel, auf die eine Unternehmung direkt oder indirekt zurückgreifen kann, um ihre Strategien zu realisieren (Müller-Stewens und Lechner 2016, S. 342; Welge et al. 2017, S. 85; Grant 2014, S. 141, sowie zu weitergehenden Definitionen, die insbesondere der Nicht-Unterscheidung von Ressourcen, Fähigkeiten und Wissen geschuldet sind Wernerfeld 1984; Amit und Shoemaker 1993; Teece et al. 1997; Hungenberg 2014).

Gaitanides und Sjurts (1995) unterscheiden physikalische, organisatorische und humane Ressourcen. Tab. 3.13 differenziert zwischen verschiedenen materiellen, immateriellen und humanen Ressourcen (vgl. Grant 2014, S. 141 ff.).

▶Ressourcen und Ressourcenbündel, die zum Aufbau und Erhalt von KKVs dienen, werden als **strategische Ressourcen** bezeichnet (vgl. Welge et al. 2017, S. 86; Müller-Stewens und Lechner 2016, S. 342).

Sie müssen einige Voraussetzungen erfüllen:

Tab. 3.13 Ressourcen der Unternehmung. (Quelle: in Anlehnung an Grant 2014, S. 141)

Ressourcen der Unternehmung		
Materielle Ressourcen	Immaterielle Ressourcen	Humane Ressourcen
Finanzielle Ressourcen; Barmittel; Wertpapiere; Kreditlinien; Physische Ressourcen; Gebäude; Anlagen; Grundbesitz; Bodenschätze; …	Technische Ressourcen; Patente; Urheberrechte; Betriebsgeheimnisse; Reputation; Markenrechte; Beziehungen; Unternehmenskultur; …	Ausbildung; Motivation; Firmentreue; …

Heterogenität
Erst die Heterogenität der Ressourcen schafft das Potenzial zum Aufbau und Erhalt von KKVs. Der RBV geht von der realistischen Annahme aus, dass sich die Ressourcenausstattungen der Anbieter eines Marktes unterscheiden.

Ex ante -Beschränkung des Wettbewerbs
Strategische Ressourcen müssen von **„strategic factor markets"** i. S. von Barney beschafft werden (vgl. Barney 1986, S. 1232 f.), um eine **ex ante Beschränkung des Wettbewerbs** zu gewährleisten. Strategische Faktormärkte zeichnen sich dadurch aus, dass sie einerseits unvollkommen sind, d. h. dass eine Ressource unter ihren zukünftig zu erwartenden Erträgen verkauft wird und andererseits eine unvollkommene Informationsverteilung existiert, d. h. dass die Anbieter der Ressource anders als der Käufer den tatsächlichen (wahren) Wert nicht erkennen. Andernfalls würden die Faktoranbieter versuchen, über den Preis die erzielbaren Renten ganz oder teilweise abzuschöpfen (vgl. Welge et al. 2017, S. 91). Der Wettbewerb um wertvolle Ressourcen findet in Form eines „resource pickings" vor der eigentlichen Kaufentscheidung statt (vgl. Müller-Stewens und Lechner 2016, S. 343). Weiterhin muss aufseiten der Konkurrenten eines Marktes eine **kausale Ambiguität** (causal ambiguity) bestehen. Diese besagt, dass sich die Ressourcenkombination einer Unternehmung und/oder die dahinterliegenden Wirkungsmechanismen den Einblicken der Konkurrenz entziehen bzw. Unsicherheit über die damit verbundenen Kosten existieren (vgl. Rumelt 1984, S. 561). Andernfalls würden auch sie sich um den Besitz der betrachteten Ressourcen bemühen, was zu deren Preissteigerung führte.

Ressourcenimmobilität
Dauerhafte Renten fließen der Unternehmung mit einer immobilen Ressource bzw. eines strategischen Ressourcenbündels auch deshalb zu, weil (vgl. Welge et al. 2017, S. 90) die Ressource außerhalb ihres Verwendungszwecks in der Unternehmung vollständig oder erheblich an Wert verliert und kein bzw. nur ein eingeschränkter Faktormarkt existiert (z. B. bei bestimmten Anlagen) bzw. die Ressource bzw. das Ressourcenbündel in den Kontext einer bestimmten Unternehmung eingebunden ist und nur dort mit anderen Ressourcen ihren Wert erhält (z. B. ein bestimmtes Vertriebsnetz).

Ex post-Beschränkung des Wettbewerbs
Die Vorteile aus heterogenen Ressourcen einer Unternehmung können nur gesichert werden, wenn es den Konkurrenten im nachfolgenden Wettbewerb nicht gelingt, diese Ressourcenausstattung durch „alternative Pfade" (vgl. Müller-Stewens und Lechner 2016, S. 343; Welge et al. 2017, S. 91 f.) mit anderen Ressourcen/Ressourcenkombinationen oder durch technischen Fortschritt zu substituieren **(begrenzte Substituierbarkeit)** bzw. sie zu imitieren **(begrenzte Imitierbarkeit).** In diesem Zusammenhang gewinnt das Konzept der „isolating mechanism" von Rumelt an Bedeutung, der darunter alle Merkmale versteht, „that limit the ex-post equilibration of rents among individual firms" (Rumelt 1984, S. 566). Zu

den isolating mechanism zählt er die kausale Ambiguität, spezifizierte Aktiva, Such- und Umstellkosten, Erfahrungen aufseiten der Hersteller und Kunden, teambezogene Fähigkeiten, einzigartige (sonstige) Ressourcen, spezielle Informationen, Patente und Marken, Reputation und Image, gesetzliche Eintrittsbarrieren etc. (vgl. Rumelt 1984, S. 566). Damit verbunden sind auch dynamische Aspekte des Lernens und der Verbreitung einer Ressourcenbasis, die sich innerhalb einer Unternehmung vollziehen, zu nennen und die sich der Imitation verschließt (vgl. Welge et al. 2017, S. 92).

Der RBV basiert auf der Annahme, dass eine Unternehmung wertvolle (unterbewertete) Ressourcen identifiziert, diese verwendet und verteidigt und dabei verschiedene Renten (d. h. langfristige Gewinne) erwirtschaftet. Er weist verschiedene Vor- und Nachteile auf (vgl. Welge et al. 2017, S. 92 f.; Müller-Stewens und Lechner 2016, S. 344).

Als **Vorteil** ist zu betrachten, dass der RBV von der unrealistischen Annahme des homogenen (Faktor-) Marktes abstrahiert und auf der Ressourcenheterogenität der Anbieter eines Marktes aufbaut. Er bricht gleichzeitig die Black Box der unternehmensinternen Umwelt z. T. auf und zeigt unternehmensinterne Gründe, die zum Aufbau und Erhalt von KKVs dienen.

Probleme ergeben sich dabei, ex ante eine wertvolle von einer nicht wertvollen Ressource zu unterscheiden. Von Hayek führt aus, dass erst der Wettbewerb Tatsachen entdeckt, die ohne seine Existenz unbekannt oder ungenutzt blieben (von Hayek 2011, S. 188). „Aber welche Güter knapp … sind, oder wie knapp oder wertvoll sie sind, ist gerade einer der Umstände, die der Wettbewerb entdecken soll" (von Hayek 2011, S. 192). Der RBV geht von wertvollen und unterbewerteten Ressourcen aus, mit denen Renten erzielt werden können, ohne Aussagen zu ihrer Identifikation zu treffen. Er kennzeichnet damit in einer Tautologie Ressourcen als wertvoll, weil sie wertvoll sind. Somit muss beim RBV die Abstraktion von der externen Umwelt kritisiert werden. Ungeklärt bleibt, auf welche Unternehmensbereiche sich der Wert einer Ressource bezieht (Gesamtunternehmensebene oder SGF-Ebene). Weiterhin werden dynamische Aspekte der Umwelt- und Marktentwicklung vernachlässigt, die den Wert einer Ressource verändern (vgl. Schirmer und Ziesche 2010, S. 18 und die dort zitierte Literatur). Problematisch erscheint zudem, dass der Begriff der Ressource bislang nur unzureichend geklärt und eine Abgrenzung zu den Fähigkeiten und dem Wissen der Unternehmung nicht eindeutig ist. Dies kommt implizit auch in der Vernachlässigung der Tatsache zum Ausdruck, dass selbst eine wertvolle, unterbewertete Ressource nur vor dem Hintergrund der Fähigkeiten und des Wissens zu einer wertvollen Ressource werden kann bzw. sich der Wert einer Ressource vielfach erst in der Kombination mit anderen Ressourcen einer Unternehmung ergibt. Der Wert einer einzigen Ressource ist isoliert kaum bestimmbar. Der RBV berücksichtigt Ricardo-Renten, Quasi-Renten und Bain-Renten. Nicht explizit dargestellt wird die Möglichkeit der Erwirtschaftung von Schumpeter-Renten, die dann entstehen, wenn die (unterbewerteten) Ressourcen zur Realisation innovativer Leistungen und Prozesse führen. Auch bleibt der Zusammenhang der einzelnen Renten ungeklärt.

3.6.2 Capability-Based-View (CBV)

▶Fähigkeiten bzw. Kompetenzen (vgl. Zahn 1992; Rühli 1994) werden als komplexe Interaktions-, Koordinations- und Problemlösungsmuster (Handlungsketten) beim Einsetzen von Ressourcen einer Unternehmung definiert (vgl. Müller-Stewens und Lechner 2016, S. 345 sowie viel allgemeiner Reiss und Beck 1995).

Implizit ist damit die Realisation bestimmter Ziele verbunden. Freiling stellt dabei die Bewährung der Unternehmung im Marktprozess gegenüber der jeweiligen Marktgegenseite heraus (vgl. Freiling 2001, S. 22 f.). „Mangelt es der Unternehmung an Kompetenzen, bleiben vorhandene ressourcenbedingte Wettbewerbsvorteile ungenutzt." (Freiling 2001, S. 23). Zu berücksichtigen ist, dass Fähigkeiten hierarchisch über die Ebenen der Unternehmung strukturiert sein müssen (vgl. Grant 2014, S. 149 f.; ähnlich Freiling 2011, S. 42 ff.).

Danneels unterscheidet Fähigkeiten erster Ordnung und zweiter Ordnung. **Fähigkeiten erster Ordnung** beziehen sich auf operative Fähigkeiten der Ressourcenkombination (vgl. Danneels 2002, S. 1112 f.). Dazu können Fach-, Prozess- und Interaktionskompetenzen unterschieden werden (vgl. Reiss und Beck 1995).

- **Fachkompetenzen** beziehen sich auf die Fähigkeit des Unternehmens in einzelnen Funktionsbereichen wie z. B. die Forschung und Entwicklung, die Produktion, die Beschaffung, das Marketing, die Organisation, die Finanzierung usw.
- **Prozesskompetenzen** kommen in der Beherrschung funktionsübergreifender Unternehmensprozesse, wie z. B. bei der Produktentwicklung, der Auftragsabwicklung usw. zum Tragen.
- **Interaktionskompetenzen** beschreiben die Fähigkeit des Unternehmens zum Aufbau und zur Pflege von Beziehungen zu internen und externen Anspruchsgruppen. Die Relevanz dieser Kompetenz wird vor dem Hintergrund der Diskussion zum Relationship Marketing deutlich (vgl. Bruhn und Bunge 1994; Backhaus 1997; Bruhn 2016).

In diesem Zusammenhang besitzt das **Konzept der Kernkompetenzen** (Core-Competency) von Prahalad und Hamel Bedeutung (vgl. Prahalad und Hamel 1990, S. 79 ff. Prahalad und Hamel 1991, S. 66 ff. Prahalad und Hamel 2001, S. 309 ff.). Die Unternehmung wird als ein Baum gesehen, dessen Wurzeln Kompetenzen sind. Kompetenzen werden dabei als gelernte Fähigkeiten der Unternehmung betrachtet, die Ressourcen einer produktiven Verwendung zuzuführen (vgl. Prahalad und Hamel 2001, S. 314; Welge et al.2017, S. 98). Daraus entstehen Kernprodukte (Äste), die in unterschiedlichen SGFs verwendbar sind und dort zu verschiedenen Endprodukten (Blätter) führen, mit denen die Unternehmung langfristige Gewinne realisiert.

3.6 Unternehmensinterne Umwelt

Prahalad und Hamel (1990) betrachten insbesondere technische Kompetenzen und Produktionsfähigkeiten (z. B. bei Canon die Fähigkeiten in der Feinmechanik, der Feinoptik und Mikroelektronik). Eine derartige Beschränkung kann zur Marketing-Myopia i. S. von Levitt führen (vgl. Levitt 1960). Bei Technologie- und Bedarfsveränderungen würden die technischen Kompetenzen obsolet (vgl. Vollert 2004). Insofern ist es sinnvoll, alle Kompetenzen der Unternehmung bzgl. ihrer Möglichkeiten zum Aufbau und Erhalt von KKVs auf verschiedenen Märkten zu überprüfen (vgl. Müller-Stewens und Lechner 2016, S. 204). So können z. B. spezielle Kompetenzen im Vertrieb in unterschiedlichen Geschäftsfeldern Verwendung finden. Darüber hinaus bleibt zu berücksichtigen, dass Kernkompetenzen nicht nur unternehmensintern entwickelt, sondern auch unternehmensextern beschafft werden können (soweit dann eine exklusive Nutzung durch die Unternehmung gewährleistet ist).

Kernkompetenzen zeichnen sich dadurch aus (vgl. Prahalad und Hamel 2001, S. 318 f.), dass sie

- auf verschiedenen Märkten Relevanz besitzen,
- in Form der mit ihnen erstellten Endprodukte einen wesentlichen Beitrag zum Aufbau und Erhalt des Netto-Nutzens und damit der (positiven) Netto-Nutzendifferenz der Kunden beitragen und
- von der Konkurrenz nur schwer imitierbar oder substituierbar sind.

Das Konzept der Kernkompetenzen muss berücksichtigt werden, wenn die Unternehmung neue Geschäftsmodelle entwickelt.

Fähigkeiten zweiter Ordnung beziehen sich auf die Adaption und das Lernen der Unternehmung. In diesem Zusammenhang gewinnt der **Dynamic Capability-Ansatz** an Bedeutung. Eine einheitliche Definition dessen, was den Dynamic Capability-Ansatz bestimmt, liegt nicht vor (vgl. Freiling 2001, S. 24; Schirmer und Ziesche 2010, S. 16f.).

▶ Bedeutung erlangte der Ansatz von Teece, der Dynamic Capabilities definiert als "higher level competences that determine the firm's ability to integrate, build, and reconfigure internal and external resources/competences to address, and possibly shape, rapidly changing business enviroments …" (Teece 2012, S. 1395, sowie ähnlich Teece 2007, S. 1319).

Dynamische Kompetenzen werden in das „Sensing", das „Seizing" und das „Reconfiguring" eingeteilt: Das **Sensing** bezieht sich auf das Auffinden und die Bewertung von Chancen und Risiken, die sich aus Umweltveränderungen ergeben (vgl. Teece 2007, S. 1322 f. sowie zu einer früheren Einteilung Teece et al. 1997). Das **Seizing** umfasst die Mobilisierung von Ressourcen zur Realisation von Chancen und der Abwehr von Risiken. "Once a new (technological or market) opportunity is sensed, it must be addressed through new products, processes, or services." (Teece 2007, S. 1326). Mit dem **Reconfiguring** wird die kontinuierliche Erneuerung und Transformation der Unternehmung beschrieben. "A key to sustained profitable growth is the ability to recombine and to reconfigure assets and organisational structures as the enterprise grows, and markets and technologies change, as they surely will." (Teece 2007, S. 1335). In ähnlicher Weise sehen auch Blecker und Kaluza (2005, S. 12) die Flexibilität als dynamische Fähigkeit von Unternehmen, Ressourcen effektiv und effizient zu rekonfigurieren, um KKVs aufzubauen und zu erhalten (vgl. Kap. 22).

Zunehmend bedeutsamer wird auch die Unterscheidung in **interne und externe Fähigkeiten**. In einer zunehmend dynamischen Umwelt wird es kaum einer Unternehmung gelingen, alle notwendigen Fähigkeiten zu besitzen. Vielmehr ist es notwendig, externe Fähigkeiten zu identifizieren, sie in die Unternehmung einzubinden und mit den internen Fähigkeiten zu koordinieren. Die Entwicklung der Digitalisierung kann hier unterstützen und sogar dazu zwingen.

Um KKVs aufzubauen und zu erhalten, müssen auch Fähigkeiten einige Bedingungen erfüllen (vgl. Müller-Stewens und Lechner 2016, S. 345 f.):

Zum Ersten dürfen Fähigkeiten nicht auf fallweisen (ggf. zufälligen) Handlungen basieren, sondern auf **routinierten Verhaltens- bzw. Handlungsmustern** zur Lösung bestimmter Probleme. Durch ständige Wiederholungen werden diese Verhaltensweisen geübt und internalisiert, sodass ihre Effektivität und Effizienz steigen. Lerneffekte, die dabei erzielt werden, sollen zum Zweiten **die kognitiven Strukturen, die Gruppen- und Individualinteressen, sowie die Kultur des Unternehmens** beeinflussen. Zum Dritten ist die mit den Fähigkeiten verbundene **Akkumulation** komplex und bedarf geeigneter Prozesse, Organisationsstrukturen, der Motivation und der organisatorischen Ausrichtung und Veränderung (vgl. Grant 2014, S. 149 f.) wobei Kräfte der Beharrung und Kräfte der Veränderung in der Unternehmung zu berücksichtigen sind (vgl. Güttel 2007, S. 182). Um Kräfte der Beharrung zu überwinden, sind systematische Maßnahmen des Managements notwendig, deren Entscheidungen aber eine begrenzte Rationalität aufweisen und erst in einem trial and error Prozess zu (überlegenen) Fähigkeiten der Unternehmung führen. Damit gewinnt der **unternehmensspezifische Pfad zur Entwicklung von Fähigkeiten** auf der Basis von history matters und erneut auch das Argument der Ambiguität an Bedeutung (vgl. Müller-Stewens und Lechner 2016, S. 347; Teece et al. 1997). Viertens besitzen Fähigkeiten **Potenzialcharakter**. Veränderungen der Fähigkeiten verändern auch den Handlungsspielraum einer Unternehmung (vgl. Müller-Stewens und Lechner 2016, S. 347). Im günstigsten Fall kann durch Fähigkeiten der Handlungsspielraum erweitert werden.

Der **Vorteil des CBV** liegt darin, den Organizational-based View zu dynamisieren (vgl. Müller-Stewens und Lechner 2016, S. 346). Nicht mehr statische Ressourcen allein dominieren den Unternehmenserfolg, sondern die Verbreitung und Routine von Fähigkeiten wird zur Grundlage des Aufbaus und Erhalts von KKVs. Dabei spielen vor allem auch die dynamic capabilities (Sensing, Seizing, Reconfiguring) als Fähigkeiten zweiter Ordnung eine entscheidende Rolle. Sie geben Hinweise, welche Fähigkeiten eine Unternehmung vor dem Hintergrund einer dynamischen Umwelt- und Marktentwicklung benötigt, um KKVs aufzubauen und zu erhalten und damit ihr langfristiges Überleben zu sichern. Problematisch ist, dass diese Fähigkeiten und ihre Kreation in der Unternehmung nicht exakt zu spezifizieren sind.

Der CBV weist aber auch **Probleme** auf: Fähigkeiten erster Ordnung können nur vor dem Hintergrund vorhandener Ressourcen zum Aufbau und Erhalt von KKVs dienen. Schon deshalb ist es kaum möglich, in einer allgemeinen Weise festzustellen, welche Fähigkeiten in welchen Ausprägungen in einer Unternehmung vorhanden sein müssen, um erfolgreich zu agieren. Vielfach mündet man wieder in einer Tautologie, dass relevante Fähigkeiten solche Fähigkeiten sind, die für die Unternehmung beim Aufbau und Erhalt von KKVs relevant sind. Ggf. kann das Problem gemildert werden, wenn man sich an den Nutzen- und Kostenaspekten der Kundenperspektive des KKV orientiert. Es stellt sich dann z. B. die Frage nach Fähigkeiten zur Verbesserung bestimmter Nutzen bzw. der Reduktion bestimmter Kosten des KKVs.

Problematisch ist zudem, ex ante zu bestimmen, welche Fähigkeiten im Wettbewerb relevant sind. Wie unter Bezug auf von Hayek (vgl. von Hayek 2011, S. 192) ausgeführt, ist der Wettbewerb ein Entdeckungsverfahren, dessen Ergebnisse nicht vorhersehbar sind. Damit verbunden trifft auch den Fähigkeiten erster Ordnung die Kritik der Abstraktion von der unternehmensexternen Umwelt.

Zudem kann eine Ambiguität auch in der eigenen Unternehmung existieren. Überlegene Fähigkeiten entstehen in einem trial and error -Verfahren. Die Vorgehensweise und die Kosten zu deren Aufbau sind in diesem Fall auch unternehmensintern nicht bekannt und könnten zu einer defensiven Haltung führen. Dies trifft sowohl Fähigkeiten erster als auch zweiter Ordnung.

3.6.3 Knowledge-based View (KBV)

Der Knowledge-based View stellt das Wissen der Unternehmung in den Mittelpunkt der Betrachtung. Das Wissen der Unternehmung kann statisch und dynamisch interpretiert werden.

▶ Aus **statischer Sicht** wird Wissen als "information whose validity has been established through tests of proof" oder als "justified true believes" definiert (vgl. Müller-Stewens und Lechner 2016, S. 347 und die dort zitierte Literatur sowie Welge et al. 2017, S. 95).

Das statische Wissen ist damit eine intangible Ressource. Dieser **Knowledge-Stock** (vgl. Welge et al. 2017, S. 101) kann nach der Wissensart, der Wissensebene und den Wissensinhalten beschrieben werden. Als **Wissensart** wird explizites und implizites Wissen unterschieden. **Explizites Wissen** ist nicht kontext- und/oder personengebunden, weist eine gute Dokumentationsfähigkeit auf und ist leicht transferierbar. **Implizites Wissen** demgegenüber ist verborgenes Wissen, das kaum erfassbar und schwer kodifizierbar ist. Es wird durch langwierige und erfahrungsgeleitete Lernprozesse sukzessive aufgebaut (vgl. Freiling 2001; Kogut und Zander 1992) und ist deshalb für die Generierung und den Erhalt von KKVs besonders bedeutsam. Es wird darauf hingewiesen, dass implizites Wissen durch einen Transfer auf neue Anwendungsbereiche, die Integration mit anderen Wisseneinheiten oder seine Neukombination mit tangiblen Ressourcen höchstes Wertschöpfungspotenzial besitzt (vgl. Kogut und Zander 1992). Die Betrachtung der **Wissensebene** kann individuelles, an einzelne Personen gebundenes Wissen, vom kollektiven Wissen, das sich auf eine begrenzte Gruppe bezieht und dem organisationalen Wissen, das von allen Organisationsmitgliedern geteilt wird, unterscheiden. Die **Wissensinhalte** können auf einer Skala von allgemeinem bis zu unternehmensspezifischem Wissen angeordnet sein. Letzteres ist insbesondere mit dem impliziten Wissen verbunden (vgl. Collis 1996, S. 151).

▶**Dynamisch** wird das Wissen der Unternehmung als bewusste Verarbeitung, Kombination und Interpretation von Informationen über einen längeren Zeitraum zur spezifischen Aufgaben- bzw. Problemlösung, mit dem Ziel, das generierte Wissen zu lokalisieren, zu nutzen, zu transferieren und zu sichern, interpretiert (vgl. Welge et al. 2017, S. 95; Müller-Stewens und Lechner 2016, S. 348; Burmann und Meffert 2003, S. 141).

Dieser **Knowledge Flow** teilt sich in die Wissensgeneration und Wissensintegration auf (vgl. Welge et al. 2017, S. 102 f.). Die **Wissensgeneration** wird als „eine erfahrungsbedingte Neuinterpretation und -strukturierung bestehenden Wissens interpretiert" (Welge et al. 2017, S. 102). Darüber hinaus ist die Schaffung neuen Wissens zu berücksichtigen. Dieses Wissen muss in organisationales Wissen **integriert** und als **organisationale Routine** abgespeichert werden. Organisationale Routinen sind unkodifizierte, automatisch ausgeübte Koordinations- und Handlungsmuster (z. B. Regeln, Verfahrensweisen, Interpretationsmuster etc.), die von allen Organisationsmitgliedern geteilt werden (vgl. Welge et al. 2017, S. 103.).

Zum Aufbau und Erhalt von KKVs durch das Wissen der Unternehmung sind einige Bedingungen zu erfüllen: Dazu gehört zum ersten die **Absorptionsfähigkeit der Unternehmung,** die ihre Fähigkeiten und Möglichkeiten zum Ausdruck bringt, strategisch relevantes Wissen aus der Umwelt wahrzunehmen, zu bewerten, zu absorbieren und anzuwenden. Die Absorptionsfähigkeit kann nicht bzw. nur im geringen Maße extern erworben werden, sondern wird in langen, individuellen, kollektiven und organisationalen Lernprozessen erworben, die einen impliziten und routinierten Charakter besitzen. Sie schützt damit vor Imitation. Es kann belegt werden, dass die Absorptionsfähigkeit umso ausgeprägter ist, je größer und divergenter der vorhandene Wissensbestand ist (vgl. Welge et al. 2017, S. 104; Nelson und Winter 1982, S. 75 f.). Eng damit verbunden kommt zweitens der **Pfadabhängigkeit der Aufnahme und der Verbreitung von Wissen** in der Unternehmung, die sich durch deren einzigartige „history" ergibt, eine Rolle beim Aufbau und

Erhalt von KKVs zu. Auch diese verhindert die Imitation. Nicht zuletzt verhindert **kausale Ambiguität** zu Zusammenhängen der Wissensgenerierung und -integration die Imitation von Wissen. Dies bezieht sich insbesondere auf implizites Wissen, komplexe Zusammenhänge von Wissen, Lernprozessen und komplementären Ressourcen und Fähigkeiten (vgl. Reed und DeFillipi 1990, S. 94 f.).

Der KBV stellt das Wissen als Grundlage von Fähigkeiten und letztlich auch zum Erkennen strategischer Ressourcen in den Mittelpunkt. Es richtet damit den Fokus auf die ursprünglichen Voraussetzungen des Unternehmenserfolgs. Zudem dynamisiert auch der KBV die statische Betrachtung des RBV. Überschneidungen zu den Dynamic Capabilities sind offensichtlich.

Bezogen auf das statische Wissen erscheint, wie beim RBV, die Abstraktion von der externen Umwelt problematisch, da eine Unterscheidung von relevanten bzw. irrelevanten Wissen verhindert wird. Auch die Prognose zu zukünftig relevantem Wissen ist kaum möglich. Ähnliches gilt für die Abstraktion des statischen Wissens von den (vorhandenen) Fähigkeiten und Ressourcen der betrachteten Unternehmung. In der Folge tritt wiederum die Tautologie auf, wonach relevantes Wissen deshalb relevant ist, weil es relevant ist. Weiterhin besteht die Gefahr, dass innerhalb der Unternehmung alles als wissensrelevant betrachtet wird.

Das dynamische Wissen (Wissensgeneration und -integration) kann den Aufbau und Erhalt von KKVs auch in einer dynamischen Umwelt erklären. Probleme ergeben sich, weil genaue Handlungsanweisungen, wie das Wissen zu generieren und zu integrieren sind, fehlt. Dies kann auch kausale Ambiguität in der eigenen Unternehmung schaffen.

3.6.4 Integrierte Modelle des Organizational based Views

Integrierte Modelle des Organizational Views versuchen, alle bzw. eine Vielzahl unternehmensinterner Ressourcen, Fähigkeiten und das Wissen zu erfassen, zusammenzufassen und ihren Zusammenhang zu untersuchen (vgl. Peters und Waterman 1982; Pascal und Athos 1981; Hax und Majluf 1991, S. 119). Das **7-S- Modell von McKinsey** (vgl. Abb. 3.34) unterscheidet sogenannte harte und weiche Faktoren.

Als **harte Faktoren** des 7-S-Modells, die das Erfolgskonzept der Unternehmen darstellen (vgl. Müller-Stewens und Lechner 2016, S. 200), gelten die **Strategie** (strategy), die **Aufbauorganisation** (structure) und die **Systeme** (systems). Sogenannte **weiche Faktoren,** die das Erfolgskonzept unterstützen (vgl. Müller-Stewens und Lechner 2016, S. 200), sind der **Stil** (style), die **Stammbelegschaft** (staff), (Spezial-) **Kenntnisse** (skills) und das **Selbstverständnis** (shared values). Hinter den einzelnen Faktoren verbergen sich eine Reihe von Variablen. Die Faktoren sind miteinander vernetzt, sodass Veränderungen eines Faktors zu Anpassungen bei anderen Faktoren zwingen kann.

Der wesentliche Beitrag des 7-S-Modells besteht darin, auf die gegenseitige Abhängigkeit der unternehmensinternen (Erfolgs-) Faktoren und ihre Konsistenz zu verweisen.

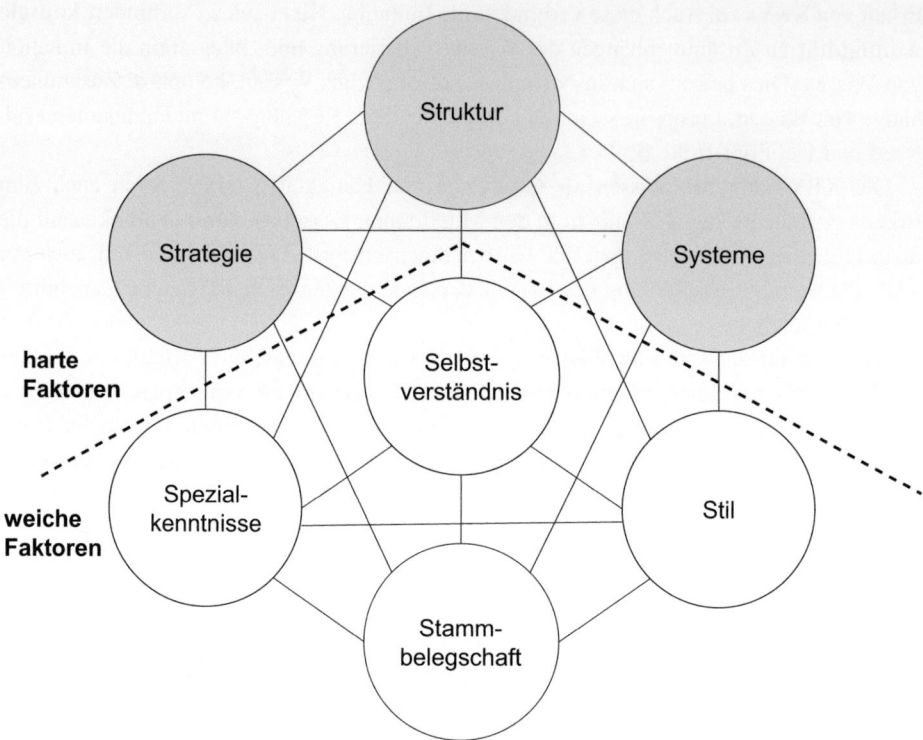

Abb. 3.34 7-S-Modell. (Nach Peters und Waterman 1982, S. 10)

Problematisch erscheint die Auswahl der Faktoren, die vielleicht deshalb die Innovation nicht berücksichtigt, weil diese mit „I" und nicht mit „S" beginnt (vgl. Müller-Stewens und Lechner 2016, S. 200). Weiterhin bleibt im Dunkeln, welche Ressourcen, Fähigkeiten und Wissenselemente sich hinter den einzelnen Faktoren verbergen, was das eigentlich Interessante wäre. Nicht zuletzt abstrahiert auch dieses Modell von der Umwelt der Unternehmung.

3.6.5 VRIO-Rahmen

Die Beurteilung einzelner Ressourcen, Fähigkeiten und des Wissens zum Aufbau und Erhalt von KKVs kann mir dem **VRIO-Rahmen** untersucht werden. Der VRIO-Ansatz geht auf Barney zurück (vgl. Barney 1991, S. 113; Barney 2011, S. 125 ff.), der zunächst die Frage nach Eigenschaften von Ressourcen stellt, die einen nachhaltigen Wettbewerbsvorteil (KKV) liefern. Das Konzept kann auf Fähigkeiten und das Wissen erweitert werden (vgl. auch Newbert 2007, S. 141; Müller-Stewens und Lechner 2016, S. 206 f; Barney 2011, S. 136).

Nach dem VRIO-Konzept sind Ressourcen, Fähigkeiten und Wissenselemente dann zum Aufbau und Erhalt von KKVs geeignet, wenn sie

- wertvoll (valuable),
- selten (rare),
- nicht imitierbar oder substituierbar (costly to imitate),
- in unterschiedlichen Bereichen der Unternehmung (Märkte, Leistungen, Geschäftsmodelle) nutzbar, also innerhalb der Unternehmung transferierbar (exploited by the organization)

sind. Es entwickelte sich daraus der sogenannte **VRIO-Rahmen** (vgl. Tab. 3.14).

Zur Realisation eines nachhaltigen KKVs bedarf es demgemäß wertvoller, seltener, schwer imitierbarer oder substituierbarer und im besten Fall zusätzlich innerhalb der Unternehmung transferierbarer Ressourcen, Fähigkeiten und Wissenselemente.

Das Problem des VRIO-Rahmens besteht in der Tatsache, dass er nur vor dem Hintergrund vorhandener Märkte zu einem bestimmten Zeitpunkt aufgestellt werden kann. Marktveränderungen (z. B. aufgrund sich ändernder Bedingungen der globalen Umwelt), aber auch interne Probleme (z. B. Know-how – Abfluss) können auch zu einer anderen Einschätzung der Bedeutung von Ressourcen, Fähigkeiten und des Wissens der Unternehmung führen (vgl. Reiss und Beck 1995, S. 43).

Tab. 3.14 VRIO-Rahmen. (Quelle: in Anlehnung an Barney 2011, S. 136)

Ressource, Fähigkeit, Wissen …					
wertvoll	selten	nicht imitierbar/ substituierbar	transferierbar	(positive) Netto-Nutzen-Differenz	langfristiger Gewinn
nein	nein	nein	nein	–	–
ja	nein	nein	nein	–	bestenfalls normal
ja	ja	nein	nein	zeitlich begrenzt	temporär, über normal
ja	ja	ja	nein	**nachhaltig**	**nachhaltig, über normal**
ja	ja	ja	ja	**nachhaltig, übertragbar**	**nachhaltig, weit über normal**

3.6.6 Aktivitäten der Unternehmung

Ressourcen, Fähigkeiten und das Wissen der Unternehmung bestimmen ihre Aktivitäten zum Aufbau und Erhalt von KKVs. Die Aktivitäten lassen sich (bezogen auf einen Markt) in einer **Wertekette** darstellen (vgl. Abb. 3.35).

In der Wertekette werden Aktivitäten der Unternehmung in **primäre und sekundäre Aktivitäten** unterteilt (vgl. Porter 2010, S. 70 ff.).

- Primäre Aktivitäten beziehen sich auf den Wertschöpfungsprozess der Unternehmung. Im Einzelnen werden fünf primäre Aktivitäten aufgeführt, (wobei die Zahl der primären Aktivitäten angepasst werden kann). Die **Eingangslogistik**, die **Produktion**, das **Marketing** und der **Vertrieb**, die **Ausgangslogistik** und der **Kundendienst.**
- Mit sekundären Aktivitäten wird der Leistungsprozess gesteuert und unterstützt. Es werden mit der **Unternehmensinfrastruktur,** der **Personalwirtschaft,** der **Technologieentwicklung** (F&E) und der **Beschaffung** vier Sekundäraktivitäten unterschieden. Auch die Zahl sekundärere Aktivitäten ist flexibel.

Jede Aktivität lässt sich entsprechend der Erfordernisse des Marktes und der Unternehmung in eine Reihe unterschiedlicher (Sub-)Aktivitäten unterteilen (vgl. Porter 2010, S. 76 ff.). Sie müssen also jeweils unternehmensspezifisch festgelegt werden.

Tab. 3.15 und 3.16 zeigen beispielhaft mögliche Subaktivitäten der primären und sekundären Aktivitäten i. S. Porters.

Entscheidend ist nun, dass alle primären und sekundären Aktivitäten Quellen von KKVs sein können, sodass sich eine intensive Analyse der einzelnen Aktivitäten anbietet. Gegenstand der Analyse kann sein

Unternehmensinfrastruktur					
z. B. Führung, Rechnungswesen, Finanzierung, Planung					
Personalwirtschaft					
z. B. Rekrutierung, Training, Entwicklung, Freistellung					
Technologieentwicklung					
z. B. F&E, Produkttechnologien, Prozesstechnologien, Sozialtechnologien					
Beschaffung (Einkauf)					KKV
z. B. Maschinen, Roh-, Hilfs- und Betriebsstoffe					
Eingangslogistik	Produktion	Ausgangslogistik	Marketing und Vertrieb	Kundenservice	
z. B. Annahme von Roh-, Hilfs- und Betriebsstoffen	z. B. Montage, Fertigung, Verpackung	z. B. Lagerverwaltung, Transport, Auslieferung der Leistungen	z. B. Markenpolitik, Kommunikation, Preis, Außendienst	z. B. Installation, Reparatur, Ersatzteile	

Abb. 3.35 Wertekette von Porter (Porter 2010, S. 66)

3.6 Unternehmensinterne Umwelt

Tab. 3.15 Bestimmungsfaktoren der primären Wertekettenaktivitäten

Primäre Wertekettenaktivität	Subaktivität
Eingangslogistik	Empfang, Bestandskontrolle, Rückgabe von Betriebsmitteln und Werkstoffen; Lagerhaltung von Betriebsmitteln und Werkstoffen; Materialtransport und Verteilung von Betriebsmitteln, Werkstoffen; …
Produktion	Montage der Anlagen; Betrieb der Anlagen; Instandhaltung der Anlagen; maschinelle Verarbeitung der Werkstoffe; Verpackung; …
Marketing und Vertrieb	Angebotszusammenstellung; Preisfestsetzung; Vertriebswegewahl und –pflege; Werbung; Außendienststeuerung; …
Ausgangslogistik	Lagerung der fertigen Erzeugnisse; Auftragsabwicklung; Terminplanung; Materialtransport; Einsatz der Auslieferungsfahrzeuge; …
Kundendienst	Installation beim Kunden; Ausbildung zur Bedienung; Ersatzteillieferung; Reparatur; Produktanpassung; …

- die Entwicklung der Wertekette, einzelner Aktivitäten und Subaktivitäten im Zeitablauf,
- die Kosten einzelner Aktivitäten und Subaktivitäten (vgl. Paul und Wollny 2014, S. 197 f.),
- der Beitrag einzelner Aktivitäten und Subaktivitäten zum Aufbau und Erhalt von KKVs (vgl. Porter 2010, S. 68),
- benötigte und realisierte Ressourcen, Fähigkeiten bzw. benötigtes und realisiertes Wissen für die Aktivitäten und Subaktivitäten (vgl. Grant 2014, S. 147 f.).

Tab. 3.16 Bestimmungsfaktoren der primären Wertekettenaktivitäten

Sekundäre Wertekettenaktivität	Subaktivität
Beschaffung	Auswahl der Lieferanten; Verfahrensregeln für die Verkaufsverhandlung; Bestellmenge und –zeitpunkt; ...
Technologieentwicklung	Forschung und Entwicklung; Bürokommunikation; Einrichtung und Wartung von Maschinen; Mediaforschung; ...
Personalwirtschaft	Personalbeschaffung; Einstellung; Weiterbildung; Beurteilung; Entlohnung; ...
Unternehmensinfrastruktur	(Gesamt-) Geschäftsführung; Rechnungswesen; Finanzwirtschaft; Außenkontakte; ...

Im besten Fall können auch die Werteketten der Konkurrenz z. B. mit einem Benchmarking analysiert und mit der eigenen Wertekette verglichen werden.

Wichtig erscheint, dass die Werteketten einer Unternehmung in einem **Wertekettensystem** integriert ist (vgl. Porter 2010, S. 63 ff. Johnson et al. 2018, S. 157 f.). Zu berücksichtigen sind die Werteketten der Lieferanten, des Handels, der Kunden und in diversifizierten Unternehmen die Werteketten anderer Unternehmensteile (SGFs).

▶ Die Wertekette eines SGF 1 der Abb. 3.36 ist ggf. mit der Wertekette anderer Geschäftsfelder der (diversifizierten) Unternehmung verknüpft. Sie beeinflusst deren Aktivitäten bzw. wird durch deren Aktivitäten beeinflusst. Gleiches gilt für die Verknüpfungen der Wertekette des SGF 1 mit den Werteketten der Lieferanten, der Absatzmittler und der Kunden.

Eine Analyse des Wertekettensystems kann Hinweise geben auf

- Möglichkeiten der Auslagerung eigener Aktivitäten in die Wertekette vor- bzw. nachgelagerter Werteketten bzw. der Werteketten anderer SGF (outsourcing),

3.6 Unternehmensinterne Umwelt

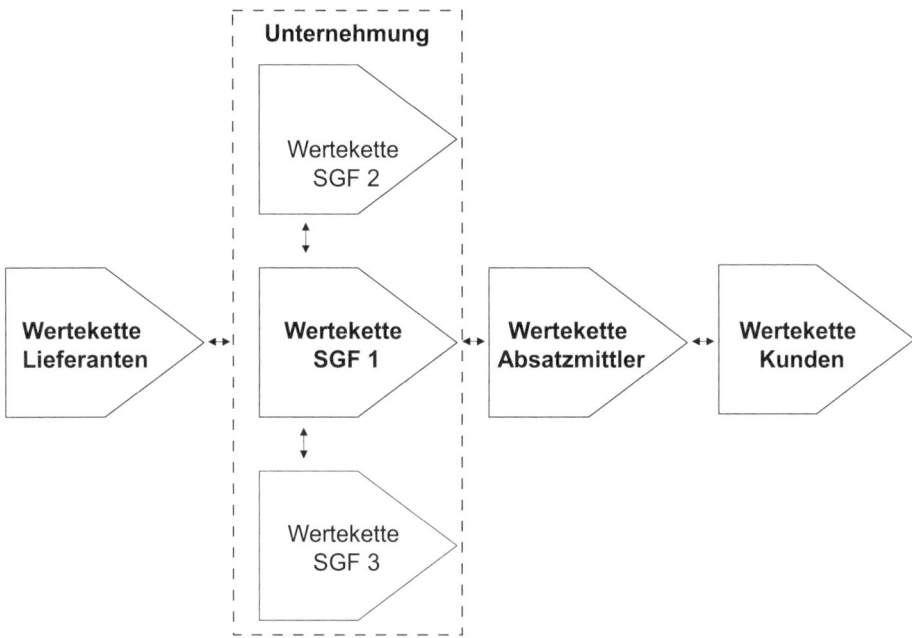

Abb. 3.36 Wertekettensystem

- Möglichkeiten der Integration von Aktivitäten vor- bzw. nachgelagerter Werteketten bzw. Werteketten anderer SGF in der Unternehmung (insourcing),
- die optimale Gestaltung der eigenen Wertekette zum Aufbau und Erhalt von KKVs unter Berücksichtigung vor- und nachgelagerter Werteketten.

▶ **Wichtig**
In einer diversifizierten Unternehmung könnte die gemeinsame Beschaffung von mehreren SGF ggf. Kostenvorteile durch economies of scale mit sich bringen, sodass die Zusammenfassung der Aktivität Beschaffung lohnenswert wäre.

Die Komponentenherstellung der Unternehmung könnte in die Wertekette der Lieferanten ausgelagert werden, wenn diese die Komponenten kostengünstiger oder qualitativ hochwertiger erstellen. Umgekehrt kann überlegt werden, ob bislang von den Lieferanten durchgeführte Aktivitäten in die Unternehmung verlagert werden.

IKEA verlagert den Transport von Möbeln und deren Aufbau in die Wertekette der Kunden. Umgekehrt übernimmt Dr. Oetker mit der Herstellung von Fertiggerichten Aktivitäten aus der Wertekette der Kunden.

Die Wertekette von Porter zeigt in einem geschlossenen System relevante Analysebereiche der Unternehmung, die sich am Aufbau und Erhalt von KKVs orientieren (vgl. Porter 2010, S. 68). Zudem wird die Bedeutung der Verknüpfungsökonomie herausgestellt. Probleme können sich bei der Einordnung bestimmter Aktivitäten in die Wertekette ergeben. Offensichtlich wird dies an der sekundären Aktivität Beschaffung und der sekundären Aktivität Eingangslogistik. Der Vergleich bzw. die Abstimmung von Werteketten zwischen verschiedenen Unternehmen, der Wertekette der eigenen Unternehmung und der Wertekette vor- und nachgelagerter Stufen kann dann zu Problemen und Missverständnissen führen, wenn diese in unterschiedlicher Art definiert sind (vgl. Porter 2010, S. 65; Steinmann und Schreyögg 2005, S. 209; Schreyögg und Koch 2020, S. 186 ff.).

Literatur

Abbott, L. (1958): Qualität und Wettbewerb. Beck, München
Abell, D. F. (1980): Defining the Business, The Starting Point of Strategic Planning. Prentice Hall, Englewood Cliffs (N.J.)
Abell, D. F.; Hammond, J. S. (1979): Strategic Market Planning: Problems and Analytical Approaches, Prentice Hall, Englewood Cliffs (N.J.)
Aberle, G. (1977): Der relevante Markt im Spannungsfeld von Preistheorie und Wettbewerbspolitik. In: WiSU 6 (7), S. 313–318
Abernathy, W. J.; Wayne, K. (1974): Limits of the Learning Curve. In: HBR 52, S.109–119
Abolhassan, F. (2016): Digitalisierung als Ziel-Cloud als Motor. In: Abolhassan, F. (Hrsg.): Was treibt die Digitalisierung? Springer Gabler, Wiesbaden, S. 15–26
Albach, H. (1978): Zur Messung von Marktmacht und ihres Missbrauchs. In: WUW 28, S. 537–548
Amit, R.; Schoemaker, P. J. H. (1993): Strategic Assets and Organizational Rent. In: SMJ 14, S. 33–46
Babel, W. (2021): Industrie 4.0, China 2025, IoT. Der Hype um die Welt der Automatisierung. Springer Fachmedien GmbH, Wiesbaden
Backhaus, K.; Schneider, H. (2020): Strategisches Marketing. 3. Aufl., Schäffer-Poeschel Verlag, Stuttgart
Backhaus, K. (1979): Die Abgrenzung des relevanten Marktes vor dem Hintergrund kartellrechtlicher Missbrauchsaufsicht, Arbeitsbericht Nr. 18. Institut für Unternehmensführung und Unternehmensforschung, Ruhr-Universität Bochum
Backhaus, K. (1997): Relationship Marketing- Ein neues Paradigma im Marketing? In: Bruhn, M.; Steffenhagen, H. (Hrsg): Marktorientierte Unternehmensführung. Reflexion- Denkanstöße- Perspektiven. Gabler, Wiesbaden, S. 19–35
Backhaus, K.; Erichson, B.; Weiber, R. (2018): Multivariate Analysemethoden. 15. Aufl., Springer-Gabler, Berlin, Heidelberg
Backhaus, K.; Voeth, M. (2014): Industriegütermarketing. 10. Aufl., Franz Vahlen, München
Backhaus, K; Voeth, M. (2010): Internationales Marketing. 6. Aufl., Schäffer- Poeschel Verlag, Stuttgart
Bain, J. S. (1968): Industrial Organization, 2nd edition, J.Wiley, New York u. a.
Barksdale, H. C.; Harris, C. E. (1982): Portfolio Analysis and the Product Life Cycle. In: Long Range Planning 15 (6), S.74–83

Barney, J. B. (1986): Strategic Factor Markets: Expectations, Luck and Business Strategy. In: Management Science, 32 (10), S. 1231–1241

Barney, J. B. (1991): Firm Resources and Sustained Competitive Advantage. In: Journal of Management 17 (1), S. 99–120. https://ssrn.com/abstract=1505199. Zugegriffen: 20.01.2021

Barney, J. B. (2011): Gaining and Sustaining Competitive Advantage. 4. Auf., Pearson, Upper Saddle River, NJ

Bartling, H. (1980): Leitbilder der Wettbewerbspolitik. Vahlen, München

Bass, F. M., Frank. M.; Phillippe, J. C.; Wittink, D. R. (1977): Market Structure and Industry Influence on Profitability. In: Thorelli, H.B. (Hrsg.): Strategy +Structure = Performance. Indiana University Press, Bloomington, London

Becker, J. (2019): Marketing-Konzeption. 11. Aufl., Vahlen, München

Beckmann, P. (1968): Die Abgrenzung des relevanten Marktes im Gesetz gegen Wettbewerbsbeschränkungen. Gehlen, Bad Homburg v.d.H.

Bendel, O. (2018): Digitalisierung in Gabler Wirtschaftslexikon. https://wirtschaftslexikon.gabler.de/definition/digitalisierung-54195/version-277247. Zugegriffen: 23.02.2021

Benkenstein, M.; Uhrig, S. (2009): Strategisches Marketing. 3. Aufl., W. Kohlhammer, Stuttgart

Biesel, H.; Hame, H. (2018): Vertrieb und Marketing in der digitalen Welt. Springer Gabler, Wiesbaden

Bitkom (2012): Big Data im Praxiseinsatz – Szenarien, Beispiele, Effekte. Bitkom, Berlin

Bitkom (2015): Big Data und Geschäftsmodell-Innovationen in der Praxis: 40+ Beispiele, Leitfaden. Bitkom, Berlin

Blecker, T.; Kaluza, B. (2005): Flexibilität: State oft the Art und Entwicklungstrends. In: Blecker, T.; Kaluza, B. (Hrsg.): Erfolgsfaktor Flexibilität: Strategien und Konzepte für wandlungsfähige Unternehmen. Erich Schmidt, Berlin, S. 12

BMWI (2019): Internet der Dinge. https://www.bmwi.de/Redaktion/DE/Artikel/ Zugegriffen 21.6.22

Böhler, H. (1983): Strategische Marketing-Früherkennung, (unveröffentlichte) Habilitationsschrift, Köln.

Böhnlein, C.-B. (2019): Industrie 4.0: Umsetzung in Fertigungsunternehmen. In: Wisu 48 (8/9), S.936–942

Brezski, E. (1993): Konkurrenzforschung im Marketing: Analyse und Prognose. DUV, Wiesbaden

Bringer, I. (2006): Praktische Probleme der Marktabgrenzung aus rechtlicher Sicht – Von der Bedeutung ökonometrischer Modelle für die Fusionskontrolle-. In: Schwarze, J. (Hrsg.): Recht und Ökonomie im Europäischen Wirtschaftsrecht. Nomos Verlagsgesellschaft, Baden Baden, S. 41–42

Brockhoff, K. (1992): Forschung und Entwicklung. 3. Aufl., Oldenburg Verlag GmbH, München

Bruhn, M. (2016): Relationship Marketing. 5. Aufl., Franz Vahlen, München

Bruhn, M.; Bunge, B. (1994): Beziehungsmarketing-Neuorientierung für Marketingwissenschaft und – praxis. In: Bruhn, M.; Meffert, H.; Wehrle, F. (Hrsg): Marktorientierte Unternehmensführung im Umbruch. Effizienz, Flexibilität als Herausforderungen des Marketings. Schäffer-Poeschel, Stuttgart, S. 41–84

Bühler, P.; Maas, P. (2017): Transformation von Geschäftsmodellen in einer digitalisierten Welt. In: Bruhn, M.; Hadwich, K. (Hrsg.): Dienstleistungen 4.0. Geschäftsmodelle – Wertschöpfung – Transformation. Bd. 2., Springer Gabler, Wiesbaden, S. 43–70

Cardozo, R.L.; Wind, Y. (1974): Industrial Market Segmentation. In: IMM 3, S. 153–166

Chalons, C.; Dufft, N. (2016): Die Rolle der IT als Enabler für Digitalisierung. In: Abolhassan, F. (Hrsg.) Was treibt die Digitalisierung? Springer Gabler, Wiesbaden, S. 27–36

Coenenberg, A. G. (2000): Grundlagen der strategischen, operativen und finanzwirtschaftlichen Unternehmenssteuerung. In: Busse von Colbe, W.; Coenenberg, A. G.; Kajüter, P.; Linnhoff, U. (Hrsg): Betriebswirtschaft für Führungskräfte. Schäffer- Poeschel, Stuttgart, S. 3–30

Collis, D. J. (1996): Organizational capabilities as a source of profit. In: Mongeon, B.; Edmondson, A. (Ed.): Organizational Learning and Competitive Advantage. Sage Publications, London, S. 143–163

Corsten, H.; Gössinger, R; Müller-Seitz, G. Schneider, H. (2016): Grundlagen des Technologie- und Innovationsmanagements. 2. Aufl., Verlag Franz Vahlen, München

Cravens, D. F. (1982): Strategic Marketing. Irwin, Homewood (Ill)

Dälken, F. (2014): Are Porter's Five Competitive Forces Still Applicable? A Critical Examination Concerning The Relevance For Today's Business. University of Twente

Danneels, E. (2002): The Dynamics of Product Innovation and Firm Competencies. In: Strategic Management Journal, 23 (12), pp. 1095–1121

Day, G. S. (1981a): Strategic Market Analysis an Definition. An Integrated Approach. In: SMJ 2, S. 281–299.

Day, G. S. (1981b): Product Life Cycles: Analysis and Application Issues. In: JM 45, S. 60–67

Day, G. S. (1981c): Analytical Approaches to Strategic Market Planning. In: Enis, B. M.; Roering, K. J. (Hrsg.): Review of Marketing, American Marketing Association, Chicago, S. 89–105

Day, G. S. (1986): Analysis for Strategic Market Decisions. West Publishing Company, St. Paul u. a.

Day, G. S.; Montgomery, D. B. (1983): Diagnosing the Experience Curve. In: JM 47 (2), S.44–58

Day, G. S.; Shocker A. D.; Srivastava, R. (1979): Customer Oriented Approaches to Identifying Product-Markets. In JM 43, S. 8–19

Dhalla, N. K.; Yuspeh, S. (1976): Forget the Product Life Cycle Concept. In: HBR 54, S. 102–112

Dichtl, E.; Andritzky, K.; Schobert, R. (1977): Ein Verfahren zur Abgrenzung des „relevanten Marktes" auf der Basis der Produktperzeptionen und Präferenzurteilen. In: WiSt 6, S. 290–301

Dierickx, I.; Cool, K. (1989): Asset Stock Accumulation and Sustainability of Competitive Advantage. In: Management Science 35, S. 1504–1511

Dill, W. R. (1957/58): Enviroment as an Influence on Managerial Autonomy. In: Administrative Science Quartely 2, S. 409–443

Dulčić, Ž.; Gnjidić, V. Alfirević, N. (2012): From Five Competitive Forces to Five Collaborative Forces: Revised View on Industry Structure-firm Interrelationship. Procedia – Social and Behavioral Sciences. https://doi.org/10.1016/j.sbspro.2012.09.1088

Dunst, K.H. (1979): Portfolio-Management. de Gruyter, Berlin; New York

European Economic & Marketing Consultants-EE&MC GmbH (o. J.): Abgrenzung des relevanten Marktes: Einsatz ökonometrischer Methoden, https://www.ee-mc.de/fileadmin/user_upload/Marktabgrenzung.pdf. Zugegriffen: 15.Februar 2020

Europäisches Parlament (2023): Was ist künstliche Intelligenz und wie wird sie genutzt?; https://www.europarl.europa.eu/news/de/headlines/society/20200827STO85804/was-ist-kunstliche-intelligenz-und-wie-wird-sie-genutzt, abgerufen am 23.07.23

Fischer, J.; Zimmermann, W. (1983): Instrumente der strategischen Planung für Unternehmen mittlerer Größen. In: ZfO 52 (3), S. 139–144

Freiling, J. (2001): Resource-based View und ökonomische Theorie: Grundlagen und Positionierung des Ressourcenansatzes. Deutscher Universitäts-Verlag, Wiesbaden

Freiling, J. (2011): Kooperative Kernkompetenzen aus Sicht des Competence- based View. In: Pechlaner, H.; Fischer, E.; Bachinger, M. (Hrsg.): Kooperative Kernkompetenzen. Gabler, Wiesbaden, S. 39–55

Freiling, J. (2017): RBV and the Road to the Control of External Organizations. In: Matiaske, W.; Fietze, S.: Human Ressources, Labour, Relations and Organization: A European Perspective. Nomos Verlagsgesellschaft, Baden-Baden, S. 170–191

Freter, H. (2008): Markt- und Kundensegmentierung. Kundenorientierte Markterfassung und -bearbeitung. 2., vollst. neu bearb. und erw. Aufl. Kohlhammer (Kohlhammer-Edition Marketing), Stuttgart.

Friederiszick, H. (2006): Marktabgrenzung und Marktmacht. In: Schwarze, J. (Hrsg.): Recht und Ökonomie im Europäischen Wirtschaftsrecht. Nomos Verlagsgesellschaft, Baden Baden, S. 29–40

Gaitanides, M.; Sjurts, I. (1995): Wettbewerbsvorteile durch Prozessmanagement. In: Corsten, H.; Will, Th. (Hrsg.): Unternehmensführung im Wandel. Strategien zur Sicherung des Erfolgspotenzials. Kohlhammer, Stuttgart u.a, S. 61–82

Gassmann, O.; Piller, F.; Gülpen, C.; Lüttgens, D. (2013): Geschäftsmodelle entwickeln. Carl Hanser, München

Georgi, D.; Mink, M. (2011): Konzeption von Kundenbeziehungsstrategien. In: Hippner, H.; Hubrich, B.; Wilde, K. D. (Hrsg.): Grundlagen des CRM. Strategie, Geschäftsprozesse und IT-Unterstützung. 3.Auflage, Gabler Verlag | Springer Fachmedien GmbH, Wiesbaden, S. 58–89

Gerl, K.; Roventa, P. (1983): Strategische Geschäftseinheiten Perspektiven aus der Sicht des strategischen Managements. In: Kirsch, W.; Roventa, P. (Hrsg.): Bausteine eines strategischen Managements. Walter de Gruyter, Berlin; New York, S. 141–161

Grant, R. M. (2014): Moderne strategische Unternehmensführung. Wiley-VCH Verlag GmbH &Co. KGaA, Weinheim

Grant, R. M.; Nippa, M. (2006): Strategisches Management. 5. Aufl. Pearson Education Deutschland GmbH, München

Grether, E. T. (1970): Industrial Organization: Past History and Future Problems. In: AER, Papers and Proceedings, 60 (2), S.83–89

Grimm, U. (1983): Analyse strategischer Faktoren. Ein Beitrag zur strategischen Unternehmensplanung. Gabler, Wiesbaden

Gröne, A. (1977): Marktsegmentierung bei Investitionsgütern, Dr. Th. Gabler, Wiesbaden

Grundy, T. (2006): Rethinking and reinventing Michael Porter's five forces model. In: Strategic Change 15 (5), S. 213–229

Grünig, R.; Kühn R. (2011): Methodik der strategischen Planung: Ein prozessorientierter Ansatz für Strategieplanungsprojekte. 6. Aufl., Haupt, Bern

Güttel, W. H. (2007): Corporate Entrepreneurship (CE) und strategische Kompetenzentwicklung. In: Freiling, J.; Gemünden, H.G. (Hrsg.): Jahrbuch Strategisches Kompetenzmanagement, Bd. 1: Dynamische Theorien der Kompetenzentstehung und Kompetenzverwertung im strategischen Kontext. Rainer Hampp, München, Mering, S. 175–201

Hagl, R. (2015): Das 3D-Druck-Kompendium. Leitfaden für Unternehmer, Berater und Innovationstreiber. 2. Aufl., Springer Gabler, Wiesbaden

Hänisch, T. (2017): Grundlagen Industrie 4.0. In: Volker P. Andelfinger, V.P.; Hänisch, T. (Hrsg.): Industrie 4.0. Wie cyber-physische Systeme die Arbeitswelt verändern. Springer Gabler, Wiesbaden, S. 9–31

Hax, A. C.; Majluf, N. S. (1991): Strategisches Management. Ein integratives Konzept aus dem MIT, Campus, Frankfurt am Main, New York

Hedley, B. (1976): A Fundamental Approach to Strategy Development. In: LRP 9, S.2–11

Henderson, B. D. (1984): Die Erfahrungskurve in der Unternehmensstrategie: Übersetzung und Bearbeitung von A. Gälweiler. 2. überarbeitete Aufl., Campus, Frankfurt am Main, New York

Heuss, E. (1965): Allgemeine Markttheorie. J. C. B. Mohr (Paul Siebeck); Polygraphischer Verlag, Tübingen, Zürich

Höft, U. (1992): Lebenszykluskonzepte. Erich Schmidt, Berlin
Homburg, Chr. (2000): Quantitative Betriebswirtschaftslehre. 3. Aufl., Gabler, Wiesbaden
Homburg, Chr.: (2020): Marketingmanagement. 7. Aufl. Gabler Springer, Wiesbaden
Homburg, Chr.; Sütterlin, S. (1992): Strategische Gruppen: Ein Survey. In: Zeitschrift für Betriebswirtschaft, 62 (6), S.635–662
Hoppmann, E. (1974): Die Abgrenzung des relevanten Marktes im Rahmen der Missbrauchsaufsicht über marktbeherrschende Unternehmen, dargestellt am Beispiel der Praxis des Bundeskartellamtes bei Arzneimitteln. Nomos Verlagsgesellschaft, Baden Baden
Hungenberg, H. (2014): Strategisches Management in Unternehmen. Ziele – Prozesse – Verfahren. 8., aktualisierte Aufl., Springer Gabler, Wiesbaden
Hungenberg, H.; Wulf, T. (2021): Grundlagen der Unternehmensführung. 6. Aufl., Springer Gabler Wiesbaden
Ivaldi, M; Lörincz, S. (2011): Implementing Relevant Market Tests in Antitrust Policy: Application to Computer Servers. In: Review of Law & Economics 7 (1), S. 29–71
Johnson, G.; Whittington, R.; Scholes, K.; Angwin, D.; Regnér, P. (2018): Strategisches Management. Eine Einführung. 11., aktualisierte Auflage, Pearson, Hallbergmoos
Kagermann, H.; Wahlster, W.; Helbig, J. (2013): Umsetzungsempfehlungen für das Zukunftsprojekt Industrie 4.0. Abschlussbericht des Arbeitskreises Industrie 4.0. file:///C:/Users/Vollert/Downloads/Abschlussbericht_Industrie4.0_barrierefrei.pdf. Zugegriffen: 26. April 2022
Kaluza, B. (1993): Betriebliche Flexibilität. In: Wittmann, W.; Kern, W.; Köhler, R.; Küpper, H.-U.; v. Wysocki, K. (Hrsg.): Handwörterbuch der Betriebswirtschaftslehre. 3 Bd., 5. Aufl. Schäffer-Poeschel Verlag Stuttgart, S. 1173–1184
Kantzenbach, E.; Kallfass, H. H. (1981): Das Konzept des funktionsfähigen Wettbewerbs - workable competition. In: Cox, H.; Jens, U.; Markert, K. (Hrsg.): Handbuch des Wettbewerbs. Vahlen, München, S. 105–127
Kaplan, A. M.; Haenlein, M. (2010). Users of the world, unite! The challenges and opportunities of Social Media. In: Business Horizons 53 (1), S. 59–68
Kaufer, E. (1967): Die Bestimmung von Marktmacht. Haupt, Bern
Kaufmann, T. (2015): Geschäftsmodelle in Industrie 4.0 und dem Internet der Dinge. Springer Vieweg, Wiesbaden
Kaufmann, T.; Servatius, H.-G. (2020): Das Internet der Dinge und Künstliche Intelligenz als Game Changer. Wege zu einem Management 4.0 und einer digitalen Architektur. Springer Fachmedien Wiesbaden
King, S. (2014): Big Data. Potenzial und Barrieren der Nutzung im Unternehmenskontext. https://doi.org/10.1007/978-3-658-06586-7. Zugegriffen: 18. April 2021
Klauss, G. (1975): Die Bestimmung von Marktmacht. Duncker & Humblot, Berlin
Kogut, B.; Zander, U. (1992): Knowledge of the firm, combinative capabilities and the replication of technology. In: Organization Science 3 (3), S. 383–397
Köhler, R. (1993): Beiträge zum Marketing-Management. Planung, Organisation, Controlling. 3. Aufl., Schäffer-Poeschel, Stuttgart
Köhler, R.; Böhler, H. (1984): Strategische Marketing-Planung. Kursbestimmung bei ungewisser Zukunft. In: asw 27 (3), S. 93–103
Kotler, P.; Keller, K. L.; Opresnik, M. O. (2015): Marketing-Management. Konzepte – Instrumente – Unternehmensfallstudien; [inklusive MyLab, deutsche Version]. 14. aktualisierte Aufl., Pearson (Wirtschaft), Hallbergmoos
Kotler, P; Kartajaya, H.; Setiawan, I. (2017): Marketing 4.0. Der Leitfaden für das Marketing der Zukunft. Campus, Frankfurt am Main
Kotler, Ph.; Armstrong, G.; Harris, L. C.; Piercy, N. (2011): Grundlagen des Marketing. 5. Aufl., Pearson, München

Kreikebaum, H.; Gilbert, D.U.; Behnam, M. (2018): Strategisches Management. 8. Aufl., W. Kohlhammer, Stuttgart

Kreikebaum, H.; Grimm, U. (1983): Die Analyse strategischer Faktoren und ihrer Bedeutung für die strategische Planung. In: WiSt 12 (1), S.6–12

Krüger, W.; Homp, C. (1996): Kernkompetenzen: Charakteristik, Formen und Wirkungsweisen, Arbeitspapier der Professur BWL II der Justus-Liebig-Universität, Gießen

Kruse – Brandao, T.; Wolfram, G. (2018): Digital Connection. Springer Gabler, Wiesbaden

Kubicek, H.; Thom, N. (1976): Das betriebliche Umsystem. In: Grochla, E.; Wittmann, W. (Hrsg.): HWB. 4.Aufl., Poeschel, Stuttgart, S. 3977–4017

Lange, B. (1984): Die Erfahrungskurve: eine kritische Beurteilung. In: ZfbF 36, S. 229–245

Levitt, T. (1960): Marketing Myopia. In: HBR 38, S. 45–56

Madhok, A.; Li, S.; Priem, R. L (2010): The Resource-Based View Revisited: Comparative Firm Advantage, Willingness-Based Isolating Mechanisms and Competitive Heterogeneity. European Management Review (2010) 7, S. 91–100

Mahajan, V.; Banga, K. (2006): The 86 % Solution – How to Succeed in the Biggest Market Opportunity of the 21st. Century. Wharton School Publishing, New Jersey

Mahoney, J. T.; Pandian, J. R. (1992): The resource-based view within the conversation of strategic management. In: Strategic Management Journal 13 (5), S. 363–380

McGee, J.; Thomas, H. (1986): Strategic groups. Theory, research and taxonomy. In: Strategic Management Journal 7 (2), S. 141–160

Burmann, C.; Meffert, H. (2003): Strategische Flexibilität und Strategieveränderungen als Determinanten des Unternehmenswertes. In: Ringlstetter, M. J., Herbert A. Henzler, H. A.; Mirov, M. (Hrsg.): Perspektiven der Strategischen Unternehmensführung. Theorien – Konzepte – Anwendungen, Betriebswirtschaftlicher Verlag Dr. Th. Gabler GmbH, Wiesbaden, S. 131–167

Meffert, H. (1988): Unternehmens- und Marketingstrategien in Unterschiedlichen Marktsituationen. In: Meffert, H. (Hrsg.): Strategische Unternehmensführung und Marketing. Gabler Verlag, Wiesbaden, S. 53–56

Meffert, H.; Burmann, Ch.; Kirchgeorg, M; Eisenbeiß, M. (2019): Marketing. 13. Aufl., Springer Gabler, Wiesbaden

Müller-Stewens, G.; Lechner, C. (2016): Strategisches Management. Wie strategische Initiativen zum Wandel führen. 5. Aufl., Schäffer-Poeschel, Stuttgart

Nelson, R. R.; Winter, S. G. (1982): An Evolutionary Theory of Economic Change, Harvard University Press, Cambridge

Newbert, S. L. (2007): Empirical research on the resource-based view of the firm. An assessment and suggestions for future research. In: Strategic Management Journal 28, S. 121–146

Nieschlag, R.; Dichtl, E.; Hörschgen, H. (2002): Marketing. 19. neu bearbeitete Aufl., Duncker & Humblot, Berlin

Oberender, P. (1973): Industrielle Forschung und Entwicklung. Eine theoretische und empirische Analyse bei oligopolistischen Marktprozessen. Haupt, Bern

Oberender, P. (1975): Zur Problematik der Marktabgrenzung unter Berücksichtigung des Konzepts des „relevanten Marktes. In: WiSt 4, S. 575–579

Oberender, P. (1977): Zur Diagnose wettbewerblicher und nicht-wettbewerblicher Marktprozesse. In: Jahrbuch für Sozialwissenschaften, Bd.28, Lucius & Lucius Verlagsgesellschaft, Stuttgart, S. 277–284

Pascal, R. T.; Athos, R. G. (1981): The Art of Japanese Management: Applications for American Executives. Warner Books, New York

Paul, H.; Wollny, V. (2014): Instrumente des strategischen Managements. 2. Aufl., Oldenbourg Wissenschaftsverlag, München

Penrose, E. T. (1959): The Theory of the Growth of the Firm. Wiley, Oxford

Peters, T. J.; Waterman, R. H. (1982): In Search of Excellence: Lessons from America's Best-Run Companies, Harper & Row, New York
Poeche, J. (1970): Workable competition als wettbewerbspolitisches Leitbild. In: Poeche, J. (Hrsg.): Das Konzept des „Workable Competition", in der angel-sächsischen Literatur. Verlag Heymann, Köln u. a., S. 9–32
Polli, R.; Cook, V. (1969): Validity of the Product Life Cycle. In: Journal of Business 42 (4.), S. 385–400
Porter, M E. (2001): Strategy and the Internet. In: Harvard Business Review 79 (3), S. 63–78
Porter, M. E. (1981): The Contributions of Industrial Organization to Strategic Management. In: Academy of Management Review 6 (4), S.609–620
Porter, M. E. (2008): The Five Competitive Forces That Shape Strategy. In: Harvard Business Review 86 (1), S. 78–93
Porter, M. E. (2010): Wettbewerbsvorteile. 7. Aufl., Campus, Frankfurt am Main, New York
Porter, M. E. (2013): Wettbewerbsstrategien. 12. Aufl., Campus, Frankfurt am Main, New York
Potucek, V. (1984): Produktlebenszyklus. In: WiSt 13 (2), S. 83–86
Prahalad, C. K. (2010): The Fortune at the Bottom of the Pyramide. Pearson, Upper Saddle River, N.J.
Prahalad, C. K.; Hamel, G. (1990): The Core Competence of the Corporation. In: Harvard Business Review 68 (3), S. 79–91
Prahalad, C. K.; Hamel, G. (1991): Nur Kernkompetenzen sichern das Überleben. In: Harvard Manager 13 (2), S. 66–78
Prahalad, C. K.; Hamel, G. (2001): Nur Kernkompetenzen sichern das Überleben. In: Montgomery, C. A. (Hrsg.): Strategie. [Übersetzung aus dem Amerikanischen]. Unter Mitarbeit von Gary Hamel. Sonderausg. Wirtschafts-verl. Ueberreuter (Ueberreuter Wirtschaft), Wien, Frankfurt am Main, S. 309–335
Reed, R.; DeFillippi, R. J. (1990): Causal Ambiguity, Barriers to Imitation and Sustainable Competitive Advantage. In: The Academy of Management Review 15 (1), S. 88–102
Reiss, M.; Beck, T.C (1995): Kernkompetenzen in virtuellen Netzwerken: Der ideale Strategie-Struktur-Fit für wettbewerbsfähige Wertschöpfungssysteme? In: Corsten, H.; Will, Th. (Hrsg.): Unternehmensführung im Wandel. Strategien zur Sicherung des Erfolgspotenzials. Kohlhammer, Stuttgart u. a., S. 33–60
Rink, D. R.; Swan, J. E. (1979): Product Life Cycle Research: A Literature Review. In: Journal of Business Research 7 (3), S. 219–242
Roger, E. M. (2003): Diffusion of Innovation. 5. Aufl., Free Press, New York
Rossa, P.; Holland H. (2014): Big-Data-Marketing – Chancen und Herausforderungen für Unternehmen. In: Holland, H. (Hrsg.): Digitales Dialogmarketing. Springer Gabler, Wiesbaden, S. 249–301
Roussel, P. A. (1984): Technological Maturity Proves a Valid and Important Concept. In: Research Management 27 (1), S. 29–34
Rühli, E. (1994): Die Resource-based View of Strategy – Ein Impuls für einen Wandel im unternehmerischen Denken und Handeln? In: Gomez, P.; Hahn, D.; Müller-Stewens, G.; Wunderer, R. (Hrsg.): Unternehmerischer Wandel: Konzepte zur organisatorischen Erneuerung. Gabler, Wiesbaden, S. 31–58
Rühli, E. (1995): Ressourcenmanagement: Strategischer Erfolg dank Kernkompetenzen. In: Die Unternehmung 2, S. 91–105
Rumelt, R. P. (1984): Towards a Strategic Theory of The Firm. In: Lamb, R. (Hrsg.): Competitive Strategic Management. Prentice Hall, Englewood Cliffs (NJ), S. 556–570
Rupp, M. (1980): Erfolgreiche Strategien für Klein- und Mittelbetriebe. In: IO 49 (5), S. 273–277
Schawel, C.; Billing F. (2018): Top 100 Management Tools. 6. Aufl., Springer Gabler, Wiesbaden.

Scheer, A.-W. (2016a): Nutzentreiber Digitalisierung. Informatikspektrum. https://doi.org/10.1007/s00287-016-0975-4.

Scheer, A.-W. (2016b): Thesen zur Digitalisierung. In: Abolhassan, F. (Hrsg.): Was treibt die Digitalisierung? Springer Gabler, Wiesbaden, S. 48–61

Scherer, F. M. (1970): Industrial Market Structure and Economic Performance. Rand McNally & Co, Chicago

Scheuch, F. (1975): Investitionsgüter-Marketing. Westdeutscher Verlag, Opladen

Schirmer, F.; Ziesche, K. (2010): Dynamic Capabilities: Das Dilemma von Stabilität und Dynamik aus organisationspolitischer Perspektive. In: Barthel, E.; Hanft, A.; Hasebrook, J. (Hrsg.): Integriertes Kompetenzmanagement im Spannungsfeld von Innovation und Routine. Waxmann, Münster u. a., S. 15–44

Schmalfuß, A.; Stelling, J. N.; Ehrt, L.; Ulbrich, C. (2016): Controlling 4.0 – Zu den Veränderungen der Hauptprozesse und der Arbeitswelt des Controllings im technischen Kontext von Industrie 4.0, Hochschule Mittweida, University of Applied Science, Fakultät Wirtschaftsingenieurwesen, Diskussionspapier 2016/01, Mittweida

Schmiech, C. (2018): Der Weg zur Industrie 4.0 für den Mittelstand. In: Wolff, D.; Göbel, R. (Hrsg.): Digitalisierung: Segen oder Fluch, Springer, Berlin, S. 1–28

Schreyögg, G. ; Koch, J. (2020): Management. Grundlagen der Unternehmensführung, 8. Aufl., Springer Gabler, Wiesbaden.

Schroeck, M.; Shockley, R.; Smart, J.; Romero-Morales, D. (2012): Analytics: The real-world use of big data. Somers, New York

Schweitzer, M. (2002): Innovationsmanagement. In: Bea, F.X.; Dichtl, E.; Schweitzer, M. (Hrsg.): Allg. Betriebswirtschaftslehre, Bd. 3: Leistungsprozess. Lucius & Lucius, Stuttgart, S. 9–76

Selznick, P. (1957): Leadership in Administration. Harper& Row, New York

Shokeen, S. (2016): Porter's Model: A Critical Examination. In: International Journal of Engineering and Management Research 6 (3), S. 178–183

Siepmann, D. (2016): Industrie 4.0 – Grundlagen und Gesamtzusammenhang. In: Roth, A. (Hrsg.): Einführung und Umsetzung von Industrie 4.0.. Springer Verlag, Berlin, Heidelberg, S. 18–72

Simon, H. (2011): Die Wirtschaftstrends der Zukunft, Campus, Frankfurt, New York

Srivastava, R. K.; Leone, R. P.; Shocker, A. D. (1981): Market Structure Analysis: Hierarchical Clustering of Products Based on Substitution-in-Use. JM 45 (3), S.38–48

Steinmann, H.; Schreyögg, G. (2005): Management. 6. Aufl., Gabler, Wiesbaden

Szyperski, N.; Winand, U. (1982): Duale Organisation – Ein Konzept zur organisatorischen Geschäftsfeldplanung. In: Betriebswirtschaftliches Kontaktstudium, Beiträge aus Wissenschaft und Praxis, Bd. II. Gabler, Wiesbaden, S. 25–35

Tech America Foundation (o. J.): Demystifying Big Data: A Practical Guide To Transforming The Business of Government, https://bigdatawg.nist.gov/_uploadfiles/M0068_v1_3903747095.pdf. Zugegriffen: 15. Januar 2020

Teece, D. J.; Pisano, G.; Shuen, A. (1997): Dynamic Capabilities and Strategic Management. In: Strategic Management Journal, 18 (8), S. 509–533

Teece, D. J. (2007): Explicating Dynamic Capabilities: The Nature and Microfoundations of (Sustainable) Enterprise Performance. Strategic Management Journal 28. (8), S. 1319–1350

Teece, D. J. (2012): Dynamic Capabilities: Routines versus Entrepreneurial Action. In: Journal of Management Studies 49. (8), S. 1395–1401

Urbach, N; Ahlemann, F. (2016): IT-Management im Zeitalter der Digitalisierung. Springer Gabler, Berlin, Heidelberg

v. Hayek, F. A. (2011): Der Wettbewerb als Entdeckungsverfahren. In: Vanberg, V. J. (Hrsg.): Hayek Lesebuch, Mohr Siebeck, Tübingen, S. 188–205

Voeth, M.; Herbst, U. (2013): Marketing-Management. Schäffer-Poeschel, Stuttgart

Vollert, K. (1991): EG-Pharmamarkt '92. Strategisches Management im EG-Binnenmarkt, dargestellt am Beispiel der pharmazeutischen Industrie. PCO, Bayreuth

Vollert, K. (2004): Grundlagen des strategischen Marketing. 3. Aufl. PCO, Bayreuth

Wang, L. et al. (2010): Cloud Computing: a Perspective Study. New Generation Computing. https://doi.org/10.1007/s00354-008-0081-5 Zugegriffen: 09.04.22

Welge, M; Al-Laham, A.; Eulerich, M. (2017): Strategisches Management, Grundlagen-Prozess-Implementierung. 7. Aufl., Springer Gabler, Wiesbaden.

Wernerfeld, B. (1984): A Resource – based View of the Firm. Strategic Management Journal, 5: 171–180

Wittek, B.F. (1980): Strategische Unternehmensführung bei Diversifikation. De Gruyter, Berlin, New York

Woll, A. (2007): Volkswirtschaftslehre. 15. Aufl., Franz Vahlen, München

Wunder, T. (2016): Essentials of Strategic Management. Schäffer-Poeschel, Stuttgart

Zahn, E. (1992): Konzentration auf Kompetenzen – ein Paradigmawechsel im strategischen Management? In: Zahn, E. (Hrsg.): Erfolg durch Kompetenz: Strategie der Zukunft. Schäffer-Poeschel, Stuttgart, S. 1–38

Zahn, E.; Foschiani, S.; Tilebein, M. (2000): Wissen und Strategiekompetenz als Basis für die Wettbewerbsfähigkeit von Unternehmen. In: Hammann, P; Freiling, J (Hrsg): Die Ressourcen- und Kompetenzperspektive des Strategischen Managements, Dt. Univ.-Verl.; Wiesbaden: Gabler, S. 47–68

Zotter, K.-A. (2007): Modelle des Innovations- und Technologiemanagements. In: Strebel, H. (Hrsg.): Innovations- und Technologiemanagement. 2. Aufl., Facultas Verlags- und Buchhandels AG, Wien, S. 53–93

Strategische Marketingforschung 4

Inhaltsverzeichnis

4.1 Grundlagen der strategischen Marketingforschung 148
    4.1.1 Anforderungen an eine strategische Marketingforschung 148
    4.1.2 Elemente einer strategischen Marketingforschung 151
4.2 Klassische Marketingforschung... 152
    4.2.1 Problemformulierung und Wahl des Forschungsdesigns 153
    4.2.2 Bestimmung der Informationsquellen und Erhebungsmethoden 156
        4.2.2.1 Primärforschung.. 156
        4.2.2.2 Sekundärforschung 158
    4.2.3 Operationalisierung und Messung der einbezogenen Variablen 165
    4.2.4 Auswahl der Erhebungseinheiten und Durchführung der Primärerhebung 167
    4.2.5 Durchführung der Untersuchung 169
    4.2.6 Vorbereitung und Durchführung der Datenauswertung 169
4.3 Marketingprognosen 173
    4.3.1 Quantitative Prognosen 174
        4.3.1.1 Kurzfristige quantitative Prognosen 174
        4.3.1.2 Langfristige quantitative Prognosen 175
    4.3.2 Qualitative Prognosen 179
4.4 Strategische Marketingaufklärung.. 187
    4.4.1 Strategische Frühwarnung... 188
    4.4.2 Strategische Früherkennung 189
        4.4.2.1 Grundlagen der strategischen Früherkennung 189
        4.4.2.2 Erfolgsfaktoren des Marktes...................................... 192
        4.4.2.3 Erfolgsfaktoren des strategisches Geschäftsfelds.................. 202
        4.4.2.4 Erfolgsfaktoren der strategischen Gruppe 209
        4.4.2.5 Erfolgsfaktoren der Kunden und Kundensegmente 212
        4.4.2.6 Erfolgsfaktoren der unternehmensinternen Umwelt 213
        4.4.2.7 Unternehmensspezifische Erfolgsfaktoren 217
    4.4.3 Strategische Frühaufklärung 219
4.5 Anwendung der strategischen Marketingforschung 227

4.5.1	SWOT-Analyse	227
	4.5.1.1 Stärken-Schwächen-Analyse	227
	4.5.1.2 Chancen-Risiko-Analyse	229
	4.5.1.3 SWOT-Raster	231
4.5.2	Portfolio-Analyse	232
4.5.3	Strategische Erfolgspotenziale	232
Literatur		234

4.1 Grundlagen der strategischen Marketingforschung

4.1.1 Anforderungen an eine strategische Marketingforschung

Entscheidungen zum strategischen Marketing basieren auf strategischen Informationen. Eine Information wird immer dann strategisch, wenn sie sich auf den Aufbau und Erhalt von KKVs bezieht (Vgl. Sprengel 1984, S. 23; Huxold 1990, S. 61). Strategische Informationen besitzen eine Reihe von Merkmalen (Vgl. Weber 1996, S. 8 f.):

Frühaufklärungscharakter
Strategische Informationen müssen das Unternehmen in die Lage versetzen, frühzeitige Entwicklungen und Strukturbrüche zu erkennen.

Geringer Grad der Strukturiertheit
Die frühzeitige und bisweilen erstmalige Bereitstellung von strategischen Informationen führt zu Einschränkungen der Objektivität, Genauigkeit, Eindeutigkeit und Sicherheit.

Geringes Aggregationsniveau
Zur Identifikation von Kausalfaktoren weisen strategische Informationen i. S. einer datenursprungsbezogenen Betrachtungsweise häufig ein geringes Aggregationsniveau auf.

Subjektive Interpretation der Daten
Es ergibt sich häufig eine stark subjektive Interpretation der Daten durch die Person des Datennutzers (Vgl. Wimmer und Weßner 2001b).

Zur Formulierung des Informationsbedarfs des strategischen Marketings gibt es verschiedenen Vorschläge. Nach Sprengel könnte der Informationsbedarf **methodenorientiert** aus den Entscheidungshilfen abgeleitet werden (Vgl. Sprengel 1984, S. 77), auf die das strategische Marketing zurückgreift. Dies setzt jedoch voraus, dass die Entscheidungshilfen geeignet sind, das strategische Marketingproblem vollständig zu erfassen und zu lösen (Vgl. Huxold 1990, S. 62). Das strategische Marketing ist aber zukunftsorientiert und niemand weiß, welche strategischen Probleme in der Zukunft zu bewältigen sind. Somit kann auch nicht

Tab. 4.1 Schema eines strategischen Relevanzrasters

	Strategische Teilaufgabe			
	Zielformulierung	Strategieformulierung	Strategieimplementierung	Strategisches Controlling
Benötigte strategische Informationen				

beurteilt werden, ob eine strategische Entscheidungshilfe das strategische Marketingproblem vollständig erfasst und zu dessen Lösung beiträgt.

Insofern muss der Informationsbedarf, unabhängig von möglicherweise einsetzbaren Methoden, zusätzlich oder ausschließlich **probleminduziert** formuliert werden. Der probleminduzierte Ansatz birgt in einer komplexen Umwelt die Gefahr der überdimensionierten und unsystematischen Datensammlung (Vgl. Huxold 1990, S. 63). Dieses Problem darf jedoch nicht dazu führen, dass auf eine strategische Marketingforschung gänzlich zugunsten eines kurzfristigen Chancen- und Risikomanagements verzichtet wird (Vgl. Böhler 1983, S. 2). Vielmehr ist durch entsprechende **Relevanzraster** eine sinnvolle und zweckorientierte Datensammlung zu gewährleisten (Vgl. Huxold 1990, S. 63; Köhler 1993, S. 67 f.). Einen Ansatzpunkt bieten die Aufgaben des strategischen Marketings im Rahmen des strategischen Marketingprozesses (Vgl. Tab. 4.1). Demnach sind notwendige Informationen für die Ziel- und Strategieformulierung, die Strategieimpementierung und das strategische Controlling zur Verfügung zu stellen.

Zur Umsetzung fordert Weber eine hierarchisch hoch angesiedelte Stabsstelle „Strategische Marktforschung" (Weber 1996, S. 18). Diese Forderung ist nur dann zu unterstützen, wenn die Hauptaufgabe dieser Stelle in der Koordination der strategischen Marketingforschungsaktivitäten liegt, nicht jedoch bei der Durchführung der strategischen Marketingforschung selbst, die eine Stabstelle und sogar eine Stabsabteilung überfordern würde. Strategische Marketingforschung muss in allen Unternehmensbereichen betrieben werden und kann nicht allein von einer Abteilung „(Strategische) Marketingforschung" bewältigt werden. „Welche Informationsquellen dann genutzt, welche Datenerhebungs- und -auswertungsmethoden angewendet werden sollen und ob eine projektartige Studie bzw. eine kontinuierliche Informationssammlung durchgeführt werden soll, ist letztlich nur von den Charakteristika des Informationsbedarfs abhängig" (Huxold 1990, S. 64).

Zur Integration der Marketingforschung in das strategische Marketing müssen eine Reihe von Anforderungen erfüllt werden:

Entwicklung der Marketingforschung vom Datenlieferanten zum Lotsen der Marketingentscheidung

Es ist notwendig, der quantitativen Komponente der Marketingforschung eine ebenso bedeutende qualitative Komponente hinzuzufügen, da nicht alle strategischen Entscheidungen vollständig empirisch zu validieren sind (Vgl. Weber 1996, S. 9). Daraus ergibt sich nahezu zwangsläufig, dass die strategische Marketingforschung auch konkrete Marketingempfehlungen ausspricht (Vgl. Weber 1996, S. 18). Teilweise wird sich der Prozess im Marketing umdrehen müssen. Bislang forderte ein identifiziertes Marketingentscheidungsproblem die Marketingforschung zur Aktivität. Eine auch strategisch orientierte Marketingforschung wird demgegenüber über ihre Aktivität Marketingprobleme identifizieren. Die Rolle der Marketingforschung ändert sich vom Datenlieferanten zum „Lotsen der Marketingentscheidung".

Komplexitätsadäquanz durch vernetztes Denken

Die strategische Marketingforschung muss sich neben der Analyse einzelner Prozesse intensiv mit Zusammenhängen und dem Verhalten des gesamten Marketingsystems beschäftigen. „Viele vernetzte Faktoren ... müssen in Beschreibungen, Erklärungen, Zukunftsanalysen und Handlungsvorschlägen einbezogen werden. Dem Erkennen und Verstehen von Vernetzungen bzw. Wirkungszusammenhängen anhand von Kriterien wie Richtung, Art, Intensität und zeitlicher Reichweite der Faktoren muss damit gerade im strategischen Marketingforschungskontext Rechnung getragen werden" (Weber 1996, S. 19).

Zielgruppenspezifische Kommunikation der strategischen Marketingforschung

Damit die strategische Marketingforschung zum strategischen Informationsmanagement heranwächst, ist eine an den Bedürfnissen des strategischen Managements ausgerichtete Kommunikation der Forschungsergebnisse nötig. Im Einzelnen ist zu fordern (Vgl. Weber 1996, S. 21).

- eine ergonomische Aufbereitung der Ergebnisse,
- eine Verdichtung der Ergebnisse zu entscheidungsrelevanten Informationen ohne Ursachen-Wirkungs-Zusammenhänge zu verdunkeln,
- die Entscheidungsunterstützung bei der Integration von Marketingforschungsergebnissen in den Kontext einer komplexen Fragestellung,
- eine stärkere Interpretation von Marketingforschungsergebnissen.

Bereicherung des Methodenspektrums

Strategische Marketingforschung kann niemals einem quantitativen oder qualitativen Forschungsansatz Priorität einräumen (Vgl. Weber 1996, S. 19). Dabei spielt eine Rolle, dass (Vgl. Wimmer und Weßner 2001b).

4.1 Grundlagen der strategischen Marketingforschung

- gängige Marktforschungsmethoden vergangenheitsorientiert sind und sich vielfach auf die Beschreibung und Analyse von Märkten beschränken,
- sich gängige quantitative Prognosemodelle auf die Extrapolation von Vergangenheitsdaten konzentrieren und zur Identifikation von Strukturbrüchen einen begrenzten Beitrag liefern und
- qualitative Prognoseverfahren zwar unstrukturierte Informationen verarbeiten und Strukturbrüche berücksichtigen können, sie aber stark subjektiv geprägt sind und teilweise auf der Grundlage einer unsystematischen Vergangenheitsanalyse arbeiten.

Durch ein **Methodensystem,** das sowohl quantitative und qualitative Verfahren der Marketingforschung berücksichtigt, sind methodenimmanente Schwächen der einzelnen Ansätze zu kompensieren (Vgl. Weber 1996; Wimmer und Weßner 2001b).

4.1.2 Elemente einer strategischen Marketingforschung

Die strategische Marketingforschung ist Teil der Marketingforschung der Unternehmung. „Each decision a company makes poses unique needs for information gathered through marketing research, and relevant strategies can be developed based on the information gathered through marketing research" (Aaker et al. 2012, S. 6). Der Begriff der Marketingforschung bzw. Marktforschung wird nicht einheitlich gebraucht (Vgl. Kuß et al. 2018, S. 2; Magerhans 2016, S. 1 ff.). Homburg spricht von **Marktforschung** und versteht darunter „… die systematische Sammlung, Aufbereitung und Interpretation von Daten über Märkte (Kunden und Wettbewerber) zum Zweck der Fundierung von Marketingentscheidungen" (Homburg 2020, S. 270). Innerbetriebliche Aspekte, Beschaffungsmärkte und die globale Umwelt bleiben in dieser Definition explizit außen vor. Böhler definiert die betriebliche Marktforschung weiter als die systematische Sammlung, Aufbereitung und Interpretation von Informationen über Märkte und Marktbeeinflussungsmöglichkeiten (Vgl. z. B. Böhler et al. 2022, S. 16). Untersuchungsgegenstand dieser Marktforschung sind danach der Absatzmarkt, aber auch Beschaffungsmärkte (Arbeitsmarkt, Rohstoffmärkte). Nicht Gegenstand sind auch hier alle innerbetrieblichen Sachverhalte sowie Aspekte der globalen Umwelt. Green/Tull sprechen von „Marketingforschung" und verstehen darunter die systematische Suche und Analyse von Informationen, die zur Erkennung und Lösung im Bereich des Marketings dienen (Vgl. Green und Tull 1982, S. 4). Implizit wird hier Marketing als Funktion verstanden, nicht aber als Führungskonzept. Dazu muss der Begriff breiter gefasst werden. Meffert u. a. sehen Marketingforschung umfänglich als Gewinnung, Auswertung und Interpretation von Informationen über jetzige und zukünftige Marketingsituationen und Entscheidungen eines Unternehmens (Vgl. Meffert et al. 2019, S. 173), sowie ähnlich Wolfrum 1994). Sie gehen damit explizit auch auf die Erforschung zukünftiger Sachverhalte ein.

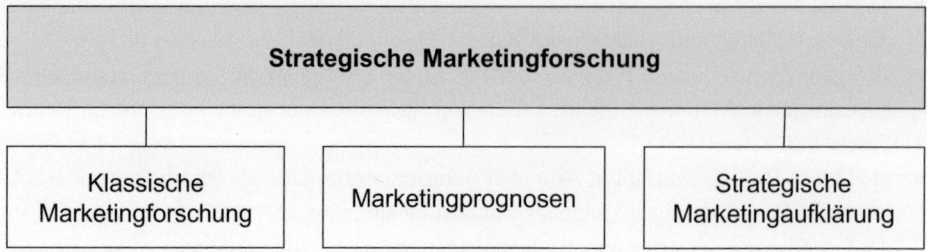

Abb. 4.1 Elemente der strategischen Marketingforschung

▶ Wenn relevante Strategien im strategischen Marketing definitionsgemäß dem Aufbau und Erhalt von KKVs dienen, kann die **strategische Marketingforschung** als die systematische Suche, Sammlung, Aufbereitung und Interpretation von Daten, die sich auf aktuelle und zukünftige Probleme des Marketings zum Zweck des Aufbaus und Erhalts von KKVs beziehen, verstanden werden.

Die strategische Marketingforschung umfasst die Methoden der klassischen Marketingforschung, der Marketingprognose und der strategischen Marketingfrühaufklärung (Vgl. Abb. 4.1).

Während die klassische Marketingforschung die gegenwärtige und die vergangene Situation der Unternehmung und ihrer Umwelt erfasst, zielt die Marketingprognose auf zukünftige Entwicklungen der Umwelt. Die Marketingaufklärung soll die Unternehmung befähigen und sensibilisieren, sich systematisch mit Umweltveränderungen zu beschäftigen, die den Aufbau und Erhalt von KKVs beeinflussen (Vgl. Müller-Stewens und Lechner 2016, S. 189).

4.2 Klassische Marketingforschung

Die klassische Marketingforschung vollzieht sich in einem mehrstufigen Marketingforschungsprozess, wobei die Zahl der Phasen nicht eindeutig festgelegt ist (Vgl. Homburg 2020, S. 275; Meffert et al. 2019, S. 177 ff.). Im Folgenden wird von sieben Phasen ausgegangen (Vgl. Böhler et al. 2022, S. 24), die jedoch nicht in einer strengen Reihenfolge zu durchlaufen sind (Vgl. Abb. 4.2). Vielmehr zeigen sie die einzelnen Arbeitsschritte, die während eines Marketingforschungsprojekts zu berücksichtigen sind, wobei Vor- und Rückkoppelungen auftreten.

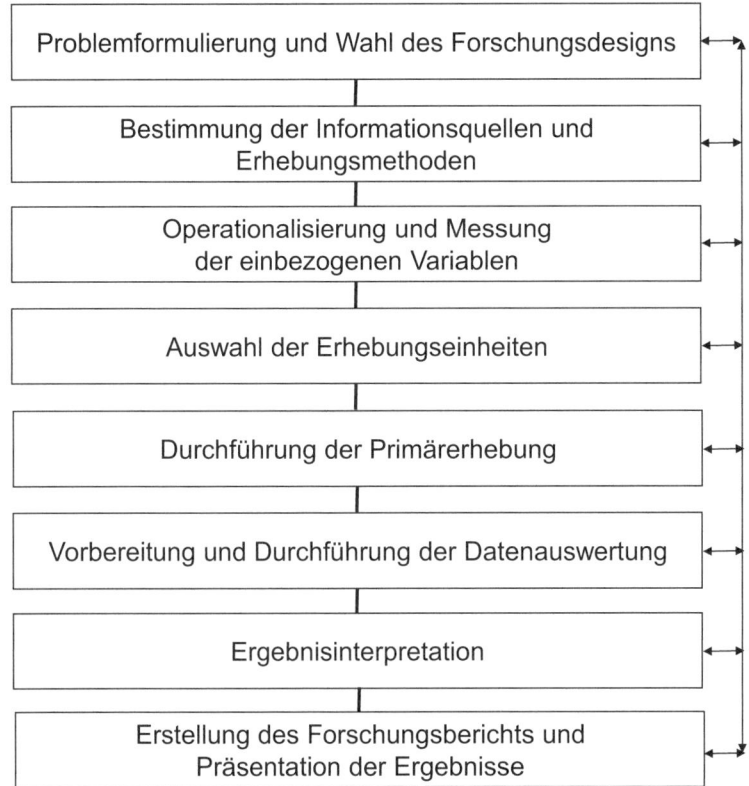

Abb. 4.2 Phasen eines Marketingforschungsprozesses. (Nach Böhler et al. 2022, S. 24)

4.2.1 Problemformulierung und Wahl des Forschungsdesigns

Abgeleitet aus dem (strategischen) Marketingproblem wird das **Marketingforschungsproblem** formuliert. Dazu ist es notwendig, die **Forschungsziele** und den **Informationsbedarf** nach Art, Ausmaß und Qualität festzulegen (Vgl. Hammann und Erichson 2000, S. 53 f.).

▶ So könnte es Aufgabe der Marketingforschung sein, die Gründe eines Umsatzrückganges zu ermitteln und geeignete Maßnahmen zur Abhilfe zu prüfen.

Das **Forschungsdesign** bestimmt, mit welchen Methoden und Verfahrensregeln die notwendigen Informationen beschafft werden sollen. Nach dem Forschungszweck werden die explorative, die deskriptive und die experimentelle (kausalanalytische) Forschung unterschieden (Vgl. Green und Tull 1982; Böhler et al. 2022).

Explorative Forschung

Die **explorative Forschung** dient der exakteren Beschreibung des Marketing- und Marketingforschungsproblems, dem Auffinden von Handlungsalternativen und der Projektbewertung, wozu u. a. vorhandenes internes und externes Datenmaterial untersucht und Expertenmeinungen eingeholt werden können (Vgl. Berekoven et al. 2009).

Um Gründe für die Einführung neuer Produkte zu eruieren, könnten Unternehmen, die mit Innovationen auf dem Markt vertreten sind, befragt werden, warum sie die Notwendigkeit dafür sahen. Eine entsprechende Untersuchung wird i. d. R. unstrukturiert, ohne die Vorgabe von Antworten erfolgen. Die Auswertung ist dann quantitativ nicht möglich, es entstehen Interpretationsspielräume für den Marketingforscher, die interne und externe Validität sind nicht gegeben.

Deskriptive Forschung

Auf der Basis eines genau festgelegten Forschungsziels und der exakten Angabe der zu beschaffenden Informationen werden bei der **deskriptiven Forschung** in Quer- und Längsschnittanalysen Markttatbestände und die Häufigkeit ihres Auftretens ermittelt sowie Zusammenhänge von Variablen untersucht, ohne dass dabei die Kausalität überprüft wird. Die Flexibilität des Forschers wird damit eingeschränkt.

Beispiele dafür wären die Marktanteile der Unternehmen eines Marktes, die Zahl der Kunden, ihr Beruf und ihr Einkommen usw. oder auch die Inanspruchnahme gesundheitlicher Präventionsmaßnahmen in Abhängigkeit der Ausbildung etc.

Experimentelle Forschung

Mit der **experimentellen Forschung** werden Ursachen-Wirkungs-Zusammenhänge zwischen abhängigen und unabhängigen Variablen aufgedeckt, wozu es notwendig ist, Störvariablen zu kontrollieren.

Der Marketingmanager einer Brauerei möchte wissen, welche Wirkung eine zehnprozentige Preisreduktion auf den Absatz des angebotenen Pilsbiers besitzt. Zu berücksichtigen ist, dass neben dem Preis auch andere Marketingmaßnahmen des eigenen Unternehmens, Aktivitäten der Konkurrenz, Veränderungen in der ökonomischen Umwelt und selbst das Wetter u. v. m. den Pilsabsatz beeinflussen.

▶ Echte experimentelle und quasi – experimentelle Forschung untersucht die Wirkung fast aller Marketinginstrumente und findet auch beim Store Test sowie dem lokalen und regionalen Markttest ihren Einsatz (Vgl. Berekoven et al. 2009, S. 149 f.).

In Tab. 4.2 sind der Zweck, das Vorgehen, die Methoden und die Probleme der verschiedenen Forschungsdesigns aufgeführt und zusammengefasst.

4.2 Klassische Marketingforschung

Tab. 4.2 Forschungsdesigns der klassischen Marketingforschung

	Explorative Forschung	Deskriptive Forschung	Experimentelle Forschung
Zweck	Genaueren Problemerkennung (einschließlich Hypothesenfindung: wenn …, dann …); Exakte Problemformulierung (einschließlich der Angabe relevanter Kriterien); Formulierung neuer Handlungsalternativen; Prioritätensetzung für die Projektauswahl; Anhaltspunkte der späteren Projektabwicklung;	Beschreibung von Markttatbeständen und der Ermittlung der Häufigkeit ihres Auftretens (Marktanteile, Kundenmerkmale); Ermittlung der Beziehung von Variablen, ohne den Zusammenhang selbst zu untersuchen (Prävention in Abhängigkeit der Ausbildung); Aufstellung von Prognosen;	Identifikation von Ursachen-Wirkungszusammenhänge bei Elimination von Störfaktoren;
Vorgehen	Durchsicht sekundärer Informationsquellen; Interviews mit Experten; Analyse ähnlicher Probleme in der Vergangenheit;	Genaues Marktforschungsproblem; Genaue Beschreibung der zu beschaffenden Informationen; Querschnittsanalysen; Längsschnittanalysen;	Vorher-Nachher-Befragung/Beobachtung zufällig ausgewählter Experiment- und Kontrollgruppe, wobei nur die Experimentgruppe dem Experimentfaktor (z. B. Werbeanzeige, Preissenkung) ausgesetzt ist (echtes Experiment); Quasi-Experiment bei Fehlen von mindestens einem Element des echten Experiments;
Methoden	Nicht standardisierte Befragung (Vorgabe eines Befragungsthemas); Teilstandardisierte Befragung (Interviewerleitfaden); i. d. R. offene Fragen;	Standardisierte Befragung (i. d. R. mit geschlossenen Fragen); Standardisierte Beobachtung;	Befragung; Beobachtung;

(Fortsetzung)

Tab. 4.2 (Fortsetzung)

	Explorative Forschung	Deskriptive Forschung	Experimentelle Forschung
Probleme	Eingeschränkte Repräsentativität; Interviewereinfluss; Subjektive Interpretation; Eingeschränkte Möglichkeiten der Auswertung;	Wahre Empfindungen der Apn werden nicht erfasst; Methodische Probleme der Auswertungsverfahren;	Voraussetzung echter Experimente (im Feld) nicht herstellbar; Unrealistische Laborexperimente;

4.2.2 Bestimmung der Informationsquellen und Erhebungsmethoden

Als **Informationsquellen** der Marketingforschung können unternehmensinterne und -externe Quellen unterschieden werden, während als **Erhebungsmethoden** die Primär- und die Sekundärforschung infrage kommen (Vgl. Tab. 4.3).

4.2.2.1 Primärforschung

▶ Die **Primärforschung** beschafft Informationen durch Befragung und Beobachtung eigens für ein spezifisches Marketingforschungsproblem (Vgl. Berekoven et al. 2009; Böhler 2004).

▶ Bei der **Befragung** werden Auskunftspersonen (Apn) durch verbale oder andere Stimuli dazu veranlasst, Aussagen zu einem Untersuchungsgegenstand zu machen (Böhler et al. 2022, S. 84).

Klassisch sind **schriftliche, mündliche** und **telefonische Befragungen** (Vgl. Berekoven et al. 2009; Magerhans 2016; Böhler et al. 2022; Kuß et al. 2018, Altobelli 2023; Green und Tull 1982). Immer bedeutsamer werden **Online-Befragungen.**

Bei der **Online-Befragung** kann es sich um eine E-Mail-Umfrage oder eine www-Umfrage handeln (Vgl. Homburg 2020, S. 293). Die **E-Mail-Umfrage** wird an Personen

Tab. 4.3 Informationsquellen und Erhebungsmethoden in der Marketingforschung. (Quelle: nach Böhler et al. 2022, S. 62)

		Erhebungsmethode	
		Sekundärforschung	Primärforschung
Informationsquellen	Innerbetrieblich		
	Außerbetrieblich		

aus einer vorher festgelegte E-Mail-Adressliste versandt. Die Teilnehmer erhalten dabei einen Fragebogen oder einen Hyperlink zum Fragebogen. Bei **www-Umfragen** wird über einen Hyperlink auf der Corporate Website bzw. auch in sozialen Netzwerken auf einen Fragebogen der befragenden Unternehmung/Institution verwiesen. Bei einem allgemein zugänglichen Fragebogen kann jeder User an der Umfrage teilnehmen. Bei einer Pop-up-Befragung wird willkürlich ausgewählt, welche User an der Befragung teilnehmen. Bei diesen öffnet sich dann ein Pop-up–Fenster, das sie auf die Befragung hinweist (Vgl. Zerr 2003, S. 11). Soweit entsprechende Informationen vorliegen, kann die Befragung personalisiert und entsprechend des Nutzerprofils eine individuelle Selektion der Fragen erfolgen. Um die Teilnahme zu steuern bzw. auch um eine Mehrfachbeantwortung zu vermeiden, ist ein Passwort-Schutz möglich.

Im Zusammenhang mit der Online-Befragung bieten sich auch On-Site Befragungen und die Befragungen zur User-Experience an. Bei der **On-Site Befragung** werden User einer Website beim Besuch einer Website durch ein Pop up-Fenster oder einen Link aufgefordert, an einer Umfrage teilzunehmen, die u.a. geographische und soziodemographische Kriterien des Nutzers erfasst, seine Interessen und Präferenzen, Wünsche und Erwartungen, seine Zufriedenheit mit der Website, Verbesserungsvorschläge zur Website aus seiner Sicht, sowie Wahrscheinlichkeiten, Anreize und Barrieren eines erneuten Besuchs der Website usw. (Vgl. Kreutzer 2021, S. 188 ff.). Befragungen zur **User-Experience** beziehen sich auf den zweckmäßigen und zielführenden Informationsaufbau, den nutzerfreundlichen Umgang und die Inhalte der Website, das daraus entstehende Markenimage usw. Zusammen mit erfassten Informationen zum formalen und inhaltlichen Nutzerverhalten sowie zur Performance der Website können daraus Informationen zur Optimierung einer Website abgeleitet werden (Vgl. Kreutzer 2021, S. 181 ff.).

Eine Sonderform der Online- Befragung nimmt die **mobile Befragung** über das Smartphone oder den Tablet-Computer ein (Vgl. Kuß et al. 2018, S. 136). Es lassen sich damit mobile Zielgruppen ansprechen, die anders nicht erreichbar sind. Ggf. erhöht sich die Auskunftsbereitschaft, wenn die Auskunftspersonen zur Beantwortung für sie sonst unproduktive Zeit nutzen können. Zusammen mit der Geo-Location können Befragungen unmittelbar zu einem Ort (z. B. zu einem Restaurant) durchgeführt werden. Es bietet sich an, die mobile User-Experience bzw. Teilaspekte der mobilen User Experience (Vgl. Kreutzer 2021, S. 183 f.) im Rahmen einer mobilen Befragung zu ermitteln. Nachteilig wirkt sich bei der mobilen Befragung aus, dass verschiedene Mobilgeräte mit unterschiedlichen Betriebssystemen arbeiten, sodass der Fragebogen ggf. mehrmals generiert werden muss. Unterschiedliche Bildschirmgrößen können zur Anpassung des Fragebogens zwingen.

Mit **Online-Focus Groups** sind auch Gruppenbefragungen im Internet möglich (Vgl. Zerr 2003, S. 9 f.). Dazu kommen vorher ausgewählte Zielpersonen zu einem bestimmten Zeitpunkt in einem virtuellen Chat-Room zusammen. Die Eingabe von Fragen des Moderators und Antworten der Teilnehmer erfolgt über die Tastatur. Auch Videokonferenzen sind denkbar. Das Vorgehen ist mit einer Reihe von Vorteilen verbunden: Es besteht die Möglichkeit der selektiven Behandlung der Teilnehmer. Multimediaanwendungen sind einsetzbar. Die Protokollierung erfolgt quasi als Nebenprodukt. Selbst international zusammengesetzte Gruppen sind denkbar, Personen mit chronischem Zeitmangel (Experten, Mütter mit Kindern) lassen sich ggf. eher zur Teilnahme gewinnen. Die Anonymität kann gerade bei heiklen Themen zu einer größeren Offenheit der Befragten führen. Nachteilig kann sich auswirken, dass nicht erkennbar ist, wer tatsächlich am Chat teilnimmt, die Kontextsituation der Teilnehmer unbekannt bleibt und non-verbale Reaktionen nicht erfasst werden. Die Anonymität der Teilnehmer führt zu einer anderen Gruppendynamik, als dies bei Offline – Gruppendiskussionen der Fall ist.

In Tab. 4.4 sind die wesentlichen Vorteile und Nachteile der unterschiedlichen Befragungsformen aufgeführt (Vgl. Meffert et al. 2019, S. 195; Kuß et al. 2018, S. 134 f.).

▶ Die **Beobachtung** ist eine Erhebungsmethode, die auf die planmäßige Erfassung sinnlich wahrnehmbarer Tatbestände gerichtet ist (Vgl. Böhler et al. 2022, S. 98).

Es können die **persönliche Beobachtung** (z. B. die Zeitdauer des Verweilens eines Kunden vor einem Regal mit spezifischer Bestückung), die **apparative Beobachtung** wie z. B. Fixationen beim Betrachten einer Werbeanzeige oder einer Website mittels spezifischer Blickaufzeichnungsgeräte (Vgl. Kroeber-Riel und Gröppel-Klein 2019, S. 286 ffff.; Kreutzer 2021, S. 184 ff.) sowie die **Online-Beobachtung** unterschieden werden. Eine Form der Online – Beobachtung stellt die **Beobachtung der Mouse-Bewegungen** auf einer Website dar. Je nach Intensität der Mouse-Bewegung werden die Bereiche mit unterschiedlichen Farben unterlegt und eine sogenannte **Head-Map** erstellt (Vgl. Kreutzer 2021), sodass ermittelt werden kann, welche Bereiche der Website für den Nutzer von besonderem Interesse sind. Die **Geo-Location** als Form der Beobachtung erfasst den Standort von Personen bzw. ihrer Mobilgeräte mittels GPS bzw. NFC (Near Field Communication) auf der Basis der RFID-Technologie, soweit entsprechende Funktionen durch den User erlaubt werden (Vgl. Wagener 2018, S. 138; Singer 2016).

Die Beobachtung besitzt Vor- und Nachteile (Vgl. auch Böhler et al. 2022, S. 102 f.), wie sie in Tab. 4.5 zusammengestellt sind.

4.2.2.2 Sekundärforschung

▶ Die **Sekundärforschung** nutzt Informationen, die zu einem früheren Zeitpunkt für ein gleiches oder ähnliches Marketingforschungsproblem bereits erfasst wurden.

Dabei kann man auf interne und externe Quellen zurückgreifen, die in gedruckter oder elektronischer Form vorliegen (Vgl. auch Meffert et al. 2019, S. 182 ff.; Aaker et al. 2012, S. 85). Zu unterscheiden sind zunächst interne und externe Quellen der Sekundärforschung (Vgl. Tab. 4.6).

Tab. 4.4 Vor- und Nachteile verschiedener Befragungsformen. (Quelle: in Anlehnung an Meffert et al. 2019, S. 195, Kuß et al. 2018, S. 134 f.)

	Schriftliche Befragung	Mündliche Befragung	Telefonische Befragung	Online-Befragung
Vorteile	Abdeckung eines großen räumlichen Gebietes; Kein Intervieweffekt; Anonymität erlaubt ggf. auch heikle Frage; Zeitliche und örtliche Flexibilität der Fragebeantwortung; Ausweitung der Gruppe der Befragten (internationale Zielgruppen);	Hohe Erfolgsquote; Fragebogenlänge relativ unbeschränkt; Fragebogeninhalt relativ frei; Kontrolle der Identität der Auskunftsperson; Kontrolle der Frageform und -reihenfolge; Weitgehende Kontrolle des Befragungskontexts; Möglichkeit der Erfassung der Spontaneität; Möglichkeit der Erfassung von Emotionen; Möglichkeit der Erfassung aller sinnlichen Wahrnehmungen;	Kurzfristig einsetzbar; Schnelle Durchführung; Niedrigere Kosten als schriftliche Befragung (Portokosten entfallen); Anonymität erlaubt ggf. auch heikle Fragen; Kontrolle der Frageform und -reihenfolge; Möglichkeit der Erfassung der Spontaneität; Ggf. örtliche Unabhängigkeit der Befragung (Mobiltelefon);	Kein Intervieweffekt; Niedrige Kosten (keine oder eingeschränkte Interviewerkosten, niedrige Kosten der Weiterverarbeitung des Fragebogens); Möglichkeit des Multimediaeinsatzes; Automatische Plausibilitätsprüfung; Personalisierte Selektion von Fragen; Vermeidung von Reihenfolgeeffekten und Konsistenzeffekten durch geeignete Filterführung; Non-Item-Response niedriger Ausführlichere Beantwortung offener Fragen; Zeitliche und örtliche Flexibilität der Fragebeantwortung; Ausweitung der Gruppe der Befragten (internationale Zielgruppen, schwer erreichbare Zielgruppen);

(Fortsetzung)

Tab. 4.4 (Fortsetzung)

	Schriftliche Befragung	Mündliche Befragung	Telefonische Befragung	Online-Befragung
Nachteile	Nur Auskunftspersonen mit bekannter Adresse können kontaktiert werden; Häufig niedrige Rücklaufquoten; Hohe Kosten (Adressenbeschaffung, Porto, Kosten der Weiterbearbeitung ausgefüllter Fragebögen); Keine Kontrolle der Identität der Auskunftsperson; Keine Kontrolle des Kontexts der Beantwortung; Keine Kontrolle der Reihenfolge der Fragenbeantwortung; Keine Möglichkeit der Erfassung der Spontaneität; Keine Möglichkeit der Erfassung von Emotionen;	Hohe Kosten (Interviewerkosten, Kosten der Weiterbearbeitung von Fragebögen); Interviewereinfluss; Ggf. Probleme der Repräsentativität;	Nur Auskunftspersonen mit bekannter Telefonnummer werden erreicht; Eingeschränkte Möglichkeit der Erfassung von Emotion; Eingeschränkte Möglichkeiten des Einsatzes von Hilfsmitteln (z. B. Bilder, Geschmacksmuster, etc.); Ggf. Interviewereinfluss;	Möglichkeit von technischen Problemen und Inkompatibilitäten; E-Mail-Filter können Zustellung eines Fragebogens behindern; Keine Kontrolle der Identität der Auskunftsperson; Keine Kontrolle des Kontexts der Beantwortung; Einschränkung der Repräsentativität (Mehrfachbeantwortung, Desinteresse insb. bei www-Umfragen); Keine Möglichkeit der Erfassung der Spontaneität; Keine Möglichkeit der Erfassung von Emotionen;

4.2 Klassische Marketingforschung

Tab. 4.5 Kritische Würdigung der Beobachtung

Vorteile	Nachteile
Keine Relevanz der Auskunftsbereitschaft und –fähigkeit; Erfassung unbewusster Sachverhalte; Bestimmte Sachverhalte können nur beobachtet werden (z. B. Hautwiderstand, Mimik, Gestik); Vermeidung wiederholter Befragungen;	Verschiedene Sachverhalte lassen sich nicht oder nur verfälscht beobachten (z. B. Schulbildung); Einsatz des Zufallsprinzips häufig nicht möglich; Beobachtungseffekt; Selektive Wahrnehmung des Beobachters; Hohe Kosten; Rechtliche Restriktionen;

Interne Quellen

Zu den internen Quellen der Sekundärforschung gehören u. a. Absatzstatistiken, Kundendaten, Daten des CRM, Kundendienstberichte, Außendienstberichte und Daten des Rechnungswesens, die in gedruckter oder elektronischer Form vorliegen können (Vgl. Böhler et al. 2022, S. 62; Meffert et al. 2019, S. 182).

> **Exkurs: Marketing-Accounting**
>
> Im Zusammenhang mit internen Datenquellen besitzt das **Marketing-Accounting** Bedeutung. Als Teilbereich des Marketingcontrollings (Köhler 2006, S. 41 f.) stellt es dem Marketing entscheidungs- und problembezogene Informationen aus dem betrieblichen Rechnungswesen zur Verfügung (Köhler 1993, S. 279 f.; Huxold 1990, S. 69; Rese 2006, S. 743; Reinecke und Janz 2007, S. 64; Ehrmann 2006, S. 702; Rese 2006, S. 744 f.). Das Grundmuster des Marketing-Accounting ist in Abb. 4.3 dargestellt.
>
> Die Entscheidungsfelder im unteren Teil der Abb. 4.3 bestimmen den problem- und entscheidungsbezogenen Informationsbedarf des Marketings, der unter Koordination des Marketingcontrollings in Form rechnerischer Informationen aus den verschiedenen Teilen des externen und internen Rechnungswesens (Vgl. Schierenbeck und Wöhle 2012, S. 597 f.; Wöhe und Döring 2010, S. 693 f.) bereitgestellt wird.
>
> Genutzt werden dabei „sekundäre Informationen" des Rechnungswesens, die allgemein bzw. für andere Problemstellungen durch das Rechnungswesen generiert wurden. Denkbar ist auch, dass das Rechnungswesen „primäre Informationen" eigens für das Marketing erstellt (Vgl. Köhler 1993, S. 282; Ehrmann 2006, S. 702 f.), wie z. B. Informationen zu bestimmten Absatzobjekten, Marktsegmenten, zu bestimmten Marketingmaßnahmen, Marketingorganisationseinheiten, Zielen des Marketings (Planung, Kontrolle) und Zeitaspekten des Marketings (strategisch, operativ).

Tab. 4.6 Quellen der Sekundärforschung. (in Anlehnung an Aaker et al. 2012, S. 85; Meffert et al. 2019, S. 182)

		Gedruckte Dokumentation	Elektronische Dokumentation
Interne Quellen		Absatzstatistiken Kundendaten Kundendienstberichte Daten des CRM Außendienstberichte Daten aus dem Rechnungswesen …	
			Daten der Web-Analytics
Externe Quellen	Veröffentlichungen	Amtliche Statistiken Statistiken von Wirtschaftsorganisationen, Verbänden u. a Institutsberichte, Zeitungen und Zeitschriften Geschäftsberichte, Kataloge und Prospekte der Konkurrenz …	
	Standardisierte Datenquellen	Paneldaten Daten aus Sonderformen der Trackingforschung Marktdatenbanken	
	Internet		Daten externer Web-Monitoring Anbieter im Rahmen der Web-Analytics (Google Analytics; Google Search Console Google PageSpeed Insights, Alexa Rank) Online-Trendmonitoring Social Media-Monitoring Blog-Monitoring Sentiments-Analysen Geo-Location

Informationen des Marketing-Accountings sollten für das strategische Marketing permanent zur Verfügung stehen. Dessen ungeachtet kann und muss das Rechnungswesen für das strategische Marketing einzelproblembezogene Informationen liefern.◄

Weitere interne Daten liegen aus den **Web-Analytics** vor (Vgl. Kreutzer 2021, S. 167 ff.). Die Web-Analytics erfassen Daten im Zusammenhang mit den Online-Aktivitäten der

4.2 Klassische Marketingforschung

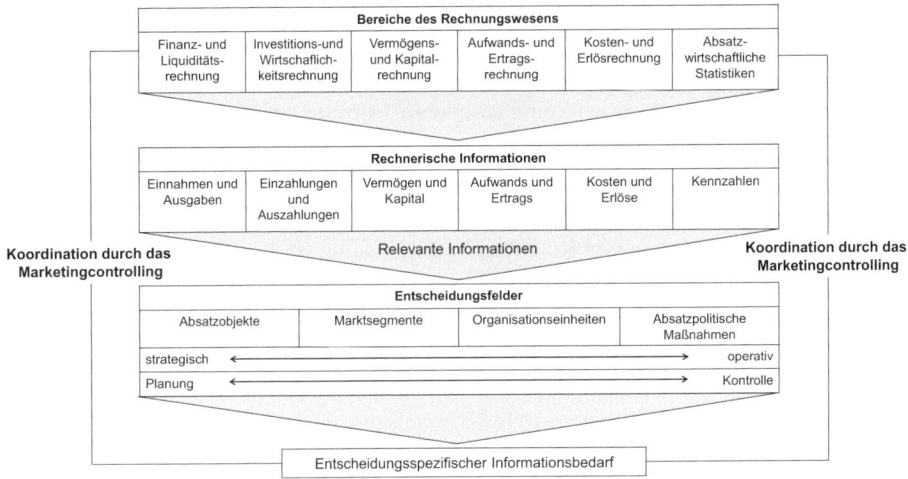

Abb. 4.3 Grundmuster des Marketing-Accountings (Reckenfelderbäumer 2006, S. 770)

Unternehmen. Mit der Logfile-Analyse werden u. a. IP-Adresse und Hostname des Nutzers, dessen Browser, genutzte Betriebssysteme, Standort des Rechners, Herkunft der Anfrage (Referrer), Suchmaschinen, Verweildauer auf einer Seite, Ein- und Ausstiegsseite, Anzahl der Seitenaufrufe und Conversions (Prozent der Besucher, die ein bestimmtes Verhalten zeigen, wie z. B. eine Bestellung abgeben) erfasst. Darüber hinaus liegen **Klient – basierte Daten** und Daten zum **Website-Traffic** vor: Anzahl der Nutzer pro Zeiteinheit, räumliche Verteilung der Nutzer, Anzahl der einmaligen bzw. mehrmaligen Besucher, Keywords, die zum Besuch der Website geführt haben etc. Daten zum **formalen Nutzerverhaltens** geben u. a. Auskunft wie sich ein User auf einer Website bewegt, wie lange bestimmte Seiten angesehen werden, in welchem Ausmaß Suchfunktionen genutzt werden usw. Die **inhaltliche Nutzeranalyse** zeigt besonders beliebte Teile einer Website (z. B. Teile, bei denen der Kontakt besonders häufig abgebrochen wird usw.).

Externe Quellen

Als externe Quellen der Sekundärforschung gelten zunächst allgemein zugängliche **Veröffentlichungen** in gedruckter oder elektronischer Form. Es handelt sich dabei um amtliche Statistiken, Statistiken von Wirtschaftsorganisationen, Verbänden u. a., Institutsberichte, Zeitungen und Zeitschriften, Geschäftsberichte, Kataloge und Prospekte der Konkurrenz, usw. (Vgl. Böhler et al. 2022, S. 66).

Im Rahmen **standardisierter Datenquellen** kann die Unternehmung **Daten aus Paneluntersuchungen** kaufen, die online und offline von Marktforschungsinstituten (AC Nielsen, GfK etc.) durchgeführt werden (Vgl. Berekoven et al. 2009, S. 120 ff.). Bei einer Panelbefragung wird eine repräsentative, gleichbleibende Teilauswahl von Erhebungseinheiten (Individuen, Haushalte, Handelsgeschäfte) über einen längeren Zeitraum in regelmäßigen

Abständen zu gleichartigen Untersuchungsgegenständen befragt oder beobachtet (Vgl. Vollert 1996, S. 38 ff.). In **speziellen Internetpanels** (Vgl. Kuß et al. 2018, S. 181; Altobelli 2023) werden u. a. die Zahl der Seitenaufrufe und die Verweildauer auf einer Website der Panelteilnehmer erfasst. Dazu wird eine besondere Software auf ihren Rechnern installiert. Bekannt ist das **NetRatingpanel** der AC Nielsen. Die GFK untersucht ebenfalls das Internetverhalten von 13.000 Mitglieder ihres Haushaltspanels, das 30.000 Teilnehmer umfasst. Dies ermöglicht ihr Zusammenhänge zwischen dem Einkaufsverhalten und der Internetnutzung herzustellen. Eine Erfassung von Kontakten mit der Onlinewerbung, die zielgruppenspezifisch gestaltet wird, gelingt nur, wenn diese speziell verpixelt wurde. Weitere Daten liefern **Sonderformen der Trackingforschung** wie u. a. Fernsehzuschauerpanel, Anzeigenpanels (Anzeigenaktivitäten des Handels in der Presse) und sonstige Mediaanalysen (Vgl. Böhler et al. 2022, S. 80 f.). Zudem kann die Unternehmung auf **makroökonomische Marktdatenbanken, Branchendatenbanken und Marktforschungsdatenbanken** zurückgreifen (Vgl. Böhler et al. 2022, S. 82 ff.).

Internetquellen der Sekundärforschung sind zum einen externe Quellen, die den Web-Analytics dienen und sich auf die Website der Unternehmung beziehen. Bekannt sind insbesondere die **Google-Analytics** (Vgl. Google-Analytics o. J.) die u. a. mit einer spezifischen ABC-Analyse klärt

- A (= Acquisition) woher die Besucher der eigenen Website kommen,
- B (= Behaviour) wie sich Besucher auf der eigenen Website verhalten,
- C (= Coversion) ob die gewünschten Ziele der Website erreicht wurden.

Die Ergebnisse können in **Dashboards** dargestellt werden.

Weiterhin untersucht die **Google Search Console** die Performance der eigenen Website, während **Google-Tool PageSpeed Insights** die Geschwindigkeit der Website auf verschiedenen mobilen und stationären Endgeräten misst (Vgl. auch Kreutzer 2021). Der **Alexa Rank** (https://www.alexa.com/siteinfo) gibt Hinweise über die Besucherfrequenz einer Website im Vergleich zu anderen Websites (Vgl. Alexa Rank 2019).

Zusätzliche Informationen erhält die Unternehmung zum anderen durch das Web-Monitoring, das Social-Media-Monitoring, Sentiments-Analysen und die Geo-Location (Vgl. Kreutzer 2021).

Mit dem **Web-Monitoring** werden unternehmensrelevante Meinungen, Feedbacks, Bewertungen und Innovationsanstöße im Netz erfasst (z. B. Google Alerts). Eine spezielle Form stellt dabei das **Online-Trendmonitoring** (z. B. Google-Trends) dar, das die Relevanz von Themen, Produkten, Personen etc. untersucht. Mit dem **Social-Media-Monitoring** werden Posts in sozialen Medien bezüglich unternehmensrelevanter Informationen überwacht. Das **Blog-Monitoring** identifiziert mit Blogsuchmaschinen Einträge in Blogs bzgl. unternehmensrelevanter Informationen. **Sentiments-Analysen** überprüfen die Tonalität der

4.2 Klassische Marketingforschung

Äußerungen im Netz. Die Herausforderung besteht darin, bei mehrdeutigen Botschaften positive und negative Meinungen zu trennen. Die **Geo-Location** erfasst, wie bereits dargestellt, den Standort von Personen bzw. ihrer Mobilgeräte.

Den wesentlichen **Vorteilen** der Sekundärforschung in Form von Zeit- und Kosteneinsparungen gegenüber der Primärforschung stehen als **Probleme** die z. T. mangelnde Aktualität der Information (insbesondere bei klassischen Quellen der Sekundärforschung) und die Tatsache entgegen, dass Sekundärdaten der Problemstellung nicht exakt entsprechen (Maßeinheiten, Erhebungseinheiten, etc.). Weiterhin stellt die Überprüfung von Datenquellen und Datenqualität eine Herausforderung dar. Nicht zuletzt bleibt zu klären, wie die Masse an Internetquellen und -informationen sinnvoll ausgewertet wird, um unökonomische „Datenfriedhöfe" zu vermeiden.

4.2.3 Operationalisierung und Messung der einbezogenen Variablen

Soweit die Unternehmung eine Primärerhebung durchführt, müssen die zu erfassenden Sachverhalte operationalisiert und erhoben werden (Vgl. Böhler et al. 2022, S. 104 ff.).

Die **Operationalisierung** von Informationen (z. B. Variablen des Käuferverhaltens), die die Marketingforschung zu liefern hat, erfordert zunächst deren exakte theoretisch – begriffliche Fassung. Zudem ist genau anzugeben, wann und wie eine Eigenschaft gemessen werden soll.

▶ So ist der Absatz ein nicht präziser Begriff, weil er mengen- und wertmäßig erfasst werden kann, sodass genau angegeben werden muss, was zu messen ist. Der mengenmäßige Absatz kann sowohl mittels einer Inventurmethode am Ende einer Periode oder aber durch kontinuierliches Zählen pro Verkaufsakt ermittelt werden (Vgl. Böhler et al. 2022, S. 104). Beide Methoden können zu unterschiedlichen Ergebnissen kommen, wenn z. B. der Schwund im Lager nicht berücksichtigt würde.

Soweit die Marketingforschung hypothetische Konstrukte zu erfassen hat, z. B. die Kundenzufriedenheit, die Einstellung, das Markenbild usw., geht aus dem Begriff weder der Inhalt eindeutig hervor, noch erhält man Hinweise auf deren empirische Erfassung. In diesem Fall müssen messbare Indikatoren angegeben werden, mit denen sich nachweisen lässt, ob und in welcher Ausprägung das hypothetische Konstrukt vorhanden ist.

▶ Das hypothetische Konstrukt **Einstellung** wird häufig als Distanz einer Realmarke (kognitive Komponente) und einer Idealmarke (affektive Komponente) operationalisiert (Vgl. Trommsdorff und Teichert 2011; Kuß und Tomczak 2014). Die **Kundenzufriedenheit** wird als Differenz zwischen den Erwartungen des Kunden an eine Leistung und der tatsächlichen Wahrnehmung der Leistung beschrieben (Vgl. Homburg und Stock-Homburg 2016, Vollert 1998).

Unter der **Messung** versteht man den Vorgang der Datenerhebung und die Zuordnung von Symbolen zu den erfassten Merkmalsausprägungen nach bestimmten Regeln soweit es sich um strukturierte Daten handelt (Vgl. Böhler et al. 2022, S. 106 ff.). Es sind dazu entsprechende Messskalen zu konstruieren (Vgl. Berekoven et al. 2009, S. 66 ff.), die sich in Nominal-, Ordinal-, Intervall- und Verhältnisskalen einteilen lassen (Vgl. Tab. 4.7) und unterschiedliche Eigenschaften besitzen, was u. a. Einfluss auf die Möglichkeiten der späteren Datenauswertung besitzt (Vgl. Berekoven et al. 2009, S. 64 ff.).

Tab. 4.7 Messniveaus und ihre Eigenschaften. (Quelle: Berekoven et al. 2009, S. 65)

	Messniveau	Mathematische Eigenschaften der Messwerte	Beschreibung der Messwerteigenschaften	Beispiele
Nicht metrische Daten	Nominalniveau	$A = A \neq B$	*Klassifikation:* Messwerte von Untersuchungseinheiten sind identisch oder nicht identisch	*Zweiklassig:* Geschlecht männlich, weiblich; *Mehrklassig:* Kleine, mittlere, große Unternehmung;
	Ordinalniveau	$A > B > C = D$	*Rangordnung*: Messwerte der Untersuchungseinheiten lassen sich als größer, kleiner oder gleich einordnen	Präferenzurteile: Produkt A gefällt mir besser als Produkt B und C;
Metrische Daten	Intervallniveau	$A > B > C$ und $A - B = B - C$	*Rangordnung und Abstandsbestimmung*: Die Abstände zwischen den Messwerten sind sinnvoll angebbar	Intelligenzquotient;
	Rationiveau (Verhältnisskala)	$A = x \cdot B$	Absoluter Nullpunkt; Neben Abständen können auch Messwertverhältnisse sinnvoll berechnet werden	Alter; Einkommen;

4.2.4 Auswahl der Erhebungseinheiten und Durchführung der Primärerhebung

Zur Auswahl der Erhebungseinheiten ist zunächst die Grundgesamtheit festzulegen, auf die sich die Untersuchung bezieht. Dazu sind die **Erhebungseinheiten** (z. B. in Privathaushalten lebende Frauen von 18 bis 75 Jahren), die **Auswahleinheiten** (z. B. 1. Stufe: Stimmbezirke, 2. Stufe: Privathaushalte in den Stimmbezirken, 3. Stufe: Frauen von 18 bis 75 Jahren in Privathaushalten in den Stimmbezirken) sowie **Gebiet** und **Zeit** der Untersuchung anzugeben (Vgl. Böhler et al. 2022, S. 132 ff.).

Es ist dann prinzipiell zu entscheiden, ob eine Teil- oder eine Vollerhebung durchzuführen ist. Eine **Vollerhebung** stellt nur bei sehr kleinen Grundgesamtheiten, wie dies manchmal bei Kunden im Investitionsgüterbereich der Fall ist, eine denkbare Alternative dar. Die Praxis beschränkt sich i. d. R. auf eine **Teilerhebung,** da diese kostengünstiger, zeitsparender und genauer ist.

Im Falle der Teilerhebung ist dann mit der **Auswahlbasis** eine Abbildung der Grundgesamtheit zu bestimmen. Es kann sich dabei z. B. um Adressbücher, Telefonbücher, Wählerverzeichnisse u. ä. handeln. Weiterhin müssen Auswahlprinzip, Auswahlverfahren und Auswahltechnik festgelegt werden.

Als **Auswahlprinzipien** werden die zufällige und die nicht-zufällige Auswahl unterschieden (Vgl. Abb. 4.4).

Die **Zufallsauswahl** wählt die Erhebungseinheiten nach einem Zufallsmechanismus aus. Als **Auswahlverfahren** können die einfache Zufallsauswahl, die geschichtete Zufallsauswahl und die Klumpenauswahl herangezogen werden (Meffert 1992; Böhler et al. 2022, S. 138 ff.; Berekoven et al. 2009). Bei der **einfachen Zufallsauswahl,** die dem bekannten Urnenmodell entspricht, besteht für jedes Element der Grundgesamtheit die

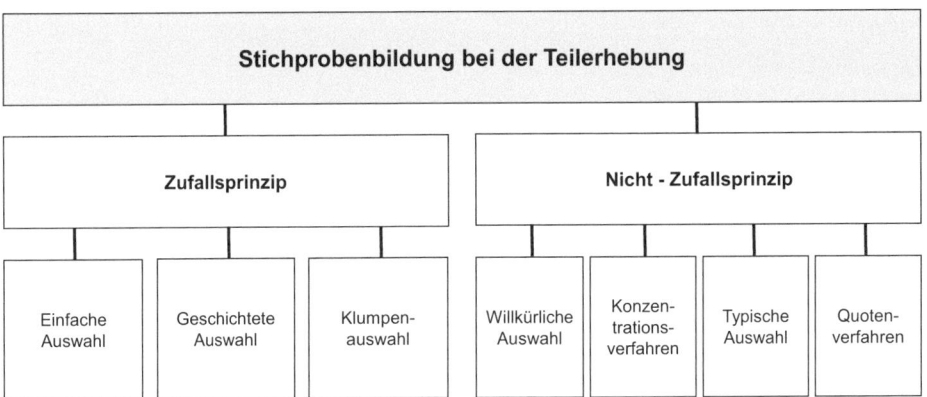

Abb. 4.4 Auswahl der Erhebungseinheiten (Homburg 2020, S. 331 und die dort zitierte Literatur)

gleiche, von Null verschiedene Wahrscheinlichkeit, in die Stichprobe zu gelangen. Voraussetzung ist, dass alle Elemente der Grundgesamtheit bekannt und identifizierbar sind (z. B. in Form von Datenbanken oder Karteikarten). Die **geschichtete Zufallsauswahl** wird bei einer sehr heterogenen Grundgesamtheit eingesetzt. Diese wird dazu nach bestimmten Kriterien (z. B. Betriebsformen des Handels) zunächst in homogene Gruppen eingeteilt. Aus den gebildeten Gruppen werden dann nach dem Zufallsprinzip jeweils separate Stichproben (nach der einfachen Zufallsauswahl) gezogen. Die **Klumpenauswahl** teilt die Grundgesamtheit in sich ausschließende Gruppen von Untersuchungseinheiten, sogenannte Klumpen (z. B. Einwohner unterschiedlicher Städte) auf. Mittels Zufallsauswahl wird bestimmt, welche Klumpen mit allen ihren Elementen in die Untersuchung einbezogen werden.

Als **Auswahltechnik,** die als Ersatz für einen kostenintensiven Zufallsprozess herangezogen werden, gelten die Zufallszahlenauswahl, das Schlussziffernverfahren, die systematische Auswahl sowie das Geburtstags- und Buchstabenverfahren (Vgl. z. B. Böhler et al. 2022, S. 151 ff.; Hammann und Erichson 2000).

In der Praxis weit verbreitet sind **nicht nach dem Zufallsprinzip** beruhende Stichprobenbildungen, die die Auswahl der Erhebungseinheiten letztlich dem subjektiven Ermessen des Marketingforschers überlässt. Zu unterscheiden sind als Auswahlverfahren die willkürliche Auswahl, das Konzentrationsverfahren, die typische Auswahl und die Quotenauswahl. Bei der **willkürlichen Auswahl** werden Erhebungseinheiten ausgewählt, die besonders einfach und bequem zu erreichen sind (z. B. Besucher eines Einkaufszentrums). Das Konzentrationsverfahren klammert bewusst Teile der Grundgesamtheit aus. Bei der **typischen Auswahl** gelangen die Elemente in die Untersuchung, von denen angenommen wird, dass sie am ehesten für die Grundgesamtheit repräsentativ sind. Die **Quotenauswahl** erfreut sich in der Praxis großer Beliebtheit. Man versucht, die Stichprobe entsprechend des Auftretens bestimmter Merkmale in der Grundgesamtheit aufzubauen, um damit eine Repräsentanz zu erreichen (Vgl. Hammann und Erichson 2000).

▶ Ist beispielsweise bekannt, dass die Grundgesamtheit aus 55 % Frauen und 45 % Männern besteht, wird auch die Stichprobe entsprechend dieser Häufigkeiten aufgebaut. Impliziert ist, dass die Verteilung der Quotenmerkmale in der Grundgesamtheit auch bekannt ist, was bestenfalls für einige triviale Merkmale der Fall sein dürfte (z. B. Geschlecht, Alter, Beruf, Familienstand, Wohnort usw.). Will man z. B. die Einschätzung zu unterschiedlichen Geldanlageformen untersuchen, so hängt diese u. a. auch von der Risikoneigung der Menschen ab. Entsprechende Verteilungen über risikofreudige, -scheue und -neutrale Personen in einer Grundgesamtheit sind kaum bekannt, sodass eine entsprechende Quotierung nur schwer möglich ist.

I. d. R. werden nur wenige (beobachtbare) Quotenmerkmale berücksichtigt. Bei mehreren Quotenmerkmalen besteht die Gefahr, dass bei der Erhebung ein Quotenmerkmal (z. B. weiblich) besonders häufig mit einem anderen Quotenmerkmal (z. B. niedriges Einkommen) kombiniert ist. Zwar ist die Quotenanweisung dann erfüllt, jedoch sind Männer mit niedrigen Einkommen unterrepräsentiert, sodass es zu Verzerrungen kommt. Auch die Bequemlichkeit der Interviewer kann zu Verzerrungen führen. Trotz der Probleme führt das Verfahren zu befriedigenden Ergebnissen, ist kostengünstig und flexibel handhabbar (Vgl. Meffert 1992).

Alle nicht auf dem Zufallsprinzip beruhende Auswahlverfahren besitzen das Problem der mangelnden Repräsentativität. Zudem können wahre Werte in der Grundgesamtheit und die Genauigkeit der Messergebnisse nicht durch mathematisch-statistische Verfahren bestimmt werden.

Tab. 4.8 bieten einen Überblick zu den nicht auf dem Zufallsprinzip beruhenden Auswahlverfahren.

Der **Stichprobenumfang,** d. h. die Zahl der Erhebungseinheiten, die ausgewählt werden sollen, lässt sich bei einer einfachen Zufallsauswahl exakt bestimmen (Vgl. Berekoven et al. 2009; Hammann und Erichson 2000; Böhler et al. 2022). Im Falle der nicht auf dem Zufallsprinzip basierenden Auswahl, wie z. B. der Quotenauswahl entscheidet die Heterogenität des Untersuchungsgegenstandes in der Grundgesamtheit über den Stichprobenumfang. Je heterogener der interessierende Sachverhalt in der Grundgesamtheit vermutet wird, desto größer wird der Stichprobenumfang sein müssen.

4.2.5 Durchführung der Untersuchung

Die **Durchführung der Untersuchung,** der ggf. ein Fragebogentest vorangehen muss, umfasst zahlreiche Aktivitäten, wie z. B. die Auswahl der Interviewer und alle mit deren Schulung und Kontrolle verbundenen Aktivitäten, das Kontaktieren der Auskunftspersonen, die Durchführung der Untersuchung inklusive der damit ggf. verbundenen Nachfassaktionen, die Überprüfung der Durchführung, Repräsentanz und Kosten der Erhebung (Vgl. Böhler et al. 2022, S. 154 f.).

4.2.6 Vorbereitung und Durchführung der Datenauswertung

Die Datenauswertung vollzieht sich in mehreren Schritten (Vgl. Abb. 4.5).

Bei der **Überprüfung** werden im Falle der Befragung nicht auswertbare Fragebögen ausgesondert, auswertbare Fragebögen redigiert, die erhobenen Daten kodiert, eingegeben und die Eingabe nochmals überprüft. Bei der **Erstellung der Datenmatrix** werden ggf. neue Daten hinzugefügt, die sich aus den erhobenen Daten ergeben (z. B. soziale Schicht als Index aus Einkommen, Beruf und Schulbildung), Gewichtungen vorgenommen und die

Tab. 4.8 Nicht auf dem Zufallsprinzip Auswahlverfahren

Bezeichnung	Beschreibung	Beispiel	Anwendung	Probleme
Willkürliche Auswahl (Convenience Sample)	Auswahl von Erhebungseinheiten, die besonders leicht und bequem zu erreichen sind	Besucher einer Arztpraxis Kunden eines Supermarkts	Explorative Forschung	Mangelnde Repräsentativität; Keine Möglichkeit zur Bestimmung der wahren Werte in der Grundgesamtheit durch mathematisch-statistische Verfahren
Typische Auswahl	Auswahl von Erhebungseinheiten, von denen angenommen wird, dass sie am ehesten repräsentativ sind	Bewohner eines Altenheims als Sample für „Senioren" Studenten als Sample für „junge Leute"		
Konzentrationsverfahren (Abschneide-verfahren)	Ausklammern bestimmter Teile der Grundgesamtheit	Ausklammern von KMUs in einer Befragung von Unternehmen		
Quotenverfahren	Auswahl von Erhebungseinheiten gemäß ihrer Verteilung in der Grundgesamtheit	53 % Frauen 47 % Männer	Deskriptive Forschung	Festlegung geeigneter Quotenmerkmale; Verzerrungen

4.2 Klassische Marketingforschung

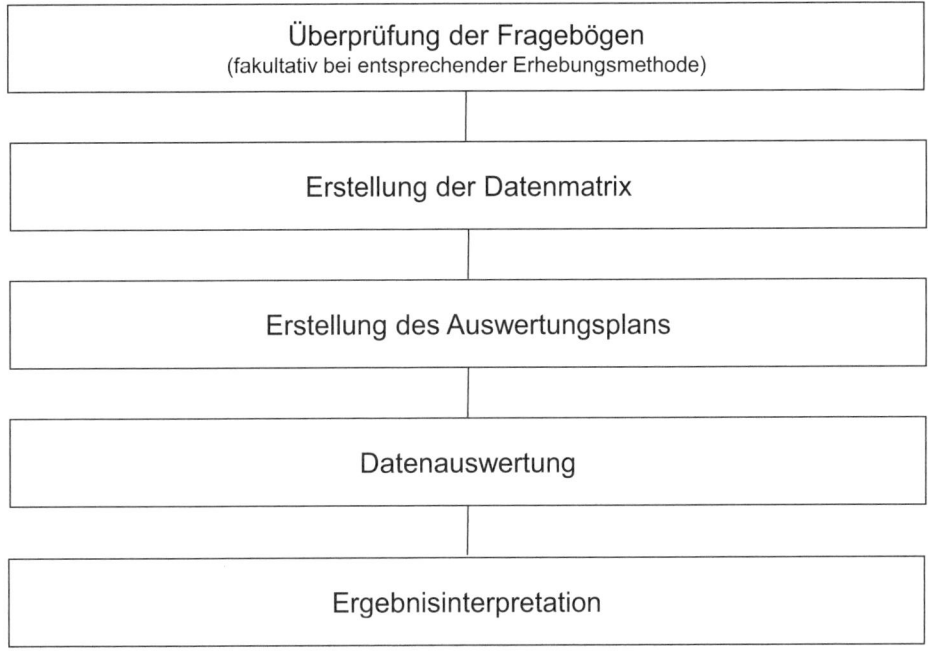

Abb. 4.5 Datenauswertung (In Anlehnung an Böhler et al. 2022, S. 156)

Datenmatrix gespeichert (Vgl. Böhler et al. 2022, S. 156 f.). Der **Auswertungsplan** listet entsprechend der Zielsetzung der Untersuchung interessierende Größen, Zusammenhänge und Abhängigkeiten von Variablen auf und strukturiert diese.

Verfahren der Datenauswertung lassen sich unterschiedlich klassifizieren (Vgl. Altobelli 2023, S. 234). Im Folgenden soll auf die Zahl der berücksichtigten Variablen (uni- bzw. multivariate Datenanalyse) einerseits und dem Ausgangspunkt der Auswertung (strukturprüfend bzw. strukturentdeckend Verfahren) anderseits eingegangen werden.

Univariate Verfahren (Vgl. Böhler et al. 2022, S. 171 ff.) berücksichtigen jeweils eine Variable und beziehen sich auf Häufigkeitsverteilungen (absolute, relative Häufigkeiten), Lageparameter (Mittelwert, Modus, Median), Streumaße (Standardabweichung, Spannweite), die Formulierung und Überprüfung von Hypothesen mit parametrischen Tests (z-Test, t-Test) und nicht parametrischen Tests (Chiquadrat-Test).

Soweit mehrere Daten in der Auswertung integriert sind, muss zunächst die Datenstruktur geklärt werden. Während strukturierte Daten in herkömmlichen Datenbankstrukturen gespeichert sind und standardisiert verarbeitet werden können, ist dies bei semistrukturierten und unstrukturierten Daten nicht der Fall (Vgl. King 2014, S. 35). Weiterhin muss geklärt werden, ob die strukturprüfenden Verfahren oder strukturfindenden Verfahren der Datenanalyse eingesetzt werden müssen (Vgl. Backhaus et al.

2018, S. 15 ff.; Backhaus et al. 2015, S. 11 ff.). Mit **strukturprüfenden multivariaten Verfahren** werden Kausalzusammenhängen i. d. R. aus Querschnittsanalysen (Vgl. Meffert et al. 2019, S. 206) überprüft. Voraussetzung ist, dass bereits eine sachlogisch fundierte Vorstellung darüber besteht, welche Variablen abhängig und welche unabhängig sind. Die einzusetzenden Verfahren unterscheiden sich nach dem Skalenniveau (Vgl. Backhaus et al. 2018; Backhaus et al. 2015). **Strukturentdeckende multivariate Verfahren** suchen nach Zusammenhängen zwischen Variablen bzw. Objekten, sodass eine Einordnung vorhandener Variablen in abhängig und unabhängig nicht möglich ist.

Kombiniert man Datenstruktur und Untersuchungsabsicht ergibt sich folgendes Schema der Datenauswertung (Vgl. Tab. 4.9):

Strukturprüfung bei strukturierten Daten

Als strukturprüfende Verfahren strukturierter Daten dominieren insb. bei **Querschnittsanalysen** bislang die multivariaten Verfahren. Bei **Längsschnittanalysen** besitzen **ökonometrische Methoden,** wie z. B. das **Vektorautoregressionsmodell** (VAR) Bedeutung. Letzteres berücksichtigt die zeitliche Abfolge von mehreren Variablen und deren dynamische Wirkungszusammenhänge in einem Modell (vgl. Meffert et al. 2019, S. 206).

Tab. 4.9 Auswertung von Daten. (Quelle: nach Meffert et al. 2019, S. 203; Backhaus et al. 2018, Backhaus et al. 2015; Böhler et al. 2022)

		Untersuchungsabsicht	
		Strukturprüfung	Strukturlernen und –entdeckung
Datenstruktur	Strukturierte Daten	*Multivariate Verfahren* Lineare Regressionsanalyse; Nichtlineare Regressionsanalyse; Zeitreihenanalyse; Varianzanalyse; Diskriminanzanalyse; Kontingenzanalyse; Logistische Regression; Strukturgleichungsanalyse; Conjoint-Analyse;	*Multivariate Verfahren* Faktorenanalyse; Clusteranalyse; Multidimensionale Skalierung; Korrespondenzanalyse; Neuronale Netze;
		Ökonometrische Modelle Vektorautoregressions-Modelle (VAR-Modelle);	*Data Science* Künstliche neuronale Netze; Entscheidungsbäume;
	Unstrukturierte Daten		*Data Science* Text Mining; Option Mining;

Strukturlernen und -entdeckung bei strukturierten Daten
Typische **multivariate Verfahren** der Strukturentdeckung sind die Faktorenanalyse, die Clusteranalyse, neuronale Netze und die multidimensionale Skalierung (vgl. Backhaus et al. 2018; Backhaus et al. 2015). **Data Science** stützt sich auf eine Vielzahl von Datenquellen zur Analyse großer Mengen von strukturierten und unstrukturierten Daten (vgl. Ng und Soo 2018, S. XX). Die dabei herangezogenen Auswertungsalgorithmen zur Analyse strukturierter Daten hängen von der Problemstellung ab (vgl. Ng und Soo 2018, S. 8 ff.; Chamoni und Gluckowsi 2017, S. 208):

- **Unüberwachtes Lernen** versucht Strukturen in vorhandenen Datensätzen zu erkennen.
- **Überwachtes Lernen** basiert auf vorher bekannten Abhängigkeiten und überträgt diese auf ein Prognosemodell.
- **Bestärkendes Lernen** entwickelt Prognosen und verbessert diese, wenn neue Daten auftauchen.

Strukturlernen und -entdeckung bei unstrukturierten Daten
Liegen allein unstrukturierte Daten vor, muss im Rahmen des Data Science schrittweise nach Strukturen und impliziten Informationen gesucht werden. In diesem Zusammenhang besitzt auch das Text Mining und Option Mining eine Bedeutung (vgl. Hippner und Renntzmann 2006, S. 287 ff.).

4.3 Marketingprognosen

▶Unter einer Prognose versteht man die wissenschaftliche Vorhersage zukünftiger Ereignisse bzw. Entwicklungen, die auf Informationen gestützt und um Objektivität bemüht ist (Hammann und Erichson 2000, S. 419).

Marketingprognosen antizipieren die zukünftige Entwicklung in der globalen Umwelt und auf dem Markt sowie innerhalb der Unternehmung. Sie können unterschiedlich klassifiziert werden (Vgl. Bruhn 2019, S. 115 ff.; Berekoven et al. 2009, S. 243 f.; Hammann und Erichson 2000, S. 424 ff.; Meffert 1992, S. 334 ff., Brockhoff 2005, S. 762 ff.). Zu unterscheiden sind quantitative und qualitative Prognosemodelle. **Quantitative Prognosen** liefern auf der Basis mathematischer Verfahren rechnerische Ergebnisse, **qualitative Prognosen** fassen verbal Expertenmeinungen zur Zukunft zusammen. Gemäß ihrer Fristigkeit lassen sich Prognosen in **kurzfristige Prognosen** (bis zu einem Jahr) und **langfristige Prognosen** (10 Jahre und mehr) unterteilen (Vgl. Meffert 1992; Brockhoff 2005). Weitere Unterscheidungen betreffen die Anzahl der unabhängigen Variablen. Bei der

monokausalen Prognose wird die Zukunftsgröße aus einer, bei der **multikausalen Prognose** aus mehreren Variablen abgeleitet. Werden Daten aus der Vergangenheit für die Zukunft hochgerechnet, handelt es sich um eine Entwicklungsprognose. **Wirkungsprognosen** versuchen die zukünftigen Auswirkungen von Handlungen in der **Gegenwart** zu prognostiziern (z. B. die Wirkung einer Preiserhöhung auf den Absatz).

Für das strategische Marketing wird der Einsatz einer Vielzahl von Prognoseverfahren im Rahmen eines Prognosesystems empfohlen (Vgl. auch Wimmer und Weßner 2001b, S. 1625), das

- die Ergebnisse unterschiedlicher Prognosemethoden gegenseitig überprüft und
- in Kombination verschiedener Prognoseverfahren die spezifischen Vorteile einzelner Verfahren nutzt und deren Nachteile möglichst aufhebt.

Unabhängig von der Art der Prognose ist ein Prognoseprozess zu durchlaufen (Vgl. Bruhn 2019, S. 121 ff.; Brockhoff 2005, S. 766 ff.). In einem ersten Schritt wird das Prognoseproblem bestimmt. Wesentlich hierbei ist die Frage, welche Variablen und Größen zu prognostizieren sind. In einem zweiten Schritt wird das Prognosemodell festgelegt. Hierbei werden abhängige Variablen (Prognosegrößen) und unabhängige Variablen (Einflussgrößen) und die Art ihres Zusammenhangs geklärt. In einem dritten Schritt wird die Prognose für den gewünschten Zeitraum erstellt und erhält zuletzt Eingang in die Marketingentscheidungen.

4.3.1 Quantitative Prognosen

4.3.1.1 Kurzfristige quantitative Prognosen

Kurzfristige quantitative Marktprognosen gehen von einem konstanten Verlauf der Prognosevariable aus (Vgl. Meffert 1992) und unterstellen, dass sich die Beobachtungswerte Y_t aus einem wahren Wert a und zufälliger Abweichungen u_t zusammensetzen.

$$Y_t = a + u_t$$

Zu schätzen ist somit der wahre Wert a (Vgl. Hammann und Erichson 2000, S. 439; Meffert 1992, S. 339 f.). Wichtige Methoden der kurzfristigen Prognose stellen die Methode des gleitenden Durchschnitts und die Methode der exponentiellen Glättung dar (Vgl. Hüttner 1982, S. 77 f.; Hammann und Erichson 2000, S. 439). Subtiler sind das Box-Jenkins-Verfahren und Filtermodelle (Vgl. Hammann und Erichson 2000, S. 445 ff.; Hüttner 1982).

Die **Methode des gleitenden Durchschnitts** berechnet den Prognosewert $\widehat{y}_{t+1}$ als Mittelwert der letzten n Beobachtungswerte.

$$\widehat{y}_{t+1} = \frac{y_t + y_{t-1} + \ldots + y_{t-n+1}}{n}$$

4.3 Marketingprognosen

Bei der **Methode der exponentiellen Glättung** (Exponential Smoothing) werden zur Prognose von $\widehat{y}_{t+1}$ Beobachtungswerte der jüngeren Vergangenheit höher gewichtet als weiter zurückliegende Werte (Vgl. Christiaans 2015, S. 35 ff.). Zur Bestimmung des Prognosewertes $\widehat{y}_{t+1}$ wird der Prognosewert der Vorperiode $\widehat{y}_t$ sowie der mit dem Faktor α korrigierte Prognosefehler der Vorperiode herangezogen:

$$\widehat{y}_{t+1} = \alpha y_t + (1-\alpha)\widehat{y}_t$$

Die Praxis verwendet α – Werte von 0,05–0,25.

Für einen kurzen Zeitraum liefern kurzfristige quantitative Prognosen dann gute Ergebnisse, wenn der wahre Wert a tatsächlich konstant ist. Für längere Zeiträume, die häufig im Rahmen des strategischen Marketings relevant sind, ist ihr Nutzen anzuzweifeln, da dynamische Entwicklungen und abrupte Veränderungen die Annahme eines konstanten Wertes a unwahrscheinlich erscheinen lassen.

4.3.1.2 Langfristige quantitative Prognosen

Als wichtige Methoden der langfristigen quantitativen Prognosen gelten Trendmodelle und Indikatormodelle.

Trendmodelle verknüpfen Beobachtungswerte mit der Zeit. Sie werden für die Entwicklungs- und Wirkungsprognose genutzt. Die Trendanalyse erfordert eine Reihe von Arbeitsschritten (Vgl. Bruhn 2019, S. 122 ff.), die durch Vor- und Rückkoppelungen geprägt sind (Vgl. Abb. 4.6).

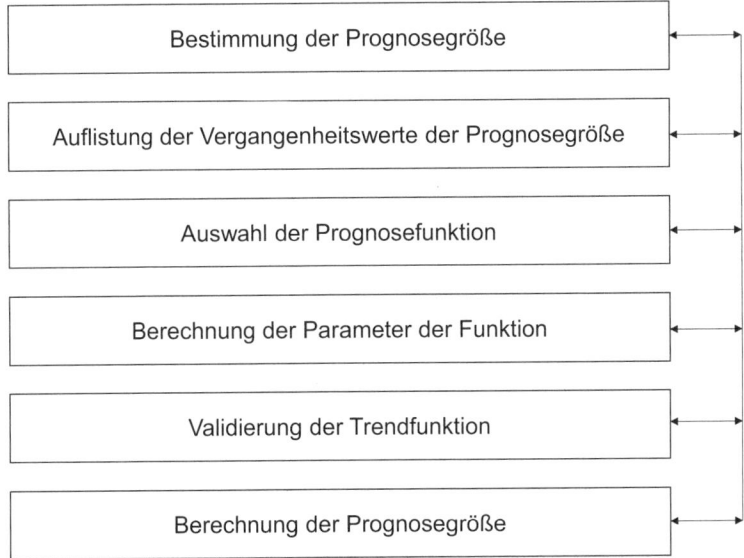

Abb. 4.6 Prozess der Trendanalyse

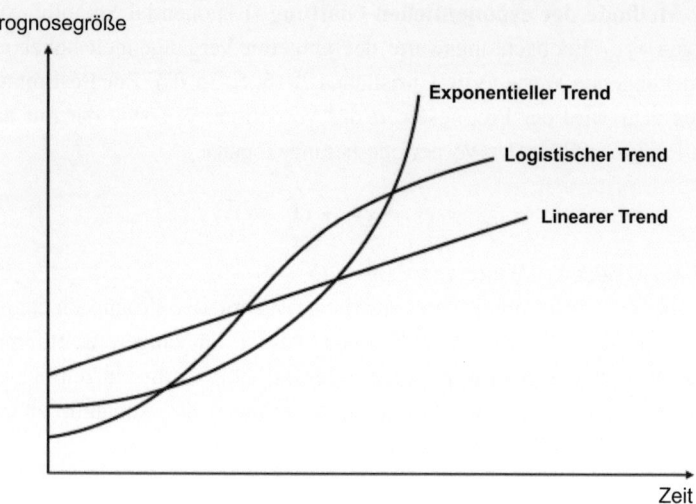

Abb. 4.7 Trendfunktionen. (Nach Bruhn 2019, S. 123)

Zunächst werden dabei die Werte der Prognosegröße aus der Vergangenheit aufgelistet und ggf. in einer Grafik abgebildet. Der Forscher hat dann (subjektiv) einen Funktionstyp auszuwählen, der die Vergangenheitswerte möglichst gut abbildet. Unterschieden werden können, wie Abb. 4.7 zeigt, der

- lineare Trend $y_t = a + b \cdot t$
- exponentielle Trend $y_t = a \cdot b^t$
- logistische Trend: $y = \frac{S}{1+e^{a-bt}}$

mit

- y = Prognosegröße
- t = Zeit (Zeitablauf)
- a, b = Parameter der Funktion
- S = Sättigungsniveau der Prognosegröße
- e = natürlicher Logarithmus

Die Parameter der Trendfunktion sind dann zu berechnen. Eine Validierung der Trendfunktion erfolgt mit der Berechnung des Korrelationskoeffizienten und des Bestimmtheitsmaßes (Vgl. Meffert 1992, S. 349). Letztlich wird die Prognosegröße berechnet.

Einflussgrößen auf die Entwicklung einer Zeitreihe werden bei der Trendanalyse als Ursachenkomplex aufgefasst, dessen in der Vergangenheit festgestellten Wirkungen auch für die Zukunft unterstellt wird (Vgl. Meffert 1992, S. 346 f.; Bruhn 2019, S. 118 f.).

4.3 Marketingprognosen

Diese Annahme ist in einer sich dynamisch verändernden Umwelt kaum haltbar, sodass auch Trendanalysen für das strategische Marketing nur bedingt nutzbar sind (Vgl. auch Pillkhahn 2013, S. 63). Zudem arbeitet die Trendanalyse mit quantitativen Daten, die für die Zukunft nicht immer verfügbar sind.

Indikatormodelle unterstellen einen Zusammenhang zwischen einer Prognosegröße und einer oder mehreren beeinflussenden Variablen (Indikatoren). Die Entwicklung der Indikatoren läuft der Prognosegröße zeitlich voraus (Vgl. Meffert 1992, S. 351 f.; Berekoven et al. 2009, S. 247). Wichtige Indikatoren sind (Vgl. Meffert 1992)

- makroökonomische Indikatoren (z. B. Entwicklung des BSP bzw. Index der industriellen Nettoproduktion als Indikator der Nachfrage nach Konsumgütern),
- institutionelle und technische Indikatoren (Zahl der Baugenehmigungen als Indikator des Möbelbedarfs),
- sozio-demographische und sozio-ökonomische Indikatoren (Altersstruktur als Indikator des Bedarfs an altersspezifischen Leistungen).

Im Rahmen der Indikatormodelle (Vgl Berekoven et al. 2009, S. 247) ist zu klären,

- welche Indikatoren einen Einfluss auf die Prognosegröße besitzen,
- wie stark und in welche Richtung die Indikatoren Einfluss auf die Prognosegröße haben,
- in welchen zeitlichen Nachlauf die Prognosegröße den Indikatoren folgt,
- wie sich die Indikatoren in der Zukunft entwickeln,
- wie sich letztlich die Prognosegröße entwickelt.

Anders als bei Indikatoren der strategischen Marketingfrüherkennung (Vgl. Abschn. 4.4.3) wird die Entwicklung der Prognosegröße ausschließlich mit regressionsanalytischen oder ökonomischen Verfahren bestimmt, wie z. B. (Vgl. Meffert 1992; Green und Tull 1982)

- der linearen Einfachregression (Zeitreihenverfahren) bzw. multipler Regression,
- der stufenweisen Regression,
- dem Komponentenmodell oder
- dem LISREL-Ansatz (Vgl. Backhaus et al. 2018).

Einen Beitrag für die strategische Marketingforschung leisten Indikatormodelle durch die Identifikation von Ursachen-Wirkungszusammenhängen bzw. der Ermittlung von Korrelationen. Probleme können sich ergeben, wenn veränderte Bedingungen auch zu Veränderungen von Zusammenhängen von Indikatoren und Prognosegrößen führen bzw. bisherige Zusammenhänge durch neue Zusammenhänge ersetzt werden. Zudem verlangen Indikatorenmodelle ein metrisches Datenniveau der Prognosevariable und der Indikatoren, was im strategischen Bereich nicht immer realisierbar ist.

Zusammenfassend können quantitative Prognosemethoden die Marketingplanung und -entscheidung bei stabiler Umwelt unterstützen. In einer dynamischen Umwelt ist ihr Einsatz als problematisch zu bewerten: Sie basieren auf vergangenheitsorientierten Daten und bilden die Umweltdynamik nicht ab. Darüber hinaus bedürfen quantitative Prognosemethoden metrischer Daten, die für die Zukunft häufig nicht vorliegen. Deshalb erhalten gerade in einer dynamischen Umwelt qualitative Prognosen erhebliche Relevanz.

Exkurs: Kohortenanalysen

Im Zusammenhang mit Indikatormodellen können auch **Kohortenanalysen** genannt werden (Vgl. Berekoven et al. 2009, S. 258; Wimmer und Weßner 2001a, S. 777 ff.)

In einer Kohortenanalyse werden nach unterschiedlichen Kriterien gebildete Personengruppen (Kohorten) im Zeitablauf befragt bzw. beobachtet, um Effekte zu identifizieren, die das Verhalten der Personen bestimmen. „Ziel der Untersuchung ist die Antizipation zukünftiger Verhaltensweisen anderer Gruppen auf der Basis dieser Effekte" (Meffert 1992, S. 230). Zur Bildung von Kohorten eignen sich u. a. der Geburtszeitpunkt, der Zeitpunkt des Eintritts in das Berufsleben oder der Erstkauf eines Produkts.

Innerhalb der Kohorten treten drei Effekte auf:

- **Geschichts- oder Periodeneffekt:** Verhaltensänderungen aufgrund von Umwelteinflüssen, die bei allen Kohorten zu beobachten sind,
- **Alters- und Reifungseffekte:** Auswirkungen von Reifeprozessen auf das Verhalten des Einzelnen,
- **Kohorteneffekt:** Einflüsse durch die Einzigartigkeit einer Kohorte.

Mit der Kohortenanalyse können im Rahmen der strategischen Marketingforschung z. B. folgende Fragen geklärt werden (Vgl. Wimmer und Weßner 2001a, S. 779 f.):

- Sind Marktveränderungen durch neue Konsummuster junger Kunden bedingt (Kohorteneffekt) oder ändert sich das Nachfrageverhalten bei allen Kunden (Periodeneffekt)?
- Verändert sich das Nachfrageverhalten der Kunden mit dem Alter (Alterseffekt) oder hängt es von den Zeitumständen ab, in denen die Kunden groß geworden sind (Kohorteneffekt)?
- Wirken sich Altersstrukturveränderungen derart aus, dass nachrückende Altersgruppen immer wieder gleiche Konsummuster aufweisen (Alterseffekt) oder verhalten sich nachrückende Altersgruppen kohortenspezifisch (Kohorteneffekt)?
- Zeichnen sich neue, von jungen Kohorten aufgegriffene Konsummuster ab?

i. d. R. sind die einzelnen Effekte nicht unabhängig voneinander. Sie können nur näherungsweise geschätzt werden. Da dies häufig für die strategische Marketingforschung genügt, sollte der Beitrag der Kohortenanalyse nicht unterschätzt werden.◄

4.3.2 Qualitative Prognosen

Qualitative Prognoseverfahren versuchen zukünftige Entwicklungen, die sich bisher in der Umwelt noch nicht niedergeschlagen haben bzw. deren Einfluss auf die Umwelt sich bisher noch nicht quantifizieren lässt, subjektiv abzuschätzen (Vgl. Huxold 1990).

Sie erheben nicht den Anspruch zu prognostizieren, wie sich die Zukunft genau entwickelt und wann genau ein Ereignis eintritt. Vielmehr geht es darum, mögliche Entwicklungen der Zukunft aufzuzeigen. Sie bilden damit die Grundlage einer zukunftsweisenden strategischen Marketingplanung, indem sie

- Prognosen nur Orientierungscharakter zubilligen und keine unrealistische Genauigkeit vortäuschen,
- nicht mehr Einpunktprognosen erstellen, sondern von alternativen Entwicklungen ausgehen sowie
- Chancen und Risiken alternativer Umweltentwicklungen frühzeitig identifizieren.

Im Gegensatz zur strategischen Frühaufklärung orientieren sich qualitative Prognosen an vorgegebenen Problemstellungen (z. B. Entwicklung der Medizintechnik in den nächsten 20 Jahren).

Wichtige qualitative Prognoseverfahren (Vgl. Abb. 4.8) beruhen im Wesentlichen auf Expertenmeinungen. Ihre Erfassung erfolgt in unstrukturierter und strukturierter Form (Vgl. Hungenberg 2014, S. 170 ff.; Schub v. Bossiazki 1992, S. 130; Berekoven et al. 2009, S. 250).

Das **unstrukturierte Einholen von Expertenmeinungen** ist kein prognosespezifisches Verfahren. Trotzdem eignet es sich, um Erfahrungen, Einsichten und Meinungen von Fachleuten über die Entwicklung der Zukunft zu ermitteln. Durch Expertenbefragungen können eine Strukturierung der zukünftigen Umweltentwicklung erleichtert und bisher unbeachtete Aspekte der Umweltentwicklung aufgedeckt sowie Unsicherheiten ermittelt werden, wenn die Meinungen der Experten stark variieren. Das Prognoseproblem wird damit aber nicht gelöst. Expertenmeinungen können mithilfe der **Sekundärforschung** recherchiert werden. Hier treffen die Vor- und Nachteile der Sekundärforschung zu (Vgl. Abschn. 4.2.2.2). Wählt man die **Primärforschung,** besitzt man die Möglichkeit der unterschiedlichen Formen der Befragung. Es sind das **Einzelinterview** und das **Gruppeninterview** zu unterscheiden. Bei der isolierten Erfassung der Meinung einzelner Experten besteht die Gefahr stark divergierender Meinungen, sodass das Prognoseproblem

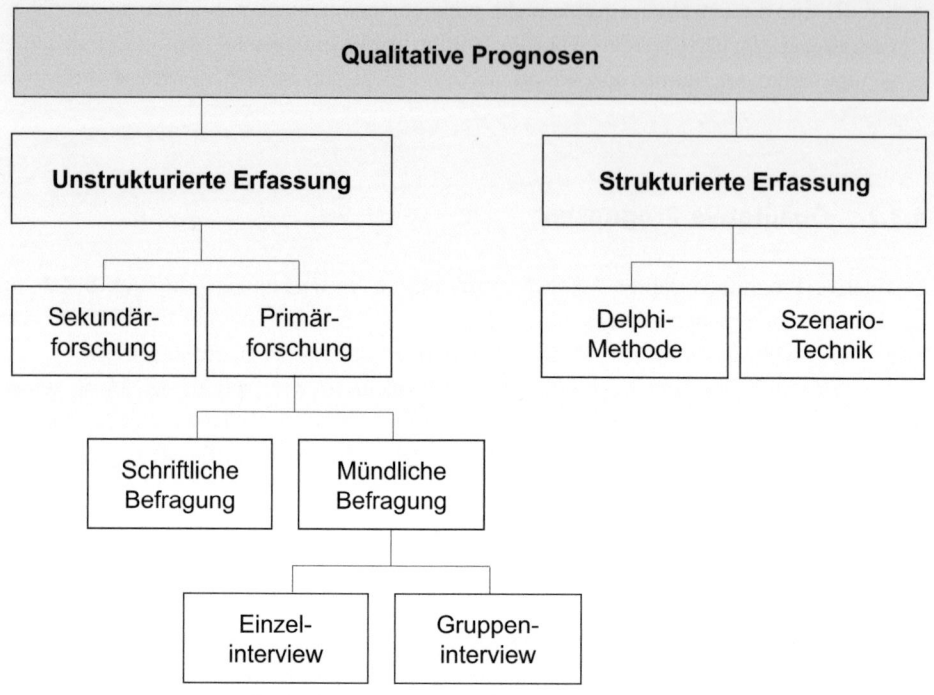

Abb. 4.8 Qualitative Prognosen

nicht gelöst wird. Im Falle des Gruppeninterviews hofft man, dass die Meinungen eines Experten von den anderen aufgegriffen und weiterentwickelt wird, damit Synergieeffekte entstehen. Die Dominanz eines Experten, persönliche Ressentiments u. ä. können dies aber verhindern.

Als strukturierte Alternativen der qualitativen Prognosen werden die Delphi-Methode und die Szenariotechnik unterschieden.

Die **Delphi-Methode** (Vgl. Hüttner 1982, S. 28 ff.; Cuhls 2009, S. 207 ff.) ist eine strukturierte Form der Expertenbefragung, die meist als schriftliche Befragung durchgeführt wird. Sie soll die Nachteile des Gruppeninterviews vermeiden und kann als ein mehrstufiges Befragungsverfahren mit Rückkoppelung bezeichnet werden, das einem klassischen Ablauf folgt (Vgl. Abb. 4.9):

- Auswahl des Prognoseproblems,
- Auswahl der Experten zur Bearbeitung dieses Problems,
- individuelle Befragung der Experten (meist mit Fragebogen),
- Auswertung des Materials,
- Begründung der individuellen Antworten von Experten, die vom Gruppenergebnis abweichen,

4.3 Marketingprognosen

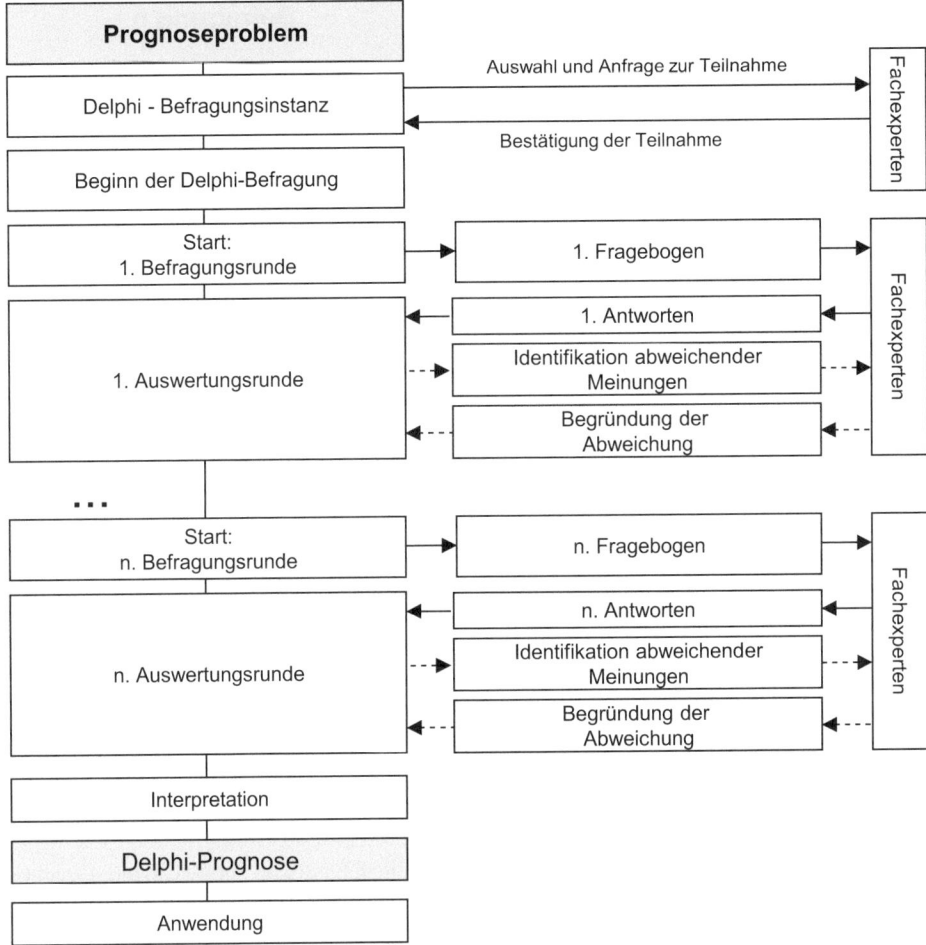

Abb. 4.9 Ablauf einer Delphi-Befragung (in Anlehnung an Hüttner 1982, S. 30)

- Verbreitung der Ergebnisse der Befragungsrunde und der individuellen Antworten (mit Begründungen der stark abweichenden Meinungen) sowie
- Wiederholung der individuellen Befragung.

In der Regel werden mindestens drei Befragungsrunden mit den gleichen Experten durchgeführt, wobei die Experten untereinander anonym bleiben. Man hofft durch die Iteration und Offenlegung abweichender Meinungen eine Konvergenz der Einzelprognosen zu erreichen (Vgl. Abb. 4.10).

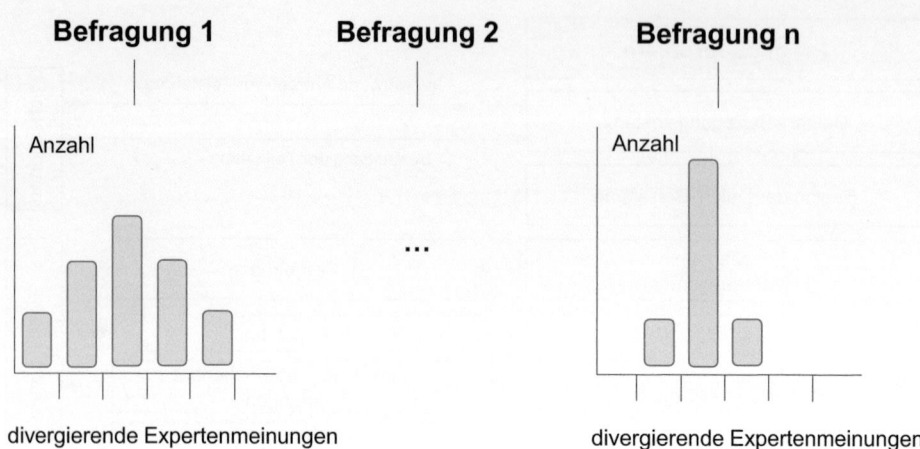

Abb. 4.10 Erwartete Ergebnisse der Delphi-Befragung

Bei ex ante stark divergierenden Meinungen dürfte diese Hoffnung häufig nicht in Erfüllung gehen (Vgl. Berekoven et al. 2009, S. 251). Weiterhin sind die Zeitdauer und die Kosten der Delphi-Methode als negativ zu bewerten.

▶Ein **Szenario** ist ein auf logischen Annahmen beruhendes Zukunftsbild (Vgl. Hungenberg 2014, S. 181). Die **Szenario-Technik** zeigt mögliche alternative Zukunftsbilder eines mit hoher Unsicherheit verbundenen Prognosegegenstands sowie deren Entwicklungsstufen (Vgl. Müller-Stewens und Lechner 2016, S. 192).

Zur Anzahl der zu erstellenden Szenarien gibt es unterschiedliche Auffassungen. Geschka und v. Reibnitz schlagen mit einem Best Case Szenario, einem Trendszenario und einem Worst Case-Szenario die Erstellung von **drei** Zukunftsbildern vor (Vgl. Geschka und von Reibnitz 1987, S. 129). Hungenberg kritisiert mit Recht dieses Denken in den Kategorien gut, schlecht, wahrscheinlich (Vgl. Hungenberg 2014, S. 183). Gerade die Orientierung am wahrscheinlichen Trendszenario birgt die Gefahr, sich nicht genügend mit möglichen alternativen Entwicklungen auseinanderzusetzen. Zwei oder vier Szenarien zwingen das Management, sich intensiv mit der Frage zu beschäftigen, welche Entwicklung mit welchen Auswirkungen zu erwarten sind. Dies gilt besonders dann, wenn diese jeweils in eine positivere und eine negativere Richtung zeigen. Eine zu große Zahl von Szenarien birgt aber die Gefahr der Unplanbarkeit in sich.

Die Erstellung von Szenarien kann in einem Forward- oder Backward-Approach erfolgen. Beim **Backward-Approch** geht man von unterschiedlichen Szenarien aus und ermittelt die (wichtigen) Einflussgrößen, die zu den jeweiligen Entwicklungen geführt haben. Fraglich bleibt, woher die unterschiedlichen Szenarien als Grundlage stammen.

Beim **Forward-Approach,** der häufiger genutzt wird, werden wichtige Einflussfaktoren auf die Entwicklung der Zukunft identifiziert und deren in der Zukunft denkbaren Ausprägungen überlegt.

▶ Wichtig
So basierte die Entwicklung von Marketingstrategien für den europäischen Pharmamarkt bei Vollert auf zwei wichtigen Einflussfaktoren und ihren denkbaren Alternativen (Vgl. Vollert 1991):
Die Entwicklung der Preise (hoch – niedrig) und die Entwicklung der Zulassungsvoraussetzungen neuer Arzneimittel (stringent – moderat).

Prinzipiell sind bei der Szenariotechnik folgende Fragen zu beantworten:

- Welche Einflussgrößen (Deskriptoren) sind für die Veränderung der Umwelt eines Prognosegegenstands in der Zukunft verantwortlich?
- Wie wirken diese Einflussgrößen zusammen?
- Welche Möglichkeiten gibt es, um zukünftige Entwicklungen zu beeinflussen?
- Welche derzeitigen KKVs sind in der Zukunft bedroht, welche KKVs müssen/können in Zukunft geschaffen werden?

Um Szenarien zu erstellen, sind wie Abb. 4.11 zeigt, zahlreiche Arbeitsschritte nötig (Vgl. auch Müller-Stewens und Lechner 2016, S. 194).

Strukturierung und Definition des Untersuchungsfeldes (Untersuchungsfeldanalyse)
Zunächst ist die Aufgabenstellung bzw. das Untersuchungsfeld in eine verständliche Struktur zu bringen. Das Untersuchungsfeld (Bereich der globalen Umwelt, Geschäftsfeld u. ä.) ist durch den Ist-Zustand und eine überschaubare Zahl von Deskriptoren zu charakterisieren. Deskriptoren sind Kenngrößen, die im Zusammenhang mit dem Untersuchungsfeld stehen (z. B. Bevölkerungsentwicklung für die zukünftige Nachfrage auf dem Markt).

Identifikation und Strukturierung der wichtigsten Einflussbereiche auf das Untersuchungsfeld (Umfeldanalyse)
Externe Einflussfaktoren auf das Untersuchungsfeld werden detailliert erfasst (Vgl. Huxold 1990, S. 192 ff.). Die ermittelten Einflussfaktoren werden thematisch zu Einflussgruppen (Umfeldern) gebündelt. Wechselwirkungen der Umfelder untereinander sowie der Einfluss der Wechselwirkung auf das Untersuchungsfeld werden untersucht.

Beschreibung von Ist-Zustand und Trends mithilfe von Deskriptoren (Trendprojektion)
Die Umfelder werden dann mit quantitativen Deskriptoren (z. B. Zinsen, Bruttosozialprodukt u. a.) sowie qualitativen Deskriptoren (z. B. Werteentwicklung, Produktansprüche,

Abb. 4.11 Arbeitsschritte der Szenariotechnik

Life-Styles u. a.) beschrieben. Der Ist-Zustand der Deskriptoren und ihre zukünftige Entwicklung werden bestimmt, wobei für die Prognose der Entwicklung z. B. auf die oben beschriebenen Expertenbefragungen zurückgegriffen werden kann. Dabei werden sich für einige Deskriptoren relativ klare und eindeutige Entwicklungen abzeichnen, bei anderen Deskriptoren werden die Experten zu unterschiedlichen Einschätzungen bezüglich ihrer Entwicklung gelangen. Diese Deskriptoren werden dann als **kritische Deskriptoren** bezeichnet.

4.3 Marketingprognosen

Zusammenfassung von Trends zu konsistenten Annahmenbündeln (Annahmenbündelung)

Mögliche unterschiedliche Ausprägungen der kritischen Deskriptoren sind nicht alle konsistent, d. h. untereinander verträglich. Es wird z. B. mithilfe einer Matrix ermittelt, welche kritischen Deskriptoren sich gegenseitig verstärken, gegenseitig ausschließen oder sich neutral zueinander verhalten. Es werden dann zwei bis drei Annahmebündel über die Entwicklung der kritischen Deskriptoren nach den Kriterien **hohe Konsistenz, hohe Unterscheidbarkeit** und **hohe Wahrscheinlichkeit** ausgewählt.

Auswahl und Interpretation der wesentlichen Szenarien (Szenarieninterpretation)

Um zu Szenarien zu gelangen, werden zu den zwei bis drei Annahmenbündeln der Entwicklung kritischer Deskriptoren die unkritischen Deskriptoren hinzugefügt (Vgl. Abb. 4.12). Um die Prognosen für die Zukunft einfach und durchsichtig zu gestalten, hat es sich bewährt, ausgehend von der Ist-Situation Zukunftsbilder zu entwerfen.

Wichtig erscheint, dass die Szenario-Annahmen bereits in der Gegenwart zumindest in Ansätzen erkennbar sind.

Einführung und Auswirkungsanalyse signifikanter Störereignisse (Störanalyse)

Mithilfe von Kreativitätstechniken werden positive und negative Störereignisse, die im Vorfeld trendmäßig nicht erkennbar sind (politische Umbrüche, Naturkatastrophen, neue Technologien, neue Absatzmärkte etc.), ermittelt. Es wird bewertet, welche dieser Störereignisse die Szenarien am stärksten Beeinflussen und gleichzeitig eine hohe Eintrittswahrscheinlichkeit aufweisen. Ihre Auswirkung auf die Szenarien wird analysiert. Damit lässt sich feststellen, wie stabil die ermittelten Szenarien sind. Würden Störeinflüsse die Trends

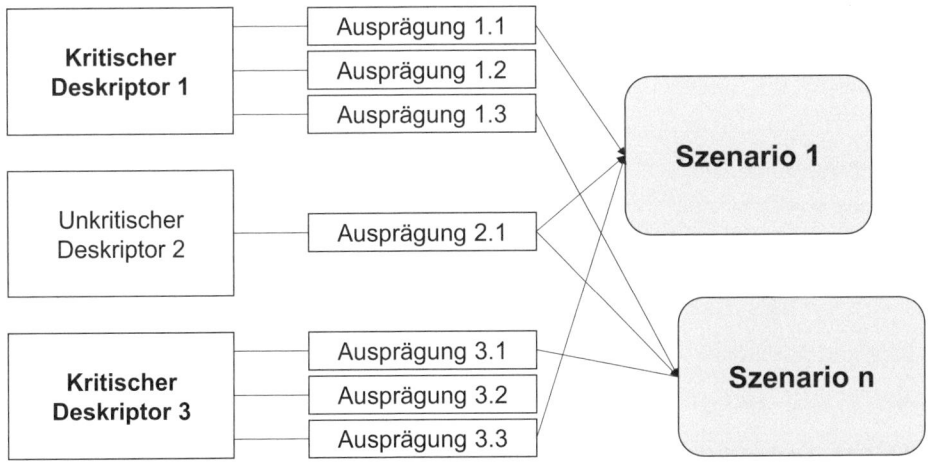

Abb. 4.12 Entwurf von Szenarien (in Anlehnung an Hungenberg 2014, S. 184)

erheblich verändern, muss erneut ein zusätzliches Störszenario geschrieben werden. Darüber hinaus muss ermittelt werden, wie sich Aktivitäten der Unternehmung als Reaktion auf Störereignisse auswirken.

Ableitung von Konsequenzen für das Untersuchungsfeld (Auswirkungsanalyse)
Vor dem Hintergrund der erstellten Szenarien müssen für das Untersuchungsfeld Chancen und Risiken ermittelt werden. Für die Fragestellung des strategischen Marketings ist zu ermitteln, welche gegenwärtigen KKVs bedroht oder obsolet werden und welche neuen KKVs in der Zukunft Relevanz besitzen.

Konzipierung von Strategien (Strategieplanung)
Dieser letzte Schritt gehört eigentlich nicht mehr zur Szenario-Technik. Mit ihm wird festgelegt, welche Strategien notwendig sind, um KKVs zu schaffen und zu erhalten.

Zur Veranschaulichung des Vorgehens der Szenariotechnik dient häufig ein Trichter, der ausgehend von der Ist-Situation mögliche Szenarien zeigt. Durch die Einführung von Störereignissen und potenziellen Maßnahmen der Unternehmung darauf wird ermittelt, in welche Richtung sich die Umwelt zukünftig entwickelt (Vgl. Abb. 4.13).

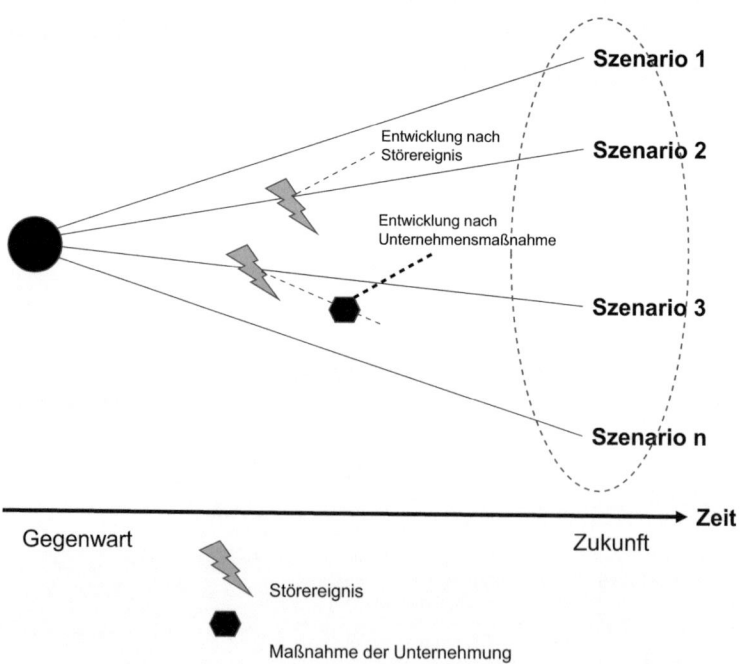

Abb. 4.13 Denkmodell der Szenario-Entwicklung (in Anlehnung an Hungenberg 2014, S. 183)

Szenarien sind Modelle der Zukunft, die auf überlegten und begründeten Annahmen zur Entwicklung ihrer Einflussfaktoren basieren. Als Zeithorizont der Prognose werden fünf bis vierzig Jahre genannt. Je weiter der Planungshorizont ist, desto größer wird aufgrund der Unsicherheiten der Deskriptoren die Zahl der Szenarien.

Der wesentliche Beitrag der Szenariotechnik liegt in der Sensibilisierung des Managements für Umweltveränderungen, deren Treiber und deren Konsequenzen, die z. T. noch schlecht strukturiert und schwach wirksam sind. Sie können zur Überprüfung von Geschäftsmodellen führen. Szenarien geben zudem die Möglichkeit, die Stabilität realisierter oder geplanter Strategien zu testen. Den Vorteilen stehen mit einem hohen Ressourcen- und Zeitaufwand auch Nachteile gegenüber (Vgl. Müller-Stewens und Lechner 2016, S. 193).

Qualitative Trends entstammen einem sozio-ökonomischen Trendverständnis. Sie entstehen durch kumulative, sich aus einer Vielzahl von Erscheinungen und Bewegungen zusammensetzenden Entwicklungen (Vgl. Müller-Stewens und Müller 2009, S. 241 f.; Runia und Wahl, 2015, S. 78) und nutzen eine Reihe der dargestellten Prognosetechniken, um Vorhersagen zukünftiger Entwicklungen zu treffen (Vgl. Zukunftsinstitut – Methoden der Trend und Zukunftsforschung a, https://www.zukunftsinstitut.de/artikel/methoden-der-trend-und-zukunftsforschung/, abgerufen am 31.07.2019). Sie werden genutzt, wenn eine zahlenmäßige Erfassung nicht möglich oder sinnvoll ist. Ihren Ausdruck finden sie auch in sogenannten **Megatrends** (Vgl. Zukunftsinstitut b: Megatrends, https://www.zukunftsinstitut.de/dossier/megatrends/abgerufen am 31.07.2019), deren Ursprung auf Naisbitt zurückgeht.

Megatrends sind gekennzeichnet durch (Vgl. Müller-Stewens und Müller 2009, S. 242):

- eine hohe Reichweite und Wirkungsmächtigkeit,
- eine lange, mehrjährige Wirkungsdauer sowie
- eine hohe, zeitliche Stabilität und einer daraus folgenden Vorhersagbarkeit.

Problematisch erscheint bei Megatrends, dass sie von relativ deterministischen Annahmen ausgehen und Störfaktoren nicht berücksichtigen.

4.4 Strategische Marketingaufklärung

Die Unsicherheiten der Zukunft zwingt das strategische Marketing dazu, eine Sensibilität für Umweltveränderungen zu entwickeln, um Gelegenheiten zum Aufbau und Gefahren für den Erhalt von KKVs **rechtzeitig** zu erkennen, um darauf frühzeitig und flexibel reagieren zu können (Vgl. Böhler 1983, S. 1 f.), da diese Möglichkeiten im Zeitablauf abnehmen (Vgl. Müller-Stewens und Müller 2009, S. 247). Dafür sind **strategische Marketingaufklärungssysteme** zu etablieren. Die Marketingaufklärung hat sich historisch von der strategischen Frühwarnung über die strategische Früherkennung zur strategischen

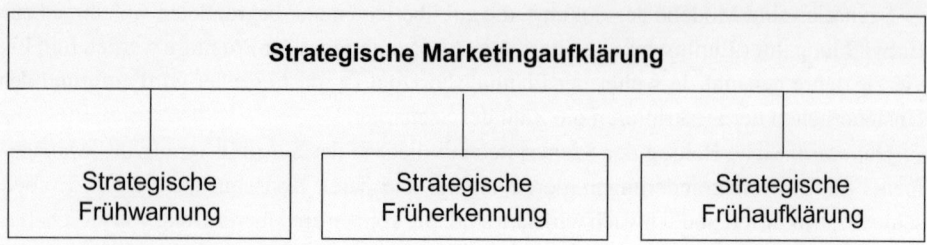

Abb. 4.14 Strategische Marketingaufklärung

Frühaufklärung entwickelt (Vgl. Abb. 4.14). Jede spätere Entwicklung übernimmt auch die Ansätze der früheren, sodass diese nicht überschneidungsfrei sind.

Während die strategische Frühwarnung mit Kennzahlen arbeitet, um Risiken der Unternehmung frühzeitig zu erfassen, sucht die strategische Früherkennung nach Indikatoren, die Chancen und Risiken für die Unternehmung frühzeitig signalisieren. Die strategische Frühaufklärung beschäftigt sich zusätzlich mit dem Auffinden neuer Erfolgspotenziale und soll das Management entsprechend sensibilisieren (Vgl. Müller-Stewens und Müller 2009, S. 247).

4.4.1 Strategische Frühwarnung

Die strategische Frühwarnung sucht nach Risiken für die Unternehmung auf der Basis von Ziel- und Ursachenindikatoren. Sie orientiert sich hierbei einerseits an **Kennzahlen des traditionellen Rechnungswesens,** wie z. B. dem ROI, dem Deckungsbeitrag pro Produkt und andererseits an **allgemeinen (Ursachen-) Indikatoren** wie z. B. dem Bruttosozialprodukt bzw. Wirtschaftswachstum etc. Krystek und Müller-Stewens (2006, S. 176 f.) sprechen in diesem Zusammenhang von einer operativen Frühaufklärung. Für die Kennzahlen werden Grenzwerte und Toleranzgrenzen definiert werden (Vgl. auch Ehrmann, 2006, S. 710 f.; Reinecke et al. 2006, S. 895 ff.; Reinecke und Janz 2007, S. 144). Deren Über- bzw. Unterschreitung signalisiert im Sinne klassischer Planungs- und Kontrollsysteme eine Bedrohung (Vgl. Müller-Stewens und Lechner 2016, S. 189), wobei die Ursachen der Bedrohung unsicher oder unerkannt bleiben (Vgl. Reinecke und Janz 2007, S. 144).

Kritisch ist anzumerken (Vgl. Bea und Haas 2017, S. 311 f.), dass die Systeme der strategischen Frühwarnung vielfach vergangenheitsorientiert sind. Dies gilt insbesondere für die Daten aus dem Rechnungswesen. Abweichungen sind bereits eingetreten, sodass man im Sinne von Köhler (1994, S. 438) von **Heckwasserindikatoren** sprechen kann. Zudem sind Abweichungen in den Kennzahlen nicht Hinweis auf strategisch relevante Veränderungen, sondern deren Ergebnis. Strategisch relevante „Soft-Facts" bleiben aufgrund der quantitativen Struktur der Kennzahlen unbeachtet. Nicht zuletzt liegt der Schwerpunkt der

Analyse auf der Identifikation von Risiken. Die Identifikation von Chancen wird vernachlässigt. Ggf. können Ursachenindikatoren eine gewisse Frühwarnfunktion übernehmen, ohne jedoch Gründe der Veränderung zu signalisieren.

4.4.2 Strategische Früherkennung

4.4.2.1 Grundlagen der strategischen Früherkennung

Strategische Früherkennungssysteme zeichnen sich dadurch aus, dass sie neben Bedrohungen auch Gelegenheiten für den Aufbau und Erhalt von KKVs zu identifizieren suchen.

▶ „Mit dem Begriff der „strategischen Früherkennung" wird ein in die strategische Planung integrierter Informationsbeschaffungs- und –verarbeitungsprozess bezeichnet, dessen Aufgabe es ist, Gefahren und Gelegenheiten aus der Unternehmensumwelt vor dem Hintergrund der Stärken und Schwächen des Unternehmens frühzeitig aufzudecken und zu evaluieren" (Böhler 1983, S. 1, sowie ähnlich Müller-Stewens und Müller 2009, S. 247).

Als Ansätze einer Marketing-Früherkennung bieten sich modellorientierte (netzwerkorientierte), analyseorientierte, informationsquellenorientierte, indikatorbezogene und signalorientierte Ansätze an (Vgl. Huxold 1990, S. 43; Homburg 2000, S. 58 ff.). Die Ansätze sind nicht überschneidungsfrei und sollten im Rahmen der strategischen Marketingfrüherkennung möglichst integriert werden, wobei der Informationsbedarf die Dominanz des einen oder anderen Ansatzes fordert (Vgl. Huxold 1990, S. 43 f.).

Modellorientierte Ansätze versuchen im Rahmen der strategischen Früherkennung komplexe Systeme zu begreifen und Interdependenzen zu ermitteln, um die Betrachtung isolierter Einzelereignisse zu vermeiden. Beispielhaft können das Erfahrungskurvenmodell und Lebenszyklusmodelle genannt werden (Vgl. Homburg 2000, S. 57 ff.). **Analyseorientierte Ansätze** stellen analytische Verfahren, die Informationen mit Früherkennungscharakter generieren sollen, in den Mittelpunkt der Betrachtung. Dabei spielen die Modelle zur strategischen Analyse und Strategieformulierung, wie z. B. Portfolios eine bedeutende Rolle. **Informationsquellenorientierte Ansätze** beziehen sich auf Informationsquellen, aus denen Früherkennungsinformationen gewonnen werden. Tendenziell bildet bislang der indikatororientierte Ansatz den Kern einer strategischen Marketingfrüherkennung (Vgl. Müller-Stewens und Lechner 2016, S. 189). **Indikatororientierte und signalorientierte Früherkennungssysteme** bauen auf ein mehr oder weniger vernetztes Indikatorsystem auf, das mit zeitlichem Vorlauf relevante Veränderungen für das strategische Marketing mit Einflüssen auf den Aufbau und die Verteidigung von KKVs anzeigen soll.

Ausgangspunkt eines Indikatorensystems ist ein (hypothetisches) Konstrukt, das empirischen direkt nicht gemessen werden kann (Vgl. Hujer und Knepel 1984, S. 619). Deshalb erfasst man meist eine Vielzahl anderer, messbarer Indikatoren, die auf das Vorliegen des (hypothetischen) Konstrukts schließen lassen (Vgl. Mayntz et al. 1972, S. 20). i. d. R. werden die Indikatoren inexakt und heuristisch ausgewählt (Vgl. Köhler 1987, S. 15 f.; Köhler et al. 1988, S. 20).

Ein Indikatorensystem muss folgende Anforderungen erfüllen (Vgl. Huxold 1990, S. 45):

- Die Auswahl der Indikatoren darf keine zusammenhanglose Auflistung darstellen, sondern ist aus sachlogischen, möglichst theoretisch begründbaren Beziehungen abzuleiten.
- Eine ungerichtete Suche (Environmental Scanning) nach Indikatoren ist in das Indikatorensystem zu integrieren.
- Von einer streng kausal-logischen Interpretation von Indikatoren und einer unikausalen, isolierten Indikatorbetrachtung ist Abstand zu nehmen.
- Dem Indikatorsystem ist kein statisches Strukturdenken zugrunde zu legen. Vielmehr ist das Beziehungsgefüge der Indikatoren dynamisch zu verstehen, wobei sich Bedeutungsgewichte einzelner Indikatoren verschieben können.

Um die Komplexität zu reduzieren, können zwischen dem theoretischen Konstrukt und den Indikatoren als Zwischenschritt im Rahmen einer „Dimensionalen Analyse" stufenweise **begriffliche Merkmalsdimensionen** (Vgl. Köhler et al. 1988, S. 22) in ein Indikatorensystem integriert werden (Vgl. Abb. 4.15).

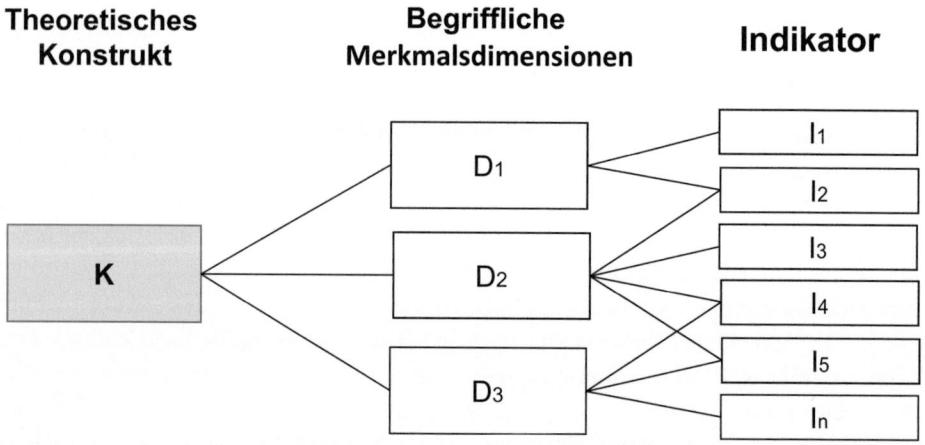

Abb. 4.15 Konstruktion eines Indikatorensystems (Huxold 1990, S. 49)

4.4 Strategische Marketingaufklärung

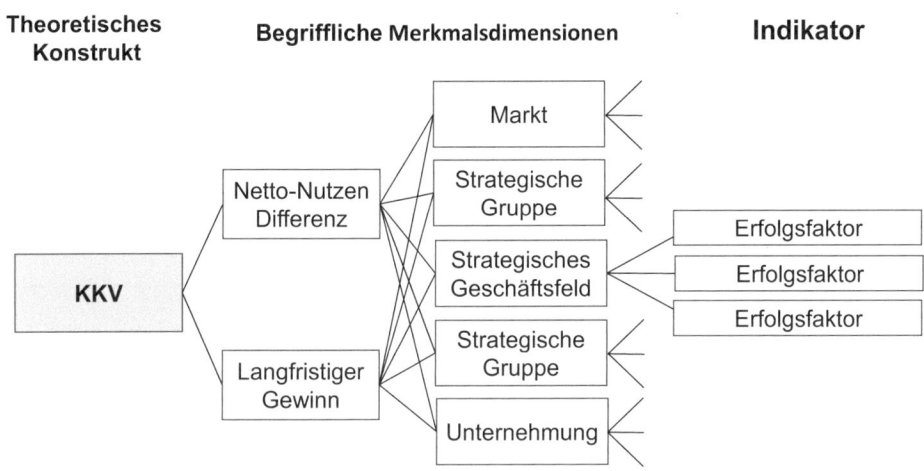

Abb. 4.16 Indikatorensystem zur Ableitung von Erfolgsfaktoren

Für das strategische Marketing kann der KKV als theoretisches Konstrukt angenommen werden. Es gilt, Indikatoren zu identifizieren, die zum Aufbau von KKVs nützen bzw. den Erhalt von KKVs gefährden. Als Merkmalsdimensionen der 1. Stufe des Konstruktes KKV können definitionsgemäß die Netto-Nutzendifferenz und der langfristige Gewinn herangezogen werden. Diese werden durch die Entwicklung der globalen Umwelt, des Marktes, der SGFs, der strategischen Gruppen, der Kundensegmente und der Unternehmung (unternehmensinternen Umwelt) beeinflusst, sodass diese Umweltbereiche als Merkmalsdimension der 2. Stufe genutzt werden. Aus den einzelnen Bereichen können dann jeweils strategische Erfolgsfaktoren identifiziert werden (Vgl. Abb. 4.16).

▶ Als **strategische Erfolgsfaktoren** bezeichnet man Faktoren, die den Aufbau und Erhalt von KKVs begünstigen oder erschweren und damit über das langfristige Überleben der Unternehmung bestimmen (Vgl. Boynton und Zmud 1984). Synonym werden auch die Begriffe Schlüsselerfolgsfaktoren oder kritische Erfolgsfaktoren verwendet (Vgl. Paul und Wollny 2014, S. 165).

Die Erfolgsfaktorenforschung ist, wie in Abb. 4.17 dargestellt, Teil einer umfassenden Erfolgsforschung (Vgl. Meffert und Bruhn 2002, S. 8 f.).

Die Erfolgsfaktorenforschung teilt sich in Benchmarking- und Best-Practice Studien einerseits sowie der Erfolgsfaktorenforschung andererseits auf. **Benchmarking- und Best Practice- Ansätze** versuchen, durch die Analyse besonders erfolgreicher Unternehmen allgemein bzw. bezüglich. einzelner Funktionen die Gründe für deren Erfolg zu identifizieren (Vgl. Tomczak und Reinecke 1998). **Die Erfolgsfaktorenforschung** unterscheidet situative und empirische Ansätze. **Situative Ansätze** der Erfolgsfaktorenforschung suchen

Abb. 4.17 Erfolgsforschung (in Anlehnung an Meffert und Bruhn 2002, S. 8)

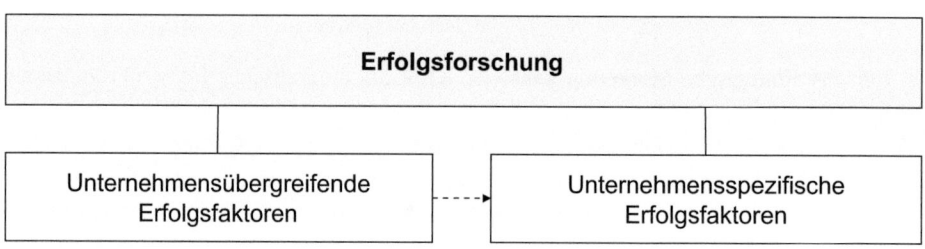

Abb. 4.18 Erfolgsfaktorenforschung

nach unternehmerischen Grundhaltungen, wie z. B. die Kundenorientierung als Gründe des Unternehmenserfolgs.

Die **empirische Forschung** soll im Folgenden im Mittelpunkt der Betrachtung stehen. Sie ermittelt auf der einen Seite **unternehmensübergreifende Erfolgsfaktoren** des Marktes, der SGFs, der strategischen Gruppen, der Kundensegmente und der unternehmensinternen Umwelt und auf der anderen Seite empirisch erfasste **unternehmensspezifische Erfolgsfaktoren** (Vgl. Abb. 4.18). Beide Ansätze sollen sich ergänzen.

4.4.2.2 Erfolgsfaktoren des Marktes

Als unternehmensübergreifende Erfolgsfaktoren des Marktes können zum von der Industrial Organization ermittelte Einflussfaktoren dienen. Zum anderen werden die Bestimmungsfaktoren der Wettbewerbskräfte Porters und deren Ausprägungen herangezogen (Vgl. Abschn. 3.2.2.1).

4.4 Strategische Marketingaufklärung

Erfolgsfaktoren aus der Industrial Organization – Forschung
Erfolgsfaktoren aus der Industrial Organization – Forschung ergeben sich aus den Struktur-, Verhaltens- und Ergebnismerkmalen des Marktes.

Struktur des Marktes
Als wichtigste Dimensionen der Marktstruktur können nach Bain (1968, S. 7 und ebenso Grether 1970, S. 85) der „**Grad der Anbieterkonzentration**" (Zahl und Größenverteilung der Anbieter auf einem Markt), der „**Grad der Nachfragerkonzentration**" (Zahl und Größenverteilung der Nachfrager des Marktes), der „**Grad der Produktdifferenzierung**" (Ausmaß, in dem die Käufer unterschiedliche Güter als identisch ansehen) sowie die „**Höhe der Marktzutrittsschranken**" (Vorteile, insbesondere aus Economies of scale, absoluten Kostenvorteilen, Kundenpräferenzen und Erfahrungskurveneffekten, die etablierte Unternehmen gegenüber potenziellen Konkurrenten besitzen) angesehen werden (Vgl. Abell und Hammond 1979, S. 12; Henderson 1984, S. 14). Die Liste der Strukturdimensionen kann erweitert werden (Vgl. Bain 1968, S. 7; Grether 1970; Scherer 1970, S. 4; Klauss 1975; S. 24; Poeche 1970, S. 17 f.).

Verhalten auf dem Markt
Besondere Bedeutung in Bezug auf das Marktverhalten kommt dem Wettbewerbsverhalten der Teilnehmer eines Marktes, den Zielen der Unternehmen, sowie den Methoden zur Erreichung dieser Ziele zu. Daneben spielen auch jene Aktionen, die darauf abzielen, Markteintrittsschranken gegenüber potenziellen Konkurrenten aufzubauen, eine entscheidende Rolle (Vgl. Bain 1968, S. 302).

„**Vollständige Unabhängigkeit**" der einzelnen Unternehmung beim Einsatz der Aktionsparameter auf der einen Seite und „**vollständige Absprache**" beim Einsatz der Aktionsparameter zwischen den Unternehmen eines Marktes auf der anderen Seite, stellen nach Ansicht von Bain Extrempunkte unterschiedlicher Formen von **Wettbewerbsverhalten** innerhalb eines Marktes dar. Die zwischen den beiden Polen anzutreffenden Formen des Wettbewerbsverhaltens beschreibt er als „unvollständig überwachte Absprachen", „von den Unternehmungen unterschiedlich interpretierte Absprachen", „Absprachen, bei denen nicht alle Unternehmungen der Branche beteiligt sind", sowie „gemeinsame Aktionen ohne Absprachen", die man als gelernte Aktions-Reaktions-Verbundenheit bezeichnen kann (Vgl. Bain 1968, S. 306 f. und ähnlich auch Scherer 1970, S. 158 ff.; Fehl und Oberender 2004, S. 435).

Die **Ziele** der Unternehmungen können als „gemeinsame Gewinnmaximierung der Unternehmungen einer Branche", „individuelle Gewinnmaximierung einer einzelnen Unternehmung", „gemeinsame Gewinnmaximierung, die von einigen Unternehmungen eines Marktes unterlaufen wird", „Gewinnmaximierung bei geringstem Risiko von einzelnen Unternehmungen oder einer Gruppe von Unternehmungen eines Marktes", sowie „Erzielung eines angemessenen Gewinns" definiert werden (Vgl. Bain 1968, S. 317 f.).

Bain beschränkt sich bei der Diskussion der unterschiedlichen Formen und Ziele des Wettbewerbsverhaltens auf die jeweiligen Ausprägungen der Preis-, Mengen-, Produkt- und Verkaufspolitik der auf einem Markt tätigen Unternehmen (Vgl. Bain 1968, S. 304 f.). Daneben betont er die Wichtigkeit der Berücksichtigung aller Aktionen, die darauf abzielen, Vorteile gegenüber der Konkurrenz zu erzielen bzw. die dazu dienen, **Markteintrittsschranken** gegenüber potenziellen Wettbewerbern zu errichten, wie z. B. Monopolisierung des Rohmaterialverkaufs und der Distributionskanäle etc. (Vgl. Bain 1968, S. 358 f.). Die Liste der Verhaltensdimensionen kann erweitert werden (Vgl. Scherer 1970, S. 5; Klauss 1975, S. 27; Poeche 1970, S. 27; Bartling 1980, S. 21).

Ergebnis des Marktes
Als bedeutendste Ergebnisse eines Marktes gelten die „**relative technische Effizienz der Produktion** eines Marktes", die „**Höhe der Verkaufspreise im Vergleich zu den langfristigen Grenz- und Durchschnittskosten**" auf dem Markt, die „**Höhe des Outputs**" in Relation zum möglichen Output bei Übereinstimmung von Grenzkosten und Preis", die „**Höhe der Verkaufskosten** im Verhältnis zu den Produktionskosten", die „**Eigenschaften von Produkten** einschließlich Design, Qualität und Breite des Angebots" sowie das „**Ausmaß des Fortschritts** auf einem Markt in Bezug auf Produkte und Produktionsverfahren im Vergleich zur technisch und ökonomisch möglichen Fortschrittsrate" (Vgl. Bain 1968, S. 11 sowie zu weiteren Dimensionen des Ergebnisses eines Marktes Poeche 1970, S. 18 f.; Bartling 1980, S. 21; Klauss 1975; Scherer 1970, S. 3 f.).

Tab. 4.10 fasst die berücksichtigten Variablen der Industrial Organization zusammen:
Forschungsergebnisse der Industrial Organization können eine positive Korrelation zwischen **Konzentrationsrate** und dem Gewinn, besonders auf Märkten „in which 8 sellers controlled more than 70 per cent of industry sales ... " (Bain 1956, S. 199), feststellen. Daneben wird eine positive Korrelation zwischen **sehr hohen Markteintrittsbarrieren** (im Vergleich zu gemäßigten und sehr niedrigen Markteintrittsschranken) und dem Gewinn eines Marktes, insbesondere in Märkten mit einem gleichzeitig sehr hohen Grad an Anbieterkonzentration, identifiziert (Vgl. Bain 1956, S. 199; Rhoades 1973, S. 151; Norman und

Tab. 4.10 Erfolgsfaktoren der Industrial Organization

Marktstruktur	Marktverhalten	Marktergebnis
Grad der Anbieterkonzentration; Grad der Nachfragekonzentration; Grad der Leistungsdifferenzierung Höhe der Marktzutrittsschranken; ...	Wettbewerbsverhalten der Anbieter; Ziele der Unternehmen und Methoden zu ihrer Realisation; Aktivitäten zum Aufbau von Markteintrittsbarrieren; ...	Relative technische Effizienz der Produktion; Höhe der Verkaufspreise; Höhe des Outputs; Höhe der Verkaufskosten; Eigenschaften der Leistungen; Ausmaß des Fortschritts; ...

4.4 Strategische Marketingaufklärung

Nichols 1982, S. 172; Bain 1968, S. 455). Darüber hinaus besteht ein positiver Zusammenhang zwischen Markteintrittsbarrieren (besonders Markteintrittsschranken aufgrund von Kundenpräferenzen) und den Verkaufskosten (besonders Kosten der Werbung) wobei die Kosten der Werbung mit höher werdenden Markteintrittsbarrieren für aktuelle Wettbewerber steigen (Vgl. Bain 1956, S. 202 f.). Weiterhin wurde ein positiver Zusammenhang zwischen der **Wachstumsrate eines Marktes** (Vgl. Gale 1972, S. 422), der **Größe der Unternehmen** in einem Markt (Vgl. Gale 1972, S. 422) und dem Gewinn auf einem Markt belegt. Zuletzt zeigte sich, dass die **Produktdifferenzierung eines Marktes** zu ineffizienter Größe und Auslastung der Unternehmungen, wie auch zu höheren Verkaufskosten führt (Vgl. Bain 1968, S. 437), und eine **hohe Nachfragekonzentration** (Vgl. Bain 1968, S. 437) schlechtere Ergebnisse in einer Branche mit sich bringt.

Die Wettbewerbskräfte von Porter werden von verschiedenen Determinanten beeinflusst (Vgl. Porter 2013, S. 39 ff.). Auch diese können als Erfolgsfaktoren interpretiert werden (Vgl. Tab. 3.4).

Determinanten der Konkurrenz zwischen etablierten Anbietern

Die Frage, ob und welche KKVs auf einem Markt realisiert werden, ist entscheidend durch die **Heterogenität der Wettbewerber** gekennzeichnet, die sich in deren Persönlichkeit, ihrer Herkunft, der Beziehung zur Muttergesellschaft, ihren strategischen Interessen u. a. manifestiert (Vgl. Heuss 1965; Oberender 1987). Wenn mit der Digitalisierung Markt- und Branchengrenzen zunehmend fließend werden und dadurch breitere Märkte entstehen, wird die Heterogenität tendenziell zunehmen. Die Heterogenität erhöht die Unsicherheit auf dem Markt. Sie trägt vor allem dazu bei, dass eine Prognose, wann und mit welchen Aktivitäten Konkurrenten auf dem Markt agieren und reagieren, schwerer zu treffen ist. Unsicherheiten bestehen darüber, welche Nutzen- und Kostenkategorien der Nachfrager von den Konkurrenten fokussiert werden (m. a. W. welche Geschäftsmodelle sie verfolgen) und wie sich der langfristige Gewinn der eigenen Unternehmung demzufolge entwickelt. Der Wettbewerb kann dadurch intensiviert werden, der Aufbau und Erhalt von KKVs wird erschwert.

Zahlreiche Konkurrenten auf einem Markt führen zu Intransparenz, die einzelne Anbieter des Marktes verleiten könnten, KKVs zu Lasten der Konkurrenten zu schaffen, die dann reagieren, wenn bei diesen die Schwelle der Fühlbarkeit erreicht ist.

Auf **jungen Märkten** mag dies auch gelten, wenn wenige große, gleich ausgestattete Unternehmen auf den Markt agieren (Vgl. Porter 2013, S. 54). Vor allem auf **älteren Märkten** haben Unternehmen u. U. im Zeitablauf eine **Aktions-Reaktions-Verbundenheit** antizipiert (Vgl. Fehl und Oberender 2004, S. 435), d. h. sie haben gelernt, dass sie mit Vorstößen im Wettbewerb zeitlich nur sehr begrenzt, einen temporären KKV erzielen können, da die Konkurrenten meist unverzüglich reagieren. Dies gilt umso mehr dann, wenn auf Märkten mit einer **hohen Konzentrationsrate** (der Markt ist unter wenigen Anbietern ggf. relativ gleich aufgeteilt) andere große Konkurrenten existieren, die über die notwendigen Ressourcen und Fähigkeiten sowie das Wissen für schnelle und umfassende Gegenmaßnahmen verfügen, was ihnen eine schnelle Imitation ermöglicht. In diesem Falle könnte es für alle Unternehmen sinnvoll sein, bestimmte Aktionsparameter zum Aufbau von KKVs nicht zu nutzen (d. h. sie einzufrieren). Als Effekt ergeben sich bei einer geringeren Wettbewerbsintensität konstante Netto-Nutzen-Differenzen und höhere langfristige Gewinne (Vgl. dazu auch Oberender 1973).

▶ In der Zigarettenindustrie wurde lange Jahre der Preis als Wettbewerbsinstrument eingefroren. Alle Zigarettenmarken wurden in der gleichen Menge zum gleichen Preis angeboten. Es war die Zigarettenmarke WEST, die diesen „modus vivendi" auflöste.

Bei einem **langsamen Marktwachstum, hohen Fix- und Lagerkosten, Überkapazitäten** sowie **hohen Marktaustrittsbarrieren** (z. B. aufgrund von Verbindung zu anderen Märkten), **spezialisierten Aktiva und hohen Umstellungskosten** (Vgl. ausführlich Porter 2013, S. 57 ff.) ist ein intensiver Wettbewerb zu erwarten, bei dem realisierte Netto-Nutzen-Differenzen einer Unternehmung schnell bestritten werden, sodass dauerhafte Gewinne schwerer aufzubauen und zu verteidigen sind.

Auch das **Ausmaß der Produktdifferenzierung** (inkl. der Markenvielfalt und -loyalität) bestimmt den Wettbewerb auf dem Markt. Eine **geringe Differenzierung der Leistungen** führt zu einem intensiven Preis- und Servicewettbewerb, um positive Netto-Nutzen-Differenzen aufzubauen und zu erhalten. Als Konsequenz ergeben sich entweder sinkende Erlöse oder steigende Kosten. Die langfristigen Gewinne der Anbieter sinken. Ein **hohes Ausmaß der Leistungsdifferenzierung** auf dem Markt kann als Indiz dafür gewertet werden, dass zielgruppenspezifische Leistungen angeboten werden, die den Idealvorstellungen der Nachfrager sehr nahekommen. Im theoretischen Extremfall würde das Ausmaß der Leistungsdifferenzierung dazu führen, jedem einzelnen Nachfrager sein Idealprodukt anzubieten (Vgl. Freter 2008, S. 82 f.; Vollert 2003, S. 460 f.). Richtig ist, dass dabei die Netto-Nutzen-Differenz steigen kann.

Je spezieller nun eine Leistung zugeschnitten ist, desto geringer ist die Zahl der Kunden, die angesprochen werden können. Werden dabei Möglichkeiten der Digitalisierung bei der Beschaffung, der Produktion und des Absatzes spezieller Leistungen genutzt (Industrie 4.0), bleiben die Grenzkosten im akzeptablen Rahmen (Vgl. Scheer 2016, S. 279). Können diese Möglichkeiten nicht genutzt werden, ergeben sich bei niedrigen Absatzmengen tendenziell hohe Kosten für die Unternehmung, weil Kostensenkungseffekte wie die Fixkostendegression, Economies of scale und Erfahrungskurveneffekte nicht realisiert werden können. In beiden Fällen können die Kosten steigen, wenn die Notwendigkeit besteht, Avancen der Konkurrenten an die eigenen Kunden schnell und vehement zu begegnen. Gewisse Vorteile besitzen Unternehmen, die die Möglichkeit der Digitalisierung zur Kundenansprache nutzen. Zu denken ist hier z. B. an die Möglichkeiten der Marketing Automation (Vgl. Wagener 2018, S. 140). Können hohe Kosten bei niedrigen Absatzmengen nicht durch entsprechend hohe Preise amortisiert werden, sinken die langfristigen Gewinne.

Insgesamt wird die Digitalisierung den Wettbewerb zwischen den Anbietern eines Marktes intensivieren.

Determinanten der Bedrohung durch neue Konkurrenten
Die Bedrohung durch neue Konkurrenten hängt zu großen Teilen von den **Markteintrittsbarrieren** eines Marktes ab. Als Markteintrittsbarrieren können alle Vorteile betrachtet werden, die auf dem Markt etablierte Unternehmer gegenüber potenziellen, neuen Konkurrenten besitzen und letztere davon abhalten, auf den Markt einzutreten. Als Markteintrittsbarrieren werden bisher besonders die Fixkostendegression (Kostendegressionseffekt durch die Verteilung der Fixkosten auf eine höhere Ausbringungsmenge), Economies of scale (niedrigere variable Kosten aufgrund der Größe z. B. durch Rabatte) und Erfahrungskurveneffekte (Kostenreduktion in Folge von Lerneffekten, technischem Fortschritt und Rationalisierung) genannt (Vgl. Bain 1968; Bain 1956 sowie den Überblick bei Böbel 1984). Die Effekte erlauben es etablierten Anbietern bei niedrigen Kosten aktuell oder potenziell niedrige Preise zu realisieren. Newcomer sind zu hohen Investitionen gezwungen, um ähnlich große Kapazitäten aufzubauen, die sie ggf. nicht tätigen wollen oder können. Andernfalls nehmen sie Kosten- und Preisnachteile in Kauf. Soweit sie nicht preisliche Nutzen- bzw. Kostenaspekte der Kunden ansprechen, kann deren Realisation kostenintensiv sein, wobei die Erwirtschaftung von Umsätzen zu deren Amortisation nicht sicher ist. Mit den Möglichkeiten der Digitalisierung nimmt die Bedeutung mengenbezogener Kostenvorteile ab. Bei niedrigen Grenzkosten können neue Anbieter dabei auch mit geringen Mengen in einen Markt eindringen und ihn so gewissermaßen „testen". Als Markteintrittsbarriere kann jedoch weiterhin der Kapitalbedarf zur Umsetzung der Digitalisierung gelten.

Mit zunehmender Digitalisierung werden **Kundenpräferenzen für etablierter Anbieter** als Markteintrittsbarrieren bedeutsamer. Dabei spielen Markenrechte und die Markenloyalität eine besondere Rolle. Auch die Bedeutung besonderer technischer und sozialtechnischer Lösungen etablierter Anbieter wie z. B. ein funktionierendes Mehrkanalsystem (Vgl. Meffert et al. 2019, S. 594 ff.) als Markteintrittsbarriere nehmen zu (Vgl. Kap. 12). Nicht zuletzt spielen positive Kundenurteile und -meinungen in den sozialen Netzwerken als Markteintrittsbarrieren eine Rolle (Vgl. Kotler et al. 2017). Neue Konkurrenten müssen diesen mit niedrigen Preisen oder innovativem Nutzen begegnen.

Potenzielle Konkurrenten besitzen beim Eintritt in einem neuen Markt Nachteile, wenn ihr Angebot bei den Abnehmern zu **Umstellungskosten** führt (Vgl. Porter 2013). Sie müssen dann entweder zu erheblich niedrigeren Preisen anbieten oder einen erheblichen Leistungsvorteil bei ihren Leistungen besitzen, um die Bindungen der Nachfrager zu etablierten Anbietern aufzulösen, um für sich eine positive Netto-Nutzen-Differenz zu schaffen. Beides geht zu Lasten der langfristigen Gewinne.

In vielen Märkten spielt bislang der **Zugang zu Vertriebskanälen** als Markteintrittsbarriere eine entscheidende Rolle (Vgl. Porter 2013). Ein neuer Konkurrent muss dem Handel oft Preisnachlässe oder geldwerte Vorteile anbieten, um ihn für seine Leistung zu gewinnen (Vgl. Kap. 12). Nachteile nimmt ein neuer Konkurrent auch dann in Kauf, wenn etablierte

Anbieter funktionierende Mehrkanalsysteme besitzen. Er muss in beiden Fällen auch im Zeitalter des E-Commerce erhebliche Mittel aufwenden, um ein eigenes Vertriebskanalsystem aufzubauen. Soweit etablierte Unternehmen nur wenige Vertriebskanäle nutzen, die leicht zu imitieren sind (z. B. Bestellung über eine Homepage) oder wenn unabhängige Verkaufsplattformen (wie z. B. Amazon und Ebay) beim Vertrieb eine entscheidende Rolle spielen, nimmt die Bedeutung des Zugangs zu Vertriebskanälen als Markteintrittsbarriere ab.

Im internationalen Wettbewerb dienen vor allem **Zölle** (Vgl. Gröner 1972; Haberler 1970) und **nichttarifäre Handelshemmnisse** (Vgl. Gröner 1977) als Markteintrittsbarrieren. Nicht zu unterschätzen sind daneben **staatliche Interventionen,** die aus der rechtlich-politischen und ökonomischen Umwelt der globalen Umwelt stammen, wie z. B. Patentregelungen und Lizenzzwang, Sicherheitsvorschriften und Testnormen (vgl. Porter 2013). Sie schützen inländische Anbieter eines Marktes vor ausländischer Konkurrenz.

Markteintrittsbarrieren verlangen zusammenfassend von potenziellen Anbietern hohe Anfangsinvestitionen, zwingen sie z. T. zu niedrigen Preisen oder höheren Kosten vgl. Böbel 1984) im Vergleich zur etablierten Konkurrenz. Insgesamt sind damit niedrigere Gewinne verbunden, die einen Markteintritt weniger lukrativ machen. Insgesamt führt die Digitalisierung zu sinkenden Markteintrittsbarrieren.

Für etablierte Anbieter liegt der Vorteil von Markteintrittsbarrieren zum einen in der geringeren Rate der Imitationen ihrer realisierten Netto-Nutzen-Differenzen. Zum anderen werden sie von Innovationen (neuen KKVs) potenzieller Konkurrenten, auf die sie reagieren müssen, geschützt. Beides führt zu gleichbleibenden oder höheren (langfristige) Gewinnen. Für auf dem Markt etablierte Unternehmen ist es sinnvoll, Markteintrittsbarrieren so lange aufzubauen, bis die Kosten des Aufbaus höher sind als die durch sie bedingten Gewinne. Die fortschreitende Digitalisierung schränkt die Möglichkeiten dabei ein.

Determinanten der Bedrohung durch Substitutionsprodukte
Eng verbunden mit dem Problem der Bedrohung durch neue Konkurrenten ist die Bedrohung des Marktes durch Substitutionsprodukte. Letztere werden bereits auf anderen Märkten angeboten und erfüllen ähnliche Funktionen wie das Angebot des betrachteten Marktes.

Der Einfluss von Substitutionsprodukten beruht auf der Tatsache, dass sie Preisobergrenzen oder Mindeststandards für das Angebot des betrachteten Marktes setzen (vgl. Porter 2013) und damit die Gewinne der Anbieter des Marktes begrenzen. Steigen die Preise der Leistungen des betrachteten Marktes über einen bestimmten Punkt oder werden die Mindeststandards nicht erfüllt, sind die Nachfrager nicht mehr bereit ihre „Markt- Loyalität" aufrechtzuerhalten und wechseln zu Substitutionsleistungen. Tendenziell können damit von etablierten Anbietern nur solche Netto-Nutzen-Differenzen aufgebaut werden, deren Kosten sich bei gegebener Preisobergrenze amortisieren lassen. Die Möglichkeiten der Digitalisierung bieten hier zusätzliche Chancen.

Determinanten der Macht der Abnehmer
Wettbewerb beinhaltet immer den Vergleich von individuellen Plänen der Anbieter auf der einen und der Nachfrager auf der anderen Seite. Die Erwartungen, die an diese Pläne geknüpft sind, werden im Wettbewerbsprozess bestätigt oder müssen aufgrund der negativen Rückkoppelung revidiert und angepasst werden. Besitzen Anbieter Machtpotenziale, können sie ihre Pläne zu Lasten der Pläne der Nachfrager durchsetzen (in diesem Fall kann man von einem Verkäufermarkt sprechen); besitzen die Nachfrager die Macht und setzen diese ein, müssen die Anbieter ihre Pläne revidieren (in diesem Fall handelt es sich um einen Käufermarkt). Realistisch besitzen beide Seiten Machtpotenziale. Ausschlaggebend ist dann immer die Machtdifferenz. Hoppmann (1977) führt aus, dass gegen den Einsatz dieser Macht so lange nichts einzuwenden ist, wie sie nicht auf willkürlich gesetzten Wettbewerbsbeschränkungen beruht oder durch diese entstanden ist.

Im Falle des **Käufermarktes** führt die Durchsetzung von Käuferplänen zu niedrigen Preisen, die die Kunden durchsetzen oder zu höheren Kosten auf Anbieterseite. Dies geschieht z. B., wenn Kunden allgemein ihre Erwartungen an nicht preisbezogenen Nutzen- bzw. Kostenaspekte erfüllen, oder z. B., wenn kleine Kundensegmente oder einzelne Kunden ihre Idealvorstellungen durchsetzen, ohne dass die Anbieter kostenbezogene Mengenvorteile realisieren können.

Ob Kunden Macht ausüben, hängt von ihrer Fähigkeit und Willigkeit dazu ab.

Faktoren, die **Machtquellen der Kunden per se** darstellen (vgl. Porter 2013), sind z. B. niedrige Umstellungskosten der Abnehmer, Potenziale der Abnehmer, die ihnen eine Rückwärtsintegration erlauben, die Unerheblichkeit der Leistungen des Marktes für die Kunden (niedriger Netto-Nutzen), die Standardisierung der Leistungen des Marktes, eine hohe Konzentration der Abnehmer, hohe Auftragsvolumina der Abnehmer, ein hoher Informationsgrad der Abnehmer, die Abhängigkeit des Marktes von einer Kundengruppe sowie die Kommunikationsmacht der Kunden (besonders in sozialen Netzwerken). Die Digitalisierung erhöht sowohl den Informationsgrad als auch die Kommunikationsmacht der Nachfrage (vgl. Kotler et al. 2017, S. 41 ff.).

Anreize, die Macht auch tatsächlich auszuüben, sind umso größer, je geringer die Möglichkeiten der Nachfrager sind, auf günstigere oder vergleichbare bzw. bessere Angebotsalternativen auszuweichen. In der Zukunft muss berücksichtigt werden, dass ein leichter Zugang zu Kommunikationskanälen Nachfrager dazu motiviert, ihre Kommunikationsmacht zu nutzen. Zu erwarten ist dies von den von Kotler et al. sogenannten „Netizen", die nicht nur Konsumenten des Internets sind, sondern dieses auch aktiv mit eigenen Beiträgen gestalten, wobei altruistische, aber auch egoistische Motive den Antrieb bilden (Vgl. Kotler et al. 2017, S. 54 ff.). Sie können sich positiv oder negativ zu Unternehmen und deren Angebot äußern und damit in unterschiedlicher Weise zu deren Zielrealisation beitragen.

Aus Anbietersicht muss es das Ziel sein, die Macht der Nachfrager so gering wie möglich zu halten oder so weit einzuschränken, dass die Gewinne durch die Macht der Nachfrager nicht gemindert werden können. Da nicht alle Machtquellen gleichermaßen auf einem Markt bedeutend sind und die Möglichkeit der Anbieter, die Machtquellen zu beeinflussen, je nach

Quelle verschieden ist, sollten von ihnen jene Machtquellen „angegriffen" werden, bei denen die Grenzkosten der Beeinflussung kleiner oder gleich den Grenzerlösen der Beeinflussung sind.

Determinanten der Macht der Lieferanten
Ähnlich wie Abnehmer können auch Lieferanten des Marktes Machtpotenziale besitzen, die es ihnen ermöglichen, ihre Pläne zu Lasten der Pläne der Anbieter des betrachteten Markts durchzusetzen und z. B. höhere Preise für ihre Leistungen zu fordern oder deren Qualität zu senken. Auch dadurch können die möglichen Gewinne der Unternehmen des Marktes sinken. Die Möglichkeiten der Unternehmung zum Aufbau und Erhalt von KKVs werden dadurch eingeschränkt. Es gibt verschiedene **Quellen der Lieferantenmacht** per se: die Lieferantenbranche ist stärker konzentriert als der betrachtete Markt, die Lieferanten haben ihre Leistungen differenziert und/oder Umstellungskosten im Fall des Wechsels zu anderen Lieferanten geschaffen, die Leistungen der Lieferanten sind als Input für den betrachteten Markt wichtig, die Lieferanten haben Potenziale, die ihnen eine Vorwärtsintegration erlauben usw.

Anreize, diese Macht tatsächlich einzusetzen, bestehen z. B., wenn der Markt für die Lieferanten z. B. aufgrund niedriger Bestellvolumina relativ unwichtig ist oder es für die Anbieter des betrachteten Marktes keine Substitutionsmöglichkeiten in Bezug auf die Beschaffung gibt (vgl. Porter 2013).

Die Digitalisierung (inkl. der Möglichkeiten der Industrie 4.0) bietet Lieferanten die Möglichkeit, weltweit Kunden zu suchen und zu bedienen, sodass die Kunden auf einem regional begrenzten Markt an Bedeutung verlieren und die Macht der Lieferanten steigt. In ähnlicher Weise muss argumentiert werden, wenn von Lieferanten mit neuen Geschäftsmodellen im Rahmen der Industrie 4.0 neue Kunden angesprochen werden können, die bisher nicht beliefert wurden.

Unternehmen müssen bestrebt sein, durch strategische Maßnahmen die Macht der Lieferanten einzuschränken. Es gilt, dass dies so lange sinnvoll ist, wie die Grenzkosten dieser Maßnahmen kleiner sind als ihre Grenzerlöse. Hier bieten die Möglichkeiten des Internets und der Digitalisierung zunehmend Chancen. Das Internet erleichtert die weltweite Beschaffung benötigter Materialien. Die Industrie 4.0 erlaubt es Lieferanten, an jedem Ort der Welt zu produzieren. Damit wird der Wettbewerb unter den Lieferanten intensiver.

Tab. 4.11 fasst die aus den fünf Wettbewerbskräften von Porter abgeleiteten Erfolgsfaktoren und ihre Auswirkungen auf den KKV zusammen.

Die Ableitung von Erfolgsfaktoren aus den Ansätzen der Industrial Organization und von Porter ist nicht frei von Kritik.

Wie bereits bei der allgemeinen Kritik am Modell Portes dargestellt, ist die Begrenzung der Strukturbereiche und noch viel mehr die Vorgabe von Strukturnormen im Rahmen der Industrial Organization-Forschung aus wettbewerbstheoretischer Sicht äußerst fragwürdig (vgl. v. Hayek 2011, S. 188). Dies wird u. a. bei den beiden Wettbewerbskräften

4.4 Strategische Marketingaufklärung

Tab. 4.11 Erfolgsfaktoren aus den Wettbewerbskräften Porters und ihre Wirkung auf den KKV

	Erschwerter Aufbau von KKVs	Erleichterter Aufbau von KKVs
Marktnbedingungen	**Homogene Konkurrenten**	**Heterogene Konkurrenten**
	Vielfalt der Ansätze und des Werdeganges; Langsames Marktwachstum; Hohe Fixkosten; Überschusskapazitäten; Homogene Leistungen;	Unterschiedlich große Wettbewerber; Gemeinsamkeiten der Ansätze und des Werdegangs; Hohes Marktwachstum; Branchenführer; Geringe Fixkosten; Differenzierte Produkte;
Leichtigkeit des Marktaustritts	**Schwieriger Austritt**	**Leichter Austritt**
	Spezielle Aktiva; Hohe Austrittskosten; Verflechtung von Sparten;	Veräußerbare Aktiva; Niedrige Marktaustrittskosten; Unabhängige Sparten;
Leichtigkeit des Markteintritts	**Leichter Eintritt**	**Schwieriger Eintritt**
	Niedrige Betriebsgrößenschwelle; Geringes Marken-Franchising; Verbreitete Technologie; Zugang zu Vertriebswegen;	Hohe Betriebsgrößenschwelle; Markenwechsel schwirig; Firmeneigenes Know-how; Eingeschränkte Vertriebswege;
Stärke der Lieferanten	**Starke Lieferanten**	**Schwache Lieferanten**
	Glaubwürdige Drohung der Lieferanten mit Vorwärtsintegration; Konzentration der Lieferanten; Erhebliche Kosten für den Wechsel der Zulieferer;	Viele Lieferanten im Wettbewerb; Glaubwürdige Drohung der Abnehmer mit Rückwärtsintegration; Konzentration der Abnehmer;
Stärke der Abnehmer	**Starke Abnehmer**	**Schwache Abnehmer**
	Konzentration der Abnehmer; Abnehmer kaufen einen erheblichen Anteil des Outputs; Abnehmer drohen glaubwürdig mit Rückwärtsintegration;	Hersteller drohen mit Vorwärtsintegration; Erhebliche Kosten der Abnehmer für Lieferantenwechsel; Zersplitterter Abnehmerkreis; Hersteller liefern kritische Anteile des Inputs des Abnehmers;

Verhandlungsmacht der Abnehmer und Verhandlungsmacht der Lieferanten deutlich: Verhaltenswissenschaftliche Ansätze zeigen, welche vielfältigen Faktoren das Käuferverhalten beeinflussen (vgl. Kroeber-Riel und Gröppel-Klein 2019) und von Porter nicht berücksichtigt werden. Auch reicht die Verhandlungsmacht der Lieferanten nicht aus, um ihren Einfluss auf den Wettbewerb des Marktes adäquat zu erfassen. So können auch Herkunft, Größe, strategische Interessen etc. ihr Verhalten bestimmen. Weiterhin können zusätzliche – von Porter nicht erfasste Wettbewerbskräfte und deren Einflussfaktoren wirken.

Die Untersuchungen und Überlegungen von Porter und der Industrial Organization erfolgen ohne Berücksichtigung spezifischer Stärken und Schwächen der Ressourcenausstattung, der Fähigkeiten und des Wissens einer bestimmten Unternehmung. Deren Berücksichtigung könnte die Ergebnisse von Porter und der Industrial Organization konterkarieren.

Weiterhin geben die Ansätze – mit Ausnahme der Erkenntnisse zu Markteintrittsbarrieren – kaum Hinweise darauf, welche Nutzen- und Kostenkategorien aus Kundensicht für die Schaffung von positiven Netto-Nutzen-Differenzen von der Unternehmung zu berücksichtigen sind.

4.4.2.3 Erfolgsfaktoren des strategisches Geschäftsfelds

Für SGFs wurden im Rahmen des sogenannten **PIMS-Projekts** (PIMS = Profit Impact of Market Strategy) eine Reihe von Faktoren identifiziert, die den Erfolg eines SGF (gemessen am ROI bzw. ROS, dem Cash Flow oder dem Economic Value) beeinflussen. Diese Faktoren können auch als strategische Erfolgsfaktoren gelten.

Das PIMS-Projekt hat seine Wurzeln in der Mitte des letzten Jahrhunderts bei General Electrics, das Daten zur Bestimmung der strategischen Wettbewerbsposition einzelner SGFs sammelte. Weitergeführt durch das Strategic Planing Institut (SPI), wurden Einflussfaktoren auf den **ROI** (Return on Investment = Kapitalrentabilität) bzw. **ROS** (Return on Sales = Umsatzrentabilität) bzw. den längerfristigeren **Economic Value,** der sich aus dem für fünf Jahre diskontierten Cash Flow und dem zukünftigen Marktwert zusammensetzt (vgl. Buzzell und Chussil 1985, S. 3 ff.), von über 3000 unterschiedlichen SGFs aus dem Konsumgüter-, Investitionsgüter- und Dienstleistungsbereich von über 450 Unternehmen aus Nord-/Südamerika und Europa erfasst (vgl. Homburg 2020, S. 476).

Die Einflussfaktoren beziehen sich auf (vgl. Homburg 2020, S. 477; Bea und Haas 2017, S. 137)

- Merkmale des Umfeldes (langfristiges und kurzfristiges Marktwachstum, Preisentwicklung, Anzahl und Größe der Kunden, Kaufhäufigkeit und Kaufumfang),
- die Wettbewerbsposition der SGFs (Marktanteil, relativer Marktanteil im Vergleich zu den drei stärksten Konkurrenten, relative Produktqualität),
- Merkmale der Leistungserstellung (Investitionsintensität, Ausmaß der vertikalen Integration, Kapazitätsauslastung, Produktivität),

4.4 Strategische Marketingaufklärung

- die Budgetaufteilung (Budget für Werbung und Verkaufsförderung, Budget für persönlichen Verkauf),
- die Strategien des SGF (Veränderungen des relativen Preises, der relativen Marketingaufwendungen).

Stärke und Wirkungsrichtung der Erfolgsvariablen auf den ROI/ROS oder Cash flow bzw. Economic Value werden in dieser Quer-Längsschnittanalyse mithilfe einer multiplen Regressionsanalyse bestimmt (vgl. Abell und Hammond 1979, S. 271 ff.; Cravens 1982, S. 79 ff.; Buzzell und Wiersema 1981a, S. 29 ff.;; Naylor 1982, S. 8 ff.; Hambrick und MacMilan 1982, S. 85; Capon und Spogli 1977, S. 219; Buzzell 1983, S. 94 f.; Day 1981, S. 94; Farris und Buzzell 1979, S. 113; Schoeffler et al. 1974, S. 139; Gale 1978, S. 4 ff.; Schoeffler 1977, S. 108 ff.; Schultz und Röper 1983, S. 309 f.; Jacob 1983, S. 262).

Exkurs PIMS-Modell

Dem PIMS-Projekt angeschlossenen Unternehmen standen einige weitere Modelle zur Verfügung, die ihre strategischen Entscheidungen unterstützten (vgl. Homburg 2000, S. 67; Meffert 1994, S. 68 ff.; Abell und Hammond 1979, S. 286 ff.):

- Das **PAR-Modell** (ParROI-Modell) zeigt, welcher ROI für ein SGF unter Berücksichtigung seiner Marktgegebenheiten, der Wettbewerbsposition und sonstiger Kennzahlen normal (par) ist.
- Das **LIM-Modell** (Limited Information Modell) als vereinfachte Version des PAR-Modells mit geringerem Dateninput.
- Das **ROLA-Modell** (Report on Look-Alikes), das Vergleiche eines SGF zu erfolgreichen und nicht erfolgreichen SGF in vergleichbarer Situation liefert.
- Das **Strategie-Simulationsmodell,** mit dessen Unterstützung finanzwirtschaftliche Bewertungen unterschiedlicher strategischer Optionen durchgeführt werden.◄

Als Ergebnisse des PIMS-Projekts wurden 37 Variablen identifiziert, die ca. 80 % der Varianz des ROI/ROS, sowie 19 Variablen, die die Varianz des Cash Flow zu 70 % erklären (vgl. Schoeffler 1977, S. 121). Die wichtigsten Erfolgsfaktoren sind in Tab. 4.12 und 4.13 zusammengestellt (vgl. Buzzell und Gale 1989, S. 40).

Für den wirtschaftlichen Wert (Economic-Value) eines SGF sind vor allem das **Wachstum der Marketingausgaben und** die **Anlageinvestitionen** verantwortlich (vgl. Buzzell und Chussil 1985, S. 9). In erfolgreichen SGF liegen die Ausgaben für diese Bereiche um ca. 5 % höher als in erfolglosen SGF (vgl. Buzzell und Chussil 1985, S. 8). Weiter zeigt sich, dass die in Tab. 4.12 und 4.13 genannten Faktoren auch den Economic-Value maßgeblich beeinflussen (vgl. Buzzell und Gale 1989, S. 188).

Tab. 4.12 Wettbewerbsposition, Strategie und Rentabilität. (Quelle: Buzzell und Gale 1989, S. 40)

Wettbewerbsposition, Strategie und Rentabilität	Wirkung auf	
	ROI	ROS
	(+ = positiv; − = negativ)	
Marktanteile	+	+
Relative Produkt-/Dienstleistungsqualität	+	+
Umsatzanteil neuer Produkte	−	−
F&E-Aufwendungen in % des Umsatzes	−	−
Marketingaufwendungen in % des Umsatzes	−	−
Wertschöpfung in % des Umsatzes*	+	+
Anlagevermögensintensität (bei jew. Kapazität)	−	−
Durchschnittsalter von Anlagen und Ausrüstung	+	+
Arbeitsproduktivität	+	+
Lagerbestand in % des Umsatzes	−	−
Kapazitätsauslastung	+	+
FIFO-Bestandswertung	+	+

Die identifizierten Variablen können sich gegenseitig verstärken oder aufheben. Aufgrund dieser Kollinearität sollten die einzelnen Variablen nicht isoliert, sondern nur in ihrer Gesamtheit betrachtet werden (vgl. Schoeffler 1977, S. 111; Fischer und Zimmermann 1983, S. 143). Ob eine einzelne Variable einen größeren oder kleineren Anteil der Varianz des ROI erklärt, kann nur im Zusammenhang mit den Ausprägungen der anderen Variablen bestimmt werden. Zudem sind Besonderheiten des Marktes und der Unternehmung zu berücksichtigen. Wenn trotzdem immer wieder versucht wird, den Beitrag einer oder weniger der im PIMS-Projekt einbezogenen Variablen zum ROI oder zum Cash Flow zu bestimmen, kann es sich hierbei nur um Tendenzaussagen handeln (vgl. z. B. Abell und Hammond 1979, S. 277; Homburg 2020, S. 477.; Müller-Stewens und Lechner 2016, S. 315 f.). So identifiziert Homburg drei und Müller-Stewens und Lechner acht Erfolgsfaktoren, die einen erheblichen Teil der Varianz des ROI bzw. ROS erklären (vgl. Tab. 4.14).

Bezogen auf die Kundenperspektive des KKV wird die Nutzenseite der Kunden durch die relative Produktqualität beeinflusst. Da Qualität ein subjektives Empfinden des einzelnen Kunden ist (vgl. Abschn. 8.2.2.1), sind Aussagen darüber, welche Nutzenkategorien konkret tangiert werden, nicht möglich. Einen gewissen Einfluss auf Nutzenaspekte kann auch die Innovationsrate besitzen. Alle Faktoren, die die Kosten der Unternehmung tangieren (Investitionsintensität, Produktivität, relativer Marktanteil, Marktwachstum, Innovationsrate, vertikale Integration sowie das Kundenprofil) könnten

4.4 Strategische Marketingaufklärung

Tab. 4.13 Beitrag strategischer Erfolgsfaktoren aus dem PIMS-Projekt zum Unternehmenserfolg. (Quelle: Buzzell und Gale 1989, S. 40)

Markt-/Branchen-Einflüsse auf Rentabilität		
	Wirkung auf	
	ROI	ROS
	(+ = positiv; − = negativ)	
Reales Marktwachstum (jährl. %)	+	+
Stadium der Marktentwicklung		
Wachstum	+	+
Abschwung	−	−
Anstieg der Verkaufspreise	+	+
Konzentration der Einkäufe auf wenige Anbieter	+	(+)[a]
Typische Auftragsgröße der Kunden		
Gering	+	+
Hoch	−	−
Bedeutung des Einkaufs für den Kunden		
Niedrig	+	+
Hoch	−	−
Grad der gewerkschaftlichen Organisation	−	−
Branchenexporte	+	+
Branchenimporte	−	−
Standardisierte Produkte (vr. individuell gefertigte)	+	+

[a]Beziehung statistisch nicht signifikant

die Kostenseite der Kunden dann berühren, wenn sie Auswirkungen auf die Preissetzung der Unternehmen besitzen (und damit auf die monetären Kosten des Kunden). Die relative Produktqualität und die Innovationsrate wirken sich ggf. auf die anderen, vom Kunden berücksichtigte Kostenkategorien aus.

Aus der Anbieterperspektive des KKVs können die relative Produktqualität, das Marktwachstum und der relative Marktanteil Einfluss auf die Erlöse der Unternehmung besitzen. Ggf. bestimmt auch die Innovationsrate die durchsetzbaren Preise und damit den Erlös. Gleichwohl wirken diese Faktoren neben der Investitionsintensität, der Produktivität, der Innovationsrate, der vertikalen Integration sowie dem Kundenprofil auf die Kosten der Unternehmung.

Das PIMS-Projekt wurde immer wieder kritisiert (vgl. Homburg 2020, S. 477 f.). Probleme werden bei den im Modell berücksichtigten Variablen, der Operationalisierung der Variablen, der internen und externen Validität der Variablen und bei der Messung und Auswertung der Variablen gesehen.

Tab. 4.14 Wichtige Faktoren der PIMS-Untersuchung. (Quelle: Müller-Stewens und Lechner 2016, S. 316)

Faktor	Definition	Wirkung
Investitions-intensität	Investition: Wertschöpfung (Investition = betriebsnotwendiges Kapital)	Dieser Faktor wirkt sich negativ auf den ROI aus. Ursache sind Preiskämpfe aufgrund der hohen Investitionen, die geringe Effizienz, mit der das Anlagevermögen genutzt wird oder der erschwerte Austritt aus unrentablen Geschäften
Produktivität	Wertschöpfung pro Mitarbeiter	Eine hohe Produktivität ist immer positiv. Jedoch ist sie nicht so hoch wie anfangs vermutet wurde, denn wird sie durch erhöhte Investitionen erreicht, so reduziert die gestiegene Investitionsintensität gleichzeitig den ROI
Relativer Marktanteil	Eigener Marktanteil: Summe der Marktanteile der drei größten Konkurrenten	Ein hoher Marktanteil trägt signifikant zur Rentabilität bei. Gründe dafür liegen in Economies of Scale, der Risikoaversion der Kunden, der Qualität des Managements sowie der Marktmacht der Geschäftseinheit gegenüber Lieferanten, Kunden und Wettbewerbern
Marktwachs-tumsrate	Prozentuale Wachstumsrate des bedienten Marktes	Eine Wachstumsrate ist positiv für den absoluten Gewinn, neutral bezüglich des relativen Gewinns und sogar negativ für die Cash flows, da intensiv investiert wird. Je weiter sich das Produkt im Lebenszyklus fortbewegt, desto mehr nimmt der ROI ab
Relative Qualität	Umsatzanteil aus Produkten mit überlegener Qualität minus Umsatzanteil aus Produkten mit unterlegener Qualität	Die Produktqualität wird aus Sicht des Kunden beurteilt. Eine im Vergleich zur Konkurrenz hohe Qualität wirkt sich stark positiv aus. Höhere Preise werden durchsetzbar und mit zunehmendem Marktanteil sinken zudem die relativen Kosten. Beides erhöht den ROI
Innovations-rate	Umsatzanteil von Produkten, die nicht älter als drei Jahre sind	Eine hohe Innovationsrate ist nur bis zu einem gewissen Grad (Marktanteil) positiv. Danach übersteigen die Kosten den geschaffenen Mehrwert. Sie zahlt sich insbesondere bei einem hohen Marktanteil aus, hat jedoch bei kleinen Marktanteilen einen negativen Einfluss

(Fortsetzung)

Tab. 4.14 (Fortsetzung)

Faktor	Definition	Wirkung
Vertikale Integration	Wertschöpfung: Umsatz	Sie ist positiv nur in reifen, stabilen Märkten, hingegen negativ sowohl in wachsenden wie auch in schrumpfenden Märkten. Das Verhältnis zwischen vertikaler Integration und ROI lässt sich als V-förmige Kurve darstellen, was entweder für eine hohe oder niedrige vertikale Integration spricht
Kundenprofil	Anzahl der direkten Kunden, die 50 % des Umsatzes ausmachen	Eine eher kleine Kundenzahl wirkt sich positiv aus. Die Marketingintensität kann hier geringer ausfallen und dies reduziert die Kosten

Probleme bei der Auswahl der Variablen

Die Ergebnisse des PIMS-Projekts beruhen auf einer Querschnittsanalyse über verschiedene Branchen. Für ein SGF in einer bestimmten Branche verändert sich u. U. die Wichtigkeit der identifizierten Variablen oder es sind gänzlich andere Variablen relevant (vgl. Roventa 1979, S. 117). Darüber hinaus ist nicht geklärt, inwieweit die Wirkungsverzögerungen einzelner Variablen erfasst sind (vgl. Lange 1982, S. 36). Des Weiteren wird häufig bemängelt, dass mit dem ROI oder dem Cash Flow eher kurzfristige Erfolgsgrößen als abhängige Variablen ausgewählt wurden (vgl. Day 1981, S. 97; Lorange 1980, S. 85; Lange 1982, S. 34; Mechlin und Berg 1980, S. 94). Hier wurde eine Verbesserung durch den Economic-Value-Ansatz erreicht. Ferner wird vorgeschlagen, mehrere interdependente Ziele und die sie beeinflussenden Variablen zu berücksichtigen (vgl. zu solch einem Ansatz Schendel und Patton 1978, S. 1612).

Probleme bei der Operationalisierung der Variablen

Kritik ist vor allem an der Operationalisierung der Erfolgsgröße „absoluter und relativer Marktanteil" zu üben, da beide Größen von der – wie in Abschn. 3.2.1.1 erläutert – subjektiv geprägten Abgrenzung des relevanten Marktes eines SGF abhängen (vgl. Buzzell und Wiersema 1981a, S. 31; Vollert 2004, S. 67 ff.; Meffert et al. 2019, S. 217 ff.) und vor allem die Operationalisierung des relativen Marktanteils (Marktanteil der eigenen Unternehmung zum Marktanteil der drei größten Konkurrenten) eher geeignet ist, die Konzentration der Anbieter abzubilden (vgl. Böhler 1983, S. 245; Wittek 1980, S. 103).

Darüber hinaus ergeben sich erhebliche Probleme bei der Operationalisierung der Erfolgsgröße „relative Produktqualität" (vgl. Philips et al. 1983, S. 27), die zum einen von den Mitarbeitern beurteilt wird und nicht, wie z. B. auch die ISO 9001:2015 es fordert, von Kunden (vgl. Buzzell und Wiersema 1981b, S. 137) und bei der zum anderen weder der Ansatz der Beurteilung (vgl. Garvin 1984, S. 25 ff.) noch die Beurteilungsdimensionen bekannt sind (vgl. Schultz und Röper 1983, S. 312).

Ein weiterer Kritikpunkt bezieht sich auf den definitorischen Zusammenhang der Variable Investitionsintensität (Investitionssumme/Umsatzerlös) und dem ROI (Umsatzerlös-Aufwendungen /Investitionssumme) (vgl. Schultz und Röper 1983, S. 312).

Probleme der internen und externen Validität der Daten
Die interne Validität der PIMS-Ergebnisse ist durch die Probleme, die mit der Erfassung der Daten durch standardisierte, schriftliche Befragung verbunden sind, gefährdet. Zudem könnten Scheinkorrelationen die Ergebnisse beeinflussen. Dies ist dann der Fall, wenn eine Korrelation zweier Größen nicht auf ihren kausalen Zusammenhang beruht, sondern aus der Wirkung einer dritten Variablen, die beide Größen beeinflusst. So könnte der positive Zusammenhang von relativem Marktanteil von der Fähigkeit des Managements, der Unternehmenskultur, dem Unternehmensimage, der Effizienz der Marktbearbeitung sowie der Effizienz der F&E erklärt werden.

Die externe Validität ist dann nicht erreicht, wenn bewusst erfolglose oder erfolgreiche SGF zur Teilnahme am PIMS-Projekt ausgewählt wurden, was angesichts der weiteren möglichen Analysemodelle nicht unwahrscheinlich ist. Weiterhin muss die Repräsentativität der Ergebnisse angezweifelt werden, da eine Vielzahl von SGF im Projekt in reifen Märkten agiert (vgl. zu dem Problem der internen und externen Validität Buzzell und Wiersema 1981a, S. 31; Woo und Cooper 1981, S. 305; Capon und Spogli 1977, S. 221; Buzzell 1981, S. 45; Day 1981, S. 94; Lange 1982, S. 36; Buzzell und Wiersema 1981b, S. 143 f.; Böhler 1983, S. 241; Wittek 1980, S. 103; Cravens 1982, S. 87 f.; Abell und Hammond 1979, S. 383 f.; Homburg 2020, S. 477). Nicht zuletzt wird kritisiert, dass die in der Untersuchung von PIMS ermittelten Ergebnisse vergangenheitsbezogen sind und sich ermittelte Zusammenhänge in der Zukunft verändern können, wobei identifizierte Variablen bedeutungslos und neue Einflussfaktoren wichtig werden.

Probleme bei der Messung und Auswertung der Variablen
Viele Variablen des PIMS-Projekts sind kollinear miteinander verknüpft. Insofern können zur Formulierung von Strategien nicht wahllos als relevant erachtete Variablen aus dem PIMS-Projekt herangezogen werden (vgl. Capon und Spogli 1977, S. 222; Day 1981, S. 98; Abell und Hammond 1979, S. 376). Wenn nicht alle in der Untersuchung ermittelten Schlüsselfaktoren herangezogen werden sollen, ist zumindest darauf zu achten, „… that multicollinear clusters of variables are moved together." (Schoeffler 1977 S. 112; ähnlich Abell und Hammond 1979, S. 376).

Kritisch zu beurteilen ist der unterstellte, monokausale Zusammenhang von ROI und den identifizierten Schlüsselfaktoren (vgl. zu anderer Meinung Jacob 1983, S. 266), da eine Bedeutung des ROI als unabhängige Variable ex ante nicht ausgeschlossen werden kann (vgl. Lange 1982, S. 34 f.), was auch der KKV vermuten lässt (vgl. Abschn. 1.2.3.1).

Trotz der zahlreichen Kritik gibt der Ansatz auch einem heterogenen Management Einblick, welche Variablen die Strategie eines SGF u. U. erfüllen muss, um zum Aufbau und

Erhalt von KKVs beizutragen (vgl. Abell und Hammond 1979, S. 375; Capon und Spogli 1977, S. 219; Naylor 1982, S. 11; Day 1981, S. 95; Wensley 1982, S. 149 ff.).

Die Relevanz der Daten ergibt sich auch aus ihrer teilweise theoretisch geleiteten Vorauswahl (vgl. Schoeffler 1977, S. 114, und die konträren Sichtweisen bei Cravens 1982, S. 87 f.; Lange 1982, S. 34; Roventa 1979, S. 119; Felzmann 1982, S. 35). Insbesondere besteht auch die Möglichkeit durch einen quasi-experimentellen Versuchsaufbau Störeinflüsse und die Wirkung strategischer Maßnahmen zu eliminieren (vgl. Böhler 1983, S. 238).

4.4.2.4 Erfolgsfaktoren der strategischen Gruppe

Trotz allgemeiner Merkmale des Marktes unterscheiden sich die Möglichkeiten zum Aufbau und Erhalt von KKVs auf dem Markt zwischen den unterschiedlichen strategischen Gruppen (vgl. Porter 2013, S. 189). Die Gründe dafür sind (vgl. Böhler 1983, S. 218 f.; Porter 2013, S. 198)

- die unterschiedliche Wirkung der fünf Wettbewerbskräfte auf die unterschiedlichen strategischen Gruppen,
- der Wettbewerb zwischen strategischen Gruppen sowie
- der Wettbewerb zwischen den Unternehmen einer strategischen Gruppe.

Die fünf Wettbewerbskräfte i. S. Porters besitzen zwar Einfluss auf alle Unternehmen einer Branche, treffen aber unterschiedliche strategische Gruppen und sich darin befindliche Unternehmungen mit **unterschiedlicher Wirkung und Intensität,** sodass sich deren Möglichkeiten zum Aufbau und Erhalt von KKVs unterscheiden.

▶ So hängt die Intensität, mit der die Verhandlungsmacht der Nachfrager oder der Lieferanten Einfluss auf eine strategische Gruppe nimmt, entscheidend von deren Strategien und den damit realisierten KKVs ab (vgl. Porter 2013, S. 191 f.). Unterschiedliche strategische Gruppen können **unterschiedliche Machtpositionen bei gemeinsamen Nachfragern oder Lieferanten** besitzen, oder aber unterschiedliche Strategien bedingen für unterschiedliche strategische Gruppen auch **unterschiedliche Lieferanten und Kunden.** Ähnlich kann bei der Gefahr durch Substitutionsprodukte argumentiert werden.

Auch der **Wettbewerb zwischen den strategischen Gruppen** eines Marktes bestimmt die Möglichkeiten zum Aufbau und Erhalt von KKVs. Dabei spielen die Zahl und relative Größe der strategischen Gruppen, die Ansprache gleicher Zielgruppen durch unterschiedliche strategische Gruppen, das Ausmaß der Leistungsdifferenzierung und die Verschiedenartigkeit der Strategien unterschiedlicher strategischer Gruppen eine Rolle (vgl. Porter 2013, S. 193 f.). Diese Variablen können als strategische Erfolgsfaktoren gelten. Eine **hohe Zahl an strategischen Gruppen** erhöht die Unsicherheit auf dem Markt.

Unterschiede in den Strategien, der Risikobereitschaft, des Zeithorizonts, sowie des Preis- und Qualitätsniveaus u. a. bei vielen strategischen Gruppen machen es schwerer bzw. unmöglich, die Absichten der Konkurrenten zu erkennen und sich darauf einzustellen, was die Wahrscheinlichkeit von (unbeabsichtigten) Konkurrenzkämpfen erhöht und den Aufbau und Erhalt von KKVs erschwert. Diese Gefahr sinkt bei abnehmender Zahl der strategischen Gruppen. Unterschiede in der **relativen Größe der strategischen Gruppe** (z. B. gemessen am Marktanteil) führen tendenziell zu einem geringeren Wettbewerb. Während Aktivitäten kleiner strategischer Gruppen die Schwelle der Fühlbarkeit großer strategischer Gruppen kaum erreicht, werden kleine strategische Gruppen aus Angst vor Vergeltungsmaßnahmen auf Angriffe großer strategischer Gruppen eher verzichten. Der Wettbewerb innerhalb kleiner strategischer Gruppen kann dadurch aber intensiviert werden. Die **Position einer strategischen Gruppe** auf dem Markt determiniert deren potenzielle langfristige Gewinne. Während in einer strategischen Gruppe insgesamt hohe langfristige Gewinne erzielbar sind, können diese in anderen strategischen Gruppen niedrig sein. Damit verbunden ist der Anreiz von Unternehmen anderer strategischer Gruppen mit niedrigeren Gewinnen in strategische Gruppen mit hohem Gewinnpotenzial einzudringen. Ob dies gelingt, hängt von den **Mobilitätsbarrieren** ab. Soweit unterschiedliche strategische Gruppen **unterschiedliche Zielgruppen** bzw. Kundensegmente ansprechen, wird sich der Wettbewerb tendenziell verringern. Demgegenüber wird der Wettbewerb intensiv sein, wenn alle oder viele strategischen Gruppen die gleichen Kunden bearbeiten. Eng damit verbunden ist das Ausmaß der Leistungsdifferenzierung zwischen strategischen Gruppen. Wenn unterschiedliche strategische Ansätze in den verschiedenen strategischen Gruppen z. B. bzgl. Qualität, Preis, Markenpolitik etc. zu einer **Differenzierung der Leistung** führen, ist der Wettbewerb weniger intensiv als bei relativ gleichartigen Leistungen unterschiedlicher strategischer Gruppen. Zuletzt bestimmt die **strategische Distanz** die Unsicherheit und den Wettbewerb zwischen den strategischen Gruppen. Sehr voneinander abweichende strategische Ansätze sind Anzeichen unterschiedlicher Vorstellungen über die Umwelt und die Art des Wettbewerbs. Dies verursacht Unsicherheiten und das Lernen einer Aktions- Reaktions-Verbundenheit (zum Begriff (vgl. Fehl und Oberender 2004, S. 435) geht u. U. nur sehr langsam vonstatten. Dies wiederum führt dazu, dass die Unternehmungen in unterschiedlichen strategischen Gruppen ihre Verhaltensweisen gegenseitig nicht verstehen und (z. T. ungewollt) Konkurrenzkämpfe initiieren. Bei einer geringen Distanz der strategischen Gruppen ist das weniger wahrscheinlich.

Wettbewerb zwischen Unternehmen einer strategischen Gruppe und damit der erzielbare Gewinn einer Unternehmung innerhalb einer strategischen Gruppe hängt von der Zahl der Anbieter in einer strategischen Gruppe, der Position der strategischen Gruppe auf dem Markt, den Mobilitätsbarrieren, der Unternehmensgröße, dem strategischen Verhalten und der Fähigkeit der Unternehmung zur Umsetzung der Strategie ab (vgl. Porter 2013, S. 198 f.). Auch diese Größen können als Erfolgsfaktoren gelten.

In Abhängigkeit der **Zahl der Anbieter** teilt sich der langfristige Gewinn auf die Unternehmen einer strategischen Gruppe auf. Je höher die Zahl der Konkurrenten in einer strategischen Gruppe, desto niedriger ist tendenziell das Gewinnpotenzial der einzelnen Unternehmung und setzt bei niedrigen Gewinnen Anreize, eigene Gewinne zu Lasten der Konkurrenten in der strategischen Gruppe zu steigern. Zudem kann das Ausmaß der Unsicherheit steigen. Auch **Größenunterschiede der Konkurrenten** innerhalb einer strategischen Gruppe nehmen auf den Aufbau und Erhalt von KKVs Einfluss. Bei wenigen großen Unternehmen in einer strategischen Gruppe ist (insb. auf älteren Märkten) die Gefahr des Wettbewerbskampfes geringer als bei vielen kleinen Unternehmen. Der Grund dafür mag in der besseren Erkennbarkeit der Aktions-Reaktionsverbundenheit liegen. Auch eine unterschiedliche Größe der Konkurrenten in einer strategischen Gruppe mag die Wettbewerbsintensität verringern. Während für große Unternehmen die Aktivitäten kleiner Unternehmen kaum spürbar sind, werden kleine Unternehmen den Konkurrenzkampf mit großen Unternehmen tendenziell scheuen. Dies gilt insbesondere, wenn große Unternehmen in einer strategischen Gruppe über Fixkostendegressionseffekte, Skaleneffekte (Economies of scale) und Erfahrungskurveneffekte ihre Stückkosten weitaus mehr senken können, als dies kleine Unternehmen vermögen. Entwicklungen im Zusammenhang der Industrie 4.0 können diese Überlegungen konterkarieren. Der Erfolg der Unternehmen in einer strategischen Gruppe hängt auch von deren **Fähigkeiten zur Umsetzung der gewählten Strategie** ab (vgl. Porter 2013, S. 200). Die Implementierung ist deshalb besonders wichtig, weil mangelndes Implementierungsverständnis fast immer zu Problemen führt. Eine gute Implementierungsfähigkeit kann demgegenüber selbst eine unangemessene Strategie zumindest teilweise ausgleichen (vgl. Hilker 1993).

Tab. 4.15 fasst die Erfolgsfaktoren der strategischen Gruppe zusammen.

Tab. 4.15 Erfolgsfaktoren der strategischen Gruppe

Unterschiedliche Wirkung der Wettbewerbskräfte	Wettbewerb zwischen strategischen Gruppen	Wettbewerb innerhalb der strategischen Gruppe
In Abhängigkeit der strategischen Schwerpunkte	Zahl der strategischen Gruppen eines Marktes; Relative Größe der strategischen Gruppen; Position der strategischen Gruppe auf dem Markt; Ansprache gleicher Zielgruppen durch unterschiedliche strategische Gruppen; Ausmaß der Leistungsdifferenzierung zwischen strategischen Gruppen; Strategische Distanz unterschiedlicher strategischer Gruppen;	Zahl der Anbieter in einer strategischen Gruppe; Größe der Anbieter in einer strategischen Gruppe; Fähigkeit zur Umsetzung der Strategie; Mobilitätsbarrieren; Strategisches Verhalten;

Es wird deutlich, dass Erfolgsfaktoren zu den strategischen Gruppen insbesondere den langfristigen Gewinn einer Unternehmung erklären. Hinweise zum Netto-Nutzen ergeben sich vor allem aus der Position der strategischen Gruppe auf dem Markt und dem Ausmaß der Leistungsdifferenzierung.

Eine kritische Würdigung der Erfolgsfaktoren der strategischen Gruppe zeigt, dass die Ergebnisse der Erfolgsfaktorenforschung zur strategischen Gruppe Hinweise auf die Positionen strategischer Gruppen eines Marktes geben, die es ermöglichen, KKVs aufzubauen und zu erhalten. Sie zeigen weiterhin die Voraussetzungen zum Aufbau und Erhalt von KKVs in einer strategischen Gruppe.

Die empirischen Befunde und Überlegungen müssen aber auch kritisch betrachtet werden. Bei allen Untersuchungen handelt es sich um Querschnittsanalysen über verschiedene Branchen hinweg. Die Untersuchungsergebnisse beziehen sich demzufolge auf Durchschnittswerte, die auf einem spezifischen Markt so nicht gelten müssen. Zudem können neue strategische Gruppen gebildet werden, in denen ggf. andere Regeln herrschen. Die Untersuchungen gehen von der Annahme eines monokausalen Zusammenhangs zwischen Struktur- bzw. Verhaltensvariablen einerseits und Ergebnisvariablen andererseits aus (Lenz 1981). Hierbei ist anzumerken, dass Ergebnisvariablen nicht nur Folge ergriffener, sondern auch Voraussetzung zukünftiger strategischer Maßnahmen sein können.

Zudem bleibt anzuzweifeln, ob die Realität mit wenigen Struktur- und Verhaltensvariablen beschrieben werden kann, wodurch der Vorwurf einer zu starken Vereinfachung der Realität im Raum steht. Weiterhin werden Ergebnisse zur strategischen Gruppe ohne Berücksichtigung unterschiedlicher Stärken und Schwächen von Unternehmen ermittelt, sodass sie um Erfahrungen einzelner Unternehmen ergänzt bzw. modifiziert werden sollten. Nicht zuletzt kann einer Unternehmung auch ein weniger hoher langfristiger Gewinn genügen, wenn sie z. B. ihre Prioritäten auf anderen Märkten legt.

4.4.2.5 Erfolgsfaktoren der Kunden und Kundensegmente

Als Erfolgsfaktoren der Kunden bzw. Kundensegmente können Kriterien zur Bestimmung des Kundenwerts gelten (vgl. Abschn. 10.1.1).

Der **Kundenwert einzelner Kunden** wird mit eindimensionalen monetären und nicht monetären sowie mehrdimensionalen Ansätzen bestimmt. Eindimensionale monetäre Ansätze zur Beurteilung einzelner Kunden (vgl. Eggert 2017, S. 42) wie der Umsatz und die Rentabilität bzw. Umsatz- und Rentabilitätspotenziale (vgl. Köhler 2005) bzw. auch der Customer Lifetime Value weisen auf die Anbieterperspektive des KKVs und somit auf einen langfristigen Gewinn der Unternehmung hin. Dies gilt z. T. auch für die eindimensionalen, nicht monetären Ansätze. Die Kaufhäufigkeit wirkt direkt auf den langfristigen Gewinn. Die Kundenzufriedenheit bestimmt den langfristigen Gewinn unter der Bedingung, dass sie zur langfristigen emotionalen Kundenbindung führt (Homburg et. al. 2017, S. 113). Soweit die Kundenzufriedenheit mehrdimensional gemessen wird, lassen sich auch Gründe zum Aufbau und Erhalt von positiver Netto-Nutzen-Differenzen ableiten.

4.4 Strategische Marketingaufklärung

Bei den mehrdimensionalen Ansätzen zur Bestimmung des Kundenwerts (vgl. Köhler 2005) geben die Kriterien zur Bestimmung zukünftiger Kundenattraktivität (wie das Bedarfsvolumen des Kunden, die Möglichkeit der Preisdurchsetzung, die Bonität und das Zahlungsverhalten sowie das Loyalitäts- und das Deckungsbeitragspotenzial) Hinweise auf den langfristigen Gewinn. Dies gilt auch für eine Vielzahl der Kriterien zur Bestimmung der zukünftigen Lieferantenposition (Lieferanteil beim Kunden, Dauer der Lieferbeziehung, Auftragskontinuität, erzielbare Deckungsbeiträge beim Kunden). Hinweise zum Aufbau und Erhalt von positiven Netto-Nutzendifferenzen liefern u. a. die Kriterien durchsetzbare Preise, Kundenzufriedenheit (soweit deren Gründe offengelegt sind) und das Unternehmensimage.

Die in ganzheitlichen Ansätzen genutzten Größen zur Beurteilung der Kunden (vgl. Cornelsen 2017; Tomczak und Rudolf –Sipötz 2003; Diller 2002) beeinflussen definitionsgemäß den langfristigen Gewinn. Aus dem Cross-Selling-Wert (welche zusätzlichen Leistungen könnte der Kunde kaufen), dem Informationswert, dem Synergiewert und dem Preispremium lassen sich Hinweise zur Realisation positiver Netto-Nutzen-Differenzen ableiten.

Auch **Kriterien zur Beurteilung ex ante gebildeter Segmente** (vgl. Freter 2008) können als Erfolgsfaktoren gelten. Hinweise auf den langfristigen Gewinn geben insbesondere die Kriterien zur Bestimmung der zukünftigen Segmentattraktivität (u. a. Segmentgröße und -potenzial, Kosten der Segmenterschließung und –bearbeitung, Wettbewerbsintensität um das Segment, Erreichbarkeit des Segments usw.). Die Kriterien zur Bestimmung der Lieferantenposition (Mitarbeiterqualität, Finanzkraft der Unternehmung, Unternehmensgröße usw.) verweisen insbesondere auf Möglichkeiten zur Gestaltung positiver Netto-Nutzen-Differenzen.

4.4.2.6 Erfolgsfaktoren der unternehmensinternen Umwelt

Um unternehmensinterne Erfolgsfaktoren zu identifizieren, können die im Resource-based View (RBV), Capability-based View (CBV) und dem Knowledge-based View (KBV) dargestellten Ressourcen, Fähigkeiten und das Wissen untersucht werden.

Um Auswirkungen der im **RBV** betrachteten **heterogenen Ressourcen** auf die Kundenperspektive des KKV zu analysieren, muss die Annahme getroffen werden, dass sich die Unternehmung mit den damit entstehenden Leistungen und Prozessen auf dem Markt durchsetzt. Die Aussagen sind somit hypothetisch. Werden auf dem Markt **bekannte Leistungen** erstellt, können Bezug und Nutzung unterbewerteter Ressourcen von strategischen Faktormärkten, die ggf. von Konkurrenten aufgrund der kausalen Ambiguität nicht genutzt werden, der Unternehmung ceteris paribus bei niedrigeren Kosten verglichen mit der Konkurrenz niedrigere Preise erlauben und damit die monetären Kosten der Kunden senken. Handelt es sich um Ressourcen bzw. Ressourcenkombinationen mit denen **innovative Leistungen** geschaffen werden, können der Nutzen (funktionale, ökonomische, prozessbezogene, emotionale und soziale Nutzen) der Kunden gesteigert bzw. auch deren zeitliche, kognitive oder physischen Anstrengungen gesenkt werden. Insgesamt verbessert sich die Netto-Nutzen-Differenz. Die Ressourcenimmobilität verleiht diesen Tendenzen ebenso wie die ex post Beschränkung des Wettbewerbs (gewisse) Dauerhaftigkeit.

Bezogen auf die Anbieterperspektive des KKV steigern unterbewertete Ressourcen von strategischen Faktormärkten den langfristigen Gewinn der Unternehmung. Die Unternehmung realisiert Ricardo-Renten. Soweit kausale Ambiguität die Konkurrenz von der Nutzung der Ressource abhält, wird ihr Preis nicht durch eine steigende Nachfrage „angeheizt", sodass vor diesem Hintergrund die Ricardo-Renten relativ dauerhaft erwirtschaftet werden. Die unternehmensspezifische Nutzung der betrachteten Ressourcen und ein eingeschränkter Faktormarkt können zur Realisation von Quasi-Renten und Schumpeter-Renten führen. Im ersten Fall werden mit den betrachteten Ressourcen etablierte, im zweiten Fall innovative Leistungen erstellt. Diese Gewinne werden der Unternehmung nur dann langfristig zufließen, wenn zugleich durch begrenzte Substitution bzw. durch isolating mechanism eine Imitation verhindert wird und Bain-Renten erwirtschaftet werden.

Tab. 4.16 fasst die die Erfolgsfaktoren des RBV zusammen.

Der RBV kann nur bedingt zur Identifikation von Erfolgsfaktoren beitragen. Seine Erkenntnisse lassen Aussagen darüber zu, warum die vorhandenen (auf dem Markt durchgesetzten) Ressourcen bzw. Ressourcenkombinationen vor dem Hintergrund der vorhandenen Fähigkeiten und des vorhandenen Wissens der Unternehmung momentan zum Aufbau und Erhalt von KKVs beitragen und damit als Erfolgsfaktoren gelten können. Eine ex ante Identifikation wertvoller Ressourcen liefert der RBV bestenfalls unter der

Tab. 4.16 Erfolgsfaktoren des RBV

Kennzeichen der Ressourcen	Kundenperspektive		Anbieterperspektive
	Nutzen der Kunden	Kosten der Kunden	Langfristiger Gewinn
Heterogene Ressourcen	Beeinflussung aller Aspekte des Netto-Nutzens		
Unterbewertete Ressourcen; Kausale Ambiguität bei den Konkurrenten;		Niedrigere Preise	Ricardo-Rente
Exklusive Nutzung der Ressource/ Ressourcenkombination innerhalb der Unternehmung; Eingeschränkter Faktormarkt;	Steigerung des funktionalen, monetären, prozessbezogenen, emotionalen, sozialen Nutzens bei Nutzung der Ressourcen für innovative Leistungen	Reduktion der zeitlichen, kognitiven und physischen Anstrengungen bei Nutzung der Ressourcen für innovative Leistungen	Quasi-Rente: Schumpeter-Rente;
Begrenzte Substituierbarkeit; Isolating mechanism;			Bain-Rente

4.4 Strategische Marketingaufklärung

Annahme, dass neue Ressourcen mit vorhandenen Fähigkeiten und Wissen auf unveränderten Märkten alte Ressourcen substituieren und zum Aufbau und Erhalt von KKVs beitragen.

Um den **Beitrag des CBV zur Erfolgsfaktorenforschung** zu klären, macht es Sinn, zwischen den Fähigkeiten erster und zweiter Ordnung zu unterscheiden (vgl. Danneels 2002, S. 1112 f.).

Fähigkeiten erster Ordnung können den Aufbau und Erhalt nur mit momentan in der Unternehmung vorhandenen Ressourcen auf momentan existierenden Märkten erklären. Ihre prognostische Relevanz ist eingeschränkt.

Routinierte Verhaltens- bzw. Handlungsmuster steigern dabei die Effektivität und Effizienz der Unternehmung. Aus der Kundenperspektive des KKVs wird die Steigerung der Effektivität genutzt, um den funktionalen, monetären, prozessbezogenen, sozialen und emotionalen Nutzen des Kunden zu erhöhen und dessen zeitlichen und kognitiven Aufwand z. B. bei der Suche nach Fehlerursachen), sowie dessen physische Belastung zu reduzieren.

▶ Porter und Guth beschreiben dies am Beispiel des deutschen Gesundheitswesens bei der Mortalität von Frühgeborenen. Während die Sterblichkeit von vor der 26. Woche geborenen Frühchen in großen Zentren mit hohen Fallzahlen und einer damit automatisch verbundenen Routine bei 15 % liegt, beträgt sie in kleinen Krankenhäusern mit geringeren Fallzahlen und geringer Routine mit 33 % mehr als das doppelte (vgl. Porter und Guth 2012, S. 136).

Die Bedeutung von Routinen für die Effizienz kommt z. B. in der Erfahrungskurve zum Ausdruck (vgl. Henderson 1984, S. 19). Ihre kostensenkenden Effekte könnte die Unternehmung in Form niedriger Preise an die Kunden weitergeben, sodass deren monetäre Kosten sinken.

Aus Unternehmenssicht des KKVs können Fähigkeiten erster Ordnung die Gewinne steigern. Routinierte Verhaltens- und Handlungsmuster ermöglichen der Unternehmung die Erwirtschaftung von Quasi-Renten, während die Beeinflussung von kognitiven Strukturen, der Gruppen- und Individualinteressen sowie der Unternehmenskultur zu Ricardo-Renten führen kann. Der unternehmensspezifische Pfad bei der Entwicklung von Fähigkeiten trägt zur Erwirtschaftung von Bain-Renten bei. Werden durch die Veränderung von Fähigkeiten Handlungsspielräume erweitert, ermöglicht dies die Realisation von Schumpeter-Renten. Insgesamt kann der langfristige Gewinn steigen.

Auch die dynamic capabilities als Fähigkeiten zweiter Ordnung wirken auf die Kunden- und Anbieterperspektive des KKVs. Während das Sensing beide Perspektiven tangiert, beeinflusst das Seizing vor allem den Nutzen und die Kosten des Kunden. Das Reconfigering beeinflusst wiederum die langfristigen Gewinne der Unternehmung, wobei dies durch die Realisation von Riccardo-, Bain-, Schumpeter- und Quasirenten geschieht. Tab. 4.17 fasst den Zusammenhang von CBV und KKV zusammen.

Tab. 4.17 Erfolgsfaktoren des CBV

Art der Fähigkeit	Kennzeichen der Fähigkeiten	Kunden-perspektive		Anbieter-perspektive
		Nutzen der Kunden	Kosten der Kunden	Langfristiger Gewinn
Fähigkeiten erster Ordnung	Routinierte Verhaltens- bzw. Handlungsmuster	Steigerung des ökonomischen, Prozessbezogenen, sozialen und emotionalen Nutzens	Reduktion der monetären Kosten, des zeitlichen und kognitiven Aufwands und der physischen Belastung	Quasi-Renten
	Beeinflussung der kognitiven Strukturen, der Gruppen- und Individual-interessen, sowie der Unternehmenskultur			Ricardo-Renten
	Unternehmensspezifische Pfad zur Entwicklung von Fähigkeiten			Bain-Renten
	Potenzialcharakter	Vergrößerung des funktionalen Nutzens		Schumpeter-Renten
Fähigkeiten zweiter Ordnung (Dynamic Capabilities)	Sensing	Erkennen von Möglichkeiten zur Schaffung positiver Netto-Nutzen-Differenzen		Erkennen von Möglichkeiten zur Erzielung langfristiger Gewinne
	Seizing	Schaffung positiver Netto-Nutzen – Differenzen		
	Reconfiguring			Schaffung langfristiger Gewinne

Tab. 4.18 Erfolgsfaktoren des KBV

	Kunden-perspektive		Anbieter-perspektive
Kennzeichen des Wissens	Nutzen der Kunden	Kosten der Kunden	Langfristiger Gewinn
Absorptionsfähigkeit von Wissen	Beeinflussung aller vom Kunden berücksichtigter Kosten- und Nutzenkategorien		Ricardo-Renten Quasi-Renten Schumpeter-Renten
Unternehmensspezifischer Pfad der Aufnahme und Verbreitung von Wissen			Quasi-Renten
Kausale Ambiguität			Bain-Renten

Auch der **KBV** zeigt Erfolgsfaktoren der Unternehmung. Aus der Kundenperspektive des KKVs ist die Absorptionsfähigkeit und die Pfadabhängigkeit des Erwerbs und der Verbreitung von Wissen für alle Nutzen- und Kostenkategorien, die der Kunde berücksichtigt, relevant. Während das statische Wissen jedoch nur der Schaffung und dem Erhalt des Netto-Nutzens auf vorhandenen Märkten in konstanter Umwelt dient, kann dynamisches Wissen auf neuen und alten Märkten bei dynamischer Umwelt herangezogen werden.

Aus der Anbietersicht des KKVs bestimmt die Absorptionsfähigkeit relevanten Wissens Ricardo-Renten (Wissen über unterbewertete Ressourcen und Fähigkeiten), Quasi-Renten (Wissen über unternehmensspezifische Nutzung von Ressourcen und Fähigkeiten) und Schumpeter-Renten (Wissen über innovative Nutzung von Ressourcen und Fähigkeiten). Der unternehmensspezifische Pfad des Erwerbs und der Verbreitung von Wissen in der Unternehmung schafft, wie die kausale Ambiguität, Quasi- und Bain-Renten. Tab. 4.18 fasst die Erfolgsfaktoren des KBV zusammen.

4.4.2.7 Unternehmensspezifische Erfolgsfaktoren

Die Diskussion zu den unternehmensübergreifenden Erfolgsfaktoren hat gezeigt, dass diese vielfach in Querschnittsanalysen über verschiedene Märkte in verschiedenen Situationen erfasst wurden. Ihre Relevanz kann für die einzelne Unternehmung auf spezifischen Märkten unterschiedlich sein. Möglicherweise sind auch andere oder weitere Erfolgsfaktoren von Bedeutung (wenn hier auch vor Wunschdenken gewarnt werden muss). Es macht insofern Sinn, in unternehmensspezifischen Verfahren unternehmensübergreifende Erfolgsfaktoren auf ihre Relevanz für die spezifische Unternehmung zu überprüfen, sie ggf. zu modifizieren und zu ergänzen (vgl. auch Cravens 1982, S. 74; Abell und Hammond 1979, S. 215 ff.).

Unternehmensspezifische Verfahren ermitteln in einem mehrstufigen Prozess (vgl. Abb. 4.19) durch explorative Studien mit externen und internen Experten unternehmensspezifische Erfolgsfaktoren (vgl. Grant 2014, S. 101 ff.; Paul und Wollny 2014, S. 166 ff.).

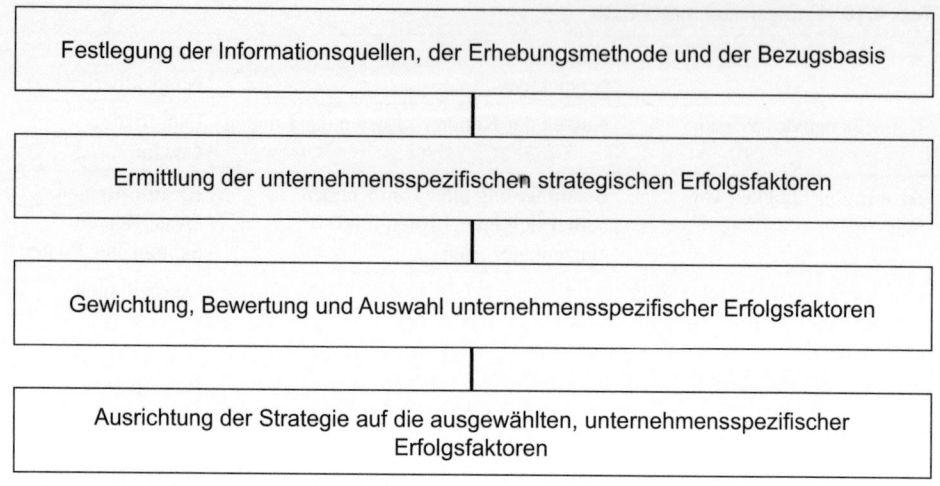

Abb. 4.19 Unternehmensinterne Ermittlung strategischer Erfolgsfaktoren

I. d. R. werden in explorativen Studien unternehmensinterne Experten zu Kunden und dem Wettbewerb befragt. Auf der Basis einer **Kundenanalyse** (Wer sind die Kunden? Welche Wünsche und Bedürfnisse besitzen diese?) und einer **Wettbewerbsanalyse** (Wer sind die Konkurrenten? Welche Ziele verfolgen die Konkurrenten? Welche Aktionsparameter setzten die Konkurrenten im Wettbewerb ein? Wie intensiv ist der Wettbewerb? Wie erreicht man eine überlegene Wettbewerbsposition?) werden (potenzielle) Erfolgsfaktoren der Unternehmung abgeleitet. Wie ausgeführt, sollten die ermittelten Erfolgsfaktoren mit unternehmensübergreifenden Erfolgsfaktoren abgeglichen werden. Durch die Ermittlung des Einflusses der ausgewählten Erfolgsfaktoren auf Erfolgsgrößen (z. B. den ROI, Shareholder-Value, Kapitalbarwert) kann ihre jeweilige Relevanz evaluiert werden.

Ein solches Vorgehen weist neben methodischen auch verschiedene andere Probleme auf:

- Es besteht die Gefahr, dass sich eine Kunden- und Wettbewerbsanalyse an den momentanen Umwelt- und Marktverhältnissen orientiert und nicht an deren Entwicklung in der Zukunft.
- Unternehmensinterne Voraussetzungen werden nur implizit berücksichtigt (Wie kann die Unternehmung eine erfolgreiche Position erreichen?)
- Störgrößen aus der globalen Umwelt wie Konjunkturschwankungen, politische Einflüsse etc. werden nicht berücksichtigt, sodass die Ergebnisse (auch für die betrachtete Unternehmung) nicht allgemeingültig sind.
- Die Ergebnisse sind unternehmensspezifisch. Veränderungen innerhalb der Unternehmung (z. B. durch eine neue strategische Ausrichtung der Unternehmung aufgrund der Untersuchungen) führen ggf. zu anderen Ergebnissen.

- Die Analysen und die Ableitung von Erfolgsfaktoren können subjektiv geprägt sein, insb. dann, wenn sie von unternehmensinternen Experten durchgeführt werden. Damit bleibt Raum für politische Manipulation.
- Die Evaluierung potenzieller Erfolgsfaktoren kann zu Problemen führen, wenn ein Erfolgsfaktor qualitativ, die Erfolgsgröße aber quantitativ ist. Weitaus größer wird die Problematik, wenn es sich um eine qualitative Erfolgsgröße (z. B. Nachhaltigkeit) handelt.

4.4.3 Strategische Frühaufklärung

Die strategische Früherkennung sucht nach Gesetzmäßigkeiten zwischen den Erfolgsgrößen (KKV) und Merkmalen und Gegebenheiten des Marktes und seiner Teilbereiche bzw. der Unternehmung und ihrer Ressourcen, Fähigkeiten und ihrem Wissen.

▶ Als Beispiele könnten genannt werden:

- Je höher der Marktanteil desto niedriger die Kosten.
- Je höher die kausale Ambiguität bei den Konkurrenten, desto höher die Ricardo-Renten.

Derartige Gesetzmäßigkeiten müssen in den Sozialwissenschaften keinesfalls stabil sein. Vielmehr können sie durch Drittvariablen (Störfaktoren) verändert werden. Dies führt zu Diskontinuitäten (vgl. Krystek und Müller-Stewens 1993, S. 163 f.; Krystek und Müller-Stewens 2006, S. 178 f.).

▶ Durch die Möglichkeiten der Digitalisierung (Industrie 4.0) kann der quasi gesetzmäßige Zusammenhang zwischen Marktanteil und Kosten in Teilen aufgehoben werden. Störfaktor ist in diesem Fall die Digitalisierung.

Es ist notwendig, diese Drittvariablen zu identifizieren. In diesem Zusammenhang gewinnt das Konzept der **schwachen Signale** von Ansoff an Bedeutung (vgl. Ansoff 1976, S. 135; Ansoff 1979, S. 47 f.; Ansoff 1980, S. 143 f.). Ausgangspunkt der Überlegung ist, dass Diskontinuitäten nicht plötzlich auftreten, sondern sich durch eine Vielzahl schwache Signale als Vorboten von Veränderungen bekannter Gesetzmäßigkeiten ankündigt (vgl. Abb. 4.20).

Im Kontext der Unternehmung kommt es darauf an, schwache Signale zu identifizieren, zu interpretieren und notwendige strategische Maßnahmen zu ergreifen (vgl. Krystek und Müller-Stewens 1993, S. 164). Dabei spielt der Faktor Zeit eine enorme Rolle. Je früher schwache Signale und die sich daraus ergebenden Diskontinuitäten erkannt werden, desto größer ist die Manövrierfähigkeit der Unternehmung (vgl. Abb. 4.21), um

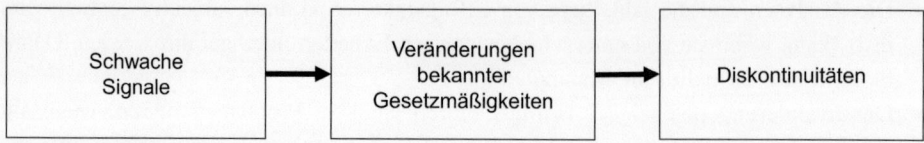

Abb. 4.20 Wirkung schwacher Signale

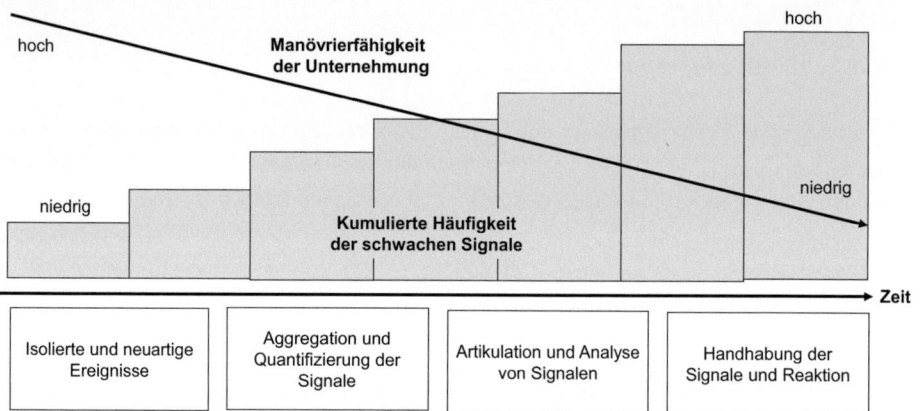

Abb. 4.21 Schwache Signale und Manövrierfähigkeit der Unternehmung (Krystek und Müller-Stewens 2006, S. 179)

- Chancen aus Diskontinuitäten zu nutzen bzw. Risiken zu vermeiden oder
- Diskontinuitäten i. S. der Unternehmung zu beeinflussen.

▶ Schwache Signale sind meist qualitative, neuartige Informationen, deren Inhalte noch wenig konkret, manchmal widersprüchlich und relativ unstrukturiert sind (vgl. Krystek und Müller-Stewens 1993, S. 166).

Sie treffen die Informationsempfänger in einem Stadium der Ignoranz, das sich erst im Zeitablauf vom Gefühl der Chance bzw. des Risikos über die Identifikation der Quelle der Diskontinuität, dem Erkennen der Diskontinuität selbst, der konkreten Reaktion darauf bis hin zum konkreten Ergebnis entwickelt. Schwache Signale besitzen korrespondierend oft einen geringen Informationsgehalt. Es sind zunächst eher subjektive Überzeugungen, dass eine Diskontinuität bevorsteht (vgl. Krystek und Müller Stewens 2006, S. 180; Müller-Stewens und Lechner 2016, S. 189). Im Zeitablauf werden auf dem Weg zum starken Signal die Quellen der Diskontinuität bekannt, später dann deren Art, Umfang und

4.4 Strategische Marketingaufklärung

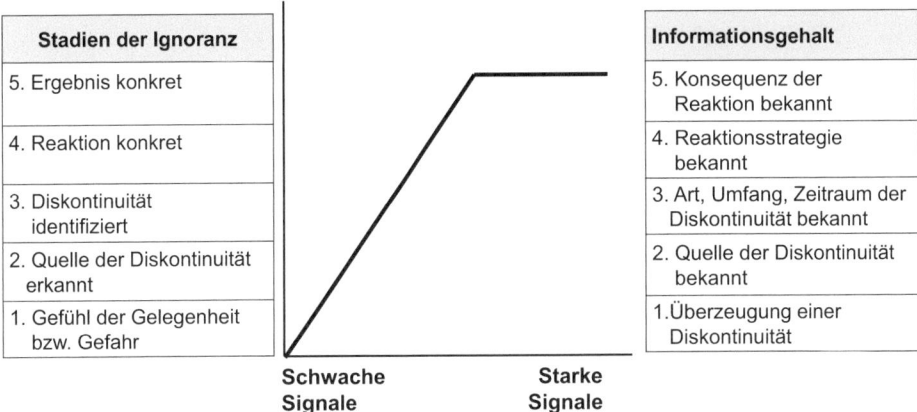

Abb. 4.22 Schwache und starke Signale (nach Böhler 1983, S. 23)

Zeitraum des Eintritts. Dem zeitlich nochmals nachgelagert kennt man geeignete Reaktionsstrategien und deren Folgen können abgeschätzt werden (vgl. Böhler 1983, S. 23; Ansoff 1976, S. 135). Abb. 4.22 fasst den Zusammenhang zusammen.

Die Erfassung von und Reaktion auf schwache Signale setzt voraus, dass im Unternehmen eine Sensibilität gegenüber Umweltveränderungen existiert und es gleichzeitig zu einer Flexibilisierung ihrer Handlungsmöglichkeiten kommt (vgl. Meffert 2018). Damit wird die Sensibilisierung des Managements zur Hauptaufgabe. Wichtig ist, dass dazu das strategische Bewusstsein und die strategische Erkenntnisfähigkeit des Marketingmanagements erhöht wird (vgl. Krystek und Müller-Stewens 2006, S. 181). Konkret bedeutet das, dass

- Entscheidungen nicht erst auf der Basis starker Signale Reaktionsstrategien überlegt werden (vgl. Krystek und Müller-Stewens 1993, S. 166), die ggf. nur noch eine Anpassung an gegebene Entwicklungen ermöglichen.
- Subjektivitäten als Element der strategischen Marketingforschung akzeptiert werden (vgl. Krystek und Müller-Stewens 2006, S. 181).

„Eine strategische Frühaufklärung muss in diesem Sinne also auch als ein System zur Organisation, Koordination und Bereitstellung von neuem Geltungswissen zur Reduktion vorhandener Ignoranz verstanden werden" (Krystek und Müller-Stewens 1993, S. 173).

▶ Aufgabe der strategischen Frühaufklärung ist es deshalb, Chancen und Risiken aus Diskontinuitäten zum Aufbau und Erhalt von KKVs frühzeitig zu identifizieren, und zugleich Strategien zu entwickeln, um diesen sinnvoll zu begegnen (vgl. Müller-Stewens und Lechner 2016, S. 189; Reinecke und Janz 2007, S. 145; Krystek und Müller-Stewens 1993, S. 160 f.).

Im Gegensatz zu den qualitativen Prognoseverfahren wie z. B. der Delphi-Befragung ist ein konkreter Problembereich nicht vorhanden.

Die Erfassung schwacher Signale bedarf eines „Scannings" und eines „Monitorings". Beim **Scanning** werden alle Bereiche der Unternehmensumwelt nach schwachen Signalen abgesucht. Notwendig dazu sind Intuition und ein ganzheitlicher Zugang zur Aufgabenstellung der Unternehmung. Die Notwendigkeit einer funktionsbezogenen Definition des Unternehmenszwecks wird hier deutlich (vgl. Abschn. 3.2.1.1). Wird ein vermeintlich schwaches Signal identifiziert, werden im Rahmen des **Monitorings** vertiefte (analytische) Untersuchungen angestellt, um das Wissen zum schwachen Signal zu erweitern und ggf. sich daraus ergebende Chancen und Risiken zu identifizieren. Scanning und Monitoring können bezüglich des Themenbezugs und des Unternehmensbezugs unterschieden werden. Bezüglich des **Themenbezugs** kann Scanning und Monitoring informal oder formal sein. Während bei der **informalen** Suche kein spezifischer Themenfokus existiert, erfolgt die **formale** Suche mit Bezug auf ein spezifisches Thema. Die Beschäftigung mit schwachen Signalen kann weiterhin **gerichtet** mit oder **ungerichtet** ohne **Unternehmensbezug** erfolgen (vgl. Tab. 4.19).

Als Sender schwacher Signale kommen Wissenschaftler, Experten, Erfinder, Think Tanks, Trendsetter, Lead-User, Politiker u. a. infrage, deren Meinung im Internet, sei es über Artikel oder in sozialen Netzwerken, in gedruckten Medien in Abstract- und Scanning-Diensten, durch Information-Broker veröffentlicht oder durch persönliche Quellen erfassbar ist (vgl. Abb. 4.23). Welche Möglichkeiten die KI als Sender schwacher Signale in Zukunft bieten wird, kann momentan eher erahnt werden.

Die Relevanz schwacher Signale entscheidet sich immer relativ zu vorhandenen Stärken und Schwächen der Unternehmung und entpuppt sich erst vor diesem Hintergrund

Tab. 4.19 Aktivitäten der strategischen Frühaufklärung. (Quelle: in Anlehnung an Krystek und Müller-Stewens 1993, S. 177)

	Ungerichtete Suche	Gerichtete Suche	
Scanning	Suche nach schwachen Signalen ohne Unternehmens- und ohne Themenbezug	Suche nach schwachen Signalen mit Unternehmens- aber ohne Themenbezug	**Informal**
	Suche nach schwachen Signalen ohne Unternehmens- aber mit Themenbezug	Suche nach schwachen Signalen mit Unternehmens- und mit Themenbezug	**Formal**
Monitoring	Vertiefende Suche ohne Unternehmensbezug, aber mit Themenbezug zu einem bereits identifizierten schwachen Signal	Vertiefende Suche mit Unternehmens- und mit Themenbezug zu einem bereits identifizierten schwachen Signal	

4.4 Strategische Marketingaufklärung

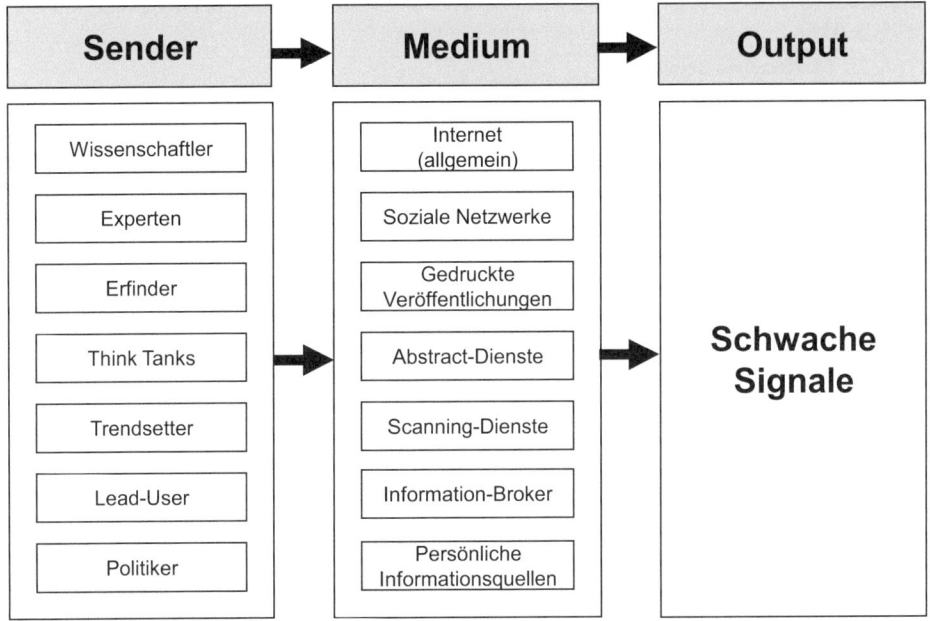

Abb. 4.23 Informationsquellen schwacher Signale (in Anlehnung an Krystek und Müller-Stewens 1993, S. 179)

als Chance oder Risiko. Eine diesbezügliche Bewertung von schwachen Signalen kann wie Tab. 4.20 zeigt auf allen Ebenen der Unternehmung in Scanner-Teams in einer standardisierten Form erfolgen.

Dazu ist es zunächst notwendig, wie Tab. 4.21 zeigt, den Bezug eines schwachen Signals zur globalen Umwelt einerseits und zur Aufgabenumwelt andererseits zu klären, wobei Überschneidungen auf den einzelnen Dimensionen wahrscheinlich sind (vgl. Krystek und Müller-Stewens 2006, S. 188).

▶ Im Beispiel der Tab. 4.21 hat das schwache Signal 1 Auswirkungen auf die sozio-ökonomische, technische und ökologische Umwelt. In der Aufgabenumwelt sind das SGF, die strategische Gruppe, das Kundensegment sowie die Unternehmung als Ganzes tangiert.

Unterschiedliche schwache Signale können zu **„Trendlandschaften"** zusammengefasst werden (vgl. Krystek und Müller-Stewens 1993, S. 195 ff.; Krystek und Müller-Stewens, 2006, S. 188 f.). In einem ersten Schritt wird dazu die gegenseitige Abhängigkeit von identifizierten schwachen Signalen ermittelt.

Tab. 4.20 Identifikation schwacher Signale. (Quelle: in Anlehnung an Krystek und Müller-Stewens 1993, S. 179)

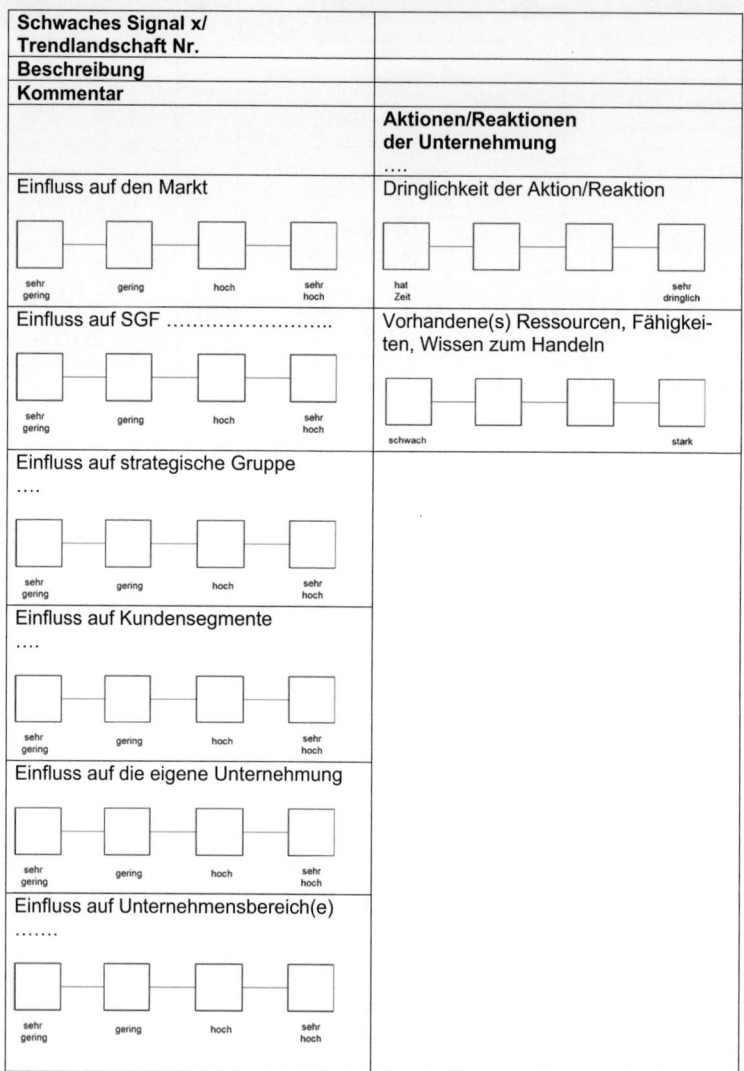

▶ In Tab. 4.22 wird von zwölf schwachen Signalen ausgegangen. Das schwache Signal 1 und das schwache Signal 9 sind stark voneinander abhängig, das schwache Signal 2 und das schwache Signal 8 mittel, während das schwache Signal 2 und das schwache Signal 12 nur eine geringe Abhängigkeit voneinander besitzen usw.

4.4 Strategische Marketingaufklärung

Tab. 4.21 Betroffene Bereiche eines schwachen Signals

Globale Umwelt	Aufgabenumwelt				Unternehmung	Unternehmensbereich
	Markt	SGF	Strategische Gruppe	Kunden- segment		
Politische Umwelt						
Ökonomische Umwelt						
Sozio-ökonomische Umwelt			**Schwaches Signal 1**			
Technische Umwelt						
Ökologische Umwelt						
Gesetzliche Umwelt						

Tab. 4.22 Abhängigkeiten von schwachen Signalen. (Quelle: in Anlehnung an Krystek und Müller-Stewens 2006, S. 189)

Schwaches Signal	1	2	3	4	5	6	7	8	9	10	11	12
1	■				+				+++			
2		■	+		+++	+++		++				+
3			■					++		+++		
4				■								
5		+++			■	+++	++					
6		+++			+++	■		++			++	+
7		+++		+		+++	■	++				+
8				+				■				+++
9	+++								■			
10				+++	+++			+		■	+++	
11							+			+++	■	
12												■

Starke Abhängigkeit	Mittlere Abhängigkeit	Schwache Abhängigkeit
+++	++	+

Tab. 4.23 Bildung von Trendlandschaften. (Quelle: in Anlehnung an Krystek und Müller-Stewens 2006, S. 189)

	Schwaches Signal	7	6	2	8	12	11	10	3	4	1	9	5
Trendlandschaft 1	7	■	+++	+++	++	+							
	6		■	+++	++	+	++						+++
	2		+++	■	++	+		+					+++
	8				■	+++		+					
	12					■							
Trendlandschaft 2	11	+					■	+++					
	10			+			+++	■	+++	+++			
	3			++			+++		■				
	4						+++			■			
Trendlandschaft 3	1										■	+++	+
	9										+++	■	
	5		++	+++	+++						++		■

Starke Abhängigkeit	Mittlere Abhängigkeit	Schwache Abhängigkeit
+++	++	+

Die Zeilen und Spalten werden im Anschluss so lange vertauscht, bis sich Gruppen von schwachen Signalen herausbilden, die eine hohe Abhängigkeit voneinander besitzen.

▶ Im Beispiel der Tab. 4.23 werden z. B. die schwachen Signale 7, 6, 2, 8, 12, zur Trendlandschaft 1 zusammengefasst.

Die Auswirkungen schwacher Signale müssen sodann bewertet werden. Es sollten weiterhin Vorschläge zu Aktionen und Reaktionen der Unternehmung gemacht, deren Dringlichkeit eingeschätzt und vorhandene Ressourcen, Fähigkeiten und das Wissen der Unternehmung dazu beurteilt werden. Letztere weist auf notwendige Anpassungen der Unternehmung hin.

Die Informationen und Daten über schwache Signale, ihre Abhängigkeiten und ihre Bewertung können inklusive der Quelle der Herkunft, Informationen zum Entdecker usw. in einer Datenbank zur weiteren Bearbeitung erfasst und gespeichert werden (vgl. Krystek und Müller-Stewens 2006, S. 187). Moderne digitale Technologien machen es möglich, z. B. das Internet automatisch nach weiteren Informationen zu einem schwachen Signal zu scannen, um dieses (im Zeitablauf) zu konkretisieren und zu detaillieren.

4.5 Anwendung der strategischen Marketingforschung

Die Ergebnisse der strategischen Marketingforschung werden in für das strategische Marketing bzw. strategische Management entwickelten Analyseinstrumenten genutzt. Dazu zählt die SWOT-Analyse, die Portfolio-Analyse und die Analyse strategischer Erfolgspotenziale.

4.5.1 SWOT-Analyse

Die SWOT-Analyse identifiziert mit einer Stärken-Schwächen – Analyse (**S**trength and **W**eakness) das unternehmensspezifische Potenzial und mit einer Chancen-Risiko – Analyse (**O**pportunity and **T**hreat) marktbezogenes Potenzial.

4.5.1.1 Stärken-Schwächen-Analyse

Die Stärken-Schwächen-Analyse hat die Aufgabe, vor dem Hintergrund der aktuellen und zukünftigen Ressourcen, Fähigkeiten und des Wissens der Unternehmung ihre strategischen Handlungsmöglichkeiten zu bestimmen oder zu verbessern (vgl. Kreikebaum et al. 2018, S. 260 f.) und fokussiert damit auf die unternehmensinterne Umwelt. Es ist dazu ein vierstufiges Vorgehen notwendig (vgl. Meffert et al. 2019, S. 272):

- Identifikation relevanter Ressourcen, Fähigkeiten und Wissenselementen,
- Erstellung eines Profils der Ressourcen, Fähigkeiten und des Wissens der Unternehmung,
- Ermittlung der Stärken und Schwächen gegenüber der Konkurrenz,
- Ermittlung der notwendigen Anforderungen an Ressourcen, Fähigkeiten und Wissen auf einem Markt.

Zur Erstellung des Ressourcenprofils werden häufig Checklisten angeboten (vgl. Hammer 1982, S. 41 f., Meffert 1988, S. 65), die teilweise theorielos Ressourcen, Fähigkeiten und Wissenselemente bestimmen, die in der Stärken-Schwächen-Analyse berücksichtigt werden sollten. Sinnvoller erscheint es, theoriegestützt sich auf die Ressourcen, Fähigkeiten und das Wissen zu konzentrieren, die für die spezifischen primären und sekundären Aktivitäten bzw. Subaktivitäten der Wertekette Porters relevant sind. Diese werden auf einer Skala von gut bis schlecht bewertet.

Das Profil kann, wie Abb. 4.24 zeigt, verglichen werden mit

- mit den Profilen der Hauptkonkurrenten,
- dem zukünftigen Anforderungsprofil des Marktes.

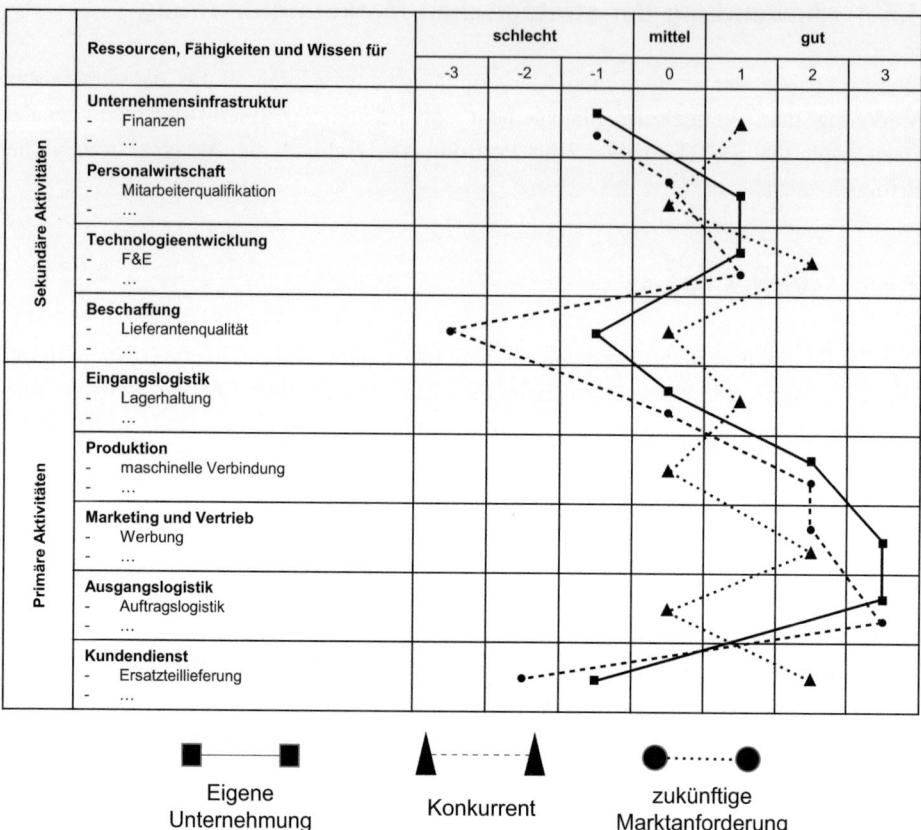

Abb. 4.24 Stärken-Schwächen-Analyse

Während der Vergleich des Unternehmensprofils mit dem zukünftigen Anforderungsprofil des Marktes zeigt, ob und mit welchen Ressourcen, Fähigkeiten und Wissen eine erfolgversprechende Bearbeitung des Marktes möglich und sinnvoll ist, können mit dem Vergleich der Konkurrenzprofile jene Ressourcen, Kompetenzen und Wissenselemente ermittelt werden, die Grundlage zum Aufbau von KKVs werden können. Es gilt insbesondere, Stärken gegenüber der Konkurrenz zu erhalten bzw. zu vergrößern. Ob Schwächen abgebaut werden sollen, hängt vom Einzelfall ab. Sicherlich macht es wenig Sinn, Anstrengungen in die Reduktion von Schwächen zu unternehmen und dabei den Aufbau von Stärken zu vernachlässigen. In diesem Falle sind Überlegungen zu einer veränderten strategischen Stoßrichtung oder zur Auslagerung von Aktivitäten anzustellen.

Die Stärken-Schwächen Analyse birgt Probleme: Zum einen ist sie statisch, selbst wenn man sich an den zukünftigen Anforderungen des Marktes orientiert. Dies zwingt zumindest dazu, für verschiedene Szenarien Stärken- und Schwächen-Analysen zu erstellen. Außerdem abstrahiert sie von Märkten und SGFs, betrachtet die Unternehmung als

Ganzes und übersieht, dass Ressourcen, Fähigkeiten und Wissen in einem Markt als Stärke und im anderen Markt als Schwäche gelten können, wie z. B. die geographische Herkunft einer Unternehmung und das damit verbundene Image, das technische Know-how und die damit verbundenen Standards usw. (vgl. Grant und Nippa 2006, S. 35).

Sie ist de facto ein Punktbewertungsmodell mit all diesem Instrument verbundenen Vorzügen und Problemen. Zum Abbau der Subjektivitäten der Stärken-Schwächen-Analyse könnte man auf externe Experten zurückgreifen. Diese sind aber teuer, besitzen keinen Überblick über die Spezifika der Unternehmung und sind selbst nicht frei von Subjektivität (z. B. aufgrund ihrer beruflichen Sozialisierung). Eine interne Erstellung besitzt die Gefahr der Betriebsblindheit und Schönfärberei. Soweit auf diese Vorgehensweise zurückgegriffen wird, sollte ein heterogen zusammengesetztes Team aus unterschiedlichen Bereichen der Unternehmung mit der Aufgabe betraut werden. Eng mit dieser Problematik verbunden stellt sich die Frage der Beschaffung von benötigten Konkurrenzinformationen. Hierbei muss auf die Ergebnisse der Konkurrenzforschung (vgl. Porter 2013, S. 88 ff.) und ggf. von Benchmarking-Prozessen (vgl. Benkenstein und Ulrich 2009, S. ff) zurückgegriffen werden (vgl. auch Kap. 3.4).

4.5.1.2 Chancen-Risiko-Analyse

Die Chancen-Risiko-Analyse richtet ihr Augenmerk auf die externe Umwelt und versucht die Relevanz zukünftiger Umweltveränderungen und ihrer Auswirkungen auf die Unternehmung zu ermitteln und ihre Auswirkungen auf einzelne Geschäftsfelder, die die Unternehmung bearbeitet bzw. plant zu bearbeiten (vgl. Köhler 1993, S. 52 f.; Meffert et al. 2019, S. 271 f.;). Köhler vermutet, dass oftmals nur wenige Faktoren der Umweltentwicklung für die Unternehmung tatsächlich Bedeutung besitzen und schlägt zu deren Ermittlung eine **Cross-Impact-Analyse** vor. Dabei werden (vgl. Köhler 1993, S. 54; Köhler und Böhler 1984, S. 79) Entwicklungen der globalen Umwelt, des Marktes, anderer SGFs der Unternehmung, der strategischen Gruppen und der Kundensegmente bzw. Kunden bzgl. ihrer Chancen und Risiken für die aktuellen und potenziellen SGFs der Unternehmung auf einer Beurteilungsskala bewertet (vgl. Tab. 4.24).

Die Auswertung der Zeilen zeigt, welche Umweltentwicklungen (über alle SGF) für die gesamte Unternehmung bedeutsam sind. Die Auswertung über die Spalten der SGF gibt Hinweise, in welchen SGFs sich besondere Chancen oder Risiken ergeben. Tab. 4.25 zeigt eine beispielhafte Bewertung der Auswirkungen der zukünftigen Entwicklung der globalen Umwelt auf vier SGFs der Unternehmung.

▶ Die beispielhafte Analyse der globalen Umwelt zeigt, dass der Unternehmung als Ganzes aus Gesetzesinitiativen und Subventionen tendenziell Chancen entstehen, während die Entwicklung des Bruttosozialprodukts als Risiko bezeichnet werden muss. Diese Entwicklungen sind im Interesse des langfristigen Erfolgs der Unternehmung genau zu beobachten. Eine Vielzahl anderer Entwicklungen sind für die Unternehmung eher unbedeutend.

Tab. 4.24 Chancen – Risiken-Analyse

				Beurteilung						
-4	-3	-2	-1	0	1	2	3	4		
Risiko					Chance					
									Auswirkung	
zukünftige Entwicklung in den Umweltbereichen			SGF1	SGF 2	SGF 3	SGF 4	+	-		
I	Globale Umwelt									
II	Markt									
III	(andere) SGF									
IV	Strategische Gruppe									
V	Kundensegmente									
Auswirkungen			+							
			-							

Tab. 4.25 Cross Impact-Analyse der globalen Umweltentwicklung

	Beurteilung							
-4	-3	-2	-1	0	1	2	3	4
Risiko					Chance			

zukünftige Entwicklung in der globalen Umwelt	SGF 1	SGF 2	SGF 3	SGF 4	Auswirkung + max: +12/-12	-
Wirtschaftliche Umwelt						
Bruttosozialprodukt	-3	-1	-3	-2	-	**-9**
Zinsen	-3	+3	+1	0	+4	-3
Politische Umwelt						
Parteienlandschaft	-2	+1	0	+1	+2	-2
Subventionen	+1	+2	+3	+1	**+7**	-
Rechtliche Umwelt						
Gesetzesinitiativen	+2	+2	+3	+1	**+8**	-1
EU-Gesetzgebung	0	+1	+2	-1	+3	-1
Technologische Umwelt						
Produkttechnologien	-3	+2	-3	-1	+2	**-7**
Verfahrenstechnologien	-1	+2	-1	-1	+2	-3
Soziokulturelle Umwelt						
Bevölkerungsentwicklung	-3	+3	-1	-1	-5	+3
Wertewandel	0	+1	-1	0	+1	-1
Auswirkungen (max.: +30/-30) +	+3	**+17**	+9	+3		
−	**-16**	-1	-6	-6		

Bei der Einschätzung spielt sicher die Risikoneigung innerhalb der Unternehmung eine Rolle. Vorteilhaft wirkt sich hier die Cross-Impact-Analyse aus, die trotzdem erkennt, dass eine Umweltentwicklung zugleich Chance und Risiko sein kann, wie dies in Tab. 4.25 bei der Zinsentwicklung und dem Wertewandel der Fall ist.

▶ Bezogen auf die SGF über alle Umweltentwicklungen besitzt SGF 2 die größten Chancen, während SGF 1 mit den größten Risiken konfrontiert ist. Bei SGF 3 und 4 sind Chancen und Risiken ausgewogen.

Insgesamt handelt es sich auch bei der Chancen- und Risiko-Analyse um ein Punktbewertungsmodell mit allen Vorteilen und Nachteilen dieser Methode. Auch in diesem Fall können- wie bei der Stärken-Schwächen-Analyse interne oder externe Experten mit der Erstellung betraut sein.

4.5.1.3 SWOT-Raster

Die Ergebnisse der Stärken- und Schwächen-Analyse und der Chancen- und Risiken-Analyse könne in der SWOT-Analyse zusammengefasst werden, indem wesentliche Stärken und Schwächen der Unternehmung den relevanten Chancen und Risiken in einer Matrix gegenübergestellt werden (vgl. Tab. 4.26).

Für die einzelnen Felder werden unterschiedliche Vorgehensweisen vorgeschlagen (vgl. Kreikebaum et al. u. a. 2018, S. 263, Meffert et al. 2019, S. 273 f.):

- Für Feld 1 werden Investitions- und Expansionsstrategien vorgeschlagen.

Tab. 4.26 SWOT-Raster

Unternehmensintern	Unternehmensextern	
	Chancen … … …	Risiken … … …
Stärken … …	*Feld 1:* Stärken und Chancen	*Feld 2:* Stärken und Risiken
Schwächen … … …	*Feld 3:* Schwächen und Chancen	*Feld 4:* Schwächen und Risiken

- Für Feld 2 sollen Stärken genutzt werden, um Risiken zu neutralisieren bzw. die Umweltbedingungen zu beeinflussen.
- In Feld 3 sollen Schwächen eliminiert werden, um Chancen zu nutzen.
- Für das Feld 4 wird vorgeschlagen, Schwächen abzubauen oder zu desinvestieren.

Die Vorschläge nehmen keinen Bezug auf Märkte und SGFs und berücksichtigen nicht, dass Stärken gleichzeitig Schwächen sein können und Chancen zugleich Risiken. Sie unterstellen nahezu unbegrenzte Möglichkeiten (inkl. Macht) der Unternehmung. Bei begrenzten Mitteln ist es ökonomisch sinnvoll, zunächst Feld 1 zu bearbeiten. Welchen Feldern im Anschluss der Vorzug gegeben wird hängt von den Erfolgsaussichten ab.

4.5.2 Portfolio-Analyse

Die Ergebnisse der SWOT-Analyse können auch in Portfolios verarbeitet werden (vgl. Abb. 4.25). Im Kontext des strategischen Marketings werden zur optimalen Allokation knapper Ressourcen Objekte (SGFs, Kunden, Produkte, Marken, Technologien usw.) in einem zweidimensionalen Raum positioniert, um deren Interdependenz zu erkennen (vgl. Mauthe 1984, S. 115 f.; Hinterhuber 2011, S. 169). Während eine Dimension die externe Umwelt abbildet, repräsentiert die andere Dimension die interne Umwelt (vgl. Freter et al. 2002, S. 392; Roventa 1979, S. 84 ff.; Mauthe und Roventa 1982, S. 194; Hambrick und MacMilan 1982, S. 84 f.; Wind und Mahajan 1981, S. 160 ff.). Informationen zur externen Dimension können der Chancen-Risiken-Analyse, zur internen Dimension der Stärken-Schwächen-Analyse entnommen werden.

4.5.3 Strategische Erfolgspotenziale

Die Sichtweise des Market-based Views zeigt Bedingungen eines attraktiven Marktes auf. Sie vernachlässigen dabei, dass die Unternehmung

- nicht jeden beliebigen Markt bearbeiten kann und
- sich die Attraktivität eines Marktes aus den Unternehmensspezifika ergibt, m. a. W. ein bestimmter Markt kann sich für eine Unternehmung als lukrativ, für eine andere Unternehmung als unlukrativ erweisen.

Der Organisational-based View konzentriert sich auf spezifische, unternehmensinterne Gegebenheiten und vernachlässigt die Anforderungen des Marktes.

Letztlich kann der Erfolg einer Unternehmung und damit ihr langfristiges Überleben nur durch die Kombination beider Sichtweisen gewährleistet werden (vgl. Jenner 2006, S. 158).

4.5 Anwendung der strategischen Marketingforschung

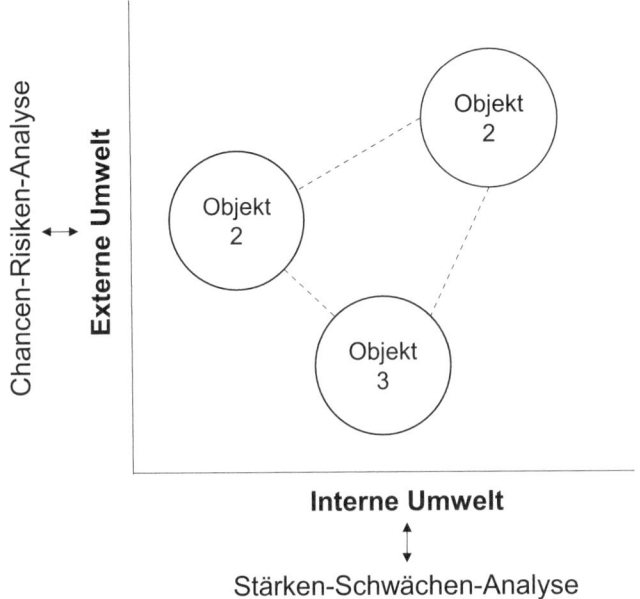

Abb. 4.25 Portfolio-Analyse

Wie Abb. 4.26 veranschaulicht muss die Unternehmung die zukünftigen Anforderungen des Marktes vor dem Hintergrund der Entwicklung der globalen Umwelt mit dessen aktueller Realität vergleichen. Quasi in einer Soll-Ist-Abweichungsanalyse werden misfits (Lücken) identifiziert, die das **Potenzial des Marktes** bestimmen. Dieses Potenzial ist mit dem **unternehmensspezifischen Potenzial** zu vergleichen, das sich aus den verfügbaren Ressourcen, Fähigkeiten und dem Wissen der Unternehmung ergibt, die diese bereits besitzt oder aufbauen kann. Die Entsprechung (der fit) von marktbezogenem und unternehmensspezifischem Potenzial führt zu den **strategischen Erfolgspotenzialen,** die es für die Unternehmung zu nutzen gilt. Gälweiler definiert strategische Erfolgspotenziale als „ … das gesamte Gefüge aller jeweils produkt- und marktspezifischen erfolgsrelevanten Voraussetzungen, die spätestens dann bestehen müssen, wenn es um die Erfolgsrealisierung geht." (Gälweiler 2005, S. 26). Explizit verweist Gälweiler auf den Zukunftsbezug der Überlegung (vgl. Gälweiler 2005, S. 26 f.).

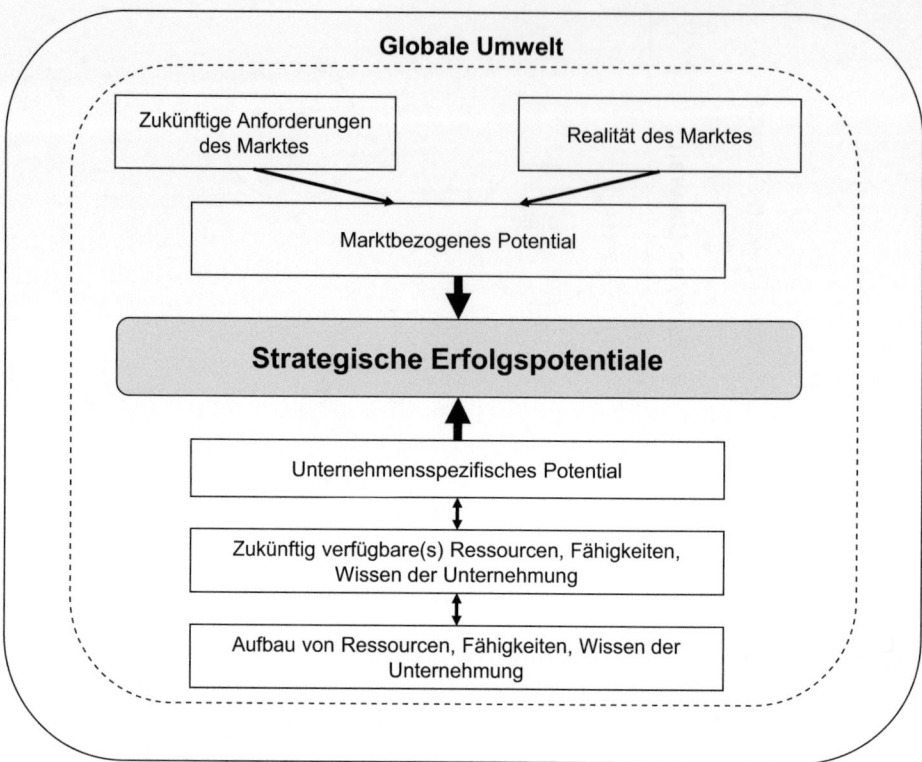

Abb. 4.26 Market- und Orgnizational View zur Realisation von strategischen Erfolgspotenzialen (in Anlehnung an Jenner 2006, S. 158)

Literatur

Aaker, D. A.; Kumar, V.; Leone R.; Day, G. S. (2012): Marketing Research. J. Wiley, New Jersey
Abell, D. F.; Hammond, J. S. (1979): Strategic Market Planning: Problems and Analytical Approaches. Prentice Hall Englewood Cliffs (N.J.)
Alexa Rank: (https://www.alexa.com/siteinfo). Zugegriffen: 16.03.2019
Altobelli, C. F. (2023): Marktforschung. 4. Aufl., UVK Verlagsgesellschaft, Konstanz und München
Ansoff, H. I. (1976): Managing (Surprise) and Discontinuity – Strategic Response to Weak Signals. In: Zeitschrift für betriebswirtschaftliche Forschung 28, S. 129–152
Ansoff, H. I. (1979): Strategic Management. Wiley, New York
Ansoff, H. I. (1980): Strategic Issue Management. In: Strategic Mangement 1 (2), S. 131–148
Backhaus, K. Erichson, B; Weiber, R. (2015): Fortgeschrittene Multivariate Analysemethoden: Eine anwendungsorientierte Einführung. 3. Aufl., Springer Gabler, Wiesbaden.
Backhaus, K.; Erichson, B.; Plinke, W.; Weiber, R. (2018): Multivariate Analysemethoden. 15. Aufl., Springer-Gabler, Berlin und Heidelberg.

Bain, J. S (1956): Barriers to New Competition – Their Character and Consequences in Manufacturing Industries. Harvard University Press, Cambridge
Bain, J. S. (1968): Industrial Organization. 2nd edition, J. Wiley, New York u. a.
Bartling, H. (1980): Leitbilder der Wettbewerbspolitik. Zugl.: Kiel, Univ., Habil.-Schr., 1973–1974, Vahlen, München.
Bea, F. X; Haas, J. (2017): Strategisches Management. 9. Aufl., UTB, Stuttgart
Benkenstein, M.; Uhrig, S. (2009): Strategisches Marketing. 3. Aufl., W. Kohlhammer, Stuttgart
Berekoven, L.; Eckert, W.; Ellenrieder, P. (2009): Marktforschung. 12. Aufl., Gabler, Wiesbaden
Böbel, I. (1984): Wettbewerb und Industriestruktur. Industrial Organisation – Forschung im Überblick. Springer, Berlin u. a.
Böhler, H. (1983): Strategische Marketing-Früherkennung. (Unveröffentlichte) Habilitationsschrift, Köln.
Böhler, H. (2004): Marktforschung. 3. Aufl., Kohlhammer, Stuttgart u. a.
Böhler, H.; Germelmann, C. C.; Baier, D.; Woratschek, H. (2022): Marktforschung. 4. Aufl., Kohlhammer, Stuttgart
Boynton, A. C.; Zmud, R. (1984): An Assessment of Critical Successfactors. In: SMR 5, S. 17–27.
Brockhoff, K. (2005): Prognosen. In: Bea, F. X., Friedl, G.; Schweitzer, M. (Hrsg.): Allgemeine Betriebswirtschaftslehre. Bd. 2: Führung. 9. Aufl., Lucius & Lucius, Stuttgart, S. 759–799.
Bruhn, M. (2019): Marketing. Grundlagen für Studium und Praxis. 14. Aufl., Springer Gabler Wiesbaden.
Buzzell, R. D. (1981): Are there „Natural" Market Structures? In: JM 45 (1), S. 42–51.
Buzzell, R. D. (1983): Is vertical integration profitable? In: HBR 61 (Jan./Feb.), S. 92–102.
Buzzell, R. D.; Chussil, M. J. (1985): Managing for Tomorrow. In: SMR (Summer 26(4), S 3–14.
Buzzell, R. D.; Gale, B. T. (1989): Das PIMS-Programm. Strategien und Unternehmenserfolg. Gabler, Wiesbaden.
Buzzell, R. D.; Wiersema, F. D. (1981a): Modelling Changes in Market Share: A Cross-Sectional Analysis. In: SM 2, S. 27–42.
Buzzell, R. D.; Wiersema, F.D. (1981b): Successful Share-Building Strategies. In: Harvard Business Review 59 (1), S. 135–144.
Capon, N.; Spogli, J.R. (1977): Strategic Marketing-Planning: A Comparison and Critical Examination of Two Temporary Approaches. In: Bellenger, D. N. (Hrsg.): Contemporary Marketing Thought. American Marketing Association, Chicago, S. 219–223
Chamoni, P.; Gluchowski, P. (2017): Business analytics – state of the art. In: Controlling & Management Review 61 (4), S. 8–17.
Christiaans, Th. (2015): Deskriptive Prognose mit gretl. Markt- und Absatzprognosen: Modelle, Methoden, Anwendung. Springer Gabler, Wiesbaden, S. 27–48.
Cornelsen, J. (2017): Kundenbewertung mit Referenzwerten. In: Helm, S.; Günter, B.; Eggert, A. (Hrsg.): Kundenwert. 4. Aufl. Springer Gabler, Wiesbaden, S. 161–187
Cravens, D. F. (1982): Strategic Marketing. Irwin, Homewood (Illinois)
Cuhls, K. (2009): Delphi-Befragungen in der Zukunftsforschung. In: Popp, R.; Schüll, E (Hrsg.), Zukunftsforschung und Zukunftsgestaltung. Springer, Berlin, Heidelberg, S. 207–222
Danneels, E. (2002): The Dynamics of Product Innovation and Firm Competencies. In: Strategic Management Journal 23 (12), S. 1095–1121.
Day, G. S. (1981): Analytical Approaches to Strategic Market Planning. In: Enis, B. M.; Roering, K. J. (Hrsg.): Review of Marketing. American Marketing Association, Chicago, S. 89–105
Diller, H. (2002): Probleme des Kundenwerts als Steuerungsgröße im Kundenmanagement. In: Böhler, H. (Hrsg.): Marketing-Management und Unternehmensführung. Schäffer-Poeschel, Stuttgart, S. 297–326

Eggert, A. (2017): Die zwei Perspektiven des Kundenwerts: Darstellung und Versuch einer Integration. In: Helm, S.; Günter, B.; Eggert, A. (Hrsg.): Kundenwert. 4. Aufl., Springer Gabler, Wiesbaden, S. 37–51

Ehrmann, H. (2006): Marketing Accounting. In: Reinecke, S.; Tomczak T. (Hrsg.): Handbuch Marketing Controlling. 2. Aufl., Springer, Wiesbaden, S. 697–739.

Farris, P.; Buzzell, R. D. (1979): Why Advertising and Promotional Costs Vary: Some Cross-Sectional Analysis. In: JM 43 (4), S. 112–122.

Fehl, U.; Oberender, P. (2004): Grundlagen der Mikroökonomie. 9. Aufl., Franz Vahlen, München

Felzmann, H. (1982): Ein Modell zur Unterstützung der strategischen Planung auf der Ebene strategischer Geschäftseinheiten. Mannhold, Gelsenkirchen.

Fischer, J.; Zimmermann, W. (1983): Instrumente der strategischen Planung für Unternehmen mittlerer Größen. In: ZfO 52 (3), S. 139–144.

Freter, H. (2008): Markt- und Kundensegmentierung. Kundenorientierte Markterfassung und -bearbeitung. 2., vollst. neu bearb. und erw. Aufl., Kohlhammer (Kohlhammer-Edition Marketing), Stuttgart.

Freter, H.; Wecker, F.; Baumgarth, C. (2002): Markenportfolio. In: Böhler, H. (Hrsg.): Marketing-Management und Unternehmensführung. Schäffer-Poeschel, Stuttgart, S. 389–419

Gale, B. T. (1972): Market Share and Rate of Return. In: RES 54 (4), S. 412–423.

Gale, B. T. (1978): Planning for Profit. In: PR 6 (1), S. 4–32

Gälweiler, A. (2005): Strategische Unternehmensführung. 3. Aufl. Campus, Frankfurt am Main

Garvin, D. A. (1984): What does „Product Quality" Really Mean? In: SMR 26 (1), S. 25–43.

Geschka, H.; v. Reibnitz, U. (1987): Die Szenario-Technik – ein Instrument der Zukunftsanalyse und der strategischen Planung. In: Töpfer, A.; Afheldt, H. (Hrsg.): Praxis der strategischen Unternehmensplanung. 2.Aufl., Horst Poller, Stuttgart, S. 125–170

Google-Analytics (o. J.): https://marketingplatorm.google.com/intl/de/ about/analytics/. Zugegriffen: 07. Juni 2019.

Grant, R. M. (2014): Moderne strategische Unternehmensführung. Wiley-VCH Verlag GmbH &Co. KGaA, Weinheim

Grant, R. M.; Nippa, M (2006): Strategisches Management. 5. Aufl. Pearson Education Deutschland GmbH, München

Green, P. E.; Tull, D. S. (1982): Methoden und Techniken der Marketingforschung. 4. Aufl., Poeschel Verlag Stuttgart.

Grether, E. T. (1970): Industrial Organization: Past History and Future Problems. In: AER, Papers and Proceedings 60 (2), S. 83–89.

Gröner, H. (1972): Grundzüge der Zolltheorie. In: WISU 1 (Oktober), S. 467–474.

Gröner, H. (1977): Nichttarifäre Handelshemmnisse. In: WiSt 6 (7), S. 312–321.

Haberler, G. (1970): Der internationale Handel. Springer, Berlin u. a.

Hambrick, D. C.; MacMilan, I. C. (1982): The Product Portfolio and Man's Best Friend. In: CMR 25 (Fall 1), S. 84–95.

Hammann, P; Erichson, B. (2000): Marktforschung. 4. Aufl. Lucius und Lucius, Stuttgart

Hammer, R. M. (1982): Unternehmensplanung. Lehrbuch der Planung und strategischen Unternehmensführung. Oldenbourg, München.

Henderson, B. D. (1984): Die Erfahrungskurve in der Unternehmensstrategie. Übersetzung und Bearbeitung von A. Gälweiler. 2. überarbeitete Aufl., Campus, Frankfurt am Main; New York.

Heuss, E. (1965): Allgemeine Markttheorie. J. C. B. Mohr (Paul Siebeck); Polygraphischer Verlag, Tübingen; Zürich.

Hilker, J. (1993): Marketingimplementierung. Grundlagen und Umsetzung am Beispiel ostdeutscher Unternehmen. Deutscher Universitätsverlag, Wiesbaden

Hinterhuber, H. (2011): Strategische Unternehmensführung. I. Strategisches Denken, 8. Aufl., Erich Schmidt, Berlin.
Hippner, H; Rentzmann, R. (2006): Text mining. In: Informatik-Spektrum 29 (4), S. 287–290
Homburg, Chr. (2000): Quantitative Betriebswirtschaftslehre. 3. Aufl., Gabler, Wiesbaden
Homburg, Chr.: (2020): Marketing Management. 7. Aufl. Gabler Springer, Wiesbaden
Homburg, Chr.; Becker, A.; Hentschel, F. (2017): Der Zusammenhang zwischen Kundenzufriedenheit und Kundenbindung In: Bruhn, M.; Homburg, C. (Hrsg.): Handbuch Kundenbindungsmanagement. 9. Aufl, Springer Gabler, Wiesbaden, S. 99–124.
Homburg, Chr.; Stock-Homburg, R. (2016): Theoretische Perspektiven zur Kundenzufriedenheit. In: Homburg, Ch. (Hrsg.): Kundenzufriedenheit, Konzepte- Methoden- Erfahrungen. 9. Aufl., Springer Gabler, Wiesbaden, S. 17–52
Hoppmann, E. (1977): Marktmacht und Wettbewerb. Beurteilungskriterien und Lösungsmöglichkeiten, J. C. B. Mohr, Tübingen.
Hujer, R.; Knepel, H. (1984): Inhaltliche und formale Kriterien der Analyse ökonomischer Systeme. In: Roth, E. (Hrsg.:) Sozialwissenschaftliche Methoden. Oldenbourg, München und Wien, S. 619–621.
Hungenberg, H. (2014): Strategisches Management in Unternehmen. Ziele – Prozesse – Verfahren. 8. aktualisierte Aufl., Springer Gabler, Wiesbaden.
Hüttner, M. (1982): Markt- und Absatzprognosen. W. Kohlhammer (Kohlhammer Edition Marketing), Stuttgart u. a.
Huxold, St. (1990): Marketingforschung und strategische Planung von Produktinnovationen. Ein Früherkennungsansatz. E. Schmidt, Berlin.
Jacob, H. (1983): Das PIMS – Programm. In: WISU 12 (6), S. 262–266.
Jenner, T. (2006): Controlling strategischer Erfolgspotenziale bei hoher Marktdynamik. In: Reinecke, S.; Tomczak, T. (Hrsg.): Handbuch Marketing-controlling. 2. Aufl., Dr. Th. Gabler, Wiesbaden, S. 155–171.
King, S. (2014): Big Data. Potenzial und Barrieren der Nutzung im Unternehmenskontext. https://doi.org/10.1007/978-3-658-06586-7. Zugegriffen: 26.09.21.
Klauss, G. (1975): Die Bestimmung von Marktmacht. Duncker & Humblot, Berlin.
Köhler, R. (1987): Informationen zur strategischen Planung von Produktinnovationen. In: Klein-Blenkers, F. (Hrsg.): Distributionspolitik. Sonderheft 35 der Mitteilungen des Instituts für Handelsforschung an der Universität zu Köln, S. 79–103.
Köhler, R. (1993): Beiträge zum Marketing-Management. Planung, Organisation, Controlling. 3. Aufl., Schäffer-Poeschel, Stuttgart.
Köhler, R. (1994): Planungs- und Entwicklungsprozeß neuer Markenartikel und Markteinführung. In: Bruhn, M. (Hrsg.): Handbuch Markenartikel. Anforderungen an die Markenpolitik aus Sicht von Wissenschaft und Praxis. Bd. 1, Schäffer-Poeschel, Stuttgart, S. 433–462.
Köhler, R. (2005): Kundenorientiertes Rechnungswesen als Voraussetzung des Kundenbindungsmanagements. In: Bruhn, M.; Homburg, C. (Hrsg.): Handbuch Kundenbindungsmanagement. 5. Aufl, Gabler, Wiesbaden, S. 401–433.
Köhler, R. (2006): Marketingcontrolling: Konzepte und Methoden. In: Reinecke J.; Tomczak, T. (Hrsg.): Handbuch Marketing-Controlling. 2. Aufl. Gabler, Wiesbaden, S. 39–61.
Köhler, R.; Fronhoff, B.; Huxold, S. (1988): Ansatzpunkte für ein Indikatorensystem zur strategischen Planung von Produktinnovationen. Arbeitspapier des Instituts für Markt- und Distributionsforschung der Universität zu Köln, Köln.
Köhler, R.; Böhler, H. (1984): Strategische Marketing-Planung. Kursbestimmung bei ungewisser Zukunft. In: asw 27 (3), S. 93–103.
Kotler, P.; Kartajaya, H.; Setiawan, I. (2017): Marketing 4.0. Der Leitfaden für das Marketing der Zukunft. 1. Aufl., Campus, Frankfurt am Main.

Kreikebaum, H.; Gilbert, D. U.; Behnam, M. (2018): Strategisches Management. 8. Aufl., W. Kohlhammer, Stuttgart

Kreutzer, R. T. (2021): Praxisorientiertes Onlinemarketing. Konzepte–Instrumente–Checklisten. 4. Aufl., Springer Gabler, Wiesbaden.

Kroeber-Riel, W.; Gröppel-Klein, A. (2019): Konsumentenverhalten. 11., überarb., aktualisierte und erg. Aufl., Verlag Franz Vahlen, München.

Krystek, U.; Müller-Stewens, G. (1993): Frühaufklärung für Unternehmen. Schäffer-Poeschel; Stuttgart

Krystek, U; Müller-Stewens; G. (2006): Strategische Frühaufklärung. In: Hahn, D.; Taylor, B. (Hrsg.) Strategische Unternehmungsplanung –Strategische Unternehmungsführung. Springer, Berlin, Heidelberg, S. 175–193.

Kuß, A; Wildner, R. Henning, K. (2018): Marktforschung. 6. Aufl., Springer Gabler, Wiesbaden

Kuß, A.; Tomczak, T. (2014): Käuferverhalten. 4. Aufl., Lucius und Lucius, Stuttgart

Lange, B. (1982): Bestimmung strategischer Erfolgsfaktoren und Grenzen ihrer empirischen Fundierung. In: DU 36g (1), S. 27–41.

Lenz, R. T. (1981): Determinants" of Organizational Performance. An Interdisciplinary Review. In: SMJ 2 (2), S. 131–154.

Lorange, P. (1980): Corporate Planning. An Executive Viewpoint. Prentice Hall, Englewood Cliffs (NJ).

Magerhans, A. (2016): Marktforschung. Eine praxisorientierte Einführung. Springer Gabler (Lehrbuch), Wiesbaden.

Mauthe, K. (1984): Strategische Exploration und Analyse als Basis der Planung strategischer Programme. In: Trux, W.; Müller, G.; Kirsch, W. (Hrsg.): Das Management strategischer Programme. Kirsch Herrsching, München, S. 37–212.

Mauthe, K.; Roventa, P. (1982): Versionen der Portfolio-Analyse auf dem Prüfstand. In: ZfO 51, S. 191–204

Mayntz, R.; Holm, K.; Hübner, P. (1972): Einführung in die Methoden der empirischen Soziologie. 3. Aufl., Westdeutscher Verlag, Köln/Opladen

Mechlin, G. F.; Berg, D. (1980): Evaluating Research – ROI Is Not Enough. In: HBR, 58 (5), S. 93–99.

Meffert, H. (1988): Unternehmens- und Marketingstrategien in unterschiedlichen Marktsituationen. In: Meffert, H. (Hrsg.): Strategische Unternehmensführung und Marketing. Gabler Verlag, Wiesbaden, S. 53–56

Meffert, H. (1992): Marketingforschung und Käuferverhalten. 2. Aufl., Gabler, Wiesbaden

Meffert, H. (1994): Marketing-Management. Analyse – Strategie – Implementierung. Gabler, Wiesbaden.

Meffert, H. (2018): Marketing Weiterdenken. In: Bruhn, M., Kirchgeorg, M. (Hg.): Marketing Weiterdenken. Zukunftspfade für eine marktorientierte Unternehmensführung. Unter Mitarbeit von Heribert Meffert. 1. Aufl., Springer Fachmedien, Wiesbaden, S. 19–22.

Meffert, H.; Burmann, Ch.; Kirchgeorg, M; Eisenbeiß, M. (2019): Marketing. 13. Aufl., Springer Gabler, Wiesbaden

Meffert, H.; Bruhn, M. (2002): Wettbewerbsüberlegenheit durch exzellentes Dienstleistungsmarketing. In: Bruhn, M.; Meffert, H. (Hrsg.): Exzellenz im Dienstleistungsmarketing. Wiesbaden, S. 1–26.

Müller-Stewens, G.; Lechner, C. (2016): Strategisches Management. Wie strategische Initiativen zum Wandel führen, 5. Aufl., Schäffer-Poeschel, Stuttgart.

Müller-Stewens, G.; Müller, A. (2009): Strategic Foresight – Trend- und Zukunftsforschung als Strategieinstrument. In: Reimer; M.; Fiege, S. (Hrsg.): Perspektiven des Strategischen Controllings. Gabler, Wiesbaden, S. 239–257.

Naylor, T. H. (1982): An Overview of Strategic Planning Models. In: Naylor, T. H. (Hrsg.): Corporate Strategy. The Integration of Corporate Planning Models and Economics. Elsevier Science Ltd., Amsterdam u. a., S. 3–17.

Ng, A.; Soo, K. (2018): Data Science – was ist das eigentlich? Springer, Heidelberg

Norman, G.; Nichols, K. (1982): Dynamic Market Strategy Under Threat of Competitive Entry: An Analysis of the Pricing and Production Policies open to the Multinationals Companies. In: JIE 31 (1/2), S. 153–17.

Oberender, P. (1973): Industrielle Forschung und Entwicklung. Eine theoretische und empirische Analyse bei oligopolistischen Marktprozessen. Haupt Verlag, Bern; Stuttgart

Oberender, P. (1987): Marktwirtschaft und Innovation; Grenzen und Möglichkeiten staatlicher Innovationsförderung. In: Kantzenbach, E.; Oberender; P.; D.; Seidenfus, F.: Beiträge zur Innovationspolitik. Hrsg.: Werner, J. Duncker & Humblot, Berlin, S. 9–26.

Paul, H.; Wollny, V. (2014): Instrumente des strategischen Managements. 2. Aufl., Oldenbourg Wissenschaftsverlag, München

Philips, L. W.; Chang, T. R.; Buzzell, A. P. (1983): Product Quality, Cost Position and Business Performance: A Test of Some Key Hypothesis. In: JM, 47 (2), S. 26–43.

Pillkahn, U. (2013): Pictures oft he Future. Zukunftsbetrachtungen im Unternehmensumfeld. In: Popp, R.; Zweck, A. (Hrsg.): Zukunftsforschung im Praxistest. Springer Fachmedien, Wiesbaden, S. 41–79

Poeche, J. (1970): Workable competition als wettbewerbspolitisches Leitbild. In: Poeche, J. (Hrsg.): Das Konzept des „Workable Competition", in der angelsächsischen Literatur. Heymann, Köln u. a., S. 9–32.

Porter, M. E. (2013): Wettbewerbsstrategien. 12. Aufl., Campus, Frankfurt am Main, New York.

Porter, M.; Guth, C. (2012): Chancen für das deutsche Gesundheitssystem. Springer Gabler, Berlin, Heidelberg.

Reckenfelderbäumer, M. (2006): Prozesskostenrechnung im Marketing. In: Handbuch Marketing-Controlling. 2. Aufl., Springer, Wiesbaden, S. 767–794.

Reinecke, S.; Tomczak, T.; Geis, G. (2006): Marketingkennzahlensysteme. In: Reinecke, S.; Tomczak T. (Hrsg): Handbuch Marketingcontrolling. 2. Aufl., Springer, Wiesbaden, S. 891–913

Reinecke, S.; Janz, S. (2007): Marketingcontrolling. Kohlhammer, Stuttgart

Rese, M. (2006): Marketingaccounting. In: Reinecke, S.; Tomczak T. (Hrsg.): Handbuch Marketingcontrolling. 2. Aufl.; Dr. Th. Gabler; Wiesbaden, S. 741–765.

Rhoades, S. A. (1973): The Effect of Diversification on Industry Profit Performance in 241 Manufacturing Industries: 1963. In: RES 55(2), S. 146–155.

Roventa, P. (1979): Portfolio-Analyse und Strategisches Management. Ein Konzept zur strategischen Chancen- und Risikohandhabung. Kirsch, Herrsching, München.

Runia, P.; Wahl, F. (2015): Qualitative Prognosemodelle und Trendforschung. In: Gansser, O.; Krol, B. (Hrsg.): Markt- und Absatzprognosen. Modelle – Methoden – Anwendung. Aufl. 2015, Springer Fachmedien (FOM-Edition), Wiesbaden, S. 73–88

Scheer, A.-W. (2016): Nutzentreiber Digitalisierung. In: Informatikspektrum 39 4, https://doi.org/10.1007/s00287-016-0975-4, S. 275–289.

Schendel, D.; Patton, G. R. (1978): A Simultaneous Equation Model of Corporate Strategy. In: Management Science 24 (15), S. 1611–1621.

Scherer, F. M. (1970): Industrial Market Structure and Economic Performance. Rand McNally & Co, Chicago.

Schierenbeck, H.; Wöhle, C. B. (2012): Grundzüge der Betriebswirtschaftslehre, 18. Aufl., Oldenbourg Wissenschaftsverlag GmbH, München

Schoeffler, S. (1977): Cross-sectional Study of Strategy Structure, and Performance: Aspects of the PIMS Program. In: Thorellie, H.B.(Hrsg.): Strategy + Structure = Performance, Indiana University Press, Bloomington, London, S. 108–121.
Schoeffler, S.; Buzzell, R. D.; Heany, D. F. (1974): Impact of Strategic Planning on Profit Performance. In: HBR 52 (2), S. 137–145.
Schub von Bossiazky, G. (1992): Psychologische Marketingforschung. Valen, München
Schultz, R.; Röper, J. W. (1983): Zur Anwendung ökonometrischer Analysen in der strategischen Unternehmensplanung. In: WISU 12 (7), S. 306–315.
Singer, M. (2016): Online goes Offline im modernen Einzelhandel. Eine Untersuchung zur konsumentenseitigen Akzeptanz des Einsatzes verschiedener Funktechnologien im stationären Einzelhandel und die damit verbundene Bedeutung von Kundendaten. In: Wagener, A. (Hrsg.): Hofer akademische Schriften zur Digitalen Ökonomie, Hochschule Hof, Fachbereich Wirtschaft.
Sprengel, F. (1984): Informationsbedarf strategischer Entscheidungshilfen. Thun, Frankfurt am Main
Tomczak, T.; Reinecke, S. (1998): Best Practice in Marketing – Erfolgsbeispiele zu den vier Kernaufgaben im Marketing. Wirtschaftsverlag Carl Ueberreuter, Wien
Tomczak, T.; Rudolf-Sipötz, E. (2003): Bestimmungsfaktoren des Kundenwertes: Ergebnisse einer branchenübergreifenden Studie. In: Günter, B.; Helm, S. (Hrsg.): Kundenwert. 2. Aufl., Gabler, Wiesbaden, S. 133–161
Trommsdorff, V.; Teichert, T. (2011): Konsumentenverhalten. 8., vollständig überarbeitete und erweiterte Auflage. W. Kohlhammer (Kohlhammer Edition Marketing), Stuttgart.
v. Hayek, F. A. (2011): Der Wettbewerb als Entdeckungsverfahren. In: Vanberg, V. J. (Hrsg.): Hayek Lesebuch, Mohr, Siebeck, Tübingen, S. 188–205.
Vollert, K. (1991): EG-Pharmamarkt '92. Zugl.: Bayreuth, Univ., Diss., 1991 u. d. T.: Vollert, Klaus: Strategisches Management im EG-Binnenmarkt, dargestellt am Beispiel der pharmazeutischen Industrie. PCO, Bayreuth.
Vollert, K. (1996): Methodische Probleme in der Panelforschung: Gütekriterien von Paneldaten. In Planung & Analyse 23 (5), S. 38–41
Vollert, K. (1998): Qualität lohnt sich. Psychographische und ökonomische Konsequenzen eines Qualitätsmanagements. Mittweida: FH, Diskussionspapier/Fachbereich Wirtschaftswissenschaften, Hochschule Mittweida (FH) – University of Applied Sciences.
Vollert, K. (2003): Markenpositionierung. In: Kamenz, U. (Hrsg.): Applied Marketing. Springer, Berlin u. a., S. 459–470
Vollert, K. (2004): Grundlagen des strategischen Marketing. 3. Aufl., PCO, Bayreuth.
Wagener, A. (2018): Marketing 4.0. „Kenne deinen Kunden!"; wie im Zeitalter der Digitalisierung Daten und Algorithmen Vertrieb und Marketing ändern. In: Wolf, G; Göbel, R. (Hrsg.): Digitalisierung: Segen oder Fluch: Wie die Digitalisierung unsere Arbeitswelt verändert. Springer, Berlin, S. 125–150
Weber, G. (1996): Strategische Marktforschung. De Gruyter Oldenbourg, München, Wien.
Wensley, T. (1982): PIMS and BCG: New Horizons or False Dawn? In: SMJ 3, S. 147–158
Wimmer, F.; Weßner, K. (2001a): Kohortenanalyse. In: Diller; H. (Hrsg.): Vahlens Großes Marketinglexikon. 2. Aufl., Vahlen, München, S. 777–780.
Wimmer, F.; Weßner, K. (2001b): Strategische Marktforschung. In: Diller; H. (Hrsg.): Vahlens Großes Marketinglexikon. 2. Aufl., Vahlen, München, S. 1624–1625.
Wind, Y.; Mahajan, V. (1981): Designing Product an Business Portfolios. In: HBR, 59 (1), S. 155–165.ff.
Wittek, B.F. (1980): Strategische Unternehmensführung bei Diversifikation. De Gruyter, Berlin; New York

Wöhe, G.; Döring, U. (2010): Einführung in die Allgemeine Betriebswirtschaftslehre. 24. Aufl., Vahlen, München.

Wolfrum, B. (1994): Grundlagen der Konkurrenzforschung. In: Tomczak, T.; Reinecke, S. (Hrsg.): Marktforschung. Thexis, St. Gallen, S. 136–149.

Woo, C. Y.; Cooper, A. C. (1981): Strategies of Effective Low Share Business. In: SMJ 2, S. 301–318.

Zerr, K. (2003): Online-Marktforschung. In: Theobald, A; Dreyer, M.; Starsetzki, T. (Hrsg.): Online-Marktforschung. 2. Aufl., Dr. Th. Gabler, Wiesbaden, S. 7–26.

Zukunftsinstitut a – Methoden der Trend und Zukunftsforschung. https://www.zukunftsinstitut.de/artikel/methoden-der-trend-und-zukunftsforschung/. Zugegriffen: 31. Juli 2019.

Zukunftsinstitut b: Megatrends, https://www.zukunftsinstitut.de/dossier/megatrends/. Zugegriffen: 31. Juli 2019.

Teil III
Ziele im strategischen Marketing

5 Ziele als Element des strategischen Marketings

Inhaltsverzeichnis

5.1　Definitorische Grundlagen 245
　　5.1.1　Zielbegriff und -funktionen 245
　　5.1.2　Zielbildung 246
　　5.1.3　Zielebenen 247
5.2　Normative Ziele 248
　　5.2.1　Unternehmenszweck 248
　　5.2.2　Unternehmensvision 250
　　5.2.3　Managementphilosophie 252
　　5.2.4　Unternehmensphilosophie 256
　　5.2.5　Unternehmensleitbilder 260
5.3　Handlungsziele 262
　　5.3.1　Handlungsziele als Elemente eines Zielsystems 262
　　5.3.2　Bildung von Zielsystemen 268
Literatur 272

5.1　Definitorische Grundlagen

5.1.1　Zielbegriff und -funktionen

Der Zielbegriff ist in der BWL und im Marketing nicht einheitlich definiert (Vgl. Macharzina und Wolf 2018, S. 206 f.).

▶Im Folgenden sollen Unternehmensziele als Präferenzzustände der Zukunft verstanden werden, die die Unternehmung erreichen will (Vgl. auch Becker 2019 S. 14; Bea

2009, S. 338, Heinen 1976, S. 45). Die Präferenzzustände können in quantitativer oder qualitativer Form zum Ausdruck kommen.

Ziele besitzen unterschiedliche Funktionen (Vgl. auch Macharzina und Wolf 2023, S. 227 f.; Hungenberg und Wulf 2021, S. 59):

- Sie verhindern, dass die Unternehmens- und Marketingplanung zu einer reaktiven Anpassung an Umweltveränderungen degeneriert (muddling through) und besitzen damit eine **Zukunftssicherungsfunktion**.
- Da sich Entscheidungen in der Unternehmung an den Zielen orientieren, haben Ziele eine **Orientierungs- und Steuerungsfunktion**.
- Soweit Ziele öffentlich bekannt sind, können sie für die Anspruchsgruppen eine **Transparenzfunktion** und eine **Sicherheitsfunktion** übernehmen.
- In ihrer **Koordinationsfunktion** verhindern sie eine Zersplitterung der Kräfte innerhalb der Unternehmung (Vgl. Raffée 1984).
- Da Ziele Voraussetzung sind, um die tatsächliche Unternehmensleistung zu messen, übernehmen sie zusätzlich eine **Kontrollfunktion**.
- Sie legitimieren Entscheidungen in der Unternehmung(**Legitimationsfunktion**) und können eine **Konfliktlösungsfunktion** übernehmen, wenn sich bei strittigen Auffassungen Lösungen als sachlogisch und zielkonform erweisen.

5.1.2 Zielbildung

In der Ein-Produkt-Unternehmung der VWL, in der ein homo oeconomicus Entscheidungen trifft, gilt die Gewinnmaximierung als einziges Ziel der Unternehmung (Vgl. Heinen 1976, S. 28). Dieses Modell ist aus mehreren Gründen nicht mehr aufrecht zu erhalten. Zum einen bilden die dem homo oeconomicus unterstellten Eigenschaften (unendliche Transparenz, unendliche Reaktionsgeschwindigkeit, rationales Verhalten etc.) die Realität nicht ab. Zum anderen zeigt die empirische Zielforschung, dass die Unternehmung mehrere Ziele verfolgt (Kordina-Hildebrandt und Hildebrandt 1979, S. 319 ff.). Nicht zuletzt bleibt im Modell der VWL unberücksichtigt, welcher Gewinn gemeint ist.

Moderne Ansätze gehen davon aus, dass die Unternehmung keine eigenen Ziele besitzt. Die Unternehmung wird als Koalition verschiedener interner und externer Individuen und Gruppen gesehen (Vgl. Cyert und March 1992; Thommen et al. 2020, S. 46; Hungenberg und Wulf 2021, S. 50 ff.). Individuen und Gruppen gehen eine Beziehung zur Unternehmung ein, wenn ihre Ziele dort berücksichtigt werden und sie einen Nutzen erlangen, der größer als die Beiträge bzw. die Kosten sind, die sie an die Unternehmung leisten müssen. Damit kann auch in diesem Kontext von einem Netto-Nutzen ausgegangen werden, den die an der Unternehmung Beteiligten suchen. Damit muss die Unternehmung die Ziele ihrer Anspruchsgruppen erfüllen.

Ausgangspunkt der Zielentstehung der Unternehmung sind die Motive der unmittelbaren Unternehmensträger (Anteilseigner, Management, Mitarbeiter), die z. B. in der Motivpyramide von Maslow dargestellt werden (Vgl. Maslow 1970). In ähnlicher Weise formulieren Marktpartner, gesellschaftliche Gruppen sowie die Gesellschaft als Ganzes Ansprüche, die bei der Zielplanung der Unternehmung Berücksichtigung finden müssen (Vgl. Schierenbeck und Wöhle 2012, S. 71 ff.). Zudem muss die Existenz der Unternehmung gesichert werden. Welche Ziele sich in welchem Ausmaß durchsetzen bestimmt die Werthaltung der Machtträger der Unternehmung vor dem Hintergrund der von ihnen verfolgten Unternehmensphilosophie. Abb. 5.1 fasst die Einflussgrößen der Zielbildung zusammen.

Die Zielbildung selbst sieht Diller (1998, S. 173) als mehrstufigen Prozess, der die Phasen Zielfindung, Zielangleichung, Zielpräzisierung und Zielvorgaben beinhaltet (Vgl. Tab. 5.1).

- Die **Zielfindung** umfasst die Kontrolle der bisherige Zielrealisation, die Situationsanalyse und -prognose, eine Schwachstellenanalyse und eine Zielsuche.
- In der Phase der **Zielangleichung** werden Prioritäten festgelegt, Zielkonflikte analysiert, Zielkompromisse gesucht und Risiken abgewogen.
- Bei der **Zielpräzisierung** müssen Ziele inhaltlich und zeitlich abgestimmt und Messstandards der Zielrealisation festgelegt werden.
- Mit der **Zielvorgabe** werden Ziele als verbindlich erklärt, zeitliche Vorgaben gemacht und Verantwortungen definiert (Vgl. Diller 1998, S. 172 ff.).

5.1.3 Zielebenen

Für die Zielplanung ist es sinnvoll, eine normative Ebene und eine Handlungsebene zu unterscheiden (Vgl. u. a. Rennhak 2017, S. 16 f.; Benkenstein und Uhrich 2009, S. 88 ff.), wobei das Ziel des langfristigen Überlebens der Unternehmung als unabdingbare Prämisse angenommen wird (Vgl. Abb. 5.2).

Die normative Ebene berücksichtigt die Interessen der Anspruchsgruppen der Unternehmung. Dazu müssen als **normative Ziele** (Meffert et al. 2019, S. 280 sprechen von übergeordneten Zielen) der Unternehmenszweck, die Unternehmensvision sowie die Management- und Unternehmensphilosophie festgelegt werden. Normative Ziele werden häufig im Leitbild der Unternehmung zusammengefasst und dienen dem Prozess der Bildung und Auswahl von Strategien. An ihnen müssen sich die **Handlungsziele** orientieren, die mit Strategien und Maßnahmen der Unternehmung realisiert werden sollen. Dabei müssen auf strategischer Ebene Art und Richtung der Handlungsziele festgelegt werden. Ihre operationale Formulierung auf operativer Ebene bedarf des Zielausmaßes, des zeitlichen, räumlichen und personellen Bezugs sowie der Bestimmung zu verwendender Ressourcen.

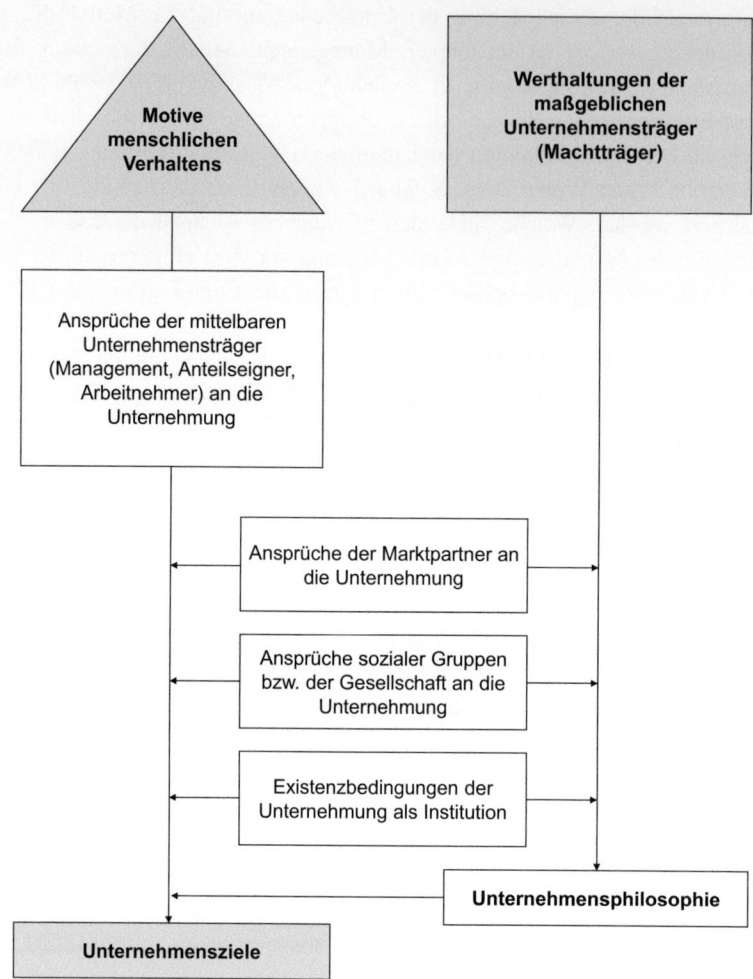

Abb. 5.1 Entstehung von Zielen (in Anlehnung an Schierenbeck und Wöhle 2012, S. 72)

5.2 Normative Ziele

5.2.1 Unternehmenszweck

▶ Der Unternehmenszweck (Business Mission) beschreibt den Auftrag einer Unternehmung und den Nutzen (value proposition)[1], den sie ihren Anspruchsgruppen bietet (Vgl. Johnson et al. 2018, S. 212; Müller-Stewens und Lechner 2016, S. 224). Die Business

---

[1] Meffert u. a. 2019 sprechen vom Business Purpose.

5.2 Normative Ziele

Tab. 5.1 Zielbildungsprozess

Zielfindung	Ziel-angleichung	Zielpräzisierung	Zielvorgabe
Kontrolle der (bisherigen) Zielrealisation; Situationsanalyse und -prognose; Schwachstellenanalyse; Zielsuche;	Prioritätensuche; Zielkonfliktanalyse; Zielkompromisse; Risikoabwägung;	Inhaltliche Abstimmung der Ziele; Zeitliche Abstimmung der Ziele; Entwicklung von Messstandards;	Verbindlichmachung der Ziele; Inhaltliche Vorgaben; Zeitliche Vorgaben; Handlungsziele definieren; Verantwortungen definieren;

(Quelle: nach Diller 1998, S. 173)

Abb. 5.2 Ebenen der Zielbildung

Mission beantworte die Frage nach der Art des Geschäfts (der Geschäfte) und gibt der Unternehmung eine klare Grundausrichtung (Vgl. Meffert et al. 2019, S. 281).

Der Unternehmenszweck wird u. a. durch die Firmengeschichte, die Ziele der am Unternehmen beteiligten Gruppen und Institutionen, die Umweltsituation, sowie die aktuellen

Ressourcen, die vorhandenen Kompetenzen und das Wissen der Unternehmung determiniert (Vgl. Cravens und Lamb 1990). Eine Business Mission soll dabei realistisch und unternehmensspezifisch sein, auf den besonderen Kompetenzen der Unternehmung beruhen und bei den Menschen (insbesondere den Mitarbeitern) Begeisterung hervorrufen (Vgl. Kotler et al. 2019, S. 96 f.).

Dabei wäre es wenig zweckmäßig, den Unternehmenszweck, wie in alten Unternehmensverfassungen heute noch zu finden, über die Angabe bestimmter hergestellter Produkte und Dienstleistungen zu definieren. Diese „**Myopia'**" (Kurzsichtigkeit) würde ständig schneller werdenden Technologie-, Bedarfs- und Marktveränderungen keine Beachtung schenken (Vgl. Levitt 1960). Deshalb sollte die Unternehmung bei der Definition des Unternehmenszwecks auf **grundsätzliche Problemlösungsmöglichkeiten** abstellen, bei denen sie KKVs realisieren will (Vgl. auch Drucker 1973; Kotler et al. 2019, S. 95). Aaker beschreibt das Vorgehen zur Formulierung des Unternehmenszwecks relativ einfach: „... define it in terms of the basic customer need involved" (Aaker 1984, S. 40) Gegebenenfalls müssen die Bedürfnisse weiterer Anspruchsgruppen beachtet werden.

▶ Ein Unternehmen wird deshalb seine Business Mission nicht mit der Produktion von Fernseh- und Rundfunkgeräten beschreiben, sondern durch die Beschäftigung mit **audio-visueller Kommunikation**. Ein Unternehmen der Versicherungsbranche sollte sich nicht mehr über seine angebotenen Versicherungsleistungen definieren, sondern sich als **Finanzdienstleister** verstehen (Vgl. zu weiteren Beispielen Müller-Stewens und Lechner 2016, S. 225).

Diese relativ global definierte Business Mission kann dann nach dem Konzept von Abell noch weiter konkretisiert werden (Vgl. Abell 1980 sowie Kap. 3.3.1). Stark diversifizierte Unternehmen (z. B. Bayer AG, Henkel KGaA) müssen u. U. unterschiedliche Problemlösungsbereiche, in denen sie KKVs erzielen wollen, bestimmen.

Die Business Mission kann und muss sich entsprechend der Umweltentwicklung verändern. Wichtig erscheint, dass dies in Form einer **bewussten Entscheidung** geschieht, um unkoordinierte Aktivitäten der Unternehmung zu vermeiden.

5.2.2 Unternehmensvision

Eng mit der Business Mission verbunden ist die Unternehmensvision.

▶ Die **Unternehmensvision** (Business Vision) kann als Idee bezeichnet werden, die ausdrückt, was eine Unternehmung (im Rahmen der Business Mission) zu sein anstrebt (Vgl. Dillerup und Stoi 2013, S. 109; Johnson et al. 2018, S. 29; Hinterhuber 2011, S. 85). Die Boston Consulting Group bezeichnet sie als konkretes Zukunftsbild, das als realisierbar

5.2 Normative Ziele

Tab. 5.2 Beispiele von Unternehmensvisionen

Unternehmung	Unternehmensvision
Boeing (1950er Jahre)	Become a dominant player in commercial aircraft and bring the world into jetage
Nike (1960er Jahre)	Crush Adidas
General Electric (1980er Jahre)	Number 1 or 2 in the industry
McDonalds	To be the world's best quick-service restaurant
Volkswagen (1990er Jahre)	Die qualitativ besten und attraktivsten Autos entwickeln, kostengünstig herstellen und erfolgreich verkaufen
Procter & Gamble (2010)	Das Leben der Verbraucher in aller Welt verbessern, jetzt und für zukünftige Generationen
J.P. Morgan (2010)	To be the world's most trusted and respected financial Services Institution
Royal Dutch Shell (2010)	To be the Top Performing and Most Admired Refinery in Asia
bhp billton (2010)	To be the first choice in pure Manganese. T.his means the first choice employer, supplier and customer

(Quelle: nach Dillerup und Stoi 2013, S. 112).

betrachtet wird und Begeisterung für eine neue, bessere Wirklichkeit auslöst (Vgl. Boston Consulting Group 1988, S. 7).

Die Beispiele in Tab. 5.2 verdeutlichen die Absicht der Unternehmensvision.
Die Wirksamkeit einer Unternehmensvision hängt davon ab, ob sie

- richtungsweisend, d. h. zukunftsorientiert und verbindlich,
- anspornend, d. h. fordernd und begeisternd,
- plausibel, d. h. realistisch und kompetent,
- prägnant, d. h. verständlich und kommunizierbar

ist (Vgl. Dillerup und Stoi 2013, S. 110 und die dort zitierte Literatur; ähnlich Müller-Stewens und Lechner 2016, S. 222).

Nach Müller-Stewens und Lechner (2016, S. 222 ff.) können wettbewerbs-, feind-, rollen-, wandel-, kunden- und geschäftsmodellfokussierte Visionen unterschieden werden (Vgl. Tab. 5.3).

Tab. 5.3 Typen von Unternehmensvisionen

Art der Vision	Unternehmung	Vision
Wettbewerbsfokussiert	Wal-Mart	Become a USD 125 billion Company by the year 2000
	Deutsche Bank	Wir wollen die führende kundenorientierte globale Universalbank sein
Feindfokussiert	Nike (1960)	Crush Adidas
	Canon	Beat IBM
Rollenfokussiert	Standford University	Become the Harvard of the West
Wandelfokussiert	Rockwell	Wir wollen von einem Hersteller von Verteidigungsprodukten zu dem am besten diversifizierten Hochtechnologieunternehmen werden
Kundenfokussiert	Ford (1907)	Democratize the automobile
Geschäftsmodellfokussiert	Motorola	Attain six-sigma quality

(Quelle: Müller-Stewens und Lechner 2016, S. 222 ff.)

5.2.3 Managementphilosophie

▶Unter der **Managementphilosophie** versteht man die grundlegenden Einstellungen, Überzeugungen und Werthaltungen, denen sich das Management beim Aufbau und der Verteidigung von KKVs verpflichtet fühlt (Vgl. Ulrich und Fluri 1995) und die von ihm als Orientierungsmaßstab für das das Handeln der Unternehmung vorgegeben werden (Vgl. Müller-Stewens und Lechner 2016, S. 230).

Grundlage der Managementphilosophie bildet die Sozialisation der Führungskräfte z. B. im beruflichen und betrieblichen, aber auch im ethischen und religiösen Sinn.

Die Managementphilosophie dient der **Aufdeckung von Werten**, der **Wertebekundung** und der **Werteentwicklung** (Vgl. Bleicher 2017, S. 165 ff.) und schafft damit Vertrauen in die Unternehmung (Vgl. Dillerup und Stoi 2013, S. 71 f.).

Man darf davon ausgehen, dass die Managementphilosophie nicht grundsätzlich von der Werthaltung der jeweiligen Gesellschaft abweichen darf, wenn Konflikte der Unternehmung mit der Gesellschaft vermieden werden sollen (Vgl. Bleicher 2017, S. 166). Probleme können sich dann ergeben, wenn sich Werte verändern. Ein Wertewandel wurde schon von Inglehart und Klages in den 80er Jahren konstatiert (Vgl. Inglehart 1981; Klages 1984). Der Wertewandel setzt sich kontinuierlich fort (Vgl. Barz et al. 2003). Insofern müsste die Unternehmung die von ihr vertretenen Werte immer wieder überarbeiten und

5.2 Normative Ziele

anpassen, was einer kontinuierlichen Unternehmensentwicklung nicht immer dienlich sein muss.

Aufbauend auf dem **Projekt Weltethos** von Hans Küng, das mit der **Gewaltlosigkeit und Ehrfurcht vor dem Leben**, der **Solidarität und gerechten Wirtschaftsordnung**, der **Toleranz und einem Leben in Wahrhaftigkeit** sowie der **Gleichberechtigung und Partnerschaft von Mann und Frau** vier religionsübergreifende Werte identifiziert (Vgl. Küng 2010, S. 239 ff.; www.weltethos.org), wurden im Rahmen des United Nation Global Compact am 06.10.2009 unter Berücksichtigung der von der UN 1948 proklamierten Menschenrechte das Manifest **„Globales Wirtschaftsethos"** unterzeichnet, in dem international akzeptierte Verhaltensnormen im Wirtschaftsleben definiert werden (Vgl. www.weltethos.org/wirtschaft-globales-wirtschaftsethos/; Küng 2010, S. 304 ff.; Dillerup und Stoi 2013, S. 72). Es kombiniert ethische Grundsätze der Gesellschaft mit marktwirtschaftlichen Notwendigkeiten, die die Unternehmung berücksichtigen muss. Zu den ethischen Grundsätzen der Gesellschaft gehören Nachhaltigkeit, Respekt, Kooperation und die „Goldene Regel". Die wirtschaftliche Ebene berücksichtigt die Notwendigkeit der Erzielung von Gewinnen und des langfristigen Überlebens. Abb. 5.3 fasst die Werte und ihre Inhalte zusammen, die einer Unternehmung bei der Festlegung ihrer Managementphilosophie als Leitlinie dienen kann.

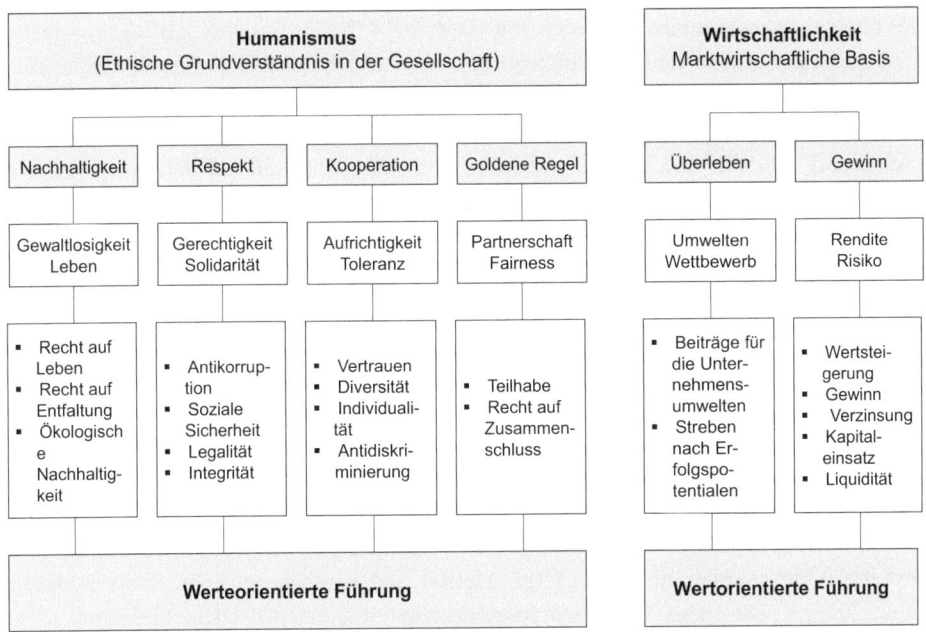

Abb. 5.3 Globales Wirtschaftsethos (nach Dillerup und Stoi 2013, S. 74)

Da sich diese Werte an übergeordneten, religionsübergreifenden Normen orientieren, darf ihnen eine gewisse Dauerhaftigkeit zugeschrieben werden, die der langfristigen Unternehmensentwicklung entgegenkommt. Sie sollten bei der Formulierung der Managementphilosophie berücksichtigt werden.

Die Managementphilosophie muss auch die Diskussion zum Thema der **Nachhaltigkeit (Sustainable Development)** berücksichtigen. Im Brundtlandbericht wird Nachhaltigkeit definiert als „meeting the need of the present without compromising the ability of future generations to meet their needs" (Vereinte Nationen 1987). Danach tragen alle Individuen und Gruppen, Organisationsebenen und damit auch alle Unternehmen Verantwortung für den Erhalt und die Sicherung natürlicher und sozialer Lebensgrundlagen der Menschen (Vgl. Belz und Bilharz 2005, S. 3, Meffert und Kirchgeorg 1999, S. 316; Balderjahn 2004, S. 4). Die Überlegungen zur Nachhaltigkeit entwickelten sich im Zeitablauf (Vgl. auch Kenning 2014, S. 7 ff.; Meffert und Hensmann 2014, S. 22 f.; von Hauff 2014, S. 2 ff.; Rödel 2013, S. 120 f.). Sprachen die Vereinten Nationen im Brundtlandbericht noch von Nachhaltigkeit im Sinne der Kombination von umwelt- und entwicklungspolitischen Lösungen (Vgl. United Nations 1987), wurde Nachhaltigkeit schon seit 1992 im Zuge der in Rio beschlossenen Agenda 21 mit einer ökologischen, einer ökonomischen und einer sozialen Dimension beschrieben (Vgl. United Nations 1992; von Hauff 2014, S. 13; Meffert und Hensmann 2014, S. 27 f.; Enquete-Kommission 1994, S. 33). Die **ökologische Nachhaltigkeit** bezieht sich auf die Erhaltung ökologischer Systeme bzw. des ökologischen Kapitalstocks (Vgl. von Hauff 2014, S. 33; Osranek 2017 S. 51). Insbesondere ist der Abbau und die Nutzung nicht regenerierbarer Rohstoffe, die Umlenkung von Stoff- und Energieströmen, die Veränderung natürlicher Strukturen und die Belastung von Schutzgütern wie z. B. der Atmosphäre einzuschränken bzw. gänzlich zu vermeiden (von Hauff 2014, S. 33). Die ökonomische Nachhaltigkeit zielt auf den Ausgleich von wirtschaftlichen Interessen und ökologischen und sozialen Zielen (Vgl. Denning 2014, S. 8). Die **ökonomische Dimension der Nachhaltigkeit** bezieht sich also auf eine qualitative aber auch quantitative Steigerung des materiellen Wohlstands und des Sozialprodukts (Vgl. Osranek 2017 S. 51). Die **soziale Nachhaltigkeit** beabsichtigt die Vermeidung bzw. den Abbau sozialer Spannungen auf friedlichen und zivilen Wegen (Vgl. Denning 2014, S. 9) und somit die Erfüllung menschlicher Grundbedürfnisse. Neben materiellen Belangen wie den gerechten Zugang der Gesellschaft zu Grundgütern, wie Bildung, Infrastruktur, Kultur oder medizinischer Versorgung spielen dabei auch geistige Aspekte, wie persönliche Entfaltung, Freiheit oder individuelle Selbstbestimmung eine Rolle (Vgl. Osranek 2017 S. 59).

Zur Umsetzung der Dimensionen der Nachhaltigkeit werden im Unternehmenskontext drei Leitprinzipien abgeleitet (Vgl. Meffert und Kirchgeorg 1999, S. 315; Meffert et al. 2019, S. 286): Das **Verantwortungsprinzip** fordert von der Unternehmung schon bei der Entscheidungsfindung die Folgen unternehmerischen Handeln für gegenwärtige und zukünftige Generationen zu berücksichtigen Das **Kreislaufprinzip** basiert auf der

5.2 Normative Ziele

Ökosystemforschung und den Bioeconomics und stellt zur Realisation einer nachhaltigen Entwicklung geschlossene Stoffströme in den Mittelpunkt der Betrachtung. Das **Kooperationsprinzip** verlangt die Einbeziehung aller betroffenen Stakeholder bei der Suche und Umsetzung unternehmerischer Lösungen um eine nachhaltige Entwicklung zu gewährleisten.

Die Unternehmung verfolgt dabei unterschiedliche ökologische, soziale und ökonomische Ziele (Vgl. Abschn. 5.3.1), die z. T. gesetzlich vorgeschrieben, aber auch freiwillig festgelegt werden (Vgl. Balderjahn 2014, S. 142 f.; Kirchgeorg 2014, S. 38). Ökologische, soziale und ökonomische Ziele können sich gegenseitig unterstützen oder in konfliktärer Beziehung stehen.

Dem Marketing obliegt es, die Ziele ausgewogen zu realisieren, indem mit passenden (innovativen) Strategien, Systemen, Strukturen und Kulturen (Vgl. Meffert und Kirchgeorg 1999, S. 318) Umweltvorteile (Unique Enviromental Proposition – UEP) und Sozialvorteile (Unique Social Proposition – USP) erzielt werden, die gleichzeitig den Aufbau und Erhalt von KKVs gewährleisten (Vgl. Abb. 5.4).

> **Übersicht**
> Ein Beispiel von Grundsätzen einer Managementphilosophie, in der eine Reihe von Grundsätzen des globalen Wirtschaftsethos und der Nachhaltigkeit enthalten sind, gibt Bleicher (entnommen aus Bleicher 2017, S. 171):

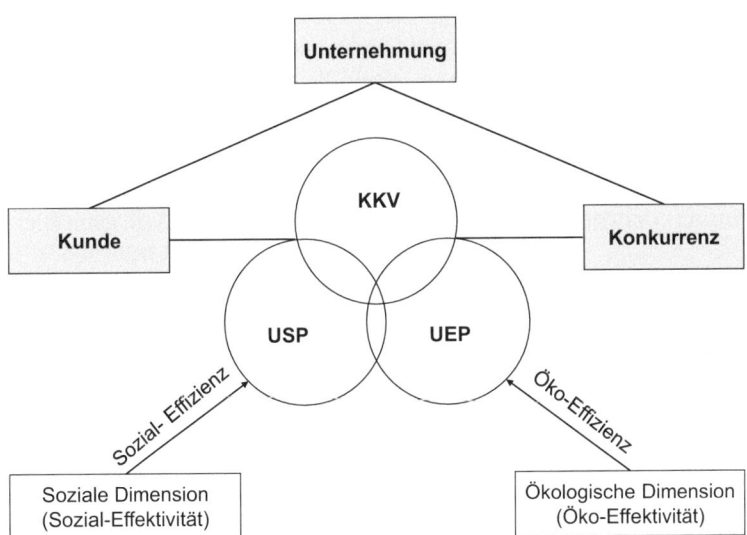

Abb. 5.4 KKVs und Nachhaltigkeitsziele (in Anlehnung an Meffert et al. 2019, S. 287)

> Unsere Managementphilosophie wird von Grundsätzen getragen, die unser Verhalten in allen Bereichen und Stufen unseres Unternehmensgefüges prägen:
>
> - Wir streben nach **Sinnhaftigkeit** in allem, was wir erreichen und tun wollen.
> - Sinn erkennen wir in Leistungen, die einen **Nutzen für andere** außerhalb und innerhalb unseres Unternehmens stiften.
> - Das, was wir erstreben, definieren wir durch eine breite Berücksichtigung unterschiedlicher **Interessen**.
> - **Menschlichkeit** im Urteil und Handeln ist für uns ein übergeordnetes Ziel und niemals Mittel zur Erreichung von Zielen.
> - Sie verlangt eine **Hinwendung zum Nächsten**; was man selbst nicht erdulden möchte, sollte man auch anderen nicht zufügen.
> - Wir verlassen uns auf die **Unabhängigkeit des Urteils** auch bei entgegengesetzten Sachzwängen.
> - Unser Handeln wird von einem hohen **Verantwortungsbewusstsein** gegenüber unserer Umwelt und unseren Mitarbeitern getragen.
> - Wir lassen uns in unserem Verhalten an der **Vertretbarkeit** unseres Handelns messen.

5.2.4 Unternehmensphilosophie

Eng mit der Managementphilosophie verbunden ist die Unternehmensphilosophie.

▶ Die **Unternehmensphilosophie** umreißt die wirtschaftliche und gesellschaftliche Funktion der Unternehmung und beantwortet damit die Frage, für wen die Unternehmung da ist.

Dies mündet in der Entscheidung, ob die Unternehmung tendenziell einen **Stakeholder Value – Ansatz** oder den **Shareholder Value – Ansatz** verfolgt (Vgl. auch Bleicher 2017, S. 188).

Der **Stakeholder Value-Ansatz** geht davon aus, dass die Unternehmung als offenes System eine quasi-öffentliche Institution verkörpert, deren Existenz von verschiedenen Anspruchsgruppen abhängt und die deren Interessen beeinflusst (Vgl. Dyllick 1989, S. 13). Diese sind deshalb legitimiert, die Ziele der Unternehmung mitzubestimmen und zu beeinflussen (Vgl. Abschn. 5.1.2), sodass der Netto-Nutzen über alle Anspruchsgruppen maximiert wird (Vgl. Hungenberg und Wulf 2021, S. 53ff.).

$$StakeholderValue = \sum_{i=1}^{N} \sum_{t=0}^{\infty} U_{it} - K_{it} \bullet (1+r_i)^{-t}$$

5.2 Normative Ziele

mit

U_{it} = Nutzen der Anspruchsgruppe i in der Periode t
K_{it} = Kosten der Anspruchsgruppe i in der Periode t
r_i = Zeitpräferenzrate der Anspruchsgruppe i
t = laufende Periode.
i = betrachtete Anspruchsgruppe
N = Anzahl der Anspruchsgruppen

Vertreter des Stakeholder Value – Ansatzes übersehen jedoch die vielfältigen Probleme, die mit dem Ansatz verbunden sind.

- Es müssen alle Stakeholder und die mit ihnen verbundenen Netto-Nutzen identifiziert werden, was kaum realisierbar scheint.
- Ansätze zur Erfassung der Nutzen und Kosten jeder Anspruchsgruppe weisen erhebliche Probleme auf (Vgl. Ulrich und Fluri 1995).
- Es muss gewährleistet werden, dass die Netto-Nutzen der Anspruchsgruppen komplementär sind. Soweit zwischen ihnen Konflikte auftauchen, was realistisch anzunehmen ist, können zwar der gesamte Stakeholder Value maximiert, die Ansprüche einzelner Stakeholder aber im Interesse des Ganzen vernachlässigt werden (Vgl. Hungenberg und Wulf 2021, S. 54). Es muss dann geregelt werden, welche Anspruchsgruppen mehr bzw. welche weniger Berücksichtigung finden. Dazu müsste festgelegt werden, wer dies nach welchen Regeln bestimmt. Das Management einer Unternehmung hätte dazu weder die Legitimität, noch das Know how und vertritt zudem eigene Interessen.
- Es bleibt zu befürchten, dass für manche Stakeholder schmerzhafte, aber notwendige Anpassungen in einer sich dynamisch entwickelnden Umwelt nicht ausreichend und zögerlich vollziehen, was die Existenz der Unternehmung bedrohen könnte.
- Es entsteht ein Verantwortungsvakuum für das Management.

Insgesamt führte die Verteilungsproblematik des Stakeholder Values in die Willkürlichkeit.

Der **Shareholder Value – Ansatz** stellt die Interessen der Kapitalgeber in den Mittelpunkt und sieht die langfristige Gewinnsteigerung und die Steigerung des Unternehmenswertes als Sinn der Unternehmung an (Vgl. Simon 2011, S. 84; Hungenberg und Wulff 2021, S. 54 ff.; Grant und Nippa 2006, S. 64). Operationalisiert wird der Shareholder-Value durch den mit dem Kapitalkostensatz abgezinsten Free Cash Flow (Vgl. Rappaport 1999, S. 39 ff.; Rappaport 2001, S. 437). Dieser drückt aus, welche Zahlungen die Eigentümer in der Zukunft von der Unternehmung erwarten und bestimmt den Marktwert der Unternehmung (Vgl. Hungenberg 2014, S. 30).

$$ShareholderValue = FCF_t \bullet (1 + i_t)^{-t}$$

mit

FCF$_t$ = Freier Cash Flow in Periode t
it = Kapitalkosten in der Periode t
t = laufende Periode.

Um den Shareholder Value –Ansatz zu verstehen, orientiert man sich am besten am Shareholder Value – Netzwerk (Vgl. Abb. 5.5).

Der Shareholder Value beruht auf operativen Entscheidungen des Managements (Operating), auf Entscheidungen zum Investment sowie auf ihren Finanzierungsentscheidungen (Vgl. Rappaport 1999, S. 67 ff.; Salfeld 2003, S. 256 ff.). Zudem wird die Dauer der Wertsteigerung berücksichtigt. **Operative Entscheidungen**, die das laufende Geschäft betreffen, wie z. B. das Leistungsprogramm, die Preispolitik, Vertrieb u. a. beeinflussen die Werttreiber Umsatzwachstum, Gewinnmargen und den Gewinnsteuersatz. Die Bedeutung des KKVs und dabei auch der langfristige Gewinn kommt hierin zum Ausdruck. **Investitionsentscheidungen** beziehen sich auf die Investitionen in das Umlaufvermögen und das Anlagevermögen. Der Zusammenhang zum KKV wurde in Abschn. 1.2.3.1 verdeutlicht. Dabei wird auch der langfristiger Charakter des Shareholder-Value deutlich. **Finanzierungsentscheidungen** fokussieren auf die Kapitalkosten der Unternehmung

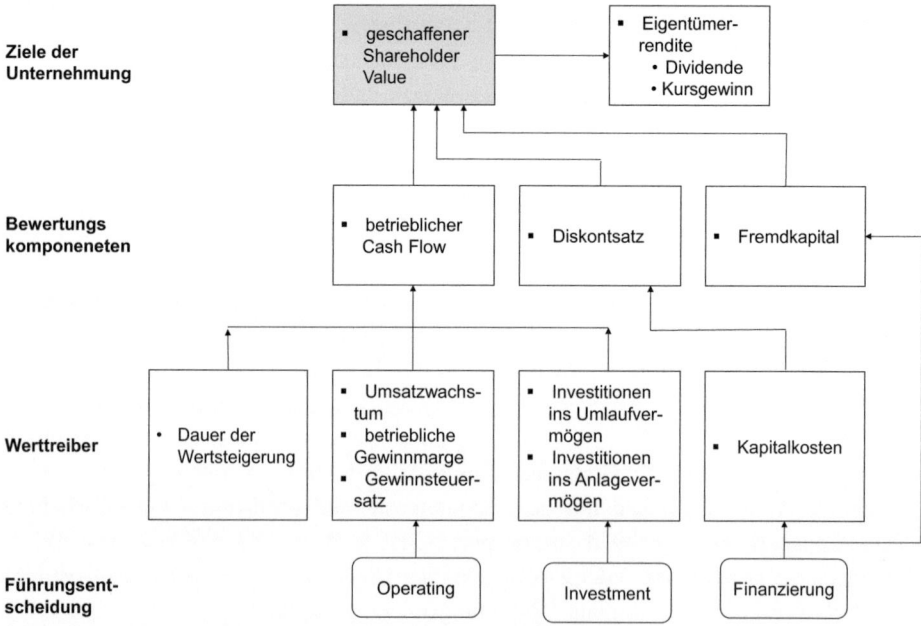

Abb. 5.5 Shareholder Value – Netzwerk (Rappaport 1999, S. 68)

5.2 Normative Ziele

(bestimmt durch das Verhältnis von Eigen- und Fremdkapital und die gewählten Finanzierungsinstrumente). Die Dauer der Wertsteigerung ergibt sich aus der bestmöglichen Schätzung des Managements über wie viele Perioden mit einer Investition eine Rendite über den Kapitalkosten entsteht und macht längerfristige Überlegungen notwendig. Der Cash Flow wird durch die operativen Entscheidungen und die Investitionsentscheidungen und die Dauer der Wertsteigerung bestimmt, während der Diskontsatz auf der Schätzung der Kapitalkosten beruht. Zur Bestimmung des Shareholder Values wird das Fremdkapital vom Unternehmenswert abgezogen. Der sich ergebende Wert bestimmt die Eigentümerrendite in Form der Steigerung des Aktienwertes und der Dividende.

Der Shareholder Value Ansatz wird vielfach kritisch gesehen. Die negative Haltung entsteht durch dessen fehlerhaften Umsetzung in der Praxis, die den Gewinn bzw. Börsenkurs durch kurzfristige Maßnahmen zu steigern versuchen. „Shareholder Value kann niemals heißen, den Gewinn oder den Börsenkurs kurzfristig mit Maßnahmen hochzutreiben, die dem Unternehmen langfristig schaden. Genau das ist aber reihenweise von vielen Managern praktiziert worden, die unter der Fahne des Shareholder Values segelten: F&E-Ausgaben kürzen, Mitarbeiter rauswerfen, zumachen statt sanieren" (Simon 2011, S. 85). Überlegungen zur Dauer der Wertsteigerung, des Umsatzwachstums und der Investitionen bleiben bei dieser Vorgehensweise außen vor.

Dem Shareholder Value-Ansatz wird vorgeworfen, nur die Interessen der Kapitalgeber zu berücksichtigen. Diesem Vorwurf muss widersprochen werden. Der Shareholder Values zwingt die Unternehmung, auch auf die Interessen anderer Stakeholder einzugehen (Vgl. auch Ulrich und Fluri 1995). „Langfristig kann ein Unternehmen nur dann existieren – und somit Werte für seine Eigentümer schaffen -, wenn sich keine der anderen Interessengruppen, seien es Kunden, Lieferanten oder Mitarbeiter, von dem Unternehmen abwendet" (Hungenberg 2014, S. 31). Dies entspricht auch dem **Eisernen Gesetz der Verantwortung** von Davis und Blomstrom, wonach eine Institution jene Macht verliert, die sie nicht verantwortungsvoll einsetzt (Vgl. Davis und Blomstrom 1971). Skeptiker des Ansatzes gehen auch implizit von einem Null-Summen-Spiel aus. Ein Mehr für die Aktionäre ist ein Weniger für andere Interessengruppen (Vgl. Abb. 5.6).

Vielfach liegt aber ein Positiv-Summen-Spiel vor. Selbst bei gleichbleibenden Verteilungsregeln führt ein höherer Shareholder Value dazu, dass sowohl Eigentümer **als auch** Stakeholder mehr von ihren Interessen durchsetzen können (Vgl. Abb. 5.7).

Es kann empirisch belegt werden, dass Unternehmen mit einem hohen Shareholder Value auch bei der Realisation von Zielen für andere Stakeholder überlegen sind (Vgl. Hungenberg 2014, S. 32 und die dort zitierte Literatur). „Arbeitnehmer streben kompetitive Löhne und Anreize an. Kunden fragen qualitativ hochwertige Produkte und Dienstleistungen zu kompetitiven Preisen nach. Lieferanten und Fremdkapitalgeber wollen, dass Zahlungen geleistet werden, wenn ihre finanziellen Ansprüche fällig werden. Um diese Forderungen zu befriedigen, muss das Management Cash erwirtschaften, indem es

Abb. 5.6 Verteilung des Shareholder-Values als Null-Summen-Spiel

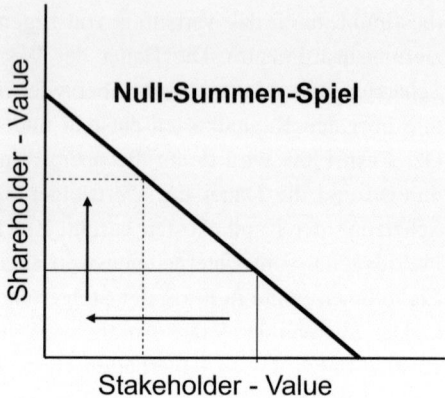

Abb. 5.7 Verteilung des Shareholder-Values als Positiv-Summen-Spiel

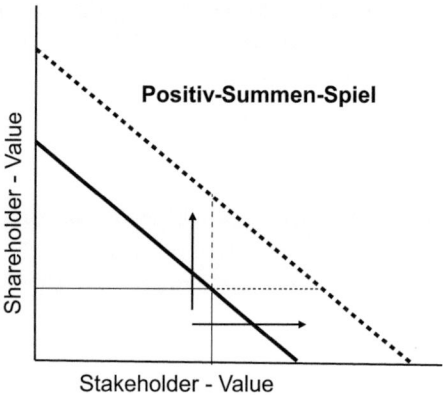

effektiv und effizient Geschäfte betreibt" (Rappaport 1999, S. 8). Weiter profitieren Stakeholder von einem hohen Aktienkurs, wenn sie z. B. als Kleinaktionäre mit Aktien oder Fonds sparen bzw. Lebens- und Rentenversicherungen auf Fondbasis besitzen.

Das Marketing greift diesen Gedanken auf, indem es – dem KKV-Gedanke folgend – durch die Befriedigung von Kundenbedürfnissen und durch den Aufbau und die Pflege von Beziehungen zu relevanten Anspruchsgruppen langfristige Gewinne realisiert.

5.2.5 Unternehmensleitbilder

Eine Zusammenfassung des Unternehmenszwecks, der Unternehmensvision sowie der Management- und Unternehmensphilosophie erfolgt im Unternehmensleitbild, das an interne und externe Interessengruppen gerichtet ist.

5.2 Normative Ziele

▶Das Unternehmensleitbild enthält die grundsätzlichsten und damit allgemeingültigsten, gleichzeitig aber auch abstraktesten Vorstellungen über angestrebte Ziele und Verhaltensweisen der Unternehmung. Es ist ein realistisches Leitsystem, an dem sich alle unternehmerischen Tätigkeiten orientieren sollten (Vgl. Brauchlin 1984, S. 313).

Zur Formulierung von Unternehmensleitbildern sind u. a. folgende Fragen zu beantworten (Vgl. Ulrich 1990, S. 94; Brauchlin und Wehrli 1991, S. 11):

- Welche Bedürfnisse sollen mit dem Angebot der Unternehmung befriedigt werden?
- Welchen Anforderungen (Preis, Qualität) soll unser Angebot genügen?
- Welche Reichweite soll unser Unternehmen haben (regional, national, international)?
- Welche Marktstellung wollen wir erreichen?
- Welche grundsätzlichen Ziele verfolgen wir bzgl. des Gewinns bzw. der Gewinnverwendung?
- Welche Grundsätze soll unser Verhältnis zu den Marktpartnern prägen?
- Welche grundsätzliche Haltung besitzen wir gegenüber dem Staat?
- Wie stellen wir uns zu grundsätzlichen Anliegen unserer Mitarbeiter?
- Welche Grundsätze der Mitarbeiter besitzen wir?
- Wie behandeln wir gesellschaftliche Anliegen, wie z. B. die Nachhaltigkeit?
- Welche technologische Leitvorstellung besitzen wir?

Es muss auf eine Operationalisierung geachtet werden, die konkrete Hinweise auf das Handeln geben (Vgl. Kreikebaum et al. 2018, S. 64 ff.). Dazu gehört insbesondere auch die inhaltliche Konsistenz (Vgl. Bleicher 2017, S. 249). Andernfalls drohen Leitbilder zu „Sonntagsblättern" zu werden, die keine Handlungen nach sich ziehen.

Übersicht

Ein Unternehmensleitbild könnte z. B. wie folgt zusammengefasst sein (Vgl. ähnlich Brauchlin und Wehrli 1991, S. 13):

- Zweck unseres Unternehmens ist es, hochwertige Leistungen im Bereich der Telekommunikation herzustellen und zu verkaufen sowie die notwendigen Serviceleistungen zu erbringen.
- Wir wollen unsere Kräfte durch Ausrichtung unserer F&E sowie unseres Qualitätsmanagements Leistungen und Dienstleistungen in bester Qualität auf dem Markt anbieten.
- Wir wollen mit Online- und Offline-Vertriebskanälen weltweit Absatzmärkte erschließen und dabei genügend Erträge erzielen, um alle notwendigen Investitionen tätigen zu können, alle Risiken zu decken und Gewinne zu erwirtschaften.

Tab. 5.4 Vor- und Nachteile schriftlich fixierter Leitbilder

Unternehmensleitbilder

Vorteile	Nachteile
Notwendigkeit zum präzisen Durchdenken der Unternehmenspolitik; Aktivierung des Problembewusstseins; Höhere Verbindlichkeit und Beständigkeit der Normen; Erleichterung der Kommunikation;	Inhärente Tendenz zur Formalisierung; Verlust der Flexibilität gegenüber abweichenden Entwicklungen; Formalisierung interessiert mehr als Inhalt; „Sonntagspredigt"; Preisgabe von Firmengeheimnissen;

(Quelle: in Anlehnung an Bleicher 2017, S. 250).

- Wir wollen unsere Mitarbeiter leistungsgerecht bezahlen und ihnen eine angenehme und durch Aufgeschlossenheit gekennzeichnete Arbeitsatmosphäre schaffen, die sie ihre Fähigkeiten und Fertigkeiten voll entfalten lässt und ihnen im Eignungsfall die Möglichkeit zum Aufstieg gibt. Aus- und Weiterbildung ist essentieller Bestandteil unserer Personalarbeit.
- Wir erachten die Loyalität zu unseren Mitarbeitern, Kunden, Lieferanten, aber auch zu Gemeinden und Staat, als beste Grundlage, unserem Unternehmen einen dauerhaften Erfolg zu sichern.

Unternehmensleitbilder sollen transparent und zugriffsbereit schriftlich niedergelegt sein (Vgl. Bleicher 2017, S. 250) und besitzen verbindlichen Charakter für alle Unternehmensmitglieder (Vgl. Gabele und Kretschmer 1986, S. 29). Ihre schriftliche Fixierung weist Vor- und Nachteile auf, wie sie in Tab. 5.4 zusammengefasst sind.

Das Unternehmensleitbild kann die Basis zur Formulierung der Corporate Identity (Vgl. Birkigt et al. 2002) und der Unternehmensmarke (Esch et al. 2019) bilden.

5.3 Handlungsziele

5.3.1 Handlungsziele als Elemente eines Zielsystems

▶**Handlungsziele** sind allgemein gewünschte Sollzustände (Imperative) für die Zukunft, die durch Aktivitäten der Unternehmung realisiert werden sollen (Vgl. Kupsch 1979, S. 15 f.). Sie müssen sich an den normativen Zielen orientieren und bilden eine Richtlinie für das Handeln der Unternehmung.

5.3 Handlungsziele

Tab. 5.5 Differenzierung von Zielen

Zieldifferenzierung	
Differenzierungsmerkmal	Ausprägung
Zielinhalt	Formalziele Sachziele
Zielausmaß	Begrenzte Ziele (Satisfizierungsziele) Unbegrenzte Ziele (Optimierungsziele)
Zeitbezogene Ziele	Kurzfristige Ziele Mittelfristige Ziele Langfristige Ziele
Zielbeziehung	Komplementäre Ziele Konkurrierende Ziele Indifferente Ziele
Rangordnung	Oberziele Zwischenziele Unterziele
Organisatorischer Bezug	Unternehmensbezogene Ziele Bereichsziele Individuelle Ziele

Die verschiedenen Handlungsziele der Unternehmung können als Elemente eines Zielsystems betrachtet werden, das nach explizit oder implizit festgelegten Kriterien geordnet ist (Vgl. Macharzina und Wolf 2023, S. 2228). Als Kriterien können, wie in Tab. 5.5 gezeigt, die Zielinhalte, das Zielausmaß, der Zeitbezug, die Zielbeziehung, die Rangordnung der Ziele und der organisatorische Bezug der Ziele herangezogen werden (Vgl. Wöhe und Döring 2016).

Nach dem Zielinhalt werden Formalziele und Sachziele unterschieden (Vgl. Thommen et al. 2023, S. 52 ff.). **Formalziele** richten sich am Erfolg der Aktivitäten aus. Sie werden deshalb auch als Erfolgsziele bezeichnet. Typische Formalziele sind die Produktivität, die Wirtschaftlichkeit und der Gewinn bzw. die Rentabilität. **Sachziele** bestimmen das konkrete Handeln der Unternehmung. Dabei können u. a. Leistungsziele, wie z. B. Markt- und Produkt- bzw. Dienstleistungsziele, Finanzziele (Ziele der Kapitalbeschaffung und der Kapital- und Vermögensstruktur), Führungs- und Organisationziele wie u. a. Ziele bezogen auf Problemlösungsprozesse, Führungsfunktionen und Führungsstil sowie die Arbeitsteilung und soziale und ökologische Ziele wie mitarbeiter- und gesellschaftsbezogene Ziele identifiziert werden.

Nach dem Zielausmaß werden Satisfizierungs- und Optimierungsziele unterschieden. **Satisfizierungsziele** legen von der Unternehmung vorgegebene Anspruchsniveaus fest (z. B. Reduktion der Personalkosten um 12 %, Steigerung des Bekanntheitsgrads der Marke × um 20 %). Mit Optimierungszielen versuchen die Unternehmung Minima und

Maxima bei ausgewählten Größen zu realisieren (z. B. Gewinnmaximierung, Kostenminimierung). **Nach dem zeitlichen Bezug** werden **kurz- mittel- und langfristige Ziele** unterschieden. Es werden dabei Zeitpunkte oder Zeiträume der Zielrealisation vorgegeben (Vgl. Becker 2019, S. 26). Was unter kurz-, mittel- und mittelfristig zu verstehen ist, entscheidet sich einerseits vor dem Hintergrund der Problemlösung, die die Unternehmung anbietet (Mode vs. Energieversorgung), aber auch von der Art der Entscheidungen, die zur Zielrealisation getroffen werden müssen (Vgl. Thommen et. al 2020, S. 50). **Nach der Zielbeziehung** differenziert man komplementäre, indifferente und konfliktäre Ziele. **Komplementäre Zielbeziehungen** liegen vor, wenn die Realisation eines Zieles die Realisation anderer Ziele fördert (z. B. Gewinn, Umsatz, Fehlerquote). Bei einer **indifferenten Zielbeziehung** verhalten sich die verfolgten Ziele zueinander neutral und beeinflussen sich gegenseitig nicht (z. B. Mitarbeiterzufriedenheit und Kreditwürdigkeit), wobei verdeckte Zielbeziehungen bei einer Vielzahl von Zielen nicht ausgeschlossen werden können (Vgl. Becker 2019, S. 20). In **konfliktären Zielbeziehungen** verhindert die Realisation eines Ziels die Erfüllung anderer Ziele (Eigenkapitalrentabilität und Liquiditätssicherung). Die Beziehungen können total oder partiell sein. Totale Zielbeziehungen reichen über den gesamten Entscheidungsrahmen, partielle Zielbeziehungen nur über einen Teil davon. Abb. 5.8 zeigt die möglichen Zielbeziehungen.

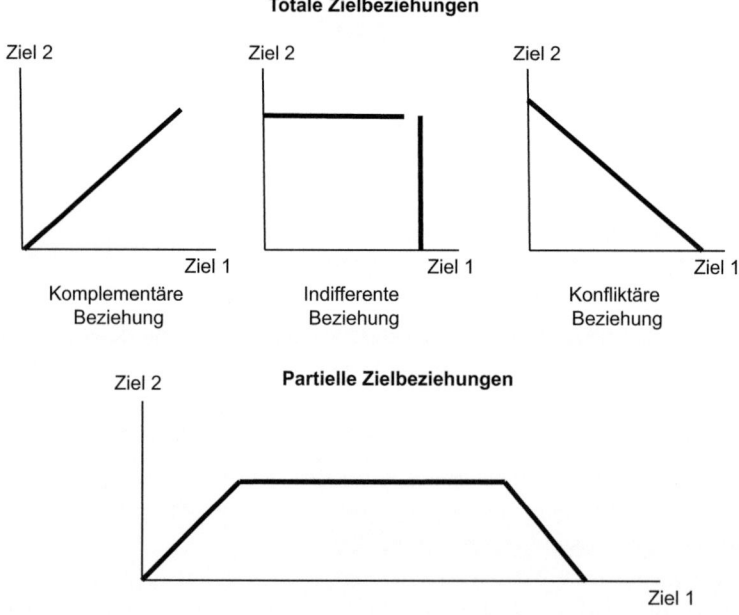

Abb. 5.8 Zielbeziehungen

5.3 Handlungsziele

Nach der Rangordnung werden Ober-, Zwischen- und Unterziele festgelegt (Vgl. Steffenhagen 2008). Sie stehen in einer Zweck-Mittelbeziehung. Ein **Unterziel** ist Mittel zum Zweck der Realisation eines **Zwischenziels**. Das Zwischenziel ist Mittel, um das **Oberziel** zu erreichen. In diesem Zusammenhang sind auch die Erfolgsfaktoren zu nennen, die als Unterziele den KKV als Zwischenziel beeinflussen, der wiederum das langfristige Überleben der Unternehmung als Oberziel unterstützt (Vgl. Benkenstein und Uhrich 2009, S. 98 ff.). Als Voraussetzung derartiger Zielhierarchien gilt die komplementäre Beziehung der berücksichtigen Ziele. Eine Zielhierarchie lässt sich mit quantitativen Ziele relativ einfach entwerfen. Probleme ergeben sich, wenn der Beitrag qualitativer Ziele auf quantitative und andere qualitative Ziele festgelegt werden muss. Hier ist ein eindeutiger funktionaler Zusammenhang und damit eine Zuordnung nicht immer möglich.

Bei konfliktären Zielen können **Haupt- und Nebenziele** festgelegt werden (Vgl. Becker 2019, S. 22 f.). Was als Haupt- und Nebenziel zu gelten hat, kann vielfach aus der normativen Zielsetzung der Unternehmung abgeleitet werden. Ein Zielsystem kann dann Hauptziele als Nebenbedingungen festlegen, die bei der Realisation von Nebenzielen zu beachten sind (Vgl. auch Voigt 1992). Vielfach bekommen mathematische Entscheidungsmodelle hier eine Bedeutung (Bea 2009, S. 342 ff.).

Nach dem organisatorischen Bezug werden unternehmensbezogene Ziele, Bereichsziele und individuelle Ziele (z. B. mitarbeiterbezogene Ziele, kundenbezogene Ziele etc.) differenziert (Vgl. auch Bamberger und Wrona 2012, S. 99). **Unternehmensbezogene Ziele** richten sich insbesondere auf die Erhaltung der Leistungsfähigkeit der Unternehmung und ihre gesunde Entwicklung ab, um das langfristige Überleben der Unternehmung zu sichern (Vgl. Ulrich und Fluri 1995; Gälweiler 1974, S. 144). Ohne Anspruch auf Vollständigkeit und Eindeutigkeit zu erheben (Vgl. Ulrich und Fluri 1995), werden vielfach Zielkataloge erstellt (Vgl. Tab. 5.6), die sich auf unterschiedliche Basiskategorien beziehen.

Bereichsziele fokussieren auf mehr oder weniger große organisatorische Teile der Unternehmung (Vgl. Thommen et al. 2023, S. 57; Koppelmann 2001). Dazu gehört auch der Marketingbereich, für den **Marketingziele** formuliert werden. Klassisch werden ökonomische und psychographische Marketingziele unterschieden (Vgl. Vollert 2004; Vollert 2009; Bruhn 2022, S. 15 f. sowie zu einer anderen Unterteilung Homburg 2020, S. 470 ff.). Die Nachhaltigkeitsdiskussion zwingt auch zur Festlegung ökologischer und sozialer Marketingziele (Vgl. Meffert et al. 2019, S. 293). Typische **ökonomische Marketingziele** orientieren sich an den Rentabilitätszielen auf Gesamtunternehmensebene und beziehen sich auf die einzelne Transaktion bzw. auf die Kunden. Bezogen auf Transaktionen können als ökonomische Marketingziele der Absatz, der Umsatz, die Kosten, der Deckungsbeitrag u. ä., aber auch der Marktanteil genannt werden, der wiederum die Stückkosten beeinflusst (Vgl. Abschn. 3.2.2.3). Betrachtet man den einzelnen Kunden werden als ökonomische Marketingziele der Umsatz, die Kosten, der Deckungsbeitrag pro Kunde, Wiederkäufe, Cross-Buying, der Customer-Lifetime-Value (CLV) bzw. die Customer Equity als Summe der CLVs über alle Kunden usw. betrachtet. Als typische

Tab. 5.6 Unternehmensbezogene Handlungsziele

Unternehmensbezogene Handlungsziele	
Basiskategorie	Beispielhafte Einzelziele
Marktleistungsziele	Qualität der Leistung; Leistungsinnovationen; Service; Sortiment;
Marktstellungsziele	Umsatz; Marktanteil; Kundenzufriedenheit; Marktgeltung; Markterschließung;
Rentabilitätsziele	Gewinn; Umsatzrentabilität; Eigenkapitalrentabilität; Gesamtkapitalrentabilität (ROI); Unternehmenswert (Shareholder Value);
Finanzwirtschaftliche Ziele	Kreditwürdigkeit; Liquidität; Selbstfinanzierung; Kapitalstruktur;
Macht- und Prestigeziele	Unabhängigkeit; Image; Politischer Einfluss; Politischer Einfluss; Gesellschaftlicher Einfluss; Reputation;
Soziale Ziele	Achtung der Menschenrechte, Einhaltung internationale Standards bei Produktion und Handel, Transparenz, Schutz der Gesundheit der Mitarbeiter;
Gesellschaftliche Ziele	Nicht kommerzielle Leistungen für Anspruchsgruppen; Kultursponsoring;
Umweltschutz	Klimaschutz; Ressourcenschutz (z. B. durch Nutzung regenerativer Ressourcen); Emissionsbegrenzung; Abfallverminderung; nachhaltige Produktionstechnologien und -prozesse; nachhaltige Leistungen; Ansprache umweltorientierter Kundensegmente;

(Quelle: Ulrich und Fluri 1995; Becker 2019, S. 16 f.; Heinen 1976, S. 59 ff.; Meffert et al. 2019, S. 284 f.; Vollert 2004; Vollert 2009; Balderjahn 2014, S. 142 f.; Kirchgeorg 2014, S. 38).

5.3 Handlungsziele

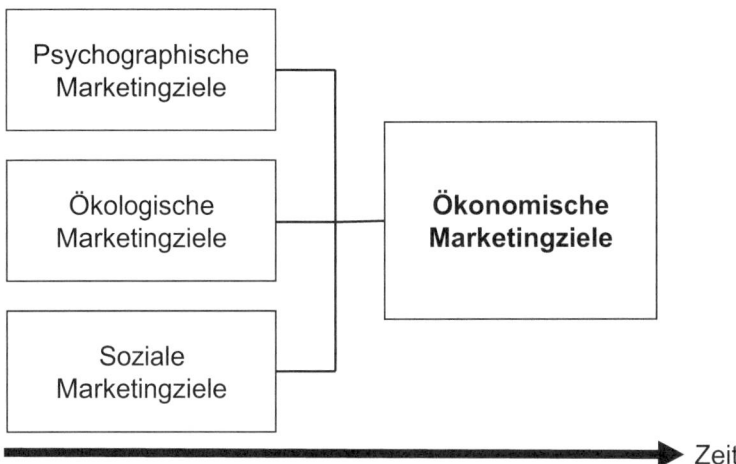

Abb. 5.9 Marketingziele im Zeitablauf

psychographische Marketingziele gelten der Bekanntheitsgrad, das Wissen der Kunden, Präferenzen, Einstellungen und Images, Präferenzen, die Kundenzufriedenheit, die Kauf- und Wiederkaufabsicht, das Weiterempfehlungsverhalten, usw. **Soziale Marketingziele** sind u. a. die soziale Sicherheit, die Arbeitszufriedenheit, die Diversität, die Chancengleichheit und die Möglichkeiten der persönliche Entwicklung. Ökologische Marketingziele beziehen sich z. B. auf Emissions- und Recyclingquote sowie das Ausmaß der Kreislaufwirtschaft. Als vorökonomische Ziele müssen im Zeitablauf zunächst die psychographischen, die ökologischen und soziale Marketingziele realisiert werden, bevor die ökonomischen Marketingziele erfüllt werden (Vgl. Abb. 5.9).

Aus vorökonomischen und ökonomische Marketingzielen werden die Ziele für die einzelnen Marketinginstrumente abgeleitet: vorökonomische und ökonomische Ziele der Leistungspolitik, der Preispolitik, der Kommunikationspolitik und der Distributionspolitik.

Individuelle Ziele richten sich an den Interessen interner und externer Anspruchsgruppen aus (Vgl. Wöhe und Döring 2016, S. 51; Dillerup und Stoi 2013, S. 119). Dazu können in Bezug auf unternehmensinterne Stakeholder z. B. mitarbeiterbezogene Ziele (Arbeitsplatzsicherheit, Mitarbeiterzufriedenheit etc.), managementbezogene Ziele (Einkommen, Macht, Prestige) usw. festgelegt werden. Beispiele für auf unternehmensexterne Anspruchsgruppen ausgerichtete Ziele sind u. a. kundenbezogene Ziele (z. B. Preis-Leistungsverhältnis der Leistungen, Möglichkeit der Wiederbeschaffung usw.), lieferantenbezogene Ziele wie fristgerechte Bezahlung, langfristige Lieferbeziehungen u. ä.

Die Ziele des Zielsystems sind operational zu formulieren. Dazu ist der Zielinhalt, das Zielausmaß, der Zeitbezug (Vgl. Heinen 1976, S. 59 ff.; Heinen 1985, S. 98, Meffert et al. 2019, S. 294) und insbesondere bei den Marketingzielen das anvisierte Kundensegment und ggf. eine Marke bzw. eine Leistung (Vgl. Meffert et al. 2019, S. 294, Steffenhagen 2008; Diller 1998, S. 166) anzugeben.

5.3.2 Bildung von Zielsystemen

Ein Zielsystem hat eine Reihe von Anforderungen zu erfüllen (Vgl. Wöhe und Döring 2016):

- Die Zielsetzung muss zur Verbesserung der Ausgangssituation dienen (Motivationsfunktion).
- Die Ziele müssen erreichbar sein (Realitätsbezug).
- Die Ziele sollen kompatibel sein. Konkurrenzbeziehungen von Zielen sollen vermieden werden (Widerspruchsfreiheit).
- Die Ziele sind operational zu formulieren, um verständlich zu sein (Verständlichkeit).

Bei der Bildung von Zielsystemen muss bestimmt werden, ob (Vgl. Macharzina und Wolf 2023, S. 232 ff.)

- das Zielsystem deduktiv oder induktiv sein soll,
- die Zielanpassung inkrementell oder perspektivisch erfolgt,
- die Ziele zentral oder dezentral gebildet werden.

Ein **deduktives Zielsystem** sieht die Gesamtrentabilität als Oberziel. Definitionslogisch werden dann Zwischen- und Unterziele der Unternehmung abgeleitet. Deduktive Zielsysteme zeichnen sich insofern durch die widerspruchsfreie Darstellung von Zweck-Mitte-Beziehungen aus. Als Beispiel eines hierarchischen Zielsystems mit Ober-, Zwischen- und Unterzielen wird häufig das sogenannte DuPont-Schema genannt (Vgl. Abb. 5.10).

Die Mittel-Zweck-Beziehungen im DuPont-Schema sind unterschiedlich stark. Probleme können sich – wie bereits oben dargestellt, bei der Bestimmung der Mittel-Zweck-Beziehungen von qualitativen und quantitativen bzw. anderen qualitativen Zielen ergeben.

▶ Der Beitrag der Marktmacht bzw. des Prestiges als Mittel zur Erreichung von Umsatz und Eigenkapital als Zweck kann eindeutig kaum bestimmt werden.

Bei einem **induktiven Zielsystem**, das in der Praxis häufig auftritt, wird die Eigenkapitalrentabilität zum Oberziel (Vgl. Macharzina und Wolf 2023, S. 235). Diese Zielsetzung kann jedoch mit den Zielen der Liquiditätssicherung, der Kapitalerhaltung und des Wachstums in konfliktärer Beziehung stehen. Das langfristige Überleben ist damit in Gefahr. Das Problem kann ggf. bei einer langfristigen Orientierung überwunden werden. Man

5.3 Handlungsziele

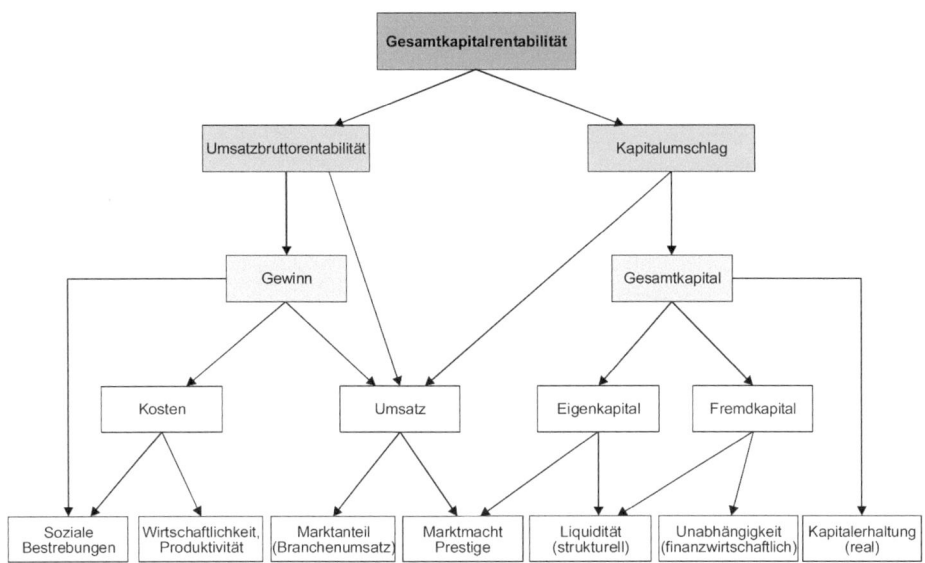

Abb. 5.10 Deduktive Zielbildung im DuPont-Schema (Heinen 1976, S. 128)

könnte auch Mindestanforderungen für andere Ziele neben der Eigenkapitalrentabilität (Liquidität, Kapitalerhaltung und Wachstum) vorgeben (Vgl. Diller 1998, S. 166) oder bei Optimierungsansätzen diese Ziele als Restriktion behandeln (Vgl. Voigt 1992).

Mit einer **inkrementellen Zielformulierung** wird ein Zielsystem in heuristischer Art und Weise kurzfristig entsprechend der Gegebenheiten der Umwelt angepasst. Das Vorgehen kann als muddling through bezeichnet werden und lässt eine langfristige Orientierung vermissen. Das langfristige Überleben der Unternehmung kann damit nicht gesichert werden. Die **perspektivische Zielanpassung** orientiert sich an den langfristigen Zielen der Unternehmung, die dann in mittel- und kurzfristige Ziele heruntergebrochen werden. Dabei sind Carry-over-Effekte (Wirkungsverzögerungen im Zeitablauf) und Spill-over Effekte (Ausstrahlungseffekte aus früheren Perioden) zu berücksichtigen. Als Instrument dient die sogenannte **Zieltrajektorie.** Die Zieltrajektorie (Vgl. Köhler 1993, S. 33 ff.) als strategische Leitlinie einer angestrebten Zustandsfolge gibt an, welches Ausmaß ein Ziel zu unterschiedlichen Zeitpunkten t_{n-x} erreicht haben muss, damit der gewünschte Sollzustand im Zeitpunkt t_n realisiert wird. Abb. 5.11 zeigt dies für die Entwicklung des Marktanteils von t_1 über t_2 bis t_n.

Abb. 5.12 zeigt das Beispiel einer **Zielbündeltrajektorie**.

▶ Es wird davon ausgegangen, dass das Oberziel „Bruttogewinn" vom Umsatz abhängt. Dieser wird vom Marktanteil bestimmt. Der Marktanteil wird von

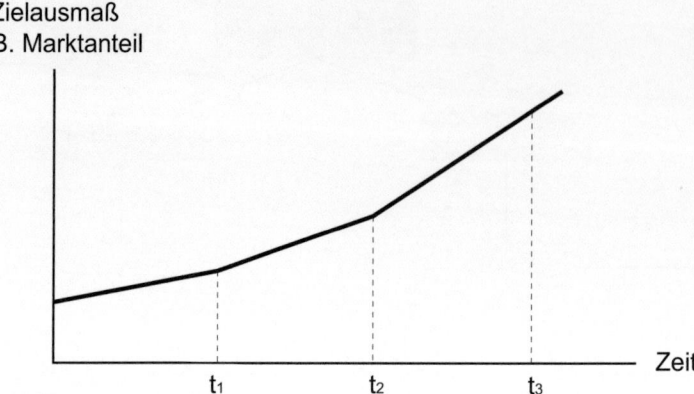

Abb. 5.11 Zieltrajektorie

der Wiederkäuferrate determiniert, die wiederum von der Penetration abhängig ist. Letztere setzt einen entsprechenden Bekanntheitsgrad voraus. Nach eineinhalb Jahren muss der Bekanntheitsgrad bei 50 % liegen, um eine Marktpenetration von 30 % zu erzielen. Diese ist notwendig, um eine Wiederkäuferrate von 45 % zu realisieren. Diese Wiederkäuferrate braucht man, um einen Marktanteil von 17,9 % zu erreichen. Ein Marktanteil von 17,9 % führt zu einem Umsatz von 46 Mio. EURO und letztlich zu einem Bruttogewinn von 14 Mio. EURO. Es wird deutlich, dass Abweichungen der Unterziele dazu führen, dass nach eineinhalb Jahren und erst recht nicht nach drei Jahren der Bruttogewinn nicht die vorgesehene Höhe erreicht. Es sind dann (strategische) Maßnahmen zur Beseitigung der Abweichung zu ergreifen.

Die entsprechenden Zielvorgaben, die aus Vergangenheitsdaten oder der Entwicklung vergleichbarer Leistungen abgeleitet werden, sollen nicht als exakte Prognosedaten verstanden werden. Vielmehr stellt die Zieltrajektorie ein Instrument dar, das zur **rechtzeitigen** Analyse von Abweichungsursachen und der Einleitung entsprechender Gegenmaßnahmen animiert. Im Sinne einer dynamischen Planung lassen sich die Vorgaben der Zieltrajektorie im Zeitablauf fortschreiben und mit zunehmendem Informationsstand präzisieren. Soweit die Umweltentwicklung nicht klar ist, müssen Zielbündeltrajektorien für unterschiedliche Szenarien gebildet werden. Zu achten ist auf Ziele, die nach Inhalt, Ausmaß und Zeitbezug über alle Szenarien gleich oder ähnlich sind und ggf. so die Richtung der Unternehmung entscheidend beeinflussen können.

Bei einer **zentralen Zielplanung** wird das gesamte Zielsystem der Unternehmung von einer zentralen, übergeordneten Instanz erstellt. Das Vorgehen erscheint unrealistisch, das diese Instanz omnipotenz sein müsste, würde sie doch die notwendigen Aufgaben und damit verbundenen Ziele auf allen Ebenen und in allen Bereichen der Unternehmung

5.3 Handlungsziele

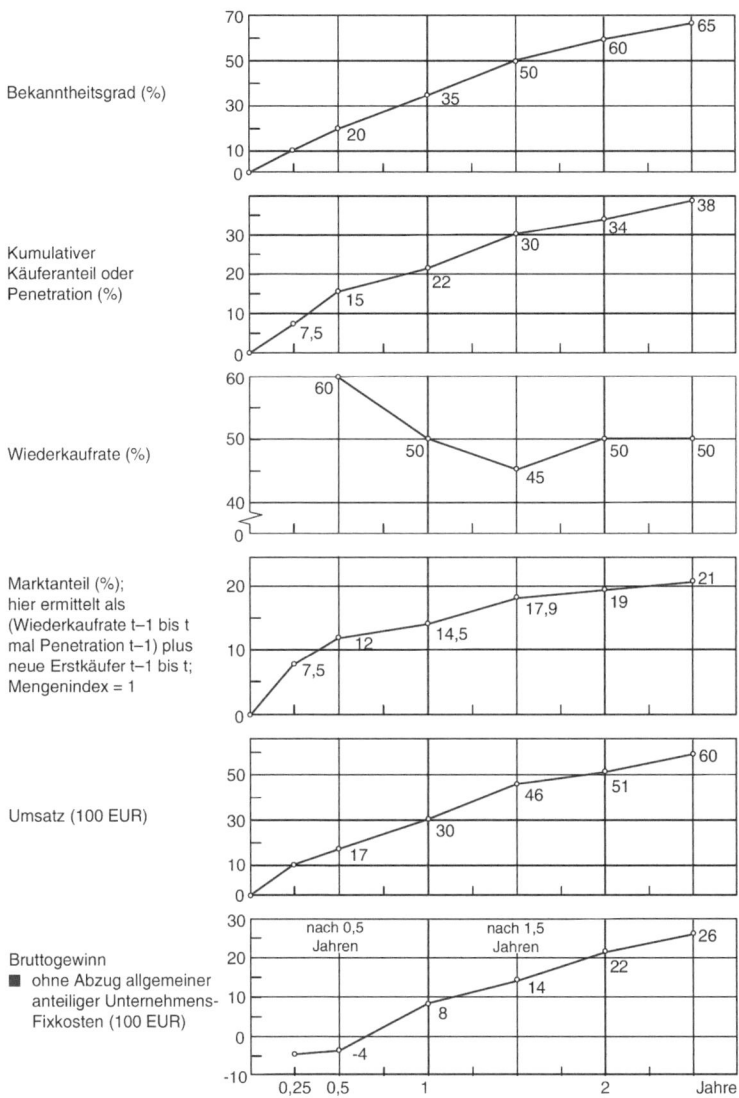

Abb. 5.12 Zielbündeltrajektorie (Meffert et al. 2019, S. 297; ähnlich Köhler 1993, S. 36)

zu überblicken haben. Bei einer **dezentralen Zielbildung** liegen nachgeordneten organisatorischen Ebenen keine Vorgaben der Zielbildung von übergeordneten Instanzen und Ebenen vor. Vielmehr formulieren diese ihre Ziele eigenständig. Ein derartiges Vorgehen birgt die Gefahr der unkoordinierten und suboptimalen Zielbildung und kann das langfristige Überleben der Unternehmung ebenfalls in Gefahr bringen. Insofern scheint es sinnvoll, einen Mix aus zentraler und dezentraler Zielplanung in der Unternehmung zu etablieren. Während eine zentrale Planung die Ziele auf Gesamtunternehmensebene festlegt (Zweck), werden dezentral auf nachgelagerten Ebenen und Bereichen entsprechende Ziele abgeleitet (Mittel).

Literatur

Aaker, David A. (1984): Developing Business Strategies. J. Wiley, New York.
Abell, D. F. (1980): Defining the Business. The Starting Point of Strategic Planning. Prentice Hall, Englewood Cliffs (N.J.).
Balderjahn, I. (2004): Nachhaltiges Marketing Management. Lucius und Lucius, Stuttgart.
Balderjahn, I. (2014): Entscheidungsorientierung im Sustainable Marketing-Management. In: Meffert et al. (Hrsg.): Sustainable Marketing. Management Grundlagen und Cases. Springer Fachmedien, Wiesbaden, S. 135–158.
Bamberger, I.; Wrona, T. (2012): Strategische Unternehmensführung. Strategien, Systeme, Methoden, Prozesse. 2. Aufl., Vahlen, München.
Barz, H.; Singer, T.; Teuber, S. (2003): Trendbibel für Marketing und Verkauf. Metropolitan Verlag, Regensburg, Berlin.
Bea, X. F. (2009): Entscheidungen des Unternehmens. In: Bea, F. X.; Schweitzer, M. (Hrsg.): Allgemeine Betriebswirtschaftslehre. Grundfragen, Bd. 1. Lucius und Lucius, Stuttgart, S. 332–436.
Becker, J. (2019): Marketing-Konzeption. 11. Aufl., Vahlen, München.
Belz, F.-M.; Bilharz, M: (2005): Einführung in das Nachhaltigkeits-Marketing. In: Belz, F.-M.; Bilharz, M: (Hrsg.): Nachhaltigkeits-Marketing in Theorie und Praxis. Deutscher Universitätsverlag Wiesbaden, S. 3–15.
Benkenstein, M.; Uhrich, S. (2009): Strategisches Marketing. 3. Aufl., W. Kohlhammer, Stuttgart.
Birkigt, K.; Stadtler, M. M; Funck, H. J.; (Hrsg.) (2002): Corporate Identity. Grundlagen, Funktionen, Fallbeispiele. 11. Aufl., Moderne Industrie, Landsberg am Lech.
Bleicher, K. (2017): Das Konzept des Integrierten Managements. Visionen-Missionen-Programme. 9. Aufl., Campus Verlag, Frankfurt am Main.
Boston Consulting Group (1988): Vision und Strategie: Kommentare. V.erlag Boston Consulting Group, Boston.
Brauchlin, E. (1984): Schaffen auch Sie ein Unternehmensleitbild. In: io Management Zeitschrift 53 (7/8), S. 313–317.
Brauchlin, E.; Wehrli, H. P. (1991): Strategisches Management, Lehrbuch mit Fallstudien. Oldenbourg Verlag, München, Wien.
Bruhn, M. (2022): Marketing. Grundlagen für Studium und Praxis. 15. Aufl., Springer Gabler, Wiesbaden.
Cravens, D.W.; Lamb, Ch. W. Jr. (1990): Strategic Marketing Management Cases and Applications. Homewood, Boston.
Cyert, R. M.; March, J. (1992): A Behavioral Theory of the Firm. 2. Aufl., Wiley-Blackwell, Englewood Cliffs.
Davis, K.; Blomstrom, R. L. (1971): Business, Society and Environment: Social Power and Social Response. 2ed., McGraw-Hill, New York.
Denning, P. (2014): Sustainable Marketing – Definition und begriffliche Abgrenzung. In: Meffert, H.; Kenning, P.: Kirchgeorg, M. (Hrsg.): Sustainable Marketing. Management Grundlagen und Cases. Springer Fachmedien, Wiesbaden, S. 3–20.

Diller, H. (1998): Zielplanung. In: Diller, H. (Hrsg): Marketingplanung, 2. Aufl., München, S. 163–198.
Dillerup, R.; Stoi, R. (2013): Unternehmensführung. 4. Aufl., Vahlen, München.
Drucker, P. (1973): Management: Tasks, Responsibilities, Practices. Harper & Row, New York.
Dyllick, Th. (1989): Die Sicherung der gesellschaftlichen Akzeptanz als Aufgabe der unternehmerischen Zukunftssicherung. In: WISU 18 (5), S. 276–277.
Enquete-Kommission (1994): Die Industriegesellschaft gestalten – Perspektiven für einen nachhaltigen Umgang mit Stoff- und Materialströmen. In: Bundestagsdrucksache, Nr. 12/8260; Bonn.
Esch, F.-R; Bräutigam, S.; Honerkamp, J. E. (2019): Analyse und Gestaltung komplexer Markenarchitekturen. In: Esch, F.-R. (Hrsg.): Handbuch Markenführung, Springer Gabler, Wiesbaden, S. 413–434.
Gabele, E.; Kretschmer, H. (1986): Unternehmensgrundsätze. Industrielle Organisation, Zürich.
Gälweiler, A. (1974): Unternehmensplanung. Herder und Herder, Frankfurt am Main.
Grant, R. M.; Nippa, M (2006): Strategisches Management. 5. Aufl. Pearson Education Deutschland GmbH, München.
Heinen, E. (1976): Grundlagen betriebswirtschaftlicher Entscheidungen. Das Zielsystem der Unternehmung. 3., durchgesehene Aufl., Gabler, Wiesbaden.
Heinen, E. (1985): Einführung in die Betriebswirtschaftslehre. 9. Aufl. Gabler, Wiesbaden.
Kordina-Hildebrandt, I; Hildebrandt, L. (1979): Planung bei steigender Unsicherheit des Managements. Haupt Verlag, Bern, Stuttgart.
Hinterhuber, H. (2011): Strategische Unternehmensführung. In: Strategisches Denken. 8. Aufl., Erich Schmidt, Berlin.
Homburg, Chr.: (2020): Marketing Management. 7. Aufl. Gabler Springer, Wiesbaden.
Hungenberg, H. (2014): Strategisches Management in Unternehmen. Ziele – Prozesse – Verfahren. 8., aktualisierte Aufl., Springer Gabler, Wiesbaden.
Hungenberg, H.; Wulf, T. (2021): Grundlagen der Unternehmensführung. 6. Aufl., Springer Gabler, Wiesbaden.
Inglehart, R. (1981): Value Change in the Uncertain 1970´s. In: Dlugos, G.; Weiermair, R. (Hrsg.): Management Under Different Value Systems. De Gruyter Berlin, New York, S. 75-109.
Johnson, G.; Whittington, R.; Scholes, K.; Angwin, D.; Regnér, P. (2018): Strategisches Management. Eine Einführung. 11., aktualisierte Auflage. Pearson, Hallbergmoos
Kenning, P. (2014): Sustainable Marketing – Definition und begriffliche Abgrenzung. In: Meffert, H.; Kenning, P.; Kirchgeorg, M. (Hrsg.): Sustainable Marketing. Management Grundlagen und Cases. Springer Fachmedien, Wiesbaden, S. 3–20.
Kirchgeorg, M. (2014): Sustainable Marketing bei zunehmenden ökologischen Diskontinuitäten. In: Meffert, H.; Kenning, P.; Kirchgeorg, M. (Hrsg.): Sustainable Marketing. Management Grundlagen und Cases. Springer Fachmedien, Wiesbaden, S. 37–54.
Klages, H., 1984: Wertorientierungen im Wandel. Rückblick, Gegenwartsanalyse, Prognosen. Campus, Frankfurt, New York
Köhler, R. (1993): Beiträge zum Marketing-Management. Planung, Organisation, Controlling. 3. Aufl., Schäffer-Poeschel, Stuttgart.
Koppelmann, U. (2001): Produktmarketing. Entscheidungsgrundlage für Product – Manager. 6.Aufl., Springer, Berlin.
Kotler, Ph.; Armstrong, G.; Harris, L. C.; Piercy, N. (2019): Grundlagen des Marketing. 7. Aufl., Pearson, München
Kreikebaum, H.; Gilbert, D. U.; Behnam, M. (2018): Strategisches Management. 8. Aufl., W. Kohlhammer, Stuttgart.
Küng, H. (2010): Anständig wirtschaften. Warum Ökonomie Moral braucht, München, Zürich. www.weltethos.org.

Kupsch, P. (1979): Unternehmungsziele. Schäffer-Poeschel, Stuttgart, New York.
Levitt, T. (1960): Marketing Myopia. In: HBR 38 (July/Aug.), S.45–56.
Macharzina, K.; Wolf, J.: (2023): Unternehmensführung: Das internationale Managementwissen – Konzepte, Methoden, Praxis. 12. Auflage, Springer Gabler, Wiesbaden.
Maslow, A. H. (1970): Motivation and Personality. 2. ed., Harper & Row, New York.
Meffert, H.; Burmann, Ch.; Kirchgeorg, M; Eisenbeiß, M. (2019): Marketing. 13. Aufl., Springer Gabler, Wiesbaden
Meffert, H.; Hensmann, J. (2014): Entwicklungsstufen des Nachhaltigkeitsmanagements. In: Meffert et al. (Hrsg.): Sustainable Marketing. Management Grundlagen und Cases. Springer Fachmedien Wiesbaden, S. 21–35.
Meffert, H.; Kirchgeorg M. (1999): Das neue Leitbild Sustainable Developement – der Weg ist das Ziel. In: Meffert, H. (Hrsg.): Marktorientierte Unternehmensführung im Wandel. Retroperspektive und Perspektiven des Marketing. Betriebswirtschaftlicher Verlag Th. Gabler, Wiesbaden, S. 314–332.
Müller-Stewens, G.; Lechner, C. (2016): Strategisches Management. Wie strategische Initiativen zum Wandel führen. 5. Aufl., Schäffer-Poeschel, Stuttgart.
Osranek, R. (2017): Nachhaltigkeit in Unternehmen. Überprüfung eines hypothetischen Modells zur Initiierung und Stabilisierung nachhaltigen Verhaltens. Springer Fachmedien GmbH, Wiesbaden.
Raffée, H. (1984): Strategisches Marketing. In: Gaugler, E. u.a. (Hrsg.): Strategische Unternehmensführung und Rechnungslegung. Stuttgart, S.61–82.
Rappaport, A. (1999): Shareholder Value. 2. Aufl., Schäffer Poeschel, Stuttgart
Rappaport, A. (2001): Wertorientierte Unternehmensführung – Strategien zur Schaffung von Shareholder Value. In: Montgomery, C. A.; Porter, E. M. (Hrsg.) Strategie, Wien, Frankfurt am Main, S. 433–457.
Rennhak, C. (2017): Strategisches Marketing. Verlag Franz Vahlen, München.
Rödel, M. (2013): Die Invasion der Nachhaltigkeit – Eine linguistische Analyse eines politischen und ökonomischen Modeworts. In: Deutsche Sprache – Zeitschrift für Theorie Praxis, Dokumentation 2, S.115–141
Salfeld, R. (2003): Wertsteigerung im Unternehmen. In: Hungenberg, H.; Meffert, J. (Hrsg.): Handbuch Strategisches Management. Wiesbaden, S. 253–271.
Schierenbeck, H.; Wöhle, C. B. (2012): Grundzüge der Betriebswirtschaftslehre. 18. Aufl., Oldenbourg Wissenschaftsverlag GmbH, München.
Simon, H. (2011): Die Wirtschaftstrends der Zukunft, Campus, Frankfurt am Main, New York.
Steffenhagen, H. (2008): Marketing, 6. Aufl., Verlag W. Kohlhammer, Stuttgart.
Thommen, J.-P.; Achleitner, A.-K.; Gilbert, D. U; Hachmeister, D.; Jarchow, S.; Kaiser, G. (2023): Allgemeine Betriebswirtschaftslehre. U.mfassende Einführung aus managementorientierter Sicht. 10., Auflage; Springer Fachmedien Wiesbaden GmbH.
Ulrich, H. (1990): Unternehmungspolitik. 3.Aufl., Haupt, Bern, Stuttgart.
Ulrich, P.; Fluri, E. (1995): Management. Eine konzentrierte Einführung. 7. Aufl., Haupt Verlag, Bern, Stuttgart, Wien.
United Nations (1987): Report of the World Commission on Environment and Development. Our Common Future, United Nations. https://www.are.admin.ch/are/en/home/media/publications/sustainable-development/brundtland-report.html.. Zugegriffen: 17. Februar 2022
United Nation (1992): United Nations Conference on Environment and Development (UNCED). In: Agenda 21; New York.
Vereinte Nationen (1987): Report of the World Commission on Environment and Development. Our Common Future, file:///C:/Users/Vollert/Downloads/our_common_futurebrundtlandreport1987.pdf, abgerufen am 14.08.23

Voigt, K.-I. (1992): Strategische Planung und Unsicherheit. Gabler, Wiesbaden.
Vollert, K. (2004): Grundlagen des strategischen Marketing. 3. Aufl., PCO, Bayreuth.
Vollert, K. (2009): Marketing. 2. Aufl., PCO, Bayreuth.
Ulrich, P.; Fluri, E. (1984): Management. Eine konzentrierte Einführung. 3. Aufl., Verlag Paul Haupt, Bern, Stuttgar.
v. Hauff, M. (2014): Nachhaltige Entwicklung – Grundlagen und Umsetzung. 2. Aufl., De Gruyter Oldenbourg, München.
Wöhe, G.; Döring, U. (2016): Einführung in die Allgemeine Betriebswirtschaftslehre. 26. Aufl., Vahlen, München..

Teil IV
Gesamtunternehmensbezogene Strategien

Marktfeldstrategien 6

Inhaltsverzeichnis

6.1　Strategiesystematik von Ansoff 279
6.2　Portfoliomanagement 286
　　6.2.1　Marktanteils-Marktwachstums-Portfolio 288
　　6.2.2　Marktattraktivitäts-Wettbewerbspositions-Portfolio 293
　　6.2.3　Kritische Würdigung des Portfoliomanagements 298
Literatur 298

▶**Marktfeldstrategien** bestimmen das Leistungsprogramm der Unternehmung, indem sie festlegen, in welchen SGFs sich Unternehmen zukünftig engagieren und KKVs realisieren (vgl. Becker 2019, S. 147 f.).

6.1　Strategiesystematik von Ansoff

Grundlegende Ansatzpunkte zu den Marktfeldstrategien stammen aus der Strategiesystematik von Ansoff (vgl. Ansoff 1966). Ausgangspunkt seiner Überlegungen sind die langfristigen Ziele der Unternehmung wie z. B. der langfristige Gewinn (erwünschtes Zielniveau). Diesen wird die Entwicklung der Zielgrößen ohne strategische Handlungen entgegengesetzt (vgl. Becker 2019, S. 416). Die Differenz wird als **strategische Lücke** bezeichnet (vgl. Abb. 6.1).

Um die strategische Lücke zu schließen, schlägt Ansoff unter Berücksichtigung der Ausschöpfung von Leistungs- und Marktpotenzialen in seiner **Produkt-Markt-Matrix**

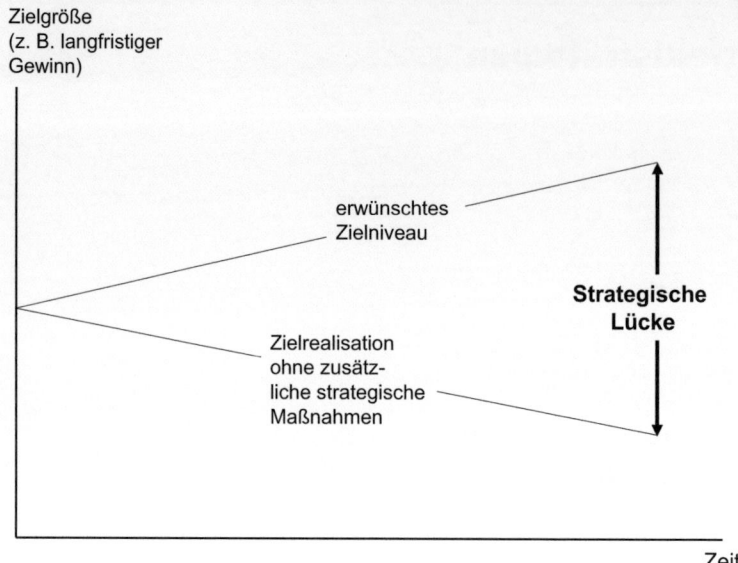

Abb. 6.1 Strategische Lücke

(vgl. Tab. 6.1) vier verschiedenen strategische Stoßrichtungen vor (vgl. Ansoff 1966, S. 132).

Becker (2019, S. 177) beobachtet in Abhängigkeit der Reihenfolge, in der die von Ansoff vorgeschlagenen Maßnahmen ergriffen werden, typische **strategische Pfade** in der Praxis (vgl. Tab. 6.1): Die Z-Strategie (Feld A – Feld B – Feld C – Feld D), die L-Strategie (Feld A – Feld C – Feld D) und die I-Strategie (Feld A – Feld C). Welcher Pfad sinnvoll ist, hängt von den Bedingungen des Marktes und der Unternehmung ab.

Mit der **Marktdurchdringungsstrategie** sollen der Marktanteil bzw. die Absatzmenge einer vorhandenen Leistung auf dem bereits bearbeiteten Markt erhöht werden. Dazu geeignet sind (vgl. auch Kotler et al. 2015, S. 56 f., Kotler et al. 2019, S. 110; Becker 2019, S. 149 ff.)

Tab. 6.1 Produkt-Markt-Matrix von Ansoff. (Quelle: Ansoff 1966)

Leistung \ Märkte	Gegenwärtig	Neu
Gegenwärtig	Feld A Marktdurchdringung	Feld B Marktentwicklung
Neu	Feld C Leistungsentwicklung	Feld D Diversifikation

- die Intensivierung der Verwendung bereits angebotener Leistungen bei bisherigen Kunden,
- das Abwerben von Kunden der Konkurrenz,
- die Ansprache bisherige Nichtverwender mit ähnlichen Merkmalen wie bisherige Kunden z. B. durch die Intensivierung der Weiterempfehlung existierender Kunden) usw.

Bei der **Marktentwicklungsstrategie** werden **die bereits angebotenen Leistungen** der Unternehmung auf **neuen, bisher nicht bearbeiteten Märkten** oder **Teilmärkten** angeboten (vgl. Becker 2019, S. 152 f.). Letztlich handelt es sich um die Verschiebung der Marktgrenzen. Die Strategie ist überlegenswert, wenn innerhalb des bisher abgegrenzten Marktes ein gewünschtes Wachstum nicht mehr realisierbar ist. Die Unternehmung hat dabei die Möglichkeit

- den bisher bearbeiteten Markt geographisch auszudehnen,
- neue Verwendungszwecke und Anwendungsbereiche für ihre bisherige Leistung zu finden,
- die Leistung der Unternehmung an die Bedürfnisse bisher nicht bearbeiteten Zielgruppen anzupassen.

▶ Ein typisches Beispiel ist hier Gore-Tex, das seine Technologie von der Raumfahrt über die Herstellung von Arbeitsbekleidung hin zur Freizeitbekleidung ausweitete.

Bei der **Produktentwicklung** werden für bereits bearbeitete Märkte neue Leistungen entwickelt und angeboten. Der Unternehmung stehen dabei zur Verfügung:

- Echte Innovationen im Sinne einer Weltneuheit.
- Me – too-Leistungen, die marginale Veränderungen zu neu auf dem Markt befindlichen Angeboten besitzen.
- Quasiinnovationen (Leistungsmodifikationen), die eng an bisherigen Leistungen anknüpfen.
- Reine Imitationen i. S. von Generika.

▶Mit der **Diversifikation** erschließt die Unternehmung mit neuen Leistungen bisher nicht bearbeitete Märkte (vgl. Hungenberg 2014, S. 464).

Als Formen der Diversifikation (vgl. Abb. 6.2) werden die mediale (relationale) und die laterale (konglomerate) Diversifikation unterschieden. Die mediale Diversifikation teilt sich wiederum in die horizontale und vertikale Diversifikation auf (vgl. Ansoff 1966, S. 152 ff.; Hungenberg 2014, S. 467 ff.).

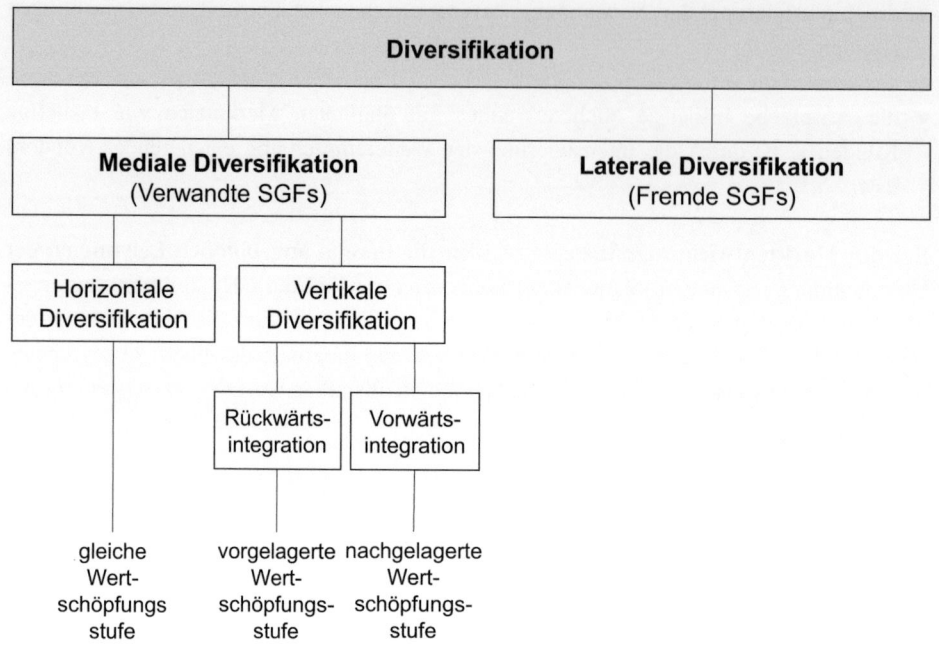

Abb. 6.2 Formen der Diversifikation

Bei der **medialen Diversifikation** wird eine mittlere Zahl verwandter Geschäftsbereiche geführt, deren Anforderungen ähnlich sind. Bei der **horizontalen Diversifikation** bearbeitet die Unternehmung Geschäftsbereiche auf der gleichen Produktionsstufe, wobei diese zumindest in Teilen der Wertekette Synergieeffekte realisieren.

▶ Ein Beispiel ist BMW, das neben den PKWs noch Motorräder fertigt.

Die **vertikale Diversifikation**, bei der Geschäftsbereiche entlang der Wertschöpfungskette bearbeitet werden, unterscheidet zum einen die **vertikale Rückwärtsintegration**, bei der sich die Unternehmung in Geschäftsbereiche in Richtung der Herkunft von Rohstoffen und Betriebsmitteln betätigt.

▶ Eine Unternehmung, die Möbel fertigt, würde in diesem Fall als Waldbauer selbst das benötigte Holz herstellen.

Bei der **vertikalen Vorwärtsintegration** zum anderen engagiert sich die Unternehmung in Geschäftsbereiche Richtung Absatz.

▶ Im Beispiel der Unternehmung der Möbelindustrie würde sie ihre Geschäftstätigkeit auf den Verkauf von Möbeln ausweiten.

Eine laterale Diversifikation liegt vor, wenn sich eine Unternehmung in Geschäftsbereichen betätigt, die keinerlei Beziehung zueinander haben.

▶ Unternehmen wie Siemens und General Electric (GE) können als Beispiele lateraler Diversifikation dienen.

Als Ziele zur Diversifikation können Wachstumsziele, die Risikostreuung, der Aufbau von Wettbewerbsvorteilen und die Realisation von Synergien gelten (vgl. auch Johnson et al. 2018, S. 326 ff.).

Wachstumsziele fokussieren auf den Umsatz und Absatz der Unternehmung. Sie sind häufig auch der persönlichen Profilierung des Managements geschuldet (vgl. Grant 2014, S. 393). Top-Manager sichern dadurch ihren Arbeitsplatz und können – wie auch empirische Studien beweisen – ihr Einkommen steigern (vgl. Tosi und Gomez-Mejia 1989, S. 169 ff.). Probleme ergeben sich, wenn das Wachstum mit Fremdkapital finanziert wird, dessen Tilgung die Gewinne der zusätzlichen Geschäftsbereiche übersteigt. Gleichwohl können die mit der Diversifikation ggf. verbundenen Akquisitionskosten zu Steuervorteilen führen, was als zusätzlicher Grund der Diversifikation betrachtet werden kann (vgl. Scharlemann 1996, S. 153 ff.).

Mit dem Ziel der **Risikostreuung** wird einerseits der Ausgleich von Gewinnschwankungen in unterschiedlichen Märkten und Teilmärkten angesprochen und damit die Senkung des Konkursrisikos. Zum anderen können Gewinne auf einem Markt oder Teilmarkt zur Finanzierung von Aktivitäten in anderen Märkten oder Teilmärkten verwendet werden, sodass eine (gewisse) Unabhängigkeit von externen Kapitalmärkten erreicht wird (vgl. Hungenberg 2014, S. 471). Kritisiert wird dabei im Rahmen von Kapitalgesellschaften, dass die Kapitalgeber durch ihr Anlageverhalten Risiken effizienter ausgleichen können als dies das Management einer Unternehmung vermag (vgl. Hungenberg 2014, S. 475). Nicht von der Hand zu weisen ist aber die Möglichkeit, dass das Management über bessere Informationen verfügen kann als Kapitalgeber und dadurch bessere Entscheidungen zur Kapitalallokation trifft (vgl. Lang und Stulz 1994, S. 1248 ff.; Servaes 1996, S. 1201 ff.).

Porter stellt die **Realisation von Wettbewerbsvorteilen**, die sich in einer diversifizierten Unternehmung ergeben, als Ziel der Diversifikation in den Mittelpunkt (vgl. Porter 1987, S. 43 ff.). Durch Wettbewerbsaktivitäten verursachte, steigende Kosten oder sinkende Umsätze und damit verbundene Verluste auf einem Markt oder Teilmarkt können durch Gewinne in anderen Märkten ausgeglichen werden, was die Wettbewerbsfähigkeit der Unternehmung steigert. Mit Gegenseitigkeitsgeschäften in diversifizierten Unternehmen können Markteintrittsbarrieren aufgebaut werden. Insbesondere kleinere

Konkurrenten werden dadurch vom Markt ausgeschlossen, was die Wettbewerbsintensität auf dem Markt reduziert. Nicht zuletzt kann der interne Wettbewerb die Effektivität und die Effizienz in einer diversifizierten Unternehmung steigern (vgl. Hungenberg 2014, S. 470 f.).

Besondere Relevanz besitzt die **Realisation von Synergien** zwischen verschiedenen Unternehmensbereichen (vgl. Porter 1987, S. 43 ff.). In diesem Zusammenhang sind die **Kernkompetenzen** der Unternehmung zu nennen, die definitionsgemäß auf unterschiedlichen Märkten genutzt und eine Säule der Diversifikation darstellen können (vgl. Prahalad und Hamel 1990; Prahalad und Hamel 1991; Prahalad und Hamel 2001). Zu beachten sind jedoch die steigenden Koordinationskosten und eine zunehmende Inflexibilität der Unternehmung zu beachten sind (vgl. auch Kap. 23). Grant verweist in diesem Zusammenhang auf die **relative Effizienz** als Entscheidungskriterium zur Diversifikation. Es muss geprüft werden, ob tatsächlich die Internalisierung von Aktivitäten z. B. bei der horizontalen Rückwärtsintegration zu niedrigeren Transaktionskosten führt als die marktliche Beschaffung von Ressourcen z. B. in Form von Lizenzen, bei der aber u. a. zusätzliche Suchkosten und Vertragskosten entstehen (vgl. Grant 2014, S. 399). Zunehmend wird auf die **Fähigkeiten des Managements** in der diversifizierten Unternehmung zur Realisation von Synergieeffekten hingewiesen. Wesentlich ist, dass das Management in allen Geschäftsbereichen ähnliche Strategien und Verfahren nutzen sowie ähnliche Kontrollsysteme einsetzen kann (vgl. Grant 1988, S. 641, Hungenberg 2014, S. 479). Mit den Überlegungen zum **Customer Experience Management** (vgl. Homburg et al. 2017) kann ein zusätzlicher Aspekt in die Überlegungen zur Diversifikation gelangen. Z. B. kann die thematische Richtungsvorgabe des CEM (vgl. Jozic 2015, S. 48) die Diversifikationsüberlegungen steuern. Dadurch lassen sich daten-, funktions- und inhaltsbezogene Synergien nutzen.

Während bis 1970 die laterale Diversifikation zur „Schaffung eines zweiten Standbeins" maßgeblich Bedeutung besaß, steht seitdem tendenziell die mediale Diversikation im Mittelpunkt (vgl. auch Hungenberg 2014).

Die Empirie gibt keine eindeutigen Hinweise darauf, welche Form der Diversifikation erfolgversprechend ist (vgl. Hungenberg 2014, S. 474 ff.; Grant 2014, S. 402 ff.; Grant et al. 1988, S. 773 f.). Es gibt Anlass zur Vermutung, dass das Ausmaß der Diversifikation über einen bestimmten Punkt hinaus wenig erfolgversprechend ist (vgl. Grant et al. 1988, S. 787 f.). Die Möglichkeiten der Risikoverteilung durch Diversifikation werdeneher skeptisch gesehen (vgl. Meffert 1994, S. 455). Immer wieder wird auf die Überlegenheit der medialen gegenüber der lateralen Diversifikation hingewiesen. Trotzdem gibt es Beispiele erfolgreicher lateraler Diversifikationen. Man kann die Nutzung von Kernkompetenzen als Erfolgsfaktor der medialen und lateralen Diversifikation betrachten. Momentan geht die Meinung in die Richtung, dass der Erfolg der Diversifikation von der Nutzung managementbezogener Synergien (Wissen und Instrumente) bestimmt wird (vgl. Hungenberg 2014, S. 481 ff.).

> **Exkurs: Ausmaß der Diversifikation und Erfolg in der Industrial Organization**
>
> Zur Diversifikation sind im Kontext der Industrial Organization die Ergebnisse der Untersuchungen von Rumelt (1974) zu beachten, der den Zusammenhang zwischen **Diversifikationsstrategien** und den Ergebnisvariablen untersucht. Er zeigt, dass weniger stark diversifizierte Unternehmen (Dominant Business, Related-Constraint-Business) einen höheren Erfolg haben als stärker diversifizierte Unternehmen (Dominant-Vertical- Business, Unrelated-Passive-Business).
>
> Die Ansätze von Christensen, Montgomery und Bettis können als Ergänzung der Untersuchung Rumelts gesehen werden. Sie untersuchen die unterschiedlichen Strategiekategorien (Diversifikationsausprägungen) von Rumelt nach ihren Unterschieden hinsichtlich des **Marktanteils**, der **Konzentration des Marktes**, sowie des **Marktwachstums** und des **durchschnittlichen Marktgewinns** (vgl. Christensen und Montgomery 1981, sowie zur Operationalisierung der Variablen ebenda). Die Untersuchung zeigt, dass Unternehmen, die sich auf eine Stärke bzw. Ressource stützen, in Märkten mit hoher Konzentrationsrate, hohem Marktwachstum und hohen durchschnittlichen Marktgewinnen operieren, wobei die Unternehmen zusätzlich einen hohen Marktanteil besitzen. Im Gegensatz dazu arbeiten stark diversifizierte Unternehmen in Märkten mit durchschnittlichen Marktgewinnen, niedriger Konzentrationsrate, niedrigem Marktwachstum und besitzen zudem einen kleineren Marktanteil. Aus diesem Grund versuchen sie, durch laterale Diversifikation in anderen Märkten Fuß zu fassen, ohne dabei ihre eigenen Stärken und Schwächen zu beachten (vgl. Kirsch und Trux 1981). Demgegenüber versucht Bettis die unterschiedlichen Diversifikationsstrategien durch **relative Werbeausgaben**, **relative Ausgaben für F&E** sowie die **Kapitalintensität** zu ergänzen (vgl. Bettis 1981). Er kommt dabei zu dem Ergebnis, dass weniger stark diversifizierte Unternehmen (Related-Constrained-Business) signifikant höhere Ausgaben für F&E und Werbung aufweisen sowie eine höhere Kapitalintensität besitzen (vgl. Bettis 1981). Bettis interpretiert die Variablen als Marktzutrittsschranken: "They are barriers to entry because they require significant capital and hence risk for a firm to enter the industry" (Bettis 1981, S. 390). Sie stellen selbstverständlich auch Mobilitätsbarrieren für alle Unternehmen dar, die bisher nur wenig für F&E und Werbung investierten. Zudem bilden F&E und Werbung bzw. Kommunikation Grundlagen zur Durchsetzung der Strategie der Differenzierung auf SGF-Ebene. ◄

Für die Umsetzung der Diversifikation kommen eine interne und die externe Entwicklung infrage (vgl. Hungenberg 2014, S. 484). Bei einer **internen Entwicklung** baut die Unternehmung neue Geschäftsbereiche aus eigener Kraft auf. Bei der **externen Entwicklung** wird ein bereits existierendes Geschäftsbereich in Form einer eigenständigen Unternehmung als Ganze bzw. als Teil einer eigenständigen Unternehmung akquiriert. Denkbar ist auch die **Kooperation** mit anderen Unternehmen in Form des Joint Ventures oder der Lizenznahme.

Die Produkt-Markt-Matrix von Ansoff weist zahlreiche Probleme auf (vgl. auch Meffert et al. 2019, S. 311 f.):

- Sie geht (was der zeitlichen Entstehung des Ansatzes geschuldet ist) nicht explizit von SGFs aus.
- Es werden allein Wachstumsstrategien berücksichtigt, während heute auf existierenden stagnierenden und schrumpfenden Märkten vielfach Stabilisierungs- und Rückzugsstrategien relevant sind. Wenig überzeugend wird argumentiert, dass die Ansoff-Matrix durch Hinweise auf das Kerngeschäft und auf potenzielle Geschäftsbereiche, die abgestoßen werden sollten, Hilfestellung bei der Konsolidierung der Unternehmung leisten kann (vgl. Johnson et al. 2018, S. 319 ff.).
- Der Marktteilnehmeraspekt, insbesondere der Konkurrenz- und Handelsaspekt bleibt unberücksichtigt.
- Die Ressourcenausstattung der Unternehmung sowie ihre Kompetenzen und ihr Wissen und damit ihre strategischen Möglichkeiten werden zu wenig beachtet.
- Umweltveränderungen werden nicht berücksichtigt.
- Die Empfehlungen sind sehr allgemein.

Mit der Kritik einhergehend, können auch keine strategischen Pfade empfohlen werden. Trotzdem könne und sollten die Überlegungen Ansoffs insbesondere zur Diversifikation in das SGF-Portfoliomanagement integriert werden.

6.2 Portfoliomanagement

Der Portfolio-Gedanke ist dem Finanzbereich entnommen (vgl. Markowitz 1952, S. 77 ff.). Dort werden in einem Wertpapier-Portefeuille zur optimalen Verzinsung des eingesetzten Kapitals risikoreiche und hochrentable mit risikoarmen, weniger verzinsten Wertpapieren kombiniert (vgl. Kreykamp 1987, S. 42 f.). Im Kontext des strategischen Marketings werden Objekte einer Unternehmung (SGFs, Kunden, Produkte, Marken, Technologien usw.) betrachtet und im Rahmen der Portfolio-Analyse in einem zweidimensionalen Raum positioniert, um deren Interdependenz zu erkennen. Während eine Dimension die **externe Umwelt** abbildet, repräsentiert die andere Dimension die **interne Umwelt** (vgl. Kreikebaum et al. 2018, S. 269; Bea und Haas 2017, S. 160; Mauthe 1984, S. 115 f.; Hinterhuber 2011, S. 169; Freter et al. 2002, S. 392; Roventa 1979, S. 84 ff.; Mauthe und Roventa 1982, S. 194; Hambrick und MacMilan 1982, S. 84 f.; Wind und Mahajan 1981, S. 160 ff.).

▶ Ein SGF-Portfolio betrachtet die Gesamtheit der aktuellen und potenziellen SGFs der Unternehmung.

6.2 Portfoliomanagement

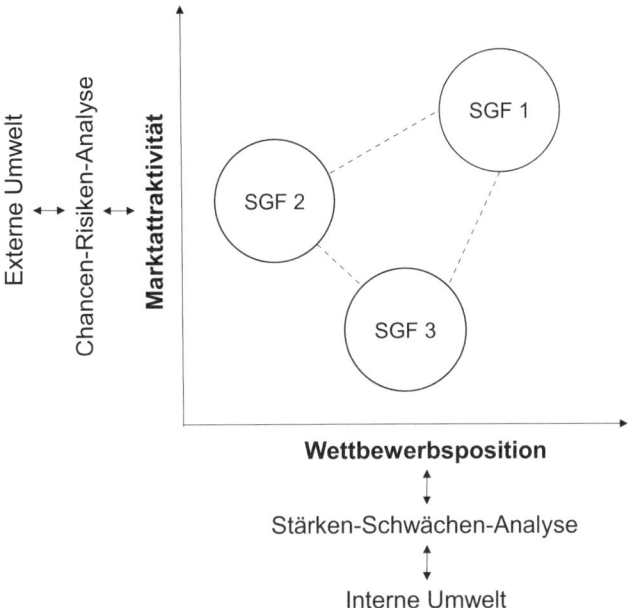

Abb. 6.3 Geschäftsfeldportfolio

Die SGFs werden im Rahmen einer Portfolioanalyse näher untersucht. Das Portfolio-Management leitet daraus Marktfeldstrategien ab.

Zur Positionierung von SGFs in einem Portfolio wird die externe Dimension mit dem Begriff **Marktattraktivität** bezeichnet, die interne Dimension mit dem Begriff **Wettbewerbsposition** (vgl. Abb. 6.3). Informationen zur Marktattraktivität lassen sich u. a. aus der Chancen-Risiken-Analyse ableiten. Informationen zur Wettbewerbsposition können u. a. der Stärken-Schwächen-Analyse entnommen werden (vgl. Abschn. 4.5.1.).

Die Art und die Anzahl der Variablen, die zur Operationalisierung der beiden Dimensionen genutzt werden, hängt von den Zielen und betrachteten Interdependenzen des jeweiligen Portfolio-Ansatz ab (vgl. Gabele 1981, S. 51; Köhler 1981, S. 276; Sprengel 1984, S. 211; Wind und Mahajan 1981, S. 160 ff.). Während der **Portfolio-Ansatzes der Boston Consulting Group (BCG-Matrix)** die Marktattraktivität und die Wettbewerbsposition nur durch jeweils **eine** Variable operationalisiert, werden die beiden Dimensionen bei anderen Portfolios wie z. B. der **Marktattraktivitäts-Geschäftsfeldstärken-Matrix von McKinsey (Business Screen)** jeweils durch eine **Vielzahl** von Variablen beschrieben (vgl. Wind und Mahajan 1981, S. 160; Mauthe und Roventa 1982).

Die Geschäftsfelder einer Unternehmung, die im Portfolio gemäß ihrer Ausprägung auf den beiden Dimensionen positioniert werden, stehen durch Risiko- und Finanzierungsaspekten in Beziehung. Während ein oder mehrere SGFs Finanzmittel und Ressourcen freisetzen, werden in anderen SGFs zur Finanzierung von Investitionen Finanzmittel benötigt (vgl. Meffert et al. 2019, S. 312; Kreikebaum et al. 2018, S. 268 f.; Cardozo und Smith 1983, S. 110; Roventa 1979, S. 120 ff.; Dreger 1983, S. 322; Nowill 1978, Sp. 2 ff.; Sprengel 1984, S. 196; Larrèchè und Srinivasan 1981, S. 40 Abell und Hammond 1979, S. 174; Day 1977, S. 31).

▶Es ist Aufgabe des **Portfoliomanagements** einen Ausgleich der Ressourcen und finanziellen Mittel zwischen den verschiedene SGF zu schaffen, um die Liquidität und das langfristige Überleben der Unternehmung zu sichern (vgl. Gälweiler 1980, S. 185 ff.; Hahn 1970, S. 4; Höfner und Winterling 1982, S. 46; Abell und Hammond 1979, S. 174; Meffert 1983, S. 23, Meffert et al. 2019, S. 312).

6.2.1 Marktanteils-Marktwachstums-Portfolio

Das **Marktanteils-Marktwachstums-Portfolio der Boston Consulting Group** (die sogenannte BCG-Matrix) ist einer der bekanntesten Portfolioansätze. Die externe Dimension Marktattraktivität wird mit dem **relativen Marktwachstum** operationalisiert. Man versteht darunter das Marktwachstum der nächsten fünf Jahre. Die Wettbewerbsposition als interne Dimension wird mit dem **relativen Marktanteil** beschrieben. Dieser ist definiert als

$$Relativer\ Marktanteil = \frac{Eigener\ Marktanteil}{Marktanteil\ des\ n\ddot{a}chstgr\ddot{o}\beta eren\ Konkurrenten}$$

Bei der BCG-Matrix werden die SGFs der Unternehmung in einer Vier-Felder-Matrix positioniert. Als vertikale Trennlinie zwischen den vier Feldern wird ein relativer Marktanteil von 1,5 angenommen. Die horizontale Trennlinie wird bei einem relativen Marktwachstum von 10 % gezogen (Vgl. Hedley 1977, S. 14). Entsprechend ihrer Position in der Matrix werden SGFs als Question Marks, Stars, Cash Cows oder Poor Dogs klassifiziert (vgl. Abb. 6.4).

Die Boston Consulting Group geht von der Annahme aus, dass **Cash Cows** (SGFs mit hohem relativen Marktanteil, die in Märkten mit geringen relativen Wachstumsraten arbeiten) sowie ggf. **Poor Dogs** (SGFs mit niedrigen Marktwachstum und niedrigem relativen Marktanteil) und einige **Question Marks** (SGFs mit niedrigen relativen Marktanteil und hohen relativen Marktwachstum) finanzielle Mittel und auch andere Ressourcen freisetzen können, die von **Stars** (SGFs mit hohen relativen Marktanteil in Märkten mit hohem relativen Wachstum) und einigen Question Marks genutzt werden (vgl. dazu Channon und Jalland 1979, S. 94 ff.; Naylor 1982, S. 6 f.; Hahn 1981, S. 276; Day 1977, S. 29; Fischer und Zimmermann 1983, S. 142; Byars 1984, S. 109 ff.; Hahn 1970; Day 1981b, S. 99; Wittek 1980, S. 137 ff.; Lorange 1980, S. 89 ff.; Aaker 1984, S. 225 ff.; Barksdale und

6.2 Portfoliomanagement

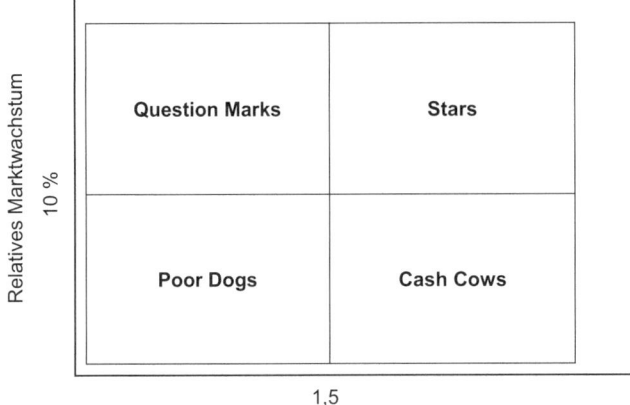

Abb. 6.4 Dimensionen der BCG-Matrix

Harris 1982, S. 77; Hedley 1977, S. 10 ff.; Mauthe und Roventa 1982, S. 193; Cravens 1982, S. 66 f.; Ansoff 1984, S. 47 f.)

Theoretisch baut die BCG-Matrix auf den in Kap. 2 dargestellten Konzepten der Erfahrungskurve und des Lebenszyklus auf (vgl. Capon und Spogli 1977, S. 220; Felzmann 1982, S. 35 f.; Szyperski und Winand 1982, S. 19).

Das **Erfahrungskurvenkonzept** geht von einem möglichen fortgesetzten Kostenrückgang von 10–30 % bei jeder Verdopplung der kumulierten Produktionsmenge aus. Die Bedeutung des relativen Marktanteils in der BCG Matrix ergibt sich nun aus der Überlegung, dass bei SGFs mit hohem relativen Marktanteil die kumulierte Produktionsmenge schnell verdoppelt wird und damit Erfahrungskurveneffekte schnell realisdiert werden (vgl. Day 1977, S. 29). Ist der relative Marktanteil größer als 1, senkt die Unternehmung die Stückkosten schneller als der größte Konkurrent und hat Stückkostenvorteile. Im Falle eines relativen Marktanteils von kleiner 1, besitzt sie gegenüber dem stärksten Konkurrenten Stückkostennachteile. Bei **konstanten Preisen** schlägt sich ein höherer relativer Marktanteil damit in **höheren Gewinnen** des SGFs bzw. einem **höheren Netto-Cash Flow** nieder. Bei **variablen Preisen** besitzen SGFs mit dem höchsten relativen Marktanteil das **höchste Preissenkungspotenzial.** Abb. 6.5 zeigt den Zusammenhang, der auch in der PIMS-Studie bestätigt wurde (vgl. Kreikebaum et al. 2018, S. 270; Schwab 1980, S. 25 f.; Cravens 1982, S. 65; Roventa 1979, S. 139 f.; Abell und Hammond 1979, S. 116 ff.; Henderson 1984, S. 45 ff.; Hedley 1977, S. 9 ff.; Larrèché 1980, S. 209; Buzzell et al. 1975, S. 97 f.; Buzzell 1981, S. 185; Gale 1978, S. 54 f.)

Der Bezug zum **Marktlebenszykluskonzept** ergibt sich aus der Tatsache, dass in der Einführungs- und Wachstumsphase der Markt am stärksten wächst und Marktanteilsgewinne zur Steigerung des relativen Marktanteils leichter erreichbar sind als in der Reife- und Degnerationsphase (vgl. Kreikebaum et al. 2018, S. 270; Wittek 1980, S. 103; Grimm

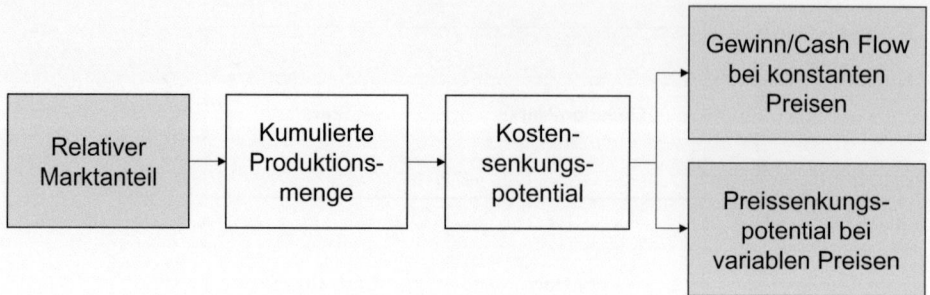

Abb. 6.5 Bedeutung des relativen Marktanteils in der BCG-Matrix

1983, S. 151 ff.; Henderson 1984, S. 48 ff.; Abell und Hammond 1979, S. 118; Capon und Spogli 1977, S. 220; Dunst 1979, S. 78; Cravens 1982, S. 66 f.; Henderson 1984, S. 48 ff.; Wittek 1980, S. 103; Grimm 1983, S. 115 ff.).

Als Gründe können genannt werden (vgl. auch Roventa 1979, S. 14 f.; Capon und Spogli 1977, S. 220; Day 1977, S. 29 f.; Wittek 1980, S. 118 f.):

- Konkurrenten werden vom Marktwachstum überrascht und zeigen keine Reaktion auf das Marktwachstum.
- Das Marktwachstum wird durch neue Kunden auf dem Markt getragen, sodass Konkurrenten keine Absatzverluste erleiden und keine Notwenigkeit zur Reaktion sehen.
- Konkurrenten besitzen nicht die notwendigen Ressourcen, um auf die steigende Nachfrage zu reagieren.
- Die ersten Anbieter des Marktes bauen mit hohen Preisen einen Preisschirm auf, unter dem auch Anbieter mit zunächst hohen Kosten Marktanteile gewinnen können.

Aus dem Ist-Portfolio mit aktuell und potenziell bearbeiteten SGFs entwickelt das Portfoliomanagement unter Berücksichtigung von Normenstrategien (vgl. Abb. 6.6) ein Zielportfolio, das finanziell ausgeglichen ist (vgl. Bea und Haas 2017, S. 161 f.; Kreikebaum et al. 2018, S. 272 f.; Johnson et al. 2018, S. 344 f.; Hungenberg 2014, S. 435; Bamberger und Wrona 2012, S. 350; Grant 2014, S. 414 f.).

- SGFs, die als Cash Cows positioniert sind, besitzen bei einem niedrigen Marktwachstum einen hohen relativen Marktanteil, der mit einer **Konsolidierungsstrategie** gehalten oder leicht ausgebaut werden sollte. Damit sind nur Rationalisierungs- und Ersatzinvestitionen notwendig, sodass 40 % – 60 % der Einnahmenüberschüsse in Geschäftsfelder mit hohem Marktwachstum fließen können.

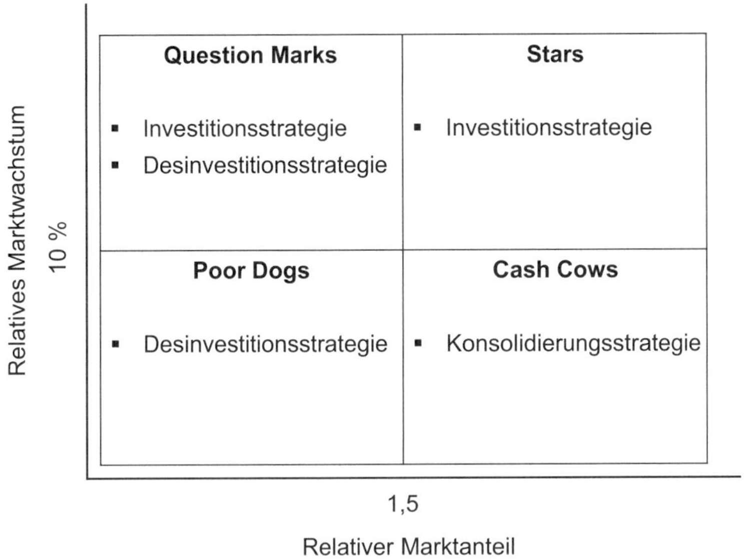

6.2 Portfoliomanagement

	Question Marks	Stars
	• Investitionsstrategie • Desinvestitionsstrategie	• Investitionsstrategie
	Poor Dogs	Cash Cows
	• Desinvestitionsstrategie	• Konsolidierungsstrategie

Relatives Marktwachstum — 10 %

Relativer Marktanteil — 1,5

Abb. 6.6 Normenstrategien der BCG Matrix

- Für Stars werden **Investitionsstrategien** empfohlen. Bei hohem Marktwachstum soll der relative Marktanteil gehalten oder leicht ausgebaut werden, was einen Zufluss von Mitteln insbesondere von den Cash Cows erforderlich macht.
- Für Question Marks sind **Investitionsstrategien** vorgesehen, um bei hohem Marktwachstum den relativen Marktanteil dieser SGF zu erhöhen. Die dazu i. d. R. benötigten hohen finanziellen Mittel stammen zum Großteil aus den Überschüssen der Cash-Cows. Reichen die finanziellen Mittel der Unternehmung nicht aus bzw. sind zum Ausbau des relativen Marktanteils unangemessen hohe finanzielle Mittel notwendig, sollte sich die Unternehmung von diesem SGF trennen (**Desinvestitionsstrategie**) und dadurch Mittel freisetzen.
- **Poor Dogs** mit niedrigem relativem Marktanteil bei niedrigem Marktwachstum sollten desinvestiert werden (**Desinvestitionsstrategie**). Finanzielle Mittel können der Unternehmung noch durch den Verkauf von Aktiva dieser SGF zufließen, die dann wieder bei Stars und Question Marks investiert werden können.

Abb. 6.7 zeigt beispielhaft ein Zielportfolio nach Anwendung der Normenstrategien. Der Kreisumfang symbolisiert den unterschiedlichen Cash Flow der SGFs.

Der Erfolg der BCG-Matrix beruht auf dem Vorteil einer leichten Verständlichkeit des Konzepts auch für ein heterogen zusammengesetztes Management (vgl. Cravens 1982, S. 68 f.). Die Kriterien zur Beurteilung und Klassifikation von SGFs sind relativ einfach zu erheben Sie besitzen mit dem Erfahrungskurven- und dem Marktlebenszykluskonzept eine

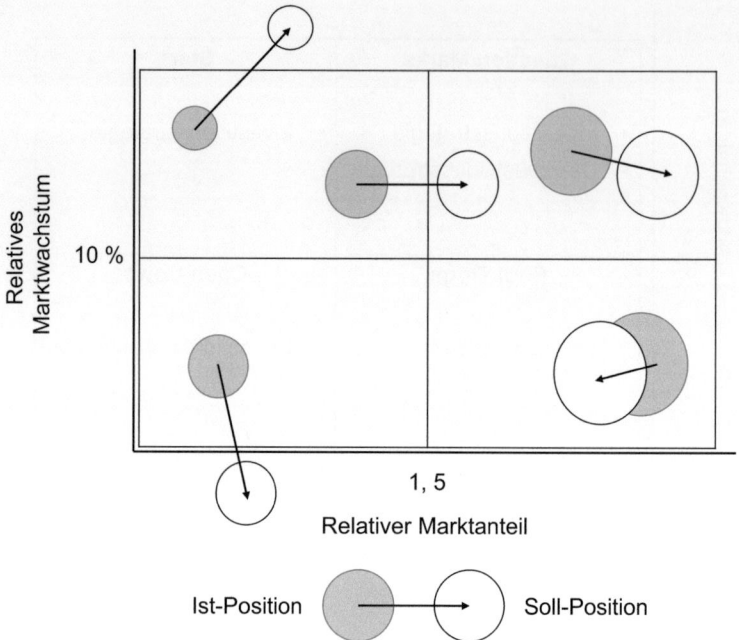

Abb. 6.7 Zielportfolio einer Unternehmung mit der BCG-Matrix

theoretische Basis (vgl. Böhler 1983, S. 252; Wensley 1981, S. 176). Daneben wird mit Investitions-, Desinvestitions- und Konsolidierungsstrategien der jeweiligen Situation von SGFs Rechnung getragen und das „Gießkannenprinzip" bei der Verteilung von Mitteln vermieden.

Kritisch wurde immer wieder darauf hingewiesen, dass die BCG-Matrix eine zu starke Vereinfachung der Realität darstellt. So hängt die Marktattraktivität nicht nur von der Wachstumsrate des Marktes ab (weitere Kriterien sind z. B. technologischer Wandel, Lieferkontinuität, etc.). Die Wettbewerbsposition einer Unternehmung wird nicht allein durch den „relativen Marktanteil" bestimmt. Insbesondere auf Märkten, auf denen qualitative Aspekte im Vordergrund stehen, wird sie durch Kriterien wie Unternehmens- und Produktimage, technologisches Know-how, Qualifikation der Mitarbeiter u. ä. bestimmt. Weiterhin stellt die BCG-Matrix die Kostenorientierung zu einseitig in den Vordergrund, was nicht auf allen Märkten sinnvoll ist (vgl. Cravens 1982, S. 75; Grimm 1983, S. 265; Roventa 1979, S. 152; Abell und Hammond 1979, S. 211 f.; Meffert 1983, S. 26; Wensley 1981, S. 177; Day 1977, S. 33; Hofer und Schendel 1984, S. 31 f.). Die Kritik wiegt umso mehr, als der relative Marktanteil und das Marktwachstum nur ca. 10 % der Varianz des Cash Flow bestimmen, und auch andere Variablen wie z. B. Preisänderungen, Marktanteilsveränderungen, Investitionsintensität etc. einen Einfluss auf ihn ausüben (vgl.

Day 1981a, S. 98; Gale und Branch 1981, S. 133 ff.). Die im Konzept der Erfahrungskurve unterstellte hohe Bedeutung des relativen Marktanteils muss vor dem Hintergrund empirischer Untersuchungen modifiziert werden. Es kann nachgewiesen werden, dass Unternehmen mit hohem Marktanteil nicht zwangsläufig auch erfolgreich auf dem Markt agieren (vgl. Woo 1984, S. 50 ff.). Insbesondere die technischen Möglichkeiten der Industrie 4.0 ermöglichen auch bei kleineren Produktionsmengen (Losgröße 1) niedrige Kosten (vgl. Plenk und Ficker 2018, S. 43 ff.). Problematisch ist daneben die Operationalisierung des relativen Marktanteils, dessen Höhe maßgeblich von der vorgenommenen Abgrenzung des strategisch relevanten Marktes abhängt. Da diese Abgrenzung subjektiv aus Unternehmenssicht erfolgt (vgl. Abschn. 3.2.1.1), ist auch die (angenommene) Höhe des Marktanteils nicht frei von Willkür. Darüber hinaus berücksichtigt das Portfolio kein negatives (relatives) Marktwachstum, obwohl viele SGFs auf schrumpfenden Märkten agieren. Lösungsvorschläge wie die Einführung zusätzlicher Felder (Underdogs usw.) oder aber die Verschiebung der horizontalen Trennungslinie (vgl. Reisinger et al. 2017, S. 96 ff.) lösen das Problem nur höchst unzureichend, da sie explizit oder implizit für SGF in schrumpfenden Märkten keine neuen strategischen Optionen vorschlagen.

6.2.2 Marktattraktivitäts-Wettbewerbspositions-Portfolio

Das **Marktattraktivitäts-Wettbewerbspositions-Portfolio** wurde von McKinsey und General Electric unter dem Arbeitstitel **Business Screen** entwickelt und orientiert sich am ROI (vgl. Bea und Haas 2017, S. 162). Es versucht die Schwächen der BCG-Matrix zu vermeiden, indem es zulässt, die Dimensionen Marktattraktivität und Wettbewerbsposition mit **einer Vielzahl von Variablen** zu operationalisiert, die sowohl quantitativer als auch qualitativer Natur sein können. Dabei kann z. B. auf die Erfolgsfaktoren des PIMS-Projekts zurückgegriffen werden (vgl. Abschn. 4.4.2.3. Es wird darauf hingewiesen, dass es sich bei den Variablen um ein **offenes System** handelt, das der Unternehmung die Auswahl der für ihre Situation maßgeblichen Kriterien ermöglicht (vgl. Cravens 1982, S. 74; Abell und Hammond 1979, S. 215 ff.). Prinzipiell ist die BCG-Matrix damit in der Business Screen enthalten, wenn die Dimensionen Marktattraktivität und Wettbewerbsposition durch das relative Marktwachstum bzw. den relativen Marktanteil operationalisiert werden. In der Literatur finden sich umfangreiche Listen von Kriterien, die die Dimensionen „**Marktattraktivität**" und „**Wettbewerbsposition**" erklären (vgl. z. B. Kreikebaum u. a. 2018, S. 274; Cravens 1982, S. 74 f.; Koch 1979, S. 148 ff.; Hinterhuber 2011, S. 173 ff.; Huber und McCann 1982, S. 36; Wind et al. 1983, S. 96; Abell und Hammond 1979, S. 214; Bea und Haas 2017, S. 164 f.; Benkenstein und Uhrich 2009, S. 74 f.; Hungenberg 2014, S. 437 f.). Inwieweit diese nützlich sind, bleibt anzuzweifeln, da mit ihnen eine **unökonomische Datenerhebung**, **Mehrfachzählung** bestimmter Sachverhalte (Interkorrelation) und **nicht mehr nachvollziehbare Ergebnisse** einhergehen. Insofern erscheint es sinnvoll, sich auf eine handhabbare Anzahl von Kriterien zu stützen, die die Situation der Unternehmung auf den von ihr betrachteten Markt möglichst gut widerspiegelt und die Ziele der Unternehmung berücksichtigt (vgl. Hofer und Schendel 1984, S. 74; Böhler 1983, S. 266; Cravens 1982, S. 74 f.). Vor diesem Hintergrund ist zu verstehen, dass „in 1980 GE reduces ist original 40 factors to 15" (Wind und Mahajan 1981, S. 160).

Soweit die Unternehmung zur Operationalisierung der Dimensionen mehrere Faktoren nutzt, werden diese mit einem Punktmodell zu einem Index zusammengefasst, um weiterhin mit einer übersichtlichen zweidimensionalen Matrix arbeiten zu können (vgl. Hofer und Schendel 1984, S. 32 f.; Cravens 1982, S. 72 ff.; Ansoff 1984, S. 62 ff.; Channon und Jalland 1979, S. 97 ff.; Abell und Hammond 1979, S. 212). Zur Auswahl, Gewichtung und Bewertung empfiehlt sich der Einsatz von Experten, Führungskräften oder Strategieteams (vgl. Reisinger et al. 2017, S. 98). Die SGFs werden dann entsprechend der Indexzahlen in einer Neun-Felder-Matrix positioniert.

Tab. 6.2 Bewertung der Marktattraktivität eines SGF

Index der Marktattraktivität			
Kriterium	Gewicht g_i	Punktwert p_i (1–6)	gewichteter Punktwert $g_i p_i$
Marktvolumen	0,3	2	0,6
Marktwachstum	0,1	5	0,5
Wettbewerbsintensität	0,2	6	1,2
Konjunkturabhängigkeit	0,3	1	0,3
Preispremium	0,1	4	0,4
Index der Marktattraktivität = $\sum g_i p_i$			**3,0**
Maximal erreichbarer Punktwert			6,0

Tab. 6.3 Bewertung der Wettbewerbsposition eines SGFs

Index der Wettbewerbsposition			
Kriterium	Gewicht g_j	Punktwert p_j (1–6)	gewichteter Punktwert $g_{ji} p_j$
Relativer Marktanteil	0,2	4	0,8
Relative F&E-Stärke	0,4	5	2,0
Relatives Marketing – Know How	0,2	4	0,8
Standortvorteile	0,1	3	0,3
Relative Finanzierungsvorteile	0,1	6	0,6
Index der Wettbewerbsposition = $\sum g_i p_i$			**4,5**
Maximal erreichbarer Punktwert			6,0

6.2 Portfoliomanagement

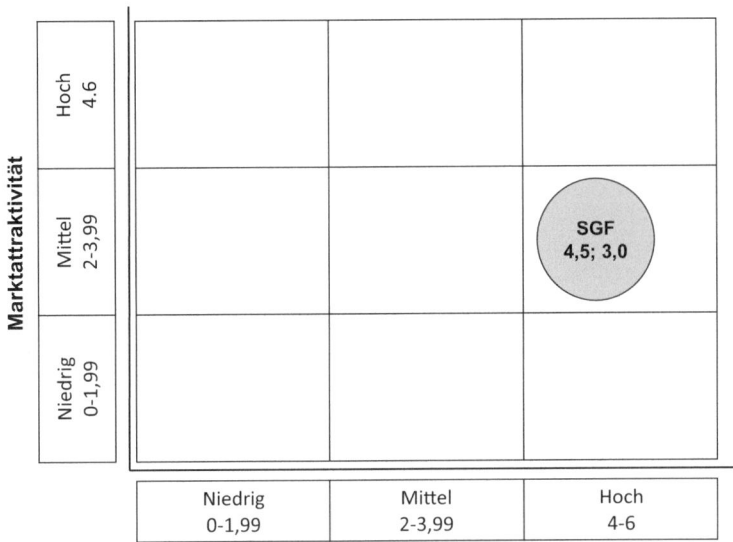

Abb. 6.8 Ist-Portfolio der bei der Business Screen

▶ Marktattraktivität und Wettbewerbsposition eines fiktiven SGF werde gem. den Vorgaben des strategischen Marketings auf den in Tab. 6.2 und Tab. 6.3 dargestellten und gewichteten Kriterien auf einer Skala von 1 (schlecht) bis 6 (gut) bewertet.

Für die Wettbewerbsposition des SGF wird eine Indexzahl von 4,5 und für die Marktattraktivität eine Indexzahl von 3 berechnet. Entsprechend wird das SGF in einer Neun-Felder-Matrix positioniert (vgl. Abb. 6.8).

Ausgehend von der Position der SGFs in der Matrix werden auch für die Business-Screen mit Investitions- und Wachstumsstrategien, Abschöpfungs- und Desinvestitionsstrategien sowie selektiven Strategien als **Normenstrategien** formuliert, wie sie in Abb. 6.9 dargestellt sind (vgl. Welge et al. 2017, S. 492 ff.; Hungenberg 2014, S. 438).

Für SGFs, deren Marktattraktivität und relativer Wettbewerbsvorteil als mittel bis hoch beurteilt wird, werden **Investitions- und Wachstumsstrategien** vorgeschlagen, um die Position zu halten und auszubauen. **Ressourcen werden dort gebunden**. SGFs mit mittlerer oder niedriger Marktattraktivität und niedriger und mittlerer Wettbewerbsposition werden **abgeschöpft** oder **desinvestiert**, weil die zukünftigen Gewinnchancen als schlecht einzuschätzen sind. In diesen Geschäftsfeldern werden **Ressourcen freigesetzt**. Für Geschäftsfelder, die **auf der Diagonalen** von links oben nach rechts unten liegen, sind selektive Strategien anzuwenden. Bei SGF mit hoher Marktattraktivität und mittlerer

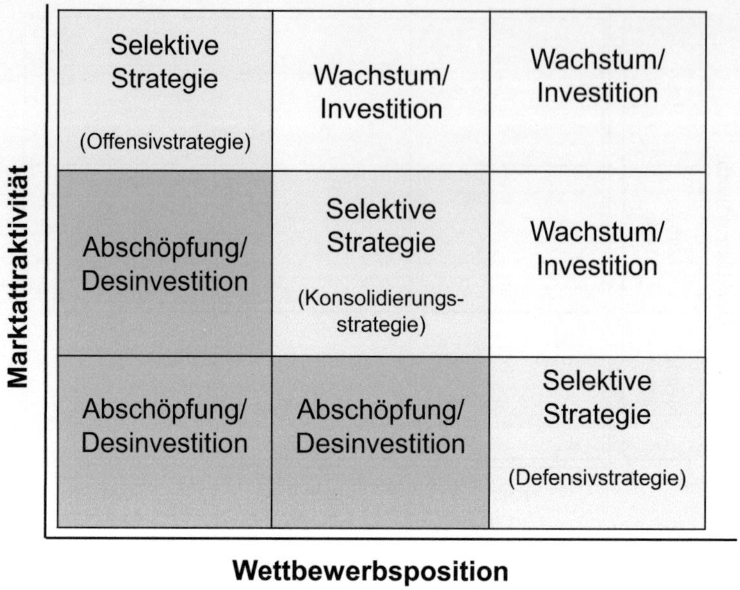

Marktattraktivität	Selektive Strategie (Offensivstrategie)	Wachstum/ Investition	Wachstum/ Investition
	Abschöpfung/ Desinvestition	Selektive Strategie (Konsolidierungs-strategie)	Wachstum/ Investition
	Abschöpfung/ Desinvestition	Abschöpfung/ Desinvestition	Selektive Strategie (Defensivstrategie)

Wettbewerbsposition

Abb. 6.9 Normenstrategien der Business-Screen

relativer Wettbewerbsposition könnte die Wettbewerbsposition durch **Offensivstrategien** verbessert werden. Für SGF mit mittlerer Marktattraktivität und mittlerer relativer Wettbewerbsposition soll der ROI ohne großen Ressourceneinsatz, jedoch durch Rationalisierungsmaßnahmen im Rahmen einer **Konsolidierungsstrategie** maximiert werden. Es hängt von der Einschätzung der Situation ab, ob die Übergangsstrategie in eine Investitions- und Wachstumsstrategie oder in eine Desinvestitionsstrategie mündet. SGF mit niedriger Marktattraktivität und hoher relativer Wettbewerbsposition tragen zum gegenwärtigen Gewinn der Unternehmung bei. Die Wettbewerbsposition sollte mit **Defensivstrategien** gehalten werden. Entsprechend der gewählten selektiven Strategie werden Mittel gebunden oder freigesetzt.

Unter Anwendung der Normenstrategien entsteht beispielhaft das in Abb. 6.10 dargestellte Zielportfolio, wobei der Umfang des Kreises Maßstab des ROI ist.

Vorteilhaft wirkt sich beim Marktattraktivitäts-Wettbewerbspositions-Portfolio aus, dass es sich am ROI orientiert und damit an einer Gewinngröße. Es sensibilisiert und zwingt das strategische Marketing sich auf einem spezifischen Markt mit relevanten Variablen zur Bestimmung der Marktattraktivität und Wettbewerbsposition auseinanderzusetzen. Auch bei der Business Screen erfolgt die Verteilung von Ressourcen und finanziellen Mitteln entsprechend der Situation des einzelnen SGF. Die Anwendung des „Gießkannenprinzips" wird vermieden.

6.2 Portfoliomanagement

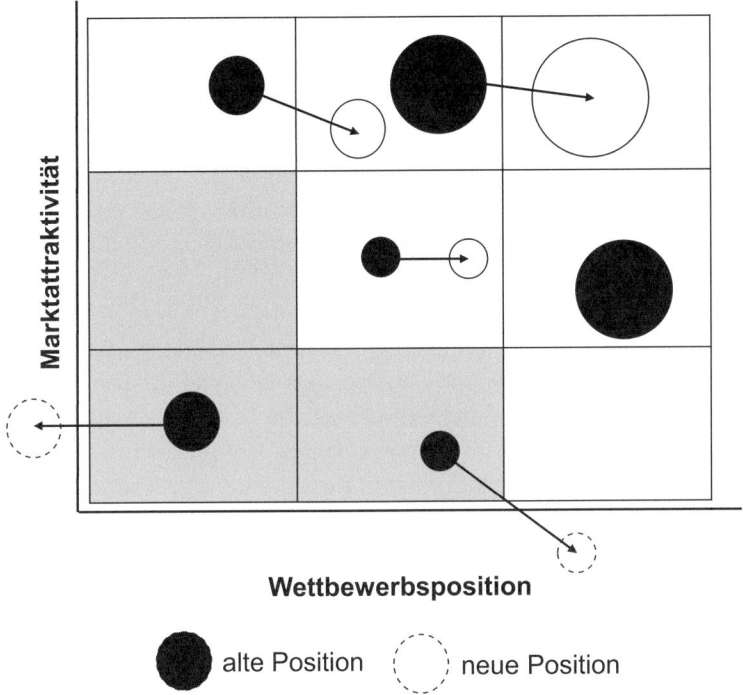

Abb. 6.10 Zielportfolio der Business Screen

Nachteilig stellt sich – wie oben angeführt – die Gefahr dar, dass zur Beschreibung der Dimensionen des Portfolios eine Vielzahl von theorielosen, interkorrelierten Variablen genutzt wird und ggf. ein unökonomischer „Datenfriedhof" auf der Basis einer unökonomischen Datenerfassung und – auswertung entsteht (vgl. Hahn 1970, S. 18; Roventa 1979, S. 157; Wind und Mahajan 1981, S. 157, Grimm 1983, S. 265, Abell und Hammond 1979, S. 377, Cravens 1982, S. 79). Erfolgt die Auswahl der Kriterien auf der Basis theoretischer oder empirischer Modelle, wie z. B. dem PIMS –Projekt, müssen die mit den Modellen verbundenen Probleme berücksichtigt werden (vgl. Bea und Haas 2017, S. 173). Schließlich setzt auch die Auswahl der Kriterien bei der Business Screen Vorstellungen der Unternehmung über ihre spätere Wettbewerbsstrategie voraus. Nicht zuletzt birgt das Portfolio über die (subjektive) Auswahl, Gewichtung und Bewertung der Kriterien für ein SGF die Gefahr der unternehmenspolitischen Manipulation.

6.2.3 Kritische Würdigung des Portfoliomanagements

In einer zusammenfassenden kritischen Würdigung kann als Vorteil des Portfoliomanagement unabhängig vom gewählten Ansatz gesehen werden, dass es das strategische Management bei den Entscheidungen unterstützt, welche Geschäftsfelder bearbeitet werden sollen und dabei die spezifische Situation der SGFs beachtet. Darüber hinaus werden – anders als bei Ansoff – in Anbetracht der Situation eines Geschäftsfeldes offensive, defensive und rückzugsbezogenen Strategien berücksichtigt. Schließlich wird darauf geachtet, dass es zu einem Ausgleich der finanziellen Mittel bzw. Ressourcen zwischen den verschiedenen SGFs kommt.

Trotzdem ist auch Kritik am Portfolio-Management zu üben (vgl. Bea und Haas 2017, S. 171 ff.). Hierbei ist einmal die mit der Operationalisierung der Dimensionen verbundene, z. T. willkürliche Auswahl und Gewichtung von Kriterien zu nennen. Selbst wenn der Bestimmung der Kriterien eine Theorie zugrunde liegt, müssen wiederum die damit verbundenen Probleme berücksichtigt werden. Kosten zum Aufbau neuer SGFs werden im Portfolio nicht berücksichtigt. Zu warnen ist vor der blinden Übernahme der Normenstrategien, die unternehmensspezifische Situationen nicht berücksichtigt. Dies gilt besonders bei Rückzugsstrategien, die Verbund- und Synergieeffekte zwischen SGFs ebenso wenig berücksichtigen wie die Customer Journey und die Customer Experience. Zudem würde ein Rückzug bei kleineren Unternehmen, die nur ein oder wenige SGFs bearbeiten, deren Existenz infrage stellen. Schwerwiegend ist die Kritik der mangelnden Dynamik. Explizit weist in den besprochenen Portfolios nur die BCG-Matrix mit dem Marktwachstum der nächsten fünf Jahre einen Zukunftsbezug aus.

Vor dem Hintergrund des Shareholder-Values wird auch der finanzielle Ausgleich zwischen SGFs kritisiert und argumentiert, dass jedes SGF langfristig allein effizient sein muss.

Literatur

Aaker, D. A. (1984): Developing Business Strategies. J. Wiley, New York.
Abell, D. F.; Hammond, J. S. (1979): Strategic Market Planning: Problems and Analytical Approaches. Englewood Cliffs (N.J.), Prentice Hall.
Ansoff, H. I. (1966): Management Strategie. V.erlag moderne industrie, München.
Ansoff, H. I. (1984): Implementing Strategic Management. Prentice Hall International, Englewood Cliffs.
Bamberger, I.; Wrona, T. (2012): Strategische Unternehmensführung. Strategien, Systeme, Methoden, Prozesse. 2. Aufl., Vahlen (Vahlens Handbücher), München.
Barksdale, H. C.; Harris, C. E. (1982): Portfolio Analysis and the Product Life Cycle. In: LRP 15 (6), S.74–83.
Bea, F. X; Haas, J. (2017): Strategisches Management. 9. Aufl., UTB, Stuttgart.
Becker, J. (2019): Marketing-Konzeption. 11. Aufl., Vahlen, München.
Benkenstein, M.; Uhrich, S. (2009): Strategisches Marketing. 3. Aufl., W. Kohlhammer, Stuttgart.

Bettis, R. A. (1981): Performance Differences in Related and Unrelated Diversified Firms. In: SMJ 2, S.379–393.
Böhler, H. (1983): Strategische Marketing-Früherkennung. (Unveröffentlichte) Habilitationsschrift, Köln.
Buzzell, R. D. (1981): Are there "Natural" Market Structures? In: JM 45 (1), S.42–51.
Buzzell, R. D; Gale, B. T.; Sultan, R. G. M. (1975): Market Share – A Key to Profitability. In: HBR 53 (1), S.97–106.
Byars, L. L. (1984): Strategic Management: Planning and Implementation Concepts and Cases. Joanna Cotler Books, New York u. a.
Capon, N.; Spogli, J. R. (1977): Strategic Marketing-Planning: A Comparison and Critical Examination of Two Temporary Approaches. In: Bellenger, D. N. (Hrsg.): Contemporary Marketing Thought. American Marketing Association, Chicago, S. 219–223.
Cardozo, R. L.; Smith, D. K. (1983): Applying Financial Portfolios Theory to Product Portfolio Decisions. An Empirical Study. In: JM 47 (1), S.110–119.
Channon, D. F.; Jalland, M. (1979): Multinational Strategic Planning. Palgrave Macmillan, London, Basingstoke.
Christensen, H. K.; Montgomery, C. A. (1981): Corporate Economic Performance: Diversification Strategy Versus Market Structure. In: SMJ 2, S.327–343.
Cravens, D. F. (1982): Strategic Marketing. Irwin, Homewood (Illinois).
Day, G. S. (1977): Diagnosing the Product Portfolio. In: JM 41 (April), S. 29-38.
Day, G. S. (1981a): Strategic Market Analysis an Definition: An Integrated Approach. In: SMJ 2, S. 281-299.
Day, G. S. (1981b): Analytical Approaches to Strategic Market Planning. In: Enis, B. M.; Roering, K., J. (Hrsg.): Review of Marketing. American Marketing Association, Chicago: S. 89–105.
Dreger, W. (1983): Welches sind die tragenden Säulen guten Geschäftegangs? In: IO 52 (9), S. 322–325.
Dunst, K. H. (1979): Portfolio-Management. de Gruyter, Berlin; New York.
Felzmann, H. (1982): Ein Modell zur Unterstützung der strategischen Planung auf der Ebene strategischer Geschäftseinheiten. Mannhold, Gelsenkirchen.
Fischer, J.; Zimmermann, W. (1983): Instrumente der strategischen Planung für Unternehmen mittlerer Größen. In: ZfO 52 (3), S. 139–144.
Freter, H.; Wecker, F.; Baumgarth, C. (2002): Markenportfolio. In: Böhler, H. (Hrsg.): Marketing-Management und Unternehmensführung. Schäffer-Poeschel, Stuttgart, S. S. 389–419.
Gabele, E. (1981): Die Leistungsfähigkeit der Portfolio-Analyse für die strategische Unternehmensführung aus finanz- und bankwirtschaftlicher Sicht. Poeschel, Stuttgart, S. 45–61.
Gale, B. T. (1978): Planning for Profit. In: PR 6 (Jan.), S. 4–32.
Gale, B. T.; Branch, B. (1981): Cash Flow Analysis: More Important than Ever. In: HBR 59 (July/Aug.), S.131–136.
Gälweiler, A. (1980): Portfolio-Management. In: ZfO 49, S. 183–190.
Grant, R. M. (1988): On 'dominant logic', relatedness and the link between diversity and performance. In: Strategic Management Journal 9 (6), S. 639–642.
Grant, R. M. (2014): Moderne strategische Unternehmensführung. Wiley-VCH Verlag GmbH &Co. KGaA, Weinheim
Grant, R. M; Jammine, A. P.; Thomas, H. (1988): Diversity, Diversification, and Profitability among British Manufacturing Companies, 1972–84. In: Academy of Management Journal 31 (4), S. 771–801.
Grimm, U. (1983): Analyse strategischer Faktoren. Ein Beitrag zur strategischen Unternehmensplanung. Gabler, Wiesbaden.

Hahn, D. (1970): Zweck und Standort des Portfolio-Konzepts in der strategischen Unternehmensführung. In: Fuchs, J.; Schantag, K. (Hrsg.): Agplan – Handbuch zur Unternehmensplanung. Bd.3, Beitrag 4831, Erich Schmidt, Berlin, S. 1– 24.
Hahn, D. (1981): Strategische Unternehmensplanung: Ein konzentrierter Überblick, Teil II. In: WiSU (6), S. 275–279
Hambrick, D. C.; MacMilan, I. C. (1982): The Product Portfolio and Man's Best Friend. In: CMR 25 (Fall,1), S. 84–95.
Hedley, B. (1977): Strategy and the „Business Portfolio". In: LRP 10 (Feb.), S .9–15.
Henderson, B. D. (1984): Die Erfahrungskurve in der Unternehmensstrategie. Übersetzung und Bearbeitung von A. Gälweiler, 2. überarbeitete Aufl., Campus, Frankfurt am Main; New York.
Hinterhuber, H. (2011): Strategische Unternehmensführung. In: Strategisches Denken. 8. Aufl., Erich Schmidt, Berlin
Hofer, C. W.; Schendel, K. (1984): Strategy Formulation: Analytical Concepts. 2. Aufl., West Pub. Co., St. Paul
Höfner, K.; Winterling, K. (1982): Strategisch planen mit Portfolios Teil q: Die Portfolio-Methode stellt sich vor. In: Marketing Journal (1), S.45–48.
Homburg, Chr.; Jozic, D.; Kuehnl, C. (2017): Customer experience management. Toward implementing an evolving marketing concept. In: Journal of the Academy of Marketing Science 45 (3), S. 377–401.
Huber, J.; McCann, J. (1982): Product Portfolio Models. In: Naylor, Th. H. (Hrsg.): Corporate Strategy. The Integration of Corporate Planning Models and Economics. Elsevier Science Ltd, Amsterdam u. a..
Hungenberg, H. (2014): Strategisches Management in Unternehmen. Ziele – Prozesse – Verfahren. 8., aktualisierte Aufl., Springer Gabler, Wiesbaden
Johnson, G.; Whittington, R.; Scholes, K.; Angwin, D.; Regnér, P.; (2018): Strategisches Management. Eine Einführung. 11., aktualisierte Auflage. Pearson, Hallbergmoos.
Jozic, D. (2015): Customer experience management. Dissertation. Universität Mannheim, Mannheim. http://nbn-resolving.de/urn:nbn:de:bsz:180-madoc-415196. Zugegriffen: 16.08.2021.
Kirsch, W.; Trux, W. (1981): Perspektiven eines strategischen Managements. In: Kirsch, W. (Hrsg.): Unternehmenspolitik: Von der Zielforschung zum strategischen Management. ohne Verlag, München, S.290–396.
Koch, H. (1979): Zum Verfahren der strategischen Programmplanung. In: ZfbF 31 (1979), S.145–161.
Köhler, R. (1981): Grundprobleme der strategischen Marketingplanung. In: Geist, M.N.; Köhler, R. (Hrsg.): Die Führung des Betriebes. Festschrift zum 80. Geburtstag von C. Sandig, C. E. Poeschel, Stuttgart, S.261–291
Kotler, P.; Keller, K. L.; Opresnik, M. O. (2015): Marketing-Management. Konzepte – Instrumente – Unternehmensfallstudien; [inklusive MyLab, deutsche Version]. 14. aktualisierte Aufl., Pearson (Wirtschaft), Hallbergmoos.
Kotler, Ph.; Armstrong, G.; Harris, L. C.; Piercy, N. (2019): Grundlagen des Marketing. 7. Aufl., Pearson, München.
Kreikebaum, H.; Gilbert, D. U.; Behnam, M. (2018): Strategisches Management. 8. Aufl., W. Kohlhammer, Stuttgart.
Kreilkamp, E. (1987): Strategisches Management und Marketing: Markt- und Wettbewerbsanalyse, strategische Frühaufklärung, Portfolio-Management. De Gruyter, Berlin, New York.
Lang, L.; Stulz, R. (1994): Tobin´s q, Corporate Diversification and Firm Performance. In: Journal of Political Economy 102 (6), S. 1248–1280.

Larrèché, J.-C. (1980): On Limitations of Positive Market Share-Profitability Relationships: The Case of the French Banking Industry. In: Bagozzi, R. P. et al. (Hrsg.): Educators' Conference Proceedings. American Marketing Association, Chicago, S.209–212.

Larrèché, J.-C.; Srinivasan, V. (1981): Stratport: A Decision Support System für Strategic Planning. In: JM 45 (4), S.39–52.

Lorange, P. (1980): Corporate Planning. An Executive Viewpoint. Prentice Hall, Englewood Cliffs (NJ).

Markowitz, H. M. (1952): Portfolio Selection. In: Journal of Finance 7 (1), S. 77–91.

Mauthe, K. (1984): Strategische Exploration und Analyse als Basis der Planung strategischer Programme. In: Trux, W.; Müller, G.; Kirsch, W. (Hrsg.): Das Management strategischer Programme. Kirsch, Herrsching, München, S.37–212.

Mauthe, K.; Roventa, P. (1982): Versionen der Portfolio-Analyse auf dem Prüfstand. In: ZfO 51, S.191–204.

Meffert, H. (1983): Marktorientierte Führung in stagnierenden und gesättigten Märkten. Arbeitspapier Nr.9, Wissenschaftliche Gesellschaft für Marketing und Unternehmensführung e.V., Münster.

Meffert, H. (1994): Marketing-Management. Analyse – Strategie – Implementierung. Gabler, Wiesbaden.

Meffert, H.; Burmann, Ch.; Kirchgeorg, M.; Eisenbeiß, M. (2019): Marketing. 13. Aufl., Springer Gabler, Wiesbaden

Naylor, T. H. (1982): An Overview of Strategic Planning Models. In: Naylor, T. H. (Hrsg.): Corporate Strategy. The Integration of Corporate Planning Models and Economics. Elsevier Science Ltd., Amsterdam u.a., S. 3–17.

Nowill, P. (1978): The Senior Executive Tight Wire Act: Balancing the Portfolio of Business. PIMS-Letter No.10, Hrsg.: The Strategic Planning Institute, Cambridge (Mass.).

Plenk, V.; Ficker, F. (2018): Industrie 4.0. In: Wolff, D.; Göbel, R. (Hrsg.): Digitalisierung: Segen oder Fluch. Springer, Berlin, S. 29–53.

Porter, M. E. (1987): From Competitive Advantage to Corporate Strategy. In: Harvard Business Review 65 (3), S.43–59.

Prahalad, C. K.; Hamel, G. (1990): The Core Competence of the Corporation. In: Harvard Business Review 68 (3), S. 79–91.

Prahalad, C. K.; Hamel, G. (1991): Nur Kernkompetenzen sichern das Überleben. In: Harvard Manager 13 (2), S.66–78.

Prahalad, C. K.; Hamel, G. (2001): Nur Kernkompetenzen sichern das Überleben. In: Cynthia A. Montgomery (Hrsg.): Strategie. [Übersetzung aus dem Amerikanischen]. Unter Mitarbeit von Gary Hamel. Sonderausg. Wirtschafts-verl. Ueberreuter (Ueberreuter Wirtschaft), Wien, Frankfurt Main, S. 309–335.

Reisinger, S.; Gattringer, R.; Strehl, F. (2017): Strategisches Management. 2. Aufl.; Pearson Deutschland GmbH, Halbergmoos.

Roventa, P. (1979): Portfolio-Analyse und Strategisches Management. Ein Konzept zur strategischen Chancen- und Risikohandhabung. Kirsch, Herrsching, München.

Rumelt, R. T. (1974): Strategy, Structure and Economic Performance. Harvard University Press, Boston.

Scharlemann, U. (1996): Finanzwirtschaftliche Synergiepotenziale von Mergers und Akquisition. Paul Haupt, Bern.

Schwab, K. (1980): Die strategische Matrix – ein Hilfsmittel zur Bestimmung der Unternehmenspolitik. In: IO 49 (1), S.24–26.

Servaes, H. (1996): The Value of Diversification During the Conglomerate Merger Wave. In: Journal of Finance 51 (4), S. 1201ff

Sprengel, F. (1984): Informationsbedarf strategischer Entscheidungshilfen. Thun, Frankfurt am Main.
Szyperski, N.; Winand, U. (1982): Strategisches Portfolio-Management: Konzept und Instrumentarium. In: Betriebswirtschaftliches Kontaktstudium, Beiträge aus Wissenschaft und Praxis. Bd.II, Springer Gabler, Wiesbaden.
Tosi, H.; Gomez-Mejia, L. (1989): The Decoupling of CEO Pay and Performance: An Agency Theory Perspective. In: Administrative Science Quarterly 34 (2), S. 169–189.
Welge, M.; Al-Laham, A.; Eulerich, M. (2017): Strategisches Management. 7. Aufl., Springer Gabler, Wiesbaden
Wensley, R. (1981): Strategic Marketing: Betas, Boxes or Basics. In: JM 45, S.173–182.
Wind, Y.; Mahajan, V. (1981): Designing Product and Business Portfolios. In: HBR 59 (Jan.-Feb), S.155–165.
Wind, Y.; Mahajan, V.; Swire, D. J. (1983): An Empirical Comparison of Standardized Portfolio Models. In: JM 47 (Spring), S.89–99
Wittek, B.F. (1980): Strategische Unternehmensführung bei Diversifikation. De Gruyter, Berlin; New York.
Woo, C.Y. (1984): Market-Share Leadership – Not Always So Good. In: HBR 62, S.50–54.

Marktarealstrategien 7

Inhaltsverzeichnis

7.1 Nationale Marktarealstrategien 304
7.2 Übernationale Marktarealstrategien 305
    7.2.1 Grundorientierungen im internationalen strategischen Marketing 305
    7.2.2 Entscheidungen zu übernationalen Marktarealstrategien 309
        7.2.2.1 Auswahl von Ländermärkten 309
        7.2.2.2 Formen des Markteintritts..................................... 311
        7.2.2.3 Timing des Markteintritts 315
    7.2.3 Strategiemuster der regionalen Marktausdehnung 317
Literatur 318

▶ Marktarealstrategien legen das Absatzgebiet fest, in dem die Unternehmung ihre Leistungen anbietet und KKVs realisiert. Auch diese Aufgabe obliegt der Gesamtunternehmensebene.

Die Überlegungen wurden lange Zeit in Wissenschaft und Praxis vernachlässigt, obgleich die diesbezüglichen Entscheidungen grundlegend und nur schwer und verlustreich zu korrigieren sind (vgl. Becker 2019, S. 299 ff.). Unterschieden werden nationale und übernationale Marktarealstrategien in verschiedenen Ausprägungen (vgl. Abb. 7.1).

© Der/die Herausgeber bzw. der/die Autor(en), exklusiv lizenziert an Springer Fachmedien Wiesbaden GmbH, ein Teil von Springer Nature 2025
K. Vollert, *Strategisches Marketing*, https://doi.org/10.1007/978-3-658-47660-1_7

Abb. 7.1 Marktarealstrategien

7.1 Nationale Marktarealstrategien

Nationale Marktarealstrategien legen, in Abhängigkeit des jeweiligen Marktpotenzials und des Potenzials der Unternehmung fest, welche Teile eines Ländermarktes bearbeitet werden sollen (vgl. Vollert 2004; Vollert 2009). Relevanz besitzt die Entscheidung bei

- Start-ups, die nur über ein begrenztes unternehmerisches Potenzial verfügen,
- der Veränderung der Markt- und Umweltbedingungen,
- der Erschließung von Auslandsmärkten.

Bei einer **lokalen Marktbearbeitung** wird ein enges regionales Absatzgebiet rund um den Standort der Unternehmung bearbeitet. Das Absatzgebiet bei einer **regionalen Marktabdeckung** umfasst z. B. ein Bundesland bzw. ein Nielsengebiet, währen bei einer **überregionalen Marktabdeckung** mehrere Bundesländer bzw. Nielsengebiete bearbeitet werden. Eine **nationale Marktabdeckung** sieht das gesamte territoriale Gebiet eines Landes als Ansatzmarkt an (vgl. Becker 2019, S. 303).

Häufig wird die Ausdehnung des Absatzgebiets als zeitlicher Prozess gesehen, der sich über Jahre hinwegzieht (vgl. Becker 2019, S. 302 f.). Dies kann eher zufällig in Form eines **Schneeballsystems** auf der Basis von Mundpropaganda erfolgen. Eine bewusste Gebietsausdehnung unterscheidet die konzentrische, die selektive und die inselförmige Gebietsausdehnung (vgl. Becker 2019, S. 304 ff.). Bei einer **konzentrischen Gebietsausdehnung** wird das Absatzgebiet unter Ausnutzung von Ausstrahlungseffekte bisheriger Marketingaktivitäten wie z. B. der Werbung kreisförmig um das gesicherte bisherige Absatzgebiet erweitert. Bei einer **selektiven Gebietsausdehnung** werden zum bisherigen Absatzmarkt zusätzliche, ausgewählte Absatzgebiete erschlossen und dabei bewusst Lücken in den Gebieten gelassen, in denen die Marktverhältnisse eine Marktbearbeitung behindern oder unmöglich machen. Ggf. können die Lücken mit wachsendem Unternehmenspotenzial im Zeitablauf geschlossen werden. Als Variante der selektiven

Ausweitung kann die **inselförmige Ausdehnung** gesehen werden, bei der das bisherige Absatzgebiet allein um lukrative Gebiete wie z. B. Großstädte erweitert wird. Während das Schneeballsystem und die konzentrische Gebietsausdehnung tendenziell auf distributiven Maßnahmen beruht, erzwingt die selektive und inselförmige Gebietsausdehnung die Berücksichtigung spezifischer Kunden- und Marktgegebenheiten, sodass es ggf. eines differenzierten Vorgehens bei der Markterschließung bedarf (vgl. Becker 2019, S. 303 f.).

7.2 Übernationale Marktarealstrategien

7.2.1 Grundorientierungen im internationalen strategischen Marketing

Übernationale Marktarealstrategien sind zu formulieren, wenn die Unternehmung ihr Engagement über Ländergrenzen hinweg ausdehnt. Die Problematik führt zum **internationalen Marketing.** Eine einheitliche Definition dieses Begriffes existiert nicht (vgl. Backhaus und Voeth 2010, S. 11 f.; Meffert et al. 2010, S. 33 f.).

▶In Anlehnung an Meffert soll das internationale Marketing als die bewusste und kompetenzorientierte Führung des gesamten Unternehmens in mehr als einem Land verstanden werden, um KKVs über Ländergrenzen hinweg aufzubauen und zu erhalten (vgl. Meffert et al. 2010, S. 35).

Die vielfältigen Ziele und Motive der Internationalisierung werden unterschiedlich klassifiziert (vgl. Berndt et al. 2020, S. 10 f.; Macharzina und Wolf 2023, S. 930; Hermanns und Wißmeier 1995, S. 1; Becker 2019, S. 314; Meffert et al. 2010, S. 64). Homburg unterteilt die Motive der Internationalisierung passend zum strategischen Marketing in die Risikoreduktion und die Chancenverwertung (vgl. Homburg 2020, S. 1201).

Chancen der Internationalisierung ergeben sich aus

- der Erschließung zusätzlicher Absatzmöglichkeiten und der Realisation von Wachstumszielen, die auf inländischen Märkten nicht mehr möglich sind,
- der Teilnahme am Wachstum eines Auslandsmarktes (z. B. in einer Reihe von asiatischen Märkten),
- der kontinuierlichen Belieferung von bisherigen, wichtigen Kunden, die im Ausland aktiv werden,
- der Durchsetzung höherer Preise im Ausland,
- der Realisation von Kostendegressions-, Skalen und Erfahrungskurveneffekte durch höhere Produktions- und Absatzmengen,
- dem Ausnutzen niedriger Marktbearbeitungskosten im Ausland usw.

Risiken der Unternehmung können durch eine Internationalisierung reduziert werden, indem

- konjunkturelle Unterschiede auf unterschiedlichen Ländermärkten insgesamt zu einem Ausgleich und zu einer Stabilisierung des Umsatzes und des Absatzes beitragen,
- Umsatz-, Absatz und Gewinnverluste auf stagnierenden und schrumpfenden Inlandsmärkten auf Auslandsmärkten ausgeglichen werden,
- auf Angriffe ausländischer Anbieter in dessen Heimatland reagiert wird usw.

Die Ausgestaltung übernationaler Marktarealstrategien hängen vom geplanten Ausmaß der Standardisierung und Differenzierung der Marketingaktivitäten ab.

Entscheidungen der Standardisierung bzw. Differenzierung sind auf einem Kontinuum zwischen der vollständigen Standardisierung der Marketingaktivitäten in unterschiedlichen Auslandsmärkten und der vollständigen Differenzierung zu treffen (vgl. Homburg 2020, S. 1207 f.).

Das Ausmaß der **Standardisierung** der Produktion und Marketingaktivitäten bestimmt über die Realisation von mengenbezogener Kostensenkungseffekten (vgl. Abschn. 3.2.2.2). Mit zunehmender Standardisierung sinken die Grenzkosten und erreichen ihr Minimum bei der volllständigen Standardisierung (vgl. Backhaus und Voeth 2010, S. 115). Dem steht gegenüber, dass die spezifischen Bedürfnisse der Kunden nicht vollständig befriedigt werden, sodass ggf. nur ein niedrigerer Preis durchgesetzt werden kann. Die Tendenz wird verstärkt, wenn es bei nachfragerbezogenen Rückkoppelungen zu Re- und Parallelimporten standardisierter Leistungen von Billig- in Hochpreisländer kommt und dort das Preisniveau sinkt (vgl. Homburg 2020, S. 1208). Insgesamt sinken mit zunehmender Standardisierung die Grenzerlöse.

Im Gegensatz dazu steigen mit zunehmender **Differenzierung** die Grenzerlöse an, weil durch die Befriedigung lokaler und regionaler Bedürfnisse mit differenzierten Leistungen höher Preise durchsetzbar sind und sich die Gefahr des Arbitragehandels reduziert. Demgegenüber können mengenmäßige Kostensenkungseffekte nur eingeschränkt wirksam werden. Bei der vollständigen Differenzierung erhalten Grenzkosten und Grenzerlös ihr Maximum (vgl. Backhaus und Voeth 2010, S. 115.).

Ein Vergleich von Grenzkosten und entgangenen Grenzerlösen in Abhängigkeit der Standardisierung und Differenzierung zeigt, dass ein jeweils mittleres Ausmaß zu einer optimalen Lösungen führt (vgl. Backhaus und Voeth 2010, S. 115). Da der der Verlauf der Grenzkosten und Grenzerlöse in Abhängigkeit der Differenzierung und Standardisierung von zahlreichen umwelt-, markt- und unternehmensbezogenen Faktoren abhängt, muss die Unternehmung ihre Position auf dem Kontinuum zwischen vollständiger Differenzierung und vollständiger Standardisierung finden.

In Abhängigkeit dieser Entscheidung werden als **Grundorientierung des internationalen strategischen Marketings** die ethnozentrische, die polyzentrische, die regiozentrische und die die geozentrische Orientierung unterschieden (Vgl. Heenan und Perlmutter

7.2 Übernationale Marktarealstrategien

	Niedrig ← Differenzierung → Hoch
Hoch Standardisierung	Geozentrische Orientierung **Globales Marketing**	Geozentrische und polyzentrische Orientierung **Transnationales Marketing**
Niedrig	Ethnozentrische Orientierung **Internationales Marketing i.e.S.**	Polyzentrische Orientierung **Multinationale Marketing**

Abb. 7.2 Strategische Orientierungen im internationalen Marketing

1979, S. 15 ff.; Meffert et al. 2010, S. 65 ff.; Backhaus und Voeth 2010, S. 67 ff.; Kotler et al. 2015, S. 739 f.; Becker 2019, S. 329 ff.). Abb. 7.2 zeigt die strategischen Grundorientierungen und das damit jeweils verbundene Marketing im Überblick.

Eine **ethnozentrische Ausrichtung** orientiert sich primär an den Verhältnissen des Heimatlandes und versucht, die im Inland erfolgreichen Marketingstrategien und den daraus resultierenden Marketing-Mix weitgehend unverändert auf Auslandsmärkten durchzusetzen. Es ist verbunden mit einem **internationalen Marketing i. e. S.** (vgl. Meffert et al. 2010, S. 67). Typisch ist die Form des Exports. Implizit werden gleiche Umwelt- und Marktbedingungen im Inlands- und Auslandsmarkt unterstellt, wobei eine systematische Marketingforschung der Auslandsmärkte aufgrund der geringen Bedeutung, die das strategische Marketing dem Auslandsmarkt zumisst, meist unterbleibt. Der Standardisierungsgrad ist bei einer zentralistischen Organisation der Unternehmung im Heimatland hoch. Als Vorteile sind die mit der ethnozentrischen Grundorientierung verbundenen, tendenziell niedrigen Kosten der Markterschließung und Marktbearbeitung zu betrachten. Problematisch kann sich die mangelnde Anpassung an die Verhältnisse des Auslandsmarkt auswirken, die den Aufbau von KKVs behindern oder unmöglich machen.

Bei einer **polyzentrischen Orientierung** bilden die spezifischen Bedingungen des Auslandsmarktes den Ausgangspunkt einer stark differenzierten Marktbearbeitung im Rahmen eines **multinationalen Marketings** (vgl. Homburg 2020, S. 1195 ff.; Meffert et al. 2010, S. 76 ff.). Dies geschieht häufig in Form von Tochtergesellschaften mit dezentraler, hoher Entscheidungsautonomie (vgl. Abschn. 7.2.2). Vorteilhaft kann sich auswirken, dass spezifische Netto-Nutzen für jeden Auslandsmarkt aufgebaut werden, was unter Berücksichtigung der Einkommensverhältnisse ggf. die Durchsetzung höherer Preise begünstigt. Die Koordinationskosten zwischen unterschiedlichen Auslandsmärkten sind tendenziell gering. Negativ zu beurteilen sind die hohen Kosten des Markteintritts und der (jeweils spezifischen) Marktbearbeitung. Dabei spielen auch Kosten zur Erlangung von Marktbearbeitungskompetenz eine Rolle. Die Möglichkeiten der Realisation mengenbezogener Kostensenkungseffekte nehmen ab.

Bei einer **geozentrische Orientierung** werden unter bewusster Vernachlässigung von Besonderheiten einzelner Ländermärkte länderübergreifende, homogene Cross-Culture-Groups durch die Integration der Unternehmensaktivitäten mit einer Marketingstrategie bearbeitet, um mengenbezogene Kostenvorteile durch Standardisierung zu realisieren. Prinzipiell wird der **Homogenisierungshypothese** (Konvergenzhypothese) von Levitt gefolgt, wonach sich die Kundenbedürfnisse und das Kundenverhalten weltweit angleichen (vgl. Levitt 1987, S. 143 ff.; Hamel und Prahaland 1987, S. 18, Quelch und Hoff 1987, S. 26 ff.; Lührs 1986, S. 19). Als Gründe dafür gelten eine ähnliche soziokulturelle Entwicklung in vielen Industriestaaten, ausgedehnte Möglichkeiten, sich im Rahmen der Bildung fremden Kulturen auseinanderzusetzen (z. B. im www) und diese durch Reisen kennenzulernen. Das einhergehende **globale Marketing** ist nur für ausgewählte Leistungen und in seiner Reinform selten möglich. Eine Sonderform der geozentrischen Orientierung stellt die **regiozentrische Orientierung** dar, wenn mehrere Auslandsmärkte aufgrund ähnlicher Bedingungen zu übergeordneten Gebieten zusammengefasst und bearbeitet werden. Bei zentralen Entscheidungen können mengenbezogene Kosteneffekte genutzt werden. Berücksichtigt werden müssen jedoch hohe Markteintrittskosten, die dem Aufbau von hohen Kapazitäten geschuldet sind.

Eine Mischung aus **polyzentrischer** und **globaler** Orientierung führt zum **transnationalen Marketing**, bei dem die Vorteile der Standardisierung und der Differenzierung kombiniert werden in Form von

- länderspezifischen Anpassungen einzelner Komponenten des Marketing-Mix,
- dem parallelen Einsatz von globalen und lokalen Marken
- gemischten Markenarchitekturen (vgl. Vollert 2002, S. 14 ff.), die unter einer Unternehmensmarke jeweils länderspezifisch differenzierte Produktmarken besitzt (vgl. auch Abschn. 8.2.2.2).

Ggf. können dabei KKVs aufgebaut werden, wenn die globale Konkurrenz lokale Besonderheiten nicht beachtet (vgl. Kreutzer 1989). Es entstehen jedoch hohen Koordinationskosten. Fraglich ist, ob die Vorteile der Standardisierung und der Differenzierung tatsächlich gemeinsam zu realisieren sind und sich die Unternehmung nicht doch „zwischen die Stühle" begibt (vgl. Meffert et al. 2010, S. 72; Porter 2013, Porter 2010).

7.2.2 Entscheidungen zu übernationalen Marktarealstrategien

Die strategische Grundorientierung des Managements zur Internationalisierung auf Gesamtunternehmensebene prägt die Entscheidungen zu übernationalen Strategien maßgeblich. Im Rahmen des internationalen strategischen Marketings ist auf Gesamtunternehmenseben festzulegen, welche Ländermärkte bearbeitet werden sollen, welche Markteintrittsstrategien zu wählen sind und in welcher Form Auslandsmärkte erschlossen werden. Auf SGF-Ebene sind die Entscheidungen über die Form der Marktbearbeitung zu treffen, die aber von der Grundorientierung der Unternehmung beeinflusst sind (vgl. auch Macharzina und Wolf 2023, S. 948 f., Scholl 1989, Kotler et al. 2019, S. 873 ff.).

7.2.2.1 Auswahl von Ländermärkten

Die Auswahl von Ländermärkten, denen sich Unternehmen zuwenden wollen, vollzieht sich häufig mehrstufig (vgl. Backhaus und Voeth 2010, S. 66 ff.).

Eine erste Grobselektion erfolgt in Abhängigkeit der strategischen Grundorientierung. Bei einer ethnozentrischen Ausrichtung sucht die Unternehmung nach Ländermärkten, die eine hohe Ähnlichkeit zum Heimatmarkt besitzen, um dort das vorhandene Marketingwissen des Managements zu nutzen. Eine polyzentrische Orientierung sucht nach Ländermärkten, die isoliert ohne Rückkoppelungen zu bearbeiten sind. Für eine geozentrische Orientierung sind Ländermärkte zu wählen, bei denen die Wünsche und Bedürfnisse der Kunden homogen sind und deshalb eine Standardisierung der Leistungen bei Ausnutzung von mengenmäßigen Kostensenkungspotenzialen möglich ist. Insbesondere die polyzentrische Orientierung, aber auch die geozentrische Orientierung muss nachfrager-, konkurrenz- und unternehmensbezogene Rückkoppelungen (vgl. Abschn. 3.2.1.2) mit positiven und negativen Folgen, die sich aus der Bearbeitung unterschiedlicher Ländermärkte ergeben können, berücksichtigen (vgl. Backhaus und Voeth 2010, S. 86 f.).

Eine Detailanalyse im zweiten Schritt untersucht einzelner Ländermärkte bezüglich der Marktattraktivität und der Marktbarrieren. Die Beurteilung der **Attraktivität eines Ländermarktes** unterscheidet die indirekte und die direkte Attraktivität. Die **indirekte Attraktivität** eines Ländermarktes ergibt sich aus dessen Verbund im Länderportfolio der Unternehmung untere Berücksichtigung von nachfrager-, anbieter- und konkurrenzbezogenen Rückkoppelungen.

▶ Die Bearbeitung eines Landes mag, bezogen auf den Gewinn, wenig lukrativ erscheinen. Die realisierten Absatzmengen führen jedoch zu Stückkostenreduktionen, die in anderen Märkten das Festsetzen niedrige Preise erlauben.

Die **direkte Attraktivität** eines Ländermarktes resultiert aus dessen Umsatz- und Kostenattraktivität. Die **Umsatzattraktivität** bezieht sich auf die Größe des Absatzmarktes, dessen Wachstumsrate, die Kaufkraft, die Konkurrenzsituation, das Preispremium usw. **Kostenbezogene Vorteile** können sich aus der Arbeitssituation (Arbeitskosten, Arbeitszeit, Qualität der Arbeit), günstigen Beschaffungsquellen, Steuervorteilen, gesetzlichen Regelungen und Auflagen ergeben. Weiterhin kann die **Marktattraktivität** eines Ländermarktes mit den Faktoren beurteilt werden, die auch bei der Beurteilung der Marktattraktivität von SGFs in den Portfolioanalysen zum Einsatz kommen.

Marktbarrieren sind Bedingungen, die den Markteintritt der Unternehmung unmöglich machen oder behindern (vgl. Kap. 4). Neben **natürlichen Marktbarrieren**, die u. a. den kulturellen, administrativen, politischen, geographischen, wirtschaftlichen und physikalisch – ökologischen Bedingungen eines Landes geschuldet sind (vgl. Ghemawat 2001, S. 137 ff.), spielen insbesondere **strategische Marktbarrieren** eine Rolle, die von Konkurrenten oder staatlichen Institutionen aufgebaut werden, um etablierte Anbieter eines Auslandsmarktes vor neuer ausländischer Konkurrenz zu schützen. Dabei können neben ökonomischen, protektionistischen und verhaltensbezogenen Kriterien auch Länderrisiken einen Einfluss besitzen (vgl. Backhaus und Voeth 2010, S. 73 ff.; Berndt et al. 2020, S. 132 f.; Bain 1968; Porter 2013)). **Ökonomische Marktbarrieren** beziehen sich insbesondere auf Kostennachteile, Kapitalerfordernisse und Spezifitätsanforderungen von neuen Anbietern auf einen Ländermarkt. Als **protektionistische Handelsbarrieren** gelten tarifäre und nicht tarifäre Handelshemmnisse, wie z. B. Zölle, Kontingente, unterschiedliche Normungen usw. Die digitale Entwicklung und die damit verbundenen Möglichkeiten des E-Commerce über eigene Websites oder Online-Plattformen relativiert die Bedeutung von ökonomischen und protektionistischen Marktbarrieren. **Verhaltensbezogene Marktbarrieren** können sich einerseits aus dem Kundenverhalten ergeben, die z. B. Leistungen inländischer Unternehmen bevorzugen oder Leistungen bestimmter ausländischer Unternehmen nicht akzeptieren (vgl. Meffert et al. 2010, S. 120 f.). Anderseits stellt auch die Auslandsorientierung der Unternehmung, wie z. B. die Abneigung gegen bestimmte Länder eine Marktbarriere dar. **Länderrisiken** beziehen sich auf Gefahren, die ohne konkreten Projektbezug im wirtschaftlichen Verkehr mit einem Land auftreten können (vgl. Backhaus und Voeth 2010, S. 76 ff.; Meissner 1995, S. 96). Dazu zählen Transferrisiken wie die Zahlungsfähigkeit und Wechselkursrisiken, Dispositionsrisiken (z. B. durch politische oder soziale Unruhen) sowie Enteignungsrisiken.

In Abhängigkeit der Marktattraktivität und der Marktbarrieren könne Auslandsmärkte unterschiedlich klassifiziert werden (vgl. Abb. 7.3).

Kernmärkte, die eine hohe Marktattraktivität und niedrige Marktbarrieren aufweisen sind potenzielle Zielmärkte der Unternehmung. **Hoffnungsmärkte** mit hoher Marktattraktivität und hohen Marktbarrieren werden anvisiert, wenn Marktbarrieren ökonomisch sinnvoll abgebaut werden können. **Gelegenheitsmärkte** mit niedriger Marktattraktivität und niedrigen Marktbarrieren könnten bearbeitet werden, wenn ihre Erschließung mit geringem Aufwand verbunden ist und nicht wertvolle Ressourcen aus Märkten mit hoher Marktattraktivität abgezogen werden müssten. **Abstinenzmärkte** mit niedriger Marktattraktivität und hohen Marktbarrieren sollten gemieden werden.

7.2 Übernationale Marktarealstrategien

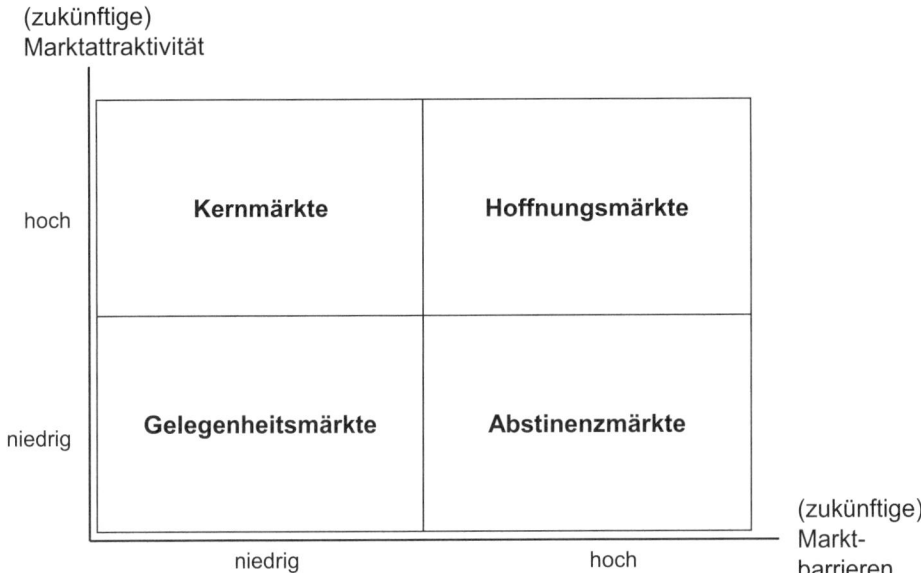

Abb. 7.3 Typologien ausländischer Märke (nach Backhaus und Voeth 2010, S. 71)

Problematisch ist der statische Charakter der Einteilung von Märkten in ein solches Schema. Sowohl die Marktattraktivität als auch die Marktbarrieren können sich im Zeitablauf verändern. Insofern erschiene es sinnvoll, auf die zukünftige Marktattraktivität und zukünftige Marktbarrieren abzustellen. Dazu muss ein Zeithorizont bestimmt werden, was nicht willkürfrei geschehen kann. Zudem können ggf. nicht alle Entwicklungen vorausgesehen werden (z. B. politische Risiken).

In einer letzten Stufe ist es erforderlich, die Wettbewerbskräfte von Porter, die Situation der strategischen Gruppen und die Kundensegmente in den anvisierten Ländermärkten zu analysieren, um sich letztlich für oder gegen ein Engagement in einem Land zu entscheiden und ggf. die Form des Markteintritts zu bestimmen (vgl. Johnson et al. 2018, S. 386 ff.). In diesem Zusammenhang ist dann auch in jedem Auslandsmarkt über jeweils nationale Arealstrategien zu befinden.

Die Zahl der zu bearbeitenden Auslandsmärkte hängt zum einen von den Ressourcen, den Fähigkeiten und dem Wissen der Unternehmung, aber auch von den Rückkoppelungen zwischen den Ländern ab. Zum anderen wird die Entscheidung durch die Form des Markteintritts und das geplante Timing des Markteintritts beeinflusst.

7.2.2.2 Formen des Markteintritts

Zur Erschließung neuer Märkte und deren Bearbeitung bieten sich **verschiedene Formen des Markteintritts** an (Vgl. Meissner 1995, S. 51; Meffert et al. 2010, S. 175 ff.; Macharzina und Wolf 2023, S. 959; Berndt et al. 2020, S. 173 ff.; Backhaus und Voeth

2010, S. 917 ff.; Johnson et al. 2018, S. 386 ff.). Diese unterscheiden sich hinsichtlich des Kapitaltransfers und der Kapitalbeteiligung der Unternehmung, der Höhe des Risikos, dem Schwerpunkt der Wertschöpfung, der Möglichkeit der Kontrolle, dem Ausmaß der Kooperation mit anderen in- und ausländischen Unternehmen sowie der Transaktionskosten. In Abb. 7.4 werden unterschiedliche Formen des Markteintritts in Abhängigkeit des Ortes der Produktion und der investiven Aktivitäten dargestellt.

Der **Markteintritt mit Produktion im Inland** (aber auch ggf. in einem Drittland) führt zum Export. Beim **Export** werden Leistungen außerhalb des Landes verkauft, in dem sie hergestellt wurden. Unterschieden wird der indirekte und der direkte Export. Beim **indirekten Export** übernehmen inländische Absatzmittler die mit dem Auslandsgeschäft verbundenen Aktivitäten, Kosten und Risiken. Als Absatzorgane dienen Exporthändler, Exportagenten und Exportkooperationen (vgl. Berndt et al. 2020, S. 175 f.). Vorteile dieser Art der Marktschließung liegen im überschaubaren Ressourcenbedarf der Unternehmung und dem geringen Risiko des Markteintritts. Zudem muss die Unternehmung über keine Erfahrung im übernationalen Marketing allgemein bzw. in einem spezifischen Ländermarkt verfügen. Nachteilig kann sich die Abhängigkeit zu den Exporteuren auswirken, die auch eine Kontrolle des Einsatzes der Marketinginstrumente einschränkt. Ein direkter Kontakt zu den Kunden des Auslandsmarkts wird nicht aufgebaut. Beim **direkten**

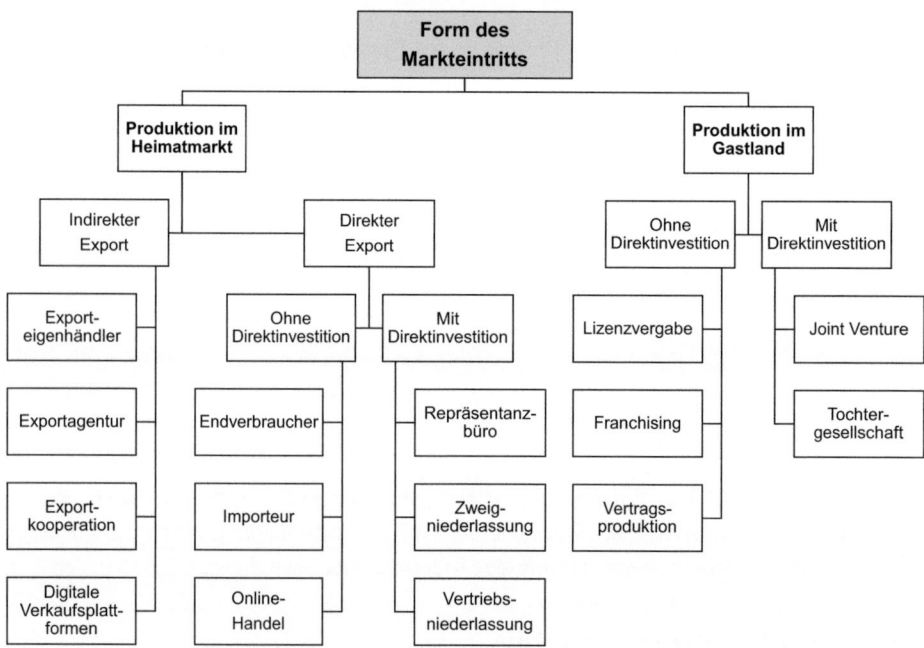

Abb. 7.4 Formen des Markteintritts (nach Backhaus und Voeth 2010, S. 195)

Export werden die im Inland erstellten Leistungen der Unternehmung direkt im Ausland abgesetzt. **Ein Direktexport ohne Direktinvestitionen** erfolgt im Direktvertrieb oder an Absatzmittler bzw. Generalimporteure im Ausland. Der **E-Commerce** stellt – zumindest in einigen Branchen – vor allem auch für kleine und mittelständische Unternehmen eine zusätzliche Möglichkeit zum übernationalen Marketing mit geringen Ressourcen und Mitteln dar (vgl. Backhaus und Voeth 2010, S. 205 ff.). Im Rahmen des indirekten Exports kann die Unternehmung zumindest bei standardisierten Leistungen auf Online-Plattformen wie z. B. Amazon zurückgreifen (vgl. Heinemann 2016, S. 112 f.; Kollmann 2013) Der Pure – Online-Shop (vgl. Heinemann 2016, S. 111 f.) bieten die Möglichkeiten zum direkten Export, wobei sich auch die Kosten zum Aufbau einer eigenen Website im Rahmen halten. Im Internet kann dabei die Geschäftsanbahnung und bei geeigneten Leistungen (Bücher, Finanzdienstleistungen, Software) auch die Leistungsabwicklung erfolgen. Andernfalls ist eine physische Distribution notwendig, was jedoch bei weltweit agierenden Zustelldiensten zu keinen nennenswerten Problemen führen sollte. Probleme können sich im internationalen E-Commerce ergeben, wenn physikalisch – ökologische Bedingungen den Einsatz des E-Commerce behindern oder kulturelle Einflüsse eine geringere Präferenz des Einkaufs im Internet bedingen. Darüber hinaus kann der mangelnde persönliche Kundenkontakt, fehlende Möglichkeiten der Leistungsdemonstration und der Vermittlung von positiven Einkaufserlebnissen dazu führen, dass unbekannte Unternehmen und Marken gerade beim Markteintritt über das Internet als Kaufalternativen nicht berücksichtigt werden. Weitere Probleme ergeben sich durch eine erhöhte Transparenz, die zu nachfragerbezogenen Rückkoppelungen insbesondere auch bei den Preisen führt, sodass das Preisniveau insgesamt sinkt. Die erhöhte Transparenz kann auch konkurrenzbezogenen Rückkoppelungen begünstigen. Zum **Direktexport mit Direktinvestitionen** im Ausland zählen Repräsentanzbüros, Zweigniederlassungen und Vertriebsgesellschaften.

Die Vorteile des direkten Exports liegen in seiner größeren Markt- und Kundennähe. Nachteilig wirkt sich das höhere Risiko insbesondere bei Direktinvestitionen aus.

Auch der **Markteintritt mit Produktion im Gastland** kann mit oder ohne Direktinvestitionen der Unternehmung erfolgen. Als Möglichkeiten einer **Produktion ohne Direktinvestitionen** sollen die Lizenzvergabe, das Franchising und die Vertragsproduktion betrachtet werden. Mit der Vergabe von **Lizenzen** (vgl. Schuh et al. 2011, S. 254 ff.; Berekoven 1985; Schanz 1995) räumt die Unternehmung einem ausländischen Partner das Recht ein, ihre Schutzrechte (Patente, Marken, etc.) zu nutzen, um Leistungen im Ausland zu produzieren und zu vertreiben. Die Vergabe ist i. d. R. an Bedingungen geknüpft, an die sich der Lizenznehmer halten muss. Die Unternehmung erhält Lizenzgebühren in Form von Pauschalen oder laufenden Lizenzgebühren bzw. einer Kombination aus beiden. Als Vorteile der Lizenzvergabe ist der geringe Kapital- und Ressourcentransfer zu betrachten, sodass das finanzielle Risiko des Markteintritts überschaubar bleibt. Im Falle des Flops ist auch der Marktaustritt wenig problematisch. Die Lizenzvergabe erlaubt zudem das Umgehen von Export- und Importbeschränkungen. Probleme können auftauchen, wenn der Lizenznehmer unter Ausnutzung des erhaltenen technischen Know hows zum (weltweiten) Konkurrenten der eigenen Unternehmung wird. Zudem können Qualitätsmängel des Lizenznehmers negative Auswirkungen auf die Unternehmung in allen Teilen der Welt besitzen, sodass ggf. der Kontrollaufwand steigen muss. Eine Alternative bietet das **Franchising** (vgl. Esch et al. 2017; Meffert et al. 2019, Meffert et al. 2018; Ahlert 2001, Specht und Fritz 2005). Vielgenannte Beispiele sind McDonalds und Coca Cola. Die Unternehmung (Franchisegeber) verpflichtet einen ausländischen Franchisenehmer ihre Leistungen unter Verwendung des Markennamens und der Ausstattung nach ihren Standards und ihrem Marketingkonzept herzustellen und zu verkaufen. Der Franchisegeber gewährt Hilfe bei der Logistik, der Organisation, dem Marketing und der Unternehmensführung. Der ausländische Franchisenehmer leistet dafür häufig fixe Eintrittsgebühren und umsatzabhängige variable Beiträge. Als Vorteil kann ein schneller Markteintritt und eine schnelle Diffusion im Auslandsmarkt betrachtet werden. Die Probleme dieser Form des Markteintritts sind der Lizenzvergabe ähnlich. Der Kontrollaufwand wird zusätzlich gesteigert. Die **Vertragsproduktion** könnte mit den Möglichkeiten des 3D-Drucks und der Industrie 4.0 (vgl. zur allgemeinen Definition Roth 2016, S. 6; BMWI 2019; Urbach und Ahlemann 2016, S. 7; Scheer 2016, S. 278; Heng 2017, S. 321 ff.) im übernationalen Marketing an Bedeutung gewinnen. Die Unternehmung kann einen ausländischen Partner mit der Produktion von Teilen oder der gesamten Leistung betrauen. Vermeidliche Qualitätsmängel können durch die Möglichkeiten der Digitalisierung reduziert werden. Nachteilig würden sich hohe Investitionskosten beim Partner oder der Unternehmung auswirken. Die Vermarktung bleibt vielfach der Unternehmung vorbehalten (vgl. Backhaus und Voeth 2010, S. 198).

Zu den Formen der **Produktion mit Direktinvestition im Ausland** zählen das Joint Venture, strategische Allianzen und die Etablierung von Tochtergesellschaften. Bei einem **Joint Venture** (Vgl. zur allgemeinen Definition vgl. Hungenberg 2014) gründet die Unternehmung mit mindestens einem Partner im Auslandsmarkt eine neue Unternehmung mit eigener Rechtspersönlichkeit. Aufgrund staatlicher Vorgaben wie z. B. in China ist das Joint Venture manchmal die einzige mögliche Form des Markteintritts. Vorteile können sich durch die Markt- und Kundennähe des Joint Ventures ergeben. Die Nachteile liegen in einem hohen Kapital-, Ressourcen- und Koordinationsaufwands. Nicht zuletzt besteht die Gefahr, dass ausländische Partner das Joint Venture verlassen und unter Nutzung des erworbenen Know hows zu Konkurrenten werden. Alternativen sind **strategische Allianzen,** bei denen sich Konkurrenten aus unterschiedlichen Ländern zusammenarbeiten, ohne ein gemeinsames Unternehmen zu gründen. Bekannt sind die strategischen Allianzen im Luftverkehr wie z. B. die Star Alliance. Die Kosten sind im Vergleich zum Joint Venture niedriger, der Flexibilitätsgrad höher, d. h. ein Ausscheiden aus der Allianz ist einfacher. Dies kann aber gleichzeitig als Problem gelten, wenn andere Mitglieder die Allianz verlassen. Zudem muss der hohe Koordinationsaufwand beachtet werden, der mit der Zahl der Allianzmitglieder steigt. Nicht zuletzt können sich Probleme (z. B. Imageprobleme) eines Mitglieds auf alle Mitglieder der Allianz übertragen. **Tochtergesellschaften**, die

7.2 Übernationale Marktarealstrategien

durch Neugründung oder den Kauf eines ausländischen Unternehmens mit mindestens 51 % erfolgt, stellen die kapitalintensivste Form des Markteintritts dar. Die Tochtergesellschaft ist ein rechtlich selbstständiges Unternehmen, das mit dem im Ausland investierten Kapital haftet. Den Vorteilen der Markt- und Kundennähe mit der Möglichkeit länderspezifische Effizienz- und Effektivitätsvorteile zu nutzen, niedrigeren Distributionskosten, einer Steigerung des Lieferserviceniveaus usw. stehen als Nachteile hohe Investitionskosten, eine starke Abhängigkeit von den jeweiligen Bedingungen des Landes inklusive der Steuergesetzgebung als Nachteile gegenüber.

Formen des Markteintritts können parallel realisiert werden. Zudem ist eine Veränderung der Form des Markteintritts im Zeitablauf möglich und ggf. nötig, wenn sich Markt-, Kunden-, Handels- und Konkurrenzsituation im Auslandsmarkt verändern (vgl. Meffert et al. 2010, S. 189 f.).

7.2.2.3 Timing des Markteintritts

Das **Timing des Markteintritts** muss den Zeitraum, innerhalb dessen Ländermärkte erschlossen werden sollen, bestimmen. Der genaue Zeitpunkt des Markteintritts in einem bestimmten Auslandsmarkt ist letztlich Gegenstand der Timing-Strategien auf Geschäftsfeldebene (vgl. Abschn. 9.1). Zur Festlegung des Zeitraums, in dem Ländermärkte erschlossen werden, unterscheidet man die Wasserfallstrategie (sukzessive Strategie) und die Sprinklerstrategie (simultane Strategie). Die Unterschiede beider Strategien sind in Abb. 7.5 dargestellt.

Mit der **Wasserfallstrategie** werden ausländische Märkte stufenweise erschlossen (vgl. Meffert et al. 2010, S. 193, Backhaus und Voeth 2010, S. 105 ff.; Homburg 2020, S. 1206). Auf der Basis relativ umfassender Informationen werden jeweils an die Ländermärkte angepasste Marketingstrategien festgelegt. Diese Strategie wird insbesondere für (bislang) ethnozentrisch orientierte Unternehmen vorschlagen und geht davon aus, dass

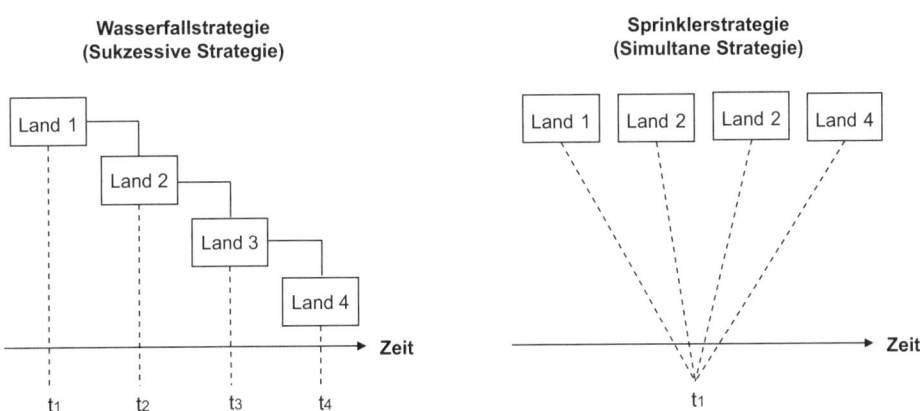

Abb. 7.5 Timingstrategien des Markteintritts in ausländische Märkte

zunächst solche Auslandmärke erschlossen werden, die eine hohe Ähnlichkeit mit dem Inlandsmarkt aufweisen. Auf der Basis der dabei gewonnenen Erfahrungen, Ressourcen und finanzieller Mittel wird der nächste Markt erschlossen usw., wobei die Heterogenität der Auslandsmärkte mit zunehmender Zahl der bearbeiteten Auslandsmärkte zunimmt. Die Unternehmung kann die Reihenfolge der Markterschließung ex ante oder fallweise festlegen. Die Strategie kann auch eine polyzentrische Orientierung unterstützen, wenn die Orientierung an den Gegebenheiten des Auslandsmarkts jeweils hohe Ressourcen benötigt. In diesem Fall würde der wichtigste Auslandsmarkt zuerst und dann sukzessive andere Länder gemäß ihrer Bedeutung erschlossen.

Vorteilhaft wirkt sich bei der Wasserfallstrategie aus, dass (vgl. Backhaus und Voeth 2010, S. 107 ff.; Meffert et al. 2010, S. 193)

- die Ressourcen zur Erschließung von Auslandsmärkten überschaubar bleiben und schrittweise „verdient" werden können,
- Erfahrungen in einem Ländermarkt gesammelt werden können, die dann im weiteren Verlauf der Internationalisierung genutzt werden,
- weniger erfolgreiche Projekte des Auslandsengagements eingestellt werden können, sodass das Risiko der Unternehmung abnimmt,
- Produktlebenszyklen bei der geeigneten Auswahl von Ländermärkten, die sich bzgl. der Leistung in unterschiedlichen Entwicklungsstadien befinden, verlängert werden,
- Referenzmärkte aufgebaut werden können,
- die Arbitragegefahr gemindert wird, wenn durch die geeignete Bestimmung des Eintrittszeitpunktes die Preisbereitschaft und Preisentwicklung in verschiedenen Auslandsmärkten angeglichen sind.

Probleme könnten sich ergeben, wenn (vgl. Meffert et al. 2010, S. 193, Backhaus und Voeth 2010, S. 110)

- Schwierigkeiten auf den zuerst erschlossenen Märkten zum Abbruch des gesamten Projekts führen, obgleich in anderen Ländermärkten durchaus Erfolge erzielt worden wären,
- Leistungen, die auf einem Markt eingeführt werden, von der Konkurrenz in anderen Ländermärkten imitiert und verkauft werden, bevor die Unternehmung diese betritt,
- bei kürzer werdenden Technologie-, Markt- und Produktlebenszyklen die entstehenden Kosten nicht vollständig gedeckt werden,
- Kunden in noch nicht bearbeiteten Ländern (auch aufgrund der durch das Internet geschaffenen Transparenz) verärgert werden, wenn sie die Leistungen nicht erhalten können (nachfragerbezogene Rückkoppelung).

Bei der **Sprinklerstrategie** werden alle ausgewählten Ländermärkte innerhalb kurzer Zeit erschlossen, was letztlich eine Standardisierung des Marketings voraussetzt und eine geozentrische Orientierung unterstützt. Das Scheitern in einzelnen Ländermärkten wird in Kauf genommen (vgl. Berndt et al. 2020, S. 185).

Vorteilhaft wirkt sich bei der Strategie aus, dass

- bei zunehmend kürzer werdenden Produkt- und Technologielebenszyklen das Erfolgspotenzial möglichst vollständig ausgeschöpft wird,
- hohe F&E-Kosten sowie ggf. hohe Fixkosten von Anfang an amortisiert werden,
- ggf. Markteintrittsbarrieren für nachfolgende Konkurrenten errichtet werden können,
- ein technologischer (Welt-) Standard gesetzt werden kann,
- ein Risikoausgleich zwischen unterschiedlichen Ländern stattfinden kann.

Als Probleme der Sprinklerstrategie sind die Höhe der notwendigen Anfangsinvestitionen sowie Probleme der Koordination von Rückkoppelungen und die damit verbundenen Aufwendungen zu betrachten:

Die Wasserfall- und Sprinkler-Strategie müssen nicht in reiner Form vorkommen (vgl. Backhaus und Voeth 2010, S. 113). So kann eine Phase der schnellen, simultanen Markterschließung eine Phase des langsameren sukzessiven Auslandsmarkteintritts folgen. Eine Kombination liegt auch dann vor, wenn die Unternehmung zunächst die Länder einer wichtigen Wirtschaftsregion (z. B. der EU) simultan erschließt und sich anschließend einer anderen Wirtschaftsregion zuwendet und dort auf wichtigen Ländermärkten gleichzeitig Fuß zu fassen sucht. Denkbar ist auch eine Sprinklerstrategie mit einer globalen Marketingstrategie und die sukzessive Differenzierung im Zeitablauf.

Für welche Strategie sich die Unternehmung entscheidet, hängt von einer Vielzahl von unternehmensbezogener, markt- und wettbewerbsbezogenen Einflussfaktoren ab. Tab. 7.1 stellt einige Einflussfaktoren zusammen und gibt die Tendenz zur Strategiewahl an. Bei Widersprüchen muss die Unternehmung entscheiden, welche Determinanten den Erfolg, d. h. den Aufbau und Erhalt von KKVs, maßgeblich beeinflussen und ihre Strategie danach ausrichten.

7.2.3 Strategiemuster der regionalen Marktausdehnung

Es wird immer wieder darauf hingewiesen, dass Unternehmen mit ihren Arealstrategien einen Prozess vom regionalen Anbieter zum Weltmarktanbieter durchlaufen. „Genetisch betrachtet entwickeln sich viele Unternehmen …im Laufe der Zeit vom lokalen zu regionalen oder auch überregionalen Anbietern weiter, …". (Becker 2019, S. 302). Im übernationalen Bereich wird darauf verwiesen, dass sich die Grundorientierung von Unternehmen ausgehend von einer ethnozentrischen hin zu einer polyzentrischen, anschließend

Tab. 7.1 Einflussfaktoren auf die Wahl der Strategie zur Markterschließung. (Quelle: nach Berndt et al. 2020, S. 192)

Determinanten der Strategiewahl	Strategie	
	Wasserfall	Sprinkler
Unternehmensbezogene Determinanten		
• geringe Ressourcenausstattung	+	
• niedrige Risikoneigung	+	
• niedrige Auslandserfahrung	+	
Marktbezogene Determinanten		
• hohe rechtliche Marktbarrieren	+	
• hohe Markteintrittskosten	+	
• heterogene Marktbedingungen	+	
• heterogene Kundenbedürfnisse	+	
Wettbewerbsbezogene Determinanten		
• hohe Wettbewerbsintensität in den einzelnen Ländermärkten		+
• hoher Globalisierungsgrad der Konkurrenten		+
• lukrative Erfolgspotentiale des Pioniers		+
• temporärer Wettbewerbsvorteil der Unternehmung		+
• kurze Technologie- und Marktlebenszyklen		+

zu einer geozentrischen und dann zu einer transnationalen Orientierung entwickelt. Teilweise wird jedoch auch die polyzentrische Orientierung übersprungen (Vgl. Macharzina und Wolf 2023, S. 965 ff.). Mit diesem **sukzessiven Vorgehen** schafft sich die Unternehmung jeweils „Sprungbretter" für den nächsten Schritt der Marktausdehnung. Materielle und immaterielle Ressourcen aus einem Absatzgebiet können genutzt werden, um den nächsten Schritt der geographischen Marktausdehnung zu vollziehen. Das Risiko bleibt kalkulierbar, sodass sich das Vorgehen insbesondere auch für kleine und mittelständische Unternehmen anbietet.

Dem Vorgehen können jedoch **kosten-** und **wettbewerbsbedingte Erfordernisse** entgegenstehen (vgl. auch Meffert 1994, S. 279). So bedarf eine schnelle Amortisation von Kosten, seien es nun F&E-Kosten oder Fixkosten u. U. einer unmittelbaren, vollständig nationalen oder globalen Markteinführung. Auch die Gefahr, dass Konkurrenten nicht sofort bearbeitete Regionen für sich einnehmen, kann eine sukzessive Arealausweitung verhindern. Nicht zuletzt zwingt ggf. die erhöhte Transparenz durch das Internet und damit verbundene kundenbezogene Rückkoppelungen von Beginn an zur Bedienung eines ausgedehnten Absatzgebiets.

Literatur

Ahlert, D. (2001): Distributionspolitik (4. Aufl.). UTB, Stuttgart, New York.

Backhaus, K; Voeth, M. (2010): Internationales Marketing. 6. Aufl., Schäffer-Poeschel Verlag, Stuttgart
Bain, J. S. (1968): Industrial Organization. 2nd edition, J. Wiley, New York u. a.
Becker, J. (2019): Marketing-Konzeption. 11. Aufl., Vahlen, München
Berekoven, L. (1985): Internationales Marketing. 2. Aufl., NWB, Herne, Berlin
Berndt, R., Fantapié Altobelli, C.; Sander, M. (2020): Internationales Marketing-Management. 6. Aufl., Springer Gabler, Berlin
BMWI. (2019): Internet der Dinge. https://www.bmwi.de/Redaktion/DE/Artikel/. Zugegriffen: 21.Juni 2022.
Esch, F.-R.; Herrmann, A.; Sattler, H. (2017): Marketing. 5. Aufl.; Franz Vahlen-Verlag München.
Ghemawat, P (2001): Distance still matters. The hard reality of global expansion. In: Harvard Business Review 79 (8), S. 137–147.
Hamel, G.; Prahalad, C. K. (1987): Haben Sie wirklich eine globale Strategie? In: Harvard Manager Marketing, 2, S.16–23.
Heenan, D. A.; Perlmutter, H. V. (1979): Multinational organization development. Reading, Addison-Wesley Pub. Co; Massachusetts.
Heinemann, G. (2016): Der neue Online-Handel. 7. Aufl., Springer Gabler, Wiesbaden
Heng, S. (2017): Industrie 4.0. In: WISU das Wirtschaftsstudium 46 (3), S. 321–327.
Hermanns, A.; Wißmeier, U.K. (1995): Entwicklung, Bedeutung und theoretische Aspekte des internationalen Marketing-Managements. In: Hermanns, A.; Wißmeier, U.K (Hrsg.): Internationales Marketing-Management. Vahlen, München, S.1–22.
Homburg, Chr.: (2020): Marketing Management. 7. Aufl. Gabler Springer, Wiesbaden
Hungenberg, H. (2014): Strategisches Management in Unternehmen. Ziele – Prozesse – Verfahren. 8., aktualisierte Aufl., Springer Gabler, Wiesbaden.
Johnson, G.; Whittington, R.; Scholes, K.; Angwin, D.; Regnér, P.; (2018): Strategisches Management. Eine Einführung. 11., aktualisierte Auflage. Pearson, Hallbergmoos.
Kollmann, T. (2013): Online-Marketing. 2. Aufl., W. Kohlhammer, Stuttgart
Kotler, P.; Keller, K. L.; Opresnik, M. O. (2015): Marketing-Management. Konzepte – Instrumente – Unternehmensfallstudien; [inklusive MyLab, deutsche Version]. 14. aktualisierte Aufl., Pearson, Hallbergmoos.
Kotler, Ph.; Armstrong, G.; Harris, L. C.; Piercy, N. (2019): Grundlagen des Marketing, 7. Aufl., Pearson, München.
Kreutzer, R. (1989): Global Marketing – Ansatzpunkte und Erfolgsbindungen. In: Raffée, H.; Wiedmann, K.-P. (Hrsg.): Strategisches Marketing. C.E. Poeschel, Stuttgart, S.518–551.
Levitt, T. (1987): Die Globalisierung der Märkte. In: Harvard Manager Marketing, Bd. 1, S.143–151.
Lührs, H. A. (1986): Die Expansion eines deutschen Unternehmens über Ländergrenzen. In: Blickpunkte 16, S.17–24.
Macharzina, K.; Wolf, J.: (2023): Unternehmensführung: Das internationale Managementwissen – Konzepte, Methoden, Praxis. 12. Auf., Springer Gabler, Wiesbaden.
Meffert, H. (1994): Marketing-Management. Analyse – Strategie – Implementierung. Gabler, Wiesbaden.
Meffert, H.; Burmann, Ch.; Becker, Ch. (2010): Internationales Marketing-Management. 4. Aufl.; W. Kohlhammer, Stuttgart.
Meffert, H; Bruhn, M.; Hadwich, K. (2018): Dienstleistungsmarketing. 9. Aufl., Springer Gabler, Wiesbaden
Meffert, H.; Burmann, Ch.; Kirchgeorg, M; Eisenbeiß, M (2019): Marketing. 13. Aufl., Springer Gabler, Wiesbaden
Meissner, H. G. (1995): Strategisches Internationales Marketing, 2. Aufl., R. Oldenbourg, München

Porter, M. E. (2010): Wettbewerbsvorteile. 7. Aufl., Campus, Frankfurt am Main, New York.
Porter, M. E. (2013): Wettbewerbsstrategien. 12. Aufl., Campus, Frankfurt am Main, New York
Quelch, J. A.; Hoff, E. J. (1987): Globales Marketing nach Maß. In: Harvard Manager Marketing, Bd.2, S.24–34.
Roth, A. (2016): Industrie 4.0 – Hype oder Revolution. In: Roth, A. (Hrsg.): Einführung und Umsetzung von Industrie 4.0. Springer, Berlin, Heidelberg, S. 1–15.
Schanz, K. U. (1995): Internationale Unternehmensstrategien in der neuen WTO- Welthandelsordnung. Rüegger, Zürich.
Scheer, A.-W. (2016): Nutzentreiber Digitalisierung. In: Informatikspektrum 39 (4). https://doi.org/10.1007/s00287-016-0975-4, S. 275–289.
Scholl, R. F. (1989): Internationalisierungsstrategien. In: Macharzina, K., Welge, M. K. (Hrsg.): Handwörterbuch Export und Internationale Unternehmung. Schäffer-Poeschel, Stuttgart, S. 983-1001
Schuh, G., Drescher, T., Beckermann, S.; Schmelter, K. (2011): Technologieverwertung. In: Schuh, G.; Klappert. S. (Hrsg.): Technologiemanagement. Springer, Berlin, Heidelberg, S.241–282.
Specht, G.; Fritz, W. (2005): Distributionsmanagement, 4. Aufl., Kohlhammer, Stuttgart
Urbach, N; Ahlemann, F. (2016): IT-Management im Zeitalter der Digitalisierung. Springer Gabler, Berlin, Heidelberg.
Vollert, K. (2002): Internationalisierung und differenzierte Positionierung einer Marke. Ein Widerspruch? In: Thexis 19 (4), S. 14–17.
Vollert, K. (2004): Grundlagen des strategischen Marketing. 3. Aufl. PCO, Bayreuth.
Vollert, K. (2009): Marketing. 2. Aufl., PCO, Bayreuth

Teil V
Geschäftsfeldbezogene Strategien

Marktstimulierungsstrategien   8

Inhaltsverzeichnis

8.1 Ansätze zur Formulierung von Marktstimulierungsstrategien 324
8.2 Strategie der Differenzierung 326
    8.2.1 Qualitätsorientierung 328
        8.2.1.1 Definitorische Grundlagen zur Qualitätsorientierung 328
        8.2.1.2 Qualitätsstrategien in einem integrierten Qualitätsmanagement 332
        8.2.1.3 Qualitätskonzepte 338
    8.2.2 Markenorientierung 347
        8.2.2.1 Begriff der Marke 347
        8.2.2.2 Markenpositionierung 357
    8.2.3 Technologie- und Innovationsorientierung 369
        8.2.3.1 Begriff der Innovation 369
        8.2.3.2 Begriffliche Grundlagen des TIM 379
        8.2.3.3 Strategisches Technologie- und Innovationsmanagement 383
            8.2.3.3.1 Technologiebezogene Umweltanalyse – und prognose 383
            8.2.3.3.2 Strategien im Technologie- und Innovationsmanagement . . . 394
            8.2.3.3.3 Implementierung der Technologiestrategien 401
            8.2.3.3.4 Strategisches Technologiecontrolling 402
    8.2.4 Kritische Würdigung der Strategie der Differenzierung 403
8.3 Strategie der Kostenführerschaft 403
8.4 Hybride Strategien 410
    8.4.1 Strategieveränderungen im Zeitablauf 410
        8.4.1.1 Outpacing-Strategien 411
        8.4.1.2 Strategieentwicklung nach dem PIMS-Projekt 413
    8.4.2 Strategiekombination durch technischen Fortschritt 414
        8.4.2.1 Mass Customization 415
        8.4.2.2 Stategien auf der Basis der Industrie 4.0 416
Literatur 418

© Der/die Herausgeber bzw. der/die Autor(en), exklusiv lizenziert an Springer
Fachmedien Wiesbaden GmbH, ein Teil von Springer Nature 2025
K. Vollert, *Strategisches Marketing*, https://doi.org/10.1007/978-3-658-47660-1_8

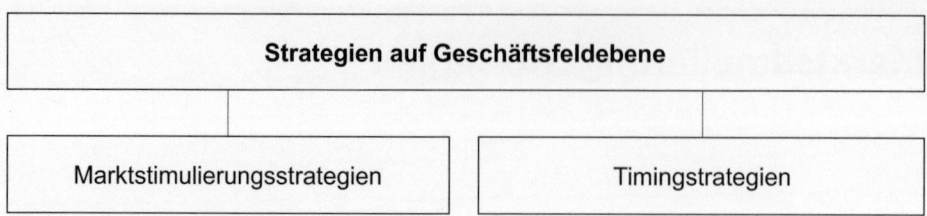

Abb. 8.1 Strategien auf Geschäftsfeldebene

Auf SGF-Ebene werden Marktstimulierungsstrategien (Wettbewerbsstrategien) und Timingstrategien geplant und umgesetzt (vgl Abb. 8.1).

▶ Marktstimulierungsstrategien bestimmen, welche KKVs von der Unternehmung in einem SGF realisiert werden sollen (vgl Homburg 2020, S. 549).

8.1 Ansätze zur Formulierung von Marktstimulierungsstrategien

Porter unterscheidet als Marktstimulierungsstrategien zwischen der Strategie der Differenzierung, der Strategie der Kostenführerschaft und der Strategie der Konzentration auf Schwerpunkte (vgl. Porter 2013, S. 73 ff.; Porter 2010, S. 37 ff.). Die **Strategie der Kostenführerschaft** zielt darauf ab, dass die Unternehmung mit einem hohen Marktanteil niedrigere Kosten als die Konkurrenz aufweist. Auf dieser Basis können u. a. Preisvorteile gegenüber der Konkurrenz realisiert werden oder höhere Gewinne (vgl. auch Franz 2000, S. 322 f.). Die **Strategie der Differenzierung** beabsichtig, dem Kunden einzigartige Leistungen, die sich von den Leistungen der Konkurrenz abheben, anzubieten. Die **Strategie der Konzentration auf Schwerpunkte** begrenzt den Markt auf kunden- oder produktbezogene Nischen, die mit der Strategie der Differenzierung oder der Strategie der Kostenführerschaft bearbeitet werden. Letztlich wird damit die Problematik der Abgrenzung und Auswahl von SGF (Marktfeldstrategien) auf die SGF-Ebene verlagert (vgl. Meffert et al. 2019, S. 338 f.), sodass dies hier nicht mehr zu diskutieren ist (vgl. Abschn. 3.3).

Nach Becker werden die Preis-Mengen-Strategie und die Präferenzstrategie als Marktstimulierungsstrategien unterschieden (vgl. Becker 2019, S. 180). Die **Präferenzstrategie** zielt darauf ab, durch seine Leistungen und die Art der Kundenbeziehung (vgl. Homburg 2020, S. 551 ff.) eine Vorzugsstellung beim Kunden zu realisieren, die monopolistische Preisspielräume erlaubt (vgl. Becker 2019, S. 182 f., Meffert et al. 2019, S. 338;

8.1 Ansätze zur Formulierung von Marktstimulierungsstrategien

Benkenstein und Uhrich 2009, S. 116). Die **Preis-Mengen-Strategie** ist auf einen aggressiven Preiswettbewerb ausgerichtet (vgl. Becker 2019, S. 214), dessen Grundlage niedrige Kosten bilden (vgl. Becker 2019, S. 180).

Die Unterschiede der Ansätze von Porter und Becker sind marginal. Porter nimmt im Vergleich zu Becker einen expliziten Bezug zur Konkurrenz, was den hier vertretenen Ansatz des Marketings als Management von KKVs entgegenkommt. Zudem besitzt der Ansatz von Porter einen funktionsübergreifenden Bezug (vgl. Meffert 1994, S. 126 f.). Dies kommt dem Verständnis des Marketings als Philosophie entgegen. Becker bezieht sich allein auf das Marketing. Er berücksichtigt als Ergebnis der Strategie der Kostenführerschaft nur niedrige Preise für den Kunden. Er übersieht dabei, dass der Preis von Marktgegebenheiten abhängt: es können auch bei niedrigen Kosten hohe Preise gefordert und so höhere Gewinne erzielt werden.

Beide Ansätze unterstellen, dass niedrige Kosten mit hohen Mengen verbunden sind, die die Realisation von Fixkostendegressionseffekten, Economies of scale und Erfahrungskurveneffekten erlauben. Übersehen werden dabei Möglichkeiten der nicht mengenbezogenen Kostensenkung. Beide Ansätze gehen davon aus, dass der Wettbewerb entweder auf der Basis niedriger Kosten **oder** auf der Basis differenzierter Leistungen erfolgt. Porter (2013, S. 81) führt aus, „… dass ein Unternehmen, dem es nicht gelingt, seine Strategie in eine dieser … Richtungen zu entwickeln – das also zwischen den Stühlen sitzt, – in einer äußerst schlechten strategischen Situation ist" und niedrige Renditen erwirtschaftet (vgl. Abb. 8.2).

Er begründet die Probleme der Strategie zwischen den Stühlen mit

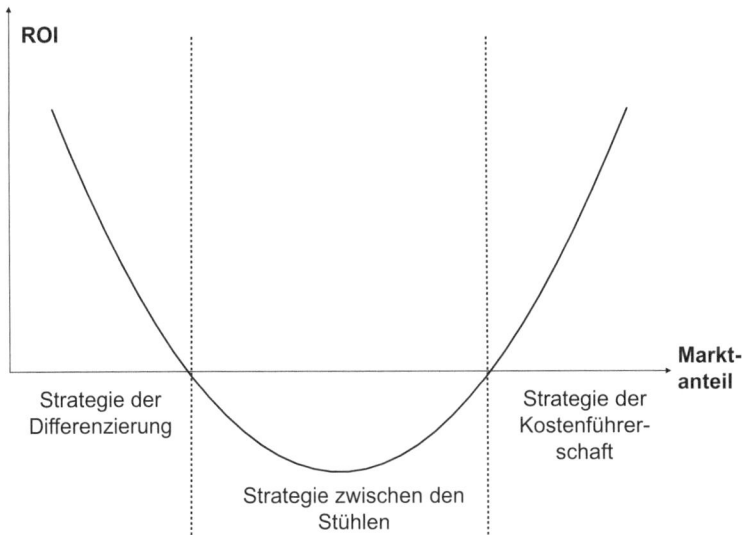

Abb. 8.2 Strategiealternativen Porters (nach Porter 2013, S. 83)

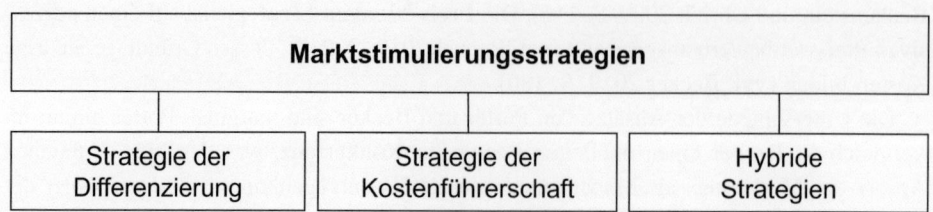

Abb. 8.3 Marktstimulierungsstrategien

- dem Verlust von Nachfragern, die spezifische Präferenzen besitzen,
- dem Verlust von Kunden, die niedrige Preise fordern,
- dem Gewinnrückgang, wenn den Preisforderungen preisaffiner Nachfrager nachgegeben wird (vgl. Porter 2013, S. 81).

Eine strikte Trennung von Preis und Differenzierung trifft jedoch nicht mehr umfassend die realen Gegebenheiten:

- Differenzierte Leistungen können auch zu niedrigen Kosten hergestellt werden.
- Nachfrager verlangen zunehmend differenzierte Leistungen zu niedrigem Preis (vgl. Kotler et al. 2015, S. 379).

Dies zwingt dazu, sich im Marketing auch mit **hybriden Strategien** zu beschäftigen, bei denen differenzierte Leistungen auf der Basis niedriger Kosten zu niedrigen Preisen angeboten werden. Insofern sollen im Folgenden zwischen der Strategie der Preisführerschaft, der Strategie der Differenzierung und hybriden Strategien unterschieden werden (vgl. Abb. 8.3).

8.2 Strategie der Differenzierung

▶ Die Strategie der Differenzierung strebt danach, durch einzigartige Leistungen Präferenzen beim Kunden zu schaffen, wobei der Preis eine untergeordnete Rolle spielt (vgl. Becker 2019, S. 182 ff.; Meffert et al. 2019, S. Porter 2013, S. 76).

Die Definition knüpft einerseits an der Einzigartigkeit bzw. Alleinstellung einer Leistung im subjektiven Empfinden des Kunden an. Diese hängen u. a. vom Umfeld, wie z. B. dem Konkurrenzangebot ab. Andererseits muss die Leistung die aktuellen oder latenten Wünsche und Bedürfnisse der Kunden befriedigen. Einer noch so einzigartigen Leistung wird kein Erfolg beschieden sein, wenn der Kunde sie nicht will und nicht kauft. Abb. 8.4 zeigt den Zusammenhang von aktuellen und potenziellen Wünschen und Bedürfnissen

8.2 Strategie der Differenzierung

der Kunden, der eigenen Leistung der Unternehmung und der Konkurrenzleistung. Nur ein Teil der Leistung der Unternehmung wird als echte Differenzierung vom Kunden wahrgenommen. Teile der Leistung entsprechen dem Konkurrenzangebot, andere Teile der Leistung treffen nicht auf Wünsche und Bedürfnisse der Kunden und sind damit ökonomisch sinnlos, da der Kunde nicht bereit ist, diese zu bezahlen.

Ansatzpunkte der Strategie der Differenzierung sind u. a. (vgl. Meffert et al. 2019, S. 340)

- eine Qualitätsorientierung, die auch zu einer entsprechenden Programmbreite führt,
- eine Markenorientierung,
- eine Technologie- und Innovationsorientierung (vgl. Abb. 8.5).

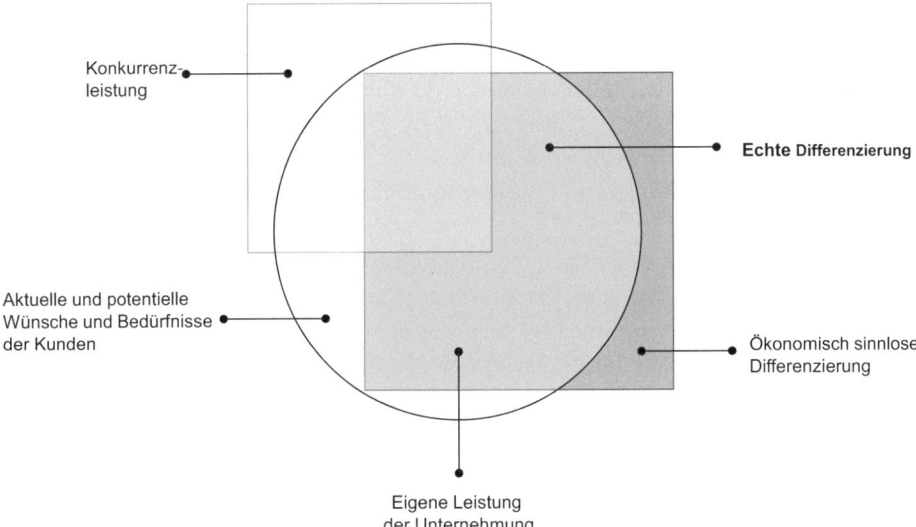

Abb. 8.4 Differenzierung (nach Seghezzi et al. 2013, S. 134)

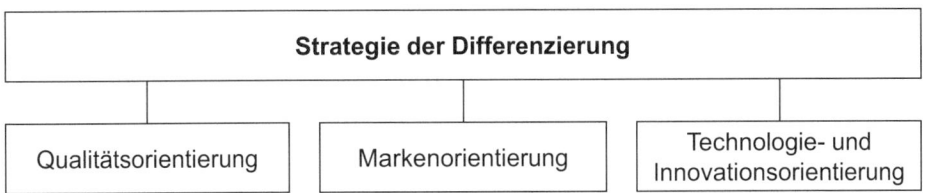

Abb. 8.5 Ansatzpunkte der Strategie der Differenzierung

8.2.1 Qualitätsorientierung

8.2.1.1 Definitorische Grundlagen zur Qualitätsorientierung

Der Qualitätsbegriff hat sich im Zeitablauf entwickelt (vgl. Schmitt und Pfeifer 2010, S. 25 ff.). Lange Zeit knüpfte er in **einer anbieterbezogenen, objektiven und technischen Sichtweise** an die Übereinstimmung der Unternehmensaktivitäten mit bestimmten vorgegebenen Normen an (vgl. Seghezzi et al. 2013, S. 33 f.). Die Normen beziehen sich u. a. auf Übereinstimmungen mit bestimmten technischen Spezifikationen, Einhaltung von Ausschussquoten u. ä., was im Rahmen der Qualitätskontrolle überwacht wird. Qualität ist nach einer solchen Auffassung ein Synonym für den Begriff **Fehlerfreiheit und Normengerechtigkeit.** Es ist heute unstrittig, dass ein solcher Qualitätsbegriff zu eng ist. Schon aus Sicht des Unternehmens muss Qualität weitere, unternehmensbezogene Erfordernisse erfüllen (vgl. Seghezzi et al. 2013, S. 7).

In einem integrierten Ansatz definiert die ISO 9000:2015 heute die Qualität einer Einheit als Grad, in dem ein Satz inhärenter Merkmale Anforderungen erfüllt. Die Definition bedarf der Erklärung. Als **Einheit** kann eine Leistung, ein Prozess, ein Teilsystem der Unternehmung, die gesamte Unternehmung (bzw. Organisation) oder ein Gemeinwesen betrachtet werden (vgl. Seghezzi et al. 2013, S. 34). Man kann daraus die bekannte Systematik der **Struktur-, Prozess und Ergebnisqualität** ableiten (vgl. Seghezzi et al. 2013, S. 8).

Inhärente Merkmale bezeichnen die Eigenschaften einer Einheit, die physikalischer, chemischer, physiologischer, sensorischer, zeitbezogener, verhaltensbezogener, ergonomischer oder funktionaler Natur sind (vgl. Seghezzi et al. 2013, S. 35). Die Spezifikation der Eigenschaften erfolgt in der (technischen) Fachsprache der Unternehmung und bestimmt deren Soll- und Grenzwerte (vgl. Seghezzi et al. 2013, S. 39). Die Gesamtheit der inhärenten Merkmale kennzeichnet die **Beschaffenheit** der Einheit.

Anforderungen werden durch die Bedürfnisse der Anspruchsgruppen bestimmt. Die Bedürfnisse führen zu Erwartungen an das **Ausmaß der Bedürfniserfüllung** (vgl. dazu die Ausführungen bei Bruhn 2020, S. 39 ff.). Dabei können verschiedene Maßstäbe angelegt werden (vgl. Tab. 8.1).

Man darf davon ausgehen, dass die Erwartungen interpersonell und ggf. im Zeitablauf sowie situativ intrapersonell variieren. Bezogen auf die Kunden zwingt dies ggf. zu einer umfassenden Breite und Tiefe des Leistungsprogramms (vgl. Abschn. 14.2.1).

Ein Qualitätsurteil entsteht nun, indem die subjektiv wahrgenommene Beschaffenheit mit den Erwartungen verglichen wird (vgl. Abb. 8.6). Stimmt die Beschaffenheit mit den Erwartungen überein, wird ein positives Qualitätsurteil gefällt. Ggf. kann auch ein Übertreffen der Erwartungen mit einem positiven Qualitätsurteil einhergehen. Dies ist jedoch nicht immer der Fall. Bei manchen Eigenschaften der Leistung wird sowohl eine zu niedrige oder zu hohe Ausprägung zu Ablehnung führen.

8.2 Strategie der Differenzierung

Tab. 8.1 Maßstäbe zur Bildung von Erwartungen. (Quelle: nach Bruhn 2020, S. 40)

Maßstab der Erwartung	Definition
Idealniveau	Vorstellung eines nicht zu übertreffendem Ausmaßes der Bedürfnisbefriedigung
Erwünschtes Niveau	Ausmaß der Bedürfnisbefriedigung, die gewünscht wird
Best Brand Niveau	Vorstellung vom Ausmaß der Bedürfnisbefriedigung des besten Anbieters einer Kategorie
Product Type Niveau	Vorstellung vom typischen oder durchschnittlichen Ausmaß der Bedürfnisbefriedigung sämtlicher dem Kunden bekannten Alternativen einer Kategorie
Angemessenes Niveau	Ausmaß der Bedürfnisbefriedigung, die als angemessen betrachtet
Minimal tolerierbares Niveau	Ausmaß der Bedürfnisbefriedigung, das gerade noch akzeptiert wird
Verdientes Niveau	Vorstellung des Ausmaßes der Bedürfnisbefriedigung, die angesichts des eigenen Aufwands und den gegebenen Möglichkeiten erwartet
Vorhergesehenes Niveau	Vorstellung vom Ausmaß der Bedürfnisbefriedigung eines bestimmten Anbieters
Wahrscheinliches Niveau	Vorstellung vom Ausmaß der Bedürfnisbefriedigung

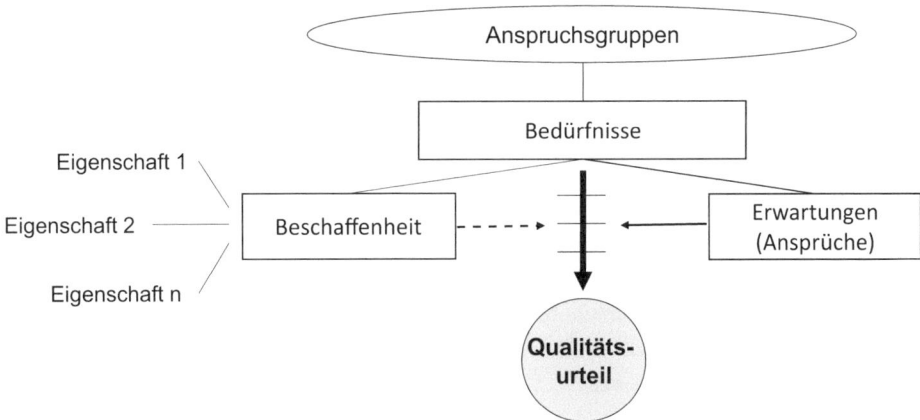

Abb. 8.6 Entstehung von Qualitätsurteilen

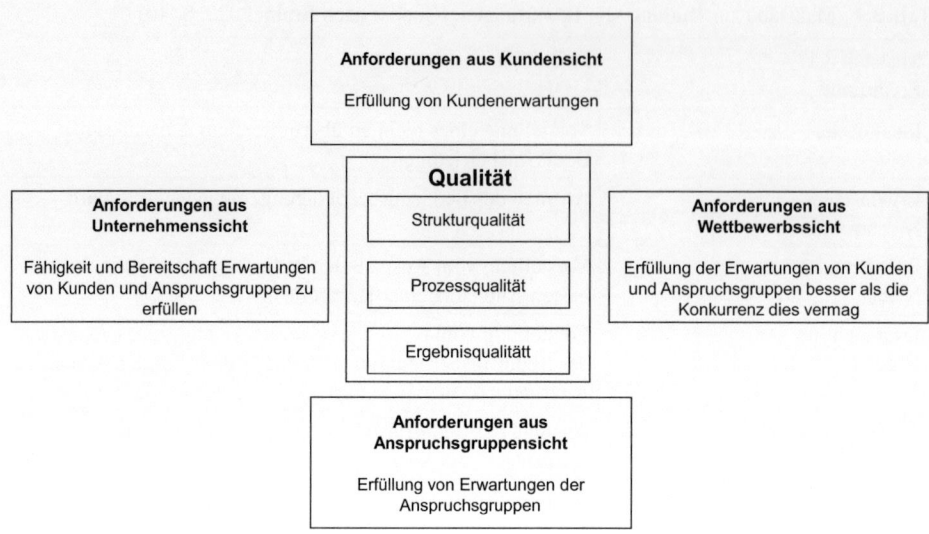

Abb. 8.7 Anspruchsgruppen der Qualität

▶ Eine zu süße Schokolade wird kaum mit einem positiven Qualitätsurteil verbunden werden.

Festzulegen ist, wer die Beurteilung vornimmt. Die DIN ISO 9000:2015 bezieht neben den Kunden weitere relevante interessierte Parteien in die Betrachtung ein. Seghezzi et al. (2013, S. 45) nennen neben den Kunden explizit die allgemeine Öffentlichkeit, Lieferanten, Mitarbeiter und den Anbieter selbst. Bruhn (2016, S. 28 f.) berücksichtigt neben den Kunden die eigene Unternehmung sowie den Wettbewerb. Abb. 8.7 fasst potenzielle Anspruchsgruppen der Qualität zusammen.

Es ist heute unbestritten, dass das subjektive Kundenurteil zur Qualität höchste Relevanz besitzt (vgl. Bruhn 2020 S. 35; Kaminske und Brauer 2011, S. 199). Es dürfen jedoch die Qualitätsurteile andere Anspruchsgruppen nicht vernachlässigt werden, die z. B. durch negative Beiträge in sozialen Medien erheblich auf die Kaufentscheidung der Nachfrager einwirken können. Weiter bleibt zu berücksichtigen, dass bzgl. der Struktur- und Prozessqualität auch das Urteil anderer Anspruchsgruppen neben den Kunden eine gleich hohe oder sogar höhere Relevanz besitzt. Zu denken ist an den Unfallschutz, die Nachhaltigkeit, den Eigentumsschutz usw. (vgl. Seghezzi et al. 2013, S. 44; Vollert 2004). Zudem sind die Anforderungen der eigenen Unternehmung zu erfüllen.

Das strategische Marketing hat darauf zu achten, dass die Qualität einem Konkurrenzvergleich standhält. In einer strategischen Sichtweise muss deshalb berücksichtigt werden, dass das Qualitätsurteil zur eigenen Leistung besser ausfällt als das Qualitätsurteil zur Leistung der Konkurrenz (vgl. Bruhn 2016, S. 28 f.).

8.2 Strategie der Differenzierung

Um positive Qualitätsurteile zu erlangen, muss die **gesamte Unternehmung** auf die Erstellung von Qualität ausgerichtet sein.

„Die Marktbedürfnisse werden von der Marketing- und Verkaufsabteilung bearbeitet. Kundenbedürfnisse sind von der Entwicklungsabteilung in Produkte und Dienstleistungen und die zugehörigen Spezifikationen umzusetzen. Wie eh und je hat die Produktion für eine fehlerfreie Herstellung der Produkte zu sorgen. Das Controlling hat sich nicht nur um Finanzzahlen, sondern auch um Kennziffern bezüglich Produkt- und Prozessqualität zu kümmern. Das Personalwesen hat über die Qualifikation und Schulung der Mitarbeiter für gute Voraussetzungen zur Schaffung von Qualität zu sorgen. Die Qualität bei den administrativen Abläufen beschäftigt zahlreiche Abteilungen, z. B. gehört fehlerfreie Buchhaltung zu den Qualitätsaufgaben" (Seghezzi et al. 2013, S. 73).

Die Liste lässt sich unschwer erweitern und muss jeweils unternehmensspezifisch gestaltet werden. Die Aktivitäten werden, wie in Abb. 8.8 gezeigt, häufig in Qualitätskreisen dargestellt (vgl. Benes und Groh 2022, S. 42; Seghezzi et. al. 2013, S. 122). Als Orientierung können die primären und sekundären Aktivitäten aus der Wertekette von Porter und ihre Subaktivitäten herangezogen werden.

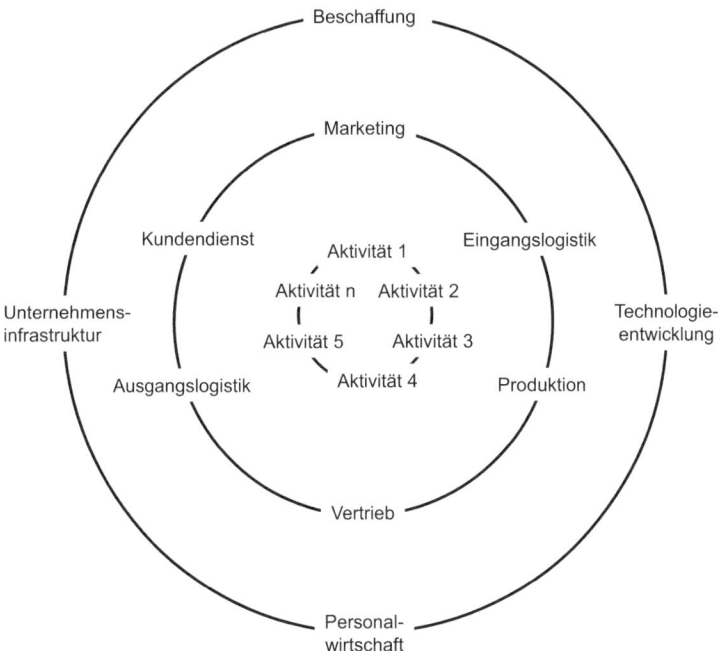

Abb. 8.8 Qualitätskreis

Weiterhin sind im Rahmen der **Führung von Qualität** die einzelnen Aktivitäten zu koordinieren und zu lenken und entsprechende Verantwortungen zu verteilen (vgl. Seghezzi et al. 2013, S. 75; Schmitt und Pfeifer 2010, S. 53 ff.).

Zur Vermeidung von Schnittstellenproblemen werden die einzelnen Aktivitäten sinnvoll zu Prozessen zusammengefasst (vgl. Herrmann und Fritz 2016, S. 78) und in Prozesslandschaften dargestellt (vgl. Dahl 2015, S. 50). Unterschieden werden Managementprozesse, Leistungsprozesse und Unterstützungsprozesse. **Managementprozesse** dienen der strategischen Ausrichtung der Unternehmung sowie der Weiterentwicklung von Abläufen und Mitarbeitern auf der Basis von Zielen. Typische Managementprozesse sind die strategische Planung, die Investitionsplanung, die Arbeitssicherheit etc. **Leistungsprozesse** (Kernprozesse) schaffen Leistungen und realisieren Wertschöpfung. Sie werden durch Kundenerwartungen und der Qualitätseinschätzung von Kunden geprägt. Hierunter fallen die Akquise, die Angebotserstellung, die Produktionsplanung, usw. **Unterstützungsprozesse** ermöglichen die Leistungserstellung. Als typisch können die Entwicklung, die Beschaffung, die IT, das Rechnungswesen etc. genannt werden.

Aktivitäten und Prozesse bedürfen geeigneter Strukturen der Unternehmung.

Zusammenfassend kann damit festgestellt werden, dass

- Qualität ganzheitlich zu verstehen ist (und eben nicht mit Normengerechtigkeit und Fehlerfreiheit gleichzusetzen ist),
- Qualität subjektiv interpretiert wird,
- Qualität immer relativ zu betrachten ist.

▶ Man kann Qualität insofern als die Fähigkeit einer Unternehmung definieren, durch ihre Strukturen und Prozesse Ergebnisse in Form von Produkten und Dienstleistungen zu realisieren, deren Erstellung und/oder Beschaffenheit den Erwartungen der Kunden und anderer relevanter Anspruchsgruppen besser entspricht als dies Konkurrenzleistungen vermögen.

Die Definition knüpft damit eng an den Marketingbegriff an und umschließt sowohl die Kunden- als auch die Anbieterperspektive des KKVs. Sie ist eingebettet in ein vorwärts gerichtetes wertschöpfendes System, das von zufriedenen Lieferanten und zufriedenen Geldgebern über qualitätsfähige Strukturen und Prozesse zu überragenden Leistungen reicht, die Kunden und Öffentlichkeit zufriedenstellen. Rückwärts gerichtet entsteht ein System von Forderungen (vgl. Schmitt und Pfeifer 2010, S. 55).

8.2.1.2 Qualitätsstrategien in einem integrierten Qualitätsmanagement

Um Qualität in der definierten Form zu erhalten, bedarf es eines integrierten Qualitätsmanagements (vgl. Abb. 8.9).

8.2 Strategie der Differenzierung

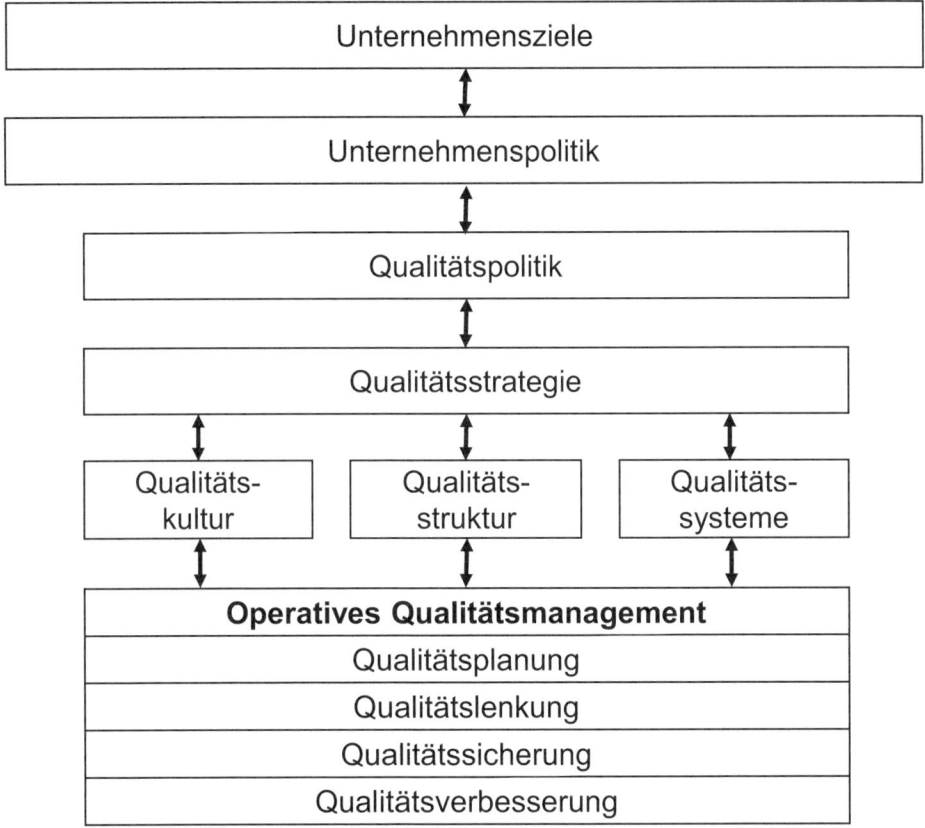

Abb. 8.9 Integriertes Qualitätsmanagement

Ein integriertes Qualitätsmanagement ist in den normativen, strategischen und operativen Rahmen der Unternehmung eingebettet. Es steht nicht isoliert neben anderen Funktionen und Aktivitäten der Unternehmung.

Ausgangspunkt bilden die Unternehmensziele. Aus ihnen leitet sich die Unternehmenspolitik ab, deren Aufgabe es ist, die Anforderungen externer Anspruchsgruppen und die Unternehmensziele zu harmonisieren (vgl. Ulrich und Fluri 1995).

▶ „Unter der **Unternehmenspolitik** versteht man sämtliche Entscheidungen, die das Verhalten des Unternehmens nach außen und nach innen langfristig bestimmen" (Thommen et al. 2023, S. 624).

In der Unternehmenspolitik, die von der Gesamtunternehmensleitung festzulegen ist (vgl. Benes und Groh 2022), sind die Teilpolitiken der Unternehmung, wie die Investitions-, Personal, Finanzierungs-, Markenpolitik usw. und eben auch die Qualitätspolitik integriert.

Dies impliziert, dass die einzelnen Politiken untereinander abgestimmt werden müssen (vgl. Seghezzi et. al. 2013, S. 80).

▶ Die **Qualitätspolitik** bestimmt die Qualitätsziele und die qualitätsbezogenen Verhaltensweisen der Unternehmung (vgl. Seghezzi et al. 2013, S. 86 ff.)

Im Minimum muss mit der Qualitätspolitik festgelegt werden, welchen Beitrag die Qualität zu den wirtschaftlichen, ökologischen und sozial-ethischen Zielen der Unternehmung und zu ihrem Verhalten leistet. Die Strategie der Differenzierung fordert hierbei eine nachhaltige, integrierte unternehmerische Verantwortung und verlangt, dass

- in die Qualitätsanstrengungen wirtschaftliche, ökologische und sozialethische Aspekte zu integrieren sind,
- Qualitätsmanagement zur Förderung der Innovation, Effektivität und Effizienz (KKV) eingesetzt und damit ein nachhaltiger Unternehmenserfolg erzielt wird,
- Mitarbeiter und ggf. andere Anspruchsgruppen wie z. B. Lieferanten als Potenzial zu betrachten sind, die die Entwicklungschancen der Unternehmung fördern und deshalb weiterzuentwickeln sind.

Bezogen auf das qualitätsbezogene Verhalten verlangt die Strategie der Differenzierung, dass zur Realisation der Struktur-, Prozess und Ergebnisqualität

- die Anspruchsgruppen einbezogen werden,
- die Unternehmung sich an den Anforderungen der Kunden und Partnern orientiert,
- Qualitätsanstrengungen relativ gegenüber der Konkurrenz aber auch gegenüber den Partnern verstanden werden.

Daraus abgeleitet wird die Qualitätsstrategie.

▶ Die **Qualitätsstrategie** legt die qualitätsbezogenen Aktivitäten fest, mit denen die Anforderungen der Kunden und der interessierten Anspruchsgruppen realisiert werden sollen, um KKVs zu erhalten und aufzubauen.

Im Minimum sind dazu die Qualitätspositionierung, die Qualitätsreichweite, den Qualitätsumfang und die Qualitätsschaffung festzulegen (vgl. Abb. 8.10).

Ausgangspunkt zur Entwicklung der Qualitätsstrategie kann die **Qualitätspositionierung** sein. Dabei entscheidet die Unternehmung, ob sie Standards übernehmen oder ob sie neue Standards setzt. Definitionsgemäß zwingt die Strategie der Differenzierung dazu, übliche Standards zu übertreffen bzw. neue Standards zu setzen.

Bezogen auf den **Umfang der Qualität** ergibt sich daraus fast zwangsläufig, dass nicht allein die Ergebnisqualität, sondern auch die Struktur- und Prozessqualität bei den

8.2 Strategie der Differenzierung

Abb. 8.10 Elemente der Qualitätsstrategie (Seghezzi et al. 2013, S. 115)

qualitätsbezogenen Überlegungen zu berücksichtigen sind. Dies impliziert, wie bereits angesprochen, dass die gesamte Unternehmung in die Qualitätsaktivitäten einzubeziehen sind und sich Qualität nicht auf die Produktionsabteilung beschränkt.

In der Folge ergibt sich die Frage nach der **Schaffung der Qualitätsstrategie**. Als Extrema kommen Top-down-Anweisungen der Unternehmensleitung auf der einen Seite sowie eine partizipative Qualitätsschaffung unter Einbeziehung vieler Unternehmensmitglieder in Frage. Gerade in einer dynamischen Umwelt ist die Unternehmensführung inhaltlich und zeitlich überfordert, die zur Realisation der Differenzierung notwendigen Qualitätsanpassungen, die sich aus der Umwelt- und Marktentwicklung sowie den Konkurrenzaktivitäten ergeben, zu antizipieren und zu realisieren, sodass es sinnvoll erscheint, partizipativ möglichst viele Mitglieder der Unternehmung in die Qualitätsschaffung zu integrieren. Positiver Nebeneffekte des Vorgehens sind u. a. eine höhere Identifikation der Mitarbeiter mit der Qualitätsstrategie und damit verbunden deren höhere Motivation. Dies schließt nicht aus, dass der Qualitätsgedanke quasi als Diktat top-down durchgesetzt wird.

Die Strategie der Differenzierung lässt es nicht zu, dass die Unternehmung bezogen auf die **Reichweite der Qualität** isoliert arbeitet. Vielmehr muss durch die Integration der Werteketten von Lieferanten, Partnern, dem Handel und den Kunde die Qualität der gesamten Wertschöpfungskette optimiert werden. (vgl. Abb. 8.11).

▶ Lieferanten müssen Roh-, Hilfs- und Betriebsstoffe und ggf. Komponenten in geeigneter Beschaffenheit liefern, die es der Unternehmung bzw. ihren Partnern ermöglichen, differenzierte Leistungen zu erstellen. Die Handelsfunktionen (z. B. Beratung, Präsentation, Lieferung) sind entsprechend der Leistung und den Kundenanforderungen zu erfüllen. Letztlich müssen auch die Abläufe beim Kunden adäquat gestaltet werden, um eine entsprechende, von ihm geforderte Qualität zu gewährleisten.

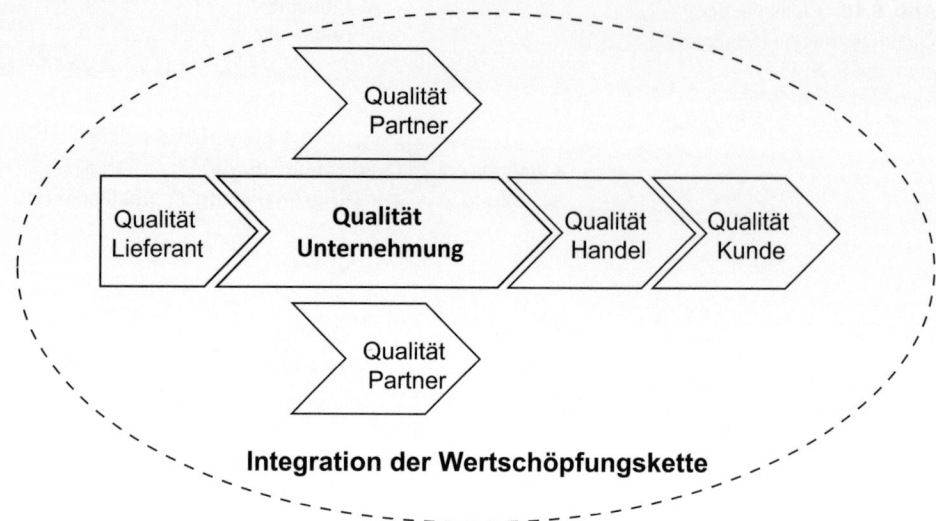

Abb. 8.11 Reichweite der Qualität

Die Qualitätsstrategie steht in wechselseitiger Beziehung zur Qualitätskultur, der Qualitätsstruktur sowie dem Qualitätssystem. Soweit diese Elemente eines integrierten Qualitätsmanagements nicht in erforderlicher Weise gestaltet sind, ist eine Umsetzung der Strategie nicht zu erwarten. Die **Qualitätskultur** ist Teil der umfassenden Unternehmenskultur (vgl. Kap. 20). Sie drückt die Grundeinstellung der Unternehmung und ihrer Mitarbeiter zur Qualität in Form des Führungsverhaltens, des Qualitätsbewusstseins, des Selbstverständnisses der Mitarbeiter zur Qualität sowie der Bereitschaft und Möglichkeit der Verantwortungsübernahme aus (vgl. Seghezzi et al. 2013, S. 92 ff.). Die **Qualitätsstruktur** bezieht sich auf die qualitätsbezogene Aufbau- und Ablauforganisation der Unternehmung (vgl. Seghezzi et al. 2013, S. 106 ff.). Wenn, wie bei der Strategie zur Differenzierung gefordert, alle Stellen der Unternehmung mit der Schaffung und Umsetzung von Qualität beschäftigt sind, macht es wenig Sinn, die Qualitätsarbeit einer spezifischen Stelle (allein) zu überlassen. Qualität ist vielmehr in der allgemeinen Organisationsstruktur zu verankern und die einzelnen Stellen sind mit der dafür notwendiger Verantwortung auszustatten. Die Prozessorientierung ist bereits Ausdruck dieser Vorgehensweise. Spezifische Qualitätsstellen in der Unternehmung sind, wenn alle Mitarbeiter der Qualität verpflichtet sind, weniger auf die Qualitätskontrolle ausgerichtet. Vielmehr sollten sie der qualitätsbezogenen Beratung und Schulung regulärer Stellen dienen (vgl. Seghezzi et al. 2013, S. 11 ff.). **Qualitätssysteme** mit dem Qualitätsdokumentationssystem, dem Qualitätscontrolling, dem Qualitätsinformationssystem und dem Personalmanagementsystem unterstützen die zur Strategie der Differenzierung notwendige Qualitätsrealisation.

8.2 Strategie der Differenzierung

Abb. 8.12 Demingkreis des operativen Qualitätsmanagements

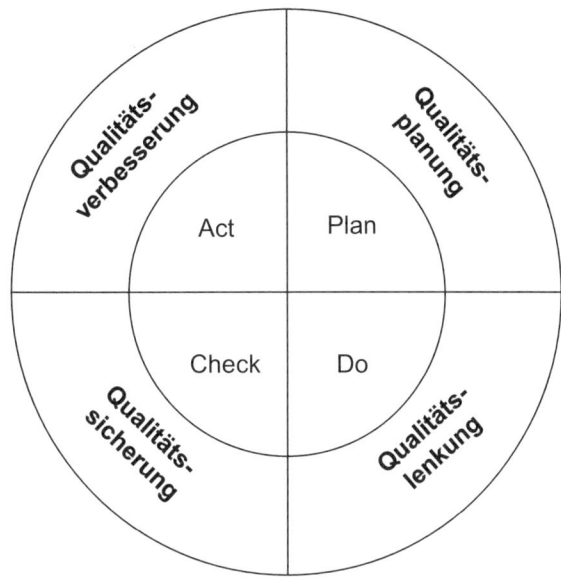

Exkurs: Operatives Qualitätsmanagement

Die Vorgaben der normativen und strategischen Ebene bilden die Basis des operativen Qualitätsmanagements, das dem Demingkreis (vgl. Abb. 8.12) folgt. Dieser teilt die qualitätsbezogenen Aktivitäten in die Qualitätsplanung, -lenkung, -sicherung und -verbesserung auf. Das Plan-Do-Check-Act-Schema (PDCA-Schema) bildet auch die Grundlage der ISO 9001:2015.

Auf der Basis des Lastenhefts, das die Bedürfnisse und Anforderungen der Kunden in der Sprache der Kunden erfasst und dem Pflichtenheft, das diese in technische Spezifikationen übersetzt, werden bei der **Qualitätsplanung** Leistungen und Prozesse geplant und evaluiert (vgl. Bruhn 2016, S. 36 ff.; Seghezzi et al. 2013, S. 124 ff. Die **Qualitätslenkung** umfasst vorbeugende, überwachende und korrigierende Tätigkeiten zur Einhaltung der Spezifikationen (vgl. Benes und Groh 2022; Bruhn 2016, S. 42 ff.; Bruhn 2020 S. 334). Dies umschließt die Beherrschung der Qualität der Prozesse (vgl. Seghezzi et al. 2013, S. 143). Unterscheidbar sind die mittelbare und unmittelbare Qualitätslenkung. Erstere greift in laufende Prozesse ein, letztere agiert vorbeugend und vorausschauend (vgl. Benes und Groh 2022). Die **Qualitätssicherung** hat zum Ziel (vgl. Seghezzi et al. 2013, S. 159; Herrmann und Fritz 2016, S. 17)

- Fehler zu entdecken,
- Fehlerfolgen zu minimieren,
- die Wahrscheinlichkeit des Fehlerauftritts zu minimieren.

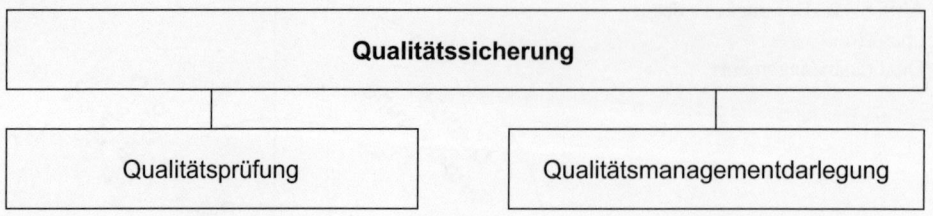

Abb. 8.13 Qualitätssicherung

Während für die Fehlerentdeckung eine Qualitätsprüfung vorzunehmen ist (vgl. Bruhn 2020 S. 370 ff.; Bruhn 2016, S. 45 ff.), obliegt die Vermeidung von Fehlern und die Reduktion der Fehlerfolgen der Qualitätsmanagementdarlegung (vgl. Bruhn 2020 S. 390 ff.; Bruhn 2016, S. 49 ff., Benes und Groh 2022). Abb. 8.13 zeigt die Elemente der Qualitätssicherung.

Die **Qualitätsprüfung** umfasst gem. der DIN ISO 9001:2015 die Überprüfung der Konformität der Ergebnisse mit den Spezifikationen durch Beobachten, Beurteilen, Messen und Vergleichen. Die **Qualitätsmanagementdarlegung** dokumentiert in diesem Zusammenhang alle geplanten und systematisch durchgeführten Tätigkeiten des Qualitätsmanagementsystems und stellt Nachweise über ausgeführte Tätigkeiten und erzielte Ergebnisse zur Verfügung. Insgesamt erzeugt die Qualitätssicherung Vertrauen in das Qualitätsmanagementsystem nach Außen und nach Innen.

Die **Qualitätsverbesserung** bezieht sich auf die Verbesserung der Leistungen, Prozesse und Potenziale. Dies schließt verhaltensbezogene Aspekte des höheren Qualitätsbewusstseins und der höheren Lernfähigkeit der Teilnehmer des QM-Systems ein (vgl. Seghezzi et al. 2013, S. 171 ff.; Herrmann und Fritz 2016, S. 90 ff.). Ausdruck findet die Qualitätsverbesserung auch im **Kontinuierlichen Verbesserungsprozess** (vgl. Benes und Groh 2022; Bruhn 2020, S. 71). Als Gegenstück des japanischen Kaizen fungiert die Qualitätsverbesserung eher als Denkweise der permanenten Verbesserung in kleinen Schritten, was in einem dynamischen Wettbewerb bei der Strategie der Differenzierung unumgänglich ist.◄

8.2.1.3 Qualitätskonzepte

▶ Man versteht unter einem Qualitätskonzept das geistige Gebäude, mit dem die Unternehmung ihr Qualitätsmanagement umsetzt (vgl. Seghezzi et al. 2013, S. 189).

Aus dem Qualitätskonzept entstehen Qualitätsmodelle (vgl. Seghezzi et al. 2013, S. 189 f.). Eine hohe Bekanntheit besitze die Modelle der ISO 9000-Familie und das Total Quality Management (TQM) bzw. Excellence Modelle.

8.2 Strategie der Differenzierung

> **Übersicht**
> Die ISO-9000-Familie besteht heute aus drei Normen:
>
> - ISO 9000: 2015: Qualitätsmanagementsysteme – Grundlagen und Begriffe
> - ISO 9001: 2015: Qualitätsmanagementsysteme – Anforderungen
> - ISO 9004: 2018: Leiten und Lenken für den nachhaltigen Erfolg einer Organisation – Ein Qualitätsmanagementansatz.

Die Norm **ISO 9000** dient der Herstellung eines einheitlichen Verständnisses eines Qualitätsmanagementsystems mit einer einheitlichen Fachsprache (vgl. Schmitt und Pfeifer, 2010, S. 291. Insbesondere werden die sieben Grundsätze eines Qualitätsmanagements, die die ISO-Familie zugrunde legt, dargestellt.

(1) Kundenorientierung
Ein Qualitätsmanagement muss die Kundenanforderungen verstehen und die Kundenerwartungen erfüllen.

(2) Führung
Führungskräfte auf allen Ebenen schaffen die Übereinstimmung von Zweck und Ausrichtung sowie den Bedingungen, mit denen Personen sich für die Realisation der Qualitätsziele der Organisation engagieren.

(3) Engagement von Personen
Kompetente, befugte und engagierte Personen auf allen Ebenen der Organisation sind wesentlich, um die Fähigkeit der Organisation zu verbessern, Werte zu schaffen und zu erbringen.

(4) Prozessorientierter Ansatz
Beständige und vorhersehbare Ergebnisse werden wirksamer und effizienter erstellt, wenn Tätigkeiten als zusammenhängende Prozesse, die als kohärentes System funktionieren, verstanden, geführt und gesteuert werden.

(5) Verbesserung
Erfolgreiche Unternehmen legen fortlaufend einen Schwerpunkt auf Verbesserungen.

(6) Faktengestützte Entscheidungen
Entscheidungen auf Grundlage der Analyse und Auswertung von Daten und Informationen führen zu gewünschten Ergebnissen.

Tab. 8.2 Norm ISO 9001:2015

Anwendung	Anforderung
(1) Anwendungsbereiche (2) Normative Verweisungen (3) Begriffe	(4) Kontext der Organisation (5) Führung (6) Planung (7) Unterstützung (8) Betrieb (9) Bewertung der Leistung (10) Verbesserung
• Anhang A: Erläuterung der neuen Strukturen, Terminologie und Konzepte • Anhang B: Andere internationale Normen der ISO/TC 176 zu Qualitätsmanagementsystemen	

(7) Beziehungsmanagement
Für den nachhaltigen Erfolg führen und steuern Organisationen Beziehungen mit relevanten interessierten Parteien.

Die **ISO 9001** ist eine auf den nachhaltigen Erfolg der Unternehmung und die Kundenzufriedenheit ausgerichtete Norm, die die in der ISO 9000 festgelegten Grundsätze berücksichtigt. Die Norm ist zertifizierungsfähig, wenn alle ihre Anforderungen, soweit sie anwendbar sind (Abschn. 1 der Norm) erfüllt werden. Die Norm ist in zehn Abschnitte und zwei Anhänge gegliedert (vgl. Tab. 8.2) und folgt der High Level Structure (HLS) der ISO mit einer einheitlichen Grundstruktur, einheitlichen Textbausteinen und einheitlichen Begriffen (vgl. Hinsch 2014, S. 6):

Die Abschnitte vier bis zehn beschäftigen sich mit den Anforderungen an ein Qualitätsmanagementsystem und folge dem **PDCA-Zyklus** (vgl. Tab. 8.3).

Die ISO 9001:2015 besitzt Vor- und Nachteile (vgl. auch Dahl 2015, S. 133 ff.). Als Vorteile gelten

- die Anwendbarkeit für alle Branchen und Unternehmen,
  - die Eignung für international engagierten Unternehmen bei einer weltweiten Verbreitung der Norm,
  - die Zertifizierungsfähigkeit,
  - der Einsatz moderner Managementansätze (Risikomanagement, Wissensmanagement) und die damit verbundenen Möglichkeiten, das Qualitätsmanagement zu einer Führungskonzeption auszubauen,
  - die Einbeziehung und Verantwortung des Top-Managements,
  - die Berücksichtigung von Kunden und Stakeholdern,
  - der Zwang zum Prozessmanagement mit erhöhter Transparenz der Prozesse und Strukturen,
  - die Notwendigkeit der permanenten Fehlerkorrektur mit der Folge der Reduktion von Fehlerkosten,

Tab. 8.3 PDCA-Zyklus der ISO 9001

Plan	Do
4. Kontext der Organisation	8. Betrieb
4.1. Verstehen der Organisation und ihres Kontextes	8.1. Betriebliche Planung und Steuerung
4.2. Verstehen der Erfordernisse und Erwartungen interessierter Parteien	8.2. Anforderungen an Produkte und Dienstleistungen
4.3. Festlegung des Anwendungsbereichs des Qualitätsmanagementsystems	8.3. Entwicklung von Produkten und Dienstleistungen
4.4. Qualitätsmanagementsystem und seine Prozesse	8.4. Steuerung von extern bereitgestellten Prozessen, Produkten und Dienstleistungen
5. Führung	8.5 Produktion und Dienstleistungserbringung
5.1. Führung und Verpflichtung	8.6. Freigabe von Produkten und Dienstleistungen
5.2. Politik	8.7. Steuerung nicht konformer Ergebnisse
5.3. Rollen, Verantwortlichkeiten, und Befugnisse in der Organisation	
6. Planung	
6.1. Maßnahmen zum Umgang mit Risiken und Chancen	
6.2. Qualitätsziele und Planung zu deren Errichung	
6.3. Planung von Änderungen	
7. Unterstützung	
7.1. Ressourcen	
7.2. Kompetenzen	
7.3. Bewusstsein	
7.4. Kommunikation	
7.5. Dokumentierte Information	
Act	**Check**
10. Verbesserung	**9. Bewertung der Leistung**
10.1. Allgemeines	9.1. Überwachung, Messung, Analyse und Bewertung
10.2. Nichtkonformität und Korrekturmaßnahmen	9.2. Internes Audit
10.3. Fortlaufende Verbesserung	9.3. Managementbewertung

- die Einbeziehung von Mitarbeitern und der damit verbundenen Steigerung der Motivation, Verantwortung und deren Wissens,
- die Kundenzufriedenheit als wichtigstes Ergebnis.

Als Nachteile müssen betrachtet werden, dass

- es sich letztlich um ein Gut-genug-Modell handelt; es müssen allein die Vorgaben erfüllt sein,
- eine Ergebniskontrolle nicht stattfindet,
- ein hoher Aufwand und hohe Kosten der Etablierung und des Betriebs der ISO 9001 entstehen,
- die Kosten der Unternehmung unberücksichtigt bleiben,
- die Finanzen der Unternehmung nicht berücksichtigt werden,
- teilweise keine klaren Vorgaben gemacht werden,
- Ausdrücke wie z. B. „in geplanten Abständen" zu viele Spielräume lassen.

Die **ISO 9004: 2018** ist eine eigenständige, nicht zertifizierbare Norm. Unter dem Titel Qualität einer Organisation – Leitfaden zur Erzielung nachhaltigen Erfolgs hat sie eine Brückenfunktion zu den TQM-Modellen (vgl. Herrmann und Fritz 2016, S. 224). Sie gliedert sich inklusive dem Anwendungsbereich der Norm (Hauptabschnitt 1), den normativen Verweisen (Hauptabschnitt 2) und den Begriffsdefinitionen (Hauptabschnitt 3) in 11 Abschnitte. Der Anhang A bietet ein Reifegradmodell zur Selbstbewertung. Ausgangspunkt der Norm sind die Erwartungen der Kunden und anderer interessierter Parteien. Ziel der Norm ist die Steigerung des Vertrauens in die Fähigkeit der Organisation, diese Erwartungen auch zu erfüllen. Insofern geht die Norm über die Forderung der ISO 9001: 2015, die auf die Produktqualität fokussiert, hinaus und berücksichtigt die Qualitätsorientierung der gesamten Unternehmung (vgl. Bruhn 2020, S. 501).

Das **Total Quality Management (TQM)** kann als Weiterentwicklung der ISO-9000-Familie verstanden werden.

▶ In Anlehnung an die heute nicht mehr gültige Definition der ISO EN 8402:1995 stellt das TQM ein auf die Mitwirkung aller ihrer Mitglieder gestütztes Managementkonzept dar, das die Qualität in den Mittelpunkt stellt und durch das Zufriedenstellen der Kunden auf langfristigen Geschäftserfolg sowie auf den positiven Netto-Nutzen für alle Mitglieder der Organisation und für die Gesellschaft abzielt. Es entspricht damit dem KKV-Gedanken.

Das TQM integriert damit das technische und das soziale System der Unternehmung (vgl. Kaminske und Brauer 2011, S. 312, Oess 1994, Deming 1982; Juran 1979; Feigenbaum 1986, Crosby 1986a, 1986b). Es werden Strukturen, Abläufe, Vorschriften, Regeln,

8.2 Strategie der Differenzierung

Anweisungen und Maßnahmen berücksichtigt, die dazu dienen, die Qualität von Produkten und Dienstleistungen einer Unternehmung in allen Funktionen und auf allen Ebenen durch die Mitwirkung aller Mitarbeiter termingerecht und zu niedrigen Kosten zu gewährleisten sowie kontinuierlich zu verbessern, um eine optimale Bedürfnisbefriedigung der Konsumenten und der Gesellschaft zu ermöglichen (vgl. Oess 1994, S. 89; Pfeifer und Schmitt 2014, S. 168).

Total beschreibt den Charakter von TQM als übergeordnete Unternehmens- und Managementphilsophie (vgl. Schmitt und Pfeifer 2010, S. 54, Bruhn 2020, S. 63 f.). **Quality** bedeutet, Strukturen, Prozesse und Ergebnisse an den Qualitätsforderungen sämtlicher interner und externer Kunden anzupassen (vgl. Meffert et al. 2018, S. 200; Schmitt und Pfeifer 2010, S. 54). Das **Management** muss die Qualität in den Mittelpunkt stellen und selbst durch Qualität überzeugen (vgl. Schmitt und Pfeifer 2010, S. 54). Die einzelnen Aspekte des TQM werden von Kaminske und Brauer (2011, S. 311 f.) wie folgt konkretisiert:

Total
- Alle Mitarbeiter auf allen Ebenen sind in die Qualitätsarbeit integriert.
- Qualität ist die Aufgabe aller Mitarbeiter und nicht auf eine Abteilung oder gar bestimmte Person beschränkt.
- Mitarbeiter werden bzgl. der Qualität qualifiziert, aus- und weitergebildet.
- Gute Leistungen (bezogen auf die Qualität) werden anerkannt.
- Die soziale Komponente und die Humanität werden herausgestellt.
- Es existieren Arbeitsbedingungen, die Gruppenarbeit, Mitwirkung und Verantwortung der Mitarbeiter erlauben.

Quality
- Maßstab der Qualität ist die Erfüllung von Kundenwünschen.
- Es werden Netzwerke von partnerschaftlichen internen und externen Kunden-Lieferanten-Beziehungen geschaffen.
- Eine ständige Verbesserung sämtlicher Prozesse ist wichtige Grundlage zur Realisation der Unternehmensziele.
- Ein Quality Engeneering mit Anwendung moderner Methoden und Techniken des Qualitätsmanagements ist grundlegend.
- Zur Prozessregelung werden statistische Verfahren und Kennzahlen genutzt.
- Vorbeugende, fehlervermeidende Maßnahmen werden betont.
- Qualitätsförderung und –verbesserung werden als langfristiger Prozess verstanden.

Management
- Das Qualitätskonzept wird mit einem top-down-Ansatz unter missionarischem Einsatz des Top-Managements umgesetzt.

- Das qualitätsbezogene Management ist partizipativ und bezogen auf die Qualität zugleich straff (Qualität als Diktat).
- Qualität ist übergeordnetes Element der Unternehmenspolitik.

Das TQM kann sich an der Bewertung verschiedener, aber ähnlicher Quality Awards ausrichten, wie z. B. dem Deming Price in Japan, dem Malcolm Baldrige National Quality Award (MBNQA) der USA oder dem EFQM Excellence Award in Europa (vgl. Kaminske und Brauer 2011, S. 313; Herrmann und Fritz 2016, S. 267; Benes und Groh 2022, S. 328 ff.; Brunner und Wagner 2011, S. 337 ff.).

Die European Foundation for Quality Management (EFQM) geht davon aus, dass eine Unternehmung acht gleichrangige Grundprinzipien berücksichtigen muss, um Excellence zu erreichen (vgl. Benes und Groh 2022,):

- Nutzen für den Kunden schaffen,
- die Zukunft nachhaltig gestalten,
- die Fähigkeit der Organisation entwickeln,
- Innovation und Kreativität fördern,
- mit Vision, Inspiration und Integrität führen,
- Veränderungen aktiv managen,
- durch Mitarbeiterinnen und Mitarbeiter erfolgreich sein,
- dauerhaft herausragende Ergebnisse erzielen.

Um die Grundsätze zu realisieren wird ein Excellence-Modell aufgebaut, das mit neun Kriterien **Befähiger** und **Ergebnisse** eines TQM beschreibt (vgl. Abb. 8.14).

Die Kriterien werden unterschiedlich gewichtet und in 32 weitere Teilkriterien unterteilt, die in Tab. 8.4 ausgeführt sind.

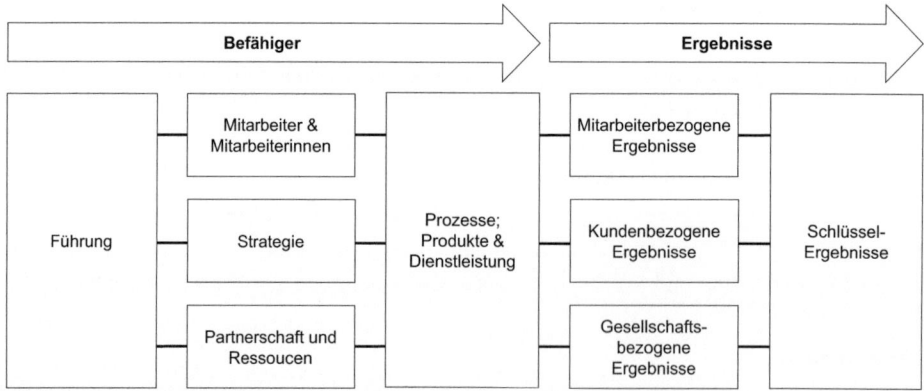

Abb. 8.14 Excellence-Modell der EFQM (nach Schmitt und Pfeifer 2010, S. 66)

8.2 Strategie der Differenzierung

Tab. 8.4 Teilkriterien des EFQM. (Quelle: Kaminske und Brauer 2011, S. 181 f.; Herrmann und Fritz 2016, S. 271 ff.)

Kriterium	Gewicht	Teilkriterium
Führung	0,1	Führungskräfte entwickeln die Vision, Mission, Werte und ethischen Grundsätze und sind Vorbilder; Führungskräfte definieren, überprüfen und verbessern das Managementsystem der Organisation; Führungskräfte befassen sich persönlich mit externen Interessengruppen; Führungskräfte stärken zusammen mit den Mitarbeiterinnen; und Mitarbeitern der Organisation eine Kultur der Excellence; Führungskräfte gewährleisten, dass die Organisation flexibel ist und Veränderungen effektiv gemanagt werden;
Strategie	0,1	Die Strategie beruht auf dem Verständnis der Bedürfnisse und Erwartungen der Interessengruppen und des externen Umfelds; Die Strategie beruht auf dem Verständnis der eigenen Leistungen und Fertigkeiten; Die Strategie und unterstützende Leitlinien werden entwickelt, überprüft und aktualisiert, um ökonomische, gesellschaftliche und ökologische Nachhaltigkeit sicherzustellen; Die Strategie und die unterstützenden Leitlinien werden kommuniziert und durch Pläne, Prozesse und Zielsetzungen umgesetzt;
Mitarbeiterinnen und Mitarbeiter	0,1	Personalpläne unterstützen die Strategie der Organisation; Das Wissen und die Fähigkeiten der Mitarbeiterinnen und Mitarbeiter werden entwickelt; Mitarbeiterinnen und Mitarbeiter handeln abgestimmt, werden eingebunden und zu selbstständigem Handeln ermächtigt; Mitarbeiterinnen und Mitarbeiter kommunizieren wirkungsvoll in der gesamten Organisation; Mitarbeiterinnen und Mitarbeiter werden belohnt, anerkannt und betreut;

(Fortsetzung)

Tab. 8.4 (Fortsetzung)

Kriterium	Gewicht	Teilkriterium
Partnerschaft und Ressourcen	0,1	Partner und Lieferanten werden zu nachhaltigem Nutzen gemanagt; Finanzen werden zum nachhaltigen Erfolg gemanagt; Gebäude, Sachmittel und Material werden zur Unterstützung der Strategie nachhaltig gemanagt; Technologie wird gemanagt, um die Realisierung der Strategie zu unterstützen; Informationen und Wissen werden gemanagt, um die effektive Entscheidungsfindung zu unterstützen und um die Fähigkeiten der Organisation aufzubauen;
Prozesse, Produkte und Dienstleistungen	0,1	Prozesse werden entwickelt und gemanagt, um den Nutzen für die Interessengruppen zu optimieren; Produkte und Dienstleitungen werden entwickelt, um optimale Werte für Kunden zu schaffen; Produkte und Dienstleistungen werden effektiv beworben und vermarktet; Produkte und Dienstleistungen werden erstellt, geliefert und gemanagt, um den laufenden Erfolg der Organisation zu sichern; Kundenbeziehungen werden gemanagt und vertieft;
Kundenbezogene Ergebnisse	0,15	Wahrnehmungen; Leistungsindikatoren;
Mitarbeiterbezogene Ergebnisse	0,1	Wahrnehmungen; Leistungsindikatoren;
Gesellschaftsbezogene Ergebnisse	0,1	Wahrnehmungen; Leistungsindikatoren;
Schlüsselergebnisse	0,15	Erfolgsmessgrößen; Schlüsselleistungsindikatoren;

Die Kriterien und Teilkriterien geben der Unternehmung Anleitung, um Checklisten zur Ermittlung der eigenen derzeitige Situation der Unternehmung zu erstellen (vgl. Herrmann und Fritz 2016, S. 272 ff.).

Zur Einführung und Pflege eines TQM kann dann der **RADAR**-Logik des EFQM gefolgt werden (vgl. Abb. 8.15).

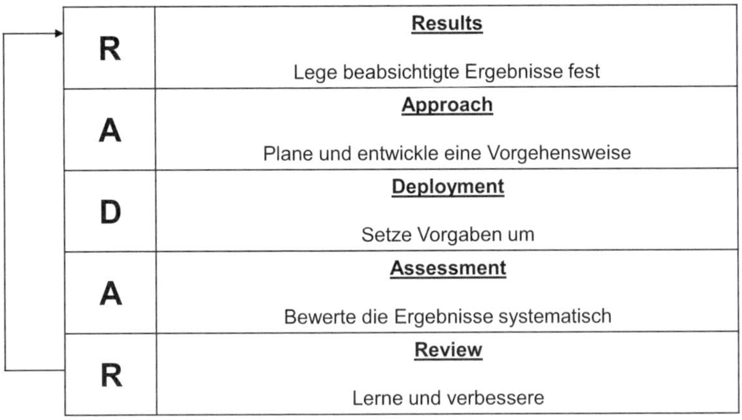

8.2 Strategie der Differenzierung

R	**Results**	
	Lege beabsichtigte Ergebnisse fest	
A	**Approach**	
	Plane und entwickle eine Vorgehensweise	
D	**Deployment**	
	Setze Vorgaben um	
A	**Assessment**	
	Bewerte die Ergebnisse systematisch	
R	**Review**	
	Lerne und verbessere	

Abb. 8.15 Radar-Logik des EFQM (nach Schmitt und Pfeifer 2010, S. 67)

Auf der Basis der Analyse der Befähiger und Ergebnisse in der Unternehmung werden die beabsichtigten Ergebnisse eines TQM festgelegt und die Vorgehensweise zur Realisation geplant und umgesetzt. Die dadurch erzielten Ergebnisse werden systematisch bewertet und bieten die Grundlage des Lernens und der Verbesserung in einer neuen „RADAR-Runde" (vgl. Schmidt und Pfeifer 2010, S. 66 f.; Kaminske und Brauer 2011, S. 182 f.).

Das TQM ist keine Alternative zur ISO 9001 sondern, wie in Tab. 8.5 dargestellt, deren Weiterentwicklung.

Vorteilhaft wirkt sich aus, dass das TQM ein langfristiges **„Immer besser-Modell"** darstellt, das ergebnisorientiert arbeitet und so dem KKV-Gedanken entspricht. Es sind das Top-Management und alle Mitarbeiter der Unternehmung einbezogen, was zu einer Steigerung der Motivation führen kann. Alle Stakeholder werden berücksichtigt.

Kritisch ist anzumerken, dass sich das Modell komplex im Aufbau und im Betrieb gestaltet. Beim Aufbau eines TQM muss mit hohen Kosten gerechnet werden. Das TQM ist nicht zertifizierbar und es fehlen klare Anweisungen zur Umsetzung. Dies wiederum bietet die Chance, kreativ zur Strategie der Differenzierung beizutragen.

8.2.2 Markenorientierung

8.2.2.1 Begriff der Marke

Die Marke (der Begriff Markenartikel wird synonym verstanden) stellt eines der wichtigsten Instrumente zur Differenzierung der eigenen Leistung zur Leistung der Konkurrenz dar (vgl. Kotler et al. 2015, S. 302; Burmann et al. 2018, S. 14). Wie empirische Untersuchungen belegen, hat die Marke, orientiert sie sich an den 6-C des Markterfolgs, customer orientation, continuity, concentration, credibility, commitment und cooperation, nach wie

Tab. 8.5 Vergleich der ISO 9001 und des TQM. (Quelle: nach Krems 2016, S. 6 f.)

	ISO 9001	TQM
Berücksichtigte Interessen		
Kunden bzw. Empfänger der Leistung	x	x
Mitarbeiter		x
Eigentümer, Auftraggeber, Geldgeber		x
Gesellschaft		x
Ergebnisse		
Struktur- und Prozessqualität	x	x
Ergebnisse	(x) nur Kundenzufriedenheit	x
Zeithorizont		
kurzfristig	x	x
mittelfristig	x	x
langfristig		x
Bewertungsverfahren		
Selbstbewertung	x	x
Fremdbewertung	x	
Messskalen		
Ja/Nein-Entscheidung	x	
Punktbewertung		x

vor ein großes Erfolgspotenzial (vgl. Szallies 1997, Puhlmann und Semlitsch 1997). Begründet wird dies mit der Erschließung von Neukunden und -segmenten durch die Marke (z. B. Apple oder Google), der Förderung der Ausdehnung des geographischen Absatzgebietes durch die Marke (z. B. BMW) und der kundenbindenden Wirkung der Marke wie z. B. Boss (vgl. Specht 1997, S. 10 f.).

Der Begriff der Marke ist nicht eindeutig definiert (vgl. Burmann et al. 2005, S. 5 f.). Die Ursachen dafür liegen in unterschiedlichen Forschungsansätzen, in unterschiedlichen Interessen von Praktikern und Wissenschaftlern und nicht zuletzt in notwendigen Definitionsanpassungen im Zeitablauf aufgrund von Umweltveränderungen (vgl. Bruhn 2004, S. 5 ff.; Burmann et al. 2018, S. 5 ff.; Meffert und Burmann 1996, S. 4 ff.; Unger 1986, S. 7 f.). Abb. 8.16 gibt einen Überblick zu den verschiedenen Ansätzen der Markendefinition.

Die Marke wird häufig als ein **Zeichen** betrachtet, mit dem eine Unternehmung die von ihm angebotenen Leistungen kennzeichnet, um sie identifizierbar zu machen und sie von Leistungen anderer Unternehmen zu differenzieren (vgl. Stauss 1998, S. 13; Burmann et al. 2018, S. 7). Zunächst können dabei optische und akustische Zeichen allein oder in

8.2 Strategie der Differenzierung

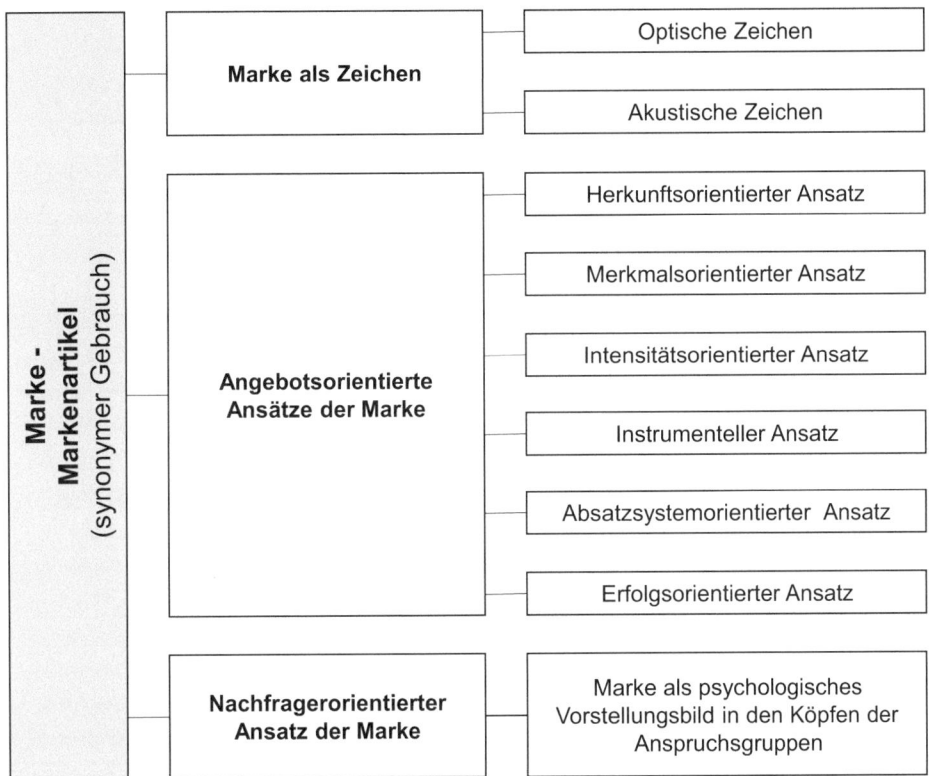

Abb. 8.16 Ansätze der Markendefinition

einer Kombination Verwendung finden (vgl. Koppelmann 2004, S. 385) Abb. 8.17 zeigt die unterschiedlichen Möglichkeiten.

▶ Beispiele sind das M von McDonalds, Persil, der Mercedes-Stern, die dreieckige Form der Toblerone, die Melodie der Telekom usw.

Exkurs Markenzeichen

Um ein schnelles und sicheres Wiedererkennen des Markenzeichens durch den Konsumenten zu erreichen, sollten die Zeichen sich deutlich von konkurrierenden Marken abheben und prägnant sein. Die Unterscheidbarkeit wird durch differenzierende Formen, Farben und Hervorhebungen erreicht. Zur Prägnanz tragen Einfachheit, Einheitlichkeit und Geschlossenheit des Markenzeichens bei (vgl. Behrens 1994, S. 202). Zudem tragen bedeutungshaltige Markennamen und Markenzeichen, die einen Bezug

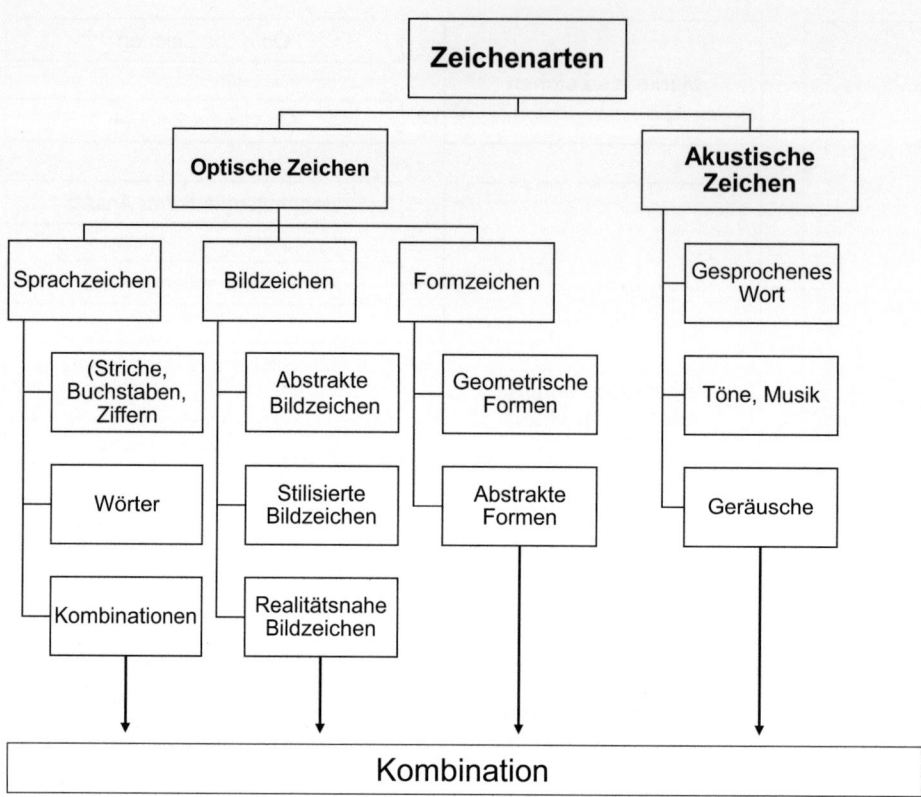

Abb. 8.17 Formen von Markenzeichen (nach Koppelmann 2004, S. 385)

zum Angebot aufweisen (z. B. der Kranich der Lufthansa AG), im Vergleich zu bedeutungslosen, abstrakten Namen und Zeichen stärker zum Erfolg (z. B. dem Recall) der Marke bei (vgl. Esch 2018, S. 316 ff.; Gröppel-Klein und Spilski 2019, S. 51). In einer weiten Betrachtung können zudem auch olfaktorische, haptische und gustatorische Modalitäten einer Marke als Zeichen aufgefasst werden (vgl. Esch und Möll 2009, S. 31 ff.; Esch 2018, S. 102).◄

An der Markierung setzt auch das Markengesetz von 1995 an: Als Marken können „alle Zeichen, insbesondere Wörter einschließlich Personennamen, Abbildungen, Buchstaben, Zahlen, Hörzeichen, dreidimensionale Gestaltungen einschließlich der Form einer Ware oder ihrer Verpackung sowie sonstiger Aufmachungen einschließlich Farben und Farbzusammenstellungen geschützt werden, die geeignet sind, Waren oder Dienstleistungen eines Unternehmens von denjenigen anderer Unternehmen zu unterscheiden" (§ 3 Abs. 1 MarkenG).

8.2 Strategie der Differenzierung

Prinzipiell gilt die Markierung als konstitutives Merkmal eines Markenartikels (vgl. Freter und Baumgarth 1996, S. 482). Das Wesen der Marke bzw. des Markenartikels heute kann jedoch über die Markierung nicht erklärt werden (Esch et al. 2005, S. 9 f.; Hätty 1989, S. 21). Zum einen wird mit der Markierung ein technisch formaler Vorgang beschrieben, der von einem bestimmten Produkt bzw. einer bestimmten Dienstleistung abstrahiert. Dies vollzieht der Kunde nicht nach. Er erfasst Markenzeichen und Leistung als Einheit (vgl. Huber 1988, S. 11). Teilweise wird der Markenname sogar zum Gattungsbegriff, wie die Beispiele Uhu, Spalt oder Tempo zeigen, und kann damit zur Differenzierung kaum mehr beitragen. Weiterhin gibt es konkurrierende Zeichen wie sie z. T. im Textilkennzeichnungsgesetz, im Lebensmittel- und Bedarfsgegenständegesetz und im Handelsklassengesetz vorgeschrieben sind, oder auch z. B. Gütesiegel, Auszeichnungen, die aufgrund vergleichender Qualitätsprüfungen einer legitimierten Einrichtung (z. B. Stiftung Warentest) vergeben werden. Zu nennen sind auch Ursprungshinweise wie „Made in …" und Hinweise wie „offizieller Ausstatter der …" (vgl. Dichtl 1992, S. 4 ff.). Keines dieser Zeichen führt dazu, dass die damit versehenen Produkte und Dienstleistungen deshalb als Marke betrachtet werden. Es bedarf deshalb neben der Markierung zusätzlicher oder anderer Ansätze zur Beschreibung des Wesens eines Markenartikels (vgl. Berekoven 1978, S. 42). Dabei lassen sich angebots- und nachfrageorientierte Ansätze unterscheiden.

Lange Zeit wurde die Diskussion zur Definition der Marke von **angebotsorientierten Ansätzen** dominiert.

Als einer der ersten angebotsorientierten Ansätze gilt der **herkunftsorientierte Ansatz**. Er ist eng mit der Kennzeichnung einer Ware verbunden. Die Marke dient als Eigentums- und Herkunftszeichen (vgl. Burmann et al. 2018, S. 7; Esch et al. 2019, S. 6).

▶ Beispiel ist die Molkerei Alois Müller GmbH & Co. KG. Alle von ihr angebotenen Getränke, Joghurts, und Desserts werden unter der Marke Müller verkauft.

Die Herkunft allein kann aber das Verhalten von Käufern gegenüber vielen Marken nicht erklären. Dies gilt umso mehr, als manche Marken darüber nur wenig verraten. Phantasiemarken (Flora Soft, Du darfst, Maggie usw.) geben beabsichtigt oder unbeabsichtigt häufig keine Hinweise auf den Hersteller und werden trotzdem nachgefragt. Auch der Verkauf von Marken bzw. Markenrechten macht es teilweise unmöglich, die Herkunft einer Marke zu identifizieren. Wer würde schon hinter der Sportwagenmarke Lamborghini die Volkswagen AG vermuten?

Der **merkmalsorientierten Ansatz** (vgl. Esch et al. 2019, S. 6; Bruhn 2004, S. 9, Unger 1986, S. 2 ff.) beschreibt einen Markenartikel anhand verschiedener konstitutiver Eigenschaften. Mellerowicz z. B. definiert den Markenartikel als Fertigware mit einer Markierung, die in gleichbleibender oder verbesserter Qualität, in gleichbleibender Menge, in gleichbleibender Aufmachung, in einem größeren Absatzraum, mit kommunikativer Unterstützung, Anerkennung im Markt findet (vgl. Mellerowicz 1963, S. 39).

Der merkmalsorientierte Ansatz muss kritisch betrachtet werden. Er umfasst nur Konsumgüter (vgl. Meffert und Burmann 1996, S. 5). Wie die Praxis zeigt, können auch Dienstleistungen (z. B. TUI) und Industriegüter (Siemens) als Markenartikel angeboten werden. Bezogen auf eine gleichbleibende oder verbesserte Qualität bleibt ungeklärt, ob Qualität aus einer anbieterbezogenen, objektiv technischen oder einer kundenbezogenen, subjektiven Perspektive zu verstehen ist, wie sich dies heute durchsetzt (vgl. Abschn. 8.2.1 sowie Vollert 1998; Vollert 2004). Aus einer subjektiven Perspektive wird die Qualität relativ durch den Kunden und sonstige Anspruchsgruppen beurteilt und kann als konstitutives Merkmal eines Markenartikels schwerlich herangezogen werden (vgl. auch Unger 1986, S. 4). Auch die Forderung nach einer gleichbleibenden Menge ist vor dem Hintergrund unterschiedlicher und sich verändernder Kundenbedürfnisse nicht immer sinnvoll. Ebenfalls muss die gleichbleibende Aufmachung als Kennzeichen einer Marke relativiert werden. Zwar stellt Domizlaff (1992) fest, dass auch kleine Veränderungen einer Marke deren Wahrnehmung verändern können, doch zeigen Beispiele aus der Praxis, dass die Wahrnehmung dadurch nicht unbedingt verändert wird. Dies gilt insbesondere für graduelle Veränderungen des Markenzeichens und der Verpackung, die im Zeitablauf vorgenommen und vom Kunden nicht registriert oder als positiv aufgenommen werden. Aber selbst einschneidende Veränderungen bleiben ohne Auswirkungen auf die Marke, solange der Kunde diese wiedererkennt und akzeptiert (vgl. Unger 1986, S. 3). Ein weiter Interpretationsspielraum besteht bezüglich der geforderten Merkmale „größeres Absatzgebiet" und „kommunikative Unterstützung". Jeder Versuch einer Operationalisierung dieser Merkmale würde zwangsläufig zu Willkürlichkeiten führen. Nicht zuletzt bleibt offen, was unter einer breiten Anerkennung Leistung zu verstehen ist.

Eng mit dem merkmalsorientierten Ansatz ist der **intensitätsorientierte Ansatz** verbunden (vgl. Berekoven 1992, S. 42 f.). Marken werden gemäß ihrer Ausprägung auf unterschiedlichen Merkmale in verschiedene Klassen eingeteilt. Zu kritisieren ist, dass unklar ist, wer die Bewertung vornimmt (Hersteller, Handel, Konsument) und welche Kriterien der Klassifikation herangezogen werden.

Der **instrumentelle Ansatz** (vgl. Bruhn 2004, S. 9; Burmann et al. 2018, S. 8), der seinen Niederschlag in der Markentechnik findet (vgl. Meffert und Burmann 1996, S. 7; Burmann et al. 2018, S. 30), stellt den Einsatz bestimmter Marketinginstrumente zur Schaffung eines Markenartikels in den Vordergrund. Besondere Berücksichtigung findet dabei die Namensfindung und -gestaltung, die Verpackung und die klassische Werbung. Darüber muss die Preis- und Distributionspolitik bestimmte Anforderungen erfüllen. Der Ansatz beantwortet die Frage, **wie** eine Marke mit bestimmten Merkmalen geschaffen wird und ist damit die Kehrseite des merkmalsorientierten Ansatzes. Er ist damit ebenso zu relativieren. Zudem wird ohne Berücksichtigung von Umwelt-, Markt- und Unternehmensgegebenheiten unterstellt, dass sich Markenerfolg bei Einhaltung bestimmter Regeln zum Einsatz der Marketinginstrumente quasi naturgesetzlich einstellt (vgl. Meffert und

8.2 Strategie der Differenzierung

Burmann 1996, S. 7). Übersehen werden dabei aber erfolglose Versuche der Markenkreation ebenso wie Marken, deren Erfolg darauf beruht, dass sie von gängigen Regeln abweichen.

Der instrumentelle Ansatz wird zum **absatzsystemorientierten Ansatz** (vgl. Burmann et al. 2018, S. 10; Bruhn 2004, S. 9), wenn Bereiche wie die Marktforschung, die Produktentwicklung usw. in die Markenführung integriert werden. Der Markenartikel wird als ein geschlossenes Absatzsystem definiert, das der Realisation markenpolitischer Ziele dient. Im Extrem führt dieser Ansatz dazu, dass die Begriffe Marke bzw. Markenartikel, der Begriff der Markenführung und der Marketingbegriff als identisch betrachtet werden (vgl. Belz 1998, S. 40). Dennoch ist nicht geklärt, was das Spezifische der Marke ausmacht (vgl. Tomczak und Brockdorff 2000, S. 487). Jede Leistung wäre nach dieser Definition eine Marke, da jede Unternehmung bewusst oder unbewusst Marketing betreibt und die Marketinginstrumente einsetzt.

Auch die Idee des **erfolgsorientierten Ansatzes**, von einer Marke dann zu sprechen, wenn sie sich am Markt erfolgreich durchgesetzt hat (vgl. Bruhn 2004, S. 9), ist nur bedingt geeignet, um das Wesen des Markenartikels zu definieren. Zum einen bleibt unklar, aus wessen Sichtweise der Erfolg bestimmt wird (Hersteller, Handel, Kunde). Zum anderen wird nicht geklärt, welche Erfolgskriterien herangezogen werden sollen.

Zusammenfassend suchen anbieterorientierte Ansätze zur Bestimmung der Marke nach manchmal relativ willkürlichen Merkmalen, die es erlauben, einen Markenartikel von einem Nicht-Markenartikel abzugrenzen. Viele der Merkmale, die als Kennzeichen eines Markenartikels genannt werden, können als durchaus üblich für eine Marke, jedoch als für sie nicht zwingend, beurteilt werden. Einige der Merkmale sind schwierig zu operationalisieren. Zentrale Schwäche aller Ansätze ist, dass die Wirkung einer Marke auf der Nachfrageseite vernachlässigt wird (vgl. Vollert 2001).

Der **nachfrageorientierte Ansatz** zur Definition der Marke, der heute Relevanz besitzt, greifen an der Wirkung einer Marke beim Konsumenten an, was aus Sicht des Marketings, das den Kunden in den Mittelpunkt der Betrachtung stellt, konsequent und sinnvoll ist. Von einer Marke wird danach immer dann gesprochen, wenn der Konsument in seiner subjektiven Einschätzung eine Leistung als Marke empfindet (vgl. Berekoven 1978, S. 43; Meffert et al. 2019, S. 265; Burmann et al. 2005, S. 7).

▶ Marken werden als Vorstellungsbilder in den Köpfen der Anspruchsgruppen definiert, die eine Identifikations- und Differenzierungsfunktion übernehmen und das Wahlverhalten beeinflussen können (vgl. Esch 2018, S. 21; Esch et al. 2019, S. 8).

Die Entstehung einer Marke zeigt Abb. 8.18.

Eine nicht markierte Leistung wird durch das Branding zur markierten Leistung. Erst das **Markenwissen** der Kunden führt zu einer Marke im oben definierten Sinn, mit der psychographische und ökonomische Markenziele der Unternehmung erreicht werden.

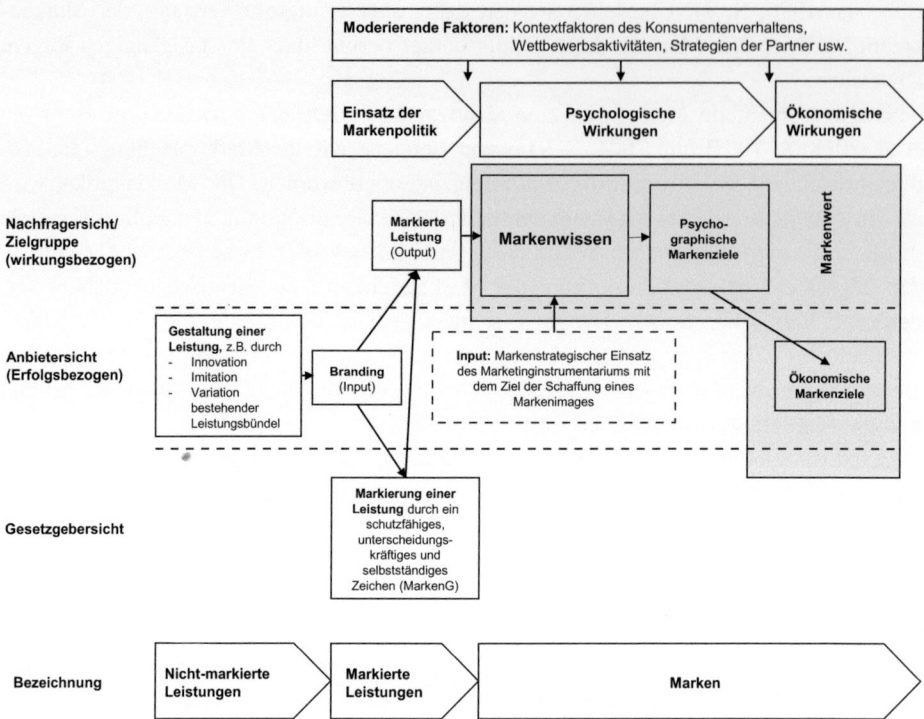

Abb. 8.18 Wirkungskette der Marke (in Anlehnung an Bruhn 2004, S. 16)

Das Markenwissen teilt sich – wie Abb. 8.19 zeigt – auf in die Markenbekanntheit und das Markenimage (vgl. Esch 2018, S. 60 ff.).

Die **Markenbekanntheit** (vgl. Esch 2018, S. 60; Esch et al. 2019, S. 29),

- führt dazu, dass eine Marke vom Kunden als Kaufalternative überhaupt in Erwägung gezogen wird und
- dient als Anker zur Befestigung von markenspezifischen Vorstellungen und schafft Zuneigung und Vertrautheit beim Kunden.

Bei der Markenbekanntheit wird ihre Tiefe und ihre Breite unterscheiden.

Die **Tiefe der Markenbekanntheit** gibt an, mit welcher Wahrscheinlichkeit ein Kunde an eine Marke denkt. Wird eine Marke bei der gedächtnisgestützten Kaufentscheidung berücksichtigt, spricht man von einer **aktiven Markenbekanntheit**. Bei der **passiven Markenbekanntheit** wird eine Marke erinnert, wenn sie genannt oder gesehen wird. Ihre Bedeutung erlangt sie bei POS-Kaufentscheidungen.

8.2 Strategie der Differenzierung

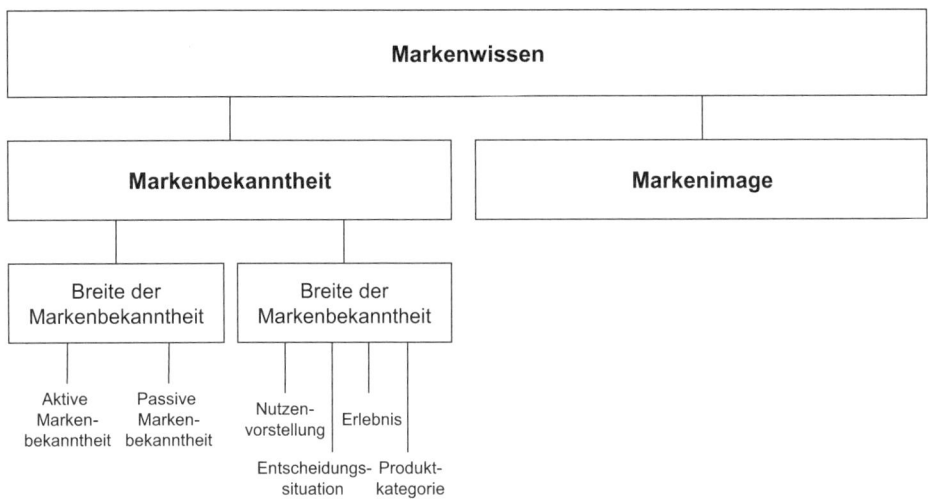

Abb. 8.19 Markenwissen

▶ Beginnt die Customer Journey im Internet, kommt es sehr auf die aktive Markenbekanntheit an. Ein Kunde sollte bei seiner Internetrecherche spezifisch die Marke Gabor eingeben und nicht einfach Schuhe, weil er im letzten Fall eine Reihe weiterer Schuhmarken findet und die Marke Gabor ggf. vernachlässigt.

Die **Breite der Markenbekanntheit** erklärt, in welchen Kauf- und Verwendungssituationen ein Kunde an eine Marke denkt bzw. denken soll. Damit ist es für eine Marke wichtig, mit welchen Entscheidungssituationen, Nutzenvorstellungen und Erlebnissen sie verbunden ist und ob sie mit einer gesamten Produktkategorie bzw. mehreren Produktkategorien in Zusammenhang gebracht wird.

Das **Markenimage** bezieht sich auf die mit der Marke verbundenen Vorstellungen. Diese können durch Markenschemata repräsentiert werden (vgl. Esch und Möll 2019, S. 73 ff.; Esch 2018, S. 59).

▶ "Schemata sind große, komplexe Wissenseinheiten, die typische Eigenschaften und feste, standardisierte Vorstellungen umfassen, die man von Objekten, Personen oder Ereignissen hat" (Esch 1998, S. 106) Sie lassen sich als semantische Netzwerke darstellen.

Zu unterscheiden sind biologisch vorprogrammierte Schemata, kulturell geprägte Schemata sowie erlernte Schemata (vgl. Ruge 2005, S. 246 f.). Tendenziell gehören Vorstellungen von Marken zu den erlernten Schemata. Markenschemata nehmen Einfluss auf die

Informationsaufnahme, -verarbeitung und -speicherung, indem sie in nicht unerheblichem Masse darüber entscheiden, was und wie der Kunde etwas aufnimmt (vgl. Esch 2018, S. 59; Esch und Möll 2019, S. 75). Sie weisen eine Reihe von Kennzeichen auf (vgl. Esch und Möll 2019, S. 75), wobei besonders wichtig erscheint, dass

- **Schemata eine hierarchische Struktur besitzen**: Das Markenwissen ist in das Wissen einer bestimmten Produktkategorie eingebettete und diesem untergeordnet. Damit erbt jede Marke die mit der Produktkategorie verbundenen Vorstellungen.
- Der Markenwert aus Kundensicht ergibt sich erst durch **spezifische**, über die Vorstellung der Produkt- und Dienstleistungskategorie hinausgehenden **Vorstellungen zu einer Marke**.

▶ Das Markenbild von Freixenet in Abb. 8.20 zeigt, dass die Sektmarke mit Assoziationen zur Produktkategorie Sekt verbunden ist. Zudem gibt es eine Reihe von Vorstellungen, die sich spezifisch auf die Marke Freixenet beziehen und sich von allgemeinen Vorstellungen zur Produktkategorie Sekt abheben (u. a. spanisch, anspruchsvolle, gefrostete Flasche).

Starke Marken weisen bezüglich der **Art** (emotional oder kognitiv), der **Stärke** der mit ihr verbundenen Assoziationen sowie der **verbalen bzw. nonverbalen Assoziationen** bestimmte Kennzeichen auf (vgl. Esch und Wicke 2005, S. 48 f.; Esch et al. 2019, S. 30 ff.):

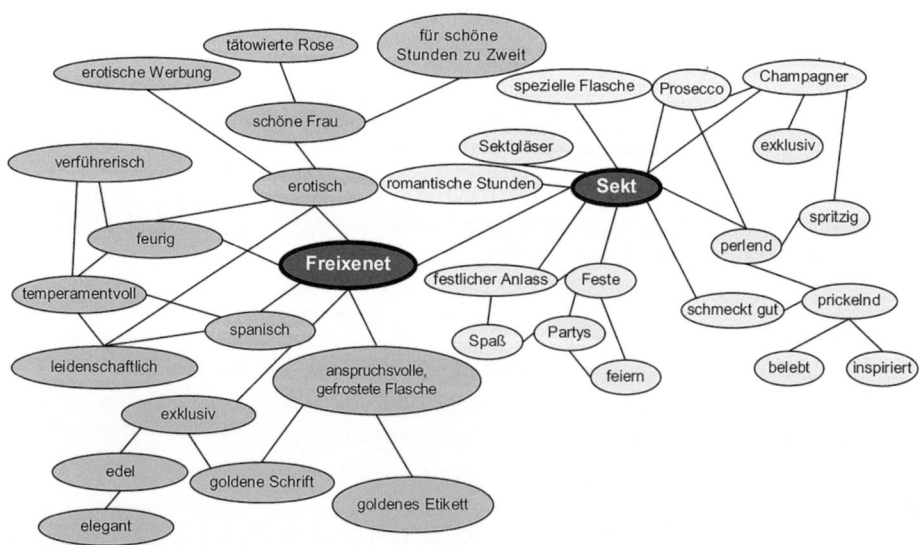

Abb. 8.20 Markenschema der Sektmarke Freixenet (Esch und Möll, 2019, S. 74)

- Starke Marken sind insbesondere mit emotionalen Inhalten verknüpft.
- Je stärker eine Assoziation mit einer Marke verknüpft ist, desto intensiver beeinflusst sie die Markenbeurteilung.
- Starke Marken sind mit einer Reihe nonverbaler Inhalte verbunden.
- Marken verfügen über stark miteinander vernetzte Assoziationen.
- Starke Marken verfügen über möglichst viele einzigartige Assoziationen.
- Die Assoziationen starker Marken wecken positive Gefühle.
- Die Assoziationen starker Marken treffen Kundenbedürfnisse und sind wichtig für den Kunden.
- Marken müssen leicht mit Eigenschaften und Vorstellungen verknüpft werden können und umgekehrt.

Für die Strategie der Differenzierung ergeben sich daraus verschiedene Anforderungen. Die Unternehmung muss generell eine oder mehrere starke Marken kreieren und pflegen und dabei die o. g. Anforderungen erfüllen. Dies zu realisieren ist Aufgabe der Markenpositionierung (vgl. Vollert 2003, S. 460).

8.2.2.2 Markenpositionierung

Die Markenpositionierung wird als „die hohe Schule des Marketing" bezeichnet (vgl. Esch 2001, S. 78).

▶ Der Begriff der Markenpositionierung beschreibt den Aufbau und die Pflege klarer Gedächtnisstrukturen und Vorstellungen einer Marke in den Köpfen der Konsumenten (vgl. Esch 2019, S. 203; Esch und Levermann, 1995, S. 8, Köhler, 2001, S. 45).

Methodische Grundlagen der Positionierung bilden Positionierungsmodelle, bei denen (subjektiv) wahrgenommene Vorstellungen von Marken sowie Präferenzen der Kunden **auf ausgewählten Positionierungseigenschaften** abgebildet werden. (vgl. Trommsdoff und Teichert 2011, S. 135; Kroeber-Riel und Gröppel-Klein 2019; Vollert 1989; Trommsdorff et al. 2000; Köhler 2001).

Als Positionierungsmodelle werden – wie Abb. 8.21 zeigt – das Idealpunkt- und Idealvektormodelle unterschieden (vgl. Vollert 1989, S. 2 f.; Schobert 1979, S. 81 ff.). Beim **Idealpunktmodell** werden neben der subjektiven Wahrnehmung von Marken (Perceptual Space) die Präferenzen der Konsumenten (Preference Space) durch konzentrische Kreise (ISO-Präferenzlinien) um eine als ideal angesehene Position (Idealpunkt) auf den Positionierungseigenschaften abgebildet. Die Distanz zwischen der Realmarke und dem Idealpunkt ist ein Maß zur Bestimmung der Einstellung (vgl. Trommsdorff und Teichert 2011, S. 129). Mit zunehmender Entfernung einer Realmarke vom Idealpunkt nehmen die Präferenzen ab. Impliziert ist dabei, dass sowohl eine zu hohe als auch eine zu geringe Ausprägung bei einer Realmarke auf den Positionierungseigenschaften zu einem geringeren Präferenzniveau führt. Die Distanz zwischen mehreren Realmarken zeigt deren

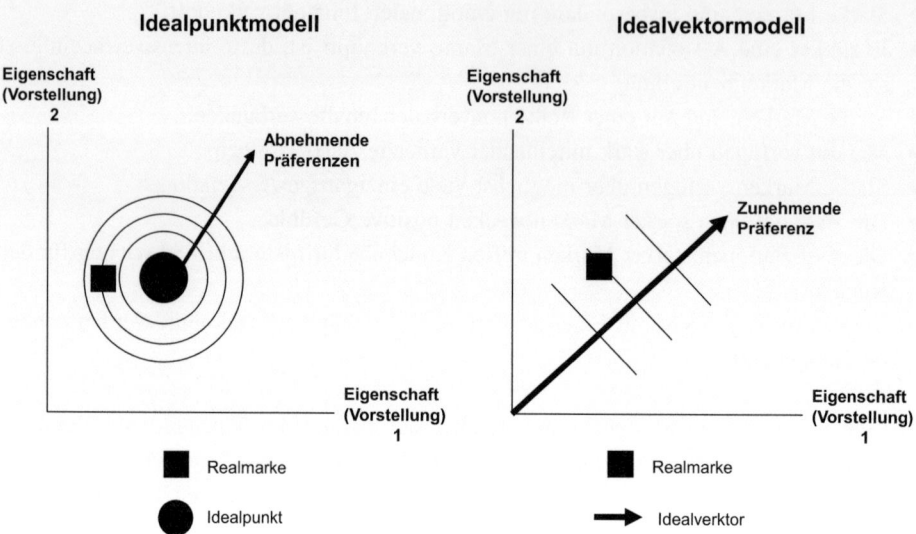

Abb. 8.21 Positionierungsmodelle

Ähnlichkeit bzw. Unähnlichkeit. Beim **Idealvektormodell** gibt ein Idealvektor die Richtung steigender Präferenzen und die Bedeutung einzelner Positionierungseigenschaften an. Gleich bevorzugte Marken liegen auf derselben, senkrecht zum Vektor verlaufenden Isopräferenzlinie. Das Idealvektormodell geht damit von der Nicht – Sättigungshypothese aus (je mehr von einer Positionierungseigenschaft, umso besser).

Die **Auswahl von Positionierungseigenschaften** ist bei der Strategie der Differenzierung von besonderer Bedeutung. Sie müssen (vgl. Esch 2019, S. 203)

- zur Unternehmung passen,
- für den Kunden relevant sein,
- von den Kunden wahrgenommen werden,
- eine spürbare Abgrenzung zur Konkurrenz erlauben und
- langfristig verfolgbar sein.

Die Praxis beschränkt sich bei der Positionierung meist auf wenige Positionierungseigenschaften, die sich auf dem Markt und bei den Konsumenten durchsetzen lassen (vgl. Tomczak und Reinicke 1995, S. 505). Die Positionierung kann auf **sachorientierte** (Hubraum, Material, Kalorienzahl, etc.) oder auf **emotionale Positionierungseigenschaften** (Prestige, Jugendlichkeit, Exotik usw.) erfolgen (vgl. Esch 2005, S. 140; Esch 2019, S. 208).

8.2 Strategie der Differenzierung

Zur Durchsetzung beim Kunden spielt das Involvement eine entscheidende Rolle und bestimmt die jeweils notwendige Positionierung und die damit verbundenen Positionierungseigenschaften.

▶ Das **Involvement** wird mit Zaichkowsky (1985, S. 342) als „a person´s perceived relevance of the object based on inherent needs, values, and interests" definiert. Es beschreibt den Grad der „Ich-Bezogenheit" bzw. des Engagements, sich einer Sache zuzuwenden (vgl. Meffert et al. 2019, S. 97).

Das Involvement ist ein (Sub-) Konstrukt zur Darstellung der Aktiviertheit und beeinflusst die **Informationsaufnahme-, -verarbeitung und –speicherung** (vgl. Trommsdorff und Teichert 2011, S. 48 ff.; Kroeber-Riel und Gröppel-Klein 2019, S. 389 ff.). Es kann bezgl. der Dimensionen Auslöser, Fristigkeit, Art und Intensität klassifiziert werden (vgl. Abb. 8.22). **Auslöser** des Involvements können ein Produkt, eine Marke, der Kauf bzw. die Kaufabsicht, ein Werbeträger oder das situative Umfeld sein. Bezogen auf die **Fristigkeit** wird ein situatives oder überdauerndes Involvement unterschieden. Bei der **Art** des Involvements wird das kognitive und emotionale Involvement genannt. Das kognitive Involvement beschreibt das Ausmaß der Aufnahme und Verarbeitung von Informationen zum Auslöser des Involvements. Emotionales Involvement bezieht sich auf die Befriedigung von emotionalen Motiven wie Gefallen, Lust, Begeisterung oder Leidenschaft, die auf Werten und Emotionen beruhen. Der Konsument denkt über den Auslöser des Involvements kaum nach. Schließlich können bei der Intensität des Involvements ein High Involvement und ein Low Involvement unterschieden werden (vgl. Jaritz 2008, S. 20 ff.).

In Abhängigkeit des Involvements, dass sich nicht nur zwischen Kunden, sondern ggf. auch bei ein und denselben Kunden während seiner Customer Journey unterscheidet, ist die Marke – wie Abb. 8.23 zeigt – unterschiedlich zu positionieren (vgl. Esch und Levermann 1995, S. 9, Esch 2019, S. 207 ff.). **Bei hohem kognitiven und emotionalen Involvement** ist eine gemischte Positionierung zu wählen, die sachbezogene und emotionale Positionierungseigenschaften nutzt. Ein **hohes emotionales und niedriges kognitives Involvement** spricht für eine eine emotionale Positionierung mit emotionale Positionierungseigenschaften. Eine sachbezogene Positionierung mit sachbezogenen Positionierungseigenschaften ist bei **hohem kognitiven und niedrigen emotionalen Involvement** geeignet. Wenn sowohl das **emotionale als auch das kognitive Involvement niedrig** ist, muss die Marke bekannt gemacht und aktuell gehalten werden. Ob man in diesem Zusammenhang von Positionierung sprechen kann, ist zumindest diskussionswürdig.

Als Grundlage der Auswahl von Positionierungseigenschaften für eine bestimmte Marke dient die **Markenidentität**. Während das Markenimage das Fremdbild der Marke darstellt, entspricht die Markenidentität dem Selbstbild der Marke aus Sicht der Unternehmung (vgl. Burmann et al. 2018, S. 14).

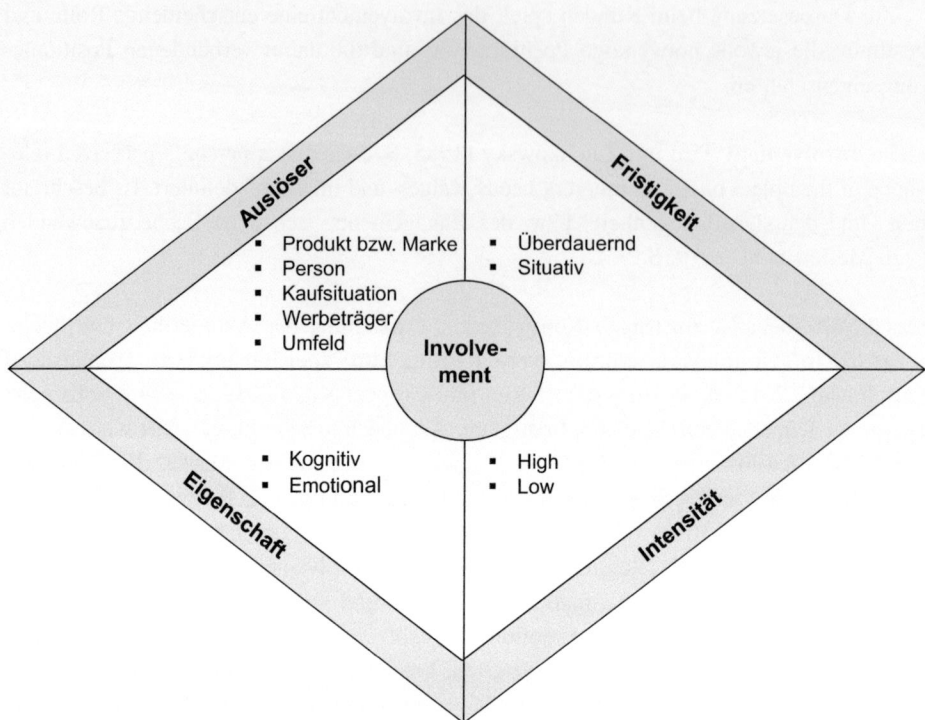

Abb. 8.22 Dimensionen des Involvements

▶ Die Markenidentität drückt aus, was die Marke aus Sicht der Unternehmung ist oder sein sollte (vgl. Esch und Langner 2019, S. 179). Sie entsteht im Zeitablauf durch die Kombination mehrerer Eigenschaften bzw. Merkmale einer Marke, die untereinander abgestimmt sein müssen (vgl. Burmann und Meffert 2005a, S. 56).

In verschiedenen Ansätzen zur Bestimmung der Markenidentität variieren die berücksichtigten Merkmale (vgl. Kapferer 1998, S. 100; Aaker, 1996, S. 90; Burmann und Meffert 2005a, S. 66, sowie zu einem zusammenfassenden Überblick Radtke 2014). Im Folgenden soll das **Markensteuerrad von Esch** (vgl. Abb. 8.24) betrachtet werden (vgl. Esch und Langner 2019, S. 184 ff.; Esch 2018, S. 97 ff.). In seinem Mittelpunkt steht die **Markenkompetenz**. Sie beantwortet unter Bezugnahme auf die Herkunft, die Historie, die Rolle im Markt und die zentralen Markenassets die Frage: **Wer bin ich?** Die linke Seite des Markensteuerrads, die sich an die linke, stark gedanklich und analytisch sequenziell verarbeitende Gehirnhälfte wendet, bezieht sich zum einen auf die **Markenattribute** und beantwortet die Frage: **Über welche Eigenschaften verfüge ich?** Zum anderen wird

8.2 Strategie der Differenzierung

		Kognitives Involvement	
		High	Low
Emotionales Involvement	High	Gemischte Positionierung (Sachbezogene Positionierungseigenschaften und emotionale Positionierungseigenschaften)	Emotionale Positionierung (Emotionale Positionierungseigenschaften)
	Low	Sachbezogene Positionierung (Sachbezogene Positionierungseigenschaften)	Aktualität (Bekanntheit)

Abb. 8.23 Involvement und Positionierung (nach Esch 2019, S. 208)

der **Marken-(Netto-) Nutzen** aufgegriffen, der entsprechend der hier gemachten Nomenklatur die Nutzen- und Kostenaspekte der Marke aus Kundensicht aufgreift und die Frage beantwortet: **Was biete ich an?** Damit sind sachbezogene Eigenschaften der Marke umrissen.

Mit der rechten Seite des Markensteuerrads werden die emotionalen Eigenschaften der Marke bestimmt. Sie zielt auf die rechte Hemisphäre, von der angenommen wird, dass sie ganzheitlich Emotionen und Bilder verarbeitet. Mit der Frage: **Wie bin ich?** bezieht sich die **Markentonalität** auf die mit der Marke verbundene Persönlichkeitsmerkmale, Erlebnisse und Beziehungen. Zudem wird das modalitätenspezifische **Markenbild** dargestellt und beantworten die Frage: **Wie trete ich auf?** Wichtig ist, dass alle Elemente des Markensteuerrads abgestimmt (integriert) sind.

Welche Elemente des Markensteurrades im Einzelnen unter Berücksichtigung des Involvements zur Positionierung einer bestimmten Marke herangezogen werden, hängt von der Wettbewerbs- und Kommunikationssituation sowie den Aktivitäten der Konkurrenz ab (vgl. Esch 2018, S. 91). Sie prägen dann das Markenimage (vgl. Abb. 8.25).

Unter Bezug auf das Markensteurrad (vgl. Abb. 8.26) können bei einer gemischten Positionierung alle Elemente des Markensteuerrads zur Positionierung genutzt werden. Bei einer emotionalen Positionierung werden Elemente der Markenkompetenz, der Markentonalität und des Markenbildes herangezogen. Die sachbezogene Positionierung basiert auf der Markenkompetenz, den Markenattributen und dem Marken-Netto-Nutzen. Bei einer Aktualitätspositionierung dominiert das Markenbild. Ggf. wird auch auf die Markenkompetenz Bezug genommen.

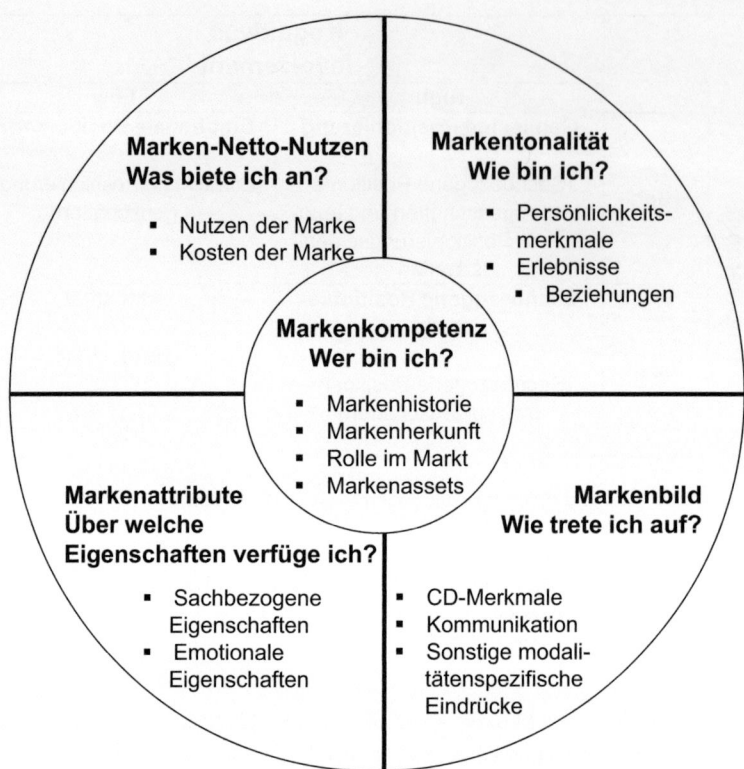

Abb. 8.24 Markensteuerrad nach Esch (Esch und Langner 2019, S. 185)

Abb. 8.25 Markenidentität, Markenpositionierung und Markenimage

8.2 Strategie der Differenzierung

	Sachbezogene Eigenschaften			Emotionale Eigenschaften	
	Markenkompetenz	Markenattribute	Marken Netto-Nutzen	Markentonalität	Markenbild
Gemischte Positionierung	✓	✓	✓	✓	✓
Emotionale Positionierung	✓			✓	✓
Sachbezogene Positionierung	✓	✓	✓		
Aktualität	(✓)				✓

Abb. 8.26 Markenpositionierung und Markensteuerrad

Es ist Aufgabe des Positionierungsmanagements die, in Abhängigkeit des Involvements des Kunden, von der Unternehmung gewünschte Soll-Positionierung für die Marke festzulegen und diese durch entsprechende Aktivitäten (z. B. in der Kommunikationspolitik) als Ist – Position umzusetzen.

Es werden dabei das klassische und das aktive (moderne) Positionierungsmanagement unterschieden.

Legt man das Idealpunktmodell zugrunde, wird der Unternehmung beim **klassischen Positionierungsmanagement** empfohlen, durch den Einsatz der Marketinginstrumente dafür Sorge zu tragen, dass ihre Marke nahe dem Idealpunkt positioniert ist, d. h., dass die Distanz zwischen der Realmarke und der Idealmarke gegen Null strebt (vgl. Vollert 2004; Vollert 2003). Die Unternehmung kann dazu, wie Abb. 8.27 verdeutlicht, versuchen (vgl. Tomczak et al. 2014, S. 159; Homburg und Schäfer 2001, S. 163, Esch 2019, S. 214),

- die Wahrnehmung der Realmarke durch die Konsumenten zu beeinflussen oder
- die Präferenzen (Idealposition) der Konsumenten zu verändern (was i. d. R. schwieriger, langwieriger und teurer ist).

Man kann bei einem derartigen Vorgehen von einer **reaktiven Positionierung** sprechen. Die Unternehmung reagiert auf Käuferpräferenzen sowie deren Veränderung auf

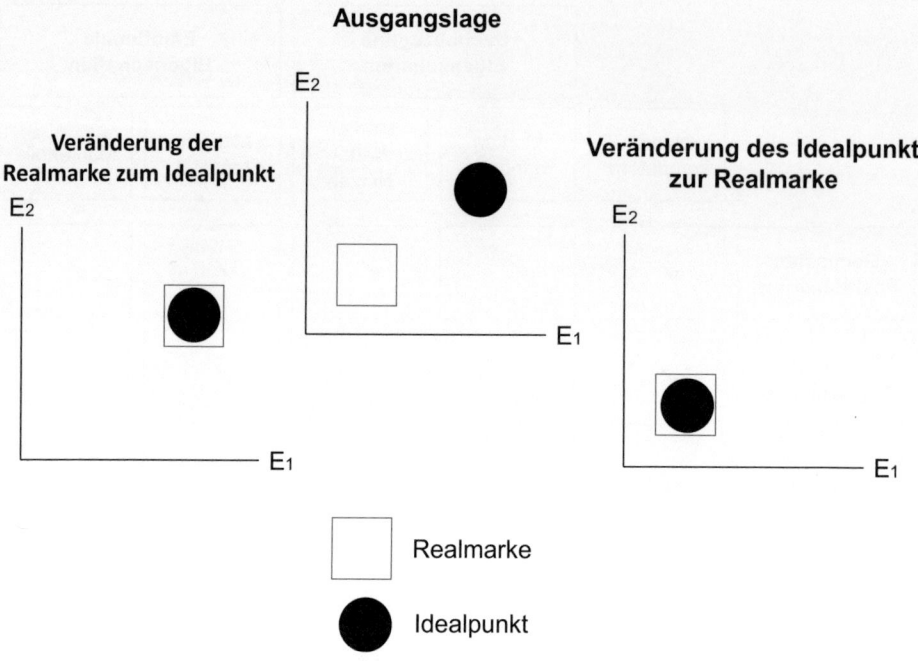

Abb. 8.27 Positionierungsmanagement im klassischen Positionierungsmodell

vorgegebenen Positionierungseigenschaften, was auch vor dem Hintergrund einer dynamisch sich verändernden Umwelt Probleme mit sich bringt (vgl. Tomczak und Roosdorp 1996, S. 27; Köhler 2001, S. 50 ff.; Tomczak et al. 2014, S. 159): Da alle Konkurrenten letztlich über gleiche oder ähnliche Informationen zu Positionierungseigenschaften und Kundenpräferenzen verfügen, besteht die Gefahr, dass sich alle Marken in Richtung der Idealmarken bewegen. Es entsteht ein **Trend zur Homogenisierung**. Zudem bleibt zu befürchten, dass Positionierungseigenschaften durch Befragungen der Konsumenten ermittelt werden, die sich aber meist an vorhandenen Produkteigenschaften orientieren. Dies führt zu einer **mangelnden Innovationsorientierung**, da mögliche technologische, aber auch sozialtechnische Innovationen dabei außer Acht bleiben (wer hätte sich vor kurzer Zeit Leistungen im Bereich Smart Home vorstellen können?). Nicht zuletzt ist zu kritisieren, dass das Modell auf **falschen Annahmen zum Kundenverhalten** basiert. Man geht davon aus, dass alle konkurrierenden Marken auf den gleichen Positionierungseigenschaften beurteilt und eingeschätzt werden. Tatsächlich wird die einzelne Marke aber auf jeweils für sie spezifischen Eigenschaftsdimensionen beurteilt und die angemessene Existenz weiterer Basiseigenschaften vorausgesetzt.

▶ Während die Eigenschaften Geschwindigkeit und Beschleunigung bei der Automarke Volvo tendenziell von untergeordneter Bedeutung für den Kauf

8.2 Strategie der Differenzierung

sind, beeinflussen sie maßgeblich die Kaufentscheidung für die Marke Porsche.

In diesem Zusammenhang muss darauf hingewiesen werden, dass auch unterschiedliche Kundensituationen zu jeweils verschiedenen Positionierungen zwingen können.

Zusammenfassend ist die klassische Positionierung somit geeignet, den Status quo einer Marke zu identifizieren (vgl. Esch 2019, S. 205). Es lassen sich Imagedefizite erkennen (vgl. Tomczak et al. 2014, S. 160). Für den Aufbau und den Erhalt von KKVs durch die Differenzierung bedarf es eines anderen, aktiven Positionierungsverständnisses.

Ein **aktives Positionierungsmanagement** zeichnet sich durch eine innovative und mutierende Positionierung aus (vgl. Abb. 8.28).

Bei der **innovativen Positionierung** erfolgt die Positionierung einer Marke auf neuen, den Kunden bislang unbekannten oder nicht bewussten, aber für ihn relevanten sachorientierten und/oder emotionalen Eigenschaften (vgl. Tomczak et al. 2014, S. 160 f.; Tomczak und Roosdorp 1996, S. 29 ff.; Esch 2019, S. 214). Die Unternehmung ersetzt dabei alte Positionierungseigenschaften durch neue oder fügt den bekannten Positionierungseigenschaften neue hinzu (vgl. Abb. 8.29). Es handelt sich bei der innovativen Positionierung nicht um ein Mehr oder Perfekter auf bekannten Positionierungseigenschaften, sondern um die **Schaffung neuer Märkte** (wie z. B. beim Smartphone) bzw. um eine **Veränderung der Marktbearbeitung** (wie z. B. der Home Delivery Service von bofrost).

Tomczak et al. (2014, S. 161 ff.) schlagen dabei alternativ eine Outside-in- oder eine Inside-Out-Orientierung vor. Die **Outside-In-Orientierung** sucht nach latenten Bedürfnissen der Kunden, um diese mit innovative Problemlösungen zu realisieren. Die **Inside-Out-Orientierung** geht von den Ressourcen, Fähigkeiten und dem Wissen der Unternehmung aus und sucht nach latenten Bedürfnissen der Kunden, die sie damit befriedigen kann. In beiden Fällen stehen latente Kundenbedürfnisse im Mittelpunkt des Positionierungsprozesses. Zur Identifikation latenter Kundenbedürfnisse werden u. a. die Kundenpartizipation, Situationsanalysen (z. B. die Critical Incident-Methode), Kreativitäts- und Prognosemethoden und Expertengespräche vorgeschlagen (vgl. Tomczak et al. 2014, S. 162 f.; Tomczak und Roosdorp 1996, S. 30 f.).

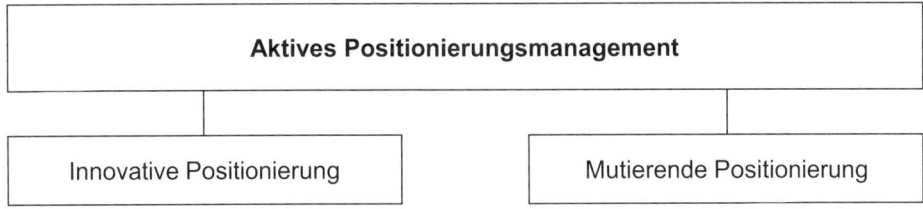

Abb. 8.28 Aktives Positionierungsmanagement

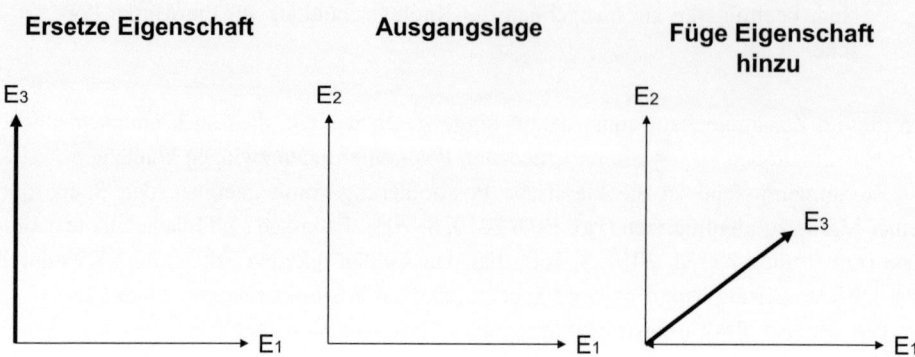

Abb. 8.29 Innovative Positionierung

Eine **mutierende Positionierung** berücksichtigt Unterschiede der Kundenstruktur und der Kundenbedürfnisse sowie deren Veränderung im Zeitablauf (Vgl Köhler 2001, S. 50 ff.; Roosdorp 1998, S. 16). Dazu ist es zum einen wichtig, dass die Vorstellungen zu einer Marke den spezifischen Wünschen und Bedürfnissen der Kunden entspricht. Zum anderen muss die Marke stets aktuell gehalten werden. In beiden Fällen darf das bestehende Markenbild nicht zerstört werden.

Dies kann dadurch geschehen, wie Abb. 8.30 zeigt, dass auf der Basis einer Grundpositionierung (Kernpositionierung)

a) weitere, den Zielgruppen, den Ländermärkten oder der Situation entsprechende Positionierungseigenschaften gewählt werden,
b) im Zeitablauf wechselnde Positionierungseigenschaften herangezogen werden.

> **Übersicht**
>
> - Die Grundpositionierung von Volvo bezieht sich auf die Sicherheit. Während in westlichen Ländern als zusätzliche Positionierung der Komfort dienen kann, ist es in Ländern Südamerikas die Haltbarkeit.
> - Die Marke Mazola wird seit ihrer Einführung im Jahre 1958 als Keimöl positioniert. Zusätzliche Positionierungseigenschaften waren im Zeitablauf die Geschmacksneutralität, die Gesundheit, der Genuss u.ä. (vgl. Tomczak und Roosdorp 1996, S. 33 f.).
> - Situativ ist eine mutierende Positionierung an verschiedenen Customer Touchpoints denkbar, um die Customer Experience zu steigern. Eng damit verknüpft ist die Berücksichtigung unterschiedlichen Involvements der Kunden im Zeitablauf.

8.2 Strategie der Differenzierung

a) Positionierung bei unterschiedlichen Wünschen und Bedürfnissen

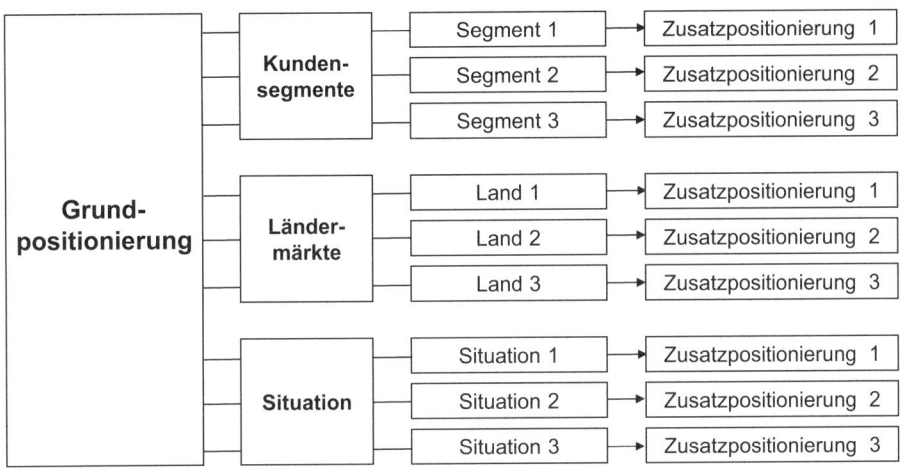

b) Positionierung im Zeitablauf

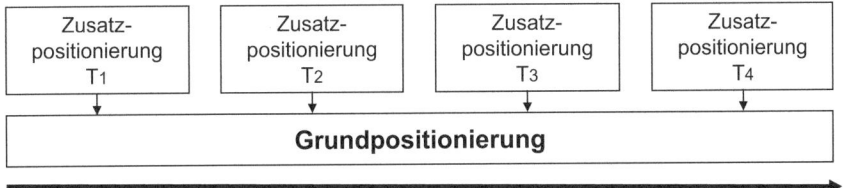

Abb. 8.30 Mutierende Positionierung

Voraussetzung der mutierenden Positionierung ist zunächst, dass die Grundpositionierung so gewählt wird, dass sich mit ihr weitere Positionierungseigenschaften verknüpfen lassen (vgl. Kotler et al. 2015, S. 340), ohne dass das Markenbild zerstört wird. Zudem sind an die Zusatzpositionierungen einige Anforderungen zu stellen. Dazu gehören die **Bedürfnisorientierung**, die **Kompatibilität** zur Grundpositionierung, die **Kommunizierbarkeit**, die **Eigenständigkeit**, die **Glaubwürdigkeit** und die **Aktualität** (vgl. Tomczak und Roosdorp 1996, S. 34; Vollert 2002, S. 15).

Insbesondere bei einer emotionalen Grundpositionierung in Form einer Erlebnispositionierung können Zusatzpositionierungen zu Problemen führen (vgl. Weinberg und Diehl 2005, S. 270 ff.).

▶ Das Karibik-Feeling der Marke Bacardi ist schwer mit einem Grog in der kalten Jahreszeit zu verbinden, sodass diese Anwendung des Rums durch die Marke unmöglich erscheint.

Problematisch ist, dass die Anpassungen der Positionierung durch zusätzliche Positionierungseigenschaften ggf. nur gradueller Natur sind, die bei extremen Bedürfnisveränderungen bzw. – unterschieden der Kunden bzw. bei intensiven Konkurrenzaktivitäten nicht ausreichen, um die Differenzierung der Marke zu gewährleisten. In einem solchen Fall könnte die Positionierung in **komplexen Markenarchitekturen** einen Ausweg darstellen. Ausgangspunkt der Überlegung bildet das Markenportfolio der Unternehmung.

▶ Das Markenportfolio soll hier als die Gesamtheit der Marken verstanden werden, bei denen die Unternehmung die Markenrechte besitzt (zur Diskussion des Begriffs Markenportfolio (vgl. Freter und Baumgarth 1996, S. 392 ff.).

Die Marken können, wie Abb. 8.31 zeigt, hierarchisch unterschiedlich als **Konzernmarken** (wie z. B. VW), **SGF-Marken** (z. B. VW – Nutzfahrzeuge, VW-PKWs), **Produktgruppenmarken** (z. B. Porsche, VW, Lamborghini), **Produktmarken** (z. B. Porsche 911) und **Produktmerkmalsmarken** (Porsche 911 Carrera 4 Cabriolet) angeordnet sein (vgl. Burmann und Meffert 2005b, S. 166 ff.; Burmann et al. 2018, S. 118 f.)

In **komplexen Markenarchitekturen** werden zwei oder mehr Marken unterschiedlicher Hierarchieebenen gleichzeitig genutzt (vgl. Becker 2019, S. 200 ff.; Laforet und Sounders 1994, S. 68; Aaker und Joachimsthaler, 2000, S. 105; Burmann und Meffert 2005b, S. 169 ff.). In einem übersichtlichen Aufbau einer komplexer Markenarchitektur (vgl. Abb. 8.32), die auch von Kunden noch nachvollziehbar ist, können Marken aus unterschiedlichen Hierarchiestufen gleichberechtigt nebeneinander geführt werden oder in einem Über- oder Unterordnungsverhältnis stehen (vgl. Esch 2018, S. 568; Esch und Bräutigam 2001, S. 30).

Eine **Dominanz der hierarchisch übergeordneten Marke** ist sinnvoll, wenn ihre Positionierung zu Assoziationen führt, die die Anforderungen des Marktes bzw. des

Abb. 8.31 Markenhierarchien im Markenportfolio (in Anlehnung an Burmann et al. 2018, S. 119),

8.2 Strategie der Differenzierung

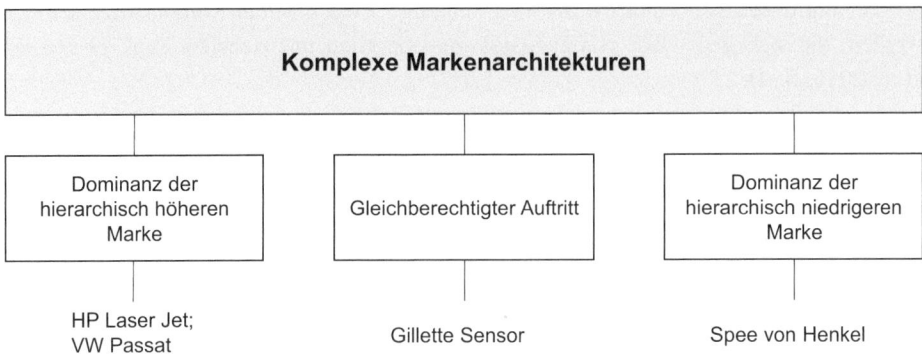

Abb. 8.32 Komplexe Markenarchitektur

SGFs weitgehend erfüllen. Die untergeordnete Marke kann dann ergänzend, den besonderen Ansprüchen des jeweiligen Zielobjekts (Kundensegment, Ländermarkt) entsprechend, positioniert werden (vgl. Tomczak und Teichert 2001, S. 3; Vollert 2002).

▶ Dallmayr bietet die Marken Dallmayr prodomo, Dallmayr d´Oro, Dallmayr capsa, Dallmayr Ethiopia, Dallmayr Gran Verde, und Dallmayr Röstkunst an. Letztere wird in weiteren Geschmacksrichtungen angeboten (z. B. Dallmayr Röstkunst COLUMBIA Pink). Vorstellungen zur Marke Dallmayr wie Tradition und Sorgfalt werden auf die untergeordneten Marken übertragen, die zusätzlich Vorstellungen zu unterschiedlichen Geschmacksrichtungen und Herkünfte des Kaffees bzw. Vorstellungen zu verschiedenen Zubereitungsmöglichkeiten erlauben.

Bei einer **Domininanz der hierarchisch untergeordneten Marke** dient die **hierarchisch übergeordnete Marke** als Endorser (Türöffner) zur Vermittlung von Glaubwürdigkeit und der Absicherung des Leistungsversprechens der untergeordneten Marke. Ein **gleichberechtigter Markenauftritt** von über- und untergeordneter Marke kann die Position einer Marke im intensiven Wettbewerb stärken.

Voraussetzung aller drei Alternativen der Markenarchitektur ist die **Kompatibilität** der Positionierungseigenschaften unterschiedlicher hierarchischer Marken.

8.2.3 Technologie- und Innovationsorientierung

8.2.3.1 Begriff der Innovation

Mit der Innovation kann eine temporäre Differenzierung erreicht werden, bis der nachfolgende Wettbewerb sie imitiert oder substituiert (vgl. Kap. 1.1).

▶ Eine Innovation soll zunächst als eine neuartige Zweck-Mittel-Kombination definiert werden, die sich gegenüber einem Status quo merklich unterscheidet (vgl. Hauschildt et al. 2016, S. 4).

Zur Beschreibung des Begriffs Innovation wird auf eine Reihe von Dimensionen verwiesen (vgl. Abb. 8.33), die unterschiedliche Fragen beantworten (vgl. Hauschildt et al. 2016, S. 5 ff.; Weiber und Pohl 2017, S. 16 ff.; Corsten et al. 2016, S. 6). Genannt werden u. a. die Inhaltsdimension (Was ist neu?), die Intensitätsdimension (Wie sehr neu?), die Subjektdimension (Für wen neu?) und die Quellendimension (Wodurch neu).

Die **Inhaltsdimension der Innovation** bezieht sich auf das Ergebnis eines Innovationsprozesses und knüpft dabei an die Definition von Schumpeter an, der eine Innovation als Schöpfungs- und Durchsetzungsprozess neuer Faktorkombinationen definiert (vgl. Schumpeter 1931, S. 100 f.). Er unterscheidet dabei die Produktinnovation, die Verfahrensinnovation, die Markterschließungsinnovation, die Beschaffungsinnovation und die Strukturinnovation. Aus Sicht des Marketings ist, wie Abb. 8.34 zeigt, eine Aufteilung in technische und sozialtechnische Innovationen sinnvoll (vgl. Esch 1998, S. 9).

Technische Innovationen sind Produkt- und Prozessinnovationen (vgl. Weiber und Pohl 2017, S. 18 ff.; vgl. Hauschildt et al. 2016, S. 6, Corsten et al. 2016, S. 8).

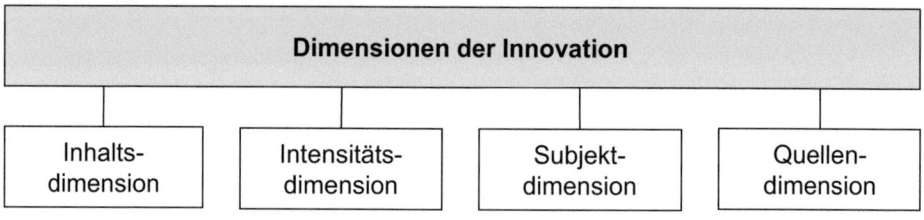

Abb. 8.33 Dimensionen der Innovation

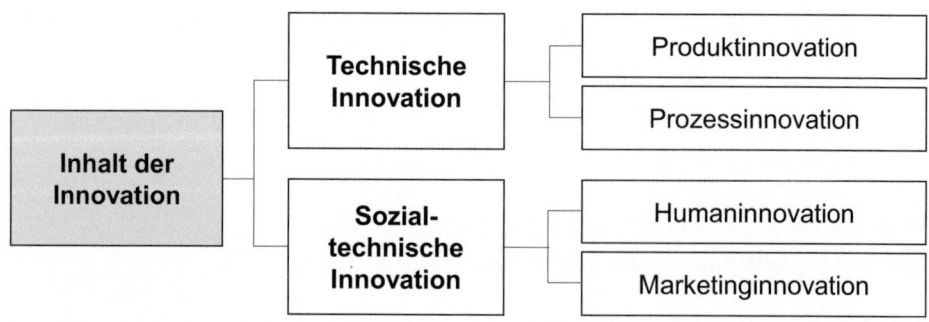

Abb. 8.34 Inhaltsdimension der Innovation

Produktinnovationen können als neue physische Absatzleistungen beschrieben werden, mit denen Nachfrager neue Wünsche und Bedürfnisse erfüllen bzw. vorhandenen Wünsche und Bedürfnisse auf neue Art und Weise befriedigen (vgl. Hauschildt et al. 2016, S. 6).**Prozessinnovationen** erlauben es, die Produktion andersartig, kostengünstiger, qualitativ hochwertiger, sicherer oder schneller zu realisieren. Produkt- und Prozessinnovationen können sich gegenseitig bedingen. **Sozialtechnische Innovationen** sind nach Zapf neue Wege, Ziele zu erreichen (vgl. Zapf 1989, S. 177). Sie zielen einerseits auf den **innerbetrieblichen Humanbereich**, wie z. B. die Erhöhung der Arbeitsplatzattraktivität (vgl. Corsten et al. 2016, S. 8). **Marketinginnovationen** orientieren sich anderseits an Bedürfnisverschiebungen der Kunden. Dabei kann es sich um die neuartige Nutzung einer Leistung (vgl. Weiber und Pohl 2017, S. 20 ff.) oder um neue Genuss- und Erlebnisdimensionen handeln (vgl. Esch 1998, S. 9).

▶ Beispiel einer neuartigen Nutzung von Leistungen ist das Smartphone als Instrument der gesundheitlichen Prävention. Ein Beispiel einer neuen Erlebnisdimension wären Springerstiefel als Modeaccessoire.

Sozialtechnische Innovationen besitzen in späteren Phasen des Marktlebenszyklus besondere Relevanz, wenn bei zunehmender Ausschöpfung der technologischen Basis wahrnehmbare technische Innovationen nicht mehr oder nur zu unangemessen hohen Kosten möglich sind.

Eine Kombination aus Produkt-, Prozess- und Marketinginnovation stellt z. B. die Sharing Economy dar.

Exkurs Sharing Economy

Eine Folge der Digitalisierung, insbesondere der Vernetzungs- und Kommunikationsmöglichkeiten in Verbindung mit einem (vermeintlich) veränderten Konsumentenverhaltens (vgl. Bruhn et al. 2015, S. 613) ist die wachsende Bedeutung der **Sharing Economy** (vgl. Bruhn et al. 2015, S. 613).

Sharing bedeutet teilen (vgl. zu den unterschiedlichen Möglichkeiten des Teilens auch Belk 2010, S. 717 ff.), wobei Personen oder Institutionen anderen Personen oder Institutionen Ressourcen zur gemeinsamen Nutzung gegen ein Entgelt (z. B. Car-Sharing) oder kostenlos (z. B. Foodsharing) überlassen (vgl. Scholl 2019, S. 6; Bruhn et al. 2015, S. 614; Pick und Haase 2015, S. 10). Das Internet wirkt quasi als Beschleuniger der Entwicklung. Die folgenden Ausführungen legen den Fokus auf dem Profit-Sharing, d. h. dem Sharing gegen Entgelt.

Alternativen der Sharing Economy können unterschiedlich klassifiziert werden (vgl. Scholl 2019, S. 7; Voeth et al. 2015, S. 473). Eine Klassifikation von Sharingformen in Bezug auf den Grad der Digitalisierung der Leistung und des Partizipationsgrads des Nutzers nehmen Bruhn et al. (2015, S. 615 f.) vor. Danach können „Traditional Sharing

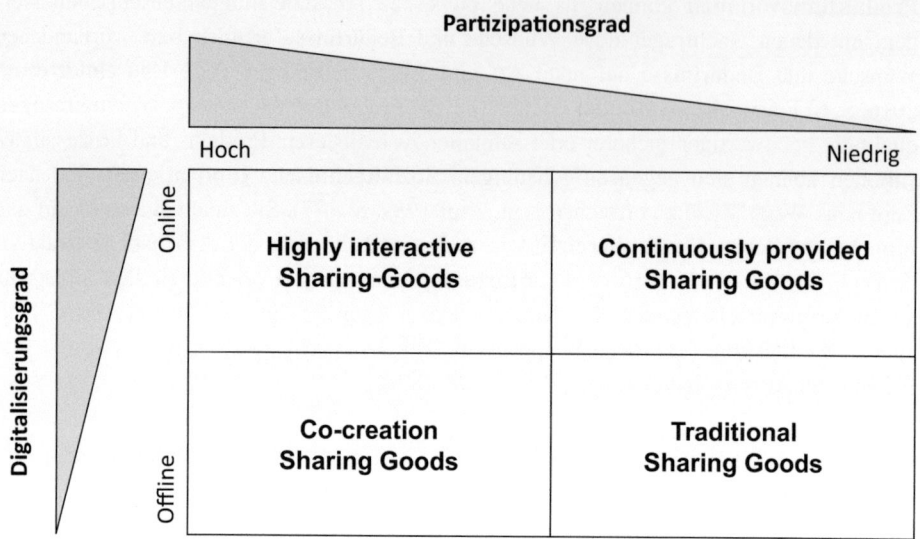

Abb. 8.35 Kategorisierung der Sharing Economy nach Bruhn (in Anlehnung an Bruhn et al. 2015, S. 616)

Goods", „Co-Creation Sharing Goods", „Continuously provided Sharing Goods" und „Highly interactive Sharing Goods" unterschieden werden (vgl. Abb. 8.35).

Grob beziehen sich alle Sharing-Aktivitäten auf die temporäre Nutzung von Gütern oder Dienstleistungen oder auf die Weitergabe von bereits gebrauchten Gütern. Die Tauschbeziehung kann direkt zwischen dem rechtlichen Eigentümer und dem Nutzer erfolgen oder es wird ein Intermediär (eine Plattform) zwischengeschaltet.

Als Folgen der Sharing Economy kommt es entweder zu einer **Verlängerung der Nutzungsdauer einer Leistung** oder zu deren **intensiveren Nutzung** (vgl. Scholl 2019, S. 8). Abb. 8.36 bildet die Zusammenhänge ab.

Bruhn et al. (2015, S. 615) führen aus, „..., dass es sich beim Sharing um einen klassischen Fall der „Interaktiven Wertschöpfung" handelt. Durch gemeinsam geteilte „shared values" und Interaktionen zwischen Nutzern werden Synergien erzielt und damit die Voraussetzungen zur Steigerung der individuellen und gemeinsamen Wertschöpfung geschaffen."

Motive der Nutzung von Sharing- Services aus Nutzersicht können vielfältig sein. Bruhn et al. (2015, S. 618 ff.) unterscheiden die Motive Autonomie, Kompetenz und Zugehörigkeit. Die verschiedenen Motive wurden durch unterschiedliche Items operationalisiert. Wenig überraschend konnte festgestellt werden, dass die Nutzung von „Traditional Sharing Services", „Co-Creation Sharing Services", „Continuously provided Sharing Services" und „Highly interactive Sharing Services" die Motive in

8.2 Strategie der Differenzierung

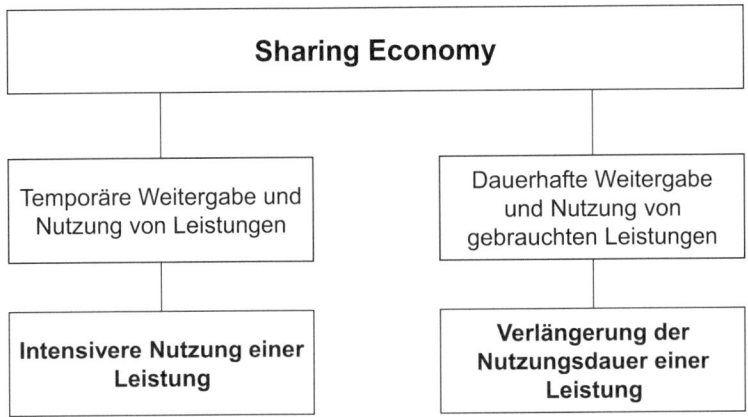

Abb. 8.36 Folgen der Sharing Economy

unterschiedlicher aber signifikanter Weise befriedigen. Unabhängig von der Kategorie wird das **Autonomie-Motiv** immer am stärksten befriedigt (vgl. Bruhn et al. 2015, S. 624).

Wittkowski et al. (2015, S. 24 ff.) gingen der Frage nach, warum industrielle Nachfrager sich für KoKonsum entscheiden und definieren den Begriff als Dienstleistungen, bei denen Kunden vorübergehend das Recht erlangen, materielle und/oder immaterielle Leistungen zu nutzen. Sharing-Leistungen können in diesem Begriff eingeordnet werden (vgl. Wittkowski et al. 2015, S. 25). Neben Steuervorteilen und dem Erhalt der Liquidität bei kleineren Unternehmen wird KoKonsum insbesondere durch den Wunsch nach der Nutzung neuester Technologie für die Inanspruchnahme von KoKonsum-Leistungen bei eingeschränktem Wertverlustrisiko gefördert. Man kann auch hier das Autonomiestreben durchaus erahnen. Dem hingegen wirkt die Angst, Kontrolle über Vermögensgüter zu verlieren, kontraproduktiv für den KoKonsum (vgl. Wittkowski et al. 2015, S. 30).

Voeth et al. (2015, S. 474 ff.) untersuchten die Ziele von Unternehmen, die sich als Anbieter in der Sharing Economy engagieren am Beispiel des Car-Sharings. Genannt werden dabei

- die Partizipation an einem wachsenden Markt,
- eine Imageverbesserung durch die Realisation von Nachhaltigkeit und Emissionsreduktion,
- die Erschließung und Bindung neuer (junger) Zielgruppen durch Steigerung der Markenattraktivität,
- die Generierung von Kundendaten (inkl. der Nutzungsdaten),
- die Schaffung von Wettbewerbsvorteilen durch Steigerung der Convenience,
- die Erprobung neuer Technologien,

- der Abbau von technologiebezogenen Kaufbarrieren,
- die Verlängerung der Wertschöpfungskette verbunden mit einer größeren Nähe zum Kunden.

Als Erfolgsfaktoren des Modells gelten die Kundenakzeptanz des Modells und eng damit verbunden das Marketing, mit dem Anbieter ihre Zielgruppen ansprechen. Zudem sind Kooperationen mit anderen Anbietern notwendig, um dem Kunden eine ganzheitliche Problemlösung zu bieten (z. B. geeigneten Parkraum). Nicht zuletzt entscheiden die Convenience, die Transparenz (z. B. die Preistransparenz) und die Funktionssicherheit des Modells über den Erfolg (vgl. Voeth et al. 2015, S. 483 ff.).

Als Herausforderungen des Car-Sharings werden der hohe Kapitalbedarf sowie die Realisation der Profitabilität sowie die Anforderungen an die Interaktivität gesehen. Letztere beziehen sich auf die Motivation von Kunden zur Nutzung von Sharing-Angeboten, aber auch auf die Vermittlung der Anforderungen an die Behandlung der Fahrzeuge (vgl. Voeth et al. 2015, S. 480 ff.).

Viele der in den dargestellten empirischen Untersuchungen genannten Motive und Ziele der Anbieter bzw. Nutzer, der Herausforderungen und Erfolgsfaktoren werden für eine Vielzahl von Sharing-Modellen über verschiedenen Märkte hinweg Gültigkeit besitzen.◄

Die **Subjektdimension der Innovation** beantwortet die Frage, wer den Grad der Neuartigkeit einer Leistung bzw. eines Prozesses beurteilt (vgl. Hauschildt et al. 2016, S. 17 ff.). Aus Anbietersicht handelt es sich bei solchen Leistungen und Prozessen um Innovation, die die Unternehmung erstmalig anbietet oder durchführt (vgl. auch Witt 1996, S. 6). Es sind immer Betriebsneuheiten, die ggf. Abweichungen von vorhandenen Routinen erfordern.

Für das Marketing und insbesondere für die vorliegende Problemstellung der Differenzierung relevant ist die **subjektive Wahrnehmung** einer Leistung oder eines (Dienstleistungs-) Prozesses durch die Nachfrager (vgl. Weiber und Pohl 2017, S. 17). Zur Einschätzung einer Innovation vollzieht der Nachfrager einen Mustervergleich, bei dem die neue Leistung bzw. der neue Prozess den bekannten, in seinem Gedächtnis gespeicherten Schemata zu vorhandenen Leistungen und Prozessen gegenübergestellt werden (vgl. Abb. 8.37).

Das Ausmaß des Vergleichsprozesses und dessen Ergebnisse werden durch die Inhalte bestehender Gedächtnisstrukturen und das Involvement des Kunden (vgl. Abschn. 8.2.2.2) bestimmt. Beide Größen legen auch die Relevanz der Innovation für den Kunden fest. Bei einem niedrigen Involvement erfolgt der Vergleich auf oberflächlich erkennbaren, leicht zu identifizierenden Merkmalen. Bei hohem Involvement vergleicht der Nachfrager eine Vielzahl ggf. auch nicht offensichtlich erkennbarer Eigenschaften (vgl. Esch 1998, S. 11 f.). Die Einschätzung einer Leistung oder eines Prozesses als Innovation kann damit

8.2 Strategie der Differenzierung

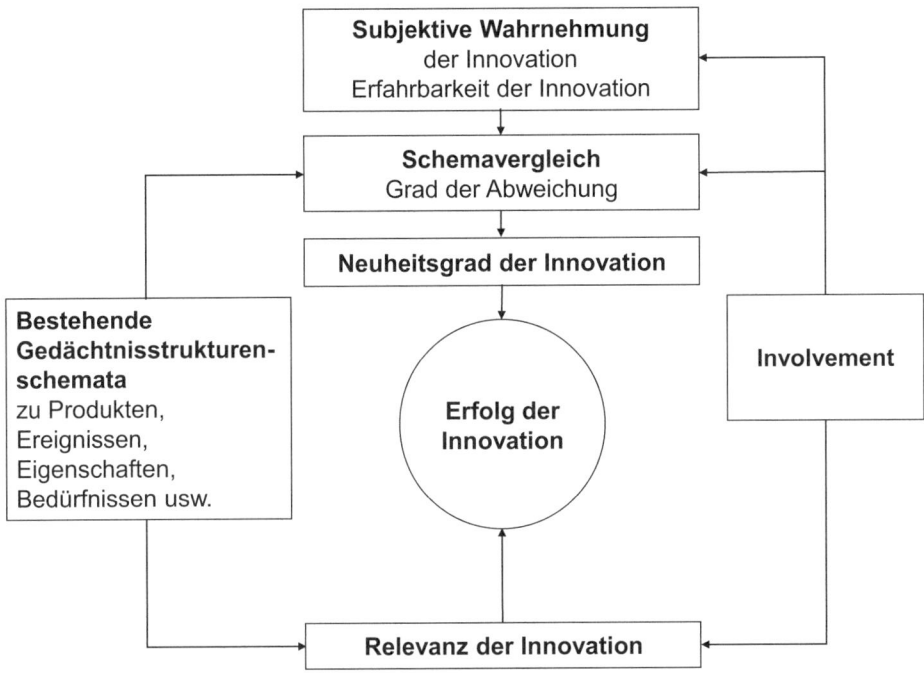

Abb. 8.37 Beurteilung einer Innovation aus Kundensicht (Esch 1998, S. 13)

bei den Nachfragern in Abhängigkeit des Involvements inter- und intrapersonell variieren und damit unterschiedliche Adaptionsprozesse auslösen (vgl. Weiber und Pohl 2017, S. 17).

Die **Intensitätsdimension** geht auf das Ausmaß der Innovation ein und bestimmt u. a. die Marketingaktivitäten zu ihrer Durchsetzung am Markt. Zur Klassifikation des Ausmaßes einer Innovation werden verschiedene Ansätze aus Anbieter- und Nachfrageperspektive genannt.

Aus Anbietersicht werden in einem **dichotomen Ansatz** zum einen radikale und inkrementelle Innovationen unterschieden (vgl. Hauschildt et al. 2016, S. 13). Während es sich bei ersteren um grundlegend neue Problemlösungen (für bekannte oder bisher ungelöste Probleme) handelt, sind letztere Verbesserungen bekannter Problemlösungen. Um eine **ordinale Klassifikation** handelt es sich zum anderen bei der Unterscheidung in substitutive Innovationen, die rationale oder emotionale Nutzenvorteile aufweisen, Wertschöpfungsinnovationen, die zu neuen Leistungsabgrenzungen führen und Anwendungsinnovationen, die auf die Befriedigung bisher nicht erfüllter Bedürfnisse abzielen (vgl. Gerybadze 1988, S. 116 ff., sowie zu anderen ordinaler Klassifikationen Völcker et al. 2012, S. 19). **Multidimensionale Ansätze** schließlich berücksichtigen neben technischen Aspekten auch markt- und unternehmensbezogenen Gesichtspunkte, um die

Intensität einer Innovation zu bestimmen (vgl. Schlaak 1999, S. 230; Hauschildt et al. 2016, S. 14 f.).

Aus Nachfragersicht kann unter Bezugnahme auf den Schemavergleich die Intensität der Innovation mit dem Ausmaß beurteilt werden, in dem die neue Leistung bzw. der neue Prozess mit den vorhandenen Gedächtnisstrukturen übereinstimmt. Eine **Schemainkongruenz** führt zu der Einschätzung einer Leistung oder eines Prozesses als Innovation. Bei der **Schemakongruenz** kann danach unterschieden werden, ob die neue Leistung in das vorhandene Schema **assimiliert** werden kann oder ob eine neue **Unterkategorie** im vorhandenen Schema gebildet wird (vgl. Esch 1998, S. 12). Letztlich wird es zu einer Beurteilung der Leistung bzw. des Prozesses als Differenzierung mit unterschiedlicher Intensität kommen.

Die **Quellendimension** befasst sich mit der Herkunft einer Innovation bzw. einer Innovationsidee. Impulse dazu können aus unternehmensexternen und unternehmensinternen Quellen stammen.

Als **unternehmensexterne Quellen** für Innovationsideen sind Lieferanten, Konkurrenten und insbesondere Kunden zu nennen (vgl. Weiber und Pohl 2017, S. 27 f.).

Zur Integration **einzelner Kunden** in den Innovationsprozess wird auf den Lead User Ansatz verwiesen.

▶Lead User sind Kunden, die neuartige Bedürfnisse Monate oder Jahre vor der breiten Masse artikulieren können (vgl. von Hippel 1986, S. 791 ff.) und die Fähigkeiten und die Motivation besitzen, eigenständige Lösungen zu entwickeln (vgl. von Hippel 2005, S. 22; von Hippel 1988, S. 115; Nerdinger 2000, S. 25; Breach 2008, S. 4; Diener und Piller 2010, S. 15) bzw. an der Lösung mitzuwirken (vgl. Weiber und Pohl 2017, S. 47).

Für die Unternehmung besteht die Anforderung, in einem mehrstufigen Prozess Lead-User zu identifizieren und sie zur Kooperation zu bewegen (vgl. Lüthje und Herstatt 2004, S. 560 f.; von Hippel 1988, S. 108 ff.). Zur Identifikation von Lead Usern dienen interne und externe Expertengespräche, Nutzerinterviews und Messebesuche. Die Möglichkeiten zur Identifikation steigen mit der Recherche zu Schlüsselwörtern, Zitaten, Links, Rezensionen und Meinungen im Internet (vgl. Hoewner et. al. 2008, S. 47; Weiber und Pohl 2017, S. 48 f.). Auch der Beitrag der KI in diesem Zusammenhang darf zukünftig nicht unterschätzt werden.

Neben dem Erhalt neuer Ideen für Innovationen besitzt der Lead User – Ansatz weitere Vorteile für die Unternehmung:

- Eine schnelle und kostengünstigere Entwicklung von neuen Produkten und Prozessen durch Integration der „Vorarbeiten" der Lead User in den F&E-Prozess der Unternehmung,
- eine Reduktion des Flop-Risikos, da die Gefahr, „am Markt vorbei" zu entwickeln, reduziert wird,

- eine Beschleunigung des Adoptionsprozesses, wenn Lead User als Meinungsführer agieren.

Eine breite Masse der Kunden kann im unterschiedlichen Ausmaß in die Gewinnung zur Gewinnung von Ideen für Innovationen integriert werden (vgl. Meffert et al. 2019, S. 418 ff.). Das geringste Ausmaß der Kundenintegration stellt die Analyse des Kundenverhaltens auf der Basis von **Sekundärdaten und die Beobachtung des Kundenverhaltens** dar. Bei der Analyse von Kundendaten kann die Unternehmung auf klassische unternehmensinterne Sekundärquellen wie die Beschwerdeanalyse zurückgreifen. Das **Social Listing** greift auf die Möglichkeiten des Social Media Monitoring zurück, und analysiert und interpretiert Beiträge aus Soziale Netzwerken, Blogs, Podcasts, Foren und Bewertungsportalen in Hinblick auf Ideen für neue Leistungen (vgl. Weiber und Pohl 2017, S. 60 f.). **Intelligente Produkte**, die mit Sensoren und Informationstechnologien ausgestattet sind, erlauben die Erfassung ihrer Nutzung durch die Kunden und zeigen Ansätze zu ihrer Verbesserung und Weiterentwicklung. Problematisch erscheint, dass sich die Analyse und Beobachtung des Kundenverhaltens auf existierende Leistungen und Prozesse bezieht, sodass Hinweise für radikale Innovationen tendenziell nicht zu erwarten sind und bestenfalls Ideen für inkrementelle Innovationen geliefert werden. „However, managers are afraid that morefact-based decision making reduces out-of-the-box thinking, which is important for developing new initiatives and innovation" (Leeflang et al. 2014, S. 6).

Das Ziel von **Open Innovation** ist es, durch die Einbindung von Kunden und anderen externen Partnern in den Innovationsprozess Informationen über Bedürfnisse und deren Lösungen zu erlangen, um den eingeschränkten Lösungsraum der unternehmensinternen F&E zu erweitern (vgl. Chesbrough et al. 2006, S. 1; Reichwald und Piller 2005, S. 4; Lüttgens und Gross 2008, S. 30; Diener und Piller 2010, S. 14). Dabei sind eine Vielzahl von Möglichkeiten denkbar. Bei der **Co-Creation** werden Kunden als Informationsquelle für Innovationen betrachtet, indem sie in einem aktiven Dialog der Unternehmung ihr Know-how und ihre Fähigkeiten zur Verfügung stellen und den Inovationsprozess effektiver machen. Beim Co-Developement soll der Innovationsprozess durch die Einbindung von Kunden effizienter gestaltet werden (vgl. Weiber und Pohl 2017, S. 52 f.). **Prosumer** entwickeln eigene Ideen für neue Produkte und Weiterentwicklungen, die sie auf öffentlichen oder eigens von Unternehmen geschaffenen Portalen vorstellen (vgl. Meffert et al. 2019, S. 421). Beim **Crowed-Sourcing** schreibt eine Unternehmung einen Ideenwettbewerb für ein spezifisches Innovationsproblem aus, für die jeder registrierte Nutzer der Community dann Lösungen erarbeitet. Die besten Lösungsvorschläge werden prämiert. Die Methode kann zu Ideen für radikale Innovationen führen, da sie eine Vielzahl heterogener Ideen aus einer großen Gruppe von Nachfragern abruft (vgl. Weiber und Pohl 2017, S. 54 f.). **Communities of Innovations** sind virtuelle Interessengruppen, die für die Unternehmung freiwillig Aufgaben im Rahmen der Innovation übernehmen. Neben der Generierung von Ideen für neue Leistungen und Prozesse ist dabei auch an die Übernahme von Aktivitäten im Entwicklungsprozess und der spätere Abbau von Marktbarrieren bei der Markteinführung zu denken (vgl. Weiber und Pohl 2017, S. 57).

Unternehmensinterne Quellen für Innovationsideen (vgl. Vollert 2009, S. 118 ff.) stammen aus Marktanalysen, den Anregungen des Außendienstes, dem betrieblichen Vorschlagswesen und internen Ideenwettbewerben. Weiter sind analytisch dekursive Verfahren wie z. B. der morphologische Kasten, das Quality Function Deployment u. ä sowie intuitive Verfahren (wie das Brainstorming, die Synektik u. ä) der Ideenproduktion zu nennen. Nicht zuletzt können Ideen für neue Produkte und Prozesse aus der F&E stammen.

Die Quellen der Innovation führen zu einer Unterscheidung in Technology – Push- und Market – Pull – Innovationen (vgl. Bruhn 2016, S. 188 ff.; Bruhn und Hadwich 2017, S. 188 ff.).**Technology Push – Innovationen** basieren auf autonomen, naturwissenschaftlichen Erkenntnisfortschritten, deren Grundlage u. a. großzügige F & E – Budgets sind. Neue technologische Möglichkeiten werden in der Unternehmung für neue Leistungen und Prozesse genutzt und basieren großteils auf innerbetrieblichen Ideen für Innovationen (vgl. Johnson et al. 2018, S. 413 ff.; Bruhn 2016, S. 217 f.). Bei einer Konzentration auf diese Innovationsquelle können eine Vielzahl von radikalen Innovationen, weit über eine Marktanpassung hinaus erwartet werden (vgl. Weiber und Pohl 2017, S. 30). Es besteht aber die Gefahr, dass an den Bedürfnissen der Abnehmer, die in den Innovationsprozess nicht einbezogen werden, vorbei entwickelt wird (vgl. Wolfrum 1992, Specht 2002; Benkenstein 1987, S. 5).

Ausgangspunkt von **Market Pull – Innovationen** sind bereits artikulierte Wünsche und Bedürfnisse der Kunden, die mit Innovationen befriedigt werden sollen. „Successfull innovation rest on first understanding customer needs and then developing products, that meed those needs." (Hauser et al. 2006, S. 688).

Vorteilhaft wirkt sich bei Market Pull – Innovationen aus, dass sich die Gefahr verringert, am Markt vorbei zu entwickeln (vgl. auch Franke und v. Hippel 2003; Benkenstein 1987, S. 4 f.;). Trotzdem ist der Ansatz für die Innovation nicht problemlos. Zum einen bedarf es einer intensiven Koordination von Forschung und Entwicklung, Produktion und Marketing (vgl. Benkenstein 1987, S. 5 ff.), was nicht zuletzt die Komplexität innerhalb der Unternehmung erhöht. Weiterhin können eine Dominanz der Kunden und des Marketings eine kurzfristige, marktbezogenen Betrachtungsweise zu Lasten einer langfristigen Technologieorientierung begünstigen. Dies schließt die Gefahr ein, dass F & E –Budgets in kurzfristige anwendungsbezogene Projekte umgeschichtet werden. Hauptsächlich ist zu kritisieren, dass Innovationen mit geringem Innovationsgrad (im Rahmen des Möglichkeitsraums der Kunden) gegenüber bedeutenden Innovationen bevorzugt werden könnten (vgl. Benkenstein 1987, S. 4; Vollert 2004, S. 228). Da auch die Konkurrenz die artikulierten Wünsche und Bedürfnisse erfasst, ist mit einer schnellen Imitation der Innovation zu rechnen. Die Wettbewerbsposition der Unternehmung kann so im Zeitablauf eruieren (vgl. Johnson et al. 2018, S. 413 ff.).

8.2 Strategie der Differenzierung

Als erfolgversprechend erscheinen Innovationen, die die Bedürfnisse der Kunden und neue technologische Entwicklungen gleichzeitig berücksichtigen. Sehr früh untersuchte Cooper (1985) den Erfolg unterschiedlicher Innovationsstrategien. Er unterschied dabei fünf Strategiealternativen:

- **Technologically Driven Strategy (Strategietyp A):** F & E – dominierte Innovationen bei niedriger Marktorientierung, hoch innovativ, technologisch komplex und risikoreich.
- **Balanced Focus Strategy (Strategietyp B):** Gleichzeitige Ausrichtung der Innovation an Technologie und Markterfordernissen.
- **Technologically Deficient Strategy (Strategietyp C):** Me – too – Leistungen mit niedrigem technologischen Innovationsgrad.
- **Low Budget, Conservative Strategy (Strategietyp D):** Innovationen mit niedrigem technologischem Innovationsgrad, aber hoher Effizienz der Vermarktung.
- **High Budget, Diverse Strategy (Strategietyp E):** Hohe F & E – Ausgaben, die weniger der Entwicklung innovativer und komplexer Leistungen als vielmehr der Diversifikation in andere Märkte dienen.

Ebenso wie jüngere empirische Untersuchungen (vgl. Lubik et al. 2013) kommt Cooper zu dem Ergebnis, dass die Balanced Focus Strategy, bei der erfasste Kundenbedürfnisse mit technischen Neuheiten befriedigt werden, im Vergleich zu anderen Innovationsstrategien am erfolgreichsten abschneiden.

Die mit den verschiedenen Dimensionen gekennzeichneten Formen der Innovation besitzen im Marktlebenszyklus unterschiedliche Bedeutung (vgl. Abb. 8.38). Während bezogen auf die Inhaltsdimension in früheren Phasen des Marktlebenszyklus vor allem technische Innovationen dominieren, gewinnen in späten Phasen des Marktlebenszyklus sozialtechnische Innovationen an Bedeutung. Bezogen auf die technischen Innovationen dominieren in frühen Phasen des Marktlebenszyklus tendenziell Produkt- und Dienstleistungsdimensionen, in späteren Phasen dann eher Prozessinnovationen. Unter Berücksichtigung der Subjektdimension besitzen in frühen Phasen des Marklebenszyklus Leistungen und Prozesse Bedeutung, die aus Kundensicht eine Schemainkongruenz aufweisen. Sie werden in späteren Phasen durch Leistungen und Prozesse abgelöst, die zu einer neuen Unterkategorie eines vorhandenen Produkt- bzw. Prozessschemas führen oder in ein vorhandenes Schema assimiliert werden. Legt man die Quellendimension der Innovation zugrunde, sollte die Kombination von Technology-Push- und Market-Pull-Innovationen in allen Phasen des Marktlebenszyklus erfolgen.

8.2.3.2 Begriffliche Grundlagen des TIM

Die Realisation von Innovationen bedarf eines Technologie- und Innovationsmanagements (TIM). Der Begriff der Technologie ist nicht einheitlich definiert (vgl. Perl 2007, S. 17,

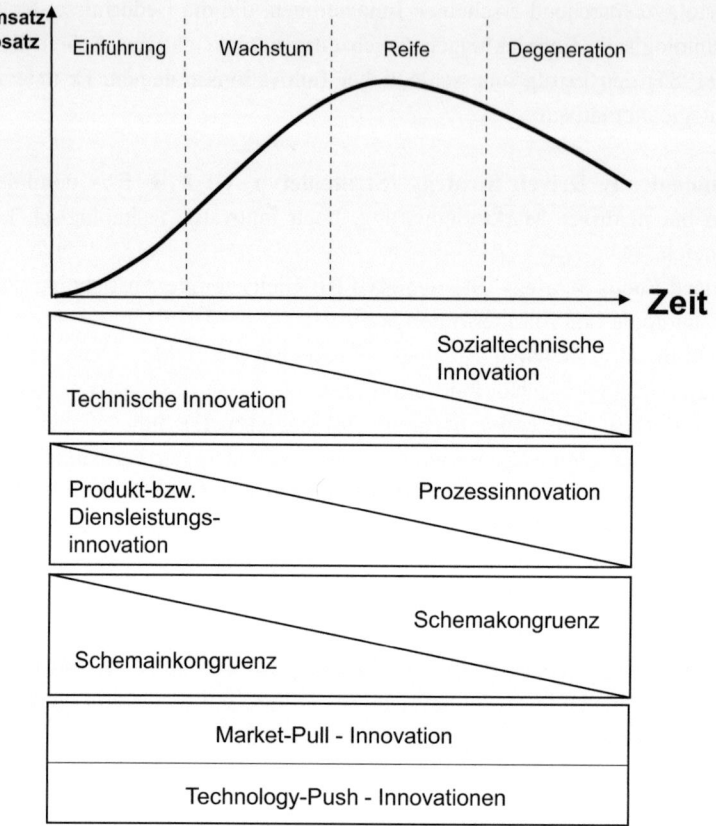

Abb. 8.38 Innovationen im Marktlebenszyklus

Corsten et al. 2016, S. 26; Gerpott 2005a, S. 17 ff.; Gerpott 2005b, S. 308 f.; Zörgiebel 1983, S. 11; Brockhoff 1999, S. 27).

▶In einem engen Verständnis sind **Technologien** (Technologien i.e.S.) fundierte, auf Theorien basierende, wissenschaftliche Erkenntnisse über Ziel-Mittel-Beziehungen, die zur Lösung praktischer Probleme in der Unternehmung beitragen.

Zumeist stehen dabei naturwissenschaftlich-technische Zusammenhänge im Mittelpunkt. Darüber hinaus kann auch das Wissen über Ursachen und Wirkung sozialer Phänomene als Sozialtechnologien Berücksichtigung finden (vgl. Corsten et al. 2016, S. 26). Für das Marketing sind in diesem Zusammenhang die F&E von Randkomponenten für Produkte, wie das Produktdesign, Farben u. ä, neue Erlebniswelten, die Ermittlung latententer Bedürfnisse und verhaltenswirksamer Trends, aber auch die F&E zur Durchsetzung von technischen Produkt- und Prozessinnovationen relevant (vgl. Esch 1998, S. 14).

8.2 Strategie der Differenzierung

Die praktische Anwendung von Technologien in Form von Produkten und Prozessen wird als **Technik** bezeichnet.

▶ Die Technologie i.e.S. und die Technik bilden zusammen die **Technologie in einem weiteren Sinn (Technologie i.w.S.)**.

Technologien i. w. S. bilden damit die Grundlage von Produkten und Prozessen. Handelt es sich bei den Produkten oder Prozessen um eine Erfindung, die noch nicht auf dem Markt eingesetzt wird, spricht man von einer **Invention** (vgl. Brockhoff 1999, S. 35). Die Invention wird zur **Innovation**, wenn sie auf dem Markt umgesetzt und dem Aufbau und Erhalt von KKVs dient (vgl. Perl 2007, S. 20 f.).

Neue Technologien sind das Ergebnis von F&E-Aktivitäten (vgl. Gerpott 2005b, S. 315, Specht et al. 2002, S. 14 f.; Corsten et al. 2016, S. 1 ff.; Brockhoff 1999, S. 27).

▶ Man versteht unter der **Forschung** die nachprüfbare, systematische, planvolle und nach methodischen Regeln ablaufende Suche nach Wissen zur Lösung von Grundproblemen (vgl. Schweitzer 2002, S. 30, Perl 2007, S. 18). Die **Entwicklung** führt die Forschungsergebnisse unter Beachtung wissenschaftlicher Erkenntnisse und vorhandener Techniken zur Fabrikationsreife bzw. zur Anwendung (vgl. Schweitzer 2002, S. 30).

Inhaltlich unterteilt sich die F&E (vgl. Brockhoff 1999, S. 52, Schweitzer 2002, S. 29 ff.; Gredel 2016, S. 21 ff.) in die Grundlagenforschung und in die angewandte Forschung (vgl. Abb. 8.39).

Die **Grundlagenforschung** sucht nach neuen wissenschaftlichen Erkenntnissen, ohne auf praktische Anwendungen zu achten. Sie erfolgt wegen ihrer hohen Kosten und des hohen Risikos i. d. R. in Universitäten und Forschungsinstituten und weniger in den Unternehmen. Letztere sollten, um auf dem Laufenden zu bleiben, zu ersteren unterschiedliche Beziehungen pflegen, wie z. B. den Austausch von Personal, Sponsoring, gegenseitige Vorträge etc. (vgl. auch Walter 2005, S. 104 ff.). Die **angewandte Forschung**, die auch als

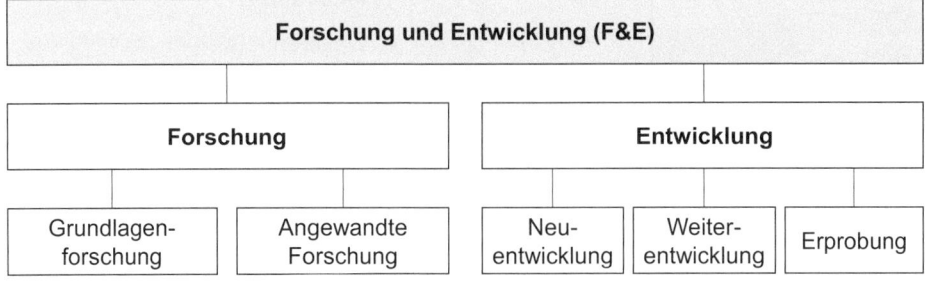

Abb. 8.39 Elemente der F&E

Technologieentwicklung bezeichnet wird (vgl. Specht et al. 2002, S. 15; Perl 2007, S. 20) stützt sich auf die Ergebnisse der Grundlagenforschung und versucht daraus praktische Anwendungen zu generieren. „Ziel der Technologieentwicklung ist vielmehr der Aufbau und die Pflege technologischer Leistungspotenziale bzw. technologischer Kernkompetenzen" (Specht et al. 2002, S. 15). Darauf aufbauend ist es die Aufgabe der Entwicklung Produkte und Prozesse, aber auch Sozialtechniken neu zu entwickeln, weiterzuentwickeln und zu erproben (vgl. Schweitzer 2002, S. 31).

Die F&E nimmt somit eine Position zwischen der Technologie und der Invention bzw. Innovation ein (zur Diskussion der Stellung des F&E vgl. Gerpott 2005a, S. 25 ff.; Gerpott 2005 b, S. 315 f., Feldmann 2007, S. 46). Der Zusammenhang der F&E, der Technologie, der Invention und der Innovation, der Weiterentwicklung und der Marktausbreitung ist in Abb. 8.40 dargestellt. F&E führt zu neuen Technologien, die allein oder zusammen mit bekannten Technologien zu Inventionen führen, aus denen Innovationen entstehen, die sich im Markt verbreiten. Gleichzeitig engagiert sich die F&E in der Weiterentwicklung. Nicht zu vernachlässigen ist, dass Innovationen auch auf der Basis bekannter Technologien entstehen können.

▶ Man kann daraus abgeleitet ein **Technologie- und Innovationsmanagement (TIM)** als den Prozess der Planung, Durchsetzung und Kontrolle aller Aktivitäten der Unternehmung definieren, die auf der Basis neuer, verbesserter und vorherrschender Technologien zu neuen oder verbesserten Produkte und Prozesse führen, die den Aufbau und Erhalt von KKVs ermöglichen (vgl. Gerpott 2005b, S. 316, Brockhoff 1999, S, 153; Albers und Gassmann 2005, S. 5 ff.; Brockhoff 2005, S. 63).

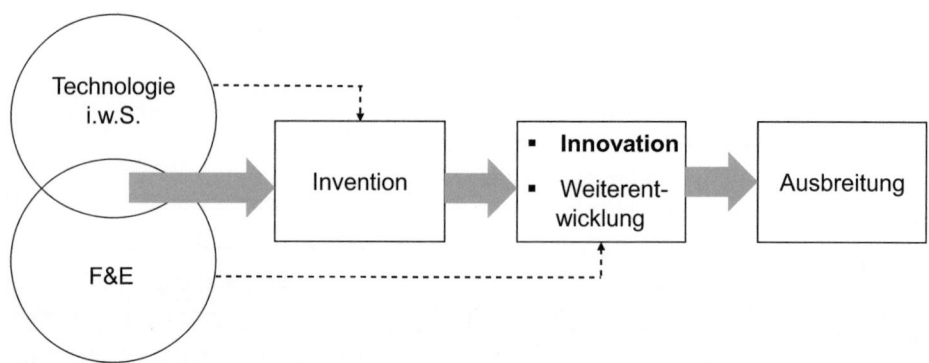

Abb. 8.40 Zusammenhänge im Technologie- und Innovationsmanagement

8.2.3.3 Strategisches Technologie- und Innovationsmanagement

Dem strategischen TIM obliegt es, Technologiestrategien zu formulieren und umzusetzen (vgl. Gerpott 2005b, S. 317, Wolfrum 1994, S. 80). Es vollzieht sich in einem mehrstufigen Prozess, der auch durch Vor- und Rückkoppelungen gekennzeichnet ist (vgl. Abb. 8.41).

8.2.3.3.1 Technologiebezogene Umweltanalyse – und prognose

Die technologiebezogene Umweltanalyse und –prognose beinhaltet die Technologiefrüherkennung und -prognose, die technologiebezogene Konkurrenzanalyse und die technologiebezogene Unternehmensanalyse (vgl. Abb. 8.42). Sie zeigt die Auswirkungen des technologischen Wandels auf die globale Umwelt, den Markt und die Unternehmung (vgl. Wolfrum 1994, S. 80 f., Gerpott 2005b, S. Gerybadze 2004, S. 103 ff.).

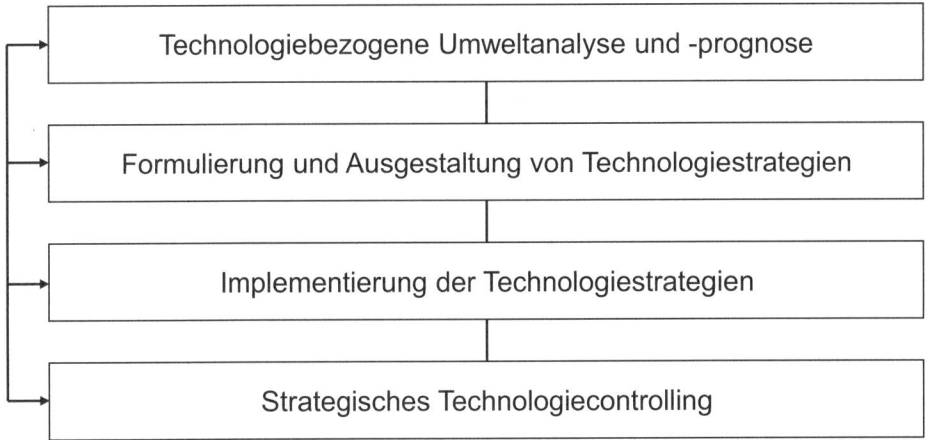

Abb. 8.41 Prozess des strategischen Technologiemanagements (in Anlehnung an Wolfrum 1994, S. 133)

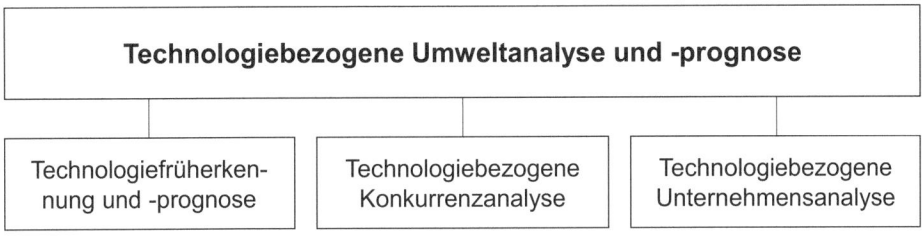

Abb. 8.42 Technologiebezogene Umweltanalyse und -prognose

Die **Technologiefrüherkennung und –prognose** (vgl. Gerpott 2005a, S. 101 ff.; Gerpott 2005b, S. 321 ff.; Wolfrum 1994, S. 134 ff.; Corsten et al. 2016, S. 194 f. sowie zu einer kritischen Bewertung Hauschildt et al. 2016, S. 307), liefert Informationen über

- bislang in der Unternehmung nicht berücksichtigte Technologien,
- das Weiterentwicklungspotenzial von Technologien,
- Grenzen bekannter Technologien,
- Substitutionsbeziehungen von Technologien,
- Diskontinuitäten von Technologien.

Sie schafft damit der Unternehmung die Möglichkeit, Chancen und Risiken der technologischen Entwicklung frühzeitig zu erkennen und zu nutzen.

Die Technologiefrüherkennung und –prognose teilt sich in die Technologieexploration und in die Technologieüberwachung auf, die sich wechselseitig unterstützen (vgl. Gerpott 2005a, S. 102; Gerpott 2005b, S. 321, Gelbmann und Vorbach 2007a, S. 99; Wolfrum 1994, S. 134 ff.; Specht et al. 2002, S. 80 ff.).

Die **Technologieexploration** abstrahiert von den in der Unternehmung bereits angewandten Technologien und sucht nach schwachen Signalen (vgl. Kap. 4.4.3) von Neu- und Weiterentwicklungen sowie den Anwendungspotenzialen neuer Technologien, die für die Unternehmung, ihre Geschäftsfelder und den Markt zukünftig Relevanz erhalten (vgl. Wolfrum 1994, S. 137; Liebl 2005, S. 122 f.). Als Informationsquellen kommen innovative Kunden und Zulieferer, Wissenschaftsinstitutionen sowie Veröffentlichungen zur F&E ebenso in Frage wie die zur strategischen Früherkennung genannten Informationsträger (vgl. Abschn. 4.4.3). Damit verbunden sein muss die Erfassung der mit neuen Technologien einhergehenden Veränderungen des Nachfrageverhaltens, um die Relevanz der technologischen Veränderungen zu verstehen (vgl. Weiber und Pohl 2017, S. 11). Dem Marketing kommt hierbei die Funktion zu, das Nachfrageverhalten zu prognostizieren. Dadurch kann die Technologieexploration auch Hinweise auf die Entstehung neuer Märkte signalisieren.

Die **Technologieüberwachung** zielt auf das Erkennen und die Interpretation möglicher Diskontinuitäten der in der Unternehmung eingesetzten Technologien (vgl. Hauschildt et al. 2016, S. 307). Dazu ist es notwendig zumindest die relevanten, in der Unternehmung genutzten und zu nutzenden Technologien zu identifizieren. Hierzu kann man auf die Meinung interner und externer Experten sowie auf die Analyse eigener Patente zurückgreifen (vgl. Hauschildt et al. 2016, S. 308). Es wird auch eine rekursive Ermittlung diskutiert (vgl. Gerybadze 2004, S. 308; Corsten et al. 2016, S. 263). Ausgehend von den (zukünftigen) Markt- und Kundenanforderungen werden die Anforderungen an Leistungen und Prozesse der Unternehmung untersucht und dafür notwendigen Technologien und technologischen Kompetenzen abgeleitet (vgl. Abb. 8.43). Diese können mit dem derzeitigen technologischen Status der Unternehmung bzw. des SGF verglichen werden. Die Analyse ist für jedes derzeit und zukünftig bearbeitete Geschäftsfeld vorzunehmen.

8.2 Strategie der Differenzierung

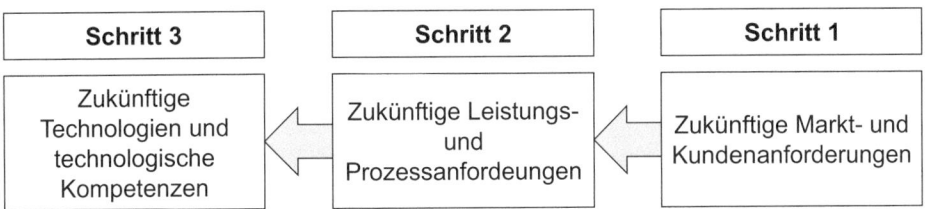

Abb. 8.43 Rekursive Ermittlung relevanter Technologien in der Unternehmung (in weiter Anlehnung an Gerybadze 2004, S. 115)

Die Informationen werden für **quantitative Technologieprognosen** z. B. auf der Basis von mathematisch statistischen Verfahren (z. B. der Trendanalyse) oder **qualitative Technologieprognosen** auf Grundlage z. B. einer Delphi – Methode oder einer Szenario-Analyse genutzt (vgl. Gelbmann und Vorbach 2007a, S. 137 ff. sowie zu den Verfahren Abschn. 4.3). Häufig wird dabei – neben **nachfrageorientierten Modellen**, die sich mit der Adoption von Innovationen durch die Kunden beschäftigen (vgl. Corsten et al. 2016, S. 169 ff.; Albers 2005, S. 418 ff.) – auf **leistungsbezogene Modelle der Technologieentwicklung** zurückgegriffen (vgl. Corsten et al. 2016, S. 258 ff.; Völker et al. 2012, S. 59 f.). Leistungsbezogene Modelle bilden die Leistungsfähigkeit einer Technologie in Abhängigkeit der Zeit oder des kumulierten F&E-Aufwands ab. Grundlage bildet – wie in Abschn. 3.2.2.2 dargestellt – die Annahme eines S-förmigen Verlaufs der Technologieentwicklung. Bekannt ist das **Modell von A. D. Little**, das davon ausgeht, dass sich die Leistungsfähigkeit einer Technologie im Zeitablauf in vier Phasen verändert (vgl. Specht et al. 2002, S. 66 ff.; Brockhoff 1999, S. 33 f.). Dabei werden die Entstehungsphase, die Wachstumsphase, die Reifephase und die Altersphase unterschieden. Abb. 8.44 beschreibt die einzelnen Phasen auf einigen ausgewählten Kriterien.

Zotter (2007, S. 72 f.) erklärt die Entwicklung mit einem Ansteckungseffekt. Einmal mit einer Technologie gefundene Lösungen führen zu weiteren Lösungen in der Unternehmung, aber auch dazu, dass Konkurrenten auf dem Markt im dynamischen Wettbewerbsprozess die Technologie nutzen. Damit verändert sich innerhalb der Phasen der Einfluss der Technologie auf den Wettbewerb.

Technologien, die sich in der Entstehungsphase befinden, werden als **Schrittmachertechnologien** bezeichnet. Gerybadze (2004, S. 131) spricht von embryonischen Technologien). Ihr Einfluss auf den Wettbewerb ist noch schwer abschätzbar. Schrittmachertechnologien befinden sich in der Wachstumsphase des Technologielebenszyklus. Sie sind auf dem Markt kaum verbreitet, sodass ihr zukünftiges Wettbewerbspotenzial bei hohem Risiko als hoch einzuschätzen ist. Technologien in der Wachstumsphase des Technologielebenszyklus bezeichnet man als **Schlüsseltechnologien**. Da sie ein hohes Differenzierungspotenzial besitzen, kommen sie in immer mehr Anwendungen bei immer mehr Unternehmen des Marktes zum Einsatz. In technologieorientierten Unternehmen sind Schlüssel- und Schrittmachertechnologien maßgebliche Grundlage ihrer KKVs.

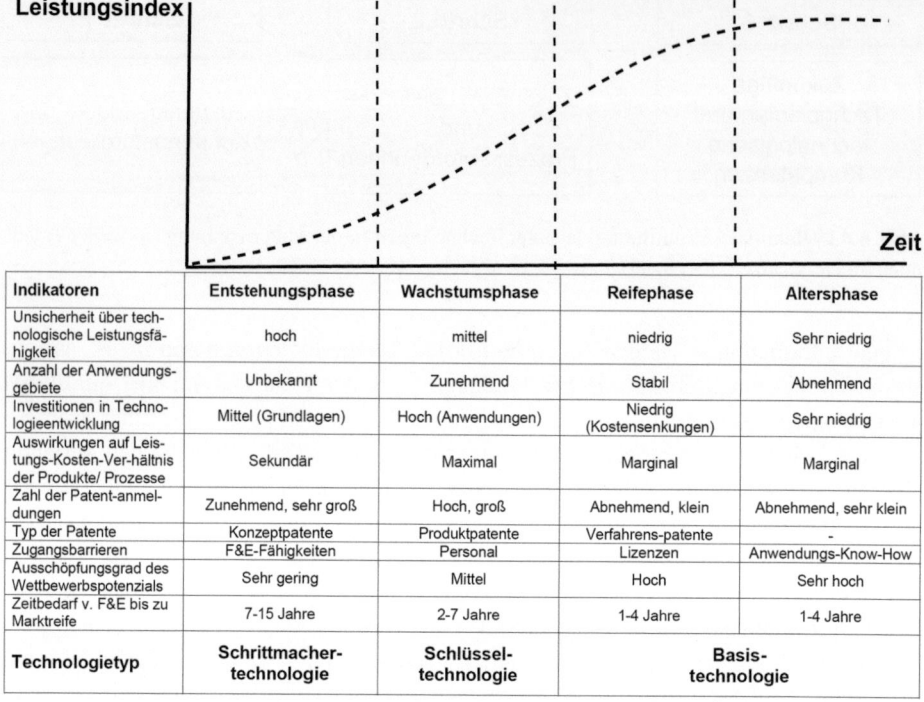

Abb. 8.44 Modell der Technologieentwicklung von A.D. Little (Gerpott 2005b, S. 325)

Basistechnologien, die sich in der Reifephase des Technologielebenszyklus befinden, sind elementarer Bestandteil von Produkten und Prozessen aller Anbieter des Marktes, sodass das Wettbewerbs- und Differenzierungspotenzial niedrig ist. Technologien in der Altersphase besitzen keinen nennenswerten Wettbewerbseinfluss und werden häufig durch (neue) Substitutionstechnologien verdrängt.

Auf letztere nimmt der Ansatz **Ansatz von McKinsey** als Ergänzung des Modells von A.D. Little Bezug (vgl. Abb. 8.45).

Das Modell macht deutlich, dass die Leistungsfähigkeit einer alten Technologie abnimmt und es sinnvoll wird, das technologische Engagement der Unternehmung auf eine neue Technologie zu konzentrieren (vgl. Gochermann 2020, S. 9 f.). Probleme ergeben sich durch den damit verbundenen **Technologiesprung** (vgl. Foster 1986, S. 39; Krubasik 1982, S. 29; Wolfrum 1994, S. 118 ff.; Weiber und Pohl 2017, S. 68 ff.): Die Leistungsfähigkeit der neuen Technologie mit hohem Weiterentwicklungspotenzial ist zum Zeitpunkt t_x geringer als die Leistungsfähigkeit der alten Technologie. Zudem sind Leistungen und Prozesse auf der Basis der alten Technologie, deren technologisches Potenzial abnimmt bzw. stagniert, auf dem Markt ggf. nach wie vor erfolgreich. In der

8.2 Strategie der Differenzierung

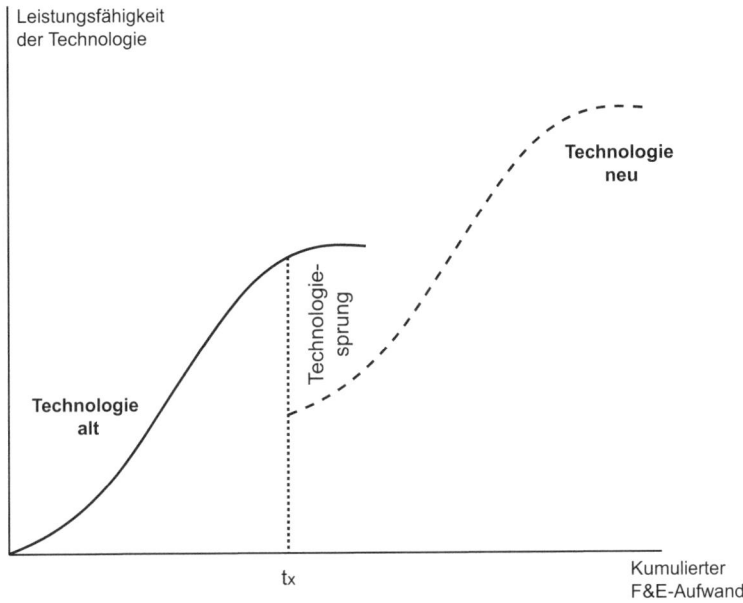

Abb. 8.45 Modell des Technologiesprungs von McKinsey (nach Krubasik 1982, S. 29)

Konsequenz kann dies dazu führen, dass die Unternehmung sich zu spät zu einem Technologiewechsel entschließt und etablierte Konkurrenten aber auch Newcomer auf einem Markt technologische Vorsprünge erhalten oder Eintrittsbarrieren errichten, die von der Unternehmung nicht mehr oder nur mit erheblichen Aufwand zu schließen bzw. zu überwinden sind, sodass ihr langfristige Überleben nicht mehr gewährleistet ist (vgl. Wolfrum 1994, S. 119). Dieser Sachverhalt wird auch als **Innovationsfalle** bezeichnet (vgl. Weiber und Pohl 2017, S. 70). Ein Ausweg wäre es, alte und neue Technologien temporär parallel zu verwenden, was entsprechende Ressourcen der Unternehmung oder Kooperationen voraussetzt.

Ebenfalls eine sinnvolle Ergänzung der Diskussion leistungsbezogener Modelle der Technologieentwicklung stellt das **Modell** von Utterback und Abernathy (1975) dar, das neben Produkt bzw. Dienstleistungs- auch **Prozesstechnologien** berücksichtigt. Grundlegende Idee ist, dass die Innovationsaktivitäten (Produkt- und Dienstleistungsinnovationen) und damit im hohen Maße das Absatzprogramm der Unternehmung und die verfügbaren Prozesstechnologien wechselseitig voneinander abhängen und in einer Einheit abgeschätzt und geplant werden müssen (vgl. Zotter 2007, S. 65 ff.; Wolfrum 1994, S. 125 ff.). Die Unternehmung erhält Hinweise, ob sie sich zu einem Zeitpunkt eher auf Produkt- und Dienstleistungstechnologien oder auf Prozesstechnologien konzentrieren muss. Utterback und Abernathy unterscheiden in ihrem Modell vier Phasen der Prozesstechnologie in Abhängigkeit der Produkttechnologie (vgl. Abb. 8.46).

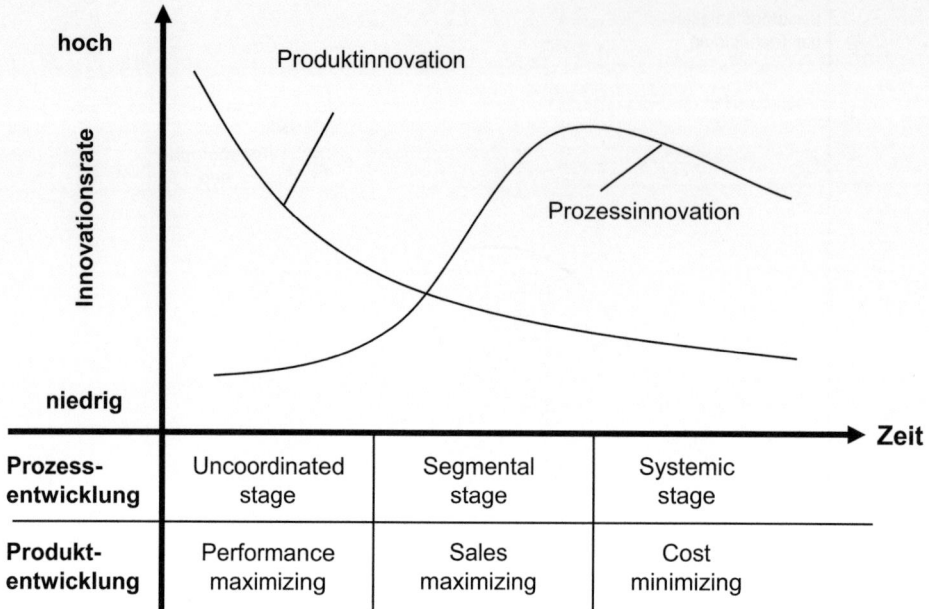

Abb. 8.46 Modell von Utterbach und Abernathy (entnommen aus Zotter 2007, S. 66)

Die erste Phase (**uncoordinated stage**) ist bei einem häufigen Wechsel der Produkttechnologie durch eine Vielzahl von Produkt- und Dienstleistungsinnovationen gekennzeichnet. Man beschränkt sich auf wenige neue Prozesstechnologien mit hoher Flexibilität, die unabdingbar mit der Produkttechnologie verbunden sein müssen (vgl. Heuss 1965) und vorhandene Prozesstechnologien. Mit zunehmendes Alter der Leistungen werden in einer zweiten Phasen (**segmental stage**) die zugrunde liegenden Prozesstechnologien spezialisiert und in ihrer Effizienz gesteigert. Eng damit verbunden ist eine zunehmende Überwachung und abnehmende Flexibilität der Prozesse. Im der dritten Phase (**systematic stage**) wird versucht, bei letztlich standardisierten Produkten und Dienstleistungen mit Prozessinnovationen und der Integration von Teilprozessen die Effizienz der Produktion zu steigern. Schließlich wird die Prozesstechnologie durch neue Technologien mit einer anderen Systemgestaltung abgelöst (**discontinuieties stage**).

Technologielebenszyklusanalysen sind nicht unproblematisch. Zum einen ist der unterstellte S-förmige Verlauf der Technologieentwicklung nicht naturgesetzlich gegeben. Leistungsindices und F&E-Ausgaben, die mit einer Technologie verbunden sind, können nur schwer ex ante bestimmt werden. In diesem Zusammenhang muss auch darauf hingewiesen werden, dass die Entwicklung einer Technologie auch von der Entwicklung komplementärer Technologien abhängt.

8.2 Strategie der Differenzierung

Trotzdem sensibilisieren Technologielebenszyklusanalysen für die Veränderung von Technologien und ihrer Produktivität sowie ihrer Bedeutung zur Differenzierung im Wettbewerb. Sie geben Hinweise auf die Notwendigkeiten zum Technologiewechsel und den damit verbundenen Anforderungen zum Aufbau neuer technologischer Kompetenzen (vgl. Gerpott 2005b, S. 326).

Die **technologiebezogene Konkurrenzanalyse** beschäftigt sich mit der Beschaffung, Speicherung, Auswertung und Interpretation von technologiebezogenen Aktivitäten aktueller und potenzieller Konkurrenten der Unternehmung (vgl. Gerpott 2005b, S. 327 ff.; Corsten et al. 2016, S. 255 ff.). Wie in ABschn. 3.4 dargestellt, zählen dazu die Konkurrenten der eigenen strategischen Gruppe, Konkurrenten aus anderen strategischen Gruppen, die die Mobilitätsbarrieren der eigenen strategischen Gruppe überwinden könne, sowie Konkurrenten, die bisher nicht auf dem Markt agieren, den Markt aber aufgrund ihrer Ressourcenausstattung, ihrer Fähigkeiten und ihres Wissens betreten könnten. Die Unternehmung versucht dabei Informationen über die technologiebezogenen Absichten (z. B. Ankündigungen von neuen Leistungen), die technologiebezogenen Potenziale und die technologiebezogenen Ergebnisse (z. B. Patente) der Konkurrenz zu erhalten. Sie reduziert damit das Risiko, von technologiebezogenen Initiativen der Konkurrenz überrascht zu werden und verlängert die Zeitspanne, um auf Konkurrenzaktivitäten mit marktnahen Technologieentscheidungen, Entscheidungen zum Make or Buy von Technologien und den damit ggf. verbundenen Ressourcenentscheidungen sowie Entscheidungen zum Technologieschutz zu reagieren (vgl. Gerpott 2005b, S. 329). Zudem können Aktivitäten der Konkurrenz Hinweise auf bislang in der Unternehmung nicht beachtete, aber relevante Technologiefelder und –aktivitäten geben.

Die **technologiebezogene Unternehmensanalyse** konzentriert sich auf die Innovationsfähigkeit und Innovationswilligkeit der Unternehmung, die in einer komplementären Beziehung zueinander stehen (vgl. Oberender und Rüter 1988, S. 17).

Die **Innovationsfähigkeit** bezieht sich auf die Ressourcen, die Kompetenzen und das Wissen in der Unternehmung als Grundlage dafür, Innovationen als Aktionsparameter im Wettbewerb nutzen zu können (vgl. Oberender 1973, S. 45 und Abschn. 3.6). Sie wird mit einer **Technologiepositionsbewertung** erfasst. Mit dieser sollen die der Unternehmung zugänglichen internen und externen technologischen Ressourcen erfasst und die Stärken und Schwächen der Unternehmung insbesondere bei Schlüssel- und Schrittmachertechnologien identifiziert werden (vgl. Gerpott 2005b, S. 330, Wolfrum 1994, S. 200 f.). Gegenstand der Analyse sind die **internen technologischen Ressourcen** sowie der **Zugang zu externen Technologiequellen**. In diesem Zusammenhang spielt auch die Exklusivität dieses Zugangs eine Rolle. Als technologische Ressourcen werden humane und technologische Potenziale sowie deren Ergebnisse betrachtet (vgl. Specht et al. 2002, S. 92, Gerpott 2005b, S. 331). Zu ihrer Analyse schlagen Gelbmann und Vorbach (2007a, S. 144 ff.) Checklisten vor (vgl. Tab. 8.6), die z. B. auf der Basis der Wertekettenanalyse oder der Erfahrungskurvenanalyse erstellt und für die eigene Unternehmung sowie die

Tab. 8.6 Checkliste zur Analyse technologischer Potenziale. (Quelle: Gelbmann und Vorbach 2007a, S. 145)

Arbeitsgebiete	Anteil Grundlagenforschung; Anteil angewandte Forschung; In der F&E vertretene, wissenschaftliche Gebiete; Gegenwärtige Arbeitsschwerpunkte; Anteil der Eigen-/Fremd-F&E;
Aufwands-/Kostenstruktur	Höhe des gesamten F&E-Aufwandes; F&E-Aufwand pro Mitarbeiter; F&E-Aufwand/Umsatz; Entwicklung des F&E-Aufwandes im Zeitablauf; Kostenstruktur des F&E-Bereichs (Kostenart, Kosten pro Projekt, Kosten pro F&E-Schwerpunkt);
F&E-Budget	Kriterien zur Bestimmung des F&E-Budgets; Höhe und Entwicklung des F&E-Budgets im Zeitablauf; Verteilung des F&E-Budgets auf einzelne Projekte; Anteil des durch laufende Projekte gebunden Budgets in den kommenden Perioden;
Personalstruktur	Anzahl der Mitarbeiter in der F&E; Verteilung auf die wissenschaftlichen Disziplinen; Verteilung nach Qualifikation;
Organisationsstruktur	Interne Organisation der F&E; Einbindung in die Unternehmensstruktur; Schnittstellenprobleme;
Projektstrukturen	Anzahl der laufenden Projekte; Verhältnis Produkt-/Prozessinnovation; Verhältnis von Verbesserungs-/Basisinnovationen;
Kooperationen und Kontakte	Möglichkeiten des Zugangs zu neuen Technologien; Bestehende F&E-Kooperationen; Kontakte zu externen wissenschaftlichen Institutionen;
Schutzrechte	Anzahl und Art der erteilten Patente; Möglichkeiten des Lizenzerwerbs; Erworbene Lizenzen;

„Technologielieferanten", aber auch auf die Konkurrenz angewandt werden können (vgl. Wolfrum 1994).

Soweit entsprechende Informationen aus der technologiebezogenen Konkurrenzanalyse vorliegen, ist es möglich, eine **technologiebezogene Stärken-Schwächen-Analyse** (vgl. Abschn. 4.5.1) durchzuführen. Die Unternehmung kann sich dabei z. B. am stärksten Konkurrenten des Marktes oder dem Durchschnitt des Marktes orientieren.

Zur Verbesserung der Innovationsfähigkeit werden vorgeschlagen (vgl. Feige und Crooker 1998, S. 35).

8.2 Strategie der Differenzierung

- Audits der Innovationsdimensionen im Unternehmen,
- Erweiterung des Innovationsbegriffs auf alle Funktionsbereiche,
- Nutzung der Kunden als Quelle und Partner der Innovation,
- Partnerschaften (Allianzen) mit anderen Unternehmen,
- Motivation der Mitarbeiter z. B. durch ihre Beteiligung am Erfolg der Innovation.

Die **Innovationswilligkeit** (Innovationsbereitschaft) bezieht sich auf das Bewusstsein im Unternehmen, dass durch Innovationen KKVs aufgebaut und erhalten werden können (vgl. Oberender 1973, S. 47). Sie wird mit der **Innovationspositionsanalyse** erfasst.

Die Innovationswilligkeit hängt vom Unternehmenstypus, dem Innovationsdruck, den Erfahrungen und Erwartungen in der Unternehmung bezgl. der Wirksamkeit der Innovation zum Aufbau von KKVs sowie der gesellschaftlichen und politischen Einstellung gegenüber Innovationen ab. Man darf davon ausgehen, dass die Bereitschaft zu Innovationen bei initiativen Unternehmen, die auch bereit sind, Risiken einzugehen, größer ist, als dies bei konservativen Unternehmungen der Fall ist, die möglichst den Status quo erhalten wollen (vgl. Heuss 1965, S. 10 f.). Erst unter dem Druck des Marktes, wie z. B. veränderte Kundenerwartungen, Konkurrenzaktivitäten, Forderungen des Handels oder gesetzliche Veränderungen werden sich auch eher konservative Unternehmen der Innovation zuwenden, da sie andernfalls Gefahr laufen, langfristig aus dem Markt auszuscheiden.

▶ Als Beispiel kann die deutsche Automobilindustrie betrachtet werden, die unter politischen Druck, Aktivitäten ausländischer Konkurrenten wie z. B. TESLA, aber auch durch veränderte Kundenanforderungen insbesondere jüngerer Kunden sich zunehmend der Elektromobilität zuwenden.

Die Innovationsbereitschaft wird auch gefördert, wenn mit der Innovation **angemessenen** (Monopol-) **Gewinne** realisiert werden können. Dies setzt z. B. voraus, dass aufgrund entsprechender Schutzrechte der Nachahmerwettbewerb nicht zu früh beginnt. Nicht zuletzt beeinflusst das **gesellschaftliche** und **politische Klima** gegenüber Innovationen und innovativen Unternehmen die Innovationsbereitschaft. Innovationsfeindlichkeit und übertriebene Sicherheitsanforderungen werden die Innovationsbereitschaft ebenso einschränken, wie übertriebene Bürokratie.

Die Rahmenbedingungen begünstigen die Durchsetzung einer **innovationsfreundlichen Unternehmenskultur**. Die Unternehmenskultur bezieht sich auf grundlegende, in der Unternehmung geteilte Annahmen, Werte und Normen (vgl. zur Definition der Kultur Macharzina und Wolf 2023, S. 235 ff. sowie Abschn. 20.1). Sie finden ihren Ausdruck im Motivationssystem, Organisationssystem, Qualifikationssystem und Rekrutierungssystem der Unternehmung (vgl. Gelbmann und Vorbach 2007a, S. 112). Als Elemente einer innovationsfreundlichen Unternehmenskultur werden u. a. genannt (vgl. Hauschildt et. al. 2016, S. 109 ff., Cortsten et al. 2016, S. 35 ff.)

- die Offenheit des Systems zum Innovationsdialog mit externen Ansprechpartnern,
- ein offener, informal geprägter Kommunikationsstil bezgl. innovationsbezogener Informationen,
- ein begrenzter Organisationsgrad, der Freiräume zum Handeln schafft,
- eine positive Einstellung zur Kooperation und Teamarbeit,
- die Akzeptanz von Konflikten zur Förderung der Kreativität,
- die Suche nach unkonventionellen, konfliktfähigen und –schaffenden Mitarbeitern bei der Personalrekrutierung,
- die Übergabe von Verantwortung an die Mitarbeiter, was deren Qualifikation und deren Förderung voraussetzt,
- die Belohnung innovationsbezogener Erfolge und die Akzeptanz von Fehlern und Scheitern.

Problematisch erscheint, dass die Innovationsposition schwer oder überhaupt nicht quantitativ zu messen ist. Zudem darf nicht vernachlässigt werden, dass weder eine hohe Innovationswilligkeit noch eine hohe Innovationsfähigkeit Garanten für den Innovationserfolg darstellt.

In **Technologieportfolios** werden die verschieden Informationen aus der Technologiefrüherkennung und –prognose, der technologiebezogenen Konkurrenzanalyse und der technologiebezogenen Unternehmensanalyse integriert (vgl. Brockhoff 1999, S. 213 ff.; Specht 2002, S. 95 ff.; Gelbmann und Vorbach 2007b, S. 185 ff.; Corsten et al. 2016, S. 280 ff.). Bekannt ist das Technologieportfolio von Pfeiffer et al. (1987) mit den Dimensionen Technologieattraktivität und Ressourcenstärke (vgl. Abb. 8.47).

Die **Technologieattraktivität** bildet die Chancen und Risiken einer Produkt- oder Prozesstechnologie ab. Es wird dabei die Technologiebedarfsrelevanz und die Technologiepotenzialrelevanz bewertet. Die **Technologiebedarfsrelevanz** hängt vom Anwendungsumfang und den Anwendungsarten sowie dem zeitlichen Diffusionsverlauf einer Technologie, die **Technologiepotenzialrelevanz** vom Weiterentwicklungspotenzial einer Technologie und den Zeitbedarf bis zur nächsten Entwicklungsstufe ab. Als Kriterien der **Ressourcenstärke**, die die unternehmensinternen Stärken und Schwächen der Unternehmung bezogen auf eine Technologie abbildet, werden die Finanz- und die Know-how-Stärke herangezogen. Die **Finanzstärke** wird durch die Höhe und Kontinuität des F&E-Budgets, die **Know-how-Stärke** durch den Stand des Know-hows und dessen Stabilität bestimmt. Die einzelnen Kriterien werden in einem Punktbewertungsmodell für jede Technologie bewertet und verrechnet. Die verrechneten Werte geben die Position der Technologie im Technologieportfolio wieder.

Ein Technologieportfolio wird i. d. R. sowohl für die Ist-Situation als auch für einen in der Zukunft liegenden Planungszeitpunkt erstellt. Das „Zukunftsportfolio" enthält neben bekannten auch zukünftig genutzte Technologien, die (zumindest teilweise) etablierte Technologien ersetzen. Es ist die Grundlage für die Ressourcenallokation zwischen den Technologien. Während in Technologien mit hoher bzw. mittlere Technologieattraktivtät

8.2 Strategie der Differenzierung

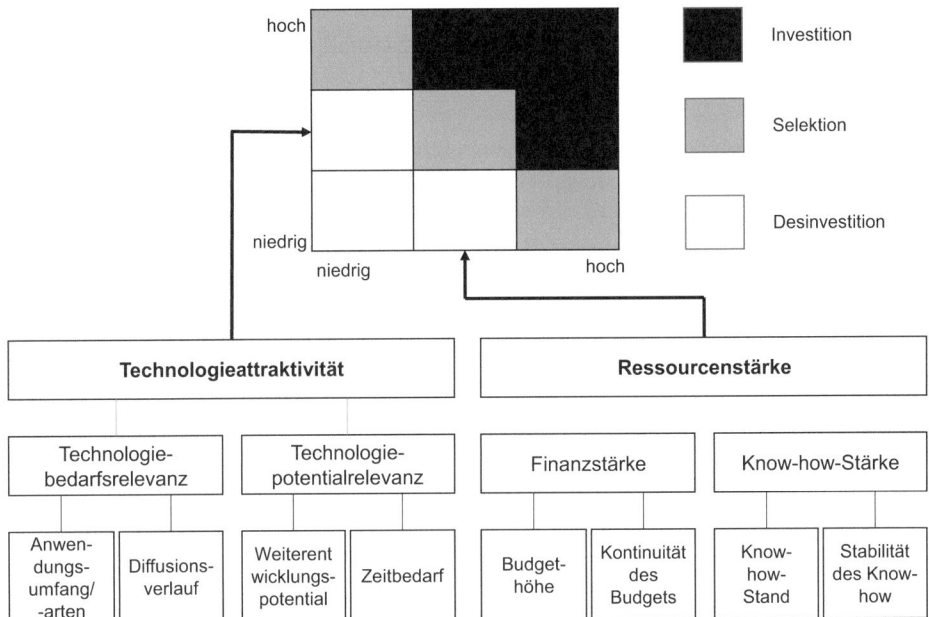

Abb. 8.47 Technologieportfolio nach Pfeiffer et al. (Pfeiffer et al. 1987, S. 88 ff.)

und zugleich hoher bzw. mittlere Ressourcenstärke investiert wird, werden Technologien mit niedriger bzw. mittlerer Technologieattraktivität und gleichzeitig niedriger bzw. mittlere Ressourcenstärke desinvestiert. Selektive Strategien werden für Technologien auf der Diagonale des Portfolios (von links oben nach rechts unten) vorgeschlagen. Bei Technologien mit hoher Attraktivität und niedriger Ressourcenstärke sollte letztere verbessert werden. Wenn dies nicht möglich ist, bietet der Zukauf der Technologie eine Alternative. Für Technologien mit mittlere Technologieattraktivität und mittlerer Ressourcenstärke können zusätzliche Investitionen zum Aufbau der Ressourcenstärke getätigt oder aber die Technologie sukzessive desinvestiert werden. In Technologien mit niedriger Attraktivität und hoher Ressourcenstärke sollte im geringen Ausmaß investiert werden, um die Position zu erhalten bzw. sollten sie schrittweise abgebaut werden.

In **integrierten Portfolio-Ansätzen** werden Technologie- und Markt- bzw. SGF-Portfolios verbunden, indem (vgl. Brockhoff 1999, S. 229 f.; Wolfrum 1994, S. 246)

- einzelne Dimensionen des Technologie- und des SGF-Portfolios in einem neuen Technologie-Markt-Portfolio verbunden werden. Man kann dazu die Dimensionen Technologiepriorität und Marktpriorität wählen. (vgl. Krubasik 1982, S. 30).
- ein neues Technologie-Markt-Portfolio kreiert wird, das Determinanten der Erfolgserwartung oder von Erfolgsrisiken berücksichtigt (vgl. Gelbmann und Vorbach 2007b, S. 189).

Technologieportfolios und integrierte Portfolioansätze weisen eine Reihe von Vor- und Nachteilen auf (vgl. Gerpott 2005b, S. 336 f., Brockhoff 1999, S. 240, Wolfrum 1994, S. 243 ff.). Als Vorteile gelten

- die Notwendigkeit zur Erhebung, Zusammenfassung und Diskussion wichtiger technologiebezogener Informationen im Gesamtkontext der Unternehmung und im Kontext der SGF,
- die anschauliche Darstellung der Struktur und des Status aktueller und potenzieller Technologiefelder einer Unternehmung bzw. eines SGF,
- die Bereitstellung einer Methode zur Bewertung von Technologien und der Priorisierung von Technologieinvestitionen.

Als Nachteile werden gesehen, dass

- die Abgrenzung von Technologien nicht immer exakt möglich ist,
- Verbundeffekte von Technologien nicht berücksichtigt werden können,
- mit einer übersimplifizierten Verdichtung von Informationen auf zwei Dimensionen eine situationsadäquate Beurteilung von Technologien nicht möglich ist,
- keine Angaben zum Zeithorizont der Analyse gemacht werden,
- die Auswahl der den Dimensionen zugrunde liegenden Kriterien willkürlich oder auf der Basis problematischer Modelle (z. B. Lebenszyklusmodellen) erfolgt,
- die den Dimensionen zugrunde liegenden Kriterien nicht hinreichend operationalisiert sind,
- sich die den Dimensionen zugrunde liegenden Kriterien innerhalb und zwischen den Dimensionen eines Portfolios ggf. überschneiden,
- die Auswahl, Gewichtung und Verrechnung der den Dimensionen zugrunde liegenden Kriterien willkürlich erfolgt und damit Raum zur politischen Manipulation bieten,
- vorgegebene Normenstrategien blind übernommen werden,
- keine Hinweise zur inhaltlichen Ausgestaltung von Normenstrategien angeboten werden.

Insgesamt müssen das Technologieportfolio bzw. die integrierten Technologie-Markt/SGF-Portfolios als ein Strukturierungs- und Visualisierungsinstrument betrachtet werden, das auch ein heterogen zusammengesetztes Management für die Formulierung von Technologiestrategien sensibilisiert (vgl. Gerpott 2005b, S. 337).

Auf der Basis der technologiebezogenen Umweltanalyse und -prognose sind Technologiestrategien zu formulieren.

8.2.3.3.2 Strategien im Technologie- und Innovationsmanagement

Strategische Entscheidungen im TIM beziehen sich, wie in Abb. 8.48 gezeigt, auf die technologische Leistungsfähigkeit, das Technologietiming, die Technologiequellen sowie

8.2 Strategie der Differenzierung

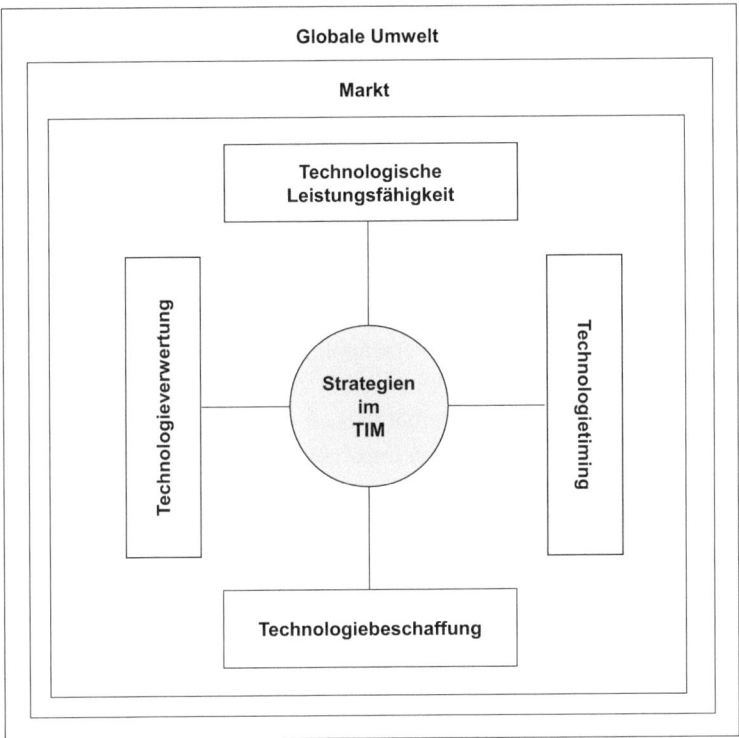

Abb. 8.48 Strategien im TIM

die Technologieverwertung jeder potenziell in einem SGF genutzten Technologie (vgl. Spath und Renz 2005, S. 239; Wolfrum 1994, S. 274 ff.).

Die strategischen Entscheidungen orientieren sich stringent an der Wettbewerbsstrategie des SGFs (vgl. Wolfrum 1994, S. 272 vgl. Tiby 1988, S. 100 f.; Gerybadze 1988, S. 109), unabhängig davon, ob die Strategie der Differenzierung oder die Strategie der Kostenführerschaft verfolgt wird. Im ersten Fall, der im vorliegenden Kontext interessiert, geht es primär darum, durch Technologie möglichst einzigartige Leistungen anzubieten. Im letzteren Fall dient die Technologie der Kostensenkung. Die strategischen Entscheidungen werden durch eine Vielzahl marktbezogener Einflüsse sowie Entwicklungen der globalen Umwelt beeinflusst. Darüber hinaus sind eine Reihe unternehmensinterner (Rahmen-)Bedingungen zu beachten, die es notwendig erscheinen lassen, dass die Strategieformulierung im TIM von der Gesamtunternehmensebenen begleitet wird.

Bezogen auf die **technologische Leistungsfähigkeit** werden die Strategie der Technologieführerschaft und der Technologiepräsens unterschieden (vgl. Corsten et. al. 2016, S. 187, Wolfrum 1994, S. 282; Bullinger und Renz 2005, S. 93). Bei der **Strategie**

der Technologieführerschaft befindet sich die Unternehmung bzw. das SGF im Vergleich zur Konkurrenz relativ nahe am momentanen Stand der Technik entsprechend der Erkenntnisse der Scientific Community, was ein technologisches Hochleistungsniveau voraussetzt.

Eine Technologieführerschaft bei allen in einem SGF integrierten Technologien scheint nur für solche Unternehmen möglich, die bereits eine herausragende Wettbewerbsposition und eine entsprechende technologische Ressourcenposition besitzen (vgl. Gerybadze 2004, S. 158). Die Strategie bedarf eines hohen F&E-Budgets zur Realisation hoher F&E-Investitionen als Basis eines breiten technologischen Know-Hows (vgl. Corsten et al. 2016, S. 208). Andere Unternehmen, die die Strategie der Technologieführerschaft anstreben, müssen sich ggf. auf ausgewählte Technologien innerhalb eines SGF beschränken und sie mit überdurchschnittlichen Aktivitäten in anderen Bereichen, wie z. B. dem Service unterstützen. Für die Technologieführerschaft kommen insbesondere Schrittmacher- und Schlüsseltechnologien infrage, deren Entwicklungspotenzial auch zukünftige eine von den Kunden akzeptierte Differenzierung versprechen.

Probleme treten bei der Strategie der Technologieführerschaft u. a. dann auf, wenn das frühzeitige Auftreten von Substitutionstechnologien die Amortisation der mit der Technologieführerschaft verbunden hohen Kosten gefährdet oder aber Marktpartner wie z. B. Lieferanten eine Umsetzung der Strategie nicht unterstützen können. Weitergehend besteht die Gefahr eines technologischen Verharrens, wenn bei einer einseitigen Konzentration auf bestimmte Technologien und mangelnder Flexibilität technologische Diskontinuitäten nicht erkannt oder ignoriert werden (vgl. Wolfrum 1994, S. 282 ff.).

Die **Strategie der Technologiepräsens** ist von einer größeren Distanz zum aktuell möglichen Stand der Technik gekennzeichnet. Gerpott nennt zusätzlich die technologische Beobachtungsstrategie, die auf der Basis eines niedrigen technologischen Kompetenzniveaus technologische Entwicklungen verfolgt, um ggf. die eigenen Kompetenzen kurzfristig durch zusätzliche Mittel zu verbessern (vgl. Gerpott 2005b, S. 341). Inwieweit die technologische Präsensstrategie ausreicht, um sich von der Konkurrenz zu differenzieren, hängt von der Relevanz der Technologie, dem Verhalten der Konkurrenz und der Bedeutung anderer Wettbewerbsparameter auf dem Markt ab.

Sie kann die Strategie der Differenzierung unterstützen, wenn (vgl. Wolfrum 1994, S. 290 f.)

- sie die Technologieführerschaft bei einer anderen Technologie unterstützt,
- sie durch weitere nicht technologiebezogene Wettbewerbsparameter begleitet wird,
- wenn sie bei einer Vielzahl von Technologien realisiert wird,
- sie spezifisch für ein Segment genutzt wird.

Eine Technologiepräsens kommt insbesondere auch bei den Basistechnologien infrage. Für Unternehmen mit einer schwachen Wettbewerbsposition und geringer technologiebezogener Ressourcenstärke ist die technologische Präsensstrategie unabdingbar.

8.2 Strategie der Differenzierung

Denkbar ist eine Variation der technologischen Leistungsfähigkeit im Zeitablauf (vgl. Wolfrum 1994, S. 291 f.): Während für die Einführungsphase eines Marktes bei großer Unsicherheit der weiteren (technologischen) Entwicklung eine technologische Präsensstrategie oder eine Beobachterstrategie formuliert wird, setzt man in der Wachstumsphase des Marktes auf die Strategie der technologischen Führerschaft. In der der Reife- und Verfallsphase des Marktes begnügt man sich erneut mit einer technologischen Präsensstrategie. Voraussetzung der Variation sind zum einen eine genügend ausgeprägte Flexibilität der Unternehmung bzw. des SGF (vgl. Kap. 22) und zum anderen ein genügend langer Marktlebenszyklus zur Amortisation der Strategiewechsel.

Das **Technologietiming** beschäftigen sich mit Zeitpunkt- und Zeitraumbetrachtungen technologie- und innovationsbezogener Aktivität (vgl. Gerpott 2005b, S. 342). Im Rahmen des Innovations- und Technologiemanagements wird bezogen auf den Zeitpunkt mit dem **Inventionstiming** der Zeitpunkt der erstmaligen Verfügbarkeit einer marktfähigen Technologieanwendung angesprochen Daneben wird mit dem **Innovationstiming** die erstmalige Markteinführung einer technologischen Innovation (vgl. Specht et al. 2002, S. 106) diskutiert. Da das Innovationstiming von einer Vielzahl von Einflussfaktoren abhängt, wird es in dieser Arbeit im Zusammenhang mit den Markteintrittsstrategien behandelt (vgl. Kap. 9).

Beim **Inventionstiming** wird die Strategie der Inventionsführerschaft und der Inventionsfolgerschaft unterschieden. **Inventionsführern** gelingt es vor ihren Konkurrenten eine marktfähige Technologieanwendung zu realisieren (vgl. Gerpott 2005b, S. 342; Wolfrum 1994, S. 299). Der Vorteil des Inventionsführers liegt darin, den Zeitpunkt der Markteinführung selbst bestimmen zu können. Man darf annehmen, dass er dann häufig auch der erste ist, der auf dem Markt die neue Lösung anbietet. Er kann aber auch abwarten, bis Konkurrenten Akzeptanzbarrieren auf dem Markt (zu hohen Kosten) abgebaut haben und erst dann den Markt betreten. Nachteilig wirkt sich aus, dass der Inventionsführer Fehlschläge bei der F&E riskiert und die damit verbundenen Aufwendungen verkraften muss. Der **Inventionsfolger** wartet mit F&E-Aktivitäten, bis Forschungsergebnisse der Konkurrenten bekannt werden (z. B. durch Patente). Er kann von (bekannten) Erfahrungen des Inventionsführers profitieren. Konzentriert er sich auf die reine Imitation des Inventionsführers, besitzt er relativ niedrigere F&E-Kosten, die er auch bei einer kürzeren Marktpräsens amortisieren kann. Nachteile können ihm entstehen, wenn der Inventionsführer früher auf dem Markt ist, dort Markteintrittsbarrieren aufbaut, die nur schwer (mit hohem Mitteleinsatz) oder (kurz- und mittelfristig) gar nicht zu überwinden sind (vgl. Bullinger und Renz 2005, S. 94).

Empirische Untersuchungen lassen keinen Schluss über den Erfolg einer Innovation in Abhängigkeit des Inventionstimings zu. Maßgeblicher für den Erfolg einer Innovation und damit auf den Erfolg der Strategie der Differenzierung sind vielmehr die Merkmale der Leistung, die verfügbaren Ressourcen der Unternehmung, Kundenverhaltensmerkmale und die Wettbewerbssituation (vgl. Gerpott 2005b, S. 343).

Weitere Entscheidungen zum Innovationstiming beziehen sich auf die **Zeitdauer des Innovationsprozesses**, d. h. der Innovationsaktivitäten bis zum Zeitpunkt der Markteinführung. Sie wird durch den Zeitpunkt des Beginns der Aktivitäten und deren Geschwindigkeit bestimmt (vgl. Gerpott 2005b, S. 343). Zur Festlegung des Beginns der Aktivitäten liefern die Technologiefrüherkennung und -prognose wertvolle Hinweise. Zur Beschleunigung der Aktivitäten dient das **Simultaneous Engeneering** (vgl. Bullinger und Renz 2005, S. 95). Dies setzt zum einen die Parallelisierung von Innovationsaktivitäten voraus, d. h. bei zusammenhängenden Prozessen werden Aktivitäten begonnen, bevor die vorangehenden Aktivitäten abgeschlossen sind. Prozesse werden, soweit dies möglich ist, standardisiert ablaufen, um unnötige Arbeiten, Wiederholungen und Fehler zu vermeiden. Um Schnittstellenprobleme zu umgehen, werden die Aktivitäten integriert. Die Möglichkeiten der Digitalisierung und der modernen Kommunikation (z. B. IoT, Industrie 4.0, etc.) können hierbei wertvolle Unterstützung leisten.

Strategien der Technologie- und Innovationsbeschaffung stellen sich der Problematik, Technologien bzw. Innovationen selbst zu erstellen oder sie unternehmensextern zu beschaffen. (vgl. Corsten et al. 2016, S. 92 ff.; Hauschildt et al. 2016, S. 84 ff.). Diese Make or Buy- Entscheidung von Technologien und Innovationen wird beeinflusst durch (Vgl Gerpott 2005b, S. 346)

- die Relevanz der Technologie bzw. Innovation für den Aufbau und Erhalt von KKVs,
- die Unsicherheit des technologischen Potenzials,
- die technologiebezogenen Fähigkeiten der Unternehmung (allgemein und bezogen auf eine spezifische Technologie),
- die Fähigkeit zur Verwertung einer Technologie bzw. Innovation auf dem Absatzmarkt.

Eigene F&E – Aktivitäten der Unternehmung sollten sich auf Technologien konzentrieren, bei denen

- die Unternehmung eine hohe Kompetenz besitzt,
- ein hohes Differenzierungspotenzial vorliegt,
- der Aufbau und Erhalt von KKVs möglich ist,
- Synergie- und Querschnittspotenziale zu anderen SGF der Unternehmung existieren,
- das Entwicklungsrisiko gering ist,
- keine unüberwindbare Dringlichkeit des Projektabschlusses existiert,
- Auslagerung mit Risiken verbunden sind (vgl. Wolfrum 1994, S. 330).

Als Vorteile einer eigenständigen F&E sind zu betrachten, dass

- der F&E-Prozess auf die spezifischen Anforderungen der Unternehmung zugeschnitten sein kann,
- der F&E-Prozess von der Unternehmung kontrolliert wird,

8.2 Strategie der Differenzierung

- die Ergebnisse durch Schutzrechte exklusiv erhalten werden können,
- die Unternehmung ggf. (temporäre) Monopolgewinne realisiert,
- sich die Unternehmung ein positives Image als forschendes Unternehmen erwirbt,
- die Unternehmung ihre Unabhängigkeit bewahrt.

Den Vorteilen stehen jedoch mit einem hohen finanziellen und zeitlichen Aufwand, der Bindung von Ressourcen und der Übernahme von Risiken nicht unerhebliche Nachteile entgegen (vgl. Gelbmann und Vorbach 2007b, S. 173 f.).

Eine **externe Technologiebeschaffung** kann dann überlegt werden, wenn die Kosten und Risiken ihrer Entwicklung besonders hoch sind, die technologische Kompetenz im Unternehmen nicht ausreicht oder ein Einstieg in die Technologie gesucht wird (vgl. Specht et al. 2002, S. 107). Zudem muss über die Technologiebeschaffung dann nachgedacht werden, wenn – aus welchen Gründen immer – eine Technologie auf dem Markt bedeutsam wird, die die Unternehmung in der Vergangenheit ignoriert hat.

Als Formen der externen Technologiebeschaffung können die Auftragsforschung, die Kooperation sowie der Technologiekauf, die Lizenznahme und der Kauf bzw. die Übernahme von fremden Unternehmen bzw. Unternehmensteilen genannt werden (vgl. Gelbmann und Vorbach 2007b, S. 175, Gerpott 2005a, S. 251 ff.; Gerpott 2005b, S. 346 ff., Wolfrum 1994, S. 332 ff.). Bei der **Auftragsforschung** werden fremde Unternehmen, wie z. B. Forschungsinstitute, Lieferanten oder nicht unmittelbare Konkurrenten damit betraut, im Namen und auf Risiko der Unternehmung die F&E für einen Prozess oder ein Produkt gegen eine Entgeltzahlung zu übernehmen. Die Alternative bietet sich für einmalige F&E-Projekte an, für die innerhalb der Unternehmung keine oder zu wenig Ressourcen zur Verfügung stehen und die einen eingeschränkten Einfluss auf den Aufbau und den Erhalt von KKVs besitzen. Die **Kooperation** (vgl. auch Hauschildt et al. 2016, S. 242 ff.; Gerybadze 2004, S. 157 ff. sowie Kap. 11) umschreibt die Zusammenarbeit wirtschaftlich unabhängiger Unternehmen bei den Aufgaben der F&E. Unterschieden werden horizontale Kooperationen von Unternehmen eines Marktes auf gleicher Wertschöpfungsstufe, vertikale Kooperationen von Unternehmen eines Marktes auf unterschiedlichen Wertschöpfungsstufen und laterale Kooperationen von Unternehmen aus unterschiedlichen Märkten. Wichtige Formen der Kooperation sind die Gemeinschaftsforschung und das Joint Venture, bei dem unabhängiger Unternehmen eine gemeinsame neue Unternehmung für die F&E gründen. Als Sonderform können Netzwerke genannt werden, bei denen Unternehmen auf unterschiedlichen Stufen der Wertschöpfungskette mit komplementären F&E-Aktivitäten ihre technologiebezogenen Informationen (auch temporär) austauschen (vgl. Corsten et al. 2016, S. 397 ff.). Die Kooperation kommt bei Technologien infrage, die mit einem hohen Ressourcenaufwand verbunden und deren Ergebnisse und wirtschaftliche Verwertung unsicher sind. Beim **Technologiekauf** erwirbt die Unternehmung das Eigentum und die exklusiven Nutzungsrechte vom Inhaber einer Technologie, die dieser nicht nutzen will oder nutzen kann. Mit der **Lizenznahme** erhält die Unternehmung das Recht, zeitlich befristet bereits vorhandenes, fremdes Wissen zu nutzen. Bei einer exklusiven Lizenz erhält die Unternehmung das Recht, das technologische Wissen des Lizenzgebers allein zu nutzen. Bei einer eingeschränkten Lizenzierung haben auch der Lizenzgeber oder weitere Lizenznehmer auf die Technologie Zugriff. Die Lizenznahme kommt für einen späten Technologiefolger infrage, der möglichst schnell einen Markt in der Wachstumsphase betreten will und zur zeitnahen Entwicklung der Technologie nicht genügend Zeit oder Ressourcen zur Verfügung hat. Die **Übernahme einer Unternehmung oder Teile einer Unternehmung**, die im Besitz einer Technologie ist, kommt in Betracht, wenn die entsprechende Technologie ein breites Einsatzgebiet verspricht und entsprechend umfangreiche F&E betrieben werden muss. Sie ist auch eine Möglichkeit, schnell und ohne Risiko im Rahmen der Diversifikation auf bisher nicht bearbeiteten Märkten Fuß zu fassen. Nicht zuletzt kann dadurch der Wettbewerb bei einer Technologie auf den Märkten der Unternehmung vermieden oder verringert werden.

Die Vorteile der externen Technologiebeschaffung liegen im Erwerb von Wissen und Fähigkeiten, in der Risikoreduktion, der Ressourceneinsparung, dem schnelleren Erwerb von F&E-Ergebnissen, der erhöhten Flexibilität der Unternehmung und der Reduktion der Fixkosten. Als nachteilig werden die technische, zeitliche und ggf. ressourcenbezogenen Abhängigkeit der Unternehmung von den Partnern, die Schwierigkeiten bei der Implementierung und Adoption der erworbenen Technologie im Unternehmen (verbunden mit der not invented here –Problematik), ggf. die Integration von Partnern in die Unternehmung sowie der hohe Koordinationsaufwand betrachtet. Nicht zu unterschätzen sind die ggf. hohen Kosten.

Strategien zur Technologieverwertung werden insbesondere von der Absicht gelenkt, das zu vermarktende Potenzial einer Technologie während ihres Lebenszyklus vollständige auszuschöpfen (vgl. Wolfrum 1994, S. 335). Die Technologieverwertung kann entweder ausschließlich unternehmensintern, unternehmensintern und –extern oder ausschließlich unternehmensextern erfolgen. Für welche Alternative sich die Unternehmung entschließt, hängt u. a. von der Bedeutung der Technologie für die Unternehmung ab. Man kann hierbei derzeit in Produkten und Prozessen genutzte **Mainstream-Technologien**, die zum Aufbau und Erhalt von KKVs dienen können und die aus diversen Gründen nicht (mehr) genutzten **Spin-off-Technologien** unterscheiden, deren Bedeutung für die KKVs der Unternehmung gering ist. Weitere Einflussgrößen der Entscheidung zur Technologieverwertung sind das Technologieentwicklungspotenzial, das Potenzial der Unternehmung zur Verwertung der Technologie auf dem Markt und ggf. die Möglichkeit der Steuerung der Technologienutzung durch Unternehmensexterne (vgl. Gerpott 2005b, S. 351).

Möglichkeiten der unternehmensinternen und –externen Technologienutzung sind die vertraglich vereinbarte gemeinsame Nutzung der Technologie mit Partnern, die Gründung eines Joint Ventures oder die Vergabe nicht exklusiver Lizenzen an andere Unternehmen. Als Alternativen der unternehmensexternen Technologieverwertung ist der Verkauf einer

Technologie oder die exklusive Lizenzvergabe oder der Verkauf der Unternehmung bzw. eines Unternehmensteils inklusive sämtlicher Vermögensgegenständen denkbar.

8.2.3.3.3 Implementierung der Technologiestrategien

Die Umsetzung der Technologie- und Innovationsstrategie bedarf adäquater Organisationsstrukturen und –abläufe, der Einbeziehung der beteiligten Funktionen und Bereiche in einen gemeinsamen Planungs- und Steuerungsprozess und der Einführung eines adäquaten Projektmanagements (vgl. Tiby 1988, S. 98 f.).

Notwendig ist ein Prozess der engen Abstimmung zwischen Forschung und Entwicklung, Marketing und Vertrieb sowie Anwendern und Kunden, wobei ein mehrstufiges Vorgehen vorgeschlagen wird (vgl. Mollenhauer und Remmerbach 1988, S. 126 ff.).

Für die langfristige Technologie- und Innovationsstrategie sind zunächst die Bedürfnisse der Kunden zu hinterfragen, die durch innovative Technologien befriedigt werden könnten (**Identifikation wettbewerbsrelevanter Innovationen**). Potenzielle Innovationen sind in einem zweiten Schritt in der Unternehmung quer über alle Funktionen vorzustellen und durchzusetzen. Es kommt darauf an, in der Unternehmung eine Vision zu schaffen, die durch personelle und organisatorische Voraussetzung gestützt wird (**interner Know-how-Transfer**). Bereits in einem dritten Schritt sind innovationswillige Kunden in den F&E-Prozess einzubeziehen, um auszuloten, ob neue Problemlösungen und Technologien den Problemen und Bedürfnissen der Kunden entsprechen und welche Korrekturen und Modifikationen ggf. vorzunehmen sind (**Einbeziehung der Kunden**). Die Unternehmung kann dazu Kunden in die Entwicklungsabteilung der Unternehmung einladen, gemeinsame Produktbesprechungen mit Forschern, Marketingmitarbeitern und Kunden organisieren oder Mitarbeiter aus der F&E zu Kundenbesuchen verpflichten. Es wird damit gewährleistet, dass nicht „am Markt vorbei" entwickelt wird und die Innovation scheitert, keine kostenaufwendigen Nachentwicklungen vorgenommen werden müssen und der Kunde die Innovation vor der Markteinführung akzeptiert. Dies verbessert die Position gegenüber nachfolgenden Konkurrenten und durch eine zügige Umsatzentwicklung nach der Markteinführung kommt es zu einer schnellen Amortisation der F&E-Kosten. In einem vierten Schritt werden die marktreifen Innovationen bei ausgewählten Kunden eingeführt und die Einsatzberatung sowie der Service für die Innovation getestet (**Pilotmarketing**).

Um F&E-Projekte in einem zeitlich und ökonomisch sinnvollen Rahmen durchzuführen, ist ein geeignetes Projektmanagement geboten (vgl. Specht 2002, S. 361 ff.). Jeder Projektmanager ist dazu mit einem fest spezifizierten **Projektauftrag**, mit einem **Projektteam** und einem **Projektbudget** auszustatten. Leistungen, Zeit und Kosten sind zu planen, zu steuern und zu überwachen sowie zu dokumentieren. Dazu ist es notwendig das Projekt genau zu spezifizieren, Leistungsziele, Zeitlimits und Kostenverläufe vorzugeben und Projektteams interdisziplinär zu besetzen (vgl. Tiby 1988, S. 105).

Das Technologie- und Innovationsmanagement bedarf dafür nicht nur der Spezialisten, die ihre fachlichen Leistungen als Selbstzweck verstehen. Vielmehr kommt es auf die

Bildung von Projektgruppen an, die für den gesamten Innovationsprozess Verantwortung tragen (vgl. Corsten et al. 2016, S. 214 ff.; Tiby 1988, S. 98 f.). Dazu muss innerhalb der Gruppe eine breite Wissensbasis bestehen, die u. a. durch die Nutzung externer und interner Informationen, interne Fortbildung bzw. internes learning on the job, den Einsatz von Mitarbeitern aus unterschiedlichen Ländern, neue Mitarbeiter u. ä. entsteht (vgl. Albach 1990, S. 777 f.) Das erforderliche Wissen muss in der Gruppe integriert werden. Dies geschieht z. B. durch (vgl. Albach 1990, S. 778 f.)

- den Einsatz von Generalisten mit der Möglichkeit des Zugriffs auf verschiedene Wissensbasen,
- den Einsatz von vielen Spezialisten, wobei hier Kommunikationsbarrieren abgebaut werden müssen,
- ein geeignetes Schnittstellenmanagement (insbesondere) zwischen den Unternehmensbereichen Entwicklung, Produktion und Absatz.

Unter diesen Voraussetzung kann ein **innovationsförderndes Klima** in der Unternehmung aufgebaut werden. Dieses ist geprägt durch organisationale Unterstützung, Unterstützung durch den Vorgesetzten, Unterstützung durch das Team, eine hohe Autonomie des Mitarbeiters, einer genügenden Ressourcenausstattung, durch herausfordernde Aufgaben, einen geringen Arbeitsdruck und geringe organisationale Barrieren (vgl. Amabile et al. 1996, S. 1159). Von dem einzelnen Mitarbeiter mit innovationsbezogenen Aufgaben sind ausgeprägter fachlicher Kompetenzen, Kenntnisse und Anwendung kreativitätsrelevanter Prozesse und einer hohen intrinsischen Motivation gefordert (Amabile 1988, S. 130 ff.).

8.2.3.3.4 Strategisches Technologiecontrolling

Zum strategischen Controlling von Technologie- und Innovationsaktivitäten kann man auf **inputbezogene Messgrößen** (z. B. F&E-Aufwendungen, F&E-Personal, F&E-Aufwand, F&E-Personalintensität), **prozessbezogene Messgrößen** (z. B. Zeitdauer von F&E-Projekten) und **outputbezogene Messgrößen**, die die Wirkung einer Innovation darstellen, zurückgreifen (vgl. Gerpott 2005b, S. 318 ff. Brockhoff 1999, S. 77 f., Specht et al. 2002, S. 449 f.; Hauschildt et al. 2016). Letztere werden in effektivitätsbezogene und effizienzbezogene Messgrößen unterteilt. Als **effektivitätsbezogene Merkmale** gelten u. a. die Zahl der realisierten Patente, die Anzahl neuer Produkte bzw. die Produktinnovationsrate als Verhältnis des Umsatzes mit neuen Leistungen in einer betrachteten Periode zum Gesamtumsatz der Periode. **Effizienzbezogene Messgrößen** sind z. B. die Zahl der Patente pro F&E-Mitarbeiter. Als Problem der Erfassung outputbezogener Messgrößen des TIM muss berücksichtigt werden, dass Kriterien des Markterfolgs nicht nur von Technologie- und Innovationsaktivitäten bestimmt werden. Zudem wirken sich einzelne F&E-Projekte auf mehrere Leistungen und Prozesse aus. Nicht zuletzt müssen Zeitverzögerungen bedacht werden.

8.2.4 Kritische Würdigung der Strategie der Differenzierung

Die Strategie der Differenzierung fokussiert auf die Befriedigung spezifischer Kundenbedürfnisse und hebt sich dabei von der Konkurrenz ab. Man darf erwarten, dass damit die Kundenzufriedenheit steigt, was unter bestimmten Bedingungen (vgl. Homburg et al. 2017, S. 113) zur (emotionalen) Kundenbindung führt (vgl. Kap. 10.3.2.4). Diese Bedingungen lassen temporär (bei Innovationen) aber ggf. auch längerfristig (bei hoher Qualität und bei Marken) höhere Preise zu und bedingen damit ggf. höhere Gewinne zu. Dies gilt insbesondere auch bei kleinen Absatzmengen, sodass die Strategie – wie die Diskussion zu den Hidden Champions (vgl. Simon 2012) zeigt – für kleine und mittelständische Unternehmen geeignet ist.

Probleme ergeben sich bei der Strategie der Differenzierung (vgl. Porter 2013, S. 86), wenn Differenzierungsmerkmale obsolet werden, sei es, weil sich die Nachfrage verändert, sei es, weil Konkurrenten die Differenzierung imitieren oder substituieren. Zwingen die Kosten der Differenzierung zu hohen Preisen, besteht die Gefahr, dass der Abstand zu Billiganbietern zu hoch wird und die Nachfrager Leistungen der Konkurrenz wechseln. Gerade bei der Differenzierung durch die Marke kann die Markenpiraterie zu Schwierigkeiten führen.

8.3 Strategie der Kostenführerschaft

Mit der Strategie der Kostenführerschaft soll ein Kostenvorsprung gegenüber der Konkurrenz erzielt werden. Dieser erlaubt es der Unternehmung

- im Falle des Preiskampfes ihre Leistungen zu niedrigeren Preisen anzubieten als dies die Konkurrenz vermag.
- bei relativ konstanten Preisen auf dem Markt höhere Gewinne als die Konkurrenz zu realisieren, die dann in verschiedenster Form reinvestiert werden können.

Den Ausgangspunkt der Strategieformulierung sollte eine mehrstufige Kostenanalyse bilden (vgl. Abb. 8.49).

In einem ersten Schritt werden die Aktivitäten des SGF in die Wertekette gem. Porter eingeordnet (vgl. Grant 2014, S. 231; Paul und Wollny, 2014, S. 197; Hungenberg 2014, S. 210). In einem zweiten Schritt werden die Einzel- und Gemeinkosten der Aktivitäten bestimmt (vgl. Abb. 8.50).

Die jeweiligen Kosten sollten einerseits in Bezug zu den Gesamtkosten des SGF, aber auch in Bezug zu den entsprechenden Kosten der Konkurrenz gesetzt werden. Zur Identifikation der Kosten der Konkurrenz eignen sich Instrumente der Competitor Intelligence wie z. B. das Benchmarking (vgl. Abschn. 3.4). In einem dritten Schritt werden die

```
┌─────────────────────────────────────────────────────────────┐
│   Festlegung der Aktivitäten des SGF in der Wertekette      │
└─────────────────────────────────────────────────────────────┘
                              │
┌─────────────────────────────────────────────────────────────┐
│ Ermittlung der relativen Kosten der Aktivitäten und ihre Bedeutung im SGF │
└─────────────────────────────────────────────────────────────┘
                              │
┌─────────────────────────────────────────────────────────────┐
│              Identifikation der Kostentreiber                │
└─────────────────────────────────────────────────────────────┘
                              │
┌─────────────────────────────────────────────────────────────┐
│              Identifikation von Kostenursachen               │
└─────────────────────────────────────────────────────────────┘
                              │
┌─────────────────────────────────────────────────────────────┐
│         Ermittlung von Kostensenkungsmöglichkeiten           │
└─────────────────────────────────────────────────────────────┘
```

Abb. 8.49 Prozess der Kostenanalyse

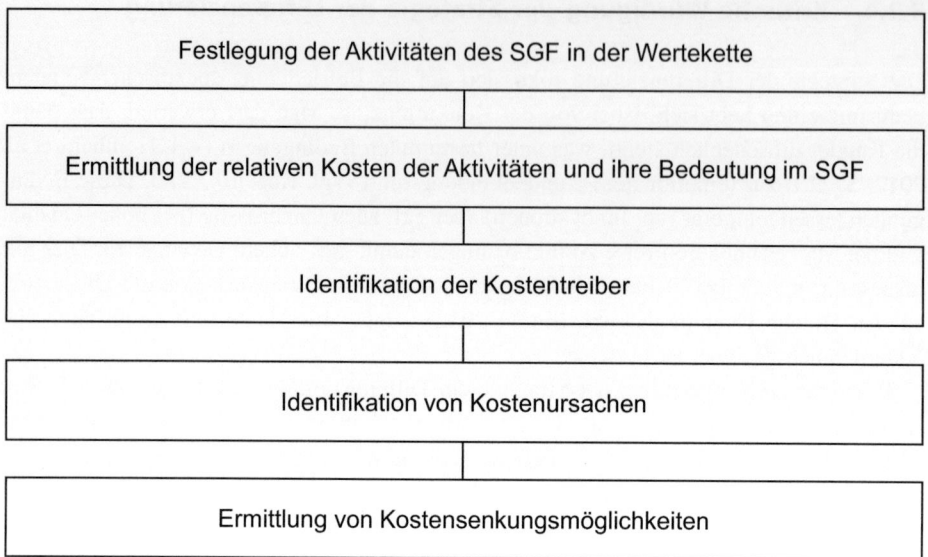

Abb. 8.50 Kostenanalyse mit der Wertekette

Kostentreiber und die Ursachen hoher Kosten in einem SGF ermittelt. Der letzte Schritt umfasst die Suche nach Kostensenkungsmöglichkeiten.

Zur Verbesserung der Kostenposition kann die Unternehmung wie in Abb. 8.51 gezeigt, mengenbezogene und nicht mengenbezogene Kostensenkungspotenziale nutzen (vgl. Grant 2014, S. 211 ff.; Franz 2000. S. 322 f.).

8.3 Strategie der Kostenführerschaft

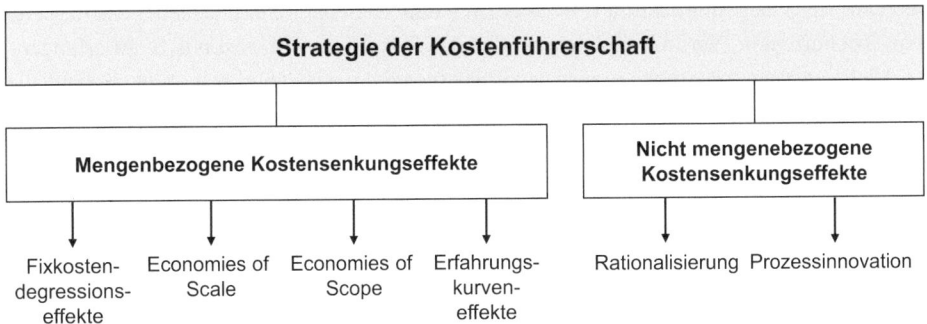

Abb. 8.51 Realisation der Strategie der Kostenführerschaft

Mengenbezogene Kostensenkungspotenziale (vgl. auch Hungenberg 2014, S. 210 ff.; Müller-Stewens und Lechner 2016, S. 257) beziehen sich zum einen auf die **Fixkostendegression**, d. h. die Verteilung von Fixkosten auf die jeweilige Ausbringungsmenge. Weiterhin können **Skaleneffekte** (Economies of Scale) zur Kostenreduktion führen, z. B. wenn bei großen Bestellmengen von Roh-, Hilfs- und Betriebsstoffen höhere Rabatte gewährt werden und damit die variablen Kosten sinken. **Economies of Scope** beziehen sich auf leistungsbezogene und regionale Verbundeffekte. Verbundeffekte führen dazu, dass die Kosten für zwei Leistungen in einer Unternehmung geringer sind als die Kosten dieser Leistungen in zwei verschiedenen Unternehmen. Leistungsbezogene Verbundeffekte sind z. B. die gemeinsame Nutzung von F&E-Ergebnissen, der gemeinsame Verkauf von Leistungen durch einen Außendienst etc. Regionale Verbundeffekte ergeben sich beispielsweise bei Maßnahmen der Kommunikationspolitik, von denen verschiedene Regionen profitieren. Nicht zuletzt können durch die Realisation von **Erfahrungskurveneffekten** (vgl. Abschn. 3.2.2.2) Kosten dauerhaft gesenkt werden (vgl. Hax und Majluf 1991, S. 135; Henderson 1984, S. 19; Coenenenberg 2000, S. S19 ff.).

Um die produzierte und abgesetzte Menge einer Leistung zu steigern, kann die Unternehmung u. a.

- ihr geographisches Absatzgebiet für eine Leistung im Rahmen eines internationalen oder globalen Marketings ausdehnen (vgl. Kap. 7),
- die Leistung für neue Verwendungszwecke einsetzen (vgl. Kap. 6),
- den Verbrauch der Leistung bei bestehenden Kunden intensivieren,
- Unternehmen oder Leistungsprogramme zukaufen und dort die eigene Leistung (zusätzlich oder ausschließlich) absetzten.

Der Zukauf von Leistungsprogrammen oder ganzen Unternehmen erlaubt u. U. die Realisation von Economies of Scope. Darüber hinaus können Erfahrungssprünge gemacht werden, wenn es gelingt, Know how über Lieferanten, Berater, ausgeschiedene Mitarbeiter von Konkurrenten, Veröffentlichungen oder den Zukauf von Lizenzen u. ä. zu erlangen.

Nicht mengenbezogene Kostensenkungspotenziale sind eng mit dem Begriff der Rationalisierung verbunden.

▶Man versteht unter Rationalisierung die Beeinflussung und Gestaltung von Strukturen, Prozessen und Leistungen der Unternehmung unter Kostenaspekten auf der Basis der Kostenrechnung im Rahmen eines proaktiven Kostenmanagements (vgl. Franz und Kajüter 2000, S. 104).

Es sollen damit Kostenniveaus, Kostenverläufe und Kostenstrukturen mit dem Ziel der Kostensenkung gesteuert werden (vgl. Kremin-Buch 2007, S. 13 ff.). Mögliche Ansatzpunkte ergeben sich bei den Ressourcen, den Prozessen den Leistungen, den Lieferanten und den Kunden (vgl. Franz und Kajüter 2000, S. 107 ff.). Die einzelnen Faktoren beeinflussen sich auch gegenseitig.

Als **kostenrelevante Ressourcen** werden häufig das Personal und das Material genannt. Vielfach wird die Freisetzung von **Personal** als wichtigste Rationalisierungsmaßnahme genutzt. Allerdings darf dies nicht immer als „Allheilmittel" zur Kostenreduktion gesehen werden. Sie ist geeignet, wenn

- aufgrund veränderter Prozesse Personal dauerhaft abgebaut werden kann,
- die mit dem Personalabbau verbundenen Kosten (Abfindungen, Kosten des Sozialplans, Opportunitätskosten durch Imageverlust, aber auch Kosten der erneuten Personaleinstellung bei späteren Bedarf usw.) die langfristigen Kosteneinsparungen nicht übersteigen und
- Personalkosten tatsächlich einen erheblichen Anteil der Gesamtkosten ausmachen, was nicht immer unterstellt werden kann (vgl. Franz und Kajüter 2000, S. 115).

Als Alternativen zur (längerfristigen) Kostensenkung bei der Ressource Personal sind Anpassungen der Arbeitszeit, des Arbeitsortes, aber auch die Weiterqualifikation sowie Möglichkeiten zur Steigerung der Motivation und der Arbeitszufriedenheit in Betracht zu ziehen, in deren Folge die Produktivität der Mitarbeiter steigt.

Auch **Materialkosten** können ein maßgeblicher Kostenfaktor sein. Hier können Materialveränderungen, eine Materialstandardisierung, und die Verwendung von Gleichteilen zu Kostenreduktionen führen.

Prozesse dienen als weiterer Ansatzpunkt der Rationalisierung. Perpetuierte Ineffizienzen oder Ineffizienzen, die sich im Zeitablauf durch eine sich verändernde Umwelt (z. B. technischer Fortschritt) ergeben, sind durch entsprechende **Prozessoptimierungen**, die zu Ressourceneinsparungen, Steigerungen der Prozessqualität, Verkürzungen der Durchlaufzeiten u. ä. führen, zu beseitigen (vgl. Franz und Kajüter, 2000).

Weiterhin sind auch Überlegungen zur **Umstrukturierung** der Wertekette durch Auslagerungen von Funktionen (Outsourcing) oder durch Integration zusätzlicher Funktionen (Insourcing) anzustellen. Die VRIO- und die Wertekettenanalyse (vgl. Kap. 3.6) geben geeignete Hilfestellung. Besondere Beachtung müssen Schnittstellen zwischen unterschiedlichen Wertschöpfungsbereichen bzw. Funktionen innerhalb des Unternehmens aber auch zu anderen Unternehmen (Lieferanten, Händlern, Kunden) erhalten. Die Möglichkeiten der **Digitalisierung** mit der Industrie 4.0 liefern in Zukunft herausragende Möglichkeiten zur prozessbezogenen Kostensenkung.

Zur Rationalisierung von **Leistungen** sollte auf Leistungseigenschaften verzichtet werden, die der Kunde nicht honoriert (**Over-Engineering**). Eng damit verbunden ist eine Abkehr von einem **übertriebenen Perfektionismus**. Daneben ist auf eine **Teile- und Variantenvielfalt** möglichst zu verzichten. Sie kann über die Bildung von Zwangskombinationen oder durch eine hohe Grundausstattung eingeschränkt werden. Auch der Einsatz neuer **Produktionstechnologien** – allen voran die Industrie 4.0 – die **Verwendung von Gleichteilen** und eine (unternehmensübergreifende) verstärkte **Standardisierung** (Plattformstrategie) trägt zur Kostenreduktion bei den Leistungen bei. Weiterhin führen eine fertigungstechnische und montagegerechte **Leistungsgestaltung** zu niedrigen Kosten bei Montagemitteln, -fläche und -zeit. Nicht zuletzt sind die Lebenszykluskosten (vgl. Kenin-Buch 2007) einer Leistung zu minimieren. Beispielsweise können höhere Entwicklungskosten ggf. dann akzeptabel sein, wenn dadurch niedrigere Produktions- oder Entsorgungskosten für die Unternehmung entstehen.

Um die Kosten zu reduzieren, muss auch die Zusammenarbeit mit **Lieferanten** hinterfragt werden. Im einfachsten Fall sollte überprüft werden, ob die Unternehmung tatsächlich mit den kostengünstigsten Lieferanten kooperiert. Das Internet schafft hier die notwendige Preistransparenz. Zu denken ist in diesem Zusammenhang auch an ein **Global Sourcing**, bei dem weltweit die günstigsten Bezugsquellen genutzt werden. Zu berücksichtigen sind allerdings Qualitätsunterschiede, Transportkosten und die Transportzeit sowie die Gefahr des Zusammenbruchs der Lieferketten. Ein **Single-Sourcing** schränkt die Verhandlungsmacht des Lieferanten ein und erlaubt der Unternehmung die Durchsetzung höherer Rabatte. Der Bezug ganzer Bauteile bei einem **Modular Sourcing** erhöht die Verhandlungsmacht der Unternehmung und kann gleichzeitig die Produktionskosten der Unternehmung senken. Nicht zuletzt ist zu überlegen, ob nicht ganze Wertekettenaktivitäten an Lieferanten auszulagern sind (**Outsourcing**), die diese kostengünstiger und ggf. mit mehr Erfahrung aufgrund hoher Mengen besser erledigen.

Ohne Synergieeffekte zu vernachlässigen, sollten bei Bearbeitung von **Kunden** und Kundensegmente deren zukünftiger Kundenwert überprüft werden (vgl. Kap. 10). Entsprechend dem Kundenwert können kostenmäßig unterschiedliche Maßnahmen der Kundenbearbeitung ergriffen werden.

▶ Während Kunden mit einem hohen Kundenwert vom kostenintensiven Außendienst besucht werden, beschränkt sich die Ansprache von Kunden mit einem geringen Kundenwert auf das Angebot im Internet.

Bei der Strategie der Kostenführerschaft kann es sinnvoll sein, nur solche Kunden und Kundensegmente zu bearbeiten, bei denen die Kosten der Kundenakquisition, -bindung und -rückgewinnund niedrig sind (ohne die Erlöse zu vernachlässigen). Auch sollte die Möglichkeit geprüft werden, sich ausschließlich den Kunden mit hoher Verbrauchsintensität (Heavy Half) zuzuwenden und Kunden mit niedriger Verbrauchsintensität zu vernachlässigen (vgl. Becker 2019, S. 271 f.).

Eng mit der Rationalisierung verbunden, können **Prozessinnovationen** alleine oder in Kombination mit etablierten Prozesses auf der Basis neuer oder etablierter Technologien zur Senkung der Kosten beitragen (vgl. Wolfrum 1994, S. 59 ff.), indem sie.

Produktionszeiten verkürzen, Materialkosten senken, qualitätsbezogene Kosten (Ausschuss-, Nacharbeitung-, Gewährleistungskosten etc.) reduzieren etc. Auch Prozessinnovationen bedürfen eines Technologie- und Innovationsmanagements (vgl. Kap. 8.2.3.3).

Die Strategie der Kostenführerschaft sollte nur unter bestimmten internen und externen Voraussetzungen in Betracht gezogen werden.

Als interne Voraussetzung muss die Unternehmung zum einen über Kostensenkungspotenziale verfügen. Dies setzt eine eigene Wertschöpfung voraus. Zum anderen müssen weiterhin entsprechende Ressourcen, Fähigkeiten und entsprechendes Wissen zur Realisation der Strategie vorhanden sein. Dazu zählen u. a.

in der Beschaffung
- Zugang zu innovativer, kostensenkenden Technologien,
- der kostengünstige Zugang zu Roh-, Hilfs- und Betriebsstoffen,
- der kostengünstige Zugang zu Teilen und Komponenten,
- geringe Lagerkosten,
- Just in Time-Belieferung,
- geringer Ausschuss auf der Basis einer Null-Fehler-Produktion.

in der F&E
- verfahrensorientierte F&E,
- effiziente Verfahrenstechniken.

in der Produktion
- der Einsatz effizienter Produktionstechnologien,
- ein einfaches Leistungsdesign,
- Teilestandardisierung,
- die Standardisierung von Leistungen,

- die Spezialisierung,
- Produktionsmöglichkeiten in Billiglohnländern.

im Marketing und Vertrieb
- hohe Marktanteile,
- effiziente Vertriebssysteme,
- aggressive Vertriebspolitik,
- Standardisierung von Marketing-Programmen.

in der Finanzierung
- günstige Finanzierungsmöglichkeiten,
- hohe Investitionen.

in der Organisation und Führung
- klare Kompetenzen und Verantwortungen,
- ein wirksames Kostencontrolling.

Die Realisation der Strategie der Kostenführerschaft setzt auch ein dafür geeignetes Managementpotenzial voraus. „Die starke Kostenorientierung muss ... sowohl im Selbstverständnis des Managements als auch in allen Hierarchieebenen des Unternehmens verankert sein" (Stein 1988, S. 405). Dazu gehören u. a. der Wille zum Auffinden und die Kreativität zur Nutzung von Kostensenkungspotenzialen (vgl. Albach 1990, S, 785), die Durchsetzung von Kostensenkungsmaßnahmen und die Implementierung unterstützender Anreizsysteme sowie ein entsprechender Führungsstil. White (1986, S. 228) zeigt, dass bei der Strategie der Kostenführerschaft die Autonomie der SGF-Führung eingeschränkt ist.

Als **externe Voraussetzungen der Strategie der Kostenführerschaft** sollte ein möglichst langfristiger technologischer Standard existieren, der den Aufbau großer Kapazitäten sinnvoll erscheinen lässt. Soweit die Strategie der Kostenführerschaft mit dem Ziel niedrigere Preise realisiert wird, muss der Preis tatsächlich den wichtigsten Parameter im Wettbewerb darstellen. Zudem muss der Wettbewerb frei sein von staatlichen Subventionen in- und ausländischer Konkurrenten, um einen Leistungswettbewerb zu gewährleisten. Die Möglichkeiten des kalkulatorischen Ausgleichs, der Konkurrenten ein Angebot zu Dumpingpreisen erlaubt, sollten eingeschränkt sein.

In einer **kritischen Würdigung der Strategie der Kostenführerschaft** kann als **Vorteil** – wie bereits erwähnt – die Ausweitung des Preissenkungspotenzials am Markt gelten. Dies setzt voraus, dass die Kunden niedrige Preise wahrnehmen. Die im Internet geschaffenen Möglichkeiten der Preistransparenz tragen hierzu nicht unerheblich bei. Zudem müssen niedrige Preise auch akzeptiert werden. Dies bedingt eine hohe Preiselastizität der Nachfrage und ist am ehesten bei Commodities aber auch bei manchen Industriegütern zu erwarten (vgl. Müller-Stewens und Lechner 2016, S. 256). Mit niedrigen Preisen verbunden ist ggf. die Ausweitung des Kundenpotenzials z. B. auch in ärmere Ländern. Bei konstanten Marktpreisen werden über die niedrigen Kosten höhere Gewinne erzielt, die bei ihrer Reinvestition das langfristige Überleben der Unternehmung in verschiedener Weise sichern können.

Probleme mit der Strategie der Kostenführerschaft können sich bei einem (schnellen) Wechsel von Technologien ergeben, die Erfahrungen und Erfahrungskurveneffekte zunichtemachen. In diesem Zusammenhang müssen nicht nur neue Technologien, sondern auch die Industrie 4.0 und die Digitalisierung genannt werden, die selbst bei einer Losgröße 1 mit niedrigsten Grenzkosten produzieren kann (vgl. Scheer 2016a, S. 277 ff.). Der Wettbewerbsvorteil niedriger Preise geht verloren, wenn Konkurrenten z. B. durch den Erwerb von Lizenzen oder ganzer Unternehmen Erfahrungssprünge machen. Auch die Sharing-Ökonomie kann es Konkurrenten erlauben, trotz geringer Produktions- und Absatzmengen bei Vermeidung von Fixkosten zu relativ niedrigen Kosten zu produzieren (vgl. Abschn. 8.2.3.1). Eine vollständige Konzentration auf die Realisation der Kostenführerschaft kann verhindern, dass Änderungen von Kundenpräferenzen zu nicht preisbezogenen Merkmalen der Leistung erkannt werden. Staatliche Eingriffe (wie z. B. Zölle, Kontingente) können die die Strategie der Kostenführerschaft mit dem Ziel niedriger Preise be- und verhindern. Nicht zuletzt können Kostensteigerungen aus externen Gründen (Loherhöhung, Verteuerung von Rohstoffen usw.) die Strategie der Kostenführerschaft konterkarieren.

8.4 Hybride Strategien

Die Ausschließlichkeit der Strategie der Differenzierung und der Strategie der Kostenführerschaft wie Porter dies darstellt, muss vor dem Hintergrund empirischer Befunde und den Anforderungen des Marktes kritisch betrachtet werden. Zum einen verändern sich Strategien im Zeitablauf. Zum anderen ermöglicht der technologische Fortschritt eine gleichzeitige Kombination der beiden Strategien. In einem engeren Sinne kann nur diese Kombination als hybride Strategie bezeichnet werden. Nicht zuletzt fordern Kunden differenzierte Leistungen zu niedrigen Preisen. Abb. 8.52 gibt einen Überblick über mögliche hybride Strategien.

8.4.1 Strategieveränderungen im Zeitablauf

Strategieveränderungen und –kombinationen im Zeitablauf können bewusst forciert werden oder ergeben sich als Entwicklungsprozess.

8.4 Hybride Strategien

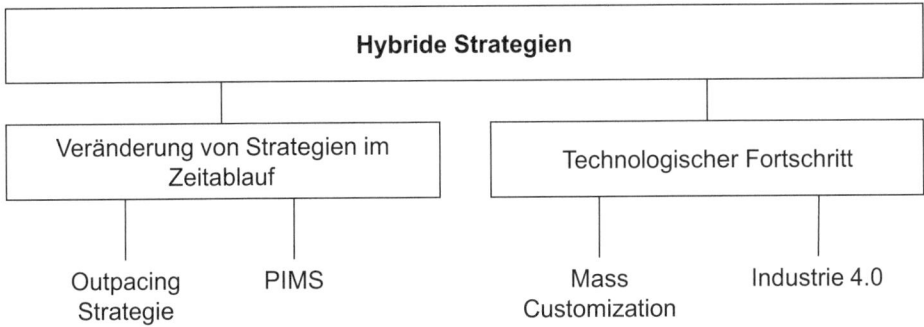

Abb. 8.52 Hybride Strategien

8.4.1.1 Outpacing-Strategien

Der **Outpacing-Strategie-Ansatz von Gilbert und Strebel** (vgl. Abb. 8.53) beschreibt den **bewussten Wechsel** zwischen der Strategie der Differenzierung und der Strategie der Kostenführerschaft aufgrund von Veränderungen des Wettbewerbsumfelds im Zeitablauf (vgl. Gilbert und Strebel 1985, S. 1 ff.; Kleinaltenkamp 1987, S. 31 ff.; Hungenberg 2014, S. 208 f.).

Ausgangspunkt der Überlegung ist ein **Innovator**, der mit einer Innovation die Strategie der Differenzierung verfolgt. Gelingt es ihm dabei, einen technologischen Standard

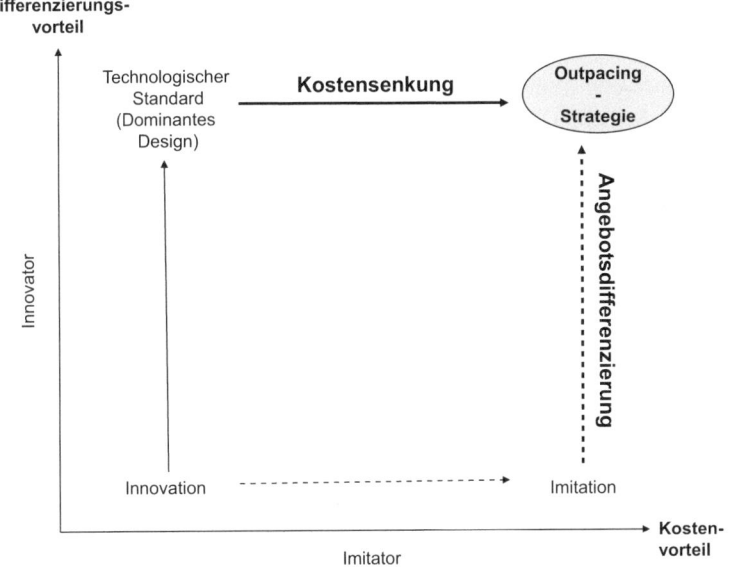

Abb. 8.53 Outpacing-Strategien (nach Kleinaltenkamp 1987, S. 33)

(dominantes Design) zu etablieren, genießt er eine (temporäre) Monopolstellung und erzielt bei hohen Preisen Monopolgewinne. Diese kann er dazu nutzen, um mengen- und nicht mengenbezogene Aktivitäten zur **Kostensenkung** und damit zur Preisflexibilität zu realisieren, die er im nachfolgenden Wettbewerb realisiert. Nachfolgende **Imitatoren** besitzen niedrigere F&E-Kosten und niedrigere Kosten der Markterschließung. Zudem erlaubt ihnen ein niedriges Floprisiko mit hohen Kapazitäten den Markt zu betreten. Sie realisieren unterhalb des Preisniveaus des Innovators trotzdem Gewinne. Diese können sie in den Erwerb produkttechnischen Know hows investieren, um dann mit **Angebotsdifferenzierungen** zur Strategie der Differenzierung zu wechseln.

Outpcing-Strategien sind an einige Voraussetzungen geknüpft:

- Innovator und Imitator besitzen ausreichende Kenntnisse des Marktes, um den Zeitpunkt der Herausbildung eines dominanten Designs zu identifizieren, der die Möglichkeit eines Strategiewechsels signalisiert.
- Zu einem Zeitpunkt richten sich Innovator und Imitator jeweils konsequent auf eine strategische Stoßrichtung aus (was der Theorie Porters entspricht).
- Die vom Innovator und Imitator erzielten Gewinne werden zur Finanzierung von Aktivitäten zum Strategiewechsels zu reinvestieren.

Ob die Durchführung von Outpacing-Strategien möglich und ökonomisch sinnvoll ist, hängt auch von der Situation ab. Zum einen muss der Marktlebenszyklus lange genug sein, um Strategiewechsel möglich zu machen. Zum anderen muss die ursprüngliche Innovation ein genügend hohes Differenzierungspotenzial besitzen und differenzierte Leistungen von den Abnehmern akzeptiert werden.

Der Outpacing-Strategie-Ansatz besitzt eine Reihe von Problemen. So bleibt ungeklärt, warum ein Innovator Monopolgewinne in Kostensenkungsmaßnahmen investieren soll und nicht in zusätzliche Differenzierungen seiner Innovation. Gleiches gilt für den Imitator, der mit permanente Imitationen auf dem Markt erfolgreich sein kann. Der Ansatz geht davon aus, dass der Innovator mit Monopolpreisen einen Preisschirm für den Imitator aufspannt. Das Ziel einer schnellen und breiten Diffusion kann aber auch einen Innovator zu niedrigen Preisen zwingen, sodass weder für ihn noch für Imitatoren genügend Gewinne zur Finanzierung des Strategiewechsels zur Verfügung stehen. Weiterhin ist zu berücksichtigen, dass ein Strategiewechsel, wenn auch möglich, ökonomisch nicht immer sinnvoll ist. Bei einer genügend breiten technologischen Basis kann es für Innovatoren lukrativer sein, sich aus einem Produktmarkt zurückzuziehen, sobald durch billige Imitatoren ein Preiswettbewerb entsteht, und mit einer erneuten Innovation einen neuen Produktmarkt zu kreieren. Imitatoren besitzen in diesem Fall immer ein genügendes Potenzial zur Nachahmung.

▶ Ein typisches Beispiel dafür gab bis zum Ende der 80er Jahre die pharmazeutische Industrie. Forschende Pharmaunternehmen vermieden den Preiswettbewerb und engagierten sich bevorzugt in der Entwicklung neuer Präparate.

Nicht zuletzt setzt der Strategiewechsel eine genügend große Organisations- und Systemflexibilität bei Innovatoren und Imitatoren voraus, die nicht immer gegeben sein muss (vgl. Fleck 1995 sowie Kap. 22).

8.4.1.2 Strategieentwicklung nach dem PIMS-Projekt

Hinweise auf einen **Entwicklungsprozess von Strategien** ergeben sich aus dem **PIMS-Projekt**. Buzzell und Gale (1989, S. 91 ff.) belegen, dass die bezogen auf den ROI erfolgreichsten SGFs die höchste relative Qualität (als Maß der Differenzierung) und den höchsten relativen Marktanteil als Kostenindikator besitzen (vgl. Abb. 8.54). Ein hoher relativer Marktanteil kann zu niedrigen Kosten gegenüber der Konkurrenz führen, wenn Erfahrungskurveneffekte, Skalen- und Fixkostendegressionseffekte realisiert werden.

Es stellt sich die Frage, wie dieser Zusammenhang zu erklären ist. Einerseits kann eine hohe Qualität ex ante zu hohen Marktanteilen führen. Andererseits kann eine hohe Qualität über den Pfad der Kundenzufriedenheit und Kundenbindung im Zeitablauf durch Wiederholungskäufe, Weiterempfehlung und Cross-Buying zu einem Anstieg der Absatzmenge führen, die die Realisation mengenbezogener Kostensenkungseffekte erlaubt (vgl.

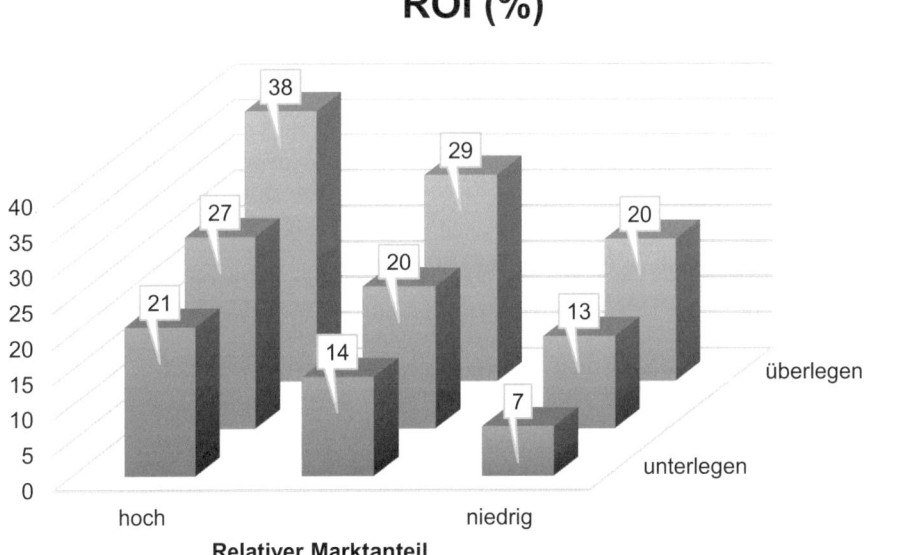

Abb. 8.54 Qualität und Marktanteil im PIMS-Projekt (Buzzell und Gale 1989, S. 94)

Abb. 8.55 Strategieentwicklung im Zeitablauf

Abb. 8.55). Zudem kann ein Qualitätsmanagement die nicht mengenabhängigen Fehlerkosten reduzieren. Prinzipiell erscheint es möglich, die Überlegung auf Innovationen und Marken zu übertragen. Voraussetzung ist, dass Kundenzufriedenheit zur Kundenbindung führt, was nur unter bestimmten Bedingungen (vgl. Abb. 8.55) zu erwarten ist (vgl. Absch. 10.3.2.4). Dazu gehören Merkmale der Geschäftsbeziehung, des Anbieters, des Umfeldes, der Kunden und der Leistung (vgl. Homburg et al. 2017, S. 113).

8.4.2 Strategiekombination durch technischen Fortschritt

Der technologische Fortschritt erlaubt zunehmend die Realisation differenzierter Leistungen zu niedrigen Kosten. Beispiele geben die Mass Customization und die Industrie 4.0.

8.4.2.1 Mass Customization
An der Verknüpfung moderner Kommunikations- und Produktionstechnologien greift das Konzept der **Mass Customization** an (vgl. Piller 2007, S. 945 f.; Pine 1993, Piller 1998, Piller 2000; Meffert et al. 2019, S. 343; Homburg 2017, S. 517 f.; Benkenstein und Uhrich 2009, S. 125).

▶ „Mass Customization (dt.: kundenindividuelle Massenproduktion) ist die Produktion von Gütern und Leistungen für einen (relativ) großen Absatzmarkt, welche die unterschiedlichen Bedürfnisse jedes einzelnen Nachfragers dieser Produkte treffen, zu Kosten, die ungefähr denen einer massenhaften Fertigung eines zugrunde liegenden Standardprodukts entsprechen" (Piller 2007, S. 945 f.; Piller 2000, S. 200).

Ziel ist es, bei weitgehender Standardisierung der Leistung (Mass) dem Kunden individualisierte Leistungen (Customization) anzubieten, die seine spezifischen Wünsche und Bedürfnisse befriedigen (vgl. Reiss und Beck 1995) und dabei gesammelte Kundendaten zur Kundenbindung zu nutzen (vgl. Piller 2007, S. 955 f.). Durch modularisierte Leistungen auf der Basis automatisierter und flexibler Produktionsprozesse, eine effiziente Logistik von Lieferanten bis zum Endkunden und neue Formen der interaktiven Kommunikation ist es möglich, die zunehmende Variantenvielfalt für differenzierte und individuelle Kundenwünsche wirtschaftlich zu beherrschen (vgl. Belz 1998; Bamberger und Wrona 2012, S. 130).

Ausgangspunkt bilden die Wünsche und Bedürfnisse des einzelnen Kunden und ggf. dessen Integration in den Leistungserstellungsprozess, was die Aufdeckung seiner Präferenzstrukturen und damit die Bestimmung konkreter Produktspezifika ermöglicht. Auf dieser Basis wird ein Grundprodukt mit allen individualisierungsentscheidenden Varianten entwickelt. Flexible Fertigungssysteme, mit denen modulare Produktkonzepte umgesetzt werden, ermöglichen dann eine weitgehend individuelle Produktgestaltung. Standardisierte Module werden zur Realisation von mengenbezogenen Kosteneffekten zentral gefertigt und mit individuellen Modulen in einer späteren Produktionsstufe kombiniert.

▶ Bekanntes Beispiel ist Levi Strauss: Kunden erhalten Jeans in ihrer speziellen Konfektionsgröße, in gewünschten Farben und Stoffen, deren Grundlage Standardmodelle bieten (vgl. Piller 2007, S. 948). In ähnlicher Weise kann sich der Kunde bei Mymuesli.de Müslis mit persönlich präferierten Zutaten selbst mixen.

Voraussetzungen der Mass Customization sind neben der Möglichkeit der Modularisierung der Produkte, flexible Produktionstechnologien, fortschrittliche Produktentwicklungsverfahren, moderne Informationstechnologien (z. B. Kundendatenbanken), kundenorientierte Organisationsstrukturen und enge Beziehungen zu Partnern der vor- und nachgelagerten Wertschöpfungsstufen.

Nachteilig wirkt sich aus, dass nicht immer alle individuellen Wünsche und Bedürfnisse befriedigt werden können (vgl. Piller 2007, S. 949).

8.4.2.2 Stategien auf der Basis der Industrie 4.0

Eine Vielzahl der in Abschn. 3.1. genannten digitalen Technologien bilden die Grundlage der **Industrie 4.0**. (vgl. Kaufmann 2015, S. 5).

▶Industrie 4.0 kann als die (temporäre) Vernetzung aller menschlichen und maschinellen Akteure über die gesamte Wertschöpfungskette sowie die Digitalisierung und Echtzeitauswertung aller hierfür relevanter Informationen mit dem Ziel, die Wertschöpfung transparent und effizient zu gestalten, um KKVs aufzubauen und zu erhalten, definiert werden (vgl. auch Roth 2016, S. 6; BMWI 2019; Urbach und Ahlemann 2016, S. 7; Scheer 2016a, S. 278; Heng 2017, S. 321 ff.).

„Intelligente Maschinen koordinieren selbstständig Fertigungsprozesse, Service-Roboter kooperieren in der Montage auf intelligente Weise mit Menschen, intelligente (fahrerlose) Transportfahrzeuge erledigen eigenständig Logistikaufträge. Über die intelligente Fabrik hinaus werden Produktions- und Logistikprozesse künftig unternehmensübergreifend verzahnt, um den Materialfluss zu optimieren, um mögliche Fehler frühzeitig zu erkennen und um hochflexibel auf veränderte Kundenwünsche und Marktbedingungen reagieren zu können" (BMWI 2020).

Abb. 8.56 macht das Prinzip der Industrie 4.0 idealtypisch deutlich (vgl. Plenk und Ficker 2018, S. 31 f.). Kundenaufträge, die in unterschiedlicher Form zum Unternehmen gelangen, werden von einer übergeordneten Stelle (Aggregator) gesammelt und auf drei verschiedene Anlagen für drei unterschiedliche Prozesse übertragen. In der Realität können für jeden Prozess mehrere Maschinen eingesetzt werden. Die Maschinen können sich in einer Halle, an einem Standort eines Unternehmens oder in verschiedenen Unternehmen an verschiedenen Standorten befinden. Da es sich um unterschiedliche Prozesse handelt, müssen Teile von einer Maschine zur anderen transportiert werden. Kommunikation und Transport erfolgt ebenfalls automatisiert direkt zwischen den Maschinen, ohne dass eine weitere Instanz eingeschaltet wird. Die einzelnen Maschinen müssen rechtzeitig (ggf. just in time) mit notwendigen Hilfs- und Betriebsstoffen versorgt werden. In Abhängigkeit des Anlagezustands und dessen Auslastung ist es die Aufgabe des Aggregators einen optimalen Produktionsplan zu formulieren und im Bedarfsfall (z. B. Ausfall einer Maschine) zu modifizieren. Der Aggregator kann innerhalb einer Unternehmung oder auch in der Lieferkette angesiedelt sein. Selbst ein autonomer Aggregator ist denkbar, der in Abhängigkeit der Auslastung, der Qualität und des Preises Aufträge an unterschiedliche Unternehmen vergibt, ohne selbst Anlagen zu besitzen.

Mit der Industrie 4.0 können die Strategie der Differenzierung und der Kostenführerschaft gleichzeitig realisiert werden (vgl. Roth 2016, S. 6 ff.; Kaufmann 2015, S. 12 ff.; Kagermann et al. 2013, S. 23 ff.):

8.4 Hybride Strategien

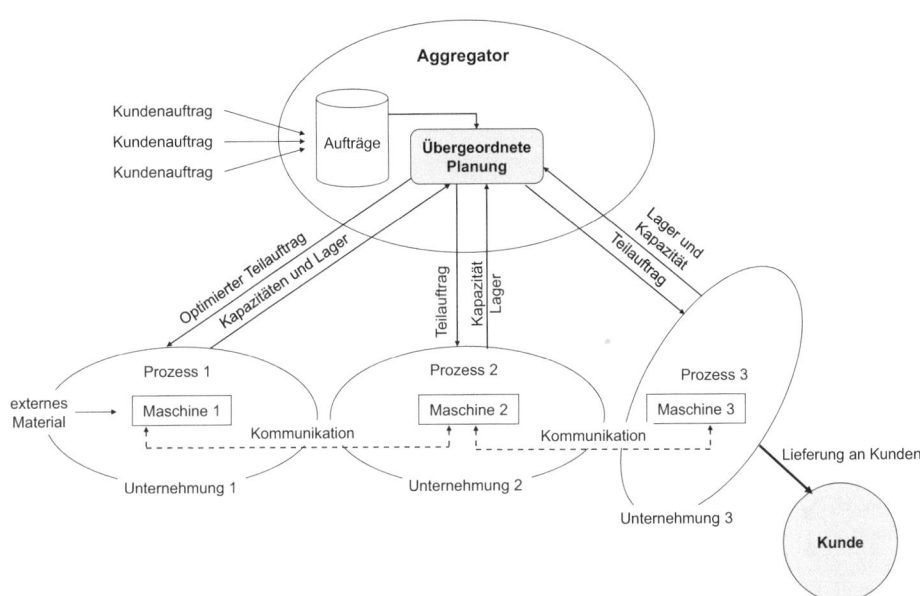

Abb. 8.56 Grundmodell der Industrie 4.0 (in Anlehnung an Plenk und Ficker 2018, S. 31)

Die **Differenzierung** erfolgt durch Individualisierung und Flexibilität. Mit der Industrie 4.0 können individuelle und kurzfristige Kundenwünsche realisiert und selbst kleinste Produktionsmengen bis Losgröße 1 rentabel hergestellt werden (vgl. auch Plenk und Ficker 2018, S. 43 ff.). Globale und lokale Anforderungen in der Entwicklung und Produktion sind einfacher zu realisieren. Zudem erhöht Industrie 4.0 die **Flexibilität** der Unternehmung. Auf Veränderungen auf Kundenseite (kurzfristige Variation von Liefermengen oder andersartige Anforderungen) kann schnell reagiert werden. Dies bezieht sich u. a. auf die Lieferzeiten, aber ggf. auch auf Entwicklungszeiten durch die zeitliche Optimierung der Beschaffungs-, Produktions-, Liefer- und Seviceprozesse. Neue Geschäftsmodelle können durch neue, kurzfristig realisierbare Vernetzungen cyberphysikalischer Systeme mit verschiedenen Partnern realisiert werden. Probleme auf Anbieterebene, wie z. B. dem Ausfall einer Maschine, können kurzfristig ausgeglichen werden.

Die **Strategie der Kostenführerschaft** wird insbesondere durch grenzkostenarme Produkte und Dienstleistungen unterstützt (vgl. Rifkin 2014). Dies gilt insbesondere bei informationsnahen Dienstleistungen, aber auch bei Leistungen, die mit 3D-Druck im Rahmen der Industrie 4.0 gefertigt werden. Immer streben die Grenzkosten gegen Null.

Zudem wird die **Produktivität** mit der Industrie 4.0 durch eine steigende Ressourceneffizienz und – effektivität erhöht (vgl. Scheer 2016b, S. 58) und die Stückkosten gesenkt. Wartungsprozesse können vorhergesagt und optimiert werden (Predictive Maintenance), wenn Fehler identifiziert und Fehlermuster frühzeitig mit Cloud-Computing auf der Basis vieler Vergangenheitsdaten erkannt werden, sodass sie vor ihrem Auftritt eliminiert werden (vgl. Scheer 2016b, S. 57). Damit können auch die Qualität von Prozessen und Leistungen gesteigert und Fehlerkosten vermieden werden. Die **Steigerung der Einsatzfähigkeit des Personals** ermöglicht einen Abbau von Personalkosten (vgl. Scheer 20016a, S. 281).

Probleme der Industrie 4.0 ergeben sich aus den hohen Fixkosten. Damit eng verbunden ist die Tatsache, dass Unternehmen die Technologie (noch) nicht besitzen bzw. beherrschen, sodass das Technologiepotenzial über die gesamte Wertekette nicht ausgeschöpft werden kann.

Literatur

Aaker, D. A. (1996): Building strong brands. The Free Press, New York.
Aaker, D. A.; Joachimsthaler, E. (2000): Brand Leadership. Free Press, New York
Albach, H. (1990): Das Management der Differenzierung. Ein Prozess aus Kreativität und Perfektion. ZfB 60 (8), S. 773–788.
Albers, S. (2005): Diffusion und Adoption von Innovationen. In: Albers, S.; Gassmann, O. (Hrsg.): Handbuch Technologiemanagement. Verlag Dr. Th. Gabler Wiesbaden, S. 415–434.
Albers, S.; Gassmann (2005): Technologie- und Innovationsmanagement. In: Albers, S.; Gassmann, O. (Hrsg.): Handbuch Technologiemanagement. Verlag Dr. Th. Gabler Wiesbaden, S. 3–21.
Amabile, T. M. (1988): A model of Creativity and innovation in organizations. In: Staw, B. M.; Cummings, L. L. (Ed.): Research in Organizational Behaviour. Greenwich 10, S. 123–167.
Amabile, T. M., Conti, R., Coon, H., Lazenby, J.; Herron, M. (1996): Assessing the Work Environment for Creativity. In: The Academy of Management Journal 39 (5) pp. 1154–1184. https://people.wku.edu/richard.miller/amabile.pdf. Zugegriffen: 16. November 2020.
Bamberger, I.; Wrona, T. (2012): Strategische Unternehmensführung. Strategien, Systeme, Methoden, Prozesse. 2. vollst. überarb. und erw. Aufl., Vahlen, München.
Becker, J. (2019): Marketing-Konzeption. 11. Aufl., Vahlen, München.
Behrens, G. (1994): Verhaltenswissenschaftliche Ansätze der Markenpolitik. In: Bruhn, M. (Hrsg.): Handbuch Markenartikel. Anforderungen an die Markenpolitik aus Sicht von Wissenschaft und Praxis. Bd.1, Schäffer-Poeschel, Stuttgart, S. 199–217.
Belk, R. (2010): Sharing. In: The Journal of Consumer Research, 36 (5), pp. 715–734.
Belz, Chr. (1998): Agile Markenführung. In: Tomczak, T.; Schögel, M.; Ludwig, E. (Hrsg.): Markenmanagement für Dienstleistungen. Verlag THEXIS des Forschungsinstituts für Absatz und Handel an der Universität St. Gallen, S. 38–47.
Benes, G. M. E.; Groh, P. E. (2022): Grundlagen des Qualitätsmanagements. 5. Aufl., Carl Hanser Verlag, Leipzig.
Benkenstein, M (1987): F&E und Marketing. Verlag Th. Gabler, Wiesbaden.
Benkenstein, M.; Uhrich, S. (2009): Strategisches Marketing. 3. Aufl., W. Kohlhammer, Stuttgart.
Berekoven, L. (1978): Zum Verständnis und Selbstverständnis des Markenwesens. In: Scheuch, F. u. a. (Hrsg.): Markenartikel heute. Marke, Markt und Marketing. Gabler, Wiesbaden, S.35–48.
Berekoven, L. (1992): Von der Markierung zur Marke. In: Dichtl, E.; Egger, W. (Hrsg.): Marke und Markenartikel als Instrumente des Wettbewerbs. dtv, München, S.25–45.

BMWI. (2019): Internet der Dinge. https://www.bmwi.de/Redaktion/DE/Artikel/. Zugegriffen: 16. September 2022.

BMWI. (2020): Digitale Transformation in der Industrie. https://www.bmwi.de/DE/Themen/Industrie/industrie-4-0.html. Zugegriffen: 16.01.2020.

Breach, G. (2008): I'm not Chatting, I'm Innovating! Locating Lead Users in Open Source Software Communities. Arbeitspapier No. 7, University of Technology Sydney, https://flosshub.org/sites/flosshub.org/files/Breach%202008%20Im%20Not%20Chatting%20Im%20Innovating.pdf. Zugegriffen: 24.September 2020.

Brockhoff, K. (1999): Forschung und Entwicklung. 5. Aufl. Oldenburg Verlag, München und Wien.

Brockhoff, K. (2005): Management des Wissens als Hauptaufgabe des Tech-nologie- und Innovationsmanagements. In: Albers, S.; Gassmann, O. (Hrsg.): Handbuch Technologiemanagement, Verlag Dr. Th. Gabler, Wiesbaden, S. 61–80.

Bruhn, M. (2004): Begriffsabgrenzungen und Erscheinungsformen von Marken. In: Bruhn, M. (Hrsg.): Handbuch Markenartikel. Anforderungen an die Markenpolitik aus Sicht von Wissenschaft und Praxis. Bd.1, Betriebswirtschaftlicher Verlag Dr. Th. Gabler, Wiesbaden, S. 3–49.

Bruhn, M. (2016): Kundenorientierung. 5. Aufl., dtv, München.

Bruhn, M. (2020): Qualitätsmanagement für Dienstleistungen- Handbuch für ein erfolgreiches Qualitätsmanagement. Grundlagen – Konzepte – Methoden. 11. Aufl., Springer Gabler, Berlin.

Bruhn. M; Hadwich, K. (2017): Produkt- und Servicemanagement. 2. Auflage, Franz Vahlen, München.

Bruhn, M; Fritz, K., Schoenemüller, V. (2015): Warum teilen Individuen? – Eine empirische Untersuchung der Nutzungsmotive von Sharing-Dienstleistungen anhand der Self-Determination Theory. In: Bruhn, M. und Hadwich, K. (Hrsg.): Interaktive Wertschöpfung durch Dienstleistungen. Springer Gabler, Wiesbaden, S. 611–3629.

Brunner, F. J; Wagner, K. W. (2011): Taschenbuch Qualitätsmanagement. 5. Aufl., Carl Hanser Verlag, München und Wien

Bullinger, H.- J.; Renz, K.-C. (2005): Forschungs- und Entwicklungsstrategien. In: Albers, S.; Gassmann, O. (Hrsg.): Handbuch Technologie- und Innovationsmanagement. Strategie – Umsetzung – Controlling. Betriebswirtschaftlicher Verlag Dr. Th. Gabler; GWV Fachverlag GmbH, Wiesbaden, S. 83–100.

Burmann, C.; Halaszovich, T.; Schade, M; Piehler, R. (2018): Identitätsbasierte Markenführung. 3. Aufl., Springer Gabler, Wiesbaden.

Burmann, C.; Meffert, H. (2005a): Theoretisches Grundkonzept der identitäts-orientierten Markenführung. In: Meffert, H.; Burmann,C.; Koers, M. (Hrsg.): Markenmanagement, 2. Aufl., Dr. Th. Gabler, Wiesbaden, S. 37–72.

Burmann, C.; Meffert, H. (2005b): Gestaltung von Markenarchitekturen. In: Meffert, H. Burmann, C. Koers, M. (Hrsg.): Markenmanagement, 2. Aufl., Betriebswirtschaftlicher Verlag Dr. Th. Gabler Wiesbaden, S. 163–3182.

Burmann, C.; Meffert, H; Koers, M. (2005): Stellenwert und Gegenstand des Markenmanagements. In: Meffert, H.; Burmann, C.; Koers, M. (Hrsg.): Markenmanagement. 2. Aufl., Dr. Th. Gabler, Wiesbaden, S. 3–36.

Buzzell, R. D.; Gale, B. T. (1989): Das PIMS-Programm. Strategien und Unternehmenserfolg, Gabler, Wiesbaden.

Chesbrough, H. W.; Vanhaverbreke, W; West, J. (2006): Open Innovation: Researching a new paradigm. Oxford University Press, Oxford und New York.

Coenenberg, A. G. (2000): Grundlagen der strategischen, operativen und finanzwirtschaftlichen Unternehmenssteuerung. In: Busse von Colbe, W.; Coenenberg, A. G; Kajüter, P.; Linnhoff, U. (Hrsg): Betriebswirtschaftliche Führung. Schäffer- Poeschel, Stuttgart, S. 3–30.

Cooper, R. G. (1985): Overall Corporate Strategies for New Product Programs. In: IMM 16, S. 179–193.
Corsten, H.; Gössinger, R; Müller-Seitz, G. Schneider, H. (2016): Grundlagen des Technologie- und Innovationsmanagements. 2. Aufl., Verlag Franz Vahlen, München.
Crosby, Ph. B. (1986a): Qualität ist machbar. McGraw-Hill, Hamburg.
Crosby, Ph. B. (1986b): Qualität bringt Gewinn. McGraw-Hill, Hamburg.
Dahl, C. (2015): ISO 9001:2015 einfach erklärt. **ohne Verlag, ohne Ort.**
Deming, W. E. (1982): Quality, Productivity and Competitive Position. Massachusetts Institute of Technology, Center for Advanced Engineering Study, Cambridge.
Dichtl, E. (1992): Grundidee, Varianten und Funktionen der Markierung von Waren und Dienstleistungen. In: Dichtl, E.; Eggers, W. (Hrsg.): Marke und Markenartikel als Instrumente des Wettbewerbs. dtv, München, S. 1–24.
Diener, K.; Piller, F. (2010): The Market of Open Innovation: Increasing the Ef-ficiency and Effectiveness of the Innovation Process. RWTH Aachen University, TIM Group Aachen. file:///C:/Users/Vollert/Downloads/Diener-Piller_2010_ThemarketforopenInnovation.pdf. Zugegriffen: 24. Sepember 2020.
Domizlaff, H. (1992): Die Gewinnung des öffentlichen Vertrauens. Ein Lehrbuch der Markentechnik. Marketing-Journal, Hamburg
Esch, F.- R. (1998): Aufbau und Stärkung von Dienstleistungsmarken durch integrierte Kommunikation. In: Tomczak, T.; Schögel, M.; Ludwig, E. (Hrsg.): Markenmanagement für Dienstleistungen. Thexis, St.Gallen, S.104–133.
Esch, F.- R. (2018): Strategie und Technik der Markenführung. 9. Aufl., Franz Vahlen, München
Esch, F.- R. (2019): Markenpositionierung als Grundlage der Markenführung. In: Esch, F.-R. (Hrsg.): Handbuch Markenführung. Springer Gabler, Wiesbaden, S. 201–234.
Esch, F.- R.; Bräutigam, S. (2001): Corporate Brands versus Product Brands? Zum Management von Markenarchitekturen. In: Thexis, 18 (4): S. 27–34.
Esch, F.- R.; Bräutigam, S.; Honerkamp J. E. (2019): Analyse und Gestaltung komplexer Markenarchitekturen. In: Esch, F.-R. (Hrsg.): Handbuch Markenführung. Springer Gabler, Wiesbaden, S. 413–434.
Esch, F.- R.; Langner, T. (2019): Ansätze zur Erfassung und Entwicklung der Markenidentität. In: Esch, F.-R. (Hrsg.): Handbuch Markenführung. Springer Gabler, Wiesbaden, S. 177–200.
Esch, F.- R.; Levermann, T. (1995): Positionierung als Grundlage des strategischen Kundenmanagements. In: Thexis, 12 (3), S. 8–16.
Esch, F.- R.; Möll, T. (2009): Marken im Gehirn = Emotion pur. Konsequenzen für die Markenführung. In: Esch, F.- R.; Armbrecht, W. (Hrsg.): Best Practice der Markenführung. Gabler, Wiesbaden, S. 21–35.
Esch, F.- R; Möll, T. (2019): Psychologische und neurologische Zugänge zur Marke. In: Esch, F.-R. (Hrsg.): Handbuch Markenführung. Springer Gabler, Wiesbaden, S. 71–93.
Esch, F.- R.; Schaarschmidt, C.; Baumgartl, C. (2019): Herausforderungen und Aufgaben des Markenmanagements. In: Esch, F.-R. (Hrsg.): Handbuch Markenführung. Springer Gabler, Wiesbaden, S. 3–40.
Esch, F.- R.; Wicke, A. (2005): Herausforderungen und Aufgaben des Markenmanagements. In: Esch, F.-R. (Hrsg.): Moderne Markenführung. Grundlagen-Innovative Ansätze-Praktische Umsetzung. 4. Aufl. Gabler, Wiesbaden, S. 3–55.
Esch, F.- R.; Wicke, A.; Rempel, J. E. (2005): Herausforderungen und Aufgaben des Markenmanagements. In: Esch, F.-R. (Hrsg.): Moderne Markenführung. Grundlagen-Innovative Ansätze-Praktische Umsetzung. 4. Aufl. Gabler, Wiesbaden, S. 3–55.
Feige, A.; Crooker, R. (1998): Innovation als Medizin gegen Arbeitslosigkeit.
Feigenbaum, A.V. (1986): Total Quality Control. 3. Aufl., McGraw Hill, New York.

Feldmann, C. (2007): Strategisches Technologiemanagement. Deutscher Universitätsverlag, Wiesbaden.
Fleck, A. (1995): Hybride Wettbewerbsstrategien. Zur Synthese von Kosten- und Differenzierungsvorteilen. Verlag Dr. Th. Gabler GmbH, Wiesbaden.
Foster R. N. (1986): "Timing Technological Transitions": In Horwitch M., ed., *Technology in the Modern Corporation.* Pergamon Press, New York, S. 35–39.
Franke, N.; von Hippel, E. (2003): Finding Commercially Attractive User In-novations. Arbeitspapier Nr. 4402–03, MIT Sloan School of Management; file:///C:/Users/Vollert/Downloads/SSRN-id367140.pdf. Zugegriffen: 06. Oktober 2020.
Franz, K.-P. (2000): Strategieunterstützende Controllinginstrumente. In: Welge, M.K., Al-Laham, A.; Kajüter, P. (Hrsg.) Praxis des strategischen Managements, Konzepte, Erfahrungen, Perspektiven. Springer Fach-medien, Wiesbaden, S. 317–330
Franz, K.-P.; Kajüter, P. (2000): Kostenmanagement. In: Busse von Colbe, W.; Coenenberg, A. G.; Kajüter, P.; Linnhoff, U. (Hrsg.): Betriebswirtschaft für Führungskräfte. Schäffer Poeschel, Stuttgart, S. 103--138.
Freter, H.; Baumgarth, C. (1996): Ingredient Branding: Komplexer als Konsumgütermarkenführung. In: Markenartikel 58 (10), S. 482–489
Gelbmann, U.; Vorbach, S. (2007a): Das Innovationssystem. In: Strebel, H. (Hrsg.): Innovations- und Technologiemanagement: 2. Aufl. facultas.wuv Universitätsverlag, Wien, S. 95–155.
Gelbmann, U.; Vorbach, S. (2007b): Strategisches Innovationsmanagement. In: Strebel, H. (Hrsg.): Innovations- und Technologiemanagement: 2. Aufl. facultas. wuv Universitätsverlag, Wien, S. 157– 211.
Gerpott, T. J. (2005a): Strategisches Technologie- und Innovationsmanagement. 2. Aufl. Schäffer-Poeschel-Verlag, Stuttgart
Gerpott, T. J. (2005b): Technologie- und Innovationsmanagement. In: Bitz, M.; Domsch, M.; Ewert, R.; Wagner, F. R. (Hrsg.): Vahlens Kompendium der Betriebswirtschaftslehre. Bd. 2; 5. Aufl., Verlag Franz Vahlen, München, S. 303–352.
Gerybadze, A. (1988): Innovationswettbewerb: Der Hase und der Igel in den Märkten von morgen. In: A.D. Little International (Hrsg.): Management des geordneten Wandels. Gabler, Wiesbaden, S. 107–122.
Gerybadze, A. (2004): Technologie- und Innovationsmanagement. Verlag Franz Vahlen, München
Gilbert, X.; Strebel, P. J. (1985): Outpacing Strategies. In: IMEDE -Perspectives for Managers. 9 (2), S. 4–16.
Gochermann, J. (2020): Technologiemanagement. https://link.springer.com/book/https://doi.org/10.1007/978-3-658-28799-3. Zugegriffen: 01. Juli 2020.
Grant, R. M. (2014): Moderne strategische Unternehmensführung. Wiley-VCH Verlag GmbH &Co. KGaA, Weinheim
Gredel, D. (2016): Intellectual Property Management. In F&E-Kooperationen, Springer Fachmedien, Wiesbaden.
Gröppel-Klein, A.; Spilski, A. (2019): Verhaltenswissenschaftliche Grundlagen zur Markenführung. In: Esch, F.-R. (Hrsg.): Handbuch Markenführung. Springer Gabler, Wiesbaden, S. 43–69.
Hätty, H. (1989): Der Markentransfer. Physica, Heidelberg
Hauschildt, J. H.; Salomo, S.; Schultz, C.; Kock, A. (2016): Innovationsmanagement. 6. Aufl., Verlag Franz Vahlen, München.
Hausser, J; Tellis, G.; Griffin, A. (2006): Research on Innovation. A Review and Agenda for Marketing Science. In: Marketing Science, 25 (6) S. 687–717.
Hax, A. C.; Majluf, N. S. (1991): Strategisches Management. Ein integratives Konzept aus dem MIT, Campus, Frankfurt/Main; New York.

Henderson, B. D. (1984): Die Erfahrungskurve in der Unternehmensstrategie, Übersetzung und Bearbeitung von A. Gälweiler, 2. überarbeitete Aufl., Campus, Frankfurt/Main; New York.
Heng, S. (2017): Industrie 4.0. In: WISU das Wirtschaftsstudium 46 (3), S. 321–327.
Herrmann, J.; Fritz, H. (2016): Qualitätsmanagement. 2. Aufl., Carl Hanser Verlag, München.
Heuss, E. (1965): Allgemeine Markttheorie. J. C. B. Mohr (Paul Siebeck); Polygraphischer Verlag, Tübingen, Zürich.
Hinsch, M. (2014): Die neue ISO 9001: 2015 –Status, Neuerungen und Per-spektiven. Springer Vieweg, Berlin, Heidelberg.
Hoewner, J.; Jansen, M.; Jantke, K. (2008): Von der Spinovation zur Sinnovation. K 12 Knowhow-Kommunikation und Innovation, K 12 Agentur für Kommunikation und Innovation, Düsseldorf. file:///C:/Users/Vollert/Downloads/dokumen.tips_von-der-spinnovation-zur-sinnovation.pdf. Zugegriffen: 28. September 2020.
Homburg, Chr.: (2020): Marketing Management. 7. Aufl. Gabler Springer, Wiesbaden.
Homburg, Chr.; Becker, A.; Hentschel, F. (2017): Der Zusammenhang zwischen Kundenzufriedenheit und Kundenbindung. In: Bruhn, M.; Homburg, C. (Hrsg.): Handbuch Kundenbindungsmanagement, 9. Aufl, Springer Gabler, Wiesbaden, S. 99–124.
Homburg, C.; Schäfer, H. (2001): Strategische Markenführung in dynamischer Umwelt. In: Köhler, R.;Majer, W.; Wiezorek, H. (Hrsg.): Erfolgsfaktor Marke. Neue Strategien des Markenmanagements. Franz Vahlen, München, S. 157–173.
Huber, W.R. (1988): Markenpolitische Strategien des Konsumgüterherstellers, dargestellt an Gütern des tägl. Bedarfs. Lang Verlag, Frankfurt am Main u. a.
Hungenberg, H. (2014): Strategisches Management in Unternehmen. Ziele – Prozesse – Verfahren. 8., aktualisierte Aufl., Springer Gabler, Wiesbaden
Jaritz, S. (2008): Kundenbindung und Involvement, Dr. Th. Gabler, Wiesbaden.
Johnson, G.; Whittington, R.; Scholes, K.; Angwin, D.; Regnér, P.; (2018): Strategisches Management. Eine Einführung. 11., aktualisierte Auflage. Pearson, Hallbergmoos.
Juran, J. M. (1979): Basic Concepts. In: Juran, J. M.; Gryna, F. M. Bingham, R. S. (Eds): Quality Control Handbook. 3rd. ed., McGraw-Hill Book Company, New York u. a.
Kagermann, H.; Wahlster, W.; Helbig, J. (2013): Umsetzungsempfehlungen für das Zukunftsprojekt Industrie 4.0. Abschlussbericht des Arbeitskreises Industrie 4.0. file:///C:/Users/Vollert/Downloads/Abschlussbericht_Industrie4.0_barrierefrei-1.pdf. Zugegriffen: 23. September 2020.
Kaminske, G. F; Brauer, J.- P. (2011): Qualitätsmanagement von A-Z. 7. Aufl., Carl Hanser Verlag, München, Wien.
Kapferer, J.- N. (1998): Strategic brand management, creating and sustaining brand equity longterm. Kogan Page, London.
Kaufmann, T. (2015): Geschäftsmodelle in Industrie 4.0 und dem Internet der Dinge, Springer Vieweg, Wiesbaden
Kremin-Buch, B. (2007): Strategisches Kostenmanagement. 4. Aufl., Gabler Wiesbaden.
Kleinaltenkamp, M. (1987): Die Dynamisierung strategischer Marketing-Konzepte – Eine kritische Würdigung des „Outpacing Strategies" – Ansatzes von Gilbert und Strebel. In: ZfbF, 39. (1), S.31–51.
Köhler, R. (2001): Erfolgreiche Markenpositionierung angesichts zunehmender Zersplitterung von Zielgruppen. In: Köhler, R.; Majer, W.; Wiezorek, H. (Hrsg.): Erfolgsfaktor Marke. Neue Strategien des Markenmanagements. Vahlen Verlag, München, S. 45–61.
Koppelmann, U. (2004): Funktionsorientierter Erklärungsansatz der Markenpolitik. In: Bruhn, M. (Hrsg.): Handbuch Markenartikel. Anforderungen an die Markenpolitik aus Sicht von Wissenschaft und Praxis. Bd. I, Betriebswirtschaftlicher Verlag Dr. Th. Gabler, Wiesbaden, S. 371–390.

Kotler, P.; Keller, K. L.; Opresnik, M. O. (2015): Marketing-Management. Konzepte – Instrumente – Unternehmensfallstudien; [inklusive MyLab, deutsche Version]. 14. aktualisierte Aufl., Pearson (Wirtschaft), Hallbergmoos.

Krems, B (2016): Qualitätsmanagement. In: Online-Verwaltungslexikon, http://www.olev.de/q/qm.htm, S. 1–22. Zugegriffen: 20. Februar 2020.

Kroeber-Riel, W.; Gröppel-Klein, A. (2019): Konsumentenverhalten. 11.überarb., aktualisierte und erg. Aufl., Verlag Franz Vahlen, München.

Krubasik, E. (1982): Strategische Waffe. In: Wirtschaftswoche 36 (25), S.28–33.

Laforet, S.; Sounders, J. (1994): Managing Brands Portfolio: How the Leaders Do It. In: Journal of Advertising Research 34 (1), S. 64–76.

Leeflang, P. S.; Verhoef, P.; Dahlström, P.; Freundt, T. (2014): Challenges and solutions for marketing in a digital era. In: European Management Journal, 32 (1), S. 1–12.

Liebl, F. (2005): Technologie-Frühaufklärung. In: Albers, S.; Gassmann, O. (Hrsg.): Handbuch Technologiemanagement. Verlag Dr. Th. Gabler, Wiesbaden, S. 119–136.

Lubik, S; Lim, S.; Platts, K., Minshall, T. (2013): Market pull and technological-push in manufacturing start-ups in emerging industries. In: Journal of Manufacturing Technology Management, 24 (1), S. 10–27. file:///C:/Users/Vollert/Downloads/17068418.pdf. Zugegriffen: 8. Oktober 2020.

Lüthje, C.; Herstatt, C. (2004): The Lead User method: an outline of empirical findings and issues for future research. In: R&D Management, 34 (5), S. 553–568; https://mktgsensei.com/AMAE/Marketing%20Research/Lead%20User%20Research...Academic%20Article.pdf. Zugegriffen: 28. September 2020.

Lüttgens, D.; Gross, U. (2008): Open Innovation trifft Innovationsmanagement. In: Wissensmanagement, Zeitschrift für Innovation, 14 (4), S. 30–37.

Macharzina, K.; Wolf, J. (2023): Unternehmensführung: Das internationale Managementwissen – Konzepte, Methoden, Praxis. 12. Auflage, Springer Gabler, Wiesbaden

Meffert, H. (1994): Marketing-Management. Analyse – Strategie – Implementierung. Gabler, Wiesbaden.

Meffert, H.; Burmann, Ch. (1996): Identitätsorientierte Markenführung Grundlagen für das Markenmanagement von Markenportfolios. In: Meffert, H.; Wagner, H.; Backhaus, K. (Hrsg.): Arbeitspapier Nr. 100 der wissenschaftlichen Gesellschaft für Marketing und Unternehmensführung e. V., Münster.

Meffert, H.; Burmann, Ch.; Kirchgeorg, M; Eisenbeiß, M (2019): Marketing. 13. Aufl., Springer Gabler, Wiesbaden

Meffert, H; Bruhn, M.; Hadwich, K. (2018): Dienstleistungsmarketing. 9. Aufl., Springer Gabler, Wiesbaden

Mellerowicz, K. (1963): Markenartikel – Die ökonomischen Gesetze ihre Preisbildung und Preisbindung. 2.Aufl., Beck München, Berlin

Mollenhauer, M.; Remmerbach, K.-U. (1988): Neue Spielregeln des Marketings: Wie aktivieren wir die Märkte für die nächste Produktgeneration?. In: A.D. Little International (Hrsg.): Management des geordneten Wandels. Gabler, Wiesbaden, S.123–136.

Müller-Stewens, G.; Lechner, C. (2016): Strategisches Management. Wie strategische Initiativen zum Wandel führen. 5. Aufl., Schäffer-Poeschel, Stuttgart.

Nerdinger, F. (2000): Psychologie des persönlichen Verkaufs. Oldenbourg Wissenschaftsverlag, München, Wien, Oldenburg

Oberender, P. (1973): Industrielle Forschung und Entwicklung. Eine theoretische und empirische Analyse bei oligopolistischen Marktprozessen. Haupt Verlag, Bern; Stuttgart

Oberender, P.; Rüter, G. (1988): Gefahren für Innovationen im Arzneimittelbereich. Eine ordnungspolitische Analyse. Nomos, Baden-Baden.

Oess, A. (1994): Total Quality Management. 3. Aufl. (Nachdruck), Gabler Wiesbaden.
Paul, H.; Wollny, V. (2014): Instrumente des strategischen Managements. 2. Aufl., Oldenbourg Wissenschaftsverlag, München
Perl, E. (2007): Grundlagen des Innovations- und Technologiemanagements. In: Strebel, H. (Hrsg.): Innovations- und Technologiemanagement. 2. Aufl. facultas.wuv Universitätsverlag, Wien, S. 17–52.
Pfeifer, T.; Schmitt, R. (2014): Masing – Handbuch Qualitätsmanagement. 6. Aufl. Hanser, München:
Pfeiffer, W.; Metze, G.; Schneider, W.; Amler, R. (1987): Technologie-Portfolio zum Management strategischer Zukunftsgeschäfte. 5. Aufl., Vandenhoeck und Ruprecht, Göttingen.
Pick, D.; Haase, M. (2015): Gründe zur Mitwirkung in der kommerziellen Sharing Economy. In: Marketing Review St. Gallen 32 (4), S. 7–15.
Piller, F. T. (1998): Kundenindividuelle Massenproduktion. Hanser Verlag, München und Wien.
Piller, F. T. (2000): Mass Customization: Ein wettbewerbsstrategisches Konzept im Informationszeitalter. Springer Fachmedien, Wiesbaden.
Piller, F. T. (2007): Mass Customization. In: Albers, S.; Herrmann, A. (Hrsg.) Handbuch Produktmanagement. 3. Aufl., Betriebswirtschaftlicher Verlag Dr. Th. Gabler, Wiesbaden, S. 940–968.
Pine, B.J. (1993): Mass Cusomization. New Frontier in Business Competition. Harvard Business School Press, Boston (Mass.).
Plenk, V.; Ficker, F. (2018): Industrie 4.0. In: Wolff, D.; Göbel, R. (Hrsg.): Di-gitalisierung: Segen oder Fluch. Springer, Berlin, S. 29–53.
Porter, M. E. (2010): Wettbewerbsvorteile. 7. Aufl., Campus, Frankfurt am Main, New York.
Porter, M. E. (2013): Wettbewerbsstrategien. 12. Aufl., Campus, Frankfurt am Main, New York.
Puhlmann, M.; Semlitsch (1997): Wie geht das Management mit der Marke um? In: asw, 40 (Sondernummer Oktober), S. 24–32.
Radtke, B. (2014): Markenidentitätsmodelle. Springer Gabler Wiesbaden.
Reichwald, R; Piller, F. T. (2005): Open Innovation: Kunden als Partner im Innovationsprozess. file://C:/Users/Vollert/Downloads/Open_Innovation_Kunden_als_Partner_im_Innovationsp.pdf. Zugegriffen: 20.September 2020.
Reiss, M.; Beck, T. C (1995): Kernkompetenzen in virtuellen Netzwerken: Der ideale Strategie-Struktur-Fit für wettbewerbsfähige Wertschöpfungssysteme? In: Corsten, H.; Will, Th. (Hrsg.): Unternehmensführung im Wandel. Strategien zur Sicherung des Erfolgspotenzials. Kohlhammer, Stuttgart u.a, S. 33–60.
Rifkin, J. (2014): Die Null Grenzkosten Gesellschaft: Das Internet der Dinge, kollaboratives Gemeingut und der Rückzug des Kapitalismus. Campus Verlag, Frankfurt.
Roosdorp, A. (1998): Positionierungspflege. Phänomen, Herausforderung und Konzept, Diss., Univ. St. Gallen.
Roth, A. (2016): Industrie 4.0 – Hype oder Revolution. In Roth, A. (Hrsg.): Ein-führung und Umsetzung von Industrie 4.0. Springer, Berlin und Heidelberg, S. 1–15.
Ruge, H-D. (2005): Aufbau von Markenbildern. In: Esch, F.- R. (Hrsg.): Moderne Markenführung. Grundlagen-Innovative Ansätze-Praktische Umsetzung. 4. Aufl., Dr. Th. Gabler, Wiesbaden, S.239–261.
Scheer, A.- W. (2016a): Nutzentreiber Digitalisierung. In: Informatikspektrum Vol. 39 (4). https://doi.org/10.1007/s00287-016-0975-4, S. 275–289.
Scheer, A.- W. (2016b): Thesen zur Digitalisierung. In: Abolhassan, F. (Hrsg.) Was treibt die Digitalisierung? Springer Gabler, Wiesbaden, S. 48–61.
Schlaak, T. M. (1999): Der Innovationsgrad als Schlüsselvariable: Perspektiven für das Management von Produktentwicklungen. Deutscher Universitätsverlag, Wiesbaden.
Schmitt, R.; Pfeifer, T. (2010): Qualitätsmanagement, 4. Aufl., Hanser München und Wien..

Schobert, R. (1979): Die Dynamisierung komplexer Marktmodelle mithilfe von Verfahren der mehrdimensionalen Skalierung. Duncker und Humblot, Berlin.

Scholl, G. (2019): Systematisierung des Peer-to-Peer Sharings. In: Behrendt, S. und Henseling, C. (Hrsg.): Digitale Kultur des Teilens. Springer Gabler, Wiesbaden, S. 5–12.

Schumpeter, J. A. (1931): Theorie der wirtschaftlichen Entwicklung: Eine Untersuchung über Unternehmergewinn, Kapital, Kredit, Zins und den Konjunkturzyklus. Dunker Humblot, Leipzig.

Schweitzer, M. (2002): Innovationsmanagement. In: Bea, F.X.; Dichtl, E.; Schweitzer, M. (Hrsg.): Allg. Betriebswirtschaftslehre. Bd. 3: Leistungsprozess, Lucius & Lucius, Stuttgart, S. 9–76.

Seghezzi, H. D.; Fahrni, F., Friedli, T. (2013): Integriertes Qualitätsmanagement. 4. Aufl., München.

Simon, H. (2012): Hidden Champions – Aufbruch nach Globalia: Die Erfolgsstrategien unbekannter Weltmarktführer. Campus Verlag, Frankfurt und New York.

Spath, D.; Renz, K.- C. (2005): Technologiemanagement. In: Albers, S.; Gassmann, O. (Hrsg.): Handbuch Technologiemanagement. Verlag Dr. Th. Gabler, Wiesbaden, S. 229–246.

Specht, G. (2002): Integration von Demand Pull und Technology-Push im Innovationsmanagement. In: Böhler, H. (Hrsg.): Marketing-Management und Unternehmensführung. Festschrift für Professor Richard Köhler zum 65. Geburtstag. Schäffer-Poeschel Verlag, Stuttgart, S. 481–502.

Specht, G.; Beckmann, C.; Amelingmeyer, J. (2002): F&E-Management. 2. Aufl., Schäffer-Poeschel Verlag, Stuttgart.

Specht, U. (1997): Mit Marken Zeichen setzen. In: asw 40 (Okt.), S. 10–11.

Stauss, B. (1998a): Dienstleistungen als Markenartikel – etwas Besonderes? In: Tomczak, T.; Schögel, M.; Ludwig, E. (Hrsg.): Markenmanagement für Dienstleistungen. Verlag THEXIS des Forschungsinstituts für Absatz und Handel an der Universität St. Gallen, S.10–23..

Stein, H.-G. (1988): Kostenführerschaft als strategische Erfolgsposition. In: Henzler, H. (Hrsg.): Handbuch Strategische Führung. Gabler, Wiesbaden, S.397–426.

Szallies, R. (1997): Neue Bilder in den Köpfen? Die herausgeforderte Marke. In: asw 40 (Okt.), S. 132–140.

Thommen,J.- P.; Achleitner, A.- K.; Gilbert, D. U; Hachmeister, D.; Jarchow, S.: Kaiser, G. (2023): Allgemeine Betriebswirtschaftslehre. Umfassende Einführung aus managementorientierter Sicht. 10., Auflage; Springer Fachmedien, Wiesbaden.

Tiby, C. (1988): Die Basis unternehmerischer Initiative: Systematisch neue Produkte und Leistungen entwickeln. In: A.D. Little International (Hrsg.): Management des geordneten Wandels. Gabler, Wiesbaden, S. 91–106.

Tomczak, T.; Brockdorff, B. (2000): Bedeutung und Besonderheiten des Markenmanagements für Dienstleistungen. In: Belz, Ch.; Bieger, Th. (Hrsg.): Dienstleistungskompetenz und innovative Geschäftsmodelle. Thexis, St. Gallen, S. 486–502.

Tomczak, T; Kuß, A.; Reinecke, S. (2014): Marketingplanung. 7. Aufl., Springer Gabler, Wiesbaden.

Tomczak, T.; Reinicke, S. (1995): Die Rolle der Positionierung im strategischen Marketing. In: Thommen, J.-P. (Hrsg.): Management-Kompetenz. Die Gestaltungsansätze des NDU/Executive MBA der Hochschule St. Gallen,Verlag Versus, Zürich, S. 499–517.

Tomczak, T.; Roosdorp, A. (1996): Positionierung – Neue Herausforderungen verlangen neue Ansätze. In: Tomczak, T.; Rudolph, T.; Roosdorp, A. (Hrsg.): Positionierung. Kernentscheidung des Marketing. Verlag fehlt, St. Gallen, S. 26–42.

Tomczak, T.; Rudolf- Sipötz, E. (2001): Bestimmungsfaktoren des Kundenwertes. In: Günter, B.; Helm, S. (Hrsg.): Kundenwert. Grundlagen-Innovative Konzepte, Praktische Umsetzung. Betriebswirtschaftlicher Verlag Dr. Th. Gabler | GWV Fachverlage GmbH, Wiesbaden, S. 127–154.

Trommsdorff, V.; Bookhagen, A.; Hess, C. (2000): Produktpositionierung. In: Herrmann, A.; Homburg, C. (Hrsg.): Marktforschung. 2. Aufl., Gabler, Wiesbaden, S. 765–787.

Trommsdorff, V.; Teichert, T. (2011): Konsumentenverhalten. 8., vollständig überarbeitete und erweiterte Auflage, W. Kohlhammer (Kohlhammer Edition Marketing), Stuttgart. http://d-nb.info/1011067757/04.

Ulrich, P.; Fluri, E. (1995): Management, Eine konzentrierte Einführung. 7.Aufl., Haupt Verlag, Bern, Stuttgart, Wien.

Unger, F. (1986): Konsumentenpsychologie und Markenartikel, Physica-Verlag, Weinheim.

Urbach, N; Ahlemann, F. (2016): IT-Management im Zeitalter der Digitalisierung, Springer Gabler, Berlin, Heidelberg.

Utterback, J. M.; Abernathy, W. J. (1975): A Dynamic Model of Process and Product Innovation. In: Omega. The International Journal of Management Science.3 (6), pp. 639–656; http://wilsonzehr.com/wp-content/uploads/2021/04/1975-Abernathy-Utterback-A-dynamic-model-of-process-and-product-innovation.pdf. Zugegriffen: 14. September 2023.

Voeth, M; Pölzl, J.; Kienzler, O. (2015): Sharing Economy – Chancen, Herausforderungen und Erfolgsfaktoren für den Wandel vom Produktgeschäft zur interaktiven Dienstleistung am Beispiel des Car-Sharings. In: Bruhn, M.; Hadwich, K. (Hrsg.): Interaktive Wertschöpfung durch Dienstleistungen. Springer Gabler, Wiesbaden, S. 469–489.

Völker, R.; Thome, C.; Schaaf, H. (2012): Innovationsmanagement, Verlag W. Kohlhammer, Stuttgart.

Vollert, K. (2002): Internationalisierung und differenzierte Positionierung einer Marke. Ein Widerspruch? In: Thexis, 19 (4), S. 14–17.

Vollert, K. (2009): Marketing, 2. Aufl., PCO, Bayreuth.

Vollert, K. (1989): Das DEFENDER-Modell zur Formulierung von Verteidi-gungsstrategien bei Produktinnovation und -variation der Konkurrenz. Darstellung und Kritik. In: Kroeber-Riel, W. u. a. (Hrsg.): Arbeitspapier der Forschungsgruppe Konsum und Verhalten, Frankfurt am Main.

Vollert, K. (1998): Qualität lohnt sich. Psychographische und ökonomische Konsequenzen eines Qualitätsmanagements. Mittweida: FH, Fachbereich Wirtschaftswiss. (Diskussionspapier/Fachbereich Wirtschaftswissenschaften, Hochschule Mittweida (FH) – University of Applied Sciences (4).

Vollert, K. (2001): Markenpolitik. In: Poth, L.; Poth, G. (Hrsg.): Marketing. Loseblattsammlung. 41. Akt.-Lfg, Luchterhand, Neuwied.

Vollert, K. (2003): Markenpositionierung. In: Kamenz, U. (Hrsg.): Applied Marketing. Springer, Berlin und Heidelberg, S. 459–470

Vollert, K. (2004): Grundlagen des strategischen Marketing. 3. Aufl. PCO, Bayreuth.

Von Hippel, E. (1988): The Source of Innovation. Oxford University Press, New York, Oxford.

Von Hippel, E. (2005): Democratizing Innovation. The MIT Press, Cambridge, Massachusetts, London.

Walter, A. (2005): Technologietransfer. In: Albers, S.; Gassmann, O. (Hrsg.): Handbuch Technologiemanagement. Verlag Dr. Th. Gabler Wiesbaden, S. 101–118.

Weiber, R.; Pohl, A. (2017): Innovation und Marketing. Verlag W. Kohlhammer, Stuttgart

Weinberg, P.; Diehl, S. (2005): Erlebniswelten für Marken. In: Esch, F.- R. (Hrsg.): Moderne Markenführung. Grundlagen-Innovative Ansätze-Praktische Umsetzung. 4. Aufl., Gabler, Wiesbaden, S. 263–286.

White, R. E. (1986): Generic Business Strategies, Organizational Context and Performance: An Empirical Investigation. In: Strategic Management Journal, Vol.7 (1986), S. 217–231.

Witt, J. (1996): Produktinnovation. Verlag Franz Vahlen, München.

Wittkowski, K., Benoit, S., Wirtz, J. (2015): Warum Unternehmen sich für KoKonsum entscheiden. In: Marketing Review St. Gallen, 32 (4), S. 24–31.

Wolfrum, B. (1992): Technologiestrategien im strategischen Management. In: Marketing ZFP, 14 (1), S.23–36.
Wolfrum, B. (1994): Strategisches Technologiemanagement, 2. Aufl. Verlag Dr. Th. Gabler, Wiesbaden
Zaichkowsky, J. L. (1985): Measuring the Involvement Construct. In: Journal of Consumer Research, 12, S. 341–352
Zapf, W. (1989): Über soziale Innovationen. In: Soziale Welt, 40, S. 170–183
Zörgiebel, W. W. (1983): Technologie in der Wettbewerbsstrategie, Schmidt, Berlin.
Zotter, K.- A. (2007): Modelle des Innovations- und Technologiemanagements. In: Strebel, H. (Hrsg.): Innovations- und Technologiemanagement. 2. Aufl. 2007, Facultas Verlags- und Buchhandels AG, Wien, S. 53–93.

Timingstrategien 9

Inhaltsverzeichnis

9.1 Timing des Markteintritts 429
9.2 Timing des Marktaustritts 434
9.3 Wahl des richtigen Handlungszeitpunkts 438
9.4 Geschwindigkeit und Anpassung von Aktivitäten 440
Literatur 442

▶Timingstrategien beschreiben die Planung der Zeitpunkte und der Zeiträume zur Realisation der Aktivitäten der Unternehmung.

Sie sind wie in Abb. 9.1 dargestellt bzgl. des Markteintritts und Marktaustritts, der Wahl für den richtigen Zeitpunkt bzw. des richtigen Zeitraums einer Marketingaktion sowie der Geschwindigkeit der Durchführung von Marketingaktivitäten zu formulieren (Vgl. Meffert 1994, S. 207 ff.; Backhaus 1997, S. 220 f.; Remmerbach 1988; Simon 1989, S. 79).

9.1 Timing des Markteintritts

Die **Timingstrategie des Markteintritts** ist Teil der Markteintrittsstrategie (vgl. auch Kap. 7), die darüber hinaus die Eintrittsmärkte, die institutionelle Form des Markteintritts und den Zusammenhang zur Wettbewerbsstrategie festlegt (Vgl. Fritz und von der Oelsnitz 2007, S. 74 ff.; Benkenstein und Uhrich 2009, S. 148). Als alternative Timingstrategien des Markteintritts gelten (Vgl. Abb. 9.2) die Pionierstrategie, die frühe

Abb. 9.1 Timingstrategien

Folger-Strategie und die späte Folger-Strategie. (Vgl. Meffert et al. 2018, S. 174 ff.; Benkenstein und Uhrich 2009, S. 149 f.; Fritz und von der Oelsnitz 2007, S. 82 ff; Fischer et al. 2007, S. 540 ff.; Remmerbach 1988 S. 51 ff.; Fischer 2005, S. 399 ff.; Gerpott 2005a, b, S. 342 f., Wolfrum 1994, S. 301 ff.; Corsten et. al 2016, S. 204 ff.; Hauschildt et al. 2016, S. 81 ff.). Die späte Folger-Strategie kann als Imitations- oder Me-too-Strategie ausgeprägt sein.

Der **Pionier** kreiert mit einer neuen Leistung auf der Basis intensiver F&E-Aktivitäten und neuesten State of the Art-Technologien einen Markt (Vgl. Becker 2019, S. 379). Die **Pionierstrategie** ist damit auf das engste mit der Strategie der Differenzierung verbunden. Marktbezogen muss der Pionier ggf. Kundenbarrieren abbauen und Markteintrittsbarrieren für den nachfolgenden Wettbewerb aufbauen (Vgl. Meffert et al. 2018, S. 174 f.). Kundenbarrieren aufgrund technischer, finanzieller und sozialer Barrieren, die die Nachfrager davon abhalten, die innovative Leistung zu adaptieren, können u. a. durch eine positive Weiterempfehlung, Probeangebote oder niedrige Preise (vgl. Kap. 15.4) überwunden werden. Markteintrittsbarrieren für nachfolgende Konkurrenten können durch entsprechende Schutzrechte (z. B. Patente), durch den Aufbau von Kundenpräferenzen

Abb. 9.2 Timingstrategien des Markteintritts

(z. B. in Form einer ergänzenden Markenpolitik) und von Handelspräferenzen (langfristige Lieferverträge, Einführungsrabatte, etc.) errichtet werden. Ob mengenbezogene Kostenvorteile als Markteintrittsbarrieren dienen können, hängt insb. von der Fähigkeit und Willigkeit des Pioniers ab, den Markt mit großen Kapazitäten zu betreten. Die Furcht vor schleppender Adoption der Innovation durch die Nachfrager, aber auch vor konkurrierenden Technologien **können** der Investition in hohe Kapazitäten beim Markteintritt entgegenstehen. Für große und innovationsstarke Unternehmen, die quasi gewohnheitsmäßig Industriestandards setzen (z. B. Microsoft), sind diese Einschränkungen weniger relevant.

▶ Der **frühe Folger** betritt den Markt nach dem Pionier, jedoch noch vor dem Take-off. Als Take-off wird jener Zeitpunkt betrachtet, bei dem das Marktwachstum sichtbar steigt und den Übergang von der Einführungs- in die Wachstumsphase des Marktes signalisiert.

Die **Frühe Folger-Strategie** orientiert sich an der Leistung des Pioniers und kann sich aus einer langsameren Entwicklung der Innovation oder aus dem bewussten Warten auf die Erfahrungen des Pioniers erklären (Vgl. Becker 2019, S. 380). Der Markt wird durch den Eintritt des frühen Folgers in jedem Falle neu strukturiert (Vgl. Benkenstein und Uhrich 2009, S. 149). Prinzipiell ist der Markt zum Zeitpunkt des Markteintritts des frühen Folgers noch mit erheblichen Unsicherheiten behaftet (Vgl. Fischer et. al 2007, S. 542). Der frühe Folger versucht durch Verbesserungen und der Orientierung an zusätzlichen, bislang nicht erfüllten Kundenanforderungen den Markt zu durchdringen und zu entwickeln. Auch dies ist eng mit der Strategie der Differenzierung verbunden.

Späte Folger engagiert sich nach dem frühen Folger, frühestens aber **nach** Erreichen des Take-off in der Wachstums- und Reifephase auf dem Markt (Vgl. Corsten et al. 2016, S. 205 f., Gelbmann und Vorbach 2007, S. 169 ff.). Sie verfolgen dabei eine Me-too- oder Imitationsstrategie. Der Eintritt des **späten Folgers als Me-too-Anbieter** kann mit der Absicht verbunden sein, die Marktentwicklung zu beobachten, bis er unter Verfolgung der Strategie der Differenzierung mit Verbesserungen der bisher angebotenen Leistungen oder als Nischenanbieter den Markt betritt. Mit einer **Imitationsstrategie** kann der späte Folger das starke Marktwachstum nutzen, um die Kostenführerschaft mit mengenbezogenen Kostensenkungseffekten oder Prozessinnovationen zu erreichen.

Die Timingstrategien des Markteintritts besitzen verschiedene Vor- und Nachteile, die in Tab. 9.1 zusammengefasst sind.

Unter Einbeziehung aller Timingstrategien des Markteintritts wird häufig ein linearer Zusammenhang zwischen dem Markteintrittszeitpunkt und den Erfolgsgrößen gemessen (Vgl. Fischer et al. 2007, S. 540 ff.; Fritz und von der Oelsnitz 2007, S. 83 ff.). Empirische Untersuchungen (Vgl. Tab. 9.2) nähren auf den ersten Blick den Eindruck, dass die Pionierstrategie erfolgversprechender ist, als die übrigen Timingstrategien zum Markteintritt (Vgl. auch Kotler et al. 2015, S. 392).

Tab. 9.1 Vor- und Nachteile der Timingstrategien des Markteintritts. (Quelle: Backhaus 1997, S. 223 ff.; Corsten et al. 2016, S. 207, Wolfrum 1994, S. 303 ff.; Becker 2019, S. 379 ff.; Remmerbach 1988, S. 58 ff.)

Strategie	Vorteile	Nachteile
Pionierstrategie	Quasi-Monopolstellung; Preispolitischer Spielraum; Chance zur Etablierung eines Industriestandards; Längere Präsenz auf dem Markt; Langfristige Kostenvorteile durch Vorsprung auf der Erfahrungskurve; Aufbau von Markt-Know-how; Imagevorteile; Aufbau von Kundenkontakten; Ansprache und Bindung lukrativer Kunden; Freiräume bei der Gestaltung des Marketing-Mix; Ansprache und Aufbau exklusiver Beziehungen zu Lieferanten;	Hohe F&E-Aufwendungen; Unsicherheit über die weitere technologische Entwicklung; Ungewissheit über weitere Marktentwicklung in ökonomischer Hinsicht; Geringe Erfahrung mit der betrachteten Technologie; Hohe Kosten der Markterschließung; Hoher Überzeugungsaufwand beim Kunden; Hohe Austrittskosten bei Veränderung der Technologie oder Kundenbedürfnisse;
Frühe Folger-Strategie	Ähnliche Vorteile wie der Pionier; Marktpositionen nicht verteilt; Risikoreduktion gegenüber dem Pionier; Chancen zum Aufbau eines Industriestandards; Erfahrungen zur Marktentwicklung; U.U. noch Chancen zur Etablierung eines dominanten Designs; Freiräume bei der Gestaltung des Marketing-Mix	Hohe F&E-Aufwendungen; Ggf. Ungewissheit über weitere Marktentwicklung; Markteintrittsbarrieren des Pioniers; Strategieausrichtung am Pionier notwendig; Notwendigkeit der schnellen Reaktion; Ggf. baldiger Markteintritt von Konkurrenten (späte Folger);

(Fortsetzung)

9.1 Timing des Markteintritts

Tab. 9.1 (Fortsetzung)

Strategie	Vorteile	Nachteile
Späte Folger- Strategie *Nischenstrategie*	Nutzung von technologischen Erfahrungen der Konkurrenz; Relativ niedrige F&E-Kosten; Möglichkeit des Zukaufs von Know-how; Abhebung von der Konkurrenz in einigen Segmenten; Spielräume bei der Preisgestaltung;	Hoher Aufwand zur Verdeutlichung des Zusatznutzens; Gefahr der „Verzettelung" in Einzellösungen; Kostennachteile bei kleinen Absatzmengen; Gefahr des Wegbrechens der Nische;
Späte Folger- Strategie *Imitationsstrategie*	Niedriger F&E-Aufwand; Geringere Unsicherheit über die weitere Marktentwicklung; Ausnutzung von Standardisierungsvorteilen; Nutzung eines von der Konkurrenz erschlossenen Marktes; Kosten- und Preisvorteile;	Bestehende Geschäftsbeziehungen von etablierten Kunden und Lieferanten; Gefahr von Preiskämpfen; Wenig eigenes technisches Know-how; Imagenachteile; Notwendigkeit der Überwindung von Markteintrittsbarrieren; Eingeschränkte Marktlebensdauer;

Tab. 9.2 Empirie zum Erfolg der Timingstrategien des Markteintritts. (Quelle: Nach Simon 1989, S. 86 und die dort zitierte Literatur)

Studie	Empirische Basis	Befund
Urban et al. (1986)	82 Marken in 24 Konsumgutkategorien	Reihenfolge des Markteintritts hat hochsignifikanten Einfluss auf Marktanteil
Schnaars (1986)	12 Märkte	7 mal Pionier Marktführer; 5 mal Folger Marktführer;
Smith und Cooper (1988)	4 Märkte	Eintrittszeit hat signifikanten Einfluss auf Marktanteil
Davidson (1976)	18 nach dem 2. Weltkrieg neu entstandene Konsumgüterkategorien	in 12 Kategorien war der Pionier noch Marktführer
Robinson und Fornell (1985)	PIMS-Daten, nur Konsumgüter	Beziehung zwischen Markteintritt und Marktanteil hoch signifikant
Perillieux (1987)	231 deutsch Maschinenbauunternehmen	Markteintrittszeitpunkt hat keinen signifikanten Einfluss auf Erfolg
Buzzell und Gale (1989)	877 Marktführer PIMS-Daten	ca. 70 % der Marktführer waren Pionier

Als Gründe dafür werden u. a. Vorteile des Pioniers bei der Besetzung von „weißen Flecken" in der kognitiven Landkarte der Verbraucher, bei der Realisation mengenbezogener Kosteneffekte, bei der Standortwahl und der Auswahl von Mitarbeitern genannt (Vgl. Simon 1989, S. 87). Das Argument, wonach Folger aus den Fehlern des Pioniers lernen können und daraus Vorteile erzielen, wird nicht akzeptiert. „Der Pionier sollte selbst am meisten und am schnellsten aus seinen Fehlern lernen." (Simon 1989, S. 87). Dieser einseitigen Sichtweise muss entgegengehalten werden (Vgl. Remmerbach 1988, S. 68 f.; Fischer et al. 2007, S. 540 ff.; Fritz und von der Oelsnitz 2007, S. 82 ff.), dass

- erfolglose Pionierstrategien aus ex post-Untersuchungen häufig ausgeschlossen sind,
- es auch Beispiele für erfolgreiche Folgerstrategien gibt (Vgl. auch Kotler et al. 2015, S. 392 f.),
- der Marktanteil als häufig in den empirischen Untersuchungen zur Beurteilung von Markteintrittsstrategien verwendete abhängige Variable nicht in jedem Fall Garant der Realisation der Unternehmensziele darstellt und die Verwendung anderer abhängiger Variablen (z. B. KKV) zu anderen Ergebnissen bzgl. des Erfolgs der Timingstrategien führen.

Vor dem Hintergrund der methodischen Probleme wäre damit auch ein umgekehrt uförmiger Zusammenhang zwischen Timingstrategie und Erfolg denkbar.

Letztlich müssen die Erfolgsaussichten der Timingstrategien zum Markteintritt situationsspezifisch beurteilt werden (Vgl. Perillieux 1987, S. 204; Fritz und von der Oelsnitz 2007, S. 84, Remmerbach 1988, S. 112 f.; Meffert et al. 2019, S. 320 f.). Dabei müssen, wie Tab. 9.3 verdeutlicht, Einflussfaktoren der **Unternehmung**, des **Produkts** (der Leistung), der **Technologie** und des **Absatzmarktes** und der **Kunden** berücksichtigt werden, die sich auch gegenseitig beeinflussen (Vgl. Remmerbach 1988, S. 112; Fritz und von der Oelsnitz 2000, S. 87 f.). Nicht zuletzt darf vermutet werden, dass das **Marketing–Know how** und die **Marketinganstrengungen** auf den Erfolg der gewählten Timingstrategie des Markteintritts Einfluss nimmt.

9.2 Timing des Marktaustritts

Entscheidungen zum Verzicht auf die Bearbeitung eines SGFs bzw. eines Marktes müssen getroffen werden, wenn (Vgl. Becker 2019, S. 752)

- in einem Geschäftsfeld bzw. auf einem Markt KKVs nicht mehr erhalten werden können oder
- (bei begrenzten Ressourcen der Unternehmung) andere SGFs bzw. anderer Märkte lukrativer erscheinen.

Tab. 9.3 Determinanten der Timingstrategien des Markteintritts. (Quelle: Nach Fritz und von der Oelsnitz 2007, S. 84; Meffert et al. 2019, S. 321)

	Vorteile des Pioniers	Vorteile der Folger
Unternehmen		
Strategische Grundhaltung	offensiv	defensiv
Risikoneigung	groß	gering
Ressourcenstärke	groß	gering
Technologie		
Übereinstimmung mit bisherigem Fertigungsprogramm	groß	gering
Einsatz vorhandener Fertigungsanlagen	möglich	nicht/kaum möglich
Erfahrungen mit der Fertigungstechnologie	groß	gering
Wettbewerbsbedeutung der Fertigungstechnologie	groß	gering
Einsatz digitaler Technologien	groß	gering
Leistung		
Komplexität	nicht eindeutig	gering
Innovationsgrad	groß	gering
Kosten des Wechsels der Leistung	groß	gering
Normierungs- und Skalierungstauglichkeit	groß	gering
Kunden		
Anteil neuer Kunden	groß	gering
Risikobereitschaft	groß	gering
Anbieterpräferenzen	stark	schwach
Erfahrungen mit vergleichbaren Leistungen	groß	gering
Markt		
Marktpotenzial	nicht eindeutig	groß
Marktwachstum	hoch	niedrig
Distributionspolitische Eintrittsbarrieren	leicht aufbaubar	schwer aufbaubar
Staatliche Reglementierungen	gering	hoch

Grundlage der Entscheidung stellen Marktfeldstrategien auf Gesamtunternehmensebene (Vgl. Kap. 6) dar (z. B. Desinvestitionsstrategien im Portfoliomanagement). Die Form der Marktaustrittsstrategie wird, wie in Tab. 9.4 zusammengestellt, von **internen unternehmens- und geschäftsfeldbezogenen** Variablen sowie von **externen marktbezogenen** und **sonstigen Determinanten** beeinflusst (Vgl. Meffert 1984, S. 54 ff.; Porter 2013, S. 341 ff.).

Tab. 9.4 Einflussfaktoren der Marktaustrittsstrategie. (Quelle: Nach Meffert 1984, S. 55)

Interne Einflussgrößen		Externe Einflussgrößen	
Unternehmensbezogene Determinanten	Geschäftsfeldbezogene Determinanten	Marktbezogene Determinanten	Sonstige externe Determinanten
Bedeutung der Geschäftseinheit für das Gesamtunternehmen; Synergien mit anderen Geschäftsfeldern; Einbindung der Geschäftseinheit in das Gesamtunternehmen; Interne Stärke und Größe der Unternehmung; Organisation der Entscheidung (Struktur und Ablauf des Entscheidungsprozesses, Hemmnisse durch Gesellschafter);	Marktstellung der Geschäftseinheit (Image, Kundentreue, Preisbereitschaft); Konkurrenzstellung (Marktanteil, Stärken/ Schwächenprofil); Interne Austrittsbarrieren (Anlagen, Personalbestand): materielle managementbezogene;	Langfristig prognostizierte Unsicherheit der Entwicklung; Marktform (Struktur, Wettbewerber und Kunden); Produktarten (Homogenität, Wert etc.); Allgemeine Kostenstruktur; (Verhältnis k_V/k_F); Bedrohung durch Auslandskonkurrenz; Marktaustrittsbarrieren Langfristig erwartete Wettbewerbsintensität	Rechtliche Faktoren Einfluss der öffentlichen Meinung;

Unter Berücksichtigung des geplanten Zeitraums des Marktaustritts und der Höhe der Austrittskosten unterscheidet Meffert (1984, S. 63 ff.) vier Timingstrategien des Marktaustritts (Vgl. Tab. 9.5).

Einen schnellen Austritt bei vergleichsweise geringen Austrittskosten ermöglicht der **Verkauf eines SGFs**. Er verschafft der Unternehmung kurzfristige liquide Mittel bzw. setzt Ressourcen für andere Alternativen frei. Der Verkauf bietet sich insbesondere für autonome, wenig mit anderen Unternehmensteilen verbundene SGF an. Andernfalls sollte nur Know how, sowie Teile der Anlagen oder Werkzeuge verkauft werden. Häufig sinken

Tab. 9.5 Strategien des Marktaustritts. (Quelle: Meffert 1984, S. 63)

Austrittskosten \ Dauer des Austritts	Kurz	Lang
Gering	Verkauf der Geschäftseinheit	Senkung von Marktaustrittsbarrieren
Hoch	Sofortige Beendigung der Geschäftsfeldaktivitäten („Stilllegung")	Abschöpfungsstrategie

9.2 Timing des Marktaustritts

in diesem Fall die Deckungsbeiträge, obgleich große Teile der Fixkosten erhalten bleiben. Die Wirtschaftlichkeit dieser Alternative ist deshalb genau zu überprüfen.

Als Alternative des kurzfristigen Marktaustritts mit hohen Marktaustrittskosten gilt die sofortige **Stilllegung**. Dabei müssen Komplementaritätsbeziehungen zu anderen Unternehmensteilen ebenso beachtet werden, wie negative Auswirkungen bei der Bearbeitung neuer SGF. Die Beendigung aller Aktivitäten zur Bearbeitung eines SGF ist sinnvoll, wenn die durch die Fortführung entstehenden Verluste höher sind als die Kosten eines langfristigen Marktaustritts und ein Verkauf nicht möglich ist. Zu berücksichtigen sind die hohen Kosten z. B. für Sozialpläne, für die Abschreibungen der Aktiva, aber auch Image- und Vertrauensverluste bei Kunden, Zulieferern und sonstigen Partnern (Vgl. Porter 2013, S. 328). Soweit Ressourcen zur Steigerung der Wettbewerbsfähigkeit und den Aufbau und Erhalt von KKVs in anderen Unternehmensteilen genutzt werden können, müssen entsprechende Erträge von den Stilllegungskosten subtrahiert werden (Vgl. Meffert 1994, S. 240).

Mit der **Senkung von Marktaustrittsbarrieren** soll ein langfristiger, jedoch absehbarer Marktaustritt mit niedrigen Austrittskosten vorbereitet und vereinfacht werden. Als Marktaustrittsbarrieren gelten (Vgl. Becker 2019, S. 752, Porter 2013, S. 326 ff.; Benkenstein und Uhrich 2009, S. 158 f.))

- langlebige, spezialisierte, schwer veräußerbare Aktiva,
- Abhängigkeiten zu anderen Unternehmensteilen,
- die Verschlechterung des Kapitalmarktzugangs bei erheblichen Umsatzeinbußen,
- hohe Kosten des (schnellen) Austritts,
- sozialpolitische Barrieren,
- emotionale Barrieren.

Insbesondere sollen Imageschäden vermieden und Stilllegungskosten minimiert werden. Dazu können z. B.

- Marktpartner frühzeitig informiert und in den Entscheidungsprozess einbezogen werden,
- Produkte und Werkstoffe, die bislang selbst erstellt wurden, zugekauft werden,
- ausscheidende Mitarbeiter nicht ersetzt werden,
- technisch veraltete oder defekte Anlagen nicht ersetzt werden u. v. m.

Nachteilig könnte sich bei der Strategie eine mangelnde Berücksichtigung von Gewinnchancen und Kostensenkungspotenzialen erweisen. Darüber hinaus ist nicht ausgeschlossen, dass es zu Widerständen bei von dem Austritt betroffenen Gruppen und ihren Interessenvertretern kommt. Mitarbeiter können demotiviert sei, sodass Produktivität und Effizienz bis zum tatsächlichen Marktaustritt sinken.

Mit der **Abschöpfungsstrategie** soll der Cash Flow in einem SGF vor seiner Stilllegung nochmals maximiert werden, indem das Budget rigide gekürzt wird. Als Maßnahmen können der Abbau von Aktivitäten mit längerfristiger Wirkung wie z. B. der Verzicht auf Investitionen in Produktion und F&E, eine starke Verminderung der Marketingaktivitäten wie z. B. Kundenbindungsmaßnahmen und Serviceaktivitäten, der Abbau von Stabsstellen u. a. in Betracht gezogen werden. Nachteilig wirkt sich bei dieser Strategie aus, dass einerseits ein späterer Verkauf der Geschäftseinheit ggf. unmöglich und andererseits auf Rückstellung zur Deckung späterer Stilllegungskosten verzichtet wird.

9.3 Wahl des richtigen Handlungszeitpunkts

Der Erfolg strategischer Maßnahmen hängt auch von der richtigen Wahl des Zeitpunkts bzw. des Zeitraums ihrer Realisation ab. So kann es Märkte und Situationen geben, in denen bestimmte Maßnahmen noch nicht realisierbar sind oder bei der Maßnahmen zu spät ergriffen werden. Der erste Fall tritt z. B. dann ein, wenn ein Markt in wirtschaftlicher oder technologischer Sicht nicht vorbereitet ist, notwendige Hilfsleistungen (Serviceleistungen) noch nicht existieren, die angebotene Leistung technisch nicht ausgereift ist, etc.

▶ So hatte die Bildplatte in den 80er Jahren des vorigen Jahrhunderts trotz überlegener Leistung bei Bild und Ton gegenüber dem Videorecorder keinen Erfolg, was z. T. auch daran lag, dass viele interessierte Kunden einen Videorecorder besaßen, dessen Technologie und Handhabung erlernt hatten und zu einem Technologiewechsel nicht bereit waren. Erst sehr viel später konnte sich der DVD-Player bzw. der DVD-Recorder durchsetzen, der auf einer ähnlichen Technologie wie der Bildplattenspieler beruht.

Der Fall zu spät ergriffener Maßnahmen ist z. B. gegeben, wenn substitutive Leistungen früher auf dem Markt erhältlich sind, sich bereits ein dominantes Design entwickelt hat, usw.

Zudem gibt es bestimmte Zeitpunkte und Zeiträume, in denen das Potenzial der Unternehmung den Umweltbedingungen in optimaler Weise entspricht. Man nennt diesen Zeitpunkt und Zeitraum das **offene strategische Fenster** (Vgl. Abell und Hammond 1979, S. 63). Die Unternehmung muss in dieser Phase ihre gesamte Kraft aktivieren, um die „Gunst der Stunde zu nutzen". Die Frage nach offenen strategische Fenster entsteht beim Auftauchen neuer Kundengruppen mit völlig neuen Wünschen und Bedürfnissen, bei neuartigen Wünschen und Bedürfnisse der Kunden oder durch neue Technologien (Vgl. Tomczak et al. 2018, S. 86 f.). Insbesondere im Zeitalter der Digitalisierung, in dem Geschäftsmodelle einem schnellen Wandel unterliegen, ist das offene strategische Fenster von erheblicher Bedeutung.

9.3 Wahl des richtigen Handlungszeitpunkts

Nicht zuletzt wird die Wahl des richtigen Zeitpunktes am Phänomen der **Marketing-Hysterese** deutlich. Hysterese beschreibt das Phänomen des Zurückbleibens von Wirkungen auch nach Abbau oder Beseitigung der sie hervorrufenden Ursachen (Vgl. Simon 1995, S. 1156 ff.; Schneider 1996, S. 60 f. mit Beispielen aus der Kostenrechnung).

▶ Marketing-Hysterese ist entsprechend als **dauerhafte** Veränderung des Absatzes, des Umsatzes, der Bekanntheit, der Einstellung und der Präferenz, die durch vorübergehende Veränderung von Marketingstimuli bewirkt werden, definiert (Vgl. Simon 1995, S. 1161).

Die dauerhafte Veränderung der abhängigen Variable grenzt das Phänomen von **zeitlichen** Wirkungsverzögerungen und Carry over Effekten ab. Abb. 9.3 verdeutlicht Marketing-Hysterese.

Zum Zeitpunkt t_1 werden Marketingstimuli verändert und bewirken einen Anstieg des Absatzes bzw. des Marktanteils. Zum Zeitpunkt t_2 gehen die Marketingstimuli auf ihr ursprüngliches Niveau (vor t_1) zurück. Trotzdem bleibt die Absatzmenge auf einem höheren Niveau als vor t_1. Der Unterschied zwischen dem ursprünglichen Absatzniveau und dem Absatzniveau nach t_2 heißt **Remanenz**. Remanenz kann **positiv** und **negativ** sein, **total** (d. h. keinerlei Rückgang des Absatzes nach Rückgang der Stimuli) oder **partiell** (d. h. geringfügiger Rückgang des Absatzes nach Verschwinden der Stimuli, wie in Abb. 9.3). In der Realität kann die Erhöhung allmählich und nicht wie in Abb. x abrupt erfolgen. Auf der Basis von fünf Fallstudien stellt Simon Hypothesen zum Auftreten von Hysterese auf:

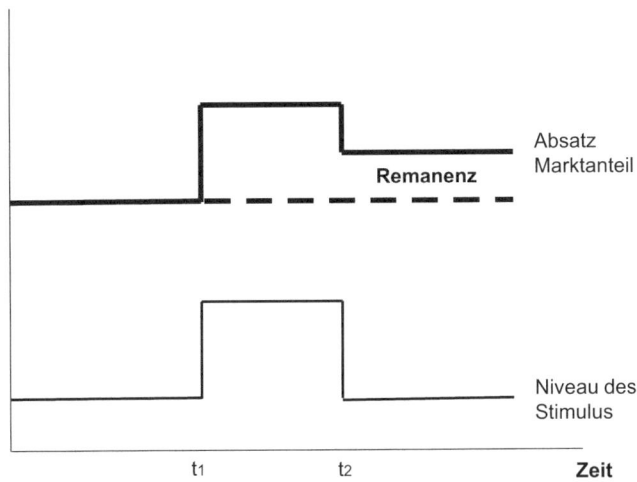

Abb. 9.3 Marketing-Hysterese (Simon 1995, S. 1162)

- Es ist eine starke Veränderung (Schock) von Stimuli erforderlich.
- Es ist die Veränderung mehrerer Marketinginstrumente notwendig, die Veränderung eines Instruments reicht für Hysterese meist nicht aus.
- Die Veränderung des Preises scheint für das Entstehen von Hysterese besonders wichtig.
- Der erstmalige oder ungewohnte Einsatz eines Marketinginstruments begünstigt Hysterese.
- Erhöhte Aufmerksamkeit in der Zielgruppe oder ungewöhnliche Situationen begünstigen Hysterese.
- Das Fehlen oder die Verzögerung von Konkurrenzreaktionen erhöhen die Wahrscheinlichkeit von Hysterese.

Die Gründe für Hysterese sucht Simon in Effekten des Langzeitgedächtnisses und der Prägung beim Kunden, Trägheit des Lieferantenwechsels nach dem erstmaligen Kauf sowie Multiplikatoreffekten (Vgl. Simon 1995, S. 1174 ff.).

Über die Wahl des richtigen Zeitpunkts zur Realisation von Hysterese einer strategischen Maßnahme scheint in erster Linie unternehmerische Intuition zu entscheiden (Vgl. Simon 1989, S. 88). Darüber hinaus kann eine funktionierende (strategische) Marketingforschung (vgl. Kap. 4) die Trends beim Kunden frühzeitig entdeckt, eine vorwärts gerichtete Konkurrenzaufklärung sowie der enge Kundenkontakt von Forschern, Entwicklern und Designern die Wahl des richtigen Zeitpunkts unterstützen.

9.4 Geschwindigkeit und Anpassung von Aktivitäten

Kürzere Produktlebenszyklen, längere Entwicklungszeiten von Leistungen (und der damit oft verbundenen kürzeren ökonomischen Nutzungsdauer von Patenten) bei gleichzeitig steigender Wettbewerbsintensität (mit der Tendenz zu fallenden Preisen) sowie neue technologische Entwicklungen zwingen Unternehmen, die Geschwindigkeit ihrer Aktivitäten in der Wertekette zu erhöhen. Gelingt es durch Verkürzungen von Prozessen und Aktivitäten die Dauer und Intensität der Marktpräsenz zu steigern, erhöhte sich zwangsläufig der zur Deckung der Kosten (insbesondere Entwicklungskosten) zur Verfügung stehende Erlös. Dies gilt umso mehr, als schnelle Aktivitäten und Prozesse nahezu zwangsläufig auch „schlanke" Prozesse und Aktivitäten sind, die einen Beitrag zur Kostensenkung leisten (Vgl. Waltermann 1994, S. 550 f.). Im Zusammenhang mit einer Kostenreduktion ist auch die Verminderung der Bestände und der damit realisierbaren Reduktion des Umlaufvermögens bei schnelleren Prozessen zu nennen. Weitere Vorteile schnellerer Prozesse und Aktivitäten sind die Zufriedenstellung und Bindung aktueller sowie die Gewinnung neuer Kunden durch prompte und zuverlässig Belieferung, die Durchsetzung höherer Preise bei schneller Lieferung in manchen Geschäften sowie die Steigerung der Motivation der Mitarbeiter durch einfache Strukturen und Transparenz (Vgl. Waltermann 1994, S. 550 f.).

9.4 Geschwindigkeit und Anpassung von Aktivitäten

Nicht zuletzt sind Qualitätsverbesserungen durch die Lösung der Schnittstellenproblematik zwischen Abteilungen und Funktionsbereichen, die mit der Beschleunigung von Prozessen verbunden sein müssen, zu nennen.

Um die Zeit als Wettbewerbsfaktor zu nutzen und Aktivitäten zu beschleunigen, sind einige Prinzipien zu beachten (Vgl. Waltermann 1994, S. 551 f.):

- Zeit wird als Qualitätsindikator für Aktivitäten und Prozesse genutzt. Gute Qualität ist mit Schnelligkeit verbunden, ein hoher Zeitbedarf als Schwäche verstanden.
- Aktivitäten werden funktionsübergreifend betrachtet, sodass Zeitverluste bei der Weitergabe und dem Zurückdelegieren von Arbeiten identifiziert und vermieden werden.
- Planungen der Wertschöpfungskette erfolgen gemeinsam mit den Lieferanten und Partnern. Der Zeitbedarf der Lieferanten ist nicht Datum (und damit Restriktion), sondern Gegenstand gemeinsamer Bemühungen zur Optimierung
- Warte-, Liege- und Transportzeiten sind drastisch zu reduzieren
- Ziele bei der Zeitreduktion müssen zu Quantensprüngen führen. Zeitverkürzungen in der Größenordnung von 50 % und mehr fordern zu neuen Aktivitäten heraus und „kurieren nicht nur Symptome".

Bei der Durchsetzung der Beschleunigung von Aktivitäten hat sich ein mehrstufiges Vorgehen bewährt: Nach der Sensibilisierung der Mitarbeiter zur Notwendigkeit und den Zielen einer Beschleunigung von Aktivitäten und Prozessen erfolgt eine Bestandsaufnahme des Zeitbedarfs der Prozesse und Aktivitäten. Es schließen sich eine Sammlung, Bewertung und Auswahl von Möglichkeiten zur Beschleunigung von Prozessen und Aktivitäten an, bei der möglichst alle betroffenen Mitarbeiter zu integrieren sind, um einerseits deren Know how zu nutzen und um anderseits Widerstände ex ante zu minimieren. Ausgewählte Alternativen der Beschleunigung sind dann zu implementieren und im Rahmen des Controllings ggf. zu optimieren.

Insbesondere die Digitalisierung sowie die Industrie 4.0 verspricht heute eine Beschleunigung von Prozessen und Aktivitäten. Weitere Möglichkeiten sind u. a. (Vgl. Waltermann 1994, S. 556 ff.; Simon 1989, S. 82)

- die Elimination nicht wertschaffender Aktivitäten,
- die Integration von Einzelaufgaben und deren Durchführung durch funktionsübergreifende Teams mit hoher Entscheidungskompetenz,
- die räumliche Zusammenlegung von Funktionen und Personen,
- die parallele und überlappende Durchführung von Aktivitäten (und Prozessen) anstelle eines sequentiellen Vorgehens,
- Vereinfachung von Aktivitäten und Prozessen gemäß den Bedürfnissen unterschiedlicher Zielgruppen,
- Einbindung von Lieferanten und Kunden in die Ablaufgestaltung,
- Nutzung von Plattformen, Modulen und standardisierten Konzepten,

- Sicherung niedriger Fehlerraten zur Vermeidung von Nacharbeiten,
- Vorgabe eindeutiger Ziele für Qualität, Kosten und Zeit,
- Etablierung von Prozessverantwortung (anstelle von Produktverantwortung).

Zur Beschleunigung der Marktdiffusion werden u. a. vorgeschlagen

- das Prämarketing, d. h. die Durchführung von Informations- und Vertriebsaktivitäten vor der eigentlichen Produkteinführung und
- das Co-Marketing mit anderen Anbietern

Nicht zuletzt ist auch zur Beschleunigung von Aktivitäten und Prozessen an einen höheren Ressourceneinsatz pro Zeiteinheit zu denken. So wäre z. B. eine schnellere Diffusion neuer Produkte durch eine größere Anzahl von Außendienstmitarbeitern denkbar. Der erhebliche Kostenaufwand (insbesondere der Fixkosten), der insbesondere mit der Aufstockung personeller Ressourcen verbunden ist, wird jedoch dieser Möglichkeit enge Grenzen setzen. Flexible Arbeits- und Maschinenlaufzeiten können hier Probleme vermindern, strukturelle Maßnahmen aber nicht ersetzen.

Literatur

Abell, D. F.; Hammond, J. S. (1979): Strategic Market Planning: Problems and Analytical Approaches. Prentice Hall, Englewood Cliffs (N.J.)
Backhaus, K. (1997): Industriegütermarketing. 5. Aufl., Vahlen, München
Becker, J. (2019): Marketing-Konzeption. 11. Aufl., Vahlen, München
Benkenstein, M.; Uhrich, S. (2009): Strategisches Marketing. 3. Aufl., W. Kohlhammer, Stuttgart
Buzzell, R.D.; Gale, B.T. (1989): Das PIMS-Programm. Strategien und Unternehmenserfolg, Gabler, Wiesbaden.
Corsten, H.; Gössinger, R; Müller- Seitz, G. Schneider, H. (2016): Grundlagen des Technologie- und Innovationsmanagements. 2. Aufl., Verlag Franz Vahlen, München
Davidson, J. H. (1976): Why Most New Consumer Brands Fail. In: Harvard Business Review 54(2), S. 117–121
Fischer, M. (2005): Timing der Markteinführung von Innovationen. In: Albers, S.; Gassmann, O. (Hrsg.): Handbuch Technologiemanagement. Verlag Dr. Th. Gabler, Wiesbaden, S. 397–414
Fischer, M.; Himme, A.; Albers, S. (2007): Pionier, Früher Folger oder Später Folger: Welche Strategie verspricht den größten Erfolg. In: ZFB 77 (5), S. 539–573
Fritz, W.; von der Oelsnitz, D. (2007): Markteintrittsstrategien. In: Albers, S.; Herrmann, A. (Hrsg.): Handbuch Produktmanagement. 3. Aufl., Betriebswirtschaftlicher Verlag Dr. Th. Gabler, Wiesbaden, S. 72–95
Gelbmann, U.; Vorbach, S. (2007): Strategisches Innovationsmanagement. In: Strebel, H. (Hrsg.): Innovations- und Technologiemanagement, 2. Aufl. facultas.wuv Universitätsverlag, Wien, S. 157–211
Gerpott, T. J. (2005a): Strategisches Technologie- und Innovationsmanagement. 2. Aufl. Schäffer-Poeschel-Verlag, Stuttgart

Gerpott, T. J. (2005b): Technologie- und Innovationsmanagement. In: Bitz, M. et al. (Hrsg.): Vahlens Kompendium der Betriebswirtschaftslehre. B.d. 2, 5. Aufl., Verlag Franz Vahlen, München, S. 303–352

Hauschildt, J. H.; Salomo, S.; Schultz, C.; Kock, A. (2016): Innovationsmanagement. 6. Aufl., Verlag Franz Vahlen, München

Kotler, P.; Keller, K. L.; Opresnik, M. O. (2015): Marketing-Management. Konzepte – Instrumente – Unternehmensfallstudien; [inklusive MyLab, deutsche Version]. 14. aktualisierte Aufl., Pearson (Wirtschaft), Hallbergmoos

Meffert, H. (1984): Marketingstrategien in stagnierenden und schrumpfenden Märkten. In: Pack, L.; Börner, D. (Hrsg.): Betriebswirtschaftliche Entscheidungen bei Stagnation. Gabler, Wiesbaden, S. 37–72

Meffert, H. (1994): Marketing-Management. Analyse – Strategie – Implementierung. Gabler, Wiesbaden

Meffert, H; Bruhn, M.; Hadwich, K. (2018): Dienstleistungsmarketing. 9. Aufl., Springer Gabler, Wiesbaden

Meffert, H.; Burmann, Ch.; Kirchgeorg, M.; Eisenbeiß, M. (2019): Marketing. 13. Aufl., Springer Gabler, Wiesbaden

Perillieux, R. (1987): Der Zeitfaktor im strategischen Technologiemanagement. Erich Schmidt Verlag, Berlin

Porter, M. E. (2013): Wettbewerbsstrategien. 12. Aufl., Campus, Frankfurt am Main, New York

Remmerbach, K.-U. (1988): Markteintrittsentscheidungen. Eine Untersuchung im Rahmen der strategischen Marketingplanung. unter besonderer Berücksichtigung des Zeitaspektes In: Schriftenreihe Unternehmensführung und Marketing. Hrsg.: Meffert, H.; Steffenhagen, H.; Freter, H., Bd. 21, Springer Gabler, Wiesbaden

Robinson, W. T.; Fornell, C. (1985): Sources of Market Pioneer Advantages. In: Consumer Goods Industries. Journal of Marketing Research 22 (3), S. 305–317

Schnaars, S. P. (1986): When Entering Growth Markets. Are Pioneers Better Than Poachers? In: Business Horizons 29 (2), S. 27–36

Schneider, D. (1996): Hysterese: Nicht einmal ein neues Etikett für eine alte Sache. In: ZfB, 66 (2), S. 199–201

Simon, H. (1989): Die Zeit als strategischer Faktor. In: ZfB 59.Jg.(1), S. 70–93

Simon, H. (1995): Hysterese in Marketing und Wettbewerb. In: ZfB 65 (10), S. 1155–1182

Smith, C. G.; Cooper, A. C. (1998): Established Companies Diversifying into Young Industries: A Comparison of Firms with Different Levels of Performance. In: SMJ (9), S. 111–121

Tomczak, T; Reinecke, S.; Kuß, A (2018): Strategic Marketing. Springer Gabler, Wiesbaden

Urban, G. L.; Carter, T.; Gaskin, S.; Mucha, Z. (1986): „Market Share Rewards to Pioneering Brands: An Empirical Analysis and Strategie Implications". In: Management Science 32 (6), S. 645–659.

Waltermann, B. (1994): Zeitwettbewerb als Basis marktorientierter Unternehmensführung. In: Bruhn, M.; Meffert, H.; Wehrle, F. (Hrsg.): Marktorientierte Unternehmensführung im Umbruch. Effizienz und Flexibilität als Herausforderung des Marketing. Schäffer Poeschel, Stuttgart, S. 549–564

Wolfrum, B. (1994): Strategisches Technologiemanagement. 2. Aufl., Verlag Dr. Th. Gabler, Wiesbaden

Teil VI
Marktteilnehmerbezogene Strategien

Kundenbezogene Strategien 10

Inhaltsverzeichnis

10.1 Auswahl der Kunden 448
    10.1.1 Bewertung von Kunden 448
        10.1.1.1 Bewertung einzelner Kunden 448
        10.1.1.2 Bewertung ex ante gebildeter Segmente 457
    10.1.2 Methoden der Auswahl von Kunden 458
10.2 Strategien der Kundenbearbeitung 461
10.3 Art der Kundenbeziehung 466
    10.3.1 Transaktionsmarketing 466
    10.3.2 Customer Relationship Management (CRM) 467
        10.3.2.1 Grundlage des CRM 467
        10.3.2.2 Strategieformulierung im CRM 472
        10.3.2.3 Strategien der Kundenakquisition 473
        10.3.2.4 Strategien der Kundenbindung 480
        10.3.2.5 Strategien der Kundenrückgewinnung 488
Literatur 492

Kundenbezogene Strategien beschäftigen sich mit der Auswahl der Kunden der Unternehmung, der Art der Kundenbearbeitung und der Art der Kundenbeziehung (Vgl. Abb. 10.1).

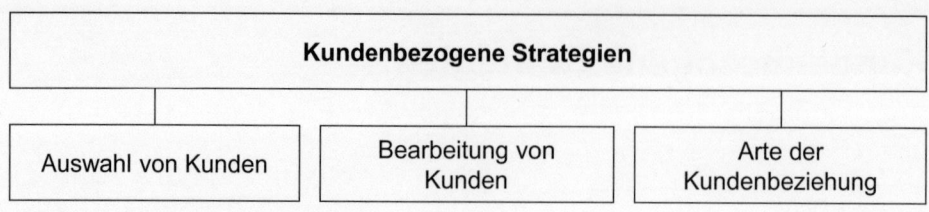

Abb. 10.1 Kundenbezogene Strategien

10.1 Auswahl der Kunden

Als Kunden der Unternehmung müssen aktuelle und potenzielle Kunden betrachtet werden (zur weitergehenden Klassifikation Vgl. Nötzel 1979). Aktuelle Kunden kaufen momentan bei der Unternehmung (Vgl. Simon 1981, S. 59). Potenzielle Kunden sind Kunden der Konkurrenz bzw. Kunden, die das Angebot des Marktes zwar benötigen, es aber momentan bei keinem Anbieter kaufen. Die Unternehmung muss die aktuellen und potenziellen Kunden auswählen, die sie bearbeiten möchte.

10.1.1 Bewertung von Kunden

Zur Bewertung und Auswahl von Kunden und Kundensegmenten wird der Kundenwert (Customer Value) bestimmt (Helm et al. 2017, S. 6 ff.).

Aus einer **entscheidungsorientierten Anbieterperspektive**, die zur Bewertung und Auswahl von Kunden bzw. Kundensegmenten relevant ist, umfasst der Kundenwert den vom Anbieter wahrgenommenen und bewerteten Beitrag des Kunden bzw. des Kundensegments zur **zukünftigen Zielerreichung** der Unternehmung (Vgl. Eggert 2017, S. 38; Belz et al. 2004, S. 41 f.; Diller 2002, S. 298). Als Zielgröße wird häufig der Shareholder-Value genannt (Vgl. Diller 2002, S. 298; Tomczak und Rudolf-Sipötz 2003, S. 135). Letztlich ist damit auch der langfriste Gewinn angesprochen.

Modelle zur Bestimmung des Kundenwerts können dahingehend unterschieden werden, ob sie den **Wert einzelner Kunden** oder aber den **Wert von Kundensegmenten** mit vielen Kunden festlegen.

Einige der Kriterien zur Bestimmung des Kundenwerts können auch als endogene Segmentierungskriterien verwendet werden (Vgl. Abschn. 3.5). Die Unternehmung kann in diesem Fall die Auswahl der Kunden direkt treffen.

10.1.1.1 Bewertung einzelner Kunden

Zur Bestimmung des Customer Values einzelner Kunden existieren eine Reihe von Modellen (Vgl. Abb. 10.2). **Eindimensionale Modelle** ermitteln den Kundenwert mit

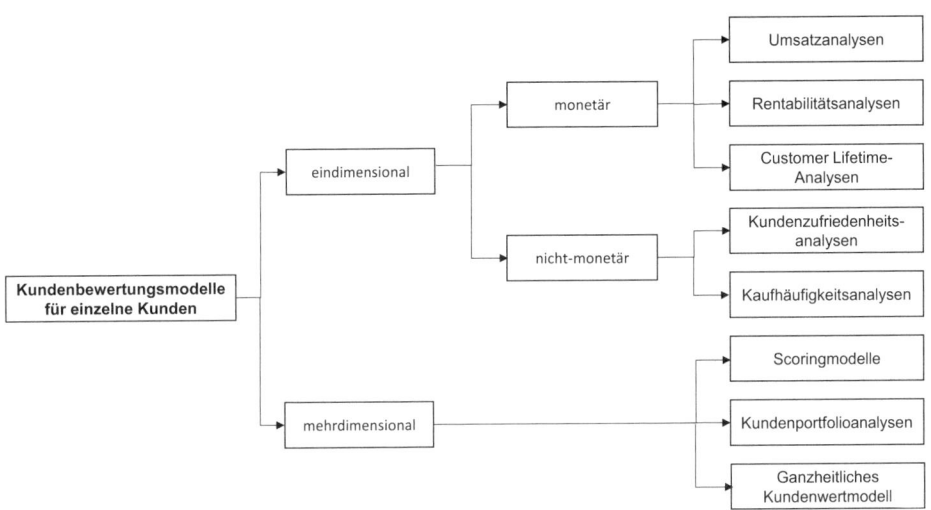

Abb. 10.2 Ansätze zur Bestimmung des Kundenwerts. (Nach Eggert 2017, S. 42 und die dort zitierte Literatur)

einer einzigen Größe. **Mehrdimensionale Modelle** verwenden dazu eine Vielzahl von Variablen.

Eindimensionale Ansätze können danach unterschieden werden, ob sie den Kundenwert **monetär** oder **nicht monetär** bestimmen.

Zu den Ansätzen, die den Kundenwert monetär bestimmen, zählen die Umsatz- und Rentabilitätsanalysen. Entsprechend werden Kunden **nach ihren Umsätzen bzw. Rentabilitäten bewertet.** Methodisch wird dabei häufig die ABC-Analyse genutzt (Vgl. Köhler 2005, S. 407 f.), die jedoch i. d. R. mit Vergangenheitswerten arbeitet und damit keinen Beitrag zur Bestimmung des (zukünftigen) Customer Value liefert (Vgl. Tomczak und Rudolf-Sipötz 2003, S. 137). Eine Verbesserung kann erreicht werden, wenn Umsatz- bzw. Rentabilitätspotenziale verwendet werden. Allerdings bleiben die Gründe der Umsatz- bzw. Rentabilitätspotenziale außer Acht.

In einer dynamischen Betrachtung wird mit dem Customer Lifetime Value (CLV) der Kapitalwert der **Einzahlungen und Auszahlungen eines Kunden** im Zeitablauf berechnet (Vgl. Homburg 2020, S. 1326).

$$CLV = \sum_{t=0}^{n} \frac{e_t - a_t}{(1+i)^t}$$

mit
e_t = Einzahlung des Kunden,
a_t = Auszahlungen für den Kunden,
t = betrachtete Periode 0 bis n,
i = Abzinsungsfaktor.

Obgleich dieser Wert zukunftsorientiert ist, liegen in ihm zum einen alle Probleme der Kapitalbarwertberechnung (Vgl. Thommen et al. 2023, S, 423 f.; Wöhe et al. 2020, S. 485 ff.). Zudem bleiben die Gründe der zukünftigen Ein- und Auszahlungen eines Kunden verborgen. Nicht zuletzt resultiert der Kundenwert auch aus Einflussfaktoren, die nicht oder schwer in Ein- und Auszahlungen monetarisierbar sind.

Mit **nicht-monetären**, eindimensionalen Verfahren zur Bestimmung des Kundenwerts werden die **Kundenzufriedenheit und die Kaufhäufigkeit** gemessen. Die Analysen werden genutzt, wenn monetäre Größen von der Unternehmung wegen unzureichender Möglichkeiten des Rechnungswesens nicht erhoben werden können (Cornelsen 2017, S. 162) oder wenn sie als ergänzende Größen gebraucht werden. Die Größen sind aber vergangenheits- bzw. gegenwartsbezogen und weisen nicht auf den zukünftigen Wert eines Kunden zum Aufbau und Erhalt von KKVs hin. Selbst die Kundenzufriedenheit führt nur unter bestimmten Voraussetzungen zur Kundenbindung (Homburg et al. 2017, S. 110 f.) und den damit verbundenen Gewinnpotenzialen für die Unternehmung (Vollert 1998; Vollert 2009).

Mehrdimensionale Ansätze können monetäre und nicht – monetäre Größen des Kundenwerts kombinieren. Zu unterscheiden sind Scoring-Modelle (Vgl. Köhler 2005, S. 414 f.) und Portfolio-Ansätze (Vgl. Köhler 2005, S. 416 f.). Während **Scoringmodelle** allein die **Kundenattraktivität** qualitativ mit einem Punktbewertungsmodell bewerten (Vgl. Diller 1998), wird in Portfolioansätzen auch die **Lieferantenposition** (qualitativ) berücksichtigt. Dabei kann es sinnvoll sein, die zukünftige Entwicklung der beiden Größen zu betrachten.

Als Kriterien zur Operationalisierung der **zukünftigen Kundenattraktivität** gelten u. a. das Bedarfsvolumen des Kunden und dessen Wachstum, die Möglichkeiten der Preisdurchsetzung, die Bonität und das Zahlungsverhalten, das Deckungsbeitragspotenzial und das Loyalitätspotenzial des Kunden. Die **zukünftige Lieferantenposition** wird mit Kriterien wie Lieferanteil beim Kunden, Dauer der Lieferbeziehung, erreichte Auftragskontinuität, die Kundenzufriedenheit, das Unternehmensimage beim Kunden, der erzielte Deckungsbeitrag u. a. bestimmt (Vgl. Köhler 2005, S. 417 f.). Tab. 10.1 fasst die möglichen Kriterien zur Operationalisierung der zukünftigen Kundenattraktivität und Lieferantenposition zusammen.

Abb. 10.3 zeigt ein fiktives Kundenportfolio mit drei Kunden. Entsprechend der Position auf den Dimensionen zukünftige Kundenattraktivität und zukünftige Lieferantenposition werden der Wert eines Kunden bestimmt und entsprechende Bearbeitungsstrategien vorgeschlagen.

▶ Während Kunden, die in den weißen Feldern des Kundenwertportfolios positioniert sind (z. B. Kunde 1) einen hohen Kundenwert aufweisen und zukünftig insbesondere bearbeitet werden sollten, weisen Kunden in den dunkelgrauen Feldern (z. B. Kunde 2) einen niedrigen Kundenwert auf, sodass unternehmerische Aktivitäten zu ihrer Bearbeitung reduziert oder eingestellt

10.1 Auswahl der Kunden

Tab. 10.1 Operationalisierung der zukünftigen Kundenattraktivität und Lieferantenposition

Zukünftige Kundenattraktivität	Zukünftige Lieferantenposition
Bedarfsvolumen des Kunden;	Lieferanteil beim Kunden;
Wachstumspotenzial des Kunden;	Dauer der Lieferbeziehung;
Möglichkeiten der Preisdurchsetzung;	Erzielte Auftragskontinuität;
Bonität;	Erreichte Kundenzufriedenheit;
Zahlungsverhalten;	Unternehmensimage beim Kunden;
Deckungsbeitragspotenzial;	Erzielte Deckungsbeiträge;
Loyalitätspotenzial;	…
…	

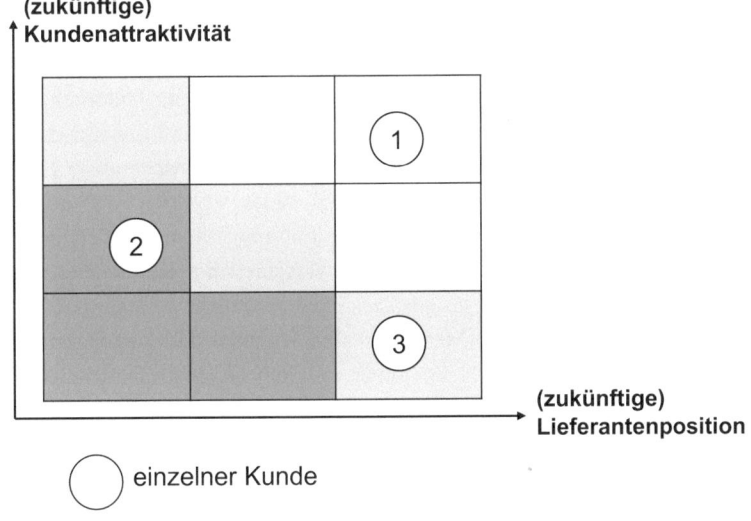

Abb. 10.3 Kundenwertportfolio

werden. Kunden in den hellgrauen Feldern können als Fragezeichen-Kunden bezeichnet werden (z. B. Kunde 3). Soweit die Aussicht besteht, dass die Kundenattraktivität steigt bzw. die Unternehmung ihre Lieferantenposition mit ökonomisch vertretbaren Mitteln verbessern kann, ist eine Bearbeitung angebracht. Eine Entwicklung dieser Kunden in Richtung der dunkelgrauen Felder spricht für eine wenig intensive Bearbeitung oder für deren Vernachlässigung.

Die Relevanz der Scoring- und Portfolioansätze zur Bestimmung des Kundenwertes hängt maßgeblich davon ab, ob die Kriterien zukunftsgerichtet und auf einer theoretischen Basis ausgewählt werden. Kritisch ist anzumerken, dass die Ansätze statisch sind. Zudem müssen die Kriterien, die zur Bestimmung der Dimensionen des Portfolios herangezogen werden, bei jedem Kunden gemessen werden, was die Kosten der Marketingforschung steigert.

Ganzheitliche Ansätze des Kundenwerts versuchen alle kundenbezogenen Einflussgrößen auf die verfolgten Unternehmensziele zu erfassen (Vgl. Cornelsen 2017, S. 165).

Der Ansatz von Cornelsen wählt die „Maximierung des monetären Unternehmenswerts" als Unternehmensziel (Cornelsen 2017, S. 165) und identifiziert als Quellen des Kundenwerts die **Transaktionen**, die **Outgoing-Informationen** und die **Ingoing-Informationen**. Der Transaktionswert wird durch den **Kundenumsatz**, den **Kundenerfolg** und den **Cross-Selling-Wert** bestimmt. Der Outgoing-Wert resultiert aus dem **Referenzwert** eines Kunden. Der Referenzwert eines Kunden kann weitergehend in den **Customer Referral Value** und den **Customer Influencer Value** unterteilt werden (Vgl. Wiesel 2017, S. 119 ff.). Während ersterer sich auf die Umsetzung von Empfehlungsprogrammen der Unternehmung durch den Kunden bezieht, konzentriert sich letzterer auf den Informationsaustausch, die Mundpropaganda und sonstige Interaktionen eines Kunden mit anderen Kunden, sodass auch diese den Unternehmenszielen dienen. Der Ingoing-Wert wird durch den **Informationswert** dargestellt (Vgl. Cornelsen 2017, S. 165 f.). „Die Kundenbeteiligung und die Interaktion mit dem Unternehmen und den Menschen sowohl bei der Leistungserstellung als auch bei der Leistungserbringung hat unmittelbaren Einfluss auf die Qualität der Leistung, verhaltensbezogene Ergebnisse … und Unternehmensergebnisse …" (Wiesel 2017, S. 123).

Problematisch erscheint, dass Cornelsen nur mit monetären Größen arbeitet. „Monetäre Maßstäbe lassen die direkte Berechnung verschiedener Kundenwertkomponenten untereinander zu und sind insofern grundsätzlich die erstrebenswerteste Art der Operationalisierung. Andererseits muss die Messung valide, reliabel und kostengünstig erfolgen, was bei monetären Wertansätzen nicht immer möglich ist. Insbesondere der Informationswert, aber auch der Referenzwert sperren sich … gegen eine solche Monetarisierung. Hinzu kommt, dass es wenig Sinn macht, hohe Aufwendungen für die Ermittlung monetärer Werte in Kauf zu nehmen, wenn auf der anderen Seite das Prognoserisiko so groß ist, dass dieser Aufwand wieder infrage gestellt wird." (Diller 2002, S. 314). Weiterhin bleibt zu befürchten, dass ein methodischer Ansatz, der nur monetarisierbare Größen des Kundenwerts berücksichtigt, wichtige, nicht monetarisierbare Größen des Kundenwerts vernachlässigt.

Der **Ansatz von Tomczak und Rudolf-Sipötz** unterstellen implizit die Steigerung des Unternehmenswerts als Ziel der Unternehmung und bewerten Kunden gemäß ihres Markt- und ihres Ressourcenpotenzials (Vgl. Tomczak und Rudolf-Sipötz 2003, S. 138 f.). Das **Marktpotenzial** beschreibt den Ertrag, der sich aus der Geschäftstätigkeit mit dem Kunden ergibt. Er resultiert aus dem **Ertragspotenzial** (gegenwärtiger monetärer Beitrag des Kunden zum Unternehmenserfolg), dem **Entwicklungspotenzial** (zukünftig erwartete monetäre Beiträge des Kunden zum Unternehmenserfolg), dem **Cross-Buying-Potenzial** (zukünftige monetäre Beiträge des Kunden aus anderem, bisher vom Kunden nicht berücksichtigten Geschäftsbereichen) und dem **Loyalitätspotenzial** (Aussicht, dass

10.1 Auswahl der Kunden

der Kunde auch zukünftig Leistungen bei der Unternehmung nachfragt). Das **Ressourcenpotenzial** des Kunden bezieht sich auf dessen **Referenzpotenzial** (Zahl bisher nicht durch die Unternehmung bedienter Nachfrager, die ein Kunde aufgrund seiner Weiterempfehlung sowie seiner Kontakthäufigkeit, -intensität, und der Größe seines Beziehungsnetzwerks erreichen kann), sein **Informationspotenzial** (Informationen, die der Kunde liefert und die die Unternehmung nutzen kann ohne dafür zu zahlen), das **Kooperationspotenzial** (Bereitschaft und Fähigkeit auf begrenzte Zeit Produktionsfaktoren in den Dispositionsbereich der Unternehmung zu bringen) sowie das **Synergiepotenzial** (Verbundwirkungen auf den Kundenstamm).

Der Ansatz ist nicht ohne Probleme. Die berücksichtigten Größen sind nicht stringent zukunftsorientiert wie z. B. das Ertragspotenzial. Gravierender scheint jedoch, dass die Kosten, die mit einem Kunden verbunden sind, nicht berücksichtigt werden.

Der **Ansatz von Diller** (Vgl. Abb. 10.4) orientiert sich insbesondere am Shareholder-Value als Oberziel der Unternehmung, der durch die Realisation von Sicherheitszielen, Wachstumszielen und Profitabilitätszielen als Zwischenziele realisiert werden kann (Vgl. Diller 2002, S. 302). Er geht davon aus, dass nur gebundene Kunden einen Beitrag zu diesen Zielen leisten und orientiert sich damit an der Theorie der Kundenbindung (Vgl. Homburg und Bruhn 2017, S. 8 f.). „Völlig ungebundene Kunden besitzen für die Unternehmung keinerlei zukünftige Erfolgspotenziale." (Diller 2002, S. 301). Aus der Theorie der Kundenbindungseffekte leitet er dann Kundenwertkomponenten für die Zwischenziele ab.

Dem **Sicherheitsziel** dienen der Basiswert sowie der Informationswert des Kunden. Als **Basiswert** gilt der Umsatz eines (gebundenen) Kunden, der durch die Konkurrenz längerfristig nicht bestritten werden kann, wie dies z. B. bei vertraglich gebundenen

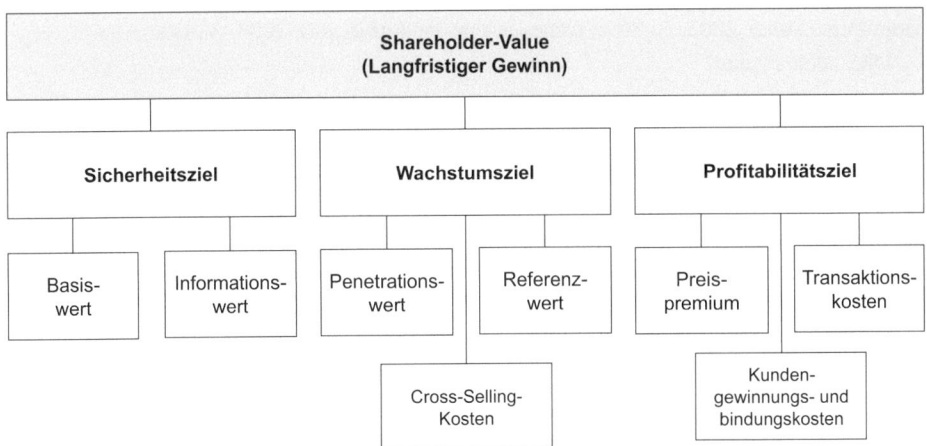

Abb. 10.4 Kundenwertkomponenten zur Realisation der langfristigen Unternehmensziele. (Nach Diller 2002, S. 302)

Kunden der Fall ist. In einer individuellen Betrachtung wird der Basiswert als letztperiodiges Umsatzvolumen eines Kunden definiert, auf aggregierter Ebene als durchschnittliches Umsatzvolumen pro Kunde (Vgl. Diller 2002, S. 302 f.). Dieser Wert ist monetarisierbar, weist aber nicht stringent in die Zukunft.

Der **Informationswert** bezieht sich auf die Auskunfts- und Beschwerdebereitschaft des Kunden, die bei gebundenen Kunden höher ist als bei weniger oder nicht gebundenen Kunden, da gebundene Kunden die monetären und nicht monetären Wechselkosten scheuen (Vgl. Diller 2002, S. 303). Zwar könnte man versuchen, den Informationswert eines Kunden über die Opportunitätskosten der alternativen Beschaffung von Informationen zu monetarisieren. Die Vielfalt der Informationsquellen, die unterschiedliche Güte dieser Informationsquellen, sowie Art und Weise der Beschaffung selbst, könnten dies jedoch verhindern, sodass der Informationswert des Kunden eine eher nicht monetarisierbare Größe darstellt (Vgl. Diller 2002, S. 304).

Zum **Wachstumsziel** der Unternehmung trägt der **Penetrationswert** des Kunden bei. Er drückt die mögliche Ausschöpfung des kundenspezifischen Absatz- bzw. Umsatzpotenzials durch eine Unternehmung im bisher gewählten Bereich des Absatzprogramms aus (Vgl. Diller 2002, S. 305). Der Penetrationswert hängt vom Ausmaß der Beschaffungskonzentration des Kunden und vom Ausmaß der Stimulierung zur Erhöhung der Kaufintensität durch die Unternehmung ab. Es handelt sich beim Penetrationswert um eine Prognosegröße, die monetarisierbar, deren Festlegung aber mit einer Reihe von Prognose- und Interpretationsproblemen behaftet ist (Vgl. Diller 2002, S. 306 f.). Die Einbeziehung des Penetrationswertes in einen monetären Kundenwert wird damit tendenziell verhindert (Vgl. Diller 2002, S. 307), eine qualitative Beurteilung aber nicht ausgeschlossen.

Der **Referenzwert** bezieht sich auf die Zahl bisher nicht durch die Unternehmung bedienter (potenzieller) Kunden, die ein Kunde aufgrund seiner Weiterempfehlung, sowie seiner Kontakthäufigkeit, -intensität, und der Größe seines Beziehungsnetzwerks erreichen kann (Vgl. Diller 2002, S. 307; Tomczak und Rudolf-Sipötz 2003, S. 141).

Dies setzt voraus

- die Bestimmung des Referenzpotenzials eines Kunden (Größe des Netzwerks, Kontakthäufigkeit und -intensität),
- die Bestimmung der (relativen) Referenzbedeutung auf die Kaufentscheidung potenzieller Kunden (im Vergleich zu anderen Einflussfaktoren),
- die Prognose des Gewinns, der auf diese Weise neu gewonnenen Kunden.

Unterscheidet man zusätzlich eine aktive und passive Weiterempfehlung, wobei letztere z. B. darin besteht, dass ein vorhandener Kunde auf der Referenzliste der Unternehmung erscheint, wird deutlich, dass die Monetarisierung des Referenzwerts eines Kunden kaum möglich ist. Auch hier ist eine nicht-monetäre Bewertung auf der Basis eines Scoring-Modells in Betracht zu ziehen.

Der **Cross-Selling-Wert** eines Kunden (Vgl. Diller 2002, S. 309 f.) beschreibt den Absatz bzw. Umsatz, den ein Kunde mit anderen, von der Unternehmung angebotenen Leistungen, die er von dieser bisher noch nicht bezieht, erzielen könnte. Der Cross-Selling Wert hängt von der Art der Leistung, den technischen Möglichkeiten der Unternehmung, der der Unternehmung vom Kunden zugeschriebene Kompetenz, vom Bedarf des Kunden etc. ab. Die Größen sind z. T. schwer prognostizier- und monetarisierbar. Insofern ist auch der Cross-Selling-Wert ggf. qualitativ mit einem Scoring-Modell erfassbar.

Das **Profitabilitätsziel** der Unternehmung wird durch das Preispremium, die Transaktionskosten sowie die Kundengewinnungs- und -bindungskosten bestimmt.

Das **Preispremium** bezieht sich auf die Höhe des durchsetzbaren Preises bei einem Kunden, ohne dass dieser zur Konkurrenz abwandert bzw. seine Nachfrage nennenswert reduziert (Vgl. Diller 2002, S. 310 f.). Das Preispremium lässt sich bei einer direkten Aushandlung des Preises (z. B. im Anlagengeschäft) vergangenheitsbezogen aus dem Rechnungswesen ermitteln. Das zukünftige Preispremium steigt mit zunehmenden Bindungsgrad des Kunden (Vgl. Homburg und Bruhn 2017, S. 8 f.), hängt aber von zahlreichen weiteren Einflussgrößen des Marktes (z. B. des Konkurrenzpreise) und der globalen Umwelt (z. B. der Konjunkturentwicklung) ab, sodass eine Prognose mit zahlreichen Problemen behaftet ist. Der **Transaktionskostenwert** eines Kunden als negative Kundenwertkomponente (Vgl. Diller 2002, S. 311) umfasst die mit dem Kunden verbundenen variablen Herstellungskosten der von ihm nachgefragten Leistungen, sowie die dem Kunden direkt zurechenbaren Kosten der Auftragserlangung, -abwicklung und -verwaltung. Die Transaktionskosten variieren in Abhängigkeit des Kundenbindungsgrads. Zum einen nimmt das Vertrauen der Unternehmung in den Kunden mit steigendem Kundenbindungsgrad zu, sodass die Überwachungskosten sinken können. Zum anderen steigt mit zunehmenden Bindungsgrad die Bereitschaft des Kunden zur Investition in die Geschäftsbeziehung. Damit sinken ggf. die Transaktionskosten. Die Transaktionskosten sind monetär erfassbar, wenn sich auch Zurechnungsprobleme ergeben können.

Negativ wird der Kundenwert auch durch anfallende Kundengewinnungs- und Kundenbindungskosten beeinflusst. Bei den Kundengewinnungskosten ist nicht allein die Höhe der Kosten ausschlaggebend, sondern auch in einer periodenübergreifenden Sicht deren sich auf die Kundenbindungsdauer pro Periode verteilte, ggf. degressive Entwicklung. Weiterhin zu berücksichtigen sind die Kundenbindungskosten, die je nach Art der Kundenbindung (gebundene vs. verbundene Kunden) zu unterschiedlichen Zeitpunkten und in unterschiedlicher Höhe anfallen (Vgl. Tomczak und Rudolf-Sipötz 2003, S. 140 f.). Kundengewinnungs- und Kundenbindungskosten sind monetarisierbare Größen, wenn auch aufgrund des Gemeinkostencharakters (z. B. Werbung, Corporate Website, etc.) vieler dieser Kosten eine kundenindividuelle Zurechnung problematisch ist (Vgl. Diller 2002, S. 313).

Beim Ansatz von Diller ist herauszustellen, dass er nicht nur die Einzahlungs- bzw. Erlöspotenziale von Kunden berücksichtigt, sondern auch deren Auszahlungs- bzw. Kostenpotenziale. Nicht nachvollziehbar ist, warum nur gebundene Kunden einen Wert für die

Unternehmung besitzen sollen und nur diese berücksichtigt werden. So kann theoretisch ein einmaliger Kauf mit entsprechend hohem Wert ggf. zu einem Kundenwert führen, der über dem liegt, den ein gebundener Kunde mit vielen kleinen Einkäufen erwirtschaftet. Zudem kann der einmalige Käufer einen Referenzwert besitzen. Der einmalige Kauf könnte als Basiswert interpretiert werden. Zudem wird bei Diller der Synergiewert eines Kunden vernachlässigt.

Tab. 10.2 fasst die ganzheitlichen Ansätze zusammen. Allen betrachteten Ansätzen ist gemeinsam, dass sie sich auf den einzelnen Kunden konzentrieren, für den der Kundenwert monetarisiert oder qualitativ bestimmt wird. Soweit man alle Aspekte des Kundenwerts berücksichtigen will, bleibt letztlich nur die qualitative Bewertung mit einem Scoringmodell, um zu einem ganzheitlichen Wert zu gelangen. Der Verlust an Information bei quantitativen Größen muss dabei in Kauf genommen werden.

Es wäre denkbar, den Kundenwert in den drei Kategorien zukünftiger Erlös, zukünftige Kostenersparnis und zukünftiger komplementärer Wertbeitrag zu bestimmen (Vgl. Tab. 10.3).

Tab. 10.2 Ansätze zur ganzheitlichen Bestimmung des Kundenwerts

Cornelsen (2017)	Tomczak/Rudolf-Sipötz (2003)	Diller (2002)
Transaktionswert; Kundenumsatz/-erfolg Cross-Selling; Outgoing -Informationen; Referenzwert; Ingoing-Informationen; Informationswert;	Marktpotenzial; Ertragspotenzial; Entwicklungspotenzial; Cross-Selling-Potenzial; Loyalitätspotenzial; Ressourcenpotenzial; Referenzpotenzial; Informationspotenzial; Kooperationspotenzial; Synergiepotenzial;	Sicherheit; Basiswert; Informationswert; Wachstum; Penetrationswert; Cross-Selling Wert; Referenzwert; Profitabilität; Preispremium; Kundengewinnungs- und bindungskosten; Transaktionskosten;

Tab. 10.3 Kriterien zur Bestimmung des ganzheitlichen Kundenwerts

Zukünftiger Erlös	Zukünftige Kosten	Zukünftiger komplementärer Wertbeitrag
Basiswert; Penetrationswert; Cross-Selling-Wert; Preispremium;	Transaktionskosten; Kundengewinnungs- und –bindungskosten;	Referenzwert; Informationswert; Synergiewert;

Die drei Kategorien werden durch entsprechende Einzelkriterien operationalisiert (Vgl. Tab. 10.3), die sich durch die klassische Marketingforschung und die Online-Marketingforschung, Data Warehousing und CRM-Technologien messen und verarbeiten lassen (Vgl. Kuhl und Stöber 2006, S. 538 ff.; Freter, 2008, S. 362; Kreutzer 2017, S. 512 ff.). Vielfach wird darauf verwiesen, dass nicht nur aktuelle und potenzielle Kunden einen Wert besitzen. Vielmehr gilt dies auch für Meinungsführer (Vgl. Kreutzer 2017, S. 512 ff.; Wiesel 2017, S. 118 ff.), die in das Modell integriert werden könnten.

Die Kriterien der einzelnen Kategorien können im Rahmen eines Punktbewertungsmodells unterschiedlich gewichtet, unterschiedlich bewertet und additiv oder multiplikativ verrechnet werden. In Abhängigkeit des Entscheidungsproblems können auch die Kategorien unterschiedlich gewichtet und die gewichteten Werte der einzelnen Kategorien additiv oder multiplikativ zu einem ganzheitlichen Kundenwert verrechnet werden (Vgl. Tab. 10.4).

Die Absicht nach einer Veränderung der Kundenstruktur könnte z. B. den Referenzwert einzelner Kunden in den Mittelpunkt stellen. Der Referenzwert und die Kategorie zukünftiger komplementärer Wertbeitrag würden in diesem Falle eine höhere Gewichtung erhalten.

Die Probleme der Punktbewertung sind zu berücksichtigen.

10.1.1.2 Bewertung ex ante gebildeter Segmente

Die Beurteilung des Wertes ex ante gebildeter Kundensegmenten mit einer Vielzahl von Kunden ist problematisch. Die Segmente sind i. d. R. bezüglich des Kundenwerts nicht trennscharf. In einem Segment können gleichzeitig Kunden enthalten sein, die einen Gewinn von zehn Euro oder 100.000 € generieren (Vgl. Freter 2008, S. 363).

Hier besteht zum einen die Möglichkeit, den Kundenwert bzw. Bestimmungsfaktoren des Kundenwerts als weitere **(aktives) Segmentierungskriterien** zu nutzen.

Zum anderen können Segmente in einem **Segmentportfolio** positioniert werden. Zur Operationalisierung der Dimensionen **zukünftige Segmentattraktivität** und **zukünftige Lieferantenposition** sollten dann solche Kriterien ausgewählt werden, die auf den Kundenwert hinweisen, bei denen die unterschiedlichen Kunden eines Segments aber relativ homogen sind. U. a. bieten sich die in Tab. 10.5 dargestellten Kriterien an.

Abb. 10.5 zeigt ein Kundensegmentportfolio. Die Beurteilung und Behandlung der Segmente erfolgt dann entsprechend der in Abschn. 10.1.1.1. dargestellten Normenstrategien in Abhängigkeit der Segmentposition im Portfolio. Während Segmente in den weißen Feldern (Segment 1) ausgewählt und bearbeitet werden, können Segmente in den dunkelgrauen Feldern (Segment 2) vernachlässigt werden. Für Segmente auf der Diagonalen von links oben nach rechts unten in den hellgrauen Feldern (Segment 3) empfiehlt sich ein fakultatives Vorgehen.

Tab. 10.4 Bestimmung des ganzheitlichen Kundenwerts

Kategorie	k	Faktoren	g	0	1	2	3	4	5	$g_i P_i$
Zukünftiger Erlös	k_1	Basiswert	g_1							
		Penetrationswert (Entwicklungspotenzial)	g_2							
		Cross-Selling-Wert	g_3							
		Preispremium	g_4							
		Punktwert der Kategorie $K_1 = (\prod) \sum g_i P_i$								
	gewichteter Punktwert der Kategorie 1 = $k_1 K_1$									
Zukünftige Kosten (hoher Punktwert bei niedrigen Kosten)	k_2	Transaktionskosten	g_5							
		Kundengewinnungs- und -bindungskosten	g_6							
		Punktwert der Kategorie $K_2 = (\prod) \sum g_i P_i$								
	gewichteter Punktwert der Kategorie 2 = $k_2 K_2$									
Zukünftiger komplementärer Wertbeitrag	k_3	Referenzwert	g_7							
		Informationswert	g_8							
		Synergiewert	g_9							
		Punktwert der Kategorie $K3 = (\prod) \sum g_i P_i$								
	gewichteter Punktwert der Kategorie 3 = $k_3 K_3$									
Gesamtwert Kunde	• Additive Verknüpfung: $k_1 K_1 + k_2 K_2 + k_3 K_3$ • Multiplikative Verknüpfung $k_1 K_1 k_2 K_2 k_3 K_3$									
k = Gewichtung der Kategorie (entsprechend dem Unternehmensziel) g = Gewichtung einzelner Faktoren										

10.1.2 Methoden der Auswahl von Kunden

Für die **Auswahl der zu bearbeitenden Kunden** muss es das Ziel des strategischen Marketings sein, den Gesamtkundenwert (über alle Kunden), zu maximieren. Soweit der Customer – Lifetime –Value der Kunden berechnet wird, ist es das Ziel, die Customer Equity zu maximieren. (Vgl. Leußer et al. 2011, S. 23).

10.1 Auswahl der Kunden

Tab. 10.5 Beurteilungskriterien für Kundensegmente

Kriterien zur Bestimmung der zukünftigen Segmentattraktivität	Kriterien zur Bestimmung der zukünftigen Lieferantenposition
Entwicklung der Größe des Segments; Segmentpotenzial; Kosten der Segmenterschließung; Kosten der Segmentbearbeitung; Wettbewerbsintensität um das Segment; Erreichbarkeit des Segments; Risiko der Bearbeitung des Segments; …	Finanzkraft der Unternehmung; Unternehmensgröße; Produktionskapazitäten; Mitarbeiterqualität; Außendienstqualität; bearbeiteten Vertriebskanäle; Vorhandenes Know-how; …

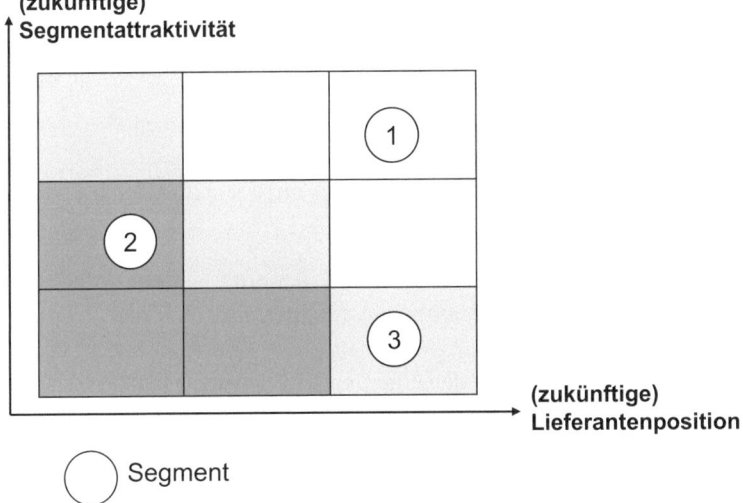

Abb. 10.5 Kundensegmentportfolio

Die **Customer Equity** beschreibt die Summe der Customer Lifetime Values über alle Kunden der Unternehmung. (Vgl. Leußer et al. 2011, S. 29).

Ziel der Unternehmung muss es sein, die Customer Equity zu maximieren. Abb. 10.6 zeigt die Problematik: Die Unternehmung bearbeitet aktuell Kunden mit positiven und negativen CLVs. Die potenzielle Customer Equity der Kunden mit positiven Gewinnbeitrag wird durch Kunden mit einem negativen Gewinnbeitrag auf den momentanen Wert (100 %) reduziert. Zur Steigerung der Customer Equity muss die Unternehmung Kunden mit einem negativen CLV in gewinnbringende Kunden umwandeln. Soweit dies bei einigen Kunden nicht möglich oder ökonomisch nicht sinnvoll ist, sollte die Unternehmung auf die Bearbeitung dieser Kunden verzichten.

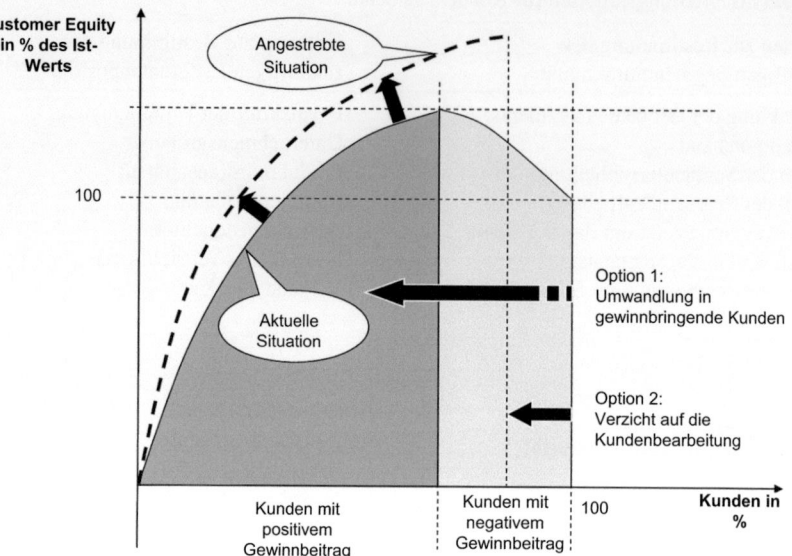

Abb. 10.6 Kunden und Customer Equity (Leußer et al. 2011, S. 24)

Werden Kunden mit einem Scoring-Modell bewertet müssen Mindestpunktzahlen definiert werden, die sie für eine Bearbeitung qualifizieren:

- Mindestpunktzahlen für die Kundenattraktivität in Scoring-Modellen,
- (modellinhärent) Mindestpunktzahlen für die Kundenattraktivität und Lieferantenposition in Kundenportfolios (sowohl für einzelne Kunden als auch für ex ante gebildete Kundensegmente)
- Mindestpunktzahlen für den ganzheitlichen Kundenwert, wobei selbst für die einzelnen Kategorien (zukünftiger Erlös, zukünftige Kosten, zukünftiger komplementärer Kundenwert) Mindestpunktwerte vorgegeben werden können.

Soweit Kunden die Mindestpunktzahl nicht erreichen, muss die Unternehmung entscheiden, ob durch entsprechende Aktivitäten in der Zukunft der Mindestpunktwert erreicht oder überschritten werden kann oder ob sich die Unternehmung besserstellt, wenn sie den Kunden bzw. das Kundensegment nicht bearbeitet.

Die Auswahl ex ante gebildeter Segmente erfolgt analog.

10.2 Strategien der Kundenbearbeitung

Strategien der Kundenbearbeitung können aus verschiedenen Ansätzen abgeleitet werden. (Vgl. Freter 2008, S. 245 ff.). Der klassische Ansatz nimmt auf das Ausmaß der Differenzierung und die Marktabdeckung Bezug (Vgl. Kotler et al. 2015, S. 292, Freter 2008, S. 245 ff., Meffert et al. 2019, S. 335 ff.; Becker 2019, S. 237 ff.). Bezogen auf das **Ausmaß der Differenzierung** werden eine undifferenzierte und eine differenziertes Kundenbearbeitung unterschieden. Während bei einer **undifferenzierten Bearbeitung** alle Kundensegmente und Kunden mit einem einzigen Marketing-Mix angesprochen werden, bearbeitet man bei einer **differenzierten Kundenbearbeitung** einzelne Kundensegmente und Kunden mit unterschiedlichen Marketing-Mixes. Die **Marktabdeckung** kann vollständig oder teilweise sein. Bei einer **vollständigen Marktabdeckung** werden alle Kundensegmente und Kunden eines Marktes bearbeitet, während die Unternehmung bei einer **teilweisen Marktabdeckung** ausgewählte Kunden und Kundensegmente anspricht. In Abhängigkeit der beiden Dimensionen ergeben sich verschiedene Strategien der Kundenbearbeitung (Vgl. Tab. 10.6).

Beim **undifferenzierten Marketing** wird auf die gemeinsamen Wünsche und Bedürfnisse aller Käufer des Gesamtmarktes abgestellt und im Rahmen einer **Massenmarktstrategie** ein einziges Marketing-Mix so gestaltet, dass möglichst viele Nachfrager angesprochen werden (Vgl. Becker 2019, S. 241 ff.; Kotler et al. 2015, S. 292 f.). Ggf. vorhandene Unterschiede in den Wünschen und Bedürfnissen der Kunden bleiben unberücksichtigt. Verbunden ist die Strategie mit der Massenproduktion standardisierter Leistungen, der Nutzung von Massendistributionskanäle (z. B. über den Handel) und der Massenkommunikationsmedien (z. B. klassische Werbung).

Beispiele des undifferenzierten Marketings finden sich in allen Bereichen der Wirtschaft (Vgl. Becker 2019, S. 241 ff.; Freter 2008, S. 246). Vielfach wird die Strategie bei Roh-, Hilfs- und Betriebsstoffen im Industriegüterbereich verfolgt. Auch öffentlichen

Tab. 10.6 Strategien der Kundenbearbeitung

Marktabdeckung \ Grad der Differenzierung	undifferenziert	differenziert
vollständig	Undifferenziertes Marketing	Differenziertes Marketing
teilweise	Konzentriertes Marketing	Parzelliertes Marketing

Versorgungsunternehmen treten mit der Strategie auf dem Markt auf. Im Konsumgüterbereich waren zu Zeiten des Zündholzmonopols die „Welthölzer" ein Paradebeispiel des undifferenzierten Marketings. Auch Coca Cola bot lange Zeit ein einziges Produkt in einer Standardflasche mit einer Geschmacksrichtung an. Weiterhin wurde die Strategie von VW mit dem VW-Käfer angewandt. Heute kann die Strategie bei den Anbietern von Grundnahrungsmittel und sonstiger homogener Güter wie z. B. Papiertücher beobachtet werden.

Ein undifferenziertes Marketing kann sinnvoll sein, wenn die Wünsche und Bedürfnisse aller Nachfrager **tatsächlich homogen** sind. Seine **Vorteile** liegen in der Möglichkeit der Kosteneinsparung durch Fixkostendegressionseffekte, economies of scope, ecnomomies of scale und Erfahrungskurveneffekte (Vgl. Kotler et al. 2015, S. 293; Henderson 1984, Hax und Majluf 1991; Abell und Hammond 1979). Das undifferenzierte Marketing unterstützt damit auch die Strategie der Kostenführerschaft. In der Einführungsphase einer Leistung reduziert ein undifferenziertes Marketing das Risiko eines Fehlschlages: Je größer die Zahl der potenziellen Kunden, desto größer die Wahrscheinlichkeit, dass das Marketing-Mix zumindest von Teilen akzeptiert wird. Zudem können niedrige Preise bei niedrigen Kosten die Markteinführung unterstützen (soweit zu diesem Zeitpunkt schon genügend große Kapazitäten vorhanden sind).

Nachteile sind zu erwarten, wenn (nachfolgende) Konkurrenten bei vorhandener Inhomogenität der Segmente mit einem segmentspezifischen bzw. kundenindividuellen (atomistischen) Marketing-Mix die Kundenwünsche besser erfüllen, eine positive Netto-Nutzen-Differenz realisieren und die Nachfrage an sich ziehen. In diesem Fall können die Umsatzverluste durch abwandernde Kunden, aber auch durch den Versuch der Unternehmung durch weitere Preissenkungen ihre Netto-Nutzen-Differenz zu verbessern, größer sein als die Kosteneinsparungen des undifferenzierten Marketings. Die Kostenvorteile des undifferenzierten Marketings werden auch dann kompensiert, wenn mehrere Unternehmen eines Marktes diese Strategie verfolgen und es zu intensiven Wettbewerbskämpfen kommt (Vgl. Meffert et al. 2019, S. 33). Nicht zuletzt werden bei einer de facto Null-Segmentierung auch Kunden angesprochen, deren Kundenwert negativ ist.

Ein **konzentriertes Marketing** beschränkt sich auf die Bearbeitung eines für die Unternehmung besonders lukrativen Segments oder Teilsegments (Vgl. Meffert et al. 2019, S. 336 f., Freter 2008, S. 248). Man kann von einer **Nischenstrategie** sprechen.

Die Unternehmung konzentriert sich mit ihrem Marketing-Mix auf die spezifischen Wünsche und Bedürfnisse der Kunden der Nische. B.ei der Auswahl einer Nische muss auf deren Größen-, Wachstums- und Gewinnpotenzial geachtet werden (Vgl. Kotler et al. 2015, S. 294). Die Gefahr des nachfolgenden Wettbewerbs sollte gering sein. Die Kunden des Segments sollten bereit sein, für die Befriedigung ihrer spezifischen Wünsche und Bedürfnisse entsprechend hohe Preise zu bezahlen. Als Sonderform des konzentrierten Marketings kann die **Marktspezialisierung** betrachtet werden (Vgl. Kotler et al. 2015, S. 293). Die Unternehmung bedient dabei so viele Bedürfnisse eines Kundensegments wie möglich.

Die **Vorteile** des konzentrierten Marketings ergeben sich aus der Begrenzung benötigter finanzieller Mittel, aber auch von Managementressourcen, so dass die Strategie immer wieder auch kleinen und mittleren Unternehmen empfohlen wird.

Die Diskussion der Hidden Champions zeigt, dass ein konzentriertes Marketing in Verbindung mit einer globalen Strategie äußerst erfolgreich sein kann und mittelständische Unternehmen ggf. zum Weltmarktführer macht (Vgl. Simon 2012). Die Winterhalter GmbH bietet Großhaushalten in aller Welt gewerbliche Spülmaschinen, Systeme der Wasseraufbereitung, der Spülchemie und Spülkörbe.

Durch die Konzentration der Aktivitäten auf ein Kundensegment kann sich die Unternehmung zum Spezialisten entwickeln.

Nachteile ergeben sich, wenn das ausgewählte Segment aufgrund von Bedürfnisveränderungen der Kunden schrumpft oder verschwindet und die Unternehmung kein „zweites Standbein" besitzt. Weitere Probleme entstehen, wenn das ausgewählte Segment nur eingeschränkte Wachstumsmöglichkeiten bietet. Zudem besteht die Gefahr, dass beim Auftritt von Konkurrenten das Segmentpotenzial nicht genügend groß ist, dass alle Konkurrenten Gewinne erwirtschaften und dann ein Verdrängungswettbewerb stattfindet. Auch bei dieser Strategie kann nicht ausgeschlossen werden, dass Kunden mit einem negativen Kundenwert bearbeitet werden.

Bei einem **differenzierten Marketing** wird jedes Kundensegment eines Marktes mit einem segmentspezifischen Marketing-Mix angesprochen.

Beispiele der Strategie finden sich in der Zigaretten- und Schokoladeindustrie ebenso wie in der Automobilindustrie (z B. VW), bei Zahnpastas und dem Hundefutter.

Das differenzierte Marketing begleitet vielfach die Strategie der Differenzierung. Indem die Wünsche und Bedürfnisse jedes Segments in möglichst optimaler Weise erfüllt werden, baut die Unternehmung positive Netto-Nutzen-Differenzen auf. Ein Wechsel der Kunden zu weniger an den Wünschen und Bedürfnissen des jeweiligen Segments orientierten Konkurrenten wird unwahrscheinlicher, sodass der Absatz und der Umsatz i. d. R. steigen (Vgl. Meffert et al. 2019, S. 337; Kotler et al. 2015, S. 293). **Vorteilhaft** wirkt sich zudem aus, dass das Schrumpfen bzw. der Wegfall eines Segments durch andere Segmente kompensiert wird. Nachteile ergeben sich durch die mit dieser Strategie verbundenen Investitions-, Produktions-, Marketing- und Verwaltungskosten. Ein differenziertes Marketing für den Gesamtmarkt kann meist nur von großen Unternehmen realisiert werden. Ein Gewinn ist aber auch für diese nicht immer garantiert. Innerhalb der einzelnen Segmente können zudem Kunden mit negativen Kundenwert bearbeitet werden.

Ein **parzelliertes Marketing** unterscheidet sich vom differenzierten Marketing dahingehend, dass nicht alle, sondern nur eine bewusste Auswahl von Segmenten bzw. Kunden, die für die Unternehmung besonders lukrativ erscheinen, d. h. die einen hohen Kundenwert aufweisen, differenziert bearbeitet werden (Vgl. Freter 2008, S. 249).

Eine Sonderformen des parzellierten Marketings ist die **Leistungsspezialisierung** (Vgl. Kotler et al. 2015, S. 293). Eine Leistung wird in verschiedenen Varianten unterschiedlichen Kundensegmenten angeboten. Als weitere Sonderform des parzellierten

Marketings kann die spezifische Bearbeitung einzelner lukrativer Kunden betrachtet werden (**Segment of one-approach**). War dieser Ansatz in der Vergangenheit insbesondere zur Ansprache von Key Accounts (z. B. in der Automobilzulieferindustrie), im Dienstleistungsbereich und im Industriegüterbereich üblich, schaffen die Digitalisierung und moderne Kommunikationstechnologien die Grundlage zur Anwendung des Ansatzes auch in der Konsumgüterindustrie. Mit dem Segment of one Approach können Kunden, die keinen positiven Kundenwert besitzen, von der spezifischen Bearbeitung durch die Unternehmung mehr oder weniger ausgeschlossen werden. Der einzelne bearbeitete Kunde muss jedoch einen hohen Preis akzeptieren, so dass alle die mit seiner spezifischen Bearbeitung verbundenen Kosten gedeckt werden können.

Mit dem Segment of one –approach ist das **Targeting** verbunden, das die auf den einzelnen Kunden zugeschnittene digitale Informationsdarbietung z. B. bei der Werbung beschreibt (Vgl. Wagener 2018, S. 129; Bundesverband Digitaler Wirtschaft e. V., 2014, S. 5). Durch die Vermeidung von Streuverlusten erhöht sich die Effizienz der digitalen Werbung. Die Effektivität wird erhöht, indem Kunden relevante Werbeinhalte erhalten. Die Vielzahl der Ansätze des Targeting (Vgl. Meffert et al. 2019, S. 238) unterteilt Wagener in

- Ansätze nach externen Daten,
- Ansätzen nach dem Informationsumfeld,
- Ansätzen nach Verhaltensweisen,
- Ansätze zur Optimierung der Werbewirkung.

Ansätze nach dem externen Daten orientieren sich an soziodemographischen Kriterien, an dem regionalen Standort oder an den geräteabhängigen, technischen Möglichkeiten der Internetnutzer bei der Werbemittelauslieferung. **Ansätze des Informationsumfeldes** platzieren zum Inhalt einer Website passende Werbung. **Ansätze nach Verhaltensweisen** orientieren sich bei der Werbeplatzierung an dem Surf-, Such- und Kaufverhalten eines Internetnutzers, sodass diesem nur noch Werbung zugespielt wird, die seinen Interessen entspricht. Das Re-Targeting sendet Werbung aus, die sich auf nicht abgeschlossene Aktionen im Internet beziehen (z. B. abgebrochener Kaufvorgang im Onlineshop). Auch das **Predictive Behavioral Targeting** ist den Ansätzen nach Verhaltensweisen zuzuordnen. Aufgrund des Surf- und Suchverhaltens wird ein Profil des Internetnutzers erstellt und mit dem Profil anderer Nutzer verglichen. Man geht davon aus, dass Nutzer mit gleichem oder ähnlichen Profil gleiche Interessen besitzen, sodass dem einzelnen Internetnutzer Werbung zu Angeboten zugespielt werden, die auch andere Nutzer interessierten. Bei **Ansätzen zur Optimierung der Werbewirkung** werden einem User nur eine begrenzte Anzahl eines Werbemittels zugespielt. Bei einem begrenzten Werbebudget kann auf diese Weise die Zahl der erreichten Nutzer maximiert werden.

Vorteilhaft wirkt sich bei einem parzellierten Marketing aus, dass die Unternehmung nur Kundensegmente bzw. Kunden mit einem hohen Kundenwert anspricht. Weiterhin werden technische, personelle und finanzielle Ressourcen der Unternehmung geschont, sodass auch kleine und mittlere Unternehmen die Strategie verfolgen können. Es ist zu erwarten, dass sich diese beiden Effekte positiv auf den Gewinn auswirken. **Probleme** ergeben sich, wenn ausgewählte Kundensegmente schrumpfen oder verschwinden und damit verbundene Gewinneinbußen durch andere Segmente bzw. Kunden aufgefangen werden können.

Tab. 10.7 fasst die Vor- und Nachteile der verschiedenen Strategien der Kundenbearbeitung zusammen.

Tab. 10.7 Vor- und Nachteile unterschiedlicher der Strategien der Kundenbearbeitung

Strategie der Kundenbearbeitung	Vorteile	Nachteile
Undifferenziertes Marketing	Kosteneinsparungen über Fixkostendegressionseffekte, economies of scope, economies of scale, Erfahrungskurveneffekte; Risikoreduktion;	Umsatzverluste durch Kundenabwanderung zu Konkurrenten mit segmentspezifischen bzw. kundenindividuellen Marketing-Mix; Gefahr des intensiven Preiswettbewerbs; Bearbeitung von Kunden mit negativem Kundenwert;
Konzentriertes Marketing	Höhere Wahrscheinlichkeit der Bedürfnisbefriedigung der Kunden und höheren Umsätzen; Begrenzter Ressourcenbedarf; Entwicklung der Unternehmung zum Spezialisten;	Gefahr der Schrumpfung und des Wegfalls von Segmenten; Eingeschränkte Wachstumsmöglichkeiten; Gefahr des Verdrängungswettbewerbs; Bearbeitung von Kunden mit negativen Kundenwert;
Differenziertes Marketing für den Gesamtmarkt	Realisation von Netto-Nutzen-Differenzen; Hohe Absätze bzw. Umsätze; Risikostreuung;	Hohe Kosten durch hohe Investitionen;
Parzelliertes Marketing	Ansprache von Kundensegmenten und Kunden mit hohem Kundenwert; Begrenzter Ressourcenbedarf;	Gefahr des Wegfalls von Segmenten bzw. Kunden;

10.3 Art der Kundenbeziehung

Bezogen auf die Kundenbeziehung wird zwischen dem Transaktionsmarketing und dem Customer Relationship-Marketing unterschieden.

10.3.1 Transaktionsmarketing

Das **Transaktionsmarketing** fokussiert auf die Initiierung von Einzeltransaktionen und ist de facto immer auf die Gewinnung von Kunden ausgerichtet (Vgl. Bruhn 2016a, S. 11 f.; Bruhn 2016b, S. 101; Grunwald und Schwill 2017, S. 17).

Die einzelne Transaktion beziehen sich auf den einmaligen Austausch von Gütern und Geld zwischen einem Anbieter und nicht näher konkretisierten Käufern. Zwischen mehreren Transaktionen mit dem gleichen Käufer wird kein Zusammenhang hergestellt. Im Mittelpunkt eines Transaktionsmarketings steht nicht der Kunde, sondern die Leistung der Unternehmung und die damit verbundene Ausgestaltung des Marketing-Mix. Der Interaktion mit dem Kunden wird keine Bedeutung beigemessen (Vgl. Bruhn 2016a, S. 12). Aufgaben der Kundenorientierung übernimmt (wenn überhaupt) eine von anderen Unternehmensbereichen isoliert agierende Marketingabteilung, was dem Konzept des dualen Marketings (Vgl. Kap. 1) nur unzureichend entspricht. Marketing wird als Instrument zur Kundenmanipulation betrachtet (Vgl. Gummesson 1994, S. 9). Diller (2001b, S. 165) spricht in diesem Zusammenhang von Beeinflussungsmarketing.

Gründe für ein Transaktionsmarketing können beim Kunden und in der Unternehmung liegen. Ein Transaktionsmarketing kann dann sinnvoll sein, wenn der Kunde oder die Unternehmung keine Geschäftsbeziehung eingehen wollen (Vgl. Diller 1996, S. 92, Diller und Müllner 1998, S. 1237, Georgi 2000, S. 64). Es setzt aus Unternehmenssicht wachsende (Verkäufer-) Märkte voraus, auf denen eine Vielzahl von Kunden existieren, sodass der Verlust eines einzelnen Kunden weniger Bedeutung hat. Zudem dürfen die Kunden keine Verhandlungsmacht i. S. Porters besitzen (Vgl. Porter 2013; Porter 2010) und müssen passiv agieren und konsumieren.

Ein typisches Beispiel möge der Souvenirverkauf an einem Touristenhotspot ebenso sein wie der Zeitungsverkauf auf einem Flughafen.

Ggf. können weniger wertvolle Kunden (z. B. Laufkundschaft), die auch in der Zukunft z. B. aufgrund mangelnder Ressourcen nicht bearbeitet werden sollen, mit einem Transaktionsmarketing angesprochen werden. Die einzelne Transaktion muss aber zu positiven Deckungsbeiträgen führen. Hohe Kosten der Kundenakquisition können dies verhindern (Vgl. Haas 2011, S. 346). Weiterhin sollten Aktivitäten eines Transaktionsmarketings keine Ressourcen zu Lasten langfristig profitabler Kundenbeziehungen binden.

10.3.2 Customer Relationship Management (CRM)

Verschiedene Entwicklungen zwingen die Unternehmung zunehmend zum Wechsel von einem Transaktionsmarketing zu einem Customer Relationship Management. Dazu gehören (Vgl. Bruhn 2016a, S. 7)

- **Veränderungen der Märkte** wie z. B. neue Produktionstechnologien im Rahmen der Industrie 4.0, damit verbunden hohe Qualität zu niedrigen Kosten, Variantenvielfalt,
- **Veränderungen des Konsumentenverhaltens** (z. B. hohe Ansprüche an die Erfüllung individueller Wünsche, hybrides Kaufverhalten und eine hohe Wechselbereitschaft,
- **Hinweise aus der Empirie**, wonach loyale Kunden höhere Umsätze und niedrigere Kosten verursachen, was ihre Profitabilität steigert, Kundenbindung kostengünstiger ist als Kundenaquisition sowie das zunehmende aktive Weiterempfehlungsverhalten im Internet.

10.3.2.1 Grundlage des CRM

Customer Relationship Management (CRM) umfasst sämtliche abgestimmte und kundenbezogene Aktivitäten der Analyse, Planung, Umsetzung und Kontrolle, die mit Unterstützung moderner Informations- und Kommunikationstechnologien dem Aufbau, der Stabilisierung, der Intensivierung, der Wiederaufnahme, aber ggf. auch der Beendigung langfristiger Kundenbeziehungen dienen, mit dem Ziel, KKVs zu erlangen oder zu erhalten(Vgl. Bruhn 2016a, S. 12; Leußer et al. 2011, S. 18).

Das CRM ist damit Teil des Relationship – Management (Vgl. Kap. 1.3.1.3), das sich mit strategisch orientierten Beziehungen zu allen relevanten Anspruchsgruppen der Unternehmung befasst (Vgl. Diller 2001a, S. 162; Leußer et al. 2011, S. 19, sowie Bruhn 2016a, der von Relationship-Marketing i. w. S. spricht). Es ist auch dem Beziehungsmarketing untergeordnet, das neben den Kunden vertikale Beziehungen der Unternehmung zum Handel und den Lieferanten in den Fokus stellt. Abb. 10.7 verdeutlicht den Zusammenhang.

Das CRM besitzt eine Reihe von Kennzeichen (Vgl. auch Eisenbeiß und Bleier 2012, S. 465 ff.):

- Die Kundenorientierung,
- die Zeitraumorientierung,
- die Wettbewerbsorientierung,
- die Managementorientierung
- die Nutzenorientierung,
- die Technologieorientierung.

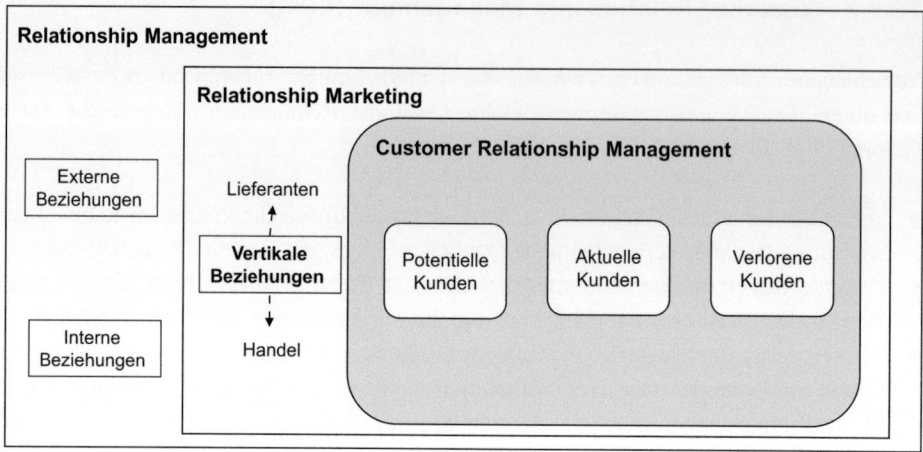

Abb. 10.7 Einordnung des CRM in das Relationship Management. (In Anlehnung an Leußer et al. 2011, S. 20)

Kundenorientierung wird definiert als umfassende, kontinuierliche Ermittlung und Analyse von Kundenerwartungen sowie deren externe und interne Umsetzung in unternehmerische Leistungen sowie Interaktionen im Rahmen eines CRM mit dem Ziel langfristig stabile, profitable Kundenbeziehungen zu schaffen und zu erhalten (Vgl. Bruhn 2016b, S. 15).

Der **Zeitraumbezug** kommt im Kundenbeziehungszyklus zum Ausdruck.

Der **Kundenbeziehungszyklus** beschreibt in idealtypischer Weise die Beziehungsintensität zwischen Kunden und Unternehmung im Zeitablauf (Vgl. Stauss 2000, S. 16, Stauss 2011, S. 322 ff.; Bruhn 2011, S. 412, Bruhn 2016a, S. 66). Unterschieden werden dabei die Phasen Kundenakquisition, Kundenbindung und Kundenrückgewinnung, wobei die drei Phasen weitergehend unterteilt werden können (Vgl. Abb. 10.8).

Die Stärke der Kundenbeziehung wird durch verschiedene Faktoren allein oder in Kombination bestimmt (Vgl. Bruhn 2016a, S. 66 f.):

- **Psychologische Faktoren,** wie z. B. die wahrgenommene Leistungsqualität und der wahrgenommene Wert der Leistung, die Beziehungsqualität in Form von Vertrauen und Vertrautheit, die Kundenzufriedenheit und das Commitment.
- **Verhaltensbezogene Faktoren,** wie z. B. das Wiederkaufverhalten, die Weiterempfehlung, das Interaktionsverhalten und das Informationsverhalten.
- **Ökonomische Kriterien,** wie der Kundendeckungsbeitrag, der CLV, der Marktanteil oder der Share of Wallet.

Der Kundenbeziehungszyklus zwingt zum Denken in **Erfolgsketten** (Vgl. Bruhn 2016a, S. 71 ff.).

10.3 Art der Kundenbeziehung

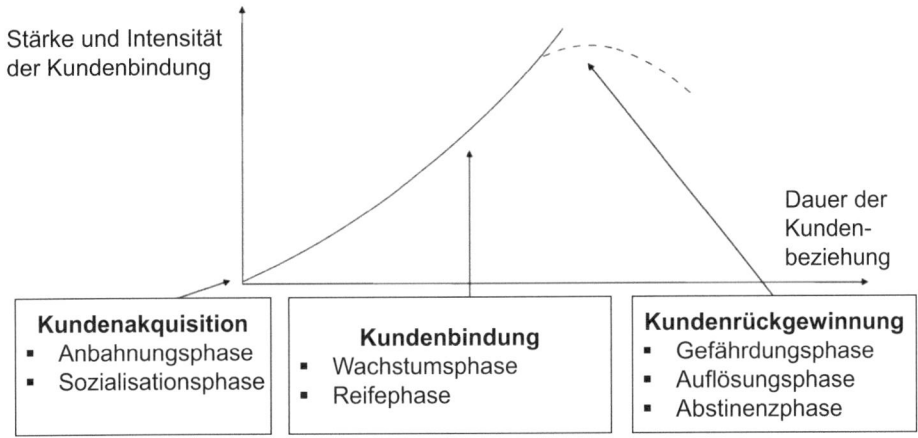

Abb. 10.8 Kundenbeziehungszyklus (Bruhn 2011, S. 412)

Die Erfolgskette ist eine gedankliche Verknüpfung nachfrager- und anbieterbezogener Aspekte des Customer Relationship Marketings.

Ausgangspunkt sind die Aktivitäten der Unternehmung im Rahmen des CRM als Input. Diese erzeugen psychologische Wirkungen bei den Nachfragern. Aus ihnen entstehen in der Folge verhaltensbezogene Wirkungen der Nachfrager. Daraus wiederum resultiert der ökonomische Erfolg der Unternehmung als Output. Der Zusammenhang der Größen wird durch unternehmensexterne und -interne Faktoren moderiert, sodass er in der Erfolgskette nicht immer eindeutig ist und branchenspezifische Unterschiede auftreten. Eine beispielhafte Erfolgskette für das gesamte CRM – „CRM-Aktivitäten – Kundenzufriedenheit – Kundenbindung – ökonomischer Erfolg" unter Berücksichtigung moderierender externer und interner Faktoren zeigt Abb. 10.9.

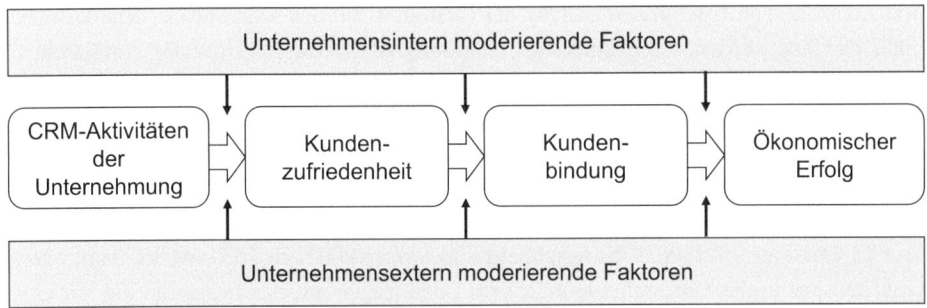

Abb. 10.9 Erfolgskette des CRM. (Nach Bruhn 2016a, S. 73)

Die Erfolgskette kann auch für einzelne Phasen des Kundenbeziehungszyklus aufgestellt werden.

Mit dem Zeitraumbezug ergibt sich auch eine **Wettbewerbsorientierung** des CRM. „Getrieben von den enormen Fortschritten in der Informations- und Kommunikationstechnologie und dem Enthusiasmus gegenüber innovativen Instrumenten des Kundenbeziehungsmanagements ist auch in diesem Bereich eine hohe Wettbewerbsintensität festzustellen" (Meffert et al. 2010, S. 9). Dies findet seinen Ausdruck einerseits in der Verbesserung, Modifikation und Imitation erfolgreicher CRM-Instrumente und Maßnahmen. Andererseits werden im Zeitablauf innovative Ansätze des CRM entwickelt, die den Prozess des dynamischen Wettbewerbs auslösen (Vgl. Kap. 1.1).

Darauf aufbauend besitzt das CRM eine **Managementorientierung** als weiteres Kennzeichen (Vgl. Bruhn 2016a, S. 14; Georgi und Mink 2011, S. 64 ff.). Im Rahmen eines mehrstufigen, entscheidungsorientierten Managementprozesses werden auf der Basis der Analyse und Prognose der CRM – bezogenen Situation kundenbezogene Aktivitäten geplant, umgesetzt und kontrolliert. Die einzelnen Phasen sind durch Vor- und Rückkoppelungen gekennzeichnet (Vgl. Abb. 10.10).

CRM ist zudem **nutzenorientiert**. Aus einem CRM muss „… sowohl für die Kunden als auch die Anbieter ein wahrnehmbarer Vorteil resultieren, der eine Win–Win-Situation generiert" (Meffert et al. 2010, S. 7 sowie ähnlich Helmke et al. 2017, S. 6).

Aus **Kundensicht** muss das CRM der Unternehmung gegenüber dem CRM der Konkurrenz bzw. eines Kaufverhaltens ohne Bindung an eine bestimmte Unternehmung zu einer positiven Netto-Nutzen-Differenz führen. Dabei spielt insbesondere der Netto-Nutzen der Kernleistung zur Bedürfnisbefriedigung die entscheidende Rolle. Meffert et al. (2010, S. 9) sprechen hier von originären Netto-Nutzen-Vorteilen. Netto-Nutzen aus dem CRM können sich zudem auf eine Risikoreduktion durch Fehlentscheidungen (Vgl. Backhaus 1997, S. 23 f.), sowie auf geringere Such- und Informationskosten beziehen, aber auch auf die Personalisierung und Interaktivität (Vgl. Diller 2001b). Diese werden als derivativ bezeichnet. In diesem Zusammenhang muss auch das Customer Experience Management zum Aufbau und Erhalt von KKVs mit der Planung, Umsetzung und Kontrolle von Erlebnissen entlang der Customer Journey während der Kundenbeziehung genannt werden. „Die konkrete Abbildung der Customer Journey ermöglicht es Unternehmen hierbei, funktionale und logische Zusammenhänge zwischen physischen und virtuellen Gegebenheiten der Kundenbeziehung aufzudecken und somit Verbesserungspotenziale für die Realisierung eines höheren Kundennutzens zu identifizieren" (Vgl. Homburg 2020, S. 564).

Aus **Anbietersicht** kann das CRM zu höheren Gewinnen führen (Vgl. Bruhn 2016a, S. 3 f.; Gouthier 2011, S. 375; Reichheld und Sasser 2003, S. 153), wobei markt- bzw. branchenspezifische Unterschiede auftreten. Dazu tragen auf der Erlösseite die mit einer Kundenbindung verbundene Sicherung des Absatzes, eine Steigerung der Kauffrequenz und die Ausschöpfung von Cross-Selling-Potenzialen bei. Zudem steigen die Preisbereitschaft (d. h. die akzeptierten Preispremiums) und die Zahlungsbereitschaft (d. h.

10.3 Art der Kundenbeziehung

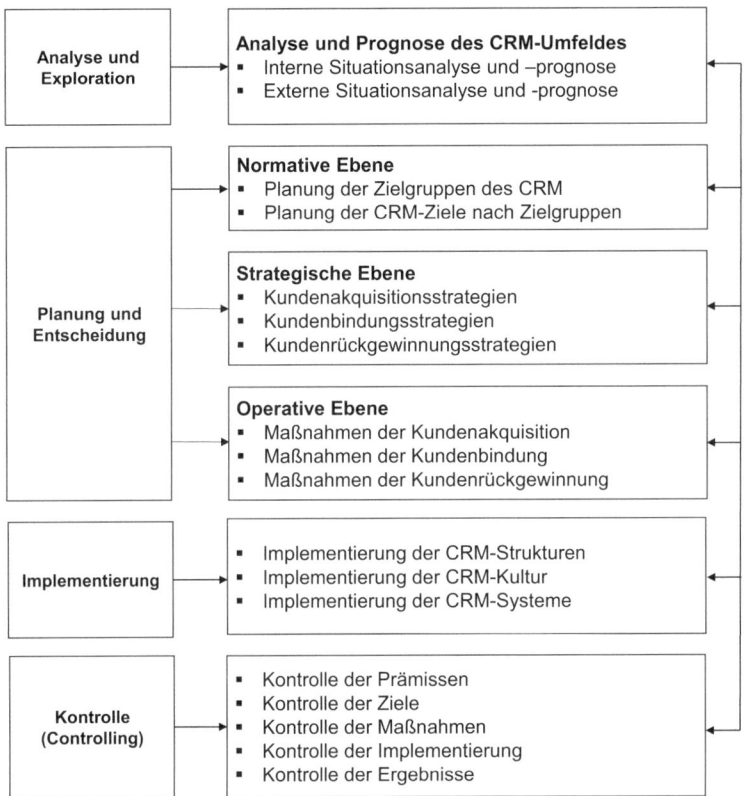

Abb. 10.10 CRM – Managementprozess

die Akzeptanz von Up-Selling-Aktivitäten). Zudem können durch die Weiterempfehlung gebundener Kunden Neukunden gewonnen und Kundenabwanderungen vermieden werden, was die Erlöse stabilisiert und erhöht. Die Kosten der Unternehmung können durch Erfahrungseffekte sinken. Zu berücksichtigen sind Kosteneinsparungen durch Erfahrungen der Bearbeitung gebundener Kunden im Vergleich zu Neukunden. Weiter können Erfahrungen des Kunden durch seine Integration in Prozesse genutzt werden, was Kosten auf die Kundenseite verschiebt und Kosten der Nicht-Qualität reduziert. Neue Interaktionsmöglichkeiten mit dem Kunden durch digitale Medien reduzieren die Transaktionskosten (Vgl. Bruhn 2016b, S. 106). Generell werden Kosten reduziert, wenn nur Kunden mit eine positiven Kundenwert bearbeitet werden.

Ein letztes Kennzeichen des CRM ist seine **Technologiebezogenheit** (Vgl. Leußer et al. 2011, S. 44). Entsprechende IT-Systeme für das CRM besitzen eine operative und analytische Komponente. Grundlage der **analytischen Komponente** bildet das Data Warehouse, in dem alle aus verschiedenen Quellen stammenden kundenbezogenen Daten gesammelt und gespeichert werden (Vgl. Leußer et al. 2011, S. 46; Kollmann 2013,

S. 212 ff.; Becker und Knackstedt 2011, S. 757 ff.). Die Datenauswertung erfolgt mit Data Mining und OLAP. OLAP greift auf die Daten des Data Warehouse zurück und strukturiert relevante Daten für das CRM (z. B. Deckungsbeitrag, Kunden, Leistung und Absatzgebiet) in einem multidimensionalen Datenwürfel. Das Data Mining sucht automatisiert in den Daten des Data Warehouse nach bislang unbekannten Datenmustern (Vgl. Hippner et al. 2011, S. 783 ff., Hippner und Wilde 2017, S. 141 ff.). Die **operative Komponente** des IT-Systems greift auf das analytische System zurück. Grundlage bildet die operative Kundendatenbank, in der alle Geschäftsvorgänge mit dem Kunden erfasst werden und auf die alle CRM-Anwendungen zurückgreifen (Vgl. Helmke et al. 2017, S. 8 f.).

Vorteile entsprechender IT-Systeme liegen aus Anbietersicht in der besseren Ausschöpfung von Kundenpotenzialen und einem rentableren Einsatz von Marketinginstrumenten zum CRM. Kunden profitieren von bedarfsgerechten Angeboten (Vgl. Bruhn 2016b, S. 9, Helmke et al. 2017, S. 18). **Probleme** ergeben sich, wenn CRM hauptsächlich als IT-Projekt betrachtet wird und CRM-Strategien und -Maßnahmen sich aus den (technischen) Möglichkeiten der IT ableiten (Vgl. auch Meffert 2018, S. 21).CRM – Projekte, die sich ausschließlich um informationstechnologische Lösungen drehen sind zu einem Großteil nicht erfolgreich, weil sie die strategische Komponente des CRM vernachlässigen (Vgl. Midderhoff 2017, S. 263; Helmke et al. 2017, S. 7). Darüber hinaus wird übersehen, dass der Erfolg des CRM einer entsprechenden organisatorischen und kulturellen Ausrichtung bedarf (Vgl. Bruhn 2016a, S. 14 f.; Bruhn 2016b, S. 9 f., Leußer et al. 2011, S. 18).

Ein Vergleich des CRM auf den Dimensionen Marketingobjekt, Planungszeitraum, Marketingziele, Marketingstrategien und Erfolgsgrößen mit dem Transaktionsmarketing zeigt (Vgl. Tab. 10.8), dass das CRM nicht mit einem Paradigmenwechsel verbunden ist, sondern eine Weiterentwicklung darstellt (Vgl. Bruhn 2016a, S. 16, Diller 2001b, S. 165).

Bezogen auf die Marketinginstrumente gibt es im CRM – wiederum in Bezug auf den Beziehungszyklus – phasenbezogene Instrumente der Leistungs-, der Preis-, der Kommunikations- und der Distributionspolitik. Daneben sind als phasenunabhängige Instrumente die Qualitätspolitik, das Beschwerdemanagement, das Servicemanagement und das Kundenwertmanagement zu berücksichtigen (Vgl. Georgi und Mink 2011, S. 72; Bruhn 2016a, S. 191 ff.).

Verbindet man das CRM mit den Strategien der Kundenbearbeitung, ergibt sich das in Tab. 10.9 dargestellte Schema. Kundenakquisition, Kundenbindung und Kundenrückgewinnung können in einem undifferenzierten, einem konzentrierten, einem differenzierten und einem parzellierten Marketing erfolgen.

10.3.2.2 Strategieformulierung im CRM

Kundenbezogene Strategien des CRM werden mehrstufig bestimmt(Vgl. Abb. 10.11).

Grundlage bilden Kunden und Kundensegmente, die mit Gliedern der Erfolgskette gebildet oder beschrieben. Eine Unterscheidung erfolgt danach, ob sich die die Segmente

10.3 Art der Kundenbeziehung

Tab. 10.8 Transaktionsmarketing vs. CRM

	Transaktionsmarketing	CRM
Planungshorizont	Kurzfristig	Langfristig
Bezugsobjekt	Leistung	Leistung; Interaktion;
Dominierendes Marketingziel	Kundenakquisition	Kundenakquisition; Kundenbindung; Kundenrückgewinnung;
Denkschema	Marktlebenszyklus; Produktlebenszyklus;	Kundenlebenszyklus; Marktlebenszyklus; Produktlebenszyklus;
Marketingfokus	Leistungsdarstellung	Leistungsgestaltung; Interaktion;
Erfolgsgröße	langfristiger Gewinn	Kundenwert; langfristiger Gewinn;

- auf die isolierte Betrachtung einzelner Glieder der Erfolgskette beziehen oder
- mehrere Glieder der Erfolgskette integriert betrachtet werden.

Soweit die Segmente mit zwei Kriterien gebildet werden, ist eine Positionierung in einem Kundensegmentportfolios möglich (Vgl. auch Haas 2011, S. 356).

So können unter **isolierter Bezugnahme** auf die Kundenbindung als verhaltensbezogene Wirkung beim Kunden) die Kriterien „Gebundenheit" (mehr oder weniger unfreiwilliger Bindungszustand) und „Verbundenheit" (freiwillige Kundenbindung aufgrund psychologischer Ursachen) jeweils in der Ausprägung gering und hoch zu den in Tab. 10.10 dargestellten vier Kundensegmenten führen (Vgl. Bruhn 2016a, S. 125; Gröppel-Klein et al. 2017, S. 44 f.).

Werden mehrere Glieder der Erfolgskette berücksichtigt, entstehen mehrere Kundensegmentportfolios pro Phase des Kundenbeziehungszyklus (Vgl. Georgi und Mink 2011, S. 68 ff.).

Entsprechend der Position im Kundenportfolio werden **segmentspezifische Basisstrategien** abgeleitet, die bestimmen, ob und wie intensiv ein Kunde bzw. ein Kundensegment bearbeitet wird (Vgl. Georgi und Mink 2011, S. 67 ff.). **Phasenspezifische Strategien** legen dann die Richtung der Strategie in der jeweiligen Phase des Beziehungszyklus fest (Vgl. Bruhn 2016a, S. 146 ff.).

10.3.2.3 Strategien der Kundenakquisition

Das Management der Kundenakquisition umfasst alle Aktivitäten, die dazu dienen, den Kaufprozess von Neukunden mit hohem Kundenwert effizient zu initiieren und zu gestalten, einen Erstkauf zu realisieren sowie Voraussetzungen zu schaffen, den Kunden

Tab. 10.9 CRM und Strategien der Kundenbearbeitung. (Quelle: Nach Bruhn 2016a, S. 16, Meffert et al. 2018, S. 46)

Strategie der Kundenbearbeitung \ Phase im Beziehungszyklus	Kundenakquisition	Kundenbindung	Kundenrückgewinnung
Undifferenziertes Marketing	Undifferenziertes Marketing der Kundenakquisition	Undifferenziertes Marketing der Kundenbindung	Undifferenziertes Marketing der Kundenrückgewinnung
Konzentriertes Marketing	Konzentriertes Marketing der Kundenakquisition	Konzentriertes Marketing der Kundenbindung	Konzentriertes Marketing der Kundenrückgewinnung
Differenziertes Marketing für den Gesamtmarkt	Differenziertes Marketing der Kundenakquisition	Differenziertes Marketing der Kundenbindung	Differenziertes Marketing der Kundenrückgewinnung
Parzelliertes Marketing	Parzelliertes Marketing der Kundenakquisition	Parzelliertes Marketing der Kundenbindung	Parzelliertes Marketing der Kundenrückgewinnung

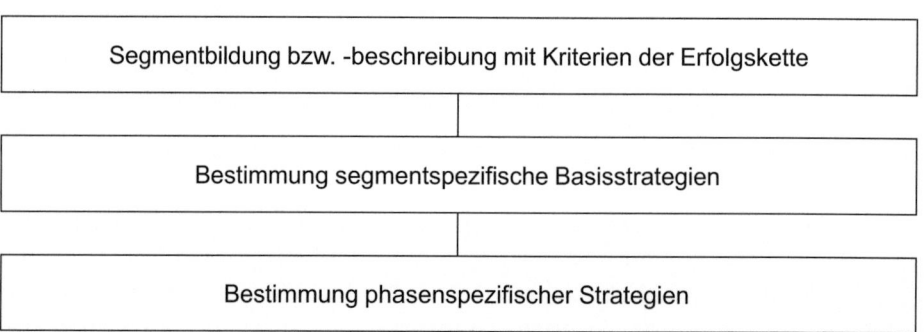

Abb. 10.11 Strategiebildung im CRM

10.3 Art der Kundenbeziehung

Tab. 10.10 Kundenbindungsbezogene Segmentierung. (Quelle: Bruhn 2016a, S. 125)

Verbundenheit / Gebundenheit	Niedrig	Hoch
Hoch	Künstliche Kundenbindung	Sichere Kundenbindung
Niedrig	Keine Kundenbindung	Emotionale Kundenbindung

langfristig an die Unternehmung zu binden (Vgl. Haas 2011, S. 346, Stauss und Seidel 2002, S. 31; Homburg und Bruhn 2017, S. 9).

Die Kundenakquisition ist u. a. für Unternehmen von Bedeutung, die

- einen neuen Markt bzw. ein neues SGF erschließen wollen,
- Kundenverluste z. B. aufgrund von demographischen Veränderungen kompensieren müssen,
- eine profitablere Kundenstruktur anstreben,
- Marktanteile gewinnen wollen, um z. B. mengenbezogene Kosteneffekte zu realisieren (Vgl. auch Bruhn 2016a, S. 146).

Die Kundenakquisition kann einerseits die Ertragssituation der Unternehmung (langfristig) verbessern. Andererseits ist die Neukundenakquisition mit nicht unerheblichen Kosten verbunden.

Es obliegt dem Management der Kundenakquisition, Kunden mit einem langfristigen Kundenwert für die Unternehmung zu gewinnen. Das Ausmaß der Aktivitäten sollte sich dabei am Potenzial der jeweiligen Kunden ausrichten (Vgl. Haas 2011, S. 347 f.). Die damit verbundenen Aufgaben beziehen sich (Vgl. Abb. 10.12) auf die Interessengenerierung und die Interessenkonversion (Vgl. Haas 2011, S. 348 f.).

Zur **Interessengenerierung** ist es wichtig, dass die Kunden den Bedarf bzgl. des Angebots erkennen. Dazu muss entsprechende Aufmerksamkeit erzeugt und das Interesse der

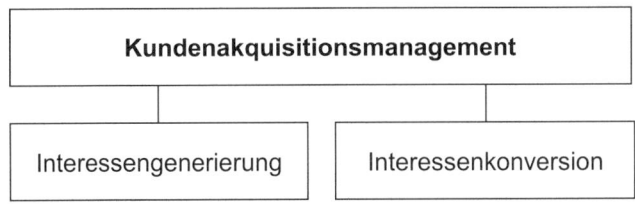

Abb. 10.12 Kundenakquisitionsmanagement

Kunden geweckt werden. Im Rahmen der **Interessenkonversion** muss dafür Sorge getragen werden, dass Kunden das Angebot der eigenen Unternehmung in ihr Evoked Set aufnehmen und es schließlich zu Erstkäufen kommt. Notwendig dafür ist, dass die Kunden Informationen zur Unternehmung und deren Angebot suchen und verarbeitet. Sie müssen dazu den Kontakt mit der Unternehmung zulassen oder suchen. In Abhängigkeit des Leistungstyps sind dafür bei standardisierten Leistungen die Bekanntheit und das Image der Unternehmung bzw. der Marke ausschlaggebend, bei individualisierten Leistungen mit einem hohen Anteil an Erfahrungs- und Vertrauenseigenschaften insb. das Image (Vgl. Bruhn 2016a, S. 116 f.; Gouthier 2011, S. 386).

Aus den Ausführungen abgeleitet verläuft die Erfolgskette beispielhaft in der Richtung. CRM-Maßnahmen – Image – Erstkauf – ökonomischer Erfolg (Vgl. Abb. 10.13).

In Anlehnung an die in Abb. 10.13 dargestellte Erfolgskette können Kunden nach ihrem Imagepotenzial, ihrem Erstkaufpotenzial und ihrem Erfolgspotenzial segmentiert werden (Vgl. Georgi und Mink 2011, S. 68, Bruhn 2016a, S. 129 ff.). Entsprechend dem Status bzgl. der Segmentierungskriterien werden dann segmentspezifische Basisstrategien abgeleitet (Vgl. Abb. 10.11).

Eine **Segmentierung nach dem Imagepotenzial** klassifiziert Kunden in Abhängigkeit des Aktivitätsgrades der Unternehmung und des erreichbaren Images in das involvierte

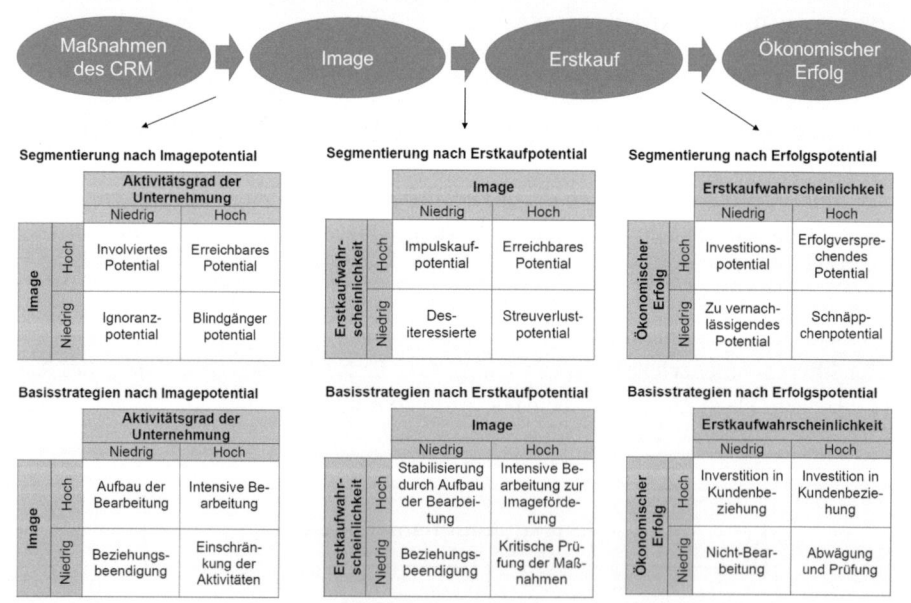

Abb. 10.13 Basisstrategien der Kundenakquisition (Bruhn 2016a, S. 129 ff.; Georgi und Mink 2011, S. 67 ff.)

Potenzial, das erreichbare Potenzial, das Ignoranzpotenzial und das Blindgängerpotenzial. Beim **involvierten Potenzial** besitzt die Unternehmung trotz geringer Aktivitäten der Unternehmung ein positives Image. Gründe dafür könnte eine intensive Auseinandersetzung mit der Unternehmung und ihrem Angebot in sozialen Netzwerken, aber auch die Verwendung der Leistungen der Unternehmung durch andere Personen sein. Als Basisstrategie bietet sich ein **Aufbau der Bearbeitung zur Stabilisierung des Images** an. Das **erreichbare Potenzial** besitzt bei einem hohen Aktivitätsgrad der Unternehmung ein positives Image. Diese Kunden sollte das Unternehmen weiterhin **intensiv bearbeiten**, um das erreichte Image zu erhalten oder weiter zu verbessern. Beim **Ignoranzpotenzial** wird trotz intensiver Bearbeitung durch die Unternehmung kein positives Image erreicht. Ggf. handelt es sich um loyale Kunden der Konkurrenz. Bezüglich des **Blindgängerpotenzials** besitzen weder die Kunden noch die Unternehmung das Interesse für eine Beziehung. Die Unternehmung sollte **Bemühungen um diese letzten beiden Kundengruppen einstellen oder erheblich reduzieren**.

Die **Segmentierung nach dem Erstkäuferpotenzial** ordnet Kunden gemäß des **Images**, das die Unternehmung bzw. die Marke bei ihm besitzt, und ihrer **Erstkaufwahrscheinlichkeit** in Impulskaufpotenzial, erarbeitetes Potenzial, Streuverlustpotenzial und Desinteressepotenzial ein. Auch für diese Segmente werden Basisstrategien geplant. Das **Impulskaufpotenzial** probiert die Leistung der Unternehmung trotz eines niedrigen Images der Unternehmung bzw. ihres Angebots aus. Bei Impulskäufer mit einem hohen Kundenwert sollte die Unternehmung versuchen, durch einen **Ausbau der Bearbeitung** die Beziehung zu stabilisieren. Das **erarbeitete Potenzial** besitzt aufgrund eines hohen Images der Unternehmung bzw. der Marke eine hohe Erstkaufwahrscheinlichkeit. Zur Erhaltung des positiven Images ist eine **weitere intensive Bearbeitung** notwendig. Das **Streuverlustpotenzial** besitzt trotz eines positiven Images eine niedrige Erstkäuferwahrscheinlichkeit. In diesem Falle sollten die **Aktivitäten zur Kundenakquisition überprüft und ggf. korrigiert** werden, um dieses Potenzial zu erschließen. Wenn Korrekturen nicht zielführend sind, muss die Einstellung der Bearbeitung erwogen werden. Bei **desinteressierten Kunden** ist das Image und die Erstkaufwahrscheinlichkeit gering. Insofern sollten di **Bemühungen um diese Kunden eingestellt werden**.

Eine **Segmentierung nach Erfolgspotenzial** typisiert Kunden entsprechend der Erstkaufwahrscheinlichkeit und dem ökonomischen Erfolg in Investitionspotenzial, Erfolgversprechendes Potenzial, Schnäppchenpotenzial und zu vernachlässigendes Potenzial und führt zu verschiedene Basisstrategien. Das **Investitionspotenzial** besitzt eine niedrige Erstkaufwahrscheinlichkeit, aber einen hohen ökonomischen Wert. Die Unternehmung kann durch **(langfristige) Investitionen** in solche Beziehungen versuchen, zukünftig das ökonomische Potenzial zu erschließen. Dazu könnten z. B. Schnupperkurse, Einsteigertarife u. ä. dienen. **Hohe Investitionen** in die Kundenbeziehung sollten beim **erfolgversprechenden Potenzial** mit hoher Erstkaufwahrscheinlichkeit und hohem ökonomischen Erfolg getätigt werden. Das **Schnäppchenpotenzial** besitzt eine hohe Erstkaufwahrscheinlichkeit, aber einen niedrigen ökonomischen Wert. Seine **Bearbeitung**

sollte überprüft werden. Insbesondere sollten keine notwendigen Ressourcen zur Bearbeitung des erfolgversprechenden und des Investitionspotenzials geopfert werden. Das **zu vernachlässigende Potenzial** sollte **nicht weiterbearbeitet** werden.

Als phasenspezifische Strategien der Kundenakquisition unterscheidet Bruhn (2016a, S. 146 ff.) Stimulierungsstrategien, Eingewöhnungsstrategien und Überzeugungsstrategien (Vgl. Abb. 10.14).

Die Strategien können symbolisch und faktisch eingesetzt werden. **Faktische Elemente** der Strategie beziehen sich auf konkrete Komponenten des Angebots. **Symbolische Elemente** stellen auf nicht tangible Komponenten der Unternehmung und des Angebots ab und dienen insbesondere der Steigerung des Images.

Stimulierungsstrategien zeigen die grundlegende Richtung der Aktivitäten, die den Kunden dazu bewegen sollen, den Kontakt zur Unternehmung und ihrem Angebot zu suchen und zuzulassen. Sie dienen dazu, die Aufmerksamkeit der Kunden zu erlangen und deren Interesse für die Unternehmung und ihr Angebot herzustellen.

Die Ausrichtung der Strategie muss sich prinzipiell daran orientieren, ob der (potenziellen) Neukunden der Bedarf am Angebot der Unternehmung bewusst ist oder ob der Bedarf latent existiert. Zudem ist muss die Strategie berücksichtigen, ob der Neukunde Informationen zur Unternehmung und ihrem Angebot besitzt oder nicht (Vgl. Kroeber-Riel und Esch 2015, S. 60 ff.).

Wenn beim Kunden der **Bedarf existiert** und **Informationen zur Unternehmung und ihrem Angebot vorhanden** sind, muss die Stimulierungsstrategie Aktualität schaffen, um die Aufmerksamkeit des Kunden zu erregen.

Beispielhaft sei hier das Projekt Stratos von Red Bull genannt, bei dem der Extremsportler Felix Baumgartner aus 40 km Höhe in einem Druckanzug und mit einem Fallschirm aus der Stratosphäre absprang.

Sind **Informationen vorhanden**, aber der **Bedarf nicht bewusst**, sollte die Stimulierungsstrategie **durch die Schaffung von Emotionen den Bedarf** wecken. Hierbei kommt der emotionalen Kommunikation in verschiedenen Medien eine erhebliche Bedeutung zu. Auch bestimmte mit der Unternehmung und ihrem Angebot verbundene Events und das Sponsoring können Emotionen fördern. Ist ein **Bedarf vorhanden**, jedoch **keine Informationen** muss die Stimulierungsstrategie auf **Information** ausgerichtet sein. Hierbei spielt informative Kommunikation, aber auch die Leistungspolitik mit Produktbeigaben und die

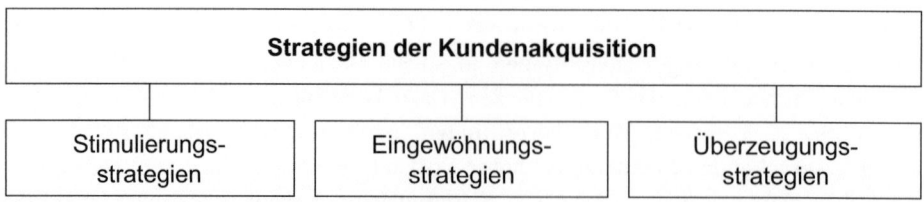

Abb. 10.14 Strategien der Kundenakquisition

10.3 Art der Kundenbeziehung

Preispolitik mit Sonderpreisaktionen, die das Risiko senken und das Probierverhalten forcieren, eine Rolle. Ist **weder der Bedarf** bewusst **noch Information** vorhanden, muss die Strategie darauf ausgerichtet sein, durch Emotionen den Bedarf schaffen und über das geeignete Angebot der Unternehmung zur Bedarfsdeckung informieren.

▶**Überzeugungsstrategien** beziehen sich auf Aktivitäten der Unternehmung, die dokumentieren, dass sie die Bedürfnisse der Kunden befriedigen kann.

Die Strategie kann dabei eine Leistungsorientierung oder eine Unternehmensorientierung aufweisen. **Leistungsorientierte Überzeugungsstrategien** beziehen sich auf die Darstellung nutzen- bzw. kostenbezogene Vorteile des Angebots (Vgl. Gouthier 2011, S. 389). Sie spielt insbesondere bei standardisierten Leistungen eine Rolle, deren Erstellung jeder Unternehmung zugetraut wird. Typische Maßnahmen sind die Markenkommunikation, Warenproben etc. Eine **unternehmensorientierte Überzeugungsstrategie** stellt die Darstellung der Ressourcen, Fähigkeiten und des Wissens der Unternehmung zur Befriedigung der Kundenbedürfnisse bzgl. Leistung und Interaktion in den Mittelpunkt. Ihre Bedeutung erlangen sie insbesondere bei individualisierten Leistungen. Beispielhafte Maßnahmen sind Qualitätszertifikate und Garantien.

Eingewöhnungsstrategien zielen auf die Schaffung und Ausweitung der Zufriedenheit und des Vertrauens des Kunden nach dem Erstkauf, um eine längerfristige Beziehung zu sichern (Vgl. Bliemel und Eggert 1998, S. 41).

Der Kunde muss nach dem Erstkauf in seiner Entscheidung gestärkt werden, kognitive Dissonanzen sind abzubauen und Gebrauchsrisiken zu eliminieren (Vgl. Gouthier 2011, S. 375). In der Folge können die Zufriedenheit und das Vertrauen des Neukunden steigen. Vertrauen beschreibt die Bereitschaft des Kunden, sich ohne weitere Prüfung auf das Verhalten der Unternehmung zu verlassen (Vgl. Bruhn 2016a, S. 89). Daraus abgeleitet lassen sich als Eingewöhnungsstrategien Strategien zum Abbau von Gebrauchsrisiken und Strategien zum Abbau der kognitiven Dissonanz unterscheiden. **Strategien des Abbaus von Gebrauchsrisiken** können sich zum einen auf den Aufbau und die Inbetriebnahme eine Leistung beziehen. Zum anderen sind Risiken der Nutzung wie z. B. die korrekte Anwendung und Anwendungsalternativen sowie die Behebung von Störungen zu berücksichtigen. Angesprochen ist hier u. a. das Liefer- und Servicemanagement der Unternehmung incl. Hotlines. Kognitive Dissonanzen ergeben sich aus dem Gefühl des Kunden, die falsche Entscheidung getroffen zu haben, wenn z. B. die Erwartungen nicht vollständig erfüllt werden oder Dritte sich kritisch äußern (Vgl. Kroeber-Riel und Gröppel-Klein 2019, S. 222). **Strategien zum Abbau der kognitiven Dissonanz** dienen dem Abbau der Unsicherheit und der Wiederherstellung des inneren Gleichgewichts (Vgl. Gouthier 2011, S. 384). Angesprochen sind hier das gesamte Nachkaufmarketing sowie alle Maßnahmen zum Aufbau von Vertrauen (Vgl. Bouncken 2000, S. 9).

Tab. 10.11 fasst die Strategien der Kundenakquisition zusammen.

Tab. 10.11 Kundenakquisitionsstrategien

Aufgabe	Kundenakquisitionsstrategien
Stimulierung	Strategien zur Schaffung von Aktualität; Strategien zur Schaffung von Emotion; Strategien zur Schaffung von Information; Strategien zur Steigerung Emotion und Information;
Überzeugung	Leistungsbezogene Überzeugungsstrategien; Unternehmensbezogene Überzeugungsstrategien;
Eingewöhnung	Strategien zum Abbau des Gebrauchsrisikos; Strategien zum Abbau der kognitiven Dissonanz;

In einer kritischen Würdigung kann positiv herausgestellt werden, dass Kundenakquisitionsstrategien auf die spezifischen Probleme der Erstkäufers eingehen (Vgl. auch Gouthier 2011). Die Formulierung von Basisstrategien vermeidet, dass Kosten für die Ansprache wenig erfolgversprechender Kunden entstehen. Probleme können sich ergeben, wenn Ressourcen für die Kundenakquisition gebunden werden, die besser in der (profitableren) Kundenbindung eingesetzt würden. Die Gefahr besteht vor allem dann, wenn Kunden bei der Konkurrenz gebunden sind und entsprechende Wechselbarrieren existieren. In diesem Fall ist der richtige Zeitpunkt der Kundenansprache zu berücksichtigen, der durch Veränderungen auf der Kundenseite (Unzufriedenheit mit dem Konkurrenzangebot, Variety Seeking des Kunden, sinkendes Vertrauen des Kunden in Konkurrenten, sinkende Attraktivität des Kunden in den Augen des Konkurrenten) oder durch Veränderungen auf dem Markt (neue Technologien, Veränderung von Wettbewerbspositionen, Ablauf von Patenten etc.) bestimmt wird.

10.3.2.4 Strategien der Kundenbindung

Die Formulierung von **Kundenbindungsstrategien** ist Teil des Kundenbindungsmanagements.

Kundenbindungsmanagement ist die systematische Analyse, Planung, Durchführung und Kontrolle aller auf den aktuellen Kundenstamm gerichteten Aktivitäten der Unternehmung mit dem Ziel, die Kundenbeziehung in der Zukunft aufrecht zu erhalten oder zu intensivieren, um KKVs aufzubauen und zu erhalten (Vgl. Homburg und Bruhn, 2017, S. 8).

Als Formen der Kundenbindung nennt Meffert (2003, S. 137 ff.) die vertragliche, die technisch funktionale, die ökonomische und die die emotionale Kundenbindung (Vgl. Abb. 10.15).

Bei der **vertraglichen Kundenbindung** verpflichtet sich der Kunde i. d. R. temporär durch Verträge, Folgekäufe bei einem Anbieter zu tätigen oder Zusatzleistungen zu einer Kernleistung nur von einem Anbieter zu beziehen. **Eine technisch funktionale Kundenbindung** liegt vor, wenn die Gebrauchsfähigkeit einer Leistung nur gewährleistet

10.3 Art der Kundenbeziehung

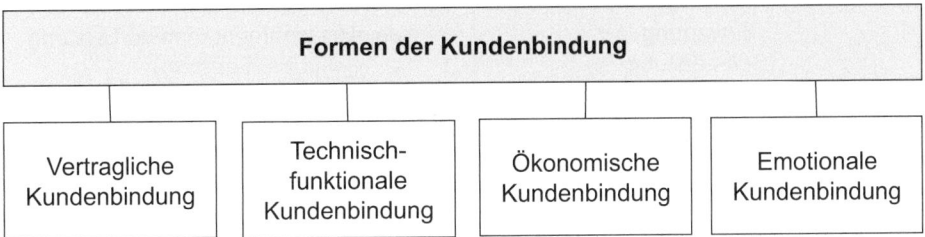

Abb. 10.15 Formen der Kundenbindung

ist, wenn Kern- und Zusatzleistungen von einem bestimmten Anbieter bezogen werden. Die technisch-funktionale Kundenbindung kann zeitpunkt- und zeitraumbezogen sein. Bei einer **ökonomischen Kundenbindung** entstehen dem Kunden bei einem Wechsel des Anbieters ein ökonomischer Schaden (Wechselkosten).

Von besonderer Bedeutung ist die **emotionale Kundenbindung**. Bei der emotionalen Kundenbindung bleibt der Kunde aufgrund von Kundenzufriedenheit freiwillig mit der Unternehmung verbunden. Die emotionale Kundenbindung erklärt auch, warum ein Kunde nach dem Entfallen von technischen, vertraglichen und ökonomischen Gründen einer Unternehmung treu bleibt und ist in manchen Fällen Voraussetzung der vertraglichen Kundenbindung.

Kundenzufriedenheit ist nach dem Confirmation-Diconfirmation-Ansatz (C/D-Paradigma) das Ergebnis eines komplexen psychischen Vergleichsprozesses des Kunden, bei dem er einen subjektiv ausgewählten Vergleichsstandard (Soll-Leistung), der seine Erwartungen kennzeichnet, mit der subjektiv von ihm wahrgenommenen Leistung (Ist-Leistung) vergleicht und bewertet (Vgl. Abb. 10.16).

Der Prozess wird durch zahlreiche Determinanten beeinflusst (Vgl. Homburg und Stock-Homburg 2016, S. 20 ff.). Erreicht oder übertrifft die Ist-Leistung die Soll-Leistung entsteht Kundenzufriedenheit. Wird der Vergleichsstandard durch die Ist-Leistung unterschritten, ist der Kunde unzufrieden (Vgl. Homburg et al. 2017, S. 103).

Der Zusammenhang zwischen Kundenzufriedenheit und Kundenbindung kann unterschiedliche funktionale Verläufe besitzen, die von Marktgegebenheiten, Kunden und Leistungsmerkmalen bestimmt werden (Vgl. Homburg und Bucerius 2016, S. 60 f.). Es kann sich um einen progressiven oder degressiven Zusammenhang, oder auch um einen S-förmigen oder sattelförmigen Zusammenhang handeln (Vgl. Homburg et al. 2017, S. 111).

Kundenzufriedenheit führt nicht automatisch zur emotionalen Kundenbindung. Als Bedingungen hierfür gelten Merkmale der Geschäftsbeziehung, des Kunden, der Leistung, des Anbieters und des Marktumfeldes, wie sie in Tab. 10.12 zusammengestellt sind.

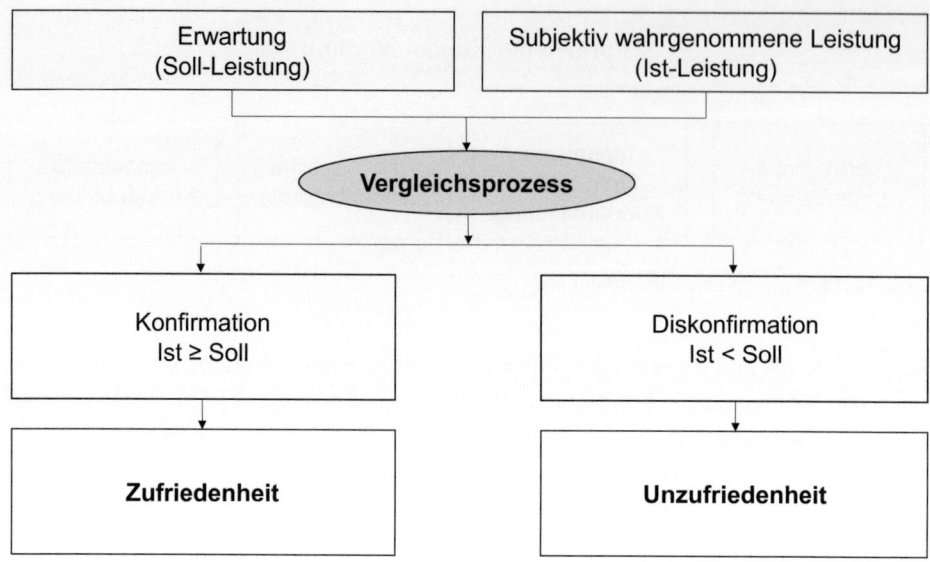

Abb. 10.16 C/D-Paradigma der Kundenzufriedenheit. (Nach Homburg et al. 2017, S. 103)

Tab. 10.12 Einflussfaktoren des Zusammenhangs von Kundenzufriedenheit und Kundenbindung. (Quelle: Homburg et. al. 2017, S. 113)

Merkmale der Geschäftsbeziehung	Vertrauen zum Anbieter; Gegenseitiger Informationsaustausch; Kooperative Zusammenarbeit; Flexibilität des Anbieters; Lange bestehende Geschäftsbeziehungen;
Merkmale des Kunden	***Organisationen als Kunden*** Zentralisation; Strukturelle Unruhen; Risikoaversion des Managements; ***Individuen als Kunden*** Kognitive Unsicherheit; Involvement; Variety Seeking; Soziale Beeinflussbarkeit;
Merkmale der Leistung	Bedeutung der Leistung; Komplexität der Leistung;
Merkmale des Anbieters	Reputation; Generierung von Zusatznutzen;
Merkmale des Marktumfeldes	Eingeschränkte Verfügbarkeit von Alternativen; Technologische Dynamik; Wettbewerbsintensität des Absatzmarktes;

10.3 Art der Kundenbeziehung

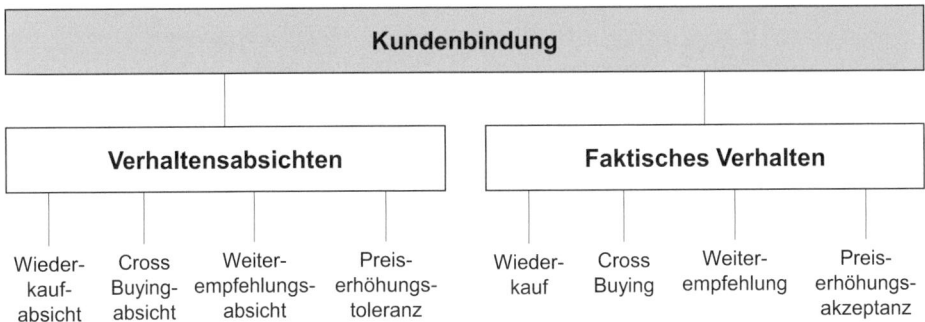

Abb. 10.17 Verhaltensbezogene Konsequenzen der Kundenbindung (Homburg und Bruhn 2017, S. 9)

Insbesondere die emotionale Kundenbindung schlägt sich, wie Abb. 10.17 verdeutlicht, im faktischen und tatsächlichen Verhalten wieder und beziehen sich auf den Wiederholungskauf, das Cross Buying, die Weiterempfehlung und die Preissensibilität (Vgl. Homburg und Bruhn 2017, S. 8 f.).

Aus dem möglichen faktischen und tatsächlichen Verhalten von Kunden können die Ziele eines Kundenbindungsmanagements abgeleitet werden. Zu nennen sind u. a. die Konsolidierung und Steigerung des Gewinns. Dazu tragen Umsatzsteigerungen durch die Erhöhung des Wiederkaufs, durch Cross Buying und der Akzeptanz von Preiserhöhungen ebenso bei, wie die Gewinnung neuer Kunden durch die Weiterempfehlung. Damit ggf. verbundene Mengensteigerungen können zur Realisation mengenbezogener Kostensenkungseffekte beitragen. Durch das Weiterempfehlungsverhalten lässt sich auch der Kundenstamm verändern.

Die Zusammenhänge zwischen Kundenzufriedenheit und Kundenbindung führen zu der in dargestellten Wertekette **CRM-Maßnahmen – Kundenzufriedenheit – Kundenbindung – ökonomischer Erfolg** (Vgl. Abb. 10.18).

Unter Bezugnahme auf die Wertekette der Kundenbindung werden, wie Abb. 10.18 zeigt, Kunden bzw. Kundensegmente nach ihrem Zufriedenheitspotenzial, ihrem Kundenbindungspotenzial und dem Erfolgspotenzial segmentiert und Basisstrategien abgeleitet (Vgl. Georgi und Mink 2011, S. 69 ff.; Bruhn 2016a, S. 131 ff.).

Die **Segmentierung nach dem Zufriedenheitspotenzial** nutzt als Kriterium zum einen den **Aktivitätsgrad der Unternehmung** (niedrig bzw. hoch) zur Sicherstellung und Erhöhung der Kundenzufriedenheit. Zum anderen werden Kunden entsprechend ihrer **Zufriedenheit** (niedrig bzw. hoch) gekennzeichnet. Entsprechend den Ausprägungen auf den Kriterien werden Selbstläuferkunden, adäquate Kunden Ignoranz- und Sackgassenkunden unterschieden.

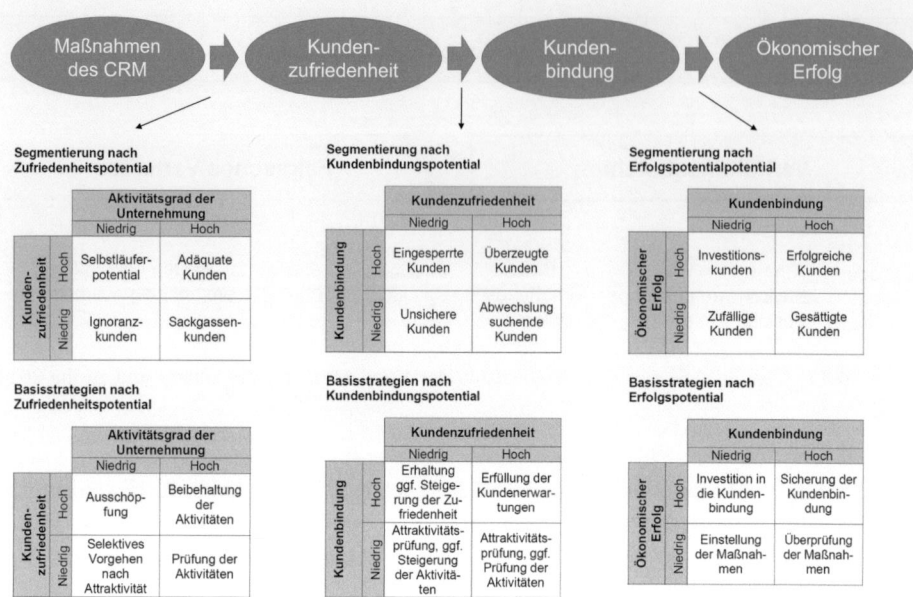

Abb. 10.18 Basisstrategien der Kundenbindung (Bruhn 2016a, S. 131 ff.; Georgi und Mink 2011, S. 68 ff.)

Selbstläuferkunden weisen ohne nennenswerte Aktivitäten der Unternehmung eine hohe Kundenzufriedenheit auf. Gründe können in ihrer wenig kritischen Auseinandersetzung mit den Leistungen und der Interaktion der Unternehmung liegen, oder auch in unveränderten Anforderungen der Kunden, die Aktivitäten der Unternehmung nicht erforderlich machen. Das Potenzial dieser Kunden sollten **ohne nennenswerte Aktivitäten ausgeschöpft** werden. **Adäquate Kunden** weisen bei einem hohen Aktivitätsgrad der Unternehmung auch eine hohe Zufriedenheit auf. Hier sollten die **Aktivitäten aufrechterhalten** werden. **Ignoranzkunden** werden von der Unternehmung (bislang) vernachlässigt und besitzen eine niedrige Kundenzufriedenheit. Soweit es sich um **lukrative Ignoranzkunden** handelt, wird in sie **investiert**. Andernfalls sollten **Aktivitäten für diese Kunden reduziert und eingestellt** werden. **Sackgassenkunden** sind trotz starken Engagements der Unternehmung wenig zufrieden. Bei ihnen ist die **Eignung der Aktivitäten kritisch zu überprüfen** und ggf. zu modifizieren. Soweit sich diese Kunden überhaupt nicht zufriedenstellen lassen („chronische Querulanten") ist über die **Einstellung der Unternehmensaktivitäten** nachzudenken.

Die **Segmentierung nach dem Kundenbindungspotenzial** nutzt als Kriterien die Kundenzufriedenheit (hoch – niedrig) und die Kundenbindung (hoch – niedrig). Danach werden **eingesperrte Kunden** unterschieden, die bei niedriger Kundenzufriedenheit eine hohe Kundenbindung besitzen. Fakultativ sollten die **Wechselbarrieren erhalten oder**

10.3 Art der Kundenbeziehung

die **Zufriedenheit gesteigert** werden. **Überzeugte Kunden** weisen bei einer hohen Kundenzufriedenheit eine hohe Kundenbindung auf. Bei ihnen gilt es, durch **Erfüllung ihrer Erwartungen die Kundenzufriedenheit** zu erhalten bzw. zu steigern. Die Kundenzufriedenheit und Kundenbindung bei **unsicheren Kunden** ist niedrig. Soweit es sich um profitable Kunden handelt, sollten **Maßnahmen zur Steigerung der Zufriedenheit** ergriffen werden. **Wechselkunden** sind trotz hoher Zufriedenheit nicht an das Unternehmen gebunden. Bei ihnen sollte in die **Errichtung von Wechselbarrieren** investiert werden.

Eine **Segmentierung nach Erfolgspotenzialen** in der Kundenbindungsphase nutzt die Kundenbindung (hoch – niedrig) und den ökonomischen Erfolg (hoch- niedrig), um Kunden zu klassifizieren. **Investitionskunden** weisen bei geringer Kundenbindung einen hohen ökonomischen Erfolg auf. Man kann vermuten, dass diese Kunden noch nicht lange Beziehungen zum Unternehmen pflegen oder abwanderungswillig sind. In beiden Fällen sollte in die **Kundenbindung investiert** werden. **Erfolgreiche Kunden** sind an das Unternehmen gebunden und tragen zu deren ökonomischen Erfolg bei. Bei ihnen sollte in die **Erhaltung der Kundenbindung** investiert werden. **Zufällige Kunden** mit geringem ökonomischen Wert bei geringer Kundenbindung sollten i. d. R. **nicht spezifisch bearbeitet** werden. **Gesättigte Kunden** leisten bei hoher Kundenbindung nur einen geringen Beitrag zum ökonomischen Erfolg. Die Unternehmung sollte **Aktivitäten der Kundenbindung kritisch überprüfen**.

Phasenspezifische Strategien der Kundenbindung lassen sich einerseits danach unterscheiden, ob sie der Gebundenheit oder der Verbundenheit dienen (Vgl. Tab. 10.13). Die Schwerpunkte der Strategie können anderseits auf der Interaktion, der Zufriedenheit und den Aufbau von Wechselbarrieren liegen (Vgl. Bruhn 2016b, S. 117). Als Bezugsobjekte der Strategie kommen die Unternehmung, das Produkt bzw. die Marke oder Absatzmittler in Frage (Vgl. Bruhn 2016b, S. 107). Die Bindung der Kunden an einen Absatzmittler setzt eine starke Kooperation der Unternehmung mit diesem voraus.

Zufriedenheitsbezogene Verbundenheitsstrategie zielen auf eine dauerhafte positive Beurteilung des Bezugsobjekts durch die Kunden ab. Dazu müssen die Bezugsobjekte den Erwartungen der Kunden entsprechen. Als entscheidende Kriterien nennen Diller und Kusterer (1988a, S. 11; Diller und Kusterer 1988b) die sachliche und fachliche Qualifikation der Unternehmung und die Problemlösungskraft des Angebots für den Kunden. Die Strategie muss entsprechend qualitätsorientiert ausgestaltet sein. Bezogen auf

Tab. 10.13 Phasenspezifische Strategien des Kundenbindungsmanagements

Ziel Schwerpunkt	Verbundenheit			Gebundenheit		
	Unternehmung	Marke	Absatzmittler	Unternehmung	Marke	Absatzmittler
Zufriedenheit						
Interaktion						
Wechselbarrieren						

die Unternehmung müssen Strukturen, Prozesse und Ergebnisse der Unternehmung die Kundenerwartung erfüllen oder übertreffen. Die mit der Marke verbunden Vorstellungen müssen dem Ideal der Kunden entsprechen. Absatzmittler haben die Erwartungen der Kunden bezogen auf das Sortiment, den Preis, der Erreichbarkeit, der Liefer- und Zahlungsbedingungen erfüllen oder übererfüllen.

Interaktionsbezogene Verbundenheitsstrategien forcieren den effektiven Dialog des Bezugsobjektes mit dem Kunden. Notwendig sind Anstoßketten, die den Kunden in Kontakt zum Unternehmen halten (Vgl. Diller und Kusterer 1988a, S. 12). Die Unternehmung kann dabei Aktivitäten der Wertekette (F&E, Logistik, Kundendienst, etc.) gemeinsam mit dem Kunden im Dialog gestalten und anpassen. Darüber hinaus kommen die Personalisierung und Individualisierung der Leistung sowie die individualisierte und personalisierte Ansprache der Kunden mit kommunikativen Maßnahmen im Rahmen der persönlichen Kommunikation, der Messen und Ausstellungen, des Direct Marketings und der Digitale Kommunikation (Vgl. Bruhn 2016c, S. 376 f.) in Frage. Auch die Marke kann durch Individualisierung und Personalisierung des Angebots und der Kommunikation die Kundenbindung fördern. Darüber hinaus können spezifische Angebote für markentreue Kunden (Limited Editions, Jubiläums Editions etc.) die Kundenbindung steigern. Absatzmittler können mit individualisierten Angeboten, einer individualisierten Kommunikations- und Distributionspolitik den Dialog mit dem Kunden führen. Insbesondere das Online-Marketing bietet hier entsprechende Ansatzpunkte.

Wechselbarrierenbezogene Verbundenheitsstrategien entstehen insbesondere durch persönliche Kontakte, deren Auflösung zu emotionalen Schmerz beim Kunden führt. Die persönlichen Kontakte können sich auf Mitarbeiter der Unternehmung, aber auch auf andere Kunden beziehen. Während auf Seiten der Unternehmung und des Handels feste Ansprechpartner und der von der Unternehmung arrangierte Kontakt mit anderen Kunden (z. B. im Internet oder durch Events) hier erfolgversprechend sind, kann die Marke auf den Kontakt mit anderen Kunden z. B. in Marken-Communities oder Markenclubs zurückgreifen. Der persönliche Kontakt zu festen Mitarbeitern ist bei einigen Marken schwierig. Die Preisgestaltung kann in Abhängigkeit der Häufigkeit der Inanspruchnahme einer Leistung Element einer wechselbarrienbezogenen Verbundenheitsstrategie sein (Vgl. Kap. 15).

Zufriedenheitsbezogene Gebundenheitsstrategien basieren auf der Zufriedenheit des Kunden mit der Unternehmung, einer Marke bzw. eines Absatzmittlers bei vorangegangen Käufen, die den Kunden dazu veranlassen, sich vertraglich oder technologisch zu binden, obgleich dazu keine Veranlassung besteht. Ansatzpunkte für die Unternehmung bestehen hier mit einem Angebot, dass den Kunden zeitlich oder kognitiv entlastet. Dazu gehören u. a. regelmäßige Belieferungen, Wartungen, technologische Updates. Beispiele sind Abonnements, regelmäßige Home-Delivery-Services u. ä.

Interaktionsbezogene Gebundenheitsstrategien können darauf basieren, dass wichtige und relevante Leistungen und Informationen nur vertraglich oder technisch gebundenen Kunden zur Verfügung stehen. So werden Gewährleistungsansprüche nur für den

Fall garantiert, dass der Kunde regelmäßige Wartungen bei einer Unternehmung durchführen lässt, Zubehör und Ersatzteile nur von einer Unternehmung bzw. einer Marke bezieht, etc. Weiterhin werden wichtige Informationen und Updates zu Leistungen nur bei vertraglicher oder technischer Kundenbindung angeboten. Im Falle der technischen Kundenbindung sind entsprechende Registrierungen der Kunden erforderlich. Absatzmittler können Aktivitäten wie z. B. die Rücknahme alter Produkte an den Kauf neuer Leistungen binden. Daneben begünstigen geldwerte Vorteile (z. B. Treupunkte) die Interaktion mit dem Kunden.

Wechselbarrierenbezogene Gebundenheitsstrategien beziehen sich u. a. auf den Verkauf von Leistungen und Zusatzleistungen nur bei Abschluss langfristiger Verträge, wie dies z. B. bei Internet-Providern oder Fitnessstudios der Fall ist. Die Technologie als Wechselbarriere kann eingesetzt werden, wenn Zusatz- oder Ersatzleistungen nur auf der Basis der spezifischen Technologie des Unternehmens bzw. der Marke funktionieren oder regelmäßige Updates durch die Unternehmung bzw. die Marke den Betrieb einer Leistung erst ermöglichen. Gebühren bei Vertragsauflösung und Preisdegressionen in Abhängigkeit der Dauer der Kundenbindung (z. B. Schadensfreiheitsrabatt bei Versicherungen) führen als ökonomische Wechselbarrieren zur Gebundenheit. Entsprechende Effekte sind bei fixen Eintrittskosten und gleichzeitiger Ermäßigung von Folgekosten zu erwarten, wie dies z. B. bei der Bahn-Card der Fall ist (Vgl. Meffert 2003, S. 138 sowie Kap. 15).

Kundenbindungsstrategien sind bei aktuell und zukünftig ökonomisch wertvollen Kunden sinnvoll, um den Gewinn der Unternehmung in der Zukunft zu sichern. Sie sind auch dann überlegenswert, wenn Neukunden häufig sofort wieder verloren gehen bzw. die Wechselrate der Kunden generell hoch ist. Darüber hinaus zielen sie auf Kunden ab, die vergleichbare Leistungen auch noch bei anderen Unternehmen kaufen.

Eine kritische Würdigung muss die dargestellten, steigenden Gewinne, die mit der Kundenbindung einhergehen können, als Vorteile anerkennen. Probleme können sich ergeben, wenn die Kundenbindung zu einer Anspruchsinflation der Kunden führt, deren Kosten die damit verbundenen Umsätze nicht mehr decken. Ebenso besteht die Gefahr, dass der Wettbewerb von Kundenbindungsprogrammen unterschiedlicher Unternehmen zu permanent steigenden Kosten führt. Eine vollständige Konzentration auf Kundenbindung kann die Notwendigkeit der Kundenakquisition übersehen. Dies fällt vor allem dann ins Gewicht, wenn lukrativere, potenzielle Kunden von der Unternehmung vernachlässigt werden. Kundenbindung darf nicht so weit gehen, dass sich Kunden belästigt fühlen und es zur Reaktanz kommt. Diese Gefahr besteht insbesondere bei kommunikativen Maßnahmen im Rahmen der Kundenbindung. Schließlich dürfen unterschiedliche Maßnahmen der Kundenbindung nicht zu einem Gefühl der Benachteiligung von Kunden führen, die davon nicht profitieren. Die Kommunikation der Kunden untereinander bietet hier eine entsprechend Gefahr.

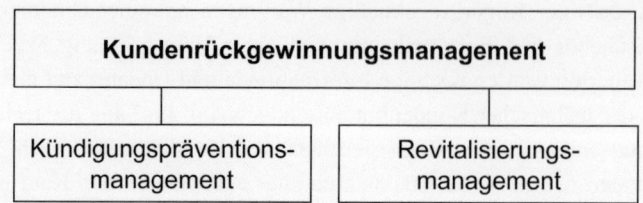

Abb. 10.19 Kundenrückgewinnungsmanagement

10.3.2.5 Strategien der Kundenrückgewinnung

Kundenrückgewinnungsstrategien sind im Rahmen eines Kundenrückgewinnungsmanagements zu formulieren.

Das **Kundenrückgewinnungsmanagement** kann als der Prozess der Planung, Entscheidung, Umsetzung und Kontrolle aller Unternehmensaktivitäten definiert werden, die sich auf die emotionale Rückgewinnung abwanderungswilliger Kunden und die faktische Rückgewinnung bereits verlorener Kunden beziehen (Vgl. Bruhn 2016a, S. 151 f.; Bruhn und Boenigk, 2017, S. 251; Stauss und Friege 2017, S. 347; Büttgen 2003, 61; Rutsatz 2004, S. 22).

Insofern bezieht sich das Kundenrückgewinnungsmanagement nicht nur auf bereits verlorene Kunden, sondern auch auf Kunden, die die Geschäftsbeziehung zur Unternehmung sukzessive einschränken bzw. bei gleichbleibender Nachfrage einen steigenden Bedarf bei der Konkurrenz beziehen (Vgl. Homburg et al. 2003, S. 59). Das Kundenrückgewinnungsmanagement setzt sich deshalb aus dem **Kündigungspräventionsmanagement** und dem **Revitalisierungsmanagement** zusammen (Vgl. Abb. 10.19).

Das Kundenrückgewinnungsmanagement wird in vielen Unternehmen aufgrund methodischer und kultureller Barrieren vernachlässigt (Vgl. Homburg und Schäfer 1999, S. 3). Als negative Konsequenzen ergeben sich daraus (Vgl. Schöler 2011, S. 501; Michalski 2002, S. 185 ff.)

- ein Rückgang der langfristigen Gewinne der Unternehmung durch abgewanderte Kunden,
- der Verlust von Referenzpotenzial,
- ein negatives Image der Unternehmung durch kritische Aussagen abgewanderter Kunden,
- Abschreibungen, wenn bisherigen Kosten der Kundenakquisition und –bindung für den Kunden noch keine genügenden Deckungsbeiträge gegenüberstehen,
- zukünftige Kosten, um neue Kunden zum Ausgleich zu gewinnen.

Homburg und Schäfer (1999, S. 2 f.) vermuten zusätzlich, dass die Profitabilität zurückgewonnener Kunden durch ein höheres Vertrauen und eine größere Loyalität zum Unternehmen stärker zunimmt als die permanent treuer Kunden.

Als Gründe der Abwanderung gelten (Vgl. Homburg et al. 2003, S. 59 f.; Schöler 2011, S. 507 ff.)

10.3 Art der Kundenbeziehung

- unternehmensbezogene Ursachen (schlechte Qualität, zu hohe Preise, schlechter Service etc.),
- wettbewerbsbezogenen Ursachen (z. B. höherer Netto-Nutzen der Konkurrenz),
- persönliche Gründe des Kunden (z. B. situative Veränderungen beim Kunden und Varitey Seeking).

Zur Identifikation von Abwanderungsgründen (Trigger) dienen im einfachsten Falle die Analyse von Beschwerden und Kündigungsschreiben. Als wissenschaftliche Methoden stehen die merkmalsorientierte Methoden, die die Gründe der Abwanderung mit einem standardisierten Fragebogen ermittelt, ereignisorientierte Methoden, die besonders negative Ereignisse oder Sequenzen der Geschäftsbeziehung analysiert und prozessorientierte Methoden, die den gesamten Abwanderungsprozess erfassen, zur Verfügung (Vgl. Bruhn und Boenigk 2017, S. 253 ff.; Meffert 2018).

Insbesondere die Analyse der prozessbezogenen Abwanderungsgründe kann zu einer Bewertung der Kundenbeziehung führen: Bei einer **reparablen Kundenbeziehung** kann der Kunde zurückgewonnen werden. In **bedingt reparablen Beziehungen** ist ein hoher Vertrauensverlust entstanden. Der Kunde wird nicht direkt abwandern, aber die Kundenbeziehung bleibt instabil. Bei **irreparablen Beziehungen** wandert der Kunde ab und die Unternehmung hat keine Chance, die Beziehung zu reaktivieren. Entsprechend müssen die Strategien und Maßnahmen der Kundenrückgewinnung ausgerichtet sein.

Die Wertekette der Kundenrückgewinnung (Vgl. Abb. 10.20) verläuft entlang des Pfads **Maßnahmen des CRM – Interesse – Wiederaufnahme – ökonomischer Erfolg** (Vgl. Bruhn 2016a, S. 135 ff.). Es ergeben sich dadurch verschiedene Möglichkeiten der Kundensegmentierung, aus der dann kundenspezifische Basisstrategien abgeleitet werden können.

Eine Segmentierung nach dem Interessenpotenzial nutzt als Segmentierungskriterien den Aktivitätsgrad der Unternehmung und das wiedergewonnene Interesse.

Als Kundensegmente werden daraus unsichere Abwanderer, wiedererreichbare Abwanderer, endgültige Abwanderer und adäquate Abwanderer gebildet. **Unsichere Abwanderer** werden aktuell von der Unternehmung nicht nennenswert oder gar nicht angesprochen, besitzen aber ein hohes Interesse an einer Kundenbeziehung. Als Gründe der Vernachlässigung der Kunden können eine geringer Kundenwert in der Vergangenheit, Zahlungs- und Inkassoprobleme oder andere Prioritäten der Unternehmung genannt werden. Als Basisstrategie bietet sich eine **selektive Wiederaufnahme** an, wenn der zukünftige Kundenwert positiv bewertet wird. Andernfalls wird die Bearbeitung durch die Unternehmung vermieden **Investitionen in die Wiederaufnahme** lohnen sich bei **wiedererreichbaren Kunden**. Sie reagieren auf die CRM-Aktivitäten der Unternehmung mit hohem Interesse. **Endgültige Abwanderer** zeigen trotz hoher Aktivitäten von Seiten der Unternehmung kein weiteres Interesse. **Bei adäquaten Abwanderern** besteht weder bei der Unternehmung noch beim Kunden ein Interesse zur Wiederaufnahme der Geschäftsbeziehung. In beiden Fällen erfolgt keine weitere Bearbeitung der Kunden.

Die **Segmentierung nach dem Kundenbindungspotenzial** klassifiziert Kunden gemäß des **wiedergewonnen Interesses** und der **Wiederkaufabsicht** in unentschiedene,

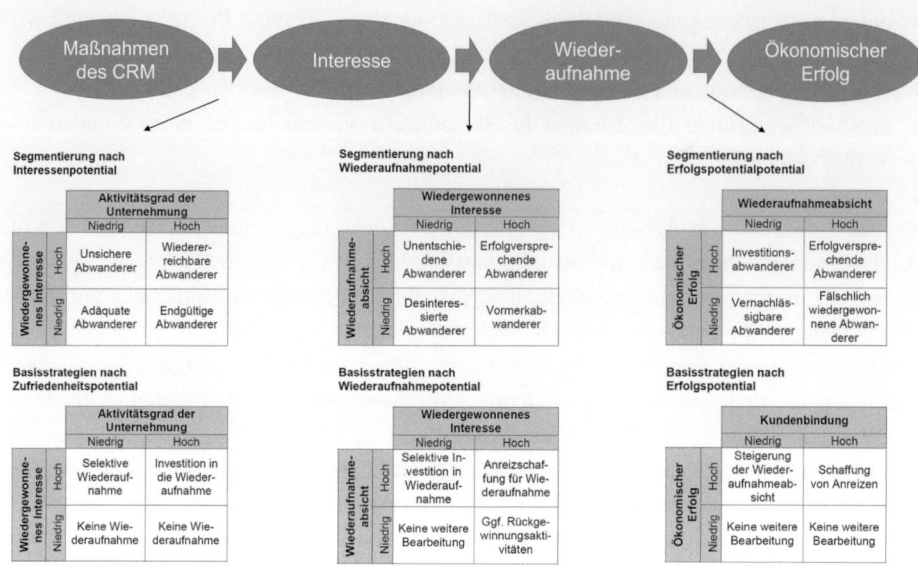

Abb. 10.20 Basisstrategien der Kundenrückgewinnung (Bruhn 2016a, S. 131 ff.; Georgi und Mink 2011, S. 69 ff.)

erfolgversprechende und desinteressierte Abwanderer sowie in Vormerkungsabwanderer. **Unentschiedene Abwanderer** besitzen trotz eines geringen Interesses an der Unternehmung eine hohe Wiederkaufabsicht. Als Gründe können die Unzufriedenheit mit der Konkurrenz, Lieferunfähigkeit der Konkurrenz, Innovationen der eigenen Unternehmung usw. genannt werden. In die **Wiederaufnahme der Geschäftsbeziehung sollte selektiv investiert werden**, z. B. wenn die Gründe der Abwanderung reparabel sind. **Erfolgsversprechende Abwanderer** besitzen bei hohem wiedergewonnen Interesse ein hohes Wiederkaufpotenzial. Für diese Kunden sollten **Anreize zur Wiederaufnahme der Geschäftsbeziehung** geschaffen werden. **Vormerkungsabwanderer** besitzen ein hohes Wiederkaufinteresse, jedoch eine niedrige Wiederaufnahmeabsicht. Man kann vermuten, dass die Geschäftsbeziehung in diesem Falle bedingt reparabel beschädigt ist, sodass sich in diesem Falle **selektive Wiederaufnahmeaktivitäten** empfehlen. **Desinteressierte Abwanderer** besitzen kein Interesse und keine Wiederaufnahmeabsicht. Innerhalb dieser irreparablen Geschäftsbeziehung lohnen sich **keine weiteren Aktivitäten**.

Die **Segmentierung nach dem Erfolgspotenzial** nutzt als Kriterien zur Einteilung von Kunden die **Wiederkaufabsicht** und den **ökonomischen Erfolg**. Als Segmente entstehen Investitionsabwanderer, erfolgversprechende Abwanderer, fälschlich wiedergewonnene Abwanderer und vernachlässigbare Abwanderer. **Investitionsabwanderer** besitzen bei hohem Erfolgspotenzial eine niedrige Wiederaufnahmeabsicht. Als Basisstrategie biete sich an**, in die Wiederaufnahmeabsicht des Kunden zu investieren**. **Erfolgversprechende Abwanderer** besitzen ein hohes Erfolgspotenzial und eine hohe

10.3 Art der Kundenbeziehung

Tab. 10.14 Phasenspezifische Strategien der Kundenrückgewinnung

Art der Rückgewinnung \ Art des Managements	Kündigungsprävention	Revitalisierung
Wiedergutmachung	Kompensationsstrategie	Stimulierungsstrategie
Verbesserung	Verbesserungsstrategie	Überzeugungsstrategie

Wiederkaufabsicht. Den Kunden sollten Anreize geboten werden, die **Kundenbeziehung wiederaufzunehmen**. **Fälschlich wiedergewonnene Abwanderer** besitzen eine hohe Wiederkaufabsicht, bei **vernachlässigbaren Kunden** ist die Wiederkaufabsicht gering. Beide besitzen ein niedriges ökonomisches Potenzial, sodass sie **zukünftig nicht mehr zu bearbeiten** sind.

Phasenspezifische Strategien der Kundenrückgewinnung beziehen sich auf eine Wiedergutmachung oder auf Verbesserungen bzw. Elimination von Gründen der Abwanderung (Vgl. Bruhn 2016a, S. 152 ff.). Unterschiede gibt es dabei im Kündigungspräventionsmanagement für abwandernde Kunden und im Revitalisierungsmanagement für abgewanderte Kunden (Vgl. Tab. 10.14).

Im Kündigungspräventionsmanagement zielen **Kompensationsstrategien** auf die Wiedergutmachung von Problemen mit noch nicht abgewanderten Kunden. Die Wiedergutmachung kann materiell oder monetär erfolgen. Zu denken ist an den Ersatz bzw. den Umtausch von Leistungen, die den Wünschen und Bedürfnissen der Kunden aus welchen Gründen immer, nicht entsprechen. Kompensationszahlungen gleichen Schäden der Kunden, die aufgrund der Kündigungsursache entstanden sind, ganz oder teilweise aus. **Verbesserungsstrategien** tragen durch Nachbesserungen, Ergänzung oder Anpassung von Leistungen dazu bei, die Kundenbeziehung wieder zu stabilisieren. Sie eignen sich auch bei konkurrenz- und kundenbezogenen Gründen der Abwanderung.

Stimulierungsstrategien im Revitalisierungsmanagement dienen der faktischen oder symbolischen Wiedergutmachung bei bereits abgewanderten Kunden. Faktisch Verbesserungen können an allen Komponenten des Angebots (Leistung, Distribution, Preis,) angreifen. Symbolische Verbesserungen umfassen alle Aktivitäten, die die Einsicht des Unternehmens bzgl. des Abwanderungsgrunds glaubhaft dokumentieren und dadurch zur Steigerung des Image der Unternehmung beim abgewanderten Kunden beitragen. **Überzeugungsstrategien** demonstrieren dem Kunden faktisch (z. B. Innovationen) oder symbolisch (z. B. mit Broschüren) vollzogene Verbesserungen der Unternehmung.

Kundenrückgewinnungsstrategien bieten sich an, wenn

- eine große Zahl von attraktiver Kunden die Unternehmung verlassen bzw. verlassen wollen,
- die Konkurrenz verstärkt Maßnahmen einsetzt, um Kunden des eigenen Unternehmens zu akquirieren,

- in der Vergangenheit größeren kundenbezogenen Probleme aufgetaucht sind,
- Veränderungen in der Zukunft größere kundenbezogenen Probleme erwarten lassen.

Kundenrückgewinnungsstrategien sind auch mit Problemen verbunden. Die Strategien können z. T. zu dauerhaften Gewinnreduktionen führen. Dies ist zum einen der Fall, wenn sich Zugeständnisse in Form niedriger Preise oder ausgedehnter Angebote an die Kunden perpetuieren. Zum anderen kann die Notwendigkeit der Auflösung von Kundenbindungsmaßnahmen der Konkurrenz zu hohen Kosten der Revitalisierung führen. Schließlich können Kundenrückgewinnungsstrategien gänzlich an den Kundenbindungsmaßnahmen der Konkurrenz scheitern. Die Strategien können von den Kunden als Belästigung empfunden werden und zu zusätzlicher negativer Kommentierung führen. Es besteht die Gefahr von Mitnahmeeffekten beim Kunden, ohne dass dieser tatsächlich an einer Wiederaufnahme der Geschäftsbeziehung interessiert ist. Bruhn (2016a, S. 152) spricht von einer unechten Rückgewinnung. Nicht zuletzt kann das Gefühl der Übervorteilung bei loyalen Kunden zusätzliche Probleme schaffen.

Zunehmend werden im Rahmen des CRM auch **Strategien der anbieterseitigen Beziehungsbeendigung** diskutiert (Bruhn 2016b, S. 155 ff.; Schöler 2011). Ziel ist es, sich von unprofitablen oder imageschädigenden Kunden zu trennen, ohne dass der Unternehmung nennenswerte Nachteile entstehen.

In einer zusammenfassenden, kritischen Würdigung des CRM muss als Vorteil gesehen werden, dass tatsächlich der Kunde in den Mittelpunkt gestellt und entsprechend seinen Wünschen, Bedürfnisse und entsprechend seiner Situation im Kundenbeziehungszyklus bearbeitet wird. Man kann erwarten, dass der Kunde dies mit höheren Umsätzen honoriert. Auch tragen die Maßnahmen des CRM zur Steigerung des Referenzpotenzials der Kunden bei. Die diskutierten Basisstrategien zwingen das Marketingmanagement sich mit dem Status eines Kunden auseinanderzusetzen und entsprechende Informationen zu beschaffen. Die Basisstrategien vermeiden die Bearbeitung nicht lukrativer Kunden, was zu Kostenreduktionen führt.

Nachteilig wirken sich Kosten der Informationsbeschaffung zum Kunden aus. Zudem können auch die Maßnahmen des CRM zu dauerhaften Kostensteigerungen führen. Soweit keine Basisstrategien formuliert werden, droht die Gefahr der Verschwendung. Insbesondere die Ansprache von Konkurrenzkunden kann ökonomisch sinnlos sein, wenn auf Seiten des Kunden kein Wechselwunsch vorliegt oder Kundenbindungsprogramme der Konkurrenz einen Wechsel des Kunden verhindern.

Literatur

Abell, D. F.; Hammond, J. S. (1979): Strategic Market Planning: Problems and Analytical Approaches. Prentice Hall, Englewood Cliffs (N.J.).
Backhaus, K. (1997): Relationship Marketing- Ein neues Paradigma im Marketing? In: Bruhn, M.; Steffenhagen, H. (Hrsg): Marktorientierte Unternehmensführung. Reflexion- Denkanstöße- Perspektiven. Gabler, Wiesbaden, S. 19–35
Becker, J. (2019): Marketing-Konzeption. 11. Aufl., Vahlen, München

Becker, J.; Knackstedt, R. (2011): Data-Warehousing im CRM. In: Hippner, H.; Hubrich, B.; Wilde, K. D. (Hrsg.): Grundlagen des CRM. Strategie, Geschäftsprozesse und IT-Unterstützung. 3. Auflage, Gabler Verlag | Springer Fachmedien GmbH, Wiesbaden, S. 758–782

Belz, Ch.; Bieger, T. (2004): Kundenvorteile für Unternehmenserfolge. In: Belz, Ch.; Bieger, T. (Hrsg.): Customer Value. Kundenvorteile schaffen Un-ternehmensvorteile. Redline Wirtschaft u. a.., Frankfurt am Main, Redline Wirtschaft bei Verlag Moderne Industrie, München, S. 37–142

Bliemel, M. W.; Eggert, A. (1998): Kundenbindung-die neue Sollstrategie? In: Marketing ZFP 20 (1), S. 37–46

Bouncken, R. (2000): Vertrauen – Kundenbindung – Erfolg? In Bruhn, M.; Stauss, B. (Hrsg.): Dienstleistungsmanagement. Jahrbuch 2000: Kundenbeziehungen im Dienstleistungsmanagement. Betriebswirtschaftlicher Verlag Dr. Th. Gabler GmbH, Wiesbaden, S. 3–22

Bruhn, M. (2011): Zufriedenheits- und Kundenbindungsmanagement. In: Hippner, H.; Hubrich, B.; Wilde, K. D. (Hrsg.): Grundlagen des CRM. Strategie, Geschäftsprozesse und IT-Unterstützung. 3. Auflage, Gabler Verlag | Springer Fachmedien GmbH, Wiesbaden, S. 409–439

Bruhn, M. (2016a): Relationship Marketing. 5. Aufl., Franz Vahlen, München

Bruhn, M. (2016b): Kundenorientierung. 5. Aufl., dtv, München

Bruhn, M. (2016c): Instrumente der Kommunikation – eine Einführung in das Handbuch. In: Bruhn, M.; Esch, F. – R.; Langner, T. (Hrsg.): Handbuch Instrumente der Kommunikation. 2. Aufl. Springer Gabler, Wiesbaden, S. 1–22

Bruhn, M.; Boenigk, S. (2017): Kundenabwanderung als Herausforderung des Kundenbindungsmanagements. In: Bruhn, M.; Homburg, Chr. (Hrsg.): Handbuch Kundenbindungsmanagement. Strategien und Instrumente für ein erfolgreiches CRM, Springer Gabler Wiesbaden, S. 249–271

Büttgen, Manfred (2003): Recovery Management. Systematische Kundenrückgewinnung und Abwanderungsprävention zur Sicherung des Unternehmenserfolges. In: Die Betriebswirtschaft 63 (1), S. 60–76

Bundesverband Digitale Wirtschaft e.V. (2014): Targeting Begriffe und Definition. 2. Aufl., Bundesverband Digitale Wirtschaft e.V Ist das der Verlag? Düsseldorf

Cornelsen, J. (2017): Kundenbewertung mit Referenzwerten. In: Helm, S.; Günter, B.; Eggert, A. (Hrsg.): Kundenwert. 4. Aufl. Springer Gabler, Wiesbaden, S. 161–187

Diller, H. (1996): Kundenbindung als Marketingziel. In: Marketing ZFP 2, S. 81–94

Diller, H. (1998): Nutzwertanalysen. In: Diller, H. (Hrsg.): Marketingplanung. 2. Aufl., Franz Vahlen, München, S. 247–265

Diller, H. (2001a): Vahlens Großes Marketinglexikon. 2. Aufl., Franz Vahlen, München, S. 1624–1625

Diller, H. (2001b): Beziehungsmarketing. In: Diller, H. (Hrsg.): Vahlens Großes Marketinglexikon. 2. Aufl., Vahlen, München, S. 163–171

Diller, H. (2002): Probleme des Kundenwerts als Steuerungsgröße im Kun-denmanagement. In: Böhler, H. (Hrsg.): Marketing-Management und Unternehmensführung. Schäffer-Poeschel, Stuttgart, S. 297–326

Diller, H.; Kusterer, M. (1988a): Beziehungsmanagement – Theoretische und explorative Befunde, Arbeitspapier Nr. 22, Institut für Marketing, Universität der Bundeswehr Hamburg, April 1988

Diller, H.; Kusterer, M. (1988b): Beziehungsmanagement-Theoretische Grundlagen und explorative Befunde. In: Marketing ZFP 10 (3), S. 211–220

Diller, H.; Müllner, M. (1998): Kundenbindungsmanagement. In Meyer, A. (Hrsg.): Handbuch Dienstleistungsmarketing. Bd. 2, Schäffer-Poeschel, Stuttgart, S. 1219–1240

Eggert, A. (2017): Die zwei Perspektiven des Kundenwerts: Darstellung und Versuch einer Integration. In: Helm, S.; Günter, B.; Eggert, A. (Hrsg.): Kundenwert. 4. Aufl., Wiesbaden, S. 37–51

Eisenbeiß, M.; Bleier, A. (2012): Customer Relationship Management. In: Zentes, J.; Swoboda, B.; Morschett, D.; Schramm- Klein, H. (Hrsg.): Handbuch Handel. 2. Aufl., Springer Gabler, Wiesbaden, S. 463–485

Freter, H. (2008): Markt- und Kundensegmentierung. Kundenorientierte Markterfassung und -bearbeitung. 2., vollst. neu bearb. und erw. Aufl., Kohlhammer (Kohlhammer-Edition Marketing), Stuttgart

Georgi, D. (2000): Entwicklung von Kundenbeziehungen. Springer Fachmedien, Wiesbaden

Georgi, D.; Mink, M. (2011): Konzeption von Kundenbeziehungsstrategien. In: Hippner, H.; Hubrich, B.; Wilde, K. D. (Hrsg.): Grundlagen des CRM. Strategie, Geschäftsprozesse und IT-Unterstützung. 3.Auflage, Gabler Verlag | Springer Fachmedien GmbH, Wiesbaden, S. 58–89

Gouthier, M. H. J. (2011): Neukundenmanagement. In: Hippner, H.; Hubrich, B.; Wilde, K. D. (Hrsg.): Grundlagen des CRM. Strategie, Geschäftsprozesse und IT-Unterstützung. 3. Auflage, Gabler Verlag | Springer Fachmedien GmbH, Wiesbaden, S. 373–408

Gröppel-Klein, A.; Königstorfer, J. Terlutter, R. (2017): Verhaltenswissenschaftliche Aspekte der Kundenbindung. In: Bruhn, M.; Homburg, Chr. (Hrsg.): Handbuch Kundenbindungsmanagement. Strategien und Instrumente für ein erfolgreiches CRM, Springer Gabler Wiesbaden, S. 37–75

Grunwald, G; Schwill, J. (2017): Beziehungsmarketing. Schäffer-Poeschel, Stuttgart

Gummesson, E. (1994): Making Relationship Marketing Operational. In: International Journal of Service Industry Management 5 (5), S. 5–20

Haas, A. (2011): Interessentenmanagement. In: Hippner, H.; Hubrich, B.; Wilde, K. D. (Hrsg.): Grundlagen des CRM. Strategie, Geschäftsprozesse und IT-Unterstützung. 3. Auflage, Gabler Verlag | Springer Fachmedien GmbH, Wiesbaden, S. 343–471

Hax, A. C.; Majluf, N. S. (1991): Strategisches Management. Ein integratives Konzept aus dem MIT. Campus, Frankfurt am Main, New York

Helm, S.; Günter, B.; Eggert, A. (2017): Kundenwert-eine Einführung in die theoretische und praktische Herausforderung der Bewertung von Kundenbeziehungen. In: Helm, S.; Günter, B.; Eggert, A. (Hrsg.): Kundenwert. 4. Aufl., Springer Gabler, Wiesbaden, S. 3–34

Helmke, S.; Uebel, M.; Dangelmaier, W. (2017): Grundlagen und Ziele des CRM-Ansatzes. In: Helmke, S.; Uebel, M.; Dangelmaier, W. (Hrsg.): Effektives Customer Relationship Management. 6. Aufl., Springer Gabler, Wiesbaden, S. 4–21

Henderson, B.D. (1984): Die Erfahrungskurve in der Unternehmensstrategie. Übersetzung und Bearbeitung von A. Gälweiler. 2. überarbeitete Aufl., Campus, Frankfurt am Main; New York

Hippner, H.; Grieser, L; Wilde, K. D. (2011): Data Mining – Grundlagen und Einsatzpotenziale in analytischen CRM-Prozessen. In: Hippner, H.; Hubrich, B.; Wilde, K. D. (Hrsg.): Grundlagen des CRM. Strategie, Geschäftsprozesse und IT-Unterstützung. 3. Auflage, Gabler Verlag | Springer Fachmedien GmbH, Wiesbaden, S. 783–810

Hippner, H.; Wilde, K. D. (2017): Data Mining und CRM. In: Helmke, S.; Uebel, M.; Dangelmaier, W. (Hrsg.): Effektives Customer Relationship Management. 6. Aufl., Springer Gabler, Wiesbaden, S. 141–159

Homburg, Chr. (2020): Marketing Management. 7. Aufl., Gabler Springer, Wiesbaden

Homburg, C.; Bruhn, M. (2017): Kundenbindungsmanagement- Eine Einführung in die theoretische und praktische Problemstellung. In: Bruhn, M.; Homburg, C. (Hrsg.): Handbuch Kundenbindungsmanagement. 9. Aufl, Springer Gabler, Wiesbaden, S. 4–34

Homburg, Chr.; Bucerius, M. (2016): Kundenzufriedenheit als Managementherausforderung, In: Homburg, Chr. (Hrsg.): Kundenzufriedenheit. Konzepte – Methoden – Erfahrungen. 9. Aufl. Springer Gabler Wiesbaden, S. 53–91

Homburg, C., Fürst, A.; Sieben, F. (2003): Willkommen zurück. In: Harvard Business Manager, 25 (12), S. 57–67

Homburg, Chr.; Becker, A. Hentschel, F. (2017): Der Zusammenhang zwischen Kundenzufriedenheit und Kundenbindung, In: Bruhn, M.; Homburg, Chr. (Hrsg.): Handbuch Kundenbindungsmanagement. Strategien und Instrumente für ein erfolgreiches CRM, Springer Gabler Wiesbaden, S. 99–124

Homburg, C.; Schäfer, H. (1999): Customer Recovery. Profitabilität durch systematische Rückgewinnung von Kunden, Institut für Marktorientierte Unternehmensführung Universität Mannheim, Reihe: Management Know-how Nr.: M 039, https://madoc.bib.uni-mannheim.de/42474/1/M039_Customer%20Recovery.pdf, abgerufen am 10.03.22

Homburg, Chr.; Stock- Homburg, R. (2016): Theoretische Perspektiven zur Kundenzufriedenheit. In: Homburg, Ch. (Hrsg.): Kundenzufriedenheit, Konzepte- Methoden- Erfahrungen. 9. Aufl., Springer Gabler, Wiesbaden, S. 17–52

Köhler, R. (2005): Kundenorientiertes Rechnungswesen als Voraussetzung des Kundenbindungsmanagements. In: Bruhn, M.; Homburg, C. (Hrsg.): Handbuch Kundenbindungsmanagement. 5. Aufl., Gabler, Wiesbaden, S. 401–433

Kollmann, T. (2013): Online-Marketing, 2. Aufl., W. Kohlhammer, Stuttgart

Kotler, P.; Keller, K. L.; Opresnik, M. O. (2015): Marketing-Management. Konzepte – Instrumente – Unternehmensfallstudien; [inklusive MyLab, deutsche Version]. 14. aktualisierte Aufl., Pearson (Wirtschaft), Hallbergmoos

Kreutzer, R. T. (2017): Ansätze zur (Kunden-)Wert-Ermittlung im Online-Zeitalter. In: Helm, S.; Günter, B.; Eggert, A. (Hrsg.): Kundenwert. Grundlagen – Innovative Konzepte – Praktische Umsetzungen. 4., überarb. u. erw. Auflage, Springer Fachmedien, Wiesbaden, S. 499–520

Kroeber-Riel, W.; Esch, F. R. (2015): Strategie und Technik der Werbung. 8. Aufl., Verlag W. Kohlhammer, Stuttgart

Kroeber-Riel, W.; Gröppel-Klein, A. (2019): Konsumentenverhalten. 11., überarb., aktualisierte und erg. Aufl., Verlag Franz Vahlen, München

Kuhl, M.; Stöber, O. (2006): Data Warehousing und Customer-Relationship-Management als Grundlage des wertorientierten Kundenmanagements. In: Günter, B. (Hrsg.): Kundenwert. Grundlagen, innovative Konzepte, praktische Umsetzungen. 3., überarb. und erw. Aufl., Gabler, Wiesbaden, S. 538–548

Leußer, W.; Hippner, H.; Wilde K. D. (2011): CRM – Grundlagen, Konzepte und Prozesse. In: Hippner, H.; Hubrich, B.; Wilde, K. D. (Hrsg.): Grundlagen des CRM. Strategie, Geschäftsprozesse und IT-Unterstützung. 3.Auflage, Gabler Verlag I Springer Fachmedien Wiesbaden GmbH, S. 16–55

Meffert, H. (2003): Kundenbindung als Element moderner Wettbewerbsstrategien. In: Bruhn, M.; Homburg, Ch. (Hrsg.): Handbuch Kundenbindungsmanagement. Strategien und Instrumente für ein erfolgreiches CRM. 4. Aufl., Gabler, Wiesbaden, S. 125–145

Meffert, H. (2018): Marketing Weiterdenken. In: Bruhn, M.; Kirchgeorg, M. (Hrsg.): Marketing Weiterdenken. Zukunftspfade für eine marktorientierte Unternehmensführung. Unter Mitarbeit von Heribert Meffert. 1. Auflage, Springer Fachmedien, Wiesbaden, S. 19–22

Meffert, H.; Bruhn, M.; Hadwich, K. (2018): Dienstleistungsmarketing. Grundlagen – Konzepte – Methoden. 9. Aufl., Springer Gabler, Wiesbaden

Meffert, H.; Pohlkamp, A.; Böckermann, F. (2010): Wettbewerbsperspektiven des Kundenbeziehungsmanagements im Spannungsfeld wissenschaftlicher Erkenntnisse und praktischer Exzellenz. In: Georgi, D.; Karsten Hadwich, K. (Hrsg.): Management von Kundenbeziehungen. Perspektiven – Analysen – Strategien – Instrumente. Gabler Wicsbaden, S. 4–26

Meffert, H.; Burmann, Ch.; Kirchgeorg, M.; Eisenbeiß, M. (2019): Marketing. 13. Aufl., Springer Gabler, Wiesbaden

Michalski, S. (2002): Kundenabwanderungs- und Kundenrückgewinnungsprozesse. E.ine theoretische und empirische Untersuchung am Beispiel von Banken. Gabler, Wiesbaden

Midderhoff, S. (2017): CRM in der Praxis – die Auswahl des passsenden CRM ist gar nicht so einfach. In: Helmke, S.; Uebel, M.; Dangelmaier, W. (Hrsg.): Effektives Customer Relationship Management. 6. Aufl., Springer Gabler Wiesbaden, S. 259–277

Nötzel, R. (1979): Kunde: In Falk, B. und Wolf, J. (Hrsg.): Handlexikon für Handel und Absatz. V.erlag Moderne Industrie, München, S. 392–393
Porter, M. E. (2010): Wettbewerbsvorteile. 7. Aufl., Campus, Frankfurt am Main, New York
Porter, M. E. (2013): Wettbewerbsstrategien. 12. Aufl., Campus, Frankfurt am Main, New York
Reichheld, F. R; Sasser, E. W. (2003): Zero Migration: Dienstleister im Sog der Qualitätsrevlution. In: Bruhn M.; Homburg Chr. (Hrsg.): Handbuch Kundenbindungsmanagement. 4. Aufl., Verlag Dr. Th. Gabler, Wiesbaden, S. 147–161
Rutsatz, U. (2004): Kundenrückgewinnung durch Direktmarketing. Das Beispiel des Versandhandels. Dt. Univ.-Verlag, Wiesbaden
Schöler, A. (2011): Rückgewinnungsmanagement. In: Hippner, H.; Hubrich, B.; Wilde, K. D. (Hrsg.): Grundlagen des CRM. Strategie, Geschäftsprozesse und IT-Unterstützung. 3. Auflage, Gabler Verlag | Springer Fachmedien GmbH, Wiesbaden, S. 499–525
Simon, H. (1981): Entscheidungsverhalten in Organisationen. 3. Aufl., Verlag Moderne Industrie, Landsberg am Lech
Simon, H. (2012): Hidden Champions – Aufbruch nach Globalia: Die Erfolgsstrategien unbekannter Weltmarktführer. Campus Verlag, Frankfurt am Main, New York
Stauss, B. (2000): Perspektivenwandel: Vom Produkt-Lebenszyklus zum Kun-denbeziehungs-Lebenszyklus. In: thexis 17(2), S. 15–18
Stauss, B. (2011): Der Kundenbeziehungs-Lebenszyklus. In: Hippner, H.; Hubrich, B.; Wilde, K. D. (Hrsg.): Grundlagen des CRM. Strategie, Geschäftsprozesse und IT-Unterstützung. 3. Auflage, Gabler Verlag | Springer Fachmedien GmbH, Wiesbaden, S. 320–341
Stauss, B.; Friege, C. (2017): Kundenwertorientiertes Rückgewinnungsmanagement. In: Günter, B.; Helm, S. (Hrsg.): Kundenwert. Grundlagen, innovative Konzepte, praktische Umsetzungen. 4. Aufl., Springer Fachmedien, Wiesbaden, S. 451–469
Stauss, B.; Seidel, W. (2002): Beschwerdemanagement. 3. Aufl., Hanser Fachbuch, München, Wien
Thommen, J.-P.; Achleitner, A.-K.; Gilbert, D. U; Hachmeister, D.; Jarchow, S.: Kaiser, G. (2023): Allgemeine Betriebswirtschaftslehre. U.mfassende Einführung aus managementorientierter Sicht. 10., Auflage; Springer Fachmedien Wiesbaden GmbH
Tomczak, T.; Rudolf-Sipötz, E. (2003): Bestimmungsfaktoren des Kundenwertes: Ergebnisse einer branchenübergreifenden Studie. In: Günter, B.; Helm, S. (Hrsg.): Kundenwert. 2. Aufl., Gabler, Wiesbaden, S. 133–161
Vollert, K. (1998): Qualität lohnt sich. Psychographische und ökonomische Konsequenzen eines Qualitätsmanagements. Mittweida: FH, Fachbereich Wirtschaftswissenschaften (Diskussionspapier / Fachbereich Wirtschaftswissenschaften, Hochschule Mittweida (FH) – University of Applied Sciences
Vollert, K. (2009): Marketing. 2. Aufl., PCO, Bayreuth
Wagener, A. (2018): Marketing 4.0. „Kenne deinen Kunden!"; wie im Zeitalter der Digitalisierung Daten und Algorithmen Vertrieb und Marketing ändern. In: Wolff, D. ; Göbel, R. (Hrsg.): Digitalisierung: Segen oder Fluch: wie die Digitalisierung unsere Arbeitswelt verändert. Springer, Berlin, S. 125–150
Wiesel, Th. (2017): Customer Engagement Value. In: Helm, S.; Günter, B.; Eggert, A. (Hrsg.): Kundenwert. Grundlagen – Innovative Konzepte – Praktische Umsetzungen. 4., überarb. u. erw. Auflage, Springer Fachmedien, Wiesbaden, S. 113–137
Wöhe, G.; Döring, U.; Brösel, G. (2020): Einführung in die Allgemeine Betriebswirtschaft. 27. Aufl.; Vahlen Verlag, München

11 Konkurrenzbezogene Strategien

Inhaltsverzeichnis

11.1 Definitorische Grundlagen 497
11.2 Einflussfaktoren konkurrenzbezogener Strategien 498
11.3 Ausgestaltung konkurrenzbezogener Strategien 501
    11.3.1 Ausweichstrategien 502
    11.3.2 Anpassungsstrategien 504
    11.3.3 Kooperationen 506
    11.3.4 Konfliktstrategien 514
Literatur 515

11.1 Definitorische Grundlagen

▶**Konkurrenzbezogene Strategien** legen das langfristige Verhalten der Unternehmung gegenüber aktuellen und potenziellen Konkurrenten fest (Vgl. Vollert 2004, S. 345, Meffert et al. 2019, S. 349 ff.; Meffert et al. 2018, S. 184 ff.; Benkenstein und Uhrich 2009, S. 127).

Ob konkurrenzbezogene Strategien formuliert werden, hängt von der Grundhaltung der Unternehmung ab (Vgl. Vollert 2004, S. 347 f.; Oberender 1991, S. 145). Unterschieden werden eine wettbewerbspassives und eine wettbewerbsaktives Verhalten.

Bei einem **wettbewerbspassiven Verhalten** werden Aktivitäten der Konkurrenz im strategischen Marketing nicht berücksichtigt. Ein solches Verhalten entbehrt für Unternehmen, die eine absolut dominante Marktstellung verfügen und an denen sich die Konkurrenz ausrichtet (Vgl. Kotler et al. 2015, S. 378), sowie für Unternehmen, die per

Gesetz weitgehend vom Wettbewerb geschützt sind (wie z. B. lange Zeit Bundespost und Bundesbahn), nicht einer gewissen ökonomischen Logik. Man spricht in diesen Fällen auch von **wettbewerbsautonomem Verhalten**. Unternehmen mit einem wettbewerbsautonomen Verhalten müssen jedoch auf Veränderungen der Umweltkonstellationen achten, die eine andere Verhaltensweise bedingt.

Unternehmen, die keine marktdominante Stellung (mehr) besitzen bzw. nicht (mehr) wettbewerbsrechtlich geschützt sind und sich wettbewerbspassiv verhalten, laufen Gefahr, mit ihrem **wettbewerbsignoranten Verhalten** gegebenenfalls die Existenz der Unternehmung aufs Spiel zu setzen.

Ein **wettbewerbsaktives Verhalten** berücksichtigt Aktionen und Reaktionen der Konkurrenten (Vgl. Freiling und Reckenfelderbäumer 2004, S. 322). Beachtung finden dabei insbesondere (Vgl. Abschn. 3.4)

- die Konkurrenten innerhalb der eigenen strategischen Gruppe,
- Konkurrenten anderer strategischer Gruppen, die Mobilitätsbarrieren überwinden und in die eigene strategische Gruppe eindringen können,
- Konkurrenten anderer strategischer Gruppen, in denen sich die Unternehmung zukünftig engagieren möchte,
- potenzielle Konkurrenten, die bislang noch nicht auf dem Markt agieren.

Für diese Fälle werden konkurrenzbezogene Strategien formuliert.

11.2 Einflussfaktoren konkurrenzbezogener Strategien

Einflussfaktoren konkurrenzbezogener Strategien stammen wie in Abb. 11.1 dargestellt, aus der globalen Umwelt, dem Markt und der unternehmensinternen Umwelt (Vgl. Burgelman und Grove 2007, S. 3, Slater et al. 2006, S. 1229 f.; D'Aveni 1997, S. 188; Bryan und Joyce 2007, S. 21).

Die **globale Umwelt** bildet den Rahmen zur Formulierung konkurrenzbezogener Strategien. Zu nennen sind beispielsweise gesetzliche Regelungen, der technologische

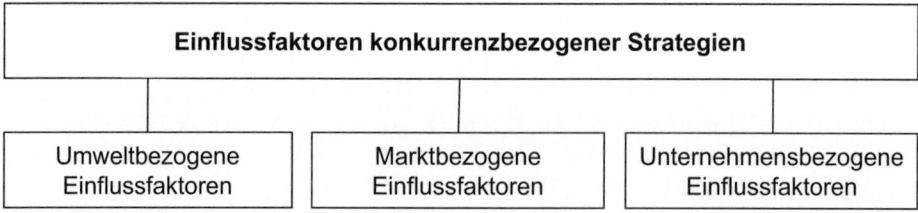

Abb. 11.1 Einflussfaktoren konkurrenzbezogener Strategien

11.2 Einflussfaktoren konkurrenzbezogener Strategien

Tab. 11.1 Gefangenendilemma

Preis A \ Preis B	200	100
200	Gewinn A: 3000 Gewinn B: 3000	Gewinn A: 1000 Gewinn B: 4000
100	Gewinn A: 4000 Gewinn B: 1000	Gewinn A: 2000 Gewinn B: 2000

Fortschritt, Konjunktur- und Wirtschaftsentwicklungen etc. **Marktbezogene Einflussfaktoren** sind neben dem Stadium des Marktlebenszyklus und der Marktform (Vgl. D'Aveni 1995, S. 47) insbesondere die Ausprägung der Wettbewerbskräfte im Sinne Porters (Vgl. Porter 2013; Porter 2010; D'Aveni 1999, S. 130 ff. sowie Kap. 3.2.2.1). Sie bestimmen die Wettbewerbsintensität auf dem Markt bzw. in der strategischen Gruppe (Vgl. Souza et al. 2004, S. 537). Als **unternehmensinterne Einflussfaktoren** sind die Ressourcen, Fähigkeiten und das Wissen der Unternehmung zu beachten (vgl. Kap. 3.6). Sie legen Stärken und Schwächen der Unternehmung fest.

Die **Spieltheorie** bildet potenzielle Aktionen und Reaktionen der Konkurrenten eines Marktes in mathematischen Modellen ab (Vgl. Dixit und Nalebuff 1993; Homann und Lütge 2005; McCain 2017, Scheufer 2020; Behnke 2020, Backhaus und Voeth 2014) und liefert der Unternehmung Hinweise auf geeignete konkurrenzbezogene Strategien.

Eines der bekanntesten Modelle der Spieltheorie stellt das **Gefangenendilemma** dar.

Es soll am Beispiel der Preispolitik zweier Anbieter A und B auf einem Markt dargestellt werden (Vgl. Tab. 11.1).

▶ **Wichtig**
Der Erfolg einer preispolitischen Maßnahme eines Anbieters hängt vom Verhalten des anderen Anbieters ab. Entschieden werden soll, ob auf einem Markt der Preis von 200 auf 100 gesenkt werden soll.

Fordern beide einen Preis von 200 beträgt ihr Gewinn jeweils 3000. Würde einer der beiden Anbieter den Preis von 200 auf 100 senken, steigt sein Gewinn von 3000 auf 4000, wenn der andere Konkurrent den Preis bei 200 belässt. Dessen Gewinn sinkt von 3000 auf 1000. Reagieren die Anbieter auf die Preissenkung des jeweils anderen ebenfalls mit einer Preisreduktion, sinkt der Gewinn beider auf 2000. Soweit beide Anbieter davon ausgehen, dass der jeweils andere den Preis senkt, wird sich der niedrigere Preis von 100 durchsetzen, da beide sich beim Preis von 100 immer besserstellen, gleichgültig, wie der andere sich verhält. Sinnvoll für beide Anbieter wäre eine Übereinkunft, den Preis bei 200 zu belassen.

Um KKVs durch konkurrenzbezogene Strategien aufzubauen und zu erhalten, muss die Unternehmung Annahmen zum zukünftigen Verhalten der Konkurrenten treffen (Vgl. Porter 2013, S. 88 ff.; Simon und Fassnacht 2016, S. 220). Diese beziehen sich auf

- die zukünftigen Strategien der Konkurrenten,
- Reaktionen der Konkurrenten auf Maßnahmen anderer Unternehmen,
- Reaktionen der Konkurrenten auf Veränderungen in der globalen Umwelt und des Marktes.

Das Konkurrenzinformationssystem der Unternehmung muss dazu Hinweise liefern auf (Vgl. Müller-Stewens und Lechner 2016, S. 176 f.; Porter 2013, S. 90 ff.; Brezski 1993, S. 107; Kerth et al. 2015, S. 139)

- Zielen der Konkurrenten (Welche Ziele verfolgen die Konkurrenten? Realisieren sie die Ziele momentan? Wie hoch ist ihre Risikoneigung? usw.),
- aktuellen Strategien der Konkurrenten (Wie verhalten sich die Konkurrenten momentan im Wettbewerb? Verändert ihr Verhalten den Markt? usw.),
- Annahmen der Konkurrenten (Welche Annahmen besitzen die Konkurrenten über sich selbst und den Markt?),
- Ressourcen, Fähigkeiten und Wissen der Konkurrenz (welche Stärken und Schwächen besitzen die Konkurrenten).

Die Analyse gibt Hinweise auf das Angriffs- und Verteidigungspotenzial der Konkurrenten. Ihr **Angriffspotenzial** wird wie Abb. 11.2 darstellt, durch die Wahrscheinlichkeit, die Ernsthaftigkeit und die Intensität der aktiven Konkurrenzmaßnahmen bestimmt (Vgl. Porter 2013, S. 112).

Die **Wahrscheinlichkeit** der Maßnahmen hängt von der Zufriedenheit der Unternehmung mit ihrer aktuellen Position ab. Die Zufriedenheit kann als Funktion der realisierten Ziele und realisierten Strategien des Konkurrenten verstanden werden. Die **Ernsthaftigkeit** Maßnahmen trotz Widerstände der Konkurrenz zu verfolgen, hängt von den Annahmen der Konkurrenten über die Wirksamkeit ihrer Aktivitäten zur Zielrealisation

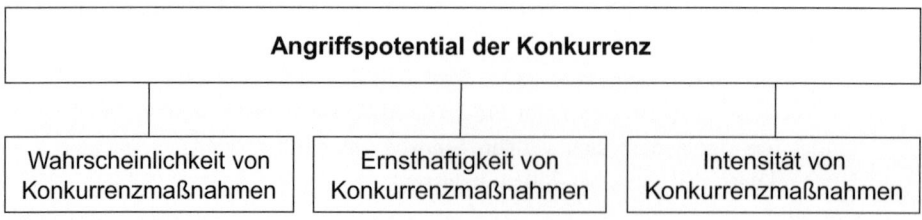

Abb. 11.2 Angriffspotenzial der Konkurrenz

und der vermuteten Reaktion anderer Marktteilnehmer ab. Oberender (1999) unterscheidet bzgl. der Annahmen zur Reaktion anderer Marktteilnehmer ein polypolistisches, ein konjekturales und ein oligopolistisches Verhalten. Ein **polypolistische Verhalten** geht davon aus, dass Marktteilnehmer auf Maßnahmen der eigenen Unternehmung nicht reagieren, während ein **konjekturales Verhalten** mit Reaktionen rechnet und diese in das eigene Handeln antizipiert werden. Das **oligopolistische Verhalten** unterstellt, dass Sicherheit bezüglich der Reaktionen anderer Marktteilnehmer existiert, die bei den eigenen Maßnahmen berücksichtigt werden. Bezogen auf die die Konkurrenz nimmt die Ernsthaftigkeit provokativer Aktivitäten gegenüber der Konkurrenz vom polypolistischen über das konjekturale bis hin zum oligopolistischen Verhalten ab.

Die **Intensität** von Angriffsmaßnahmen wird durch die Ressourcen, Fähigkeiten und das Wissen der Konkurrenten bestimmt. Hinweise darauf finden sich in der Stärken- und Schwächen-Analyse (Vgl. Abschn. 4.5.1.1).

Das **Verteidigungspotenzial** der Konkurrenten wird von der Wahrscheinlichkeit und Intensität ihrer Verteidigungsmaßnahmen beeinflusst. Je mehr die Ziele der Konkurrenten durch Maßnahmen anderer Anbieter gefährdet sind, desto höher ist die **Wahrscheinlichkeit der Reaktion.** In diesem Zusammenhang ist auch die **Schwelle der Fühlbarkeit** (Vgl. Fehl und Oberender 2004) von Unternehmensaktivitäten zu berücksichtigen. Sie bringt zum Ausdruck, ob und wann die Aktivität einer Unternehmung zu nennenswerten Konsequenzen bei ihren Konkurrenten führen, sodass diese sich zu einer Reaktion gezwungen fühlen.

▶ Die Niedrigpreispolitik einer kleinen, regional tätigen Brauerei wird eher nicht dazu führen, dass große Brauereikonzerne ihre Preispolitik verändern. Im umgekehrten Falle muss die kleine Brauerei Gegenmaßnahmen ergreifen, um ihre Position zu verteidigen.

Das **Ausmaß der Reaktion** richtet sich nach den Ressourcen, dem Wissen und den Fähigkeiten der Konkurrenten. Sie bestimmen die Stärken und Schwächen der betrachteten Konkurrenten und damit die Möglichkeiten ihrer Reaktion. Denkbar ist auch, dass Konkurrenten aufgrund der Umstände nicht reagieren können oder wollen. Im ersten Fall stehen z. B. Patente, Markenrechte oder gesetzlichen Vorgaben etc. einer wirksamen Reaktion entgegen. Im letzteren Fall verzichten die Konkurrenten aufgrund eigener strategischer Überlegungen auf eine Reaktion (Vgl. Backhaus und Voeth 2014, S. 151).

11.3 Ausgestaltung konkurrenzbezogener Strategien

Konkurrenzbezogene Strategien besitzen einen inhaltlichen und einen zeitlichen Fokus (Vgl. Meffert 1994, S. 155 ff.). Versteht man den Wettbewerb als Prozess der Innovation und Imitation (Vgl. Oberender 1977, S. 279, Oberender 1987, S. 10, Heus 1980,

Tab. 11.2 Konkurrenzbezogene Strategien. (Quelle: Nach Meffert et al. 2018, S. 351)

Zeitlicher Aspekt \ Inhaltlicher Aspekt	Innovation	Imitation
Aktion	Ausweichstrategie	Anpassungsstrategie
Reaktion	Konfliktstrategie	Kooperationsstrategie

S. 681) können konkurrenzbezogenen Strategien **inhaltlich** danach unterschieden werden, ob sie innovativ oder imitativ ausgerichtet sind. Eine innovative Orientierung kreiert neue Formen der Marktbearbeitung, während sich Imitationen an vorhandenen Leistungen, Prozessen und Marketingkonzeptionen (Sozialtechniken) eines Marktes orientieren. **Zeitlich** können die Strategien danach klassifiziert werden, ob Maßnahmen als Reaktion (Anpassung) auf vorangegangene Konkurrenzaktivitäten erfolgen, oder als Aktion vor der Konkurrenz initiiert werden. Damit ergeben sich die in Tab. 11.2 gezeigten konkurrenzbezogenen Strategiealternativen (Vgl. Schuh et al. 2011, S. 73 f.; zu anderer Systematik Miles und Snow 1978, S. 112; Lücking 1995, S. 43 ff.).

11.3.1 Ausweichstrategien

▶ **Ausweichstrategien** versuchen den Wettbewerb durch innovative Aktivitäten zu vermeiden.

In einer extremen Form räumt die Unternehmung den Markt und sucht sich alternative Betätigungsfelder.

▶ Lange Zeit verließen forschende Pharmaunternehmen den Markt, wenn nach Ablauf der Patente Imitatoren mit Generika als Konkurrenten auftraten.

Das Vorgehen setzt voraus, dass keine oder geringe Marktaustrittsbarrieren existieren, und lukrative Alternativmärkte betreten oder kreiert werden können. Probleme ergeben sich beim Verlassen eines Marktes, wenn die bisherige Verweildauer nicht ausreicht, um spezifische Marktinvestitionen (z. B. F&E-Kosten, Kosten des Abbaus von Akzeptanzbarrieren der Kunden) zu amortisieren. Restriktionen unterschiedlicher Marktaustrittsbarrieren sind zu beachten (Vgl. Abschn. 9.2).

Bei einem Verbleiben auf dem Markt kann der Wettbewerb ex ante vermieden oder minimiert werden, wenn proaktiv von der Unternehmung und anderen Anbietern des

11.3 Ausgestaltung konkurrenzbezogener Strategien

Marktes Markteintrittsbarrieren (z. B. mengenbezogenen Kostenvorteile, Kundenpräferenzen, Umstellungskosten der Kunden, Zugang zu Vertriebskanälen, tarifäre und nicht tarifäre Handelshemmnisse) errichtet werden (Vgl. Bain 1956, S. 199; Rhoades 1973, S. 151; Norman und Nichols 1982, S. 172; Bain 1968, S. 455; Böbel 1984). Sie verhindern, dass neue Anbieter den Markt betreten und sich die Wettbewerbsintensität dadurch verschärft. Analog können für strategische Gruppen Mobilitätsbarrieren aufgebaut werden.

Die Unternehmung kann auch daran denken, eine neue strategischen Gruppe auf dem Markt aufzubauen (Vgl. Porter 2013, S. 183, Müller-Stewens und Lechner 2016, S. 174; Johnson et al. 2018, S. 121). Auf einer vorhandenen Karte der strategischen Gruppe werden dazu sogenannte „Weiße Flecken" genutzt und bekannte strategische Dimensionen neuartig besetzt (Vgl. Abb. 11.3).

▶ Auf dem Markt der Abb. 11.3 wird der Wettbewerb auf den Dimensionen Preis und Qualität geführt. Während Unternehmen der strategische Gruppe 1 eine hohe Qualität zu hohen Preisen anbietet, ist das Qualitätsniveau der strategischen Gruppe 2 bei niedrigen Preise gering. Gelingt es einer Unternehmung z. B. durch neue Produktionstechnologien ein vergleichsweise hohes Qualitätsniveau bei niedrigen Produktionskosten zu niedrigen Preisen anzubieten, bildet es eine neue Gruppe 3, die bislang nicht existierte und kann so der Konkurrenz aus den beiden anderen strategischen Gruppen ausweichen.

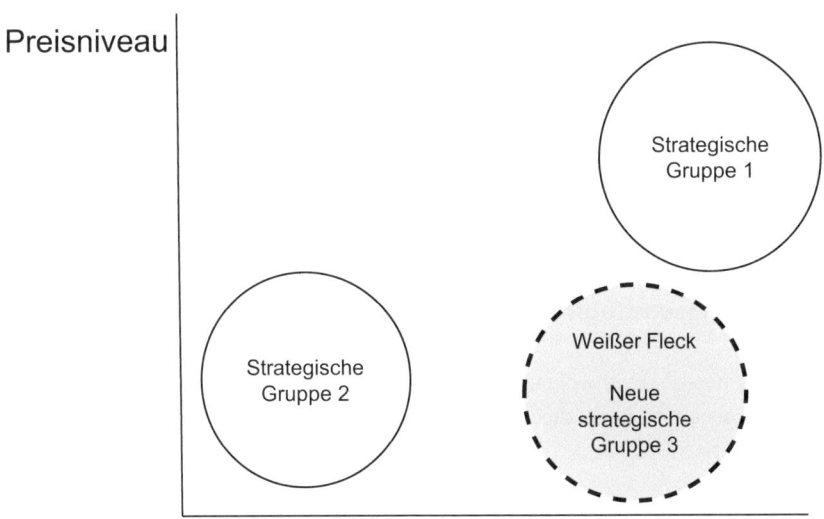

Abb. 11.3 Besetzung Weißer Flecken in der Karte der strategischen Gruppe

Neue strategische Gruppen können auch dann gebildet werden, wenn es gelingt, neue strategische Dimensionen im Wettbewerb zu integrieren.

▶ Neben dem Preis und der Qualität könnte als neue Dimension auf dem Markt der Abb. 11.3 das Sharing-Angebot als zusätzliche strategische Dimension genutzt werden, um sich dem Wettbewerb in vorhandenen strategischen Gruppen zu entziehen.

Die Bildung neuer strategischer Gruppen setzt voraus, dass die Wünsche und Bedürfnisse der Kunden mit dem Angebot befriedigt werden. Dazu müssen diese von der Unternehmung frühzeitig erkannt werden. Kotler et al. (2015, S. 381 f.) sprechen von einem proaktiven Marketing. Zudem sollte es der Unternehmung möglich sein, für die neue strategische Gruppe entsprechende Mobilitätsbarrieren zu errichten, da andernfalls bei Erfolg Konkurrenten das Angebot imitieren.

Innerhalb einer strategischen Gruppe besteht die Möglichkeit, dem Wettbewerb durch die Ansprache neuer, abschirmbarer Kundengruppen, die bislang durch das Angebot eines Marktes bzw. einer strategischen Gruppe nicht erreicht werden konnten, zu entgehen. Bei dieser Strategie können einerseits bislang unberücksichtigten Kunden auf dem Inlandsmarkt, aber auch auf bislang von den Konkurrenten nicht bearbeiteten Auslandsmärkten angesprochen werden (Vgl. Kotler et al. 2015, S. 387 f.). I. w. S. kann auch das Auffinden neuer Anwendungsbereiche der Leistungen eines Marktes bzw. der strategischen Gruppe als Ausweichstrategie begriffen werden. Neue Kunden und neue Anwendungsbereiche machen bei einer Ausweichstrategie Sinn, wenn die Konkurrenten bestimmte Kunden nicht bearbeiten können oder wollen, bzw. bei den Kunden Wechselbarrieren aufgebaut werden können. Zudem muss mit den Kunden ein langfristiger Gewinn erwirtschaftet werden.

Alle Ausweichstrategien setzen geeignete Ressourcen, Fähigkeiten und Wissen der Unternehmung voraus. Zudem bedarf es einer entsprechenden Unternehmensflexibilität (Vgl. Kap. 22).

11.3.2 Anpassungsstrategien

▶ Anpassungsstrategien versuchen, die auf einem Markt erreichte Wettbewerbsposition zu erhalten, ohne die Wettbewerbsintensität zuerhöhen (Vgl. auch Easton 1990, S. 57 ff.).

Dazu werden von der Unternehmung Konkurrenzaktivitäten antizipiert und marktübliche Reaktionen ergriffen. Diese defensive Strategie wird so lange beibehalten, wie die eigene Marktposition durch Konkurrenten nicht bedroht wird (Vgl. Meffert 1994, S. 160). Eine stabile Strategie stellt die Anpassung nur dann dar, wenn alle Anbieter eines Marktes die

11.3 Ausgestaltung konkurrenzbezogener Strategien

Aktions-Reaktions-Verbundenheit erkennen (Vgl. Fehl und Oberender 2004, S. 435 ff.): auf die Aktion eines Anbieters auf dem Markt reagieren andere Anbieter (oligopolistisches Verhalten). Dies setzt einen Lernprozess voraus, der auf älteren Märkten mit wenigen gleichartigen Konkurrenten auf der Basis leicht erkennbarer Aktivitäten (z. B. dem Preis) wahrscheinlicher ist als auf jungen Märkten mit vielen, heterogenen Unternehmen bei weniger transparenten Aktivitäten (z. B. Technologie).

Allgemein kann das Ergebnis des Lernprozesses beschrieben werden als

$$\mathbf{MM_U = m\,MM_k}$$

mit MM_U= Marketing-Maßnahme der eigenen Unternehmung; MM_K= Marketing-Maßnahme der Konkurrenz, m = const.

Die Unternehmung reagiert auf Veränderungen des Marketing-Mix der Konkurrenten so, dass

$$m = MM_U / MM_K = \text{konstant}$$

bleibt. Die Bestimmung von m ist bei quantitativen Marketingmaßnahmen wie z. B. dem Preis relativ einfach. Bei qualitativen Marketingmaßnahmen wie z. B. der Anmutung der Werbung ist die Bestimmung von m ungleich komplizierter.

Die Anpassungsstrategie kann so weit führen, dass bestimmte Aktivitäten auf dem Markt „eingefroren", also als Instrument des Wettbewerbs nicht mehr genutzt werden (Vgl. Oberender 1973, S. 28).

▶ Jahrelang wurde in der Zigarettenindustrie der Preis als Wettbewerbsparameter nicht eingesetzt. Die Zigaretten aller Marken hatten den gleichen Preis.

Probleme der Anpassungsstrategie könne sich ergeben, wenn die Initiatoren eines Vorstoßes die Situation anderer Unternehmen nicht berücksichtigen, die aufgrund ihrer Ressourcen, Fähigkeiten und ihres Wissens nicht folgen können.

▶ Der Qualitätssteigerung eines Anbieters des Marktes können andere Konkurrenten nicht folgen.

Die Strategie wird auch dann schwierig, wenn sich der Wettbewerb auf Marketingaktivitäten verlagert, bei denen die Aktions-Reaktions-Verbundenheit noch nicht erkannt wurde und so ein intensiver Wettbewerb entsteht.

▶ Forschende Pharmahersteller vermieden jahrelang einen Preiswettbewerb untereinander, standen aber über die Public Relations (Informationspolitik) in harter Konkurrenz.

Zusammenfassend kann man vermuten, dass die Anpassungsstrategie in späten Phasen des Markt-Lebenszyklus sinnvoll sein können, wenn die Aktions-Reaktions-Verbundenheit von vielen Anbietern eines Markts erkannt ist und weniger Möglichkeiten für die Anbieter bestehen, innovative Marketingmaßnahmen zu ergreifen.

11.3.3 Kooperationen

▶Kooperationen sind dadurch gekennzeichnet, dass zwei oder mehr rechtlich und wirtschaftlich selbstständige Unternehmen implizit oder explizit zusammenarbeiten(Vgl. Hungenberg 2014, S. 509 f.).

Konkurrenzbezogene Kooperationsstrategien basieren auf horizontale Kooperationen (zu Kooperationsformen Vgl. Backhaus und Voeth 2014, S. 553; Hungenberg 2014, S. 511; Rahmati 2010, S. 4). Sie treten in Form von Strategischen Allianzen und Kartellen auf.

Strategische Allianzen entstehen aus der Überlegung, dass durch die Zusammenarbeit von Konkurrenten eines Marktes KKVs effektiver und effizienter zu realisieren sind (Vgl. Morschett 2003, S. 389; Spekman und Isabella 2000, S. 7; Lewis 1994, S. 17; Nadler und Tushman 1997, S. 203 f.; Johnson et al. 2018, S. 295 f.; Homburg 2020, S. 962; Hermanni 2016, S. 13; Zentes et al. 2003, S. 5). Im Einzelnen werden u. a. ressourcen-, zeit-, kosten- und marktbezogene sowie spekulative Motive genannt, die eine Unternehmung bei ihren Kooperationsentscheidungen leiten (Vgl. Müller-Stewens und Lechner 2016, S. 300 f.; Vollert 2004; Hamel 1991, S. 85). **Ressourcenbezogene Motive** beziehen sich darauf, mit der Kooperation den Zugang zu Ressourcen, Fähigkeiten und Wissen der Kooperationspartner zu erhalten. **Zeitbezogene Motive** stellen darauf ab, dass die Realisation von KKVs in der Kooperation schneller möglich ist, als dies für eine einzelne Unternehmung der Fall ist. **Kostenbezogene Motive** zielen auf Kosteneinsparungen der Kooperation durch mengenbezogenen Kostensenkungseffekte, die durch eine verbesserte Ressourcenauslastung (Fixkostendegression), die Steigerung der Verhandlungsmacht (economies of scale) oder durch Erfahrungskurveneffekte ermöglicht werden. **Marktbezogene Motive** stellen häufig den Zugang zu Kunden in den Mittelpunkt, der für die Unternehmung alleine schwierig oder z. B. in Fällen des Protektionismus unmöglich ist. Der Aufbau von Markteintrittsbarrieren durch Kooperationen kann als weiteres marktbezogenes Motiv gelten. **Spekulative Motive** könnten die Furcht vor Übernahme durch Konkurrenten, die Schädigung des Partners oder die Vorbereitung einer eigenen Übernahme des Konkurrenten sein.

Die Kooperation in Strategischen Allianzen kann sich auf einzelne Felder der Wertekette oder auf die gesamte Wertekette beziehen.

11.3 Ausgestaltung konkurrenzbezogener Strategien

▶ Eine Kooperation, die nur Teile der Wertekette einbezieht, besteht zwischen VW und Ford. Im Juni 2020 wurde von beiden Unternehmen eine Zusammenarbeit vereinbart, die Entwicklung und Fertigung von Nutzfahrzeugen und den Ausbau der E-Mobilität vorsieht. Über die gesamte Wertekette erstreckt sich die Kooperation von 28 Fluggesellschaften in der 1997 gegründeten Star Alliance. Die Kooperation erlaubt es den einzelnen Gesellschaften, ihren Kunden Flüge an über 1000 Ziele in fast 200 Ländern anzubieten.

Als Voraussetzung der Bildung und Aufrechterhaltung einer strategischen Allianz gilt zum einen, dass sie in ihrer Gesamtheit gegenüber anderen Allianzen bzw. autonom agierenden Konkurrenten des Marktes KKVs aufbauen und verteidigen kann. Zum anderen muss jeder Teilnehmer der Allianz davon mehr profitieren als von der Mitgliedschaft in einer anderen Kooperation oder von einem autonomen Verhalten.

Es sind dazu einige Anforderungen zu erfüllen (Vgl. Backhaus und Piltz 1990, S. 7 ff., Johnson et al. 2018, S. 460 ff.):

Kompatibilität der Unternehmenskulturen und Akkulturation
Treffen innerhalb strategischer Allianzen unterschiedliche Unternehmenskulturen zusammen (Vgl. zur Unternehmenskultur Kap. 20), so kann dies eine Zusammenarbeit der Mitglieder erschweren oder sogar unmöglich machen. Es ist deshalb bei der Wahl der Partner darauf zu achten, dass die Unternehmenskulturen der verschiedenen Partner ex ante zusammenpassen oder dass eine Akkulturation (kultureller Anpassungsprozess) ohne Widerstände der Mitarbeiter erfolgen kann.

Anreiz-Beitrags-Gleichgewicht
Die Motive der Partner zur strategischen Allianz müssen deckungsgleich oder kompatibel sein. Realisieren nur wenige oder keiner der Partner ihre Ziele, wird die strategische Allianz langfristig nicht überleben. Einzelne oder alle Partner werden die Allianz verlassen.

Vertrauen und Zuverlässigkeit
Innerhalb der strategischen Allianz muss das Vertrauen bestehen, dass sich Partner nicht opportunistisch verhalten. Spekulative Motive zur Teilnahme an einer strategischen Allianz wirken hier kontraproduktiv. Zudem müssen sich die Partner auf ihre gegenseitige Zuverlässigkeit und Integrität verlassen können. Dies betrifft einerseits die Einhaltung von Zusagen. Da nicht alle Eventualitäten, die sich im Zeitablauf ergeben, in der Entstehung einer Kooperation geklärt werden können, muss andererseits gesichert sein, dass bei Veränderungen getätigte Investitionen in die strategische Allianz nicht durch selbstsüchtiges Verhalten einzelner Partner obsolet werden.

Netzeffekte

Besitzt die strategische Allianz für einen oder alle Partner negative Rückwirkungen auf Unternehmensbereiche oder SGFs, die nicht in die Partnerschaft integriert sind, ist eine dauerhafte Allianz gefährdet. Es wird letztlich auf die Bedeutung der Bereiche bzw. SGFs für die Partner ankommen, ob negative Auswirkungen akzeptiert werden oder zum Bruch der strategischen Allianz führen.

Lernprozesse

In jeder strategischen Allianz können die Partner voneinander lernen. Lernt ein Partner die Stärken des oder der anderen schneller und einfacher, besteht für ihn kein Anreiz mehr in der Allianz zu verbleiben. Insofern wird die Steuerung und Nutzung der gegenseitigen Lernprozesse über das langfristige Überleben der strategischen Allianz entscheiden.

Flexibilität

Bedarf es aufgrund von Veränderungen der Umwelt innerhalb der strategischen Allianz gewisser Anpassungsentscheidungen, muss sie die notwendige Flexibilität besitzen, um schnell zu reagieren. Dazu müssen insbesondere Entscheidungs- und Verantwortungsbereiche klar definiert und das Management der Allianz mit den entsprechenden Kompetenzen und Entscheidungsbefugnissen ausgestattet sein. Handlungsverzögerungen in Folge ungeklärter Verantwortungsbereiche, unzureichender Entscheidungsbefugnisse oder mangelnder Kompetenz können vor allem dann zur Auflösung der Allianz führen, wenn Entscheidungen im Konsens oder mit expliziter Zustimmung aller Partner getroffen werden müssen.

Institutionell werden viele strategische Allianzen als **Joint Ventures** realisiert. Die Partner gründen unter Beibehaltung ihrer Selbstständigkeit ein auf den Zweck der strategischen Allianz ausgerichtetes, neues Unternehmen. Denkbar sind zudem die ein- oder wechselseitige **Kapitalbeteiligung**. Die durch die strategische Allianz veranlassten Aufgaben eines Partners werden innerhalb der Unternehmung abgewickelt, wobei die Partner durch die Beteiligung darauf Einfluss besitzen. Nicht zuletzt können **vertragliche Vereinbarungen** (Kooperationsverträge) oder die **vertragslose Zusammenarbeit** Grundlage der strategischen Allianz sein (Vgl. Hagedoorn und Sadowski 1999, S. 88). Die institutionelle Basis hat Einfluss auf die Stabilität der strategischen Allianz (Vgl. Hungenberg 2014, S. 509 f.).

Probleme können sich bei einer strategischen Allianz ergeben durch

- hohe Koordinationskosten der strategischen Allianz,
- hohe Koordinationskosten der strategischen Allianz,
- den Verlust von (exklusiven) Know how bei Beendigung der Kooperation bzw. durch ausscheidende Unternehmen, was zu Nachteilen im anschließenden Wettbewerb führen kann,

11.3 Ausgestaltung konkurrenzbezogener Strategien

- Nachlässigkeiten und Versäumnisse beim Aufbau eigener Ressourcen, Fähigkeiten und Wissens, sodass das autonome Überleben der Unternehmung nicht mehr gewährleistet ist.

In **Kartellen** geben rechtlich und organisatorisch selbständige Unternehmen ihre Handlungsfreiheit auf, um in einer Kooperation Marktergebnisse kalkulierbar und kontrollierbar zu machen. „Collusion is defined as a cooperation among competitors designed to directly or indirectly injure a third party"(Easton 1990, S. 88) Schaden erleiden, je nach Kartellart, Kunden, Konkurrenten außerhalb des Kartells, Lieferanten usw. Es sei hier darauf hingewiesen, dass es sich um explizite Absprachen von Konkurrenten eines Marktes handelt, die von Lernprozessen, mit denen die Aktions-Reaktionsverbundenheit erkannt wird, abzugrenzen sind. Kartelle werden von Unternehmen gegründet, die keine KKVs besitzen bzw. aufbauen und langfristig verteidigen können (Benkenstein und Uhrich 2009, S. 129; Gahl 1989, S. 4).

Tab. 11.3 gibt einen Überblick zu unterschiedlichen Kartellarten.

Die Neigung zur Kartellbildung ist in späten Phasen des Marktlebenszyklus, in denen die Nachfrage stagniert oder schrumpft und Kosten ansteigen, am höchsten („Kartelle als Kinder der Not"). Begünstigt wird eine Kartellbildung durch

- eine niedrige Zahl von Konkurrenten auf dem Markt,
- ähnliche Kostenverläufe der Konkurrenten,
- homogene Leistungen der Konkurrenten,
- hohe Marktaustrittsbarrieren,
- hohe Kapazitätsüberschüsse.

Der Erhaltung des Kartells dient der äußere und innere Kartelldruck. Maßnahmen des **äußeren Kartelldrucks** sind u. a.

- nur Mitglieder des Kartells zu bedienen bzw. nur Leistungen von Mitgliedern des Kartells abzunehmen,
- Treuerabatte und Vergünstigungen als Anreiz für Lieferanten und Kunden, die eingegangenen Verpflichtungen mit dem Kartell zu erfüllen,
- Boykott von Lieferanten und Kunden, die das Kartell umgehen.

Der **innere Kartelldruck** zwingt Mitglieder des Kartells zur Einhaltung des „Kartellvertrags". Bei rechtlich zulässigen Kartellen können Vertragsverstöße gerichtlich eingeklagt werden. Viele Kartelle sind wettbewerbsrechtlich jedoch verboten. In diesem Fall müssten vertragsbrüchige Unternehmen boykottiert werden oder Maßnahmen ergriffen werden, um sie vom Markt zu verdrängen.

Probleme von Kartellen ergeben sich aus deren vielfach wettbewerbsrechtlichen Verbot. Man darf davon ausgehen, dass diejenigen Marktakteure, die aufgrund des inneren

Tab. 11.3 Formen des Kartells. (Quelle: Berg 1981, S. 234 f.)

Kartelltyp	Gegenstand und Zweck des Kartells	Wettbewerbspolitische Beurteilung
Preiskartell	Verpflichtung der K.-Mitglieder zum Absatz zu einheitlichen Festpreisen (Festpreis-K.) oder Verbot des Unterbietens vereinbarter Mindestpreise (Mindestpreis-K.); zur Sicherung der Kartellpreise zumeist auch Regelungen zur Angebotsbegrenzung (Kontingent-K.; Quoten-K.)	Funktionen sich frei bildender Marktpreise und eines unbeschränkten Leistungswettbewerbs werden außer Kraft gesetzt: Ausbeutung der Marktgegenseite durch kollektive Monopolisierung; kein Ausscheiden dauerhaft leistungsschwacher Anbieter; Anreiz zur Innovation entfällt; Reduzierung der Anpassungsflexibilität **In der Marktwirtschaft eindeutig ordnungswidrig**
Submissionskartell	Sonderform des Preis-K.; zielt darauf ab, das Angebotsverhalten der Mitglieder bei öffentlichen Ausschreibungen so zu organisieren, dass gegenseitiges Sich-Unterbieten vermieden wird und jedes K.-Mitglied damit rechnen kann, in vereinbarter Abfolge den Zuschlag als der dann absprachegemäß preisgünstigste Anbieter zu erhalten	Siehe Preiskartell
Rabattkartell	Zählt zu den sogenannten Preis-K. im weiteren Sinne; regelt, aus welchem Anlass, in welcher Form und welcher Höhe Preisnachlässe gewährt werden dürfen	**Bedenklich**, da geeignet, den sogenannten Nebenleistungs-Wettbewerb zu verhindern, der bei Verzicht auf Preiswettbewerb in weitgehend friedlichen Oligopolen ein wesentliches Moment des hier noch bestehenden „Restwettbewerbs" darstellt

(Fortsetzung)

11.3 Ausgestaltung konkurrenzbezogener Strategien

Tab. 11.3 (Fortsetzung)

Kartelltyp	Gegenstand und Zweck des Kartells	Wettbewerbspolitische Beurteilung
Kalkulationskartell	Verpflichtet dazu, Angebotspreise nach einheitlichen Kalkulationsverfahren zu ermitteln	**Bedenklich**, soweit die erhöhte Markttransparenz auf der Angebotsseite die Möglichkeit der Verhaltensabstimmung schafft oder im Oligopol ein so rasches Reagieren auf Wettbewerbsvorstöße erlaubt, dass dadurch der Anreiz zu Preisunterbietungen entfällt
Konditionenkartell	Verpflichtet zur Anwendung einheitlicher allgemeiner Geschäftsbedingungen und will damit Unterschiede in den gewährten Lieferungs-, Haftungs- und Zahlungsbedingungen ausschließen	Siehe Rabattkartell
Frachtbasis-System	Schreibt vor, welche Frachtkosten in den Preisforderungen der K.-Mitglieder berücksichtigt werden dürften. Frachtbasis ist in der Regel der Standort des Anbieters mit den höchsten Transportkosten	Produzenten mit günstigen Standorten realisieren bei Kalkulation des Angebotspreises auf Frachtbasis eine Differentialrente; **räumlich optimale Faktorallokation wird dadurch verhindert**
Syndikat	Verzicht auf autonome Preis- und Mengenpolitik und Verpflichtung zum ausschließlichen Absatz über gemeinsame Verkaufsorganisation; diese hat zumeist auch die Aufgabe, das Einhalten der vereinbarten K.-Bestimmungen zu überwachen	Siehe Preiskartell

(Fortsetzung)

Tab. 11.3 (Fortsetzung)

Kartelltyp	Gegenstand und Zweck des Kartells	Wettbewerbspolitische Beurteilung
Rationalisierungskartell; Spezialisierungskartell	Einheitliche Anwendung von Normen oder Typen (Normungs-K.; Typisierungs-K.). Gemeinsame Maßnahmen, die die Leistungsfähigkeit oder Wirtschaftlichkeit der beteiligten Unternehmen in technischer, betriebswirtschaftlicher oder organisatorischer Hinsicht steigern sollen (Rationalisierungs-K.). Spezialisierung auf bestimmte Sortimente (Spezialisierungs-K.)	Die behauptete wettbewerbs- politische Unbedenklichkeit kann mit Hinweis darauf bestritten werden, dass hier Kostenersparnisse durch kollektives Handeln und ex-ante-Koordinierung angestrebt werden, die nach marktwirtschaftlichem Prinzip durch individuelle Unternehmerinitiative und ex-post-Koordinierung der autonomen Dispositionen durch freie Preisbildung und Wettbewerb realisiert werden sollen. Spezialisierungs-K. beseitigen zudem Angebotsüberschneidungen und damit Wettbewerbsbeziehungen

(Fortsetzung)

11.3 Ausgestaltung konkurrenzbezogener Strategien

Tab. 11.3 (Fortsetzung)

Kartelltyp	Gegenstand und Zweck des Kartells	Wettbewerbspolitische Beurteilung
Krisenkartell	Konjunktur(krisen)-K. zielen darauf ab, bei konjunkturell bedingtem Nachfragerückgang das Ausbrechen eines aggressiven Preiswettbewerbs („ruinöse Konkurrenz") zu verhindern; Strukturkrisen-K. sollen dauerhaft drohende, da strukturell bedingte Überkapazitäten durch gemeinsame Regelungen des Kapazitätsabbaus beseitigen	Konjunktur(krisen)-K. können **negative Beschäftigungswirkungen** eines Nachfragerückgangs durch Erhöhung der Preisrigidität verstärken; Strukturkrisen-K. beinhalten die Gefahr, notwendige **Strukturanpassungen zu verzögern** und damit die Anpassungsflexibilität des Wirtschaftssystems zu vermindern
Export (Import-) kartell	Export-K. dienen dem Organisieren gemeinsamer Strategien, um internationale Wettbewerbsfähigkeit der K.-Mitglieder auf ausländischen Märkten zu stärken und um hier einen Wettbewerb der K.-Mitglieder untereinander zu vermeiden. Import-K. sollen ausländischen Anbietern den Zugang zum heimischen Markt der K.-Mitglieder versperren oder Gegenmarktmacht zu Export-K. ausländischer Produzenten bilden	Export-K. provozieren Abwehrstrategien (Import-K.) und begründen dann einen Protektionismus, der dem Freihandelspostulat widerspricht. Import-K. verhindern das Wirksamwerden von Importkonkurrenz und vermindern damit die Chance bestmöglicher Versorgung

oder äußeren Kartelldrucks Nachteile erleiden, den Rechtsweg beschreiten. Im Falle der Verurteilung erleiden Kartellmitglieder finanzielle Einbußen und Imageschäden. In diesem Zusammenhang steht auch das Problem, dass bei Beendigung oder Zerschlagung des Kartells dessen Mitglieder nicht genügend eigene Ressourcen, Fähigkeiten und Wissen aufgebaut haben, um weiterhin im Wettbewerb zu bestehen. Nicht zuletzt begünstigen Kartelle, insbesondere, wenn dadurch der Preiswettbewerb ausgeschaltet wird, die Gefahr von Substitutionsangeboten. Gerade in späten Phasen des Marktlebenszyklus beschleunigt das Kartell den Wechsel der Kunden zu innovativen Substitutionstechnologien.

11.3.4 Konfliktstrategien

Konfliktstrategien versuchen mit einem innovativen oder unerwarteten Verhalten die Marktposition eines oder mehrere Konkurrenten zu schwächen oder diese aus dem Markt zu drängen, auch um ggf. die Marktführerschaft zu erlangen. Ein konfliktäres Verhalten ist häufig zu beobachten

- auf Oligopolmärkten mit hoher Transparenz (Telekommunikationsmarkt, Discounter)
- in späten Phasen des Marktlebenszyklus, in denen bei stagnierendem und schrumpfendem Marktwachstum in einem Nullsummenspiel Marktanteile nur zu Lasten der Konkurrenten gewonnen werden können (Vgl. Meffert et al. 2018, S. 186).

Als Formen des Angriffs werden (Vgl. Abb. 11.4) der Frontalangriff, die Umzingelung, der Flankenangriff aber auch der Guerilla-Angriff betrachtet (Vgl. Kotler et al. 2015, S. 385 f.; Meffert et al. 2019, S. 352 ff.).

Bei einem **Frontalangriff** werden die wichtigsten Domäne eines Konkurrenten angegriffen. Es kann sich dabei um die wichtigsten Produktbereiche, Ländermärkte oder Kunden handeln. Letztlich geht es darum, den Kunden der angegriffenen Konkurrenz einen höheren Netto-Nutzen zu bieten (Schaffung einer positiven Netto-Nutzen-Differenz).

Während der Direktangriff darauf abzielt, dieselben Wünsche und Bedürfnisse der Kunden besser zu befriedigen als die Konkurrenz, richtet sich die **Umzingelungsstrategie**

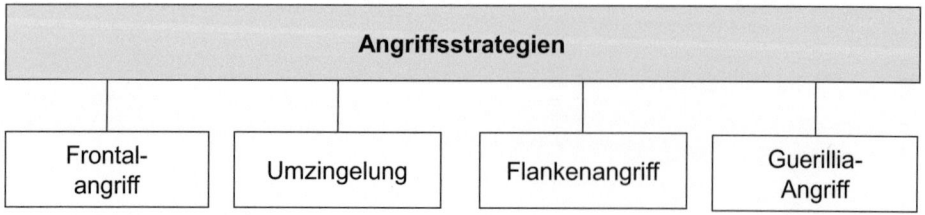

Abb. 11.4 Angriffsstrategien

darauf aus, zusätzliche, spezifische, von der Konkurrenz bislang nicht oder unzureichend erfüllte Kundenbedürfnisse zu erfüllen. Der angegriffene Konkurrent wird nicht nur durch ein direktes Angebot herausgefordert, sondern durch den vielfältigen Einsatz der Marketinginstrumente (z. B. mit mehreren Marken, unterschiedliche Preisen, alternativer Vertriebswege und Kommunikationskanälen).

Ein **Flankenangriff** nutzt Schwächen der Konkurrenten aus und befriedigt punktuell bislang vollständig oder unzureichend erfüllte oder spezifische Wünsche von Konkurrenzkunden. Ein Flankenangriff kann sich auch auf bislang von der Konkurrenz vernachlässigte Kunden z. B. auf Auslandsmärkten beziehen.

Guerilla-Angriffe (Vgl. zum Begriff Hutter und Hoffmann 2013, S. 12 ff.) versuchen mit zeitlich begrenzten konventionellen oder unkonventionellen Aktivitäten Marktanteile der Konkurrenz zu erlangen. Der Theorie der Marketing-Hysterese folgend (Vgl. Abschn. 9.3) sind solche Aktivitäten ökonomisch sinnvoll, wenn sie völlige oder teilweise Remanenz hinterlassen, d. h. dass nach ihrer Beendigung dauerhafte Wirkungen entsprechend der Ziele des Angreifers erhalten bleiben.

Bei einem Angriff müssen i. d. R. alle Marketinginstrumente zum Einsatz kommen (Vgl. Kotler et al. 2015, S. 386). Der Erfolg hängt davon ab, dass der Angreifer über die erforderlichen Ressourcen verfügt, um den Angriff so lange fortzusetzen, bis die Marktposition des anvisierten Konkurrenten tatsächlich dauerhaft geschwächt ist (Vgl. Kotler et al. 2015, S. 385). Beispiele wären sehr niedrige Preise bei gleicher Qualität der Leistung, die so lange durchzuhalten sind, bis Marktanteile von der der Konkurrenz dauerhaft von der Unternehmung gewonnen sind. Dies setzt entsprechende finanzielle Mittel oder die Möglichkeit des kalkulatorischen Ausgleichs etc. voraus (Vgl. Vollert 2004).

Es muss damit gerechnet werden, dass angegriffene Konkurrenten ihre Marktposition aggressiv verteidigen (Vgl. Benkenstein und Uhrich 2009, S. 129). Für diversifizierte Angreifer besteht eine besondere Gefahr im **Mehrpunktwettbewerb** (Vgl. Meffert et al. 2019, S. 353). Angegriffene Konkurrenten können nicht nur auf dem gleichen, sondern auch auf anderen sachlichen oder geographischen Märkten zu Gegenmaßnahmen greifen. Nicht zuletzt bleibt zu berücksichtigen, dass Angriffe auf einen Konkurrenten auch andere Anbieter des Marktes tangieren (z. B. niedrige Preise auf dem Markt), die sich dann kollektiv verteidigen müssen (Rudeleffekt). Als spezifische Angriffsstrategie kann das sogenannte **Unfriendly takeover** gelten, bei dem eine Unternehmung die Aktienmehrheit eines Konkurrenten gegen dessen Willen übernimmt.

Literatur

Backhaus, K.; Piltz, K. (1990): Strategische Allianzen – eine neue Form kooperativen Wettbewerbs? In: Backhaus, K.; Piltz, K. (Hrsg.): Strategische Allianzen. Düsseldorf; Frankfurt am Main, S. 1–10

Backhaus, K.; Voeth, M. (2014): Industriegütermarketing. 10. Aufl., Franz Vahlen, München

Bain, J. S (1956): Barriers to New Competition – Their Character and Consequences in Manufacturing Industries. Harvard University Press, Cambridge
Bain, J. S. (1968): Industrial Organization. 2nd edition, J.Wiley, New York u. a.
Behnke, J. (2020): Entscheidungs- und Spieltheorie. 2. Aufl., Nomos Verlagsgesellschaft, Baden-Baden
Benkenstein, M.; Uhrich, S. (2009): Strategisches Marketing. 3. Aufl., W. Kohlhammer, Stuttgart
Berg, H. (1981): Wettbewerbspolitik. Vahlens Kompendium der Wirtschaftstheorie und Wirtschaftspolitik. Bd. 2, Vahlen, München, S. 214–265
Böbel, I. (1984): Wettbewerb und Industriestruktur. Industrial Organisation – Forschung im Überblick. Springer, Berlin u. a.
Brezski, E. (1993): Konkurrenzforschung im Marketing: Analyse und Prognose. DUV, Wiesbaden
Bryan, L. L.; Joyce, C. I. (2007): Better Strategy through Organizational Design. In: The McKinsey Quarterly 2, S. 21–29, https://wp.kennisbanksocialeinnovatie.nl/wp-content/uploads/2020/08/betterstrategythroughorganizationaldesign.pdf. Zugegriffen: 21. Juli 2023
Burgelman, R. A.; Grove, A. S. (2007): Let Chaos Reign, Then Reign In Chaos -Repeatedly: Managing Strategic Dynamics for Corporate Longevity. Herausgegeben von Graduate School of Business. Stanford University. (Research Paper Series, 1954). http://ssrn.com/abstract=959225. Zugegriffen: 12. Mai 2020
D'Aveni, R. A. (1995): Coping with Hypercompetition: Utilizing the New 7S's Framework. In: The Academy of Management Executive 9 (3), S. 45–57
D'Aveni, R. A. (1997): Waking up to the New Era of Hypercompetition. In: The Washington Quarterly 21 (1), S. 183–195
D'Aveni, R. A. (1999): Strategic Supremacy Through Disruption and Dominance. In: Sloan Management Review (Spring), S. 127–135
Dixit, A. K; Nalebuff, B. J. (1993): Thinking Strategically. WW Norton Company, New York
Easton, G. (1990): Relationship Among Competitors. In: Day. G.; Weitz, B.; Wensley, R. (Hrsg.): The Interface of Marketing and Strategy. Greenwich, London, S. 57–100
Fehl, U.; Oberender, P. (2004): Grundlagen der Mikroökonomie. 9. Aufl., Franz Vahlen, München
Freiling, J.; Reckenfelderbäumer, M. (2004): Markt und Unternehmung. Gabler Verlag, Wiesbaden
Gahl, A. (1989): Strategische Allianzen, Arbeitspapier Nr.11/1989, Arbeitspapiere des Betriebswirtschaftlichen Instituts für Anlagen und Systemtechnologien. Hrsg.: Backhaus, K., Münster
Hagedoorn, J.; Sadowski, B. (1999): The Transition from Strategic Technology Alliances to Mergers and Acquisitions: An Exploratory Study. In: Journal of Management Studies 36 (1), S. 87–106
Hamel, G. (1991): Competition for Competence and Interpartner Learning within International Strategic Alliances. In: Strategic Management Journal 12, S. 83–103
Hermanni, A.-J. (2016): Business Guide für strategisches Management, Springer Gabler, Wiesbaden
Heuss, E. (1980): Wettbewerb. In: Handwörterbuch der Wirtschaftswissenschaften. Bd. 8, diverse Verlage, Stuttgart, S. 679ff
Homann; K.; Lütge, C. (2005): Einführung in die Wirtschaftsethik. Lit Verlag, Münster
Homburg, Chr.: (2020): Marketing Management. 7. Aufl., Gabler Springer, Wiesbaden
Hungenberg, H. (2014): Strategisches Management in Unternehmen. Ziele – Prozesse – Verfahren. 8., aktualisierte Aufl., Springer Gabler, Wiesbaden
Hutter, K.; Hoffmann, S. (2013): Professionelles Guerilla-Marketing. Springer Gabler, Wiesbaden
Johnson, G.; Whittington, R.; Scholes, K.; Angwin, D.; Regnér, P.; (2018): Strategisches Management. Eine Einführung. 11. aktualisierte Auflage. Pearson, Hallbergmoos

Kerth, K.; Asum, H. Stich, V. (2015): Die besten Strategietools in der Praxis. 6. Aufl., Carl Hanser Verlag, München

Kotler, P.; Keller, K. L.; Opresnik, M. O. (2015): Marketing-Management. Konzepte – Instrumente – Unternehmensfallstudien; [inklusive MyLab, deutsche Version]. 14. aktualisierte Aufl., Pearson (Wirtschaft), Hallbergmoos

Lewis, J. D. (1994): Zen and the Art of An Alliance. Face to Face (Interview). In: Management Review (December), S. 17–19

Lücking, J. (1995): Marktaggressivität und Unternehmenserfolg: Theoretische Ansätze und empirische Untersuchung in Märkten für technische Gebrauchsgüter. Duncker & Humblot, Berlin

McCain, R. (2017): Game Theory and Public Policy. 2ed., Edgar Elgar Publishing, Cheltenham

Meffert, H. (1994): Marketing-Management. Analyse – Strategie – Implementierung. Gabler, Wiesbaden

Meffert, H.; Bruhn, M.; Hadwich, K. (2018): Dienstleistungsmarketing. 9. Aufl., Springer Gabler, Wiesbaden

Meffert, H.; Burmann, Ch.; Kirchgeorg, M.; Eisenbeiß, M. (2019): Marketing. 13. Aufl., Springer Gabler, Wiesbaden

Miles, R. E.; Snow, C. C. (1978): Organizational strategy, structure and process. McGraw-Hill Book Company, New York

Morschett, D. (2003): Formen von Kooperationen, Allianzen und Netzwerken. In: Zentes, J.; Swoboda, B.; Moschett, D. (Hrsg.): Kooperationen, Allianzen und Netzwerke. Grundlagen, Ansätze, Perspektiven. Gabler, Wiesbaden, S. 387–413

Müller-Stewens, G.; Lechner, C. (2016): Strategisches Management. Wie strategische Initiativen zum Wandel führen. 5. Aufl., Schäffer-Poeschel, Stuttgart

Nadler, D. A.; Tushman, M. L. (1997): Implementing New Designs. Managing Organizational Change. In: Nadler, D. A.; Tushman, M. L. (Ed.): Competing by Design. The Power of Organizational Architecture. Oxford University Press, Oxford S. 181–203

Norman, G.; Nichols, K. (1982): Dynamic Market Strategy Under Threat of Competitive Entry: An Analysis of the Pricing and Production Policies open to the Multinationals Companies. In: JIE 31. (Sept./Dec.), S. 153–17

Oberender, P. (1973): Industrielle Forschung und Entwicklung. Eine theoretische und empirische Analyse bei oligopolistischen Marktprozessen. Haupt Verlag, Bern; Stuttgart

Oberender, P. (1977): Zur Diagnose wettbewerblicher und nicht-wettbewerblicher Marktprozesse. In: Jahrbuch für Sozialwissenschaften Bd.28, S.277–284

Oberender, P. (1987): Marktwirtschaft und Innovation; Grenzen und Möglichkeiten staatlicher Innovationsförderung. In: Kantzenbach, E.; Oberender; P.; Seidenfus, F.: Beiträge zur Innovationspolitik. (Hrsg.: Werner, J.), Duncker & Humblot, Berlin, S. 9–26

Oberender, P. (1991): Grundbegriffe der Mikroökonomie. 4. Aufl., PCO Verlag Bayreuth

Oberender, P. (1999): Grundbegriffe der Mikroökonomie. 7. Aufl., PCO Verlag, Bayreuth

Porter, M. E. (2010): Wettbewerbsvorteile. 7. Aufl., Campus, Frankfurt am Main, New York

Porter, M. E. (2013): Wettbewerbsstrategien. 12. Aufl., Campus, Frankfurt am Main, New York

Rahmati, A. (2010): Strategische Allianzen in der Automobilindustrie. Diplomica Verlag GmbH, Hamburg

Rhoades, S. A. (1973): The Effect of Diversification on Industry Profit Performance in 241 Manufacturing Industries. In: RES (May), S. 146–155

Scheufer, M. (2020): Angewandte Mikroökonomie und Wirtschaftspolitik. 2. Aufl., Springer Gabler, Berlin

Schuh, G., Boos, W.; Kampker, A.; Gartzen, U. (2011): Strategie. In: Schuh, G.; Kampker, A. (Hrsg): Strategie und Management produzierender Unternehmen. Handbuch Produktion und Management 1. 2. Aufl., Springer-Verlag, Berlin Heidelberg, S. 63–131

Simon, H.; Fassnacht, M. (2016): Preismanagement, Analyse – Strategie – Umsetzung. 4. vollständig überarbeitete und erweiterte Aufl., Springer Gabler, Wiesbaden

Slater, S.; Olson, E. M.; Hult, G. T. M. (2006): The Moderating Influence of Strategic Orientation on the Strategy Formation Capability – Performance Relationship. Research Notes and Commentaries. In: Strategic Management Journal 27, S. 1221–1231

Souza, G. C.; Bayus, B. L.; Wagner, H. M. (2004): New-Product Strategy and Industry Clock-speed. In: Management Science 50 (4), S. 537–549

Spekman, R. E.; Isabella, L. A. (2000): Alliance Competence. Maximizing the Value of your Partnerships. Wiley, New York, u. a.

Vollert, K. (2004): Grundlagen des strategischen Marketing. 3. Aufl., PCO, Bayreuth

Zentes, J.; Swoboda, B.; Morschett, D. (2003): Kooperationen, Allianzen und Netzwerke — Grundlagen, „Metaanalyse" und Kurzabriss. In: Zentes, J.; Swoboda, B.; Morschett, D (Hrsg): Kooperationen, Allianzen und Netzwerke. Gabler Wiesbaden, S. 3–32

Absatzmittlerbezogene Strategien

12

Inhaltsverzeichnis

12.1 Einordnung absatzmittlerbezogener Strategien in die Distributionspolitik 519
12.2 Akquisitorisches Distributionssystem der Unternehmung 520
    12.2.1 Direkter und indirekter Vertrieb 521
    12.2.2 Länge und Breite des Vertriebsweges 528
    12.2.3 Breite des Vertriebssystems 530
12.3 Absatzmittlerbezogene Basisstrategien 533
    12.3.1 Notwendigkeit absatzmittlerbezogener Basisstrategien 533
    12.3.2 Formen absatzmittlerbezogener Basisstrategien 534
        12.3.2.1 Umgehungs-und Ausweichstrategien 535
        12.3.2.2 Konfliktstrategien 537
        12.3.2.3 Kooperationsstrategien 539
        12.3.2.4 Anpassungsstrategien 544
Literatur 548

12.1 Einordnung absatzmittlerbezogener Strategien in die Distributionspolitik

▶ Die Distributions- oder Vertriebspolitik (zur Begriffsdiskussion Vgl. Homburg 2020, S. 940 f.) umfasst die Planung, Entscheidung, Durchsetzung und Kontrolle aller Aktivitäten, die sich auf die Verteilung von Leistungen vom Hersteller zum Kunden unter Überbrückung von Raum und Zeit beziehen, mit dem Ziel, KKVs aufzubauen und zu erhalten (Vgl. Bruhn 2019, S. 253; Specht und Fritz 2005, S. 35 f.; Meffert et al. 2019, S. 579; Winkelmann 2010, S. 287; Ahlert 1996; Nieschlag et al. 2002).

Das Distributionssystem besitzt dazu eine akquisitorische und eine logistische Komponente (Vgl. Specht und Fitz 2005, S. 48). Das **akquisitorische Distributionssystem** regelt das Management der Absatzwege zur Realisation von Kaufabschlüssen und beschäftigt sich mit den rechtlichen, ökonomischen, informatorischen und sozialen Beziehungen der am Distributionsprozess beteiligten Institutionen und Personen (Vgl. Vollert 2009, S. 167). Wesentliche Aufgaben des akquisitorischen Distributionssystems sind die Gestaltung des Vertriebssystems, die Gestaltung der Beziehungen zu den Vertriebspartnern und die Gestaltung der Verkaufsaktivitäten (Vgl. Bruhn 2019, S. 254, Homburg 2020, S. 941). Das **logistische Distributionssystem** (Marketinglogistik) lenkt die Beziehungen, die notwendig sind, um durch Transport und Lagerhaltung sowie den damit einhergehenden Informationsfluss, die physische Versorgung der Kunden mit den Leistungen der Unternehmung unter Überbrückung von Raum und Zeit sicherzustellen (Vgl. Vollert 2009, S. 167; Homburg 2020, S. 942; Gleißner 2008, S. 123).

Absatzmittlerbezogene Strategien sind in Abhängigkeit der Ausgestaltung des akquisitorischen Distributionssystems zu betrachten.

12.2 Akquisitorisches Distributionssystem der Unternehmung

Bei der Ausgestaltung des akquisitorischen Distributionssystems ist einmal die Unterscheidung nach der Art des Vertriebs in den direkten und indirekten Vertrieb zu treffen. Zudem muss bzgl. der Konfiguration des Vertriebssystems zum einen über die Länge und Breite der Vertriebswege befunden werden. Zum anderen beschäftigt sich die Frage der Breite des Vertriebssystems mit der Nutzung unterschiedlicher Vertriebswege (Mehrkanalsystem). Die Entscheidungstatbestände der akquisitorischen Distribution sind Abb. 12.1 zusammengefasst.

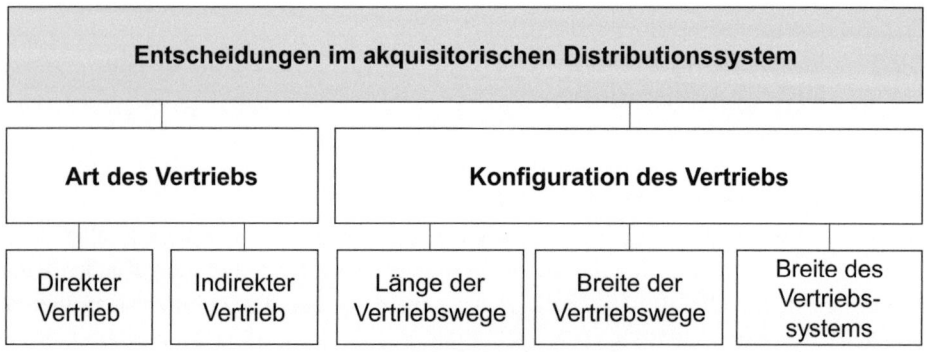

Abb. 12.1 Entscheidungen im akquisitorischen Distributionssystem

12.2.1 Direkter und indirekter Vertrieb

Bei einem **direkten Vertrieb** erfolgt der Verkaufskontakt zwischen der Unternehmung und dem Endverbraucher nur mit unternehmenseigenen Distributionsorgane ohne Einschaltung von Absatzmittlern (Vgl. Vollert 2009, S. 168; Meffert et al. 2019, S. 589; Becker 2019, S. 528, Bruhn 2019, S. 258; Heinemann 2013, S. 5). Das logistische Distributionssystem bleibt davon unberührt. Alternativen des direkten Vertriebs sind, wie in Tab. 12.1 dargestellt, der Direktverkauf und herstellereigene Verkaufsstellen (Vgl. Schögel und Tomczak 1999, S. 17 ff.; Meffert 1994, S. 169 f.; Bruhn 2019, S. 258).

Als **Offline-Möglichkeiten des Direktverkaufs** gelten der persönliche Verkauf über das Verkaufspersonal der Unternehmung (Vgl. Homburg 2020, S. 942 ff.; Specht und Fitz 2005, S. 66 ff.), der Telefonverkauf auch über Call-Center, der Katalogverkauf, der Verkauf über Rundfunk und TV (z. B. Teleshopping) sowie der Direct-Mail Verkauf.

Online-Alternativen des Direktverkaufs sind der Verkauf über den eigenen Chatbot und Online-Shop. Chatbots nehmen automatisiert Anfragen entgegen und reagieren darauf mit vorgefertigten Antworten. Sie werden bei Kundenanfragen, zur Kundenakquisition sowie zur Realisation von Verkaufsabschlüssen genutzt (Vgl. Homburg 2020, S. 945; Heinemann 2020, S. 202; Kollmann 2019, S. 570). Der E-Shop kann als virtueller Verkaufsraum der Unternehmung bezeichnet werden (Vgl. Ahlert et al. 2018, S. 363). Der Verkauf erfolgt über durch das Internet verbundene Computer der Unternehmung und der Kunden unter den Rahmenbedingungen des elektronischen Informationsaustausches (Vgl. Kollmann 2019, S. 259). Elemente eines E-Shops können der Online-Katalog, die Online-Produktpräsentation, der Online-Warenkorb, die Online-Produktbestellung, die Online-Bezahlung und die Online-Produktlieferung sein (Vgl. Kollmann 2019, S. 264 ff.).

Tab. 12.1 Alternativen des Direkten Vertriebs

Direktverkauf		Herstellereigene Verkaufsstellen	
Offline	**Online**	**Mobil**	**Stationär**
Persönlicher Verkauf;	Chatbots;	Fahrbare Verkaufsstellen (Home Delivery Service);	Shop in Shop;
Telefonverkauf;	Online Shop/ E-Commerce;	Messeverkauf;	Franchise;
Katalogverkauf;		Hotelverkauf;	Konzessionen;
Direct-RTV;		Haus zu Haus-Verkauf;	Filialverkauf;
Direct-Mail-Verkauf;		Partyverkauf;	Fabrikverkauf (Factory Outlet);
			Show – Room;

Eine Variante des Online-Shops ist der Virtual-Reality Shop, bei dem die Produkte dreidimensional in einer virtuellen Realität angeboten werden (Vgl. Homburg 2020, S. 598). Der E-Shop ist mit verschiedenen Vor- und Nachteilen verbunden (Vgl. Kollmann 2019, S. 260 f., Kollmann 2013, S. 173; Heinemann 2011, S. 36 ff., Meffert et al. 2019, S. 590; Ahlert et al. 2018, S. 263), wie sie in Tab. 12.2 zusammengestellt sind.

Herstellereigene Verkaufsstellen können mobil oder stationär betrieben werden. Zu den **mobilen Verkaufsstellen** gehören der Home Delivery Service, der Messeverkauf, der Hotelverkauf, der Haus zu Haus Verkauf und der Partyverkauf. Als **stationäre Verkaufsstellen** kommen eigene Geschäfte und Flagship-Geschäfte, Factory Outlets, Konzessionen und ein Shop in Shop infrage (Vgl. The Boston Consulting Group 2005, S. 11 ff.; Specht und Fitz 2005, S. 67 f.; Zentes 2012, S. 91 ff.). Mit eigen Geschäften übernimmt die Unternehmung sämtliche Handelsfunktionen und baut ggf. ein flächendeckendes Filialnetz auf. Als Sonderform können Flagship-Geschäfte (z. B. der Sony Center in Berlin) betrachtet werden, die an ausgewählten Orten insb. der Profilierung der Marke dienen.

Tab. 12.2 Vor- und Nachteile des E-Shops als Alternative des Direktverkaufs

	Vorteile	Nachteile
Unternehmensperspektive	Weltweite Präsenz; Permanente Erreichbarkeit; Präsentation des gesamten Angebots; Erschließung neuer Kunden und Kundengruppen; Direkter Kundenkontakt; Gewinnung von Kundendaten; Intensive Geschäftsbeziehungen; Personalisierung und Individualisierung des Angebots; Direkte Bestellannahme; Zeit- und Kostenvorteile beim Verkauf; Umgehung der Handelsmacht;	Hoher technischer Aufwand; Hohe Kosten der Installation und des Betriebs; Wettbewerb mit branchenfremden Anbietern; Offenlegung des Angebots für Konkurrenten; Fehlender persönlicher Kundenkontakt; Eingeschränkter Einsatz der Modalitäten beim Verkauf (z. B. Riechen, Tasten, Schmecken);
Kundenperspektive	Anywhere und Anytime-Verfügbarkeit; Angebotsvielfalt und Möglichkeit des Vergleichs; Erhöhte Markttransparenz; Anlieferung ins Haus;	Fehlender physischer Kontakt zum Produkt; Fehlender sozialer Kontakt beim Einkauf; z. T. eingeschränkte Möglichkeiten der Steuerung der Auslieferung: Preisgabe von persönlichen Daten; Datensicherheit; Unsicherheit bei der Zahlungsabwicklung;

Factory Outlets verkauften ursprünglich Restposten und Retouren und speziell für diese Vertriebsform gefertigte Waren in der bzw. in der Nähe der Fabrikationshallen der Unternehmung meist zu günstigen Preisen. In der Zwischenzeit finden sie sich auch weit entfernt der Produktion in der Fläche. Zudem wird das Sortiment zunehmend durch „reguläre Ware" ergänzt (Vgl. Meffert et al. 2019, S. 592 f.). Konzessionen bezeichnen von einem Handelsunternehmen gemietete Flächen, auf denen die Unternehmung auf eigene Rechnung verkauft. Die Unternehmung übernimmt die Bestands- und Dispositionsverantwortung und arbeitet mit eigenem Personal. Shop in Shop Konzepte (>40 m^2) bzw. Corners (<40 m^2) stellen eine deutlich abgegrenzte Fläche in einem Handelsgeschäft dar, die von der Unternehmung ausgestattet und gestaltet wird. Warenrisiko, Präsentation, Preissetzung, System- und Personalverantwortung übernimmt das Handelsgeschäft.

Mobile und stationäre Alternativen des Direktvertriebs besitzen verschiedene Vor- und Nachteile (Vgl. Tab. 12.3). Als Vorteile können eine steigende Prozesseffizienz z. B. in Form eines schnelleren Marktzutritts, der effizienteren Sortimentsplanung und Bestandsermittlung etc. gelten. Zudem bestimmt die Unternehmung selbst den Marktauftritt und das Marketing. Dies gilt insbesondere auch für die Bestimmung des Preises, die weitgehend frei von Aktionen des Handels (Sonderpreisaktionen etc.) ist. Zudem besitzt die Unternehmung den direkten Zugang zum Kunden und kann sich mit diesen austauschen. Damit verbunden ist die bessere Identifikation von Kundendaten. Nicht zuletzt steigt die Unabhängigkeit der Unternehmung vom Handel. Nachteilig wirkt sich beim indirekten Vertrieb ein hoher Investitionsbedarf z. B. für den Standort, die Ausstattung und das Verkaufspersonal aus. Darüber hinaus steigen die operativen Kosten und die damit verbundenen Risiken (z. B. das Risiko des Verderbens der Leistungen). Zudem ist ein Massenvertrieb nur eingeschränkt über ein weitgestreutes Filialsystem zu hohen Kosten möglich.

Ein **indirekter Vertrieb** liegt vor, wenn rechtlich und wirtschaftlich selbständige externe Vertriebspartner in den Verkaufsprozess eingebunden sind (Vgl. Homburg 2020, S. 950; Meffert et al. 2019, S. 589; Becker 2019, S. 528 f.; Specht und Fitz 2005, S. 164; Irrgang 1989, S. 2 f.). Es handelt sich dabei primär um Handelsunternehmen

Tab. 12.3 Vor- und Nachteile des stationären und mobilen Direktvertriebs. (Quelle: In Anlehnung an The Boston Consulting Group 2005, S. 2005, S. 17)

Beurteilung des stationären und mobilen Direktvertriebs	
Vorteile	**Nachteile**
Steigerung der Prozesseffizienz;	Hoher Investitionsbedarf;
Bestimmung des Marktauftritts und des Marketings;	Hohe operative Kosten und Risiken;
Verbesserung der Preisrealisation;	Strategische Risiken;
Zugang zum Endkunden;	Eingeschränkte Möglichkeiten des Massenvertriebs
Unabhängigkeit vom Handel;	

(Großhändler und Einzelhändler). Um einen indirekten Vertrieb handelt es sich aber auch, wenn an die Unternehmung gebundene Vertriebspartner wie Vertragshändler und Franchisenehmer, aber auch Absatzhelfer wie Handelsvertreter, Kommissionäre, Makler und Vertriebsagenturen einen wesentlichen akquisitorischen Beitrag zum Kaufabschluss leisten (Vgl. Homburg 2020, S. 943 ff.; Specht und Fitz 2005, S. 108 f.). Im Folgenden steht der Handel im Mittelpunkt.

▶**Handelsunternehmen** sind rechtlich und wirtschaftlich unabhängige Unternehmen, deren Hauptzweck in der Übertragung wirtschaftlicher Verfügungsmacht gegen Geld liegt. Sie kaufen im eigenen Namen für eigene oder fremde Rechnung Waren und verkaufen diese unverändert oder nach handelsüblicher Manipulation weiter (Vgl. Nieschlag et al. 2002; Specht und Fitz 2005, S. 71; Kotler u. a. 2015, S. 514; Swoboda et al. 2019, S. 2; Schröder 2012, S. 17).

Der Handel tritt in unterschiedlichen Betriebsformen und Betriebstypen auf (Vgl. Ahlert et al. 2018, S. 126; Gittenberger und Teller 2012, S. 215 ff.; Lerchenmuller 2003, S. 265 f.; Müller-Hagedorn und Natter 2011, S. 90 f.; Tietz 1993, S. 29).

▶**Betriebsformen** sind unternehmensübergreifende Systematiken von Handelsbetrieben. Betriebstypen stellen unternehmensindividuelle Systematiken von Betreibungskonzepten dar. Eine Abgrenzung beider Begriffe ist nicht immer eindeutig möglich.

Handelsbetriebe können prinzipiell in Außen- und Binnenhandelsbetriebe unterteilt werden (Vgl. Ahlert et al. 2018, S. 128). Bei den Binnenhandelsbetrieben werden einstufige und mehrstufige Handelsbetriebe unterschieden (Vgl. Abb. 12.2). Einstufige Handelsbetriebe können in Groß- und Einzelhändler differenziert werden. Während **Großhändler** an andere (Einzel-) Handelsunternehmen, Weiterverarbeiter, gewerbliche Verbraucher oder behördliche Großverbraucher verkaufen, sind die Kunden des **Einzelhandels** private Konsumenten bzw. Haushalte (Swoboda et al. 2019, S. 3).

Großhandelsunternehmen (GH) können nach einer Vielzahl von Kriterien klassifiziert werden (Vgl. Tietz 1993). Dazu gehören die Marktorientierung (Aufkauf- vs. Absatzgroßhandel), die Sortimentsdimension (Sortiments- vs. Spezialgroßhandel), die Warenart (Produktionsgüter- vs. Konsumgütergroßhandel), sowie die Übernahme verschiedener Funktionen. Nach letzteren werden häufig der Zustell-Großhandel, der Cash und Carry-Großhandel, Rack Jobber, der Strecken-Großhandel, der Sortimentsgroßhandel und der Spezialgroßhandel unterschieden (Vgl. z. B. Specht und Fitz 2005, S. 75; Becker 2019, S. 532, Swoboda et al. 2019, S. 86 ff.). Der Zustellgroßhandel liefert die Ware zum Betrieb des Kunden. Beim Cash und Carry Großhandel (Selbstbedienungsgroßhandel) stellt der Kunde die Waren beim Großhändler selbst zusammen, zahlt und sorgt selbst für den Abtransport. Rack Jobber bewirtschaften den Verkaufsraum bzw. die Regale von Einzelhändlern oder Cash und Carry Großhändlern. Der Streckengroßhandel befördert

12.2 Akquisitorisches Distributionssystem der Unternehmung

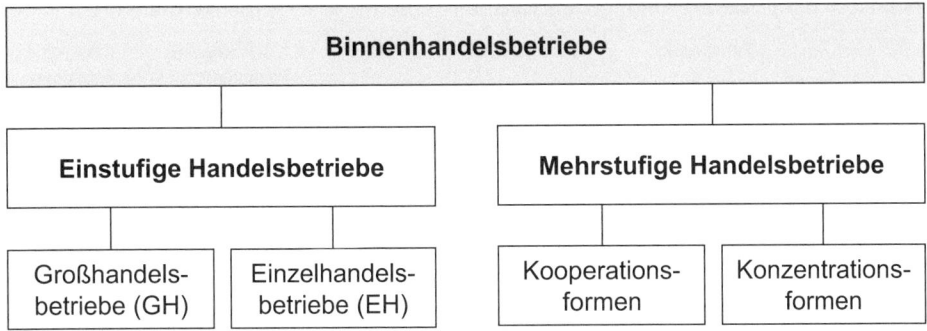

Abb. 12.2 Systematik des Binnenhandels. (In weitester Anlehnung an Ahlert et al. 2018, S. 128)

Handelsware ohne Einlagerung vom Vorlieferanten zum Kunden. Der Sortimentsgroßhandel besitzt ein breites, aber wenig tiefes Angebot unterschiedlicher Warengruppen, um den Bedarf seiner Zielgruppen möglichst umfangreich abdecken zu können. Demgegenüber besitzt der Spezialgroßhandel ein wenig breites, aber tiefes Sortiment. Die von den Großhändlern übernommenen Funktionen sind in Abb. 12.3 dargestellt.

Auch **Einzelhändler** können unterschiedlich charakterisiert werden (Vgl. Oehme 2001, S. 319; Specht und Fitz 2005, S. 81; Meyer 1978, S. 543, Homburg 2020, S. 1097; Swoboda et al. 2019, S. 95 ff.; Heinemann 2019, S. 4 f.; Levy und Weitz 2009, S. 34;

Funktion / Betriebsform	Transaktion	Lagerung	Transport	Finanzierung	Sortimentsbildung	Qualitätssicherung	Information
Zustell-Großhandel	●	●	●	◉	◉	◉	◉
Cash & Carry-Großhandel	●	●	-	-	◉	◉	◉
Rack Jobber	●	●	●	●	●	●	◉
Strecken-Großhandel	●	-	-	-	◉	-	◉
Sortiments-Großhandel	●	◉	◉	◉	◉	◉	◉
Spezial-Großhandel	●	◉	◉	◉	●	◉	◉

●	Funktion als spezifisches Betriebsmerkmal
◉	Funktion kann übernommen werden
-	Funktion wird nicht übernommen

Abb. 12.3 Betriebsformen des Großhandels nach Distributionsfunktionen (Specht und Fitz 2005, S. 75)

Tab. 12.4 Beispielhafte Formen des Einzelhandels. (Quelle: Nach Oehme 2001, S. 319)

	Supermarkt	Fachgeschäft	Discounter	SB-Warenhaus, Fachmarkt	Klassisches Warenhaus
Standort	Wohngebiet integriert	City oder Ortsmitte	zentrale Lage, auch integriert	grüne Wiese, verkehrsorientiert	City, Groß- und Mittelstädte
Sortiment	begrenzt, Lebensmittel frischwarenbetont	begrenzt tief. U.U modisch betont	stark begrenzt (Schnelldreher, problemlos)	umfassend, breit, weniger tief	umfassend, breit und tief
Andienungsform	SB/B	B	einfachste SB	SB/B	Teil – SB
Preisniveau	Para	über Para	beträchtlich unter Para	unter Para	Para und darüber
Ausstattung und Profil	gut	sehr gut	einfach	einfach bis gut	gut bis sehr gut

B = Bedienung, SB = Selbstbedienung

Heinemann 2011, S. 20 f.). Eine Unterscheidung kann z. B. in den stationären und nicht stationären Handel erfolgen. Zu weiteren Klassifikation des **stationären Handels** können, wie Tab. 12.4 zeigt, der Standort, das Sortiment, die Andienungsform (Bedienung, Selbstbedienung), das Preisniveau und die Ausstattung herangezogen werden (Vgl. auch Sohl und Rudolph 2012, S. 21 f.).

Zum **nicht stationären Einzelhandel** zählt der Straßenhandel (z. B. der Wochenmarkt) und der ambulante Handel (Home Delivery –Dienste wie z. B. Bofrost), der Kiosk, der Automatenhandel und Sonstiges wie z. B. Kaffee- und Bootsfahrten (Vgl. Homburg 2020, S. 1097).

Von zunehmender Bedeutung ist der **Versandhandel** (Gehrckens 2019, S. 47 ff.). Entsprechend dem Ort der Bestellung wird hier zwischen dem Offline – und Online-Handel unterschieden (Vgl. Swoboda et al. 2019, S. 108 ff.; Lerchenmuller et al. 2011, S. 48; Zentes et al. 2012a, S. 6; Zentes et al. 2012b, S. 348 ff.; Morschett 2012, S. 376). Orte der **Offline-Bestellung** können das Geschäft, der Katalog sowie Telefon und Telefax sein. Als Orte der Onlinebestellung gelten das TV/Smart TV, Desktop und Mobile (PC, Laptop, mobile Endgeräte), Home-Scanning oder das Automatic Replenishment (vollautomatisch oder teilautomatisch wie z. B. der Amazon Dash Bottom).

Im **Online-Handel** werden der Pure Online-Händler, Kooperierende Online-Händler und Multichannel-Händler unterschieden (Vgl. Heinemann 2020, S. 152 ff.; Hudetz et al. 2005, S. 16; Morschett 2012, S. 379 ff.; Ahlert et al. 2018, S. 361 ff.). **Pure Online Händler** bieten Leistungen (Produkte und Dienstleistungen) ausschließlich über das Internet an (z. B. Zalando). **Kooperierende Onlinehändler** verkaufen ihre Leistung auf Marktplätzen anderer Anbieter wie z. B. Ebay, Amazon und Euronics. **Multi-Channel Händler** (Bricks and Click- Händler) sind einerseits ehemalige reine Offline-Händler (Bricks and Mortar-Händler), die Leistungen nun zusätzlich auch im Internet anbieten (z. B. Mediamarkt). Andererseits drängen ehemalige Pure Online –Händler (Clicks only-Händler) mit stationären Geschäften, Outlets und Katalogen in das Offline Geschäft (Vgl. Herhausen et al. 2015, S. 310). Als Beispiel kann Amazon genannt werden. Als Sonderform des Multi-Channel-Handels kann der **hybride Online- Handel** gelten, bei dem klassische Versandhändler auch online tätig sind, wie z. B. Otto, Baur oder Klingel.

Mehrstufige Handelsbetriebe bestehen aus mindestens einer Groß- und Einzelhandelsstufe (Vgl. Meffert et al. 2019, S. 588). Nach der Art der Zusammenarbeit lassen sich bei **mehrstufigen Handelsbetrieben** Kooperations- und Konzentrationsformen unterscheiden (Vgl. Ahlert et al. 2018, S. 128 f.; Müller-Hagedorn und Veltmann 2012, S. 103 ff.). In Kooperationen wie z. B. EDEKA und SPAR arbeiten rechtlich und wirtschaftlich selbstständige Unternehmen freiwillig zusammen. Konzentrationsformen des Handels sind hierarchisch organisiert. Die einzelnen Mitglieder des Systems sind vertraglich verpflichtet, den Weisungen einer Zentrale zu folgen. Beispiele sind die METRO oder LIDL.

Die Vorteile eines indirekten Vertriebs liegen einerseits in der **Übernahme von Absatzfunktionen durch den Handel** (Vgl. Becker 2019, S. 529). Absatzfunktionen, die der Handel übernehmen kann und die noch heute genannt werden (Vgl. Homburg 2020, S. 942 f.) stammen von Oberparleitner aus dem Jahr 1930: die Raumüberbrückungsfunktion, die zeitliche Überbrückungsfunktion, die Quantitätsfunktion, die Qualitätsfunktion, die Kreditfunktion und die Werbefunktion. Die **Raumüberbrückungsfunktion** bezieht sich auf den Transport der Leistungen von der Unternehmung zum Kunden. Die **zeitliche Überbrückungsfunktion** stellt die Lagerhaltung von Leistungen bis zum Abverkauf durch die Kunden in den Mittelpunkt. Die **Quantitätsfunktion** beschreibt die Aufteilung von Leistungen in nachfragegerechte Mengen soweit dies nicht durch die Hersteller passiert. Bei der **Qualitätsfunktion** wird auf die Sortimentsbildung durch den Handel abgezielt. Die **Kreditfunktion** hebt auf die Vermittlung von Abnehmerkrediten ab. Die **Werbefunktion** des Handels beschreibt die Animation und Information von Kunden zum Angebot der Hersteller. Durch die Delegation der Aufgaben an den Handel kann die Unternehmung einerseits ihre Transaktionskosten senken. Andererseits bietet der indirekte Vertrieb unter Berücksichtigung der Leistungsmerkmale und der Marktgegebenheiten die Möglichkeit zur Realisation einer breiten Massendistribution. In dessen Folge kann die Unternehmung mengenbezogene Kostensenkungseffekte wie Erfahrungskurveneffekte, economies of scale und Fixkostendegressionseffekte realisieren (Vgl. Abell und Hammond 1979; Henderson 1984; Grant 2014; Franz 2000).

Als Nachteile des indirekten Vertriebs (mit Ausnahme von Vertragshändler oder Franchisenehmer) muss zum einen der **abnehmende Einfluss auf das Vertriebsgeschehen und das Marketing** der Leistungen der Unternehmung (z. B. die Preisgestaltung; Präsentation) betrachtet werden. Die Unternehmung macht sich beim Aufbau und Erhalt von KKVs von den Filterfunktionen des Handels abhängig (Vgl. Abb. 12.4). Als Filter des Handels gelten (Vgl. Thiess 1976, S. 63 ff.)

- der Distributionsfilter (ist das Herstellerangebot im Einzelhandel erhältlich?),

Abb. 12.4 Filterfunktionen des Handels

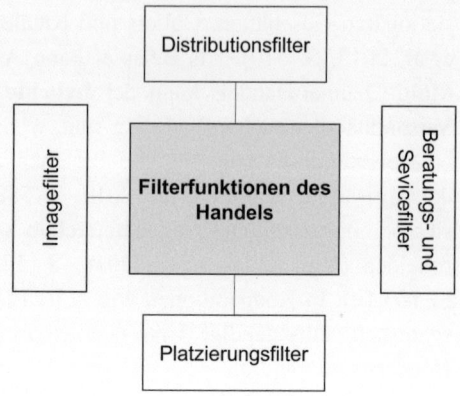

- der Imagefilter (wird das Angebot des Herstellers imagegerecht vertrieben?),
- der Platzierungsfilter (wie viel und welche Regalfläche stellt der Handel dem Angebot des Herstellers zur Verfügung?),
- der Beratungs- und Servicefilter (welche Beratungs- und Serviceleistungen bietet der Handel dem Kunden in der Vorkauf-, Kauf- und Nachkaufphase des Angebots des Herstellers?).

Zum anderen **verzichtet die Unternehmung auf den direkten Kundenkontakt** und damit z. T. auf die sich daraus ergebenden Kundeninformationen. Nicht zuletzt sind die **Handelsspannen** den eingesparten Transaktionskosten und Kostensenkungsmöglichkeiten gegenüberzustellen.

12.2.2 Länge und Breite des Vertriebsweges

Innerhalb des Vertriebssystems sind Entscheidungen zur Länge und zur Breite des Absatzweges zu treffen (Vgl. Homburg 2020, S. 953 ff.).

Entscheidungen zur **Länge des Absatzkanals** bestimmt die Anzahl der Vertriebsstufen vom Hersteller zum Kunden (Vgl. Abb. 12.5). Der direkte Vertrieb wird als 0-Stufen-Kanal bezeichnet. Ein 1-Stufen-Kanal liegt vor, wenn die Unternehmung direkt an den Einzelhandel liefert. Tendenziell eignet sich diese Alternative für größere Unternehmen mit einem großen Absatzprogramm. Beim 2-und 3-Stufenkanal werden ein oder mehrere Groß- und Einzelhandelsstufen von der Unternehmung zum Vertrieb ihrer Leistungen eingesetzt. Die Alternative bietet sich z. B. für kleine Unternehmen an, die nur über ein eingeschränktes Produktprogramm verfügen und auf die Sortimentsbildung und die Werbung des Handels angewiesen sind. Zudem kann der Großhandel bei begrenzten Lagerhaltungskapazitäten des Einzelhandels eingeschaltet werden.

12.2 Akquisitorisches Distributionssystem der Unternehmung

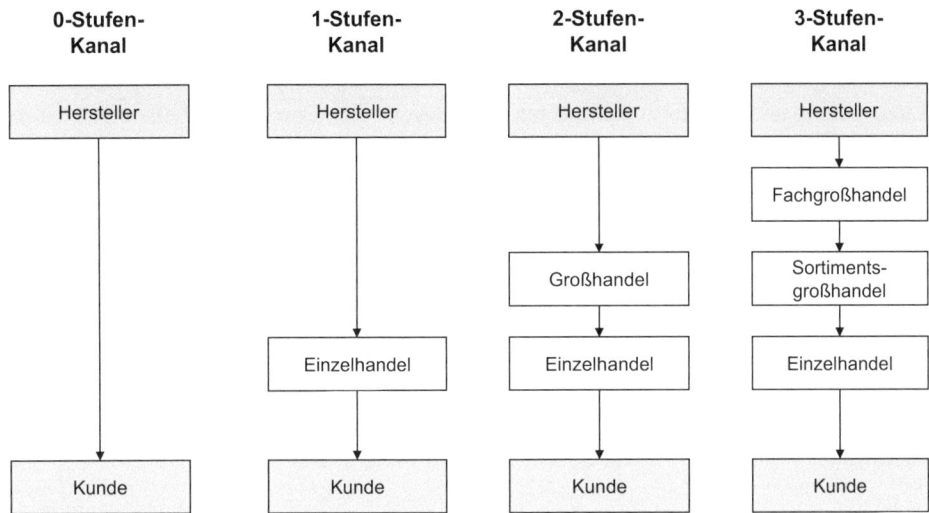

Abb. 12.5 Länge des Vertriebsweges. (Nach Becker 2019, S. 528)

Die **Breite des Vertriebsweges** beschreibt die Anzahl der parallel genutzten Vertriebsalternativen je Absatzstufe (Vgl. Abb. 12.6).

Es wird dabei der exklusive, der selektive und der intensive Vertrieb unterschieden (Vgl. Specht und Fitz 2005, S. 285; Homburg 2020, S. 955 f., Meffert et al. 2019, S. 588, Kotler et al. 2015, S. 523). Während bei einem **exklusiven Vertrieb** nur wenige Handelspartner auf einer Stufe eingesetzt werden, wird bei einem **intensiven Vertrieb** eine Vielzahl von Händlern genutzt. Der **selektive Vertrieb** greift auf nach bestimmten Kriterien ausgewählte Handelsunternehmen zurück. Ein intensiver Vertrieb ist zur Realisation

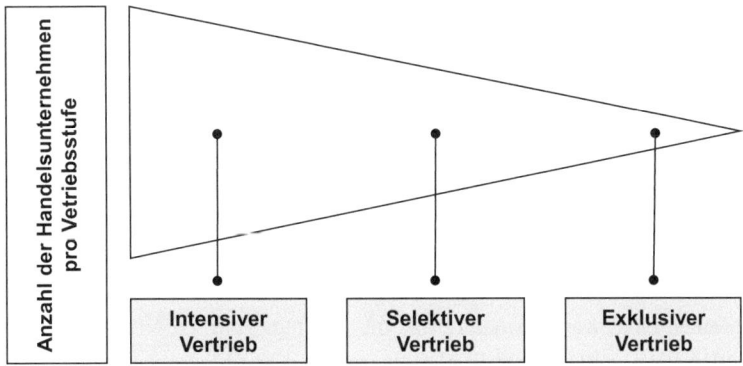

Abb. 12.6 Breite des Vertriebsweges

der Strategie der Kostenführerschaft auf der Basis mengenbezogener Kostensenkungseffekte nahezu unabdingbar. Demgegenüber wird die Strategie der Differenzierung besser durch den exklusiven und selektiven Vertrieb unterstützt. Dies gilt insbesondere bei Luxusgütern und technisch komplexen Leistungen. Bei Commodity-Leistungen ist zu bedenken, dass der Kunde eine Überall-Verfügbarkeit (Ubiquität) erwartet (Vgl. Schögel et al. 2002, S. 34, Backhaus und Voeth 2014, S. 306), sodass bei der Strategie der Differenzierung bezogen auf die Breite des Absatzkanals ggf. Kompromisse geschlossen werden müssen.

Auch bei einem direkten Vertrieb ist darüber zu entscheiden, wie viele alternativen Vertriebswege zu nutzen sind.

Alternative Absatzkanäle müssen bezüglich ihrer Effizienz und ihrer Effektivität bewertet werden. Vorgeschlagen werden dafür Punktbewertungsverfahren, die Stärken-Schwächen-Analyse, Methoden der Investitionsrechnung und die Portfolio-Analyse (Vgl. auch Kotler et al. 2015, S. 525; Specht und Fitz 2005, S. 281 ff.).

12.2.3 Breite des Vertriebssystems

Veränderte Marktverhältnisse und Kundenanforderungen sowie technologische Veränderungen stellen zunehmend den Mehrkanalvertrieb in den Mittelpunkt (Vgl. Ahlert et al. 2018, S. 360 ff.). Ein Mehrkanalvertrieb liegt aus Anbietersicht vor, wenn eine Unternehmung zum Vertrieb ihrer Leistungen mehrere direkte und indirekte Absatzkanäle gleichzeitig einsetzt (Vgl. Meffert et al. 2019, S. 594, Homburg 2020, S. 957; Heinemann 2013, S. 9 ff.; Heinemann 2011). Aus Kundensicht liegt ein Mehrkanalsystem vor, wenn der Kunde bei der Nachfrage der Leistung eines Anbieters auf eine Vielzahl von Absatzkanälen zurückgreifen kann (Vgl. Heinemann 2011, S. 19). Eine Bedeutung erhält insbesondere die gleichzeitige Nutzung von Online- und Offline-Vertriebskanälen (Vgl. Maier und Kirchgeorg 2016, S. 6 ff.). Die Unternehmung muss bei einem Mehrkanalvertrieb Entscheidungen über die Aufgabenverteilung zwischen den einzelnen Vertriebskanälen treffen (Vgl. Abb. 12.7). Ihr steht dabei ein Kontinuum von autarker bis interdependenter Aufgabenverteilung zur Verfügung(Vgl. Schögel und Tomczak 1999, S. 28 ff.).

Bei einer autarken Aufgabenverteilung im Rahmen eines **Multi-Channel-Managements** nutzt die Unternehmung verschiedene Absatzkanäle, die inhaltlich und organisatorisch getrennt werden (Meffert et al. 2019, S. 598; Wirtz 2022, S. 22). Sie richten sich an unterschiedliche Zielgruppen mit unterschiedlichen Angeboten (Marken), Preisen und Services (Vgl. Schögel und Tomczak 1999, S. 28 f.). Das Multi-Channel-Management korrespondiert mit der Strategie der Differenzierung und einem differenzierten bzw. parzellierten Marketing bei der Kundenbearbeitung.

12.2 Akquisitorisches Distributionssystem der Unternehmung

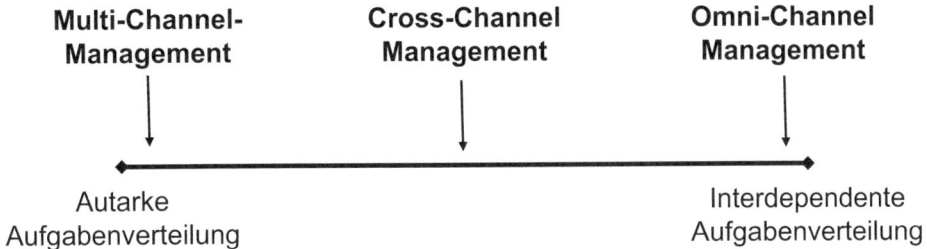

Abb. 12.7 Aufgabenverteilung im Mehrkanalvertrieb

▶ Organisationale Kunden würden z. B. mit kundenspezifisch angepasst Leistungen allein mit unternehmenseigenen Vertriebskanälen bearbeitet, während für die privaten Kunden der Fachhandel als Vertriebskanal für standardisierte Leistungen genutzt wird.

Probleme ergeben sich, wenn die Vertriebskanäle nicht gegeneinander abgeschottet werden können und es zu Kannibalisierungseffekten kommt. Zudem werden Ansprüche der Kunden zum Channel-Hopping nicht erfüllt.
Bei einem **Cross-Channel-Management** werden mindestens zwei von mehreren Vertriebskanälen bzgl. der Marketinginstrumente abgestimmt, sodass sie interdependent sind, während andere Vertriebskanäle autark weiterlaufen.

▶ Sinnvoll kann dies zwischen einem Online- und einem Offline-Vertriebskanal sein (z. B. im Rahmen einer Online-Bestellung, die in einem stationären Geschäft angeliefert und abgeholt werden kann).

Eine vollständige Interdependenz der Vertriebskanäle ist bei einem **Omni-Channel-Management** gegeben. Durch die völlige Abstimmung aller Absatzkanäle wird das Vertriebssystem der Unternehmung aus Kunden- und Unternehmenssicht als Gesamtsystem wahrgenommen, das durch die Realisation von Synergieeffekten zum Aufbau und Erhalt von KKVs beiträgt (Vgl. Schögel und Tomczak 1999, S. 29; Schramm-Klein 2012, S. 429 ff.).

▶ Verhoef et al. (2015, S. 176) definieren „omni-channel-management as the synergetic management oft he numerous available channels and customer touchpoints, in such a way that the customer experience across channels and the performance over channels is optimized."

Abzustimmen sind u. a. (Vgl. Schramm-Klein 2012, S. 428 f.)

- die Beschaffungsmöglichkeiten für den Kunden (Information im Internet, Ansehen im Showroom, Bestellung online, Abholen und Bezahlen in einer Filiale unter Nutzung eines Gutscheins aus dem Handel),
- die Informationen über Leistungen, Preise und Zustellung in alternativen Kanälen,
- die Marken- und Kommunikationspolitik in unterschiedlichen Kanälen,
- die Nutzung von Serviceleistungen wie z. B. Kundenkarten, Coupons und Gutscheinen in verschiedenen Kanälen.

Als Erfolgsfaktoren eines Omni-Channel-Managements gelten (Vgl. Heinemann 2011, S. 61 ff.)

- eine vollständige Koordination der Kommunikation,
- ein kanalübergreifendes CRM (Vgl. Abschn. 10.3.2),
- eine kanalübergreifende Sortimentsabstimmung und –findung,
- ein integrierter Marktauftritt,
- die Reduktion von Komplexität und Zeit,
- ein kanalübergreifendes Controlling,
- eine kanalübergreifende Kultur.

Der Mehrkanalvertrieb weist die in Tab. 12.5 zusammengefassten Vor- und Nachteile auf (Schögel et al. 2004, S, 7 ff.).

Tab. 12.5 Vor- und Nachteile des Mehrkanalvertriebs. (Quelle: Nach Meffert et al. 2019, S. 600)

Vorteile	Nachteile
Bearbeitung der Kunden und Kundensegmente gemäß der spezifischen Wünsche und Bedürfnisse;	Konflikte zwischen den Vertriebskanälen;
Steigerung der Kundenzufriedenheit, Kundenbindung und Customer Experience;	Steigerung der Komplexität;
Ansprache neuer Kunden und Kundensegmente;	Hoher Koordinationsaufwand;
Kanalübergreifendes Cross-Selling;	Hohe Kosten des Aufbaus und der Pflege;
Nutzung von Synergiepotenzialen zwischen den Absatzkanälen;	Kanalkannibalismus;
Schwer imitierbarer Wettbewerbsvorteil durch kausale Ambiguität;	Konfusion und Kundenunzufriedenheit bei fehlerhafter Koordination;

12.3 Absatzmittlerbezogene Basisstrategien

12.3.1 Notwendigkeit absatzmittlerbezogener Basisstrategien

Die Einschaltung des Handels kann zu Konflikten führen, deren Ursachen in zwei Faktoren liegen (Vgl. Irrgang 1993, S. 7 f.):

- Dem Streben nach Unabhängigkeit sowohl des Handel als auch der Hersteller bei der Festlegung der Unternehmenspolitik einschließlich der Marketingpolitik und
- der Verteilung des Gewinns zwischen Hersteller und Handel.

Der Konflikt manifestiert sich in der Aufteilung der Funktionen im Vertriebskanal. Zu klären ist dabei, wessen Interessen bei der Verteilung der Aufgaben im Endkundenmarketing (Leistung, Preis, Kommunikation, Distribution), der Warenwirtschaft und der Informationswirtschaft durchgesetzt werden (Vgl. Irrgang 1993, S. 17).

Die Konflikte werden auch unter Berücksichtigung der Machtverhältnisse im Vertriebskanal ausgetragen. Macht in diesem Sinne bedeutet, dass Elemente des Vertriebskanals auf das Verhalten anderer Elemente Einfluss nehmen können und eigene Interessen durchsetzen, ohne dafür Anreize zu bieten (Vgl. Homburg 2020, S. 966; Irrgang 1993, S. 12; Specht und Fitz 2005, S. 453).

Lange Zeit war unstrittig, dass die Funktionen im Vertriebskanal unter der Führerschaft der Hersteller, die u. a. durch ihre starken Marken eine ausgeprägte Machtposition besaßen, aufgeteilt wurden (Vgl. Irrgang 1989, S. 17). Der Handel fungierte als Erfüllungsgehilfe der Hersteller. Eine Vielzahl von Veränderungen der Umwelt hat die Machtverhältnisse relativiert (Vgl. Heinemann 2018, S. 1 ff.; Heinemann 2019, S. 3 ff.; Heinemann 2016, S. 1 ff.; Wolters 2016, S. 34 ff.; Gehrckens 2019, S. 44 ff.; Specht und Fitz 2005, S. 232 ff.; Meffert et al. 2019, S. 354 ff.). Zu nennen sind die Ausdifferenzierung der Märkte mit einem Angebotsüberhang als Folge politisch – rechtliche Veränderungen (z. B. die Rücknahmeverpflichtung), technologische Veränderungen (z. B. Digitalisierung), ein verändertes Kunden- und Einkaufsverhalten und insbesondere auch Veränderungen im Handel. Hierbei ist vor allem die Konzentration im Groß- und im Einzelhandel zu nennen. Der Marktanteil der fünf führenden Lebensmittel-Einzelhändler in Deutschland liegt bei über 70 % (Vgl. Meffert et al. 2019, S. 585). Zudem gewinnen große Onlineplattformen wie Amazon und Ebay zunehmend an Bedeutung. Durch Scannerkassen und neue Technologien wie RFID gewinnen Handelsunternehmen gegenüber den Herstellern einen Informationsvorsprung bezgl. der Erfassung des Verhaltens der Konsumenten. Diese wird vom Handel genutzt, um eigenes professionelles Marketing zu betreiben. Teilweise übernimmt der Handel mit Handelsmarken die Dominanz bei der Funktionsverteilung im Vertriebskanal.

Tab. 12.6 Absatzmittlerbezogene Basisstrategien. (Quelle: In Anlehnung an Meffert 1994, S. 167)

	Aktive Rolle in der Funktionsgestaltung der Absatzwege	Passive Rolle in der Funktionsgestaltung der Absatzwege
Reaktion auf das Marketing des Handels	Umgehung und Ausweichen	Kooperation
Keine Reaktion auf das Marketing des Handels	Konflikt	Anpassung

Während die Macht des Handels gegenüber den Herstellern steigt, sinkt die Macht der Hersteller gegenüber dem Handel. Hersteller dienen als Lieferanten. Viele Hersteller können bestenfalls auf eine gleichberechtigte Funktionsverteilung im Vertriebskanal hoffen oder müssen sich der Führerschaft des Handels unterordnen. Eine völlige Dominanz über den Vertriebskanal erreicht der Hersteller, wenn er sich auf den Direktvertrieb zurückzieht.

12.3.2 Formen absatzmittlerbezogener Basisstrategien

Vor diesem Hintergrund muss die Unternehmung ihre grundlegenden Verhaltensweisen gegenüber dem Handel festlegen (Vgl. Staudacher 1993, S. 35 ff.; Meffert 1994, S. 167, Meffert et al. 2019, S. 357; Benkenstein und Uhrich 2009, S. 132). Entsprechende Strategien der Unternehmung können sich einerseits auf die **Funktionsgestaltung der Vertriebswege** richten. Die Unternehmung kann dabei eine aktive oder passive Rolle einnehmen. Andererseits ist bezgl. der **Reaktion der Unternehmung** zu entscheiden, ob die Unternehmung auf das Marketing des Handels reagiert und in ihre eigenen Marketingentscheidungen integriert oder nicht. Daraus ergeben sich die in Tab. 12.6 dargestellten Strategieoptionen.

Mit der Strategie wird die beabsichtigte Stellung der Unternehmung bezüglich der Funktionsverteilung im Absatzkanal festgelegt. Für ihre Auswahl besitzen auch die Ressourcen, Fähigkeiten und das Wissen der Unternehmung eine entscheidende Rolle. Während eine Umgehungs- bzw. Ausweichstrategie die völlige Dominanz der Unternehmung im Vertriebskanal sucht, zielt bei einer Verteilung der Funktionen die Konfliktstrategie auf die Führerschaft der Unternehmung und eine Kooperationsstrategie auf die Gleichberechtigung der Funktionen. Eine Anpassungsstrategie akzeptiert die Führerschaft des Handels bei der gleichberechtigten Funktionsverteilung. Es obliegt den Handelsunternehmen, sich z. B. mit Handelsmarken die völlige Dominanz im Vertriebskanal zu verschaffen. In diesem Falle würden Hersteller allein als Lieferanten (Erfüllungsgehilfen) fungieren.

12.3.2.1 Umgehungs- und Ausweichstrategien

Umgehungs- und Ausweichstrategien ermöglichen es der Unternehmung, die völlige Dominanz über die Aktivitäten im Vertriebskanal aufrecht zu erhalten oder zu erlangen (Vgl. Meffert et al. 2019, S. 358 ff.; Meffert 1994, S. 169 f.; Benkenstein und Uhrich 2009, S133 f.; Irrgang 1989, S. 55 f.).

Um der Macht des Handels ex ante zu entgehen, verzichtet die Unternehmung bei der **Umgehungsstrategie** auf jede Kooperation mit dem Handel und nutzt ausschließlich direkte Vertriebswege (Vgl. Abschn. 12.2.1). Die Realisierbarkeit der Strategie ist an die Ausprägung einer Vielzahl von leistungs-, unternehmens-, kunden-, konkurrenz- und absatzmittlerbezogenen Kriterien gebunden, die in Tab. 12.7 dargestellt sind. Dazu gehören leistungsbezogene Faktoren, unternehmensbezogene Faktoren, kundenbezogene Faktoren, konkurrenzbezogene Faktoren und absatzmittlerbezogene Faktoren.

Dem Vorteil der Strategie, sämtliche Funktionen im Vertriebskanal eigenständig zu gestalten und zu kontrollieren stehen aber auch Nachteile gegenüber wie u. a.

- die Übernahme aller Kosten und Risiken bei der Erfüllung der notwendigen Handelsfunktionen,
- der Verlust von Verbund- und Sortimentseffekten,
- Gegenmaßnahmen des Handels.

Mit **Ausweichstrategien** relativiert die Unternehmung die Macht des Handels im Vertriebskanal partiell, indem sie

- Geschäftsbeziehungen mit starken Handelsunternehmen aufgibt und neue, weniger starke Handelsunternehmen selektiert und akquiriert,
- Geschäftsbeziehungen zu starken Handelsunternehmen durch alternative, neue, direkte und indirekte Vertriebskanäle mit niedrigerem Machtpotenzial ergänzt.

Als Möglichkeiten zur Umsetzung der Strategie gelten

- der Aufbau von Beziehungen zu Handelsunternehmen mit geringer Handelsmacht wie z. B. der klassische Facheinzelhandel,
- das Ausweichen auf neu entstehende Betriebsformen des Handels wie z. B. den Erlebnishandel,
- die Verlagerung von Aktivitäten auf Auslandsmärkten, in denen die Macht des Handels weniger ausgeprägt ist,
- die ergänzende Nutzung von Direktvertriebsalternativen, insb. des eigenen Online-Vertriebs.

Tab. 12.7 Voraussetzungen der Umgehungsstrategie. (Quelle: In Anlehnung an Meffert 2000, S. 624)

Leistungsbezogene Faktoren	
Erklärungsbedarf	hoch
Bedarfshäufigkeit	niedrig
Lagerfähigkeit	gering
Transportfähigkeit	schlecht
Unternehmensbezogene Faktoren	
Finanzkraft	hoch
Leistungsprogramm	schmal
Erfahrung mit Handel	gering
Vertriebskompetenz	hoch
Image	groß
Kundenbezogene Faktoren	
Anzahl der Kunden	wenige
Geographische Verteilung	geballt
Einkaufsgewohnheiten	zu Hause
Direktvertriebspräferenz	hoch
Kauf „alles aus einer Hand"	eingeschränkt
Konkurrenzbezogene Faktoren	
Anzahl	viele
Vertriebswege	indirekt
Image (im Vergleich zur Unternehmung)	gering
Absatzmittlerbezogene Faktoren	
Anzahl der Betriebe	wenige
Listungswahrscheinlichkeit	gering
Steuerbarkeit	wichtig
Konfliktbereitschaft des Handels	hoch
Sanktionspotenziale	gering
Flexibilität	gering
Diskriminierungs-/Boykottverbot	nicht vorhanden

Die Vorteile der Strategie sind neben der Einschränkung der Macht des Handels, die Realisation höherer Deckungsbeiträge und die Stärkung des Images der Unternehmung und ihrer Marken.

Probleme ergebe sich bei einer Ausweichstrategie, wenn bei zunehmender Handelskonzentration alternative Handelsunternehmen mit geringer Macht schwer zu finden sind.

12.3 Absatzmittlerbezogene Basisstrategien

Weiterhin besteht die Gefahr, dass eine geringe Handelsmacht mit einem niedrigen Distributionsgrad des Händlers verbunden ist, sodass die Unternehmung Umsatzeinbußen erleidet. Ggf. steigen auch die Kosten der Distribution. Nicht zuletzt sind Gegenmaßnahmen des konzentrierten Handels zu erwarten.

12.3.2.2 Konfliktstrategien

Konfliktstrategien der Unternehmung missachten oder ignorieren bewusst die Interessen des Handels. Die Unternehmung versucht die völlige oder teilweise Dominanz über die Funktionsverteilung im Vertriebskanal zu erhalten oder zu erlangen(Vgl. Meffert 1994, S. 168; Meffert et al. 2019, S. 357 f.). Die Unternehmung hat dabei die Möglichkeit,

- die eigene Herstellermacht aufzubauen bzw. zu erhalten oder
- die Handelsmacht zu relativieren.

Um die **Herstellermacht aufzubauen oder zu erhalten,** eignet sich der **Pull-Ansatz** (Vgl. Kotler et al. 2015, S. 515; Specht und Fitz 2005, S. 329 f.; Becker 2019, S. 596; Backhaus und Voeth 2014, S. 559; Kotler et al. 2019, S. 682).

Wie in Abb. 12.8 gezeigt, nutzt die Unternehmung ihre Markenmacht und profiliert sich unter Umgehung des Handels mit umfassenden kommunikativen Maßnahmen beim Kunden (1). Kunden fragen die Marke im Handel nach (2). Um keine Kunden zu verlieren, wird der Handel die Marke listen (3). Die Leitungen der Unternehmung werden quasi „durch den Absatzkanal gezogen".

Die Strategie setzt eine hohe Nachfragermacht voraus, die das Verhalten des Handels beeinflusst (Vgl. Backhaus und Voeth 2014, S. 559). Die Nachfragemacht kann dabei auf der Menge oder der Bedeutung der Kunden für den Handel beruhen. Die Kunden müssen sich bereits vor dem Kauf für eine Marke entschieden haben (Vgl. Irrgang 1989, S. 45). Dies bedingt i. d. R. auch ein hohes Involvement für die Produktkategorie (Vgl. Jaritz 2008) und eine hohe Markentreue, sodass der Platzierungs-, Image- sowie der Beratungs- und Servicefilter des Handels „ausgehebelt" werden können (Vgl. auch Kotler et al. 2015, S. 515). Davon unberührt bleibt die Tatsache, dass bekannte Marken gegenüber unbekannten Marken bei der Auswahl den Vorzug erhalten (Vgl. Esch 2018, S. 63).

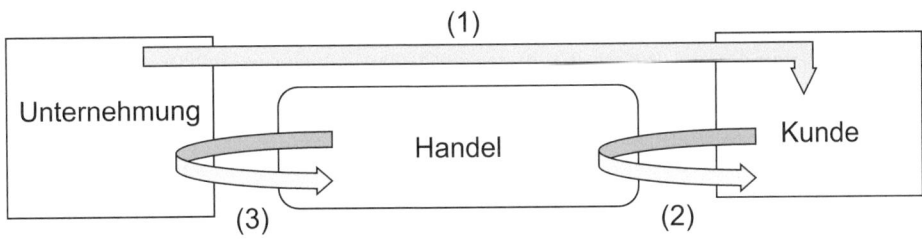

Abb. 12.8 Pull-Ansatz

Eine Konfliktstrategie bietet der Unternehmung den Vorteil der Durchsetzung ihrer Marketingkonzeption im Vertriebskanal. Ggf. können durch den „Vorverkauf" der Leistungen bzw. Marken beim Kunden Vorteile gegenüber konkurrierenden Marken im Handel erzielt werden. Nicht zuletzt könnte der Handel selbst „Pull-Marken" präferieren, für die bereits eine Nachfrage besteht, die einen geringen Beratungs- und Verkaufsaufwand und eine hohe Umschlaghäufigkeit besitzen (Vgl. Specht und Fitz 2005, S. 330; Becker 2019, S. 596). Bei niedrigeren Handelsspannen und Rabatten wird es im letzten Fall auf das Einsparungspotenzial des Handels ankommen, ob er die Strategie akzeptiert. Wurden in der Einführungsphase einer Leistung bzw. einer Marke dem Handel Zugeständnisse gemacht, an die er sich gewöhnt hat, wird er Änderungen nur schwer akzeptieren.

Probleme bei der Durchsetzung des Pull-Ansatzes ergeben sich aus den hohen Kosten des Aufbaus und Erhalts der Markenbekanntheit und des Markenimages. Dazu tragen u. a. gesättigte Märkte, die zunehmende Marktdifferenzierung, eine steigende Zahl von Marken, die Informationsüberlastung der Kunden durch Kommunikation, eine stärkere Preisorientierung in wirtschaftlichen Krisenzeiten usw. bei (Vgl. Kroeber-Riel und Esch 2015, S. 17 ff.), in deren Folge Marken als austauschbar betrachtet werden und die Markentreue abnimmt.

Eine **Relativierung der Handelsmacht** ist gleichbedeutend mit einer Verhinderung der weiteren **Konzentration im Handel** durch die Hersteller (Vgl. Irrgang 1989, S. 46). Hierbei spielt die Rabattspreizung und die Rabattstaffelung im Rahmen der Konditionenpolitik der Hersteller eine entscheidende Rolle (Vgl. Irrgang 1989, S. 46 ff.). Die **Rabattspreizung** beschreibt die Differenz zwischen dem maximal und dem minimal gewährten Rabatt einer Unternehmung an unterschiedliche Händler. Die Rabattstaffelung bestimmt die Höhe der Rabatte in Abhängigkeit des Ausmaßes der Übernahme von Funktionen durch den Handel. I. d. R. werden großen Händlern höhere Rabatte eingeräumt als kleinen Händlern. Insbesondere dort, wo Leistungen „über den Preis" verkauft werden, erhalten mit diesem Vorgehen große Handelsunternehmen einen Vorteil, den sie nutzen können, um kleine Unternehmen weiter vom Markt zu verdrängen. Eine geringere Rabattspreizung würde demgegenüber längerfristig den Zielen der Hersteller nach einer Vielzahl (weniger mächtiger) Handelsunternehmen entsprechen. Inwieweit dies jedoch realisierbar ist, bleibt fraglich. Größere Handelsunternehmen besitzen bereits die Macht, um hohe Rabatte durchzusetzen. Die Senkung von Rabatten durch die Unternehmung birgt die Gefahr der Auslistung ihrer Leistungen und Marken. Man darf annehmen, dass ohne einen unterstützenden Pull-Ansatz das Vorgehen zum Scheitern verurteilt ist. Wenn als Alternative dazu die Unternehmung Rabatte für kleinerer Handelsunternehmen fühlbar anhebt, können u. U. die Kosten durch die Erlöse nicht mehr gedeckt werden. Als Kompromiss bietet sich für eine Unternehmung ein Vorgehen an, das kleinere Rabattsenkungen für große Händler und kleinere Rabatterhöhungen für kleine Händler vorsieht. Auch hier empfiehlt sich ein ergänzender Pull-Ansatz.

Möglicherweise könnte auch durch eine gezielte Lobbyarbeit zur Beeinflussung der Legislative und entsprechende rechtliche Aktivitäten versucht werden, der Konzentration im Handel Einhalt zu gebieten. Diesem Vorgehen sind aber enge Grenzen gesetzt: einen Einfluss auf die wettbewerbswirksame Gesetzgebung besitzen i. d. R. nur große Unternehmen. Zudem sind Argumente gegen Konzentration und Größe von Unternehmen vor dem Hintergrund der Globalisierung der Wirtschaft in der politischen Landschaft zunehmend schwerer durchsetzbar. Auch ein Gang durch die rechtlichen Instanzen bleibt häufig großen Unternehmen vorbehalten, die über entsprechende Ressourcen für Rechtsstreitigkeiten verfügen.

Die Konfliktstrategie kommt insbesondere für Unternehmen infrage, die auf der Basis der Strategie der Differenzierung (insb. Markenorientierung) einzigartige Leistungen anbietet, für die genügend Kunde auch bereit sind, einen relativ hohen Preis zu zahlen. Andernfalls können die mit der Strategie verbundenen Kosten nicht gedeckt werden.

12.3.2.3 Kooperationsstrategien

Bezogen auf die Machtverteilung im Vertriebskanal liegt vielfach ein Patt-Verhältnis mit gegenseitigen Abhängigkeitsverhältnissen von Herstellern und Handel vor (Vgl. Specht und Fitz 2005, S. 455 ff.). Bei unterschiedlichen Interessen ist die **Kooperation der Unternehmung und des Handels** zur Realisation gemeinsamer Ziele eine Möglichkeit, Konflikte zu vermeiden und eine Win–Win-Situation zu schaffen (Vgl. Homburg 2020, S. 961 ff.; Benkenstein und Uhrich 2009, S. 133). Als gemeinsames Ziel kann die Beeinflussung der Abnehmer dienen. Ansatzpunkte der Kooperation dazu sind (Vgl. Homburg 2020, S. 962)

- gemeinsam geplante und durchgeführte Aktivitäten von Herstellern und Handel, (gemeinsame Marketingforschung, gemeinsame Verkaufsförderung, abgestimmte Logistik etc.),
- die Leistungen (Leistungsentwicklung, Leistungsmodifikationen, Struktur des Leistungsprogramms),
- der Preis (Finanzierungslösungen, Konditionenprogramme etc.),
- und Informationen (Informationen über Marktentwicklungen, Kundeninformationen, etc.).

Als prozessbezogene Basis können dazu das Supply Chain Management und die Efficient Consumer Response dienen.

Das **Supply Chain Management (SCM)** bezieht sich auf den gesamten Wertschöpfungsprozess einer Leistung vom Vorproduktlieferanten über den Endprodukthersteller und den Handel bis zum Endkunden (Vgl. zur Diskussion des Begriffs Schröder 2019, S. 13 ff.).

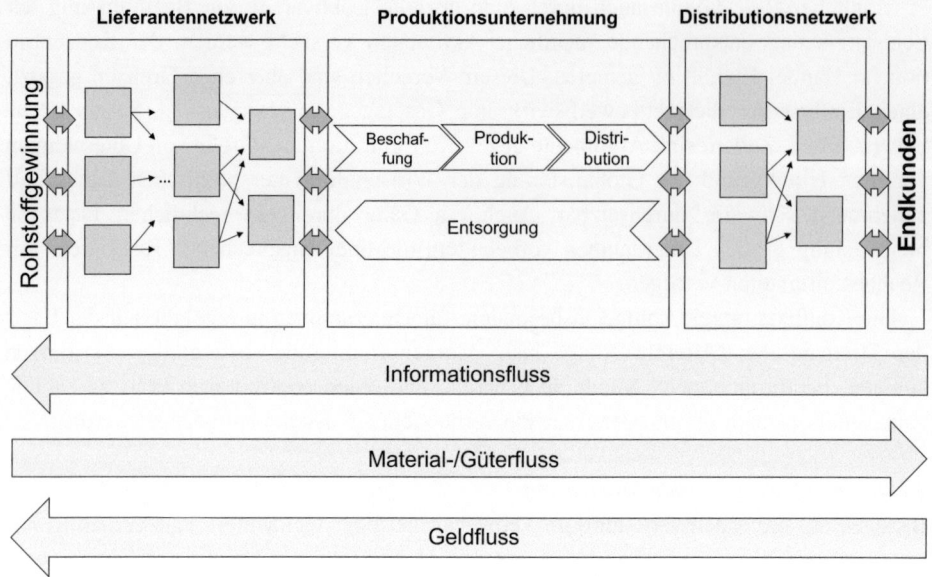

Abb. 12.9 Supply Chain. (In Anlehnung an Lasch 2018, S. 66)

▶ Eine Supply Chain (SC) kann definiert werden als " …the network of organizations that are involved, through upstream and downstream linkages, in the different processes and activities that produce value in the form of products and services in the hands of the ultimate consumer" (Christopher 2005, S. 17).

Einbezogen sind dabei ein Lieferantennetzwerk, die Unternehmung, ein Distributionsnetzwerk und die Endkunden, die über Informations-, Material- und Güter- sowie Geldflüsse miteinander verbunden sind (Vgl. Abb. 12.9).

Dem SCM obliegt die unternehmensübergreifende Koordination und Optimierung der Material-, Informations- und Wertflüsse über die Supply Chain mit dem Ziel, den Gesamtprozess zur Befriedigung der Kundenbedürfnisse zeit- und kostenoptimal zu gestalten (Vgl. Arndt 2015, S. 26; Werner 2020, S. 6).

Entscheidungen sind dabei zu treffen bzgl. (Vgl. Sennheiser und Schnetzler 2008, S. 6 f.; Specht und Fitz 2005, S. 181 ff., Schuh et al. 2013, S. 229 ff.)

- der Konfiguration der SC
  - Breite und Tiefe des SC (Anzahl und Partner),
  - Zeithorizont,
  - geographische Ausdehnung,
  - Art der Beziehungen,
- der Ausgestaltung der Kooperation

12.3 Absatzmittlerbezogene Basisstrategien

– Grad und Art der Partnerschaften,
– Normative Grundlagen der SC,
– Ziele des SC,
– Strategien der SC,
– rechtliche Grundlagen,
– Umgang mit Veränderungen,
• der Koordination der Zusammenarbeit
– Integration und Abwicklung der Prozesse,
– Informationsaustausch,

Als Vorteile des SCM gelten die Steigerung der Logistikleistung und die Senkung der Logistikkosten (Vgl. Schuh et al. 2013, S. 247 f.). Bezogen auf die Logistikleistung wird die Lieferzuverlässigkeit (z. B. Liefertermin- und Liefermengentreue), die Lieferdurchlaufzeit (z. B. Bearbeitungs- und Transportzeit), die Produktivität (z. B. Arbeits- und Maschinenproduktivität), die Informationsfähigkeit (z. B. auftragsbezogene Informationen an den Kunden) und die Lieferflexibilität (Produkt- und Mengenflexibilität) verbessert. Der Netto-Nutzen des Kunden wird gesteigert. Dies kann Auswirkungen auf die Kundenzufriedenheit, die Kundenbindung und damit verbundene Konstrukte nehmen (Vgl. Abschn. 10.3.2.4), sodass von dieser Seite her der langfristige Gewinn der Unternehmung gesteigert werden kann. Der langfristige Gewinn steigt zusätzlich durch eine Senkung der Prozesskosten (z. B. Personal- und Planungskosten pro Artikel), der Transaktionskosten (z. B. Transportkosten, Abstimmungskosten, etc.) und der Bestandskosten (Kosten des Anlage- und Umlaufvermögens).

Probleme des SCM beziehen sich zum einen auf die direkte Zurechenbarkeit von Erlösen und Kosten auf die SC. Zum anderen ist Verteilung der Kosten der Investitionen zum Aufbau und Erhalt der SC sowie der Umsätze der SC zwischen den Partnern nicht trivial (Vgl. Schuh et al. 2013, S. 249). Dies gilt insbesondere auch beim Ausscheiden eines alten oder der Aufnahme eines neuen Partners.

▶Unter der **Efficient Consumer Response** wird ein Managementkonzept verstanden, das durch die Kooperation von Herstellern und Händlern bei Strategien, Methoden und Instrumenten Kundenbedürfnisse in Form von Produktvielfalt, Qualität und Service durch die Beseitigung von Ineffizienzen kostenoptimal befriedigt (Vgl. Lasch 2018, S. 263; Lietke 2009, S. 12; Schuh et al. 2013, S. 216; Specht und Fitz 2005, S. 186; Diller et al. 2021, S. 244).

Der Ansatz verbindet die Logistik (Supply Side) und das Marketing (Demand Side) auf der Basis der Informationstechnologie (Vgl. Werner 2020, S. 141; Wannenwetsch 2014, S. 627). Dabei werden vier Module für die Bereiche Bestellwesen (Efficient Replenishment), die Sortimentsgestaltung (Efficient Assortment), die Verkaufsförderung (Efficient Promotion) und die Produktentwicklung (Efficient Product Introduction) unterschieden

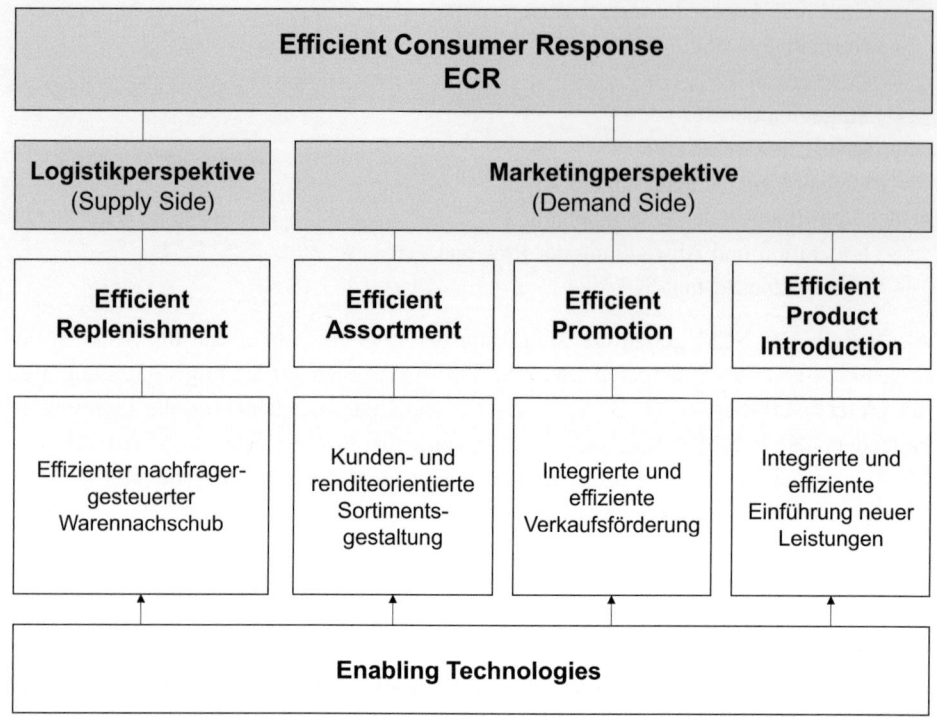

Abb. 12.10 Grundstruktur der Efficient Consumer Response. (In Anlehnung an Specht und Fitz 2005, S. 188; Meffert et al. 2019, S. 613)

(Vgl. Abb. 12.10). Sie basieren auf Enabling Technologies wie Nummernsysteme, Auto-ID-Systeme, Kommunikationssysteme, Stammdatenpools und Data Warehouses (Vgl. Swoboda et al. 2019, S. 631 ff.).

Das **Efficient Replenishment** bezieht sich auf logistische und informatorische Prozesse in der gesamten Wertschöpfungskette (Vgl. Specht und Fitz 2005, S. 188 ff.). Dabei sind Ähnlichkeiten zum SCM erkennbar. Im Vergleich dazu werden beim Efficient Replenishment jedoch nur die Hersteller und Händler, nicht aber die Lieferanten der Hersteller in die Betrachtung einbezogen (Vgl. Meffert et al. 2019, S. 613). Ziel des Efficient Replenishment ist die Minimierung der Lagerhaltungskosten sowie die Erhöhung der Umschlagshäufigkeit von Leistungen. Zudem soll die Nicht-Verfügbarkeit von Leistungen im Handel (Out-of Stock) vermieden werden. Als Techniken werden dazu u. a. das Venture Managed Inventory, die Efficient Unit Loads und das Cross Docking verwendet: Bei einem **Venture Managed Inventory** erhält der Hersteller tagesaktuelle Bestands- und Verkaufszahlen aus den Filialen sowie Informationen zu geplanten Verkaufsförderungsaktionen des Händlers und kümmert sich um die optimale, nachfragesynchrone Belieferung der Filialen des Händlers. Die Weitergabe der sensiblen Absatzdaten des Händlers an den Hersteller macht ein hohes Vertrauen erforderlich, das durch genaue Prognosemodelle der Hersteller zur Bestimmung der zukünftigen Abverkäufe im Handel unterstützt wird. In abgeschwächter Form ermöglicht ein Co-Managed Inventory dem Handelsunternehmen nur bestimmte Bestellvorgänge in die Hände des Herstellers zu legen bzw. Bestellungen zu korrigieren und zu stornieren (Vgl. Meffert et al. 2019, S. 615). **Die Efficient Unit Load**s schaffen und nutzen einheitliche Ladungsträger und Transportverpackungen, mit denen Transport- und Lagerraum optimal ausgenutzt werden sollen. Beim **Cross Docking** wird das Distributionslager der Händler zum Verteilungszentrum, bei dem die vom Hersteller bestellten Waren angenommen und ohne weiterer Lagerung verteilt werden, sodass keine oder minimale Lagerkosten entstehen. Unterschieden werden das ein- und zweistufige Cross Docking (Vgl. Werner 2020, S. 153). Bei einem einstufigen Cross-Docking werden die auszuliefernden Paletten vom Hersteller filialgerecht kommissioniert und ohne weitere Bearbeitung im Distributionslager des Händlers auf die Filialen verteilt werden. Bei einem zweistufigen Cross Docking erhält das Distributionszentrum des Händler artikelreine Paletten, die dann dort für die Filialen kommissioniert und versendet werden.

Dem **Efficient Store Assortment** (Vgl. Specht und Fitz 2005, S. 190 f.; Ahlert et al. 2018, S. 227 ff.) obliegt die Optimierung der Sortimentsgestaltung bis hin zur einzelnen Handelsfiliale durch den Austausch von Informationen über die Kunden. Ziel ist die Steigerung der Kundenzufriedenheit durch ein Category Management und die Regal- und Flächenoptimierung zur Steigerung des Ertrags pro Flächeneinheit durch ein Space Management. Bei einem **Category Management** wird eine Warengruppe, die aus Leistungen besteht, die vom Kunden als zusammengehörig betrachtet werden (z. B. Tiefkühlkost, etc.), als strategische Einheit aufgefasst, die von Hersteller und Händler gemeinsam rentabilitätsorientiert gesteuert wird. Sie soll so gestaltet sein, dass dadurch KKVs realisiert werden. Die Warengruppe muss in der Breite und Tiefe sowie bezüglich der erhältlichen Marken den Kundenanforderungen entsprechen und ggf. regionale Besonderheiten von Filialen berücksichtigen. Dies bedarf der Koordination der Marketingforschungsergebnisse der Hersteller und der Verkaufsdaten der Handelsunternehmen. Die Koordination kann vom Händler oder vom Hersteller übernommen werden. Im ersten Fall dient der Hersteller als Berater des Händlers bei der Sortimentsgestaltung. Im zweiten Fall delegiert der Handel aus Mangel an Ressourcen die Sortimentsgestaltung an der Hersteller, der ggf. vor dem Problem steht, eigene Leistungen und Marken zur Effizienz- und Effektivitätssteigerung in allen oder einigen Filialen des Händlers auszulisten. In beiden Fällen ist ein hohes Vertrauen zwischen Hersteller und Händler notwendig.

Die **Efficient Consumer Promotion** (Vgl. Specht und Fitz 2005, S. 191) dient der Planung, Durchführung und Kontrolle der Verkaufsförderungsmaßnahmen von Herstellern und Händlern, um Nachfrageschwankungen auszugleichen, die durch Sonderpreisaktionen entstehen. Darüber hinaus sollen Kunden durch eine abgestimmte Kommunikationspolitik effektiver und effizienter angesprochen werden. Nicht zuletzt soll die Efficient Consumer

Response zu einer konstanteren Preispolitik führen. Als Möglichkeit bieten sich dazu an (Vgl. Homburg 2020, S. 964)

- eine reduzierte, gemeinsame Anzahl von Verkaufsförderungsmaßnahmen,
- die Abstimmung von gemeinsamen Verkaufsförderaktionen,
- spezifische Verkaufsförderungsaktionen für ausgewählte Handelsfilialen.

Efficient Product Introduction (Vgl. Specht und Fitz 2005, S. 193) soll dazu beitragen, durch die Zusammenarbeit von Hersteller und Handelsunternehmen den Neuproduktplanungs- und Einführungsprozessprozess effizienter zu gestalten und das Floprisiko neuer Leistungen zu reduzieren. Dazu erfolgt eine Abstimmung bezüglich der Kundenbedürfnisse, der Leistungskonzeption sowie der Warengruppenstrategie im Rahmen des Category Managements, das u. a. Verbundkäufe berücksichtigt. Neben der Kooperation von Hersteller und Händler bei der Neuproduktplanung, die die Rolle der neuen Leistung im Sortiment ebenso berücksichtigt, wie die damit verbundene Preispositionierung, die Regalplatzierung, die Verpackung und das Handling, kommt es zu gemeinsamen Tests der neuen Produkte bzw. Dienstleistungen sowie zu einer kooperativen Markteinführung auf der Basis der Efficient Promotion.

ECR kann einen maßgeblichen Beitrag zum Aufbau und Erhalt von KKVs für den Hersteller und das Handelsunternehmen leisten. Tab. 12.8 zeigt die wesentlichen Effektivitäts- und Effizienzvorteile für Kunden, Hersteller und Handelsunternehmen.

Probleme beim ECR können sich ergeben, wenn zwischen Hersteller und Handelsunternehmen aufgrund mangelndem Vertrauens der gegenseitige Informationsfluss behindert oder vermieden wird. Die Konkurrenz unterschiedlicher Hersteller bzgl. des ECR kann den Handel in eine „Zwickmühle" bringen und das Vertrauen der Hersteller weiter untergraben. Der Aufbau und der Betrieb der Enabling Technologien verursacht Kosten. Deren Verteilung auf Hersteller und Händler kann zu zusätzlichen Konflikten zwischen Hersteller und Handelsunternehmen führen. Nicht zuletzt bereitet es Schwierigkeiten, Erlöse dem ECR eindeutig zuzuordnen und diese dann zwischen Hersteller und Handel aufzuteilen.

12.3.2.4 Anpassungsstrategien

Bei einer **Anpassungsstrategie** greift die Unternehmung auf marktübliche und bewährte indirekte Vertriebskanäle zurück. Sie unterwirft sich dabei der Führerschaft des Handels und nimmt eine passive Stellung bei der der Gestaltung der Funktionen im Absatzkanal ein. Die Anpassungsstrategie „… wird von dem Bemühen gekennzeichnet, dem Handel möglichst viele Wünsche zu erfüllen und ihm, wo immer es möglich ist, entgegenzukommen" (Diller 1993, S. 60). Die Strategie ist häufig mit einem Push-Ansatz verbunden (Vgl. Kotler et al. 2015, S. 515; Backhaus und Voeth 2014, S. 557 f.; Diller 1993, S. 59; Becker 2019, S. 596; Voeth und Herbst 2013, S. 452 ff.; Homburg 2020, S. 965; Swoboda et al. 2019, S. 615 f.; Specht und Fitz 2005, S. 328 f.)). Die Leistungen der Unternehmung

12.3 Absatzmittlerbezogene Basisstrategien

Tab. 12.8 Vorteile des ECR. (Quelle: Nach Swoboda et al. 2019, S. 623 f.)

Kundenbezogene Vorteile	Herstellerbezogene Vorteile	Händlerbezogene Vorteile
Bedarfsgerechtes Angebot im Handel;	Reduktion des Floprisikos bei neuen Leistungen	Verringerung des Lagerbestands;
Bedarfsgerechte Preisgestaltung;	Nachfragerechte, effiziente Sortimentsgestaltung;	Reduzierung der Lagerflächen;
Steigerung des Frischegrads der Leistung	Steigerung der Reaktionsgeschwindigkeit auf Veränderung des Kundenverhaltens;	Verringerung der unverkäuflichen Leistungen;
Schnelle und bedarfsgerechte Lieferung;	Verbesserte Planung und Ausnutzung der Kapazitäten;	Optimierung des Regalplatzes;
Vermeidung von Out of Stock –Situationen;	Bedarfsgerechte Bestellung von Roh-, Hilfs- und Betriebsstoffen;	Verringerung der verdorbenen Leistungen;
Reduktion der Wege bei der Suche des bedarfsgerechten Angebots;		Reduktion der Kundenbeschwerden;
Effektive und effiziente Kommunikation und Information;		Reduktion der Rückgaben;
	Verbesserte Fahrzeugauslastung bei der Transportabwicklung;	
	Verbesserter Lagerbetrieb durch Prozessabstimmung;	
	Verringerung des Verwaltungsaufwands;	
	Reduktion des Mehrfachhandlings;	
	Verkürzung der Auftragsdurchlaufzeiten;	
	Einsparungen in der Kommunikationspolitik durch abgestimmte Promotion;	
	Einsparungen beim Personal;	
	Reduktion des Kapitalbedarfs;	

werden dabei mit monetären und nicht monetären Anreizen durch die Unternehmung „in den Handel hineingedrückt" (Vgl. Abb. 12.11).

Als **monetäre Anreize** dienen die Handelsspannen, Rabatte und Finanzhilfen. Sie verschaffen dem Handel Rentabilitätsvorteile (Vgl. Voeth und Herbst 2013, S. 453).

Bezogen auf die **Handelsspannen** sind einerseits die Höhe der Spanne und die Verteilung der Spanne für die Ausgestaltung der Funktionen im Vertriebskanal durch den Handel i. S. der Unternehmung von Bedeutung (Vgl. Irrgang 1989, S. 94). Um Wirkung zu erzeugen, muss die Höhe der Spannen die Erwartungen des Handels übertreffen (Vgl.

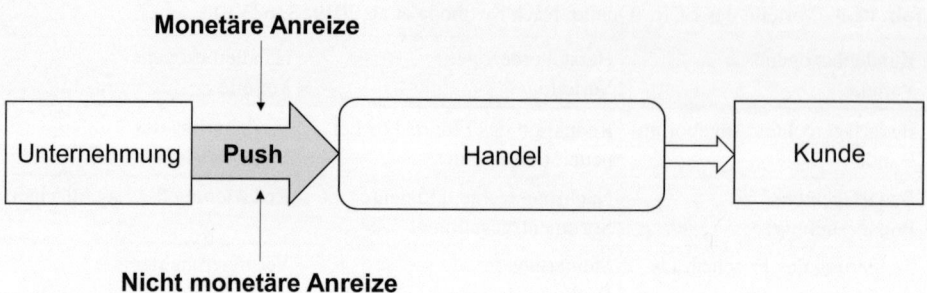

Abb. 12.11 Push-Ansatz

Irrgang 1989, S. 94). Die Verteilung der Spanne erfolgt dann entsprechend des Ausmaßes der Funktionen, die der Handel übernimmt (z. B. 10 % für die Einhaltung des vereinbarten Lagerbestands, 20 % für die Realisation vereinbarter Abverkäufe).

Rabatte sind Preisnachlässe, die dem Handel für die Erbringung bestimmter Gegenleistungen im Vergleich zum Listen- bzw. Normalpreis gewährt werden (Vgl. Diller 2008, S. 236). Eng damit verbunden sind **Boni**, die nach Rechnungsstellung gewährt werden (Vgl. Homburg 2020, S. 729). Entscheidungen sind dabei über das Rabattbudget und das Rabattsystem zu treffen (Vgl. Abb. 12.12). Innerhalb des Rabattsystems sind Rabattarten und die Rabattstaffelung festzulegen. Bei den Rabattarten sind insb. Funktionsrabatte, Mengenrabatte, Zeitrabatte und Treuerabatte zu unterscheiden (Vgl. Meffert et al. 2019, S. 561 ff., Simon und Fassnacht 2016, S. 398 f.). **Funktionsrabatte** werden dem Handel für die Übernahme von bestimmten Funktionen wie Lagerung, Präsentation oder Beratung gewährt. **Mengenrabatte** werden dem Handel in Abhängigkeit steigender Abnahmemengen eingeräumt. Einen **Treuerabatt** erhält der Handel, wenn er Waren (in einer bestimmten Produktgruppe) ausschließlich oder überwiegend von der eigenen Unternehmung bestellt. **Zeitrabatte** erhält der Handel in Abhängigkeit des Zeitpunkts der Bestellung oder der Abnahme (Vorausbestellungs-, Saison-, Einführungs- oder Auslaufrabatte).

Rabatte dienen bezogen auf den Handel dem Hineinverkauf der Unternehmensleistungen, der Optimierung der Logistik, der Absicherung der Zahlung des Handels sowie der Förderung des Hinausverkaufs (Vgl. Irrgang 1989, S. 84). Bezüglich der Rabattstaffelung besitzt ein Hersteller die Wahl zwischen einem **progressiven**, **linearen** und **degressiven** Rabatt. Ein progressiver Rabatt fördert große Handelsunternehmen mit hohen Bestellmengen, während ein degressiver Rabatt die Vorteile großer Bestellmengen teilweise relativiert. Als Kompromiss bietet sich ein linearer Rabatt an.

Finanzhilfen sind nicht unmittelbar mit der Warenlieferung verbunden. Vielmehr unterstützen sie den Handel zur Verbesserung ihrer Wettbewerbsposition oder bei der Erfüllung von Vertriebsfunktionen i. S. der Unternehmung. Beispielhaft wäre die Unterstützung des Handels bei der Modernisierung der Ladenlokale.

12.3 Absatzmittlerbezogene Basisstrategien

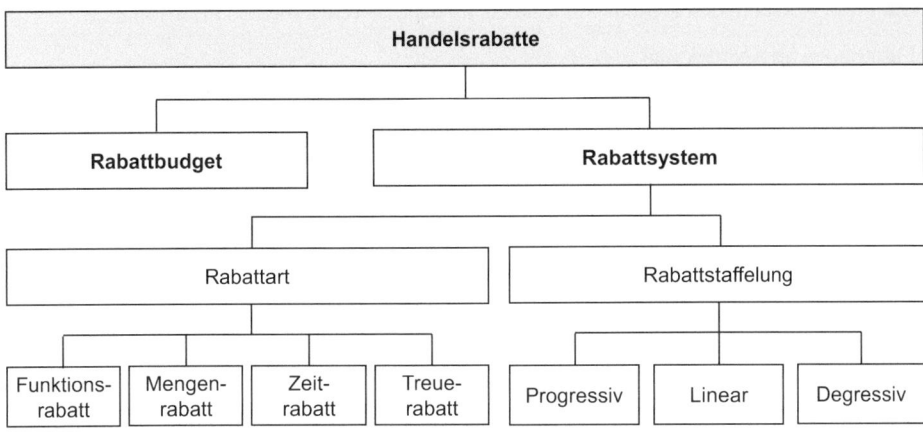

Abb. 12.12 Rabatte für den Handel

Monetäre Anreize vergrößern die Macht großer Handelsunternehmen gegenüber der Unternehmung, aber auch gegenüber kleineren Handelsunternehmen.

Nicht monetäre Anreize dienen bei einem teilweise austauschbaren Angebot der Hersteller an die Absatzmittler dazu, dass sich ein Hersteller von seinen Konkurrenten abheben kann (Vgl. Irrgang 1989, S. 98 ff.). Dies kann auf rationale und emotionale Art und Weise geschehen. **Rational** kann ein Hersteller versuchen, seine Kompetenz zu unterstreichen, sich durch seine Lieferpolitik (Lieferbereitschaft, Pünktlichkeit u. ä.) zu profilieren, oder seinen Service zu erhöhen (z. B. Know how-Transfer, Übernahme von Handelsfunktionen wie z. B. die Regalpflege, Incentives usw.). In einer **emotionalen Hinsicht** dient das leistungs- und unternehmensbezogene Image des Herstellers bzw. seiner Marken als Anreiz.

Die Push-Strategie kann für Leistungen sinnvoll sein,

- die zu einem hohen Preis verkauft werden, sodass hohe Spannen und Rabatte für den Handel sowie die Kosten des Herstellers gedeckt werden können (Vgl. Specht und Fitz 2005, S. 329),
- bei denen eine geringe Markentreue existiert,
- bei denen die Kaufentscheidung am POS fällt,
- die Kaufentscheidung impulsiv getroffen wird,
- für die der Endabnehmer nur bestimmte Vertriebskanäle akzeptiert und die Präsenz dort unerlässlich ist
- für die der Handel selbst geeignete Marketingaktivitäten durchführt, um Kunden anzusprechen

Tab. 12.9 Absatzmittlerbezogene Strategien und Funktionsverteilung im Absatzkanal

Funktionen im Absatzkanal				
Völlige Dominanz Hersteller	Verteilung der Funktionen			Völlige Dominanz Handel
	Führerschaft Hersteller	Gleichberechtigung	Führerschaft Handel	
Umgehung Ausweichen				
	Konflikt			
		Kooperation		
			Anpassung	
				Handelsmarke

Als Vorteile einer Anpassungsstrategie kann die Partizipation der Unternehmung am Vertriebs- und Verkaufs-Know how des Handels betrachtet werden. Die weitgehende Entlastung der Unternehmung von Aufgaben des Vertriebs und des Kundenmarketings senken die Komplexität und die Kosten der Unternehmung. Nachteile ergeben sich durch hohe Kosten des handelsbezogenen Marketings. Zudem kann nicht gewährleistet werden, dass die Kunden durch den Handel i. S. der Unternehmung bearbeitet werden. Nicht zuletzt ergeben sich Probleme bei der Erfassung von Kundendaten und des Kundenverhaltens.

Fasst man die Vor- und Nachteile zusammen kommt man zu dem Ergebnis, dass die Anpassungsstrategie eher mit der Strategie der Kostenführerschaft als mit der Strategie der Differenzierung zu verknüpfen ist, wenn die Kosten des handelsbezogenen Marketings im Rahmen bleiben.

Die Strategie bedarf in jedem Fall einer intensiven Marktbeobachtung, um Veränderungen, wie z. B. Umsatzrückgang in einem Absatzkanal, Sortimentsverschiebungen im Handel, Präferenzverschiebungen der Kunden u. ä. rechtzeitig zu identifizieren und Veränderungen einzuleiten.

Tab. 12.9 fasst die unterschiedlichen Strategien und die damit verbundene Verteilung der Rollen im Absatzkanal zusammen.

Literatur

Abell, D. F.; Hammond, J. S. (1979): Strategic Market Planning: Problems and Analytical Approaches. Prentice Hall; Englewood Cliffs (N.J.)

Ahlert, D. (1996): Distributionspolitik. Das Management des Absatzkanals. 3. Aufl., Gustav Fischer Verlag, Stuttgart und Jena

Ahlert, D.; Kenning, P.; Brock, C. (2018): Grundlagen der marktorientierten Führung von Handelsbetrieben. 2. Aufl.; Springer Gabler Berlin

Arndt, H. (2015): Logistikmanagement. Springer Gabler, Wiesbaden

Backhaus, K.; Voeth, M. (2014): Industriegütermarketing. 10. Aufl., Franz Vahlen, München

Becker, J. (2019): Marketing-Konzeption. 11. Aufl., Vahlen, München
Benkenstein, M.; Uhrich, S. (2009): Strategisches Marketing. 3. Aufl., W. Kohlhammer, Stuttgart
Bruhn, M. (2019): Marketing. Grundlagen für Studium und Praxis. 14. Aufl., Springer Gabler, Wiesbaden
Christopher, M. (2005): Logistics and supply chain management: creating value-adding networks. 3rd Edition, Pearson Education Limited, Harlow
Diller, H. (1993): Key-Account-Management auf dem Prüfstand. In: Irrgang, W. (Hrsg.): Vertikales Marketing im Wandel. Vahlen, München, S. 49–80
Diller, H. (2008): Preispolitik. 4. Aufl., Kohlhammer, Stuttgart
Diller, H.; Beinert, M.; Ivens, B.; Müller, S. (2021): Pricing. Prinzipien, und Prozesse der betrieblichen Preispolitik. Verlag W. Kohlhammer, Stuttgart
Esch, F.- R. (2018): Strategie und Technik der Markenführung. 9. Aufl., Franz Vahlen, München
Franz, K.-P. (2000): Strategieunterstützende Controllinginstrumente. In: Welge, M. K., Al-Laham, A., Kajüter, P. (Hrsg.): Praxis des strategischen Managements, Konzepte, Erfahrungen, Perspektiven. Springer Fachmedien, Wiesbaden, S. 317–330
Gehrckens, H. M. (2019): Das Transformationsdilemma im Einzelhandel. In: Heinemann, G; Gehrckens, H. M.; Täuber, T.; Accenture GmbH. (Hrsg): Handel mit Mehrwert. Digitaler Wandel in Märkten, Geschäftsmodellen und Geschäftssystemen Springer Gabler, Wiesbaden, S. 43–70
Gittenberger, E.; Teller, C. (2012): Betriebstypen des Handels. In: Zentes, J. Swobota, B.; Morschett, D. Schramm-Klein, H. (Hrsg.): Handbuch Handel. 2. Aufl., Springer Gabler, Wiesbaden, S. 215–242
Gleißner, H. (2008): Distributionslogistik. In: Klaus, P. (Hrsg.): Gabler Lexikon Logistik. Management logistischer Netzwerke und Flüsse. 4. Aufl. Gabler, GWV Fachverlage GmbH, Wiesbaden, S. 123–127
Grant, R. M. (2014): Moderne strategische Unternehmensführung. Wiley-VCH Verlag GmbH &Co. KGaA, Weinheim
Heinemann, G. (2011): Cross-Channel-Management Integrationserfordernisse im Multi-Channel-Handel. 3. Aufl., Gabler, Wiesbaden
Heinemann, G. (2013): No-Line-Handel. Höchste Evolutionsstufe im Multi-Channeling. Springer Gabler, Wiesbaden
Heinemann, G. (2016): Der neue Online-Handel. 7. Aufl., Springer Gabler, Wiesbaden
Heinemann, G. (2018): Die Neuausrichtung des App- und Smartphone-Shopping. Springer Gabler, Wiesbaden
Heinemann, G. (2019): Zukunft des Handels und Handel der Zukunft – treibende Kräfte, relevante Erfolgsfaktoren und Game Changer. In: Heinemann, G; Gehrckens, H. M.; Täuber, T.; Accenture GmbH. (Hrsg): Handel mit Mehrwert. Digitaler Wandel in Märkten, Geschäftsmodellen und Geschäftssystemen Springer Gabler, Wiesbaden, S. 3–41
Heinemann, G. (2020): Der neue Online-Handel. 11. Aufl., Springer Gabler Wiesbaden
Henderson, B. D. (1984): Die Erfahrungskurve in der Unternehmensstrategie, Übersetzung und Bearbeitung von A. Gälweiler. 2. überarbeitete Aufl., Campus, Frankfurt am Main; New York
Herhausen, D., Binder, J. Schloegel, M. Herrmann, A. (2015) : Integrating bricks with clicks: retailer-level and channel-level outcomes of online–offline channel integration. In: Journal of Retailing 91(2), S. 309–325
Homburg, Chr. (2020): Marketing Management. 7. Aufl. Gabler Springer, Wiesbaden
Hudetz, K.; Hans, G.; Tanaskovic, N. (2005): Nutzung des Internets im Handel – Status Quo und Entwicklungen. In K. Hudetz (Hrsg.): E-Commerce im Handel, Deutscher Betriebswirte-Verlag, Gernsbach, S. 15–72
Irrgang, W. (1989): Strategien im vertikalen Marketing. Handelsorientierte Konzeptionen der Industrie. V.erlag Vahlen, München

Irrgang, W. (1993): Strategien im vertikalen Marketing der Industrie. In: Irrgang, W. (Hrsg.): Vertikales Marketing im Wandel. Aktuelle Strategien und Operationalisierung zwischen Hersteller und Handel. Verlag Franz Vahlen München, S. 1–24
Jaritz, S. (2008): Kundenbindung und Involvement, Dr. Th. Gabler, Wiesbaden
Kollmann, T. (2013): Online-Marketing, 2. Aufl., W. Kohlhammer, Stuttgart
Kollmann, T. (2019): E-Business Grundlagen elektronischer Geschäftsprozesse in der Digitalen Wirtschaft. 7. Aufl.; Springer Gabler, Wiesbaden
Kotler, P.; Keller, K. L.; Opresnik, M. O. (2015): Marketing-Management. Konzepte – Instrumente – Unternehmensfallstudien; [inklusive MyLab, deutsche Version]. 14. aktualisierte Aufl., Pearson (Wirtschaft), Hallbergmoos
Kotler, Ph.; Armstrong, G.; Harris, L. C.; Piercy, N. (2019): Grundlagen des Marketing. 7. Aufl., Pearson, München
Kroeber-Riel, W.; Esch, F. – R. (2015): Strategie und Technik der Werbung. 8. Aufl., W. Kohlhammer, Stuttgart
Lasch, R. (2018): Strategisches und operatives Logistikmanagement: Prozesse. 2. Aufl.; Springer Gabler, Wiesbaden
Lerchenmuller, M. (2003): Handelsbetriebslehre (4. Aufl.). Friedrich Kiehl Verlag, Ludwigshafen
Lerchenmuller, M.; Vochezer, R.; Vogle, T. (2011): Lexikon Betriebsformen. Deutscher Fachverlag, Frankfurt am Main
Levy, M.; Weitz, B. A. (2009): Retailing Management. 7. Aufl., McGraw-Hill, New York
Lietke, B. (2009): Efficient Consumer Response. E.ine agency-theoretische Analyse der Probleme und Lösungsansätze. Gabler | GWV Fachverlage GmbH, Wiesbaden
Maier, E.; Kirchgeorg, M. (2016): Wie reagiert der Offline-auf den Online-Handel? Die Verbreitung von Reaktionsstrategien im stationären Handel. HHL Re-Invent Retail Think Tank SVI-Stiftungslehrstuhl für Marketing, insbesondere E-Commerce und Crossmediales Management Studie; HHL Leipzig Graduate School of Management. https://www.hhl.de/app/uploads/2018/10/Maier-Kirchgeorg_2016_Wie-reagiert-der-Offline-auf-den-Online-Handel.pdf. Zugegriffen: 12. März 2023
Meffert, H. (1994): Marketing-Management. Analyse – Strategie – Implementierung, Gabler, Wiesbaden
Meffert, H. (2000): Marketing. Grundlagen der Absatzpolitik. 9. Aufl., Gabler, Wiesbaden
Meffert, H.; Burmann, Ch.; Kirchgeorg, M.; Eisenbeiß, M. (2019): Marketing. 13. Aufl., Springer Gabler, Wiesbaden
Meyer, P. W. (1978): Die Handelsstrukturen sind ausgereift. In: Markenartikel, 40 (10), S. 530–534
Morschett, D. (2012): Distanzhandel – Online-Shops und andere Formen. In: Zentes, J. Swobota, B.; Morschett, D. Schramm-Klein, H. (Hrsg.): Handbuch Handel. 2. Aufl., Springer Gabler, Wiesbaden, S. 375–398
Müller-Hagedorn, L.; Natter, M. (2011): Handelsmarketing (5. Aufl.). Kohlhammer, Stuttgart
Müller-Hagedorn, L.; Veltmann, L. (2012): Kooperationen im Handel (Ver-bundgruppen). In: Zentes, J. Swobota, B.; Morschett, D. Schramm-Klein, H.: (Hrsg.): Handbuch Handel. 2. Aufl., Springer Gabler, Wiesbaden, S. 103–126
Nieschlag, R.; Dichtl, E.; Hörschgen, H. (2002): Marketing. 19. neu bearbeitete Aufl., Duncker & Humblot, Berlin
Oehme, W. (2001): Handels-Marketing. 3. Aufl. Vahlen, München
Schögel, M.; Sauer, A.; Schmidt, I. (2002): Multichannel-Marketing. In: Thexis – Fachzeitschrift für Marketing 19 (2). S. 34–38
Schögel, M; Sauer, A.; Schmidt, I. (2004): Multichannel-Management. In; Merx, O.; Bachem, C. (Hrsg.): Multichannel-Markjeting Handbuch. Springer Verlag Berlin, Heidelberg, S. 1–28

Schögel, M.; Tomczak, T. (1999): Alternative Vertriebswege – Neue Wege zum Kunden. In: Tomczak, T.; Belz, C; Schögel, M. Birkhofer, B. (Hrsg.): Alternative Vertriebswege, Verlag Thexis St. Gallen, S. 12–38;

Schramm-Klein, H. (2012): Multi Channel Retailing – Erscheinungsformen und Erfolgsfaktoren. In: Zentes, J. Swobota, B.; Morschett, D. Schramm-Klein, H. (Hrsg.): Handbuch Handel. 2. Aufl., Springer Gabler, Wiesbaden, S. 419–437

Schröder, H. (2012): Handelsmarketing. 2. Aufl. Springer Gabler, Wiesbaden

Schröder, M. (2019): Strukturierte Verbesserung des Supply Chain Risikomanagements. Springer Gabler, Wiesbaden

Schuh, G.; Stich, V; Helmig, J. (2013): Konzepte des Supply-Chain-Managements. In: Schuh, G.; Stich, V. (Hrsg.): Logistikmanagement Handbuch Produktion und Management 6. 2. Aufl.; Springer, Berlin Heidelberg, S. 209–255

Sennheiser, A.; Matthias Schnetzler, M. (2008): Wertorientiertes Supply Chain Management. Strategien zur Mehrung und Messung des Unternehmenswertes durch SCM. Springer-Verlag, Berlin, Heidelberg, New York

Simon, H.; Fassnacht, M. (2016): Preismanagement, Analyse – Strategie – Umsetzung. 4. vollständig überarbeitete und erweiterte Aufl., Springer Gabler Wiesbaden

Sohl, T.; Rudolph, T. (2012): Formatdiversifikation: Strategien und Erfolgswirkung. In: Zentes, J. Swobota, B.; Morschett, D. Schramm-Klein, H. (Hrsg.): Handbuch Handel. 2. Aufl., Springer Gabler, Wiesbaden, S. 21–35

Specht, G.; Fitz, W. (2005): Distributionsmanagement. 4. Aufl.; Kohlhammer, Stuttgart

Staudacher, F. (1993): Auswirkungen der Herstellerkonzentration auf das vertikale Marketing. In: Irrgang, W. (Hrsg.): Vertikales Marketing im Wandel. Aktuelle Strategien und Operationalisierung zwischen Hersteller und Handel. Verlag Franz Vahlen, München, S. 25–48

Swoboda, B.; Foscht, T.; Schramm-Klein, H. (2019): Handelsmanagement. Offline-, Online- und Omnichannel-Handel. 4. Aufl.; Franz Vahlen, München

The Boston Consulting Group (2005): Die vertikale Verlockung. https://docplayer.org/861873-Die-vertikale-verlockung.html. Zugegriffen: 12. November 2020

Thies, G. (1976): Vertikales Marketing. Marktstrategische Partnerschaft zwischen Industrie und Handel. de Gruyter, Berlin, New York

Tietz, B. (1993): Der Handelsbetrieb. Grundlagen der Unternehmenspolitik. 2. Aufl., Vahlen, München

Verhoef, P. et al. (2015): From Multi-Channel Retailing to Omni-Channel-Retailing. Introduction tot he Special Issue on Multi-Channel Retailing. In: Journal of Retailing 91 (2), S. 174–181

Voeth, M.; Herbst, U. (2013): Marketing-Management. Schäffer-Poeschel, Stuttgart

Vollert, K. (2009): Marketing. 2. Aufl., PCO, Bayreuth

Wannenwetsch, H. (2014): Integrierte Materialwirtschaft, Logistik und Beschaffung. 5. Aufl. Springer, Berlin; Heidelberg

Werner, H. (2020): Supply Chain. Management. Grundlagen, Strategien, In-strumente und Controlling. 7. Aufl.; Springer Fachmedien GmbH, Wiesbaden

Winkelmann, P. (2010): Marketing und Vertrieb. Fundamente für die Marktorientierte Unternehmensführung, 7. Aufl. Oldenbourg, München

Wirtz, B. W. (2022): Multi-Channel-Marketing. Grundlagen – Instrumente – Prozesse. 3. Aufl. Springer Gabler, Wiesbaden

Wolters U. J. (2016): Neuerfindung des Handels durch digitale Disruption. Warum viele Händler ihr Geschäftsmodell massiv verändern müssen, wenn sie nicht scheitern wollen. In: Heinemann, G; Gehrckens, H. M.; Wolters, U. J.; dgroup GmbH (Hrsg): Digitale Transformation oder digitale Disruption im Handel. Springer Gabler, Wiesbaden, S. 29–48

Zentes, J. (2012): Vertikale Integration. In: In: Zentes, J. Swobota, B.; Morschett, D. Schramm-Klein, H. (Hrsg.): Handbuch Handel, 2. Aufl., Springer Gabler, Wiesbaden, S. 89–101

Zentes, J.; Swoboda, B.; Morschett, D. Schramm-Klein, H. (2012a): Herausforderungen des Handelsmanagements. In: Zentes, J.;Swobota, B.; Morschett, D.; Schramm-Klein, H. (Hrsg.): Handbuch Handel, 2. Aufl., Springer Gabler, Wiesbaden S. 1–18

Zentes, J.; Swoboda, B; Foscht, T. (2012b): Handelsmanagement. 3. Aufl., Vahlen, München

13 Anspruchsgruppenbezogene Strategien

Inhaltsverzeichnis

13.1 Legitimität der Unternehmung zum Aufbau und Erhalt von KKVs 553
13.2 Elemente der anspruchsgruppenbezogenen Strategien 555
    13.2.1 Identifikation relevanter Anspruchsgruppen und Ansprüche 556
    13.2.2 Ausgestaltung anspruchsgruppenbezogene Strategien 561
Literatur 562

Zusammenfassung

Im Kapitel anspruchsgruppenbezogene Strategien erfährt der Leser

- welche Legitimität die Unternehmung zum Aufbau und Erhalt von KKVs benötigt,
- welche Anspruchsgruppen und Ansprüche eine Unternehmung beim Aufbau und Erhalt von KKVs zu berücksichtigen hat,
- wie in Abhängigkeit der Bedeutung der Anspruchsgruppe und der Stärke der Unternehmung anspruchsgruppenbezogene Strategien auszugestalten sind.

13.1 Legitimität der Unternehmung zum Aufbau und Erhalt von KKVs

Um KKVs aufzubauen und zu erhalten, benötigt die Unternehmung Legitimität und Vertrauen bei den Stakeholdern(Vgl. Meffert 2018, S. 21; Burmann 2018, S. 302; Kenning 2014, S. 4 ff.; Raffée und Wiedmann 1989, S. 579; Reed et al. 2009, S. 1934).

▶ Als **Stakeholder oder Anspruchsgruppen** bezeichnet Freeman alle Gruppen (Verbände, Netzwerke etc.) und Personen, die die Zielrealisation der Unternehmung beeinflussen oder von der Zielrealisation der Unternehmung beeinflusst werden (Vgl. Freeman

1984, S. 46, Freeman und McVea 2001, sowie zur Diskussion des Begriffs Reed et al. 2009, S. 1934; Theuvsen 2001, S. 2; Sandhu 2022, S. 862 ff.).

▶Legitimität kann als die allgemeine Einschätzung oder Erwartung bezeichnet werden, dass die Aktivitäten der Unternehmung (zum Aufbau und Erhalt von KKVs) innerhalb eines sozialen Systems (Gesellschaft, Markt etc.) vertretbar, erwünscht, richtig und angemessen sind (Vgl. Schreyögg und Koch 2020, S. 76; Suchman 1995, S. 574).

Unterschieden werden die pragmatische, moralische und kognitive Legitimität (Vgl. Suchman 1995, S. 577 ff.). **Pragmatische Legitimation** besitzt eine Unternehmung dann, wenn ihr die Fähigkeit und Willigkeit zugesprochen wird, den Interessen der Anspruchsgruppen nachzukommen. Eine **moralische Legitimität** erhält die Unternehmung, wenn sie darlegen kann, dass ihre Mitglieder, Aktivitäten, Strukturen, Technologien, Prozesse etc. gesellschaftlichen Normen und Werten entsprechen. Eine **kognitive Legitimation** liegt vor, wenn Handlungen aus Sicht der Stakeholder sinnvoll und vorhersehbar sind.

Die Legitimität der Unternehmung ist damit an den Umgang mit den Ansprüchen ihrer Stakeholder geknüpft. Deren Ansprüche gelten zum einen den Produkten, Dienstleistungen und Marken der Unternehmung (Vgl. Grey germany et al. 2015; Belz 2005, S. 28 ff.; Wildner 2014, S. 74). Zum anderen muss die Unternehmung zu gesellschaftlichen Anliegen Stellung nehmen und sie bei ihren Aktivitäten berücksichtigen. „Dies wird deutlich, wenn heute in zunehmendem Maße Unternehmungen in öffentliche Auseinandersetzungen geraten, die für ihren weiteren Erfolg von existentieller Bedeutung sind, in denen es gar nicht um ihre wirtschaftliche Leistung, sondern um die Auswirkungen ihrer Tätigkeit auf gesellschaftlich sensible Bereiche wie Ökologie, Sicherheit oder Gesundheit geht" (Dyllick 1989, S. 276).

Das Ausmaß der Legitimation der Unternehmung bei den Anspruchsgruppen hat Folgen für Akzeptanz des Handelns der Unternehmung. In ihrem **Eisernen Gesetz der Verantwortung** formulieren Davis und Blomstrom, dass Unternehmen auf Dauer jene Macht verlieren, die sie nicht verantwortungsvoll einsetzen (Vgl. Davis und Blostrom 1971). Damit können zum einen gesetzliche Eingriffe gemeint sein, die die Handlungsfreiheit der Unternehmen einschränken. Zum anderen können Anspruchsgruppen selbst die Unternehmung zwingen, ihr Verhalten zu ändern oder aufzugeben und damit die Möglichkeiten zum Aufbau und Erhalt von KKVs einzuschränken. Ihre Möglichkeiten beziehen sich u. a. auf (Vgl. Balderjahn 2014, S. 149 f.)

- den Aufbau öffentlichen Drucks durch die Medien und insbesondere durch das Internet (Vgl. Kotler et al. 2017, S. 17 ff.),
- ihre internationale Vernetzung,
- die Mobilisierung des politischen Drucks z. B. durch Lobbyarbeit,
- Konsumboykott und Shaming-Kampagnen,
- „Aufstacheln" der Kapitalgeber und Gesellschafter der Unternehmung.

13.2 Elemente der anspruchsgruppenbezogenen Strategien

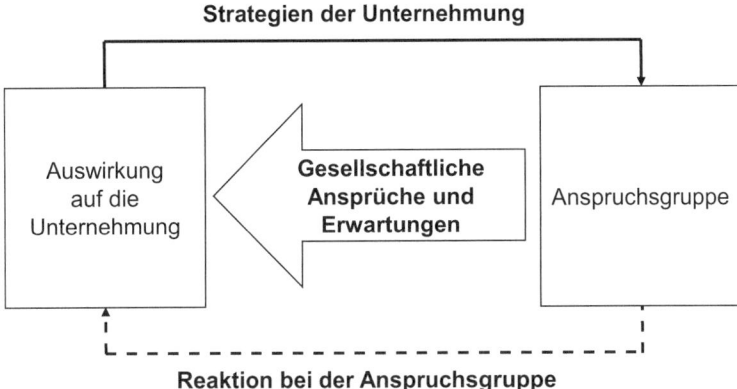

Abb. 13.1 Strukturmodell der Interaktion von Stakeholdern und Unternehmung. (In Anlehnung an Dyllick 1989, S. 14)

Hansen und Schoenheit konnten bereits in den 90er Jahren des letzten Jahrhunderts belegen, dass gesellschaftliches Verantwortungsbewusstsein der Unternehmung die Verbraucherpräferenzen zu Gunsten der Unternehmung fördert (Vgl. Hansen und Schoenheit 1993, S. 73). Nicht zuletzt bleibt zu berücksichtigen, dass Stakeholder der Unternehmung Ressourcen, Fähigkeiten und Wissen zur Verfügung stellen und diese als Belohnungs- bzw. Sanktionsinstrument nutzen können.

Insofern erscheint es sinnvoll, dass die Unternehmung Strategien entwickelt, die den Umgang mit den Ansprüchen ihrer Stakeholder langfristig und grundsätzlich regelt, um eine positive Reaktion der Anspruchsgruppen zu erhalten. Der Zusammenhang wird nochmals in Abb. 13.1 zusammengefasst.

▶ Daraus abgeleitet kann ein Stakeholder-Management als die Planung, Durchsetzung und Kontrolle von Strategien und Maßnahmen bezeichnet werden, die den Umgang mit Ansprüchen von Stakeholdern festlegen, um Legitimität und Akzeptanz ihrer Aktivitäten beim Aufbau und Erhalt von KKVs zu erhalten (Vgl. auch Parmar et al. 2010; Meffert et al. 2019, S. 261).

13.2 Elemente der anspruchsgruppenbezogenen Strategien

Anspruchsgruppenbezogene Strategien beziehen sich zum einen auf die Identifikation für die Unternehmung relevanter Anspruchsgruppen und auf die Identifikation relevanter Ansprüche. Zum anderen müssen strategischen Handlungsalternativen gegenüber den Ansprüchen der Stakeholder formuliert werden (Vgl. Abb. 13.2).

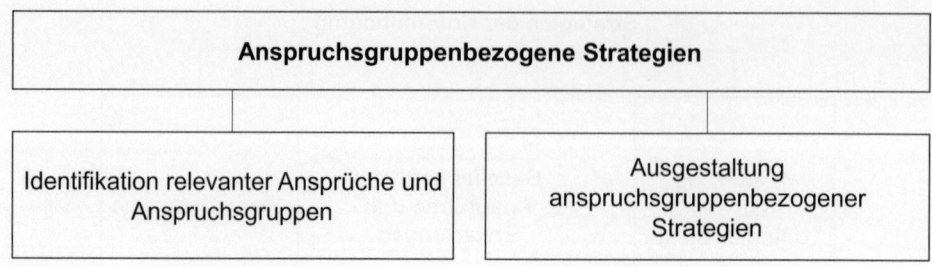

Abb. 13.2 Anspruchsgruppenbezogene Strategien

13.2.1 Identifikation relevanter Anspruchsgruppen und Ansprüche

Die Identifikation von relevanten Ansprüchen und Anspruchsgruppen ist letztlich ein iterativer Prozess. Die Identifikation von Anspruchsgruppen offenbart relevante Ansprüche. Relevante Ansprüche führen zu relevanten Anspruchsgruppen.

Die Literatur kennt reichhaltige Aufzählungen und Klassifikationen von Stakeholdern, wobei eine abschließende Erfassung auch vor dem Hintergrund einer sich dynamisch verändernden Umwelt unmöglich erscheint (Vgl. Johnson et al. 2018, S. 182 f.; Dillerup und Stoi 2013, S. 118 f.; Göbel 2016, S. 127 ff.; Freeman 1984, S. 25). Tab. 13.1 orientiert sich zunächst an einer Einteilung in unternehmensinterne und -externe Anspruchsgruppen (Vgl. Meffert 1994, S. 189; Ulrich und Fluri 1984, S. 66). Unternehmensexterne Anspruchsgruppen können weiter in marktbezogenen und nicht marktbezogene Anspruchsgruppen gegliedert werden. Eine solche Unterteilung erleichtert eine Erfassung von Anspruchsgruppen.

Es ist der Unternehmung weder möglich noch ist es strategisch und ökonomisch sinnvoll, allen Stakeholdern gleichermaßen Bedeutung zuzusprechen. Vielmehr gilt es, die für den Aufbau und Erhalt von KKVs der Unternehmung relevanten Stakeholder mit einer Stakeholder-Analyse zu identifizieren (Vgl. auch Reed et al. 2009, S. 1936 ff.; Müller-Stewens und Lechner 2016, S. 239; Grunwald und Schwill 2022, S. 114 f.). Mitchell et al. segmentieren die Anspruchsgruppen dazu weitergehend mit den Kriterien Macht, Legitimität und Dringlichkeit (Vgl. Mitchell et al. 1997, S. 865).

Stakeholder besitzen demnach **Macht**, wenn sie die Unternehmung zu Aktivitäten zwingen, die ohne den Einfluss der Stakeholder unterlassen worden wären. Zur Bestimmung der Macht werden Machtbasen, Machtbereiche, die Stärke der Macht und die Ausdehnung der Macht analysiert werden (Vgl. Theuvsen 2001). Als Formen der Macht von Anspruchsgruppen werden unterschieden (Vgl. Frech und Raven 1959, S. 151 ff.):

- Die Belohnungsmacht (reward power), die es ermöglicht, die Unternehmung für ihr Verhalten zu belohnen (z. B. Kunden, Geldgeber),

13.2 Elemente der anspruchsgruppenbezogenen Strategien

Tab. 13.1 Interne und externe Anspruchsgruppen der Unternehmung. (Quelle: Nach Meffert 1994, S. 189)

Anspruchsgruppen der Unternehmung		
Unternehmensintern	Unternehmensextern	
	Nicht marktbezogen	Marktbezogen
Unternehmenseinheiten	Gesellschaft	Kunden
Abteilungen	Verbraucherorganisationen	Großhandel
Tochterunternehmen	Medien	Einzelhandel
Unternehmenszweige	Bürgerinitiativen	Konsument
Geschäftsführung	Kirche	Organisationen
	Bildungswesen	etc.
Eigenkapitalgeber	Kulturelle Institutionen	
Aktionäre	Umweltorganisationen	Lieferanten
Gesellschafter		Direkte
Einzelunternehmer	Zukünftige Generationen	Indirekte
Mitarbeiter unterschieden nach:	Staat im Bereich:	Konkurrenten
Hierarchieebenen	Legislative	Influencer
Tätigkeitsfeld	Exekutive	Fremdkapitalgeber
Demographie	Jurisdiktion	Sonstiger Dienstleister des Unternehmens
		Berater
		Caterer
		Support Services
		Selbständige
		Kooperationspartner

- die Bestrafungsmacht (coercive power), die es möglich macht, unerwünschtes Verhalten zu bestrafen (z. B. Streik der Mitarbeiter, Boykottaufruf von Umweltverbänden),
- die Legitimationsmacht (legitimate power), die aufgrund bestimmter Normen, Regeln und Vereinbarungen besteht (z. B. Jurisdiktion),
- die Identifikationsmacht (referent power), bei der eine Person oder eine Gruppe dem Machtausübenden gleich oder ähnlich sein will (z. B. Konkurrenten)
- die Expertenmacht (expert power), die durch überlegenes Wissen der Machtträger existiert (z. B. Wissenschaftler).

Die **Legitimität** bezieht sich auf die Erwünschtheit, Richtigkeit und Angemessenheit der Erwartungen von Stakeholdern in einem sozialen System (Vgl. Suchman 1995, S.

574). Wie oben dargestellt werden die pragmatische, moralische und kognitive Legitimität unterschieden.

Die **Dringlichkeit** bezieht sich auf die unmittelbare Notwendigkeit zum Handeln, die sich aus dem Status der Ansprüche im Lebenszyklus ergibt.

Die drei Kriterien sind nicht unabhängig voneinander. Entsprechend der Ausprägung auf den Kriterien bilden Mitchell et al. sieben Gruppen von Stakeholdern (Abb. 13.3).

- Dormant Stakeholder besitzen Macht, besitzen aber vergleichsweise niedrige Legitimität. Zudem birgt ihr Anliegen keine unmittelbare Dringlichkeit.
- Discretionary Stakeholder haben Legitimität jedoch keine Macht. Ihren Anliegen wird keine Dringlichkeit zugemessen.
- Demanding Stakeholder besitzen dringliche Anliegen. Sie besitzen aber weder Macht noch Legitimität, diese durchzusetzen.
- Dominant Stakeholder haben Macht und Legitimität. Die Dringlichkeit ihrer Anliegen ist jedoch nicht gegeben.
- Dependend Stakeholder besitzen legitime und dringende Ansprüche, verfügen aber nicht über die Macht, um sie umzusetzen.

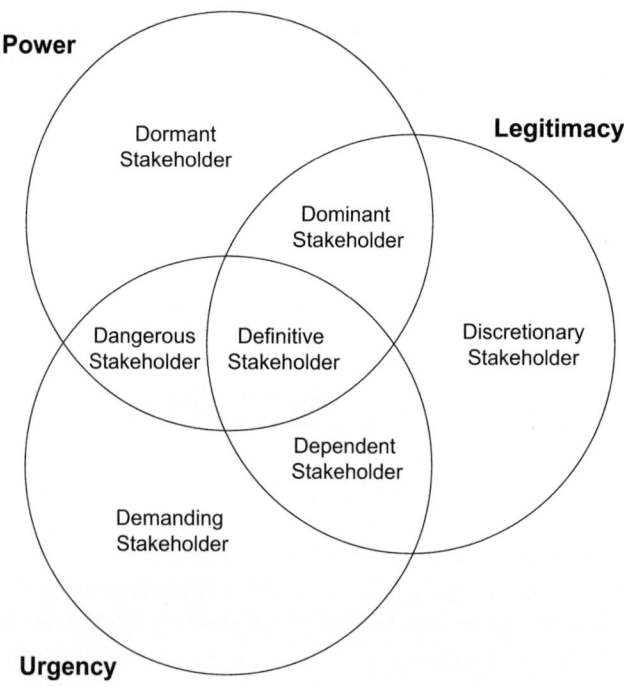

Abb. 13.3 Stakeholdertypologie. (Nach Mitchell (Mitchel et al. 1997, S. 874))

13.2 Elemente der anspruchsgruppenbezogenen Strategien

Tab. 13.2 Relevanz von Stakeholdern

Anspruchsgruppe / Relevanzkriterien	Hohe Macht	Hohe Legitimität	Hohe Dringlichkeit
Definitive	x	x	x
Dominant	x	x	
Dependend		x	x
Dangerous	x		x
Dormant	x		
Discretionary		x	
Demanding			x

- Dangerous Stakeholder besitzen dringliche Ansprüche und die Macht diese umzusetzen. Ihren Ansprüchen fehlt allerdings die Legitimität.
- Definitive Stakeholder besitzen die Macht, legitime und dringende Ansprüche durchzusetzen.

Je ausgeprägter die drei Kriterien bei den betrachteten Stakeholdern sind, desto mehr Relevanz besitzen sie für die Unternehmung (Vgl. Tab. 13.2). Insofern muss sich die Unternehmung insbesondere den definitive Stakeholdern zuwenden. Weiterhin muss den dormant, dependend, dangerous Stakeholdern Aufmerksamkeit geschenkt werden. Sie können im Zeitablauf ein zusätzliches Relevanzkriterium realisieren und so für die Unternehmung Bedeutung erlangen. Von geringerer Bedeutung sind die dormant, discretionary und die demanding Stakeholder.

Herauszuheben ist, dass die unterschiedlichen Anspruchsgruppen nicht immer isoliert voneinander gesehen werden können. Sie stehen vielmehr in einer wechselseitigen Beeinflussungs- und Abhängigkeitsbeziehung und sind nicht selten miteinander verbunden (Vgl. Wiedmann 1989, S. 238). Zudem können unterschiedliche Stakeholder unterschiedliche Ansprüche besitzen, die konfliktär, komplementär oder unabhängig voneinander sind. Für das Unternehmen kann es sinnvoll sein, Netzwerkmodelle zur Abbildung der Verbindungen unterschiedlicher Anspruchsgruppen zu entwerfen. Hieraus lässt sich ableiten, welche Ansprüche und Anspruchsgruppen unter Berücksichtigung diverser Beeinflussungs- und Abhängigkeitsbeziehung bearbeitet werden sollen, um „pull- und push- Effekte" zu nutzen.

Ansprüche von Stakeholdern, die sich neben der Diskussion der verschiedenen Aspekte der Nachhaltigkeit (vgl. Kap. 5.2.3) mit ihren drei Säulen ökologische Nachhaltigkeit, ökonomische Nachhaltigkeit und soziale Nachhaltigkeit (Vgl. Griese 2015, S. 3 ff.; Kenning 2014, S. 7 f.; Belz und Bilharz 2005, S. 3 ff.; Belz 2005, S. 19; Kirchgeorg

2005, S. 42; Bruhn und Kirchgeorg 2007, S. 85) ergeben, beziehen sich z. B. auf (Vgl. Göbel 2016, S. 132 f.)

- die Flüchtlingsproblematik,
- die Terrorgefahr und kriegerische Auseinandersetzungen,
- die demographische Entwicklung der Bevölkerung,
- der Klimawandel und seine Konsequenzen,
- das Verhältnis von Industrie- und Entwicklungsländer,
- die Folgen der Gentechnologie.

Ein Anspruch durchläuft einen Lebenszyklus, der z. B. in fünf Phasen unterteilt werden kann (Vgl. Abb. 13.4).

In der **Latenzphase** werden Ansprüche von direkt Betroffenen und Experten identifiziert und artikuliert. Diese sind in der **Emergenzphase** Gegenstand der wissenschaftlichen Diskussion und Thema der Fachmedien. Erste Aktivisten formulieren ihre Erwartungen über den Umgang mit den Ansprüchen. In der **Aufschwungphase** werden die Ansprüche durch Interessengruppen und Politiker artikuliert. Sie werden dabei auch von den Massenmedien begleitet. Die **Reifephase** ist durch die Diskussion politisch administrativer Regelungen geprägt. Massenmedien verlieren zunehmend das Interesse an der Problematik. Mit der Durchsetzung administrativer Regelungen nimmt auch die öffentliche Aufmerksamkeit für die Problemstellung in der **Abschwungphase** ab (Vgl. Meffert und Kirchgeorg 1992, S. 76 und die dort zitierte Literatur).

Die Möglichkeiten zur Einflussnahme und Steuerung der Ansprüche durch die Unternehmung nehmen im Laufe des Lebenszyklus ab. Zudem darf man erwarten, dass die

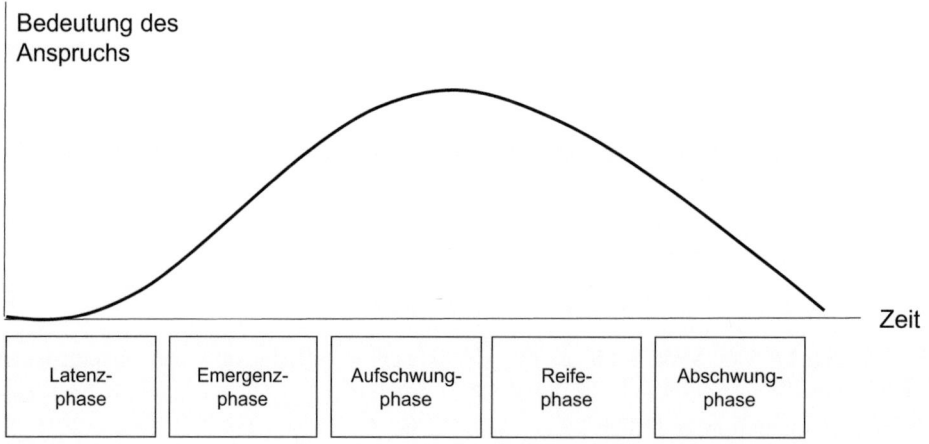

Abb. 13.4 Lebenszyklusmodell gesellschaftlicher Anspruchsgruppen. (In Anlehnung an Meffert 1984, S. 192)

Tab. 13.3 Anspruchsgruppenbezogenen Strategien. (Quelle: Meffert et al. 2019, S. 363;)

		Unternehmensstärke	
		Hoch	Niedrig
Bedeutung der Anspruchs-gruppe	Hoch	Innovation	Anpassung
	Niedrig	Widerstand Passivität	Ausweichen durch Problemverlagerung

Kosten der Behandlung von Ansprüchen im Zeitablauf ansteigen. Insofern müssen den Ansprüchen in der Emergenz- und insbesondere in der Aufschwungphase die besondere Aufmerksamkeit der Unternehmung gehören.

13.2.2 Ausgestaltung anspruchsgruppenbezogene Strategien

Die Ausgestaltung anspruchsgruppenbezogener Strategien (Vgl. Tab. 13.3) hängt einerseits von der Bedeutung der Anspruchsgruppe ab. Anderseits spielt die Stärke der Unternehmung eine Rolle. Diese wird durch ihre Ressourcen, Fähigkeiten und ihr Wissen zur Schaffung innovativer Lösungen für Ansprüche und durch ihre Wettbewerbsposition bestimmt (Vgl. Meffert et al. 2019, S. 363; Meffert 1994, S. 196 f.).

Mit einer **Innovationsstrategie** entwickelt die Unternehmung in einer sehr frühen Phase des Lebenszyklus eines Anspruchs innovative Lösungen zur Problemstellung. Diese proaktive Haltung setzt zum einen die entsprechenden Unternehmensressourcen und -fähigkeiten sowie Wissen voraus. Anderseits muss der Umgang mit den Anspruchsgruppen aktiv gestaltet werden, um relevante Entwicklungen frühzeitig zu identifizieren und Lösungen gemeinsam zu entwickeln. Die Vorteile der Strategie liegen in einer erhöhten Akzeptanz der Unternehmung bei gesellschaftlichen Anspruchsgruppen sowie in Zeit- und Erfahrungsvorteilen gegenüber den Konkurrenten, sodass sie besonders geeignet ist, um KKVs aufzubauen. Nicht zuletzt können die Aktivitäten öffentlich wirksamer dargestellt werden und finden die entsprechende Aufmerksamkeit. Nachteile ergeben sich, weil die allgemeine Akzeptanz innovativer Aktivitäten unsicher ist. Zudem können Konkurrenten erfolgreiche Aktivitäten kurzfristig mit geringem Einsatz imitieren, sodass der Vorteil im Wettbewerb schnell verloren gehen kann.

Mit der **Anpassungsstrategie** beschränkt sich die Unternehmung auf nicht zu umgehende Aktivitäten zur Befriedigung der Ansprüche von Stakeholdern in relativ späten

Phasen ihres Lebenszyklus. Es liegen bereits administrative Regelungen zum Umgang mit den Ansprüchen vor. Vorteilhaft erscheint, dass relativ konkrete Problemlösungen existieren und das Risiko von Fehlinvestitionen sinkt. Nachteilig wirkt, dass die Zeit zur Entwicklung und Umsetzung optimaler Konzepte für die Unternehmung fehlt, sodass die Unternehmung u. U. nur mit vorherrschenden Standards auf die Ansprüche reagieren kann. Soweit gängige Lösungen von der Unternehmung nicht realisierbar sind, muss sich die Unternehmung bei geringen Stärken ggf. zurückziehen.

Mit einer **Ausweichstrategie** versucht die Unternehmung sich den betrachteten Ansprüchen zu entziehen und Konflikte zu umgehen. Dabei ist die Verlagerung von betroffenen Unternehmensaktivitäten ins Ausland eine mögliche Maßnahme, wobei jedoch die internationale Verflechtung von Anspruchsgruppen (z. B. Greenpeace) diesem Vorgehen Grenzen setzt. Der **Rückzug** aus Geschäftsfeldern bzw. einzelnen Aktivitäten, die Gegenstand der Ansprüche sind, lässt Möglichkeiten zur Realisation bestimmter KKVs ungenutzt. Andererseits kann dieser Verzicht als wahrgenommener gesellschaftlicher Beitrag der Unternehmung andere KKVs begründen.

Ziel der **Widerstandsstrategie** ist nicht die Problemlösung, sondern der Erhalt des Status quo. Ein oder mehrere Unternehmen eines Marktes bzw. einer Branche können versuchen, die öffentliche Diskussion in ihrem Sinne zu beeinflussen (z. B. Beeinflussung politischer Instanzen). Eine andere Alternative besteht in der Ignoranz der öffentlichen Anliegen und der Verteidigung und Umsetzung der eigenen Position.

Vorteile der Strategie liegen in kurzfristigen Kosteneinsparungen, wenn Anspruchsgruppen keine Möglichkeit haben, ihre Interessen rechtlich durchzusetzen. Bei der Möglichkeit von Anspruchsgruppen, die rechtlichen Instanzen zu durchlaufen, kann die Blockade unternehmerischer Aktivitäten selbst kurzfristig erhebliche (Opportunitäts-) Kosten verursachen. Nachteilig wirkt sich langfristig aus, dass die Legitimation der Unternehmung bzw. der gesamten Branche infrage gestellt wird.

Literatur

Balderjahn, I. (2014): Entscheidungsorientierung im Sustainable Marketing-Management. In: Meffert, H.; Kenning, P.; Kirchgeorg, M. (Hrsg.): Sustainable Marketing. Management Grundlagen und Cases, Springer Fachmedien, Wiesbaden, S. 135–158

Belz, F.– M. (2005): Nachhaltigkeits-Marketing: Konzeptionelle Grundlagen und empirische Ergebnisse. In: Belz, F.-M; Bilharz, M. (Hrsg.): Nachhaltigkeits-Marketing in Theorie und Praxis. Deutscher Universitätsverlag Wiesbaden, S. 19–39

Belz, F.- M.; Bilharz, M. (2005): Einführung in das Nachhaltigkeits-Marketing. In: Belz, F.-M.; Bilharz, M. (Hrsg.): Nachhaltigkeits-Marketing in Theorie und Praxis. Deutscher Universitätsverlag, Wiesbaden, S. 3–15

Bruhn, M.; Kirchgeorg, M. (2007): Marktorientierte Führung im Wandel von Umweltbewusstsein und ökologischen Rahmenbedingungen. In: Bruhn, M; Kirchgeorg, M. ; Meier, J. (Hrsg.): Marktorientierte Führung im wirtschaftlichen und gesellschaftlichen Wandel. Springer Gabler, Wiesbaden, S. 83–113

Burmann, C. (2018): Stakeholder-Verantwortung von Marketing und marktorientierter Unternehmensführung. In: Bruhn, M.; Kirchgeorg, M. (Hrsg.): Marketing weiterdenken. Zukunftspfade für eine marktorientierte Unternehmensführung. Herrn Prof. Dr. Dr. h.c. mult. Heribert Meffert zum 80. Geburtstag. Springer Gabler, Wiesbaden, S. 301–311

Davis, K.; Blomstrom, R. L. (1971): Business, Society and Environment: Social Power and Social Response. 2. Aufl., McGraw-Hill, New York

Dillerup, R.; Stoi, R. (2013): Unternehmensführung. 4. Aufl., Verlag Vahlen, München

Dyllick, Th. (1989): Die Sicherung der gesellschaftlichen Akzeptanz als Aufgabe der unternehmerischen Zukunftssicherung. In: WISU 18 (5), S. 276–277

Frech, J. R. P.; Raven, B. (1959): The Base of Social Power. In: Cartwright, D. (Hrsg.): Studies in social power . Published by the Institute for Social Research. The University of Michigan, Ann Arbor, Michigan, S. 150–167

Freeman R. A. (1984): Strategic Management. A Stakeholder Approach. Pitman, Boston

Freeman, R. E.; McVea, J. (2001): A Stakeholder Approach to Strategic Management. Darden Graduate School of Business Administration University of Virginia, Working Paper No. 01–02. https://papers.ssrn.com/sol3/papers.cfm?abstract_id=263511. Zugegriffen: 12. Dezember 2020

Göbel, E. (2016): Unternehmensethik. Grundlagen und praktische Umsetzung. 4. Aufl., UVK-Verlagsgesellschaft, Konstanz, München

GREYgermany, TNS Infratest (2015): Deutscher Marketing Verband, Markenverband: Brands Ahead – Die Zukunftsfähigkeit der Marke, Presseinformationen. http://www.marketingverband.de/fileadmin/der_dmv/studien/Brands_Ahead/praesentation-und-infografiken-pk-brands-ahead.pdf . Zugegriffen: 8. Juni 2017

Griese, K.- M. (2015): Einführung ins Nachhaltigkeitsmarketing. In: Griese; K.- M (Hrsg.): Nachhaltigkeitsmarketing. Springer Gabler, Wiesbaden, S. 3–30

Grunwald, G.; Schwill, J. (2022): Nachhaltigkeitsmarketing. Grundlagen-Gestaltungsoptionen-Umsetzung. Schäffer-Poeschel Verlag, Stuttgart

Hansen, U.; Schoenheit, I. (1993): Was belohnen Konsumenten? In: asw 36(12), S.70–74

Johnson, G.; Whittington, R.; Scholes, K.; Angwin, D.; Regnér, P.; (2018): Strategisches Management. Eine Einführung. 11. aktualisierte Auflage. Pearson, Hallbergmoos

Kenning, P. (2014): Sustainable Marketing – Definition und begriffliche Abgrenzung. In: Meffert, H.; Kenning, P.; Kirchgeorg, M. (Hrsg.): Sustainable Marketing Management. Grundlagen und Cases. Springer Gabler, Wiesbaden, S. 3–20

Kirchgeorg, M. (2005): Nachhaltigkeits-Marketing – eine internationale Perspektive. In: Belz, F.-M; Bilharz, M. (Hrsg.): Nachhaltigkeits-Marketing in Theorie und Praxis. Deutscher Universitätsverlag, Wiesbaden, S. 41–59

Kotler, P.; Kartajaya, H.; Setiawan, I. (2017): Marketing 4.0. Der Leitfaden für das Marketing der Zukunft. (1. Aufl.), Campus, Frankfurt

Meffert, H. (1984): Marketingstrategien in stagnierenden und schrumpfenden Märkten. In: Pack, L.; Börner, D. (Hrsg.): Betriebswirtschaftliche Entscheidungen bei Stagnation. Gabler, Wiesbaden, S. 37–72

Meffert, H. (1994): Marketing-Management. Analyse – Strategie – Implementierung. Gabler, Wiesbaden.

Meffert, H. (2018): Marketing Weiterdenken. In: Bruhn, M.; Kirchgeorg , M. (Hrsg.): Marketing Weiterdenken. Zukunftspfade für eine marktorientierte Unternehmensführung. Unter Mitarbeit von Heribert Meffert. 1. Auflage, Springer Fachmedien, Wiesbaden, S. 19–22

Meffert, H.; Burmann, Ch.; Kirchgeorg, M.; Eisenbeiß, M. (2019): Marketing. 13. Aufl., Springer Gabler, Wiesbaden

Meffert, H.; Kirchgeorg, M. (1992): Marktorientiertes Umweltmanagement. Grundlagen und Fallstudien. Poeschel, Stuttgart

Mitchell, R. K.; Agle, B. R.; Wood, D. J. (1997): Towards A Theory Of Stakeholder Identification and Salience: Defining The Principle Of Who And What Really Counts. In: Academy of Management Review 22 (4), S. 853–886

Müller-Stewens, G.; Lechner, C. (2016): Strategisches Management. Wie strategische Initiativen zum Wandel führen. 5. Aufl., Schäffer-Poeschel, Stuttgart

Parmar, P. L., Freeman, R. E. , Harrison, J. S., Wicks, A.C., Purnell, L.; de Colle, S. (2010): Stakeholder Theory: The State of the Art, The Academy of Management Annals, 4:1, S.403–445. https://doi.org/10.1080/19416520.2010.495581 https://www.researchgate.net/public ation/235458104_Stakeholder_Theory_The_State_of_the_Art. Zugegriffen: 03. Februar 2021

Raffée, H.; Wiedmann, K.- P. (1989): Wertewandel und gesellschaftsorientiertes Marketing. Die Bewährungsprobe strategischer Unternehmensführung. In: Raffée, H.; Wiedmann, K.- P. (Hrsg.): Strategisches Marketing. C.E. Poeschel Verlag, Stuttgart, S. 552–611

Reed, M. S. et al. (2009): Who's in and why? A typology of stakeholder analy-sis methods for natural resource management. In: Journal of Environmental Management 90 (5), S. 1933–1949

Sandhu, S. (2022): Gesellschaftsorientierte Unternehmenskommunikation: Stakeholderorientierung und Legitimation als Ziel der Public Relations. In: Zerfaß, A., Piwinger, M.; Röttger, U. (Hrsg.): Handbuch Unternehmenskommunikation. Strategie – Management –Wertschöpfung. 3. Aufl., Springer Gabler, Wiesbaden, S. 859–880

Schreyögg, G.; Koch, J. (2020): Management. Grundlagen der Unternehmensführung. 8. Aufl., Springer Gabler, Wiesbaden

Suchman, M. C. (1995): Managing Legitimacy: Strategic and Institutional Ap-proaches. In: Acedemiy of Management Review 20 (3), S. 571–610

Theuvsen, L. (2001): Stakeholder-Management – Möglichkeiten des Umgangs mit Anspruchsgruppen. (Münsteraner Diskussionspapiere zum Nonprofit-Sektor, 16). Münster: Universität Münster, FB-Erziehungswissenschaft und Sozialwissenschaften, Institut für Politikwissenschaft Civil-Society-Network. https://nbn-resolving.org/urn:nbn:de:0168-ssoar-362219. Zugegriffen: 23. Juni 2023

Ulrich, P.; Fluri, E. (1984): Management, 3.Aufl., Verlag Paul Haupt, Bern, Stuttgart

Wiedmann, K.-P. (1989): Gesellschaft und Marketing – Zur Neuorientierung der Marketingkonzeption im Zeichen des gesellschaftlichen Wandels. In: Specht, G.; Silberer, G.; Engelhardt, W. H. (Hrsg.): Marketing-Schnittstellen. Verlag Poeschel, Stuttgart, S.227–246

Wildner, R. (2014): Wandel im Verbraucher- und Käuferverhalten. In: Meffert, H.; Kenning, P.; Kirchgeorg, M. (Hrsg.): Sustainable Marketing. Management Grundlagen und Cases. Springer Fachmedien, Wiesbaden, S. 71–83

Teil VII
Instrumentalbezogene Strategien

14 Leistungsbezogene Strategien

Inhaltsverzeichnis

14.1   Definitorische Grundlagen 567
14.2   Strategische Entscheidungen der Leistungspolitik 574
      14.2.1   Strategische Entscheidungen zum Absatzprogramm 576
            14.2.1.1   Grundsätzliche Ausrichtung des Absatzprogramms 576
            14.2.1.2   Breite des Absatzprogramms 578
            14.2.1.3   Tiefe des Absatzprogramms 578
      14.2.2   Markenstrategien 581
            14.2.2.1   Einzelmarkenstrategie 581
            14.2.2.2   Familienmarkenstrategie 584
            14.2.2.3   Dachmarkenstrategie 589
            14.2.2.4   Mehrmarkenstrategie im Markenportfolio 590
Literatur 595

14.1   Definitorische Grundlagen

Ausgangspunkt der Überlegungen zu Strategien der Leistungspolitik bildet die Definition des Produkt- bzw. Leistungsbegriffs. Eine einheitliche Auffassung darüber existiert nicht (vgl. Bruhn und Hadwich 2017, S. 9 ff.).

▶ Aus einer kundenorientierten Sichtweise können **Leistungen** als materielle und immaterielle Ergebnisse von Produktions- und Erstellungsprozessen einer Volkswirtschaft bezeichnet werden, die zum Gegenstand von Austauschprozessen zwischen Anbieter und Nachfragern führen und KKVs schaffen und erhalten (vgl. Bruhn und Hadwich 2017, S. 12).

Daraus abgeleitet werden der substanzielle, der erweiterte und der generische Produktbegriff (vgl. Brockhoff 1993, S. 11; Homburg 2020, S. 599 f.; Zanger 2007, S. 99).

Der **substanzielle Produktbegriff** umfasst die physikalisch –technischen Eigenschaften einer Leistung, die zu deren funktionalen Nutzen führen (vgl. Kotler et al. 2015, S. 408). Er bezieht sich auf ein physisches Kaufobjekte (Sachleistungen) und schließt Dienstleistungen aus. An das substantielle Produkt werden verschiedene Anforderungen gestellt (vgl. Zanger 2007, S. 101 ff.; Koppelmann 2001, S. 314 ff.): es muss sich an den Kundenbedürfnissen orientieren und i. d. R. komplett sein, sodass der funktionale Nutzen vollständig und zuverlässig sowie technisch angemessen realisiert werden kann. Zudem müssen der wirtschaftliche Nutzen und die monetären Kosten des Kunden berücksichtigt werden. Da sich die Leistungen eines Marktes vielfach gleichen, reicht eine substantielle Leistung häufig nicht mehr aus, um KKVs aufzubauen und zu erhalten. Der **erweiterte Produktbegriff** schließt deshalb neben dem physischen Produkt substanzbezogene Dienstleistungen ein, die für die Schaffung eines funktionalen Nutzens beim Kunden erforderlich sind. Er berücksichtigt damit häufig einen prozessbezogenen Nutzen. Als substantielle Dienstleistungen können z. B. die Beratung, Dokumentation, Schulung, Zahlungssysteme und begleitende Informationssysteme aber auch der Lieferservice gelten (vgl. Belz et al. 1991, S. 65 ff.). Auch reine Dienstleistungen werden unter dem erweiterten Leistungsbegriff subsummiert (vgl. Homburg 2020, S. 599). Insofern kann nunmehr von einer Leistung gesprochen werden. Der **generische Produkt- bzw. Leistungsbegriff** umfasst alle materiellen und immateriellen Facetten einer Leistung, die notwendig sind, um KKVs aufzubauen und zu erhalten, d. h. es werden alle Nutzenaspekte aus Kundensicht (vgl. Kap. 1) berücksichtigt. Umfassend umgesetzt wird der generische Leistungsbegriff in sogenannten **Leistungssystemen** (vgl. Belz et al. 1991, S. 1). Leistungssysteme (vgl. Abb. 14.1) bestehen aus der substanziellen Leistung, sekundären Dienstleistungen, dem (ergänzenden) Absatzprogramm, Managementleistungen sowie Leistungen zur Förderung des emotionalen Nutzens der Kunden (vgl. Haedrich und Tomczak 1996, S. 57; Vollert 1999).

Leistungssysteme (vgl. Belz et al. 1991)

- verknüpfen Produkte und Dienstleistungen zu einer geschlossenen Problemlösung,
- schaffen Transparenz über die Elemente der Problemlösung,
- fördern den Aufbau und Erhalt von KKVs des gesamten Systems über besonders attraktive Elemente,
- können durch Variation der Elemente für unterschiedliche Kunden und Kundengruppen angepasst werden.

Im Folgenden wird mit dem Begriff der Leistung auf die generischer oder erweiterte Definition Bezug genommen.

14.1 Definitorische Grundlagen

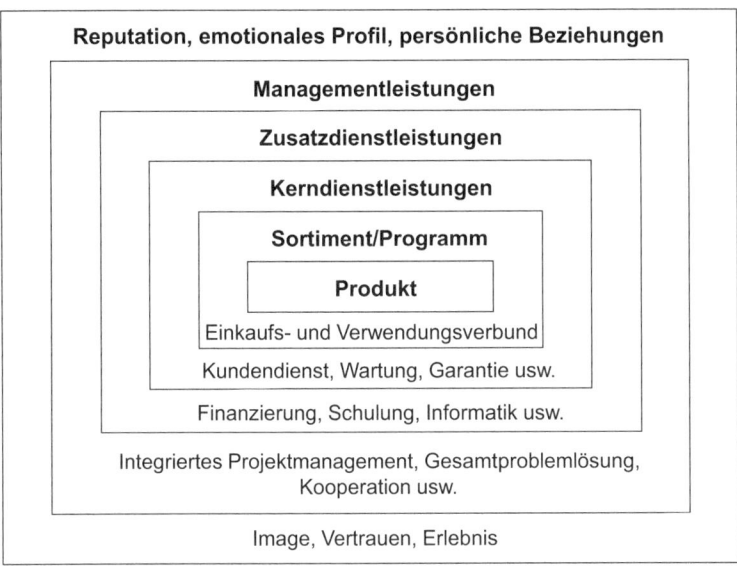

Abb. 14.1 Leistungssysteme

▶ Die **Leistungspolitik** umfasst den Prozess der Exploration, Planung, Durchsetzung und Kontrolle aller Aktivitäten der Unternehmung, die sich auf die Absatzleistungen der Unternehmung beziehen, mit dem Ziel, KKVs aufzubauen und zu erhalten (Herrmann und Huber 2013, S. 2 ff.; Sabel 1971, S. 47; Vollert 2009; Meffert et al. 2019a, S. 394).

Der mehrstufige Managementprozess der Leistungspolitik ist in Abb. 14.2 dargestellt. Einzelne Aktivitäten der Leistungspolitik sind dabei untereinander abzustimmen und müssen in den Marketing-Mix integriert werden.

Die Aktivitäten der Leistungspolitik (vgl. Abb. 14.3) können sich auf die Leistungsgestaltung (Gestaltung einzelne Leistungen) und die Programmgestaltung (Gestaltung des Absatzprogramms) beziehen (vgl. Becker 2011, S. 6).

Entscheidungen der **Leistungsgestaltung** betreffen die Leistungsinnovation, die Leistungsvariation und die Leistungselimination.

Leistungsinnovationen sind in diesem Kontext Produkte und Dienstleistungen, die aus der Sicht des Kunden (vgl. Weiber und Pohl 2017, S. 17) auf der Basis eines Schemavergleichs mit bekannten Leistungen (vgl. Esch 1999, S. 13) als neu betrachtet werden (vgl. dazu die Ausführungen in Abschn. 8.2.3.1.). Strategische Entscheidungen zur Leistungsinnovation basieren insb. auf dem strategischen Technologie- und Innovationsmanagement (vgl. Abschn. 8.2.3.2.) und den Markteintrittsstrategien (vgl. Abschn. 9.1).

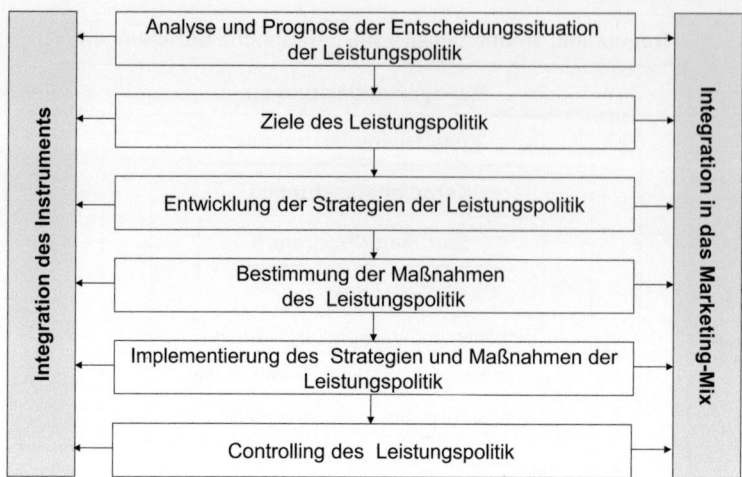

Abb. 14.2 Prozess der Leistungspolitik

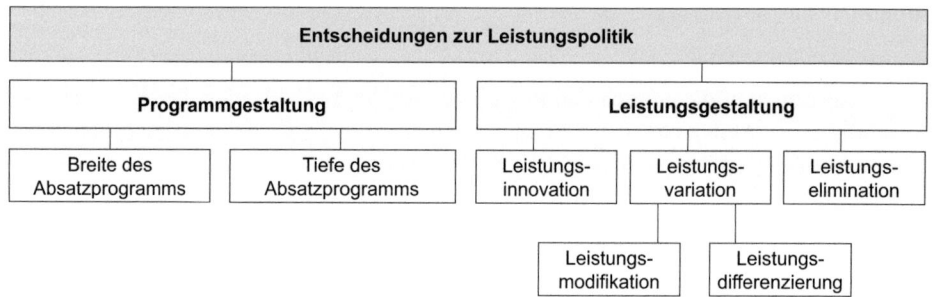

Abb. 14.3 Entscheidungen zur Leistungspolitik

Bei der **Leistungsvariation** werden Eigenschaften bereits auf dem Markt befindlicher Leistungen verändert (vgl. Hermann und Huber 2013. S. 369 f.; Büschken und von Thaden 2007, S. 597; Lurse, 2007, S. 563). Unterschieden werden die Leistungsmodifikation und die Leistungsdifferenzierung. Während bei der **Leistungsmodifikation** das Leistungsprogramm unverändert bleibt, wird es bei der **Leistungsdifferenzierung** in seiner Tiefe verändert. Bei der Leistungsmodifikation bleibt die Kernfunktion und somit der funktionale Nutzen unverändert (vgl. Homburg 2020, S. 662; Wind 1982; Koppelmann 2001). Sie wird notwendig, wenn die Umweltdynamik zu quantitativen (z. B. Mengenrückgang, Absatzpreisrückgang, Kostensteigerungen bei der Leistung) oder qualitativen Veränderungen (z. B. Imageverlust, Produktausfall, Marketingeffektivität, Verlust der Pionierstellung am Markt usw.) führt (vgl. Wind 1982; Koppelmann 2001). Veränderungen erfahren (vgl. Meffert et al. 2019a, S. 458)

- physikalisch funktionale Eigenschaften (z. B. Farbe, Geschmack),
- symbolische Eigenschaften (z. B. Markennamen und Markenzusätze)
- ästhetische Eigenschaften (z. B. Form).

▶ Die Henkel KGaA reagierte auf wachsendes Umwelt- und Pflegebewusstsein im Haarpflegemarkt mit der Nutzung von pflanzlichen Wirkstoffen anstelle von haareigenen und verwandten Haar-Repair-Wirkstoffen bei ihrer Marke Poly Kur, da pflanzliche Wirkstoffe beim Konsumenten den Aspekt der Natürlichkeit besser vermitteln (vgl. Büttgen et al. 1996).

Als Formen der Leistungsmodifikation werden die Leistungspflege und der Relaunch unterschieden (vgl. Hermann und Huber 2013, S. 370 f.). Bei der **Leistungspflege** handelt es sich um kleine, kontinuierliche Veränderungen von Leistungen, um Mängel zu beheben, den Herstellungsprozess und Abläufe zu vereinfachen (vgl. Abschn. 8.2.1.) und ggf. Modetrends zu entsprechen. Demgegenüber bezeichnet der **Relaunch** eine umfassende Verbesserung einer Leistung. Mitunter ist eine Abgrenzung zur Innovation in diesem Fall objektiv kaum mehr möglich. Anlässe einer Leistungsmodifikation können Anspruchsveränderungen der Kunden sein, die auch durch eine Beobachtung der Kunden auf ihrer Customer Journey identifiziert werden (vgl. Edelman und Singer 2016, S. 30 f.), der technische Fortschritt, Ergebnisse des Kontinuierlichen Verbesserungsprozesses im Rahmen des operativen Qualitätsmanagements (vgl. Benes und Groh 2017, S. 186 ff.; Bruhn 2019, S. 71), rechtliche Veränderungen und Konkurrenzaktivitäten. Die Leistungsvariation kann u. a. dazu führen, dass die Kundenbedürfnisse besser befriedigt werden und KKVs erhalten bleiben. Zudem führt sie ggf. zu einer Verlängerung des Produktlebenszyklus. Sie kann damit aber auch die Einführung notwendiger neuer Technologien mit allen negativen Folgewirkungen verzögern.

Bei einer **Leistungsdifferenzierung** werden zusätzliche Varianten einer Leistung angeboten. Ansatzpunkte zur Differenzierung liefern neben physikalischen, funktionalen symbolischen und ästhetischen Eigenschaften auch zusätzliche Dienstleistungen (vgl. Herrmann und Huber 2013, S. 374 ff.). Randall et al. 1998, S. 356 ff.) unterscheiden eine horizontale und eine vertikale Produktdifferenzierung. Mit einer **horizontalen Produktdifferenzierung** werden zusätzliche Varianten einer Leistung mit unterschiedlichen Funktionen, aber mit vergleichbaren Qualitäten und Preisen in das Absatzprogramm der Unternehmung aufgenommen werden. Bei der **vertikalen Leistungsdifferenzierung** werden unterschiedliche Qualitätsniveaus der Varianten einer Leistung zu unterschiedlichen Preisen angeboten (z. B. Einsteiger-, Standard- und Profivariante).

▶ Die Accor-Hotelgruppe bietet Hotelleistungen im Luxury-, Premium-, Midscale- und Economy-Bereich an. Fluggesellschaften unterscheiden ihr Angebot in die Economy Class, die Business Class und die First Class.

Ziel einer Leistungsdifferenzierung kann es einerseits sein, unterschiedliche Wünsche verschiedener Kunden **zu einem Zeitpunkt** zu befriedigen (vgl. Herrmann und Huber 2000, S. 7). Als theoretische Grundlage kann hierbei z. B. das Idealpunktmodell herangezogen werden (vgl. Trommsdorff und Teichert 2011, S. 129; Freter 2008, S. 83 sowie Kap. 8.2.2.2).

▶ Die Kunden der Abb. 14.4 auf der linken Seite unterscheiden sich bzgl. ihrer Präferenzen bei den Ausprägungen der Eigenschaften 1 und 2 in die Segmente Ideal 1 und Ideal 2. Mit den Varianten 1 für das Idealsegment 1 und die Variante 2 für das Idealsegment 2 werden die Wünsche und Bedürfnisse der jeweiligen Kunden bezogen auf die Eigenschaften 1 und 2 möglichst optimal erfüllt. Durch die zusätzliche Ausstattung der Variante 3 mit der Eigenschaft 3 auf der rechten Seite der Abb. 14.4 an Stelle der Eigenschaft 1 werden die Wünsche und Bedürfnisse des Idealsegments 3 befriedigt.

Anderseits kann es auch Ziel der Leistungsdifferenzierung sein, das Variety – Seeking – Motiv von Kunden zu befriedigen. Verschiedene Varianten dienen dann dazu,

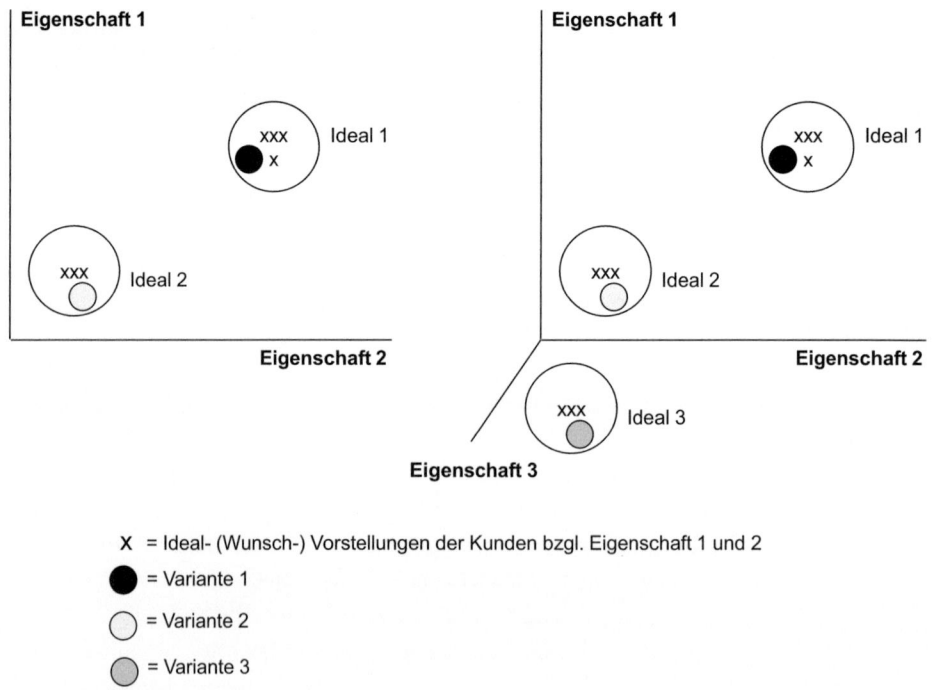

Abb. 14.4 Idealpunktmodell zur Leistungsdifferenzierung

unterschiedliche Wünsche und Bedürfnisse eines Kunden bzw. Kundensegments zu **unterschiedlichen Zeitpunkten** zu erfüllen.

▶ Beispiele dafür finden sich insbesondere im Konsumgüterbereich z. B. bei Tafelschokolade oder Joghurt mit jeweils unterschiedlichen Geschmacksrichtungen.

Nicht zuletzt kann auch die Durchsetzung unterschiedlicher Preise im Rahmen der Preisdifferenzierung (vgl. Abschn. 15.4) und die Belegung großer Teile der Regalflächen im Handel als Markteintrittsbarriere für potenzielle Konkurrenten unterschiedliche Varianten erfordern.

Die Erhöhung der Variantenzahl einer Leistung führt i. d. R. zu einer starken Kostenerhöhung. Insofern ist darauf zu achten, dass Mehrerlöse einer Variantensteigerung die Mehrkosten decken (vgl. Büschken und von Thaden 2007, S. 606, Wildemann 1990). Möglichkeiten der Produktion mit der Industrie 4.0 und das Mass Customizing (vgl. Abschn. 8.4.2.) können die Mehrkosten von Leistungsvarianten in Grenzen halten. Wenn durch die Leistungsdifferenzierung unterschiedliche Wünsche und Bedürfnisse verschiedener Kunden und Kundensegmente befriedigt werden sollen, sind Substitutions- und Partizipationseffekte zu berücksichtigen. **Substitutionseffekte (Kannibalisierungseffekt)** treten auf, wenn bisherige Käufer der ursprünglichen Leistung zur neuen Variante wechseln. **Partizipationseffekte** beziehen sich auf die Gewinnung neuer Kunden durch die zusätzlichen Varianten. Eine Leistungsdifferenzierung kann in diesem Fall nur sinnvoll sein, wenn der Partizipationseffekt den Substitutionseffekt übersteigt. Vorteile und Nachteile einer Variantenvielfalt sind in Tab. 14.1 zusammengefasst.

Die **Leistungselimination** beschreibt die ersatzlose Entfernung von Produktlinie, Leistungen oder Varianten einer Leistung aus dem Absatzprogramm. Gründe der Elimination sind z. B. (vgl. Vollert 2009)

- ökonomische Probleme (z. B. sinkende Deckungsbeiträge),

Tab. 14.1 Kritische Würdigung der Variantenvielfalt

Kritische Würdigung der Variantenvielfalt	
Vorteile	Nachteile
Auffangen von Markenwechslern mit variety seeking – Motiven; Steigerung der Kundenzufriedenheit; Steigerung der Kundenbindung; Steigerung der Preisbereitschaft; Zusätzliche Deckungsbeiträge; Auslastung der Unternehmensressourcen;	Sinkende Grenzerlöse aufgrund sinkender Nutzen zusätzlicher Varianten; Sinkende Attraktivität zusätzlich bearbeiteter Segmente; Steigerung der Komplexität; Steigerung des Koordinationsbedarfs; Kannibalisierungseffekte (Substitutionseffekte) zwischen den Varianten;

- technische Probleme (Überalterung der Technologie),
- psychologische Probleme (sinkender Bekanntheitsgrad),
- Veränderungen gesetzlicher Vorschriften usw.

Die rechtzeitige Elimination kann vor finanziellen Einbußen bewahren und hilft, dass die Unternehmung ihre Ressourcen auf solche Leistungen konzentriert, mit denen es möglich ist, KKVs aufzubauen und zu erhalten (vgl. Backhaus und Voeth 2014, S. 243). Die Eliminationsentscheidung sollte nicht unstrukturiert gefällt werden, sondern auf der Basis eines mehrstufigen Entscheidungsprozesses (vgl. Bruhn und Hadwich 2017, S. 239). Nach der Identifikation und Analyse von Leistungen zur Elimination sind Alternativen der Elimination (z. B. eine Leistungsmodifikation) zu prüfen. Soweit diese nicht gefunden werden, sind in einem nächsten Schritt die Auswirkungen der Elimination auf andere Leistungen des Absatzprogramms (z. B. Verbundwirkungen) zu untersuchen. Wenn diese nicht existieren oder akzeptiert werden, wird die Eliminationsentscheidung getroffen und durchgesetzt.

Das **Absatzprogramm** umfasst, wie in Abb. 14.5 dargestellt, alle von der Unternehmung angebotenen Leistungen (vgl. Homburg 2020, S. 661). Es wird durch seine Breite und Tiefe gekennzeichnet (vgl. Meffert et al. 2019a, S. 400) und beruhen auf Leistungshierarchien (vgl. Aumayr 2019, S. 145 f.). Die Breite des Absatzprogramms umfasst die Anzahl der unterschiedlichen Produktlinien einer Unternehmung. In einer Produktlinie werden Leistungen einer Unternehmung aufgrund unternehmensexterner oder –interner Gründe zusammengefasst (vgl. Bruhn und Hadwich 2017, S. 20). Die Programmtiefe kennzeichnet die unterschiedlichen Leistungen und Leistungsvarianten innerhalb einer Produktlinie.

14.2 Strategische Entscheidungen der Leistungspolitik

Während Entscheidungen zur Leistungsgestaltung tendenziell operativer Natur sind (vgl. Meffert et al. 2019a, S. 399 ff.), erfolgt die Programmgestaltung auf strategischer Ebene (vgl. Bruhn und Hadwich 2017, S. 21 ff.). „Die Befriedigung der Bedürfnisse von Konsumenten durch ein auf den Kundennutzen ausgerichtetes Leistungsprogrammangebot gewährleistet die Erreichung der langfristigen Unternehmensziele" (Bruhn und Hadwich 2017, S. 20). Zum einen ist damit die Realisation von positiven Netto-Nutzen-Differenzen aus Kundensicht angesprochen, zum anderen die sich daraus ergebenden (langfristigen) Erlöse und (Komplexitäts-) Kosten. Nicht zuletzt sind Auswirkungen der Programmpolitik auf andere Unternehmensbereiche (F&E, Beschaffung, Logistik etc.) zu beachten. Darüber hinaus sind auf strategischer Ebene Markenstrategien festzulegen.

14.2 Strategische Entscheidungen der Leistungspolitik

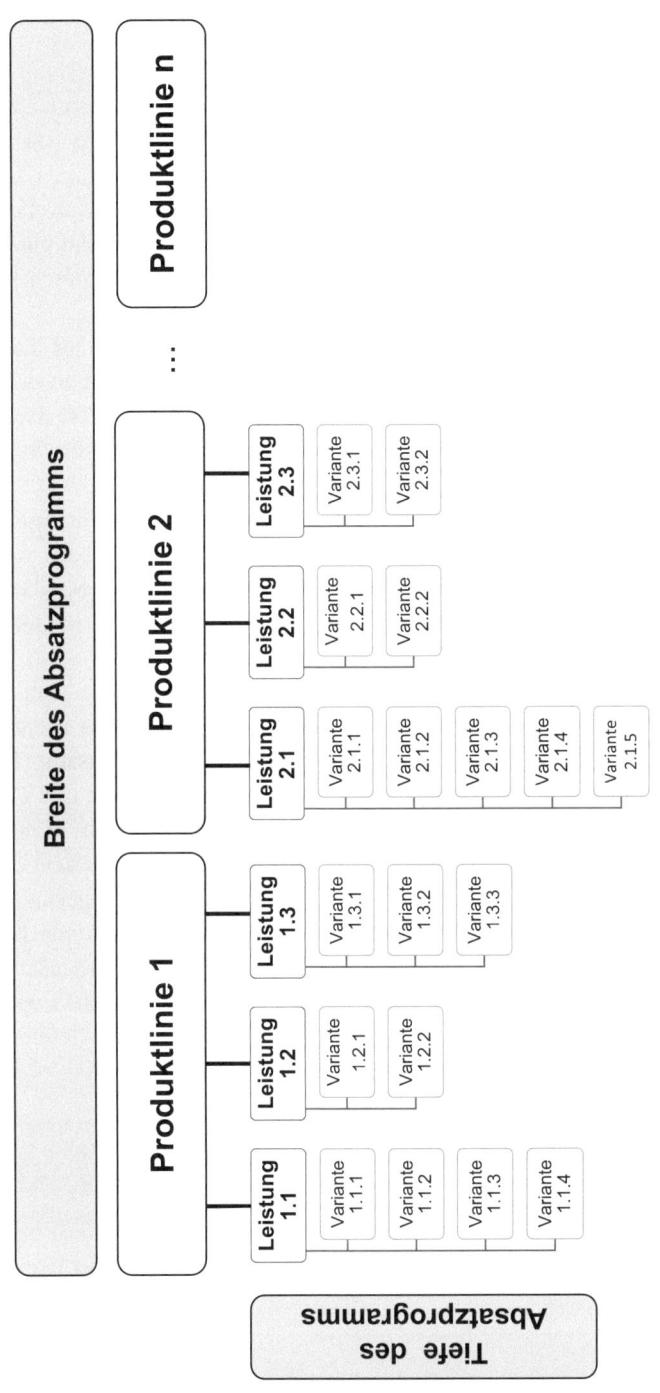

Abb. 14.5 Absatzprogramm der Unternehmung

14.2.1 Strategische Entscheidungen zum Absatzprogramm

14.2.1.1 Grundsätzliche Ausrichtung des Absatzprogramms

Strategische Entscheidungen zur Programmgestaltung beziehen sich auf die grundsätzliche Ausrichtung des Absatzprogramms, dessen Breite und Tiefe sowie auf die Markenstrategien (vgl. Abb. 14.6). Vor dem Hintergrund der Ressourcen und Kompetenzen der Unternehmung wird auch eine Spezialisten- und eine Universalstrategie unterschieden (vgl. Becker 2019, S. 161). Während das Absatzprogramm eines Spezialisten tendenziell eng, aber tief ist, zeichnet sich das des Universalisten durch eine große Breite und geringe Tiefe aus.

Die grundsätzliche Ausrichtung des Absatzprogramms bezieht sich auf die Gemeinsamkeiten der von der Unternehmung angebotenen Leistungen (vgl. Meffert et al. 2019a, S. 400 f.; Bruhn und Hadwich 2017, S. 241; Meffert et al. 2018, S. 274; Sander 2019, S. 425) und hat Auswirkungen auf das Ergebnis der Unternehmenstätigkeit (vgl. Morgan und Rego 2009, S. 62 ff.).

Dabei kann die Analyse von Verbundeffekten, die Interdependenzen unterschiedlicher Leistungen aufzeigt, die Grundlage der Überlegung bilden. Unterschieden werden der Bedarfs-, der Nachfrage und der Kaufverbund (vgl. Meffert et al. 2019a, S. 403 ff.; Bruhn und Hadwich 2017, S. 240 f.; Benkenstein und Uhrich 2009, S. 181 f.; Simon 1985, S. 25 ff.).

Ein **Bedarfsverbund** liegt vor, wenn Leistungen nur gemeinsam ver- und gebraucht werden können. Der Bedarfsverbund kann nachfragewirksam oder nicht nachfragewirksam sein. Ein nachfragewirksamer Bedarfsverbund setzt die gemeinsame Nachfrage mehrerer Leistungen zur Nutzenkreation zwingend voraus (Smartphone und Chip Card; Felge und Reifen). Ein nicht nachfragewirksamer Bedarfsverbund tritt auf, wenn die Leistungen nicht synchron ver- bzw. gebraucht werden (Computer und Drucker) oder wenn Leistungen z. T. selbst erstellt werden (selbstgebackener Kuchen und gekaufte Sahne). Der **Nachfrageverbund** stellt auf die gemeinsame Beschaffungsquelle von Leistungen ab. Die Gründe können bedarfsorientiert (Motoröl und Ölfilter), kommunikationsorientiert (Hamburger, Pommes Frites und Cola), bequemlichkeitsorientiert (one stop shopping z. B. bei Lebensmittel und Getränke) oder zufällig (Lebensmittel und Geschenkartikel)

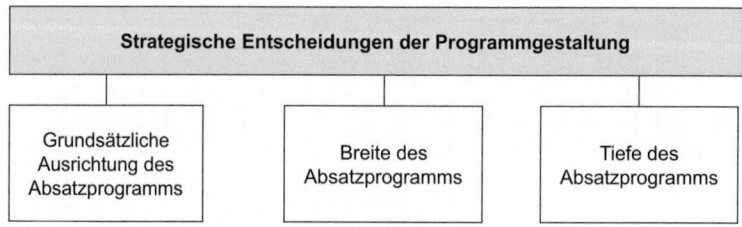

Abb. 14.6 Strategische Entscheidungen zum Absatzprogramm

14.2 Strategische Entscheidungen der Leistungspolitik

sein. Der Nachfrageverbund kann zeitraum- und zeitpunktbezogen sein. Der zeitpunktbezogene Nachfrageverbund führt zum Begriff des **Kaufverbundes.** Er bezieht sich auf den gemeinsamen Kauf von Leistungen der Kunden zu einem Zeitpunkt. Meffert et al. 2019a, (S. 405) weisen zusätzlich auf einen möglichen Informationsverbund hin. Der auch als Goodwill –Transfer bezeichnete Effekt beschreibt die Übertragung positiver Informationen über eine Leistung einer Unternehmung (z. B. Fernsehgeräte) auf andere Leistungen der gleichen Unternehmung (z. B. Camaras).

Unter Berücksichtigung von Verbundeffekten kann die Unternehmung auf der Basis ihres Unternehmenszwecks, ihrer Ressourcen, Fähigkeiten und ihres Wissens und ggf. ihrer Kooperationsmöglichkeiten und –strategien die grundsätzliche Ausrichtung ihres Absatzprogramms bestimmen. Es können dabei verschiedene Prinzipien angewandt werden: Beim **Herkunftsprinzip** wird das Absatzprogramm durch die Herkunft oder die Bezugsquelle des Materials, aber auch durch Produktionsverfahren und -prozesse bestimmt (z. B. Fleisch- und Wurstwaren aus ökologischer Landwirtschaft, Textilerzeugnisse, Metallverarbeitung, etc.). Die **Bedarfs- oder Erlebnisorientierung** des Nachfragers gestaltet das Absatzprogramm der Unternehmung entsprechend den Bedarfs- bzw.- Erlebnisbedürfnissen der Kunden. Beispiele wären Systemangebote für den Bahnbau und –betrieb, Milchprodukte, Hochzeitsbedarf, Angelbedarf u. ä. Eine **Customer Journey Orientierung** gestaltet das Absatzprogramm der Unternehmung entlang des Kaufprozesses der Kunden zur Lösung eines Kundenproblems (z. B. bei Urlaubsreise, dem Hausbau etc.). Weitere Gemeinsamkeiten des Absatzprogramms können sich auf die **Preislagen** und die **Selbstverkäuflichkeit** der angebotenen Leistungen beziehen.

In diesem Zusammenhang ist ggf. zu klären, ob die Unternehmung Leistungen des Absatzprogramms teilweise oder vollständig selbst erstellt oder zukauft. Die **Make or Buy-Entscheidung** ist tendenziell strategischer Natur (vgl. Bretzke 2020, S. 473 ff.; Männel 1990, S. 187). Sie muss vor dem Hintergrund der verfügbaren Ressourcen der Unternehmung (vgl. Grant 2014, S. 141 ff.), der Kernkompetenzen (vgl. Prahalad und Hamel 1990, S. 79 ff.; Prahalad und Hamel 1991, S. 66 ff.; Prahalad und Hamel 2001, S. 309 ff., Welge et al. 2017) und des Wissens der Unternehmung (vgl. Müller-Stewens und Lechner 2016, S. 347; Welge et al. 2017, S. 95) und anderer qualitativer und quantitativer Faktoren (vgl. Männel 1981, Männel 1983, Männel 1984) getroffen werden und beeinflusst u. a.

- die F & E der Unternehmung, die Produktion sowie die Logistik,
- das Ausmaß der Kapitalbindung in der Unternehmung,
- die Kostenstruktur und Höhe der Kosten,
- die qualitative und quantitative Flexibilität der Unternehmung,
- die Mitarbeiterzahl.

14.2.1.2 Breite des Absatzprogramms

Bezogen auf die Breite des Absatzprogramms sind Entscheidungen über die Anzahl der Produktlinien des Absatzprogramms zu treffen.

Die Anzahl der Produktlinien des Absatzprogramms wird maßgeblich durch die angestrebte Marktabdeckung und damit der Zahl der SGF, die eine Unternehmung bearbeitet, beeinflusst. Damit spielen, abgeleitet aus dem Portfolio-Management, die Marktattraktivität von Produktlinien und die darauf bezogene Wettbewerbsposition der Unternehmung eine entscheidende Rolle bei den Entscheidungen zur Programmbreite. Zusätzlich können Verbundeffekten die Programmbreite bestimmen.

Bei der Aufnahme von neuen Produktlinien kommen Überlegungen der **Diversifikation** zum Tragen (vgl. Abschn. 6.1.). Als Formen der Diversifikation werden die mediale (relationale) und die laterale (konglomerate) Diversifikation unterschieden. Die mediale Diversifikation teilt sich wiederum in die horizontale und vertikale Diversifikation auf (vgl. Ansoff 1966, S. 152 ff.; Hungenberg 2014, S. 467 ff.). Während bei der medialen Diversifikation Zusammenhänge mit bereits existierenden Produktlinien bestehen, ist dies bei einer lateralen Diversifikation nicht der Fall. Entscheidungen zur Art der Diversifiaktion sind auf der Basis der Kernkompetenzen und Synergien von Managementansätzen zu treffen (vgl. Hungenberg 2014, S. 481 ff.).

Die Elimination einer gesamten Produktlinie muss nachfrage- und beschaffungsbezogene Verbundeffekte der Kunden und des Handels ebenso berücksichtigen wie produktions- und kostenbezogene Aspekte der Unternehmung (z. B. mengenbezogene Kosteneffekte). Zudem sind in Abhängigkeit der Markenstrategie Auswirkungen auf das Image der Unternehmung zu beachten. Ablauf und Dauer der Elimination werden maßgeblich durch die Marktaustrittsstrategien der Unternehmung beeinflusst (vgl. Abschn. 9.2.).

14.2.1.3 Tiefe des Absatzprogramms

Mit der Tiefe des Absatzprogramms sind die einzelnen Leistungen innerhalb einer Produktlinie und deren Varianten angesprochen (vgl. Homburg 2020, S. 661, Bruhn und Hadwich 2017, S. 241; Decker und Bornemeyer 2007, S. 576). Entscheidungen sind über die Länge und das Qualitätsniveau einer Produktlinie zu treffen.

Ausgehend von einer bestehenden Produktlinie ist darüber zu befinden, ob sie verlängert und damit die Zahl der Leistungen innerhalb einer Produktlinie erhöht wird (Line extension) oder ob die Anzahl der Leistungen reduziert und somit die Produktlinie verkürzt wird.

Bei einer Line-Extension werden Leistungen in die Produktlinie aufgenommen, die in enger Beziehung zu den bisherigen Leistungen der Produktlinie stehen (vgl. Kotler et al. 2015, S. 427; Bruhn und Hadwich 2017, S. 243 f.). Die zusätzlichen Leistungen zeichnen sich dadurch aus, dass sie bei gleichbleibender Qualität ähnliche Funktionen wie bereits angebotenen Leistungen besitzen, an die gleichen Kunden über gleiche Distributionskanäle verkauft werden und das Preisniveau unverändert bleibt.

▶ Beispielhaft sei hier die Aufnahme einer Nachtcreme in das Hautpflegeprogramm eines Kosmetikanbieters genannt, der bislang nur eine Tagescreme anbietet.

Ziele einer Produktlinienerweiterung können sein

- die Steigerung der Kundenbindung (Cross-Buying),
- die Errichtung von Markteintritts- und Mobilitätsbarrieren für neue und aktuelle Konkurrenten (z. B. durch die Belegung von Regalplatz im Handel),
- die Zufriedenstellung des Handels, der im Rahmen seines Single Sourcings ein vollständiges Sortiment von einem Hersteller fordert,
- die Auslastung von Kapazitäten,
- die Profilierung der Unternehmung als „Vollsortimenter" und Spezialist, etc.

Bei der **Verkürzung einer Produktlinie** werden Leistungen aus einer Produktlinie eliminiert, ohne dass die Produktlinie insgesamt aufgegeben werden muss. Neben den Konsequenzen auf Ebene der einzelnen Leistungen sind dabei Verbundeffekte für die verbleibenden Leistungen der Produktlinie zu beachten. Weiterhin ist zu klären, wie die freiwerdenden Kapazitäten genutzt werden können. Dies gilt insbesondere dann, wenn mit der Aufgabe von Leistungen Fixkosten nicht gleichzeitig abgebaut werden können (vgl. auch Bruhn und Hadwich 2017, S. 245).

Bezogen auf die Qualität und den Preis wird ausgehend von einer bestehenden Produktlinie ein Trading-up und ein Trading-down unterschieden (vgl. Kotler et al. 2015, S. 426; Meffert et al. 2019a, S. 401 f.). Ein **Trading-up** nimmt Leistungen auf einem höheren Qualitäts- und Preisniveau in die Produktlinie auf. Ziele können das Wachstum, das Ausweichen vor dem Wettbewerb in unteren und mittleren Preis- und Qualitätslagen (vgl. Hauser und Shugan 1983; Vollert 1989, Vollert 1992), die Steigerung des Images sowie höhere Gewinne der Unternehmung sein. Voraussetzungen des Trading-up sind die Fähigkeiten, Ressourcen und das Wissen der Unternehmung zur Realisation einer hohen Qualität sowie die Akzeptanz bei Kunden und Handel, die ggf. durch eine entsprechende Markenstrategie unterstützt werden muss. Mit einem **Trading-down** werden Leistungen niedrigerer Qualität und entsprechend niedrigerer Preise in die Produktlinie aufgenommen. Als Ziele des Trading-down können Wachstums- und Umsatzziele betrachtet werden, wenn viele Kunden im niedrigen Qualitäts- und Preissegment kaufen. Beispiele in diesem Zusammenhang sind große Einzelhändler, die ihre Kunden mit preiswerten Leistungen ansprechen (vgl. Kotler et al. 2015, S. 426). Konkurrenzbezogen eignet sich das Trading-down für Unternehmen, die dem Wettbewerb in höheren Qualitäts- und Preislagen ausweichen wollen, bzw. auch für solche Unternehmen, die mit einem Frontalangriff das Trading-up von Konkurrenten aus unteren Marktsegmenten verhindern wollen. Ohne eine entsprechende Markenstrategie kann ein Trading-down zu Imageverlusten der Unternehmung führen. Ebenso müssen mögliche Reaktionen von

Konkurrenten berücksichtigt werden, die durch ein langes Engagement im Niedrigpreissegment mit hohen Mengen niedrigere Stückkosten wie die Unternehmung aufweisen und weitere Preisreduktionen realisieren können.

Die Fragestellung zur Zahl unterschiedlicher Varianten pro Leistung der Produktlinie (vgl. Herrmann und Peine 2007, S. 671 f.) muss sich an den kundenbezogenen Strategien orientieren (vgl. Kap. 10). Dabei spielt die Art der Kundenbearbeitung eine entscheidende Rolle: insbesondere das differenzierte und parzellierte Marketing tendieren zu einer höheren Variantenzahl einzelner Leistungen. Damit verbunden zwingt ggf. das Ziel der Kundenbindung bei einem CRM (vgl. Abschn. 10.3.2.) zu einer Vielfalt der Varianten pro Leistung, um Kunden mit Variety Seeking Motiven das Cross-Buying zu ermöglichen. Dabei muss jedoch die Entwicklung des Kundenwertes (Customer Values) in Abhängigkeit der Variantenzahl im Auge gehalten werden (vgl. Abschn. 10.1.1.).

Bei allen Entscheidungen zur Programmgestaltung der Unternehmung sind insbesondere **Komplexitätskosten** zu berücksichtigen (vgl. Meffert et al. 2019a, S. 401). Komplexitätskosten entstehen in Abhängigkeit der Vielfalt des Absatzprogramms. Homburg (2020, S. 673) unterscheidet

- einmalig direkte Opportunitätskosten (z. B. Kosten der F&E, Investitionskosten, Kosten der Qualitätsprüfung),
- dauerhaft direkte Komplexitätskosten (z. B. Kosten des Kundendienstes, Kosten des Qualitätsmanagements, Kosten der Dokumentation, Kosten der Lagerhaltung, Schulungskosten),
- Opportunitätskosten (z. B. Kosten durch suboptimalen Ressourceneinsatz, Substitutionseffekte der Leistungen).

Die Komplexitätskosten können sich auf bis zu 20 % der Gesamtkosten belaufen (vgl. Homburg 2020, S. 672 f.). Problematisch ist, dass sie nicht nur im Marketing, sondern insbesondere auch in anderen Funktionsbereichen der Unternehmung entstehen und sich der Erfassung mit gängigen Methoden der Kostenrechnung nur teilweise erschließen.

Verbindet man die Überlegungen der Komplexitätskosten der Programmgestaltung mit den Marktstimulierungsstrategien (vgl. Kap. 8) kann man schlussfolgern, dass

- die Strategie der Differenzierung tendenziell mit einer hohen Zahl von Leistungen und Leistungsvarianten in unterschiedlichen Qualitäten und mit höheren Preisen verbunden werden kann,
- die Strategie der Kostenführerschaft mit einer begrenzten Anzahl von Leistungen, die dann in großer Stückzahl produziert und verkauft werden realisiert wird. In diesem Zusammenhang kann die Leistungsbündelung von Relevanz sein, bei der einzelne Leistungen zu Paketen zusammengefasst und ggf. zu einem Bündelpreis angeboten werden (vgl. Huber und Kopsch 2007, S. 619).

14.2 Strategische Entscheidungen der Leistungspolitik

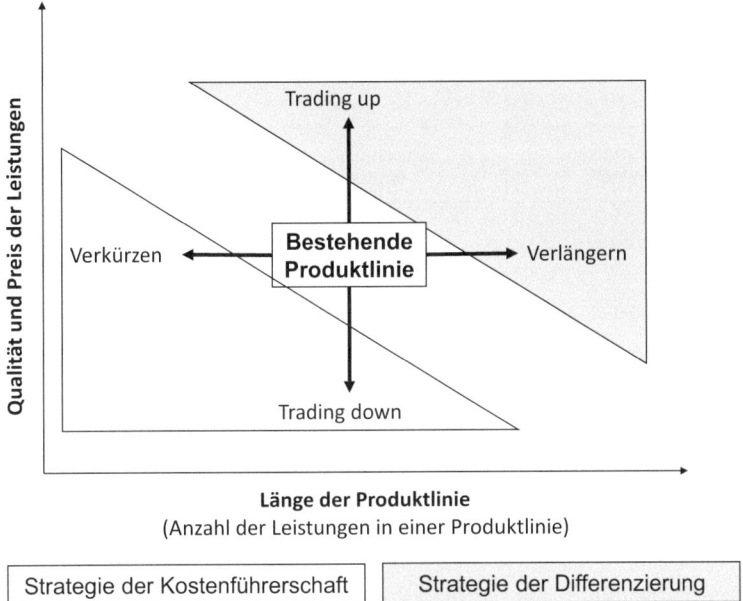

Abb. 14.7 Absatzprogramm und Marktstimulierungsstrategien

Der Zusammenhang ist in Abb. 14.7 dargestellt.

14.2.2 Markenstrategien

In Abhängigkeit des geplanten Angebotsprogramms und der geplanten Markenpositionierung (vgl. Abschn. 8.2.2.2.) sind im Rahmen der strategischen Leistungspolitik auch prinzipielle Markenstrategien zu formulieren (vgl. Abb. 14.8). Unterschieden wird zwischen einer Einzel-, einer Familien- und einer Dachmarkenstrategie (vgl. auch Keller und Brexendorf, 2019, S. 156 ff.). Darüber hinaus muss die Unternehmung festlegen, ob sie ggf. mehrere Einzel- und Familienmarken parallel führen möchte (Mehrmarkenstrategie).

14.2.2.1 Einzelmarkenstrategie

Bei einer Einzelmarkenstrategie wird jede Leistung des Absatzprogramms bzw. jede Leistung einer Produktlinie als eigenständige Marke geführt (vgl. Burmann und Meffert 2005, S. 175; Esch 2018, S. 402 f.; Becker 2004, S. 645; Becker 2005, S. 386; Becker 2019b, S. 259; Burmann et al. 2018, S. 127). Um eine eigenständige Markenidentität aufzubauen, gilt der Grundsatz: Eine Marke steht für eine Leistung und ein spezifisches Nutzenversprechen (vgl. Esch 2018, S. 402; Becker 2019a, S. 259). Die Leistung kann unter der Marke in unterschiedlichen Varianten angeboten werden.

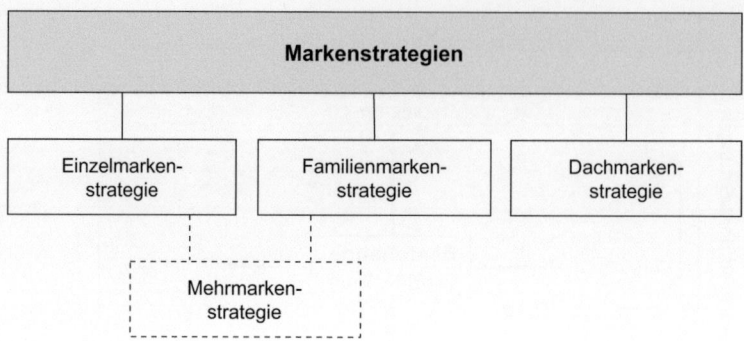

Abb. 14.8 Markenstrategien

Die Strategie eignet sich für Unternehmen mit einem heterogenen Angebotsprogramm, das sich an unterschiedliche Kunden und Kundensegmente richtet, bzw. für Unternehmen, die ihre Leistungen verschiedenartig positionieren wollen oder müssen.

▶ Eine Unternehmung wie die Mars Inc. die von Süßigkeiten über Lebensmittel bis hin zum Tierfutter Leistungen in ihrem Absatzprogramm führt, kann schlecht eine einheitlichen Marke nutzen, ohne Imageverluste zu erleiden.

Die Strategie wird auch zur Einführung innovativer Leistungen empfohlen, die in neuen Marktfeldern einen quasi-monopolistischen Firmenmarkt kreieren (vgl. Becker 2019a, S. 196).

Die Einzelmarkenstrategie findet sich insbesondere in der Konsumgüterindustrie und weist Vor- und Nachteile auf (vgl. Esch 2018, S. 403; Becker 2019b, S. 259 f., Aaker und Joachimsthaler 2000, S. 32), die in Tab. 14.2 aufgeführt sind.

Als Vorteil der Einzelmarkenstrategie gilt, dass die klare Positionierung der Leistung den Aufbau und Erhalt des Markenimages unterstützt. Die Einzelmarke kann gezielt auf die Wünsche und Bedürfnisse eines Kundensegments abgestimmt werden. Ebenfalls sind Relaunches und ggf. notwendige Umpositionierungen einfacher zu realisieren, weil nicht mehrere Leistungen des Absatzprogramms betroffen sind. Marken und Marketingstrategien unterschiedlicher Leistungen des Absatzprogramms müssen kaum abgestimmt werden und ein gegenseitiger Badwill-Transfer der Leistungen des Absatzprogramms wird vermieden. **Nachteile der Einzelmarkenstrategie** ergeben sich aus der Notwendigkeit, dass die Einzelmarke alle Kosten des Markenaufbaus und der Markenpflege allein zu tragen hat. Dabei spielen insbesondere auch die Kosten der Kommunikation zur Schaffung und dem Erhalt von Aktualität einer Einzelmarke bei low-involvement-Kunden, die bei einem information overload immer mehr Leistungen und Marken als austauschbar betrachten (vgl. Kroeber-Riel und Esch 2015, S. 36 ff.), eine Rolle. Dies erfordert, dass

14.2 Strategische Entscheidungen der Leistungspolitik

Tab. 14.2 Kritische Würdigung der Einzelmarkenstrategie. (Quelle: nach Burmann und Meffert 2005, S. 177; Becker 2019a, S. 196; Becker 2019b, S. 260)

Kritische Würdigung der Einzelmarkenstrategie	
Vorteile	Nachteile
Klare Positionierung zur Realisation eines Markenimages; Abstimmung der Marke auf die Wünsche und Bedürfnisse eines Kundensegments; Erleichterte Anpassung der Marke an Veränderungen im Zeitablauf; Vermeidung von Badwill-Transfers zwischen den Marken einer Unternehmung;	Marke als Kostenträger aller Kosten des Markenaufbaus und –pflege; Probleme der Kostenamortisation bei kürzer werdenden Produkt- und Marktlebenszyklen; Mangelnde Unterstützung im Wettbewerb durch andere Marken der Unternehmung; Marke wird zur Gattungsbezeichnung und verliert ihr Profil;

die Einzelmarke entweder große Kundensegmente mit vielen Nachfragern oder Kundensegmente mit hoher Preisbereitschaft anspricht. Zusätzliche Risiken können sich ergeben, wenn bei kürzer werdenden Produkt- und Marktlebenszyklen die Erlöse zur Amortisation der Kosten des Aufbaus der Marke nicht ausreichen. Ein weiteres Problem entsteht durch die mangelnde Unterstützung der Einzelmarke im Wettbewerb, z. B. bei einem Preiskampf. Nicht zuletzt könnte der Markenname zum Gattungsbegriff werden (z. B. Spalt zur Kennzeichnung aller Schmerztabletten), sodass die Einzelmarke ihr spezifisches Profil verliert.

14.2.2.2 Familienmarkenstrategie

Auch die Familienmarkenstrategie kann insbesondere im Konsumgüterbereich beobachtet werden. Sie fasst mehrere Leistungen des Absatzprogramms unter einer Familienmarke zusammen. Sie eignet sich, wenn heterogene Leistungen des Absatzprogramms eine gemeinsame Grundpositionierung besitzen (z. B. Körperpflege; Kaffeegenuss u. ä.)

In einem klassischen Ansatz umfasst die Familienmarke als Line Brand die Leistungen eine Produktlinie (vgl. Becker 2019b S. 260; Esch 2018, S. 405; Schröder 1994, S. 515).

▶ Als typisches Beispiel wird in diesem Zusammenhang die Marke Tesa von Beiersdorf genannt, unter der alle Leistungen der Unternehmung zum Problem Kleben (Basteln, Aufhängen, Renovieren etc.) zusammengefasst sind.

Einer modernen Sichtweise nach (vgl. Kapferer 2012, S. 298 ff.) kann die Familienmarkenstrategie als **Range Brand** Leistungen aus mehreren Produktlinien der Unternehmung, die jedoch die gleiche Grundpositionierung besitzen, unter einer Familienmarke anbieten (vgl. Esch 2018, S. 405).

▶ Beispiel einer Range Brand ist die Marke „Du darfst" von Unilever unter der kalorienreduzierte Butter und Streichfette, Fertiggerichte und Wurstwaren geführt werden.

Der Unterschied zur Dachmarkenstrategie liegt dann darin, dass die Unternehmung weitere Marken in ihrem Markenportfolio hält.

▶ Die Melitta Unternehmensgruppe Bentz KG, besitzt neben der Familienmarke Melitta eine Reihe weitere Familienmarken (Toppits, Swirl usw.) führt.

Die Familienmarkenstrategie muss kritisch gewürdigt werden (vgl. Tab. 14.3). **Vorteile der Markenfamilie** (vgl. Becker 2019a, S. 199; Becker 2019b, S. 262; Vollert 2004) beziehen sich auf eine einheitliche Grundpositionierung verschiedener Leistungen, die zu einem klaren Markenimage beitragen kann. Die Unternehmung kann das Variety

Seeking – Motive der Kunden befriedigen und erhält ggf. Vorteile im Kampf mit der Konkurrenz um knappen Regalplatz des Handels. Durch neue Leistungen (die der einheitlichen Zielformulierung entsprechen) werden zusätzliche Zielgruppen erschlossen. Neue Leistungen, die unter einer (starken) Familienmarke eingeführt werden, profitieren von deren Image und besitzen von Beginn an eine höhere Akzeptanz bei Kunden und Handel. Die Kosten der Neuprodukteinführung können damit gesenkt werden (vgl. Smith 1992, S. 18). Es besteht die Möglichkeit, ganze Geschäftsfelder zu erschließen und zu bearbeiten. Das Markenpotenzial und der Markenwert werden zunehmend kapitalisiert. Das Image der Familienmarke kann durch eine Erweiterung gestärkt und modern gehalten werden, wie z. B. die Marke Nivea zeigt, die sich mit zeitgemäß angepassten Pflegeprodukten (z. B. Sonnencreme, Babypflege etc.) den Wünschen und Bedürfnissen der Nachfrager anpasst. Die Kosten des Markenaufbaus und der Markenpflege werden auf mehrere Leistungen verteilt.

Als **Nachteile der Familienmarkenstrategie** (vgl. Becker 2019a, S. 199; Becker 2019b, S. 262) gilt die Gefahr einer Überdehnung der Marke. In diesem Fall würde das Markenimage verwässern (vgl. Aaker 1998, S. 44). Die Möglichkeiten für Leistungsinnovationen und Restrukturierung einzelner Leistungen sind durch die Markenidentität und die Markenpositionierung eingeschränkt. Die Maßnahmen zu einzelnen Leistungen in der Markenfamilie sind jeweils abzustimmen, was den Koordinationsaufwand erhöht. Dies gilt auch für Reaktionen auf Konkurrenzaktivitäten, die nicht im Widerspruch zur Markenpositionierung stehen dürfen (z. B. Anpassungen des Preises). Kunden und Handel müssen das Markensystem (verschiedene Leistungen unter der Marke) akzeptieren. Dies kann zu zeit- und kostenintensiven Aktivitäten zwingen. Schließlich besteht das Risiko

Tab. 14.3 Kritische Würdigung der Familienmarkenstrategie. (Quelle: nach Becker 2019a, S. 199; Becker 2019b, S. 261 f.)

Kritische Würdigung der Familienmarkenstrategie	
Vorteile	Nachteile
Klares Markenimage durch einheitliche Grundpositionierung aller Leistungen unter der Familienmarke; Imagetransfer der Marke auf neue Leistungen; Erschließung neuer Zielgruppen: Möglichkeit zur Erschließung und Bearbeitung ganzer SGFs; Erhöhte Akzeptanz neuer Leistungen bei Kunden und Handel; Sinkende Kosten der Leistungsinnovationen; Möglichkeiten zur Modernisierung des Markenimages; Möglichkeit zur Kapitalisierung der Markenpotenzials;	Gefahr der Überdehnung der Marke mit der Gefahr der Verwässerung des Markenimages; Erhöhter Koordinationsaufwand; Eingeschränkte Möglichkeiten der Leistungsinnovation und Leistungsrestrukturierung; Eingeschränkte Möglichkeiten der Reaktionen im Wettbewerb; Zeit- und kostenintensive Aktivitäten zum Aufbau der Akzeptanz des Markensystems bei Kunden und Handel; Badwill-Transfer einer einzelnen Leistungen auf die gesamte Marke; Kannibalisierungseffekte;

der Markenfamilie darin, dass der Badwill für eine einzelne Leistung alle Leistungen der Marke erfasst.

Um die Vorteile der Familienmarkenstrategie zu realisieren, sind eine Reihe von Anforderungen an ihre Entwicklung zu stellen.

Prinzipiell empfiehlt es sich, dass Markenerweiterungen sukzessive in Form konzentrischer Kreise von einem inneren Markenkern mit Leistungen innerhalb einer Produktlinie, über einen äußeren Kern, der mit spontanen Assoziationen zu Leistungen der Marke verbunden ist, hin zu einem Ausdehnungsbereich, der latente Möglichkeiten für Leistungen einer Markenerweiterung aufzeigt, erfolgen, um das Markenimage nicht zu verwässern (vgl. Kapferer 1992, S. 139 f.). Das psychische Bild der Kunden zur Marke wird in diesem Fall in kleinen Schritten erweitert und ergänzt. Mit jedem Schritt kann sich dann das Dehnungspotenzential der Marke erhöhen (vgl. Esch 2018, S. 460). In diesem Zusammenhang wird darauf verwiesen, dass eine schwache Marke durch eine Markenerweiterung generell nicht gestärkt werden kann (vgl. Esch 2018, S. 408).

Als Formen der Markenerweiterung werden die Line Extension und die Brand Extension unterschieden (vgl. Abb. 14.9).

Bei einer **Line-Extension** werden Leistungen aus dem gleichen oder verwandten Produktbereich wie die bisherigen Leistungen unter der Marke aufgenommen (vgl. Caspar und Burmann 2005, S. 248; Burmann et al. 2005, S. 200 f.; Keller 2005, S. 949; Burmann et al. 2018, S. 147). Erfolgsvoraussetzungen der Line-Extension sind (vgl. Esch 2018, S. 431 ff.)

- die **Selbstähnlichkeit der Leistungen,** die durch die Möglichkeit der Nutzung konstitutiver Markenelemente für Verpackung und Kommunikation hergestellt wird,

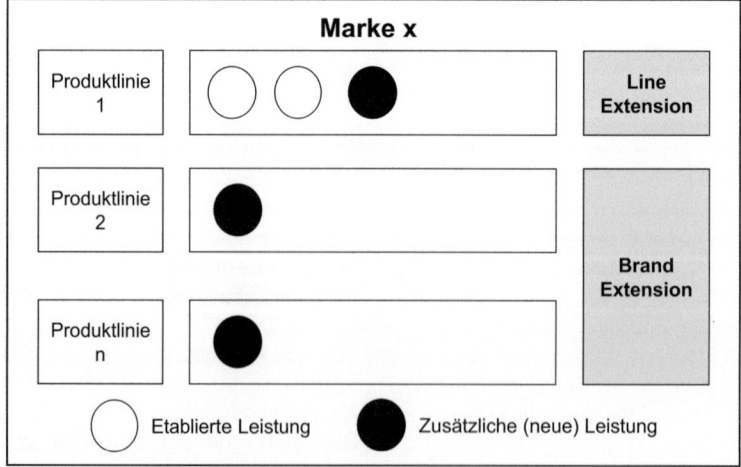

Abb. 14.9 Formen der Markenerweiterung

14.2 Strategische Entscheidungen der Leistungspolitik

- die **Differenzierungskraft der unterschiedlichen Leistungen,** die es unter Wahrung der Markenidentität und der Selbstähnlichkeit erlauben, durch Verpackung und Kommunikation eine Verwechslung am POS zu vermeiden,
- die **Mental Convenience,** die gewährleistet, dass der Unterschied der Leistungen und deren Nutzen schnellstmöglich erkannt wird.

Bei einer **Brand Extension** werden durch eines **Markentransfers** Leistungen aus anderen Produktlinien, die bisher nicht unter der Marke geführt wurden, in die Familienmarke aufgenommen. Das Image einer Marke wird auf die Transferleistung aus einer anderen Produktlinie übertragen (vgl. Aaker 1990, S. 47, Esch et al. 2005, S. 912 f.). Erfolgsvorausetzungen einer Brand Extension sind das Dehnungspotenzial einer Marke und der Fit von Transferleistung mit der „Muttermarke" (vgl. Esch et al. 2005, S. 917 ff.; Sattler und Völckner 2013, S. 102; Burmann et al. 2018, S. 149 f.).

Dehnungspotenzial besitzt eine Marke einerseits, wenn aus Kundensicht das Markenschema sich vom Produktschema stark unterscheidet, d. h. die Marke mit einer Vielzahl spezifischer, vom Produktschema abweichenden Vorstellungen verbunden ist (Vgl. Kap. 8.2.2). Andererseits müssen die Vorstellungen als Indikator der Eigenständigkeit und Markenstärke klar und stark sein (vgl. Esch 2018, S. 456; Esch und Spomer 2019, S. 342 f.).

Der **Fit** einer Leistung aus anderen Produktlinien und einer Marke wird z. B. durch ihre Komplementarität (Kleidung und Accessoires), durch die Substitutionalität der Nutzung (Kaffee und Tee) sowie der tatsächlichen und vom Kunden empfundenen Fähigkeit der Unternehmung, die Leistung herstellen zu können (Autos und Motorräder von Honda), positiv beeinflusst (vgl. Park et al. 2005, S. 965 f.).

Zur Bestimmung des Fits von Transferleistung und Marke werden neben finanzwirtschaftlichen Ansätze insbesondere verhaltenswissenschaftliche Ansätze herangezogen (vgl. Caspar und Burmann 2005, S. 253 ff.).

Finanzwirtschaftliche Ansätze vergleichen die Barwerte der Einzahlungsüberschüsse einer neuen Leistung unter der betrachteten Marke und einer neuen Marke. Übertrifft der Barwert des Markentransfers den Barwert einer neuen Marke wird ein Fit unterstellt. Probleme ergeben sich bei der (hypothetischen) Bestimmung der Barwerte beider Alternativen im Planungszeitpunkt. Darüber hinaus bleiben Gründe für den potenziellen Erfolg bzw. Misserfolg der Alternativen im Dunkeln.

Verhaltenswissenschaftlich werden einstellungstheoretische und gedächtnispsychologische Ansätze unterschieden. **Einstellungstheoretische Ansätze** gehen davon aus, dass die Einstellung zu einer Marke auf neue Leistungen mit der gleichen Markierung übertragen wird (vgl. Hätty 1989, S. 69). Im **Modell von Schweiger** (vgl. Schweiger und Schratteneckerer 2017, S. 133) müssen dazu zwischen dem Produktbereich der Marke und dem Produktbereich der Transferleistung sowie zwischen der Marke und der Transferleistung eine hohe emotionale Ähnlichkeit bestehen. Zudem müssen der Produktbereich der Marke und der Produktbereich des Transferproduktes eine technische Affinität besitzen. Probleme des Ansatzes (vgl. Esch 2018, S. 464 f.) ergeben sich einerseits durch die Annahme, dass für die Marke, das Transferprodukt und den Produktbereichen einheitliche Wahrnehmungsräume bestehen müssen. Gerade emotionale, aber auch technische Elemente können vom Kunden in **unterschiedliche Wahrnehmungsräume** übertragen werden. Zudem ist insbesondere die Trennung von emotionalen und technischen Ähnlichkeiten problematisch. Dies würde immer eine technologische Ähnlichkeit von Marke und Transferleistung bedingen. Erfolgreiche Marken übertragen das emotionale Markenimage aber auch auf Produktbereiche, die keine technischen Affinität zu bisherigen Leistungen unter der Marke besitzen (z. B. eine Marke unter der Kleidung, Uhren und Parfum geführt werden). Das **Modell von Meffert und Heinemann** (vgl. Meffert und Heinemann 1990, S. 8) gibt die Trennung von sach- und emotionsbezogenen Eigenschaften auf und sieht in Anlehnung an das Idealpunktmodell die Distanz einer bestehenden Marke und einer Transferleistung in einem Imageraum als Maß der Transfertauglichkeit: diese ist umso höher, je geringer die Distanz ist. Das Modell identifiziert durch die Einbeziehung einer Vielzahl von emotionalen und sachbezogenen Eigenschaften die Gründe einer Transfertauglichkeit. Kritisch wird angemerkt (vgl. Esch 2018, S. 466), dass unterschiedliche Bedeutungen der Eigenschaften für unterschiedliche Transferleistungen nicht berücksichtigt werden. Zudem geht das Modell davon aus, dass schlechtechte Transfereigenschaften durch gute Transfereigenschaften kompensiert werden können. Tatsächlich sind bestimmte Transfereigenschaften überhaupt nicht kompensierbar (z. B. die Figur des Meister Propers). Nicht zuletzt bleibt zu kritisieren, dass die einzelnen Eigenschaften nicht unabhängig voneinander sind. Sowohl das Modell von Schweiger als auch das Modell von Meffert und Heinemann sind empirisch nicht validiert (vgl. Hätty 1989, S. 172 f.; Caspar und Burmann 2005, S. 258).

Gedächtnispsychologische Ansätze des Markentransfers beziehen sich auf das Markenwissen (vgl. Abschn. 8.2.2.1) und greifen am Markenschemata an, mit denen das Markenimage dargestellt werden kann (vgl. Esch und Möll 2019, S. 73 ff.). Um den Fit einer Transferleistung und einer Marke zu bestimmen, werden das Markenschema und das Schema der Transferleistung verglichen (vgl. Abb. 14.10). Sind beide Schemata aus Kundensicht ähnlich und besitzen keine inkongruenten Informationen, ist die Möglichkeit des Markentransfers gegeben (vgl. Caspar und Burmann 2005, S. 259). Der Vergleich erfolgt in Abhängigkeit des Produkt- und Markeninvolvements der Kunden (vgl. Esch und Spomer 2019, S. 346). Während bei einem geringen Involvement der Vergleich nur oberflächlich bezüglich einiger zentraler Markenattribute erfolgt, ist bei einem hohen Produkt- und Markeninvolvement ein Vergleich vieler Schemenattribute zu erwarten (vgl. Esch 2018, S. 469 ff.).

Marken, unter denen eine Vielzahl von Leistungen geführt werden, besitzen ein größerer Dehnungspotenzial. Wie Abb. 14.10 zeigt, knüpft eine Transferleistung 1 an spezifische Vorstellungen der Marke an. Die Transferleistung erbt diese neben den mit

14.2 Strategische Entscheidungen der Leistungspolitik

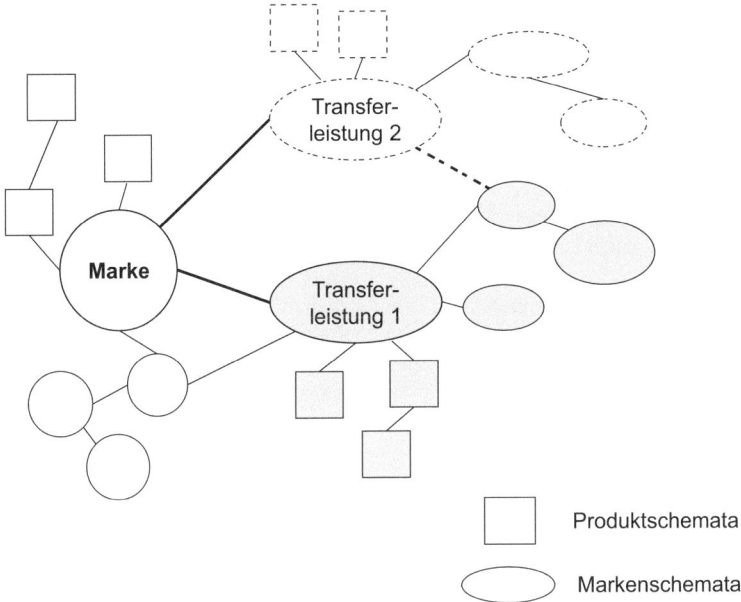

Abb. 14.10 Struktur des Markentransfers

ihr verbundenen produktbezogenen Vorstellungen und wird mit neuen spezifischen Vorstellungen verbunden, auf die eine Transferleistung 2 aufbauen kann, usw.

Probleme des gedächtnispsychologischen Ansatzes ergeben sich aus der anspruchsvollen Erfassung von Markenschemata.

14.2.2.3 Dachmarkenstrategie

Bei einer Dachmarkenstrategie werden alle Leistungen einer Unternehmung unter einer einheitlichen Marke geführt (vgl. Müller 1994, S. 501; Esch 2018, S. 409 ff.; Becker 2019a, S. 197; Becker 2019b, S. 262 f.). Soweit die Leistungen die gleiche oder ähnliche Grundpositionierungen besitzen, ist die Dachmarke mit der Familienmarke vergleichbar. Dies gilt zu weiten Teilen auch dann, wenn sich aufgrund von Modeerscheinungen das Absatzprogramm oder Teile davon, regelmäßig verändern. Komplexer wird der Sachverhalt, wenn ein heterogenes Angebotsprogramm unter einer einheitlichen Dachmarke geführt wird, wie dies z. B. bei Gebrauchsgütern (Sony) oder auch Industriegütern (Siemens) der Fall ist. In diesen Fällen wird primär das Markenguthaben einer Dachmarke in Form von Sympathie, Vertrauen, Kompetenz und Loyalität von der Marke auf einzelne Leistungen übertragen (vgl. auch Andresen 2019, S. 309 ff.). Profilierungsmöglichkeiten der Dachmarke sind gegenüber klar positionierten Einzel- und Dachmarken speziell

Tab. 14.4 Kritische Würdigung der Dachmarkenstrategie (Quelle: nach Becker 2019a, S. 196; Becker 2019b, S. 2663 f.)

Kritische Würdigung der Dachmarkenstrategie	
Vorteile	Nachteile
Übertragung des Images der Dachmarke auf die einzelnen Leistungen; Möglichkeit der Ansprache neuer Zielgruppen; Größere Akzeptanz neuer Leistungen bei Kunden und Handel; Schnellere Erschließung von Teilmärkten; Kosten des Markenaufbaus und der Markenpflege verteilen sich auf eine Vielzahl von Marken; Möglichkeiten zur Modernisierung und Restrukturierung der Marke; Möglichkeiten der ökonomischen Markenführung auch bei kurzen Produktlebenszyklen;	Profilierungsdefizite der Dachmarke; Profilierungsdefizite für Innovationen; Verwässerung des Markenimage; Wettbewerbsnachteile gegenüber Einzel- und Familienmarken; Badwilltransfer einzelner Leistungen auf alle Teile der Dachmarke; Hoher Koordinationsaufwand; Kannibalisierungseffekte:

in Premiummärkten beschränkt (vgl. Esch 2018, S. 410; Becker 2019b, S. 263). Vorteile ergeben sich insb. aufgrund ökonomischer Aspekte. Eine kritische Würdigung der Dachmarkenstrategie enthält Tab. 14.4.

14.2.2.4 Mehrmarkenstrategie im Markenportfolio

Einzel-, Familien- und Dachmarkenstrategie kommen in der Praxis selten in einer reinen Form vor. Vielmehr ergeben sich Kombinationen im Rahmen einer Mehrmarkenstrategie, deren Ausgangspunkt Überlegung zum Markenportfolio der Unternehmung bilden.

> Das Markenportfolio soll hier als die Gesamtheit der Marken verstanden werden, für die die Unternehmung die Markenrechte besitzt (zur Diskussion des Begriffs Markenportfolio (vgl. Freter et al. 2002, S. 392 ff.; Meffert et al. 2019b, S. 396 f.).

Das Markenportfolio kann in einer horizontalen und einer vertikalen Richtung beschrieben werden.

In vertikaler Richtung werden die Marken der Unternehmung, wie in Abb. 14.11 dargestellt, hierarchisch unterschiedlich als **Konzernmarken** (wie z. B. VW), **SGF-Marken** (z. B. VW – Nutzfahrzeuge, VW-PKWs), **Produktgruppenmarken** (z. B. Porsche, VW, Lamborghini), **Produktmarken** (z. B. Porsche 911) und **Produktmerkmalsmarken** (Porsche 911 Carrera 4 Cabriolet) angeordnet (vgl. Burmann und Meffert 2005, S. 166 ff.; Burmann et al. 2018, S. 118 f.)

14.2 Strategische Entscheidungen der Leistungspolitik

Abb. 14.11 Markenhierarchien im Markenportfolio (in Anlehnung an Burmann et al. 2018, S. 119),

Markenhierarchien bilden die Grundlage von Markenarchitekturen.

Einfache Markenarchitekturen wie die Einzel- und Dachmarke nutzen mit der Produktgruppenmarke bzw. der Einzelmarke auf dem Absatzmarkt nur eine hierarchische Markenebene. In **komplexen Markenarchitekturen** werden zwei oder mehr Marken unterschiedlicher Hierarchieebenen gleichzeitig auf dem Absatzmarkt kombiniert (vgl. Becker 2019a, S. 200 ff.; Laforet und Sounders 1994, S. 68; Aaker und Joachimsthaler, 2000, S. 105; Burmann und Meffert 2005, S. 169 ff.). In einem übersichtlichen Aufbau einer komplexer Markenarchitektur (vgl. Abb. 14.12), die auch von Kunden noch nachvollziehbar ist, können Marken aus unterschiedlichen Hierarchiestufen gleichberechtigt nebeneinander geführt werden oder in einem Über- oder Unterordnungsverhältnis stehen (vgl. Esch 2018, S. 568; Esch und Bräutigam 2001, S. 30).

Eine **Dominanz der hierarchisch übergeordneten Marke** ist sinnvoll, wenn ihre Positionierung zu Assoziationen führt, die die Anforderungen des Marktes weitgehend erfüllen. Die untergeordnete Marke kann dann ergänzend, den besonderen Ansprüchen des jeweiligen Zielobjekts (Kundensegment, Ländermarkt) entsprechend, positioniert werden (vgl. Tomczak et al. 2001, S. 3; Vollert 2002).

Dallmayr bietet die Marken Dllmayr prodomo, Dallmayr d´Oro, Dallmayr capsa, Dallmayr Ethiopia, Dallmayr Gran Verde, und Dallmayr Röstkunst an. Letztere wird in weiteren Geschmacksrichtungen angeboten (z. B. Dallmayr Röstkunst COLUMBIA Pink). Vorstellungen zur Marke Dallmayr wie Tradition und Sorgfalt werden

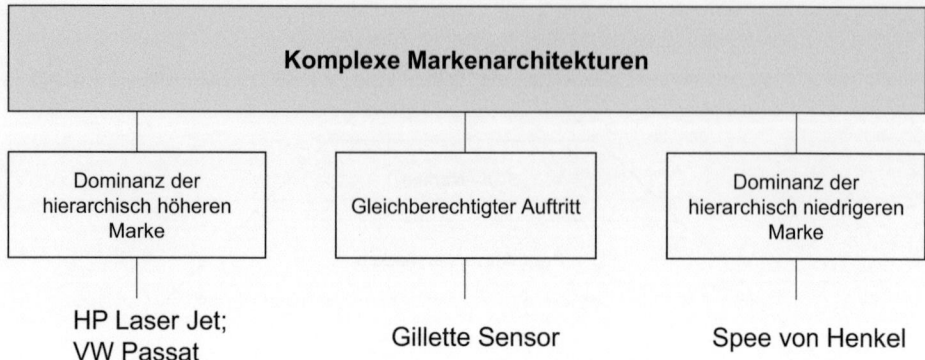

Abb. 14.12 Komplexe Markenarchitekturen (nach Esch et al. 2019, S. 425)

> auf die untergeordneten Marken übertragen, die zusätzlich Vorstellungen zu unterschiedlichen Geschmacksrichtungen und Herkünfte des Kaffees bzw. Vorstellungen zu verschiedenen Zubereitungsmöglichkeiten erlauben.

Bei einer **Domiminanz der hierarchisch untergeordneten Marke** dient die **hierarchisch übergeordnete Marke** als Endorser zur Vermittlung von Glaubwürdigkeit und der Absicherung des Leistungsversprechens der untergeordneten Marke. Ein **gleichberechtigter Markenauftritt** von über- und untergeordneter Marke kann die Position einer Marke im intensiven Wettbewerb stärken.

Voraussetzung aller drei Alternativen der Markenarchitektur ist eine gewisse **Kompatibilität** der Positionierungseigenschaften unterschiedlicher hierarchischer Marken.

In **horizontaler Richtung** können (unterhalb der Unternehmensmarke) auf den verschiedenen hierarchischen Ebenen mehrere Marken geführt werden. Häufig werden mehrere Familien- oder Einzelmarken in einem Produktbereich geführt (vgl. Meffert et al. 2019b, S. 397; Meffert und Perrey 2005a, S. 217 ff.; Meffert und Perrey 2005b, S. 816 ff.; Meffert und Perrey 1998, S. 5; Freter 2008, S. 260). Man kann in diesem Zusammenhang von einer Mehrmarkenstrategie i. e. S. sprechen. Beispiele finden sich für Margarine, Autos, Zigaretten, Waschmittel, usw. Mit den verschiedenen Marken sollen die Wünsche und Bedürfnisse von Zielgruppen spezifisch befriedigt werden, ohne dass eine einzige Marke Gefahr läuft, überdehnt zu werden und ihr Image zu verwässern (vgl. Burmann et al. 2018, S. 127).

Die Mehrmarkenstrategie richtet sich aus an (vgl. Esch 2018, S. 52)

- unterschiedliche Bedürfnisse von Zielgruppen,
- situationsspezifischen Bedürfnissen,

14.2 Strategische Entscheidungen der Leistungspolitik

- unterschiedliche Preislagen,
- unterschiedliche Distributionskanäle,
- länderspezifische Besonderheiten im Rahmen eines multinationalen oder transnationalen Marketings (vgl. Abschn. 7.2.1.)

Die einzelnen Marken sollten dazu (vgl. Kapferer 1992, S. 211 ff.)

- sich anhand zentraler technisch funktionaler oder emotionaler Leistungseigenschaften unterscheiden,
- als getrennt voneinander auftretende Marken auf dem Markt von den Kunden wahrgenommen werden (vgl. Kapferer 2005, S. 802),
- innerhalb der Unternehmung organisatorisch getrennt geführt werden.

Die Mehrmarkenstrategie setzt auf **konzeptioneller Ebenen** eine insbesondere bedürfnisorientierte Kundensegmentierung auf der Basis psychographischer Segmentierungskriterien voraus (vgl. Abschn. 3.5). Für die Bearbeitung ausgewählte Segmente werden dann spezifische Marken ausgewählt, wobei die Konkurrenzsituation darüber entscheidet, ob vorhandene Marken genutzt, neue Marken kreiert, alte Marken revitalisiert oder ggf. Konkurrenzmarken gekauft werden (vgl. Esch 2018, S. 528 und ähnlich Joachimsthaler und Pfeiffer 2004, S. 735).

Für die einzelnen Marken muss im Markenportfolio ihre Mission, ihr Inhalt und ihre Ausrichtung festgelegt werden (vgl. Meffert und Perrey 1998, S. 22 ff.; Meffert und Perrey 2005b, S. 827 f.).

Die **Mission** beschreibt den Markenauftrag im Portfolio. Keller (1998, S. 407 ff.) unterscheidet dabei

- Flagschiff-Marken mit der Rolle des Marktführers,
- Kampfmarken mit der Aufgabe des Flankenschutzes im Wettbewerb, insb. dem Preiswettbewerb (vgl. Höhl-Seibel 1994, S. 583 ff.),
- Cash-Cow-Marken zur Erwirtschaftung finanzieller Überschüsse,
- Low-End-Entry-Level-Marken/High-End-Prestige Marken (spezifische Aufgaben für Einsteiger-Kunden bzw. anspruchsvolle Kunden)

Weiterhin ist bezüglich des **Inhalts** der einzelnen Marke die Markenidentität und die technologische Rolle (Innovationsorientierung im Vergleich zum Wettbewerb) festzulegen. Bezogen auf die **Ausrichtung** der einzelnen Marke im Markenportfolio werden die Zielgruppen, die Zielwettbewerber sowie die Absatzareale bestimmt.

Auf der **Umsetzungsebene der Mehrmarkenstrategie** ist auf die Prägnanz und Unterscheidungsfähigkeit der einzelnen Marken zu achten, um Kannibalisierungseffekte zu vermeiden (vgl. Esch 2018, S. 530 ff.; Meffert und Perrey 2005b, S. 829 ff.; Freter 2008, S. 260).

Aus einer marktbezogenen Betrachtungsweise eignet sich die Mehrmarkenstrategie tendenziell für Märkte, mit wenigen großen Segmenten und einem überschaubaren Leistungsangebot. Bei vielen kleinen Segmenten würden die Kosten dieser Strategie trotz möglicher Kostensenkungseffekte, die damit verbundenen Erlöse häufig übersteigen. Bei einer großen Produktvielfalt steigt die Gefahr, dass bei der Mehrmarkenstrategie einzelne Marken nicht mehr wahrgenommen werden. Unternehmensbezogen muss die die Unternehmung genügen Ressourcen, Fähigkeiten und Wissen besitzen, um den Aufbau und die Pflege sowie die Differenzierung unterschiedlicher Marken zu gewährleisten.

Die Mehrmarkenstrategie ist mit zahlreichen Vor- und Nachteilen verbunden (vgl. Meffert et al. 2019b, S. 399 ff.), die in Tab. 14.5 zusammenfassend dargestellt werden.

Die Dynamik der Umwelt und Veränderungen im Unternehmen bedingen ggf. eine Veränderung des Markenportfolios im Zeitablauf. Die Anpassungen können die vertikale und die horizontale Dimension des Markenportfolios betreffen (vgl. Meffert et al. 2019b, S. 404 ff.; Becker 2019a, S. 202 ff.). In einer vertikalen Richtung werden die Markenrestrukturierung und die Markenevolution unterschieden. Bei der **Markenevolution** werden Marken einer untergeordneten hierarchischen Ebene in eine Marke einer übergeordneten Ebene integriert (z. B. Einzelmarken in Familienmarken). Die **Markenrestrukturierung** unterteilt eine hierarchisch übergeordnete Marke in verschiedene hierarchisch untergeordnete Marken.

Tab. 14.5 Kritische Würdigung der Mehrmarkenstrategie in horizontaler Richtung. (Quelle: nach Burmann und Meffert 2005, S. 177; Meffert und Perrey 1998, S. 8 ff.)

Kritische Würdigung der Mehrmarkenstrategie	
Vorteile	Nachteile
Markterschließung mit der bestgeeigneten Marke; Marktausschöpfung durch segmentspezifische Marken; Steigerung der Kundenzufriedenheit und Kundenbindung; Bindung an das Markenportfolio; Schaffung von Markteintrittsbarrieren für potenzielle Konkurrenten; Gegenseitige Unterstützung der Marken im Wettbewerb; Risikostreuung zwischen den Marken; Steigerung der Aktionsflexibilität der Unternehmung; Realisation von Kostensenkungseffekten durch von den verschiedenen Marken gemeinsam genutzten Ressourcen und Fähigkeiten; Effizienzsteigerung durch internen Wettbewerb der einzelnen Marken	Gefahr der Übersegmentierung; Hoher Koordinationsaufwand; Eingeschränkte Handlungsfreiräume für einzelne Marken; Sinkende Wahrnehmung einzelner Marken; Kannibalisierung der Marken; Hohe Belastung der finanziellen und personellen Ressourcen der Unternehmung; Suboptimale Verwendung von Unternehmensressourcen;

In horizontaler Richtung werden bei einem **Launch** zusätzliche Marken auf einer Hierarchieebene eingeführt, bei einer **Konsolidierung** Marken einer Ebene eliminiert.

Im Rahmen eines Rebrandings können alle oder einzelne Marken des Markenportfolios umpositioniert werden.

Im Rahmen der Markenstrategie müssen weiter die Preispositionierung der Marken (vgl. Abschn. 15.3.1.) und die Marktareale in der Marke eingesetzt wird (vgl. Kap. 7), festgelegt werden.

Literatur

Aaker, D.A. (1990): Brand Extension: The Good, The Bad, and the Ugly. In: Sloan Management Review 31(4), S.47–56

Aaker, D. A. (1998): Mit der Marke in einen neuen Markt. Harvard Business Manager, 20(3), S. 43–52

Aaker, D. A.; Joachimsthaler, E. (2000): Brand Leadership, Free Press, New York

Andresen, T. (2019): Führung von Dachmarken. In: Esch, F.- R. (Hrsg.): Handbuch Markenführung. Springer Gabler, Wiesbaden, S. 305–332

Ansoff, H. I. (1966): Management Strategie. Verlag Moderne Industrie, München

Aumayr, K. J. (2019): Erfolgreiches Produktmanagement. Tool-Box für das professionelle Produktmanagement und Produktmarketing. 5. Aufl.; Springer Gabler, Wiesbaden

Backhaus, K.; Voeth, M. (2014): Industriegütermarketing. 10. Aufl., Franz Vahlen, München

Becker, J. (2004): Typen von Markenstrategien. In: Bruhn, M. (Hrsg.): Handbuch Markenführung. Bd. 1, 2. Aufl., Betriebswirtschaftlicher Verlag Dr. Th. Gabler ,Wiesbaden, S. 637–675

Becker, J. (2005): Einzel-, Familien- und Dachmarken als grundlegende Handlungsoptionen. In: Esch, F.- R. (Hrsg.): Moderne Markenführung. Grundlagen-Innovative Ansätze- Praktische Umsetzung. 4. Aufl., Betriebswirtschaftlicher Verlag Dr. Th. Gabler Wiesbaden, S. 381–402

Becker, J. (2019a): Marketing-Konzeption. 11. Aufl., Vahlen, München

Becker, J. (2019b): Psychologische und neurologische Zugänge zur Marke. In: Esch, F.- R. (Hrsg.): Handbuch Markenführung. Springer Gabler, Wiesbaden, S. 257–273

Becker, N. (2011): Produktprogrammoptimierung mit Preisbündelung. Peter Lang GmbH Internationaler Verlag der Wissenschaften, Frankfurt am Main

Belz, Ch. et al. (1991): Erfolgreiche Leistungssysteme. Anleitung und Beispiele, Schäffer, Verlag für Wirtschaft und Steuern (Schriften zum Marketing, Bd. 12), Stuttgart

Benes, G. M. E.; Groh, P. E. (2017): Grundlagen des Qualitätsmanagements. 4. Aufl., Carl Hanser Verlag, Leipzig

Benkenstein, M.; Uhrich, S. (2009): Strategisches Marketing. 3. Aufl., W. Kohlhammer, Stuttgart

Bretzke, W.- R. (2020): Logistische Netzwerke 4. Auflage, Springer Vieweg, Berlin

Brockhoff, K. (1993): Produktpolitik. 3. Aufl., Gustav Fischer Verlag, Stuttgart, Jena

Bruhn, M. (2019): Qualitätsmanagement für Dienstleistungen- Handbuch für ein erfolgreiches Qualitätsmanagement. Grundlagen – Konzepte – Methoden. 11. Auflage, Springer Gabler, Berlin

Bruhn. M; Hadwich, K. (2017): Produkt- und Servicemanagement. 2. Auflage, Franz Vahlen, München

Büschken, J.; von Thaden, C. (2007): Produktvariation, -differenzierung und –diversifikation. In: Albers, S.; Herrmann, A. (Hrsg.): Handbuch Produktmanagement. 3. Aufl., Betriebswirtschaftlicher Verlag Dr. Th. Gabler, Wiesbaden, S. 596–616

Büttgen, M.; Kepper, G.; Köhler, R. (1996): Poly Kur. Positionierungsstrategien für eine Haarpflegemarke. In: Dichtl, E; Eggers, W. (Hrsg.): Markterfolg mit Marken. C. H. Beck, München, S. 51–72

Burmann, C. ; Meffert, H.; Blinda, L. (2005): Markenevolutionsstrategie. In: Meffert, H. Burmann, C. Koers, M. (Hrsg.): Markenmanagement. 2. Aufl., Betriebswirtschaftlicher Verlag Dr. Th. Gabler, Wiesbaden, S. 183–212

Burmann, C.; Halazzovich, T.; Schade, M; Piehler R. (2018): Identitätsbasierte Markenführung. 3. Aufl., Springer Gabler, Wiesbaden

Burmann, C.; Meffert, H. (2005): Gestaltung von Markenarchitekturen. In: Meffert, H.; Burmann, C.; Koers, M. (Hrsg.): Markenmanagement, 2. Aufl., Betriebswirtschaftlicher Verlag Dr. Th. Gabler, Wiesbaden, S. 163–182

Caspar, M.; Burmann, C. (2005): Markenerweiterungsstrategie. In: Meffert, H.; Burmann, C.; Koers, M. (Hrsg.): Markenmanagement. 2. Aufl., Betriebswirt-schaftlicher Verlag Dr. Th. Gabler, Wiesbaden, S. 245–270

Decker, R.; Bornemeyer, C. (2007): Produktliniengestaltung. In: Albers, S.; Herrmann, A. (Hrsg.) : Handbuch Produktmanagement. 3. Aufl., Betriebswirt-schaftlicher Verlag Dr. Th. Gabler, Wiesbaden, S. 574–593

Edelman, D. C.; Singer, M. (2016): Erfolgsfaktor Customer Journey. In: Harvard Business Manager, 1 (Januar), S. 24–35

Esch, F.- R. (1999): Neukundengewinnung durch sozialtechnische Forschung und Entwicklung, Thexis 16 (2), S. 9–14

Esch, F.- R. (2018): Strategie und Technik der Markenführung. 9. Aufl., Franz Vahlen, München

Esch, F.- R.; Fuchs, M.; Bräutigam, S.; Redler, J. (2005): Konzeption und Umsetzung von Markenerweiterungen. In: Esch, F.- R. (Hrsg.): Moderne Markenführung. Grundlagen-Innovative Ansätze- Praktische Umsetzung. 4. Aufl., Betriebswirtschaftlicher Verlag Dr. Th. Gabler, Wiesbaden, S. 905–946

Esch, F.-R.; Bräutigam, S.; Honerkamp, J. E. (2019): Analyse und Gestaltung komplexer Markenarchitekturen. In: Esch, F.- R. (Hrsg.): Handbuch Markenführung. Springer Gabler, Wiesbaden, S. 413–434

Esch, F.- R.; Bräutigam, S. (2001): Corporate Brands versus Product Brands? Zum Management von Markenarchitekturen. In: Thexis 18 (4), S. 27–34

Esch, F.- R; Möll, T. (2019): Psychologische und neurologische Zugänge zur Marke. In: Esch, F.-R. (Hrsg.): Handbuch Markenführung. Springer Gabler, Wiesbaden, S. 71–93

Esch, F.- R.; Spomer, O. (2019): Management von Markendehnungen. In: Esch, F.-R. (Hrsg.): Handbuch Markenführung. Springer Gabler, Wiesbaden, S. 333–352

Freter, H. (2008): Markt- und Kundensegmentierung. Kundenorientierte Markterfassung und -bearbeitung. 2. vollst. neu bearb. und erw. Aufl., Kohlhammer (Kohlhammer-Edition Marketing), Stuttgart

Freter,H.; Wecker,F.; Baumgarth, C. (2002): Markenportfolio. In: Böhler, H. Hrsg.): Marketing-Management und Unternehmensführung. Schäffer-Poeschel, Stuttgart, S. 389–419

Grant, R. M. (2014): Moderne strategische Unternehmensführung. Wiley-VCH Verlag GmbH &Co. KGaA, Weinheim

Haedrich, G.; Tomczak, T. (1990): Strategische Markenführung. Paul Haupt, Bern, Stuttgart

Haedrich, G.; Tomczak, T. (1996): Produktpolitik. Verlag W. Kohlhammer, Stuttgart, Berlin, Köln

Hätty, H. (1989): Der Markentransfer. Physica, Heidelberg

Hauser, J. R.; Shugan, S. M. (1983): Defensive Marketing Strategies. In: Marketing Science 2 (4), S. 319–360

Herrmann, A.; Huber, F. (2000): Kundenorientierte Produktgestaltung – Ziele und Aufgaben. In: Herrmann, A.; Hertel, G.; Virt, W.; Huber, F. (Hrsg.): Kundenorientierte Produktgestaltung. Verlag Franz Vahlen, München, S. 3–18

Herrmann, A.; Huber, F. (2013): Produktmanagement. Grundlagen – Methoden – Beispiele. 3. Aufl. Springer Gabler., Wiesbaden

Herrmann, A.; Peine, K. (2007): Variantenmanagement. In: Albers, S.; Herrmanns, A. (Hrsg.): Handbuch Produktmanagement. 3. Aufl., Betriebswirtschaftlicher Verlag Dr. Th. Gabler, Wiesbaden, S. 651–679

Höhl-Seibel, J. (1994): Zweitmarkenstrategien. In: Bruhn, M. (Hrsg.): Handbuch Markenartikel. Anforderungen an die Markenpolitik aus Sicht von Wissenschaft und Praxis. Bd. 1, Schäffer Poeschel, Stuttgart, S. 583–602

Homburg, Chr. (2020): Marketing Management. 7. Aufl. Gabler Springer, Wiesbaden

Huber, F.; Kopsch, A. (2007): Produktbündelung. In: Albers, S.; Herrmann, A. (Hrsg.): Handbuch Produktmanagement, 3. Aufl., Betriebswirtschaftlicher Verlag Dr. Th. Gabler, Wiesbaden, S. 618–648

Hungenberg, H. (2014): Strategisches Management in Unternehmen. Ziele – Prozesse – Verfahren. 8., aktualisierte Aufl., Springer Gabler, Wiesbaden

Joachimsthaler, E.; Pfeiffer, M. (2004): Strategie und Architektur von Markenportfolio. In: Bruhn, M. (Hrsg.): Handbuch Markenführung. Bd. 1, 2. Aufl., Betriebswirtschaftlicher Verlag Dr. Th. Gabler ,Wiesbaden, S. 723–746

Kapferer, J.- N. (1992): Die Marke – Kapital des Unternehmens. Verlag Moderne Industrie, Landsberg am Lech

Kapferer, J.-N. (2005): Führung von Markenportfolios. In: Esch, F.- R. (Hrsg.): Moderne Markenführung. Grundlagen-Innovative Ansätze- Praktische Umsetzung. 4. Aufl., Betriebswirtschaftlicher Verlag Dr. Th. Gabler Wiesbaden, S. 797–810

Kapferer, J.- N. (2012): The New Strategie Brand Management: Advanced Insights and Strategic Thinking. 5. Aufl., Kogan Page, London

Keller, K.L. (1998): Strategic Brand Management. Building, Measuring, and Managing Brand Equity. Prentice Hall, Upper Saddle River

Keller, K. L. (2005): Erfolgsfaktoren von Markenerweiterungen. In: Esch, F.- R. (Hrsg.): Moderne Markenführung. Grundlagen-Innovative Ansätze- Praktische Umsetzung. 4. Aufl., Betriebswirtschaftlicher Verlag Dr. Th. Gabler Wiesbaden, S. 905–946

Keller, K. L.; Brexendorf, T. O. (2019): Strategic Brand Management Process, In: Esch, F.- R. (Hrsg.): Handbuch Markenführung. Springer Gabler, Wiesbaden, S. 155–175

Koppelmann, U. (2001): Produktmarketing. Entscheidungsgrundlage für Product – Manager. 6.Aufl., Springer Verlag, Berlin

Kotler, P.; Keller, K. L.; Opresnik, M. O. (2015): Marketing-Management. Konzepte – Instrumente – Unternehmensfallstudien; [inklusive MyLab, deutsche Version]. 14. aktualisierte Aufl., Pearson (Wirtschaft), Hallbergmoos

Kroeber-Riel, W.; Esch, F. –R. (2015): Strategie und Technik der Werbung. 8. Aufl., Verlag W. Kohlhammer, Stuttgart

Laforet, S.; Sounders, J. (1994): Managing Brands Portfolio: How The Leaders Do It. In: Journal of Advertising Research 34 (1), S. 64–76

Lurse, C. (2007): Produktmodifikation. In: Albers, S.; Herrmann, A. (Hrsg.) Handbuch Produktmanagement. 3. Aufl., Betriebswirtschaftlicher Verlag Dr. Th. Gabler, Wiesbaden, S. 562–571

Männel, Wolfgang (1981): Die Wahl zwischen Eigenfertigung und Fremdbezug: Theoretische Grundlagen – Praktische Fälle. 2. Auflage, Poeschel, Stuttgart

Männel, Wolfgang (1983): Wenn Sie zwischen Eigenfertigung oder Fremdbezug entscheiden müssen . In: io Management Zeitschrift 52 (7/8), S. 301–307

Männel, Wolfgang (1984): Wirtschaftliche Fundierung von Entscheidungen über Eigenfertigung und Fremdbezug. In: Controller Magazin 9 (2), S. 75–80

Männel, W. (1990): Entscheidungsorientierte Kostenvergleichsrechnungen für den kurzfristigen Übergang von der Eigenfertigung zum Fremdbezug. In: Kostenrechnungspraxis 34 (3), S. 187–190

Meffert, H.; Bruhn, M.; Hadwich, K. (2018): Dienstleistungsmarketing. Grundlagen – Konzepte – Methoden. 9. Aufl., Springer Gabler, Wiesbaden

Meffert, H.; Burmann, Ch.; Kirchgeorg, M.; Eisenbeiß, M. (2019a): Marketing. 13. Aufl., Springer Gabler, Wiesbaden

Meffert, H.; Perrey, J.; Vollhardt, K. (2019b): Management von Markenportfolios. In: Esch, F.-R. (Hrsg.): Handbuch Markenführung. Springer Gabler, Wiesbaden, S. 393–411

Meffert, H.; Heinemann, G. (1990): „Operationalisierung des Imagetransfers". In: Marketing ZFP 12 (1), S. 5–10

Meffert, H.; Perrey, J. (1998): Mehrmarkenstrategien – Ein Beitrag zum Management von Markenportfolios. In: Meffert, H.; Backhaus, K.; Becker, J. (Hrsg.): Arbeitspapier Nr. 121 der wissenschaftlichen Gesellschaft für Marketing und Unternehmensführung e. V., Münster

Meffert, H.; Perrey, J. (2005a): Mehrmarkenstrategien-identitätsorientierte Führung von Markenportfolios. In: Meffert, H.; Burmann, C.; Koers, M. (Hrsg.): Markenmanagement. 2. Aufl., Betriebswirtschaftlicher Verlag Dr. Th. Gabler Wiesbaden, S. 213–243

Meffert, H; Perrey, J. (2005b): Mehrmarkenstrategien – Ansatzpunkte für das Management von Markenportfolios. In: Esch, F.- R. (Hrsg.): Moderne Markenführung. Grundlagen-Innovative Ansätze-Praktische Umsetzung. 4. Aufl. Gabler, Wiesbaden, S. 811–838

Morgan, N. A.; Rego, L. L. (2009): Brand portfolio strategy and firm performance. Journal of Marketing 73(1), S. 59–74

Müller, G.-M. (1994): Dachmarkenstrategien. In: Bruhn, M. (Hrsg.): Handbuch Markenartikel. Anforderungen an die Markenpolitik aus Sicht von Wissenschaft und Praxis. Bd.1, Schäffer Poeschel, Stuttgart, S.499–512

Müller-Stewens, G.; Lechner, C. (2016): Strategisches Management. Wie strategische Initiativen zum Wandel führen. 5. Aufl., Schäffer-Poeschel, Stuttgart

Park, C. W.; Milberg, S.; Lawson, R. (2005): Beurteilung von Markenerweite-rungen. In: Esch, F.-R. (Hrsg.): Moderne Markenführung. Grundlagen-Innovative Ansätze- Praktische Umsetzung, 4. Aufl., Betriebswirtschaftlicher Verlag Dr. Th. Gabler, Wiesbaden, S. 963–981

Prahalad, C. K.; Hamel, G. (1990): The Core Competence of the Corporation. In: Harvard Business Review 68 (3), S. 79–91

Prahalad, C. K.; Hamel, G. (1991): Nur Kernkompetenzen sichern das Überleben. In Harvard Manager 13 (2), S.66–78

Prahalad, C. K.; Hamel, G. (2001): Nur Kernkompetenzen sichern das Überleben. In: Montgomery, C. A. (Hg.): Strategie. [Übersetzung aus dem Amerikanischen]. Unter Mitarbeit von Gary Hamel. Sonderausg. Wirtschafts-verl. Ueberreuter (Ueberreuter Wirtschaft), Wien, Frankfurt Main, S. 309–335

Randall, T., Ulrich, K., Reibstein, D. (1998): Brand equity and vertical product line extent. In: Marketing Science 17 (4), S. 356–379

Sabel (1971): Produktpolitik in absatzwirtschaftlicher Sicht. Grundlagen und Entscheidungsmodelle. Gabler, Wiesbaden

Sander, M. (2019): Marketing-Management. 3. Aufl., UVK, München

Sattler, H.; Völckner, F. (2013): Markenpolitik. 3. Aufl., Kohlhammer, Stuttgart

Schröder, E.F. (1994): Familienmarkenstrategien. In: Bruhn, M. (Hrsg.): Handbuch Markenartikel. Anforderungen an die Markenpolitik aus Sicht von Wissenschaft und Praxis. Bd.1, Schäffer Poeschel, Stuttgart, S.513–526

Schweiger, G.; Schrattenecker, G. (2017): Werbung. Eine Einführung. 9., überarbeitete und erweiterte Auflage. UVK Verlagsgesellschaft mbH; UVK/Lucius (UTB, Nr. 1370), Konstanz, München

Simon, H. (1985): Goodwill und Marketingstrategie, Gabler, Wiesbaden

Smith, D. C. (1992): Brand extension and advertising efficiency: What can and cannot be expected. In: Journal of Advertising Research, 32 (6), S. 11–20

Tomczak, T.; Will, M.; Kernstock, J. (2001): Corporate Branding – Die zukunftsweisende Aufgabe zwischen Marketing, Unternehmenskommunikation und strategischem Marketing. In: Thexis, 18 (4), S. 2–4

Trommsdorff, V.; Teichert, T. (2011): Konsumentenverhalten. 8. vollständig überarbeitete und erweiterte Auflage. W. Kohlhammer (Kohlhammer Edition Marketing), Stuttgart

Vollert, K. (1989): Das „Defender-Modell" zur Formulierung von Verteidi-gungsstrategien bei Produktinnovation und -variation der Konkurrenz. Darstellung und Kritik. In Kroeber-Riel, W. et al. (Hrsg.): Arbeitspapier der Forschungsgruppe Konsum und Verhalten, Frankfurt am Main

Vollert, K. (1992): Das „Defender-Modell" zur Formulierung von Verteidi-gungsstrategien forschender Pharma-Unternehmen nach Inkrafttreten des Ge-sundheitsreformgesetzes. In: Die Pharmazeutische Industrie 54 (2), S. 100–106

Vollert, K. (1999): Leistungssysteme, Fachbereich Wirtschaftswissenschaften der Hochschule Mittweida (FH) University of Applied Science, Diskussionspapier 1999/09, 1999.

Vollert, K. (2002): Internationalisierung und differenzierte Positionierung einer Marke. Ein Widerspruch? In: Thexis 19 (4), S. 14–17

Vollert, K. (2004): Grundlagen des strategischen Marketing. 3. Aufl. PCO, Bayreuth

Vollert, K. (2009): Marketing. 2. Aufl., PCO, Bayreuth

Weiber, R.; Pohl, A. (2017): Innovation und Marketing. Verlag W. Kohlhammer, Stuttgart

Welge, M; Al-Laham, A.; Eulerich, M. (2017): Strategisches Management, Grundlagen-Prozess-Implementierung. 7. Aufl., Springer Gabler, Wiesbaden.

Wildemann, H. (1990): Kostengünstiges Variantenmanagement. In: io Management 59 (11), S. 37–41

Wind, Y. (1982): Product Policy: Concepts, Methods and Strategy. Addison-Wesley, Massachussetts u. a.

Zanger, C. (2007): Leistungskern. In: Albers, S.; Herrmann, A. (Hrsg.): Handbuch Produktmanagement. 3. Aufl., Betriebswirtschaftlicher Verlag Dr. Th. Gabler, Wiesbaden, S. 98–117

Preisbezogene Strategien

15

Inhaltsverzeichnis

15.1	Grundlagen der Preispolitik		602
	15.1.1	Definition des Preises und der Preispolitik	602
	15.1.2	Preis-Absatz-Funktion	603
	15.1.3	Bedeutung des Preises	606
	15.1.4	Preismanagement	607
15.2	Grundlagen der Preisstrategie		609
	15.2.1	Definition Preisstrategien	609
	15.2.2	Einflussfaktoren der Preisstrategie	610
		15.2.2.1 Nachfragebezogene Einflussfaktoren	610
		15.2.2.2 Wettbewerbsbezogene Einflussfaktoren	612
		15.2.2.3 Netzwerkbezogene Einflussfaktoren	614
		15.2.2.4 Unternehmensbezogene Einflussfaktoren	615
		15.2.2.5 Transparenz	616
15.3	Preispositionierungsstrategien		617
	15.3.1	Identifikation von Preispositionen	618
		15.3.1.1 Luxuspreisposition	619
		15.3.1.2 Premiumpreisposition	620
		15.3.1.3 Mittelpreisposition	621
		15.3.1.4 Niedigpreisposition	622
		15.3.1.5 Ultra-Niedrigpreisposition	623
		15.3.1.6 Übervorteilungsposition	623
		15.3.1.7 Vorteilsposition	623
	15.3.2	Formulierung preisbezogener Kundennutzenkonzepte	625
		15.3.2.1 Luxus- und Premiumkonzepte	625
		15.3.2.2 Value-Konzepte	626
		15.3.2.3 Schnäppchenkonzepte	627
		15.3.2.4 Preisfairness-Konzepte	627
		15.3.2.5 Niedrigpreiskonzepte	628
	15.3.3	Preislinienpolitik	630

© Der/die Herausgeber bzw. der/die Autor(en), exklusiv lizenziert an Springer Fachmedien Wiesbaden GmbH, ein Teil von Springer Nature 2025
K. Vollert, *Strategisches Marketing*, https://doi.org/10.1007/978-3-658-47660-1_15

15.4 Strategien der Preisdifferenzierung 634
    15.4.1 Grundlagen der Preisdifferenzierung 634
    15.4.2 Alternativen der Preisdifferenzierung 636
15.5 Preisstrategien im Wettbewerb 646
15.6 Festlegung des Preis- und Konditionensystems 648
    15.6.1 Preissystem 649
        15.6.1.1 Bestimmung der Erlösquellen 649
        15.6.1.2 Preisdimensionen und -formen 649
        15.6.1.3 Preisbildung 651
    15.6.2 Konditionensystem 655
Literatur 658

15.1 Grundlagen der Preispolitik

15.1.1 Definition des Preises und der Preispolitik

Die Definition des Begriffs Preis ist nicht trivial. In einer **traditionellen Sichtweise** wird der Preis im Sinne eines Bruttopreises als monetäre Gegenleistung (Entgelt) eines Käufers für eine Einheit einer Leistung definiert (vgl. Diller et al. 2021, S. 38, Simon und Fassnacht 2016, S. 6). Diese auch in der Mikroökonomie unterstellte Definition abstrahiert von unterschiedlichen Qualitäten der Leistungen und zusätzlichen positiven und negativen Preiskomponenten (z. B. Preiszuschläge und –abschläge). Eine **betriebswirtschaftliche Definition** setzt den Preis mit dem Umfang der Leistung in Beziehung und formuliert ein Preis-Leistungsverhältnis

$$Preis = \frac{Bruttopreis}{Umfang\ der\ Leistung}$$

Der Umfang der Leistung orientiert sich an objektiv messbaren Größen (Gewicht, PS-Zahl, Nutzungsdauer, etc.). Nicht objektiv messbare Elemente der Leistung (z. B. Emotionen) bleiben dabei aber außer vor. Eine **kundenorientierte Definition des Preises** bezieht alle vom Kunden berücksichtigten, mittelbar und unmittelbar mit dem Kauf einer Leistung verbundenen Ausgaben i. S. eines Total Cost of Ownership in die Betrachtung ein (vgl. Diller et al. 2021, S. 40; Meier und Bula 2009, S. 21 ff.;). Vielfach sind dies neben dem Bruttopreis bestimmte Preisnachlässe und –zuschläge, Zugaben in Form von Geld- und Sachleistungen sowie Dienstleistungen (vgl. Bruhn 2022, S. 1158 f.; Diller 2003a, S. 10). Besonders bei Gebrauchs- und Industriegütern können vom Kunden Folgekosten (Gebrauchskosten, Reparaturkosten, Entsorgungskosten etc.) als Preisbestandteile interpretiert werden (vgl. Kuß 2003, S. 299 ff.; Zeithaml 1988, S. 11, Diller et al. 2021, S. 39). Auf der anderen Seite werden alle vom Kunden wahrgenommen Nutzenaspekte einer Leistung beachtet. Neben dem funktionalen Nutzen sind dies auch der ökonomische, der prozessbezogene, der emotionale und der soziale Nutzen (vgl. Abschn. 1.2.1.1). „Die

Preisbereitschaft des Kunden und der damit vom Anbieter erzielbare Preis sind immer nur die Widerspiegelung des vom Kunden wahrgenommenen Werts oder Nutzens eines Produkts" (Simon 2013, S. 19). Die kundenorientierte Definition des Preises in Form eines.

$$\text{Preis-Nutzen-Verhältnisses einer Leistung} = \frac{\textit{wahrgenommener Preis des Kunden}}{\textit{wahrgenommener Nutzen des Kunden}}$$

oder in Form des

$$\text{Netto-Nutzens einer Leistung}$$
$$= \textit{wahrgenommener Nutzen des Kunden}$$
$$- \textit{wahrgenommener Preis des Kunden},$$

bildet die Grundlage preisbezogener Strategien (vgl. Bliemel und Adolphs 2003, 143 ff.). Simon (2013, S. 19 ff.) bringt dies letztlich auf die Formel: Nutzen schaffen – Nutzen kommunizieren – Preis festlegen. Als Ansatzpunkte sind damit neben dem Preis weitere leistungs-, distributions- und kommunikationsbezogene Aspekte eines Preismanagements benannt (vgl. Simon 1995, S. 5 f.). So entspricht die Steigerung des Nutzens einer Leistung bei konstantem Preis einer Preissenkung, während die Reduktion des Nutzens bei konstantem Preis einer Preiserhöhung gleichkommt.

▶ **Definition**
Insofern umfasst die Preispolitik alle Aktivitäten zur Durchsetzung einer Nutzen-Preis-Beziehung, mit dem Ziel KKVs aufzubauen und zu erhalten (vgl. Diller et al. 2021, S. 41). In diesem Zusammenhang wird auch von einem **Pricing** gesprochen.

Bei gegebenen Nutzen stehen der Bruttopreis, Rabatte und Konditionen im Vordergrund (vgl. Meffert et al. 2019, S. 489).

15.1.2 Preis-Absatz-Funktion

Die Preis-Absatz-Funktion (PAF) zeigt den funktionalen Zusammenhang zwischen der abgesetzten Menge x und dem Preis p: **x = f(p)**. Unterschieden werden eine individuelle und eine aggregierte Preis-Absatzfunktion als Summe individueller PAFs (vgl. Abb. 15.1).

Die **individuelle PAF,** die sich auf den einzelnen Kunden bezieht, kennt einen Ja-Nein-Fall oder einen variablen Mengenfall (vgl. Simon und Fassnacht 2016, S. 106). Der **Ja-Nein-Fall,** der bei Gebrauchsgütern und vielen Industriegütern anzunehmen ist, beschreibt den Sachverhalt, dass der Kunde eine Einheit des Gebrauchsgutes kauft, wenn

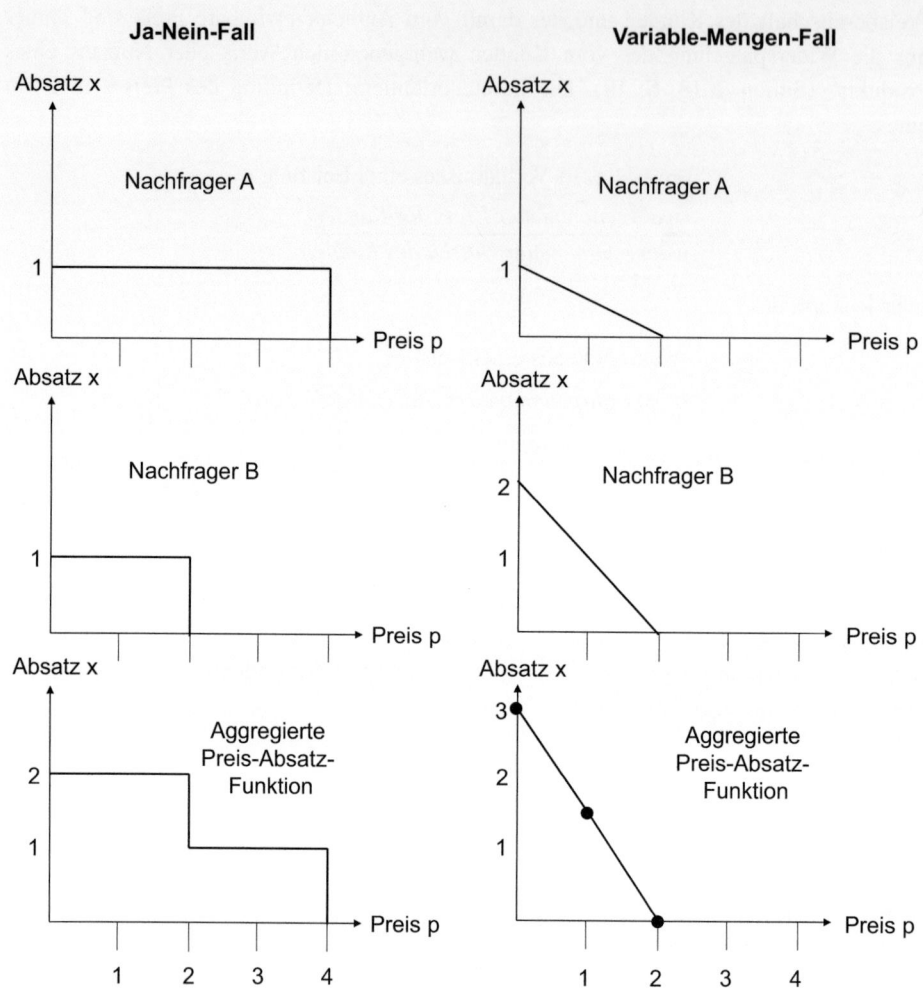

Abb. 15.1 Individuelle und aggregierte Preis-Absatzfunktionen. (In Anlehnung an Simon und Fassnacht 2016, S. 108)

ein bestimmter Prohibitivpreis[1] nicht überschritten wird. Im **Variablen Mengen Fall,** der bei Verbrauchsgütern üblich ist, variiert die Zahl der gekauften Einheiten eines Gutes häufig in Abhängigkeit des Preises (auch hier kann es einen Prohibitivpreis geben). Vielfach wird eine steigende Kaufmenge mit sinkenden Preisen unterstellt.

Die Addition der gekauften Mengen über alle Nachfrager bei unterschiedlichen Preisen ergibt die **aggregierte PAF** für einen Markt. Ihre empirische Erfassung kann in Form der Beobachtung oder Befragung erfolgen (vgl. Simon und Fassnacht 2016, S. 123 ff.;

---

[1] Der Prohibitivpreis ist der Preis, bei dem die abgesetzte Menge = 0 ist.

15.1 Grundlagen der Preispolitik

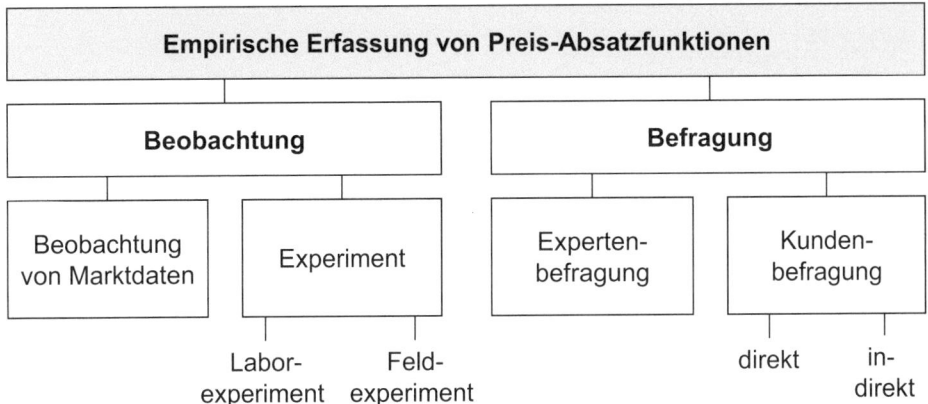

Abb. 15.2 Empirische Erfassung der Preis-Absatz-Funktion

Meffert et al. 2019, S. 747 ff.; Homburg 2020, S. 747 ff.; Simon und Dolan 1997, S. 62 ff.; Balderjahn 2003, S. 387 ff.). Als Alternativen der Beobachtung kommen die Beobachtung von Marktdaten oder das Experiment in Form des Labor- oder Feldexperiments infrage. Alternativen der Befragung sind die Expertenbefragung (z. B. Verkäufer) und die direkte oder indirekte Kundenbefragung. Abb. 15.2 zeigt die Möglichkeiten im Überblick.

Die Kenntnis des funktionalen Verlaufs der PAF erlaubt die Bestimmung der **Preiselastizität der Nachfrage** (vgl. Vollert 2009). Die Preiselastizität der Nachfrage $\varepsilon_{x,p}$ beschreibt die Veränderung der nachgefragten Menge einer Leistung in Folge einer Preisveränderung:

$$\varepsilon_{x,p} = \frac{\text{relative Mengenänderung}}{\text{relative Preisänderung}}(-1) = \frac{\frac{dx}{x}}{\frac{dp}{p}}(-1) = \frac{dx}{dp} \cdot \frac{p}{x}(-1)$$

Eine Preiselastizität der Nachfrage $\varepsilon_{x,p}$ von 2,5 bedeutet, dass eine Preissenkung von 1 % zu einer Veränderung der nachgefragten Menge von 2,5 % führt.

▶ Wie Abb. 15.3 zeigt ist der grau gekennzeichnete Mengeneffekt (Umsatzsteigerung durch die Preisreduktion) einer Preissenkung von p_1 auf p_2 größer als der schwarz eingezeichnete Preiseffekt (Umsatzrückgang bei der Preisreduktion): Die Preisreduktion von p_1 auf p_2 führt zu einer Umsatzsteigerung. Bei der gleich großen Preisreduktion von p_3 auf p_4 ist der Preiseffekt größer als der Mengeneffekt: Der Umsatz sinkt, sodass die Preissenkung ökonomisch nicht sinnvoll ist.

Allgemein gelten die Zusammenhänge aus Tab. 15.1.

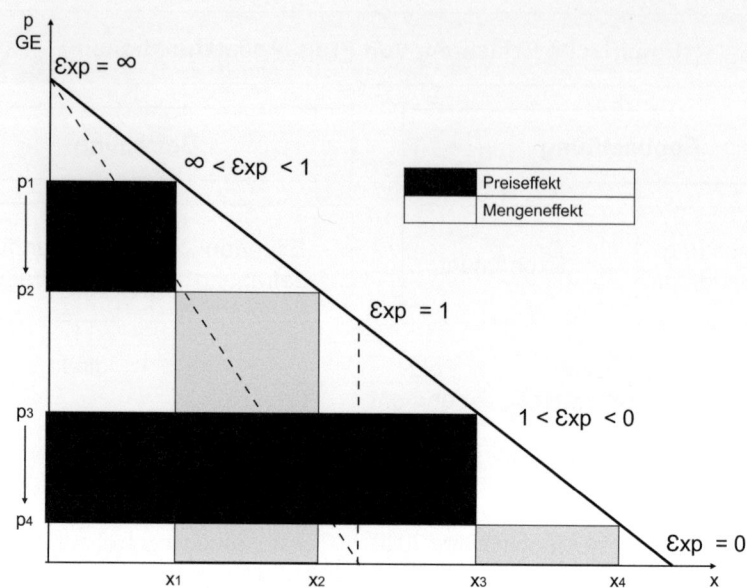

Abb. 15.3 Preiselastizität der Nachfrage

Tab. 15.1 Preiselastizitäten und Preisveränderung

	$\varepsilon_{x,p} > 1$	$\varepsilon_{x,p} = 1$	$\varepsilon_{x,p} < 1$
Preiserhöhung	Umsatzreduktion	konstanter Umsatz	Umsatzsteigerung
Preissenkung	Umsatzsteigerung	konstanter Umsatz	Umsatzreduktion

15.1.3 Bedeutung des Preises

Die Bedeutung des Preises muss aus einer Unternehmens- und einer Kundenperspektive betrachtet werden.

Aus Sicht der Unternehmung ist der Preis der effektivste Gewinntreiber (vgl. Fassnacht 2009, S. 8 f.; Simon und Fassnacht 2016, S. 1 ff.; Herrmann 2003, S. 35 f.). Diller erklärt dies mit umsatz- und kostenbezogenen Wirkungspfaden: Zum einen bestimmt der Preis den Umsatz als Produkt aus Menge und Preis. Zum anderen determiniert der Preis die abgesetzte Menge und damit über Fixkostendegressionseffekte, economies of scale und Erfahrungskurveneffekte auch die Kosten der Unternehmung (vgl. Abschn. 3.2.2.3). Umsatz und Kosten bestimmen den Gewinn (Diller 1999, S. 39 ff.; Diller et al. 2021, S. 30).

Die Wirkung des Preises ist auf vielen Märkten – auch bedingt durch eine durch das Internet getriebene, steigende Preistransparenz (vgl. Simon 2017, S. 264) – schnell und intensiv. Preisveränderungen können in Abhängigkeit des Preisinteresses der Kunden zu erheblichen Absatz- und Marktanteilsverschiebungen führen. Die Preiselastizität der Nachfrage liegt um ein Vielfaches höher als Nachfrageelastizitäten anderer Marketinginstrumente (vgl. Albers et al. 2010, S. 840 ff., Sethuraman et al. 2011, S. 457 ff.).

Insofern überrascht es nicht, dass Konkurrenten bei einer hohen Fühlbarkeit von Preisaktivitäten der Unternehmung (vgl. Fehl und Oberender 2004, S. 94) oft unverzögert und heftig bis hin zum Preiskrieg darauf reagieren (vgl. Simon und Fassnacht 2016, S. 8). Dies gilt insbesondere für Preisreduktionen der Unternehmung. Umgekehrt muss auch die Unternehmung Preissenkungen der Konkurrenz ggf. schnell und adäquat begegnen. Ein schnelles Agieren der Unternehmung und ihrer Konkurrenten wird dadurch unterstützt, dass viele Preisentscheidungen keiner oder nur geringer Vorbereitungszeiten bedürfen und keine vorherigen Investitionen und Ausgaben getätigt werden müssen. Homburg (2020, S. 724) weist jedoch auf mögliche negative Konsequenzen der Beurteilung von Preisveränderungen durch die Kunden hin, wenn diese auch bei Preisreduktionen weniger ausgeprägt sind.

Aus Kundensicht kann der Preis Opfer- und Signaleffekte besitzen (vgl. Völckner 2008, S. 361 ff.). Die **Opferfunktion** sieht den Preis als Kosten des Kunden und bezieht sich zum einen auf dessen **Transaktionskosten.** Zum anderen sind **Allokationskosten** angesprochen, wenn in Abhängigkeit des Preises andere Leistungen vom Kunden nicht oder in geringeren Mengen gekauft und genutzt werden können. **Signaleffekte** des Preises liefern den Käufer im Gegensatz dazu einen zusätzlichen Nutzen. Sie richten sich an den **Preis als Qualitätsindikator** (hoher Preis = hohe Qualität), den **Preis als Prestigeindikator,** der der Öffentlichkeit signalisiert, dass sich ein Käufer eine hochpreisige Leistung leisten kann (sozialer Nutzen) sowie den Preis zur Befriedigung **hedonistische Motive,** der dem Kunden das positive Gefühl vermitteln, sich etwas Gutes und Besonderes zu gönnen (emotionaler Nutzen).

15.1.4 Preismanagement

Entscheidungen zum Pricing sind bei Veränderungen des Absatzprogramms (Leistungsinnovation und -variation, strukturelle Veränderungen), bei der Erschließung von Märkten bzw. deren Veränderungen, bei Aktivitäten und Veränderungen des Marketingsystems (Kunden, Handel, Konkurrenz, Lieferanten) und bei unternehmensinternen Veränderungen zu treffen (vgl. Meffert et al. 2019, S. 493 f.; Bruhn 2022, S. 160 f.; Kotler et al. 2015, S. 484). Sie basieren auf einem mehrstufigen Managementprozess (vgl. Simon und Fassnacht, 2016, S. 14; Fassnacht 2009, S. 9, Bruhn 2022, S. 161 ff.; Mohr 2013, S. 26; Klenk et al. 2009, S. 15), der durch Vor- und Rückkoppelungen gekennzeichnet ist (vgl. Abb. 15.4).

Das Preismanagement bestimmt aus der Analyse und Prognose der Umwelt des Pricings die Ziele des Instruments. Zu deren Realisation werden Preisstrategien festgelegt,

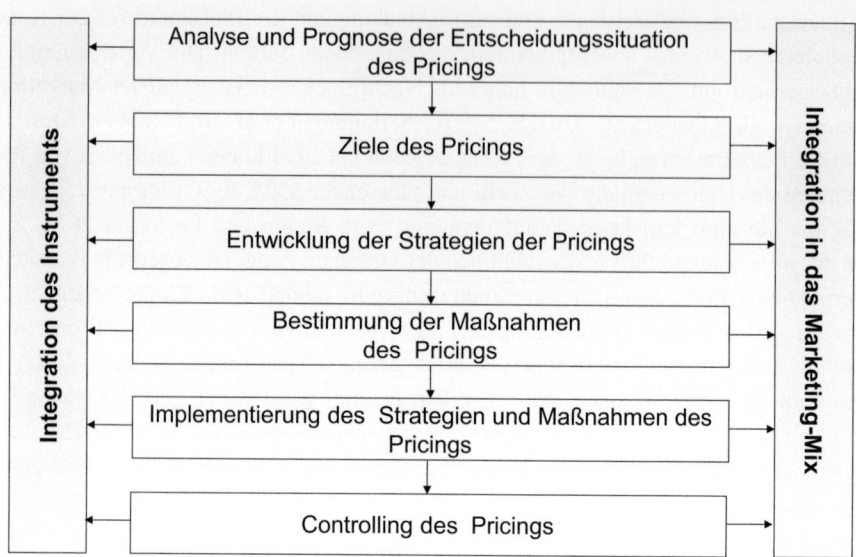

Abb. 15.4 Prozess des Preismanagements

die als Vorgaben zur Planung von Maßnahmen des Pricings dienen. Preisstrategien und Maßnahmen sind umzusetzen und zu kontrollieren. Entscheidungen der einzelnen Phasen sind untereinander abzustimmen und in den Marketing-Mix der Unternehmung widerspruchsfrei zu integrieren (vgl. Simon und Fassnacht 2016, S. 15 f.). Häufig genug wird der Preis als taktisches und operatives Instrument zur kurzfristigen Erhöhung des Absatzes, des Umsatzes und des Gewinns betrachtet, wobei die strategische Komponente des Pricings vernachlässigt wird (vgl. Sebastian und Maessen 2003, S. 52). Kotler et al. (2015, S. 481) berichten von Problemen der Führungskräfte mit der Preisentscheidung. Deshalb werden Preise oft mit einfachsten Methoden bestimmt (vgl. Kotler et al. 2015, S. 481, Simon 2013, S. 59 f.; Michel und Pfäffli 2009, S. 26; Hinterhuber 2008, S. 42; Hofstetter und Miller, 2009, S. 32 f.). Bekannt ist die Kosten Plus - Methode, die den Preis als Summe der Herstellungskosten einer Leistung und einem branchenüblichen Gewinnaufschlag berechnet. Selbst wenn man vernachlässigt, dass der Begriff branchenüblich in immer mehr zusammenwachsenden Branchen bei einer dynamisch sich verändernden Umwelt sehr vage ist und anerkennt, dass die Kosten einer Leistung durch den Preis gedeckt werden müssen (vgl. Homburg 2020, S. 804; Esch et al. 2017, S. 338; Voeth und Herbst 2013, S. 353) bleibt als grundlegende Kritik des Ansatzes, dass Reaktionen der Kunden, des Handels und der Konkurrenz auf den Preis bei der Kosten-Plus-Methode überhaupt keine Beachtung finden. Als weitere vereinfachende Methode kann die konkurrenzbezogene Preisbildung gelten, bei der Konkurrenzpreise als Referenz der Preise der Unternehmen herangezogen werden. Unter Negierung eigener

Kosten- und Kundenstrukturen sowie Unterschieden der Leistung wird dabei mechanistisch auf Konkurrenzaktivitäten reagiert. Zusammenfassend abstrahieren die Ansätze ganz oder teilweise von der Umwelt und ihrer Entwicklung, sowie von Ressourcen, Fähigkeiten und dem Wissen der Unternehmung. Das strategische Ziel des langfristigen Überlebens der Unternehmung auf der Basis langfristiger Gewinne besitzt eine untergeordnete Relevanz (vgl. Simon 2013, S. 151). Die Konsequenzen können u. a. wie folgt dargestellt werden: „Werden die Preise opportunistisch und ohne System gesetzt und verändert, dann hat das negative Folgen für das Verhalten von Kunden und der Konkurrenz. Bei den Kunden steht das Preisvertrauen und die Preiszufriedenheit auf dem Spiel. Bei der Konkurrenz führt nicht berechenbares, unkalkulierbares Preisverhalten zu Missverständnissen und Fehlverhalten. Ein „friedlicher" Wettbewerb gerät schnell außer Kontrolle und mündet in einem Preiskampf, bei dem nur noch Werte und Gewinne vernichtet werden" (Sebastian und Maessen 2003, S. 52).

15.2 Grundlagen der Preisstrategie

15.2.1 Definition Preisstrategien

▶Preisstrategien sind ganzheitliche, langfristig ausgerichtete Handlungsmuster der Preispolitik der Unternehmung, die bei Berücksichtigung der Entwicklung des gesamten Pricing-Netzwerkes in einer dynamischen Umwelt unter Nutzung preisstrategischer Effekte auf den Aufbau und Erhalt von KKVs abzielen (vgl. Diller et al. 2021, S. 213; Simon und Fassnacht 2016, S. 33 ff.).

Ganzheitlich drückt in diesem Zusammenhang aus, dass Preisstrategien mit den übrigen Strategien der Unternehmung auf allen Ebenen in Beziehung stehen und von diesen nicht unabhängig formuliert werden können. Die **langfristige Ausrichtung** der Preisstrategien bezieht sich auf den Preisauftritt der Unternehmung (z. B. als Premium-Preisanbieter), der trotz aller möglichen Veränderungen in der Umwelt (z. B. neue Geschäftsmodelle durch Digitalisierung und damit verbundene innovative Preismodelle) konstant bleiben soll. Dazu bedarf es einer inhaltlichen und zeitlichen Abstimmung aller Pricing-Aktivitäten. Mit der **Berücksichtigung des gesamten Pricing-Netzwerks** (vgl. Abb. 15.8) trägt die Preisstrategie der Tatsache Rechnung, dass bei der Festsetzung des Preises die Ansprüche einer Vielzahl interner und externer Anspruchsgruppen zu berücksichtigen sind (vgl. Diller et al. 2021, S. 222 ff.), die sich bei Veränderungen des Marktes und der globalen Umwelt ebenfalls wandeln. Mit **preisstrategischen Effekte** nutzen Preisstrategien ökonomische Gesetzmäßigkeiten zum Aufbau und zum Erhalt von KKVs. Dazu gehören u. a. mengenbezogene Kostensenkungseffekte, Sortimentseffekte, Wettbewerbseffekte, Preisimageeffekte, Kooperationseffekte u. a. (vgl. Diller et al. 2021, S. 239). Der **Bezug**

zum **KKV** verdeutlicht, dass Preisstrategien dem langfristigen Gewinn und damit der Sicherung des langfristigen Überlebens der Unternehmung verpflichtet sind.

15.2.2 Einflussfaktoren der Preisstrategie

Bei der Planung von Preisstrategien müssen nachfragebezogene, wettbewerbsbezogene, netzwerkbezogene und unternehmensbezogene Einflussfaktoren berücksichtigt werden (vgl. Abb. 15.5). Diese verändern sich im Laufe des Marktlebenszyklus. Sie werden auch durch die Entwicklungen der globalen Umwelt beeinflusst, wobei momentan aus der technologischen Umwelt die Digitalisierung besondere Beachtung verdient. Diese erhöht die Transparenz auf der Marktneben- und -gegenseite (Konkurrenten und Kunden) und schafft neue Möglichkeiten und Anforderungen an die Formulierung von Preisstrategien.

15.2.2.1 Nachfragebezogene Einflussfaktoren

Nachfragebezogene Einflussfaktoren der Preisstrategie lassen sich aus dem Käuferverhalten ableiten. Letztlich können damit alle zur Kundensegmentierung genutzten Kriterien (vgl. Abschn. 3.5) wie geographische, soziale, demographische, psychographische, physiologische, zeit- und situationsbezogene Kriterien als Einflussfaktoren der Preisstrategie gelten. Fokussiert man auf die Preisinformationsaufnahme, -beurteilung, -speicherung

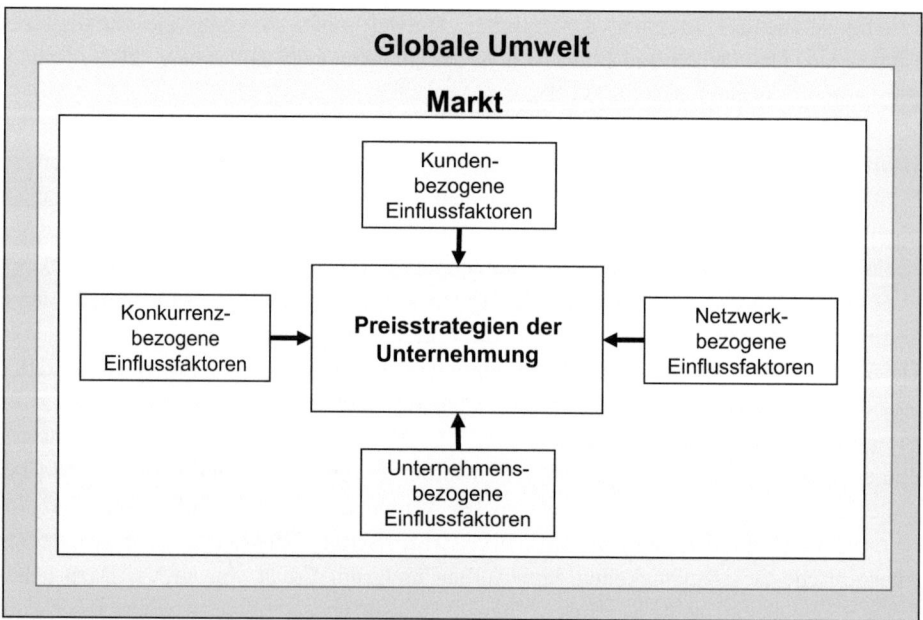

Abb. 15.5 Einflussfaktoren der Preisstrategie

15.2 Grundlagen der Preisstrategie

sowie das Ausgabe- und Nutzungsverhalten der Käufer, können aus der Forschungsrichtung **Behavioral Pricing** spezifische preisbezogene Einflussfaktoren der Nachfrager für die Preisstrategie identifiziert werden. (vgl. Homburg 2020, S. 761; Homburg und Koschate 2005a, S. 383 ff.; Homburg und Koschate 2005b, S. 501 ff.).

Die klassische Preistheorie formuliert einen Zusammenhang von unterschiedlichen Preisen und den damit jeweils verbundenen Absatzmenge, die in PAFs abgebildet werden. In Modellen des Käuferverhaltens (vgl. Freter 2008, S. 64 f.) kann die PAF als Beispiel eines **S-R–Modells** eingeordnet werden (vgl. Trommsdorf und Teichert 2011, S. 261; Kaas 2001, S. 753). Betrachtet werden unterschiedliche Preise als Stimuli und die damit verbundenen Absatzmengen als Response (vgl. Abb. 15.6). Die Gründe der Response bleiben unerklärt, sodass man auch von **Black-Box-Modellen** spricht (vgl. Howard und Sheth 1969, S. 335 ff.).

S-O-R-Modelle erklären Gründe des Response in Form von affektiven und kognitiven Prozessen im Organismus des Kunden (vgl. Kroeber-Riel und Gröppel-Klein 2019, S. 15; Kuß und Tomczak 2007, S. 3) und beschreiben sie mit sogenannten **intervenierenden Variablen** (vgl. Abb. 15.7).

Als intervenierende Variablen des Preisverhaltens, die in Tab. 15.2 definiert sind, können die Preisemotion und das Preisinteresse als **Variablen der preisbezogenen Aktivierung** des Käufers, die Preiswahrnehmung, die Preiskenntnis in Folge des Preislernens und die Preisbeurteilung als **Größen der Kognition des Preises** sowie die Preisbereitschaft, Preispräferenzen, Preiszufriedenheit und Preisvertrauen als **Variablen der**

Abb. 15.6 S-R-Modelle zur Preispolitik

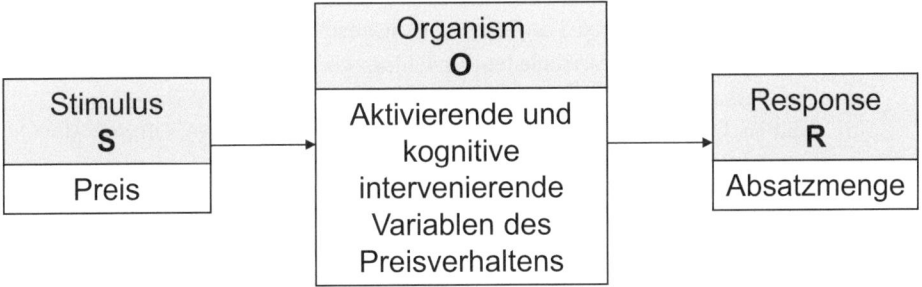

Abb. 15.7 S-O-R-Modelle zur Preispolitik

Tab. 15.2 Konstrukte des Preisverhaltens

Konstrukte des Preisverhaltens		
Prozess	Intervenierende Variable	Beschreibung
Aktivierung	Preisemotion	Aktivierende, angenehmen oder unangenehme, bewusste und unbewusste Empfindungen über Preisinformationen
	Preisinteresse	Bedürfnisses, den Preise verschiedener Kaufalternativen hinreichend zu berücksichtigen
Kognition	Preiswahrnehmung	Sensorische Aufnahme aller Preisinformationen und deren Dekodierung in subjektive Preiseindrücke
	Preiskenntnis	Als Ergebnis von Lernprozessen im Langzeitgedächtnis gespeicherte, preisbezogene Informationen zu einem Objekt
	Preisbeurteilung	Kognitive Bewertung preisbezogener Informationen
Einstellung	Preisbereitschaft	Höchstpreis, den ein Nachfrager bei einem zukünftigen Kauf zu entrichten bereit ist
	Preispräferenzen	Dauerhafte Verhaltensabsichten bestimmte Kaufalternativen, die dem individuellen Preisinteresse entsprechen, zu bevorzugen
	Preiszufriedenheit	Gedankliches Ergebnis des Vergleichs von Preiserwartung und Preiswahrnehmung
	Preisvertrauen	Erwartung eines Nachfragers, dass ein Anbieter sich bzgl. preisbezogener Aspekte nicht opportunistisch verhält

Preisintention (Handlungsabsicht aufgrund des Preises) betrachtet werden (vgl. Diller et al. 2021, S. 91 ff.; Diller 2003b, Diller 2003c; Meffert et al. 2019, S. 499).

Die intervenierenden Variablen des Preisverhaltens prägen das Preisimage der Unternehmung und bestimmen neben sonstigen nachfragebezogenen Einflussgrößen das Preisverhalten der Nachfrager.

▶ In einer Untersuchung von Fast-Moving-Consumer-Goods (FMCG) konnten unter Berücksichtigung verschiedener nachfragerbezogener Einflussfaktoren des Preisverhaltens fünf Preissegmente ermittelt werden, deren Verhalten relativ stabil ist. Die Preissegmente sind in Tab. 15.3 beschrieben (vgl. Diller et al. 2021, S. 247).

15.2.2.2 Wettbewerbsbezogene Einflussfaktoren

Wettbewerbsbezogene Einflussfaktoren der Preisstrategie leiten sich aus den fünf Wettbewerbskräften von Porter ab (vgl. Porter 2010; Porter 2013). Sie bestimmen die Wettbewerbsintensität auf einem Markt und damit ggf. Art und Ausmaß preisbezogene

Tab. 15.3 Preissegmente in FMCG –Märkten. (Quelle: nach Diller et al. 2021, S. 247)

Kundengruppe	Preisverhalten
Markenfans (20,9 %)	Ältere Nachfrager mit höherem sozialen Status und und weniger Kindern; Kauf von Leistungen höherer Qualität; Meidung von Discountern; Einkauf in Fachgeschäften; Fixierung auf bestimmte Marken; Wenig Interesse an Bonusprogrammen und Feilschen;
Optimierer (28,4 %)	Hohes Alternativenbewusstsein; Hohes Interesse an Bonusprogrammen und Feilschen; Präferenz für mittlere Qualitätslagen von Warenhäusern, Super- und Verbrauchermärkten; Leistungsbereit und unter Zeitdruck stehend;
Hochpreiszahler (13 %)	Überdurchschnittlich hohe Zahl der Einkäufe in Warenhäusern und Fachgeschäften; Kauf von Leistungen höherer Qualität; Häufiges Feilschen; Stärkste Leistungsbereitschaft; Hoher Zeitdruck; Frühkäufer; Höheres Einkommen; Wenig Kinder;
Preisbequeme (19,1 %)	Kauf niedriger Qualität; Einkauf öfters in Discountern; Wenig Interesse an Bonusprogrammen und Feilschen; Weniger leistungsbereit, weniger Zeitdruck; Eher kleinere Arbeiterhaushalte mit geringem Einkommen;
Billigkäufer (18,6 %)	Geringe Leistungsbereitschaft; Geringe Innovationsneigung; Kauf von niedriger Qualität; Discountfans; Nicht auf eine Marke festgelegt; Fans von Bonusprogrammen und Feilschen; Niedriger sozialer Stand, mehr Kinder;

Aktionen und Reaktionen der Anbieter des Marktes im Wettbewerb (vgl. Abschn. 11.2). Ob der Preis als Aktionsparameter genutzt wird, hängt von den Zielen der Anbieter, ihren aktuellen Strategien, ihren Annahmen, sowie von ihren Ressourcen, Fähigkeiten und ihrem Wissen ab (vgl. Abschn. 3.6). In Abhängigkeit der Einflussfaktoren kann der Preis die Wettbewerbsdynamik beeinflussen und bestimmen.

Temporär oder dauerhaft niedrige Preise auf einem Markt können als Markteintrittsbarriere wirken, die potenzielle Konkurrenten mit hohen Kosten aus Furcht vor Verlusten von einem Markteintritt absehen lassen. Umgekehrt können bei hohen Preisen auch potenzielle Konkurrenten mit hohen Kosten angelockt werden, die sich unter dem Preisschirm auf dem Markt etablieren und später ggf. den Wettbewerb intensivieren. In gleicher Weise sind niedrige Preise auf dem Markt tendenziell Ausgangspunkt von Wettbewerbskämpfen. Höhere Preise lassen einer Vielzahl von Anbietern des Marktes die Möglichkeit ihre Kosten zu amortisieren, sodass die Wettbewerbsintensität tendenziell sinkt.

Mit ihrer Preispolitik kann die Unternehmung Signale für den Wettbewerb setzen (vgl. Simon 2013, S. 72 f.). Eine klare Preisstrategie der Unternehmung kann Unsicherheiten im Markt reduzieren und Wettbewerbskämpfe vermeiden. Zudem signalisiert sie den Konkurrenten, wie die Unternehmung auf deren Preisaktivitäten reagiert. Verfügt eine Unternehmung über geeignete Ressourcen, Fähigkeiten und Wissen ist es ihr möglich, sich über besondere Preis-Nutzen-Relationen dauerhaft dem Wettbewerb entziehen. Der Positionierungseffekt des Preises verschafft der Unternehmung Preis- und Gestaltungsspielräume im Wettbewerb. Exemplarisch seien die Möglichkeiten des Up-Sellings (Verkauf hochwertiger Leistungsvarianten), des Cross-Sellings (Zusatzverkäufe in anderen Leistungsbereichen), des Side-Sellings (Nutzung einer Leistung für unterschiedliche Situationen oder Verwendungszwecke) und des Customized Selling (personelle Preisdifferenzierung) genannt (vgl. Diller 2006, S. 32 ff.). Insbesondere einige Markenartikel können diese Alternativen nutzen.

15.2.2.3 Netzwerkbezogene Einflussfaktoren

Bei der Formulierung der Preisstrategie sind die Interessen einer Vielzahl von internen und externen Anspruchsgruppen eines Pricing-Netzwerkes zu berücksichtigen (vgl. Abb. 15.8). Allgemein könne als **interne Anspruchsgruppen** die Hauptakteure des Pricings, wie die Marketing- und Vertriebsleitung, das Product- und Brandmanagement sowie das Controlling betrachtet werden. Weitere interne Anspruchsgruppen sind Vertriebs- und Außendienstmitarbeiter, Auslandsgesellschaften und diverse Funktionsbereiche der Unternehmung. Als **externe Anspruchsgruppen** des Pricings gelten Groß- und Einzelhändler, Endkunden und Konkurrenten, Partner in Netzwerken und die allgemeine Öffentlichkeit (z. B. Presse, Staat, Verbraucherorganisationen, gesellschaftliche Anspruchsgruppen etc.). Die Anspruchsgruppen besitzen verschiedene Interessen und Ziele, die auch durch Markt- und Umweltentwicklungen bestimmt werden.

Beispiele von Pricing-Netzwerken sind **Wertschöpfungsketten** wie Supply Chains und das Efficient Consumer Response (vgl. Abschn. 12.2.2.3) in denen Lieferanten, Hersteller, Händler, Kunden und diverse Serviceanbieter Einfluss auf den Preis besitzen. In **Business Ecosysteme** (Eisenhardt, und Galunic, 2000, S. 91 ff.; Clarysse o. J.; Moore 2005) bringen verschiedene selbstständige Unternehmen Ressourcen, Fähigkeiten und Wissen ein, um gemeinsam für den Kunden Nutzen zu schaffen, deren Realisation für jede einzelne Unternehmung alleine nicht möglich wäre. Als Beispiel einer digitalen Variante kann Amazon genannt werden.

15.2 Grundlagen der Preisstrategie

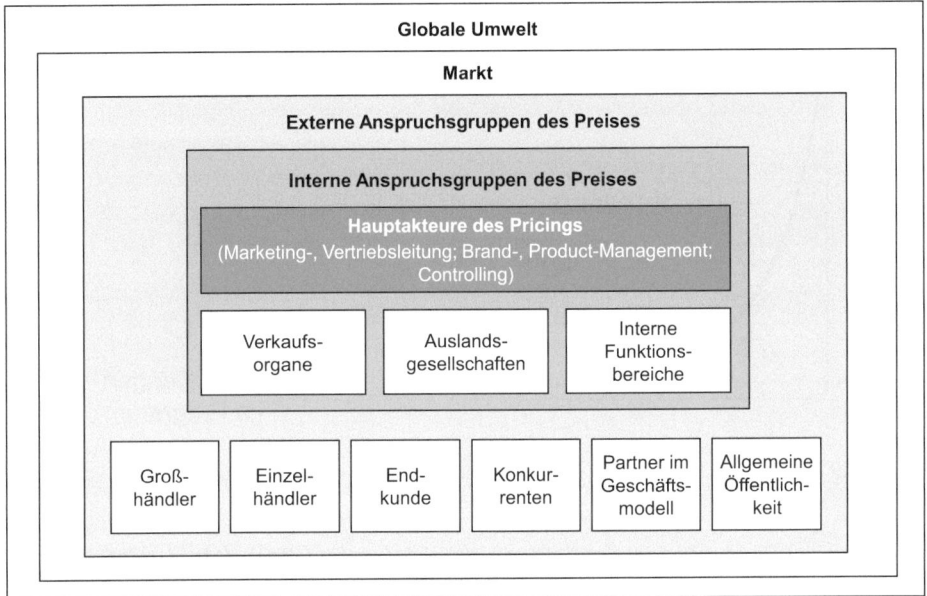

Abb. 15.8 Pricing-Netzwerk. (Nach Diller et al. 2021, S. 221)

15.2.2.4 Unternehmensbezogene Einflussfaktoren

Die Preisstrategie der Unternehmung wird durch ihre Ressourcen, Fähigkeiten und ihr Wissen beeinflusst. Diese legen maßgeblich fest, welchen Nutzen die Unternehmung welchen Kunden liefern kann. Sie bestimmen weiterhin die Kosten der Unternehmung. Langfristig müssen die erzielten Preise der angebotenen Leistungen dazu beitragen, alle Kosten der Unternehmung zu amortisieren. Kurzfristig sollen zumindest die Grenzkosten einer Leistung gedeckt werden können. Diese entsprechen bei einer linearen Kostenfunktion den variablen Kosten. Man spricht von den **kurzfristigen und langfristigen Preisuntergrenzen.**

Dabei sind **Kosteneffekte** zu berücksichtigen. Sie beziehen sich insbesondere auf die vielfach angesprochene Fixkostendegression, Erfahrungskurveneffekte und die economies of scale (vgl. Abschn. 3.2.2.3), die es Unternehmen mit einem hohen Absatzvolumen erlauben, bei niedrigen Stückkosten ggf. zu (relativ) niedrigen Preisen anzubieten. Geht man davon aus, dass sich bei niedrigen Preisen eine hohe und steigende Absatzmenge ergibt, kann ein Kosten- und Preissenkungsprozess entstehen. Kosteneffekte spielen auch bei der Sortimentszusammenstellung eine Rolle. Ausgangspunkt ist die in Abb. 15.9 dargestellte **Long Tail Verteilung** des Absatzes bzw. Umsatzes (vgl. Brynjolfsson et al. 2006). Demnach werden einige wenige Leistungen (Shoulders) häufig verkauft, während andere Leistungen des Sortiments (Long Tail) nur einen geringen Absatz finden (vgl. Kreutzer 2021, S. 24 f.).

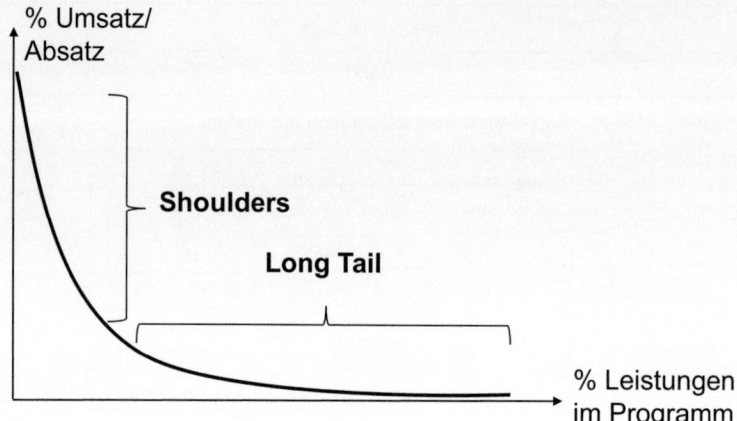

Abb. 15.9 Long –Tail – Verteilung der Leistungen eines Absatzprogramms

Auf realen Handelsplätzen im Offline-Vertrieb ist man vielfach dazu gezwungen, Leistungen mit niedrigem Absatz bei hohen Kosten und hohen Preisen aus dem Programm zu nehmen und sich auf Shoulder (Schnelldreher und Bestseller) zu konzentrieren. Niedrige Grenzkosten digitaler Leistungen, aber auch die Möglichkeiten des weltweiten Angebots und Vertriebs physischer Nischenprodukte durch das Internet bei hohen Preisen lassen es zu, Leistungen mit geringer regionaler Nachfrage anzubieten (vgl. Anderson 2009, S. 60 ff.; Kotler et al. 2017, S. 25). Der Gewinn der Unternehmung steigt durch den weltweiten Absatz der Nischenprodukte, aber ggf. auch durch deren Verbundeffekte zum übrigen Absatzprogramm.

15.2.2.5 Transparenz
Mit der Digitalisierung erhöht sich die preisbezogene Transparenz auf allen Seiten des Marktes.

Auf der Kundenseite führt der geringe Aufwand des Preisvergleichs im Internet dazu, dass sich Kunden über die Preise der Leistungen verschiedener Anbieter bzw. die Preise einer Leistung bei unterschiedlichen Händlern weltweit gut informieren können. Mobile Endgeräte ermöglichen es dem Kunden diese Preisvergleiche überall anzustellen (und ggf. zu erfahren, wo die gesuchte Leistung in der geographischen Nähe des derzeitigen POS zu einem niedrigeren Preis erhältlich ist). Eine Vielzahl von Internetdiensten (z. B. billiger.de) verbessern die Möglichkeiten zum Preisvergleich und damit die Preiskenntnis der Kunden. Manche dieser Dienste informieren den Nutzer aktiv, wenn bestimmte von ihm angegebene Preiskonditionen z. B. von einem Händler erfüllt bzw. unterschritten werden. Man darf davon ausgehen, dass sich die Preissensitivität der Kunden und damit die Preiselastizität der Nachfrage erhöht, d. h., dass Preisveränderungen für eine Leistung zu einer extensiveren und schnelleren Reaktion auf der Nachfragerseite führt.

Neben dem Preis wird auch die Qualität und Vertrauenswürdigkeit von Leistungen, deren Hersteller und Händler über Bewertungsportale und Kundenurteile umfassend kommuniziert. Plattformen wie ebay vergeben für ihre Händler Qualitätszertifikate. Es ist zu erwarten, dass der Absatz von Leistungen mit schlechten Kundenbeurteilungen zurückgeht, während sich positive Kundenurteile absatzfördernd auswirken. Es kommt zu einer Verlagerung der PAF in Abhängigkeit des kommunizierten Nutzens. Darüber hinaus geht man davon aus, dass Preissenkungen für positiv bewertete Leistungen einen stärkeren Mengeneffekt mit sich bringen, als dies ohne Qualitätstransparenz der Fall ist. Die Mengenreduktion fällt bei Preissteigerungen in diesem Fall niedriger aus. Umgekehrt bedingen Preissteigerungen bei schlecht bewerteten Leistungen eine größere Mengenreduktion als ohne Qualitätstransparenz. Der Mengeneffekt einer Preissenkung ist im Gegensatz dazu reduziert (vgl. Simon und Fassnacht 2016, S. 570). Zur Erklärung können theoretische Ansätze der Kundenzufriedenheit und Kundenbindung herangezogen werden.

Möglichkeiten der Online-Marketingforschung (vgl. Abschn. 4.2.2) tragen zur verbesserten Identifikation des preisbezogenen Verhaltens von Käufer und der Konkurrenten durch die Unternehmen bei (vgl. Weber 2020, S. 25 ff., Simon 2017, S. 272 f.; Simon und Fassnacht 2016, S. 566). Reaktionen der Kunden auf eigene preispolitische Maßnahmen können umfassend und zeitnah erfasst und ausgewertet werden und als Grundlage neuer preispolitischer Entscheidungen dienen. Gleiches gilt für das Preisverhalten der Konkurrenz. Probleme können sich ergeben, wenn die Preispolitik dadurch nur reaktiv erfolgt. Zudem erschweren ständige Anpassungen den Aufbau eines Preisimages der Unternehmung und senken die Preiszufriedenheit der Kunden.

Auch das Erkennen von Nutzenpräferenzen der Kunden ist vielfach vereinfacht.

Weiterhin lassen sich durch die Möglichkeiten der Digitalisierung neue Bemessungsgrundlagen des Preises schaffen bzw. vorhandene Bemessungsgrundlagen einfacher erfassen. Beispiele sind das Pay per Click, die Bezahlung nach gefahrenen Kilometern, Geschwindigkeiten beim Fahren, dem Gesundheitsverhalten usw. (vgl. Simon 2017, S. 272 ff.). Die Preispolitik wird damit exakter an den Nutzen für den Kunden sowie den Kosten und Risiken der Unternehmung orientiert. Zudem ergeben sich innovative Möglichkeiten der Preisgestaltung.

15.3 Preispositionierungsstrategien

▶ Preispositionierungsstrategien beziehen sich auf alle Aktivitäten der Unternehmung, die dem Aufbau und der Pflege klarer Gedächtnisstrukturen und Vorstellungen über den Nutzen (Wert) einer Leistung und deren Preis in den Köpfen der Kunden eines Marktes dienen (vgl. Esch 2019, S. 203; Esch und Levermann, 1995, S. 8, Köhler 2001, S. 45, Ries und Trout 2000; Simon und Fassnacht 2016, S. 47; Simon et al. 2001, S. 1345). Im Ergebnis entstehen Preispositionen aus der subjektiven Sicht der Kunden.

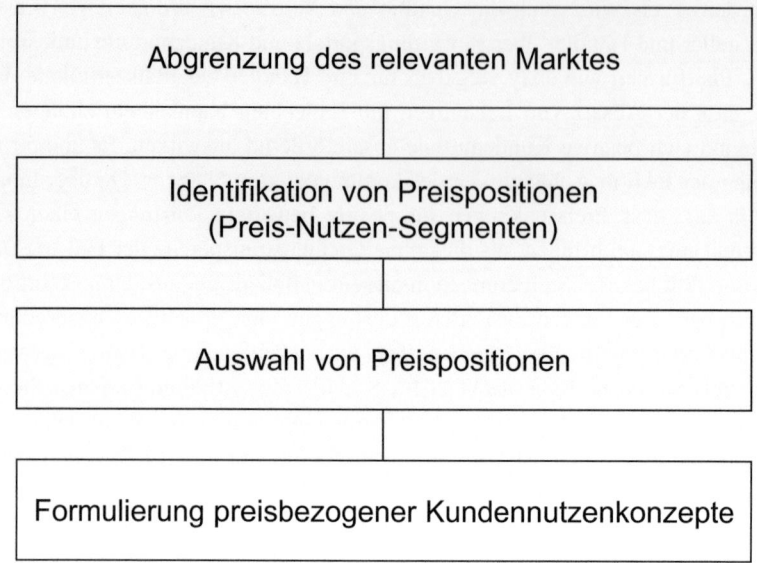

Abb. 15.10 Prozess der Preispositionierung

Es wird deutlich, dass sich Preispositionierungsstrategien sowohl auf die Leistung als auch auf den Preis der Leistung beziehen, was impliziert, dass alle Marketinginstrumente zu berücksichtigen sind. Die Preisposition erklärt sich immer aus Kundensicht und ist relativ zur Preisposition der Konkurrenz zu betrachten.

Die Preispositionierung der Unternehmung erfolgt mehrstufig (vgl. Abb. 15.10). Auf der Basis der Abgrenzung des relevanten Marktes (vgl. Abschn. 3.2.1) werden Preis-Nutzen-Segmente identifiziert. Vor dem Hintergrund ihrer strategischen Ausrichtung wählt die Unternehmung aus, welche dieser Segmente sie erreichen will. Innerhalb der ausgewählten Preis-Nutzen-Segmente profiliert sich die Unternehmung mit preisbezogener Kundennutzenkonzepten gegenüber Konkurrenten, die das gleiche Preis-Nutzen-Segment bearbeiten (vgl. Simon und Fassnacht 2016, S. 50 ff.; Diller et al. 2021, S. 250 ff.).

15.3.1 Identifikation von Preispositionen

Die Wahl der Preisposition ist eine strategische Entscheidung. Sie wird von den Ressourcen, Fähigkeiten und dem Wissen der Unternehmung determiniert und hängt von den Wünschen und Bedürfnissen der Kunden und dem Verhalten der Konkurrenten ab. Die Identifikation von Preispositionen orientiert sich damit an dem wahrgenommenen relativen Nutzen und dem wahrgenommenen relativen Preis der Kunden.

15.3 Preispositionierungsstrategien

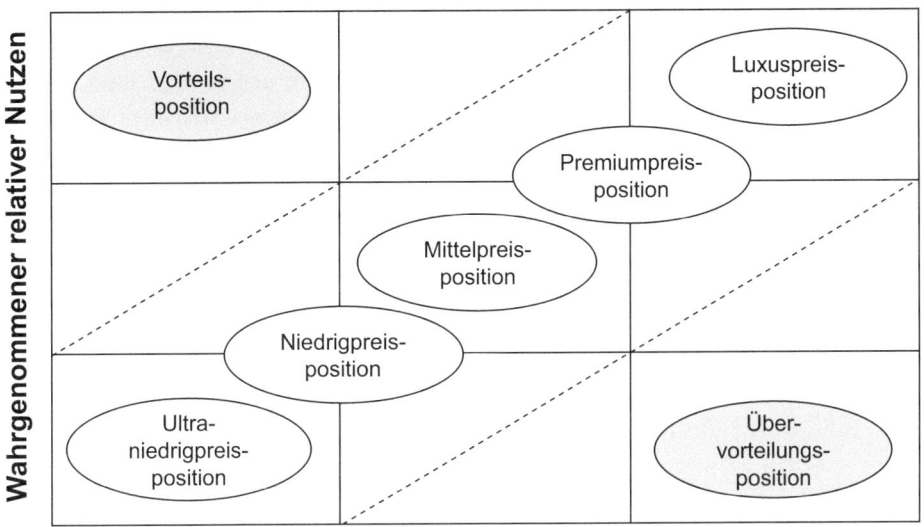

Abb. 15.11 Wahrgenommene Preispositionen (Simon und Fassnacht 2016, S. 48)

Eine grobe Unterteilung unterscheidet in die Hoch-, Mittel- und Niedrigpreisposition (vgl. Sebastian und Maessen 2003, S. 58; Möller-Hergt und Vogel 2005, S. 28). Eine weitergehende Betrachtung differenziert in die Luxuspreis-, die Premiumpreis-, die Mittelpreis-, die Niedrigpreis- und die Ultraniedrigpreisposition (vgl. Simon und Fassnacht 2016, S. 52 ff.; Simon 2013, S. 109 ff.).

Abb. 15.11 zeigt, dass sich die Preispositionen innerhalb eines von gestrichelten Linien begrenzten **Konsistenzbereichs** befinden, in dem sich Preis und Nutzen einer Leistung aus Kundensicht entsprechen. Außerhalb des Konsistenzbereich befindliche Vorteils- und Übervorteilungspositionen sind i. d. R. weder ökonomisch noch zeitlich stabil.

15.3.1.1 Luxuspreisposition

DieLuxuspreisposition ist durch einen extrem hohen emotionalen und sozialen Nutzen der Leistungen aus Kundensicht, verbunden mit einem dauerhaft extrem hohen Preis, der selbst den Preis von Premiumgütern um ein Vielfaches übersteigt, gekennzeichnet (vgl. Simon 2013, S. 138 ff.; Simon und Kucher 2016, S. 52 ff.; Fassnacht et al. 2013, S. 104 ff.; Thieme 2017b, S. 93 ff.). Der Preis dient als Prestige- und Qualitätsindikator und bewirkt den Vemblen- oder Snob-Effekt (vgl. Woll 2011, S. 66): Kunden wollen ihren Wohlstand demonstrieren, sodass mit steigendem Preis die abgesetzte Menge sogar steigt. Beispiele finden sich in verschiedenen Branchen wie z. B. bei Uhren (z. B. Lange & Söhne), Autos (Lamborghini), Hotels (Burj Al Arab Jumeirah – Dubai), Flugreisen (Suits bei Singapore Airlines) und selbst bei Staubsaugern (Go Vacuum).

Merkmale von Luxusgütern sind neben dem Extremhochpreis eine exzellente Qualität der Leistung, Exklusivität, Ästhetik, Tradition und eine „Nicht-Notwendigkeit" (vgl. Dubois et al. 2001, S. 8 ff.; Thieme 2017a, S. 14 ff.; Meffert und Lasslop 2004, S. 932). Weiterhin erfordern Luxusgüter in allen Teilen des Marketings von allen Beteiligten der Unternehmung allerhöchsten Einsatz. Dies zwingt häufig zu einer tiefen Wertschöpfung der Unternehmung bis hin zu eigenen Vertriebskanälen. Der Markenorientierung kommt eine wesentliche Funktion zur Schaffung von Luxusgütern zu (vgl. Kap. 8.2.2). Um die Exklusivität zu erhalten, sind Brand- und Line-Extensions stark eingeschränkt. Die Steigerung der Absatzzahlen und der Marktanteile ist damit schwierig und teilweise ausgeschlossen.

▶ Der Marke Maybach gelang es nicht, sich im Segment der Luxusautos neben Rolls-Royce, Bentley und anderen Luxusautos zu etablieren.

Als **Vorteile einer Luxuspreisstrategie** können die Erzielung exorbitant hoher Preise gelten. Zudem kann sich das Luxusimage der Leistungen auch auf die gesamte Unternehmung übertragen. Die Wettbewerbsposition der Unternehmung, Marken und Leistungen ist nur schwer angreifbar.

Nicht zuletzt kann man der Strategie eine gewisse Konjunkturunabhängigkeit unterstellen. Das Potenzial des Segments ist auch angesichts der weltweit steigenden Zahl sehr reicher Menschen wachsend (vgl. Statistika 2021).

Nachteile der Luxuspreis-Strategie sind zum einen die aufgrund der Anforderungen und Wertschöpfungstiefe hohen Kosten für die Unternehmung aus. Zum anderen verhindert der Zwang zur Exklusivität und damit verbundene, geringe Produktions- und Absatzzahlen die Realisation mengenbezogener Kostensenkungseffekte.

15.3.1.2 Premiumpreisposition

Die Premiumpreisposition ist im Konsumgüter-, Industriegüter- und Dienstleistungsbereich beobachtbar. Sie zeichnet sich durch fühlbar höhere Nutzen der Leistungen und dauerhaft höhere Preise gegenüber dem Marktdurchschnitt aus. Eine Abgrenzung zur Luxuspreisposition ist nicht immer eindeutig möglich. Obgleich dem emotionalen und sozialen Nutzen vonseiten der Käufer noch hohes Gewicht beigemessen wird, gewinnt der ökonomische und prozessbezogene Nutzen der Leistung zur Realisation einer ausgeglichenen Preis-Nutzen-Relation zunehmend an Bedeutung und damit auch die Innovations- und Qualitätsorientierung der Unternehmung (vgl. Kap. 8).

Als **Vorteile der Premiumpreisstrategie** gelten niedrige Preiselastizitäten, die auch Möglichkeiten zu Preisaufschlägen schaffen. Die Qualitäts- und Innovationsorientierung verursacht verbesserte Differenzierungsmöglichkeiten, als dies bei Mittel- und Niedrigpreispositionen der Fall ist. Insbesondere die aufgrund des demographischen Wandels zunehmende Gruppe älter werdender Kunden präferieren Premiumleistungen zu Premiumpreisen. Die Liberalisierung des Handels und Möglichkeiten des Online-Handels verbunden mit steigendem Wohlstand in Teilen der Welt (z. B. China und Indien) lassen die Nachfrage nach Premiumpreis-Leistungen ebenfalls steigen. Preiskämpfe der Anbieter in diesem Preissegment sind eher unwahrscheinlich, da Preissenkungen das Markenimage dauerhaft beschädigen würden.

Als **Nachteile der Premiumpreisstrategie** wirken sich die hohe Komplexität und damit verbundene hohe Kosten zur Schaffung und Erhaltung eines hohen Qualitäts- und Innovationsniveaus von Premiumleistungen aus. Zudem sind auch mit der notwendigen Markenorientierung hohe Kosten verbunden. Ein zunehmendes Potenzial im Mittel- und Niedrigpreissegment erschwert die Durchsetzung von Premiumpreisen. Anbieter aus dem Mittelpreissegment versuchen im Rahmen eines Trading-Up in das Premiumpreissegment einzudringen, was dann gelingen kann, wenn Mobilitätsbarrieren nicht genügend hoch sind. Nicht zuletzt sind Probleme des Re- und Parallelimports zu berücksichtigen, wenn in unterschiedlichen Ländern unterschiedliche (Preis-) Preise gefordert werden. Das Markenimage wäre gefährdet, wenn die Unternehmung zur Abwehr von Konkurrenten oder zur Erzielung hoher Marktanteile den Preis dauerhaft oder temporär (z. B. mit verschiedenen Rabattaktionen) senkt.

15.3.1.3 Mittelpreisposition

Kennzeichen der Mittelpreisposition ist eine Leistung und ein Preis, der dem Marktdurchschnitt entspricht. Die Position wird durch die Marke, ein Qualitätsversprechen sowie dem Image, der allgemeinen Verkehrsgeltung und der Ubiquität bei mittlerem Preis umgesetzt. Die Anforderungen entsprechen großteils denen, die an klassische Markenartikel gestellt werden (vgl. Mellerowicz 1963, S. 39). Das Image der Leistungen wird häufig als fair, ehrlich und zuverlässig gekennzeichnet.

Vorteile der Mittelpreisstrategie richte sich insb. auf die einfache Suche (Ubiquität) und die Risikoreduktion der Käufer durch gleichbleibende Qualität, usw. (vgl. Hayward 1990, S. 65 f.). Der zeitliche Aufwand und die kognitiven Anstrengungen der Kunden nehmen ab. Man kann erwarten, dass insbesondere bei Low-involvement-Käufen Leistungen in Mittelpreispositionen infrage kommen.

Als **Nachteil der Mittelpreisstrategie** muss die Schwierigkeit betrachtet werden, (starke) Marken zu entwickeln und zu erhalten. Die Marke Opel mag dafür als Beispiel gelten. Zudem können Leistungen in der Mittelpreisposition durch ein Trading Up von Niedrigpreisanbietern bzw. durch ein Trading Down von Hochpreisanbietern in eine Sandwich-Position geraten. Becker verweist auf eine Entwicklung von Märkten mit dem „Verlust in der Mitte-Phänomen" (vgl. Becker 2019, S. 358 ff.). Während obere und untere Marktschichten wachsen, nimmt der mittlere Markt mit mittleren Preispositionen ab. In diesem Zusammenhang ist auch der Befund von Porter zu erinnern, der mit der Strategie zwischen den Stühlen eine negative Rendite verbindet (vgl. Abschn. 8.1). Leistungen mit mittlere Qualität und mittlerer Qualität sprechen Kunden mit gehobenen Ansprüchen nicht an. Für Kunden mit niedrigen Ansprüchen sind die mittleren Preislagen zu teuer. Um diese trotzdem zu gewinnen, kann die Unternehmung mit (punktuellen) Preisreduktionen reagieren. Wird dies zu häufig praktiziert, werden die Kosten nicht mehr gedeckt. Eine andere Möglichkeit ist die Reduktion von Qualitätskomponenten, um Kosten zu sparen. Dies führt langfristig zur Profillosigkeit der Leistung und gefährdet die Mittelpreisposition.

15.3.1.4 Niedigpreisposition

Die Niedrigpreis-Strategie zeichnet sich durch dauerhaft niedrigere Preise im Vergleich zum Marktdurchschnitt bei Standardqualität aus. Eine Minderqualität wird auch in dieser Preisposition von den Käufern nicht akzeptiert. Vielfach wird die Standardqualität durch Leistungsvereinfachungen erreicht, wobei Elemente der Leistung reduziert oder eliminiert werden, die nicht direkt dem funktionalen und prozessbezogenen Nutzen der Käufer dienen. Die Kommunikation beschränkt sich Großteils auf eine Preiswerbung. Basis der Niedrigpreisstrategie sind niedrige Kosten der Unternehmung, die auf einer Strategie der Kostenführerschaft aufbauen. Insbesondere ist die Produktion und der Absatz hoher Mengen notwendig, um Fixkostendegressionseffekte, Economies of Scale und Erfahrungskurveneffekte zu realisieren. Insofern ist es wenig überraschend, dass bei einem begrenzten Absatzpotenzial im Niedrigpreissegment nur eine geringe Zahl von Anbietern eines Marktes die Strategie dauerhaft erfolgreich realisieren können. Vielfach sind zur Realisation der Niedrigpreisposition auch neue Geschäftsmodelle notwendig, wobei die Digitalisierung, der damit mögliche Online-Handel und die Industrie 4.0 (vgl. Rifkin 2014) in der Zukunft Möglichkeiten zu einer Niedrigreispolitik auch für Unternehmen bieten, die bislang andere Preispositionen angestrebt haben, nur geringe Mengen herstellen bzw. den Markt bislang nicht bearbeitet haben.

Vorteile der Niedrigpreisstrategie bietet das wachsende Käuferpotenzial, das mit der Strategie verbunden ist. Käufer, die einen sozialen Abstieg verzeichnen, aber insbesondere auch Käufer aus Entwicklungs- und Schwellenländern, die sich mit steigenden Einkommen einen Mindeststandard leisten können, werden mit der Niedrigpreisstrategie angesprochen. Die Erschließung von Entwicklungs- und Schwellenländern bedarf eines entsprechenden internationalen Marketings (vgl. Kap. 7.2), wobei die Möglichkeiten der Digitalisierung z. B. in Form des E-Commerce unterstützen kann. Konkurrenten, die bislang höhere Preispositionen anstreben, fehlt vielfach die Struktur und ggf. die Technologie, um in das Niedrigpreissegment einzudringen. Auf der Basis der Strategie der Kostenführerschaft können, den Überlegungen Porters entsprechend, mit der Niedrigpreisstrategie auch hohe Gewinne realisiert werden (vgl. Porter 2013; Porter 2010).

Probleme der Niedrigpreisstrategie ergeben sich, wenn das Käuferpotenzial schrumpft bzw. sich auf mehrere Anbieter verteilt, sodass die Kostensenkungseffekte für die einzelne Unternehmung zu gering sind. Das Problem verstärkt sich, wenn die Digitalisierung und damit verbundene, neue Geschäftsmodelle es einer vermehrten Anzahl von Unternehmen ermöglichen, das Niedrigpreissegment zu bearbeiten. Häufige Technologiewechsel auf dem Markt, die den Aufbau großer Kapazitäten verhindern können eine

Niedrigpreisstrategie ebenso konterkarieren, wie extern induzierte Kostensteigerungen (z. B. Steigerung der Energiekosten).

15.3.1.5 Ultra-Niedrigpreisposition

Die **Ultra-Niedrigpreisstrategie** zielt insbesondere auf die durchschnittlichen Käufer in Entwicklungs- und Schwellenländern (vgl. Prahalad 2010), deren jährliches Haushaltseinkommen nicht selten unter 10.000 US$ liegt und für die selbst Leistungen im Niedrigpreissektor entwickelter Volkswirtschaften zu teuer sind. Es handelt sich um 86 % der Weltbevölkerung (vgl. Mahajan und Banga 2006). Die Ultra-Niedrigpreisposition ist mit absoluten Niedrigpreisen (50 % der Niedrigpreise aus Industrieländern) und extrem minimierten und reduzierten Leistungen verbunden. Man spricht auch von frugalen Leistungen (vgl. Pisoni et al. 2018, S. 107 ff.). Es empfiehlt sich eine Entwicklung der Leistungen in den jeweiligen Ländern, um den Anforderungen vor Ort (Bedien- und Wartbarkeit, Werkzeugausstattung, Haltbarkeit), die sich aufgrund kultureller, sozialer, klimatischer ökonomischer Gründe etc. ergeben, gerecht zu werden. Ebenfalls sind die Marketing- und Verkaufsaktivitäten an die jeweiligen Bedingungen eines Landes anzupassen.

Die **Vorteile der Ultra-Niedrigpreisstrategie** liegen in dem enormen Käuferpotenzialpotenzial, das erschlossen werden kann. Ggf. können die vereinfachten Leistungen auch in Industrieländern (zu höheren Preisen) verkauf werden.

Nachteile der Ultra-Niedrigpreisstrategie beziehen sich auf die Realisation niedrigster Kosten. In der Vergangenheit musste die mit der Strategie verbundenen Leistungen in Niedriglohnländern hergestellt werden. Die Produktivität und die Qualität der Arbeitsleistung waren dabei nicht immer gegeben. Die Möglichkeiten der Industrie 4.0 kann diese Situation durch niedrige Grenzkosten grundlegend verändern und die Strategie zu einer überlegenswerten Alternative machen (Scheer 2016a; Scheer 2016b).

15.3.1.6 Übervorteilungsposition

Bei einer **Übervorteilungsposition** übersteigt der vom Kunden wahrgenommene Preis den wahrgenommenen Wert einer Leistung. Hier wäre ein einmaliger Kauf der Leistung denkbar, wenn diese aus einer Vielzahl von Erfahrungs- und Vertrauenseigenschaften besteht (vgl. Kaas 1990, Kaas und Busch 1996), die der Kunde erst beim Ver- bzw. Gebrauch einer Leistung erkennt. Ein Wiederholungskauf ist eher unwahrscheinlich. Auch durch die erhöhte Nutzen- und Preistransparenz in Preisvergleichsportalen und sozialen Netzwerken dürfte diese Strategie schnell scheitern (vgl. Simon 2017, S. 264; Levine et al. 2000).

15.3.1.7 Vorteilsposition

Auch die Vorteilsstrategie ist tendenziell nicht stabil. Aus Kundensicht wird ein hoher Nutzen zu niedrigen Preis angeboten. Zum einen besteht die Gefahr, dass die Unternehmung die mit der Schaffung des Nutzens verbundenen Kosten dauerhaft nicht decken kann. Zum anderen können Kunden den hohen Nutzen im Zeitablauf als normal betrachten, sodass sich die Preisposition in Richtung des Konsistenzbereichs bewegt (vgl. Diller et al. 2021, S. 252). Nicht zuletzt bleibt zu berücksichtigen, dass der Preis in manchen Situationen aus Prestige- und Risikominimierungsgründen als Qualitätsindikator dient (vgl. Völckner 2008; Diller 2008, S. 150). Leistungen mit einem hohen Preis werden mit einem höheren Nutzen verbunden als Leistungen mit einem niedrigen Preis. Dabei spielen motivationale, kognitive und situativen Einflussfaktoren eine Rolle (vgl. Tab. 15.4). In den Fällen, in denen ein niedriger Preis zu einer geringen Nutzeneinschätzung der Leistung durch die Kunden führt, ist die Vorteilsposition überhaupt nicht erreichbar.

Tab. 15.4 Einflussfaktoren der preisinduzierten Qualitätsbeurteilung. (Quelle: nach Diller 2008, S. 150)

Faktoren	Inhalt	Korrelation mit der preisbezogenen Qualitätsbeurteilung	
		Positiv	Negativ
Motivationale Faktoren	Streben nach kognitiver Konsistenz	x	
	Sparsamkeitsstreben		x
	Qualitätsinteresse	x	
	Entlastungsstreben	x	
	Streben nach sozialer Anerkennung	x	
Kognitive Faktoren	Kauf- und Produkterfahrung		x
	Fähigkeit zur objektiven Qualitätsbeurteilung		x
	Vertrauen zum Anbieter		x
	Selbstvertrauen		x
Situative Faktoren	Zeitdruck	x	
	Komplexität der Einkaufsaufgabe	x	
	Subjektiv wahrgenommene Variationsbreite der angebotenen Qualitäten	x	
	Verwendungszweck der Leistung	x	x
	Wirtschaftliche Situation des Haushalts	x	

Einmal belegte Preispositionen können durch Umwelt- und Marktveränderungen zur Disposition stehen. Es wurde bereits darauf hingewiesen, dass insbesondere eine Mittelpreisposition zunehmend gefährdet ist. Unternehmen, die die Mittelpreisposition besetzen, werden zunehmend in die Niedrigpreisposition gedrängt. Alternativ können sie versuchen, in die Premiumpreisposition zu gelangen. Dies verlangt aber verstärkter Anstrengungen in der Marken-, Innovations- bzw. Qualitätspolitik.

15.3.2 Formulierung preisbezogener Kundennutzenkonzepte

Innerhalb eines Preissegments muss sich die Unternehmung von den Konkurrenten differenzieren, die sich ebenfalls dort positionieren wollen (vgl. Simon und Fassnacht 2016, S. 50 f.). Es bedarf dazu einer **Unique Price Proposition (UPP)**. Es handelt sich dabei um ein Preisversprechen, mit dem sich die Unternehmung profilieren und differenzieren kann, sodass sie Kunden anspricht und bindet (vgl. Diller et al. 2021, S. 253 ff.). Die UPP bildet die Grundlage des Preisimages der Unternehmung (vgl. Rudolph und Wagner 2003, S. 180 ff.) und wird in **preisbezogenen Kundennutzenkonzepten** festgelegt, die dabei preisliche und nicht preisliche Merkmale berücksichtigen. Zu den preislichen Merkmalen zählt nicht nur die Höhe des Preises, sondern auch Aspekte wie Preisfairness, Preistransparenz, Preissicherheit etc.

▶Preisstrategische Kundennutzenkonzepte können insofern als Entwürfe zur Realisation einer UPP definiert werden, die die Unternehmung aus Kundensicht durch den Aufbau eines Preisimages profiliert und von der Konkurrenz differenziert und so zum Aufbau und Erhalt von KKVs beiträgt.

Jede Unternehmung besitzt ihr eigens preisstrategisches Kundennutzenkonzept. Es ist umso erfolgreicher, je mehr es sich

- an den Wünschen und Bedürfnissen der Kunden orientiert,
- von der Konkurrenz abhebt und
- kommunizieren lässt.

Beispielhaft können Niedrigpreiskonzepte, Schnäppchenkonzepte, Fairnesskonzepte Value-Konzepte und Premium- bzw. Luxuskonzepte unterschieden werden.

15.3.2.1 Luxus- und Premiumkonzepte

Luxus und Premiumkonzepte zielen auf den emotionalen und sozialen Nutzen des Kunden (vgl. Lasslop 2005, S. 480 f.). Käufer von Luxus- und Premiummarken wollen sich damit einerseits selbst verwirklichen bzw. sich selbst belohnen. Der Nutzen der Leistung kann sich ohne Bezug zur Außenwelt entfalten. Von Bedeutung ist der Fit zwischen dem

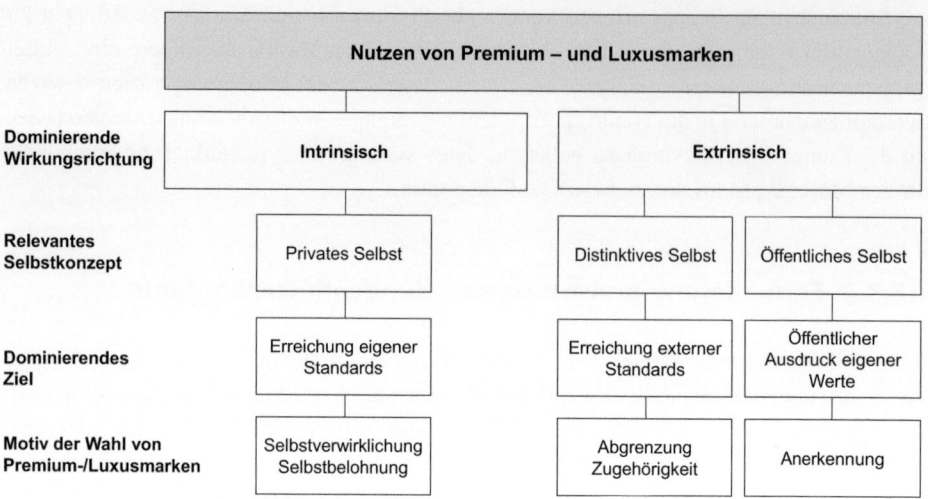

Abb. 15.12 Motive zum Luxus. (Nach Lasslop 2005, S. 481)

Selbstbild des Kunden und dem Image der Marke. Selbst weniger bekannte Luxus- und Premiummarken bzw. Kennermarken können dabei zu höchsten Preisen verkauft werden. Anderseits können Premium- und Luxusmarken ein Mittel sein, sich einer bestimmten i. d. R. sozial hoch gestellten Gruppe zugehörig zu fühlen bzw. sich von anderen Gruppen abzugrenzen. Der Preis wird selbst zum Nutzen, indem er bestimmte soziale Gruppen ausschließt und nur bestimmten Gruppen den Kauf der Marke ermöglicht. Schließlich kann die Premium- bzw. Luxusmarke der Umwelt eigene Wertvorstellungen bezgl. Stil und Ästhetik des Käufers dokumentieren und demonstrieren. Abb. 15.12 fasst die Motive und ihre Entstehung zum Kauf von Premium- und Luxusmarken zusammen.

Ein hoher Preis wird in diesem Fall selbst zum Nutzen (Vemblen- bzw. Snobeffekt). Der Wert der Marke kann durch eine Conjoint-Analyse bestimmt werden (vgl. Backhaus et al. 2018, S. 497). Dabei sind weniger technische als vielmehr emotionale Eigenschaften die maßgeblichen Nutzentreiber.

Masstige – Konzepte versuchen Premium- und Luxusmarken für eine breitere Käuferschaft zu öffnen (vgl. Diller et al. 2021, S. 265). Dieser Versuch den Wert von Premium- und Luxusmarken zu monetarisieren kann (durch eine Verwässerung des Markenbildes) zu erheblichen Imageschäden der betroffenen Marken und zum Verlust von Kunden führen, die extrem hohe Preise zu zahlen bereit wären.

15.3.2.2 Value-Konzepte

Value Konzepte stellen den Wert einer Leistung aus Kundensicht in den Mittelpunkt. Damit bekommen insb. die nicht preisbezogenen Elemente des Angebots Bedeutung. Das Konzept ist damit insbesondere mit der Qualitäts-, der Innovations- und der Markenorientierung im Rahmen der Strategie der Differenzierung verbunden (vgl. Abschn. 8.2). Der

Preis orientiert sich am Nutzen, den der Kunde erhält: je höher der Nutzen aus Kundensicht, desto höher kann der geforderte Preis sein. Die Bestimmung des Preises erfolgt auf der Basis des Conjoint Measurements (vgl. Backhaus et al. 2018, S. 497 ff.). Eine andere Möglichkeit stellt die Nutzwertanalyse dar (vgl. Backhaus und Voeth 2014, S. 247; Sander 2019, S. 473 ff.).

15.3.2.3 Schnäppchenkonzepte

Schnäppchenkonzepte richten sich an qualitätsorientierte Käufer, die preisinteressiert nach günstigen Gelegenheiten für den Erwerb einer Leistung suchen (vgl. Diller et al. 2021, S. 261 f.). Eine Umsetzung erfolgt in Sonderpreisaktionen, Auktionen und Preisverhandlungen, sowie mit besonderen Formen der Preisdifferenzierung (z. B. Bündelpreise, Schlussverkäufe etc.). Auch das Pay-what-you-want Konzept (vgl. Abschn. 15.3.2.4.) kann als Schnäppchenkonzept gestaltet werden. Bei einem regelmäßigen Angebot von Schnäppchen kann es zu Gewöhnungseffekten der Kunden kommen. Diese kaufen in Aktionszeiten eine so hohe Menge ein, dass der Bedarf bis zur nächsten Preisaktion gedeckt wird. Dem wirken Pop-up-Ansätze entgegen. Leistungen werden nur in einem begrenzten Zeitraum angeboten. Die dadurch entstehende Exklusivität kann genutzt werden, um die Preisbereitschaft der Kunden abzuschöpfen.

15.3.2.4 Preisfairness-Konzepte

Preisfairness-Konzepte zielen darauf ab, dass der Unternehmung ein ehrliches und konsistentes Preisgebaren vom Kunden unterstellt wird, sodass er von einem marktgerechten Preis-Leistungs-Verhältnis ausgeht, das die Unternehmung zuverlässig und kulant erbringt (vgl. Diller et al. 2021, S. 263, Pechtl 2003, S. 86 f.).

Herkömmlich wird das Konzept durch eine hohe Preistransparenz (Offenlegung der Kostenrechnung durch die Unternehmung), Preissicherheit und Preiszuverlässigkeit (Preisgarantien), aber ggf. auch durch Rückgaberechte (bei Nicht-Zufriedenheit Geld zurück) umgesetzt. Insbesondere auch innovative Preis-Metriken (vgl. Simon 2017, S. 272 f.) lassen weitere Alternativen des Preis-Fairness-Konzept zu:

Bei einem **Pay-per-Use-Konzept** bezahlt der Kunde nutzungs- und leistungsabhängige Preise (vgl. Simon 2017, S. 268, Diller et al. 2021, S. 263). Dazu tragen auch die Möglichkeiten der Digitalisierung zur Erfassung des tatsächlichen Nutzungsverhaltens bei (vgl. Simon 2017, S. 272 f.). Die Unternehmung kann den Kundennutzen besser abschöpfen. Das Preiskonzept lässt sich auf eine Reihe von Leistungen übertragen.

> ▶ Eine Airline kauft keine Triebwerke, sondern Schubkraft ein. Eine Spedition erwirbt keine Reifen, sondern Laufleistungen. Ein Werbetreibender kauft keine Reichweiten, sondern Werbekontakte (Pay per Click). Ein Reisender kauft kein Auto, sondern Fahrzeit im Car Sharing. Ein Kunde kauft keine Speichermedien, sondern Speicherkapazität.

Auch das **Name your own-Preiskonzept** ist eine Alternative des Fairness-Konzepts. Kunden bieten einen Preis, den sie für eine Leistung bezahlen. Die Unternehmung entscheidet, ob sie für den Preis die Leistung erbringt. Unrealistisch niedrige Preisgebote der Kunden lassen das Modell häufig scheitern.

Mit dem **Pay what you want –Konzept** bestimmt der Kunde den Preis einer Leistung, wobei die Unternehmung auf ihr Recht verzichtet, die Leistung nicht zu liefern. Eine Anwendung des Konzepts ist im Dienstleistungsbereich z. B. für eine kulturelle Veranstaltung denkbar (ggf. können durch Nebenleistungen Einnahmen durch andere Kunden erzielt werden). Die Unternehmung sollte niedrige Grenzkosten aufweisen, um auch bei niedrigen Preisen, die der Kunde zahlt, keine kurzfristigen Verluste zu riskieren.

15.3.2.5 Niedrigpreiskonzepte

Niedrigpreiskonzepte sind durch niedrige Entgelte bzw. eingeschränkten Nutzen gekennzeichnet. Zur Umsetzung sind verschiedene Alternativen möglich (vgl. Diller et al. 2021, S. 257 ff.).

Ein **Null-Preis-Konzept** erlaubt es der Unternehmung dem Endkunden die Leistung kostenlos zu überlassen, weil sie mit ihrem Geschäftsmodell Erlöse aus anderen Quellen schöpft. Das Konzept setzt eine Kernleistung und eine Nebenleistung voraus, die in einem symbiotischen Verhältnis stehen. Die kostenlose Kernleistung an die Endkunden ist notwendig, um die kostenpflichtige Nebenleistung an andere Kunden anbieten zu können (vgl. Kollmann 2019, S. 73). Beispiele für Nebenleistungen sind Werbeflächen, Kundendaten und -kontakte etc. Das Null-Preis-Konzept ist im E-Business verbreitet (z. B. Google). Eine Übertragung auf reale Handelsplätze ist im Dienstleistungsbereich denkbar. Während der Besuch einer Messe für den Besucher kostenlos ist, zahlen Aussteller Standmieten, die die Kosten des Veranstalters decken und zu einem Gewinn führen. Als Voraussetzung des Konzepts muss die Unternehmung Kernleistungen anbieten, die jeweils von genügend Endkunden nachgefragt werden. Die Nebenleistungen müssen für genügend andere Kunden so wertvoll sein, dass diese bereit sind, einen Preis zu bezahlen, der die Gesamtkosten der Unternehmung zumindest deckt. Die Vorteile des Konzepts beziehen sich auf eine schnelle Gewinnung von Endkunden und Marktanteilen. Nachteilig wirken sich eine sinkende Preisbereitschaft der Endkunden und die Abhängigkeit von sonstigen Kunden aus. Ebenso kann die Qualitätseinschätzung der Kernleistung durch die Kunden leiden. Nicht zuletzt müssen Kannibalisierungstendenzen gegenüber entgeltpflichtigen Leistungen der Unternehmung befürchtet werden. Insgesamt muss sich die Unternehmung hinterfragen, ob es nicht sinnvoll ist, auch von den Endkunden ein gewisses Entgelt zu fordern.

Freemium-Konzepte (vgl. Simon und Fassnacht 2016, S. 574 ff.; Simon 2017, S. 270) bestehen aus einer kostenlosen Basisversion (free) und zahlungspflichtigen zusätzlichen Komponenten (premium), die einen höheren Nutzen schaffen.

▶ Das Konzept ist von kostenlosen Online-Spielen her bekannt, bei denen der Zukauf kostenpflichtiger Spielkomponenten schneller und zuverlässiger ein höheres Level verspricht. Bei der Dropbox erhält der Kunde eine kostenlose Version zur Speicherung einer gewissen Datenmenge. Ist diese überschritten, wird in Abhängigkeit des Datenvolumens ein Aufpreis gefordert. Andere Internetdienste und Verlage bieten kostenlose Versionen mit und kostenpflichtige Versionen ohne Werbung. Auf realen Handelsplätzen sind Freemium-Konzepte u. a. im Bankenbereich mit kostenlosen Girokonten bekannt. Für andere Leistungen der Bank muss der Kunde Gebühren entrichten.

Als Sonderform des Freemium-Konzepts wird eine Leistung zunächst kostenlos angeboten. Nach Ablauf einer Frist muss sich der Kunden entscheiden, ob er die Leistung kostenpflichtig weiter nutzen will. Beispiele finden sich bei Streamingdiensten im Internet aber auch bei Zeitschriftenabos etc.

Prinzipiell zwingt das Konzept dazu, dass die Basisleistungen von der Unternehmung zu niedrigen Grenzkosten erstellt werden kann. Weiterhin müssen mit der Basisleistung genügend Kunden angesprochen werden, die bereit sind, kostenpflichtige Zusatzleistungen zu kaufen. Einerseits muss die kostenlose Grundversion dazu attraktiv genug sein, um genügend Kunden zu gewinnen. Anderseits muss sie Raum lassen für zusätzliche aufpreispflichtige Komponenten und Varianten. Die Unternehmung muss zwischen beiden Anforderungen genau austarieren. Auch dieses Modell lockt viele neue Kunden an, sodass Marktanteile schnell steigen können. Problem sind auch hier die Entstehung einer sinkenden Preisbereitschaft. Nicht auszuschließen sind niedrige Gewinne oder Verluste, wenn eine Vielzahl der Nutzer nicht bereit ist, entgeltpflichtige Komponenten zu kaufen. Dies gilt insbesondere, wenn die Grenzkosten der Basisleistung zu hoch sind.

Mit **Billigpreiskonzepten** verkauft die Unternehmung Leistungen zu sehr niedrigen Preis, die allein den funktionalen Nutzen erfüllen. Beispiele sind frugale Leistungen, Einsteigerleistungen, usw. Das Konzept unterstellt, dass der Kunde allein den Preis als Kaufentscheidungskriterium wählt und der Kauf auf der Grundlage von Preisgünstigkeitsurteilen erfolgt. Letztlich sinnvoll und erfolgversprechend erscheint dieses Vorgehen bei Leistungen,

- bei denen das Angebot des Marktes homogen ist, d. h., dass die Leistungen der verschiedenen Anbieter eines Marktes und selbst die Anbieter vergleichbar sind,
- die für den Kunden so attraktiv sind, dass er eine stark vereinfachte Variante kauft, weil er sich teure Varianten nicht leisten kann.

Die Vorteile des Konzepts liegen in einem hohen Käuferpotenzial, das die Leistung auch bei niedrigem verfügbaren Einkommen erschwinglich macht. Probleme des Konzepts ergeben sich, wenn Konkurrenten mit einfachsten Mitteln ihre Leistung differenzieren und Kunden an sich ziehen.

▶ Als Beispiel mag Yello Strom GmbH gelten, die als 100 % Tochter der EnBW das homogene Gut Strom mit einfachsten Mitteln differenzierte und dabei erfolgreich war.

Das **Discount-Konzept** (vgl. Haas 2003, S. 218, Sebastian und Maessen 2003, S. 58) basiert auf der Strategie der Kostenführerschaft. Durch die Konzentration auf ein begrenztes, auf Kernleistungen zugeschnittenes Angebot (Leistungsvereinfachung) ist es möglich, wesentliche, vom Kunden wahrgenommene dauerhafte Preisvorteile (Preisführerschaft) zu erzielen. Das im Lebensmittelhandel bekannt gewordene Preiskonzept (z. B. Aldi) wird inzwischen auf Flugreisen (z. B. Ryanair) und selbst bei Bestattungsunternehmen angewandt. Voraussetzungen des Konzepts ist eine große Zahl von preissensitiven Kunden, die ein eingeschränktes und vereinfachtes Angebot akzeptieren.

Die Vorteile des Konzepts beziehen sich auf die Gewinnchancen, die gem. der Theorie Porters mit der Strategie der Differenzierung verbunden sind.

Probleme können sich ergeben, wenn eine Vielzahl von Anbietern auf dem Markt das Konzept verfolgen, und die Produktions- und Kaufmenge nicht ausreicht, um allen Anbietern die Möglichkeiten zur Realisation der Strategie der Kostenführerschaft bietet und die Preise die Kosten nicht decken (vgl. Simon und Fassnacht 2016, S. 520 ff.).

Eine eindeutige Zuordnung der preisbezogenen Kundennutzenkonzepte zu den Preispositionen ist nicht möglich (vgl. Abb. 15.13). Tendenziell kann die Luxuspreis- und Premiumpreisposition mit dem Luxus- bzw. Premiumkonzept umgesetzt werden. Zur Realisation der Premiumpreisposition ist ggf. auch das Value-Konzept geeignet. Die Mittelpreisposition kann mit dem Preisfairness- bzw. Schnäppchenkonzept verwirklicht werden, während die Niedrigpreis- bzw. Ultra-Niedrigpreisposition mit dem Niedrigpreiskonzept verbunden ist. Ggf. kann die Niedrigpreisposition mit dem Preisfairness-Konzept verbunden werden.

15.3.3 Preislinienpolitik

Eng mit der Preispositionierung ist die Preislinienpolitik verbunden.

▶ Die Preislinienpolitik umfasst die Abstimmung der preisbezogenen Entscheidungen über das gesamte Produktions- und Absatzprogramm der Unternehmung.

Ziele, die mit der Preislinienpolitik erreicht werden sollen, beziehen sich auf den Gewinn, das Preisimage und das CRM (vgl. Abschn. 10.3.2.) der Unternehmung (vgl. Simon und Fassnacht 2016, S. 263; Diller et al. 2021, S. 315).

15.3 Preispositionierungsstrategien

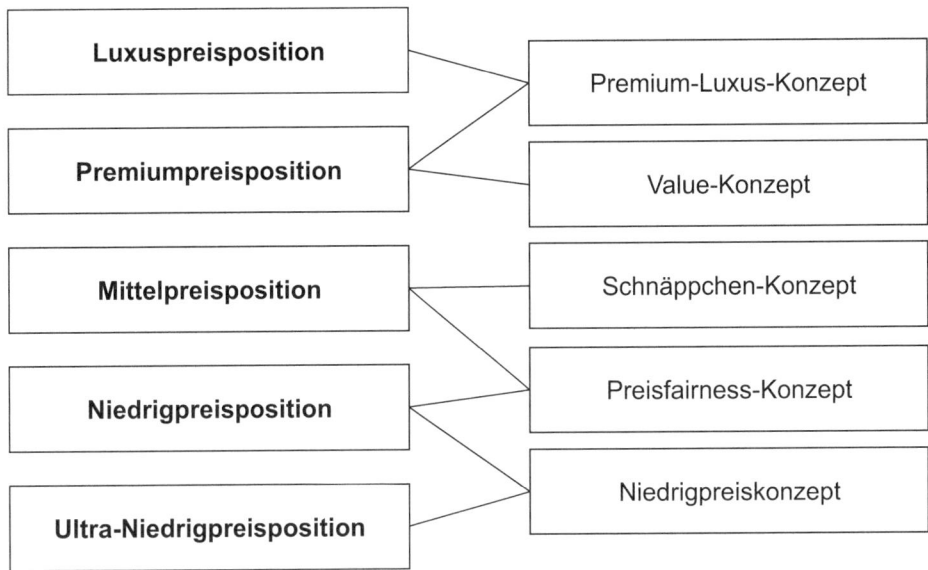

Abb. 15.13 Preisbezogene Kundennutzen-Konzepte

Grundlage der Entscheidung zur Preislinienpolitik sind auf Unternehmensseite Kostenverbünde, auf Nachfragerseite (vgl. Abschn. 14.2.1.1) Bedarfs-, Nachfrage- und Kaufverbünde (vgl. Meffert et al. 2019, S. 403 ff.; Bruhn und Hadwich 2017, S. 240 f.; Benkenstein und Uhrich 2009, S. 181 f.).

Kostenverbünde liegen vor, wenn die Preisänderung einer Leistung zu Kostenveränderungen anderer Leistungen führt. Sie treten bei unternehmens- und produktlinienübergreifenden Produktplattformen und bei einer Kuppelproduktion auf (vgl. Thommen et al. 2020, S. 292).

▶ Im ersten Fall würde z. B. der Absatzrückgang einer Leistung A infolge einer Preiserhöhung zu Kostensteigerungen einer Leistung B führen, die gleiche Teile verwendet wie A und Kostensenkungseffekte nicht mehr nutzen kann. Bei Kuppelproduktion entstehen mit einem Prozess mehrere Leistungen. Der Absatzrückgang einer Leistung infolge einer Preiserhöhung hat Auswirkungen auf die Kosten einer anderen Leistung, die jedoch aufgrund von Zurechnungsproblemen nicht mehr exakt bestimmbar sind.

Bei nachfrage- und kaufbezogenen Verbünden führen Preisveränderungen einer Leistung in Abhängigkeit bestehender Beziehungen zu Absatzveränderungen anderer Leistungen der Unternehmung (vgl. Simon und Fassnacht 2016, S. 264 f.; Simon 1985, S. 25 ff.).

Unterstellt man Preis-Absatz-Funktionen mit negativer Steigung führt bei einer komplementären Beziehungen die Preiserhöhung einer Leistung A zu einem Absatzrückgang von A und B und bei einer substitutiven Beziehung die Preiserhöhung von A zu einer Absatzsteigerung bei B. Bei dynamischen Beziehungen können komplementäre und substitutive Beziehungen im Zeitablauf beobachtet werden. So beeinflusst der Absatz eines Hauptproduktes in Abhängigkeit seines Preises den Absatz von Folgeprodukten und Serviceleistungen (z. B. Drucker und Druckerpatronen). Beim Vorliegen des Variety Seeking – Motivs der Käufer kann der intensivierte Konsum einer Leistung bei niedrigen Preis den Wechsel zu anderen Leistungen beschleunigen. Eine informationsbezogene Beziehung von Leistungen liegt vor, wenn das Image einer Leistung A auf andere Leistungen der Unternehmung übertragen wird und die Kauf- und Preisbereitschaft für diese beeinflusst.

▶ Z. B. führt der niedrige Preis einer oder weniger Leistungen der Unternehmung zu einem Billigpreisimage der gesamten Unternehmung. Als Beispiel könnte die Fa. Mediamarkt dienen.

Unter Berücksichtigung von Verbundeffekte sind im Rahmen der Preislinienpolitik Entscheidungen zur Preisstruktur und der Mischkalkulation des Absatzprogramms der Unternehmung zu treffen.

Die **Preisstrukturpolitik** bestimmt die absoluten Preisober- und -untergrenzen des gesamten Absatzprogramms der Unternehmung. Diese sind letztlich durch die Preispositionierungen der Leistungen der Unternehmung zwischen der Luxuspreisposition und der Ultraniedrigpreisposition festgelegt und kennzeichnen unterschiedliche Preislagen (vgl. Gierl 2003, S. 118 ff.). In einem strategischen Preismanagement sind Überlegungen zu einer Preisstrukturextension bzw. -reduktion und einer Preisstrukturexpansion bzw. –kontraktion anzustellen.

Eine **Preisstrukturextension** verändert nicht die Zahl der besetzten Preislagen, sondern erhöht den Abstand zwischen der höchsten und niedrigsten Preislage. Dabei kann der Preis für Varianten der höchsten Preislage gesteigert bzw. der Preis der Varianten in der niedrigsten Preislage weiter abgesenkt werden. Die **Preisstrukturreduktion** verfährt in umgekehrter Weise. Probleme können sich ergeben, wenn Preisschwellen über- bzw. unterschritten werden, bei denen sich die Preisbewertung (teuer, normal, billig) ändert (vgl. Diller et al. 2021, S. 121). Bei der Preisstrukturreduktion könnten sich die Preisimages unterschiedlicher Preislagen verwässern, da sie nicht mehr eindeutig wahrnehmbar sind.

Man spricht von einer **Preisstrukturexpansion bzw. –kontraktion,** wenn oberhalb der bisher höchsten Preislage oder unterhalb der bisher niedrigsten Preislage eine weitere Preislage mit weiteren Varianten eingeführt wird, bzw. die Varianten der höchsten oder der niedrigsten Preislage eliminiert werden. Eine Preisstrukturexpansion kann sinnvoll sein, um die Preisbereitschaft der Kunden besser abzuschöpfen. Probleme können sich ergeben,

15.3 Preispositionierungsstrategien

wenn neue Preislagen sich bzgl. der Nutzen- und Preiswahrnehmungen nicht von bisherigen Preislagen unterscheiden und es zu Substitutionseffekten kommt bzw. Preislagen eliminiert werden, die bislang zur Abschöpfung der Preisbereitschaft dienen.

Die **Mischkalkulation** versieht unterschiedliche Elemente des Absatzprogramms mit unterschiedlich hohen Kalkulationsaufschlägen zu den entsprechenden Einzelkosten, die dann durch entsprechende Preise gedeckt werden müssen, um die Ziele der Unternehmung (Gewinn, Kundenbindung etc.) zu realisieren. Kalkulationsobjekte mit einem hohen Zuschlag nennt man Ausgleichsgeber, diejenigen mit einem niedrigen Aufschlag Ausgleichsnehmer. Die strategische Aufgabe besteht in der Bestimmung von Ausgleichsgebern und –nehmern sowie in Bestimmung der tolerierbaren Aufschläge bzw. Abschläge. Es wird eine statische und dynamische Mischkalkulation unterschieden. Die **statische Mischkalkulation** versucht Unterdeckungen einzelner Elemente des Absatzprogramms, die zu Verlusten führen, durch Überdeckung bei anderen Elementen in der gleichen Periode, die höhere Gewinnen erlauben, zu kompensieren. Dabei dienen bei einer progressiven Mischkalkulation Leistungen mit hohen Kosten häufig als Ausgleichsgeber, Leistungen mit niedrigen Kosten hingegen als Ausgleichsnehmer. Letztere sprechen Käufer mit geringerer Preisbereitschaft an.

▶ Die statische Mischkalkulation kommt auch zum Tragen, wenn bestimmte Eckartikel eines Absatzprogramms, bei denen Käufer ein hohes Preisinteresse besitzen, mit niedrigen Kalkulationsaufschlägen versehen werden, andere Leistungen, bei denen ein geringes Preiseinteresse existiert und die im Kaufverbund erworben werden, jedoch hohe Kalkulationsaufschläge tragen. Nicht zuletzt kann die statische Mischkalkulation bei einer Leistung und ihrem Zubehör eingesetzt werden.

Eine **dynamische Mischkalkulation** versieht Leistungen mit einem niedrigen Kalkulationsaufschlag in der Periode 1, um für die Leistung bzw. Folgeleistungen, zu denen eine dynamische Beziehung besteht, in den Folgeperioden höhere Kalkulationsaufschlägen zu fordern.

▶ Beispiele sind Einführungspreise und Preise für neue bzw. jungen Kunden.

Strategisch zu überlegen ist, bei welchen Leistungen eine spätere Preiserhöhung möglich ist, bzw. welche Kunden durch zunächst niedrige Preise langfristig an die Unternehmung bzw. die Marke gebunden werden können.

15.4 Strategien der Preisdifferenzierung

15.4.1 Grundlagen der Preisdifferenzierung

Bei einer Preisdifferenzierung verkauft die Unternehmung aus Kundensicht gleiche oder sehr ähnliche Leistungen an unterschiedliche Kundengruppen bzw. Kunden zu unterschiedliche Preisen. Als Ansatzpunkte der Preisdifferenzierung dienen (vgl. Simon und Fassnacht 2016, S. 239; Fassnacht 2003, S. 486; Fassnacht 1996, S. 25; Fehl und Oberender 2004, S. 408 ff.).

- die Preiskomponente: unterschiedliche Kosten (insb. Entgelte) für Kunden bei gleicher Leistung,
- die Nutzenkomponente: unterschiedliche Leistungsvarianten mit unterschiedlichen Nutzen bei gleichen Kosten für Kunden (insb. Entgelt).

Auch die Kombination beider Alternativen zur Preisdifferenzierung ist möglich.
Als Voraussetzung einer Preisdifferenzierung gelten

- die Existenz von mindesten zwei Kundengruppen bzw. Kunden mit unterschiedlicher Zahlungsbereitschaft,
- die Möglichkeiten zur Abschottung der gebildeten Kundensegmente bzw. Kunden um Arbitrageprozesse zu verhindern (Fencing),
- ein monopolistischer Spielraum der Unternehmung, der den Verlust der Nachfrage bei einem Abweichen vom Konkurrenzpreis verhindert.

Vordringliches Ziel einer Preisdifferenzierung ist eine Steigerung des Gewinns. Als weitere Ziele werden die Auslastung der Kapazitäten der Unternehmung, die Kundenakquisition und – bindung, sowie die Aufrechterhaltung und Verbesserung der Wettbewerbsposition genannt.

Die Gewinnsteigerung bei einer Preisdifferenzierung ergibt sich durch die **Abschöpfung der Konsumentenrente:**

- Es wird einerseits die Preisbereitschaft derer ausgenutzt, die bereit sind einen höheren Preis als den Einheitspreis zu bezahlen (Preiseffekt).
- Es werden andererseits Kunden angesprochen, die zu einem Einheitspreis nicht kaufen würden (Mengeneffekt).

15.4 Strategien der Preisdifferenzierung

Übersicht

Es möge die PAF gelten

$p = 10 - \frac{1}{5}x$. Damit ergibt sich $x = 50 - 5p$.

Es sollen konstante Grenzkosten $\frac{dK}{dx} = 2$ angenommen werden, Fixkosten bleiben unberücksichtigt.

Im Monopol errechnet sich
eine gewinnmaximale Menge

$$x_{Gmax} = 20 \, \textit{Mengeneinheiten}$$

und ein gewinnmaximaler Preis

$$p_{Gmax} = 6 \, \textit{Geldeinheiten}.$$

Bei einem *Umsatz von 120 Geldeinheiten* entstehen *Kosten von 40 Geldeinheiten*, sodass sich der *Gewinn auf 80 Geldeinheiten* beläuft.

Würde man nun statt eines Einheitspreises z. B. in Preisverhandlungen unterschiedliche Preise von 7 und 5 Geldeinheiten durchgesetzt, ergäbe sich folgendes Bild:

Preis p	Absatz			Umsatz U	Kosten K
	x (p)	Schon Verkauft	Tatsächlicher Absatz		
7	15	–	15	105	30
5	25	15	10	50	20
∑			25	155	50

In diesem Fall würde die Unternehmung 25 Stück absetzen. Der Umsatz beläuft sich auf 155 GE und die Kosten auf 50 GE. Es wird ein Gewinn von 105 GE erzielt und damit um 25 GE höher sein als der Gewinn bei gewinnmaximalem Preis im Monopol.

Können drei unterschiedliche Preise von 7, 6 und 5 Geldeinheiten verlangt werden, steigt der Gewinn weiter an:

Preis p	Absatz			Umsatz U	Kosten K
	x (p)	Schon Verkauft	Tatsächlicher Absatz		
7	15	–	15	105	30
6	20	15	5	30	10

(Fortsetzung)

(Fortsetzung)

Preis p	Absatz			Umsatz U	Kosten K
	x (p)	Schon Verkauft	Tatsächlicher Absatz		
5	25	20	5	25	10
∑			25	160	50

Bei einem Absatz von 25 Stück steigt der Umsatz auf 160 GE. Bei Kosten von 50 ergibt sich ein Gewinn von 110 GE, der 30 GE über dem Gewinn bei gewinnmaximalen Einheitspreis im Monopol von 6 liegt.

Bei konstanten Grenzkosten steigt der Gewinn mit zunehmender Zahl unterschiedlicher Preise, die allerdings über den Grenzkosten liegen müssen.

Die Annahme konstanter Grenzkosten kann nicht immer aufrechterhalten werden, wenn man zum einen berücksichtigt, dass die Kosten der Marketingforschung, der Organisation und Koordination mit zunehmender Zahl der unterschiedlichen Preissegmente und Preise ansteigt. Zum anderen können die Kosten zur Abschottung der Preissegmente steigen. Zu beachten sind Kosten der

- Leistungsdifferenzierung,
- Verpackungsdifferenzierung,
- Informationsdifferenzierung,
- Servicedifferenzierung,
- Lieferdifferenzierung,
- Bezahlungs- und Finanzierungsdifferenzierung,
- Flexibilität,
- Sicherheitsdifferenzierung (vgl. Diller et al. 2021, S. 294 f.).

Gleichzeitig steigt der Nutzen (Erlös) der Preisdifferenzierung unterproportional mit zunehmender Zahl unterschiedlicher Preise. Vor diesem Hintergrund gilt es, eine optimale Zahl unterschiedlicher Preise z_{opt} zu bestimmen. Diese ist dort erreicht, wo die Differenz aus Nutzen minus Kosten der Preisdifferenzierung der Unternehmung maximal ist, d. h. bei der Zahl von Preisen, bei der Nutzen- und Kostenkurve den größten Abstand zueinander besitzen (vgl. Abb. 15.14). Simon (1995, S. 116) vermutet, dass in der Praxis tendenziell eine niedrige Anzahl unterschiedlicher Preise zu einem maximalen Gewinn führt.

15.4.2 Alternativen der Preisdifferenzierung

Seit Pigou (1932) wird die Preisdifferenzierung ersten, zweiten und dritten Grades unterschieden (vgl. Abb. 15.15).

15.4 Strategien der Preisdifferenzierung

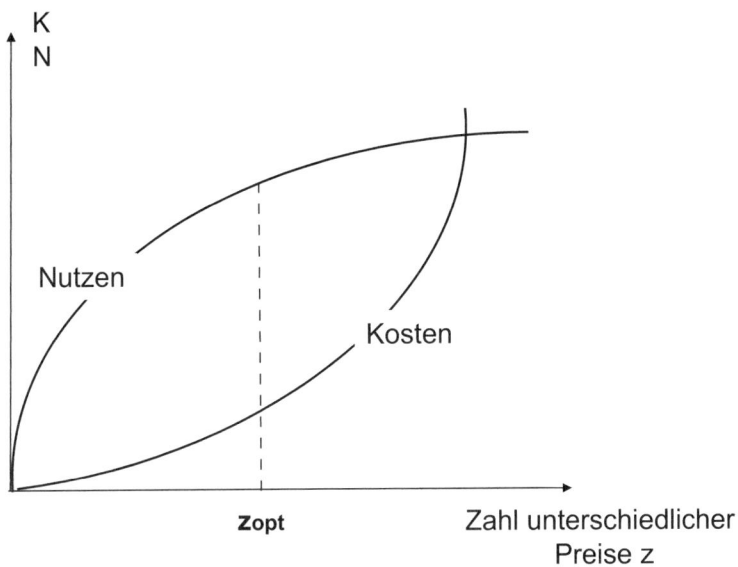

Abb. 15.14 Kosten und Nutzenbetrachtung der Preisdifferenzierung (in Anlehnung an Simon und Fassnacht 2016, S. 262, Simon 1995, S. 115)

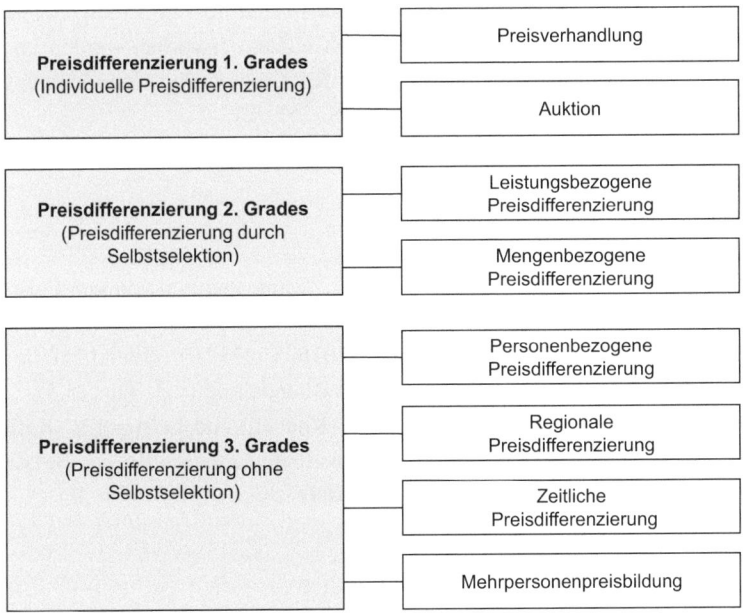

Abb. 15.15 Formen der Preisdifferenzierung

Die **Preisdifferenzierung ersten Grades** versucht die Preisbereitschaft jedes einzelnen Kunden in maximaler Weise auszuschöpfen. Eine Umsetzung erfolgt in Preisverhandlungen und bei Auktionen und findet sich insbesondere im Industriegüterbereich.

Die **Preisdifferenzierung zweiten Grades** erlaubt dem Kunden in einer Selbstselektion aus vordefinierten Preisniveaus auszuwählen. Bei einer **leistungsbezogenen Preisdifferenzierung** werden neben dem Preis insb. funktional-technische und vertriebsspezifische Differenzierungen der Leistungen vorgenommen. Ziel ist es, bei überschaubaren kostenbezogenen Konsequenzen für unterschiedliche Varianten die Preisbereitschaft der Kunden zu erhöhen.

▶ Beispiele sind unterschiedliche Ausstattungen von Leistungen, Sondermodelle oder auch unterschiedliche Preise in unterschiedlichen Vertriebskanälen (z. B. Online- und Offline-Preis).

Die leistungsbezogene Differenzierung macht vielfach eine Preisdifferenzierung erst möglich, indem sie Teilmärkte abschottet. Die Nutzenunterschiede müssen dabei von den Kunden erkannt werden und für sie Bedeutung besitzen.

Als Sonderform der leistungsbezogenen Preisdifferenzierung kann die **Preisbündelung** gelten. Dabei werden (mindestens) zwei heterogene Leistungen zu einem Bündel zusammengefasst und zu einem Gesamtpreis verkauft (vgl. Wübker 1998, S. 12). Bei einem **Pure Bundling** werden Leistungen nur noch gemeinsam im Bündel angeboten, während bei einem Mixed Bundling die Leistungen auch einzeln erworben werden können (vgl. Priemer 2003, S. 506 f.). Preisbundling kann den Gewinn der Unternehmung erhöhen durch (vgl. Wübker und Schmidt-Gallas 2003, S. 752 ff.)

- die Abschöpfung der Konsumentenrente,
- Mehrabsatz und Cross-Selling,
- die Reduktion der Preistransparenz,
- die Reduktion von Komplexitätskosten durch Zwangskombination von Leistungen.

Folgendes Beispiel (vgl. Simon und Fassnacht 2016, S. 273 ff.) verdeutlicht die Abschöpfung der Preisbereitschaft der Kunden durch Preisbündelung (vgl. Tab. 15.5).

Fünf Kunden besitzen für die Leistungen A (Kuchen) und Leistung B (Kaffee) unterschiedliche optimale Preisbereitschaften. Die Preisbereitschaften für das Bündel ergeben sich aus der Addition der Einzelpreisbereitschaften.

> Die optimalen Einzelpreise von A liegen bei $p_A = 5$ und von B bei $p_B = 4$. In diesem Fall kaufen die Kunden 1 und 3 die Leistung A, sodass sich ein Gewinn von $2 \cdot 5 = 10$ GE ergibt. Die Leistung B wird von den Kunden 2 und 3 gekauft,

15.4 Strategien der Preisdifferenzierung

Tab. 15.5 Optimale Preisbereitschaften und Optimalpreise. (Quelle: nach Simon und Fassnacht 2016, S. 274)

Kunde	Optimale Preisbereitschaft		
	A	B	A + B
1	6	1	7
2	2	5	7
3	5	4	9
4	3	2,5	5,5
5	2,4	1,8	4,2
Optimalpreise	$p_A = 5$	$p_B = 4$	$p_{bundling} = 5,5$
Gewinn	$2 \cdot 5 = 10$	$2 \cdot 4 = 8$	$4 \cdot 5,5 = 22$

sodass ein Gewinn von $2 \cdot 4 = 8$ GE entsteht. Der Gesamtgewinn beträgt $10 + 8 = 18$ GE. Würde A und B bei einer reinen Preisbündelung (Pure Bundling) nur noch gemeinsam verkauft, ergibt sich ein optimale Bündelpreis $p_{bundling}$ von 5,5. In diesem Fall kaufen die Kunden 1–4, sodass sich der Gewinn auf $4 \cdot 5,5 = 22$ GE beläuft. Der Gewinnunterschied von 4 GE zur Einzelpreisstellung resultiert aus der Abschöpfung der Konsumentenrente (vgl. Tab. 15.6).

Bei einem Mixed Bundling werden A bzw. B einzeln zum Preis $p_A = 2,4$ und $p_B = 4$ abgegeben oder gemeinsam zum Bündelpreis $p_{bundling} = 5,5$ (vgl. Tab. 15.7).

In diesem Fall würden die Kunden 1 - 4 das Bündel A und B zum Bündelpreis kaufen. Der Kunde 5 würde die Leistung A zum Preis von 2,4 GE erstehen. Insgesamt ergibt sich ein Gewinn von $4 \cdot 5,5 + 1 \cdot 2,4 = 24,4$ GE.

Bei einer **mengenbezogenen Preisdifferenzierung** variiert der Stückpreis mit der vom Kunden gekauften Menge (vgl. Simon und Fassnacht 2016, S. 248). Man spricht auch

Tab. 15.6 Abschöpfung von Konsumentenrente bei reiner Preisbündelung

Kunde	Tatsächlich gezahlt bei Einzelpreis			Abgeschöpfte Konsumentenrente bei Bündelpreis von 5,5
	A	B	A + B	
1	5	–	5	**0,5**
2	–	4	4	**1,5**
3	5	4	9	**-3,5**
4	–	–	–	**5,5**
5	–	–	–	**-**
	Summe abgeschöpfte Konsumentenrente			**4**

Tab. 15.7 Mixed Bundling

Kunde	Optimale Preisbereitschaft		
	A	B	A + B
1	6	1	7
2	2	5	7
3	5	4	9
4	3	2,5	5,5
5	2,4	1,8	4,2
Preis	$p_A = 2,4$	$p_B = 4$	$p_{bundling} = 5,5$

von einer nicht-linearen Preisbildung. Ausgangspunkt der Überlegung ist das erste Gossen´sche Gesetz, demzufolge der Grenznutzen einer Leistung mit zunehmender Menge abnimmt (vgl. Fehl und Oberender 2004, S. 317 f.; Oberender et al. 2013, S. 330 f.). Infolgedessen sollten die Stückpreise für den Kunden mit zunehmender Absatzmenge abnehmen. Eine Umsetzung der mengenbezogenen Preisdifferenzierung erfolgt über Tarife mit oder ohne eine Grundgebühr (vgl. Büschken 2003, S. 525.) **Nicht lineare Tarife ohne Grundgebühr** beruhen auf Mengenrabatten. Unterschieden werden durchgerechnete und angestoßene Mengenrabatte (vgl. Abb. 15.16). Während ein **durchgerechneter Tarif** den Mengenrabatt auf die gesamte Kaufmenge bezieht, wird bei einem **angestoßenen Tarif** ein Mengenrabatt ab einer vordefinierten Menge gewährt.

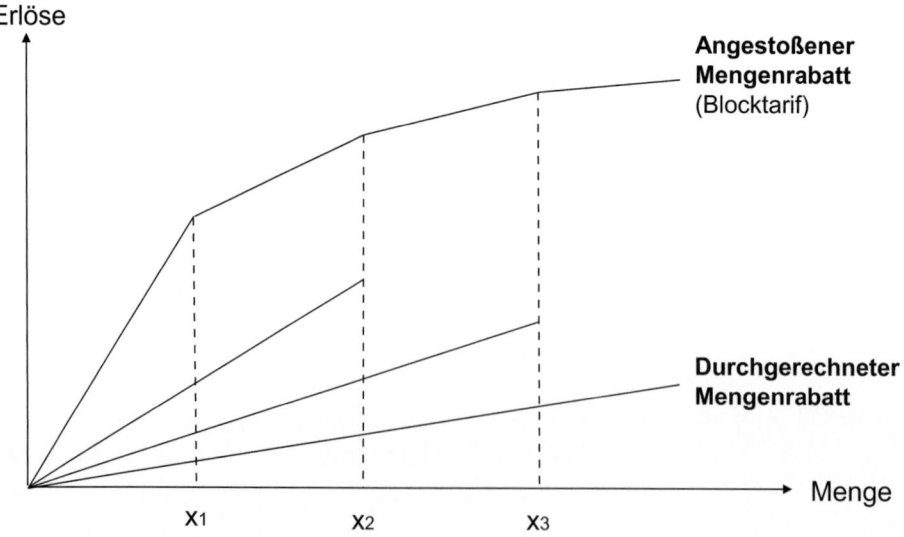

Abb. 15.16 Nicht lineare Tarife ohne Grundgebühr

Nicht lineare Tarife mit einer Grundgebühr können einteilig oder mehrteilig sein. **Einteilige Tarife** entsprechen einer Flatrate. Je mehr eine Leistung genutzt wird (z. B. Datenvolumen des Internets), desto kostengünstiger wird die durchschnittliche Bezugsgröße. Soweit der Kunde nur die Wahl einer Flatrate besitzt, wird er diese als Preisdifferenzierung aber schwer wahrnehmen. **Zweiteilige Tarife** besitzen neben einer fixen Grundgebühr ein nutzungsabhängiges Entgelt pro gekaufter oder verbrauchter Einheit der Leistung. **Komplexe n-teilige Tarife** könne u. a. zwischen unterschiedlichen Grundgebühren und unterschiedlichen nutzungsabhängigen Tarifen variieren, wie das bei der Bahn-Card der Fall ist. Weitere Alternativen mengenbezogener Preisdifferenzierungen sind Bonussysteme (vgl. Diller et al. 2021, S. 304 ff.).

Bei der **Preisdifferenzierung dritten Grades** legt die Unternehmung unterschiedliche Preise für verschiedene Kunden und Kundengruppen fest, ohne dass diese die Möglichkeit der Selektion besitzen. Eine Preisdifferenzierung erfolgt nach personenbezogenen, regionalen und zeitlichen Aspekten sowie in einer Mehrpersonenpreisbildung. Die **personenbezogene Preisdifferenzierung** variiert die Preise nach soziodemographischen Merkmalen der Kunden. Beispiele sind das Alter (Junioren- und Seniorentarife), Tätigkeiten (Studenten-, Beamtentarife) usw. Eine personenbezogene Preisdifferenzierung lässt sich bei Dienstleistungen durchsetzen, indem ein Nachweis der Gruppenzugehörigkeit verlangt bzw. offensichtlich ist. Bei Gütern kann im Gegensatz zu Dienstleistungen nicht ausgeschlossen werden, dass diese von einem Kunden, der einen niedrigen Preis zahlt, an einem Kunden, von denen ein hoher Preis gefordert werden müsste, weitergegeben werden.

Eine **Mehrpersonenpreisbildung** nutzt unterschiedliche Preisbereitschaften verschiedenen Personen bei einer gemeinsamen Nachfrage aus und überträgt Konsumentenrente von einer Person auf andere. Als Beispiel können unterschiedliche Preise für Eltern und Kinder genannt werden, die gemeinsam ein Event besuchen.

Bei einer **regionalen Preisdifferenzierung** werden in unterschiedlichen Ländermärkten, Regionen, Städten oder Stadtteilen gleiche Leistungen zu unterschiedlichen Preisen verkauft.

Beispielhaft können genannt werden

- Preisunterschiede für PKWs in der EU,
- Preisunterschiede für Arzneimittel in der EU,
- Preisunterschiede für den Big Mac von McDonald's in unterschiedlichen Ländern der Welt (Big Mac-Index),
- Mietpreisunterschiede zwischen unterschiedlichen Städten.

Auslöser der Preisdifferenzierung können Kostenunterschiede (unterschiedliche Transportkosten), Präferenzunterschiede (regionale Geschmacksunterschiede), aber auch unterschiedliche Umwelt- bzw. Marktsituationen sein. In den letzten beiden Fällen unterscheiden sich die PAFs der regionalen Kunden und Kundensegmente, sodass unterschiedliche

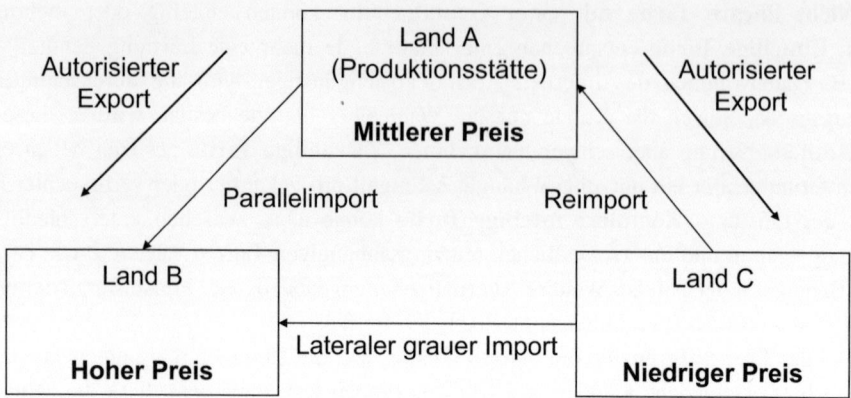

Abb. 15.17 Arbitrageprozesse im internationalen Handel

gewinnmaximale Preise gesetzt werden. Man spricht von einer **vertikalen Preisdifferenzierung**.

Insbesondere im internationalen Marketing müssen bei unterschiedlichen Preise in unterschiedlichen Ländermärkten Arbitrageprozesse beachtet werden (vgl. Ivens 2003, S. 164 ff.). Dazu gehören

- Parallelimporte,
- Reimporte,
- laterale graue Exporte (vgl. Abb. 15.17).

Um Arbitrageprozesse zu verhindern kann einerseits der Preiskorridor des höchsten und des niedrigsten Preises so gestaltet werden, dass bei gegebenen Transportkosten ein Arbitragehandel ökonomisch sinnlos ist. Anderseits können Leistungsdifferenzierungen in den unterschiedlichen Ländern die Arbitrageprozesse be- und verhindern.

Eine **zeitliche Preisdifferenzierung** variiert die Preise einer Leistung nach Tageszeit (Tarife im öffentlichen Nahverkehr in den Rush Hours), nach Wochentagen (Wochenendtarif) oder nach der Saison (Haupt- bzw. Nebensaison). Mit einer zeitlichen Preisdifferenzierung lässt sich insbesondere die Kapazitätsauslastung steuern. In diesem Zusammenhang besitzt auch das **Yield-Management** (synonym: Revenue-Management) für kapitalintensive Dienstleistungen (Passagierbeförderung, Autovermietung, Hotel, etc.) Bedeutung (vgl. Simon und Fassnacht 2016, S. 505 ff., Meffert et al. 2019, S. 531). Als angebotsbezogene Voraussetzung des **Yield-Managements** gelten fixe Kapazitäten eines Dienstleisters, kapitalintensive Dienstleistungen, bei denen die Fixkosten einer Kapazitätserweiterung wesentlich höher sind als die variablen Kosten der Leistungserstellung, sowie der Verfall von Kapazität, wenn sie nicht genutzt werden. Käufer müssen bei unsicherer und schwankender Nachfrage in verschiedene Segmente mit unterschiedlichen

15.4 Strategien der Preisdifferenzierung

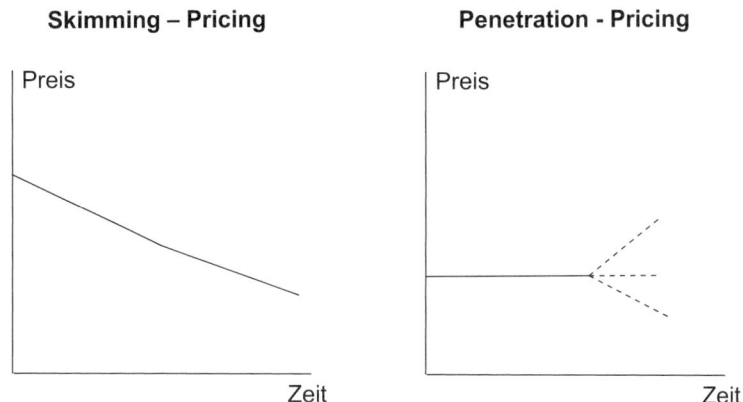

Abb. 15.18 Skimming- und Penetration-Pricing bei der Markteinführung von Innovationen

Preiselastizitäten eingeteilt werden können, die zu verschiedenen Zeitpunkten vor Inanspruchnahme die Dienstleistung buchen bzw. kaufen. Prinzipiell geht es um die Frage, ob eine Einheit der Dienstleistungskapazität (z. B. ein Platz im Flugzeug) frühzeitig zu einem niedrigen Preis oder spät zu einem hohen Preis verkauft werden soll, um einen möglichst hohen Gewinn zu erzielen. Das Optimierungsproblem wird unter Berücksichtigung (vgl. Simon und Fassnacht 2016, S. 509) historischen Daten der Nachfragestruktur, historischen Daten zum Buchungsverlauf, historischen Daten zu Preiselastizitäten verschiedener Kundensegmente und Zeiten, historischen Daten über Stornierungen und No-Shows, Informationen über Ereignisse, die Nachfrage generieren (z. B. spezielle Events) sowie konkurrenzbezogene Daten mit entsprechender Software gelöst.

Als Sonderformen der zeitlichen Preisdifferenzierung können das Skimming-Pricing und das Penetration-Pricing bei der Markteinführung von aus Kundensicht neuer Leistungen betrachtet werden (vgl. Abb. 15.18).

Bei einem **Skimming-Pricing** wird eine neue Leistung zu einem Preis angeboten, der erheblich über dem gewinnoptimalen Preis der Unternehmung in der Einführungsphase liegt. Dieser Preis soll im Zeitablauf sukzessive gesenkt werden. Umgekehrt wird bei einem **Penetration-Pricing** ein besonders niedriger Preis bei der Markteinführung gewählt. Selbst wenn die Absicht besteht, diesen Preis im weiteren Verlauf des Marktlebenszyklus zu steigern, sind generelle Aussagen über die weitere Preisentwicklung nicht möglich (vgl. Simon und Fassnacht 2016, S. 300 ff.; Diller et al. 2021, S. 397 ff.; Meffert et al. 2019, S. 515 ff.; Schneider 2003, S. 100).

Als Voraussetzungen des Skimming-Pricings müssen eine genügend hohe Anzahl von Kunden (Innovatoren) bereit sein, einen hohen Preis für die Innovation zu bezahlen. Zudem darf keine bzw. nur eine geringe Substituierbarkeit anderer Leistungen existieren, da andernfalls ein hoher Preis für die Innovation nicht durchsetzbar ist. Die Unternehmung muss die Ressourcen, Fähigkeiten und das Wissen besitzen, (hochwertige) Innovationen anzubieten und über ein entsprechendes Image beim Kunden verfügen.

Die Skimming-Pricing besitzt eine Reihe von Vorteile:

- F&E-Kosten werden schnell amortisiert.
- Der Aufbau hoher Produktions- und Vertriebskapazitäten zur Befriedigung der Kundenbedürfnisse am Beginn des Marktlebenszyklus wird vermieden.
- Die Preisbereitschaft der Kunden wird abgeschöpft.
- Es wird ein Preisspielraum nach unten geschaffen.
- Preiserhöhungen können vermieden werden.
- Die Unternehmung realisiert schnell Gewinne.
- Über hohe Preise erhält die Unternehmung ggf. ein Qualitätsimage.

Das Skimming-Pricing ist aber auch mit Nachteilen verbunden:

- Die Kreation eines neuen Marktes wird bei hohen Preisen für eine Innovation erschwert. Es müssen neben technische und soziale auch finanzielle Risiken für die Kunden abgebaut werden.
- Durch hohe Preise werden potenzielle Konkurrenten (auch mit hohen Kosten) angelockt. Ggf. müssen Markteintrittsbarrieren aufgebaut werden, was die Kosten der Unternehmung erhöht.
- Mengenbezogene Kostensenkungspotenziale können nicht bzw. nur eingeschränkt genutzt werden.

Das **Penetration-Pricing** bedarf zum einen einer hohen Preiselastizität der Nachfrage für eine Innovation. In diesem Falle können finanzielle, technologische und soziale Risiken der Kunden und deren Bindung an Substitutionsangebote durch einen niedrigen Preis beseitigt werden. Zum anderen muss die Unternehmung bereits zur Markteinführung hohe Kapazitäten vorhalten und ggf. auftretende Verluste bei der Markteinführung tragen können. Zudem sollte der Preis nicht als Qualitätsindikator herangezogen werden und ein niedriger Preis dem (Marken-) Image der Unternehmung nicht schaden.

Das Penetration-Pricing ist mit einigen Vorteilen verbunden:

- Das Floprisiko der Innovation ist bei einem niedrigen Einführungspreis tendenziell gering.
- Der Absatz wächst schnell. Durch die Realisation von Erfahrungskurveneffekten gelangt die Unternehmung schnell in die Gewinnzone (vgl. Abb. 15.19).

- Ein niedriger Preis kann als Markteintrittsbarriere dienen und verhindert bzw. verlangsamt den nachfolgenden Wettbewerb.
- Konkurrenten können bei gleicher Technologie den Kostenvorsprung der Unternehmung durch Erfahrungskurveneffekte nur schwer aufholen.

Nachteilig wirkt sich beim Penetration-Pricing aus, dass

15.4 Strategien der Preisdifferenzierung

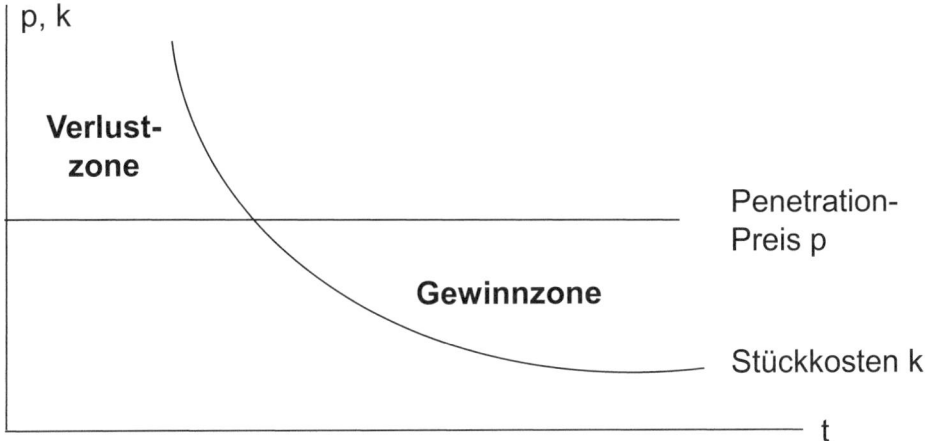

Abb. 15.19 Erfahrungskurve und Penetration-Pricing

- die Unternehmung am Beginn des Marktlebenszyklus hohe Kapazitäten benötigt und damit ein hoher Kapitalbedarf entsteht,
- Verluste im Falle eines Flops sehr hoch sind,
- die Erfahrungskurveneffekte überschätzt werden,
- Innovationen ggf. eine lange Zeitdauer zur Amortisation der Kosten aufweise,
- die Unternehmung kein bzw. ein geringes Preissenkungspotenzial im Wettbewerb besitzt

Im Kontext der zeitlichen Preisdifferenzierung kann auch die Preisfestsetzung eines alten Modells bei Einführung neuer Modelle diskutiert werden (vgl. Diller et al. 2021, S. 400 f.): Um das Lager rechtzeitig zu räumen, werden die Preise für das alte Modell häufig in dessen Auslaufphase gesenkt. Probleme können entstehen, wenn die Einführung neuer Modelle angekündigt ist und Kunden das alte Modell in Erwartung weiterer Preissenkungen auch zum niedrigen Preis nicht kaufen, bzw. generell auf das neue Modell warten. Bei einem schnellen Modellwechsel und damit verbundenen Preissenkungen für Auslaufmodelle können Kunden verärgert werden, die zu hohem Preis eingekauft haben. Preissenkungen für das alte Modell lassen zudem den Preis des neuen Modells ggf. sehr hoch erscheinen (Referenzpreiseffekt). Alternativ bietet sich eine Preiserhöhung für alte Modelle an, die einen Wechsel zu neuen Modellen beschleunigt. Ggf. ist das alte Modell dann nicht mehr absetzbar, sodass die Alternative sinnvoll ist, wenn die Unternehmung keine Lagerbestände besitzt bzw. der Gewinn der neuen Modelle ein Verschrotten des alten Modells erlaubt. Als weitere Alternative kann ein neues Modell verglichen mit seinem Vorgänger eine neue Preislage besetzen, sodass beide Modelle nebeneinander angeboten werden.

15.5 Preisstrategien im Wettbewerb

▶ Preisstrategien im Wettbewerb legen das langfristige, preisbezogene Verhalten der Unternehmung unter Berücksichtigung der Aktionen und Reaktionen relevanter Konkurrenten auf dem Markt fest (vgl. Diller et al. 2021, S. 267 ff.).

Die Relevanz von Konkurrenten ergibt sich aus der **Schwelle der Fühlbarkeit** von preisbezogenen Aktivitäten (vgl. Fehl und Oberender 2004, S. 94 ff.). Führen preisbezogene Aktivitäten einer Unternehmung zu Absatzveränderungen anderer Unternehmen, sodass diese ihren eigenen Preis verändern (müssen), ist die Schwelle der Fühlbarkeit überschritten. Ein Maß für die Schwelle der Fühlbarkeit von Preisen ist die

$$\text{Konkurrenzelastizität der Preise} = \frac{\textit{Relative Änderung des Preises Unternehmung A}}{\textit{Relative Änderung des Preises Unternehmung B}}$$

Preisstrategien im Wettbewerb der Unternehmung berücksichtigen insofern Konkurrenten, die von preisbezogenen Aktivitäten der Unternehmung fühlbar beeinflusst werden bzw. deren Preise die Unternehmung fühlbar tangieren. Ausgehend von den konkurrenzbezogenen Strategien können Preisstrategien im Wettbewerb unter Berücksichtigung inhaltlicher und zeitlicher Aspekte als Ausweich-, Anpassungs-, Konflikt- und Kooperationsstrategie formuliert werden (vgl. Abschn. 11.3).

Mit einer **Ausweichstrategie** versucht die Unternehmung den Preiswettbewerb zu entgehen. Sie kann dazu den Markt verlassen, wenn Preiswettbewerb z. B. nach dem Ablauf von Patenten oder dem Eintritt preisaggressiver Konkurrenten auf dem Markt entsteht. Dies setzt einerseits die Existenz alternative Betätigungsfelder der Unternehmung voraus. Zum anderen muss die Unternehmung hinreichend flexibel sein. Ein Ausweichen kann auch in andere Preislagen erfolgen, in denen der Preiswettbewerb weniger intensiv ausgetragen wird bzw. überhaupt nicht stattfindet. Häufig ist dies in höheren Preislagen der Fall. Die Unternehmung muss dann Ressourcen, Fähigkeiten und das Wissen besitzt, um mit zusätzlichen Produkteigenschaften, Serviceleistungen, verbesserten Lieferbedingungen usw. die Nutzenkomponente des Preises anzuheben.

Die **Konfliktstrategie** kann einerseits das Ziel verfolgen, Marktanteile der Konkurrenten durch ein preisaggressives Verhalten zu gewinnen. Andererseits kann die Preisführerschaft angestrebt werden.

Ein preisaggressives Verhalten setzt voraus, dass die Unternehmung langfristige Kostenvorteile (bzw. Wechselkursvorteile) besitzt, um niedrige Preise längerfristig zu realisieren. Zudem muss auch das Verhalten der Konkurrenten ein preisaggressives Verhalten rechtfertigen. In der Oligopoltheorie wird die Cournot- und die Chamberlin-Hypothese diskutiert (vgl. Simon 2013, S. 74 ff.; Simon und Fassnacht 2016, S. 220 ff.). Die Cournot-Hypothese unterstellt, dass Konkurrenten auf die Preissenkung der eigenen Unternehmung nicht reagieren. In diesem Fall kann erwartet werden, dass die Unternehmung durch die

Preissenkung ihren Absatz und Umsatz erhöht, ihre Kosten durch mengenbezogene Kostensenkungseffekte reduziert und damit ihren Gewinn steigert. Die Chamberlin-Hypothese geht davon aus, dass Konkurrenten ihre Preise ebenfalls senken, wenn die Unternehmung dies tut. In diesem Fall blieben die Marktanteile auf dem Markt relativ unverändert. Als Konsequenz niedrigere Preise sinken die Gewinne aller Anbieter, sodass ein preisaggressives Verhalten in diesem Fall ökonomisch sinnlos ist. Die Cournot-Hypothese trifft am ehesten auf Märkten zu, auf denen die Wettbewerbskräfte Porters zu einer geringen Wettbewerbsintensität führen (vgl. Abschn. 4.4.2.2), die Chamberin-Hypothese, wenn ich Wettbewerbskräfte einen intensiven Wettbeweb erwarten lassen.

Ein aggressives Preisverhalten ist auch zu erwarten, wenn die Unternehmung die Preisführerschaft erlangen oder verteidigen möchte. Die Preisführerschaft hat das Ziel, dass sich andere Unternehmen des Marktes an der Preispolitik der eigenen Unternehmung orientieren (vgl. auch Gutenberg 1979, Vollert 2009). Beispielhafte Aktivitäten des Preisführers können sich beziehen auf (vgl. Diller et al. 2021, S. 269 f.)

- die Erhöhung oder Reduktion von Preisen auf dem Markt,
- den Aufbau preisbezogener Markteintritts- bzw. Mobilitätsbarrieren,
- die Einführung innovativer Preis- und Konditionenmodelle,
- die Veränderung von Preisschwellen,
- die Erschließung neuer Preislagen usw.

Theoretisch unterstellt die Oligopoltheorie, dass im Falle der Preisveränderung die Unternehmung mit dem niedrigsten gewinnoptimalen Preis die Rolle des Preisführers auf dem Markt übernimmt. Vielfach wird es sich dabei um eine große Unternehmung handeln, die durch die Realisation mengenbezogener Kostensenkungseffekte die niedrigsten Kosten besitzt. Eine Zwangsläufigkeit besteht jedoch nicht. Zu unterscheiden ist eine **dominante Preisführerschaft,** bei der immer die gleiche Unternehmung die Rolle des Preisführers besitzt und die **barometrische Preisführerschaft,** bei der sich gleich ausgestatte Unternehmen in der Preisführerschaft abwechseln, wie die z. B. auf dem Mineralölmarkt (Meffert et al. 2018, S. 186), dem Zigarettenmarkt oder dem Automobilmarkt (vgl. Berg 1984, S. 201) beobachten lässt.

Mit der **Anpassungsstrategie** ist häufig die Strategie der Preisfolgerschaft verbunden. Die Unternehmung orientiert sich am Preis bzw. den preisbezogenen Aktivitäten des Preisführers. Sie vermeidet damit Preiskämpfe mit Konkurrenten, reduziert ihr Absatzrisiko bei unbekannter Preiselastizität der Nachfrage, vermeiden Aufwendungen zur Durchsetzung von Preiserhöhungen, erhält ihr Qualitätsimage und dämmt das Preisinteresse der Kunden ein (vgl. Diller et al. 2021, S. 269; Gilbert und Strebel 1985).

Die Oligopoltheorie zeigt, dass zwischen Preisführer und Preisfolger eine Politik der festen Preisrelationen entstehen kann (vgl. Fehl und Oberender 2004, S. 436), bei der gilt:

$$p_{Preisführer} = c\, p_{Preisfolger}, \text{ mit } c = \text{const.}$$

Die Politik der festen Preisrelationen ist in späteren Phasen des Marktlebenszyklus zu erwarten. Vorher versuchen die Anbieter ihre eigenen optimalen Preise auf dem Markt durchzusetzen und müssen erst lernen, dass und wie andere Konkurrenten darauf reagieren.

Preisbezogene Kooperationsstrategien können sich auf alle Elemente des Pricing-Networks beziehen. In vertikaler Richtung ist an die Kooperation mit Partnern aus der Supply Chain bzw. dem Efficient Consumer Response (vgl. 12.3.2.3) ebenso zu denken, wie an die Zusammenarbeit mit Mitglieder des Ecosystems. Definiert wird ein gemeinsames Leistungsspektrum und dessen Preis. Die autonomen Unternehmen stimmen ihre Aktivitäten strategisch und operativ ab, und legen damit fest, welchen Input jedes Unternehmen in das System einbringt (vgl. Diller et al. 2021, S. 215). Im entsprechenden Maße erwarten die Mitglieder des Business Ecosystems einen angemessenen Anteil aus der Wertschöpfung. Die strategischen Herausforderungen der Preisstrategie der Unternehmung besteht in der

- Berücksichtigung der Ziele aller Mitglieder des Pricing-Systems,
- gemeinsamen Schaffung eines Nutzens durch das gesamte Pricing-Netzwerk, für den der Kunde einen entsprechend hohen Preis zu zahlen bereit ist (Wertschöpfung),
- Abschöpfung eines möglichst hohen Anteil der Wertschöpfung für die eigene Unternehmung.

Die Unternehmung muss die Elemente des Pricing-Netzwerks sowie deren Ziele und Ansprüche identifizieren. Das Pricing-Netzwerk sollte unter Berücksichtigung der Verhandlungsmacht der Unternehmung i. S. Porters so gestaltet werden, dass die Ansprüche aller bzw. vieler Teilnehmern berücksichtigt werden können. Um einen möglichst hohen Anteil der Wertschöpfung zu erhalten, muss sie sich allerdings darum bemühen, wichtige Kontrollpunkte zu besetzen, die die Verteilung der Wertschöpfung maßgeblich beeinflussen und bestimmen (vgl. Diller et al. 2021, S. 218 ff.).

In horizontaler Richtung sind preisbezogene Kooperationen in Form von Preiskartellen verboten.

15.6 Festlegung des Preis- und Konditionensystems

Preis- und Konditionensysteme legen die grundlegenden Vorgehensweisen des Unternehmens in der Preispolitik fest. Da entsprechende Entscheidungen z. T. grundsätzlicher Natur sind und verschiedene andere Aspekte der Strategieformulierung der Unternehmung betreffen bzw. unterstützen, müssen sie im Rahmen eines strategischen Preismanagements geplant und durchgesetzt werden. Für das Preissystem sind Erlösquellen, Preisformen, Zahlungsmedien und die Preisfindung zu bestimmen. Das Konditionensystem entscheidet über Rabatte, Liefer- und Zahlungsbedingungen sowie Absatzkredite.

Preis- und Konditionensysteme

- bilden eine Möglichkeit der Differenzierung im Wettbewerb und können einen Beitrag zu den konkurrenzbezogenen Strategien der Unternehmung leisten,
- eignen sich, um die Markttransparenz zu steuern,
- unterstützen kundenbezogene Strategien (z. B. Kundenbindungsstrategien im Rahmen des CRM),
- können in handelsbezogene Strategien integriert werden (vgl. Abschn. 12.3.2.4),
- werden zur Preisdifferenzierung (vgl. Abschn. 15.4) eingesetzt usw.

15.6.1 Preissystem

15.6.1.1 Bestimmung der Erlösquellen

Bzgl. der Erlösquellen kann ein einseitiges oder zweiseitiges Preissystem gewählt. Bei **einseitigen Preissystemen** generiert die Unternehmung Erlöse durch ihre Endkunden. Es kann sich dabei um andere Unternehmen, Behörden, Händler oder private Haushalte und Kunden handeln. Bei einem **zweiseitigen Preissystem** ergeben sich für die Unternehmung durch die Herstellung bzw. den Vertrieb einer Kernleistung Möglichkeiten zum Verkauf von Nebenleistungen wie z. B. Werbefläche, Kundendaten usw. an andere Kunden.

▶ Ein Schrotthändler erhält einen Preis für die Entsorgung von Gegenständen. Ggf. kann er einzelne Gegenstände aufbereiten und weiterverkaufen.

Ein niedriger Preis erhöht den Absatz der Kernleistung und damit auch die Möglichkeiten zu einem erhöhten Absatz der Nebenleistung. Geringere Deckungsbeiträge bei der Kernleistung durch niedrigere Preise können durch höhere Deckungsbeiträge der Nebenleistung ggf. kompensiert werden (vgl. Simon und Fassnacht 2016, S. 588).

15.6.1.2 Preisdimensionen und -formen

Preise können ein- oder mehrdimensional gestaltet sein. Bei **eindimensionalen Preisen** gilt für eine Leistung (unbeschadet der Preisdifferenzierung) ein festgesetzter Preis. Als Vorteil dieser Art der Preisfestsetzung für die Unternehmung gelten die Möglichkeiten zur Mischkalkulation zwischen verschiedenen Preiskomponenten. Zudem ergeben sich verbesserte Möglichkeiten zum kalkulatorische Ausgleich. Die Kosten für die Erstellung und die Verwaltung von Preisen werden reduziert. Nicht zuletzt kann die Unternehmung bei transparenten, eindimensionalen Preisen Einfluss auf die Intensität des Wettbewerbs auf dem Markt nehmen. Für den Kunden reduzieren sich die Suchkosten, wenn er nicht nach den verschiedenen Preiskomponenten einer Unternehmung suchen muss. Nachteilig wirken sich aus Unternehmenssicht die einfacheren Möglichkeiten des Preisvergleichs der Kunden zwischen unterschiedlichen Anbietern aus. **Mehrstufige Preissysteme** nutzen neben einem Grundpreis (Preissockel) weitere (z. B.

nutzungsbezogene) Preiskomponente. Vorteile mehrstufiger Preissysteme für die Unternehmung sind Kundenbindungseffekte durch den Grundpreis, der Kunden davon abhält, Konkurrenzangebote nachzufragen. Es sind verschiedenartige Möglichkeiten der Preisdifferenzierung möglich. Insgesamt sinkt die Preistransparenz des Kunden und seine Möglichkeit, Preise verschiedener Anwender unmittelbar zu vergleichen. Davon können vor allem bekannte Unternehmen profitieren. Preisagenten und Suchmaschinen, die die preisgünstigsten bzw. preiswürdigsten Angebote auf einem Markt ermitteln, relativieren diesen Effekt (vgl. Diller et al. 2021, S. 280 f.). Auch die Preistransparenz gegenüber den Konkurrenten wird eingeschränkt. Über den Grundpreis wird die Liquidität der Unternehmung und ihre Planungssicherheit erhöht. Nachteilig wirken sich erhöhte Suchkosten für den Kunden aus (Zeitaufwand und kognitive Anstrengungen), die eine Neukundenakquisition behindern können. Auch **Preisbaukäste** (Partitioned Pricinng) können letztlich zu mehrstufigen Preissystemen führen (vgl. Tran 2020, S. 1 f.). Sie bestehen aus einer Kernleistung und zusätzlichen Produkt- und Servicekomponenten (Schulung, Garantie, Finanzierung), die der Kunde fakultativ dazukaufen kann. Bekannt durch Sonderausstattungen in der Automobilindustrie werden derartige Modelle heute auch bei Reiseanbietern, Fluggesellschaften usw. genutzt. Vorteile von Preisbaukästen beziehen sich auf die Individualisierung von Leistungen und Preisen mit positiven Effekten auf die Kundenakquisition und Kundenbindung. Die Komplexität und damit verbundene Komplexitätskosten der Unternehmung steigen jedoch. Als Nachteil aus Kundensicht kann die verringerte Preistransparenz verbunden mit höheren Suchkosten bezeichnet werden.

Preisformen legen die die Bezugsbasis des Preises fest (vgl. Diller et al. 2021, S. 272 ff.). Neben dem Pauschalpreis und dem Warenpreis können als Bezugsbasis die Menge, der Umsatz und die Wirkung beim Kunden herangezogen werden.

Pauschalpreise decken alle von der Unternehmung zu erbringenden Leistungen ab (z. B. der schlüsselfertige Bau eines Hauses). Als eine Sonderform des Pauschalpreises kann die **Flatrate** gelten (vgl. Simon 2017, S. 270 ff.). Sie erlaubt es dem Kunden, ein Angebot unbegrenzt zu nutzen (All you can eat, Dauerkarten, Pauschalpreise bei Telekommunikationsunternehmen, usw.). Bei einem **Flottenmodell,** als eine andere Variante des Pauschalpreises, stellt die Unternehmung dem Kunden für eine fixe Gebühr einen definierten Gerätepark in einem vereinbarten Zeitraum zur Verfügung.

Der Kunde erhält mit einem Pauschalpreis Preissicherheit und fühlt sich unabhängig vom eigenen Verhalten und dem Verhalten des Anbieters. Die Unternehmung hat für einen bestimmten Zeitraum bzw. für eine Aktion Umsatzsicherheit. Ein Pauschalpreis ist für die Unternehmung geeignet, wenn der Leistungsumfang und die Kosten der Leistung ex ante genau bestimmt werden können. Wenn bei der Erstellung einer Leistung unvorhersehbare Risiken und damit zusätzliche, nicht kalkulierbare Risiken entstehen, steigt die Gefahr, dass über den Pausschalpreis die Kosten nicht gedeckt werden und die Unternehmung Verluste erleidet. Flatrates sind aus Unternehmenssicht sinnvoll, wenn die Kosten des Mehrkonsums der Kunden durch sinkende Transaktionskosten, der Realisation von Imageeffekte sowie durch eine vereinfachte Kundenakquisition und –bindung kompensiert werden. Gleichzeitig sollte die Unternehmung Grenzkosten nahe null aufweisen bzw. das Angebot begrenzbar sein (wie z. B. beim Buffet). Probleme können sich ergeben, wenn die Flatrate niedrig angesetzt wird, um möglichst viele Kunden anzusprechen, jedoch die Erlöse sinken. Auch bei Grenzkosten von Null könnte eine massive Ausweitung der Nutzung einer Leistung durch die Kunden zu Kapazitätserweiterungen zwingen und damit zu sprungfixen Kosten führen. Insofern ist das Nutzungsintensität der Kunden im Vorfeld genau zu analysieren und zu prognostizieren.

Warenpreise sind das Entgelt, das ein Kunde bezahlen muss, der ein Fertigprodukt erwirbt. Sie sind bei Verbrauchs- und Gebrauchsgütern üblich.

Der **mengenabhängige Preis**, der z. B. bei dem Pay-per-use- Konzept auftritt, berechnet das Entgelt für den Kunden auf der Basis des Verbrauchs (z. B. Stück, Liter, Arbeitszeit) bzw. nutzungsabhängig wie z. B. in Sharing-Modellen.

Umsatzabhängige Preise werden als Provisionen bezeichnet. Ein Kunde (z. B. eine Versicherung, ein Internethändler etc.) nutzt die Ressourcen eines Partners (z. B. eines Maklers, einer Internetplattform) und bezahlt diesen auf der Basis seines dadurch erzielten Umsatzes. Ähnlich sind leistungsabhängige Preise. Sie greifen an der Wirkung der Leistung eines Anbieters beim Kunden an (z. B. Kostensenkung bzw. Gewinnsteigerung einer Unternehmung durch Consulting-Leistungen, Steuerersparnis eines Kunden durch Steuerberatung etc.). Die Risikoreduktion, die damit für den Kunden eintritt, kann seine Zahlungsbereitschaft steigern.

15.6.1.3 Preisbildung

Die Preisbildung legt Regeln zur Bestimmung des letztgültigen Preises fest. In Abhängigkeit der Verhandlungsmacht können die Regeln durch den Anbieter oder durch den Nachfrager einseitig festgelegt werden. Zudem könne die Preise zwischen beiden Transaktionspartnern ausgehandelt werden.

Bei **Listen- oder Katalogpreisen** legt die Unternehmung fixe Preise fest, die ein Kunde akzeptieren oder ablehnen kann (vgl. Kollmann 2013, S. 124 f.). Die Preisbildung ist für Unternehmen sinnvoll, die ein sehr großes Angebotsprogramm bzw. Sortiment (Handel) besitzen, bei dem andere Formen der Preisfestsetzung einen nicht vertretbaren Aufwand bedeuten würden. Für Bücher, Zeitungen und Zeitschriften sowie verschreibungspflichtige Arzneimittel sind Listenpreise gesetzlich vorgeschrieben. Der Vorteil von Listenpreisen liegt in ihrem geringen Aufwand. Zudem wird die Kannibalisierung verschiedener Vertriebskanäle vermieden bzw. beschränkt (z. B. unterschiedliche Preise im stationären Handel und im Online-Handel). Nachteilig wirkt sich aus, dass unterschiedliche Preisbereitschaften der Kunden nicht abgeschöpft werden (vgl. zu Möglichkeiten der Preisdifferenzierung Abschn. 15.4.2). Bei einem hohen Listenpreis wird eine Vielzahl von potenziellen Käufern nicht erreicht, bei einem zu niedrigen Listenpreis sinken die Gewinne der Unternehmung. Zudem bleibt zu berücksichtigen, dass Absatzmittler durch diverse Preisaktionen das Ziel einheitlicher Preise konterkarieren können (vgl. Homburg 2020, S. 730).

Bei einem **Reverse Pricing** geben Kunden ein Preisgebot ab, dass die Unternehmung annehmen kann (vgl. Skiera und Spann 2003, S. 638, Diller et al. 2021, S. 279). Das Reverse Pricing wird u. a. bei Pay-your-own –Preis und dem Pay-what you want-Prinzip eingesetzt. Der Vorteil des Reverse Pricing besteht darin, dass der Kunde seine Preisbereitschaft offenlegt. Voraussetzung ist allerdings, dass die Preiswilligkeit der Unternehmung nicht transparent ist.

Preisverhandlungen sind besonders im Industriegüterbereich, aber auch zwischen Herstellern und dem Handel üblich (vgl. Voeth und Herbst 2015, S. 538; Capune und Crones 2003, S. 643 ff.). Die Bedingungen einer Transaktion werden dort i. d. R. nicht einseitig durch einen Transaktionspartner festgelegt, sondern sind Gegenstand von Verhandlungen (vgl. Simon und Fassnacht 2016, S. 475). Auf Industriegütermärkten besitzen Kunden in Abhängigkeit des Geschäftstyps (vgl. Backhaus und Muehlfeld 2015, S. 94 ff.) häufig einen individuellen Bedarf und das Wertvolumen der Transaktion ist aus Anbieter- und Nachfragesicht relativ groß. Im Projekt- und Integrationsgeschäft, in denen individuelle Leistungen für den Kunden erbracht werden, sind in Verhandlungen der Preis und die Ausgestaltung der Leistung gleichberechtigt festzulegen. Insbesondere in diesen Fällen sollte die Unternehmung bei Preisverhandlungen den Wertaspekt ihre Leistung in den Vordergrund rücken (vgl. Schrank und Litschke 2002, S. 46).

Die wissenschaftliche Auseinandersetzung mit dem Thema Preisverhandlung basiert auf allgemeinen theoretischen und managementbezogenen Ansätzen. Zu den allgemein theoretischen Ansätzen zählen die Spieltheorie und verhaltenswissenschaftliche Modelle (vgl. Simon und Fassnacht 2016, S. 475; Voeth und Rabe 2004, S. 1020 ff.). Spieltheoretische Ansätze versuchen potenzielle Verhandlungsergebnisse zu analysieren und zu optimieren. Verhaltenswissenschaftliche Ansätze beschäftigen sich mit den Einflussgrößen des Verhandlungsergebnisses und leiten daraus Handlungsempfehlungen für Preisverhandlungen ab. In managementbezogenen Ansätze wird der Verhandlungsprozess in den Mittelpunkt gestellt (vgl. Voeth und Herbst 2015, S. 540). Die Phasen sind jeweils mit einer Reihe von Aufgaben verbunden.

Insbesondere sind die Ziele und Strategien der Preisverhandlung zu bestimmen (vgl. Voeth und Herbst 2015, S. 546). Bezogen auf die Ziele muss die Unternehmung ihre Preisuntergrenze festlegen, deren Unterschreitung zum Abbruch der Preisverhandlung führen würde. Diesem wird der gewünschte Preis, der sich aus der Verhandlung ergeben sollte, gegenübergestellt. Gleichzeitig sollte sich die Unternehmung über den Höchstpreis des Kunden Gedanken machen, den dieser gerade noch akzeptiert, sowie über den Preis, den der Kunde in den Verhandlungen anstrebt. Häufig bestimmen Preise der Konkurrenten für vergleichbare Leistungen die Preisobergrenze des Kunden. Da im Projekt- und Integrationsgeschäft Konkurrenzpreise nicht vorliegen, kann die Preisobergrenze des Kunden aus Vergangenheitsdaten bzw. aus Verhandlungen zu anderen Leistungen der Unternehmung mit dem Kunden oder aus Verhandlungen mit vergleichbaren Kunden abgeschätzt werden.

Soweit der Höchstpreis des Kunden geringer ist als die Preisuntergrenze der Unternehmung ist eine Verhandlungslösung unmöglich. Soweit dies nicht der Fall ist, bildet

15.6 Festlegung des Preis- und Konditionensystems

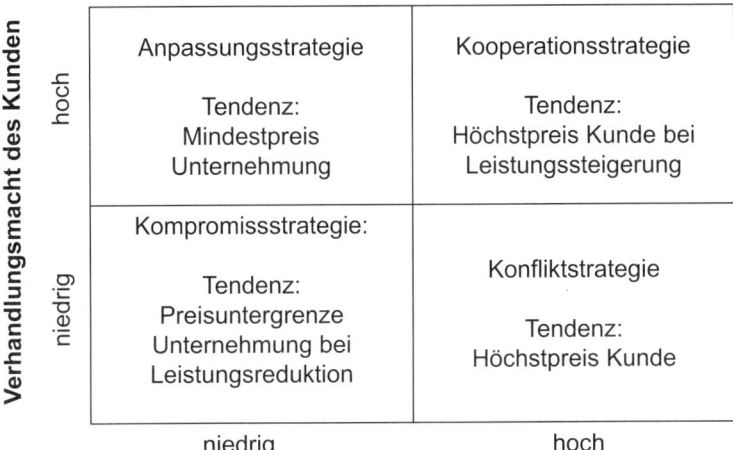

Abb. 15.20 Preisverhandlungsstrategien

die Spanne zwischen der Preisuntergrenze der Unternehmung und dem Höchstpreis, den der Kunde zahlt, den Verhandlungsspielraum. In Abhängigkeit der Verhandlungsmacht der Unternehmung auf der einen Seite und des Kunden auf der anderen bieten sich verschiedene Verhandlungsstrategien an (vgl. Abb. 15.20):

- Ist die Verhandlungsmacht des Kunden größer als die Verhandlungsmacht der Unternehmung wird sich der Preis bei einer **Anpassungsstrategie** der Unternehmung tendenziell in Richtung Preisuntergrenze der Unternehmung bewegen.
- Ist umgekehrt die Verhandlungsmacht der Unternehmung größer als die Verhandlungsmacht des Kunden wird die Unternehmung versuchen, in einer **Konfliktstrategie** dessen Preisbereitschaft abzuschöpfen und einen Preis in der Nähe des Höchstpreises des Kunden durchzusetzen.
- Besitzen beide Verhandlungspartner Macht empfiehlt sich eine **Kooperationsstrategie**. Durch eine verbessertes Leistungsangebot der Unternehmung aus Kundensicht, das den Nutzen des Kunden vergrößert, kann die Unternehmung einen Preis aushandeln, der tendenziell in der Nähe des Höchstpreises des Kunden liegt.
- Soweit die Verhandlungsmacht von beiden Partnern gering ist, bewegt sich mit einer **Kompromissstrategie** der Preis bei einer Reduktion der Leistung in Richtung Preisuntergrenze der Unternehmung.

Neben Verhandlungen erfolgt die Preisfindung im Industriegüterbereich häufig im Rahmen von **Ausschreibungen bzw. Submissionen.** Diese weisen einige Merkmale auf (vgl. Bornemann und Hattula 2015, S. 558):

- Ein Auftraggeber formuliert eine detaillierte Auftragsbeschreibung,
- mehrere Bieter (Unternehmen) geben Gebote ab,
- die Angebotseröffnung erfolgt simultan,
- es besteht keine Möglichkeit der Nachverhandlung, um auf Preisgebote der Konkurrenz zu reagieren.

Die Regelungen werden bei Ausschreibungen der öffentlichen Hand rigide eingehalten. In der Privatwirtschaft wird von diesem „Sealed-Bid-first-Price"-Prinzip auch abgewichen und es sind weitere Angebotsrunden und Nachverhandlungen möglich (vgl. Simon und Fassnacht 2016, S. 470). Bei einer **offenen Ausschreibung** können alle interessierten Unternehmen auf eine öffentliche Bekanntmachung reagieren. Bei einer **beschränkten Ausschreibung** werden nur ausgewählte Unternehmung über das Verfahren informiert.

Formal versucht ein Kunde mit der Ausschreibung bzw. Submission den Anbieter mit der niedrigsten Preisuntergrenze ausfindig zu machen. Eine Unternehmung muss zum einen entscheiden, ob sie an der Ausschreibung teilnimmt. Zum anderen muss im Falle der Teilnahme das Preisangebot bestimmt werden. Die Gründe der Teilnahme an der Ausschreibung können den Angebotspreis beeinflussen.

Zur Bestimmung des Angebotspreises können spieltheoretische Ansätze genutzt werden, die allerdings in der Praxis wenig Verbreitung finden (vgl. Bornemann und Hattula 2015, S. 572). Häufiger genutzte, entscheidungstheoretische Ansätze (vgl. Alznauer und Kraft 2004, S. 1064) gehen davon aus, dass die Preisfestsetzung der Anbieter unabhängig voneinander erfolgt. Zugleich wird allen Anbietern ein rationales Verhalten unterstellt. In das Entscheidungsmodell zur Preisfindung fließen dann die Zielfunktion der Unternehmung, die Kosten ihrer Angebotserstellung und der Leistungserstellung, das Verhalten der Konkurrenz (Wahrscheinlichkeiten der Preisfestsetzung der Konkurrenten) sowie die Vergabekriterien ein (vgl. Simon und Fassnacht 2016, S. 471 ff.).

Der Angebotspreis wird dann häufig auf der Basis des Erwartungswertes des Gewinns bzw. des Deckungsbeitrags, der mit der Ausschreibung verbunden ist, bestimmt. Dieser hängt vom eigenen Preis und den Kosten der Unternehmung sowie von der Wahrscheinlichkeit ab, dass der eigene Preis niedriger ist als die Preise der Konkurrenten. Es wird jener Preis gewählt, bei dem der Erwartungswert des Gewinns bzw. des Deckungsbeitrags am höchsten ist.

Auktionen wurden bisher insbesondere für Leistungen wie Kunstgegenständen und Antiquitäten durchgeführt, deren Marktpreis ex ante nur schwer bestimmbar ist (vgl. Kollmann 2013, S. 136). Mit der wachsenden Bedeutung des Internets können **Online-Auktionen** zunehmend auch für den Verkauf von homogenen Leistungen genutzt werden, bei denen der Preis das einzige oder das wichtigste Kriterium der Kaufentscheidung darstellt. Dabei sind verschiedene Varianten denkbar (vgl. Kollmann 2013, S. 136 ff.): Bei **Reverse-Auctions** wird eine fest definierte Leistung von einem Einkäufer auf einem elektronischen Marktplatz ausgeschrieben. Verschiedenen Anbieter können sich im Auktionszeitraum mit ihrem Preis unterbieten. Da gebotene Preise bekannt sind, entfacht sich

15.6 Festlegung des Preis- und Konditionensystems

ein Preiswettbewerb, wobei der niedrigste Preis den Zuschlag erhält (vgl. Kollmann 2019, S. 216 f.). Mit der **englischen Auktion** wird eine exakt beschriebene Leistung in einem bestimmten Zeitraum zum Verkauf angeboten. Käufer können mit ihren Preisangeboten im Auktionszeitraum einen Mindestpreis überbieten, wobei der höchste gebotene Preis den Zuschlag erhält. Bei der **holländischen Auktion** setzt der Verkäufer einen (meist überhöhten) Preis fest, den Käufer im Zeitablauf der Auktion unterbieten. Der Verkäufer beendet die Auktion, wenn er den gerade gebotenen Preis annimmt. Bei einer **verdeckten Höchstpreis-Auktion** werden von den Käufern Gebote für eine Leistung abgeben, die anderen Bietern unbekannt bleiben. Nach Ende der Auktionszeit erhält der Bieter mit dem höchsten Gebot den Zuschlag. **Vickrey–Auktionen** verlaufen wie verdeckte Höchstpreis-Auktionen ab. Es erhält derjenige mit dem höchsten Gebot den Zuschlag, er muss aber nur den Preis des zweithöchsten Gebots bezahlen.

Online-Auktionen besitzen den Vorteil, dass weltweit eine große Zahl von Bietern angesprochen wird. Die Preisbereitschaft der Kunden wird weitgehend abgeschöpft. Im Vergleich zu realen Marktplätzen können die Transaktionskosten sinken. Nachteilig wirken sich ggf. die spezifisch mit der Auktion verbundenen Aufwendungen und Kosten aus (z. B. Kosten des Auktionators). In Abhängigkeit der Variante werden die Preisbereitschaft der Kunden bzw. die Preisvorstellungen der Unternehmung transparent.

15.6.2 Konditionensystem

▶Konditionen sind Vereinbarungen zwischen Anbietern und Nachfragern, die an bestimmte Umstände geknüpft sind, und durch die die übliche Standardbemessung von Abnehmer- oder Nachfragerleistungen modifiziert werden(vgl. Steffenhagen 2001, S. 797; Steffenhagen 2004, S. 146 ff.).

Als Umstände gelten Besonderheiten des Kunden (z. B. Rentnerrabatte), der spezifischen Transaktion (z. B. Mindermengenzuschläge), spezielle transaktionsbezogene Verhaltensweisen des Kunden oder gewünschte Sonderleistungen des Kunden. Konditionen besitzen verschiedene Funktionen (vgl. Steffenhagen 2003, S. 581 f.; Krämer et al. 2003, S. 555 ff.):

- Sachorientierung in Preisverhandlungen,
- Leistungsmotivation von Handelspartnern,
- sortimentsbezogene (Umsatz-)Strukturförderung,
- preispolitische Feinsteuerung,
- Kundenakquisition und –bindung,
- Verbesserung der Preisgünstigkeitsbeurteilung,
- Informationssammlung,

- Wettbewerbsabwehr,
- Effizienzsteigerung.

Elemente eines Konditionensystems sind Rabatte, Liefer- und Zahlungsbedingungen sowie Absatzkredite (vgl. Meffert et al. 2019, S. 561 ff.). Entscheidungen sind zu treffen zu (vgl. Steffenhagen 2003, S. 580 f.)

- dem Geltungsbereich des Systems (Leistungsprogramm, Leistungen, Kunden, Regionen etc.),
- den Konditionenarten nach Anlass einer Konditionengewährung,
- den Formen der Kondition,
- der Bezugsbasis der Konditionengewährung,
- der Höhe und Dimension der Konditionengewährung (Prozentsatz einer Bezugsgröße, absoluter Geldbetrag),
- der Vergütungsweise und dem Zeitpunkt der Konditionenabrechnung.

Rabatte sind Nachlässe auf den Listenpreis, die bei Rechnungsstellung gewährt werden. Boni sind Preisnachlässe, die nachträglich gewährt werden, wenn in einem vorher vereinbarten Zeitraum festgelegte Voraussetzungen erfüllt wurden.

Rabatte können unterschiedlich klassifiziert werden (vgl. Meffert et al. 2019, S. 561 ff.). In einer ersten Stufe werden Wiederverkäufer- und Verbraucherrabatte unterschieden. Wiederverkäuferrabatte können weitergehend in Funktions-, Mengen-, Zeit- und Treurabatte eingeteilt werden (vgl. Abschn. 12.3.2.4). Einige der Rabattformen für den Handel lassen sich auch im Industriegütermarketing finden (vgl. Backhaus und Voeth 2014, S. 259 ff.). Bei der Preisstellung für private Endkunden spielen Rabatte eine tendenziell geringere Bedeutung. Bekannt sind Rabattmarken und Rückvergütungen. Auch Coupons und Payback-Systeme können als Form des Rabatts betrachtet werden (vgl. Diller et al. 2021, S. 433 ff.) . Die Unternehmung kann durch Rabatte Preise individualisieren und das Käuferverhalten z. T. steuern. Dies wird z. B. bei auftragsbezogenen Mengenrabatten deutlich, bei denen der Kunde ggf. mehr bestellt, um eine Rabattschwelle zu überschreiten. Probleme für die Unternehmung können sich durch die zunehmende Komplexität des Rabattsystems ergeben. Zudem wird es schwierig, einmal gewährte Rabatte zurückzunehmen, wenn der Kunde einen de facto niedrigen Preis gewöhnt ist. Die Unternehmung darf sich vor diesem Hintergrund niemals darüber hinwegtäuschen, dass Rabatte und Boni Preisreduktionen mit allen damit verbundenen Konsequenzen sind.

Lieferbedingungen bestimmen den Umfang der Lieferverpflichtung des Herstellers. Bedeutsam sind der Gefahren- und Kostenübergang von der Unternehmung auf den Kunden. Über die Aufteilung von Versicherungs- und Frachtkosten sowie Porti kann die Unternehmung Preise (i. S. von Gesamtkosten des Kunden) differenzieren. Die Unternehmung kann das Kundenverhalten ggf. beeinflussen, wenn sie die Übernahme von

15.6 Festlegung des Preis- und Konditionensystems

Lieferverpflichtungen z. B. an Mindestbestellmengen (mengen- bzw. wertmäßig) bindet. Zu den Lieferbedingungen können auch Regelungen zu Konventionalstrafen sowie Umtausch- und Garantieregelungen gehören. Soweit Lieferbedingungen in den Allgemeinen Geschäftsbedingungen oder den Incoterms geregelt werden und branchenweite Gültigkeit besitzen, ist eine Profilierung gegenüber der Konkurrenz nicht möglich.

Zahlungsbedingungen betreffen insb. den Kunden und beziehen sich auf (vgl. Meffert et al. 2019, S. 564 f.)

- die Zahlungsmittel und Währung der Bezahlung,
- die Vereinbarungen zu Gesamt- oder Ratenzahlungen,
- Zahlungsziele (Zeitpunkt der Zahlung)
- Regelungen zu Zahlungsrisiken.

Als **Zahlungsmittel** kommen Geld sowie Güter und Dienstleistungen in Kompensationsgeschäften infrage. Bei **Geldzahlungen** ist ggf. die Währung zu bestimmen. Bei einer Bezahlung in ausländischer Währung sind Inflationsrisiken, Liquiditätsrisiken und Konversionsrisiken zu berücksichtigen (Berndt et al. 2020, S. 356 ff.; Backhaus und Voeth 2010, S. 162). Die Unternehmung sollte darauf achten, die Bezahlung in einer möglichst stabilen Währung durchzusetzen. Mit dem E-Business gewinnen zunehmend **Kryptowährungen** (Bitcoin, Ethereum, Moreno) an Bedeutung (vgl. Kollmann 2019, S. 317 f.). Sie sind unabhängig von einzelnen Staaten, deren Geldpolitik sowie von Finanzintermediären (Zentral- und Geschäftsbanken). Sie nutzen die Blockchain-Technologie. Als Vorteile der Kryptowährung gelten die Reduktion der Transaktionskosten und Transaktionszeiten. Das Geld des Kunden ist – ohne Bankgebühren – innerhalb von wenigen Minuten auf dem Konto der Unternehmung. Probleme können sich durch starke Kursschwankungen der Kryptowährung sowie durch nicht nachvollziehbare Zahlungswege und der Anonymität der beteiligten Akteure ergeben. **Kompensationsgeschäfte** besitzen insb. im internationalen Handel eine Bedeutung, wenn Kunden nicht über genügend Devisen verfügen, um ein Geschäft abzuschließen (vgl. Ivens 2003, S. 170 f.).

Absatzkredite sollen den Absatz der Unternehmung fördern, indem neue Kunden gewonnen und die Nachfrage bisheriger Kunden nach Leistungen der Unternehmung intensiviert wird (vgl. Meffert et al. 2019, S. 565 f.). In Form von **Absatzgeldkrediten** leistet die Unternehmung Geldzahlungen (oder vermittelt diese), die nicht an den Bezug der Leistungen der Unternehmung gebunden ist. Ziele ist die Stabilisierung des Absatzpotenzials des Kunden. Der Einrichtungskredit wird für die Beschaffung von Einrichtungs- und Ausrüstungsgegenständen gebunden, die die Verwendung bzw. den Verkauf der Leistung der Unternehmung fördern. Bekannt sind Kredite von Brauereinen an Gaststätten zur Finanzierung der Einrichtung. **Absatzgüterkredite** sind an den Bezug der Leistung der Unternehmung gebunden. Beim Leasing wird beim Kauf eine Anzahlung geleistet, der monatliche Leasinggraten über einen längeren Zeitraum folgen. Am Ende der Leasingdauer kann die Leistung zurückgegeben oder gekauft werden. Absatzgüterkredite sind für Kunden sinnvoll, denen geringe periodenbezogene Auszahlungen wichtiger sind als der Endverkaufspreis, sodass sie auch höherpreisige Leistungen kaufen (vgl. Diller et al. 2021, S. 385 f.)

Literatur

Albers, S.; Mantrala, M. K.; Sridhar, S. (2010): Personal Selling Elasticities: A Meta-Analysis. In: Journal of Marketing Research 47(5), S. 840–853

Alznauer, T.; Krafft, M. (2004): Submissionen. In: Backhaus, K.; Voeth, M. (Hrsg.): Handbuch Industriegütermarketing. Strategien-Instrumente-Anwendungen. Gabler, Wiesbaden, S.1057–1078

Anderson, C. (2009): The Long Tail. Nischenprodukte statt Massenmarkt. dtv, München

Backhaus, K.; Erichson, B.; Plinke, W.; Weiber, R. (2018): Multivariate Analysemethoden: 15. Aufl., Springer-Gabler, Berlin; Heidelberg

Backhaus, K.; Muehlfeld, K. (2015): Geschäftstypen im Industriegütermarketing. In: Backhaus, K.; Voeth, M. (Hrsg.): Handbuch Business-to- Business-Marketing: 2. Auflage, Springer Gabler, Wiesbaden, S. 93–120

Backhaus, K; Voeth, M. (2010): Internationales Marketing, 6. Aufl., Schäffer-Poeschel Verlag, Stuttgart

Backhaus, K.; Voeth, M. (2014): Industriegütermarketing: 10. Aufl., Franz Vahlen, München

Balderjahn, I. (2003): Erfassung der Preisbereitschaft. In: Diller, H.; Hermann, A. (Hrsg.): Handbuch Preispolitik. 2. Aufl., Betriebswirtschaftlicher Verlag Th. Gabler, Wiesbaden, S. 387–404

Becker, J. (2019): Marketing-Konzeption. 11. Aufl., Vahlen, München

Benkenstein, M.; Uhrich, S. (2009): Strategisches Marketing. 3. Aufl., W. Kohlhammer, Stuttgart

Berg, H. (1984): Automobilindustrie. In: Oberender, P. (Hrsg.): Marktstruktur und Wettbewerb in der Bundesrepublik Deutschland. Vahlen, München, S.169–215

Berndt, R., Fantapié Altobelli, C.; Sander, M. (2020): Internationales Marketing-Management, 6. Aufl., Springer Gabler, Berlin.

Bliemel, F.; Adolphs, K. (2003): Wertorientierte Preisstrategien. In: Diller, H.; Hermann, A. (Hrsg.): Handbuch Preispolitik. 2. Aufl., Betriebswirtschaftlicher Verlag Th. Gabler, Wiesbaden, S. 137–154

Bornemann, T.; Hattula, S. (2015): Submissionen. In: Backhaus, K.; Voeth, M. (Hrsg.): Handbuch Business-to-Business-Marketing. Grundlagen, Geschäftsmodelle, Instrumente des Industriegütermarketing. 2. Aufl., Springer Gabler, Wiesbaden, S. 557–579

Bruhn, M. (2022): Marketing. Grundlagen für Studium und Praxis. 15. Aufl., Springer Gabler, Wiesbaden

Bruhn. M; Hadwich, K. (2017): Produkt- und Servicemanagement. 2. Auflage, Franz Vahlen, München

Brynjolfsson, E; Hu, Y. J.; Smith M. D. (2006): From Niches to Riches: The Anatomy of the Long Tail. https://www.researchgate.net/publication/228210776_From_Niches_to_Riches_The_Anatomy_of_the_Long_Tail/link/09e415111c1fbce862000000/download. Zugegriffen: 03. Januar 2021

Büschken, J. (2003): Nicht-lineare Tarife In: Diller, H.; Hermann, A. (Hrsg.): Handbuch Preispolitik. Betriebswirtschaftlicher Verlag Th. Gabler, 2. Aufl., Wiesbaden, S. 520–533

Capune, T.; Crones, J. (2003): Preisverhandlungen. In: Diller, H.; Hermann, A. (Hrsg.): Handbuch Preispolitik. 2. Aufl., Betriebswirtschaftlicher Verlag Th. Gabler, Wiesbaden, S. 643–665

Clarysse, B; Wright, M; Bruneel, J.; Mahajan, A. (o. J.): Creating Value in Ecosystems: Crossing the Chasm between Knoledge and Business Ecosystems https://spiral.imperial.ac.uk/bitstream/10044/1/18043/2/Research%20Policy_43_7_2014.pdf. Zugegriffen: 21. April 2021
Diller, H. (1999): Entwicklungslinien in Preistheorie und –management. In: Marketing ZFP 21 (1), S. 39–60
Diller, H. (2003a): Aufgabenfelder, Ziele und Entwicklungstrends der Preispolitik. In: Diller, H.; Hermann, A. (Hrsg.): Handbuch Preispolitik. 2. Aufl., Betriebswirtschaftlicher Verlag Th. Gabler, Wiesbaden, S. 3–32
Diller, H. (2003b): Preisinteresse und hybride Kunden. In: Diller, H.; Hermann, A. (Hrsg.): Handbuch Preispolitik. 2. Aufl., Betriebswirtschaftlicher Verlag Th. Gabler, Wiesbaden, S. 241–257
Diller, H. (2003c): Preiswahrnehmung und Preisoptik. In: Diller, H.; Hermann, A. (Hrsg.): Handbuch Preispolitik. 2. Aufl., Betriebswirtschaftlicher Verlag Th. Gabler, Wiesbaden, S. 259–283
Diller, H (2006): Wertschöpfung durch intelligente Preispolitik. In: Thexis 23 (3), S. 30–36
Diller, H. (2008): Preispolitik. 4. Aufl., Kohlhammer, Stuttgart
Diller, H.; Beinert, M.; Ivens, B.; Müller, S. (2021): Pricing. Prinzipien, und Prozesse der betrieblichen Preispolitik. Verlag W. Kohlhammer, Stuttgart
Dubois, B., Laurent, G., Czellar, S. (2001): Consumer rapport to luxury: analyzing complex and ambivalent attitudes. Working Paper 736, HEC School of Management, Paris. https://core.ac.uk/download/pdf/6276992.pdf. Zugegriffen: 02. Januar 2021
Eisenhardt, K., Galunic, D.C. (2000): Coevolving: At last a way to make synergies work. In: Harvard Business Review 78, S. 91–101
Esch, F.- R. (2019): Markenpositionierung als Grundlage der Markenführung. In: Esch, F.- R. (Hrsg.): Handbuch Markenführung. Springer Gabler, Wiesbaden, S. 201–234
Esch, F.- R.; Herrmann, A.; Sattler, H. (2017): Marketing. 5. Aufl.; Franz Vahlen-Verlag, München
Esch, F.- R.; Levermann, T. (1995): Positionierung als Grundlage des strategischen Kundenmanagements. In: Thexis 12 (3), S. 8–16
Fassnacht, M. (1996): Preisdifferenzierung bei Dienstleistungen: Implementa-tionsformen und Determinanten. Gabler, Wiesbaden
Fassnacht, M. (2003): Preisdifferenzierung. In: Diller, H.; Hermann, A. (Hrsg.): Handbuch Preispolitik. 2. Aufl., Betriebswirtschaftlicher Verlag Th. Gabler, Wiesbaden, S. 483–502
Fassnacht, M. (2009): Preismanagement: Eine prozessorientierte Perspektive. In: Marketing Review St. Gallen 26 (5), S. 8–13
Fassnacht, M. et al. (2013): Pricing Luxury Brands: Specificities, Conceptualization, and Performance Impact. In: Marketing ZFP – Journal of Research and Management 35 (2), S. 104–117.
Fehl, U.; Oberender, P. (2004): Grundlagen der Mikroökonomie. 9. Aufl., Franz Vahlen, München
Freter, H. (2008): Markt- und Kundensegmentierung. Kundenorientierte Markterfassung und -bearbeitung. 2., vollst. neu bearb. und erw. Aufl. Kohlhammer (Kohlhammer-Edition Marketing), Stuttgart
Gierl, H. (2003): Preislagenpolitik In: Diller, H.; Hermann, A. (Hrsg.): Handbuch Preispolitik, 2. Aufl., Betriebswirtschaftlicher Verlag Th. Gabler, Wiesbaden, S. 116–136
Gilbert, X.; Strebel, P. J. (1985): Outpacing Strategies. In: IMEDE -Perspectives for Managers 9 (2), S. 4–16
Gutenberg, E. (1979): Grundlagen der Betriebswirtschaftslehre. Bd. 1: Die Produktion. 23. Aufl.; Springer Verlag Berlin; Heidelberg; New York
Haas, A. (2003): Discounting als strategische Konzeption. In: Diller, H.; Hermann, A. (Hrsg.): Handbuch Preispolitik. 2. Aufl., Betriebswirtschaftlicher Verlag Th. Gabler Wiesbaden, S. 213–237
Hayward, S. (1990): Opportunities in the MiddleMarket. In: Marketing Research 2 (3), S. 65–67

Herrmann, A. (2003): Relevanz des Preismanagements für den Unternehmenserfolg. In: Diller, H.; Hermann, A. (Hrsg.): Handbuch Preispolitik. 2. Aufl., Betriebswirtschaftlicher Verlag Th. Gabler, Wiesbaden, S. 33–45

Hinterhuber, A. (2008): Customer Value-Based Pricing Strategies. Why CompaniesResist. In: Journal of Business Strategy 29 (5), S. 41–50

Hofstätter, R.; Miller, K. (2009): Bessere Preisentscheidungen durch Messung der Zahlungsbereitschaft. In: Marketing Review St. Gallen 26 (5), S. 32–37

Homburg, Chr. (2020): Marketing Management. 7. Aufl. Gabler Springer, Wiesbaden

Homburg, C., Koschate, N. (2005a): Behavioral Pricing-Forschung im Überblick – Teil 1. In: Zeitschrift für Betriebswirtschaft 75 (4), S. 383–423

Homburg, C., Koschate, N. (2005b): Behavioral Pricing-Forschung im Überblick – Teil 2. In: Zeitschrift für Betriebswirtschaft 75 (5), S. 501–524

Howard, J. A.; Sheth, J. N. (1969): The Theory of Buyer Behavior. Wiley, New York

Ivens, B. S. (2003): Internationales Preismanagement. In: Diller, H.; Hermann, A. (Hrsg.): Handbuch Preispolitik. 2. Aufl., Betriebswirtschaftlicher Verlag Th. Gabler, Wiesbaden, S. 155–176

Kaas, K.- P. (1990): Langfristige Werbewirkung und Brand Equity. In: Werbeforschung und Praxis 3, S.48–52

Kaas, K.- P. (2001): Käuferverhalten, Konsumentenverhalten. In: Diller, H. (Hrsg.): Vahlens Großes Marketinglexikon. 2. Aufl., Verlag Franz Vahlen GmbH, München, S. 752–755

Kaas, K.- P.; Busch, A. (1996): Inspektions-, Erfahrungs- und Vertrauensei-genschaften von Produkten: Theoretische Konzeption und empirische Validierung. In: Marketing ZFP – Journal of Research and Management 18 (4); S 243–252

Klenk, P; Potthoff, P. F.; Göpfert (2009): Ganzheitliches Preismanagement: Trends und Lösungen in B2B-Märkten. In: Marketing Review St. Gallen 26 (5), S. 14–19

Köhler, R. (2001): Erfolgreiche Markenpositionierung angesichts zunehmender Zersplitterung von Zielgruppen. In: Köhler, R.; Majer, W.; Wiezorek, H. (Hrsg.): Erfolgsfaktor Marke. Neue Strategien des Markenmanagements. Verlag Vahlen, München, S. 45–61

Kollmann, T. (2013): Online-Marketing. 2. Aufl., W. Kohlhammer, Stuttgart

Kollmann, T. (2019): E-Business Grundlagen elektronischer Geschäftsprozesse in der Digitalen Wirtschaft. 7. Aufl.; Springer Gabler, Wiesbaden

Kotler, P.; Keller, K. L.; Opresnik, M. O. (2015): Marketing-Management. Konzepte – Instrumente – Unternehmensfallstudien; [inklusive MyLab, deutsche Version]. 14. aktualisierte Aufl., Pearson (Wirtschaft), Hallbergmoos

Kotler, P.; Kartajaya, H.; Setiawan, I. (2017): Marketing 4.0. Der Leitfaden für das Marketing der Zukunft. 1. Aufl., C ampus, Frankfurt

Krämer, A.; Bongaerts, R., Weber, A. (2003): Rabattsysteme und Bonusprogramme. In: Diller, H.; Hermann, A. (Hrsg.): Handbuch Preispolitik. 2. Aufl., Betriebswirtschaftlicher Verlag Th. Gabler, Wiesbaden, S. 551–574

Kreutzer, R.T. (2021): *Praxisorientiertes Online-marketing. Konzepte–Instrumente–Checklisten*, 4. Aufl. Wiesbaden: Springer Gabler.

Kroeber-Riel, W.; Gröppel-Klein, A. (2019): Konsumentenverhalten. 11. überarb., aktualisierte und erg. Aufl., Verlag Franz Vahlen, München

Kuß, A. (2003): Subjektive Preiskalküle und Nutzenpreise. In: Diller, H.; Hermann, A. (Hrsg.): Handbuch Preispolitik. 2. Aufl., Betriebswirtschaftlicher Verlag Th. Gabler, Wiesbaden, S. 285–302

Kuß, A.; Tomczak, T. (2007): Käuferverhalten. 4. Aufl., Lucius und Lucius, Stuttgart

Lasslop, I. (2005): Identitätsorientierte Führung von Luxusmarken. In: Meffert, H.; Burmann, C.; Koers, M. (Hrsg.): Markenmanagement. 2. Aufl., Betriebswirtschaftlicher Verlag Dr. Th. Gabler, Wiesbaden, S. 469–494

Levine, R.; Locke, C.; Searls, D.; Weinberger, D. (2000): Das Cluetrain-Manifest. 95 Thesen für die neue Unternehmenskultur im digitalen Zeitalter. Econ, München

Mahajan, V.; Banga, K. (2006): The 86 % Solution – How to Succeed in the Biggest Market Opportunity of the 21st. Century. Wharton School Publishing, New Jersey,

Meffert, H.; Bruhn, M.; Hadwich, K. (2018): Dienstleistungsmarketing. Grundlagen – Konzepte – Methoden. 9. Aufl., Springer Gabler, Wiesbaden

Meffert, H.; Burmann, Ch. ; Kirchgeorg, M; Eisenbeiß, M (2019): Marketing. 13. Aufl., Springer Gabler, Wiesbaden

Meffert, H.; Lasslop, I. (2004): Luxusmarkenstrategien. In: Bruhn, M. (Hrsg.): Handbuch Markenführung. 2. Aufl., Bd. 1, Betriebswirtschaftlicher Verlag Dr. Th. Gabler, Wiesbaden, S. 927–947

Meier, P. A.; Bula, P. (2009): Value-Pricing-Initiative bei Alstom-Kommerzialisierung von Wettbewerbsvorteilen. In: Marketing Review St. Gallen 26 (5), S. 20–25

Mellerowicz, K. (1963): Markenartikel – Die ökonomischen Gesetze ihre Preisbildung und Preisbindung. 2.Aufl., Beck, München/Berlin

Michel, S.; Pfäffli, P. (2009): Implementierungshürden des Value Based Pricing. In: Marketing Review St. Gallen 26 (5), S. 26–31

Mohr, H. (2013): Der Preismanagement-Prozess für Luxusmarken: Gestaltung und Erfolgsauswirkungen. Peter Lang, Frankfurt am Main

Möller-Hergt, ‚G.; Vogel, V. (2005): Preismanageent als Instrument der Mar-kenpositionierung. In: Ahlert, D.; Becker, B.; Evanschitzky, H.; Hesse, J.; Salfeld, A. (Hrsg.): Exzellenz in Markenmanagement und Vertrieb. Grundlagen und Erfahrungen. 2. Aufl., Gabler Wiesbaden, S. 20–35

Moore, J. F. (2005): Business ecosystems and the view from the firm. To be published in the Antitrust Bulletin, Fall 2005; file:///C:/Users/Vollert/Downloads/Business_ecosystems_and_the_view_of_the_firm.pdf. Zugegriffen: 28. April 2021

Oberender, P.; Fleischmann, J.; Engelmann, A. S. (2013): Einführung in die Mikroökonomik. 4. Aufl., PCO, Bayreuth

Pechtl, H. (2003): Logik von Preissystemen. In: Diller, H.; Hermann, A. (Hrsg.): Handbuch Preispolitik. 2. Aufl., Betriebswirtschaftlicher Verlag Th. Gabler, Wiesbaden, S. 96–91

Pisoni, A., Michelini, L.; Martignoni, G. (2018): Frugal approach to innovation: State of the art and future perspectives. In: Journal of Cleaner Production 171 (January), S. 107–126

Porter, M. E. (2010): Wettbewerbsvorteile. 7. Aufl., Campus, Frankfurt am Main, New York

Porter, M. E. (2013): Wettbewerbsstrategien. 12. Aufl., Campus, Frankfurt am Main, New York

Prahalad, C. K. (2010): The Fortune at the Bottom of the Pyramid. Financial Times Press, New Jersey

Priemer, V. (2003): Preisbündelung In: Diller, H.; Hermann, A. (Hrsg.): Handbuch Preispolitik. Betriebswirtschaftlicher Verlag Th. Gabler Wiesbaden, S. 503–519

Ries, A.; Trout, J. (2000): Positioning: The Battle for Your Mind. 20.th Anniversary Edition, McGraw-Hill, New York

Rifkin, J. (2014): Die Null Grenzkosten Gesellschaft: Das Internet der Dinge, kollaboratives Gemeingut und der Rückzug des Kapitalismus. Campus Verlag, Frankfurt

Rudolph, T.; Wagner, T. (2003): Preisimage-Poitik im Handel. In: Diller, H.; Hermann, A. (Hrsg.): Handbuch Preispolitik. 2. Aufl., Betriebswirtschaftlicher Verlag Th. Gabler, Wiesbaden, S. 177–198

Sander, M. (2019): Marketing-Management. 3. Aufl., UVK, München

Scheer, A.-W. (2016a): Nutzentreiber Digitalisierung. In: Informatikspektrum 39 (4). https://doi.org/10.1007/s00287-016-0975-4, S. 275–289

Scheer, A.-W. (2016b): Thesen zur Digitalisierung. In: Abolhassan, F. (Hrsg.): Was treibt die Digitalisierung? Springer Gabler, Wiesbaden, S. 48–61

Schneider, U. (2003): Preisänderung und Repositionierung. In: Diller, H.; Hermann, A. (Hrsg.): Handbuch Preispolitik. Betriebswirtschaftlicher Verlag Th. Gabler, 2. Aufl., Wiesbaden, S. 92–114

Schrank, R.; Litschke, M. (2002): B2B-Markt: Rationale Verhandlungen statt Preispoker. In: Absatzwirtschaft 45 (9), S. 46–51

Sebastian, K- H.; Maessen, A (2003): Optionen im strategischen Preisma-nagement. In: Diller, H.; Hermann, A. (Hrsg.): Handbuch Preispolitik. 2. Aufl., Betriebswirtschaftlicher Verlag Th. Gabler, Wiesbaden, S. 50–68

Sethuraman, R.; Tellis, G. J.; Briesch, R.A. (2011): How Well Does Advertising Work? Generalizations from Metaanalysis of Brand Advertising Elasticities. In: Journal of Marketing Research 48 (3), S. 457–471

Simon, H. (1985): Goodwill und Marketingstrategie. Gabler, Wiesbaden

Simon, H. (1995): Preismanagement kompakt : Probleme und Methoden des modernen Pricing. Gabler, Wiesbaden

Simon, H. (2013): Preisheiten. Campus Verlag, Frankfurt am Main, New York

Simon, H. (2017): Preismanagement in digitalen Geschäftsmodellen. In: Ruhn, M; Hadwich, K. (Hrsg.): Dienstleistungen 4.0. Konzepte – Methoden – Instrumente. Band 1, Forum Dienstleistungsmanagement, Springer Gabler, S. 262–275

Simon, H; Dolan, R. J. (1997): Profit durch Power Pricing. Campus Verlag, Frankfurt am Main, New York

Simon, H.; Fassnacht, M. (2016): Preismanagement, Analyse – Strategie – Umsetzung. 4. vollständig überarbeitete und erweiterte Aufl., Springer Gabler, Wiesbaden

Simon, H.; Kucher, K.-H. (1995): Ingredient Branding. Reift ein junger Mar-kentypus. In asw 38 (6), S. 10–11

Simon, H.; Tacke G.; Haas, A. (2001): Preispositionierung. In: Diller, H. (Hrsg.): Vahlens Großes Marketinglexikon. 2. Aufl., Verlag Franz Vahlen GmbH, München, S. 1345–1346

Skiera, B.; Spann, M. (2003): Auktionen. In: Diller, H.; Hermann, A. (Hrsg.): Handbuch Preispolitik. 2. Aufl., Betriebswirtschaftlicher Verlag Th. Gabler, Wiesbaden, S. 623–641

Statistika (2021): Anzahl der US-Dollar-Milliardäre weltweit von 2001 bis 2020. https://de.statista.com/statistik/daten/studie/220002/umfrage/anzahl-der-dollar-milliardaere-weltweit/. Zugegriffen: 01. Mai 2021

Steffenhagen, H. (2001): Konditionensysteme In: Diller, H. (Hrsg.): Vahlens Großes Marketinglexikon. 2. Aufl., Verlag Franz Vahlen GmbH, München, S. 799–800

Steffenhagen , H. (2003): Konditionensysteme. In: Diller, H.; Hermann, A. (Hrsg.): Handbuch Preispolitik. 2. Aufl., Betriebswirtschaftlicher Verlag Th. Gabler, Wiesbaden, S. 576–596

Steffenhagen, H. (2004): Marketing, 5. Aufl., Kohlhammer, Stuttgart

Thieme, W. M. (2017a): Das Wesen der Luxusmarke. In: Thieme, W. M. (Hrsg.): Luxusmarkenmanagement – Grundlagen, Strategien und praktische Umsetzung. Springer Gabler, Wiesbaden, S. 3–33

Thieme, W. M. (2017b): Luxusmarkenmanagement – Entscheidungsfelder und aktuelle Herausforderungen. In: Thieme, W. M. (Hrsg.): Luxusmarkenmanagement Grundlagen, Strategien und praktische Umsetzung. Springer Gabler, Wiesbaden, S. 35–135

Thommen,J.- P.; Achleitner, A.- K.; Gilbert, D. U; Hachmeister, D.; Jarchow, S.; Kaiseer, G. (2020): Allgemeine Betriebswirtschaftslehre. Umfassende Einführung aus managementorientierter Sicht. 9. Auflage; Springer Fachmedien Wiesbaden GmbH

Tran, K. D. (2020): Partitioned Pricing and Consumer Welfare. DIW Berlin 2020. https://www.diw.de/documents/publikationen/73/diw_01.c.796029.de/dp1888.pdf. Zugegriffen: 10. Mai 2021

Trommsdorff, V.; Teichert, T. (2011): Konsumentenverhalten. 8., vollständig überarbeitete und erweiterte Auflage. W. Kohlhammer (Kohlhammer Edition Marketing), Stuttgart. http://d-nb.info/1011067757/04. Zugegriffen: 26. Mai 2023

Voeth, M.; Herbst, U. (2013): Marketing-Management. Schäffer-Poeschel, Stuttgart

Voeth, M.; Herbst, U. (2015): Preisverhandlungen. In: Backhaus, K.; Voeth, M. (Hrsg.): Handbuch Business-to- Business-Marketing. 2. Auflage, Springer Gabler Wiesbaden, S. 537–556

Voeth, M; Rabe, C. (2004): Preisverhandlungen. In: Backhaus, K.; Voeth, M. (Hrsg.): Handbuch Industriegütermarketing. Betriebswirtschaftlicher Verlag Th. Gabler, S. 1015–1038

Völckner, F. (2008): The dual role of price: decomposing onsumers' reactions to price. In: Journal of the Academy of. Marketing Science 36, S 359–377; https://doi.org/10.1007/s11747-007-0076-7

Vollert, K. (2009): Marketing. 2. Aufl., PCO, Bayreuth

Weber, F. (2020): Preispolitik im digitalen Zeitalter. Auswirkungen von Digitalisierung und Künstlicher Intelligenz. Springer Gabler, Wiesbaden

Woll, A. (2011): Volkswirtschaftslehre. 16. Aufl., Franz Vahlen, München

Wübker, G. (1998): Preisbündelung: Formen, Theorie, Messung und Umsetzung. Gabler, Wiesbaden

Wübker, G.; Schmidt-Gallas, D. (2003): Pricingstrategien für Banken. In: Diller, H.; Hermann, A. (Hrsg.): Handbuch Preispolitik. 2. Aufl., Betriebswirtschaftlicher Verlag Th. Gabler, Wiesbaden, S. 503–519

Zeithaml, V. A. (1988): Consumer Perceptions of Price, Quality, and Value: A Means-End-Model and Synthesis of Evidence. In: Journal of Marketing 52, S. 2–22

Kommunikationspolitische Strategien 16

Inhaltsverzeichnis

16.1	Grundlagen der Kommunikation		666
	16.1.1	Definitorische Grundlagen	666
	16.1.2	Ziele der Kommunikation	669
16.2	Kommunikationsinstrumente		672
	16.2.1	Definitorische Grundlagen und Klassifikation	672
	16.2.2	Klassische Werbung	674
	16.2.3	Digitale Kommunikation	678
		16.2.3.1 Grundlagen der digitalen Kommunikation	678
		16.2.3.2 Online-Kommunikation	679
		16.2.3.3 Social-Media-Kommunikation	685
		16.2.3.4 Mobile Kommunikation	691
	16.2.4	Direktkommunikation	694
	16.2.5	Verkaufsförderung	695
	16.2.6	Public Relations	696
	16.2.7	Sponsoring	697
	16.2.8	Messen und Ausstellungen	699
	16.2.9	Persönliche Kommunikation	699
	16.2.10	Event Marketing	704
	16.2.11	Product-Placement	705
16.3	Kommunikationsstrategien		709
	16.3.1	Strategische Kommunikationspolitik	709
	16.3.2	Entscheidungstatbestände der Kommunikationsstrategien	710
		16.3.2.1 Kommunikationszielgruppen	710
		16.3.2.2 Kommunikationsobjekt	712
		16.3.2.3 Kommunikationsbotschaft	714
		16.3.2.4 Kommunikationsmedien	715
		16.3.2.5 Kommunikationsareal	720
		16.3.2.6 Kommunikationstiming	722
Literatur			724

16.1 Grundlagen der Kommunikation

16.1.1 Definitorische Grundlagen

▶ Aus der Sicht des Marketings versteht man unter der **Kommunikation** die Übermittlung von Informationen und Bedeutungsinhalten zur Steuerung von Meinungen, Einstellungen und Erwartungen und Verhaltensweisen von Adressaten gemäß damit verbundener Zielsetzungen der Unternehmung (Vgl. Bruhn 2014a, S. 3, Bruhn 2019, S. 3; Bruhn 2016c, S. 2 ff.; Meffert et al. 2019, S. 633; Homburg 2020, S. 827; Meffert et al. 2018, S. 312; Kloss 2012, S. 3; Becker 2019, S. 565).

Die Kommunikation übernimmt dabei verschiedene **Funktionen** (Vgl. Bruhn 2019, S. 13 ff.). Sie kann die Zielgruppen über den Gegenstand der Kommunikation und seine Eigenschaften in Kenntnis setzen (**Informationsfunktion** der Kommunikation). Dadurch ausgelöst, werden innere und äußere Verhaltenswirkungen der Zielgruppen im Sinne der Unternehmensziele gesteuert (**Beeinflussungsfunktion** der Kommunikation). Dazu gehören u. a. die Stimulierung von Motiven, das Auslösen von Emotionen, Einstellungsverbesserungen und Präferenzbildung, Beeinflussung des Kauf- und Verwendungsverhalten etc. (Vgl. Kroeber-Riel und Gröppel-Klein 2019). Die Bestätigung innerer und äußerer Verhaltensreaktionen durch die Kommunikation sichert den Kommunikationserfolg langfristig ab (**Bestätigungsfunktion** der Kommunikation). Die **wettbewerbsgerichtete Funktion** der Kommunikationzielt direkt darauf ab, den Kommunikationsgegenstand gegenüber der Konkurrenz zu profilieren und eine positive Netto-Nutzendifferenz zu schaffen (Vgl. Bruhn 2016b). Dies wird bei Marken deutlich (Vgl. Abschn. 8.2.2), bei denen insbesondere auch die Kommunikationspolitik die Bilder in den Köpfen der Anspruchsgruppen schafft (Vgl. Esch 2018). Schließlich hat die Kommunikations eine **sozial-gesellschaftliche Funktion,** indem sie das Wertesystem der Gesellschaft und von Individuen beeinflusst und so z. B. die anspruchsgruppenorientierten Strategien der Unternehmung unterstützt (Vgl. Kap. 13), die Markttransparenz erhöht und nicht zuletzt als Zeitvertreib und zur Unterhaltung dient.

Als **Adressaten der Kommunikation** kommen alle Stakeholder entlang der Wertschöpfungs- bzw. der Wertsicherungsebene infrage (Vgl. Rolke, 2016, S. 31; Kirf und Rolke 2002, S. 18 ff.). Es handelt sich bei den **Stakeholdern der Wertschöpfungsebene** um die Teilnehmer der Beschaffungsmärkte (Lieferanten, Arbeitskräfte), der internen Unternehmung hin zu den Absatzmärkten (Kunden, Händler). Auf der **Wertsicherungsebene** werden Akteure der Finanzmärkte (Aktionäre, Analysten usw.) bis zu den Akzeptanzmärkten (Medien, Politiker etc.) angesprochen. Insbesondere Stakeholder mit hoher Macht sowie hoher Legitimität und Dringlichkeit ihrer Anliegen (Vgl. Mitchel et al. 1997, S. 874) sind im Rahmen der Kommunikation zu berücksichtigen (Vgl. auch Abschn. 13.2).

16.1 Grundlagen der Kommunikation

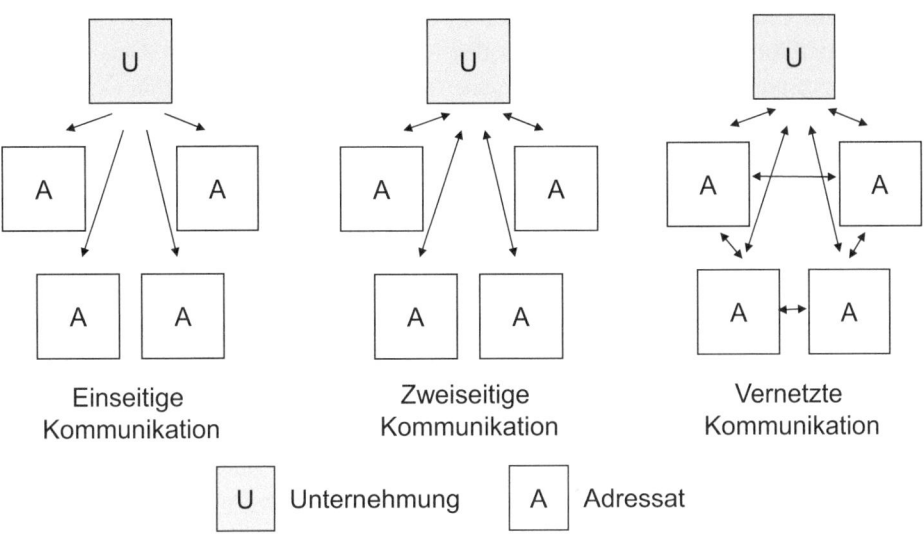

Abb. 16.1 Formen der kommunikativen Interaktion. (Nach Tomczak et al. 2006, S. 526)

Die **Formen der kommunikativen Interaktion** der Unternehmung mit ihren Adressaten haben sich – wie Abb. 16.1 zeigt – erweitert (Vgl. Chaffey und Ellis-Chadwick 2016, S. 426). Neben der **einseitigen Kommunikation,** bei der Botschaften von der Unternehmung an die Adressaten gesendet werden, existiert die **zweiseitige Kommunikation,** bei der sich die Unternehmung und die Adressaten austauschen. Neue Technologien und insbesondere die Digitalisierung ermöglichen eine **vernetzte Kommunikation** bei der Adressaten und Unternehmung, aber auch die Adressaten untereinander kommunizieren.

Als **Erscheinungsformen der Kommunikation** werden u. a. die Unternehmenskommunikation, die Marketingkommunikation, die Dialog- und die Netzwerkkommunikation unterschieden (Vgl. Hartley und Pickton 1999, S. 97 ff., Bruhn 2019, S. 329; Bruhn 2016c, S. 8 f.; Bruhn 2014a, S. 206 ff.; Bruhn 2016d, S. 8 ff.; Bruhn 2016e, S. 32 ff.).

Die **Unternehmenskommunikation** hat die Aufgabe, das institutionelle Erscheinungsbild der Unternehmung zu formen. Sie kann sich an alle Anspruchsgruppen der Unternehmung richten und soll den Bekanntheitsgrad der Unternehmung erhöhen sowie die Positionierung und das Image prägen. Sie dient (z. B. bei Industriegütern) zum Aufbau von Vertrauen und Glaubwürdigkeit der Unternehmung und stellt die Kompetenzen der Unternehmung dar. Nicht zuletzt kreiert sie Dialogmöglichkeiten zwischen den Anspruchsgruppen und der Unternehmung (Vgl. Bruhn 2016f, S. 270 ff.; Zerfaß et al. 2022, S. 5; Zerfaß 2022, S. 51 ff., Röttger 2022; Einwiller 2022). Die **Marketingkommunikation** dient insbesondere dem Verkauf der Leistungen (Produkte und Dienstleistungen) der Unternehmung (Bruhn 2016g, S. 60 ff.). Durch die Marketingkommunikation werden Produkte und Dienstleistungen differenziert und spezifische Positionierungen gegenüber dem Konkurrenzangebot geschaffen. Zudem soll die Marketingkommunikation den

Dialog mit den aktuellen und potenziellen Kunden initiieren und fördern. Die **Dialogkommunikation** initiiert und fördert den interaktiven Austausch der Unternehmung mit ihre Anspruchsgruppen im Rahmen einer zweiseitigen Kommunikation (Vgl. Bruhn 2016h, S. 370). Sie unterstützt den Aufbau und die Pflege von Geschäftsbeziehungen mit verschiedener Anspruchsgruppen. Im Rahmen des CRM wird sie auch zur Kundenakquisition, der Kundenbindung und der Kundenrückgewinnung genutzt (Vgl. Abschn. 10.3.2), indem sie Kunden informiert, Vertrauen aufbaut und zur Differenzierung der Leistungen der Unternehmung beiträgt (Vgl. Bruhn 2019). Auch die **Netzwerkkommunikation** dient der interaktiven Kommunikation u. a. in Communities. Zusätzlich zur unternehmensgesteuerten Kommunikation erfolgt hier ein durch die Unternehmung nicht oder kaum kontrollierbarer kommunikativer Austausch zwischen den Anspruchsgruppen mit nutzergenerierten Inhalten (Vgl. Bruhn 2019, S. 4, Bruhn 2016d, S. 9).

▶ Die **Kommunikationspolitik** einer Unternehmung umfasst die Gesamtheit der Kommunikationsaktivitäten, die eine Unternehmung einsetzt, um die Unternehmung bzw. ihre Leistung ausgewählten, relevanten Zielgruppen darzustellen bzw. mit ihnen in Interaktion zu treten, mit dem Ziel, KKVs aufzubauen und zu erhalten (Vgl. Bruhn 2022, S. 188).

Sie ist einem mehrstufigen Managementprozess unterworfen (Vgl. Abb. 16.2).

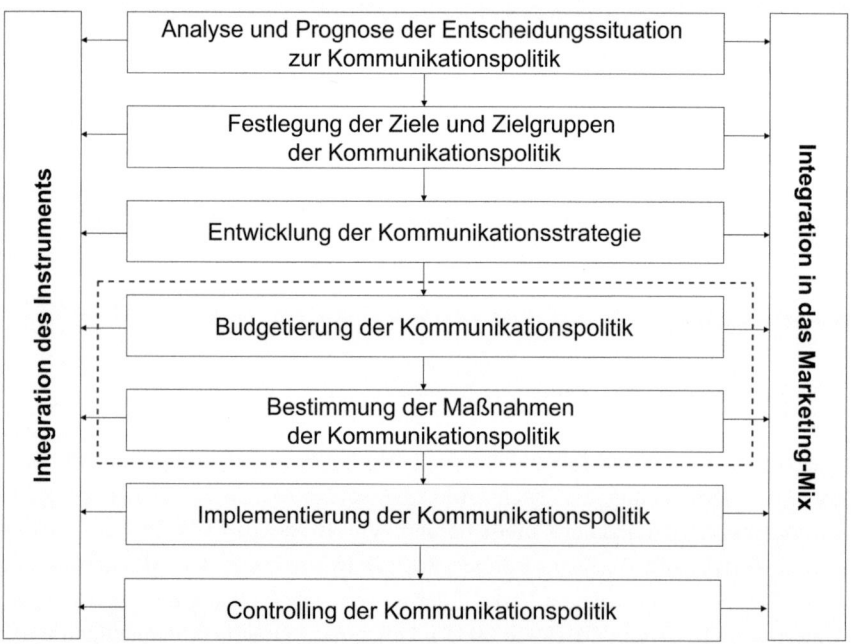

Abb. 16.2 Managementprozess der Kommunikationspolitik

Der **Managementprozess der Kommunikationspolitik** beginnt mit der Analyse und Prognose der Entscheidungssituation. Darauf aufbauend werden die Zielgruppen und Ziele der Kommunikationspolitik festgelegt und entsprechende Kommunikationsstrategien bestimmt. Daraus abgeleitet werden das Kommunikationsbudget und die Maßnahmen der Kommunikationspolitik, die rein theoretisch simultan zu bestimmen sind. Die Maßnahmen sind schließlich zu implementieren und es erfolgt ein Controlling der Kommunikationspolitik. Der Managementprozess ist durch Vor- und Rückkoppelungen gekennzeichnet. Wichtig erscheint, dass die Entscheidungen zur Kommunikationspolitik integriert sind und dass eine Integration der Kommunikationspolitik in den Marketing-Mix erfolgt.

16.1.2 Ziele der Kommunikation

Ziele der Kommunikationspolitik sind in dem hierarchischen Zielsystem der Unternehmung eingeordnet (Vgl. Abb. 5.3.2) und leiten sich aus den Marketingzielen ab (Vgl. Schweiger und Schrattenecker 2017, S. 190 ff.). Insofern überrascht es nicht, dass entsprechend der Marketingziele häufig in psychographische und ökonomische Kommunikationsziele unterschieden wird (Vgl. z. B. Bruhn 2022, S. 190). **Ökonomische Kommunikationsziele** (Umsatz, Gewinn, Marktanteil, etc.) beziehen sich direkt auf die Kaufhandlung. Sie besitzen jedoch, bezogen auf die Kommunikation, eine untergeordnete Bedeutung (Vgl. Kroeber-Riel und Esch 2015, S. 53 f.; Steffenhagen 1993, S. 287 f.; Nieschlag et al. 2002, S. 1060 f.: Bruhn 2022, S. 190):

- Ökonomische Ziele werden auch von anderen Marketinginstrumenten neben der Kommunikationspolitik erheblich beeinflusst.
- Carry-over Effekte (Auswirkungen auf zukünftige Perioden) und Delay-Effekte (Nachwirkungen früherer Perioden) erlauben keine genaue Zuordnung von ökonomischen Wirkungen auf eine bestimmte Periode.
- Spill-over-Effekte verhindern, dass der Beitrag einer einzelnen Kommunikationsmaßnahme (unter vielen) zum ökonomischen Erfolg ermittelt werden kann.

Man konzentriert sich deshalb auf psychographische Ziele der Kommunikation. **Psychographische Ziele** der Kommunikation werden unterschiedlich klassifiziert. Kroeber-Riel und Esch (2015; S. 60 ff.) unterscheiden je nachdem, ob ein Bedürfnis einerseits bzw. die Information zu einem Kommunikationsgegenstand andererseits bei Adressaten der Kommunikation trivial oder nicht trivial sind, als Ziele der Kommunikation die Aktualität, die Emotion, die Information sowie die Emotion und Information (Vgl. Abb. 16.3). Während die **Aktualität** immer ein Ziel der Kommunikation sein muss, um den Kommunikationsgegenstand in das Bewusstsein der Adressaten zu bringen bzw. dort zu halten, spielt die Aktualität dann eine besondere Rolle, wenn bei den Adressaten ein Bedürfnis und die

Informationen über den Kommunikationsgegenstand trivial sind. Sind für die Adressaten die Informationen zum Kommunikationsgegenstand trivial, nicht aber das Bedürfnis, steht das Beeinflussungsziel der **Emotion** im Vordergrund. Der Kommunikationsgegenstand soll von den Adressaten emotional erlebt werden. Ist umgekehrt bei den Adressaten das Bedürfnis, nicht aber die Information zum Kommunikationsgegenstand trivial, muss Kommunikation das Beeinflussungsziel der **Information** realisieren. Als Wirkungsziel in diesem Fall gilt die rationale Beurteilung des Kommunikationsgegenstands. Sind Bedürfnis und Informationen zum Kommunikationsgegenstand nicht trivial, ist es das Beeinflussungsziel der Kommunikation, Emotion und Information zu schaffen. Der Adressat soll als Wirkungsziel eine komplexe innere Haltung zum Kommunikationsgegenstand entwickeln.

Eine andere Unterteilung von Kommunikationszielen unterscheidet in Abhängigkeit des situativen Involvements (zum Begriff des Involvements Zaichkowsky 1985, S. 342; Meffert et al. 2019, S. 97; Trommsdorff und Teichert 2011, S. 48 ff.; Kroeber-Riel und Gröppel-Klein 2019, S. 389 ff.; Jaritz 2008, S. 20 ff.) diverse Kommunikationsziele bei

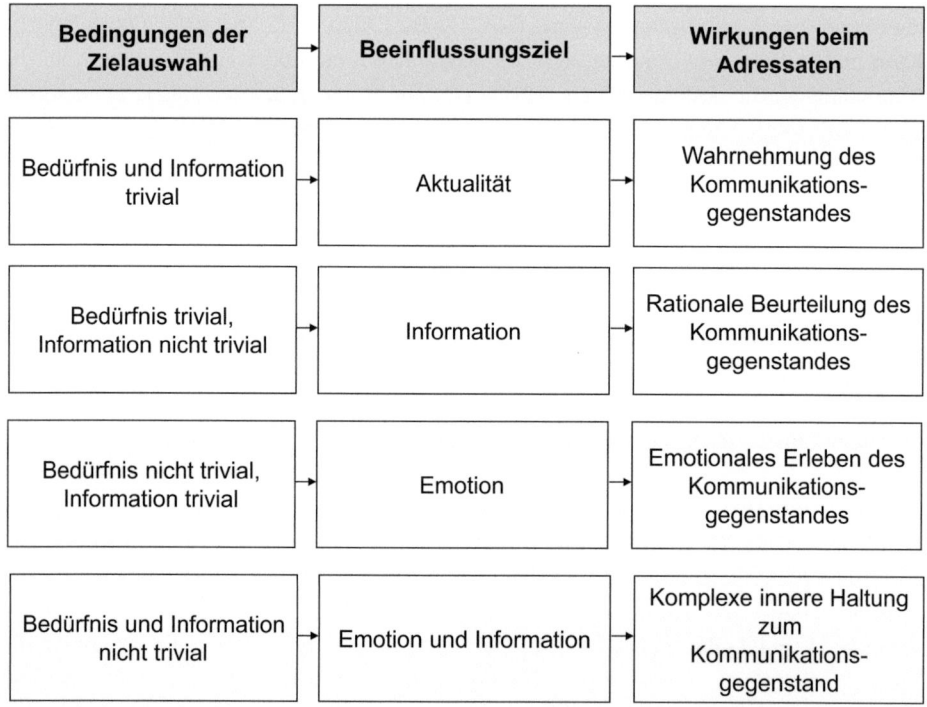

Abb. 16.3 Ziele der Kommunikation nach Kroeber-Riel und Esch. (Nach Kroeber-Riel und Esch 2015, S. 61)

16.1 Grundlagen der Kommunikation

bisherigen Nichtkäufern einer Leistung, den bisherigen Käufern von Konkurrenzleistungen, den Wiederkäufern der Unternehmensleistung und den abgewanderten Kunden der Unternehmung (Vgl. Steffenhagen 2016, S. 297 ff.).

Die beiden Ansätze zeichnen sich dadurch aus, dass sie jeweils verschiedene Situationen der Adressaten bei der Formulierung der Ziele der Kommunikation berücksichtigen. Kritisch kann angemerkt werden, dass ggf. weitere bzw. andere Aspekte der Situation der Adressaten Relevanz besitzen.

Weitergehend werden affektive, kognitive und konative Kommunikationsziele unterschieden (Vgl. z. B. Bruhn 2019, S. 162; Meffert et al. 2018, S. 317; Bruhn und Herbst 2016, S. 609 f.). **Affektive Ziele** dienen vor allem dem Aufbau positiver Gefühle sowie der Schaffung eines Images und der Einstellung zum Kommunikationsgegenstand, aber auch der Schaffung von Interesse bzw. der Positionierung der Marken und Produkte. **Kognitive Ziele** beziehen sich auf die gedankliche Aufnahme, Verarbeitung und Speicherung kommunikativer Botschaften. Typische kognitive Ziele sind die Aufmerksamkeit, der Bekanntheitsgrad, das Wissen u. ä. bezüglich des Kommunikationsgegenstandes. **Konative Ziele** fokussieren auf das Verhalten der Adressaten der Kommunikation und beziehen sich u. a. auf das Informationsverhalten, Kaufabsichten, Wiederholungskäufe etc. Die Probleme ökonomischer Ziele können jedoch auch bei konativen Ziele auftreten.

Steffenhagen unterscheidet momentane Wirkungen, dauerhafte Gedächtniswirkungen und finale Handlungswirkungen der Kommunikation, die auch als Ziele genutzt werden können (Vgl. Steffenhagen 1996, S. 8 ff.). Zu den **momentanen Wirkungen** gehören die Aufmerksamkeit, Denkprozesse und emotionale Vorgänge. Als **dauerhafte Gedächtnisleistungen** gelten Kenntnisse zum Kommunikationsgegenstand, Einschätzungen, Präferenzen, Kaufabsichten usw. **Finale Verhaltenswirkungen** beziehen sich auf beobachtbares Verhalten, was neben der Kommunikation von weiteren Marketinginstrumenten und sonstigen Einflüssen bestimmt wird.

Vielfach werden Stufenmodelle der Kommunikation zur Zielformulierung herangezogen (Vgl. Kotler et al. 2015, S. 591; Steffenhagen 2001a, S. 1630; Freter 1974, S. 39). Hohe Bekanntheit besitzt dabei das **AIDA-Modell** (Vgl. Abb. 16.4), nach dem bei einem Adressaten der Kommunikation zuerst Aufmerksamkeit (Attention) für einen Kommunikationsgegenstand erzeugt werden muss. In der Folge beginnt sich der Adressat für den Kommunikationsgegenstand zu interessieren (Interest). Er entwickelt den Wunsch (Desire) den Kommunikationsgegenstand zu besitzen bzw. wie im Fall der Unternehmenskommunikation Näheres darüber zu erfahren. Dem Wunsch folgen bestimmte Handlungen des Adressaten (Action), wie z. B. der Kauf des Kommunikationsobjektes.

Obgleich sich die Praxis z. T. an den Stufenmodellen der Kommunikationswirkung orientiert (Vgl. Meyer-Hentschel-Management Consulting 1993, S. 23) sind diese mit Problemen verbunden (Vgl. Steffenhagen 2001a, S. 1630; Nieschlag et al. 2002, S. 1063 f., Vollert 2009): Zum einen ist die unterstellte Stufenwirkung der Kommunikation eine idealtypische Modellvorstellung, die bereits beim Impulskauf in ihrer Generalität widerlegt wird. Zum anderen bestehen zwischen den berücksichtigten Wirkungsfaktoren Vor- und

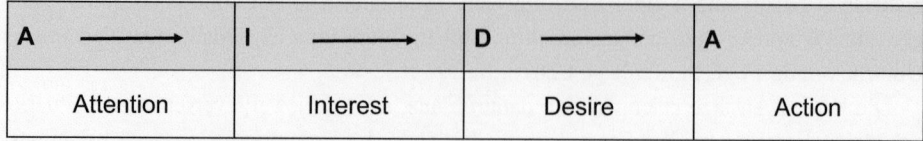

Abb. 16.4 AIDA – Modell der Kommunikation

Rückkoppelungen. Zudem berücksichtigen verschiedene Stufenmodelle der Kommunikation unterschiedliche Wirkungsgrößen in Art und Zahl. Man kann daraus schließen, dass eine eindeutige und komplette Erfassung der Kommunikationswirkung schwer oder nicht zu möglich ist. Eine schablonenhafte Formulierung von Kommunikationszielen auf der Basis von Stufenmodellen der Kommunikation und einer darauf aufbauenden Strategie- und Maßnahmenplanung ist insofern abzulehnen.

16.2 Kommunikationsinstrumente

16.2.1 Definitorische Grundlagen und Klassifikation

▶Kommunikationsinstrumente entstehen aus der gedanklichen Bündelung von ähnlichen Kommunikationsmaßnahmen. Als Kommunikationsmaßnahmen gelten alle Aktivitäten der Unternehmung, die diese bewusst einsetzt, um ihre kommunikativen Ziele zu erreichen und damit einen Beitrag zum Aufbau und Erhalt von KKVs zu leisten (Vgl. Bruhn 2019 S. 6; Bruhn 2014a, S. 6; Meffert et al. 2019, S. 650; Bruhn 2016c, S. 2).

Die Zahl der Kommunikationsinstrumente hat sich im Zeitablauf durch die technologische Entwicklung und das Vordringen neuer Medien erheblich gesteigert (Vgl. Abb. 16.5). Genannt werden die klassische Werbung (Mediawerbung), die digitale Kommunikation, die Direktkommunikation, die Verkaufsförderung (Promotions), die Public Relations (Öffentlichkeitsarbeit), das Sponsoring, die persönliche Kommunikation, Messen und Ausstellungen, das Event-Marketing, das Product-Placement sowie das In-Game-Advertising (Vgl. Meffert et al. 2019, S. 652; Bruhn 2019, S. 333 ff.).

Eine eindeutige Diskriminierung der Instrumente ist nicht möglich (Vgl. Bruhn 2014a, S. 206 ff.). Dies liegt daran, dass unter den Kommunikationsinstrumenten eine Vielzahl von Kommunikationsmaßnahmen erfasst sind. Eine Unterscheidung unterteilt die Kommunikationsinstrumente in die Paid-, Owned- und Earned- Media (Vgl. Tuten und Solomon 2013, S. 44; Schulz und Grimm 2015, S. 38 f.; Meffert et al. 2019, S. 652 ff.; Bruhn 2016e, S. 44 ff.; Stephen und Galak, 2012, S. 625). Bei **Paid-Media** greift die Unternehmung auf von externen Anbietern gesteuerte Werbeträger zu und bezahlt dafür ein Entgelt. Beispiele finden sich in der klassischen Werbung, beim Sponsoring, z. T. in

16.2 Kommunikationsinstrumente

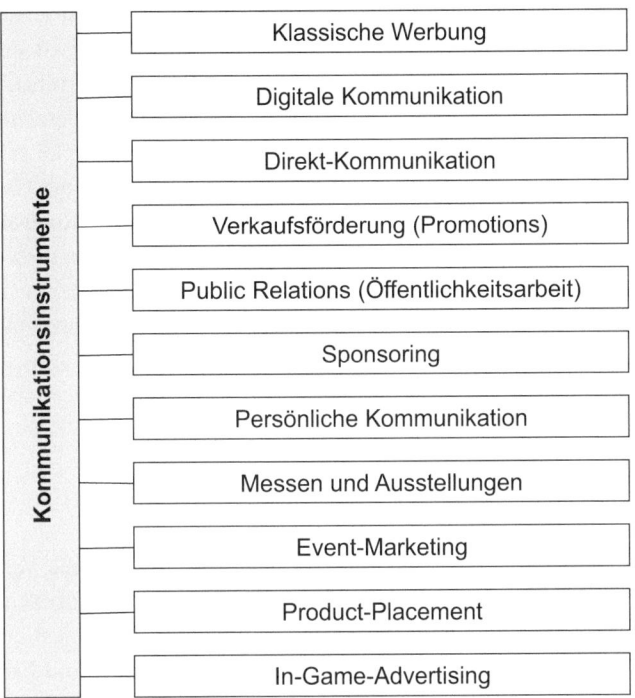

Abb. 16.5 Kommunikationsinstrumente

der digitalen Kommunikation (Suchmaschinenwerbung) usw. Die Unternehmung erzielt mit Paid-Media-Instrumenten regelmäßig eine hohe Reichweite. Sie besitzt weitgehend die Kontrolle über die Kommunikationsmaßnahmen. Probleme können sich bezüglich der Glaubwürdigkeit von Paid Media-Instrumenten bei den Adressaten ergeben (Vgl. Eck und Eichmeier 2014, S. 199 f.). **Owned-Media-Instrumente** (Vgl. Nielsen 2015, S. 4) nutzen unmittelbar von der Unternehmung gesteuerte Werbeträger. Beispiele sind die Corporate Website, Mailings, Broschüren u. ä. Die Unternehmung besitzt bei den Owned-Media die vollständige Kontrolle über alle Kommunikationsmaßnahmen. Probleme können sich auch hier bezüglich der Glaubwürdigkeit bei den Adressaten ergeben. I. d. R. besitzen Owned-Media-Instrumente eine geringere Reichweite als Paid-Media-Instrumente. Niedrigeren Belegkosten der Medien stehen zusätzliche Personalkosten gegenüber. **Bei Earned-Media-Instrumenten** (Vgl. Baxendale et al. 2015, S. 235) werden unternehmensbezogene Inhalte in von der Unternehmung unabhängigen Medien durch externe Akteure (Journalisten, Blogger, Kunden usw.) erstellt und verbreitet. Beispiele sind Beiträge von Journalisten in diversen Medien, von Kunden in Sozialen Medien etc. Darüber hinaus ist in diesem Zusammenhang die Word-of-Mouth-Kommunikation (Mundpropaganda) zu nennen (Vgl. Radic und Posselt 2016, S. 438 ff.). Die Unternehmung profitiert im Falle einer positiven Kommunikation von der hohen Glaubwürdigkeit von

Earned-Media-Instrumenten, die aus Konsumentensicht nicht oder weniger von den ökonomischen Interessen der Unternehmung beeinflusst sind. Zudem ist der Einfluss von Earned-Media-Instrumenten auf die Kaufentscheidung nicht zu unterschätzen (Vgl. Kotler et al. 2017, S. 27 f.). Durch eine schnelle Verbreitung insbesondere im Internet können Botschaften aus Earnd-Media-Instrumenten eine hohe Reichweite erlangen. Für die Unternehmung entstehen keine Kosten der Kommunikation. Probleme können sich ergeben, weil die Unternehmung bei Earnd-Media-Instrumenten keine Kontrollmöglichkeiten besitzt und z. B. negative Botschaften nicht verhindern kann. Vor diesem Hintergrund muss die Unternehmung die Kommunikation in Earned-Media permanent kontrollieren und ggf. auf negative Botschaften in geeigneter Weise reagieren (Vgl. Nee 2016, S. 166 ff.).

16.2.2 Klassische Werbung

▶Man versteht unter der klassischen Werbung den Transport und die Verbreitung werblicher Informationen zur Unternehmung und ihrer Leistungen über entgeltpflichtige Werbeträger mit Werbemitteln im Umfeld der öffentlichen Kommunikation, um durch die Realisation der Kommunikationsziele einen Beitrag zum Aufbau und Erhalt von KKVs zu leisten (Vgl. Bruhn 2014a, S. 220; Bruhn 2019, S. 333; Bruhn 2016i, S. 78; Kloss 2012, S. 6).

Eine Einteilung der klassischen Werbung (Vgl. Abb. 16.6) erfolgt häufig in Werbung in Insertionsmedien, elektronischen Medien und in Medien der Außenwerbung (Vgl. Meffert et al. 2019, S. 657 ff.; Bruhn 2019, S. 334 f.; Bruhn 2016i, S. 78 f.).
Insertionsmedien werden in Zeitungen und Zeitschriften unterteilt. **Zeitungen** können weitergehend z. B. nach ihrer Erscheinungshäufigkeit (z. B. täglich, wöchentlich, monatlich) und ihrem regionalen Bezug (regional du überregional) unterschieden werden. Zunehmend Bedeutung besitzen (z. T. für die Leser kostenlose) Anzeigenblätter.

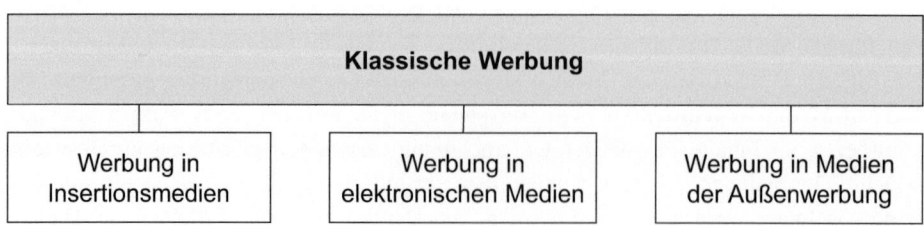

Abb. 16.6 Medien der klassischen Werbung

16.2 Kommunikationsinstrumente

Deren Vorteil beruht auf dem hohen kognitiven Involvement der Leser, die gezielt Informationen suchen. Der Vorteil von Zeitungen liegt in ihrer Aktualität und zeitlichen Zielgenauigkeit. Auch ihre im Vergleich zu anderen Werbeträgern z. T. niedrigen Kosten können als Vorteil genannt werden. Nachteilig wirken sich insb. eingeschränkte Gestaltungsmöglichkeiten und die niedrige Zielgruppenausrichtung, verbunden mit hohen Streuverlusten aus (Vgl. Meffert et al. 2019, S. 658). Nicht zuletzt sind Feedbacks der Adressaten eingeschränkt. Der Einsatz von Zeitungen kann vor allem zur Schaffung von Aktualität einerseits und Information andererseits (insbesondere in Kombination mit anderen Medien, wie z. B. Messen und Ausstellungen) überlegt werden. Als **Zeitschriften** werden Publikumszeitschriften, Special-Interest-Zeitschriften und Fachzeitschriften genannt. Während in Publikumszeitschriften bei einem niedrigen kognitiven Involvement der Adressaten insbesondere emotionale Webeanzeigen geschaltet werden können, lassen sich Special-Interest-Zeitschriften ggf. für informative und gemischte (emotionale und Informative) Werbung nutzen. Fachzeitschriften eignen sich tendenziell mehr für die informative Werbung. Zeitliche Restriktionen der Adressaten können aber hier selbst bei hohem kognitiven Involvement die Informationswirkung einschränken. Die Zielgruppengenauigkeit nimmt von Publikumszeitschrift über die Special-Interst-Zeitschriften hin zu Fachzeitschriften zu, während gleichzeitig die Streuverluste sinken. Viele Verlage besitzen über die Leserschaft ihrer Zeitschriften umfassende Informationen, die sie den Werbetreibenden kostenlos zur Verfügung stellen. Zeitschriften zeichnen sich insgesamt durch verbesserten Gestaltungsmöglichkeiten gegenüber den Zeitungen aus. Das redaktionelle Umfeld kann jeweils genutzt werden (z. B. in Modezeitschriften). Die Wahrscheinlichkeit der Mehrfachkontakte mit Anzeigen in Zeitschriften steigt. Insbesondere Publikumszeitschriften besitzen eine hohe Reichweite. **Supplements** als Beilagen von Zeitungen und Zeitschriften besitzen z. T. genaue Belegungs- und gute Gestaltungsmöglichkeiten und eignen sich so zu einer genaueren Zielgruppenausrichtung (Vgl. Bruhn 2010, S. 335). Die hohe Anzahl an Printmedien in Deutschland (Vgl. Homburg 2020, S. 859) aus denen Werbetreibende auswählen können, erfordert eine intensive Planung von Zeitungs- und Zeitschriftenkampagnen.

Als **elektronische Medien** werden das Fernsehen, der Rundfunk und das Kino betrachtet (Werbung über das Internet wird hier der digitalen Kommunikation zugerechnet). Den elektronischen Medien ist gemeinsam, dass der Zeitpunkt der Botschaftsübermittlung gleich dem Zeitpunkt der Botschaftsaufnahme ist und die Dauer der Botschaftsübertagung der maximalen Zeitdauer der Botschaftsaufnahme entspricht, soweit der Empfänger der Botschaft die Aufnahmen nicht vorher (z. B. durch Zapping) unterbricht. TV und Kino verfügen über vielfältige Gestaltungsmöglichkeiten mit visuellen und akustischen Reizen und werden multisensual wahrgenommen (Vgl. Meffert et al. 2019, S. 659). Inwieweit dadurch tatsächlich eine höhere Aufmerksamkeit und Gedächtniswirkung erreicht wird (Vgl. Bielefeld 2012, S. 53) muss auch vor dem Hintergrund des Involvements der Adressaten (Vgl. Kroeber-Riel und Esch 2015, S. 186) hinterfragt werden. Für die **TV-Werbung** werden die Gestaltungsmöglichkeiten genutzt, um bei den Adressaten Emotionen und

Erlebniswelten aufzubauen und durch erlebbare Präsentationen zu informieren. Die vergleichsweise hohe Reichweite und permanente Verfügbarkeit des Fernsehens können auch genutzt werden, um Aktualität für eine Unternehmung, ihre Marken und Produkte zu schaffen. Werbemittel sind Werbespots in unterschiedlichen Längen sowie TV – Sonderwerbeformen (Vgl. Bruhn 2019, S. 337 f.) und Dauerwerbesendungen (Vgl. Meffert et al. 2019, S. 661). Probleme der TV-Werbung beziehen sich auf z. T. hohe Kosten und den häufigen Abbruch des Kontaktes mit dem Werbemittel. Zudem können insbesondere junge Zielgruppen mit TV-Werbung kaum mehr erreicht werden. Als Mittel der **Kinowerbung** gelten der Stand-Kinospot (abgefilmtes Dia), der Kinospot und der Kino-Werbefilm (Vgl. Kloss 2012, S. 364 f.). Die Kinowerbung eignet sich bei vielfältigen Möglichkeiten der Variation sowie der damit unterschiedlichen Kosten für alle Werbetreibende. Sie kann geographisch gezielt eingesetzt werden (lokal, regional, national). Vorteile ergeben sich durch die Kontaktintensität des Adressaten, der sich im Kino der Werbung kaum entziehen kann. Das emotionale und kognitive Involvement zum Kinofilm ist tendenziell hoch, sodass auch die Werbung ggf. besser aufgenommen wird. Entsprechend kann die Kinowerbung der Bildung von Emotion und Information dienen. Probleme ergeben sich durch die tendenziell geringen Reichweiten der Kinowerbung. **Rundfunkwerbung** über lokale und landesweite Hörfunkprogramme, Mehrländeranstalten und überregionale Hörfunkprogramme (Vgl. Kloss 2012, S. 360 f.) nutzt Sprache, Rhetorik, Musik, Gesang und Geräusche für die Gestaltung der Werbung. Sie wird aufgrund ihrer Preisgünstigkeit, ihrer Reichweite und der schnellen Einsatzmöglichkeit genutzt (Vgl. Meffert et al. 2019, S. 664). Sie wirkt insbesondere in Kombination mit anderen Medien, besitzt Aktivierungswirkung und trägt zum Ziel der Aktualität bei. Problematisch ist, dass Radiowerbung i. d. R. mit geringer Aufmerksamkeit wahrgenommen wird, sodass sie eine Informationsfunktion nur eingeschränkt übernehmen kann. Das Ziel der Emotion kann wegen der geringen Multisensualität mit Rundfunkwerbung kaum erreicht werden.

Außenwerbung (Out-of-home-Werbung) fasst die Werbung im öffentlichen Raum zusammen (Vgl. Homburg 2020, S. 876; Kloss 2012, S. 367; Knierbein 2010, S. 83). Ihr Erfolg hängt von einigen Faktoren ab (Vgl. Homburg 2020, S. 876 f.):

- Standortqualität (Verkehrsfrequenz und Sichtbarkeit),
- Lesbarkeit (Größe der Buchstaben, Schriftart, Farbe),
- einprägsame, kurze Botschaft,
- Wahl der Bilder (Fotos).

Als Medien der Außenwerbung (Out-of-Home-Medien) können Plakatmedien, Hinweismedien, Transportmedien, digitale Medien der Außenwerbung sowie Ambient Medien (Vgl. Meffert et al. 2019, S. 665 ff.).

Plakate sind stationäre Werbeträger in unterschiedlichen Formaten (Vgl. Unger et al. 2013, S. 251 ff.), die im öffentlichen Raum mit verschiedenen Motiven und Botschaften im Zeitablauf ausgestattet werden (Vgl. Bruhn 2016i S. 79). Die Aufnahme der Botschaft

16.2 Kommunikationsinstrumente

einer Plakatwerbung erfolgt eher zufällig und ist oberflächlich. Da die Gedächtniswirkung dadurch kurzfristig ist, eignet sich die Plakatwerbung tendenziell zur Schaffung von Aktualität. Die Vorteile der Plakatwerbung beziehen sich auf ihre weite Verbreitung, wobei Mehrfachkontakte möglich sind, ihren geographisch flexiblen Einsatz, den Möglichkeiten der Standardisierung sowie die niedrigen Kosten. Sie benötigen keine anspruchsvolle technische Infrastruktur. Nachteilig wirken sich hohe Streuverluste aus, weil eine Zielgruppenselektion kaum möglich ist. Zudem ist die Aktualisierung der Plakatwerbung aufgrund von Mindestbelegungsdauer und eines aufwendigen Austauschs der Werbung problematisch. **Hinweismedien** wollen den Adressaten einen Handlungsimpuls geben (z. B. Hinweis auf ein Schnellrestaurant) bzw. eine bereits stattfindende Handlung unterstützen (z. B. Wegweiser zu einer Autowaschanlage). Sie schaffen Aktualität und müssen dort angebracht werden, wo das momentane Entscheidungsproblem des Adressaten angesprochen und eine hohe Reichweite erreicht wird. Insofern beruht die Wirkung von Hinweismedien auf ihrer optimalen Platzierung (Masten, Parkhauswerbefläche, Fahrradständer etc.). Für die **Verkehrsmittelwerbung** werden Busse, Taxen, Straßen-, U- und S-Bahnen, Fernzüge und LKWs als Transportmedien genutzt (Vgl. Unger et al. 2013, S. 269). Die verschiedenen Werbemittel (Vgl. Meffert et al. 2019, S. 679 ff.) können außen oder in den Fahrzeugen genutzt werden. Während die Werbung außen nur kurz wahrgenommen wird und deshalb stark reduziert sein muss, so dass sie insbesondere zur Schaffung von Aktualität genutzt werden kann, wird Werbung in den Innenräumen der Fahrzeuge ggf. länger betrachtet und kann auch dem Ziel der Information dienen. Vorteile von Transportmedien beziehen sich auf die hohen Reichweiten. Das Medium ist geographisch flexibel einsetzbar. Als problematisch wird die eingeschränkte zeitliche Flexibilität betrachtet. Um monatliche Kosten zu minimieren, wird eine mindestens dreijährige Belegung eines Transportmediums empfohlen. **Ambient Medien** sprechen die Adressaten in ihrer Lebensumwelt an, in der sie keine Werbung erwarten (Vgl. Unger et al. 2013, S. 275 ff.), was die Akzeptanz und Wirkung erhöhen kann, wenn das notwendige Involvement vorhanden ist. Ambient Medien werden auf öffentlichen Straßen, in gastronomischen Einrichtungen, Kinos, Tankstellen, Flughäfen etc. eingesetzt. Dabei werden Banner, Bodengraphiken, Plakatrahmen Thekenaufsteller, usw. genutzt (Vgl. Meffert et al. 2019, S. 686). Tendenziell scheinen Ambient Medien der Aktualität zu dienen. Soweit die Adressaten sich länger mit den Medien auseinandersetzen, könnten auch Informationen und Emotionen geschaffen werden. Da Ambient Medien im Umfeld überwiegend jüngerer Zielgruppen eingesetzt werden, sind die Reichweiten eher niedrig. Streuverluste lassen sich jedoch begrenzen. Die Kosten sind bei niedrigem Standardisierungsmöglichkeiten hoch. **Digitale Out-of-Home-Medien** (elektronische Medien der Außenwerbung) finden sich in Form von Infostreams, Videotafeln und –boards, LED-Displays an verschiedenen Standorten wie dem PoS (z. B. Supermärkte), im Wartebereich des öffentlichen Personenverkehrs, an Straßen, in Hochschulen, Kasernen, Sonnenstudios etc. (Vgl. Unger et al. 2013, S. 268 f.; Meffert et al. 2019, S. 687 ff.). Als Vorteil gelten die Möglichkeiten des Einsatzes verschiedener Modalitäten (Text, Bilder, Videos) sowie ggf. das Einbetten der Werbung in ein redaktionelles Umfeld (z. B. Nachrichten), die die Aufmerksamkeit der Empfänger erhöhen. In Abhängigkeit des Involvements der Empfänger können Aktualität, Information und Emotion geschaffen werden. Die Inhalte von Digitalen Out-of-Home-Medien können im Zeitablauf schnell und variabel verändert werden. Nachteile ergeben sich aus der Möglichkeit technischer Störungen, hohen Streuverluste, hohen Kosten sowie der Tatsache, dass einige digitale Medien erst bei Dunkelheit wirken. Weitere Entwicklungen der Außenwerbung (Vgl. Meffert et al. 2019, S. 691) beziehen sich auf die Optimierung der Werbung bzgl. des jeweiligen Umfeld, was mit digitalen Medien besonders gut möglich ist, sowie die Schaffung von Interaktionsmöglichkeiten mit dem Kunden (z. B. Möglichkeiten der Verbindung mit weiteren Medien der Unternehmung über QR-Codes usw.)

16.2.3 Digitale Kommunikation

16.2.3.1 Grundlagen der digitalen Kommunikation

▶Die digitale Kommunikation wird als die Kommunikation zwischen Unternehmung und Nachfragern sowie zwischen Nachfragern bzw. Unternehmen untereinander auf der Basis digitaler Informations- und Kommunikationstechnologien definiert.

Meffert et al. (2019, S. 700 ff.) unterteilen die digitale Kommunikation in die Online-Kommunikation, die Social-Media-Kommunikation sowie die mobile Kommunikation (Vgl. Abb. 16.7). Darunter werden wiederum jeweils zahlreiche weitere Subinstrumente erfasst. Die einzelnen Maßnahmen der digitalen Kommunikation sollten sich ergänzen und sind aufeinander und mit den nicht digitalen Kommunikationsmaßnahmen abzustimmen.

Als Besonderheiten der digitalen Kommunikation gelten die Virtualität, die Mobilität, die Interaktivität, die Individualität und die Multimedialität (Vgl. Kollmann 2019, S. 39 f.; Kollmann 2013, S. 36 ff.). **Virtualität** bedeutet, dass sich die Kommunikation als Verbund von Datenströmen und Informationskanälen zusammensetzt. In Verbindung mit der **Mobilität** führt dies zur Anytime-Anyplace-Kommunikation (Vgl. Picot et al.

Abb. 16.7 Digitale Kommunikation

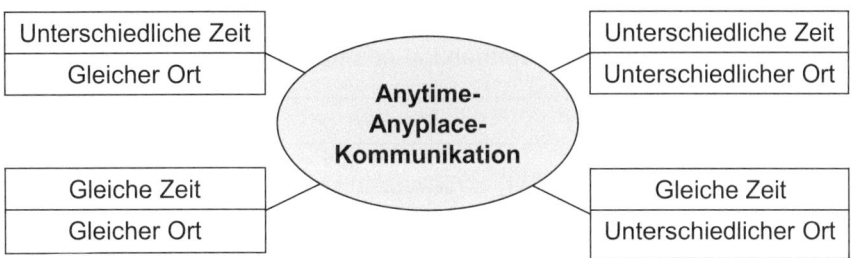

Abb. 16.8 Anytime-Anyplace-Kommunikation. (Nach Picot et al. 2020, S. 127)

2020, S. 127). Kommunikationspartner können zu jeder beliebigen Zeit und an jedem beliebigen Ort miteinander kommunizieren (Vgl. Abb. 16.8).

Die **Interaktivität** erlaubt die Kommunikation zwischen Sender und Empfänger, wobei die Rollen ständig wechseln. Der Kommunikationsprozess kann dadurch ggf. effektiver gestaltet werden. Eng mit der Interaktivität verbunden ist die **Individualität**. Die Interaktivität unterstützt die Sammlung und Auswertung von Daten der Kommunikationspartner, sodass die weiteren Interaktionen auf die individuellen Wünsche und Bedürfnisse des Kommunikationspartners zugeschnitten und **personalisiert** sein können. Mit der **Multimedialität** gehen die Nutzung und Kombination verschiedener Medien und Kommunikationsmittel einher, sodass die Kommunikation auf die spezifische Situation und die Bedürfnisse der Adressaten ausgerichtet werden kann.

16.2.3.2 Online-Kommunikation

▶ Die **Online-Kommunikation** umfasst alle Kommunikationsaktivitäten zwischen Unternehmen und Nachfragern die über das Internetprotokoll abgewickelt werden und welche durch die Realisation von Kommunikations- und Marketingzielen zum Aufbau und zum Erhalt von KKVs beitragen.

Als Instrumente (Vgl. Abb. 16.9) können die Unternehmenswebsite (Corporate Website), das E-Mail-Marketing, die Displaywerbung, das Affiliate-Marketing und das Suchmaschinenmarketing genannt werden (Vgl. Meffert et al. 2019, S. 702 ff.).

▶ Die **Unternehmenswebsite** (Corporate Website) ist definiert als virtueller Platz im Internet, an dem Dokumente, Dateien und andere Ressourcen eine Unternehmung über eine einheitliche Navigation zusammengefasst und erreichbar sind (Vgl. Kreutzer 2021a, S. 121).

Sie besitzt eine herausragende Rolle in der Online-Kommunikation und im Onlinemarketing (Vgl. Lammenett 2021, S. 41) und dient der Kommunikation und Transaktion (Vgl.

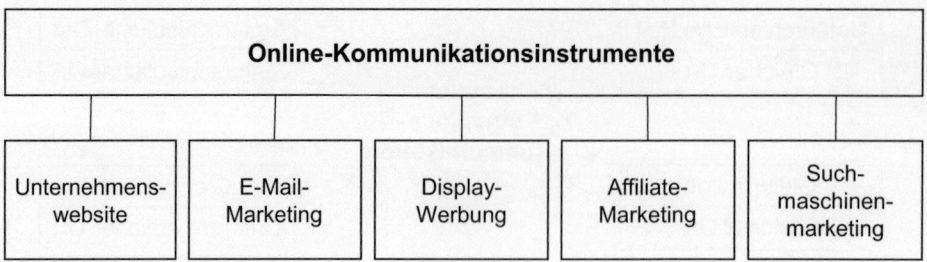

Abb. 16.9 Instrumente der Online-Kommunikation

van Nierop et al. 2011, S. 155). Sie enthält als typische Elemente (Vgl. Kreutzer 2021a, S. 122; van Nierop et al. 2011, S. 157)

- Zugänge für die Produkt- bzw. Dienstleistungssuche ggf. inkl. eines Produkt- bzw. Dienstleistungskonfigurators,
- Zugänge für die Händler- und Niederlassungssuche,
- Zugänge zu den sozialen Netzwerken,
- Zugänge zur Registrierung für E-Newsletter u. ä.,
- Zugänge zu weiterführenden Informationsangeboten (ggf. zu Partnern),
- Zugänge zum E-Shop,
- Zugänge zu Partnern.

Da der Kontakt mit einer Unternehmenswebsite der Initiative der Nutzer bedarf, müssen sich für diese Netto-Nutzen-Vorteile ergeben. Dazu tragen relevante, vollständige, verständliche, aktuelle, prägnante und korrekte Inhalte, sowie die strukturelle und optische Gestaltung der Unternehmenswebsite bei (Vgl. Meffert et al. 2019, S. 705 f.).

Es werden für die Corporate Website verschiedene Erfolgsfaktoren genannt (Vgl. Kreutzer 2021a, S. 148 ff.). Dazu gehört die Auffindbarkeit **(Findability)** der Website aufgrund einer gute Position in den Suchmaschinen (z. B. Google). Weiter ist die Leichtigkeit des Zugangs zu einer Unternehmenswebsite **(Accessibility)** sowie die **Scannability** als Ausdruck des einfachen Erkennens der zentralen Inhalte der Corporate Website zu beachten. Die Benutzerfreundlichkeit **(Usability)** bezieht sich auf die einfache Erlernbarkeit und Bedienbarkeit einer Website. Die **Trustablity** bezieht sich auf das Vertrauen des Nutzers in den Eigner und den Inhalt der Website. Die **Shareability** weist auf die Möglichkeiten der Verbreitung der Inhalte einer Website hin. Die **Traceability** stellt auf die Nachvollziehbarkeit von Ergebnissen der Website ab.

▶ Als **E-Mail-Marketing** wird die elektronische Übermittlung von E-Mails und E-Newslettern mit marketingbezogenen Botschaften verstanden, die der Realisation der

16.2 Kommunikationsinstrumente

Kommunikations- und Marketingzielen dienen und zum Aufbau und Erhalt von KKVs beitragen (Vgl. Kreutzer 2021a, S. 336; Holland 2016, S. 105; Lammenett 2021, S. 82).

E-Mails sind Botschaften, die auf elektronischem Weg von einem Online-Nutzer an andere Online-Nutzer versandt werden. Während **Outbound-E-Mails** von der Unternehmung verschickt werden, wenden sich in **Inbound-E-Mails** Kunden mit ihren Anliegen an die Unternehmung (Vgl. Chaffey und Ellis-Chadwick 2016, S. 522 ff.). Als Outbound-E-Mails werden Transaction-, Trigger-, After-Sales-E-Mails und E-Newsletter unterschieden (Vgl. Kreutzer 2021b, S. 231 ff.). **Transaction-E-Mails** begleiten die Geschäftsbeziehungen der Unternehmung und ihrer Partner und Kunden. **Trigger-E-Mails** richten sich an Kunden und sind an bestimmte, vorher definierte Tatbestände gebunden (z. B. Geburtstag, Produktinnovationen). **After-Sales-E-Mails** schließen einen Kaufprozess ab und bieten die Möglichkeit zur Kundenbindung. Vielfach werden E-Mails in Form von **E-Newsletter** verschickt, die unternehmensbezogene Inhalte und Themen von allgemeinem Interesse für die Adressaten aufgreifen. Folgende Erfolgsfaktoren für das E-Mail-Marketing werden genannt (Vgl. Kreutzer 2021b, S. 233 ff.):

- Eine ansprechende und interessante Betreffzeile,
- die Personalisierung von E-Mails und E-Newslettern,
- die Individualisierung von E-Mails und E-Newslettern,
- die Einbindung von Rich Media Content mit Multi-Media-Inhalten,
- die richtige Frequenz und das Timing,
- die Darstellung und Inhalte entsprechend der Nutzungssituation (Responsive Design),
- die Aufforderungen der Adressaten zur Interaktion,
- die geeigneten gestalterische Aspekte (Vgl. Schwarz 2021, S. 451 ff.)
- die unverzügliche Eingangsbestätigung von Inbound-E-Mails,
- Hinweise auf Möglichkeiten zur Beendigung der E-Kommunikation.

Die E-Mail-Kommunikation hat für die Unternehmung und die Adressaten und Kunden verschiedene Vorteile (Vgl. Holland 2016, S. 105 ff.). **Aus Unternehmenssicht** ermöglichen multimediale und interaktive Inhalte der E-Mail-Kommunikation eine Steigerung der Aktualität. Zudem können Informationen und Emotionen vermittelt werden. Die E-Mail-Kommunikation kann in ein atomistisches Marketing eingebunden werden (Vgl. Abschn. 10.2). Das Feedback ist höher als bei anderen Mailing-Formen. Die Reaktionen auf die E-Mail-Kommunikation sind problemlos messbar. Der E-Mail-Versand erfolgt bei niedrigsten Kosten in Sekundenschnelle und lässt die Verbreitung aktueller Botschaften zu. Streuverluste können bei der E-Mail-Kommunikation minimiert werden. **Aus Kundensicht** steht als Vorteil die Aktualität der Botschaft sowie die attraktive und interaktive, individuelle Gestaltung der E-Mails und E-Newsletter. Durch die Vergabe von Permissions kann der Kunde in einem gewissen Grad steuern, welche E-Mails er erhält, sodass er irrelevante und unerwünschte Mails vermeiden kann. Eine physische Aufbewahrung der

E-Mails ist nicht notwendig. Die Reaktion auf E-Mails ist für den Kunden relativ einfach. Nachteilig könne sich Spam-Mails auswirken, die bei den Adressaten eine Abneigung gegen E-Mail-Kommunikation generell bewirken können. Zudem kann eine Zunahme der E-Mail-Kommunikation zu Reaktanzen und einen Information-Overload führen.

▶ **Display-Werbung** nutzt durch externe Anbieter gesteuerte Werbeträger im Internet (fremde Websites, Videos, soziale Netzwerke etc.) für werbliche Botschaften der Unternehmung in Form graphischer Werbemittel (Vgl. Kreutzer 2021a, S. 199).

Graphische Werbemittel sind Videos, Animationen und Bilder (Vgl. Meffert et al. 2019, S. 710). Displaywerbung wird nicht vom Adressaten angefordert. Die Herausforderung besteht darin, die geeigneten Werbeträger zu finden, die thematisch zum Werbeobjekt passen. Als Arten der Display-Werbung gelten die Bannerwerbung und die Videowerbung, wobei eine Vielzahl von Varianten existieren. Als Vorteile der Display-Werbung gelten die z. T. großen Reichweiten. Sie kann zielgruppenspezifisch eingesetzt werden, sodass die Streuverluste minimiert werden. Zudem ist eine personalisierte, auf die Wünsche und Bedürfnisse des einzelnen Kunden abgestimmte Ansprache möglich. Die Kosten zur Erstellung und die Belegkosten sind relativ niedrig (in Abhängigkeit der Reichweite des Werbeträgers). Als Nachteil der Displaywerbung muss ihr teilweise störender Charakter für den Adressaten betrachtet werden. Dies gilt insbesondere, wenn Pop-up-Banner erst geschlossen werden müssen, damit die ausgewählte Internetseite weiter genutzt werden kann. Targeting-und Retargeting-Banner können dazu führen, dass sich die Adressaten in ihrer Privatsphäre verletzt fühlen und zunehmend ablehnend auf Displaywerbung reagieren (Eisenbeiss und Bleier 2017, S. 12 f.). Vielfach nutzen User sogenannte Ad-Blocker, um Display-Werbung zu blockieren. Bannerblindheit kann dazu führen, dass Bannerwerbung nicht mehr wahrgenommen wird.

Neben dem Display-Marketing besitzt das Affiliate-Marketing als internetbasiertes Partnerprogramm Bedeutung (Vgl. Kreutzer 2021a, S. 264 ff.; Lammenett 2021, S. 47 ff.; Bormann 2019, S. 21 ff.; Kollmann 2019, S. 405 ff.; Kollmann 2013, S. 200 ff.).

▶ Beim **Affiliate Marketing** schaltet ein werbetreibendes Unternehmen (Merchant) einen Hyperlink oder andere Werbemittel, die zu den Angeboten der Unternehmung führen, auf den Websites von Partnerunternehmen (Affiliates). Für bestimmte Reaktionen (z. B. Klick, Kauf) auf die Werbemaßnahme erhalten Affiliates eine vorher vereinbarte Vergütung (Vgl. Meffert et al. 2019, S. 713), die auch ein Fixed Fee beinhalten kann.

Als Erfolgsfaktoren des Affiliate Marketings werden die Auswahl der geeigneten Partnerunternehmen, die Vertragsbedingungen, die Einbindung in die Partnerwebsite, die eingesetzten Werbemittel sowie die Trackingtools genannt (Vgl. Kollmann 2013, S. 201; Kollmann 2019, S. 405 f.). Bei der **Auswahl der Affiliates** sollten neben einer hohen

Besucherzahl (Traffic) die Zielgruppenkompatibilität und das Image der Affiliates Beachtung finden. Die **Ausgestaltung des Vertrags** zwischen Merchant und Affiliate regelt die Vergütung, die Laufzeit, Kündigungsrechte, Haftung, Datenschutz usw. der Partnerbeziehung. Ob dabei eher der Affiliate oder der Merchant seine Interessen durchsetzt, ist eine Frage der Machtverhältnisse zwischen beiden. Die **Einbindung in die Partnerwebsite** kann integrativ oder linkbasiert erfolgen. Bei der integrativen Lösung werden die Leistungen des Merchants in den Warenkorb des Affiliates integriert, sodass der User die Website des Partners nicht verlassen muss. Bei einer linkbezogenen Lösung bringt der Merchant eigene Inhalte auf der Seite des Affiliates ein und verlinkt damit zu eigenen Websites. Bei den Links als **Werbemittel** handelt es sich um Text-Links, Banner, Buttons, Formulare etc. **Trackingtools** ermöglichen die Identifikation und Zuordnung von Besuchern und deren Transaktionen zu einem bestimmten Partner (Vgl. Lammenett 2021, S. 48 ff.).

Vielfach wird beim Affiliate-Marketing auf Affiliate-Netzwerke zurückgegriffen. Die Netzwerkbetreiber übernehmen eine Schnittstellenfunktion zwischen Affiliates und Merchants und bieten dem Merchant die Möglichkeit, viele Affiliates gleichzeitig zu nutzen und auf die Infrastruktur des Netzwerkbetreibers zurückzugreifen (Vgl. Kreutzer 2021a, S. 267 f.; Edelmann und Brandi 2015, S. 5 f.).

Als **Vorteil** des Affiliate-Marketings gilt der schnelle Aufbau großer Reichweiten (insbesondere in Affiliate-Netzwerken). Damit erhöht sich auch die Sichtbarkeit in Suchmaschinen. Ggf. werden direkt Kaufabschlüsse realisiert. Der Unternehmung als Merchant entstehen nur dann Kosten, wenn über die Website des Affiliates Adressaten erwünschte Reaktionen zeigen. **Nachteilig** kann sich das negative Image eines Affiliates auswirken. Insbesondere in Affiliate-Netzwerken hat die Unternehmung darauf keinen oder nur geringen Einfluss.

▶**Search Engine Marketing (SEM)** beschäftigt sich mit Marketingaktivitäten in Bezug auf Suchmaschinen (z. B. Google), um eine möglichst sichtbare Platzierung unternehmensbezogener Botschaften auf deren Suchergebnisseiten zu realisieren (Vgl. Lammenett 2021, S. 159; Meffert et al. 2019, S. 714).

Die Suchergebnisseiten einer Suchmaschine teilen sich in einen organischen und einen nicht organischen Teil auf (Vgl. Kollmann 2013, S. 184 f.). Der **organische Bereich** zeigt als unbezahlte Ergebnisse Websites, deren Inhalte mit dem Suchbegriff des Nachfragers gut korrespondieren. Im **nicht-organischen Bereich** werden Websites gelistet, für die die Eigner gezahlt haben, um bei bestimmten Suchbegriffen der Nachfrager bevorzugt präsentiert zu werden (bezahlte Ergebnisse). Z. T. gibt es daneben einen Bereich der erweiterten Suche.

Das SEM teilt sich in die Search Engine Optimization (SEO) und das Search Engine Advertising (SEA) auf (Vgl. Abb. 16.10).

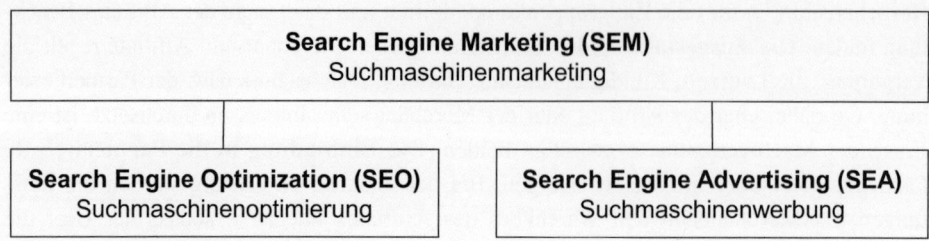

Abb. 16.10 Search Engine Marketing

Die **Search Engine Optimization** dient dazu, die Position der Website einer Unternehmung im organischen Bereich der Suchergebnisseite zu verbessern (Vgl. Ahrholdt et al. 2019, S. 25). Die Position ergibt sich durch die algorithmische Bewertung von Qualitätsindikatoren durch die Suchmaschine, mit dem Ziel, einer Suchanfrage möglichst gut zu entsprechen. Die SEO kann auf der Basis einer On-Site- bzw. einer Off-Site-Optimierung erfolgen (Vgl. Kollmann 2019, S. 379). Die **On-Site-Optimierung** zielt auf die einzigartige, relevante, aktuelle und strukturelle Gestaltung des Contents der eigenen Website. **Off-Site-Optimierung** bezweckt die Schaffung von Back-Links auf externen Websites, die auf die eigene Corporate Website verweisen (Vgl. Kreutzer 2021a, S. 301). Als Vorteile des SEO gelten die direkte Verbindung eines Suchergebnisses mit den Wünschen und Bedürfnissen des Kunden. Es werden relevante, interessierte Nachfrager angesprochen und damit die Streukosten minimiert. Der Nachfrager wird i. d. R. in seinem konkreten Kaufentscheidungsprozess erreicht, was die Erfolgswahrscheinlichkeit einer Unternehmenswebsite (z. B. Kauf) steigert. Probleme ergeben sich, wenn die Corporate Website der Unternehmung nicht in der Spitzengruppe der Suchergebnisse landet. Insofern müssen Unternehmen permanent in die SEO investieren, was zu Kostensteigerungen führt.

Das **Search Engine Advertising** will die Sichtbarkeit unternehmensbezogener Informationen in Form von Anzeigen im nicht-organischen Bezahlbereich der Suchergebnisseite steigern. Eine Anzeige erscheint, wenn die Suchanfrage eines Nachfragers mit den Keywords, die eine Unternehmung für ihrer Anzeige festgelegt hat, übereinstimmt (Vgl. Lammenett 2021, S. 168). Die Anzeige selbst ist mit der Corporate Website der werbetreibenden Unternehmung oder einer Landing Page verknüpft. Über die Position der Anzeige auf der Ergebnisseite der Suchmaschine entscheidet ein Auktionsmechanismus, bei dem Unternehmen für einzelne Suchbegriffe Gebote abgeben. Je höher das Gebot, desto wahrscheinlicher ist eine gute Positionierung, wenn auch z. B. Google für die Positionierung den Quality Score vergibt, der aus der erwarteten Klickrate einer Anzeige resultiert.

Die Vorteile des SEA sind denen des SEO ähnlich (Vgl. Meffert et al. 2019, S. 716). Da die User im Kaufentscheidungsprozess stecken, werden die Anzeigen (auch in Abhängigkeit ihrer Ausgestaltung) weniger aufdringlich empfunden. Die Unternehmung bezahlt häufig nur in Abhängigkeit der Clicks (Cost per Click) und hat damit eine hohe Kostenkontrolle. Nachteilig wirken sich hohe Cost per Click-Preise in manchen Branchen aus, die von Unternehmen mit niedrigen Kommunikationsbudget nicht aufgebracht werden können. Dies gilt insbesondere dort, wo nur wenige Keywords für Clicks und den Kauf verantwortlich sind.

Tendenziell eignen sich die Instrumente der Online-Kommunikation zur Schaffung von Aufmerksamkeit und Aktualität. Ebenso können mit der Online-Kommunikation Informationen vermittelt werden. Die Kosten sind dabei relativ niedrig, die Reichweiten relativ hoch (Vgl. Meffert et al. 2019, S. 718). Es ist nicht ausgeschlossen, dass auch andere Kommunikationsziele durch Online-Kommunikation tangiert werden, jedoch sind andere Kommunikationsinstrumente allein oder in Kombination mit der Online-Kommunikation zu deren Realisation besser geeignet.

16.2.3.3 Social-Media-Kommunikation

▶Social-Media-Kommunikation umfasst alle Aktivitäten, die der Kommunikation über soziale Medien zwischen Unternehmen, Nachfragern und Stakeholder sowie der Kommunikation von Nachfragern bzw. Stakeholder untereinander dienen und die zur Realisation von Kommunikations- und Marketingzielen beitragen und den Aufbau und Erhalt von KKVs unterstützen (Vgl. Meffert et al. 2019, S. 718; Bruhn 2016b; Bruhn 2019, S. 426; Schweiger und Schrattenecker 2017, S. 157).

Soziale Medien (Social Media) sind eine Gruppe internetbasierter Plattformen, die das veränderten Nutzerverhalten im Web 2.0 aufgreifen und die Veröffentlichung und den Austausch von Brand- und User Generated Content unterstützen (Vgl. Kaplan und Haenlein 2010, S. 61, Burmann et al. 2012, S. 131; Meffert et al. 2019, S. 719; Lammenett 2021, S. 457).

Das Web 2.0 beschreibt keine neue Technologie, sondern bezieht sich auf eine Verhaltensänderung der Internetnutzer, die eigenständige Inhalte generieren und in einen Dialog zu der Unternehmung und ihrer Umwelt treten (Vgl. Bruhn 2016j, S. 454). Die einseitige Kommunikation von der Unternehmung zu den Nutzern wird dadurch ergänzt. Dies führt zu einer Unterscheidung in **Brand Generated Content (BGC)** und **User Generated Content (UGC)**. Quelle des BGC ist die Unternehmung, die in diesem Zusammenhang Beiträge mit Unternehmensbezug (Gesamtunternehmung, Produkte, Marken, Veranstaltungen, Innovationen etc.) und ohne Unternehmensbezug (Themen von allgemeinem Interesse wie z. B. Gesundheit, Technik, Sport, Schönheit, Gesellschaft, etc.) generiert und veröffentlicht. Der UGC wird von den Usern erstellt und in den **brand-related UGC**, der einen Unternehmensbezug aufweist und einen **non-brand-related UGC** ohne Bezug zur Unternehmung und ihren Leistungen unterscheidet. Brand-related UGC wird wiederum in **sponsored und non sponsored brand-related UGC** differenziert. Während bei sponsered brand-related UGC die Nutzer von der Unternehmung einen Anreiz erhalten, Beiträge zu veröffentlichen, geschieht das bei der non sponsered brand-related UGC aus freien Stücken der Nutzer. Während im ersten Fall die Unternehmung noch eine gewisse Kontrolle über die Kommunikation besitzt, ist dies im letzteren Fall nicht gegeben.

Als **Social-Media-Typen** werden sozialen Netzwerken, Media-Sharing-Plattformen und Messenger-Diensten, Weblogs (Blogs), Online-Foren, Online-Communitys und Bewertungsplattformen unterschieden (Vgl. Kreutzer 2021a, S. 406 ff.; Bruhn 2019 b, S. 435), die unterschiedliche Aufgaben besitzen (Vgl. Meffert et al. 2019, S. 722; Kreutzer 2021a, S. 411 f.), wobei Überschneidungen auftreten können (Vgl. Kreutzer 2021a, S. 449).

▶Auf **Weblogs (Blogs)** werden von einem Blogger kurze Online-Publikationen veröffentlicht, die in regelmäßigen Abständen aktualisiert werden (Vgl. Bruhn 2019, S. 436 ff.; Lammenett 2021, S. 465 ff.; Kreutzer 2021a, S. 428 ff.).

Leser des Weblogs können die Inhalte kommentieren und mit eigenen Blogs verbinden. Von einer Unternehmung generierte und gesteuerte Blogs bezeichnet man als Corporate Blogs, die unterschiedliche Inhalte aufweisen können. Ihr Einsatz kann im internen Umfeld der Unternehmung, der Marktöffentlichkeit und dem politisch sozio-kulturellen Umfeld erfolgen und der Information (Bedeutungsvermittlung und Wissensgenerierung), der Persuasion (Besetzung von Themen, Schaffung von Reputation) sowie der Argumentation (Beziehungspflege und Interessenklärung) dienen (Vgl. Zerfaß 2004, S. 3 ff.; Bruhn 2019, S. 437). User Generated Blogs werden von Usern betrieben und sind von der Unternehmung nur schwer zu kontrollieren und zu beeinflussen. Sie sollten Ziel des Blog-Monitorings der Unternehmung sein. Zum einen hat die Unternehmung dann die Chance, auf negative Inhalte kommunikativ zu reagieren. Zum anderen erhält sie Informationen über Verbesserungspotenziale. Eine Kooperation der Unternehmung mit einflussreichen, reichweitenstarken externen Blogs von Privatpersonen oder anderer Unternehmen kann die Verbreitung unternehmensbezogener Inhalte unterstützen (Vgl. Kreutzer 2021a, S. 430 f.).

▶**Online-Communities** sind Gruppen von Menschen, die im Internet miteinander in Beziehung treten, um gemeinsame Interessen zu teilen und Informationen und Erfahrungen auszutauschen (Vgl. Algesheimer 2004, S. 3 ff.; von Loewenfeld, 2006, S. 18 ff.).

I. d. R. sind Communities nur für Mitglieder zugänglich, wobei kostenpflichtige und kostenlose Online-Communities unterschieden werden. Es gibt verschiedene themenbezogene Online-Communities (Wellness, Kochen, Sport etc.) und auch Marken-Communities. „Eine Brand Community ist eine ortsungebundene, offline und/oder online existierende, interessenbasierte Gemeinschaft, die speziell auf eine bestimmte Marke ausgerichtet ist und dabei durch die Schaffung einer Umgebung mit einem hohen Identifikationspotenzial Anhänger und Bewunderer der Marke sowie Kunden mit einem generellen Interesse an

16.2 Kommunikationsinstrumente

der Marke interaktiv vereint. Kennzeichnend ist hierbei die Herausbildung eines starken Gemeinschaftsgefühls und einer sozialen Identität" (von Loewenfeld, 2006, S. 133).

Die Unternehmung kann (Vgl. Kreutzer 2021a, S. 519)

- eigene Online-Communitys aufbauen und betreiben,
- sich mit unternehmensbezogenen (markenbezogenen) und nicht markenbezogenen Beiträgen an bestehenden (fremden) Online-Communitys beteiligen,
- Werbung in Online-Communitys Dritter schalten.

Online-Communitys tragen zur Markenprofilierung bei. Sie stärken die Marken-Kundenbeziehung. Zudem können Adressaten angesprochen werden, die ein Interesse an der Unternehmung bzw. ihrer Marke besitzen. Probleme können sich bei negativer Kommunikation über Unternehmung und Marke ergeben, die die Unternehmung insb. in fremden Communitys nicht steuern kann.

▶**Microblogging-Dienste**, wie z. B. X (Twitter), erlauben die Veröffentlichung von Kurznachrichten mit meist weniger als 200 Zeichen, die an öffentliche oder geschlossenen Gruppen gesendet und in einem sogenannten Blog chronologisch dargestellt werden (Bruhn 2019, S. 438 f.; Raake und Hilker 2010, S. 204 f.; Burmann et al. 2010, S. 11 f.).

Die Beiträge können von anderen Nutzern kommentiert und diskutiert werden. Personen, die Beiträge anderer Personen abonnieren, gelten als Follower. Der Aufbau eines eigenen Profils der Unternehmung zur Veröffentlichung von Nachrichten lohnt sich für die Verbreitung exklusiver und aktueller Inhalte. Dazu muss eine Vielzahl von Follower gewonnen und zur Weiterleitung von Nachrichten motiviert werden. Microblogging-Dienste bieten dazu gegen Bezahlung geeignete Instrumente an (Vgl. Meffert et al. 2019, S. 734).

▶Als **soziale Netzwerke** werden Social Media Plattformen bezeichnet, auf denen Geschäftspartner bzw. Privatpersonen Beziehungen auf- und ausbauen (Vgl. Kreutzer 2021a, S. 448 f.). Sie ermöglichen zudem das Sammeln von Kontaktdaten, den Informationsaustausch sowie die Etablierung von Diskussionsgruppen (Vgl. Bruhn 2019, S. 440).

Bekannte soziale Netzwerke sind u. a. Facebook, LinkedIn und Xing. Die Unternehmung benötigt zur Teilnahme an einem sozialen Netzwerk ein Unternehmensprofil. Über das Unternehmensprofil kann die Unternehmung eigene Beiträge veröffentlichen (BGC). Weiterhin werden Kommentare als UGC veröffentlicht. Nutzer können ein Unternehmen in eigene Beiträge einbinden. Als Paid-Media-Instrument Instrument werden soziale Netzwerke zur Veröffentlichung von Display-Werbung, die mit Targeting- und Personalisierungsformen kombiniert werden können, genutzt. Nicht zuletzt können andere Nutzer für eine formale, bezahlte Zusammenarbeit gewonnen werden (Vgl. Meffert et al. 2019,

S. 731). Als Vorteile der Kommunikation über soziale Netzwerke werden die Realisation hoher Reichweiten sowie die Steigerung der Aufmerksamkeit, Beiträge zur Kundenbindung sowie Umsatzsteigerungen betrachtet. Nachteilig kann sich auswirken, dass insbesondere Displaywerbung in den sozialen Netzwerken als störend empfunden wird (Vgl. Pütter 2017, S. 9 f.). Zudem ist eine Kontrolle des Contents für die Unternehmung nicht immer möglich.

▶ Auf **Media-Sharing-Plattformen** laden Unternehmen bzw. Privatpersonen Texte, Fotos, Videos, Präsentationen und Audiodateien hoch und teilen diese mit anderen Nutzern (Vgl. Kreutzer 2021a, S. 482 ff.).

Bekannte Media-Sharing-Plattformen sind You Tube und Instagram. Die Inhalte können einerseits von der Unternehmung selbst erstellt werden. Zur Veröffentlichung nutzt die Unternehmung Partner- und Markenkanäle. In einem Partnerkanal wird von der Unternehmung unter bestimmten Voraussetzungen Werbung in Videos von Partnern platziert. Ein Markenkanal, den Nutzer abonnieren können, wird von der Unternehmung selbst „betrieben" und lässt eine markenkonforme Darstellung von Botschaften durch die Unternehmung zu. Andererseits können von der Unternehmung unabhängig andere User auf Media-Sharing-Plattformen für die Unternehmung, ihre Marken und Leistungen positive aber auch negative Beiträge eingestellt werden. Nicht zuletzt ist es der Unternehmung möglich, auf den Media-Sharing-Plattformen bezahle Banner- und Video-Werbung zu schalten. Die Vorteile von Media-Sharing-Plattformen liegen in ihrer Reichweite. Sie ermöglichen der Unternehmung Aktualität für sich, ihre Leistungen und Marken zu schaffen und darüber zu informieren. Weiterhin können auch emotionale Botschaften verbreitet werden. Probleme ergeben sich, wenn negative Beiträge von Usern von der Unternehmung beeinflussbar sind.

▶ Auf **Bewertungsplattformen** beurteilen Nachfrager und andere Stakeholder Unternehmen, deren Produkte und Marken in Form von standardisierten bzw. nicht standardisierten Online-Rezessionen (Vgl. Kreutzer 2021a, S. 520 ff.).

Es gibt allgemeine Bewertungsplattformen (z. B. Yelp), aber auch branchenbezogene Plattformen (z. B. Jameda für Ärzte). „The importance of online WOM (Word of Mouth, Anmerkung d. Verfassers) increases as access to and usage of the Internet continues to grow" (Schindler und Bickart 2005, S. 35). Die Unternehmung kann zur Erhöhung der Sichtbarkeit über die Bewertungsplattform hinaus

- dort veröffentlichte Rezessionen in die Unternehmenswebsite integrieren,
- auf der Unternehmenswebsite eine eigene Bewertungsplattform aufbauen.

16.2 Kommunikationsinstrumente

Der Wert von Online-Bewertungen kann erst vor dem Hintergrund einer Vielzahl gleichartiger Bewertungen (Cross-Validierung) beurteilt werden, wobei aufgrund der Anonymität der Absender unklar bleibt, wer eine Online-Rezension mit welcher Motivation verfasst (Vgl. Kreutzer 2021a, S. 523).

Online-Rezessionen beeinflussen das Nachfragerverhalten: Die Nachfrageerhöhung durch positive Online-Rezensionen ist absolut geringer als Nachfragerückgänge bei negativen Bewertungen (Vgl. Chevalier und Mayzlin 2006, S. 346). Dies zwingt dazu, dass sich die Unternehmung insbesondere mit negativen Bewertungen auseinandersetzen müssen (Vgl. Nee 2016, S. 13 ff.). Üblich ist dabei ein Kommentar zu negativen Bewertungen von Kunden, dessen positive Wirkung verstärkt wird, wenn dem Beschwerdeführer dabei ein monetärer Ausgleich in Aussicht gestellt wird (Vgl. Nee 2016, S. 171). Probleme können sich ergeben, wenn Antworteten auf Beschwerden weitere negative Bewertungen anderer Kunden nach sich ziehen (Vgl. Chevalier et al. 2015, S. 26).

Plattformunabhängig können das Influencer-Marketing und das Virale Marketing eingesetzt werden.

▶ Das **Influencer Marketing** beschreibt die Nutzung von Meinungsführern (Influencer) als Multiplikatoren in sozialen Medien zur Verbreitung unternehmensbezogener Botschaften, um dadurch Kommunikations- und Marketingziele zu realisieren, die den Aufbau und dem Erhalt von KKVs unterstützen (Vgl. Homburg 2020, S. 882; Meffert et al. 2019, S. 739; Kochhan und Schunk 2018, S. 157; Jahnke 2021, S. 9).

Als Influencer eigenen sich Personen mit hoher Glaubwürdigkeit, die sich diese aufgrund ihrer vielfältigen Aktivitäten in den Social-Media-Kanälen, ihres Expertenstatus oder aufgrund der Zahl ihrer Follower erworben haben (Nirschl und Steinberg 2018, S. 12 ff.; Kotler et al. 2017, S. 161 f.). Vor diesem Hintergrund hat die Unternehmung die Aufgaben, die aus Sicht ihre Zielgruppen geeigneten Influencer zu identifizieren (Vgl. Homburg 2020, S. 882 f.) und eine langfristige Beziehung zu diesen aufzubauen und zu pflegen. Eine langfristige Beziehung ist Grundlage eines markenkonformen Verhaltens des Influencers und trägt dazu bei, dass dessen Botschaften von den Zielgruppen als authentisch wahrgenommen werden (Vgl. Meffert et al. 2019, S. 740 f.).

Influencer Marketing genießt den Vorteil, hohe Reichweiten aufzubauen. Ggf. erreichen Influencer auch spezialisierte Zielgruppen aufgrund ihres Expertenstatus. Die von Influencern übermittelten Botschaften besitzen hohe Glaubwürdigkeit, weil sie häufig als User-Generated-Content betrachtet werden. Probleme können sich ergeben, wenn Influencer sich nicht (mehr) markenkonform verhalten.

▶ Das **virale Marketing (synonym: Viral-Marketing)** nutzt die Vernetzung von Menschen, um eine Botschaft epidemisch wie ein Virus auszubreiten (Vgl. Kreutzer 2021a, S. 556; Tusche 2017, S. 13).

Basis bildet die Mundpropaganda **(Word of Moth-WoM)** bzw. die Kommunikation many to many im Internet **(electronic Word of Mouth-eWoM).**

Virales Marketing verfolgt verschiedene Ziele (Vgl. Kreutzer 2021a, S. 556):

- Schaffung von Aufmerksamkeit und Interesse für die Unternehmung, ihre Leistungen bzw. Marken,
- Gewinnung von Kunden (die im besten Fall nach dem Kauf und Konsum positiv z. B. im Netz kommunizieren),
- Sammlung von Informationen über Sender und Empfänger viraler Botschaften.

Ob die Ziele erreicht werden, lässt sich ex ante nicht vorhersagen, da der Verlauf des viralen Marketings nur begrenzt planbar ist. Als Erfolgsfaktoren des Viralen Marketings gelten

- die Quelle der viralen Botschaft (Unternehmung, Marken, Leistungen),
- die Art des Verbreitung (Seedings), z. B. über die Corporate Website, soziale Netze, Influencer etc., die die Realisation einer kritischen Masse gewährleisten sollte (Vgl. Phelps et al. 2004, S. 334). Videos gelten als besonders erfolgsversprechend,
- der Kern der viralen Botschaft, ihr Mehrwert und die Motivation zur ihrer Weiterleitung,
- die Charakteristika der Sender und Empfänger, die den Zielgruppen der Unternehmung entsprechen sollten.

Die Vorteile des viralen Marketings beziehen sich auf die große Reichweite für unternehmensbezogene Botschaften, die ggf. sehr schnell realisiert werden kann. Die dabei entstehenden Kosten sind gering, da die Verbreitung der Botschaft das Budget der Unternehmung kaum belastet. Probleme ergeben sich, wenn der virale Prozess nicht ausgelöst wird bzw. negative unternehmensbezogene Botschaften Kern eines viralen Marketings werden.

Zusammenfassend dienen Weblogs, Online-Communities und Microblogging-Dienste dem Austausch von Informationen und damit der Kommunikation. Soziale Netzwerke und Messenger-Dienste fokussieren auf den Aufbau und Erhalt von Beziehungen durch soziale Kontakte. Im Mittelpunkt von Media-Sharing-Plattformen steht das Teilen von Inhalten (Content Sharing), während Bewertungsplattformen der Zusammenarbeit von Usern dienen (Kollaboration). Abb. 16.11 fasst die Social-Media-Typen und Aufgaben zusammen.

Soziale Medien erlauben es der Unternehmung, ein hohes Maß an Aktualität für sich und ihre Botschaften zu realisieren. Sie dienen auch der gegenseitigen Information von Nachfragern der Unternehmung, sonstigen Stakeholdern und der Unternehmung. Insbesondere Media-Sharing-Plattformen, aber auch soziale Netzwerke können zur Vermittlung von Emotionen genutzt werden (Vgl. Meffert et al. 2019, S. 743).

16.2 Kommunikationsinstrumente

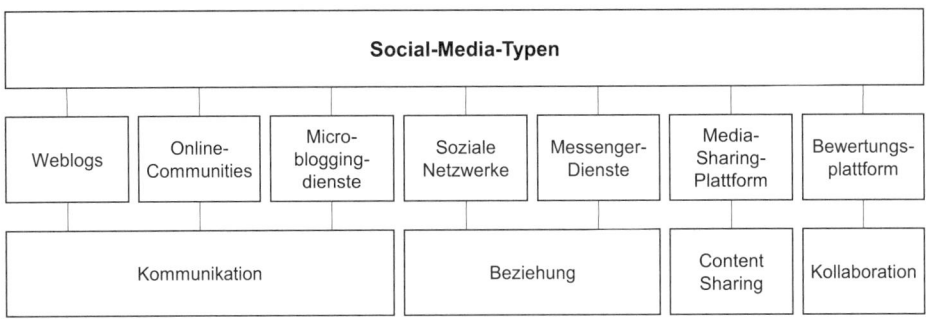

Abb. 16.11 Social-Media-Typen

16.2.3.4 Mobile Kommunikation

▶Die mobile Kommunikation umfasst alle Kommunikationsmaßnahmen zwischen der Unternehmung, den Nachfragern und sonstigen Stakeholdern über mobile Endgeräte zur Realisation von Kommunikations- und Marketingzielen, um KKVs aufzubauen und zu erhalten (Vgl. Bruhn 2019, S, 372; Lammenett 2021, S. 523; Meffert et al. 2019, S. 744; Bruhn und Herbst 2016, S. 616).

Mobile Endgeräte sind ortsungebunden, sodass die Kommunikation dem jeweiligen Umfeld der Adressaten angepasst werden muss (Vgl. Lammenett 2021, S. 525 f.; Kreutzer 2021a, S. 389). Der Unternehmung stehen dabei, wie in Abb. 16.12 dargestellt, als Instrumente das SMS- bzw. MMS-Marketing, das QR-Code-Marketing, das Bluetooth-Marketing und das App-Marketing zur Verfügung (Vgl. Meffert et al. 2019, S. 744 ff.).

▶**SMS** (Short Message Service) dienen als Textnachrichten der Information von Nachfragern und anderen Anspruchsgruppen.

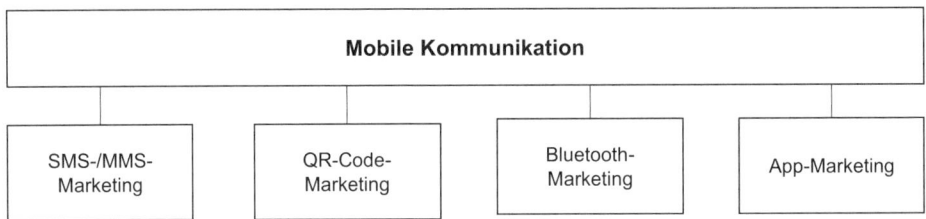

Abb. 16.12 Instrumente der mobilen Kommunikation

Sie können für Promotionsmaßnahmen genutzt werden, die die Aktualität der Unternehmung, ihrer Leistungen und ihrer Marken steigern.

▶ **MMS** (Multimedia Message Service) nutzen Bilder, Texte, Töne, Videos und tragen damit neben der Vermittlung von Informationen auch zur Schaffung von Emotionen (z. B. durch die Kreation von Markenwelten) bei (Vgl. Bruhn 2019, S. 372).

Als Vorteile der SMS/ MMS-Kommunikation gelten die Schnelligkeit der Zustellung, die geringen Streuverluste, die Möglichkeiten der Personalisierung sowie die Tatsache, dass SMS bzw. MMS nicht ignoriert werden. Als Voraussetzung müssen jedoch die Mobilnummern der Adressaten bekannt sein.

▶ **QR-Code-Marketing** verbindet i. d. R. Online- mit Offline-Medien.

Der QR –Code (Quick Response Code) ist eine quadratische Matrix in einer Werbeanzeige, auf einem Webebrief, einem Werbeplakat etc. und enthält verschiedene Daten, die mit mobilen Apps gescannt und ausgelesen werden. Häufig leitet er zu weiterführenden Informationen im Internet, z. B. auf die Corporate Website der Unternehmung, weiter (Vgl. Kreutzer 2021a, S. 664). Die Unternehmung kann damit kostengünstig und platzsparend Informationen anbieten.

▶ Das QR-Code-Marketing kann z. B. bei der Durchsetzung der gemischten Positionierung helfen, die durch emotionale Ansprache der Kunden auf einem Plakat ein Bedürfnis schafft und durch sachbezogene Informationen auf der Website, zu der ein QR-Code auf dem Plakat führt, erklärt, warum Produkte und Marken der eignen Unternehmung diese Bedürfnisse besonders gut befriedigen (Vgl. Kroeber-Riel und Esch 2015, S. 98).

Unsicherheit, Misstrauen und ggf. Bequemlichkeit verhindern eine intensive Nutzung des QR-Codes durch die Nachfrager. Insofern muss die Unternehmung Anreize schaffen, die zum Gebrauch des QR-Codes durch die Nachfrager motivieren (Vgl.Meffert et al. 2019, S. 747).

▶ Ähnlich dem QR-Code wird beim **Bluetooth-Marketing** zwischen zwei oder mehreren mobilen Endgeräten kommuniziert, die mit der drahtlosen Funktechnik ausgestattet sind (Vgl. Kollmann 2019, S. 14 f.).

Die Unternehmung kann digitale Werbeträger mit der Technologie ausstatten, die dann eine Verbindung zu den Endgeräten der Nachfrage schaffen, soweit auch diese die Bluetooth-Technologie aktiviert haben.

16.2 Kommunikationsinstrumente

Zunehmende Bedeutung erlangt bei der mobilen Kommunikation das **App-Marketing**, sodass bereits von einer App-Economy gesprochen wird (Vgl. Sjurts 2018, o. S.).

▶ Apps sind Software-Anwendungen für mobile Endgeräte, die nicht für deren Betrieb wichtig sind, sondern die für die Nutzer auch andere Funktionen erfüllen (Vgl. Kreutzer et al. 2020, S. 325).

Unterschieden werden u. a. (Vgl. Kreutzer et al. 2020, S. 333; Kreutzer 2021a, S. 362; Zhao und Balagué 2015, S. 306 f.)

- Gratis-Apps, die sich durch In-App-Werbung und den Verkauf von Daten, die bei der Nutzung der App entstehen, finanzieren,
- Freemium-Apps, die Gratis-Apps ergänzen und gegen ein Entgelt zusätzliche Funktionen bieten und ggf. werbefrei sind,
- Abonnement-Apps, die eine Vielzahl ihres Inhalts gegen ein regelmäßiges Entgelt anbieten und nur wenige Inhalte kostenfrei zur Verfügung stellen,
- kostenpflichtige Apps, für deren Nutzung ein Entgelt entrichtet werden muss,
- Shopping-Apps, die den Verkauf von Leistungen unterstützen.

Die Unternehmung kann **eigene Apps** erstellen und betreiben, wobei darauf zu achten ist, dass technische Probleme durch regelmäßige Updates vermieden werden. Damit die unternehmenseigene App in App-Stores gefunden wird, ist eine **App-Store-Optimization** notwendig (Vgl. Jürgens 2017, S. 430 ff.). Unterschieden werden dabei Onpage- und Offpage-Maßnahmen. Onpage-Maßnahmen, wie der Name der App, der Beschreibungstext oder die verwendeten Keywords, werden von der Unternehmung selbst beeinflusst. Die Offpage-Maßnahmen sind von der Unternehmung nur begrenzt steuerbar. Es handelt sich dabei u. a. um die Gesamtanzahl der Downloads, Rezensionen und die Sterne-Bewertungen. Im Rahmen der **App-Store-Advertising** kann die Unternehmung – ähnlich dem Search Engine Advertising – bezahlte Suchanzeigen in App-Stores platzieren und versuchen, in den Suchergebnissen möglichst weit oben zu erscheinen. Bei der mobilen Displaywerbung schalten Unternehmen Werbung auf den Apps externer Anbieter. Der Vorteil hierbei liegt in der hohen Zielgruppenerreichbarkeit.

Die mobile Kommunikation eignet sich zur Schaffung von Aktualität. Sie bietet sich auch an zur Vermittlung von Informationen. Tendenziell können Emotionen durch die mobile Kommunikation weniger gut ausgelöst werden.

16.2.4 Direktkommunikation

▶Die Direktkommunikation umfasst alle kommunikativen Maßnahmen, die eine direkte, personalisierte Interaktion mit potenziellen und aktuellen Kunden und sonstigen Stakeholdern anbahnen und aufrechterhalten sollen, um Kommunikations- und Marketingziele zu realisieren, die den Aufbau und Erhalt von KKVs dienen (Vgl. Holland 2016, S. 5 ff.; Holland 2021, S. 5; Mann 2016, S. 406; Bruhn 2014a, S. 604; Meffert et al. 2019, S. 755).

Die Direktkommunikation kann in drei Erscheinungsformen typologisiert werden (Vgl. Bruhn 2019, S. 362 ff.): Die **passive Direktkommunikation** macht mit bestimmten Medien (z. B. unadressierte Werbebriefe) auf die Unternehmung, ihre Produkte oder ihre Marken aufmerksam, ohne dass eine direkte Interaktion entsteht. Bei der **reaktionsorientierte Direktkommunikation** gibt die Ansprache eines Adressaten diesem die Möglichkeit zur Reaktion und kann damit den Beginn eines Dialogs bzw. einer Interaktion darstellen. Bei einer **interaktionsorientierten Dialogkommunikation** treten Sender und Empfänger in einem Dialog, der einen direkten Informationsaustausch möglich macht.

Entsprechen werden als Instrumente der Direktkommunikation Direktwerbemedien, Massenmedien mit Responseelementen sowie Kundenbindungsprogramme mit primärer Kommunikationsfunktion unterschieden (Vgl. Wirtz und Ullrich 2009, S. 118 f.; Meffert et al. 2019, S. 756; Bruhn 2019, S. 364 ff.; Kotler et al. 2015, S. 653 ff.; Holland 2016, S. 47). **Direktwerbemedien** könne in postalische Werbesendungen, telefonische Werbeansprache sowie in die Ansprache per Internet, Mobiltelefon und Fax unterteilt werden. **Massenmedien, die mit Responseelementen verbunden werden können,** sind Insertionsmedien, Plakate und sonstige Medien der Außenwerbung, elektronische Medien und die Onlinewerbung. **Kundenbindungsprogramme mit Dialogfunktion** wie z. B. Kundenclubs, Kundenmagazine und Kundenkarten helfen nicht nur, den Dialog mit Kunden zu starten, sondern ihn auch zu vertiefen und den Kunden längerfristig an die Unternehmung zu binden.

Die Direktkommunikation kann insbesondere genutzt werden, um das Ziel der Aktualität zu verfolgen. Ebenso können Informationen vermittelt werden. Das Ziel der Emotion kann mit anderen Kommunikationsinstrumente ggf. besser realisiert werden. Vorteile der Dialogkommunikation liegen in der z. T. möglichen Zielgruppenorientierung und der damit verbundenen Reduktion der Streuverluste. Zudem wird die Interaktion mit den Kunden gefördert. Probleme können sich dort ergeben, wo Direktkommunikation aufdringlich wird und zu Reaktanzen führt.

16.2.5 Verkaufsförderung

▶Als Verkaufsförderung (Promotions) werden zeitlich begrenzte Maßnahmen mit Aktionscharakter verstanden, die zur zusätzlichen Motivation nachgelagerter Vertriebsstufen eingesetzt werden, um Kommunikations- und Marketingziele zu realisieren, die zum Aufbau und Erhalt von KKVs beitragen (Vgl. Homburg 2020, S. 898; Gedenk 2016, S. 99; Gedenk 2009, S. 270; Bruhn 2019, S. 342).

Es werden verschiedene Formen der Promotion unterschieden (Vgl. Abb. 16.13).

Die **Verbraucherpromotion,** die das Unternehmensergebnis und die Rentabilität stark positiv beeinflussen kann (Vgl. Kumar et al. 2008, S. 65 f.) geht vom Hersteller aus und richtet sich direkt an die Konsumenten. Gedenk (2016, S. 100 f.) unterscheidet die **Preispromotions** (Sonderangebote, Coupons, Multi-Item-Promotion, Deal oft the day, etc.) und die **Nicht-Preis-Promotion.** Die Nicht-Preis-Promotions werden in **echte Nicht-Preis-Promotions** (z. B. Warenproben, Produktzugaben, Gewinnspiele) und in **unechte Nicht-Preispromotions,** die Preispromotions unterstützen (Handzettel, Beilagen, Inserate, Aktionspackungen etc.), gegliedert. Die **Handelspromotions** des Herstellers zielt auf die Händler. Sie besitzt unterschiedliche Schwerpunkte (Vgl. Bruhn 2019, S. 348 ff.): **Handelsgerichtet** wird ausschließlich der Handel z. B. in Form von Dekorationsservices, Ladenbaukonzepten, Händlerwettbewerben, Handelswerbung, Bereitstellung von elektronischen und multimedialen Kommunikationsanlagen usw. angesprochen. **Endverbrauchergerichtete** Handelspromotions unterstützt den Handel bei der Bearbeitung der Endkunden. Als Maßnahmen gelten u. a. POS-Gewinnspiele, Displays, Zugabe- und Personality-Promotions, POS-Durchsagen, etc. Mit der **Händlerpromotion** in Form von Sonderangeboten, Zweitplatzierungen, Handzettel, Beilagen, Inserate versucht der Handel

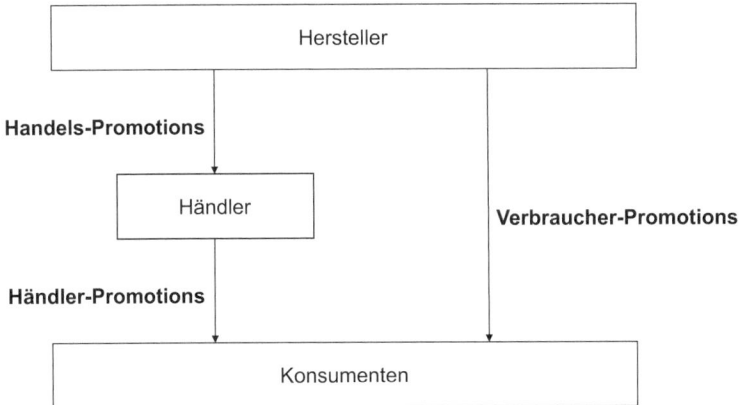

Abb. 16.13 Formen der Promotions (Gedenk 2016, S. 100)

die Konsumenten zu einer verstärkten Nachfrage zu bewegen. Weitere Promotions können die eigene Verkaufsorganisation ansprechen (Vgl. Homburg 2020, S. 899).

Promotionsmaßnahmen steigern die Aktualität der Unternehmung bzw. ihrer Marken und Leistungen. Sie dienen tendenziell der kurzfristigen Kurskorrektur (Vgl. Bruhn 2019, S. 345; Siram und Kalwani o. J. sowie zu anderer Meinung Homburg 2020, S. 899)) und sind damit für das strategische Marketing weniger geeignet. Zudem sind mit den Promotions z. T. hohe Kosten verbunden.

16.2.6 Public Relations

Der Begriff der Public Relations (PR) ist nicht eindeutig definiert (Röttger 2016, S. 287 ff.; Zerfaß und Grünberg 2016, S. 186 ff.).

▶ Als Kommunikationsinstrument im Marketing umfassen die Public Relations alle Maßnahmen zum Aufbau und Erhalt von Vertrauen sowie zur Vermeidung und Abbau nicht marktbezogener Widerstände bei verschiedenen internen und externen Stakeholdern (Sandhu 2022, S. 862 ff.; Grunwald und Schwill 2022, S. 114 f.), um KKVs aufzubauen und zu erhalten (Vgl. Bruhn 2019, S. 376, Vollert 2009, S. 191).

Die Public Relations übernehmen dazu verschiedene Funktionen (Vgl. Kotler et al. 2015, S. 642 f.; Bruhn 2019, S. 376; Meffert et al. 2019, S. 758): Sie haben die Aufgabe, Kontakte zu relevanten Stakeholdern aufzubauen und zu pflegen (**Kontaktfunktion**). Die Anspruchsgruppen sind durch die PR über die Unternehmung und ihre Aktivitäten zu informieren (**Informationsfunktion**). Die PR soll das Vorstellungsbild der Unternehmung in der Öffentlichkeit prägen (**Imagefunktion**) und Verständnis für Entscheidungen der Unternehmung schaffen (**Vertrauensfunktion**). Damit **leistet** die PR auch einen Beitrag zur Krisenfestigkeit der Unternehmung (**Stabilisierungsfunktion**). Es werden zudem Konflikte mit relevanten Stakeholdern vermieden bzw. abgemildert (**Konfliktvermeidungsfunktion**). Durch die Schaffung von Anerkennung und Vertrauen nimmt die PR indirekt eine **Absatzfunktion** ein.

Um die Funktionen zu erfüllen, bedarf es der leistungsbezogenen, der unternehmensbezogenen und der gesellschaftsbezogenen PR (Vgl. Bruhn 2019, S. 377 ff.). Die **leistungsbezogenen PR** stellen Besonderheiten der Produkte und Dienstleistungen heraus, die zum Gegenstand der öffentlichen und internen Diskussion werden können. **Unternehmensbezogene PR** präsentiert die Unternehmung als Ganzes insbesondere mit dem Ziel Vertrauen zu gewinnen. Bei den **gesellschaftsbezogenen PR** präsentiert sich die Unternehmung als Teil der Gesellschaft, für die sie durch ihr Handeln Verantwortung übernimmt und dadurch Anerkennung und Geltung erhalten will.

16.2 Kommunikationsinstrumente

Als Instrumente der PR sind die **Medienarbeit** (Presseberichte, presseorientierte Veröffentlichungen auf der Corporate Website, Interviews), **Veranstaltungen** (Pressekonferenz Vorträge, Seminare, Tag der offenen Tür, etc.), ein **Beziehungsmanagement** (zu Meinungsführern, Multiplikatoren, Branchentreffen, Lobbying, Spenden, usw.), und das **Krisenmanagement** zur Vermeidung eines negativen Images der Unternehmung im Krisenfall zu nennen (Vgl. Homburg 2020, S. 901 f.; Voeth und Herbst 2013, S. 553 f.).

Die PR dienen insbesondere dem Ziel der Informationsvermittlung. Auch das Ziel der Aktualität kann durch Teile der PR realisiert werden. Eine untergeordnete Rolle spielt die Schaffung von Emotionen. Ggf. können negative Emotionen bei den verschiedenen Anspruchsgruppen vermieden bzw. abgebaut werden.

16.2.7 Sponsoring

▶ **Definition**
Das Sponsoring umfasst alle Aktivitäten, die mit der Bereitstellung von Geld, Sachmitteln, Dienstleistungen oder Know-how durch die Unternehmung oder andere Organisationen und Institutionen als Sponsoren zur Förderung von Personen oder Organisationen (Gesponsorte), verbunden sind, um damit Kommunikations- und Marketingziele zu erreichen, die zum Aufbau und Erhalt von KKVs beitragen (Vgl. Bruhn 2018, S. 5).

Die dazu notwendigen vertraglichen Vereinbarungen werden als **Sponsorship** bezeichnet.

Als wichtige Erscheinungsformen des Sponsorings gelten das Sportsponsoring, das Kultursponsoring, das Umweltsponsoring, das Soziosponsoring und das Mediensponsoring (Vgl. Bruhn 2019, S. 389 ff.; Bruhn 2014a, S. 752 ff.). Im **Sportsponsoring** werden Einzelpersonen, Sportmannschaften, Sportveranstaltungen und Sportstadien (Site Sponsoring) gefördert. Das **Kultursponsoring** zielt auf die Förderung von Einzelkünstlern, Kulturgruppen, Kulturorganisationen, Kulturveranstaltungen und Stiftungen. Beim **Umweltsponsoring** werden lokale, nationale und internationale Umweltschutzorganisationen unterstützt. Mit dem **Soziosponsoring** fördert die Unternehmung unabhängige Institutionen im sozialen Bereich sowie staatliche, wissenschaftliche und bildungspolitische Institutionen. Das **Mediensponsoring** zielt auf Medien wie Fernsehen, Radio, Printmedien, das Internet und das Kino ab.

Für die Auswahl eines Sponsorships müssen Fits zwischen den Gesponserten, der Unternehmung und den durch das Sponsoring angesprochenen Zielgruppen geklärt werden (Vgl. Erdtmann 1989, S. 162 ff.). Andernfalls würde ein Sponsorship Gefahr laufen, ohne Wirkung zu bleiben.

Aus Sicht der Unternehmung müssen die Gesponserten einen Leistungsbezug, eine Imageaffinität, einen Know-how- Bezug, einen Regionalbezug oder einen Verantwortungsbezug besitzen (Vgl. Bruhn 2014a, S. 799 ff.).

Ein **Leistungsbezug** ergibt sich, wenn die Produkte und Dienstleistungen in enger Beziehung zum Gesponserten stehen.

▶ Als Beispiele mögen Sportschuhe gelten, die ein Sponsor im Rahmen des Sportsponsorings gesponserten Sportlern und Mannschaften zur Verfügung stellt, ebenso wie Fördermittel an Umweltorganisationen durch einen Hersteller von Bioprodukten, der auf eine saubere Umwelt angewiesen ist.

Eine **Imageaffinität** liegt vor, wenn das Image der Gesponserten aktuell oder zukünftig auf den Sponsor bzw. dessen Leistungen und Marken übertragen werden soll.

▶ Die fachliche und wissenschaftliche Kompetenz eines gesponserten Forschungsinstituts bzw. eines Lehrstuhls an der Universität soll sich auf den Sponsor und seine Leistungen übertragen.

Ein **Know-how-Bezug** liegt vor, wenn der Sponsor über sachliche Möglichkeiten verfügt, einen Sponsoringbereich zu fördern.

▶ Der Hersteller von Präzisionsuhren kann die Zeitmessung bei Events der Leichtathletik unterstützen.

Ein **regionaler Bezug** des Sponsorings findet sich, wenn das Sponsorship einer Unternehmung Anliegen in ihrem geographisch-gesellschaftlichen Bereich aufgreift.

▶ Ein typisches Beispiel ist u. a. die Förderung von Kitas und Schulen am Stammsitz der Unternehmung.

Ein **Verantwortungsbezug** liegt vor, wenn die Unternehmung eine ethisch-moralische Verpflichtung besitzt, sich in einem Sponsoringbereich zu engagieren.

▶ Eine Unternehmung der Energiewirtschaft kann sich moralisch dazu veranlasst fühlen, Umweltprojekte zu fördern, die Folgen eines Raubbaus der Natur bekämpft.

Das Sponsoring kann der Unternehmung insbesondere zur Schaffung von Aktualität dienen. Das Ziel der Emotion wird unterstützt, wenn das Image der Gesponserten auf die Unternehmung übertragen wird. Das Ziel der Information kann mit dem Sponsoring nicht erreicht werden.

16.2.8 Messen und Ausstellungen

▶Messen gelten als zeitlich begrenzte, wiederkehrende Marktveranstaltungen, auf denen eine Vielzahl von Unternehmen insbesondere für Fachbesucher das wesentliche Angebot eines oder mehrerer Wirtschaftszweige ausstellen und gewerblichen Anbieter präsentieren mit dem Ziel, Kommunikations- und Marketingziele zu realisieren, um den Aufbau und die Pflege von KKVs zu interstützen. Demgegenüber richten sich Ausstellungen insb. an ein allgemeines Publikum (Vgl. Kirchgeorg 2017, S. 33 ff.; Robertz 1999, S. 14, Meffert et al. 2019, S. 764; Homburg 2020, S. 903).

Messen können unterschiedlich klassifiziert werden. Unterschiedliche Messeformen und Kriterien ihrer Bildung sind in Tab. 16.1 dargestellt (Vgl. auch Kirchgeorg 2017, S. 45, Bruhn 2019, S. 409).

Messen und Ausstellungen übernehmen für die Gesellschaft als Ganzes, die Wirtschaft, Messeaussteller, Besucher und für Messegesellschaften verschiedenen Funktionen (Vgl. Kirchgeorg 2016, S. 512 ff.; Kirchgeorg 2017, S. 37). Sie können der Unternehmung helfen, Informationen zu vermitteln, Emotionen zu schaffen und die Aktualität zu steigern (Vgl. Bruhn 2014a, S. 919 ff.). Im Einzelnen unterscheidet Meffert (2017, S. 1020) Kontaktziele, marktbezogene Beeinflussungsziele, Verkaufsziele, Informationsziele, Motivationsziele, und anspruchsgruppenbezogene Beeinflussungsziele (Vgl. Tab. 16.2).

Die Realisation der Ziele hängt von den verschiedenen Aktivitäten der Unternehmung in der Vormesse-Phase, die der Messe-Phase und in der Nachmesse-Phase ab (Vgl. Meffert et al. 2019, S. 765). Als teure Kommunikationsinstrumente müssen Messen und Ausstellungen ihre Effizienz zunehmend belegen.

16.2.9 Persönliche Kommunikation

▶Die persönliche Kommunikation umfasst alle Aktivitäten, die mit der Anbahnung und Durchführung von Face-to-Face-Gesprächen zwischen Anbietern und Nachfragern verbunden sind, um die Kommunikations- und Marketingziele zu realisieren, die den Aufbau und Erhalt von KKVs unterstützen (Vgl. Bruhn 2019, S. 400; ähnlich Hüttl-Maack und Gierl 2016, S. 388).

Die persönliche Kommunikation kann nach der Art, nach den Trägern, der Richtung, der Dauer und Intensität sowie ihrer Symmetrie differenziert werden. Die daraus zu unterscheidenden Formen der persönlichen Kommunikation sind in Tab. 16.3 dargestellt.

Je nach Form kann die persönliche Kommunikation verschiedene Funktionen übernehmen (Vgl. Bruhn 2014a, S. 831 ff.):

Tab. 16.1 Formen der Messe

Kriterium	Messeform
Geographische Herkunft der Messebeteiligten	Regionale Messe Überregionale Messe Nationale Messe Internationale Messe
Breite des Angebots	Universal- bzw. Mehrbranchenmesse Solo- bzw. Monomessen Spezialmessen Branchenmessen Fachmessen Verbundmessen
Angebote Leistungen	Konsumgütermesse Industriegütermesse Dienstleistungsmesse
Beteiligte Branchen	Automobilmesse Landwirtschaftsmesse Spielzeugmesse
Beteiligte Wirtschaftsstufen	Handelsmesse Handwerkermesse Industriemesse
Hauptausrichtung des Absatzes	Exportmesse Importmesse
Funktion der Messe	Informationsmesse Ordermesse
Virtualisierungsgrad	Reale Messe Virtuelle Messe
Branchenbedeutung	Leitmesse Zweitmesse Nebenmesse
Zielgruppe	Fachbesuchermesse Händlermesse Konsumentenmesse

- Kontaktfunktion,
- Informations- und Artikulationsfunktion,
- Beeinflussungsfunktion,
- Beratungs- und Betreuungsfunktion,
- Verkaufsfunktion,
- Profilierungsfunktion,
- Motivationsfunktion,
- Integrationsfunktion,
- Markenführungsfunktion.

16.2 Kommunikationsinstrumente

Tab. 16.2 Messespezifische Ziele der Unternehmung. (Quelle: Nach Meffert 2017, S. 1020; Kirchgeorg 2017, S. 37)

Messebezogene Ziele der Unternehmung	
Zielkategorie	Zielinhalt
Marktbezogene Beeinflussungsziele	Emotionale Profilierung; Rationale Profilierung; Erhöhung des Bekanntheitsgrads der Unternehmung, seiner Leistungen und Marken; Darstellung der Kompetenz der Unternehmung; Imageverbesserung; Besuchermotivation; Schaffung von Vertrauen zur Unternehmung;
Anspruchsgruppenbezogene Beziehungsziele	Marktpflege; Beziehungsaufbau und Pflege mit diversen Anspruchsgruppen; Positive Einstellungsveränderung gegenüber der Branche/des Marktes;
Unternehmensinterne Beziehungsziele	Steigerung der Motivation; Steigerung der Zusammengehörigkeit; Unternehmensbindung der Mitarbeiter;
Informationsziele	Identifikation von Konkurrenten; Identifikation von Lieferanten; Ansprache und Akquisition neuer Mitarbeiter; Identifikation neuer Vertriebswege; Erkennen von Kundenpräfenzen; Überprüfung der Marktreife von Leistungen;
Kontaktziele	Kontakt mit potenziellen Kunden; Kontakt mit aktuellen Kunden; Kontakt mit ehemaligen Kunden;
Verkaufsziele	Verkaufsanbahnung; Verkaufsabschluss; Transaktionskostensenkung;

Ob die erwünschten Funktionen erfüllt werden können, hängt von mehreren Determinanten ab, wie in Abb. 16.14 dargestellt ist. (Vgl. Hüttl-Maack und Gierl 2016, S. 388 f.; auch Kroeber-Riel und Gröppel-Klein 2019, S. 511). Einerseits gehört dazu der **Kommunikationsstil**. Er umfasst die Inhalte des Gesprächs sowie die Form ihrer Übermittlung (Einfühlsamkeit, Abgabe von Versprechungen, Drohungen, etc.) und die Einhaltung bestimmter Regeln (z. B. soziale oder kulturelle Konventionen). Weiterhin wird die Wirkung eines Gesprächs von **heuristischen Reizen und der Verkaufstaktik** bestimmt. So kann als heuristischer Reiz die Fachkompetenz eines Gesprächspartners ein Indikator der Richtigkeit seiner Aussagen ohne zusätzliche Nachfrage oder Überprüfung sein. Verkaufstaktiken aktivieren heuristische Reize. Nicht zuletzt wird die Wirkung eines

Tab. 16.3 Erscheinungsformen der persönlichen Kommunikation. (Quelle: Nach Bruhn 2019, S. 403)

Dimensionen	Formen		Beispiele
Art der persönlichen Kommunikation	Verbal		Sprache, Argumentationsstil
	Nonverbal		Haltung, Gestik, Mimik, Lautstärke
Träger der persönlichen Kommunikation	Anbieter		Kundenkontaktpersonal, Führungskräfte
	Nachfrager		Interessenten, Kunden
	Personen im Umfeld		Meinungsführer, Familie, Freunde
Richtung der persönlichen Kommunikation	Unternehmensextern gerichtet	Horizontal	Austausch von Informationen mit Kooperationspartnern des Marktes
		Vertikal	Kommunikation zwischen Verkäufer und Kunden
		Lateral	Kommunikation zwischen Unternehmung und Behörden
	Unternehmensintern gerichtet	Horizontal	Meinungsaustausch Marketingleiter und F&E-Leiter
		Vertikal	Gespräch zwischen Vorgesetzten und Mitarbeiter
		Lateral	Kommunikation zwischen Lagerarbeiter und Vorstandsmitglied
Dauer und Intensität der persönlichen Kommunikation	Zeithorizont	Kundenkontakt	Kundenanfrage
		Episode	Kommunikation an einem Customer Touchpoint
		Transaktion	Kommunikation während eines Auftrags
		Beziehung	Kommunikation in einer Geschäftsbeziehung
	Häufigkeit	Gering	Einmalige Kommunikation

(Fortsetzung)

16.2 Kommunikationsinstrumente

Tab. 16.3 (Fortsetzung)

Dimensionen	Formen		Beispiele
		Mittel	Mehrfache Kommunikation
		Hoch	Andauernde Kommunikation
Symmetrie der persönlichen Kommunikation	Asymmetrisch		Vornehmlich einseitige Information des Kunden durch den Verkäufer
	Symmetrisch		Diskussion zwischen Kunden und Servicemitarbeiter

Gesprächs auch von der **nonverbalen Kommunikation und sonstigen peripheren Reizen** (z. B. Kleidung) bestimmt.

Vorteile der persönlichen Kommunikation beziehen sich auf die Flexibilität, Möglichkeiten der Interaktion und der Rückfragen der Gesprächspartner, sodass auf die spezifischen Wünsche, Bedürfnisse und Überzeugungen der Kunden eingegangen werden

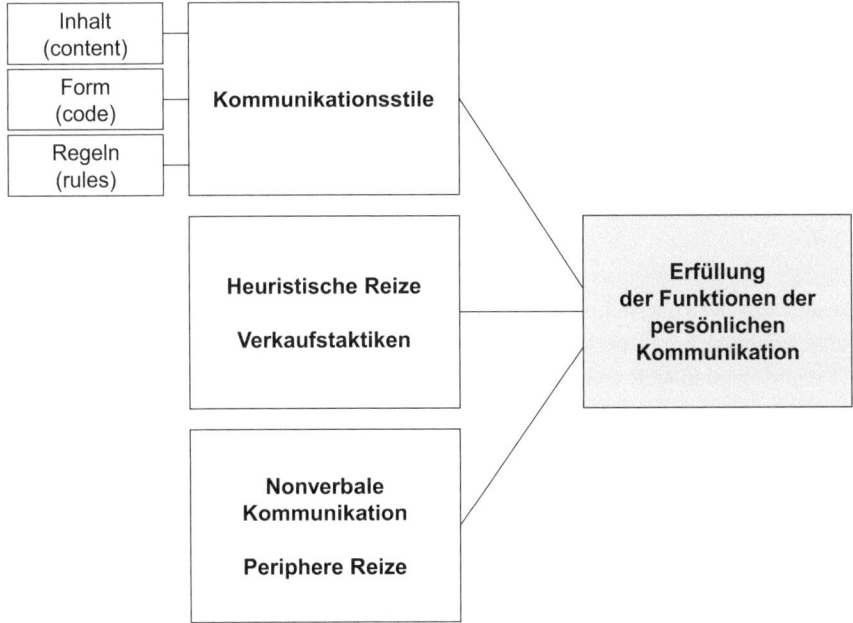

Abb. 16.14 Determinanten der Erfüllung der Funktionen der persönlichen Kommunikation. (In Anlehnung Hüttl-Maack und Gierl 2016, S. 389)

kann (Vgl. Weitz et al. 1986, S. 174). Nachteilig wirken sich die hohen Kosten aus, die sich aus dem personellen und zeitlichen Ressourcenbedarf ergeben. Gleichzeitig ist die Reichweite der persönlichen Kommunikation tendenziell gering (Vgl. Voeth und Herbst 2013, S. 538 f.).

Mit der persönlichen Kommunikation kann vor allem das Ziel der Information realisiert werden. Weniger gut geeignet ist das Kommunikationsinstrument zur Vermittlung von Emotionen, die eher durch Bilder aufgebaut werden (Vgl. Kroeber-Riel und Esch 2015, S. 23). Für das Ziel der Schaffung der Aktualität sind die Reichweiten der persönlichen Kommunikation zu gering und die Kosten zu hoch.

16.2.10 Event Marketing

▶Das Event Marketing als Kommunikationsinstrument (Vgl. Zanger und Drengner 2009, S. 198) beschreibt die eigenständige, multisensuale und erlebnisorientierte Gestaltung von temporären Ereignissen oder Veranstaltungen, die sich an interne und externe Zielgruppen richten, um durch physische und emotionale Stimuli unternehmens-, leistungs- bzw. markenbezogene Botschaften zu vermitteln, die der Realisation der Kommunikations- und Marketingziele der Unternehmung dienen und den Aufbau und Erhalt von KKVs unterstützen (Vgl. Kirchgeorg et al. 2009, S. 139; Zanger und Drengner 2016, S. 114; Bruhn 2019, S. 416 f.; Meffert et al. 2019, S. 767).

Marketing Events wenden sich an ein größeres Publikum, das sich während eines festgelegten Zeitraums gemeinsam an einem bestimmten Ort versammelt (Vgl. Zanger und Drengner 2016, S. 114). Zur Abgrenzung von anderen Kommunikationsinstrumenten müssen Events einige Anforderungen erfüllen (Vgl. Bruhn 2019, S. 416 f.; Sistenich 1999, S. 62 ff.):

- Es sind von der Unternehmung eigeninitiierte Veranstaltungen ohne Verkaufscharakter,
- sie beziehen sich auf die Unternehmung, ihre Produkte und ihre Marken,
- sie unterscheiden sich von der Alltagswirklichkeit ihrer Adressaten,
- sie werden zielgruppenfokussiert ausgerichtet und erzeugen eine hohe Kontaktintensität mit den Adressaten,
- sie setzen Botschaften der Unternehmung in erlebbare Ereignisse um,
- sie besitzen interaktive Elemente. Adressaten werden über die Verhaltensebene in die Kommunikation der Unternehmung integriert.

Als Ziele des Event-Marketings werden insbesondere die Vermittlung von Emotionen (durch die Veranstaltung selbst) und die Information der Adressaten eines Events genannt. Ebenso ist auch die Kombination aus Emotion und Information (Infotainment) möglich.

Bruhn (2019, S. 418) vertritt die Meinung, dass auch ein Event zur Informationsvermittlung Unterhaltungs- und Erlebniselementen bedarf. Als Adressaten sind interne und externe Zielgruppen allein oder gemeinsam denkbar.

In Abhängigkeit der Ziele und Zielgruppen können verschiedene Formen des Events differenziert werden, wie dies in Tab. 16.4 ersichtlich ist.

Events bedürfen zur Zielrealisation und zur Optimierung der Effektivität der Unterstützung anderer Kommunikationsinstrumente: in der Planungsphase zur Bekanntmachung des Events, in der Durchführungsphase zur Steigerung der Effektivität des Events und in der Nach-Eventphase zur Steigerung der Erinnerung (Vgl. Voeth und Herbst 2013, S. 561). In diesem Zusammenhang wird die Bedeutung der digitalen Kommunikation, insb. der Social Media im Event-Marketing zunehmend diskutiert. Zanger unterscheidet diesbezüglich reale Events (i. e. S.), virtuelle Events (i. e. S.) sowie hybride Events (Vgl. Zanger 2013, S. 9 ff.). **Reale Events** konzentriert sich auf die Emotionalisierung und das multisensuale Eventerlebnis beim persönlichen Kontakt zwischen Eventveranstalter und den Eventteilnehmern. Virtuelle Events finden ausschließlich im virtuellen Raum statt und verzichten auf jeden physischen Kontakt der Eventteilnehmer. Derartige Events können kognitive Ziele wie die Vermittlung von Informationen über die Unternehmung, ihre Leistungen und Marken realisieren. Aufgrund eingeschränkter Multisensualität ist es kaum möglich, die Eventteilnehmer zu emotionalisieren (Vgl. Zanger 2013, S. 10). **Hybride Events** nutzen die Social Media einerseits zur Übertragung realer Events, um so die Reichweite kostengünstig zu erhöhen. Auch in diesem Fall ist die Vermittlung Information möglich, die Emotionalisierung der „virtuellen Teilnehmer" hingegen kaum. Social-Media-Aktivitäten können andererseits als innovativer Eventtool in reale Events eingebaut werden. Nicht zuletzt können Social-Media-Aktivitäten einen realen Event begleiten. Ziel ist vor allem die Einbeziehung der Mitglieder von Communities, die dem Event nicht beiwohnen können sowie die virale Verbreitung von Eventbotschaften.

Als **Vorteile** des Event-Marketings können die Interaktion der Unternehmung mit den Adressaten eines Events sowie deren Einbeziehung in die Unternehmens- und Markenwelt gelten. Dies ermöglicht eine intensive Emotionalisierung. Bei den Eventteilnehmern erhöht sich zudem die Aktualität der Unternehmung, ihrer Leistungen und Marken. **Nachteilig** wirken sich die mit Events verbundenen Kosten sowie die tendenziell langen Vorbereitungszeiten aus. Nicht zuletzt muss die im Vergleich zu anderen Kommunikationsinstrumenten eingeschränkte Reichweite kritisch angemerkt werden.

16.2.11 Product-Placement

▶Das Product-Placement wird als Integration von Kommunikationsobjekten in ein Medienprogramm (Film, TV-Serie, Unterhaltungssendung) gegen finanzielle und sachliche Gegenleistungen definiert (Bruhn 2019, S. 331; Schweiger und Schrattenecker 2017,

Tab. 16.4 Formen von Events. (Quelle: Nach Meffert et al. 2019, S. 770; Kirchgeorg et al. 2009, S. 141)

		Zielgruppe		
		Intern	Intern und extern	Extern
Kommunikationsziele	Emotion	**Internes Unterhaltungsevent** (Betriebsausflug)	**Internes und externes Unterhaltungsevent** (Besuch der VIP-Lounge beim Tennisturnier durch AD-Leiter und Key Accounts)	**Externes Unterhaltungsevent** (Skiwochenende für Kunden)
	Emotion und Information	**Internes Infotainment** (Veranstaltung zur Neuprodukteinführung)	**Internes und externes Infotainment** (Produktschulung für Mitarbeiter und Händler)	**Externes Infotainment** (Roadshow)
	Information	**Internes Informationsevent** (Mitarbeiterschulung)	**Internes und externes Informationsevent** (Hauptversammlung)	**Externes Informationsevent** (Händlerschulung)

S. 142 f.; Homburg 2020, S. 914, Meffert et al. 2019, S. 777; Berndt 1993, S. 675). Darüber hinaus können Kommunikationsobjekte auch Gegenstand in Romanen, Musik oder Computer- bzw. Videospielen sein (Vgl. Hermanns und Lemâns 2016, S. 206). Ziel ist es auch hier, KKVs aufzubauen und zu erhalten.

Eine Klassifikation des Product-Placements zeigt Tab. 16.5.

Mit dem Product-Placement kann die Unternehmung bzw. ihre Leistungen und Marken aktuell gehalten werden. Zudem kann das Ziel der Emotionalisierung realisiert werden (Vgl. Homburg 2020, S. 914, Hermanns und Lemân 2016, S. 209).

Das Product-Placement ist mit verschiedenen Vor- und Nachteilen verknüpft (Vgl. Hermanns und Lemân 2016, S. 211). Vorteilhaft wirkt sich je nach Art des Product-Placement die erzielbare Reichweite aus. Zudem kann ein Product-Placement je nach Art lange genutzt werden (z. B. in Fernsehserien), wobei Reaktanzen zu berücksichtigen sind. Es erfolgt ein Imagetransfer von den Hauptdarstellern auf die Unternehmung, ihre Leistungen bzw. Marken. Teilweise wird Product-Placement von den Adressaten nicht als von Unternehmen gesteuerte Kommunikation wahrgenommen und erfährt damit höhere Akzeptanz. Z. T. können Werbebeschränkungen umgangen werden. Nachteile beziehen sich auf die mögliche Wahrnehmung des Product-Placements als Schleichwerbung mit damit verbundenen Reaktanzen. Zudem besitzt die Unternehmung ggf. nur geringen Einfluss auf die tatsächliche Einbindung des Kommunikationsobjekts in die Medien, was zu nicht erwünschten Effekten wie mangelnde Markenkonformität führen kann.

Eng mit dem Product-Placement verbunden ist das **In-Game-Advertising**. Werbliche Maßnahmen werden dabei gegen Entgelt durch einen Spieleentwickler in Computer- und Videospiele integriert, um die Kommunikations- und Marketingziele der Unternehmung zu realisieren und damit den Aufbau und Erhalt von KKVs zu unterstützen (Vgl. Meffert et al. 2019, S. 780). Es werden Adgames, das statische In-Game Advertising und das dynamische In-Game Advertising unterschieden. **Adgames** werden im Auftrag von Werbekunden programmiert bzw. es werden existierende Spiele an die Anforderungen der Werbekunden angepasst. Die Spiele, bei denen die Präsenz der Unternehmung bzw. ihre Leistungen und Marken im Vordergrund stehen, sind i. d. R. einfach, unterhaltsam und für die Adressaten, die die Spiele z. B. im Internet herunterladen, kostenlos (Vgl. Thomas und Stammermann 2007, S. 53 f.). Bei dem **statischen In-Game-Advertising** werden Werbemittel fest in ein Computerspiel integriert und verbleiben dort für immer (Vgl. Thomas und Stammermann 2007, S. 57 ff.). Im Gegensatz dazu werden bei dem **dynamischen In-Game Advertising** im Spiel Werbemöglichkeiten geschaffen (z. B. Plakatwände), die von unterschiedlichen Unternehmen bzw. Marken gegen Entgelt belegt werden können (Vgl. Thomas und Stammermann 2007, S. 61 ff.).

Mit dem In-Game-Advertising kann das Ziel der Aktualität für den Kommunikationsgegenstand verfolgt werden. Zum Teil können auch Emotionen vermittelt werden. Für das Ziel der Information hat das In-Game Advertising weniger Bedeutung.

Tab. 16.5 Arten des Product-Placements. (Quelle: Nach Homburg 2020, S. 915; Meffert et al. 2019, S. 778)

Unterscheidungskriterium	Art des Product-placements	Erklärung
Art der Leistung	Product-Placement i. e. S	Platzierung von Markenartikeln
	Corporate Placement	Platzierung von Unternehmen
	Generic Placement	Platzierung unmarkierter Leistungen
	Innovation Placement	Platzierung einer Leistungsinnovation
	Location Placement	Platzierung eines Ortes
Einsatzmedium	Movie-Placement	Einbettung des Placements in die Handlung von Filmen
	Game-Placement	Einbettung des Placements in die Handlung von Video- und Computerspielen
	Music-Placement	Einbettung des Placements in Musik bzw. Musikvideos
	Novel-Placement	Einbettung des Placements in einen Roman
Grad der Integration	On Set Placement	Placement ohne Bezug zur Handlung
	Creative Placement	Direkte Einbindung des Placements in die Handlung
	Image/Drama Placement	Placement im thematischen Mittelpunkt des Mediums
Art der Informationsübermittlung	Visuelles Placement	Visuelle Informationsübermittlung
	Verbale Placement	Verbale Informationsübermittlung
	Kombiniertes Placement	Kombination aus visueller und verbaler Informationsübermittlung
Grad der Anbindung an den Hauptdarsteller	Placement mit Endorsement	Bezugnahme des Hauptdarstellers auf das Placement
	Placement ohne Endorsement	Kein Bezug von Hauptdarsteller und Placement

Insbesondere das dynamische In-Game-Advertising (weniger die Adgames) bieten den Vorteil, dass die Adressaten die primäre Werbeabsicht weniger gut erkennen. Zudem können Spiele und Botschaften zielgruppenkonform gestaltet werden, sodass Streuverluste gering bleiben. Die Kosten des in-Game-Advertising halten sich insgesamt in Grenzen. Nachteilig wirkt sich aus, dass beim statischen und mehr noch beim dynamischen In-Game-Advertising die Abhängigkeit von den Spieleherstellern aus. Bei Adgames ist die Werbeabsicht offensichtlich und kann zu Reaktanzen führen.

16.3 Kommunikationsstrategien

16.3.1 Strategische Kommunikationspolitik

▶Die strategische Kommunikationspolitik legt verbindlich die langfristigen Schwerpunkte für die Gesamtkommunikation der Unternehmung bzw. eines ihrer Bezugsobjekte (Produkte, Dienstleistungen, Marken) sowie den Einsatz einzelner Kommunikationsobjekte fest (Vgl. Bruhn 2016d, S. 2; Bruhn 2019, S. 58).

Sie zeichnet sich dabei durch eine Reihe von Merkmalen aus (Vgl. Bednarczuk 1990, S. 11 f.):

- Eine umfassende, systematische Gesamtsicht aller Entscheidungen zur Kommunikationspolitik auf der Basis übergeordneter Marketing- und Unternehmenszielen,
- eine langfristige Perspektive zum Aufbau langfristiger Positionierungen der Unternehmung und ihrer Bezugsobjekte (Leistungen, Marken) bei den Adressaten der Kommunikation,
- eine strategische Planung der Kommunikationsziele, die auf der angestrebten Positionierung des Kommunikationsobjekts beruht,
- eine Konkurrenzorientierung, die auch die Kommunikationspolitik zur Schaffung und Verteidigung von KKVs verpflichtet,
- eine Informationssammlung (Vgl. Weber 1996), um strategische Entscheidungen der Kommunikationspolitik auf der Basis des Status und der Entwicklung der globalen Umwelt und der Aufgabenumwelt zu treffen (Vgl. Kap. 4),
- eine Abstimmung von Kommunikationsinstrumenten und –maßnahmen zur Vermittlung eines einheitlichen Bildes des Kommunikationsobjekts,
- eine organisatorische Verankerung der strategischen Kommunikationspolitik zur Gewährleistung ihrer Implementierung.

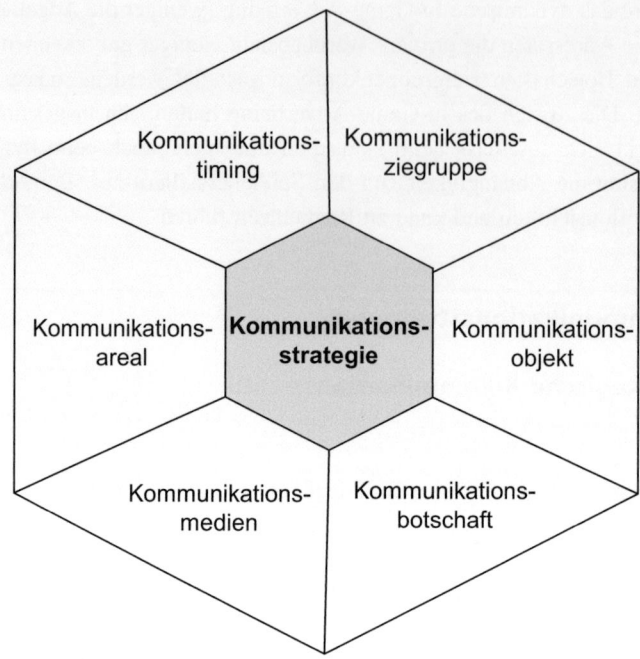

Abb. 16.15 Entscheidungstatbestände der Kommunikationsstrategien. (Nach Bruhn 2019, S. 220)

16.3.2 Entscheidungstatbestände der Kommunikationsstrategien

▶ Kommunikationsstrategien sind mehrere Perioden umfassende, verbindliche Verhaltenspläne zum Einsatz der Kommunikationsinstrumente der Unternehmung mit Bezug zu ausgewählten Planungsobjekten, um die formulierten Kommunikationsziele zu realisieren (Vgl. Bruhn 2019, S. 217, Esch und Winter 2016, S. 328 ff.).

Als Elemente einer Kommunikationsstrategie sind das Kommunikationsobjekt, die Kommunikationszielgruppen, die Kommunikationsbotschaft, die einzusetzenden Kommunikationsmedien, das Kommunikationsareal sowie das Kommunikationstiming festzulegen (Vgl. Abb. 16.15).

16.3.2.1 Kommunikationszielgruppen

Finanzielle, personelle und zeitliche Restriktionen zwingen dazu, die mit der Kommunikation anzusprechenden strategischen Zielgruppen auszuwählen und zu priorisieren (Vgl. Bruhn 2016a, S. 12 ff.). Als strategische Zielgruppen sollen alle Personen, Personengruppen und Organisationen bezeichnet werden, die einen wesentlichen Beitrag zum Aufbau und Erhalt von KKVs der Unternehmung leisten. Entsprechend der Abb. 1.14 sind dies

16.3 Kommunikationsstrategien

Personen, Gruppen und Organisationen die einen Beitrag zur (positiven) Netto-Nutzen-Differenz leisten und/oder die Erwirtschaftung eines langfristigen Gewinns beeinflussen (Vgl. Abschn. 1.3.1.3). Weitere Hinweise auf strategische Zielgruppen gibt die Stakeholdertypologie von Mitchell (Vgl. Abb. 13.3), die Stakeholder entsprechend ihrer Macht sowie der Legitimität und Dringlichkeit ihrer Ansprüche differenziert (Vgl. Mitchel et al. 1997, S. 874 sowie ähnlich Grunwald und Schwill 2022, S. 114 f.). Auf diese Ansätze aufbauend könnten in Anlehnung an Bruhn (2016k, S. 37) unterschieden werden

- **A-Zielgruppen,** die aufgrund unternehmensbezogener Kriterien (Key-Accounts, Kunden, Investoren, Mitarbeiter) oder ihrer gesellschaftlichen Bedeutung (Presse, NGOs) von strategisch herausragender Bedeutung für die Unternehmung sind,
- **B-Zielgruppen,** wie zukünftig attraktive Kunden, Händler, potenzielle Mitarbeiter, Kapitalgeber etc., die strategisch wichtig sind und mit denen die Unternehmung sich in regelmäßigen Abständen austauschen sollte,
- **C-Zielgruppen,** die strategisch eine untergeordnete Bedeutung für die Unternehmung besitzen, wie z. B. Kindergärten vor Ort, Verbraucherorganisationen, und mit denen die Unternehmung sporadischen Kontakt pflegt.

Die genannten Zielgruppen müssen auf der Ebene der einzelnen Kommunikationsinstrumente weitergehend spezifiziert werden. Dazu gehört ihr Mediennutzenverhalten und ihr Beitrag zur Realisation bestimmter Instrumentalziele (Vgl. Bruhn 2016k, S. 37). Das **Mediennutzenverhalten** liefert Hinweise, mit welchen Kommunikationsinstrumenten bestimmte Zielgruppen erreichbar sind. Der **Beitrag zur Realisation bestimmter Kommunikationsziele** kennzeichnet den kommunikationszielbezogenen Nutzen einer Zielgruppe. Dieser kann durch das **Wirkungspotenzial** einer Zielgruppe ausgedrückt werden (Vgl. Esch und Winter 2016, S. 333 f.).

▶ Ist es das Ziel eines Kommunikationsinstruments, die Einstellung zu verbessern, ist das erwartete Wirkungspotenzial der Zielgruppen mit einer schlechteren Einstellung größer als das von Zielgruppen mit einer ohnehin positiven Einstellung.

Nicht zuletzt ist auch die Frage der **zeitlichen Priorisierung von Zielgruppen** der Kommunikation zu klären (Vgl. Esch und Winter 2016, S. 334). Neben der gleichzeitigen Ansprache von verschiedenen Zielgruppen ist auch eine zeitlich versetzte Ansprache möglich und manchmal sinnvoll.

▶ Im Falle der Einführung neuer Leistungen würde sich die Kommunikation ggf. zunächst an die Innovatoren, dann an die frühen Folger und erst später an die breite Mehrheit potenzieller Kunden richten (Vgl. Abschn. 3.2.2.2).

16.3.2.2 Kommunikationsobjekt

In Abhängigkeit der Zielgruppe müssen im Rahmen der Kommunikationsstrategie die Kommunikationsobjekte bestimmt werden. Dabei handelt es sich insb. um die Unternehmung bzw. die Unternehmensmarke, Produkt- und Dienstleistungsmarken, Produkte und Dienstleistungen sowie Personen (Repräsentanten) oder Branchen (Vgl. Bruhn 2019, S. 219; Nieschlag et al. 2002, S. 1058 f.)).

Die **Unternehmung bzw. die Unternehmensmarke** steht im Mittelpunkt der Kommunikation mit nicht-marktbezogenen Zielgruppen wie Aktionäre, aktuelle und potenzielle Mitarbeiter, staatliche Institutionen, Lieferanten etc.). Hier gilt es insbesondere das institutionelle Erscheinungsbild der Unternehmung zu prägen, indem ihre strategische Positionierung, ihre Ziele und Aktivitäten usw. bekannt gemacht werden. Begleitend werden Vertrauen und Glaubwürdigkeit aufgebaut und Kompetenzen demonstriert (Vgl. Bruhn 2016d, S. 9). Die Unternehmung bzw. Unternehmensmarke dient auch als Kommunikationsobjekt für den Absatzmarkt im Rahmen einer **Dachmarkenstrategie**. In diesem Falle muss die Unternehmung zum einen entscheiden, welche Leistungen unter der Dachmarke mit welcher Priorität dargestellt werden (Vgl. Esch und Winter 2016, S. 331 f.). Die Auswahl der Leistungen als Kommunikationsobjekt erfolgt auf einem Spektrum, das von einer bis zu allen Leistungen der Unternehmung unter der Dachmarke reicht. Bei einem homogenen Leistungsprogramm kann es genügen, Leadprodukte und –dienstleistungen einzelner Sparten als Kommunikationsobjekt zu wählen. Leistungen anderer Sparten (SGF) unter der Dachmarke, die in der Kommunikationspolitik nicht berücksichtigt werden, können davon profitieren. Bei heterogenen Leistungen unter der Dachmarke müssen tendenziell mehr Produkte und Dienstleistungen der Unternehmung als Kommunikationsobjekt dargestellt werden. Dabei sind Fragen der Priorisierung zu klären. Bei einer gleichmäßigen Berücksichtigung vieler Leistungen unter der Dachmarke demonstriert die Unternehmung ihr gesamtes bzw. einen Großteil ihres Absatzprogramm und damit in gewisser Weise ihre Kompetenz. Der einzelnen Leistung wird – in Abhängigkeit des Kommunikationsbudgets – ggf. aber nicht genügend dargestellt. Ein Ausweg wäre eine Rotation der Leistungen unter der Dachmarke im Zeitverlauf, die in der Kommunikationspolitik berücksichtigt werden. In beiden Fällen ist ein hohes Kommunikationsbudget erforderlich. Die Konzentration auf eine oder wenige der heterogenen Leistungen würde zur Folge haben, dass man das Potenzial der Unternehmung nicht hinreichend demonstriert. Das notwendige Kommunikationsbudget kann abnehmen. Die Unternehmensmarke besitzt in der Kommunikationspolitik nicht zuletzt Relevanz bei einer **komplexen Markenarchitektur,** bei der Unternehmens- und weitere Familien- und Einzelmarken parallel verwendet werden (Vgl. Abschn. 14.2.2.4). Bei komplexen Markenarchitekturen stellt sich zunächst die Frage, welche der Marken in Kombination mit der Unternehmensmarke bei der Kommunikation auftreten sollen und in welcher hierarchischen Beziehung Unternehmens-, Familien- und Einzelmarken zueinander stehen sollen. Eine Dominanz bzw. Gleichberechtigung der Unternehmensmarke (Vgl. Esch 2018, S. 571 f.) mit untergeordneten Produktmarken ermöglicht ggf. eine Modifikation

16.3 Kommunikationsstrategien

des Images der Unternehmensmarke. Vorstellungen zu untergeordneten Familien- und Einzelmarken werden auf die Unternehmensmarke übertragen. Umgekehrt werden die Vorstellungen der übergeordneten Unternehmensmarke mit den untergeordneten Marken verbunden, die nur noch um wenige zusätzliche, für jeweils spezifische Wünsche und Bedürfnisse bestimmter Zielgruppen relevante, aber mit der übergeordneten Marke kompatiblen, Vorstellungen ergänzt werden. Die Auswahl mehrerer Marken mit Dominanz der Unternehmensmarke bietet sich an, wenn

- die Unternehmung bei einer Mehrmarkenstrategie eine Vielzahl von untergeordneten Marken besitzt,
- die Unternehmung ein niedriges Kommunikationsbudget aufweist,
- die Unternehmung eine Vielzahl von internationalen Marken besitzt (Vgl. Vollert 2002),
- die Unternehmensmarke einer Imagemodifikation bzw. ergänzung bedarf,
- Produkt- und Dienstleistungsmarken bekannt gemacht werden müssen.

Die Dominanz einer hierarchisch untergeordneten Produkt- oder Dienstleistungsmarke gegenüber der Unternehmensmarke zielt auf die Steigerung der Bekanntheit der untergeordneten Marke. Das Vorgehen bietet sich bei neuen Produkt- und Dienstleistungsmarken bzw. bei der Einführung von Produkt- und Dienstleistungsmarken auf neuen Märkten an, auf denen die Unternehmensmarke ein gewisses Image und einen Bekanntheitsgrad besitzt.

Weiterhin können Familien- und Einzelmarken als Kommunikationsobjekte ausgewählt werden. Bei der Familienmarkenstrategie sind bezgl. der kommunikativen Darstellung der Leistungen unter der Familienmarke ähnliche Überlegungen anzustellen wie bei der Dachmarke. Relativ problemlos stellt sich die Einzelmarkenstrategie dar. Führt die Unternehmung mehrere Einzelmarken, wird sie tendenziell ein hohes Kommunikationsbudget benötigen.

Personen als Kommunikationsobjekt der Unternehmung machen Sinn, wenn sie dauerhaft als Gesicht der Unternehmung gelten und hohes Vertrauen bei den Kunden genießen.

▶ Beispiel ist Bill Gates als Gründer und Gesicht von Microsoft.

Produkte und Dienstleistungen können bei Generikaherstellern als Kommunikationsobjekt ausgewählt werden. Vielfach stehen Produkte und Systeme auch im Industriegüterbereich im Mittelpunkt der Kommunikation. Zudem könnten Produkte und Dienstleistungen als Kommunikationsobjekt der Unternehmung dienen, wenn es gilt, damit verbundene innovative Technologien und Anwendungen zu kommunizieren. Die Relevanz ist hier insbesondere in frühen Phasen des Marktlebenszyklus gegeben. Die Streuverluste sind für die Unternehmung hoch, wenn auch Konkurrenten gleiche oder ähnliche Leistungen anbieten.

16.3.2.3 Kommunikationsbotschaft

Die Kommunikationsbotschaften leiten sich aus der (geplanten) Positionierung des Kommunikationsobjekts ab (Vgl. Abschn. 8.2.2.2). Der Begriff der Positionierung beschreibt den Aufbau und die Pflege klarer Gedächtnisstrukturen und Vorstellungen eines Kommunikationsobjekts in den Köpfen der Adressaten der Kommunikation. (Vgl. Esch 2019, S. 203; Esch und Levermann, 1995, S. 8, Köhler, 2001, S. 45).

Die Positionierung steht im engen Zusammenhang mit dem Involvement der Zielgruppen. Unterschieden werden die emotionale, die sachbezogene, die gemischte und die aktualitätsbezogene Positionierung.

Eine **emotionale Positionierung** ist sinnvoll, wenn das kognitive Involvement der Adressaten gegenüber dem Kommunikationsgegenstand niedrig, das emotionale Involvement aber hoch ist. In diesem Fall stehen Adressaten sachbezogener Kommunikation gleichgültig gegenüber. Die Kommunikation muss vielmehr durch den Aufbau von Erfahrungs- und Erlebniswelten im Zusammenhang mit dem Kommunikationsobjekt bei den Adressaten Emotionen wecken und verankern. Die Kommunikation kann dazu (Vgl. Kroeber-Riel und Gröppel-Klein 2019, S. 139)

- beim Adressaten positive Gefühle auslösen, die die emotionale Beziehung zum Kommunikationsobjekt stärken,
- dem Adressaten spezifische Erlebnisse und Erfahrungen vermitteln, durch die das Kommunikationsobjekt ein eigenständiges emotionales Profil erhält.

Erlebnisse und Erfahrungen, die vermittelt werden können, sind u. a. soziales Glück, Unabhängigkeit, Natur, Gesund, Prestige, Sicherheit, Exotik, Erotik usw. (Vgl. Esch und Winter 2016, S. 335). Im Industriegüterbereich spielen die Regionalität des Kommunikationsobjekts, die Progressivität, die soziale Geborgenheit, die Verantwortung, das flexible Verhalten etc. eine Rolle (Vgl. Kroeber-Riel und Esch 2015, S. 119). Zur Auswahl von Erlebnissen kann der Erlebniswert dienen. Dieser beschreibt den durch das Kommunikationsobjekt bzw. die Kommunikation vermittelten Beitrag zur Lebensqualität des Adressaten (Vgl. Kroeber-Riel und Gröppel-Klein 2019, S. 139).

Möglichkeiten zur Vermittlung von Emotionen sind insb. Bilder (Vgl. Kroeber-Riel und Esch 2015, S, 121), aber auch Farben, Musik und Duftstoffe (Vgl. Kroeber-Riel und Gröppel-Klein 2019, S, 140 f.).

Eine **sachbezogene Positionierung** setzt ein hohes kognitives, aber ein niedriges emotionales Involvement gegenüber dem Kommunikationsobjekt voraus. Die Bedingung ist insb. bei Innovationen und für High-Involvement-Güter aus der subjektiven Sicht der Kunden erfüllt (Vgl. Kroeber-Riel und Esch 2015, S. 106). Dazu gehören insb. auch Industriegüter (Vgl. Backhaus und Voeth 2014, S. 195 ff.)Sie kann sich aber auch auf neue Unternehmen beziehen, auf maßgebliche Personen in der Unternehmung oder auf neue Marken. Die Kommunikation hat sachbezogene Informationen zu liefern, die die Eignung des Kommunikationsobjektes zur Befriedigung der Bedürfnisse der Adressaten bzw. zur Lösung deren Probleme und Anliegen liefert (Vgl. Esch und Winter 2016, S. 336). Bei einer starken Informationsüberlastung der Adressaten ist es von entscheidender Bedeutung, dass Informationstechniken genutzt werden, die eine schnelle und selektive Informationsaufnahme möglich machen. Dazu gehören (Vgl. Kroeber-Riel und Esch 2015, S. 106 f.)

- hierarchisch aufgebaute Informationen (Überschriften, Zwischenüberschriften, Hervorhebungen),
- die Verwendung von sachbezogenen Bildern und Graphiken,
- ein schneller Einblick in das dem Adressaten „gelieferte" Kommunikationsangebot.

Die **gemischte Positionierung** eignet sich, wenn die Adressaten der Kommunikation ein hohes emotionales und hohes kognitives Involvement besitzen (Vgl. Kroeber-Riel und Esch 2015, S. 98 ff.). Es folgt dem Beeinflussungsmuster: Appelliere emotional an ein Bedürfnis (weise auf ein Problem hin) und zeige durch informative Beeinflussung die Eignung des Kommunikationsobjekts zur Befriedigung des Bedürfnisses (zur Lösung des Problems). Die Positionierung kann je nach Situation mehr in die Richtung der Emotion bzw. mehr in die Richtung Information gehen. Die Unternehmung muss entscheiden ob sie

- gleiche oder andere Bedürfnisse wie die Konkurrenz in den Mittelpunkt der Kommunikation stellt,
- sich auf gleiche (ähnliche) oder ähnliche sachbezogenen Eigenschaften in der Kommunikation konzentriert.

Die **Aktualität** als Positionierungsziel ist mit einem niedrigem kognitiven und emotionalen Involvement der Adressaten verbunden. Das Kommunikationsobjekt soll in diesem Falle thematisiert werden, sodass es Akzeptanz und Präferenz erreicht (Vgl. Esch und Winter 2016, S. 336). Kommunikative Maßnahmen müssen stark auffallen, das Kommunikationsobjekt in den Mittelpunkt stellen, einprägsam und leicht zu erinnern sein sowie häufig wiederholt werden (Vgl. Kroeber-Riel und Esch 2015, S. 139).

16.3.2.4 Kommunikationsmedien

Die Auswahl der Kommunikationsinstrumente und –erscheinungsformen entscheidet über die effektive und effiziente Verbreitung der Kommunikationsinhalte und deren Wirkung bei den Adressaten und somit über den Aufbau und Erhalt von KKVs (Vgl. Schweiger und Schrattenecker 2017, S. 334; Kotler et al. 2019, S. 713). Ihre Auswahl wird im Rahmen der Mediaselektion diskutiert.

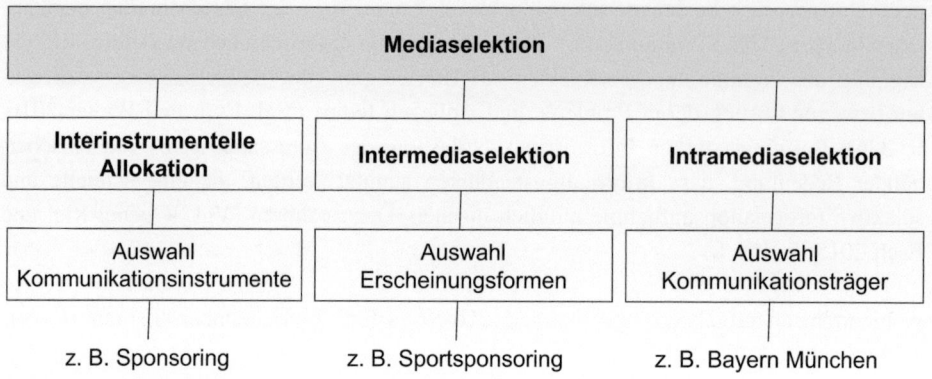

Abb. 16.16 Mediaselektion

▶ Die Mediaselektion bezeichnet die Entscheidungen über Kommunikationsinstrumente, -erscheinungen und -träger, die die Kommunikationsbotschaft an die Zielpersonen heranführen (Vgl. Freter 1974, S. 21, Bruhn 2019, S. 281 ff.).

Bei der Mediaselektion wird die interinstrumentelle Allokation, die Intermediaselektion und die Intramediaselektion unterschieden (Vgl. Bruhn 2019, S, 281). **Die interinstrumentelle Allokation** wähl die Kommunikationsinstrumente aus, die die Unternehmung nutzen will und kann. Die **Intermediaselektion** entscheidet über die Erscheinungsformen (Medien), die eine Unternehmung innerhalb eines Kommunikationsinstruments nutzt. Mit der **Intramediaselektion** werden die Kommunikationsträger innerhalb einer Erscheinungsform bestimmt (Vgl. Abb. 16.16).

▶ Eine Unternehmung kann sich u. a. für das Kommunikationsinstrument Sponsoring entscheiden. Bezüglich der Erscheinungsform fällt die Auswahl auf das Sportsponsoring, wobei als Kommunikationsträger der FC Bayern München gesponsert werden soll.

Die interinstrumentelle Allokation sowie die Intermediaselektion müssen im Rahmen der strategischen Kommunikationspolitik erfolgen. Wie in Abschn. 17.2 dargestellt, hängt ihr Einsatz von den Zielen ab, die mit der Kommunikationspolitik bei der Zielgruppe verfolgt werden. Änderungen bei der Auswahl von Kommunikationsinstrumenten und deren Erscheinungsformen sind mit erheblichen Planungs- und Organisationsaufwand sowie hohen Kosten verbunden. Zudem führen ein häufiger Wechsel der Kommunikationsinstrumente und -erscheinungsformen zu einem diffusen Bild des Kommunikationsverhaltens der Unternehmung bei ihren Adressaten, was deren Akzeptanz der Botschaft infrage stellen kann (Vgl. Bruhn 2019, S. 282 f.).

16.3 Kommunikationsstrategien

Zur Auswahl von Kommunikationsinstrumenten und –erscheinungsformen werden eine Reihe von Kriterien herangezogen (Vgl. Bruhn 2019, S. 284 ff.; Kotler et al. 2019, S. 712 ff.; Esch und Winter 2016, S. 337 f.; Unger et al. 2013, S. 72 ff.; Steffenhagen 2001b, S. 1096). Dazu gehören

- die Zielgruppenselektion (gemessen anhand der Streukosten),
- die Konzeption (Möglichkeiten zur Übermittlung von emotionalen, sachbezogenen bzw. aktualitätsbezogenen Botschaften),
- gestalterische Möglichkeit (Schrift, Bild, Video, Ton)
- die Situation der Botschaftsaufnahme (zu Hause, im Verkehr, etc.),
- die Frequenz der Nutzung (z. B. einmalig, mehrfach),
- die Erscheinungsweise (täglich, wöchentlich, monatlich),
- die Kosten (Produktionskosten und Belegkosten),
- Reichweiten (einfache bzw. gewichtete Reichweiten z. B. Zahl der Leser bzw. Zahl der Leser aus der Zielgruppe),
- das Image und die Glaubwürdigkeit eines Mediums,
- die zu realisierenden Ziele (Emotion, Information, Emotion und Information, Aktualität) ...

Die einzelnen Kriterien können methodisch unterschiedlich genutzt werden(Vgl. Bruhn 2019, S. 285 ff.).

Im Rahmen eines **Punktbewertungsmodells** (Scoringmodells) dienen die Kriterien zur Bewertung und Auswahl von Kommunikationsinstrumenten und –erscheinungsformen. Es müssen dazu Mindestpunktzahlen festgelegt werden, die von einem Kommunikationsinstrument bzw. einer Erscheinungsform zu erreichen sind, um als Alternative für die Unternehmung infrage zu kommen. Ggf. müssen selbst für einzelne Kriterien Mindestpunkte bestimmt werden (z. B. Konzeption). Die Probleme von Punktbewertungsmodellen – insb. die hohe Subjektivität – sind zu beachten.

Vergleichende Checklisten (Vgl. Bruhn 2014a, S. 394) stellen die Leistungsfähigkeit einzelner Kommunikationsinstrumente bzw. –erscheinungsformen auf den ausgewählten Beurteilungskriterien gegenüber. In Tab. 16.6 werden Kommunikationsinstrumente bzgl. Zielgruppenselektion, Reichweite, Kosten, gestalterische Möglichkeiten, zeitlicher Einsatz, Schaffung von Information, Schaffung von Emotion und Schaffung von Aktualität bewertet. Auch hier muss die subjektive Auswahl der Bewertungskriterien und die subjektive Bewertung berücksichtigt werden.

Die Gestaltung eines Media-Mix wird von den Kommunikationszielen, der Bewertung der Kommunikationsinstrumente und dem Kommunikationsbudget bestimmt. Notwendig ist dazu auch, die funktionalen und zeitlichen Beziehungen von Kommunikationsinstrumenten zu bestimmen (Vgl. Bruhn 2014b, S. 163 ff.).

In **funktionaler Hinsicht** werden komplementäre, konditionale, substituierende, indifferente und konkurrierende Beziehungen unterschieden. Bei einer **komplementären**

Tab. 16.6 Checklisten zur Bewertung von Kommunikationsinstrumenten

	Klassische Werbung			Elektronische Kommunikation		
	Insertionsmedien	Elektronische Medien	Medien der Außenwerbung	Online-Kommunikation	Social Media -Kommunikation	Mobile Kommunikation
Zielgruppenselektion	++	+	+	++	++	+++
Reichweite	++	+++		+++	++	+++
Kosten	+	+++	++	+	++	++
Zeitliche Einsatzmöglichkeit	++	++	++	+++	+++	+++
Schaffung von Information	++	+	+	+++	++	+++
Schaffung von Emotion	++	++	++	+	++	+
Schaffung von Aktualität	++	+++	+++	+++	+++	+++

	Direktkommunikation	Promotions	PR	Sponsoring
Zielgruppenselektion	++	+	+	++
Reichweite	++	+	++	++
Kosten	++	+++	++	+++
Zeitlicher Einsatzmöglichkeit	+++	++	+++	+
Schaffung von Information	+++	+	+++	+
Schaffung von Emotion	+	+	+	+
Schaffung von Aktualität	++	+++	+++	++

(Fortsetzung)

16.3 Kommunikationsstrategien

Tab. 16.6 (Fortsetzung)

	Event Marketing	Product Placement	Messe und Ausstellung	Persönliche Kommunikation
Zielgruppenselektion	+++	++	++	+++
Reichweite	+	++	+	+
Kosten	+++	++	+++	+++
Zeitliche Einsatzmöglichkeit	+	+	+++	+++
Schaffung von Information	+	++	+	+
Schaffung von Emotion	+++	++	++	+
Schaffung von Aktualität	+++	+++	++	+

Beziehung ergänzen und stützen sich Kommunikationsinstrumente gegenseitig. In einer **konditionalen Beziehung** setzt der Einsatz eines Kommunikationsinstrumentes den Einsatz eines anderen Kommunikationsinstruments voraus. Eine **substituierende Beziehung** liegt zwischen Kommunikationsinstrumente vor, wenn sie sich gegenseitig ersetzen können. Kommunikationsinstrumente stehen in einer **indifferenten Beziehung,** wenn sie sich gegenseitig nicht beeinflussen. Eine **konkurrierende Beziehung** liegt vor, wenn sich Kommunikationsinstrumente gegenseitig stören und behindern.

Zeitlich werden der parallele, sukzessive, intermittierende und ablösende Einsatz von Kommunikationsinstrumenten genannt. Ein **paralleler Einsatz** von Kommunikationsinstrumenten liegt vor, wenn diese gleichzeitig genutzt werden. Bei einer **sukzessiven Nutzung** läuft ein Kommunikationsinstrument zeitlich voraus und ein anderes wird zeitlich versetzt zusätzlich eingesetzt. Wird ein Kommunikationsinstrument durchlaufend, ein anderes phasenweise herangezogen, handelt es sich um einen **intermittierenden Einsatz**. Der **ablösende Einsatz** von Kommunikationsinstrumenten liegt vor, wenn zunächst ein, dann das andere Kommunikationsinstrument herangezogen wird.

Vor diesem Hintergrund werden in einem Kommunikations-Mix ein Basismedium (Leitinstrumente) und flankierenden Medien bestimmt (Vgl. Steffenhagen 2001b, S. 1096). Bruhn (2014b, S. 246 ff.). unterscheidet in Leit-, Kristallisations-, Integrations- und Folgeinstrumente. Das **Leitinstrument** besitzt die höchste Bedeutung zur Realisation der Positionierungsziele des Kommunikationsobjekts. **Kristallisationsinstrumente** sind für die Kommunikation mit bestimmten Zielgruppen unabdingbar. **Integrationsinstrumente** potenzieren die Wirkung der Kommunikation bei den Zielgruppen und liefern Synergieeffekte. **Folgeinstrumente** übernehmen wichtige Funktionen für bestimmte Kommunikationsaufgaben und Zielgruppen.

Allgemeine Aussagen über die Rollen von Kommunikationsinstrumenten sind kaum möglich (Vgl. Esch und Winter 2016, S. 338). Empirisch zeigt sich, dass in unterschiedlichen Branchen unterschiedliche Medien als Leit- Kristallisations-, Integrations- und Folgeinstrumente herangezogen werden (Vgl. Tab. 16.7).

16.3.2.5 Kommunikationsareal

In Abhängigkeit der Arealstrategien der Unternehmung (Vgl. Kap. 7), des Kommunikationsobjekts, der Kommunikationsziele und der Zielgruppen der Kommunikation muss die Unternehmung das geographische Gebiet für ihre Kommunikation festlegen (Vgl. Esch und Winter 2016, S. 338 f., Bruhn 2019, S. 221; Kloss 2012, S. 234 ff.). Die Kommunikation kann lokal, regional, überregional, national bzw. international ausgerichtet werden.

Das Kommunikationsareal beeinflusst die Auswahl der Kommunikationsinstrumente und –erscheinungsformen. Prinzipiell sollten diese so gewählt werden, dass sie in Hinblick auf das Kommunikationsareal steuerbar sind und zu geringen Streukosten führen.

16.3 Kommunikationsstrategien

Tab. 16.7 Branchenspezifische Kategorisierung von Kommunikationsinstrumenten. (Quelle: Nach Bruhn 2014b, S. 209; Bruhn et. al. 2014, S. 51)

	Leitinstrumente	Kristallisationsinstrumente	Integrationsinstrumente	Folgeinstrumente
Verbrauchsgüter	Mediawerbung;	Digitale Kommunikation (Social Media); Direkt-Marketing Messe und Ausstellung;	Event-Marketing; Verkaufsförderung; Sponsoring;	Persönlicher Verkauf;
Gebrauchsgüter	Persönlicher Verkauf; Messe und Ausstellung; PR; Mediawerbung;	Direkt-Marketing;	Event-Marketing; Sponsoring;	Digitale Kommunikation (Social Media, Online-Marketing); Verkaufsförderung;
Industriegüter	Digitale Kommunikation (Online-Marketing); Messe und Ausstellung; PR;	Persönlicher Verkauf;	Digitale Kommunikation (Social-Media); Event-Marketing; Direct-Marketing; Sponsoring; Mediawerbung;	Verkaufsförderung;
Dienstleistungen	Mediawerbung;	Digitale Kommunikation; Online-Marketing;	Event-Marketing; Sponsoring; Messe und Ausstellung;	Digitale Kommunikation (Social-Media); Direct Marketing; Verkaufsförderung;

▶ Für eine kleine Brauerei, die ihr Bier nur in einem engen regionalen Markt vertreibt, sind lokale Zeitungen, Fernseh- und Radiosender, lokale Sportmannschaften, Handzettel etc. sinnvoll für die Kommunikation. Nicht sinnvoll wäre Werbung in überregionalen Medien.

Bezüglich der Intensität der Kommunikation in einem Kommunikationsareal kann eine **raumkonstante Kommunikation** geplant werden, bei der das Gesamtareal gleichmäßig kommunikativ bearbeitet wird. Bei einer **raumausgedünnten Kommunikation** werden Teile des Kommunikationsareals von der Kommunikation ausgeschlossen. Dafür können unternehmensbezogene Gründe (verfügbare finanzielle Mittel), kundenbezogene Gründe (Präferenzen) bzw. auch konkurrenz- und handelsbezogene Gründe verantwortlich sein. Eine **raumverdichtende Kommunikation** bearbeitet das gesamte vorgesehene Kommunikationsareal. Die kommunikativen Aktivitäten sind jedoch in einigen Teilen davon (z. B. in Ballungsgebieten oder Großstätten) intensiver.

Bei einem grenzüberschreitenden Kommunikationsareal muss entschieden werden, ob die Kommunikationstrategie in unterschiedlichen Ländern tendenziell standardisiert oder differenziert sein sollen. Für eine **Standardisierung der Kommunikation** sprechen u. a. (Vgl. Berndt et al. 2020, S. 425) sich angleichende Ansprüche von Adressaten der Kommunikation, realisierbare Kostenvorteile wie z. B. bei der Konzeptionierung, Produktion und Kontrolle der Kommunikation (Vgl. Backhaus und Voeth 2010, S. 184), die Möglichkeiten zum Einsatz internationaler bzw. supranationaler Medien (Vgl. Kotler et al. 2019, S. 728 ff.), niedrige Tausende-Kontakt bzw. - Nutzerpreise, Spill-Over-Effekte (Ausstrahlung von Kommunikationsaktivitäten in Nachbarländer), die länderübergreifende Nutzung kreativer Leistungen, die Bündelung der finanziellen Ressourcen über Ländergrenzen hinaus, die Realisation günstiger Konditionen gegenüber den Medien etc. Die Kosteneinsparungen erleichtern die Realisation umfangreicher Kommunikationskampagnen.

Gründe, **gegen eine Standardisierungsstrategie** sind länderspezifische Besonderheiten, deren Nicht-Berücksichtigung zu Wirkungsverlusten der Kommunikation führten, unterschiedliches Kundenverhalten sowie die Gefahr, dass eine Standardisierung der Kommunikation über Ländergrenzen hinweg, zu einer Aussagenbanalisierung mit dem kleinsten gemeinsamen Nenner führt.

16.3.2.6 Kommunikationstiming

Mit dem Kommunikationstiming legt die Unternehmung die zeitliche Allokation der Kommunikationsaktivitäten fest. Entscheidungen sind über die Intensität und den Zeitrahmen kommunikativer Aktivitäten zu treffen (Vgl. Bruhn 2019, S. 221; Sriram und Kalwani o. J.).

Die Intensität kann über die Höhe des jeweils verbrauchten Kommunikationsbudgets im Zeitablauf operationalisiert werden (Vgl. Esch und Winter 2016, S. 340).

16.3 Kommunikationsstrategien

Unterschieden werden (Vgl. Schweiger und Schrattenecker 2017, S. 236) **konzentrierte kommunikative Aktivitäten** innerhalb eines kurzen Zeitraums (klotzen) und die **kontinuierliche Aufteilung kommunikativer Aktivitäten** im Zeitablauf (kleckern).

> **Beispiel**
>
> Eine bekannte Untersuchung von Zielke untersuchte die Wirkung konzentrierter und kontinuierlicher Werbung. Zwei Gruppen zufällig ausgewählter Hausfrauen wurden 13 Anzeigen zugeschickt. Während eine Gruppe die Anzeigen wöchentlich erhielt (konzentrierte Werbung) bekam die andere Gruppe die Anzeigen in einem vierwöchigen Abstand (kontinuierliche Werbung). Die Hausfrauen jeder Gruppe wurden regelmäßig nach der gestützten Erinnerung der Werbebotschaft befragt. Jede Hausfrau wurde nur einmal kontaktiert, um Sensibilisierungseffekte auszuschließen. Die konzentrierte Werbung führte zu einer schnell steigenden Erinnerungswirkung. Diese fällt aber nach Ende der kommunikativen Bearbeitung auch schnell wieder ab. Demgegenüber steigt bei der kontinuierlichen Werbung die Erinnerungswirkung langsam, aber kontinuierlich an ohne zurückzufallen (Vgl. Zielke 1959, S. 240).◄

Für welche Timingstrategie sich eine Unternehmung entscheidet, hängt von ihren Kommunikationszielen ab. Wenn es darauf ankommt, Vergessenseffekten vorzubeugen, wie dies beim Aufbau und der Pflege eines Markenimages ebenso der Fall ist, wie beim Erhalt von Beziehungen u. ä. scheint eine kontinuierliche Kommunikation angebracht (Vgl. Schweiger und Schrattenecker 2017, S. 236). Zudem wird eine kontinuierliche Kommunikation auf wachsenden Märkten, bei häufig gekauften Leistungen sowie bei eng definierten Käuferkategorien beobachtet (Vgl. Kotler et. al. 2015, S. 630). Die kontinuierliche Kommunikation kann gleichbleibend, ansteigend, abfallend oder wechselnd erfolgen (Vgl. Kotler et al. 2015, S. 630). Ansteigende Aktivitäten sind u. a. in wachsenden Märkten sinnvoll; abnehmende Aktivitäten könnten eine Alternative für Produktinnovationen sein, die zunächst mit intensiver Kommunikation bekannt gemacht werden und anschließend in Erinnerung gehalten werden sollen. Gleichbleibende Aktivitäten sind ggf. auf Märkten in der Reifephase überlegenswert, die kaum Veränderungen unterliegen. Demgegenüber können wechselnde kommunikative Aktivitäten (einmal mehr, einmal weniger) auf jungen Märkten mit zahlreichen Diskontinuitäten sinnvoll sein. Wechselnde kommunikative Aktivitäten können auch beobachtet werden, wenn die Unternehmung ihre Kommunikationsaktivitäten am **Share of Voice** ausrichten (Vgl. Kloss 2012, S. 238). Man versteht darunter den Anteil der Kommunikationsaufwendungen der Unternehmung an den gesamten Kommunikationsaufwendungen des Marktes (Vgl. Schweiger und Schrattenecker 2017, S. 231). Soweit die Unternehmung hier eine Zielgröße besitzt, um unter der Kommunikation der Konkurrenz Gehör zu bekommen, werden sich die kommunikativen Aktivitäten in Abhängigkeit der Konkurrenzaktivitäten wechselnd verändern. Probleme des Ansatzes ergeben sich, weil die Kommunikationsausgaben der Konkurrenz nur schwer und zudem nur im Nachhinein identifiziert werden können.

Die konzentrierte Kommunikation kann einmalig oder auch periodisch sein. Bei der einmalig konzentrierten Kommunikation konzentrieren sich die kommunikativen Aktivitäten auf einen zeitlichen Schwerpunkt. Dies ist u. a. bei einer saisonal begrenzten Nachfrage (z. B. Grippearzneimittel im Winter) zu beobachten. Auch hier unterscheiden Kotler et al. (2015, S. 630) gleichbleibende, steigende, fallende und wechselnde kommunikative Aktivitäten (in einem kurzen Zeitraum). Bei einer periodisch konzentrierten Kommunikation wird die Kommunikation immer wieder unterbrochen. Überlegenswert ist dieses Vorgehen bei wechselnden Angebot der Unternehmung (z. B. Sommer- und Winterkollektion) oder zeitlich unterschiedlicher Intensität der Nachfrage (z. B. vor den Oster-, Pfingst- und Weihnachtsfeiertagen).

Aufgabe der Unternehmung ist es, aus den Dimensionen der Kommunikationsstrategie und der innerhalb der Dimensionen enthaltenen Möglichkeiten die vor dem Hintergrund situativer Faktoren beste Strategiealternative zur Realisation der Kommunikationsziele zu entwickeln (Vgl. Esch und Winter 2016, S. 342).

Als Strategiealternativen werden genannt die (Vgl. Bruhn 2019, S. 222 f.)

- Bekanntmachungsstrategie,
- Informationsstrategie,
- Imageprofilierungsstrategie,
- Konkurrenzabgrenzungsstrategie,
- Zielgruppenerschließungsstrategie,
- Kontaktanbahnungsstrategie,
- Beziehungspflegestrategie, usw.

Die Strategien können nur als mögliche Alternativen ohne Anspruch auf Vollständigkeit verstanden werden. Durch mögliche Kombinationen innerhalb und zwischen den Strategiedimensionen ergeben sich eine Vielzahl von Strategiealternativen. Wichtig erscheint, dass die einzelnen Dimensionen der Kommunikationsstrategie untereinander abgestimmt sind und sich in das Strategiesystem der Unternehmung eingliedern.

Literatur

Ahrholdt, D.; Greve, G.; Hopf, G. (2019): Online-Marketing-Intelligence. Kennzahlen, Erfolgsfaktoren und Steuerungskonzepte im Online-Marketing. Springer Gabler, Wiesbaden.

Algesheimer, R. (2004): Brand Communities. Begriff, Grundmodell und Implikationen. Springer Fachmedien, Wiesbaden.

Backhaus, K; Voeth, M. (2010): Internationales Marketing, 6. Aufl., Schäffer-Poeschel Verlag, Stuttgart

Backhaus, K.; Voeth, M. (2014): Industriegütermarketing. 10. Aufl., Franz Vahlen, München

Baxendale, S.; Macdonald, E. K.; Wilson, H. N. (2015): The impact of different touchpoints on brand consideration. Journal of Retailing 91(2):235–253. https://reader.elsevier.com/reader/sd/pii/S0022435914000967?token=66F48C79BA2D0CF7A2ED0E65681ADD04DB28EA88B96FFFBEB08C5371B397A14451098B4B4CBDBBF010690C0B099B1EA6&originRegion=eu-west-1&originCreation=20220407143407. Zugegriffen: 07. April 2022.
Becker, J. (2019): Marketing-Konzeption. 11. Aufl., Vahlen, München
Bednarczuk, P. (1990): Strategische Kommunikationspolitik für Markenartikel in der Konsumgüterindustrie : Gestaltung und organisatorische Umsetzung. Falk, Offenbach.
Berndt, R. (1993): Product-Placement. In: Berndt, R.; Hermanns, A. (Hrsg.): Handbuch Marketing-Kommunikation. Gabler, Wiesbaden, S. 673–694
Berndt, R., Fantapié Altobelli, C.; Sander, M. (2020): Internationales Marketing-Management. 6. Aufl., Springer Gabler, Berlin
Bielefeld, K.W. (2012): Consumer Neuroscience: Neurowissenschaftliche Grundlagen für den Markenerfolg. Springer Gabler, Wiesbaden
Bormann, P. M. (2019): Affiliate-Marketing. Steuerung des Klickpfads im Rahmen einer Mehrkanalstrategie. Springer Gabler, Wiesbaden.
Bruhn, M. (2010): Kommunikationspolitik. 6. Aufl., Vahlen Verlag, München
Bruhn, M. (2014a): Unternehmens- und Marketingkommunikation. 3. Aufl., Verlag Franz Vahlen, München.
Bruhn, M. (2014b): Integrierte Unternehmens- und Markenkommunikation. Strategische Planung und operative Umsetzung. 6. Aufl., Schäffer Poeschel, Stuttgart.
Bruhn, M. (2016a): Relationship Marketing. 5. Aufl., Franz Vahlen, München.
Bruhn, M. (2016b): Kundenorientierung, 5. Aufl., dtv, München.
Bruhn, M. (2016c): Instrumente der Kommunikation – eine Einführung in das Handbuch. In: Bruhn, M.; Esch, F.– R.; Langner, T. (Hrsg.): Handbuch Instrumente der Kommunikation. 2. Aufl., Springer Gabler, Wiesbaden, S. 1–22.
Bruhn, M. (2016d): Strategische Kommunikation – eine Einführung in das Handbuch. In: Bruhn, M.; Esch, F.-R.; Langner, T. (Hrsg.): Handbuch Strategische Kommunikation. 2. Aufl. Springer Gabler, Wiesbaden, S. 1—20
Bruhn, M. (2016e): Das kommunikationspolitische Instrumentarium. In: Bruhn, M.; Esch, F.-R.; Langner, T. (Hrsg.): Handbuch Instrumente der Kommunikation. 2. Aufl., Springer Gabler Wiesbaden, S. 25–56.
Bruhn, M. (2016f): Instrumente der Unternehmenskommunikation: ein Überblick. In: Bruhn, M.; Esch, F.-R.; Langner, T. (Hrsg.): Handbuch Instrumente der Kommunikation. 2. Aufl., Springer Gabler, Wiesbaden, S. 269–283.
Bruhn, M. (2016g): Instrumente der Marketingkommunikation: ein Überblick. In: Bruhn, M.; Esch, F.-R.; Langner, T. (Hrsg.): Handbuch Instrumente der Kommunikation. 2. Aufl., Springer Gabler, Wiesbaden, S. 59–75.
Bruhn, M. (2016h): Instrumente der Dialogkommunikation: ein Überblick. In: Bruhn, M.; Esch, F.-R.; Langner, T. (Hrsg.): Handbuch Instrumente der Kommunikation. 2. Aufl., Springer Gabler, Wiesbaden, S. 369–386.
Bruhn, M. (2016i): Einsatz der Mediawerbung für die Marketingkommunikation: ein Überblick. In: Bruhn, M.; Esch, F.- R.; Langner, T. (Hrsg.): Handbuch Instrumente der Kommunikation. 2. Aufl., Springer Gabler, Wiesbaden, S. 77–96.
Bruhn, M. (2016j): Einsatz von Social Media in der Dialogkommunikation. In: Bruhn, M.; Esch, F.- R.; Langner, T. (Hrsg.): Handbuch Instrumente der Kommunikation. 2. Aufl., Springer Gabler, Wiesbaden, S. 453–480.

Bruhn, M. (2016k): Grundlagen der strategischen Kommunikation aus Sicht der Marketingkommunikation. In: Bruhn, M.; Esch, F.-R.; Langner, T. (Hrsg.): Handbuch Strategische Kommunikation. 2. Aufl., Springer Gabler, Wiesbaden, S. 23–48

Bruhn, M. (2018): Sponsoring. Systematische Planung und und integrativer Einsatz. 6. Auflage, Springer Gabler Wiesbaden.

Bruhn, M. (2019): Kommunikationspolitik. 9. Aufl., Verlag Franz Vahlen, München.

Bruhn, M. (2022): Marketing. Grundlagen für Studium und Praxis, 15. Aufl., Springer Gabler Wiesbaden.

Bruhn, M.; Herbst, U. (2016): Kommunikation für Nonprofit-Organisation. In Bruhn, M.; Esch, F.; Langner, T. (Hrsg): Handbuch Instrumente der Kommunikation – Grundlagen – Innovative Ansätze – Praktische Umsetzungen. 2. Aufl., Springer Gabler, Wiesbaden, S. 605–622

Bruhn, M.; Martin, S.; Schebelen, S. (2014): Integrierte Kommunikation in der Praxis. Entwicklungsstand im deutschsprachigen Unternehmen. Springer Gabler, Wiesbaden.

Burmann, C.; Eilers, D.; Hemmann, F. (2010): Bedeutung der Brand Experience für die Markenführung im Internet. In: Burmann, C. (Hrsg): Arbeitspapier Nr. 46 des Lehrstuhls für innovatives Markenmanagement (LiM). Universität Bremen, Bremen. https://www.unibremen.de/filead min/user_upload/fachbereiche/fb7/lim/LiM-AP-46-BrandExperience.pdf. Zugegriffen: 25. April 2022.

Burmann, C.; Hemmann, F.; Eilers, D.; Kleine-Kalmer, B. (2012): Authentizität in der Interaktion als Erfolgsfaktor der Markenführung in Social Media. In: Schulten, M.; Mertens, A.; Horx, A.: Social Branding: Strategien, Praxisbeispiele, Perspektiven. Springer Gabler, Wiesbaden, S. 129–145.

Chaffey, D.; Ellis-Chadwick, F. (2016): Digital marketing-strategy, implementation and practice. 6. Aufl., Harlow: Pearson Education Limited. https://garshadma.com/wp-content/uploads/2020/07/dave-cheffy-digital-marketing-strategy.pdf. Zugegriffen: 19. April 2022.

Chevalier, J.A.; Mayzlin D. (2006): The effect of word of mouth on sales: online book reviews. In: Journal of Marketing Research 43(3), S. 345–354.

Chevalier, J. A.; Dover, Y; Mayzlin, D. (2015): Channels of Impact: User reviews when quality is dynamic and managers respond. https://msbfile03.usc.edu/digitalmeasures/mayzlin/intellcont/managerialresponseidea0925-1.pdf. Zugegriffen: 29. April 2022.

Eck, K.; Eichmeier, D. (2014): Die Content-Revolution im Unternehmen: Neue Perspektiven durch Content-Marketing und –Strategie. Haufe, Freiburg.

Edelman, B.; Brandi, W. (2015): Risk, Information, and Incentives in Online Affiliate Marketing. In: Journal of Marketing Research 52 (1), S. 1–12.

Einwiller, S. (2022): Reputation und Image in der Unternehmenskommunikation: Grundlagen, Einflussmöglichkeiten, Management. In: Zerfaß, A., Piwinger, M; Röttger, U. (Hrsg.): Handbuch Unternehmenskommunikation. Strategie – Management –Wertschöpfung. 3. Aufl., Springer Gabler, Wiesbaden, S. 371–392.

Eisenbeiß, M.; Bleier, A. (2017): Lieber nicht zu persönlich werden. In: Harvard Business Manager 39 (2), S. 12–13.

Erdtmann, S. L. (1989): Sponsoring und emotionale Erlebniswerte. Wirkungen auf den Konsumenten. Deutscher Universitäts-Verlag GmbH, Wiesbaden

Esch, F.-R (2018): Strategie und Technik der Markenführung. 9. Aufl., Franz Vahlen, München

Esch, F.-R. (2019): Markenpositionierung als Grundlage der Markenführung. In: Esch, F.-R. (Hrsg.): Handbuch Markenführung. Springer Gabler, Wiesbaden, S. 201-234

Esch, F.- R.; Levermann, T. (1995): Positionierung als Grundlage des strategischen Kundenmanagements. In: Thexis 12 (3), S. 8–16.

Esch, F.-R.; Winter, K. (2016): Entwicklung von Kommunikationsstrategien. In: Bruhn, M.; Esch, F.-R.; Langner, T. (Hrsg.): Handbuch Strategische Kommunikation. 2. Aufl., Springer Gabler, Wiesbaden, S. 311–344

Freter, H. (1974): Mediaselektion. Informationsgewinnung und Entscheidungsmodelle für die Werbeträgerauswahl. Gabler, Wiesbaden.

Gedenk, K (2009): Verkaufsförderung. In: Bruhn, M.; Esch, F.- R.; Langner, T. (Hrsg.): Handbuch Kommunikation. Gabler GWV Fachverlage GmbH, Wiesbaden, S. 267–283.

Gedenk, K. (2016): Einsatz der Verkaufsförderung für die Marketingkommunikation. In: Bruhn, M.; Esch, F.- R.; Langner, T. (Hrsg.): Handbuch Instrumente der Kommunikation – Grundlagen – Innovative Ansätze – Praktische Umsetzungen. 2. Aufl., Springer Gabler, Wiesbaden S. 97–111.

Grunwald, G.; Schwill, J. (2022): Nachhaltigkeitsmarketing. Grundlagen-Gestaltungsoptionen-Umsetzung. Schäffer-Poeschel Verlag, Stuttgart

Hartley, B.; Pickton, D. (1999): Integrated Marketing Communications Requires a New Way of Thinking. In: Journal of Marketing Communications 5 (2), 97–106.

Hermanns, A; Lemân, F. (2016): Einsatz des Product-Placement für die Marketingkommunikation. In: Bruhn, M.; Esch,F.- R.; Langner, T. (Hrsg.): Handbuch Instrumente der Kommunikation – Grundlagen – Innovative Ansätze – Praktische Umsetzungen. 2. Aufl., Springer Gabler, Wiesbaden S. 203–216.

Holland, H. (2016): Dialog-Marketing. Offline- und Online-Marketing, Mobile- und Social Media-Marketing. 4. Aufl., Verlag Franz Vahlen, München.

Holland, H. (2021): Dialogmarketing – Offline und Online. In: Holland, H. (Hrsg.): Digitales Dialogmarketing. Grundlagen, Strategien, Instrumente. 2. Aufl., Springer Gabler, Wiesbaden, S. 3–29.

Homburg, Chr. (2020): Marketing Management. 7. Aufl. Gabler Springer, Wiesbaden

Hüttl-Maack, V.; Gierl, H. (2016): Einsatz des Verkaufsgesprächs im Rahmen der Dialogkommunikation. In: Bruhn, M.; Esch,F.- R.; Langner, T. (Hrsg.): Handbuch Instrumente der Kommunikation – Grundlagen – Innovative Ansätze – Praktische Umsetzungen. 2. Aufl., Springer Gabler, Wiesbaden, S. 387–404.

Jahnke, M. (2021): Influencer Marketing – eine Bestandsaufnahme. In: Jahnke, M. (Hrsg.): Influencer Marketing. 2. Aufl., Springer Fachmedien, Wiesbaden, S. 1-21

Jaritz, S. (2008): Kundenbindung und Involvement. Dr. Th. Gabler, Wiesbaden.

Jürgens, S. (2017): App-Marketing für Unternehmen. In: Theobald, E. (Hrsg): Brand Evolution – Moderne Markenführung im digitalen Zeitalter. 2. Aufl., Springer Gabler, Wiesbaden, S. 425–439

Kaplan, A. M.; Haenlein, M. (2010): Users of the world, unite! The challenges and opportunities of Social Media. In: Business Horizons 53 (1), S. 59–68.

Kirchgeorg, M. (2016): Der Einsatz von Messen und Ausstellungen im Rahmen der Dialogkommunikation. In: Bruhn, M. Esch, F.- R.; Langner, T. (Hrsg.), Handbuch Instrumente der Kommunikation – Grundlagen – Innovative Ansätze – Praktische Umsetzungen. 2. Aufl., Springer Gabler, Wiesbaden S. 509–523.

Kirchgeorg, M. (2017): Funktionen und Erscheinungsformen von Messen. In: Kirchgeorg, M.; Dornscheidt, W. M.; Stoeck, N. (Hrsg.): Handbuch Messe-Management: Planung, Durchführung und Kontrolle von Messen, Kongressen und Events. 2. Aufl., Springer Gabler, Wiesbaden, S. 31–50

Kirchgeorg, M., Springer, C., Brühe, C. (2009): Live Communication Management: Ein strategischer Leitfaden zur Konzeption, Umsetzung und Erfolgskontrolle. Gabler, Wiesbaden.

Kirf, B.; Rolke, L. (2002): Der Stakeholder-Kompass – Navigationsinstrument für die Unternehmenskommunikation. Frankfurter Allgemeine Buch, Frankfurt am Main

Kloss, I. (2012): Werbung. Handbuch für Studium und Praxis. 5. Aufl.; Verlag Franz Vahlen, München.

Knierbein, S. (2010): Die Produktion zentraler öffentlicher Räume in der Aufmerksamkeitsökonomie: Ästhetische, ökonomische und mediale Restrukturierungen durch gestaltwirksame Koalitionen in Berlin seit 1980. VS Verlag für Sozialwissenschaften | Springer Fachmedien GmbH, Wiesbaden.

Kochhan C.; Schunk H. (2018): Markenkommunikation in der Zukunft: „Digital Natives" und ihre Bedeutung für das Kommunikationsportfolio im Marketing. In: Kochhan, C.; Moutchnik, A. (Hrsg.): Media Management. Springer Gabler, Wiesbaden, S. 149–164

Köhler, R. (2001): Erfolgreiche Markenpositionierung angesichts zunehmender Zersplitterung von Zielgruppen. In: Köhler, R.; Majer, W.; Wiezorek, H. (Hrsg.): Erfolgsfaktor Marke. Neue Strategien des Markenmanagements. Verlag Vahlen, München, S. 45–61.

Kollmann, T. (2013): Online-Marketing. 2. Aufl., W. Kohlhammer, Stuttgart

Kollmann, T. (2019): E-Business Grundlagen elektronischer Geschäftsprozesse in der Digitalen Wirtschaft. 7. Aufl.; Springer Gabler, Wiesbaden

Kotler, P.; Keller, K. L.; Opresnik, M. O. (2015): Marketing-Management. Konzepte – Instrumente – Unternehmensfallstudien; [inklusive MyLab, deutsche Version]. 14. aktualisierte Aufl., Pearson (Wirtschaft), Hallbergmoos.

Kotler, P.; Kartajaya, H.; Setiawan, I. (2017): Marketing 4.0. Der Leitfaden für das Marketing der Zukunft. 1. Aufl., Campus, Frankfurt.

Kotler, Ph.; Armstrong, G.; Harris, L. C.; Piercy, N. (2019): Grundlagen des Marketing. 7. Aufl., Pearson, München.

Kreutzer, R. T. (2021a): Praxisorientiertes Online-marketing. Konzepte–Instrumente–Checklisten. 4. Aufl. Springer Gabler, Wiesbaden.

Kreutzer, R. T. (2021b): Kundendialog online und offline. Das große 1x1 der Kundenakquisition, Kundenbindung und Kundenrückgewinnung. Springer Gabler, Wiesbaden.

Kreutzer, R. T.; Rumler, A.; Wille-Baumkauff, B. (2020): B2B-Online-Marketing und Social Media. 2. Aufl., Springer Gabler, Wiesbaden

Kroeber-Riel, W. ; Esch, F.– R. (2015): Strategie und Technik der Werbung. 8. Aufl., Verlag W. Kohlhammer, Stuttgart

Kroeber-Riel, W.; Gröppel-Klein, A. (2019): Konsumentenverhalten. 11. überarb., aktualisierte und erg. Aufl., Verlag Franz Vahlen, München.

Kumar, V.; Venkatesan, R.; Reinartz, W. (2008): Performance implications of adopting a customerfocused sales campaign. Journal of Marketing 72 (5), S. 50- 68 https://citeseerx.ist.psu.edu/viewdoc/download?doi=10.1.1.1089.4809&rep=rep1&type=pdf. Zugegriffen: 13. Mai 2022.

Lammenett, E. (2021): Praxiswissen Online-Marketing. Affiliate-, Influencer-, Content-, Social-Media-, Amazon-, Voice-, B2B-, Sprachassistenten-und E-Mail-Marketing, google Ads, SEO. 8. Aufl., Springer Fachmedien, Wiesbaden.

Mann, A. (2016): Einsatz des Direktmarketing im Rahmen der Dialogkommunikation. In: Bruhn, M; Esch, F. – R.; Langner, T. (Hrsg.), Handbuch Instrumente der Kommunikation – Grundlagen – Innovative Ansätze – Praktische Umsetzungen. 2. Aufl., Springer Gabler, Wiesbaden, S. 405–435.

Meffert, H. (2017): Ziele und Nutzen der Messebeteiligung von ausstellenden Unternehmen und Besuchern. In Kirchgeorg, M.; Dornscheidt, W. M.; Stoeck, N. (Hrsg.): Handbuch Messe-Management: Planung, Durchführung und Kontrolle von Messen, Kongressen und Events. 2. Aufl., Springer Gabler, Wiesbaden, S. 1011–1025

Meffert, H.; Bruhn, M.; Hadwich, K. (2018): Dienstleistungsmarketing. Grundlagen – Konzepte – Methoden. 9. Aufl., Springer Gabler, Wiesbaden.

Meffert, H.; Burmann, Ch.; Kirchgeorg, M; Eisenbeiß, M (2019): Marketing. 13. Aufl., Springer Gabler, Wiesbaden.

Meyer-Hentschel-Management Consulting (1993): Erfolgreiche Anzeigen. Kriterien und Beispiele zur Beurteilung und Gestaltung. 2. Aufl.; Gabler, Wiesbaden.

Mitchell, R. K.; Agle, B. R.; Wood, D. J. (1997): Towards A Theory Of Stake-holder Identification and Salience: Defining The Principle Of Who And What Really Counts. In: Academy of Management Review 22 (4), S. 853–886.

Nee, I. (2016): Managing negative word-of-mouth on social media platforms. The effect of hotel management responses on observers' purchase intention. Springer Gabler, Wiesbaden.

Nielsen (2015): Global trust in advertising. Winning strategies for an evolving media landscape. https://www.nielsen.com/content/dam/nielsenglobal/apac/docs/reports/2015/nielsen-globaltrust-in-advertising-report-september-2015.pdf. Zugegriffen: 07. April 2022.

Nieschlag, R.; Dichtl, E.; Hörschgen, H. (2002): Marketing. 19. neu bearbeitete Aufl., Duncker & Humblot, Berlin.

Nirschl, M.; Steinberg, L. (2018): Einstieg in das Influencer Marketing. Grundlagen, Strategien und Erfolgsfaktoren. Springer Gabler, Wiesbaden.

Phelps, J.E., Lewis, R.; Mobilio, L.; Perry, D.; Raman, N. (2004): Viral marketing or electronic word-of-mouth advertising: examining consumer responses and motivations to pass along email. Journal of Advertising Research 44 (4), S. 333–348. https://apgsweden.typepad.com/apgsweden/files/viralyyy.pdf. Zugegriffen: 03. Mai 2022.

Picot, A.; Reichwald, R.; Wigand, R. T.; Möslein, K. M. Neuburger, R.; Neyer, A.-K. (2020): Die grenzenlose Unternehmung Information, Organisation & Führung. 6. Auflage; Springer Gabler, Wiesbaden

Pütter, M. (2017): The Impact of Social Media on Consumer Buying Intention. In: Journal of International Business Research and Marketing 3 (1), S. 7–13.

Raake, S.; Hilker, C. (2010): Web 2.0 in der Finanzbranche – Die neue Macht des Kunden, Gabler/GWV Fachverlage GmbH, Wiesbaden.

Radic, D.; Posselt, T. (2016): Einsatz von Word-of-Mouth im Rahmen der Dialogkommunikation. In: Bruhn, M; Esch, F. – R.; Langner, T. (Hrsg.): Handbuch Instrumente der Kommunikation. 2. Aufl., Springer Gabler, Wiesbaden, S. 437–451.

Röttger, U. (2016): Einsatz der Public Relations im Rahmen der Unternehmenskommunikation. In: Bruhn, M.; Esch, F.- R.;Langner, T. (Hrsg.): Handbuch Instrumente der Kommunikation – Grundlagen – Innovative Ansätze – Praktische Umsetzungen. 2. Aufl., Springer Gabler Wiesbaden, S. 285–300.

Röttger, U. (2022): Vertrauen und Glaubwürdigkeit in der Unternehmenskommunikation. In: Zerfaß, A.; Piwinger, M.; Röttger, U. (Hrsg.): Handbuch Unternehmenskommunikation. Strategie – Management –Wertschöpfung. 3. Aufl., Springer Gabler, Wiesbaden, S. 351–370.

Robertz, G (1999): Strategisches Messemanagement im Wettbewerb. Ein markt-, ressourcen- und koalitionsorientierter Ansatz. Springer Fachmedien, Wiesbaden.

Rolke, L. (2016): Kommunikations-Controlling: Strategiegeleitete Steuerung mittels Wirkungsmanagement. In: Esch, F.- R.; Langner, T.; Bruhn, M. (Hrsg.):Handbuch Controlling der Kommunikation. 2. Aufl.; Springer Gabler, Wiesbaden, S. 27–51.

Sandhu, S. (2022): Gesellschaftsorientierte Unternehmenskommunikation: Stakeholderorientierung und Legitimation als Ziel der Public Relations. In: Zerfaß, A.; Piwinger, M.; Röttger, U. (Hrsg.): Handbuch Unternehmenskommunikation. Strategie – Management –Wertschöpfung. 3. Aufl., Springer Gabler Wiesbaden, S. 859–880.

Schindler, R. M.; Bickart, B. (2005): Published "Word of Mouth:" Referable, Consumer-Generated Information on the Internet, file:///C:/Users/Vollert/Downloads/OCPFinalfinal.pdf. Zugegriffen: 22. Oktober 2023.

Schulz, C., Grimm, S. (2015): Perspektiven und Wandel in der Digitalen Revolution. In: Steinke, L. (Hrsg.): Die neue Öffentlichkeitsarbeit – Wie gute Kommunikation heute funktioniert: Strategien-Instrumente-Fallbeispiele. Springer Gabler, Wiesbaden. S. 31–48

Schwarz, T. (2021): E-Mail-Marketing. In: Holland, H. (Hrsg.): Digitales Dialogmarketing. Grundlagen, Strategien, Instrumente. 2. Auflage, Springer Gabler, Wiesbaden S. 441–462.

Schweiger, G.; Schrattenecker, G. (2017): Werbung. Eine Einführung. 9., überarbeitete und erweiterte Auflage. UVK Verlagsgesellschaft mbH; UVK/Lucius (UTB, Nr. 1370), Konstanz, München.

Sriram, S.; Kalwani, Manohar U., (o. J.): Optimal Advertising and Promotion Budgets in Dynamic Markets with Brand Equity as a Mediating Variable. Management Science, Forthcoming. Available at SSRN: https://ssrn.com/abstract=912321. Zugegriffen: 21. Oktober 23.

Sistenich, F. (1999): Event Marketing: Ein innovatives Instrument zur Metakommunikation in Unternehmen. DUV, Dt. Univ-Verl., Wiesbaden

Sjurts, I. (2018): App-Economy. https://wirtschaftslexikon.gabler.de/definition/app-economy-52676. Zugegriffen: 04. Mai 2022.

Steffenhagen, H. (1993): Werbeziele. In: Berndt, R.; Hermanns, A. (Hrsg.): Handbuch Marketing-Kommunikation. Gabler ,Wiesbaden, S. 285–300

Steffenhagen, H. (1996): Wirkungen der Werbung. Konzepte-Erklärungen-Befunde. Verlag der Augustinus Buchhandlung, Aachen

Steffenhagen, H. (2001a): Stufenmodelle der Werbewirkung. In: Diller, H. (Hrsg.): Vahlens Großes Marketinglexikon. 2. Aufl., Verlag Franz Vahlen GmbH, München, S. 1630

Steffenhagen, H. (2001b): Mediastrategie. In: Diller, H. (Hrsg.): Vahlens Großes Marketinglexikon. 2. Aufl., Verlag Franz Vahlen GmbH, München, S. 1096

Steffenhagen, H. (2016): Ableitung von Kommunikationszielen aus Marketingzielen In: Bruhn, M.; Esch, F.-R.; Langner, T. (Hrsg.): Handbuch Strategische Kommunikation. 2. Aufl., Springer Gabler, Wiesbaden, S. 293-309

Stephen, A.T.; Galak J. (2012): The effects of traditional and social earned media on sales: a study of a microlending marketplace. In: Journal of Marketing Research 49 (5), S. 624–639.

Thomas, W.; Stammermann L. (2007): In-Game Advertising – Werbung in Computerspielen: Strategien und Konzepte. Gabler, Wiesbaden

Tomczak, T.; Schögel, M.; Wentzel, D. (2006): Communities als Herausforderung für das Direktmarketing. In Wirtz, B. W.; Burmann C. (Hrsg.) :Ganzheitliches Direktmarketing. Gabler Verlag, Wiesbaden, S. 523–546

Trommsdorff, V.; Teichert, T. (2011): Konsumentenverhalten. 8. Aufl., W. Kohlhammer, Stuttgart

Tusche, C. (2017): Virales Marketing: Virales Marketing verstehen – ansteckende Kampagnen planen und umsetzen. Version 1.0.0 vom 25.9.2017; 2017 by Webmasters Press; Nürnberg; https://tusche-online.de/wp-content/uploads/2017/11/Virales-Marketing-Leseprobe.pdf. Zugegriffen: 03. Mai 2022.

Tuten, T. L.; Solomon, M. R. (2013): Social Media Marketing. Prentice Hall, New Jersey

Unger, F.; Fuchs, W.; Michel, B. (2013): Mediaplanung: Methodische Grundlagen und praktische Anwendungen. 6. Aufl., Springer Gabler, Berlin

van Nierop, J. E. M.; Leeflang, P. S. H.; Teerling, M. L.; Huizingh, K.R. E. (2011) : The impact of the introduction and use of an informational website on offline customer buying behavior. International Journal of Research in Marketing 28 (2). S. 155–165. https://isiarticles.com/bundles/Article/pre/pdf/27517.pdf. Zugegriffen: 14. April 2022.

Voeth, M.; Herbst, U. (2013): Marketing-Management. Schäffer-Poeschel, Stuttgart

Vollert, K. (2002): Internationalisierung und differenzierte Positionierung einer Marke. Ein Widerspruch? In: Thexis 19 (4), S. 14–17.

Vollert, K. (2009): Marketing. 2. Aufl., PCO, Bayreuth.

von Loewenfeld, F. (2006): Brand Communities: Erfolgsfaktoren und ökonomische Relevanz von Markengemeinschaften. Deutscher Universitätsverlag, Wiesbaden

Weber, G. (1996): Strategische Marktforschung. De Gruyter, Oldenbourg, München, Wien

Weitz, B. A.; Sujan, H.; Sujan, M. (1986): Knowledge, Motivation and Adaptive Behavior: A Framework for Improving Selling Effectiveness. In: Journal of Marketing 40 (4), S. 174–191.

Wirtz, B. W.; Ullrich, S. (2009): Direktmarketing. In: Bruhn, M.; Esch, F.- R. ; Langner, T. (Hrsg.): Handbuch Kommunikation. Gabler; GWV Fachverlage GmbH, Wiesbaden, S. 107–126.

Zaichkowsky, J. L. (1985): Measuring the Involvement Construct. In: Journal of Consumer Research 12 (1985), S. 341-352

Zanger, C. (2013): Events im Zeitalter von Social Media – Ein Überblick. In: Zanger, C. (Hrsg.): Events im Zeitalter von Social Media. Stand und Perspektiven der Eventforschung. Springer Gabler, Wiesbaden, S. 1–18.

Zanger, C.; Drengner, J. (2009): Eventmarketing. In: Manfred Bruhn, M; Esch, F.- R.; Langner, T. (Hrsg.): Handbuch Kommunikation. Grundlagen – Innovative Ansätze – Praktische Umsetzungen. Gabler | GWV Fachverlage GmbH, Wiesbaden, S. 195–213.

Zanger, C.; Drengner, J. (2016): Einsatz des Evennt Marketing für die Marketingkommunikation. In: Bruhn, M.; Esch, F.- R.; Langner, T. (Hrsg.), Handbuch Instrumente der Kommunikation – Grundlagen – Innovative Ansätze – Praktische Umsetzungen. 2. Aufl., Springer Gabler, Wiesbaden S. 113–139.

Zerfaß, A. (2004): Corporate Blogs: Einsatzmöglichkeiten und Herausforderungen. In: BIB-BlogIniative Germany 27.02.2005. https://silo.tips/download/corporate-blogs-einsatzmglichkeiten-und-herausforderungen. Zugegriffen: 27. April 2022.

Zerfaß, A. (2022): Unternehmenskommunikation und Kommunikationsmanagement: Grundlagen, Handlungsfelder und Wertschöpfung. In: Zerfaß, A.; Piwinger, M.; Röttger, U. (Hrsg.): Handbuch Unternehmenskommunikation. Strategie – Management –Wertschöpfung. 3. Aufl., Springer Gabler, Wiesbaden, S. 29–87.

Zerfaß, A.; Piwinger, M.; Röttger, U. (2022): Unternehmenskommunikation in der digitalisierten Wirtschaft und Gesellschaft. In: Zerfaß, A.; Piwinger, M.; Röttger, U. (Hrsg.): Handbuch Unternehmenskommunikation. Strategie – Management –Wertschöpfung. 3. Aufl., Springer Gabler, Wiesbaden, S. 3–26.

Zerfaß, A.; Grünberg, P. (2016): Konzepte der Public Relations: Vertrauen, Reputation und Dialog. In: Bruhn, M.; Esch, F.- R.; Langner, T. (Hrsg.): Handbuch Strategische Kommunikation. 2. Aufl. Springer Gabler, Wiesbaden, S. 185–210.

Zhao, Z.; Balagué, C. (2015): Designing branded mobile apps: Fundamentals and recommendations. In: Business Horizons 58 (3), S. 305–315.

Zielke, H. A. (1959): The Remembering and Forgetting of Advertising: In: Journal of Marketing 23 (3), S. 112–113.

Marketinglogistikbezogene Strategien 17

Inhaltsverzeichnis

17.1 Einordnung der Marketinglogistik in die Distributionspolitik 733
17.2 Lieferservice als strategische Grundlage der Marketinglogistik 734
17.3 Lieferservice-Niveau und Strategie 737
Literatur 741

17.1 Einordnung der Marketinglogistik in die Distributionspolitik

Die Marketinglogistik wird neben dem akquisitorischen Distributionssystem als Teilsystem der Distributionspolitik im Marketing (Vgl. Bruhn 2022, S. 259; Specht und Fritz 2005, S. 35 f.; Meffert et al. 2019, S. 579; Winkelmann 2010, S. 287; Ahlert 1996; Nieschlag et al. 2002) betrachtet (Vgl. Abschn. 12.1). Die Marketinglogistik ist Teil des **Logistikmanagements** (Vgl. Specht und Fritz 2005, S. 115; Pfohl 2018, S. 12 ff.; Schuh et al. 2013b, S. 116). Diese unterteilt sich in das **physische Versorgungssystem,** das für die physische Bereitstellung von Inputfaktoren für die Leistungserstellung der Unternehmung verantwortlich zeichnet, das **innerbetriebliche Logistiksystem,** das die innerbetriebliche Versorgung des Produktionsprozesses sicherstellt und die **Marketinglogistik** (Vgl. Thommen et al. 2023). Synonym zum Begriff Marketinglogistik werden die Begriffe Distributionslogistik, logistisches Distributionssystem oder Vertriebslogistik verwendet (Vgl. Vollert 2009, Meffert et al. 2019, S. 618 ff., Homburg 2020, S. 985 ff.).

Die Marketinglogistik lenkt die Beziehungen, die notwendig sind, um durch Transport und Lagerhaltung sowie den damit einhergehenden Informationsfluss, die physische Versorgung der Kunden mit den Leistungen der Unternehmung unter Überbrückung von Raum und Zeit sicherzustellen (Vgl. Vollert 2009, S. 167; Homburg 2020, S. 942, Gleißner 2008, S. 123; Delfmann und Arzt 2001a, S. 993).

Aufgabe der Marketinglogistik ist es entsprechend der 6-R-Regel (Vgl. Schuh et al. 2013a, S. 8), dass

- die richtige Leistung,
- in der richtigen Menge,
- am richtigen Ort,
- zur richtigen Zeit
- im richtigen Zustand,
- zu den richtigen Kosten

den Kunden zur Verfügung steht. Eine ökologische Komponente kann zusätzlich eingefügt werden.

Die Marketinglogistik muss – wie Tab. 17.1 zeigt – eine Reihe von Anforderungen des Kunden, des Wettbewerbs, der Strategien der Unternehmung, der Gestaltung des Marketing-Mix der Unternehmenslogistik und der Technologie und Infrastruktur berücksichtigen (Vgl. Homburg 2020, S. 986).

17.2 Lieferservice als strategische Grundlage der Marketinglogistik

„Eine Einbeziehung der Logistik in das wettbewerbsstrategische Konzept und damit in das strategische Marketing findet in der Praxis nur selten statt, obwohl das Potenzial der Logistik als strategischer Erfolgsfaktor und als Instrument zur Realisierung von Wettbewerbsvorteilen längst erkannt ist" (Delfmann und Arzt 2001c, S. 999). Die strategische Grundlage der Marketinglogistik stellt der **Lieferservice** dar. Der Lieferservice ist neben dem Pre-Sales-Service und dem After-Sales-Service Teil des Kundenservice (Vgl. Abb. 17.1). Der Kundenservice soll ein Vertrauensverhältnis zwischen der Unternehmung und den Kunden aufbauen, das zu langfristigen Kundenbeziehungen und damit zum Kundenbindungsmanagement (Vgl. Abschn. 10.3.2.4) beiträgt (Vgl. Specht und Fritz 2005, S. 123; Delfmann und Arzt 2001b, S. 910). Während sich der Pre-Sales-Service um die technische Beratung, die Projektausarbeitung, Problemlösungsvorschläge, Informationen und Probelieferungen kümmert, ist der After-Sales-Service für die Montage, die Wartung und die Ersatzteilversorgung, den Umtausch und die Schulung verantwortlich. Der Lieferservice als Bindeglied umfasst die Lieferzeit, die Lieferzuverlässigkeit, die Lieferbereitschaft und die Lieferflexibilität der Unternehmung (Vgl. Specht und Fritz 2005, S. 122 ff.; Delfmann und Arzt 2001b, S. 910 ff.; Pfohl 2018, S 38 ff.; Miebach 2008, S. 323).

17.2 Lieferservice als strategische Grundlage der Marketinglogistik

Tab. 17.1 Anforderungen an die Marketinglogistik

Anforderungen an die Marketinglogistik	
Bereiche	Beispiele
Kundenanforderungen	Lieferzeit; Lieferzuverlässigkeit; Lieferbeschaffenheit; Kontrolle des Lieferfortschritts;
Wettbewerbsanforderungen	Beitrag zur Differenzierung gegenüber Konkurrenten; Aufbau marketinglogistischer Kernkompetenzen; Realisation der Effektivität und Effizienz marketinglogistischer Prozesse;
Anforderung der Strategien der Unternehmung	Spezifische Gestaltung der Vertriebslogistik für einzelne Kunden bzw. Kundensegmente; Entwicklung kosteneffizienter Logistiklösungen:
Anforderung aus der Gestaltung des Marketing-Mix	Lagererfordernisse für das gesamte Leistungsprogramm; Lager- und Transportkapazitäten zur Bewältigung hoher Auftragsgrößen in Folge von Sonderpreisaktionen;
Anforderung aus der Unternehmenslogistik	Lagerhaltung zum Ausgleich von Nachfrageschwankungen und Lieferengpässen bei Roh-, Hilfs- und Betriebsstoffen; Transportmöglichkeiten bei schwankender Nachfrage;
Anforderungen der Technologie und der Infrastruktur	Automatisierung marketinglogistischer Prozesse bei zunehmender Digitalisierung; Gestaltung der Vertriebslogistik nach den Erfordernissen der Verkehrsinfrastruktur;

Die **Lieferzeit** umfasst die Zeitspanne von der Auftragserteilung bis zur Entgegennahme der Ware (der Leistungen) durch den Kunden. Die Lieferzeit setzt sich zusammen aus der Zeit zur Übermittlung des Auftrags vom Kunden zur Unternehmung, der Zeit der Bearbeitung des Auftrags, der Zeit der Zusammenstellung der Ware und der Verpackung, der Zeit des Verladens und des Transports sowie der Zeit der Einlagerung der Leistungen beim Kunden.

▶ Es steht außer Frage, dass für viele Güter die Lieferzeit zum Aufbau und Erhalt von KKVs erhebliche Relevanz besitzt (Vgl. Nieschlag et al. 2002 S. 953 f.). Insbesondere vor dem Hintergrund von Just in Time-Konzepten kommt der Lieferzeit besondere Bedeutung zu. Das Just-in-Time-Konzepte (JiT) sichern die Verfügbarkeit von Waren und Leistungen auf Abruf, um

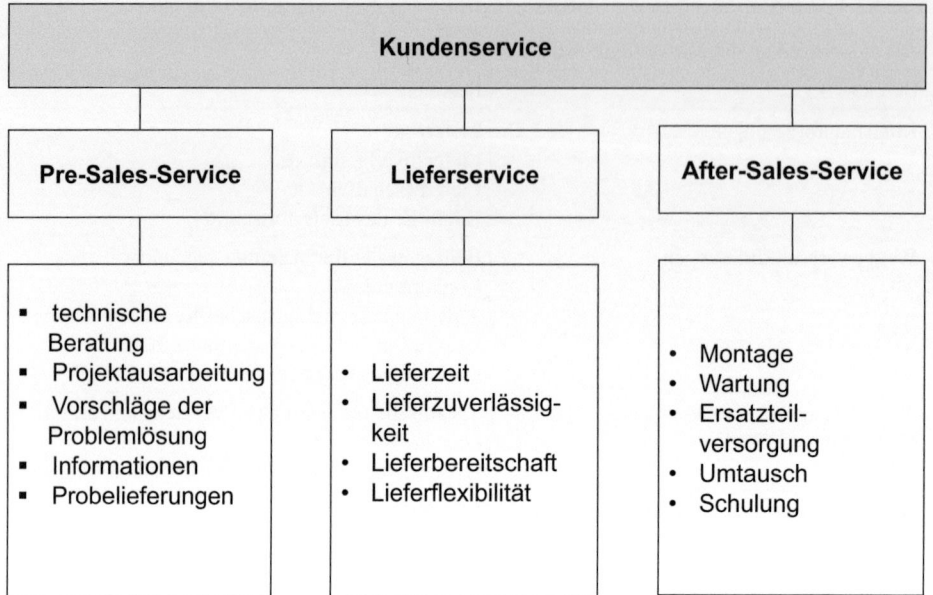

Abb. 17.1 Lieferservice als Element des Kundenservice. (Nach Specht und Fritz 2005, S. 122)

beim Kunden eine Lagerhaltung zu vermeiden oder zu minimieren (Vgl. Thommen et al. 2023). Beispiele finden sich in der Automobil- und Automobilzulieferindustrie. Auf Konsumgütermärkten mögen 24 h-Lieferzeiten von Online-Händlern als Beispiel dienen. Demgegenüber kann die Lieferzeit von Großanlagen Jahre betragen.

Die Lieferzeit wird u. a. bestimmt durch

- organisatorische Regelungen der Auftragsabwicklung,
- lagerbedingte Lieferzeiten
- transportbedingten Lieferzeiten (die wiederum von den Transportmitteln und den Transportgeschwindigkeiten abhängen),
- standortbedingte Lieferzeiten.

Die **Lieferzuverlässigkeit** beschreibt die Wahrscheinlichkeit mit der die Lieferzeit eingehalten wird. Sie hängt von der Zuverlässigkeit der Arbeitsabläufe und der Lieferbereitschaft ab. Die Lieferbereitschaft drückt aus, inwieweit die Unternehmung in der Lage ist, eingehende Aufträge aus dem Lagerbestand oder im Rahmen der auftragsspezifischen Fertigung zu erfüllen. Sie kann anhand zahlreicher Größen gemessen werden

(Vgl. Pfohl 2018, S. 41). Die Bedeutung der Lieferzuverlässigkeit lässt sich ermessen, wenn man sich die Kosten der Kunden vergegenwärtigt, die bei Maschinenstillstand und Produktionsstockung entstehen. Dies gilt insb. bei Just-in-Time-Konzepten.

Die **Lieferbeschaffenheit** bezieht sich auf die Liefergenauigkeit und den Zustand der gelieferten Leistungen. Die Liefergenauigkeit ist ein Maß dafür, ob dem Kunden die gewünschte Ware nach Art und Menge geliefert wurde oder ob Anlass zur Beanstandung besteht. Der Zustand der gelieferten Leistungen bezieht sich auf entstandene Schäden während des Distributionsvorgangs.

Die **Lieferflexibilität** beschreibt, ob und wie die Unternehmung auf spezifische Lieferwünsche der Kunden reagieren kann. Sie ist abhängig von den Modalitäten, der Kompatibilität der Logistiksysteme und dem Informationsfluss.

Bezüglich der Modalitäten sind zum einen die Modalitäten der Auftragserteilung zu nennen. Sie regeln die Freiräume bei der Gestaltung der Auftragsgröße, dem Zeitpunkt der Auftragserteilung sowie der Art der Auftragserstellung und –übermittlung. Die Liefermodalitäten beziehen sich auf den Güterfluss und legen Freiräume bei der Art der Verpackung, der Transportvarianten und dem Lieferzeitpunkt fest. Mit der Kompatibilität der Logistiksysteme ist die Frage der Verzahnung der Logistiksysteme der Unternehmung und der Kunden angesprochen, die u. a. von den Logistiksystemen (z. B. bei Just-in Time-Konzepten), aber auch die Art der logistischen Einheiten (Container, Paletten etc.) u. ä. abhängt.

Der **Informationsfluss** über Liefermöglichkeiten, Stand der Auftragsabfertigung, Liefertermin, Verzögerungen usw. verschafft dem Kunden Dispositionssicherheit und kann zur Kundenzufriedenheit beitragen. Digitale Technologien schaffen hier ein hohes Entwicklungs- und Verbesserungspotenzial.

Um ein bestimmtes Lieferserviceniveau zu realisieren sind Entscheidungen zu den Lagern, dem Transport, der Verpackung und zum Informationsfluss zu treffen (Vgl. Delfmann und Arzt 2001a, S. 995). Typische Entscheidungen in diesen Bereichen sind in Tab. 17.2 zusammengefasst.

17.3 Lieferservice-Niveau und Strategie

Das Lieferservice-Niveau beeinflusst den Umsatz und die Kosten der Unternehmung (Vgl. Specht und Fritz 2005, S. 124 ff.; Pfohl 2018, S. 44). Häufig wird von einem S-förmigen Zusammenhang zwischen dem Umsatz und dem Lieferserviceniveau ausgegangen.

▶ Unterstellt wird, dass die Steigerung des Lieferserviceniveaus den Umsatz kaum tangiert, solange es schlechter ist als das Lieferserviceniveau der Konkurrenz. Übertrifft man das Lieferserviceniveau der Konkurrenz steigen die Umsätze mit zunehmendem Lieferserviceniveau. Über eine bestimmtes überdurchschnittliches Lieferserviceniveau hinaus sind keine nennenswerten

Tab. 17.2 Aufgaben zur Realisation des Lieferserviceniveaus. (Quelle: Nach Delfmann und Arzt 2001a, S. 995)

Aufgaben zur Realisation des Lieferserviceniveaus	
Bereich	Beispiele
Lager	Anzahl der zu lagernden Artikel (z. B. selektive Lagerhaltung nach dem ABC-Prinzip); Bestellmengen und Bestellzeitpunkte zur Wiederauffüllung der Lager Sicherheitsbestand; Lagerbestandskontrolle; Bestandsprognosen; Kauf oder Miete von Lagerhäusern und –ausrüstung; Anzahl, Standorte, Kapazitäten und Liefergebiete der Lagerhäuser; Technische Einrichtungen für Magazinierung und Kommissionierung im Lagerhaus; Lagerorte im Lagerhaus; Lagermethode (Gestaltung des Stapelplatzes) Gestaltung der Laderampe; Organisation der Kommissionierung; Produktiver Einsatz des Lagerhauspersonals; usw.
Transport	Art der Transportmittel; Eigen- oder Fremdbetrieb der Transportmittel; Kombination der Transportmittel; Optimale Transportwege; Einsatzpläne der Transportmittel; Beladung und Abfertigung der Transportmittel; usw.
Verpackung	Erfüllung der logistischen Funktion der Verpackung (Schutz-Lager-Transport-Manipulations- und Informationsfunktion); Bildung logistischer Einheiten (Lager-, Lade-, Transporteinheiten); usw
Information	Struktur des Auftragsübermittlungsnetzes; Eigen- oder Fremdbetrieb von unternehmensübergreifenden Kommunikationsnetzen; Automatisierung der Auftragsbearbeitung; Transportvorauseilende Informationen; Warenwirtschaftssysteme: usw.

Umsatzsteigerungen mehr realisierbar, weil Kunden, die auf den Lieferservice Wert legen von der Konkurrenz abgezogen wurden.

Die Kosten der Unternehmung steigen mit zunehmenden Lieferserviceniveau z. T. progressiv. Soweit diese Kosten auf die Kunden abgewälzt werden (in Form höherer Preise),

17.3 Lieferservice-Niveau und Strategie

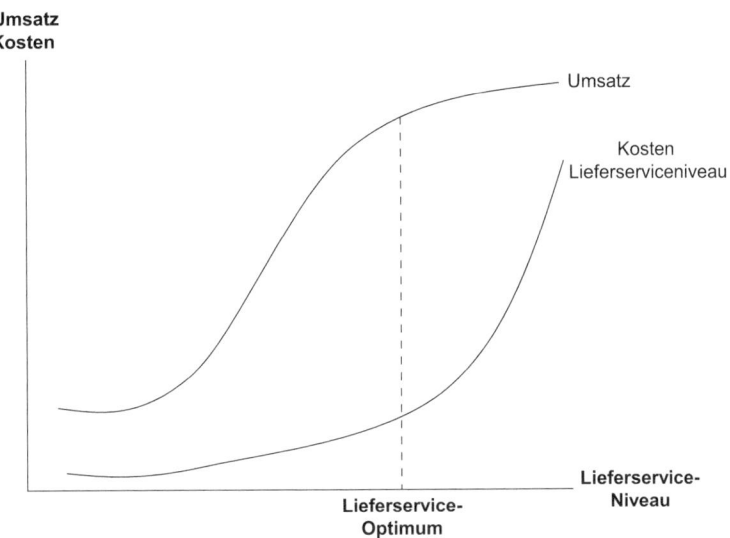

Abb. 17.2 Lieferservice-Optimum. (Nach Meffert et al. 2015, S. 559)

könnte ein höheres Lieferserviceniveau dann sogar zu einem Rückgang des Umsatzes führen.

Abb. 17.2 zeigt, dass es ein gewinnmaximales Lieferserviceniveau gibt, dass dort liegt, wo die Umsatz- und die Kostenkurve in Abhängigkeit des Lieferservice den größten Abstand zueinander aufweisen. In diesem Punkt liegt der optimale Gewinn in Abhängigkeit des Lieferserviceniveaus.

Theoretisch lässt sich das Lieferservice-Optimum recht einfach darstellen. Probleme ergeben sich in der Praxis, weil die umsatzmäßige (bzw. wertmäßige) Konsequenz des Lieferserviceniveaus nur schwer zu beurteilen sind, da Umsatz und Absatz von einer Vielzahl von weiteren Marketinginstrumenten beeinflusst werden. Zudem liegen alle Informationen erst ex post vor. Insofern muss die Unternehmung versuchen, sich heuristisch einer möglichst guten Lösung zu nähern. Die Unternehmung muss sich dabei an ihrer gewählten Stimulierungsstrategie (Vgl. Kap. 8) orientieren (Vgl. Delfmann und Arzt 2001c, S. 1000 f.). Unterschieden werden wie in Abschn. 8.1 dargestellt die Strategie der Differenzierung und der Kostenführerschaft (Vgl. Porter 2010; Porter 2013).

Verfolgt die Unternehmung die Strategie der Differenzierung, muss sie tendenziell ein hohes Lieferservice-Niveau anstreben. Dazu gehört eine kundenorientierte Lagerhaltung mit einer hohen Verfügbarkeit des Sortiments, die kurze Liederzeiten und eine hohe Lieferzuverlässigkeit erlaubt. Der Transport der Ware muss i. d. R. eine kurzfristige Belieferung der Kunden ermöglichen. Kunden erwarten jederzeit Informationen zur Lieferung zu erhalten. Im Gegensatz dazu wird die Strategie der Kostenführerschaft ein akzeptables, aber kein hohes Ausmaß des Lieferservice-Niveaus realisieren. Die Lagerhaltung

Tab. 17.3 Lieferservice bei unterschiedlichen Wettbewerbsstrategien. (Quelle: In Anlehnung an Delfmann und Arzt 2001c, S. 1000)

Logistischer Bereich	Lieferservice bei der Strategie der Differenzierung	Lieferservice bei der Strategie der Kostenführerschaft
Ziel	Hohe Liefergeschwindigkeit; Hohe Lieferzuverlässigkeit; Hohe Lieferbereitschaft; Flexible Erfüllung von Kundenbedürfnissen;	Minimale Kosten bei akzeptablen Lieferserviceniveau;
Lagerhaltung	Kundenorientierte Lagerhaltung; Hohe Verfügbarkeit des Sortiments; Kurze Lieferzeit; Mehrstufige Lagerstruktur (Werks-, Zentral-, Regional-, Auslieferungslager); Hohe Lieferzuverlässigkeit;	Zentralisierung; Geringe Lagerbestände; Konsolidierung der Sicherheitsbestände; Rationalisierung; Automatisierung;
Transport	Teilladungsverkehr zur Belieferung der Abnehmer; Ggf. eigener Fuhrpark; Komplettladungsverkehr an Lager Angebot von Eillieferungen; Zustellservice;	Einsatz kostengünstiger Verkehrsmittel; Autonom fahrende Verkehrsmittel (in der Zukunft); Komplettladungsverkehr; Senkung der Transportfrequenzen; Eigener Fuhrpark allein bei Kostenvorteilen gegenüber Alternativen;
Information	Dezentralisierung; Permanenter Kundenzugriff auf Daten des Lieferstatus; Differenzierte Auftragsmodalitäten;	Zentralisierung; Automatisierte Auftragsabwicklung; Standardisierte Auftragsmodalitäten;

wird tendenziell reduziert sein und ein hohes Maß an Rationalisierung und Automatisierung bieten. Der Transport muss möglichst zu geringen Kosten erfolgen. Die Aussichten auf ein autonomes Fahren würden die Absicht erleichtern. Begleitende Informationen zur Lieferung müssen großteils automatisiert und standardisiert erfolgen.

Während unter der Strategie der Differenzierung die Unternehmung ein der Konkurrenz überlegenes Lieferservice-Niveau erreichen muss, um sich von der Konkurrenz abzuheben, muss bei der Strategie der Kostenführerschaft ein akzeptables Lieferserviceniveau zu minimalen Kosten realisiert werden.

Tab. 17.3 fasst die Entscheidungen der Marketinglogistik bei der Strategie der Differenzierung und der Strategie der Kostenführerschaft zusammen.

Literatur

Ahlert, D. (1996): Distributionspolitik. Das Management des Absatzkanals. 3. Aufl., Gustav Fischer Verlag, Stuttgart.

Bruhn, M. (2022): Marketing. Grundlagen für Studium und Praxis. 15. Aufl., Springer Gabler, Wiesbaden.

Delfmann, W.; Arzt, R. (2001a): Marketing-Logistik (Distributionslogistik, Physische Distribution). In: Diller, H. (Hrsg.): Vahlens Großes Marketinglexikon. 2. Aufl., Verlag Franz Vahlen GmbH, München, S. 993–998

Delfmann, W.; Arzt, R. (2001b): Lieferservice In: Diller, H. (Hrsg.): Vahlens Großes Marketinglexikon. 2. Aufl., Verlag Franz Vahlen GmbH, München, S. 910–912

Delfmann, W.; Arzt, R. (2001c): Marketing-Logistik-Strategie In: Diller, H. (Hrsg.): Vahlens Großes Marketinglexikon. 2. Aufl., Verlag Franz Vahlen GmbH, München, S. 999–1001

Gleißner, H. (2008): Distributionslogistik. In: Klaus, P. (Hrsg.): Gabler Lexikon Logistik. Management logistischer Netzwerke und Flüsse. 4. Aufl. Gabler | GWV Fachverlage GmbH, Wiesbaden, S. 123–127.

Homburg, Chr. (2020): Marketing Management. 7. Aufl. Gabler Springer, Wiesbaden

Meffert, H.; Burmann, Ch.; Kirchgeorg, M; (2015): Marketing. Grundlagen marktorientierter. Unternehmensführung. Konzepte – Instrumente – Praxisbeispiele. 12. Aufl., Springer Gabler, Wiesbaden.

Meffert, H.; Burmann, Ch.; Kirchgeorg, M; Eisenbeiß, M. (2019): Marketing. Grundlagen marktorientierter Unternehmensführung. Konzepte – Instrumente – Praxisbeispiele. 13. Aufl., Springer Gabler, Wiesbaden.

Miebach, J. (2008): Lieferservice. In: Klaus, P. (Hrsg.): Gabler Lexikon Logistik. Management logistischer Netzwerke und Flüsse. 4. Aufl. Gabler | GWV Fachverlage GmbH, Wiesbaden, S. 323.

Nieschlag, R.; Dichtl, E.; Hörschgen, H. (2002): Marketing. 19. neu bearbeitete Aufl., Duncker & Humblot, Berlin.

Pfohl, H. C. (2018): Logistiksysteme. Betriebswirtschaftliche Grundlagen. 9. Aufl.; Springer Vieweg, Berlin.

Porter, M. E. (2010): Wettbewerbsvorteile. 7. Aufl., Campus, Frankfurt am Main, New York.

Porter, M. E. (2013): Wettbewerbsstrategien. 12. Aufl., Campus, Frankfurt am Main, New York.

Schuh, G.; Hering, N.; Brunner, A. (2013a): Einführung in das Logistikmanagement. In: Schuh, G.; Stich, V. (Hrsg.): Logistikmanagement. Handbuch Produktion und Management. 6, Springer-Verlag Berlin, Heidelberg, S. 1–33.

Schuh, G.; Stich, V.; Kompa, S. (2013b): Distributionslogistik. In: Schuh, G.; Stich, V. (Hrsg.): Logistikmanagement. Handbuch Produktion und Management 6, Springer-Verlag Berlin, Heidelberg, S. 115–163.

Specht, G.; Fitz, W. (2005): Distributionsmanagement. 4. Aufl.; Kohlhammer, Stuttgart

Thommen, J.- P.; Achleitner, A.- K.; Gilbert, D. U; Hachmeister, D.; Jarchow, S.; Kaiser, G. (2023): Allgemeine Betriebswirtschaftslehre. Umfassende Einführung aus managementorientierter Sicht. 10. Auflage; Springer Fachmedien Wiesbaden GmbH.

Vollert, K. (2009): Marketing. Eine Einführung in die Marktorientierte Unternehmensführung. 2. Aufl., PCO, Bayreuth.

Winkelmann, P. (2010): Marketing und Vertrieb. Fundamente für die Marktorientierte Unternehmensführung. 7. Aufl., Oldenbourg, München.

Teil VIII
Auswahl und Implementierung von Marketingstrategien

18 Beurteilung, Auswahl und Implementierung von Marketingstrategien

Inhaltsverzeichnis

18.1 Strategiealternativen des Marketings 745
18.2 Bewertung und Auswahl von Strategien... 749
18.3 Entscheidungen zu den Strategiealternativen des Marketings 755
    18.3.1 Entscheidungen unter Sicherheit 756
    18.3.2 Entscheidungen unter Unsicherheit 756
    18.3.3 Entscheidungen unter Risiko 759
18.4 Implementierung der Marketingstrategie 761
    18.4.1 Problemstellung der Implementierung 761
    18.4.2 Gegenstand der Implementierung des strategischen Marketings 762
    18.4.3 Prozess der Implementierung des strategischen Marketing................. 767
Literatur 770

18.1 Strategiealternativen des Marketings

Versteht man Marketing als marktorientierte Unternehmensführung (Vgl. Kap. 1) werden Elemente der Marketingstrategie auf verschiedenen Unternehmensebenen geplant (Vgl. Tab. 18.1).

Auf **Gesamtunternehmensebene** wird mit **Marktfeldstrategien** die Frage beantwortet, in welchen strategischen Geschäftsfeldern KKVs aufgebaut und erhalten werden sollen. Dazu müssen entsprechende **Diversifikationsstrategien** sowie **Portfoliostrategien** festgelegt werden. Weiterhin muss die Frage geklärt werden, in welchen geographischen Gebieten KKVs realisiert werden. Als **Marktarealstrategien** werden **nationale und internationale Strategien** geplant.

Tab. 18.1 Unternehmensebenen und Strategieoptionen

Unternehmensebene	Problemstellung	Strategie	Strategieausprägung		
Gesamtunternehmensebene	In welchen SGF soll die Unternehmung aktiv sein?	Marktfeldstrategien	Diversifikationsstrategien		
			Portfoliostrategien		
	In welchen geographischen Gebieten sollen KKVs aufgebaut werden?	Marktarealstrategien	Nationale Strategien		
			Internationale Strategien		
Geschäftsfeldebene (SGF-Ebene)	Welche KKVs sollen aufgebaut werden	Wettbewerbsstrategien	Strategie der Kostenführerschaft (Preis-Mengen-Strategie)		
			Strategie der der Differenzierung (Präferenzstrategie)		
			Hybride Strategien		
	Wann sollen KKVs aufgebaut werden?	Timingstrategien	Strategien des Markteintritts		
			Strategien des Marktaustritts		
			Strategie des richtigen Handlungszeitpunkts		
			Strategien der Geschwindigkeit/Intensität		
Marktteilnehmerebene	Bei bzw. mit wem sollen KKVs aufgebaut werden?	Kundenbezogene Strategien	Strategien der Kundenbearbeitung	Undifferenziertes Marketing	
				Konzentriertes Marketing	
				Differenziertes Marketing	
				Parzelliertes Marketing	
			Strategien im Beziehungsmarketing	Strategien im Transaktionsmarketing	
				Strategien der Kundenakquisition	

(Fortsetzung)

18.1 Strategiealternativen des Marketings

Tab. 18.1 (Fortsetzung)

Unternehmensebene	Problemstellung	Strategie	Strategieausprägung	
		Handelsbezogene Strategien	Konfliktstrategie	Strategien der Kundenbindung
			Umgehungsstrategie	Strategien der Kundenrückgewinnung
			Anpassungsstrategie	
			Kooperationsstrategie	
		Konkurrenzstrategien	Wettbewerbspassives Verhalten	
			Wettbewerbsaktives Verhalten	Ausweichstrategie
				Anpassungsstrategie
				Konfliktstrategie
				Kooperationsstrategie
		Anspruchsgruppenbezogene Strategien	Innovation	
			Anpassung	
			Widerstand	
			Ausweichen bzw. Rückzug	
Funktionsebene	Mit welchen Marketinginstrumenten sollen KKVs realisiert werden?	Leistungsbezogene Strategien	Absatzprogrammstrategien	
			Markenstrategien	
		Preisbezogene Strategien	Strategien der Preispositionierung	
			Strategien der Preisdifferenzierung	
			Preisstrategien im Wettbewerb	
			Konditionenbezogene Strategien	

(Fortsetzung)

Tab. 18.1 (Fortsetzung)

Unternehmensebene	Problemstellung	Strategie	Strategieausprägung
		Kommunikationsbezogene Strategien	Kommunikationszielgruppe
			Kommunikationsobjekt
			Kommunikationsbotschaft
			Kommunikationsmedien
			Kommunikationsareal
			Kommunikationstiming
		Marketinglogistikbezogene Strategien	Ausgestaltung des Lieferservice-Niveau in Abhängigkeit der Wettbewerbsstrategie

Auf **Geschäftsfeldebene** werden **Marktstimulierungsstrategien (Wettbewerbsstrategien)** entwickelt, die bestimmen, welche KKVs aufzubauen sind. Dazu dienen entweder die **Strategie der Kostenführerschaft**, die **Strategie der Differenzierung** oder **hybride Strategien**. Weiterhin müssen auf der Ebenen strategischer Geschäftsfelder **Timingstrategien** bestimmt werden, die die Frage beantworten, wann KKVs erziel werden sollen. Unterschieden werden **Strategien des Markteintritts, Strategien des Marktaustritts, Strategien des richtigen Handlungszeitpunkts** und **Strategien der Geschwindigkeit und Intensität**.

Strategien auf Marktteilnehmerebene beantworten die Fragen, bei wem bzw. mit wem KKVs realisierbar sind. **Kundenbezogene Strategien** differenzieren sich dazu in **Strategien der Kundenbearbeitung (undifferenziertes Marketing, konzentriertes Marketing, differenziertes Marketing, und parzelliertes Marketing)** und **Strategien im Beziehungsmarketing**. Letztere werden in das Transaktionsmarketing und in **Strategien der Kundenakquisition, der Kundenbindung und der Kundenrückgewinnung** unterteilt. Als **handelsbezogene Strategien** gelten **Konfliktstrategien, Umgehungsstrategien, Anpassungsstrategien** und **Kooperationsstrategien**. **Konkurrenzbezogene Strategie** unterscheiden ein **wettbewerbspassives Verhalten** und ein **wettbewerbsaktives Verhalten**. Letzteres ist mit einer **Ausweich-, Anpassungs-, Konflikt- oder Kooperationsstrategie** verbunden. **Anspruchsgruppenbezogene Strategien** sind die **Innovation**, die **Anpassung**, der **Widerstand** und das **Ausweichen** bzw. der **Rückzug**.

Auf **Funktionsebene** werden u. a. **Instrumentalstrategien des Marketings** bestimmen, mit welchen Marketinginstrumenten wie KKVs aufgebaut und erhalten werden. Dazu müssen **leistungsbezogene Strategien, preisbezogene Strategien, kommunikationsbezogene Strategien** und **marketinglogistikbezogene Strategien** mit unterschiedlichen Inhalten formuliert werden.

Die Unternehmung verfolgt also nicht eine Marketingstrategie, sondern ein Strategiebündel, das auf unterschiedlichen Ebenen der Unternehmung geplant wird (Vgl. Homburg 2000, S. 191).

18.2 Bewertung und Auswahl von Strategien

Alternative Strategien und Strategiebündel müssen bewertet und ausgewählt werden (Vgl. Hungenberg 2014, S. 275, Day 1986, S. 60 ff.; Porter 1997, S. 42 ff.).

▶ Bewertung bedeutet, dass die Strategien und Strategiebündel bezüglich der strategischen Zielsetzung zu beurteile sind (Vgl. Welge et al. 2017, S. 736, Jauch und Glueck 1988, S. 263, Day und Fahey 1988, S. 45 ff.).

Die Bewertung von Strategien muss sowohl **ebenenintern** als auch **ebenenübergreifend** erfolgen. Das bedeutet, dass strategische Alternativen auf Gesamtunternehmens-,

SGF-, Marktteilnehmer- und Instrumentalebene des Marketings allein und die Kombination von Gesamtunternehmensstrategien, SGF-Strategien, marktteilnehmerbezogene Strategien und Instrumentalstrategien des Marketings zu bewerten sind (Vgl. ähnlich Scholz 1987, S. 65). Bewertet werden **bestehende** und **neu geplante Strategien und Strategiebündel** (Vgl. Welge et al. 2017, S. 736). Dabei können verschiedene Methoden genutzt werden (Vgl. z. B. Voigt 1993, S. 186; Wilde 1989, S. 161 ff.; Welge et. al. 2017, S. 741 ff.; Meffert et al. 2019, S. 371 ff.; Nieschlag et al. 2002, S. 304 ff.; Kreikebaum et al. 2018, S. 169 ff.), wie u. a. Methoden zur

- Dokumentation und Prüfung der Realisationsmöglichkeiten von Strategien,
- Berücksichtigung von Wirkungsrelationen von Strategien und Strategiefolgen,
- quantitativen Beurteilung von Strategien bzgl. ihrer ökonomischen Wirkung.

Als **Methoden zur Dokumentation und Prüfung der Realisation von Strategien** gelten **Checklisten** und **Strategieprofile**. Diese Methoden dienen der **Vorauswahl von Strategien und Strategiebündeln** (Vgl. Meffert et al. 2019, S. 371). Homburg (2020, S. 582 f.) schlägt zur Erstellung von Checklisten vor, Aspekte der Konsistenz, der Informationsgrundlage, der Inhalte der Marketingstrategien und ihrer Realisierbarkeit zu berücksichtigen (Vgl. auch Homburg 2000, S. 192).

Als **Aspekte der Konsistenz der Marketingstrategie** können z. B. Beachtung finden die Konsistenz (Vgl. Homburg 2020, S. 583; Scholz 1987, S. 61 ff.; Scholz 2009, S. 306 ff.)

- der Strategien auf einer Unternehmensebene in sich,
- der Unternehmensstrategie, der SGF -Strategie, der marktteilnehmerbezogenen Strategien und der Instrumentalstrategien des Marketings untereinander,
- der Strategien auf unterschiedlichen Ebenen und in Kombination mit dem Zielsystem der Unternehmung,
- der Marketingstrategie mit anderen Funktionalstrategien (Beschaffungsstrategien, Personalstrategien usw.).

Als Aspekte der **Informationsgrundlage der Marketingstrategie** werden betrachtet der Umfang und die Qualität

- der Analyse und Prognose der globalen Umwelt,
- der Analyse und Prognose des relevanten Marktes,
- der Analyse und Prognose der Situation der internen Unternehmung, usw.

Aspekte zum Inhalt der Marketingstrategie beziehen sich insbesondere darauf, ob diese aus der strategischen Analyse und Prognose heraus entwickelt wurden (Vgl. Welge et al. 2017, S. 741). Berücksichtigt werden können die Präzision und Angemessenheit

18.2 Bewertung und Auswahl von Strategien

- der Ziele und Zielgruppen,
- des mit der Marketingstrategie beabsichtigten Netto-Nutzens,
- der angestrebten Qualitäts-, Innovations-, bzw. Markenorientierung.
- der beabsichtigten kunden-, handels-, konkurrenz- und gesellschaftsbezogenen Verhaltens,
- der Gestaltung des Marketingmix usw.

Zur Realisierbarkeit der Marketingstrategie müssen interne und externe Aspekte beachtet werden. Als **interne Aspekte** der Realisierbarkeit sind zu beachten die Durchsetzbarkeit der Marketingstrategie vor dem Hintergrund

- der aktuellen bzw. realisierbaren neuen bzw. modifizierten Strukturen der Unternehmung,
- der aktuellen bzw. realisierbaren neuen bzw. modifizierten Kultur der Unternehmung,
- der aktuellen bzw. realisierbaren neuen bzw. modifizierten Systeme der Unternehmung,
- der aktuellen bzw. realisierbaren Ressourcen, Fähigkeiten und Wissens der Unternehmung, u. ä.

Als **externe Aspekte der Realisierbarkeit** kann die Robustheit der Marketingstrategie gegenüber Veränderungen betrachtet werden. Dazu gehören die Robustheit gegenüber Veränderungen

- der globalen Umwelt,
- des relevanten Marktes,
- des Verhaltens von Marktteilnehmern usw.

Bei der Verwendung von Checklisten werden Strategien bzw. Strategiebündel danach bewertet, ob einzelne der genannten Aspekte gegeben sind oder nicht. Beurteilt man unterschiedliche Strategien und Strategiebündel bezgl. der Aspekte auf einer Ordinalskala (z. B. −3, −2, −1 als eher negativ; 1,2,3 als eher positiv) können verschiedene Strategien und Strategiebündel als unterschiedliche Profile dargestellt und verglichen werden. Checklisten und Profile sensibilisieren das Management, sich mit Aspekten zur Bewertung auseinanderzusetzen und speichern langjähriges Expertenwissen. Sie verhindern, dass wichtige Gesichtspunkte zur Bewertung von Marketingstrategien vergessen werden (Vgl. Nieschlag et al. 2002, S. 307). Probleme von Checklisten und Profilen liegen in ihrer Subjektivität. Sowohl die Auswahl der Bewertungskriterien als auch die Bewertung selbst lässt Platz zur unternehmenspolitischen Manipulation. Checklisten und Profile können unangemessen viele Aspekte berücksichtigen, sodass die Übersichtlichkeit verloren geht. Die ausgewählten Aspekte könnten „abgehakt werden", ohne dass Besonderheiten, wie Gewichtungs- und Ergänzungsanforderungen berücksichtigt werden. Es besteht weiterhin die Gefahr, dass Checklisten und Profile mechanistisch angewendet und neuartige Problemstellungen übersehen werden. Nicht zuletzt ist problematisch, dass die Wirkung der Marketingstrategien in unterschiedlichen situativen Kontexten unzureichend berücksichtigt wird.

Methoden zur Berücksichtigung der Wirkungsrelationen von Strategien und Strategiefolgen bewerten nicht nur einzelne Aspekte der Marketingstrategie, sondern treffen eine **Gesamtaussage** über die betrachtete Strategie bzw. das betrachtete Strategiebündel (Vgl. Welge et al. 2017, S. 742 f.). Typische Instrumente der Bewertung sind die Nutzwertanalyse und deren Alternativen (Vgl. Koch 1982, S. 98; Thommen et al. 2023, S. 49; Diller 1998, S. 247 ff.;).

▶ Tab. 18.2 zeigt das Beispiel einer Nutzwertanalyse, bei der alle Aspekte i der Strategie unterschiedlich mit g_i gewichtet werden: die Konsistenz mit einem Gewicht von 0,3, die Informationsgrundlage mit einem Gewicht g von 0,2, die interne Durchsetzbarkeit mit einem Gewicht von 0,1 sowie die externe Durchsetzbarkeit mit einem Gewicht von 0,1. Alle Aspekte i werden mit verschiedenen Kriterien j operationalisiert, die mit p_j bepunktet werden. Die Summe der Punktwerte p_j je Aspekt i wird mit dem Gewichtungsfaktor g_i multipliziert: $(\sum_{j=1}^{n} p_j)g_i$. Die Summe $\sum_{i=1}^{m}(\sum_{j=1}^{n} p_j)g_i$ zeigt die Gesamtbeurteilung einer Strategie. Die Marketingstrategie aus Tab. 18.2 erhält den Punktwert von 16,5.

Probleme der Nutzwertanalyse ergeben sich aus der hohen Subjektivität bei der Auswahl der Bewertungskriterien, bei der Gewichtung der Bewertungskriterien, bei der Vergabe von Punkten für eine Marketingstrategie und bei der Bestimmung der Verknüpfungsregel für gewichtete Punktzahlen (Addition, Multiplikation). Zudem muss bestimmt werden, ab welchen Gesamtpunktwert eine Strategie überhaupt verfolgt werden soll. Vorteile der Nutzwertanalyse beziehen sich auf die Möglichkeit quantitative und qualitative Bewertungen einer Marketingstrategie miteinander zu einer quantitativen Zahl zu verknüpfen, die als Basis weiterer Entscheidungen dienen kann.

Als Methoden zur quantitativen Beurteilung von Strategien bzgl. ihrer ökonomischen Wirkung gelten u. a.

- **investitionstheoretische Methoden** wie die Kapitalwertmethode, die Kosten- und Gewinnvergleichsmethode usw. (Vgl. Poggensee, 2022; Busse von Colbe und Witte 2018; Schuster und Rüdt von Collenberg 2017; Wöhe et al. 2020; Thommen et al. 2023).
- **Geschäftsfeldsimulationen,** die den Einfluss der Strategie auf den ROI oder den Gewinn ermitteln, wie z. B. das in Abschn. 4.4.2.3. dargestellte PIMS-Projekt (Vgl. Homburg 2000; Meffert 1994; Abell und Hammond 1979),

Tab. 18.2 Bewertung einer Strategie mit der Nutzwertanalyse

Beurteilung von Strategien mit der Nutzwertanalyse	g_i	p_j	$\sum g_i \cdot g_j$
Konsistenz	0,3		
Konsistenz der Strategie auf einer Unternehmensebene in sich		5	
Konsistenz der Strategien auf unterschiedlichen Unternehmensebenen		4	
Konsistenz des Strategiebündels mit den Unternehmenszielen		5	
Konsistenz der Marketingstrategie mit anderen Funktionalstrategien		4	
$\sum$ Konsistenz		18	$0,3 \cdot 18 =$ 5,4
Informationsgrundlage	0,2		
Umfang und Qualität der Analyse und Prognose der globalen Umwelt		4	
Umfang und Qualität der Analyse und Prognose des relevanten Marktes		4	
Umfang und Qualität der Analyse und Prognose der internen Unternehmenssituation		6	
$\sum$ Informationsgrundlage		14	$0,2 \cdot 14 =$ 2,8
Inhalt	0,2		
Präzision und Angemessenheit der Ziele und Zielgruppe(n)		6	
Präzision und Angemessenheit des mit der Marketingstrategie beabsichtigten Netto-Nutzens für die Zielgruppe(n)		6	
Präzision und Angemessenheit der durch die Strategie realisierten Differenzierung		6	
Präzision und Angemessenheit des beabsichtigten Verhaltens gegenüber anderen Marktteilnehmern		4	
Präzision und Angemessenheit der Gestaltung des Marketing-Mix		5	
$\sum$ Inhalt		27	$0,2 \cdot 27 =$ 5,4

(Fortsetzung)

Tab. 18.2 (Fortsetzung)

Beurteilung von Strategien mit der Nutzwertanalyse	g_i	p_j	$\sum g_i \cdot g_j$
Interne Durchsetzbarkeit	0,1		
Durchsetzbarkeit der Strategie vor dem Hintergrund der Struktur der Unternehmung		4	
Durchsetzbarkeit der Strategie vor dem Hintergrund der Kultur der Unternehmung		5	
Durchsetzbarkeit der Strategie vor dem Hintergrund der Systeme der Unternehmung		3	
Durchsetzbarkeit der Strategie vor dem Hintergrund der Ressourcen, Fähigkeiten und des Wissens der Unternehmung		5	
$\sum$ Interne Durchsetzbarkeit		17	**0,1·17 = 1,7**
Externe Durchsetzbarkeit	0,1		
Robustheit der Marketingstrategie gegenüber Veränderungen der globalen Umwelt		4	
Robustheit der Marketingstrategie gegenüber Veränderungen auf dem relevanten Markt		4	
Robustheit der Marketingstrategie gegenüber Veränderungen des Verhaltens der Marktteilnehmer		4	
$\sum$ Externe Durchsetzbarkeit		12	**0,1·12 = 1,2**
$\sum_{i=1}^{m}(\sum_{j=1}^{n} p_j)g_i$			**16,5**

- **Finanzsimulierungsmodelle,** die z. B. den Cash Flow, der mit einer Strategie verbunden ist, betrachten,
- **unternehmenswertbezogene Ansätze,** die den Einfluss einer Strategie auf den Shareholder Value ermitteln (Vgl. Rappaport 1999; Rappaport 2001).

Unterstellt man, dass die Marketingstrategie der Realisation von KKVs dient, scheint der mit ihr erzielbare Kapitalwert ein geeignetes Maß zur Überprüfung ihrer ökonomischen Wirkung (Vgl. Kap. 1), wobei Vor- und Nachteile des Ansatzes zu berücksichtigen zu berücksichtigen sind.

Der Kapitalwert rechnet sich als

$$C_0 = \sum_{t=0}^{n}(E_t - A_t)(1+i)^{-t}$$

mit

C_0 = Kapitalwert (Kapitalbarwert),
$E_t - A_t$ = Einzahlungs- bzw. Auszahlungsüberschuss in der Periode t,
$(1+i)^{-t}$ = Abzinsungsfaktor der Periode t,
t = Periode,
i = Kalkulationszinsfuß.

Eine Marketingstrategie kann als erfolgversprechend gelten, wenn der mit ihr realisierbare Kapitalwert einen Wert von größer gleich Null erwirtschaftet. Ist der Kapitalwert kleiner Null, wird mit einer Marketingstrategie kein langfristiger Überschuss erzielt.

Als Vorteile der Methode sind zu betrachten, dass

- Ein- und Auszahlungen, die mit der Marketingstrategie verbunden sind, zum Zeitpunkt ihres Entstehens berücksichtigt werden,
- eine erwartete Verzinsung des eingesetzten Kapitals anzugeben ist,
- über den Zins Risikoaspekte der Marketingstrategie in die Bewertung einfließen können,
- eine Beziehung zum Shareholder-Value besteht.

Probleme können sich bei der Kapitalwertmethode ergeben durch

- die Schätzung der Anwendungsdauer einer Marketingstrategie,
- der Schätzung der Ein- und Auszahlungen, die mit der bewerteten Strategie verbunden sind,
- die Bestimmung des unterstellten Zinses.

18.3 Entscheidungen zu den Strategiealternativen des Marketings

Die als geeignet bewerteten Marketingstrategien bzw. Strategiebündel müssen vor dem Hintergrund der jeweiligen Umwelt, mit der die Unternehmung konfrontiert ist bzw. konfrontiert werden kann, betrachtet werden. Auf dieser Basis ist zu entscheiden, welche Strategie realisiert wird.

▶Eine Entscheidung stellt die bewusste Auswahl einer Alternative aus mehreren möglichen Alternativen dar (Vgl. Homburg 2000, S. 455; Wöhe et al. 2020, S. 47; Thommen et al. 2023, S. S. 601 f.; Wolf 2020, S. 128).

Die Entscheidung kann von einem Individuum oder einer Gruppe getroffen werden. Immer steht im Kontext der Unternehmung jedoch im Vordergrund, deren Ziele optimal zu realisieren. Voraussetzungen einer Entscheidung sind das Vorhandensein von mindestens zwei Alternativen zur Auswahl, eine rationale und bewusst vollzogenen Wahlhandlung, sowie der Wille und die Möglichkeit zur Durchsetzung der Entscheidung (Vgl. Szyperski und Winand 1974, S. 3 ff.). Unterschieden werden können Entscheidungen unter Sicherheit, unter Unsicherheit und unter Risiko.

18.3.1 Entscheidungen unter Sicherheit

Die **Entscheidung unter Sicherheit** geht davon aus, dass die Eintrittswahrscheinlichkeit für ein einzelnes Umweltszenario bei 100 %, für andere Szenarien aber bei 0 % liegt. In diesem Fall kann aus einer Menge von Strategiebündeln dasjenige ausgewählt werden, dass die Ziele der Unternehmung optimal erfüllt. Alle Verfahren zur Beurteilung von Marketingstrategien, insbesondere aber die Methoden zur quantitativen Beurteilung von Strategien bzgl. ihrer ökonomischen Wirkung kommen dafür infrage. Entscheidungen unter Sicherheit sind aber in einer sich abrupt und dynamisch verändernden Umwelt (Vgl. Simon 2011) eher selten bzw. treten nicht auf (Vgl. Bamberg et al. 2019, S. 41; Laux et al. 2018, S. 63 ff.).

18.3.2 Entscheidungen unter Unsicherheit

Realistischerweise müssen unterschiedliche Marketingstrategien $S_i (i = 1 - n)$ vor dem Hintergrund verschiedener möglicher Umweltszenarien Sz_j (j = 1 – m) bewertet und ausgewählt werden, wobei unterstellt wird, dass unterschiedliche Strategien bei unterschiedlichen Szenarien zu unterschiedlichen Ergebnissen E_{ij} (z. B. unterschiedlicheKapitalwerte) führen.

Im Beispiel der Tab. 18.3 muss entschieden werden, welche von drei Marketingstrategien bei möglichen drei Umweltzuständen vor dem Hintergrund verschiedener Kapitalwerte (in Mio. Euro) auszuwählen ist.

Tab. 18.3 Entscheidungsmatrix zur Auswahl von Marketingstrategien

Strategie	Szenarien				
	Sz1	Sz2	Sz3	Minimum	Maximum
S. 1	150 (Mio Euro)	420	330	150	420
S. 2	270	210	240	210	270
S. 3	330	240	240	240	330

18.3 Entscheidungen zu den Strategiealternativen des Marketings

Eine **Entscheidung bei Unsicherheit** liegt vor, wenn für den Eintritt von Umweltszenarien keine Wahrscheinlichkeiten angegeben werden können (Vgl. Homburg 2020, S. 586). Für diesen Fall sind Entscheidungsregeln entwickelt worden, die einerseits die Risikoneigung der Entscheider und andererseits eine Höhenpräferenz (je mehr, umso besser) zum Ausdruck bringen (Vgl. Schildbach 2005, 27; Bamberg et al. 2019, S. 112 ff.).

Dazu wird bei der **Maximin-Regel** die Marketingstrategie gewählt, deren minimales Ergebnis bezüglich der möglichen Umweltszenarien das minimale Ergebnis anderer Marketingstrategien übertrifft. Im Beispiel der Tab. 18.3 ist dies die Marketingstrategie S. 3 mit dem minimalen Kapitalwert von 240 Mio. Euro. Kritisch ist anzumerken, dass die Anwendung der Regel eine extrem negative Grundeinstellung der Entscheider ausdrückt, die nur Schadensbegrenzung betreiben. Es besteht die Gefahr, dass jede unternehmerische Aktivität unterbleibt.

Die **Maximax-Regel** verfährt umgekehrt und wählt die Marketingstrategie, die bezogen auf die Umweltszenarien den maximalen Kapitalwert anderer Strategien übertrifft, m. a. W. den maximalen Wert der Zeilenmaxima besitzt. Im Beispiel der Tab. 18.3 wäre dies die Marketingstrategie S. 1 mit einem Kapitalwert maximalen Kapitalwert von 420 Mio. Euro. Die Maximax-Regel drückt einen extremen Optimismus der Entscheider aus und könnte in einer Art Spielcasinomentalität des Managements münden (Vgl. Simon 2011, S. 86 f.).

Die **Hurwicz-Regel** stellt einen Kompromiss zwischen der Maximin- und der Maximax-Regel dar. Dazu wird im Vorfeld ein Optimismusfaktor α bestimmt mit $0 \leq \alpha \leq 1$. Für jede Strategiealternative wird der maximale Kapitalwert (Zeilenmaximum) und der minimale Kapitalwert (Zeilenminimum) ermittelt. Aus dem maximalen Kapitalwert multipliziert mit α und dem minimalen Kapitalwert multipliziert mit $1 - \alpha$ wird durch Addition ein gewichtetes arithmetisches Mittel gebildet. Es wird die Marketingstrategie ausgewählt, die dann das höchste arithmetische Mittel aufweist. Bei einem α von 0,6 (zur Ermittlung des α Vgl. Bamberg et al. 2019, S. 113) ergeben sich im Beispiel der Tab. 18.3 folgende arithmetische Mittel für die drei betrachteten Marketingstrategien:

> **Übersicht**
> S. 1: $420 \cdot 0{,}6 + 150 \cdot 0{,}4 = 252 + 60 = 312$
> S. 2: $270 \cdot 0{,}6 + 210 \cdot 0{,}4 = 162 + 84 = 246$
> S. 1: $330 \cdot 0{,}6 + 240 \cdot 0{,}4 = 198 + 96 = 294$

Der bzw. die Entscheider würden in diesem Fall die Marketingstrategie S. 1 mit einem gewichteten Mittelwert von 312 Mio. Euro auswählen. Ein etwas risikoaverser eingestellten Entscheider mit einem α von 0,4 würde sich hingegen für die Marketingstrategie S. 3 mit einem gewogenen Mittel von 276 Mio Euro entscheiden.

Tab. 18.4 Matrix des Bedauerns

Strategie	Szenarien			
	Sz1	Sz2	Sz3	Summe Enttäuschungswerte
S. 1	−180	0	0	−180
S. 2	−60	−210	−90	−360
S. 3	0	−180	−90	−270

> **Übersicht**
> S. 1: 420 · 0,4 + 150 · 0,6 = 168 + 90 = 258
> S. 2: 270 · 0,4 + 210 · 0,6 = 108 + 126 = 234
> S. 3: 330 · 0,4 + 240 · 0,6 = 132 + 144 = 276

Die **Savage-Niehans-Regel** die auch als Regel des geringsten Bedauerns bezeichnet wird, fokussiert auf die mit einer Entscheidung verbundenen Opportunitätskosten und geht von einer Enttäuschungsmatrix aus. Dazu wird der maximale Wert jeder Spalte der Entscheidungsmatrix von den restlichen Werten der jeweiligen Spalte abgezogen. Im Beispiel der Tab. 18.3 ergibt sich folgende Enttäuschungsmatrix (Vgl. Tab. 18.4):

Es wird die Marketingstrategie gewählt, bei der die Summe der Enttäuschungswerte über alle Szenarien am niedrigsten ist, wozu die jeweiligen Zeilensummen der Enttäuschungsmatrix zu bilden sind. Im Beispiel der Tab. 18.4 wäre dies die Alternative S. 1.

Die **Laplace-Regel** (Regel des unzureichenden Grundes) geht bei unbekannter Eintrittswahrscheinlichkeit der Szenarien davon aus, dass diese alle mit gleicher Wahrscheinlichkeit eintreten. Es wird die Marketingstrategie gewählt, die den höchsten Durchschnittswert $DW_j = \frac{1}{m} \sum_{j=1}^{m} D_{ij}$ besitzt. Tab. 18.5 zeigt, dass die Marketingstrategie S. 1 den höchsten Durchschnittswert mit 300 aufweist.

Tab. 18.5 Durchschnittswerte unterschiedlicher Strategien

Strategie	Szenarien			
	Sz1	Sz2	Sz3	Durchschnittswert
S. 1	150	420	330	300
S. 2	270	210	240	240
S. 3	330	240	240	270

18.3.3 Entscheidungen unter Risiko

Entscheidungen unter Risiko gehen davon aus, dass die Eintrittswahrscheinlichkeiten der verschiedenen Szenarien bekannt sind. Für welche Marketingstrategie sich die Unternehmung entscheidet kann u. a. mit dem **Erwartungswert** μ_j (Bayes-Regel) berechnet werden.

$$\mu_j = \sum P_j D_{ij}$$

Die Unternehmung wird diejenige Marketingstrategie mit dem höchsten Erwartungswert auswählen.

Im Beispiel der Tab. 18.6 wäre es die Marketingstrategie S. 1 mit einem Erwartungswert von 321.

Die $\mu\sigma$ – **Regel von Schneeweiß** stellt – wenn die Grundgesamtheit normalverteilt ist – eine Modifikation der Bayes-Regel dar (Vgl. Szyperski und Winand 1974, S. 54). Sie berücksichtigt neben dem Erwartungswert μ_j einer Marketingstrategie auch deren Standardabweichung σ_j.

Die Standardabweichung berechnet sich aus

$$\sigma_j = \sqrt{\sum_{j=1}^{n} p_j (E_{ij} - \mu_i)^2}$$

Da nicht beide Größen gleichzeitig optimiert werden können, wird zur Entscheidung bei der Auswahl der Marketingstrategie eine der beiden Größen als Nebenbedingung formuliert. Es könnten zusätzlich sonstige Größen als Nebenbedingung berücksichtigt werden (Vgl. Bamberg et al. 2019, S. 94 ff.).

So könnte eine Entscheidungsregel lauten:

Maximiere den Erwartungswert μ unter der Bedingung, dass die Streuung σ kleiner einem Wert y ist:

Tab. 18.6 Erwartungswert und Standardabweichung bei unterschiedlichen Strategien

Strategie	Szenarien			Erwartungswert	Standardabweichung
	Sz1 P = 0,3	Sz2 P = 0,5	Sz3 P = 0,2		
S. 1	150	420	330	321	117
S. 2	270	210	240	234	26,15
S. 3	330	240	240	267	41,24

> **Übersicht**
>
> Max μ_j, wenn $\sigma_j < y$.
>
> z. B. in Tab. 18.6: max μ_j, wenn $\sigma_j < 100$. In diesem Fall ist die Marketingstrategie S. 3 zu wählen.

Eine andere Entscheidungsregel könnte lauten:

Minimiere die Streuung unter der Bedingung, dass der Erwartungswert größer als ein Wert z ist:

> **Übersicht**
>
> Min σj, wenn $\mu_j > z$.
>
> z. B. im in Tab. 18.6: min σ_j, wenn $\mu_j > 250$. Auch in diesem Fall würde die Marketingstrategie S. 3 gewählt.

Die Entscheidungstheorie zur Auswahl von Marketingstrategien weist verschiedene Probleme auf (Vgl. Bamberg et al. 2019).

Entscheidungen unter Sicherheit sind in einer sich abrupt und dynamisch verändernden Umwelt (Vgl. Simon 2011) eher selten bzw. treten nicht auf (Vgl. Bamberg et al. 2019, S. 41; Laux et al. 2018, S. 63 ff.). Soweit neben dem Kapitalwert weitere Ziele berücksichtigt werden sollen, wird die Entscheidung zur Auswahl von Strategien komplex.

Entscheidungen bei Unsicherheit gehen davon aus, dass alle möglichen Umweltszenarien erfasst sind. Die scheint vor dem Hintergrund der Komplexität der Erstellung von Szenarien ambitioniert (Müller-Stewens und Lechner 2016; Hungenberg 2014). Zudem bleibt irritierend, dass man Ergebnisse unterschiedlicher Szenarien angeben (z. B. ökonomische Größen wie den Kapitalwert), über die Eintrittswahrscheinlichkeiten von Szenarien aber überhaupt keine Aussagen treffen kann. Umgekehrt kann bei Entscheidungen unter Risiko die Bestimmung von Eintrittswahrscheinlichkeiten von Umweltszenarien zu erheblichen Problemen führen. Nicht zuletzt kann die Umweltdynamik zu neuen Szenarien bzw. auch zu anderen Eintrittswahrscheinlichkeiten der führen. Wie in Kap. 2 ausgeführt, kann die ausgewählte Marketingstrategie nur den Starting Point darstellen, der durch emergente Elemente und durch bewusst veränderte Elemente im Zeitablauf modifiziert wird.

18.4 Implementierung der Marketingstrategie

18.4.1 Problemstellung der Implementierung

Ein strategisches Marketing verstanden als ein Management von KKVs bedarf der marktgerechten Ausrichtung aller unternehmerischen Ressourcen und Kompetenzen. Es ist deshalb notwendig, die Marketingstrategie im gesamten Unternehmen zu implementieren.

Man versteht unter dem Begriff der Implementierung die Verwirklichung von Lösungen, die in konzeptioneller Form vorhanden sind und durch Umsetzung zu konkretem Handeln führen (Vgl. Hilker 1993, S. 3).

Zur Implementierung der Marketingstrategie muss geklärt werden (Vgl. Kotler et al. 2015, S. 795)

- was im Einzelnen in der Unternehmung zu implementieren ist (**Implementierungsgegenstand**),
- die Vorgehensweise der Implementierung (**Implementierungsprozess**).

Die Implementierung von Strategien bereitet in vielen Unternehmen Probleme (Vgl. Hilker 1993, S. 16, Kaplan und Norten 1997, S. 184; Meffert et al. 2019, S. 883 f.). „Various studies indicated that 60 % to 90 % of organizations fall short of realizing the succcess expressed in their strategic plans" (Wunder 2016, S. 273). Als Barrieren werden genannt (Vgl. Wunder 2016, S. 273):

- Ressourcenbezogene Barrieren: 60 % der Organisationen verknüpfen das Budget nicht mit der Strategie.
- Systembezogene Barrieren: 45 % der Organisationen besitzen keinen formalen Umsetzungsprozess für ihre Strategien.
- Fähigkeitsbezogene Barrieren: Nur 40 % der Unternehmen vermitteln ausreichende Fähigkeiten zur Umsetzung der Strategien.
- Führungsbezogene Barrieren: 85 % des Führungspersonals verwenden weniger als eine Stunde pro Monat für die Strategiediskussion.
- Verständnisbezogene Barrieren: Nur 5 % der Arbeitskräfte verstehen die Strategie.

Es ist deshalb notwendig, wie Abb. 18.1 zeigt, sowohl für den Implementierungsgegenstand als auch für den Implementierungsprozess das **Kennen und Verstehen** sowie das **Können** und das **Wollen** der jeweils von der Marketingstrategie betroffenen Personen im Unternehmen zu schaffen (Vgl. auch Meffert et al. 2019, S. 884 f.; Backhaus und Hilker 1994, S. 246; Hilker 1993, S. 15).

Um das **Kennen und Verstehen** zu steigern sind entsprechende Informationsmaßnahmen notwendig. Obere und mittlere Führungskräfte müssen über Gründe, Inhalte Auswirkungen und Erfolgsaussichten einer Marketingstrategie informiert werden. Dabei

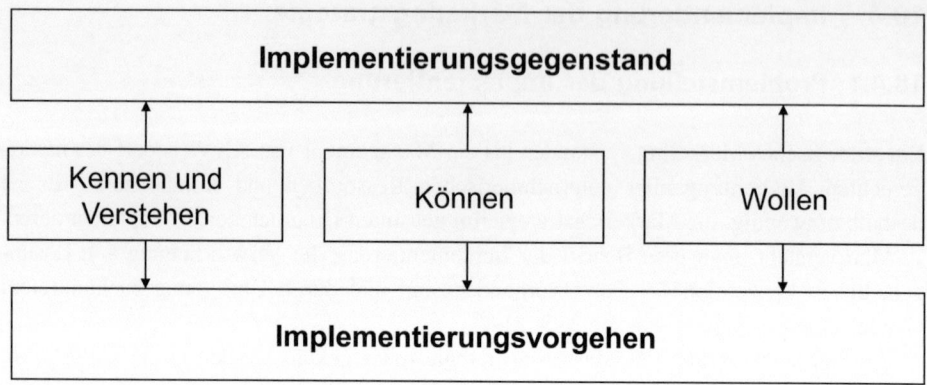

Abb. 18.1 Problemstellung der Implementierung.
(Nach Hilker 1993, S. 15)

muss sichergestellt werden, dass die Marketingstrategie innerhalb dieses Personenkreises auch verstanden wird. Die restlichen Mitarbeiter werden in einem formalen Vorgehen (Personalversammlung, E-Mail, etc.) über die Marketingstrategie informiert, wobei die Inhalte aus Geheimhaltungsgründen reduziert werden. Um das **Können** zu steigern, sind Schulungs- und Einweisungskonzepte für Führungskräfte und Mitarbeiter notwendig, um Kompetenzen zur Implementierung der Marketingstrategie aufzubauen bzw. zu erneuern und zu modifizieren. Organisationale Fähigkeiten und die Lernfähigkeit der Unternehmung sind dabei zu berücksichtigen. Zu denken ist an Seminare, Workshops, Training on the Job etc. Das **Wollen** der Marketingstrategie wird durch die Einbeziehung derjenigen Mitarbeiter in den Strategieentwicklungsprozess unterstützt, die zur Implementierung von Bedeutung sind. Weitere Maßnahmen sind die informelle Kommunikation, die Ausgestaltung von Anreizsystemen, strategiekonforme Führungsstile und die Sanktionierung unerwünschten Verhaltens (Vgl. Meffert et al. 2019, S. 885, Hungenberg 2014, S. 345 f.).

Die Implementierung des KKV-Gedankens ist deshalb besonders wichtig (Vgl. auch Grant 2014, S. 168), weil mangelndes Implementierungsverständnis fast immer zu Problemen oder zu einem Misserfolg führt. Eine gute Implementierungsfähigkeit kann demgegenüber z. T. selbst eine unangemessene KKV-Konzeption ausgleichen (Vgl. Tab. 18.7).

18.4.2 Gegenstand der Implementierung des strategischen Marketings

Zur inhaltlichen Implementierung von Strategien wird die **Balanced Scorecard** weltweit diskutiert (Vgl. Kaplan und Norten 1997, S. 9; Stelling, 2009, S. 294 ff.; Welge et al. 2017, S. 843 ff.; Wunder 2016, S. 343 ff.; Meffert et al. 2019, S. 934 f.; Kreikebaum

18.4 Implementierung der Marketingstrategie

Tab. 18.7 Ergebnisbezogene Bedeutung der Implementierung. (Quelle: Hilker 1993, S. 12; ähnlich Meffert et al. 2019, S. 883)

		Konzeption	
		Angemessen	Nicht angemessen
Implementierung	Erfolgreich	**Zielerreichung**	**Rettung oder Ruin** Eine gute Implementierung kann eine schlechte Konzeption kompensieren und dem Management Anpassungszeit geben; Eine gute Implementierung kann den Misserfolg aber auch beschleunigen;
	Nicht erfolgreich	**Problem** Schlechte Implementierung behindert eine angemessene Konzeptumsetzung; Gefahr der Fehleinschätzung, die dazu führt, dass gute Konzeption abgelehnt wird;	**Misserfolg** Gründe des Misserfolgs bleiben unklar: Schlechte Implementierung und / oder schlechte Konzeption

et al. 2018, S. 281; Müller-Stewens und Lechner 2016, S. 590 ff.; Bamberger und Wrona, 2012, S. 382 ff.; Tomczak et al. 2018, S. 239 ff.; Böhler 2002, S. 172 ff.; Johnson et al. 2018, S. 584). Durch sie werden Strategien mit der Kundenperspektive, der finanziellen Perspektive, der Prozessperspektive sowie der Lern – und Entwicklungsperspektive der Unternehmung verbunden (Vgl. Abb. 18.2).

Die **Kundenperspektive** beschäftigt sich mit lukrativen Kunden und Marktsegmenten, bei denen das Unternehmen komparativer Konkurrenzvorteile aufbauen will und beantwortet die Frage: Wie sollen wir gegenüber den Kunden auftreten, um unsere Strategie zu verwirklichen. In der **Finanzperspektive** wird die Frage beantwortet, was die Unternehmung für ihre Teilhaber erreichen will und zeigt, ob eine Strategie zur Verbesserung des finanziellen Ergebnisses der Unternehmung beiträgt. Die interne **Prozessperspektive** identifiziert kritische Prozesse zum Aufbau von komparativer Konkurrenzvorteile. Sie beschäftigt sich mit der Frage, in welchen Geschäftsprozessen die Unternehmung ihre Konkurrenten übertreffen müssen, um Teilhaber und Kunden zu befriedigen und KKVs aufzubauen und zu erhalten. Die **Lern- und Entwicklungsperspektive** klärt die Frage, wie die Unternehmung ihre Veränderungs- und Wachstumspotenziale fördern kann, um die Strategie und Vision zu verwirklichen. Sie beschäftigt sich mit den unternehmensinternen Ressourcen und Kompetenzen zum Aufbau von KKVs. Grundgedanke der Balanced

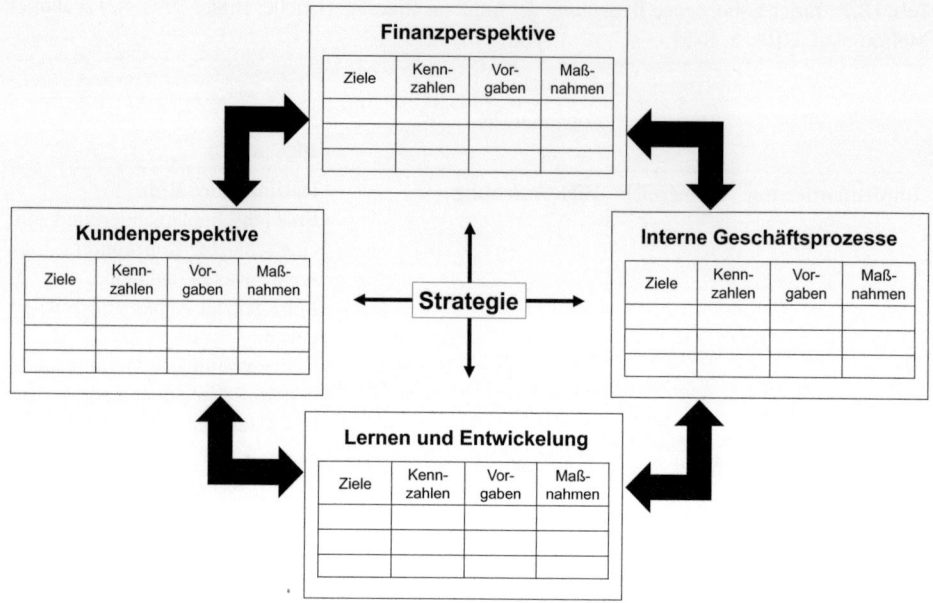

Abb. 18.2 Balanced Scorecard.
(Nach Kaplan und Norton 1997, S. 9)

Scorecard ist es, die vier Perspektiven bei der Strategieimplementierung in einem ausgewogenen Verhältnis (Balanced) zu berücksichtigen und gleichzeitig Ziele und Maßnahmen in den vier Bereichen übersichtlich auf einer Anzeigetafel (Scorecard) abzubilden (Vgl. Nieschlag et al. 2002, S. 357 ff.).

Dazu ist es notwendig (Vgl. Böhler 2002, S. 176)

- für alle Perspektiven Zielinhalte zu bestimmen,
- diese durch geeignete Kennzahlen (Messgrößen) zu operationalisieren,
- die jeweiligen Zielerreichungsgrade festzulegen,
- entsprechende (strategische) Maßnahmen, zu beherrschen.

Tab. 18.8 gibt einen Überblick zu möglichen Zielen in den einzelnen Perspektiven.

Ziele und Maßnahmen der Balanced Scorecard stehen in einem Ursachen-WirkungsZusammenhang, der letztlich zur Realisation der Finanzziele der Unternehmung dient (Vgl. Abb. 18.3).

18.4 Implementierung der Marketingstrategie

Tab. 18.8 Beispielhafte Kennzahlen der Balanced Scorecard. (Quelle: In Anlehnung an Böhler 2002, S. 176 f.)

Finanzielle Perspektive	Cash Flow; Return on Investment; Shareholder Value; Positiver Kapitalwert;
Kundenperspektive	Marktanteil; Neukundengewinnung; Kundenzufriedenheit; Kundenbindung;
Interne Geschäftsprozesse	Kosten; Qualität; Zeitbedarf;
Lern- und Entwicklungsperspektive	Mitarbeiterqualifikation; Anreizsysteme; Informations-/Kommunikationstechnologie;

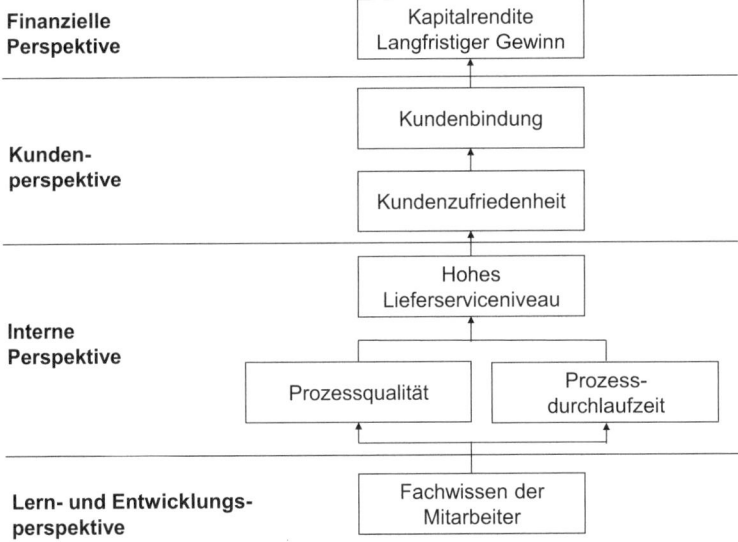

Abb. 18.3 Ursachen-Wirkungskette in der Balanced Scorecard. (Nach Kaplan und Norton 1997, S. 29)

Insgesamt sind sollten nicht mehr als 15 bis 25 Kennzahlen vorgegeben werden (Benkenstein und Uhrich 2009, S. 224 f.), denen eine strategische Relevanz zukommt. (Vgl. Kreikebaum et al. 2018, S. 283). Eine Balanced Scorecard kann für alle Ebenen der Unternehmung formuliert werden (Gesamtunternehmensebene, SGF-Ebene, Marktteilnehmerebene, Funktions- und Instrumentalebene). Es ist darauf zu achten, dass die Balanced

Scorecard einer Ebene sich aus der Balanced Scorecard der übergeordneten Ebene widerspruchsfrei ableitet, damit die strategischen Prioritäten gewahrt bleiben. (Vgl. Hungenberg 2014, S. 314). Wenn sich die Marketingstrategie verändert, müssen sich auch die Balanced Scorecards bezüglich der Kennzahlen, Ziele und Maßnahmen verändern. Balanced Scorecards können sich bis hin zur Perspektivenauswahl und -modifikation von Branche zu Branche, von Markt zu Markt und von Unternehmung zu Unternehmung unterscheiden (Vgl. Kaplan und Norton 1997, S. 33).

Der Balanced Scorecard werden eine Reihe von Vorteilen zugeschrieben:

- Die Übersetzung der Unternehmensstrategie in operationale Messgrößen,
- die Aufdeckung von Ursachen-Wirkungs-Zusammenhängen,
- ein hoher Visualisierungsgrad (auch durch Einschränkungen der ausufernden Datenflut),
- die Anpassungsfähigkeit und damit generelle Nutzbarkeit.

Dem Konzept stehen aber auch einer Reihe von Nachteilen und Problemen gegenüber (Vgl. Böhler 2002, S. 174 ff.):

- Probleme der Situationsanalyse und – prognose sowie der Strategiefindung bleiben unberücksichtigt.
- Obgleich die Balanced Scorecard auf verschiedenen Unternehmensebenen Einsatz finden kann, wird sie häufig nur auf Geschäftsfeldebene angewandt.
- Zur Ermittlung von geeigneten Kennzahlen werden keine Hinweise gegeben.
- Es werden keine Angaben dazu gemacht, wie die Balanced Scorecard auf tiefere Unternehmensebenen heruntergebrochen werden kann.
- Die Auswahl der Kennzahlen erlaubt politische Manipulationen.
- Probleme bei der Feststellung von Ursachen-Wirkungs-Zusammenhängen werden außer Acht gelassen.
- Es besteht die Gefahr, einer blinden Übernahme von Perspektiven, Kennzahlen und Wirkungszusammenhängen aus den Beispielen von Kaplan und Norton.
- Die Handhabung von Schnittstellenproblemen und Synergien als Voraussetzungen zur Schaffung von KKVs werden nicht thematisiert.

Aus der Balanced Scorecard lassen sich die mittel- und kurzfristigen (operativen) Pläne der Unternehmung ableiten. Diese bilden die Grundlage der **Budgetierung** der strategischen marktorientierten Führung.

▶Man versteht unter der Budgetierung die Umsetzung von Plänen für die nächsten Planungsperioden (Vgl. Bea und Haas 2017, S. 217).

Das Budget umfasst die Gesamtheit aller Ressourcen (z. B. Finanzen, Personal, Betriebsmittel), die einem organisatorischen Verantwortungsbereich (Geschäftsfeld, Abteilung, Stelle, etc.) für einen bestimmten Zeitraum (langfristig, mittelfristig, kurzfristig) zur Erfüllung der ihm übertragenen Aufgaben durch eine verbindliche Vereinbarung zur Verfügung gestellt wird (Vgl. Thommen et al. 2023, S. 350). Auf der Basis der Balanced Scorecard lassen sich Willkürlichkeiten bei der Budgetierung einschränken.

18.4.3 Prozess der Implementierung des strategischen Marketing

Der Implementierungsprozess als Teilphase des strategischen Marketingprozesses kommt besonders im Realistationsstadium eines Strategiekonzepts Bedeutung zu (Vgl. Meffert 1994, S. 362 f.). Dabei ist zwischen dem diskontinuierlichen und dem kontinuierlichen Implementierungsprozess zu unterscheiden (Vgl. Backhaus und Hilker 1994, S. 257). Bei einem **diskontinuierlichen Implementierungsprozess** erfolgen umfangreiche Veränderungen in der Unternehmung in unterschiedlichen Zeitabständen. Er greift daher insbesondere bei grundlegenden Veränderungen der Strategien zum Aufbau und Erhalt von KKVs. Der **kontinuierliche Implementierungsprozess** umfasst kleine Veränderungen im Zeitablauf und wird permanent durchgeführt. Er ist z. B. für kleinere Anpassungen von Strategien nötig.

Bezüglich der Vorgehensweise unterscheidet man beim Implementierungsprozess den „Programmatic Approach" und den „Market back-Ansatz". Der **Programmatic Approach** ist dadurch gekennzeichnet, dass alle Implementierungsmaßnahmen auf allen Implementierungsebenen vom Top-Management geplant und eingeführt werden (synoptisches Vorgehen). Empirische Untersuchungen ergaben, dass der Ansatz eher ungeeignet ist (Vgl. Hilker 1993, S. 229 und die dort zitierte Literatur). Der **Market-Back-Ansatz** ist durch ein schrittweises und ergebnisorientiertes Vorgehen (inkrementelles Vorgehen) gekennzeichnet, um die Komplexität der Implementierung zu reduzieren. In einer Referenzeinheit werden auf der Basis eines **„critical path"** Veränderungen immer dann durchgeführt, wenn sie als notwendig erkannt werden. Die Erfahrungen der Referenzeinheit können später in anderen Unternehmensteilen genutzt werden. Obgleich beim Market-Back Ansatz die Planung des Implementierungsprozesses wenig detailliert erfolgt, ist i. d. R. eine Abfolge von sechs Arbeitsschritten notwendig (Vgl. Tab. 18.9).

Um das **Engagement für den Wandel zu entwickeln,** muss innerhalb des Unternehmens die Erkenntnis reifen, dass eine Veränderung bzw. Anpassung der Strategien notwendig ist. Zur Vermittlung dieser Erkenntnisse kommen insbesondere zum Einsatz

- interne Studien, wie z. B. Kennzahlenberichte,
- Ergebnisse der Situationsanalyse funktionsübergreifender Teams,
- Ergebnisse des Benchmarking,
- Ergebnisse der SWOT-Analyse,

Tab. 18.9 Phasen des Implementierungsprozesses. (Quelle: Backhaus und Hilker 1994, S. 258)

Phasen des Implementierungsprozesses
1. Engagement für den Wandel mobilisieren
Beratergutachten/Studien Benchmarking Situationsanalyse in funktionsübergreifenden Teams
2. Gemeinsame Zielvorstellungen entwickeln
Neudefinition von Verantwortlichkeiten Neudefinition von Arbeitsbeziehungen Neudefinition von Aufgabenstellungen
3. Förderung der allgemeinen Akzeptanz der Zielvorstellung
Coaching Aus- und Weiterbildung Prozessberatung Teamentwicklung
4. Ausweitung des Implementierungsprozesses
Versetzung von Führungskräften in die zusätzlich einzubeziehenden Unternehmensteile
5. Absicherung des Implementierungsfortschritts
Versetzungen/Entlassungen Erfolgsmessung Nachfolgeregelungen Veränderung der Managementsysteme
6. Überleitung in einen kontinuierlichen Implementierungsprozess (Organisatorisches Lernen)

- Informationen aus der strategischen Marketingforschung,
- externe Beratungsgutachten u. a.

Insbesondere muss die Bereitschaft der Führungskräfte zur Veränderung als notwendige Voraussetzung gegeben sein. Dies hängt nicht unwesentlich von deren Qualifikation und Persönlichkeit ab. Dazu zählen insbesondere (Vgl. Meffert 1984, S. 376) die Interaktionsfähigkeit (Fähigkeit und Geschick, andere Personen zu beeinflussen und zu steuern), die Allokationsfähigkeit (Einsatz von Ressourcen in Bereichen, in denen sie die größte Wirkung erzielen), die Überwachungsfähigkeit (Wissen um Beziehungen und Ereignisse, die zum Aufbau und Erhalt Relevanz besitzen) und die organisatorische Fähigkeiten (organisatorisches Talent, auch zum Aufbau problemadäquater, informeller Organisationsstrukturen).

Die **Entwicklung einer gemeinsamen Zielformulierung** ist Aufgabe des zweiten Schrittes des Implementierungsprozesses. Obgleich aus der Praxis berichtet wird, dass

18.4 Implementierung der Marketingstrategie

Widerstände vermieden werden können, wenn die Managementsysteme beibehalten werden, sind Konflikte bei notwendigen Veränderungen nicht auszuschließen. In diesem Fall sind Maßnahmen der Konflikthandhabung notwendig. Dazu zählen die Überzeugung einzelner Konfliktträger, der Kompromiss, Vermittlung und Schlichtung sowie der Kampf.

Die **allgemeine Akzeptanz der Ziele** ist durch Maßnahmen wie Coaching, Aus- und Weiterbildung, Prozessberatung, Teamentwicklung u. a. abzusichern. Dazu ist es jedoch i. S. des Market Back Ansatzes notwendig, zunächst jene Fähigkeiten zu ermitteln, die tatsächlich notwendig sind, um dann gezielte Maßnahmen einzuleiten. Maßnahmen zur Förderung der allgemeinen Akzeptanz werden erfolgreich sein, wenn im Unternehmen

- ein Problembewusstsein existiert (Vermeidung von Betriebsblindheit),
- die Kooperationsfähigkeit ausgeprägt ist,
- keine gravierenden Konflikte bestehen,
- Mitarbeiter bereit sind, an Maßnahmen teilzunehmen.

Wenn innerhalb der Referenzeinheit die Implementierung des strategischen Marketing fortschreitet, kann der Zwang oder auch nur die Möglichkeit bestehen, den **Implementierungsprozess auszuweiten** und weitere Unternehmensteile einzubeziehen. Ein Zwang ist dann gegeben, wenn der Erfolg der Referenzeinheit davon abhängt, dass sich das strategische Marketing auch in anderen Unternehmensteilen etabliert. Aufgrund unterschiedlicher Gegebenheiten kann man nicht erwarten, dass das Vorgehen bei der Implementierung in der Referenzeinheit vollständig auf andere Unternehmensteile zu übertragen ist. Die Referenzeinheit kann jedoch dazu dienen dem Top-Management die Möglichkeiten zu geben, weiteren Unternehmensteilen Vorgaben zu machen, bis zu welchem Zeitpunkt bestimmte Anforderungen zu erfüllen sind (ohne jedoch den Weg zur Erfüllung der Anforderungen vorzugeben) bzw. weiteren Unternehmensteilen Anhaltspunkte zu geben, welche Möglichkeiten zur Erfüllung der an sie gestellten Anforderungen existieren und welche Probleme auftreten können. Man könnte von einem „internal benchmarking" sprechen.

Zur **Absicherung des Implementierungserfolgs** sind verschiedene organisationale und personelle Maßnahmen notwendig. Dazu zählen Versetzungen und Entlassung, Nachfolgeregelungen sowie die Anpassung der Managementsysteme. Man könnte in Anlehnung an Chandler das Schlagwort „System follows strategy" formulieren.

Die **Überleitung in einen kontinuierlichen Implementierungsprozess** ist notwendig, um zu gewährleistet, dass sich die Unternehmung permanent an Umweltveränderungen anpasst. Dies stellt nur eine **lernende Organisation sicher.** Auf Individual-, Gruppen und Gesamtunternehmensebene müssen Lernprozesse stattfinden, die in Handeln transformiert werden. Als Voraussetzungen für ein organisationales Lernen fasst Hilker zusammen (Vgl. Hilker 1993, S. 257):

- Die Mitarbeiter müssen bereit sein und die Möglichkeit besitzen, ihr Wissen zu kollektivieren.

- Das Wissen muss in einer allen Unternehmensmitgliedern verständlichen Form kommuniziert werden.
- Das Wissen muss von allen Mitarbeitern der Unternehmung akzeptiert werden.
- Das Wissen muss durch geeignete Verknüpfungsregeln integriert werden.
- Das Wissen muss permanent überdacht und angepasst werden.

Die Praxis zeigt, dass für einen integrierten Prozess zur Implementierung des strategischen Marketing, eine Zeitdauer von vier bis fünfzehn Jahren veranschlagt werden muss. Dies wird verständlich, wenn man berücksichtigt, dass zur Durchsetzung des strategischen Marketings geeignete Organisationsstrukturen, eine geeignete Unternehmenskultur und ein geeignetes Controllingsystem aufzubauen sind.

Literatur

Abell, D. F.; Hammond, J. S. (1979): Strategic Market Planning: Problems and Analytical Approaches. Prentice Hall, Englewood Cliffs (N.J.).
Backhaus, K.; Hilker, J. (1994): Marketingimplementierung in Unternehmen der Investitionsgüterindustrie. In: Bruhn, M.; Meffert, H.; Wehrle, F. (Hrsg.): Marktorientierte Unternehmensführung im Umbruch. Effizienz und Flexibilität als Herausforderungen des Marketing. Schäffer-Poeschel, Stuttgart, S. 241–264.
Bamberg, G.; Coenenberg, A. G.; Krapp, M. (2019): Betriebswirtschaftliche Entscheidungslehre. 16. Aufl., Vahlen Verlag, München
Bamberger, I.; Wrona, T. (2012): Strategische Unternehmensführung. Strategien, Systeme, Methoden, Prozesse. 2. Aufl., Vahlen, München.
Bea, F. X; Haas, J. (2017): Strategisches Management. 9. Aufl. ,UTB, Stuttgart
Benkenstein, M.; Uhrich, S. (2009): Strategisches Marketing. 3. Aufl., W. Kohlhammer, Stuttgart
Böhler, H. (2002): Die Implementierung von Marketing-Strategien mithilfe der Balanced Scorecard. In: Böhler, H. (Hrsg.): Marketing-Management und Unternehmensführung. Festschrift für Professor Richard Köhler zum 65. Geburtstag. Schäffer Poeschel Verlag, Stuttgart, S. 167–184.
Busse von Colbe, W; Witte, F. (2018): Investitionstheorie und Investitionsrechnung. 5. vollständig überarbeitete Auflage, Springer Gabler, Berlin.
Day, G. S. (1986): Tough Questions For Developing Strategies. In: Journal of Business Strategies 6 (3), S. 60–68.
Day, G. S., Fahey, L. (1988): Valuing market strategies. In: Journal of Marketing 52(3), S. 45–57.
Diller, H. (1998): Nutzwertanalysen. In: Diller, H. (Hrsg.): Marketingplanung. 2. Aufl., Franz Vahlen, München, S. 247–265
Grant, R. M. (2014): Moderne strategische Unternehmensführung. Wiley-VCH Verlag GmbH &Co. KGaA, Weinheim
Hilker, J. (1993): Marketingimplementierung. Grundlagen und Umsetzung am Beispiel ostdeutscher Unternehmen. Deutscher Universitätsverlag, Wiesbaden
Homburg, Chr. (2000): Quantitative Betriebswirtschaftslehre. 3. Aufl., Gabler, Wiesbaden
Homburg, Chr. (2020): Marketing Management. 7. Aufl. Gabler Springer, Wiesbaden
Hungenberg, H. (2014): Strategisches Management in Unternehmen. Ziele – Prozesse – Verfahren. 8. aktualisierte Aufl., Springer Gabler, Wiesbaden.

Jauch, L. R; Glueck, W. F. (1988): Business Policy and Strategic Management. 5th ed., McGraw-Hill Book Company, New York

Johnson, G.; Whittington, R.; Scholes, K.; Angwin, D.; Regnér, P.; (2018): Strategisches Management. Eine Einführung. 11. aktualisierte Auflage. Pearson, Hallbergmoos.

Kaplan, R. S.; Norton, D. P. (1997): Balanced Scorecard. Strategien erfolgreich umsetzen. Schäffer Poeschel, Stuttgart.

Koch, Helmut (1982): Integrierte Unternehmensplanung. Gabler, Wiesbaden

Kotler, P.; Keller, K. L.; Opresnik, M. O. (2015): Marketing-Management. Konzepte – Instrumente – Unternehmensfallstudien; [inklusive MyLab, deutsche Version]. 14. aktualisierte Aufl., Pearson (Wirtschaft), Hallbergmoos.

Kreikebaum, H.; Gilbert, D.U.; Behnam, M. (2018): Strategisches Management. 8. Aufl., W. Kohlhammer, Stuttgart.

Laux, H.; Gillenkirch, R. M.; Schenk-Mathes, H. Y. (2018): Entscheidungstheorie (10. Aufl.). Springer Gabler Berlin.

Meffert, H. (1984): Marketingstrategien in stagnierenden und schrumpfenden Märkten. In: Pack, L.; Börner, D. (Hrsg.): Betriebswirtschaftliche Entscheidungen bei Stagnation. Gabler, Wiesbaden, S. 37–72.

Meffert, H. (1994): Marketing-Management. Analyse – Strategie – Implementierung. Gabler, Wiesbaden.

Meffert, H.; Burmann, Ch.; Kirchgeorg, M.; Eisenbeiß, M. (2019): Marketing. 13. Aufl., Springer Gabler, Wiesbaden.

Müller-Stewens, G.; Lechner, C. (2016): Strategisches Management. Wie strategische Initiativen zum Wandel führen. 5. Aufl., Schäffer-Poeschel, Stuttgart.

Nieschlag, R.; Dichtl, E.; Hörschgen, H. (2002): Marketing. 19. neu bearbeitete Aufl., Duncker & Humblot, Berlin.

Poggensee, K. (2022): Investitionsrechnung. Grundlagen – Aufgaben – Lösungen. 4. Aufl., Springer Gabler, Wiesbaden.

Porter, M. (1997): Nur Strategien sichert auf Dauer hohe Erträge. In: Harvard Business Manager 19 (3), S. 42–58.

Rappaport, A. (1999): Shareholder Value. 2. Aufl., Schäffer Poeschel, Stuttgart

Rappaport, A. (2001): Wertorientierte Unternehmensführung – Strategien zur Schaffung von Shareholder Value. In: Montgomery, C. A.; Porter, E. M. I(Hrsg.) Strategie. Verlag Ueberreuter, Wien, Frankfurt am Main, S. 433–457.

Schildbach, T. (2005): Entscheidung. In: Bitz, M.; Domsch, M.; Ewert, R.; Wagner, F. W. (Hrsg.): Vahlens Kompendium der Betriebswirtschaftslehre, Bd. 2, Verlag Franz Vahlen München, S. 1–41.

Scholz, C. (1987): Strategisches Management : Ein integrativer Ansatz. Walter de Gruyter, Berlin, New York

Scholz, C. (2009): Strategische Stimmigkeit im Sanierungskonzept. In: wpg Die Wirtschaftsprüfung 62 (5), S. 305–311.

Schuster, T.; Rüdt von Collenberg, L. (2017): Investitionsrechnung: Kapitalwert, Zinsfuß, Annuität, Amortisation. Springer Gabler, Berlin.

Simon, H. (2011): Die Wirtschaftstrends der Zukunft. Campus, Frankfurt am Main, New York.

Stelling, J. N. (2009): Kostenmanagement und Controlling. 3. Aufl. Oldenbourger Wissenschaftsverlag GmbH, München

Szyperski, N.; Winand U. (1974): Entscheidungstheorie. Eine Einführung und besondere Berücksichtigung spieltheoretischer Konzepte. C. E. Poeschel Verlag, Stuttgart

Thommen, J. – P.; Achleitner, A.- K.; Gilbert, D. U; Hachmeister, D.; Jarchow, S.; Kaiser, G. (2023): Allgemeine Betriebswirtschaftslehre. Umfassende Einführung aus managementorientierter Sicht. 10. Auflage; Springer Fachmedien Wiesbaden GmbH, Wiesbaden.
Tomczak, T; Reinecke, S.; Kuß, A (2018): Strategic Marketing. Springer Gabler, Wiesbaden
Voigt, K. J. (1993): Strategische Unternehmensplanung:Grundlagen – Konzepte – Anwendung. Gabler, Wiesbaden
Welge, M. K.; Al- Laham, A.; Eulerich, M. (2017): Strategisches Management. 7. Aufl., Springer Gabler, Wiesbaden
Wilde, K. D. (1989): Bewertung von Produkt-Markt-Strategien: Theorie und Methoden. Duncker & Humblot, Berlin
Wöhe, G.; Döring, U.; Brösel, G. (2020): Einführung in die Allgemeine Betriebswirtschaft. 27. Aufl.; Vahlen Verlag, München
Wolf, J. (2020): Organisation, Management, Unternehmensführung, Theorien, Praxisbeispiele und Kritik. 6. Aufl., Springer Fachmedien GmbH Wiesbaden, Wiesbaden
Wunder, T. (2016): Essentials of Strategic Management. Schäffer-Poeschel, Stuttgart

19 Organisationale Aspekte zur Implementierung der strategischen Marketingpläne

Inhaltsverzeichnis

19.1 Grundlagen der Organisation ... 773
19.2 Organisationstheorie ... 775
    19.2.1 Klassische Ansätze der Organisationstheorie ... 775
    19.2.2 Moderne Ansätze der Organisationstheorie ... 777
        19.2.2.1 Verhaltenswissenschaftliche Entscheidungstheorie ... 777
        19.2.2.2 Systemtheoretische Ansätze ... 779
        19.2.2.3 Situativer Ansatz ... 780
        19.2.2.4 Institutionenökonomische Ansätze ... 788
19.3 Organisationsgestaltung ... 791
    19.3.1 Marketingstrategie und Organisation ... 791
    19.3.2 Aufbauorganisation ... 792
        19.3.2.1 Funktionsorientiertes Organisationssystem ... 792
        19.3.2.2 Objektorientiertes Organisationssystem ... 794
        19.3.2.3 Matrix- und Tensororganisation ... 798
    19.3.3 Ablauforganisation ... 800
Literatur ... 804

19.1 Grundlagen der Organisation

Der Begriff der Organisation ist vielschichtig (vgl. Homburg 2020, S. 208; Schreyögg und Geiger 2016, S. 5 ff.; Remer und Hucke 2007, S. 17 ff.; Schreyögg 2016, S. 15 ff.; Bea und Haas 2017, S. 383 f.; Macharzina und Wolf 2023, S. 526 ff.; Steinmann et al. 2013, S. 383 ff.). Aus **institutioneller Sicht** ist die Organisation ein Regelsystem und Menschen, die ihr Handeln an diesen Regeln orientieren. Aus **prozessorientierter, funktionaler Perspektive** umfasst der Organisationsbegriff alle Aktivitäten zur Gestaltung der

Organisationsstruktur. Aus **instrumenteller Sichtweise** versteht man die Organisation als ein Instrument zur Steuerung und Koordination von Handlungen (vgl. Schreyögg 2016, S. 15).

▶ Man kann in einer integrierten Definition, die die verschiedenen Sichtweisen berücksichtigt, die Organisation als ein soziales System definieren, das dauerhaft Ziele verfolgt und dazu eine Struktur besitzt, die das Handeln der Mitglieder der Organisation auf die Zielrealisation ausrichtet (vgl. Kieser und Walgenbach 2010, S. 6; Homburg 2020, S. 208; Kieser und Kubicek 1992, S. 4 sowie ähnlich Jenner 1999, S. 204; Wolf 2020, S. 45 f.).

Implizit verweist der Organisationsbegriff damit auf die Aspekte der Aufbau- und Ablauforganisation (Kosiol, 1976, S. 32). Die **Aufbauorganisation** legt die Abteilungs- und Stellengliederung sowie das Instanzengefüge fest. Sie weist die Aufgaben zu und regelt die Weisungs- und Kommunikationsbeziehungen (vgl. Schreyögg und Geiger 2016, S. 34; Frese et al. 2019, S. 45; Schreyögg 2016, S. 27; Hilker 1993, S. 143). Die **Ablauforganisation** befasst sich mit der räumlichen und zeitlichen Abstimmung von Aufgabenerfüllungsprozessen.

Das strategische Marketing stellt an die Organisation einige Anforderungen (vgl. Bruhn 2019, S. 289):

- Die Marketingorganisation muss eine hohe Anpassungsfähigkeit besitzen, um in einer dynamischen Umwelt schnell auf Veränderungen reagieren zu können.
- In einer dynamischen Umwelt, die ständig innovative und kreative Problemlösungen für die Unternehmung und die Absatzmärkte erfordert, muss die Marketingorganisation den Mitarbeitern der Unternehmung Freiräume bieten, die innovative und kreative Potenziale fördern.
- Um technische und personelle Potenziale zu nutzen, muss die Organisation eine effiziente Spezialisierung erlauben.
- Um ein abgestimmtes Verhalten auf dem Markt zu gewährleisten und um Synergieeffekte zu realisieren, muss die Marketingorganisation die Integration interner und externer Marketingaktivitäten gewährleisten.
- Um Nachteile der Spezialisierung zu egalisieren ist ein entsprechendes Informationsmanagement zu etablieren (vgl. Zahn 2005; Reichwald 2005).
- Die Marketingorganisation soll die Motivation und Teambildung der Mitarbeiter fördern und zur Marketingkultur der Unternehmung beitragen.

19.2 Organisationstheorie

Organisationstheorien wollen den Zweck, das Ent- und Bestehen, den Wandel und die Funktionsweise von Organisationen verstehen und erklären. Sie leisten damit einen Beitrag, um zu beurteilen, ob Organisationen die an sie gestellten Anforderungen erfüllen (vgl. Kieser und Walgenbach 2010, S. 29; Scherer und Marti 2019, S. 17). Organisationstheorien werden unterschiedlich klassifiziert (vgl. z. B. Schreyögg und Geiger 2016, S. 439 ff.; Kieser und Kubicek 1992, S. 33 ff.). Im Folgenden werden klassische und moderne Ansätze der Organisationstheorie unterschieden (vgl. Homburg 2020, S. 209 ff.; Kieser und Walgenbach 2010, S. 330 ff.).

19.2.1 Klassische Ansätze der Organisationstheorie

Zu den klassischen Ansätzen der Organisationstheorie zählen die Managementlehre, die Administrationstheorie, der Scientific Management-Ansatz, der Human-Relations-Ansatz sowie der Bürokratieansatz von Max Weber.

Die **Managementlehre** entstand mit der Industrialisierung (vgl. Steinmann et al. 2013, S. 381) und enthält Anweisungen für Manager auf der Basis guter Praxis (vgl. Kieser und Walgenbach 2010, S. 30 f.). Dabei wurden zunächst Regeln zur Arbeitsteilung und den Einsatz von Arbeitskräften zur Effizienzsteigerung in der Produktion (vgl. Ure 1835, S. 20 ff.) und später auch Leitfäden für die Verwaltung formuliert (vgl. Homburg 2020, S. 209).

Systematisch beschäftigt sich Fayol in der **Administrationstheorie** mit der Arbeitsteilung, der Autorität, der Disziplin, der Einheit der Auftragserteilung, der Einheit der Leitung, der Unterordnung des Einzelinteresses unter das allgemeine Interesse, der gerechte Entlohnung, der Zentralisation, der hierarchische Organisation, der Ordnung, der ausgleichende Gerechtigkeit, der Firmentreue der Mitarbeiter, der Initiative und dem Gemeinschaftsgeist (vgl. Fayol 1918). Heut werden weitergehend Best-Practice-Beispiele für die Formulierung von Empfehlungen für Manager herangezogen (vgl. z. B. Peters und Waterman 1982).

Kritisch ist an der Managementlehre und der Administrationstheorie anzumerken, dass sie sehr allgemein gehalten sind (vgl. Kieser und Walgenbach 2010, S. 31). Zudem können sie durch die Abstraktion von situativen Kontexten keine allgemeine Gültigkeit beanspruchen. Es werden Regeln formuliert, die ggf. in der Vergangenheit Relevanz besaßen, diese aber vor dem Hintergrund von Umweltveränderungen in der Zukunft verlieren. Somit ist die Aussagekraft der Ansätze vor allem für das strategische Marketing eingeschränkt. Nicht zuletzt dienen einige Leitfäden der Herrschaftssicherung eines einzelnen Unternehmers, was in Kapitalgesellschaften weniger relevant ist.

Der **Scientific Management-Ansatz** von Taylor (1911), der auch unter der Bezeichnung **Taylorismus** bekannt wurde, versucht auf der Basis von sogenannten Experimenten geeignete Arbeitskräfte, ideale Bewegungsabläufe, Arbeitsinstrumente oder Entlohnungssysteme zu finden, mit denen die Effizienz erheblich gesteigert werden kann (Kieser 2019a, S. 82 ff.). In Deutschland gewann das Konzept durch den Reichsausschuss für Arbeitszeitermittlung (Refa) an Bedeutung. Eng damit verbunden sind Organisationsprinzipien wie die Trennung von Hand- und Kopfarbeit (vgl. Gutenberg 1979), Arbeitspensum und Bonus (bei Erreichen oder Übertreffen von Vorgaben), die Auslese und Anpassung der Arbeiter und die Versöhnung von Arbeitern und Management (vgl. Ebbinghaus 1984).

Der Ansatz enthält Anregungen zur Umsetzung der Strategie der Kostenführerschaft (vgl. Porter 2010; Porter 2013). Kritisch ist die hochgradige Spezialisierung zu betrachten, die der Taylorismus fordert und die zu einer Entfremdung der Mitarbeiter von ihrer Arbeit führt (vgl. auch Wolf 2020, S. 93 ff.). Die damit ggf. nachlassende Motivation kann nicht in jedem Fall durch Boni wieder gesteigert werden, sodass auch eine Effizienzreduktion zu befürchten ist. Diese ist gerade mit der Strategie der Kostenführerschaft schwer vereinbar. Die Spezialisierung kann auch zu Problemen führen, wenn Umweltveränderungen veränderte bzw. neue humane Fähigkeiten benötigen, die nicht trivial zu erlernen sind. In diesem Fall müssen ggf. neue Mitarbeiter eingestellt werden (soweit diese vorhanden sind).

In der bekannten Hawthorne-Studie wurde gezeigt, dass nicht physische Faktoren wie die Beleuchtung, Ruhepausen oder die Länge des Arbeitstages, sondern psychische Faktoren Einfluss auf die Arbeitsleistung besitzen (vgl. Kieser 2019a, S. 110 ff.). Der **Human-Relations-Ansatz** betont deshalb die menschlichen Beziehungen zwischen den Mitarbeitern sowie zwischen den Mitarbeitern und Vorgesetzten auf die Zufriedenheit und Motivation und damit auf die Leistung der Mitarbeiter. Der Ansatz beförderte insbesondere die Entwicklung der Organisationspsychologie (vgl. Gebert und von Rosenstiel 2002, von Rosenstiel 2005) und Organisationsentwicklung (vgl. Gebert 2004, Gebert 1974). Der Ansatz besitzt in der Unternehmung allgemein Gültigkeit und ist nicht mit einer spezifischen Strategie verbunden. Auch formale Strukturen können aus dem Ansatz nicht abgeleitet werden.

Der **Bürokratieansatz von Max** Weber (1976)[1] erklärt das Aufkommen und die Funktionsweise großer Unternehmen und Verwaltungen anfangs des 19. Jahrhunderts. Das Ideal der Bürokratie wird als technisch rationalste Form der Herrschaftsausübung in diesen Organisationen gesehen. Bürokratie ist insbesondere geprägt durch (vgl. auch Schreyögg und Geiger 2016, S. 439 ff.; Wolf 2020, S. 66 ff.; Kieser 2019b, S. 53 ff.)

- eine strikte **Regelgebundenheit** der Amtsführung,
- die **Unpersönlichkeit** der Amtsführung ohne Empfindungen und Emotionen,
- eine klare, durch Über- und Unterordnung geprägte **Amtshierarchie,** die Weisungs- und Kontrollbefugnisse regelt,
- eine **Amtskompetenz,** bei der sich Zuständigkeiten und Befugnisse aus der Position ableiten,

---

[1] Erstmals erschienen 1921.

- die **Aktenmäßigkeit** der Verwaltung, bei der nur das Dokumentierte und Registrierte gilt und
- das Primat der **fachlichen Kompetenz.**

Weber sieht die Vorteile der Bürokratie bezüglich der Präzision, der Stetigkeit, der Straffheit und der Verlässlichkeit der Organisation, sodass sich diese berechenbar verhält (vgl. Weber 1976, S. 128). Der Ansatz eröffnet mit Konstrukten wie Hierarchie, Spezialisierung etc. Möglichkeiten zur genauen Beschreibung von Organisationen und Organisationsstrukturen, die auch im strategischen Marketing genutzt werden können. Als Problem muss die starre Regelgebundenheit der Organisation bei der Bürokratie betrachtet werden, die zum Selbstzweck werden kann und die schnelle Anpassung an Umweltveränderungen verhindert. Sie bietet damit bestenfalls bei stabiler Umwelt Hinweise für die Umsetzung eines strategischen Marketings. Zudem abstrahiert der Ansatz von zwischenmenschlichen Phänomenen, die als Störfaktoren rationalen Verhaltens betrachtet werden müssen (Schreyögg und Geiger 2016, S. 443).

19.2.2 Moderne Ansätze der Organisationstheorie

Als modere Ansätze der Organisationstheorie können die verhaltenswissenschaftliche Entscheidungstheorie, die systemtheoretischen Ansätze und der situative Ansatz betrachtet werden.

19.2.2.1 Verhaltenswissenschaftliche Entscheidungstheorie

Die verhaltenswissenschaftliche Entscheidungstheorie basiert auf den Arbeiten von Barnard (1938) und wurde von March und Simon (1976), Ceyert und March (1963) und March (1994) weiterentwickelt. Organisationen werden als Systeme betrachtet, in denen die Entscheidungen von verschiedenen Mitarbeitern zur Erreichung der Organisationsziele bzw. zur Anpassung von Organisationszielen an Umweltveränderungen koordiniert werden müssen (vgl. Kieser und Kubicek 1992, S. 42). Das Entscheidungsverhalten der Mitarbeiter wird jedoch von einer begrenzten Rationalität und einer begrenzten Bereitschaft, sich in der Unternehmung zu engagieren, beeinflusst.

Die **begrenzte Rationalität** (bounded rationality) zeigt sich in einem eingeschränkten Wissen über alle möglichen Entscheidungsalternativen, die mit den Entscheidungen verbundenen zukünftigen Ergebnisse sowie Bedingungen der Konsequenzen der Entscheidungsalternativen (vgl. Simon 1997). Die Organisation kann die durch die begrenzte Rationalität bedingte Unsicherheit der Entscheider in einer komplexen Umwelt auf verschiedene Weise reduzieren (vgl. Kieser und Walgenbach 2010, S. 38 f., ähnlich Kieser und Kubicek 1992, S. 42):

- Die **Arbeitsteilung** gliedert die verschiedenen Probleme, die die Unternehmung bewältigen muss, in Teilprobleme, die dann auf unterschiedliche Organisationsmitglieder verteilt werden. So entstehen unterschiedliche Abteilungen und Stellen, die jeweils Teilprobleme und nicht das Gesamtproblem lösen müssen, was der begrenzten Rationalität entgegenkommt: Die Anzahl der möglichen und notwendigen Lösungsalternativen und die Konsequenzen werden reduziert. Zudem ermöglicht die Arbeitsteilung ggf. die Verfolgung konfliktärer Ziele in unterschiedlichen Untergliederungen (Abteilungen) der Organisation. Dazu ist es notwendig, dass die Abteilungen lose gekoppelt bleiben, um Zielkonflikte zu vermeiden.
- **Standardisierte Verfahren und Programme** schreibe den Organisationsmitgliedern vor, wie sie sich in bestimmten, regelmäßig auftretenden Situationen zu verhalten haben. Die Organisationsmitglieder müssen dadurch in Standardsituationen nicht mehr alle Alternativen und Konsequenzen berücksichtigen.
- Bei der **Bildung von Hierarchieebene** wird durch übergeordnete Instanzen der von untergeordneten Stellen zu berücksichtigende Wirklichkeitsausschnitt verengt, was für letztere zu einer Reduktion der Komplexität und Unsicherheit führt.
- Bei der **Kommunikation** werden Informationen, die Stelleninhabern erhalten, bezüglich der von diesen zu treffenden Entscheidungen gefiltert und verdichtet, sodass die Belastung reduziert wird.
- Durch **Indoktrination** in Schulungen, in denen Mitarbeiter mit den Zielen und Leitlinien der Organisation vertraut gemacht werden sowie durch die **Organisationskultur** (vgl. Kap. 20), die generelle Verhaltensrichtlinien vermitteln soll, werden Mitarbeiter befähigt, eigene Entscheidungsprämissen selbst zu setzen. Es werden damit übergeordnete Instanzen entlastet, die im Gegensatz zu untergeordneten Stellen keine Detailinformationen über bestimmte Entscheidungssituationen und deren Konsequenzen besitzen.

Damit die Mitarbeiter in die Organisation eintreten und sich für die Unternehmung engagieren (und sich ggf. den o.g. Regelungen unterordnen) muss aus ihrer Sicht ein **Anreiz-Beitrags-Gleichgewicht** vorherrschen (March und Simon 1976, S. 81 ff.; Simon 1997; Berger et al. 2019, S. 124 ff.). Sie fordern ein Gleichgewicht aus Anreizen, die ihnen die Organisation liefert und den Beiträgen, die sie für die Unternehmung leisten. Wichtig erscheint, dass unterschiedliche Mitarbeiter verschiedenartige Anreize erwarten. Danach ergeben sich die Ziele der Unternehmung als Ergebnis von Prozessen, in denen die Mitarbeiter ihre Ziele und Erwartungen aushandeln. Mitarbeiter mit gleichen und ähnlichen Interessen werden dazu Koalitionen bilden. Die Aufgabe des Managements besteht darin, die Interessen der verschiedenen Koalitionen sicherzustellen (vgl. Hungenberg und Wulf 2021, S. 35).

Der verhaltenswissenschaftliche Ansatz gibt erste Hinweise, wie die Unternehmung vor dem Hintergrund einer begrenzten Rationalität der Organisationsmitglieder mit abrupten und dynamischen Veränderungen der Umwelt umgehen kann: „Organisationsstrukturen werden als Mittel zur Reduktion der Komplexität und Unsicherheit der Umwelt gesehen" (Kieser und Walgenbach 2010, S. 39 f.). Problematisch erscheint, dass die Auswirkungen verschiedener Organisationsstrukturen auf die Komplexitätsreduktion und den damit verbundenen Ergebnissen nicht dargestellt wird (vgl. Kieser und Kubicek 1992, S. 43). Für die Durchsetzung von Strategien zeigt der Ansatz, dass dies besser oder überhaupt gelingt, wenn diese die Ziele und Erwartungen mächtige Manager, Koalitionen von Mitarbeitern bzw. sonstiger Unternehmensmitglieder unterstützen (vgl. Homburg 2020, S. 216).

19.2.2.2 Systemtheoretische Ansätze

Systemtheoretische Ansätze verstehen die Organisation als eine Gesamtheit von Elementen, die miteinander in Beziehung stehen (vgl. Grochla 1972, S. 15). Die Unternehmung wird als ein offenes System betrachtet, das in kommerziellen, sozialen und kulturellen Austauschbeziehungen mit seiner Umwelt steht (Thommen et al. 2023, S. 8; Homburg 2020, S. 217). Das Verhalten des Systems wird durch die Elemente und die Art und Häufigkeit ihres Austausches bestimmt. Verschiedene Ansätze versuchen das Verhalten des Systems bzw. der Organisation zu erklären.

Der **kybernetische Ansatz** hat das Ziel, ein System in einer sich verändernden Umwelt konstant zu halten. Als Steuerungsprozess bedient es sich Regelkreisen, die auf der Grundlage genau vorgegebener Prämissen autonom funktionieren und bei Abweichungen von Sollwerten das System veranlassen, den definierten Soll-Zustand wieder zu erreichen (vgl. Schreyögg und Geiger 2016, S. 480). Als positiven Beitrag des kybernetischen Ansatzes ist herauszuheben, dass er die Stabilität eines Systems als Problem sieht, die in einer sich verändernden Umwelt immer wieder hergestellt werden muss (vgl. Luhmann 1973, S. 155 ff.). Kritisch ist anzumerken, dass der Ansatz zu mechanistisch aufgebaut ist, um Hinweise für die Organisationsgestaltung abzuleiten. Insbesondere werden keine Hinweise gegeben, welche Organisationsformen die Stabilität des Systems garantiert. Weiterhin müssten allgemeine, geeignete Soll-Werte bestimmt und Eingreifgrenzen festgelegt werden, was nicht immer möglich ist.

Der **systemfunktionalistische Ansatz** sieht die Organisationsstruktur als Mittel, das den Bestand des Systems sichert. Die Organisationsstruktur hat die Umweltkomplexität zu verkleinern, indem sie die Komplexität an verschiedenen Stellen im System reduziert, sodass dort nicht die gesamte Komplexität erfasst oder reduziert werden muss. Zudem muss das komplexe System intern integrierbar bleiben. Problematisch ist, dass Anweisungen zur geeigneten Systemgestaltung, der Komplexitätsreduktion und der Systemintegration nicht gemacht werden.

Der **selbstreferentielle Ansatz** (vgl. Schreyögg und Geiger 2016, S. 483) geht davon aus, dass ein System sich nicht nur seiner Umwelt anpassen kann, sondern diese Umwelt auch beeinflusst. Insofern stellt sich in der Organisationstheorie die Frage nach den Grenzen des Systems und seiner Umwelt. Hinweise, wann und wie sich diese Grenzen zwischen dem System und der Umwelt verschieben müssen sind kaum vorhanden.

Der **ressourcenabhängigkeitsorientierte Ansatz** sieht die Überlebensfähigkeit eines Systems insbesondere von dessen Fähigkeit getragen, sich mit dafür notwendigen, externe Ressourcen auszustatten (vgl. Pfeffer und Salancik 1978). Das System ist von Anbietern dieser externen Ressourcen abhängig. Das Ausmaß der Abhängigkeit wird bestimmt durch

- die Wichtigkeit einer Ressource für das Überleben des Systems,
- en Einfluss der Ressourcenbesitzer auf die Verteilung und Verwendung von Ressourcen,
- die Existenz von Anbietern gleicher oder substitutiver Ressourcen.

Je größer die Abhängigkeit der Unternehmung zum Ressourcenanbieter ist, desto höher ist dessen Macht (vgl. Pfeffer 1982). Dies zieht eine Reihe von Unwägbarkeiten nach sich, die das Überleben des Systems bedrohen. Das System muss darauf mit internen Vorkehrungen wie der Abpufferung und der Flexibilisierung, aber auch mit dem Aufbau von Kooperationen mit den ressourcenkritischen Systemen reagieren.

Der Beitrag des Ansatzes liegt darin, Abhängigkeiten des betrachteten Systems von der Umwelt zu identifizieren. Insbesondere die Fragestellung zur geeignete Form der Kooperation bei unterschiedlichem Grad der Abhängigkeit bleibt aber ungelöst.

Der **evolutionstheoretische Ansatz (Population Ecology-Ansatz)** untersucht das Überleben eines Systems aus Sicht der Umwelt (vgl. Hannan und Freeman 1977, S. 956 ff.; Woywode und Beck 2019, S. 263 ff.). Der Umwelt wird Macht zugeschrieben: nur Systeme, die sich in geeigneter Weise der Umwelt und ihren Veränderungen anpassen, werden überleben. Andere Systeme, denen dies nicht gelingt, gehen unter und werden durch innovative Systeme ersetzt. Der Ausleseprozess ist innerhalb des Systems nicht bewusst und kann von den Leitern des Systems nicht aktiv gesteuert werden. Insofern liefert der Ansatz eingeschränkte Hinweise zur Organisationsgestaltung (vgl. Homburg 2020, S. 219).

Der **Ansatz der sozialen Netzwerke** beschäftigt sich mit sozialen Beziehungen, Interaktionen und deren Aggregation in Beziehungsnetzwerken (vgl. Elbes und Maurer 2019, S. 391 ff.). Unterschieden werden strategische Netzwerke, regionale Netzwerke, Policy Netzwerke, Innovationsnetzwerke sowie soziale Netzwerke. Zentrale Aussage der Netzwerktheorie ist, dass die Art der Beziehung zwischen Akteuren, die Struktur des Netzwerks und die strukturelle Position der Akteure in einem Beziehungsnetzwerk deren Verhalten und deren realisierbares Ergebnis beeinflussen. Im strategischen Marketing findet die Netzwerktheorie Anwendung, wenn über die Zusammenarbeit mehrerer Unternehmen zur Realisation gemeinsamer und unternehmensindividueller Ziele nachgedacht wird.

19.2.2.3 Situativer Ansatz

Der **situative Ansatz (Kontingenztheorie)** hat die Organisationstheorie erheblich geprägt. Er entstand aus der Kritik an der klassischen Managementlehre und dem Bürokratieansatz

19.2 Organisationstheorie

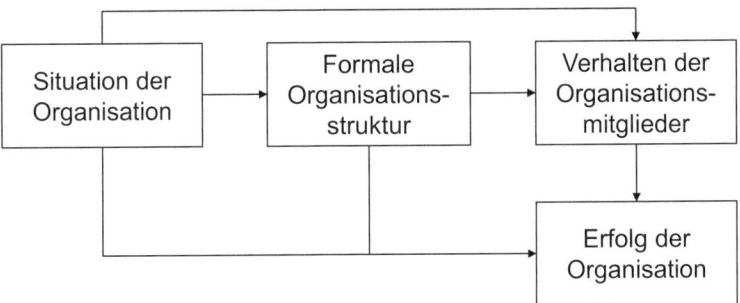

Abb. 19.1 Grundmodell des situativen Ansatzes (nach Kieser und Kubicek 1992, S. 57)

von Weber. Kernaussage des situativen Ansatzes ist, dass die formale Organisationsstruktur das Verhalten der Systemmitglieder und darüber den Erfolg der Unternehmung beeinflusst (vgl. Kieser und Kubicek, 1992, S. 57); gleichzeitig beeinflusst die Situation das Verhalten der Organisationsmitglieder. Situation und formale Organisationsstruktur bestimmen den Erfolg der Unternehmung aber auch direkt. Eine formale Organisationsstruktur, die sich in allen Situationen als effizient erweist, gibt es nicht (vgl. Kieser und Walgenbach 2010, S. 40). Abb. 19.1 zeigt das Grundmodell des situativen Ansatzes.

Grundlegende Forschungsanliegen des situativen Ansatzes sind (vgl. Kieser und Walgenbach 2010, S. 40 f.; Kieser 2019c, S. 171 f.)

- die Identifikation situativer Einflussfaktoren auf die Organisationsstruktur,
- die Beschreibung und Messbarmachung von Organisationsstrukturen,
- die Auswirkungen unterschiedlicher Situations-Struktur-Kombinationen auf das Verhalten und den Erfolg der Organisation.

Es werden interne und externe situative Einflussfaktoren auf die Organisationsstruktur unterschieden. Als **interne Einflussfaktoren der Situation** auf die Organisationsstruktur gelten das Leistungsprogramm der Unternehmung, deren Größe und Fertigungstechnik, die Informationstechnologie, die Rechtsform und die Eigentumsverhältnisse, das Alter der Organisation, die Art der Gründung und das Entwicklungsstadium. **Externe Einflussfaktoren** sind z. B. die Konkurrenzverhältnisse, die Kundenstruktur, die Dynamik der technologischen Entwicklung, gesellschaftliche und kulturelle Bedingungen (vgl. Kieser 2019c, S. 175). Die Faktoren entstammen Plausibilitätsüberlegungen und entbehren einer theoretischen Grundlage. Ebenso ist ihre Operationalisierung diskussionswürdig. Dies rechtfertigt es, weitere oder andere Faktoren zur Konzipierung der Situation heranzuziehen. Gerade für das strategische Marketing ist die Dynamik der gesamten Umwelt (nicht allein der technologischen Umwelt) sowie die Komplexität der Situation und ihrer Entwicklung von Bedeutung.

Zur Konzeptualisierung der **Organisationsstruktur** gibt es verschiedene Ansätze, die z. T. aufeinander aufbauen (vgl. Weber 1976; Pugh et al. 1968; Kieser und Walgenbach 2010; Bruhn 2002, S. 41 ff.; Homburg 2020, S. 222; Oelsnitz 1999; S, 88). Häufig werden (auch theoriegeleitet) als Kriterien der Organisationsstruktur die Spezialisierung, die Koordination, die Konfiguration, die Entscheidungsdelegation und die Formalisierung herangezogen.

Die **Spezialisierung** gliedert die Gesamtaufgabe einer Unternehmung in Teilaufgabe auf und verteilt diese auf Mitarbeiter. Es werden damit Stellen geschaffen, in denen zusammengehörende Aufgaben zusammengefasst sind (vgl. Pugh et al. 1968, S. 72; Kieser und Kubicek 1992, S. 76; Kieser und Walgenbach 2010, S. 73). Zu unterscheiden ist der Grad und die Art der Spezialisierung. Ein **hoher Grad der Spezialisierung** ist mit Vor- aber auch Nachteilen verbunden (vgl. Kieser und Walgenbach 2010, S. 75 ff.). Als Vorteile gelten

- eine kurze Einarbeitungszeit bei hoch spezialisierten Stellen,
- eine steigende Arbeitsleistung, wenn wenige Tätigkeiten ausgeführt werden, die weniger anstrengend sind,
- eine Steigerung der mengenmäßigen Leistung und der Qualität, wenn bei repetitiven Aufgaben Lerneffekte erzielt werden,
- der Einsatz weniger qualifizierter, kostengünstigerer Mitarbeiter auf Stellen, die einfache Tätigkeiten umfassen,
- die eindeutige Zuordnung von Verantwortung.

Nachteile eines hohen Grades der Spezialisierung sind

- eine hohe Fluktuation, weil die Mitarbeiter eine enge Aufgabenstellung nicht akzeptieren, verbunden mit steigenden Kosten des Recruiting und der Einarbeitung,
- ein hoher Krankenstand aufgrund hoher psychischer Belastungen, verbunden mit hohen Fehlkosten und der Notwendigkeit zur Einstellung zusätzlicher Mitarbeiter,
- hohe Löhne bei Vollbeschäftigung, wenn hoch spezialisierte Arbeit wenig attraktiv ist,
- eine sinkende Qualität der Arbeit, wenn bei steigender Monotonie die Konzentration sinkt,
- steigende Koordinationskosten, die Kostenvorteile der Produktion schmälern.

Homburg (1998, S. 182) zeigt, dass eine gewisse Spezialisierung notwendig ist, wenn die Unternehmung KKVs aufbauen und erhalten möchte. Dies gilt insbesondere, wenn sie die Strategie der Kostenführerschaft verfolgt. In einer sich dynamisch oder abrupt verändernden Umwelt sollte der Spezialisierungsgrad jedoch eher gering gehalten werden, damit organisatorische Einheiten und Mitarbeiter möglichst geeignet auf die Veränderungen reagieren können (vgl. auch Kieser 2019, S. 179; Kieser und Kubicek 1992, S. 383).

Eine geringe Spezialisierung führt zu einer steigenden Autonomie der Stellen und Abteilungen, sodass weniger Koordination mit anderen organisatorischen Bereichen notwendig ist und deshalb selbstständig und schnell auf Umweltveränderungen reagiert werden kann.

Nach der **Art der Spezialisierung** werden die funktions- und objektorientierte Spezialisierung unterschieden (vgl. auch Abschn. 19.3.2). Bei der funktionsorientierten Spezialisierung werden gleichartige bzw. ähnliche Tätigkeiten (z. B. Aktivitäten der Beschaffung) in einer organisatorischen Einheit zusammengefasst. Die objektorientierte Spezialisierung bündelt verschiedenen Aktivitäten, die sich auf ein Objekt (z. B. Kunden, Produkt, Land) beziehen in einer organisatorischen Einheit.

In Abhängigkeit der Spezialisierung muss eine **Koordination** erfolgen (vgl. Kieser 2019c, S. 172 f.). Während bei der Spezialisierung die Gesamtaufgabe der Unternehmung in Teilaufgaben zerlegt und auf verschiedene Mitarbeiter und Abteilungen aufgeteilt werden, müssen durch die Koordination die Teilaufgaben abgestimmt werden, um die Ziele der Unternehmung zu realisieren. Die Unternehmung nutzt dazu verschiedenen Koordinationsinstrumente (vgl. Kieser und Walgenbach 2010, S. 100 ff.; Kieser 2019c, S. 173; Kieser und Kubicek 1992, S. 103 ff.):

- Bei der **Koordination durch persönliche Weisungen** erteilt eine übergeordnete Instanz einer untergeordneten Instanz Befehle (Koordinationsanweisungen).
- Die **Selbstabstimmung** erlaubt es bestimmten Stellen, durch den Austausch von Informationen, sich selbst zu koordinieren.
- Eine **Programmierung** gibt den Mitarbeitern bzw. Abteilungen Verfahrensrichtlinien (generelle Regeln) vor, die eine Abstimmung sicherstellen.
- Bei der **Planung** erhalten Mitarbeiter und Abteilungen Plandaten vorgegeben, die eine Abstimmung herbeiführen sollen.
- Die **Koordination durch unternehmensinterne Märkte** soll die Effizienz der Abstimmung erhöhen, indem eine schnelle Anpassung an Umweltveränderungen erfolgt und ein Preismechanismus einen Anreiz zur effizienten Ressourcennutzung bei der Erstellung der einzelnen Aufgaben bietet.
- Eine **Koordination durch die Organisationskultur** (vgl. Kap. 20) geht davon aus, dass Mitarbeiter sich mit den Grundannahmen, Werten und Zielen der Unternehmung identifizieren, sodass sie ihre (Teil-)Aktivitäten ohne explizite Vorgaben aufeinander abstimmen.

Die **Konfiguration** beschreibt die äußere Form der Unternehmung, die in einem Organigramm dargestellt wird. Sie regelt, wie die durch die Spezialisierung geschaffenen Stellen und organisatorischen Einheiten zueinander in Beziehung stehen und welche Weisungsbefugnisse die Stelleninhaber besitzen. Die Gesamtheit von Stellen, die Weisungsbefugnis besitzen wird als Leitungssystem bezeichnet. Zur Gestaltung des Leitungssystems werden das Einlinien- und das Mehrliniensystem unterschieden. (vgl. Schreyögg 2016, S. 41 ff.; Frese et al. 2019, S. 160 ff.; Homburg 2020, S. 223 f.; Schreyögg und Geiger 2016,

S. 69 f.; Kieser und Walgenbach 2010, S. 127 ff.). Ein **Einliniensystem** liegt vor (vgl. Abb. 19.2), wenn jede höhere Stelle einer oder mehreren untergeordneten Stellen Weisung erteilen kann, eine untergeordnete Stelle jedoch immer nur von einer übergeordneten Stelle Weisungen erhält (vgl. Bea und Haas 2017, S. 398).

Der Vorteil des Einliniensystems liegt in der Einheit der Auftragserteilung (Fayol). Es kommt bei einer untergeordneten Stelle zu keinen Ziel- und Interessenkonflikten. Die Unternehmung besitzt klare Zuordnungen von Verantwortungen und eine reibungslose Koordination. Dies würde ggf. die Strategie der Kostenführerschaft unterstützen. Nachteilig wirkt sich aus, dass bei komplexen Aufgabenstellungen das Einliniensystem zu einer Ausdehnung der Hierarchieebenen tendiert, verbunden mit langen Weisungs- und Informationswegen, die eine lange Reaktionszeit der Unternehmung begünstigen und schnelle Entscheidungen verhindern. Übergeordnete Instanzen werden vor allem bei einer Vielzahl neuer Problemstellungen durch eine Vielzahl strategisch irrelevanter Probleme und Koordinationsaufgaben überlastet (vgl. Oelsnitz 1999, S. 251 f.; Kieser und Walgenbach 2010, S. 130 f.). Dies führt zu Forderungen, in der Unternehmung flache Hierarchien aufzubauen (vgl. Oelsnitz 1999, S. 252). Das Problem langer Informations- und Entscheidungswege

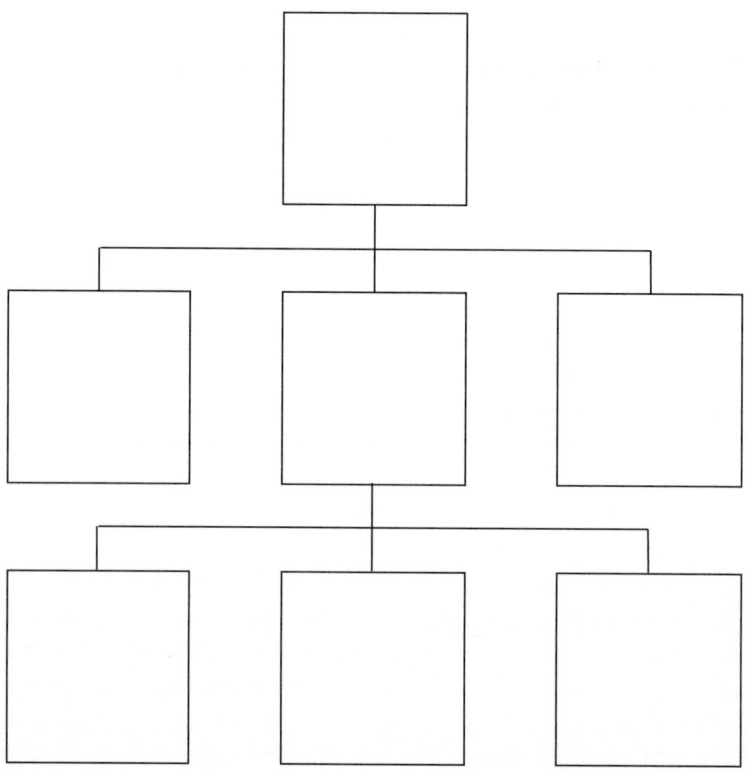

Abb. 19.2 Einliniensystem

19.2 Organisationstheorie

wird dadurch abgemildert. Die Überlastung übergeordneter Stellen nimmt aber zu. Damit einhergehend muss die Qualifikation von Inhabern übergeordneter Stellen steigen.

Ein **Mehrliniensystem** verteilt die Leitungsfunktion für untergeordnete Stellen auf mehrere übergeordnete Stellen (vgl. Abb. 19.3), sodass eine untergeordnete Stelle von mehreren übergeordneten Stellen Weisungen erhält (Mehrfachunterstellung). Der Ansatz überträgt die Spezialisierungsüberlegungen von Taylor auf die Vorgesetztenebene (vgl. Kieser und Walgenbach 2010, S. 130).

Als Vorteil des Mehrliniensystems kann die Besetzung von Leitungsstellen mit Spezialisten betrachtet werden. Komplexe Probleme werden von mehreren Spezialisten ggf. aus verschiedenen Perspektiven bearbeitet, was eine adäquate Lösung wahrscheinlicher

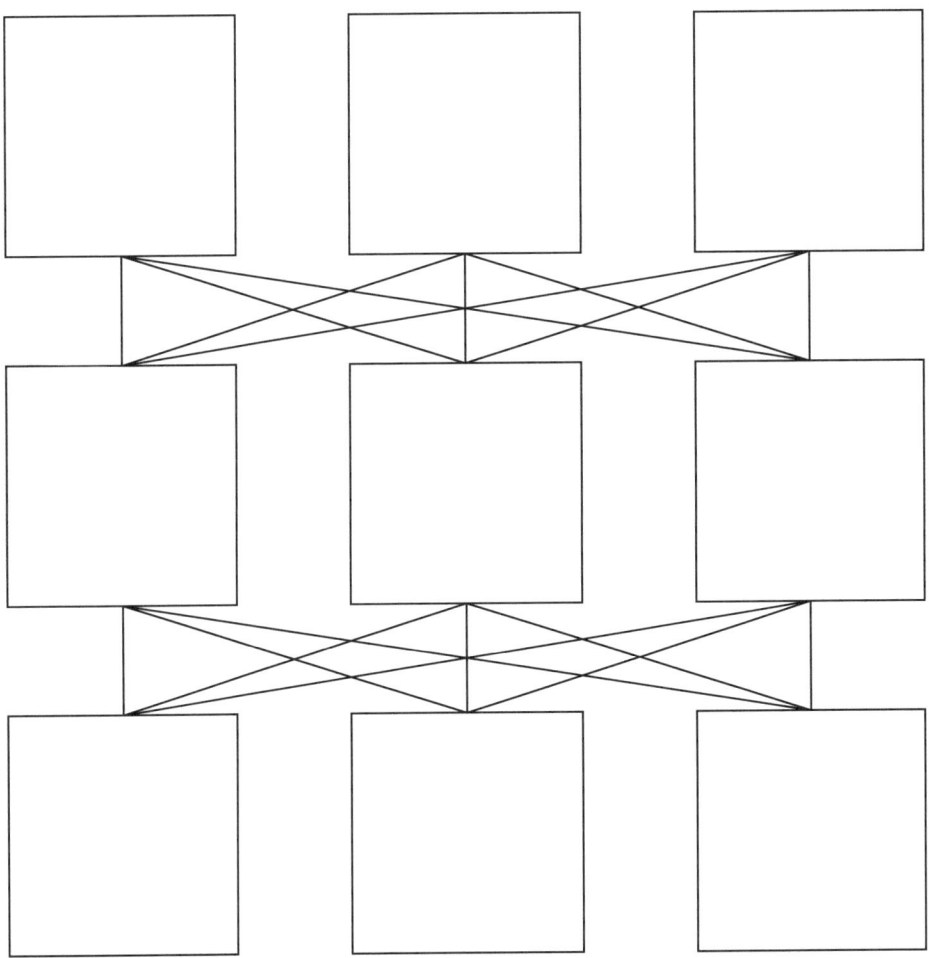

Abb. 19.3 Mehrliniensystem

macht. Ggf. kann durch die Aufteilung der Leitungsaufgaben die Aus- und Weiterbildung von übergeordneten Instanzen weniger umfangreich und schneller erfolgen. Von diesen Aspekten könnte gerade auch die Strategie der Differenzierung profitieren. Als Nachteil muss die Aufgabe des Prinzips der Einheit der Auftragsvergabe gesehen werden. Zudem sind Probleme bei der Koordination unterschiedlicher Aufgaben zu erwarten. Dies kann eine geeignete und schnelle Lösung komplexer Probleme behindern.

Die **Entscheidungsdelegation** (Kompetenzverteilung) bezieht sich auf das Ausmaß, in dem Entscheidungsbefugnisse offiziell von über- auf untergeordnete Stellen übertragen werden (vgl. Kieser und Walgenbach 2010, S. 179; Kieser und Kubicek 1992, S. 185). Als Ergebnis des Ausmaßes der Entscheidungsdelegation erhält man zentralisierte oder dezentralisierte Entscheidungen (vgl. Homburg 2020, S. 224). Die Entscheidungsdezentralisation ist umso größer (vgl. Kieser und Walgenbach 2010, S. 179 und die dort zitierte Literatur)

- je mehr Entscheidungen auf untergeordneter Ebene getroffen werden,
- je wichtiger die auf untergeordneter Ebene getroffenen Entscheidungen sind,
- je größer die Reichweite der auf untergeordneter Ebenen getroffenen Entscheidungen sind,
- je weniger Abstimmungen bei den Entscheidungen mit übergeordneten Ebenen erforderlich sind.

Die Dezentralisation erhöht die Flexibilität der Unternehmung, was in einer dynamischen Umwelt von Vorteil ist und der Strategie der Differenzierung entgegenkommt. Weitergehend ist zu erwarten, dass die Motivation der Mitarbeiter in untergeordneten Stellen steigt. Probleme der Dezentralisation können sich bei der Koordination der Entscheidungen ergeben. Zudem muss infrage gestellt werden, ob immer die Interessen und Ziele der Gesamtunternehmung im Blick bleiben oder ob Teilinteressen dominieren. Nicht zuletzt erfordert die Dezentralisation entsprechend qualifizierte Mitarbeiter mit entsprechenden Anforderungen an die Aus- und Weiterbildung und die Entlohnung. Demgegenüber ist die zentrale Entscheidung schwerfällig und wenig flexibel. Weniger qualifizierte Mitarbeiter auf untergeordneten Stellen sind weniger motiviert. Vorteile liegen hier in der einfachen Koordination von Entscheidungen.

Unter der **Formalisierung** wird das Ausmaß schriftlich fixierter organisatorischer Regeln verstanden, die typisch für die Bürokratisierung sind (vgl. Kieser und Walgenbach 2010, S. 157; Pugh et al. 1968, S. 75). Unterschieden werden dabei die Strukturformalisierung, die Aktenmäßigkeit und die Leistungsdokumentation. Die **Strukturformalisierung** bezieht sich auf den Umfang schriftlich fixierter organisatorischer Regeln in Form von Handbüchern, Richtlinien, Schaubildern etc. (vgl. Kieser und Walgenbach 2010, S. 157 ff.). Die **Aktenmäßigkeit** bzw. Formalisierung des Informationsflusses regeln, ob Kommunikationsprozesse zwischen verschiedenen Stellen schriftlich zu erfolgen haben. Typische Beispiele sind Dienstanweisungen, Mitteilungen, Vorstandsbeschlüsse etc. Die

Leistungsdokumentation bezieht sich auf die Formalisierung der Erfassung der Beurteilung der Leistung. Sie dient der Beurteilung der Mitarbeiter als Grundlage der Entlohnung und Beförderung.

Kriterien des Verhaltens der Organisationsmitglieder, das durch Variablen der Struktur bestimmt ist, sind empirisch kaum ermittelt worden (vgl. Kieser 2019c, S. 175). Homburg (1998, S. 120) zeigt Kriterien zur Schaffung von Kundennähe einer Unternehmung, die Bruhn (2002, S. 39 ff.) verdichtet und die auch für das strategische Marketing Relevanz besitzen. Es handelt sich dabei um den externen Fokus, die Flexibilität sowie die Qualitäts- und Prozessorientierung. Sie können als Verhaltenskriterien des situativen Ansatzes herangezogen werden. Ihr Einfluss auf die Kundennähe ist empirisch belegt (vgl. Homburg 1998). Die empirischen Untersuchungen beziehen sich jedoch auf die Kundennähe von Unternehmen im B2B-Bereich und müssen für andere Bereiche noch validiert werden. Zudem beschreibt die Kundennähe ggf. nicht das gesamte relevante Verhalten einer Unternehmung im strategischen Marketing. Hier sind weitere Kriterien wie z. B. die Konkurrenzorientierung zu identifizieren und zu validieren.

Der **externe Fokus** bezieht sich auf die Ausrichtung aller Mitarbeiter der Unternehmung auf den Aufbau und Erhalt von KKVs. Es ist dazu notwendig, dass die Mitarbeiter ihren internen Fokus verlassen und einerseits die aktuellen und zukünftigen Kundenbedürfnisse erfassen. Andererseits müssen sie eine Konkurrenzorientierung besitzen, um aktuelles und zukünftiges Konkurrenzverhalten zu antizipieren.

Die **Flexibilität** der Mitarbeiter (vgl. Kap. 22) erlaubt es der Unternehmung, sich zeitnah an Veränderungen der globalen Umwelt und der Aufgabenumwelt anzupassen. Dazu müssen Veränderungen zunächst wahrgenommen und intern verarbeitet werden. Dann muss auf Veränderungen in geeigneter Weise reagiert werden.

Qualität bezeichnet die Erfüllung von Kundenerwartungen durch die Unternehmung (vgl. Benes und Groh 2022). Zu berücksichtigen sind die Leistungs- und die Interaktionsqualität. Diese müssen sowohl durch das Kundenkontaktpersonal als auch durch interne Abteilungen und Stellen (Back-Office) erfüllt werden.

Kundennähe bedarf der **Prozessorientierung** der Unternehmung (vgl. auch Abschn. 19.3.3), wobei die Anforderungen des Kunden den Ausgangspunkt der Prozesse bildet und innerhalb der Unternehmung das interne Kunden-Lieferanten-Prinzip gilt (vgl. Seghezzi et al. 2013, S. 154; Herrmann und Fritz 2021). Dabei sind interne Konkurrenz- und Machtkämpfe, Abgrenzungsverhalten und Bereichsegoismen zu vermeiden.

Als **Kriterien des Erfolgs** im situativen Ansatz könnten i. S. des KKVs die Netto-Nutzen-Differenz sowie der langfristige Gewinn herangezogen werden (vgl. auch Homburg 2020, S. 221).

Der situative Ansatz muss teilweise kritisch betrachtet werden (vgl. Kieser 2019c, S. 183 ff.). Insbesondere wird darauf verwiesen, dass der Ansatz keine Theorie darstellt, da er kaum Gesetzmäßigkeiten formulieren kann. Zum einen können verschiedene Organisationsstrukturen für gleichartige Umweltsituationen geeignet sein. Man kann vermuten, dass zusätzlich die Strategie der Unternehmung einen wesentlichen Einfluss hat, welche

Organisationsstruktur in welcher Situation auszuwählen ist (vgl. Abschn. 3.1.). Zum anderen kann ggf. die Unternehmung selbst Einfluss auf die Umwelt nehmen, wie z. B. durch ihre F&E (vgl. Homburg 2020, S. 224). Weiterhin muss man davon ausgehen, dass neben der Organisationsstruktur weitere Kriterien und Sachverhalte das Verhalten der Mitarbeiter und den Erfolg der Organisation beeinflussen.

Das strategische Marketing nutzt den Ansatz trotz allen, sowohl hinsichtlich der unterstellten Kontextabhängigkeit der Organisationsstruktur, des Verhalten und des Erfolgs als auch bzgl. der beschriebenen Dimensionen der Organisationsstruktur (vgl. Homburg 2020, S. 235).

19.2.2.4 Institutionenökonomische Ansätze

Die Institutionenökonomie analysiert Institutionen, in deren Rahmen ein ökonomischer Austausch stattfindet. Institutionen in diesem Kontext sind Normen, Regeln und Konventionen, die das Handeln von Akteuren bestimmen (vgl. North 1990, S. 3). Ökonomische Institutionen sind z. B. Verfügungsrechte an Sachen, Verträge, Organisationsstrukturen und der Markt (vgl. Ebers und Gotsch 2019, S. 196; Fischer et al. 1993). Vereinfacht kann der Ansatz der Institutionenökonomie wie folgt beschrieben werden (vgl. Ebers und Gotsch 2019, S. 197): Institutionen regeln den Austausch von Gütern, Dienstleistungen und Verfügungsrechten. Der Austausch verursacht Kosten, die die Effizienz der Faktorallokation beeinflussen. Die Effizienz der Faktorallokation determiniert die Vorteilhaftigkeit von ökonomischen Institutionen. In der Institutionenökonomie werden verschiedene Ansätze wie die Transaktionskostentheorie und die Prinzipal-Agententheorie diskutiert (vgl. Ebers und Gotsch 2019, S. 197 ff.).

Gegenstand der **Transaktionskostentheorie** sind Transaktionskosten, die Spezifität von Investitionen und die Unsicherheit (vgl. Homburg 2020, S. 227).

Eine Transaktion liegt vor, wenn ein Gut oder eine Dienstleistung über eine technologisch separierbare Schnittstelle transferiert wird. Bei der Transaktion entstehen **Kosten** (vgl. Coase 1937, S. 390; Williamson 1985, S. 20 ff.):

- Informations- und Suchkosten (z. B. Kosten, die bei der Suche nach einem geeigneten Tauschpartner entstehen),
- Verhandlungskosten und Vertragskosten (Kosten, um sich über die Modalitäten der Transaktion zu einigen bzw. Kosten, die entstehen, um dem Transaktionspartner im juristischen Sinn die Verfügungsgewalt über das Transaktionsobjekt zu übertragen),
- Überwachsungskosten (Kosten, die entstehen, um die Einhaltung der Vertragsvereinbarung zu kontrollieren),
- Konflikt- und Durchsetzungskosten (Kosten, die aus Konflikten bei der Interpretation und Erfüllung von Vereinbarungen sowie deren juristische Durchsetzung entstehen),
- Anpassungskosten (Kosten, die entstehen, wenn Vertragskonditionen an neue Bedingungen angepasst werden).

19.2 Organisationstheorie

Als weitere Kennzeichen einer Transaktion werden deren Spezifität und Unsicherheit unterschieden. Die **Spezifität** bezieht sich auf das Ausmaß der Investitionen für eine Transaktion, die für andere Transaktionen nicht bzw. mit hohem Wertverlust genutzt werden können. Die **Unsicherheit** entsteht durch das Transaktionsumfeld (Umweltunsicherheit) und durch opportunistisches Verhalten des Transaktionspartners (Verhaltensunsicherheit).

Transaktionen können der Transaktionskostentheorie über **Märkte mit dem Preis** als Koordinationsmechanismus oder über die **Hierarchie,** die durch Anweisung von Vorgesetzten erfolgt, abgewickelt werden. Als weiteres Koordinationsinstrument von Transaktionen können **Hybridformen** dienen. Es handelt sich um langfristige Geschäftsbeziehungen, die zwischen Markt und Hierarchie angesiedelt sind. Diese drei Koordinationsformen besitzen in Abhängigkeit der Spezifität und der Unsicherheit unterschiedlich hohe Transaktionskosten (vgl. Abb. 19.4).

- Der Markt weist bei Transaktionen mit geringer Spezifität und Unsicherheit die geringsten Transaktionskosten auf.
- Transaktionen mit mittler Spezifität und Unsicherheit besitzen bei Hybridformen die niedrigsten Transaktionskosten.
- Transaktionen mit hohe Spezifität und Unsicherheit sind im Rahmen der Abwicklung durch Hierarchie am effizientesten.

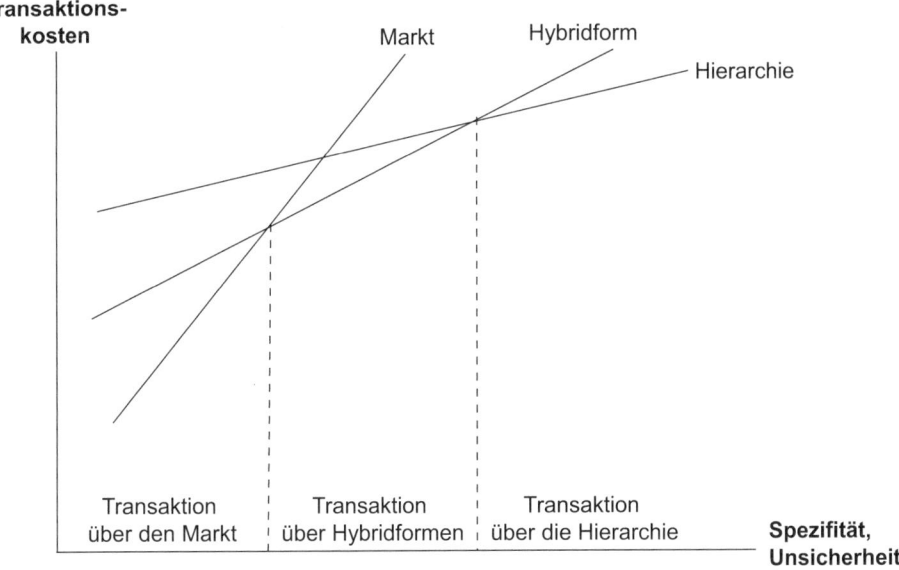

Abb. 19.4 Transaktionskosten spezifischer Koordinationsformen

Die Erkenntnisse lassen sich bei Entscheidungen zur Gestaltung der Kundenbeziehung und zur Vertriebswegewahl nutzen (vgl. Meffert et al. 2019, S. 51 f.; Homburg 2020, S. 228, Homburg 1998, S. 39 ff.). Während langfristige Geschäftsbeziehungen, die mit Transaktionen über Hybridformen bzw. Hierarchie in Verbindung stehen, bei großer Unsicherheit und hoher Spezifität als geeignet gelten, sprechen Transaktionen mit geringer Spezifität und Unsicherheit für den Markt als Koordinationsform. Bei der Vertriebswegewahl kann ein indirekter Vertrieb mit der Transaktion über den Markt, ein direkter Vertrieb als Transaktion durch Hierarchie gleichgesetzt werden. Dazwischen gibt es Kombinationen (Transaktion über Hybridformen). Für welche Vertriebsform sich die Unternehmung entscheidet kann durch die Analyse der Transaktionskosten in Abhängigkeit der Spezifität und Unsicherheit entschieden werden.

Kritisiert wird am Transaktionskostenansatz, dass Transaktionskosten nicht bzw. nur schwer monetarisierbar sind vgl. (Ebers und Gotsch 2019, S. 247). Insofern kann über unterschiedliche Koordinationsformen in Abhängigkeit der Transaktionskosten ggf. nur mit einem Punktbewertungsmodell entschieden werden (vgl. Diller 1998). Zudem wird kritisch angemerkt, dass der Transaktionskostenansatz das Menschenbild eines opportunistischen Transaktionspartners zugrunde legt, dessen Kontrolle Kosten verursacht. Dem kann entgegengehalten werden, dass die Unternehmung sich nicht zwingend gegen opportunistisches Verhalten absichern muss, wenn sie dieses ausschließt und insofern Überwachungs-, sowie ggf. Konflikt- und Durchsetzungskosten nicht zu berücksichtigen braucht.

Die **Prinzipal-Agententheorie** (Agenturtheorie, Agency Theory) stellt die vertraglichen Beziehungen eines Prinzipals (Auftraggeber) und eines Agenten (Auftragnehmer) in den Mittelpunkt der Betrachtungen (vgl. Ebers und Gotsch 2019, S. 207 ff.). „We define an agency relationship as a contract under which one or more persons (the principal(s)) engage another person (the agent) to perform some service on their behalf which involves delegating some decision making authority to the agent" (Jensen und Meckling 1976, S. 308). Der Prinzipal überträgt zur Wahrnehmung seiner Interessen dem Agenten bestimmte Aufgaben und Entscheidungsbefugnisse im Rahmen eines Vertrages, der alle möglichen Eventualitäten der Zusammenarbeit, die dabei zu leistenden Beiträge von Prinzipal und Agent sowie auch Regelungen zur Entlohnung des Agenten umfasst. Der Nutzen des Prinzipals liegt in bestimmten Handlungseigenschaften des Agenten (Fachkompetenz, Zeit, Erfahrung usw.) bzw. in komparativen Handlungsdefiziten des Prinzipals („der Agent kann es besser").

Probleme ergeben sich, durch unterschiedliche Interessen von Prinzipal und Agent infolge unterschiedlicher Nutzenvorstellungen (vgl. Ross 1973, S. 134). Der Prinzipal, der gegenüber dem Agenten einen Informationsnachteil besitzt, kann niemals sicher sein, dass der Agent seine Interessen vertritt, weil letzterer durch ersteren nicht vollkommen beobachtbar und kontrollierbar ist. Die damit für den Prinzipal entstehenden Kosten steigen mit dem Informationsvorsprung des Agenten. Weitere Kosten entstehen dem Prinzipal dann, wenn die Ergebnisse der Arbeit eines Agenten von weiteren, zufällig eintretenden Umweltveränderungen abhängt. In diesem Fall kann der Agent seine Anstrengungen einschränken bzw. seinen eigenen Nutzen zu Lasten des Prinzipals erhöhen (Moral Hazard-Phänomen). Zur Lösung der Probleme besitzt der Prinzipal verschiedene Alternativen, wie z. B. die Etablierung bzw. Ausweitung von Kontrollmechanismen gegenüber dem Agenten, einen Ausbau der Informationssysteme zur Reduktion der Informationsasymmetrie vor und während der Vertragsbeziehung sowie die Gestaltung von Anreizen für den Agenten, im Sinne des Prinzipals zu handeln. Der Agent kann durch entsprechende Maßnahmen (z. B. Qualitätssiegel, Veröffentlichung von Bilanzen etc.) seine Leistungsfähigkeit (i. S. der Nutzensteigerung des Prinzipals) dokumentieren (signaling).

Eine Relevanz für das strategische Marketing erhält der Ansatz z. B. bei der Auswahl von Kooperationspartnern (z. B. in der F&E), Vertriebspartnern, Lieferanten, Mitarbeitern usw. (vgl. Homburg 2020, S. 230).

19.3 Organisationsgestaltung

19.3.1 Marketingstrategie und Organisation

Es besteht weitgehend Einigkeit, dass zwischen der Marketingstrategie und der Organisation ein Fit bestehen muss (vgl. Grant 2014, S. 173). Auf die Bedeutung der Organisation der Unternehmung zur Durchsetzung der Strategie verweist Wunder (2016, S. 280): „The effectiveness of strategy execution strongly depends on existing architecture of an organization." „Als eine der zentralen Einflussgrößen für die Organisationsgestaltung wird heute die Unternehmensstrategie gesehen, sei es auf Geschäftsbereichs- oder auf Gesamtunternehmensebene" (Schreyögg 2016, S. 101).

Chandler geht auf der Basis einer Längsschnittanalyse bei Unternehmen in den USA davon aus, dass Struktur und Strategie in einer Mittel-Zweck-Beziehung stehen (vgl. Wenger und Thom 2021, S. 46) und formulierte den Grundsatz, wonach die Struktur der Strategie nachfolge. „Structur follows strategy" (Chandler 1978, S. 14). Nachfolgende Forschung (u. a. Rumelt 1974; Dyas und Thanheiser 1976; Wolf 2000) konnten den Grundsatz z. T. bestätigen, kamen aber auch zu anderen Ergebnissen. So können strukturelle Elemente wie z. B. die Informations- und Kommunikationssysteme die Umweltwahrnehmung des Managements bestimmt und damit auch die Grundlagen der Strategieformulierung (vgl. auch Schreyögg 2016, S. 106 f.). Zudem konnte beobachtet werden, dass die strukturelle Gestaltung der Unternehmung auch gewissen modischen Trends folgt (vgl. Kreikebaum et al. 2018, S. 179, Bea und Haas 2017, S. 388). Mintzberg (1979) verweist zudem auf eine notwendigen Entsprechung der Struktur und der Umwelt. Insgesamt sollte also ein Fit aus Strategie, Struktur und Umwelt existieren (vgl. Abb. 19.5).

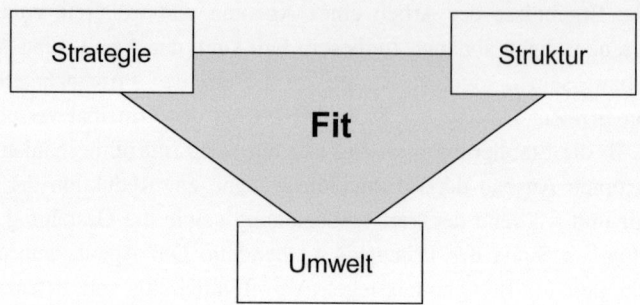

Abb. 19.5 Strategie-Struktur-Umwelt-Fit

19.3.2 Aufbauorganisation

Die Wahl der geeigneten Organisationsstruktur hängt von zahlreichen Einflussfaktoren ab. Nieschlag et al. (2002, S. 1218) nennen u. a. Art, Zahl, Umfang und Unterschiedlichkeit der Märkte bzw. SGF, die ein Unternehmen bearbeitet, den Lebenszyklus der Leistungen, Kundenmerkmale, absatzmittlerbezogene Faktoren, die Wettbewerbssituation, Rechtsnormen, politische und gesellschaftliche Verhältnisse, usw. Als besonders bedeutsame Einflussfaktoren wurden die **Komplexität der Marktstruktur,** die **Stabilität der Marktverhältnisse,** sowie die **Komplexität der Leistungsangebote** identifiziert (vgl. Hilker 1993, S. 144). Man unterscheidet drei grundlegende Organisationstypen, die in der Praxis unternehmensindividuell gestaltet werden (vgl. Frese et al. 2019, S. 161 ff.; Bea und Haas, 2017 S. 389 ff.; Bruhn 2002, S. 48 ff.; Schreyögg und Geiger 2016, S. 42 ff.):

- Das funktionsorientierte Organisationssystem,
- das objektorientierte Organisationssystem,
- die Matrix- bzw. Tensororganisation.

19.3.2.1 Funktionsorientiertes Organisationssystem

Das **funktionsorientierte Organisationssystem** (Verrichtungsorganisation) ist das älteste und vor allem im Mittelstand am weitest verbreitete Organisationskonzept (vgl. Frese et al. 2019, S. 341). Es werden dabei – wie Abb. 19.6 zeigt – gleichartige oder ähnliche Verrichtungen wie z. B. Beschaffung, Produktion, Absatz, Service, F&E, usw.) in einer Abteilung zusammengefasst (vgl. Nieschlag et al. 2002, S. 1220; Vollert 2004, S. 435; Vollert 2009, S. 243; Johnson et al. 2018, S. 566 ff.). Ansatzpunkte der Spezialisierung könnten z. B. aus der Wertekette Porters entnommen werden (vgl. Porter 2010).

Die **Vorteile der funktionsorientierten Organisation** liegen in

- einer einfachen und überschaubaren Unternehmensstruktur,

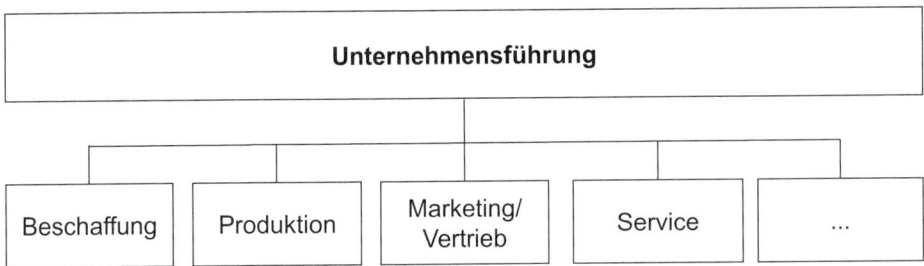

Abb. 19.6 Funktionsorientierte Organisation

- einer Steigerung der Effizienz durch die Nutzung von Spezialisierungsvorteilen, die zur höheren Produktivität durch Lern- und Erfahrungseffekte führen und die Realisation von Größenersparnissen durch Zusammenlegung und Konzentration homogener Handlungseinheiten erlauben,
- der Nutzung von Synergieeffekten bei ähnlichen Verrichtungen,
- der Berücksichtigung von Interdependenzen z. B. bei der Marketinglogistik in Mehrproduktunternehmen,
- der Verringerung der Koordinationskosten.

Als **Probleme der funktionsorientierten Organisation** gelten

- die Tendenz zum Ressortegoismus,
- die Schnittstellen- und Abstimmungsproblematik zwischen ggf. einer hohen Zahl spezialisierter Funktionsabteilungen,
- eine niedrige Flexibilität aufgrund zeitraubender Kommunikation zur Abstimmung zwischen den Schnittstellen,
- eine Tendenz zur Suboptimierung, da die Zurechenbarkeit von Ergebnissen auf einzelne Akteure kaum möglich ist,
- eine Überlastung der Unternehmensleitung, die funktionsübergreifenden Koordinationsaufgaben übernehmen muss (Kamineffekt), was bei steigender Heterogenität des Leistungsprogramms quantitativ und qualitativ immer schwerer zu realisieren ist und ggf. zur Bildung umfangreicher Stäbe führt (vgl. Bea und Haas 2017, S. 400),
- eine Vernachlässigung strategischer Aufgaben durch die Unternehmensführung infolge der Überlastung mit Koordinationsaufgaben,
- die schwere Zuordenbarkeit von unerwarteten Aufgaben bei zu starker Arbeitsteilung (Kompetenzlücken),
- eine niedrige Motivation der Mitarbeiter durch monotone Tätigkeiten und fehlende Sinnbezüge,
- eine geringe Marktorientierung von Mitarbeitern in den Funktionsabteilungen und den Stäben,

- die Missachtung gebildeter SGFs, soweit mehr als ein strategisches Geschäftsfeld bearbeitet wird.

Eine **strategische Relevanz** besitzt die funktionsorientierte Organisation insbesondere in Unternehmen mit einer überschaubaren Größe, einem homogenen Leistungsprogramm (insb. Einproduktunternehmen) in einer relativ stabilen Umwelt, bei einer übersichtlichen Marktstruktur (vgl. Bea und Haas 2017, S. 400). Sie kann bei der Bearbeitung eines strategischen Geschäftsfelds herangezogen werden. Auf quantitative Marktveränderungen kann die Unternehmung geeignet reagieren. Tendenziell wird die Strategie der Kostenführerschaft unterstützt.

Lange Abstimmungswege und -dauer, eine tendenziell geringe Innovationskraft (bei starker Programmierung, Standardisierung und Formalisierung), sowie die Spezialisierung der Mitarbeiter verhindern bei einer funktionsorientierten Organisation ggf. die Strategie der Differenzierung. Die Anpassung an Umweltveränderungen in einer dynamischen Umwelt bzw. an unterschiedliche (ggf. auch geographische) Kundenbedürfnisse lässt sich schwerer realisieren.

19.3.2.2 Objektorientiertes Organisationssystem

Bei einer **objektorientierten Organisation** (Spartenorganisation, Divisionsorganisation, Geschäftsbereichsorganisation), die in Großunternehmen weite Verbreitung findet, bilden u. a. Leistungen, Kunden oder Regionen die Ansatzpunkte der Aufbauorganisation der Unternehmung (vgl. auch Kieser und Walgenbach 2010, S. 224 ff.; Kieser und Kubicek 1992, S. 236 ff.; Homburg 2020, S. 1239; Remer und Hucke 2007, S. 165 ff.). Sie sollten möglichst den bearbeiteten SGFs der Unternehmung entsprechen. Sind die Sparten für den wirtschaftlichen Erfolg zuständig, spricht man auch von einem Profit Center.

Bei einer **objektbezogenen Organisation nach Leistungen** wird die Unternehmung nach Produkten Produktgruppen, Dienstleistungen bzw. Dienstleistungsgruppen spezialisiert (vgl. Nieschlag et al. 2002, S. 1222 ff.; Schreyögg und Geiger 2016, S. 45 f.; Frese et al. 2019, S. 353 ff.). Funktionale Verrichtungen werden unterhalb einzelner Produkte und Dienstleistungen eingerichtet. Funktionen, die für alle Produkte und Dienstleistungen in gleicher oder ähnlicher Weise anfallen, wie z. B. die Marketingforschung, die EDV, Personal etc. werden für alle Produkte und Dienstleistungen z. B. in Zentralabteilungen durchgeführt (vgl. Abb. 19.7). Dies vermeidet Doppelarbeiten (vgl. Kieser und Walgenbach 2010, S. 224 f.).

Vorteile einer leistungsorientierten Spartenorganisation finden sich in (vgl. auch Vollert 2004, S. 437; Nieschlag et al. 2002, S. 1222 f.)

- einer Entlastung der Führungsebene, der die Steuerung und Kontrolle der leistungsbezogenen Sparten obliegt und die vermehrte Zeit mit der strategischen Planung verbringen kann,
- einer eindeutigen Regelung von Zuständigkeiten,

19.3 Organisationsgestaltung

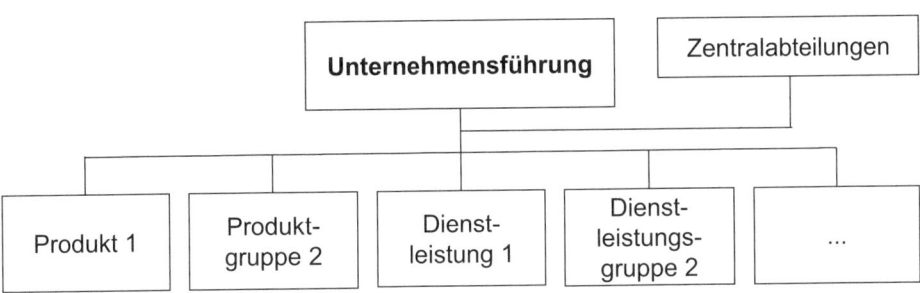

Abb. 19.7 Leistungsorientierte Spartenorganisation

- einer vereinfachten Koordination mit verkürzten Informations- und Entscheidungswegen innerhalb der leistungsbezogenen Sparten, die schnelle Anpassungen an Marktveränderungen ermöglichen,
- einem hohen produkt- bzw. dienstleistungsbezogenen Kunow how,
- einem hohen marktbezogenen Know-how, das auch die Nutzung von Synergieeffekten erlaubt,
- einer höheren (strategische) Flexibilität aufgrund leicht lösbarer Koordinationsprobleme und einem geringen Konfliktpotenzial,
- einer hohen Motivation der Mitarbeiter, die Sinnzusammenhänge ihrer Tätigkeiten erkennen.

Nachteile einer leistungsbezogenen Spartenorganisation ergeben sich aus

- der möglichen Konkurrenz verschiedenen leistungsbezogener Sparten um knappe Ressourcen der Unternehmung,
- der Tendenz zur Stellenvermehrung in den leistungsbezogenen Sparten,
- in der mangelnden Kundenorientierung, die insbesondere dann Relevanz erhält, wenn Kunden Leistungen verschiedener leistungsbezogener Sparten nachfragen.

Die strategische Relevanz der leistungsbezogenen Spartenorganisation ergibt sich insbesondere für die Strategie der Differenzierung, wenn die Unternehmung mit einer Vielzahl heterogener Leistungen unterschiedliche Kunden bearbeitet. Es wird dabei vor allem die Marken- und Technologie- und Innovationsorientierung unterstützt. Dies gilt insbesondere auch dann, wenn sich die Umweltverhältnisse ändern und strategische Anpassungen notwendig sind (z. B. neue Technologien). Die Marktstrukturen sollten einfach sein, sodass der Bedarf der Kunden relativ einfach einzelnen Sparten zugeordnet werden kann.

Eine **kundenorientierte Spartenorganisation** gliedert die Unternehmung nach für sie relevanten Kundengruppen, was einer Kundensegmentierung bedarf (vgl. Homburg 2020, S. 1239 ff.). Es kann sich dabei um Kundengruppen (ausgewählte Endabnehmer,

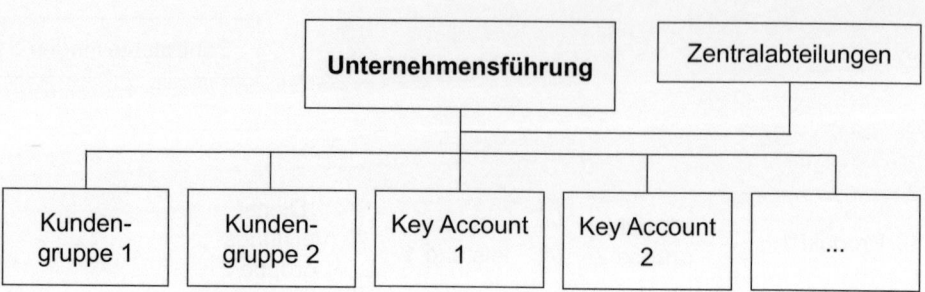

Abb. 19.8 Kundenorientierte Spartenorganisation

Betriebsformen des Einzelhandels, mittelständische Kunden) oder einen einzelnen, für die Unternehmung bedeutsamen Kunden (Key Account), wie z. B. einem bedeutsamen Einzelhändler oder industriellen Kunden handeln (vgl. Abb. 19.8).

Die **kundenorientierte Spartenorganisation** ist vor allem bei der Bearbeitung von Kunden und Kundengruppen mit heterogenen Bedürfnissen sinnvoll. Sie erlaubt die optimale Orientierung der Unternehmung an den Anforderungen der Kunden und ist deshalb insbesondere auch zur Realisation der Qualitätsorientierung bei einer Strategie der Differenzierung geeignet. Dabei sollte sich der technologische Wandel nicht zu intensiv vollziehen.

Eine Vielzahl von Vor- und Nachteilen, die bei der leistungsbezogenen Spartenorganisation genannt wurden, sind auch bei der kundenorientierten Spartenorganisation zu nennen. Probleme können sich ergeben, wenn die zu starke Kundenorientierung einen Verlust produkt- bzw. dienstleistungsbezogener Kompetenzen in den Sparten bewirkt. Zudem besteht die Gefahr, dass konkurrenzbezogenen Aspekte zum Aufbau und Erhalt von KKVs zu wenig Beachtung finden.

Die **gebietsorientierte Spartenorganisation** wird von Unternehmen realisiert, die ein großes Absatzgebiet besitzen und z. B. im Rahmen ihrer Marktarealstrategien (vgl. Kap. 7) unterschiedliche Kontinente, Ländergruppen, Länder und Regionen innerhalb von Ländern unterschiedlich bearbeiten (vgl. Abb. 19.9).

Die gebietsorientierte Spartenorganisation bietet sich an, wenn die Umwelt- und Marktverhältnisse (z. B. das Abnehmerverhalten) in verschiedenen geographischen Gebieten, die die Unternehmung bedient, erheblich voneinander abweichen (z. B. unterschiedliche Phasen des Marktlebenszyklus).

Probleme können sich ergeben, wenn unterschiedliche gebietsorientierte Sparten nicht voneinander abgeschottet werden können und es zu Rückkoppelungen kommt (vgl. Abschn. 3.2.1.2). Zudem können Koordinationsprobleme auftauchen. Dies passiert z. B. dann, wenn international tätige Kunden von mehreren gebietsorientierten Sparten unterschiedlich bearbeitet werden (vgl. Homburg 2020, S. 1240).

19.3 Organisationsgestaltung

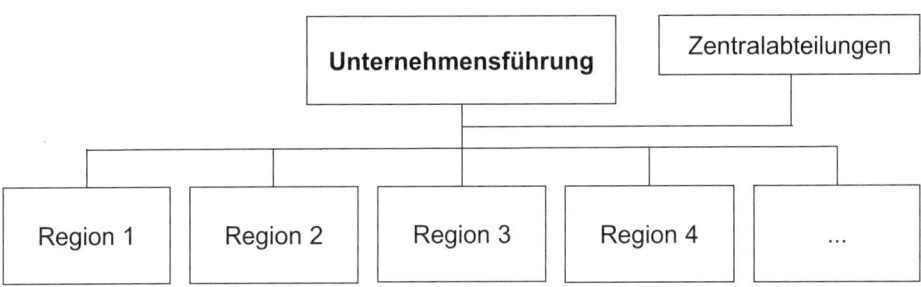

Abb. 19.9 Gebietsorientierte Spartenorganisation

In der Unternehmenspraxis werden häufig mehrere Spezialisierungsarten gleichzeitig verwendet. Dies kann auf unterschiedlichen oder auf gleichen Hierarchiestufen erfolgen (vgl. Homburg 2020, S. 1240 ff.). Bei der Kombination der Spezialisierung auf unterschiedlichen hierarchischen Ebenen werden alle oder eine Vielzahl von Spezialisierungskriterien, allerdings auf unterschiedlichen hierarchischen Ebenen verwendet (vgl. Abb. 19.10).

Festzulegen ist, auf welcher Ebene welche Spezialisierung erfolgt. Es bietet sich an, mit der strategisch relevanteste Spezialisierung auf der ersten Ebene zu beginnen und dann in der Reihenfolge der strategischen Bedeutung fortzufahren.

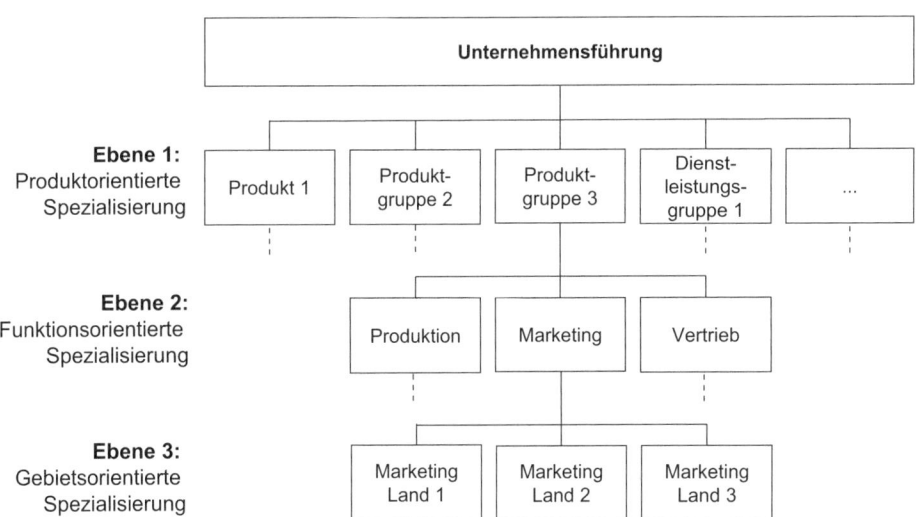

Abb. 19.10 Spezialisierung auf unterschiedlichen hierarchischen Ebenen

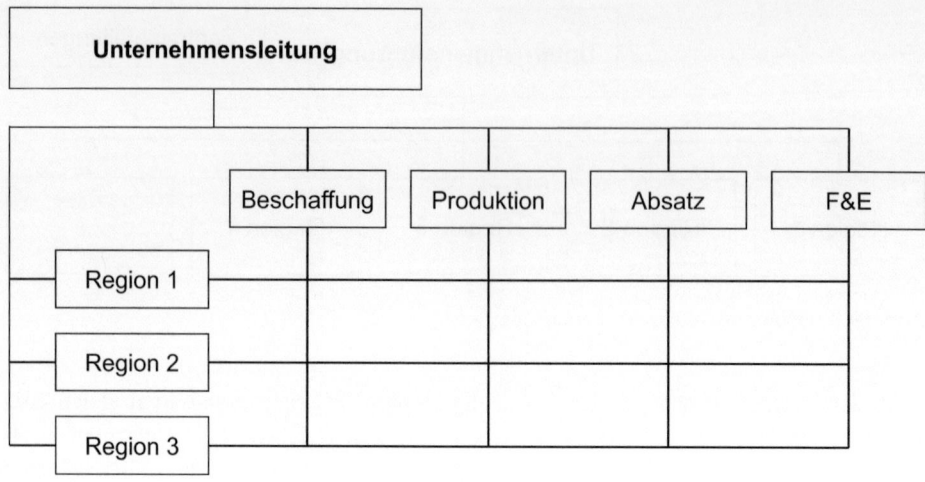

Abb. 19.11 Matrix-Organisation

19.3.2.3 Matrix- und Tensororganisation

Soweit zwei Spezialisierungskriterien auf gleicher Hierarchieebene herangezogen werden, entsteht eine **Matrix-Organisation,** bei drei und mehr Spezialisierungskriterien eine **Tensor-Organisation** (vgl. Schreyögg und Geiger 2016, S. 86 ff.; Frese et al. 2019, S. 170 ff.).

Die Matrixorganisation der Abb. 19.11 nutzt z. B. gebiets- und funktionsorientierte Spezialisierungskriterien.

Als Voraussetzung einer Matrix- bzw. Tensor-Organisation gelten komplexe Probleme zu deren Lösung „Spezialisten" aus mehreren Bereichen notwendig sind, eine genaue Verteilung der Befugnisse und Verantwortung, Mitarbeiter mit ausgeprägten kommunikativen Fähigkeiten und dem Willen zur Kooperation sowie eine starke Konfliktfähigkeit (vgl. Nieschlag et al. 2002, S. 1229 f.).

Die Matrix- bzw. Tensororganisation ist mit einer Vielzahl von Vor- und Nachteilen verbunden (vgl. z. B. Bruhn 2002, S. 56 f.).

Als Vorteile der Matrix- bzw. Tensor-Organisation gelten

- ganzheitliche und innovative Problemlösungen komplexer Probleme unter Beachtung unterschiedlicher Standpunkte,
- die Entlastung der Unternehmensleitung durch spezialisierte Leitungsfunktionen,
- kurze und damit schnelle Kommunikationswege,
- eine flexible Anpassung an Umwelt- und Marktveränderungen,
- vielfältige Möglichkeiten der Personalentwicklung und damit einhergehend eine Steigerung der Mitarbeitermotivation.

19.3 Organisationsgestaltung

Nachteile der Matrix- und Tensor-Organisation sind (vgl. auch Schreyögg und Geiger 2016, S. 95)

- eine hohe Intransparenz, wodurch Konfusion auftreten kann, und das Verantwortungsgefühl des Einzelnen verloren geht,
- das Negieren des Prinzips von Kompetenz und Verantwortung,
- die Verzögerungen von Entscheidungen aufgrund langwieriger Verhandlungen zur Konsenserzielung,
- hohe Koordinationskosten,
- personelle Belastungen, die zu Frustration und Arbeitsunzufriedenheit führen können,
- hoher bürokratischer Aufwand durch Abstimmungssitzungen, Sitzungsprotokolle etc.,
- hohe Kosten der Etablierung.

Der Einsatz einer Matrix- bzw. Tensor-Organisation wird empfohlen, wenn mehrere, sich teilweise widersprechende Erwartungshaltungen in der Unternehmung erfüllt werden sollen, eine hohe Aufgabenunsicherheit und -komplexität sowie eine starke Aufgabeninterdependenz existieren, die ein hohes Maß an Informationsverarbeitung erfordern, dem durch die Organisation Genüge geleistet werden muss und schließlich, wenn verschiedene Leistungen der Unternehmung gemeinsame Ressourcen nutzen (vgl. Davis und Lawrence 1977, S. 11 ff.). Die Matrix- bzw. Tensororganisation bietet sich im strategischen Marketing demnach an, wenn aufgrund instabiler Umwelt- und Marktstrukturen sowie eines heterogenen Angebotsprogramms der Einsatz von Spezialisten sowie eine enge Kooperation und Kommunikation innerhalb der Unternehmung erforderlich sind.

In Abhängigkeit der Marktverhältnisse (stabil bzw. instabil), der Marktstruktur (übersichtlich bzw. unübersichtlich) und der unternehmensinternen Angebotsstruktur (homogen bzw. heretogen) gibt Hilker (1993, S. 145; ähnlich Hungenberg 2014, S. 339) zusammenfassend folgende Empfehlungen für die Aufbauorganisation.

- Die funktionale Organisationsstruktur bei stabilen, übersichtlichen Märkten und homogener Angebotsstruktur der Unternehmung,
- die Matrix bzw. Tensor-Organisation bei instabilen, unübersichtlichen Märkten und heterogenen Angebotsstruktur der Unternehmung
- die leistungsbezogene Organisationsstruktur generell bei heterogener Angebotsstruktur der Unternehmung,
- eine kunden- bzw. gebietsbezogene Organisation bei einer unübersichtlichen Marktstruktur (differenzierte Kunden- bzw. Gebietsstrukturen mit heterogenen Bedürfnissen der Kunden).

Die Empfehlungen müssen ggf. vor dem Hintergrund unternehmensinterner und -externer Bedingungen in der Praxis modifiziert werden. Genannt werden u. a. **Netzwerkorganisationen**. Ihr Ziel ist es, mit relativ kleinen Einheiten schnell und flexibel auf Umwelt-

und Marktveränderungen reagieren zu können (vgl. Hilker 1993, S. 334; Bruhn 2002, S. 58 ff.).

19.3.3 Ablauforganisation

Neben der Aufbauorganisation spielt zur Implementierung von Strategien auch die Ablauforganisation eine entscheidende Rolle (vgl. Bea und Haas 2017, S. 416 ff.; Bruhn 2002, S. 72 ff.). Schwerpunkte liegen dabei auf der Prozessorientierung und dem Schnittstellenmanagement.

Die **Prozessorientierung** geht von vorhandenen Strukturen aus und betrachtet Aktivitäten der Unternehmung als Kombination aufeinander abgestimmte Prozesse und Prozessketten über Bereichsgrenzen hinaus. Ziel ist die Steigerung der Qualität und der Produktivität, m. a. W. die Steigerung der Effektivität und Effizienz zum Aufbau und Erhalt von KKVs (vgl. Kamiske und Brauer 2011, S. 151; Bruhn 2002, S. 73).

▶ Ein Prozess ist eine Abfolge von Tätigkeiten, die zu einem Ergebnis führt.

Er ist definiert durch eine Prozesseingaben (z. B. Anforderungen der Kunden), durch Prozessanweisungen und benötigten Ressourcen (vgl. Herrmann und Fritz 2021, S. 85; Benes und Groh 2022, S. 152; Seghezzi et al. 2013, S. 127 ff.).

▶ Abb. 19.12 zeigt mit der gestrichelten Linie, wie unterschiedliche Tätigkeiten unterschiedlicher Bereiche der Unternehmung, die in einem Organigramm dargestellt sind, zu einem Prozess zusammengefasst werden können.

Prozesse werden unterschiedlich klassifiziert (vgl. Becker und Meis 2003, S. 131; Herrmann und Fritz 2021, S. 87 ff.; Schmidt 2012, S. 11 ff.). Eine mögliche Unterscheidung differenziert in Kern- bzw. Leistungsprozesse, Management- bzw. Führungsprozesse und Support- bzw. Unterstützungsprozesse.

Leistungs- bzw. Kernprozesse dienen der Wertschöpfung bei der Erstellung der Leistung der Unternehmung (vgl. Herrmann und Fritz 2021, S. 88) und tragen zum Aufbau und Erhalt von KKVs bei. Kennzeichen sind (vgl. Becker und Meis 2003, S. 131)

- ein direkter Bezug zu den Kernkompetenzen,
- die Begründung eines KKVs,
- die Differenzierung von der Konkurrenz,
- eine strategisch entscheidende Bedeutung,
- die Nicht-Imitierbarkeit durch Wettbewerber,
- die Nicht Substituierbarkeit durch andere Problemlösungen,
- eine Ausrichtung auf externe Leistungsempfänger.

19.3 Organisationsgestaltung

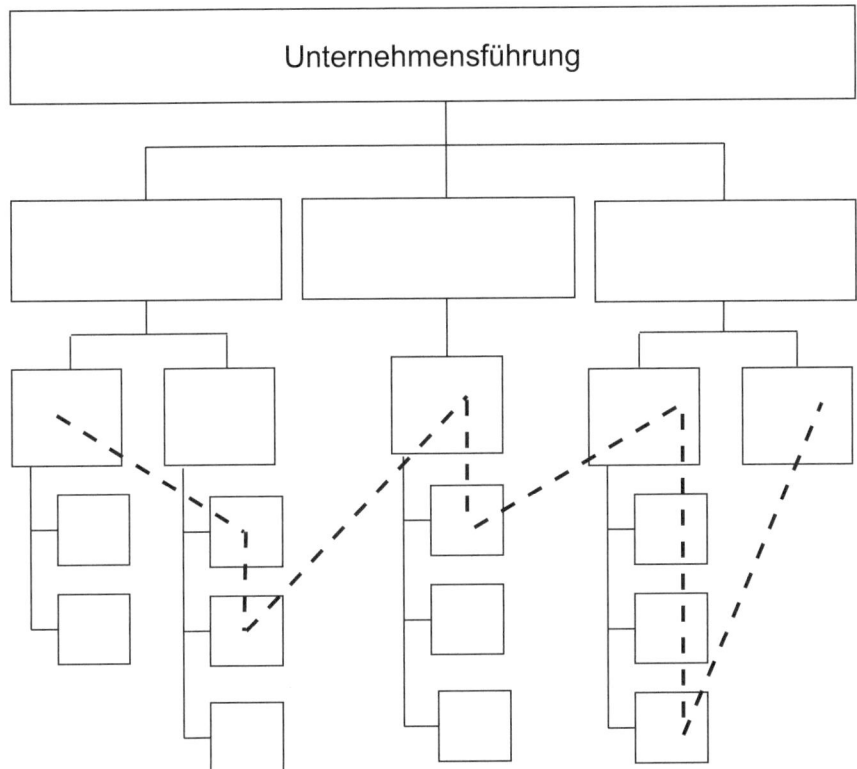

Abb. 19.12 Prozessdesign

Es ist die Aufgabe von **Managementprozessen** die notwendige Prozess-, Kunden- und Mitarbeiterorientierung herzustellen und für die Unternehmung mit den benötigten Ressourcen zu versorgen (vgl. Herrmann und Fritz 2021, S. 87).

Unterstützungsprozesse schaffen die Voraussetzungen, um Leistungsprozesse zu erbringen. Sie können im Einzelnen folgende Aufgaben erfüllen (vgl. Becker und Meis 2003, S. 131):

- Die Unterstützung von Leistungsprozessen sowie die Sicherstellung ihrer Funktionsfähigkeit,
- die Bereitstellung und Verwaltung der von den Leistungsprozessen benötigten Ressourcen,
- die Ausrichtung auf den internen Kunden (z. B. Leistungsprozess),
- die Schaffung von Zusatznutzen für den Kunden.

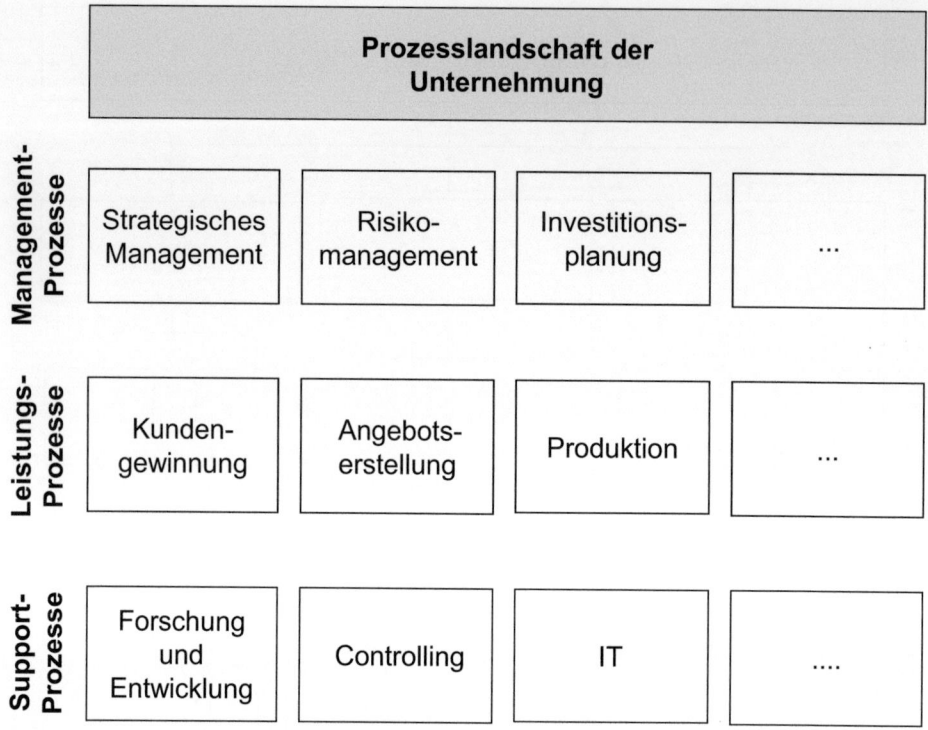

Abb. 19.13 Prozesslandschaft der Unternehmung

Die unterschiedlichen Prozesse der Unternehmung können in einer Prozesslandschaft wie Abb. 19.13 beispielhaft zeigt, dargestellt werden (vgl. Dahl 2015, S. 50).

Von besonderer Bedeutung sind sogenannte **Schlüsselprozesse** (erfolgskritische Prozesse), die für die strategische Zielsetzung der Unternehmung (also zum Aufbau und Erhalt von KKVs von Bedeutung sind (vgl. Kamiske und Brauer 2011, S. 152 ff.). Sie werden von einem Steuerungsteam festgelegt (vgl. Bruhn 2002, S. 78). Diese Prozesse sind einzuführen und auf der Basis von Daten kontinuierlich zu verbessern und zu beherrschen. Besonders zu achten ist bei diesen Prozessen auf ihre

- Effektivität bzgl. der Ziele und Aufgaben,
- Effizienz,
- Kontrollierbarkeit und Steuerbarkeit, um ggf. Korrekturmaßnahmen einzuleiten,
- Anpassungsfähigkeit an externe und interne Umweltveränderungen.

Dazu wird für jeden Prozess ein Prozess Owner bestimmt, der den gesamten Prozess überschauen und beurteilen kann und für diesen verantwortlich ist. Die Verantwortung erstreckt sich auf die (vgl. Kamiske und Brauer 2011, S. 153)

19.3 Organisationsgestaltung

- Bestimmung der Anforderungen an den Prozess und die dazu notwendige Abstimmung mit Kunden und Lieferanten,
- Definition der Prozesse und Teilprozesse,
- Identifikation von Schnittstellen,
- Spezifikation von Input-Output-Beziehungen,

Zur Unterstützung bei der Erarbeitung und Verbesserung der Prozessbeschreibung kann der Prozesseigner ein **Prozessteam** bestimmen (vgl. Herrmann und Fritz 2021, S. 108). Dem Prozessteam obliegt die Dokumentation des Prozesses sowie die Festlegung von Messgrößen und Methoden der Erfolgsmessung.

Zusätzlich kann ein Fachgremium das Prozessmanagement fachlich unterstützen und das Steuerungsgremium entlasten. Abb. 19.14 fasst den Aufbau des Prozessmanagements zusammen.

Probleme können sich an den Schnittstellen von Prozessen ergeben. Diese können nicht nur die Prozesskosten erheblich erhöhen und die Effektivität von Prozessen reduzieren, sondern auch dazu führen, dass nicht schnell genug auf externe und interne Umweltveränderungen reagiert wird.

Zum Abbau von Schnittstellenproblemen kann zum einen überflüssiger Koordinationsbedarf abgebaut, zum anderen unvermeidbarer Koordinationsbedarf gesteuert werden.

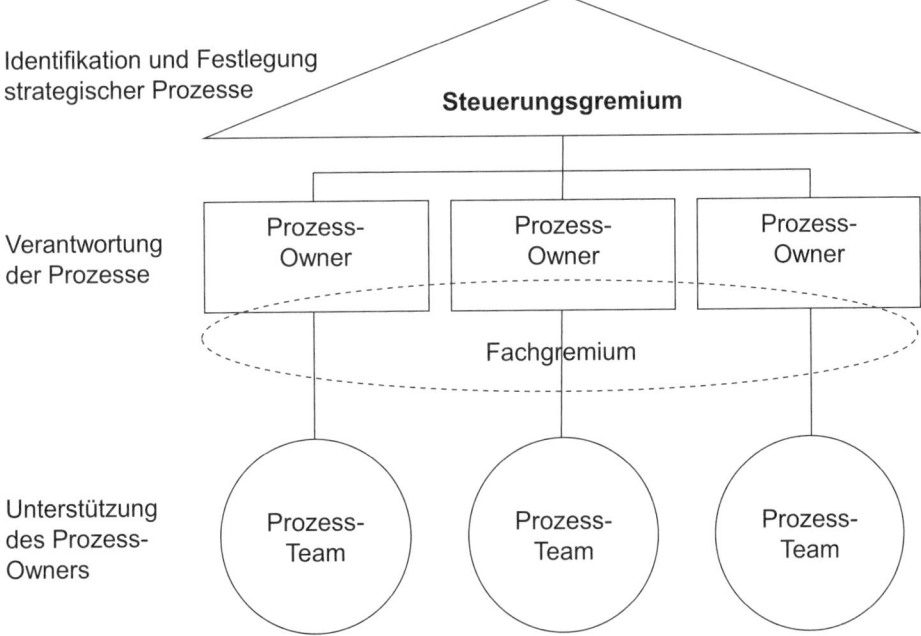

Abb. 19.14 Prozessmanagement. (nach Bruhn 2002, S. 78)

Homburg et al. (2012, S. 102) schlagen strukturbezogene, prozessbezogene, personalmanagementbezogene sowie kulturbezogene Instrumente vor.

Strukturbezogene Instrumente sind u. a.

- die Zusammenfassung von Abteilungen und Bereichen,
- der Aufbau permanenter Koordinationsteams,
- die Bildung von funktionsübergreifenden Teams.

Als prozessbezogene Instrumente gelten u. a.

- die Entkoppelung von Abteilungen durch Reduktion der abzustimmenden Inhalte,
- eine klare Aufgaben- und Verantwortungsverteilung,
- die Definition von Standards und Management by Exceptions (vgl. Thommen et al. 2020, S. 548).

Als personalmanagementbezogene Instrumente werden u. a. genannt

- abteilungsübergreifende Verknüpfungen von Ziel- und Anreizsystemen,
- Training und Schulung,
- Job-Rotation.

Zu den kulturbezogenen Instrumente gehören u. a.

- die Einrichtung von Zonen für informelle Kontakte (z. B. die Teeküche),
- die Verankerung der „Internen Kunden- Lieferanten-Prinzips",
- die Begrenzung von Subkulturen,
- ein professionales Konfliktmanagement.

Literatur

Barnard, C. I. (1938): The functions of the executive. Harvard University Press, Cambridge (MA)
Bea, F. X; Haas, J. (2017): Strategisches Management. 9. Aufl., UTB, Stuttgart
Becker, J.; Meis, V. (2003): Strategie und Ordnungsrahmen. In: Becker, J.; Kugeler, M.; Rosemann, M. (Hrsg.): Prozessmanagement. Ein Leitfaden zur prozessorientierten Organisationsgestaltung. 4. Aufl. Springer, Berlin, S. 107–157
Benes, G. M. E.; Groh, P. E. (2022): Grundlagen des Qualitätsmanagements. 5. Aufl., Carl Hanser Verlag, Leipzig
Berger, U.; Bernhardt-Mehlich, I; Oertel, S. (2019): Die Verhaltenswissenschaftliche Entscheidungstheorie. In: Kieser, A.; Ebers, M. (Hrsg.): Organisationstheorien. 8. Aufl., Kohlhammer, Stuttgart, S. 122–167

Bruhn, M. (2002): Integrierte Kundenorientierung. Implementierung einer kundenorientierten Unternehmensführung. Gabler, Wiesbaden

Bruhn, M. (2019): Qualitätsmanagement für Dienstleistungen- Handbuch für ein erfolgreiches Qualitätsmanagement. Grundlagen – Konzepte – Methoden. 11. Auflage, Springer Gabler, Berlin

Cyert, R. M.; March, J. G. (1963): A Behavioral Theory Of The Firm. Prentice Hall, Englewood Cliffs, N. Y.

Chandler, A.D. jr. (1978): Stategy and Structure. Chapters in the History of the Industrial Enterprise. 10. Aufl., MIT Press, Cambridge

Coase, R. (1937): The Nature of the Firm. In: Economica 4(4), S. 386–405

Dahl, C. (2015): ISO 9001:2015 einfach erklärt, ohne Verlag, ohne Ort.

Davis, S. M.; Lawrence, P. R. (1977): Matrix. Verlag Addison-Wesley Publishing Company, Massachusetts

Diller, H. (1998): Nutzwertanalysen. In: Diller, H. (Hrsg.): Marketingplanung. 2. Aufl., Franz Vahlen, München, S. 247–265

Dyas, G. P; Thanheiser, H. T. (1976): The Emergin European Enterprise. Strategy and Structure in French and German Industry. Macmillan, London

Ebers, M; Gotsch, W. (2019): Max Webers Analyse der Bürokratie. In: Kieser, A.; Ebers, M. (Hrsg.): Organisationstheorien. 8. Aufl., Kohlhammer, Stuttgart, S. 45–74,

Ebbinghaus, A. (1984): Arbeiter und Arbeitswissenschaft : Zur Entstehung der „Wissenschaftlichen Betriebsführung". VS Verlag für Sozialwissenschaften, Wiesbaden

Fayol, H. (1918): Administration industrielle et générale, Paris. Dt. Allgemeine und industrielle Verwaltung. De Gruyter, Oldenbourg, München, Berlin

Fischer, M.; Hüser, A.; Mühlenkamp, C.; Schade, C.; Schott, E. (1993): Marketing und neuere ökonomische Theorie; Ansätze zu einer Systematisierung. In: Betriebswirtschaftliche Forschung und Praxis 45(4), S. 443–470

Frese, E.; Graumann, M.; Talaulicar, T.; Theuvsen, L. (2019): Grundlagen der Organisation. Entscheidungsorientiertes Konzept der Organisationsgestaltung. 11. Auflage, Springer Gabler Wiesbaden

Gebert, D. (1974): Organisationsentwicklung. Kohlhammer, Stuttgart

Gebert, D. (2004): Organisationsentwicklung. In Schuler, H. (Hrsg.): Lehrbuch Organisationspsychologie. Huber, Bern, S. 601–616

Gebert, D.; v. Rosenstiel, L. (2002): Organisationspsychologie. 5. Auflage, Kohlhammer, Stuttgart

Grant, R. M. (2014): Moderne strategische Unternehmensführung. Wiley-VCH Verlag GmbH &Co. KGaA, Weinheim

Grochla, E. (1972): Unternehmensorganisation. Rowohlt Verlag RoRoRo, Reinbek b. Hamburg

Gutenberg, E. (1979): Grundlagen der Betriebswirtschaftslehre. Bd. 1: Die Produktion. 23. Aufl.; Springer Verlag, Berlin; Heidelberg; New York

Hannan, M.; Freeman, J. (1977): The population ecology of organizations. In: American Journal of Sociology, 82 (5), S. 929–964

Herrmann, J.; Fritz, H. (2021): Qualitätsmanagement. 3. Aufl., Carl Hanser Verlag, München

Hilker, J. (1993): Marketingimplementierung. Grundlagen und Umsetzung am Beispiel ostdeutscher Unternehmen. Deutscher Universitätsverlag, Wiesbaden

Homburg, Chr. (1998): Kundennähe von Industriegüterunternehmen. 2. Aufl. Gabler, Wiesbaden

Homburg, Chr. (2020): Marketing Management. 7. Aufl. Gabler Springer, Wiesbaden

Homburg, C.; Schäfer, H.; Schneider, J. (2012): Sales Excellence. Systematic Sales Management. Springer-Verlag, Berlin, Heidelberg

Hungenberg, H. (2014): Strategisches Management in Unternehmen. Ziele – Prozesse – Verfahren. 8., aktualisierte Aufl., Springer Gabler, Wiesbaden

Hungenberg, H.; Wulf, T. (2021): Grundlagen der Unternehmensführung. 6. Aufl., Springer Gabler, Wiesbaden

Jenner, T. (1999): Determinanten des Unternehmenserfolges: Eine empirische Analyse auf der Basis eines holistischen Untersuchungsansatzes. Schäffer-Poeschel Verlag, Stuttgart

Jensen, M.; Meckling, W. (1976): Theory of the firm: Managerial behaviour, agency costs, and ownership structure. In: Journal of Financial Economics, 3 (4), S. 305–360

Johnson, G.; Whittington, R.; Scholes, K.; Angwin, D.; Regnér, P. (2018): Strategisches Management. Eine Einführung. 11., aktualisierte Auflage. Pearson, Hallbergmoos

Kamiske, G. F; Brauer, J.- P. (2011): Qualitätsmanagement von A-Z. 7. Aufl., Carl Hanser Verlag, München, Wien

Kieser, A. (2019a): Managementlehren – von Regeln guter Praxis über den ‚Taylorismus zur Human Relations-Bewegung. In: Kieser, A.; Ebers, M. (Hrsg.): Organisationstheorien. 8. Aufl., Kohlhammer, Stuttgart, S. 75–121

Kieser, A. (2019b): Max Webers Analyse der Bürokratie. In: Kieser, A.; Ebers, M. (Hrsg.): Organisationstheorien. 8. Aufl., Kohlhammer, Stuttgart, S. 45–74

Kieser, A. (2019c): Der Situative Ansatz. In: Kieser, A.; Ebers, M. (Hrsg.): Organisationstheorien. 8. Aufl., Kohlhammer, Stuttgart, S. 168–195

Kieser, A.; Kubicek, H. (1992): Organisation. 3. Aufl., Walter de Gruyter, Berlin, New York

Kieser, A.; Walgenbach, P. (2010): Organisation. 6. Aufl. Schäffer Poeschel, Stuttgart

Kosiol, E. (1976): Organisation der Unternehmung. 2. Aufl. , Gabler, Wiesbaden

Kreikebaum, H.; Gilbert, D. U.; Behnam, M. (2018): Strategisches Management. 8. Aufl., W. Kohlhammer, Stuttgart

Luhmann, N. (1973): Zweckbegriff und Systemrationalität. Suhrkamp, Frankfurt am Main

Macharzina, K.; Wolf, J. (2023): Unternehmensführung: Das internationale Managementwissen – Konzepte, Methoden, Praxis. 12. Auflage, Springer Gabler, Wiesbaden

March, J. G.; Simon, H. A. (1976): Organisation und Individuum. Menschliches Verhalten in Organisationen. Dr. Th. Gabler-Verlag, Wiesbaden

Meffert, H.; Burmann, Ch.; Kirchgeorg, M; Eisenbeiß, M. (2019): Marketing. 13. Aufl., Springer Gabler, Wiesbaden

Mintzberg, H. (1979): The structuring of Organization. Prentice Hall, Englewood Cliffs

Nieschlag, R.; Dichtl, E.; Hörschgen, H. (2002): Marketing. 19. neu bearbeitete Aufl., Duncker & Humblot, Berlin

North, D. C. (1990): Institutions, Institutional Change and Economic Performance. Cambridge University Press, Cambridge

Peters, T. J.; Waterman, R. H. (1982): In Search of Excellence: Lessons from America's Best-Run Comanies. Harper & Row, New York

Pfeffer, J. (1982): Organizations and organization theory. Pitman Publishing, Cambridge

Pfeffer, J.; Salancik, G. (1978): The External Control Of Organizations. Harper & Row, New York et al.

Porter, M. E. (2010): Wettbewerbsvorteile. 7. Aufl., Campus, Frankfurt am Main, New York

Porter, M. E. (2013): Wettbewerbsstrategien. 12. Aufl., Campus, Frankfurt am Main, New York

Pugh, D. S.; Hickson, D. J. Hinings, C. R.; Turner, C. (1968): Dimensions of organization structure. In: Administrative Science Quarterly 13(1), S. 65–105

Reichwald, R. (2005): Informationsmanagement. In: Bitz, M.; Domsch, M.; Ewert, R.; Wagner, F. W. (Hrsg.): Vahlens Kompendium der Betriebswirtschaft. Bd. 2, 5. Aufl., Verlag Franz Vahlen München, S. 247–301

Remer, A.; Hucke, Ph. (2007): Grundlagen der Organisation. Kohlhammer Verlag Stuttgart

Ross, S. (1973): The economic theory of agency: The principal's problem. In: American Economic Review, 63 (2), S. 134–139

Rumelt, R. T. (1974): Strategy, Structure and Economic Performance. Harvard University Press, Boston

Scherer, A. G.; Marti, E. (2019): Institutionsökonomische Theorien der Organisation. In: Kieser, A.; Ebers, M. (Hrsg.): Organisationstheorien. 8. Aufl., Kohlhammer, Stuttgart, S. 196–257

Schmidt, G (2012): Prozessmanagement. Modelle und Methoden. 3. Aufl., Springer Gabler, Wiesbaden

Schreyögg, G (2016): Grundlagen der Organisation. 2. Aufl., Springer Gabler, Wiesbaden

Schreyögg, G.; Geiger, D. (2016): Organisation: Grundlagen moderner Organisationsgestaltung. 6. Aufl., Springer Gabler, Wiesbaden

Seghezzi, H. D. ; Fahrni, F.; Friedli, T. (2013): Integriertes Qualitätsmanagment. 4. Aufl.; Carl Hanser Verlag, München

Simon, H. (1997): Administrative behavior: A study of decision-making processes in administrative organizations. 4. Aufl., Free Press, New York

Steinmann, H.; Schreyögg, G; Koch , J. (2013): Management – Grundlagen der Unternehmensführung. 7. Aufl., Springer Gabler, Wiesbaden

Taylor, F. (1911): The principles of scientific management. Harper and Brothers Publishers, New York, London

Thommen,J.- P.; Achleitner, A.- K.; Gilbert, D. U; Hachmeister, D.; Jarchow, S.: Kaiser, G. (2020): Allgemeine Betriebswirtschaftslehre. Umfassende Einführung aus managementorientierter Sicht. 9., Auflage; Springer Fachmedien Wiesbaden GmbH, Wiesbaden

Thommen,J.- P.; Achleitner, A.- K.; Gilbert, D. U; Hachmeister, D.; Jarchow, S.: Kaiser, G. (2023): Allgemeine Betriebswirtschaftslehre. Umfassende Einführung aus managementorientierter Sicht. 10. Auflage; Springer Fachmedien Wiesbaden GmbH, Wiesbaden

Ure, A. (1835): The philosophy of manufacturers: Or an exposition of the scientific moral and commercial economy of the factory system. Literary Licensing LLC, P.O. Box 1404, Whitefish

Vollert, K. (2004): Grundlagen des strategischen Marketing. 3. Aufl., PCO, Bayreuth

Vollert, K. (2009): Marketing. 2. Aufl., PCO, Bayreuth

von der Oelsnitz, D. (1999): Marktorientierter Unternehmenswandel : managementtheoretische Perspektiven der Marketingimplementierung. Gabler Dt . Univ. -Verlag, Wiesbaden

von Rosenstiel, L. (2005): Organisationspsychologie. 9. Aufl.; Kohlhammer, Stuttgart

Weber, M. (1976): Wirtschaft und Gesellschaft. 5. Aufl., Verlag J.C.B. Mohr, Tübingen

Wenger, A. P.; Norbert Thom, N. (2021): Die optimale Organisationsform. Grundlagen und Handlungsanleitung. 2. Aufl.; Springer Gabler, Wiesbaden

Williamson, O. (1985): The economic institutions of capitalism – Firms, markets, relational contracting. The Free Press, New York

Wolf, J. (2000): Strategie und Struktur 1955–1995. Ein Kapitel der Geschichte deutscher nationaler und internationaler Unternehmen. Gabler, Wiesbaden

Wolf, J. (2020): Organisation, Management, Unternehmensführung. Theorien, Praxisbeispiele und Kritik. 6. Aufl., Springer Fachmedien GmbH Wiesbaden, Wiesbaden

Woywode, M.; Beck, N. (2019): Evolutionstheoretische Ansätze in der Organisationslehre – Die Population Ecology-Theorie. In: Kieser, A.; Ebers, M. (Hrsg.): Organisationstheorien. 8. Aufl.,Kohlhammer, Stuttgart, S. 258–299

Wunder, T. (2016): Essentials of Strategic Management. Schäffer-Poeschel, Stuttgart

Zahn, E (2005): Informationstechnologie und Informationsmanagement. In Bea, X. F.; Friedl, F. Schweittzer, M.: Allgemeine Betriebswirtschaftslehre. 9. Aufl., Lucius und Lucius, Stuttgart, S. 394–449

Unternehmenskultur zur Implementierung des strategischen Marketing

Inhaltsverzeichnis

20.1 Begriff der Unternehmenskultur 809
20.2 Ansätze zur Beschreibung von Unternehmenskulturen 812
20.3 Gestaltung der Unternehmenskultur zur Implementierung eines strategischen Marketings 822
    20.3.1 Strategisches Marketing und Unternehmenskultur 822
    20.3.2 Erfassung der Unternehmenskultur für ein strategisches Marketing 823
    20.3.3 Realisation einer Unternehmenskultur zur Umsetzung des strategischen Marketings 832
    20.3.4 Individualebene zur Implementierung eines strategischen Marketings 835
Literatur 837

20.1 Begriff der Unternehmenskultur

Der Begriff derUnternehmenskultur wird nicht einheitlich definiert (vgl. Schein und Schein 2018, S. 5; Schein 1984, S. 4; Deshpandé und Webster 1989, S. 3 ff.; Krohmer 1999; Scholz 1988; Sackmann 2017, S. 42, Schnyder 1991, S. 260 ff.; Johnson et al. 2018, S. 582; Stoi und Dillerup 2022, S. 135; Hungenberg 2014, S. 38;Hilker 1993, S. 72 ff.; Prahalad und Bettis 1986, S. 491). Aus ethnologischer Sicht bezieht sich der Kulturbegriff auf ganze Volksgruppen (vgl. Hungenberg und Wulf 2021, S. 83). Er wurde auf die Unternehmung übertragen (vgl. Bleicher und Abegglen 2017, S. 287 f.; Schreyögg und Koch 2020, S. 583) und äußert sich dort im Mindset (Einstellung, Denkweise, Denkart, Gesinnung, geistige Haltung) und im Verhalten der Mitglieder der Unternehmung (vgl. Herget 2020, S. 6; Bruhn 2002, S. 232; Bea und Haas 2017, S. 465). Alle Definitionen stellen heraus, dass Kultur als ein System gemeinsam geteilter Werte, Normen, Einstellungen, Überzeugungen und Ideale zu verstehen ist (vgl. auch Stähle et al. 1999, S. 498;

O'Reilly et al. 1991, S. 47; Wunder 2016, S. 281 f.). Schein definiert die Kultur als "the pattern of basic assumptions that a given group has invented, discovered, or developed in learning to cope with its problems of external adaptation and internal integration, and that have worked well enough to be considered valid, and, therefore, to be taught to new members as the correct way to perceive, think, and feel in relation to those problems" (Schein 1984, S. 3).

▶Die Unternehmenskultur soll damit als ein System gemeinsam geteilter Werte, Normen, Einstellungen, Überzeugungen und Ideale definiert werden, das die Einstellungen, Denkweisen, Denkarten, Gesinnung, geistige Haltung und das Verhalten der Unternehmensmitglieder bestimmt.

Eine Unternehmenskultur ist durch verschiedene Merkmale geprägt (vgl. Macharzina und Wolf 2023, S. 256 f.; Schreyögg und Koch 2020, S. 584 f.; Meffert 1994, S. 428 f.):

- Die Unternehmenskultur ist ein **implizites Phänomen,** das als Muster auf der Basis gemeinsam geteilter Überzeugungen dem Handeln der Unternehmung zugrunde liegt und nur interpretativ erschlossen werden kann.
- Die Unternehmenskultur gibt im alltäglichen Handeln der Unternehmung **Orientierung** und wird nur selten reflektiert.
- Bei der Unternehmenskultur handelt es sich um ein **kollektives Phänomen,** das das Handeln vieler Mitglieder der Unternehmung prägt und kohärent macht. Es kann auf unterschiedlichen Ebenen der Unternehmung unterschiedliche Kulturen (Subkulturen) geben.
- Die Unternehmenskultur ist das Ergebnis eines **Lernprozesses** im Umgang mit internen und externen Problemen. Bestimmte Handlungsweisen, die ggf. auf dem beispielhaften Verhalten von Unternehmenspersönlichkeiten basieren, werden als erfolgreiche Problemlösungen anerkannt. Sukzessive bilden sich Muster für Problemlösungen heraus, bis schließlich diese Orientierungsmuster für das Verhalten der Unternehmung selbstverständlich sind.
- Die Unternehmenskultur verschaffen den Mitgliedern der Unternehmung ein Muster für die **Wahrnehmung und die Interpretation von Ereignissen** auf der Basis eines gemeinsam verfügbaren Grundverständnisses.
- Die Unternehmenskultur wird in einem **Sozialisationsprozess** vermittelt, der neuen Organisationsmitgliedern verdeutlicht, wie im Sinne der kulturellen Tradition der Unternehmung zu handeln ist.

Starken Unternehmenskulturen wird unterstellt, dass sie der Ursprung herausragender Leistungen der Unternehmung sind. Peters und Waterman (1982) verweisen auf die Bedeutung der Unternehmenskultur für den Erfolg der Unternehmung.

20.1 Begriff der Unternehmenskultur

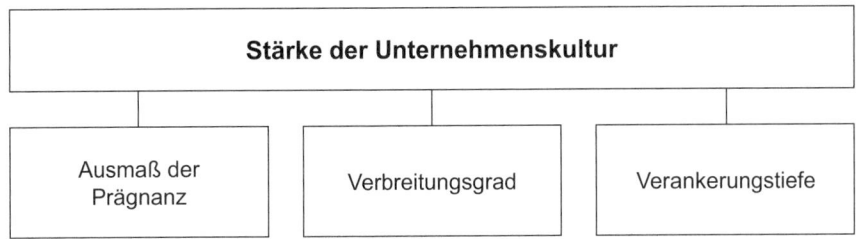

Abb. 20.1 Einflussgrößen der Stärke der Unternehmenskultur

Die Stärke einer Unternehmenskultur wird geprägt, wie Abb. 20.1 zeigt, durch ihr Ausmaß der Prägnanz, ihrem Verbreitungsgrad sowie ihrer Verankerungstiefe (vgl. Schreyögg und Koch 2020, S. 595 ff.).

Das **Ausmaß der Prägnanz** bei einer starken Unternehmenskultur äußert sich in klaren Hinweisen, was in einer Unternehmung erwünscht ist und was nicht. Dies wiederum setzt voraus, dass kulturelle Orientierungsmuster für eine Vielzahl von möglichen Situationen vorhanden sind. Darüber hinaus müssen die verfolgten Werte und Normen, Standards und Symbolsysteme konsistent sein, um Konfusionen zu vermeiden. Nicht zuletzt müssen die Inhalte und Orientierungsmuster eine Begeisterungskraft besitzen, um Enthusiasmus und Engagement bei den Mitarbeitern der Unternehmung auszulösen. Bezogen auf den **Verbreitungsgrad** ist eine starke Unternehmenskultur dadurch gekennzeichnet, dass alle oder zumindest eine große Zahl der Mitarbeiter der Unternehmung die Werte, Normen, Einstellungen, Überzeugungen und Ideale der Unternehmenskultur teilen. Die **Verankerungstiefe** einer starken Unternehmenskultur bezieht sich auf die Internalisierung der erwünschten Werte, Normen und Einstellungen und Überzeugungen durch sorgfältige Sozialisierungsprozesse, die Stabilität, Vertrautheit und Fraglosigkeit der Kulturelemente dauerhaft sicherstellen. Voraussetzung dafür ist auch eine zeitliche Stabilität der Kultur.

Starke Unternehmenskulturen bieten Vorteile und Nachteile (vgl. Schreyögg und Koch 2020; Hofstede 1980; Schein 2010; Cameron und Quinn 2011; Denison 1990; Kotter und Heskett 2011; O'Reilly und Chatman 2000; Barney 1986; Martin 1992; Ashforth und Mael, 1989; Trice und Beyer 1993; O'Reilly et al. 1991; Alvesson und Willmott, 2002; Parker 2000; Hofstede et al. 2010; Bea und Haas 2017).

Vorteile starker Unternehmenskulturen bezieht sich auf deren **Handlungsorientierung,** die die Wahrnehmung und Interpretation von Situationen einengt und bestimmt, wodurch die Komplexität reduziert und eine klare Basis der geeigneten Handlungen geschaffen wird. Auf der Basis weitgehend einheitlicher Wahrnehmungs- und Orientierungsmuster entstehen in starken Kulturen **effiziente Kommunikationsnetzwerke** die Abstimmungsprozesse vereinfachen. Eine gemeinsame Sprache, ein konsistentes Präferenzsystem und gemeinsam akzeptierte Werte in Unternehmungen mit einer starken Unternehmenskultur lassen **rasche Entscheidungen** zu. Pläne, Projekte und Programme auf der Basis dieser Entscheidungen treffen auf breite Akzeptanz und ermöglichen eine relativ schnelle und **widerstandslose Implementierung**. Ggf. resultiert daraus eine **erhöhte Produktivität**. Da Orientierungsmuster internalisiert sind, muss ihre Einhaltung nicht permanent überprüft werden, sodass ein **geringer Kontrollaufwand** in der Unternehmung existiert. Gemeinsame Werte erleichtern die **Teamarbeit**. Mitarbeiter arbeiten effektiver zusammen, tauschen ihr Wissen und ihre Ideen aus und unterstützen sich gegenseitig. Dies kann zu einer hohen **Motivation** der Mitarbeiter führen und zudem auch die **Mitarbeitergewinnung** erleichtern. Die starke Unternehmenskultur bringt Sicherheit, reduziert Angst und schafft Selbstvertrauen. Es besteht für Mitarbeiter keine Veranlassung, die Unternehmung zu verlassen, was zu einer verstärken **Stabilität und Zuverlässigkeit** führt.

Eine starke Unternehmenskultur, die Kreativität, Risikobereitschaft und Innovation fördert, kann zu einem **innovationsfreundlichen Umfeld** führen. Mitarbeiter fühlen sich ermutigt, neue Ideen einzubringen und innovative Lösungen zu finden.

Den Vorteilen stehen **Nachteile einer starken Unternehmenskultur** gegenüber. Diese beziehen sich u. a. auf eine **Ignoranz der Unternehmung,** die auf (berechtigte) Kritik und Warnsignale aus der Umwelt, die im Widerspruch zu der vorherrschenden Unternehmenskultur stehen, nicht reagiert. Die Unternehmung sperrt sich gegen neue Ideen oder alternative Ansätze, da sie der Meinung ist, dass diese die Kultur und Identität des Unternehmens bedrohen könnte. Die **Blockade neuer Orientierungen** kann das Unternehmen daran hindern, sich weiterzuentwickeln und sich den Herausforderungen der sich wandelnden Umwelt anzupassen. Selbst wenn neue Ideen angenommen werden, stoßen diese auf **Implementierungshemnisse,** die vor allem durch die Verteidigung althergebrachter Werte und Normen und die **Fixierung auf traditionelle, bewährte Erfolgsmuster** entstehen. Es besteht die Gefahr einer **kollektiven Vermeidungshaltung,** da Offenheit und Kritikbereitschaft durch lange Zeit vertretenen und stark internalisierte Werte, Normen und Normen verkümmern. Eine starke Unternehmenskultur kann dazu führen, dass Mitarbeiter, die nicht in das vorherrschende Wertesystem passen, sich durch einseitiges **Kulturdenken** ausgegrenzt fühlen. Der Druck, sich an die Normen und Erwartungen anzupassen, kann zu einem Verlust der Individualität führen. Mitarbeiter könnten sich gezwungen fühlen, sich anzupassen und ihre eigenen Überzeugungen und Ideen zurückzuhalten, um akzeptiert zu werden. Dies kann zur **sinkenden Motivation** und letztlich zur **Flucht** (Kündigung, Krankheit) insbesondere innovativer Mitarbeiter führen. Insgesamt können starke Unternehmenskulturen zu einer mangelnden Flexibilität der Unternehmung führen, die deren langfristiges Überleben bedrohen.

20.2 Ansätze zur Beschreibung von Unternehmenskulturen

Zur Charakterisierung der Unternehmenskultur werden inhaltlich und strukturell orientierte Ansätze herangezogen (vgl. Abb. 20.2). Inhaltlich orientierte Ansätze beschäftigen sich mit der Art der von Unternehmenskultur. Dabei werden wiederum dimensionale

20.2 Ansätze zur Beschreibung von Unternehmenskulturen

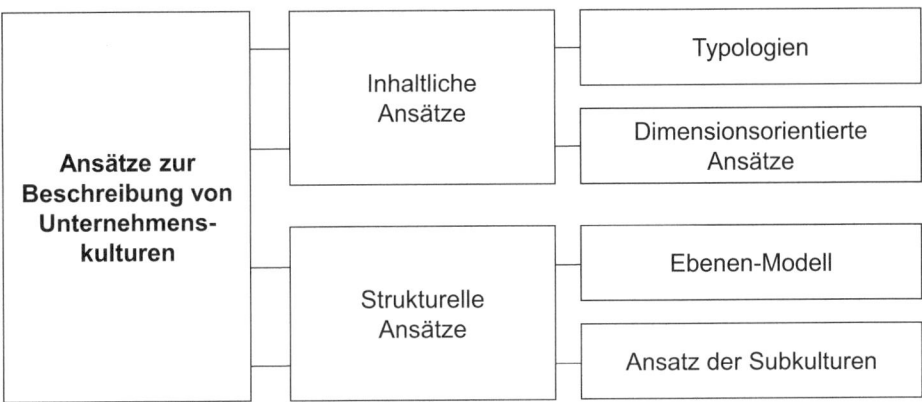

Abb. 20.2 Ansätze zur Beschreibung von Unternehmenskulturen (in Anlehnung an Homburg 2020, S. 1393)

Ansätze und Kulturtypologien unterschieden. Strukturell orientierte Ansätze kümmern sich um Komponenten der Unternehmenskultur, die unterschiedlichen Ebenen zuzuordnen sind (vgl. Homburg 2020, S. 1393 ff.). Im weiteren Sinne sind auch Subkulturen im Rahmen struktureller Ansätze zu berücksichtigen.

Bekannte **Kulturtypologien** stammen von Deal und Kennedy (1982, 1983) sowie Cameron und Freeman (1991).

In Abhängigkeit des **Risikos von Entscheidungen** und der **Geschwindigkeit des Feedbacks auf diese Entscheidung** werden im Ansatz von Deal und Kennedy vier Kulturtypen herausgearbeitet (vgl. auch Schreyögg und Koch 2020, S. 593 f.; Schreyögg 1995, S. 115 f.). In der **Kultur des tough-guy/macho (Alles oder Nichts -Kultur)** werden risikoreichen Entscheidungen von Mitarbeitern getroffen und sie erfahren darauf ein schnelles Feedback. Für gleichberechtigte, extrovertierte Frauen und Männer ist nichts unmöglich. Ansehen und Macht in der Unternehmung wird durch den Erfolg bestimmt, der von neuen Unternehmensmitgliedern erst erkämpft werden muss. Misserfolg wird schonungslos aufgedeckt. Kennzeichen sind zudem eine etwas extravagante Kleidung und eine unkonventionelle Sprache. Glücksbringer, Horoskope und sonstiger Aberglaube, die dem Erfolg dienen sollen, sind ebenso erlaubt wie das Zeigen positiver Emotionen. Die Kultur findet sich z. B. in der Unternehmensberatung, dem Investmentbanking, in Werbeagenturen usw. In einer **work hard play hard-Kultur (Harte Arbeit und viel Spaß-Kultur)** werden risikoärmere Entscheidungen getroffen. Trotzdem erhalten die Mitglieder der Unternehmung über den Erfolg ihrer Entscheidungen ein schnelles Feedback. Es herrscht eine starke Außen- und Kundenorientierung bei gleichzeitig hoher Bedeutung der Teamarbeit vor. Gefragt sind Aktivität und harte Arbeit, um nicht als faul zu gelten. Auf ungezwungenen Festen werden Preise und Auszeichnungen überreicht und gebührend beklatscht. Die Kultur wird u. a. mit IT-Unternehmen in Verbindung gebracht. Die

bet your company-Kultur (Analytische Projektkultur) ist durch Entscheidungen mit hohen Risiken gekennzeichnet, deren Erfolg bzw. Misserfolg erst später erkennbar ist. Die Entscheidungen werden nach umfangreichen Analysen und Prognosen auf der Basis wissenschaftlich technischer Rationalität nach guter und sorgfältiger Überlegung getroffen. Es dominieren ältere und erfahrene Mitarbeiter in verschiedenen hierarchischen Rängen. Die korrekte unauffällige Kleidung ist ebenso selbstverständlich wie gute und höfliche Umgangsformen. Die Kultur kann z. B. im Industriegüterbereich gefunden werden, wo hohe Investitionen erst im Zeitablauf Gewinne erwirtschaften.

In der **Process-Kultur** werden risikoärmere Entscheidungen getroffen über deren Erfolg es nur ein sehr langsames Feedback gibt. Der perfekte, fehlerlose Arbeitsvollzug und die Einhaltung des Dienstweges ist wichtiger als die Angemessenheit der Aufgabe zur Problemlösung. Durch penible Dokumentation kleinster Vorgänge sichern sich Mitarbeiter in einem Klima des Misstrauens vor möglichen Vorwürfen einer nicht fehlerfreien Arbeit. Die Zusammenarbeit orientiert sich an der hierarchischen Ordnung im Unternehmen. Die Kultur kennzeichnet Behörden, klassische Banken und Versicherungen.

Zur Umsetzung eines strategischen Marketings eignet sich am ehesten die Bet-your-Company -Kultur, bei der risikoreiche Entscheidungen nach intensiver rationaler Überlegung getroffen werden. Probleme können sich ergeben, wenn „gründliche Entscheidungen" nicht schnell genug getroffen werden, um sich Umweltveränderungen anzupassen. Die Work hard play hard -Kultur hat ihren Charme in der Außen- und Kundenorientierung. Die Tendenz zu risikoarmen Entscheidungen kann aber notwendige Anpassungen der Unternehmung in einer sich dynamisch verändernden Umwelt verhindern. Die übrigen Kulturalternativen sind den Notwendigkeiten eines strategischen Marketings eher nicht angepasst, weil sie entweder tendenziell kurzfristig orientiert sind (tough-guy/macho-Kultur) oder im Rahmen des strategischen Marketings schnelle Anpassungen verhindern (Process-Kultur).

Eine andere, theoretisch fundierte und empirisch validierte Typologie zur Beschreibung der Unternehmenskultur, der bereits mehrfach im Marketing zur Anwendung kam (vgl. Homburg 1998, S. 198 ff.; Homburg 2020, S. 1394 f.) ist das **Competing Value – Modell** (vgl. Cameron und Freeman, 1991, S. 26 ff.). Auch dieser Ansatz basiert auf zwei Dimensionen. Die erste Dimension beschreibt das **Maß der internen oder externen Orientierung** der Unternehmung. Eine interne Orientierung ist durch die Betonung interner Abläufe und deren Integration gekennzeichnet. Die externe Orientierung zeichnet sich durch die Orientierung am Wettbewerb und der Differenzierung aus. Die zweite Dimension beschäftigt sich mit der **Prozessgestaltung der Unternehmung**. Bei einer **mechanische Prozessgestaltung** herrscht Kontrolle, Ordnung und Stabilität vor, während sich eine **organische Prozessgestaltung** durch Flexibilität, Individualität und Spontaneität auszeichnet.

In einer Vier-Felder-Matrix ergeben sich dann als Unternehmenskulturen die Hierarchiekultur, die Marktkultur, die Adhocracy und die Clankultur (vgl. Abb. 20.3).

20.2 Ansätze zur Beschreibung von Unternehmenskulturen

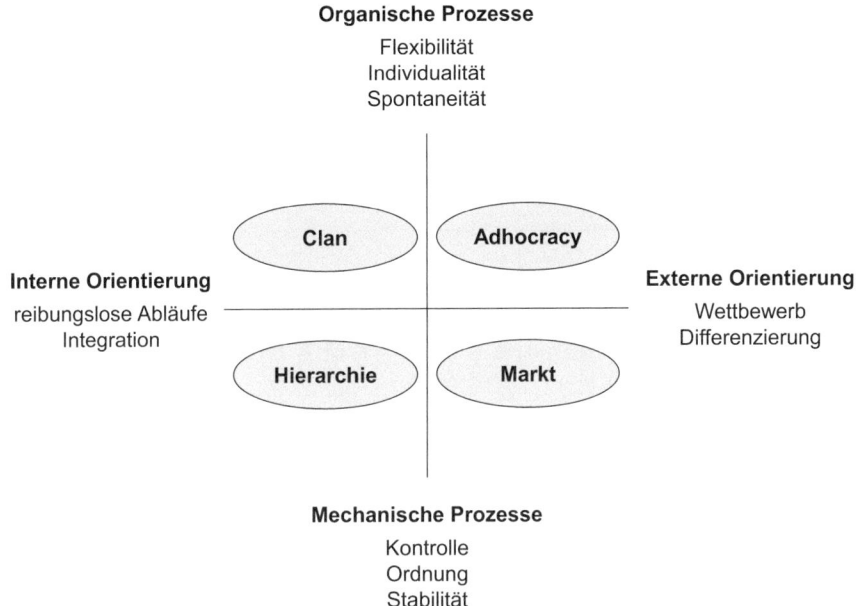

Abb. 20.3 Competing Value – Modell zur Bestimmung der Unternehmenskultur. (Nach Cameron und Freeman 1991, S. 27)

Die Kulturtypen weisen verschiedene Kennzeichen auf. Die **Hierarchiekultur** ist an den Bürokratieansatz von Weber angelehnt und besitzt ein hohes Maß an Formalisierung und Standardisierung. (vgl. Cameron und Freeman 1991, S. 36). Demgegenüber zeichnet sich die **Marktkultur** durch eine starke Leistungsorientierung und vielfältigen Wettbewerbsaktionen aus (vgl. Cameron und Freeman 1991, S. 36), was an ein mikroökonomisches Modell der Unternehmung erinnert (vgl. Homburg 1998, S. 200). Die **Kultur der Adhocracy** ist durch Dynamik, Unternehmertum und Risikobereitschaft gekennzeichnet. In Unternehmen mit einer **Clankultur** herrscht ein starkes Zusammengehörigkeitsgefühl und eine familiäre Atmosphäre vor. Weitere Kennzeichen der Kulturtypen zeigt Tab. 20.1.

Die Kennzeichen der im Competing Value-Modell dargestellten Unternehmenskulturen lassen vermuten, dass die Kulturtypen des Markts und die Adhocracy für ein strategisches Marketing geeignet sind. Während der Kulturtyp des Marktes Merkmale besitzt, die tendenziell die Strategie der Kostenführerschaft unterstützt, würden Merkmale der Adhocracy eher die Strategie der Differenzierung fördern.

Prinzipiell können Kulturtypologien, die häufig nur wenige Aspekte einer Unternehmenskultur berücksichtigen, diese auch nur eingeschränkt erfassen. Bei den Kulturtypen handelt es sich zudem um Ideale, die in der Praxis in einer reinen Form kaum auftreten Aus den berücksichtigten Dimensionen könnten auch mehr als jeweils vier typische

Tab. 20.1 Merkmale der Kulturtypen des Competing Value-Modells

Kulturtyp / Merkmale	Hierarchie	Markt	Adhocracy	Clan
Dominate Eigenschaften	Anweisungen; Verordnungen; Regulierung; Formalisierung; Standardisierung;	Wettbewerb; Austausch mit der Umwelt; Zielorientierung;	Kreativität; Anpassungsfähigkeit; Dynamik;	Zusammenhalt; Mitwirkung; Teamarbeit; Familiäre Atmosphäre;
Führungsstil	Koordination; Verwaltung; Vorgaben;	Entscheider; Leistungsorientierung; Output-Orientierung	Innovation und Weiterentwicklung (quasi TQM)	Mentorenorientierung; Moderation; Vaterfigur;
Kräfte zum Zusammenhalt der Unternehmung	Regeln; Verfahren; Richtlinien; Klare Erwartungen;	Aufgaben- und Zielorientierung	Flexibilität; Risiko; Entrepreneurship	Loyalität; Tradition; Zugehörigkeitsgefühl;
Strategische Schwerpunkte	Stabilität; Berechenbarkeit; Reibungsloser Ablauf;	Wettbewerbsvorteile; Marktführerschaft;	Innovation; Wachstum; Neue Ressourcen;	Mitarbeiterentwicklung; Commitment der Mitarbeiter zur Unternehmung; Moral und Ethik;
Anwendung	Großunternehmen	Konsumgüter	Junge High-Tech-Unternehmungen	Kleine mittelständische Familienunternehmen

Unternehmenskulturen abgeleitet werden. Es besteht die Gefahr, dass eine Unternehmung, die eine der genannten Kulturtypen für sich auswählt, sich „in eine Schublade zwängt", in die sie nicht hineinpasst.

Dimensionsorientierte Ansätze beschreiben die Unternehmenskultur mit einer Reihe von Faktoren, die wiederum aus einer Vielzahl von zugrunde liegenden Variablen gebildet werden (vgl. O'Reilly et al. 1991, S. 50 ff.). Der Ansatz von O'Reilly et al. (1991) extrahieren folgende Dimensionen, mit der eine Unternehmenskultur beschrieben werden kann: Innovationsorientierung, Detailorientierung, Ergebnisorientierung, Aggressivität, gegenseitige Unterstützung, Betonung von Belohnungen, Teamorientierung und Entscheidungsfreude. Ein anderer dimensionsorientierter Ansatz wird von Bleicher und Abegglen (2017, S. 297 ff.) vorgeschlagen. Sie verwenden acht Dimensionen zur Kennzeichnung der Unternehmenskultur, die jeweils zwei gegenüberliegende Pole besitzen. Dies macht es möglich, auch Ausprägungen von Kulturen zwischen den Polen zu identifizieren. Den Dimensionen liegen weitere Variablen zugrunde. Jeweils zwei Dimensionen werden nochmals zu einem übergeordneten Faktor zusammengefasst (vgl. Tab. 20.2).

Die Dimensionen können in einem Kulturkreis dargestellt werden (vgl. Abb. 20.4). Während in einer dynamischen Umwelt für ein strategisches Marketing die Unternehmenskultur tendenziell Elemente besitzen muss, die sich in Richtung der **äußeren Pole** der Kulturdimensionen orientieren, sind Kulturelemente, die sich an den inneren Polen orientieren in einer stabilen Umwelt, in der ggf. die Strategie der Kostenführerschaft verfolgt wird, denkbar (vgl. Abb. 20.4).

Strukturelle Ansätze beschäftigen sich mit unterschiedlichen Ebenen, auf denen sich eine Unternehmenskultur darstellt. Eines der bekanntesten Schichtenmodelle stammt von Schein (vgl. Schein und Schein 2018, S. 15; Schein 1995, S. 30; Schein 1984, S. 4.) Schein verwendet die Metapher einer Kernfrucht für die Darstellung der Kulturebenen. Sie besteht aus einer sichtbaren Schale, die die sichtbaren Symbole und Zeichen einer Unternehmung darstellt. Diese bedeckt das Fruchtfleisch, die den Normen und Standards einer Unternehmung entsprechen, die teils sichtbar, teils unsichtbar sind. Der Kern im inneren der Frucht symbolisiert die unsichtbaren Basisannahmen der Unternehmung. Ein leicht modifiziertes Modell der Kulturebenen von Schein ist in Abb. 20.5 dargestellt.

Die einzelnen Ebenen beeinflussen sich gegenseitig und werden umfangreich beschrieben (vgl. u. a. Schreyögg und Koch 2020, S. 586 ff.).

Das sichtbare, aber z. T. interpretationsbedürftige **Symbol- und Zeichensystem** (Artefakte) hat die Aufgabe unsichtbare Teile der Unternehmenskultur nach außen zu übersetzten und insbesondere neuen Mitgliedern zu vermitteln. Das Symbol- und Zeichensystem beschäftigt sich mit **Mythen und Geschichten** über Gründer, Pioniere, besondere Erfolge der Unternehmung oder die Bewältigung von Krisen. Diese verweisen, worauf es in der Unternehmung ankommt. **Riten** beziehen sich auf festgelegte Abläufe in der Unternehmung bei bestimmten Ereignissen. Dazu gehören Feiern, Jubiläen, Beförderungen,

Tab. 20.2 Dimensionen der Unternehmenskultur nach Bleicher

Faktor	Dimension	
	Pol 1	Pol 2
Offenheit der Unternehmenskultur	***Geschlossene, binnenorientierte Unternehmenskultur*** Beschäftigung vorwiegend mit internen Abstimmungsvorgängen; Kundenwünsche als störendes Element; Späte Identifikation von Umweltveränderungen und Anpassung der Unternehmung; Keine Beschäftigung mit Zukunftsfragen; Reaktive Verhaltensweise;	***Offene außenorientierte Unternehmenskultur*** Kundenorientierung der Unternehmung; Hochentwickelte Sensorik für Umweltveränderungen auf allen Unternehmensebenen; Zukünftige Umweltveränderungen prägen das strategische Denken;
	Änderungsfeindliche Unternehmenskultur Gleichgewichtsstreben; Suche nach regelgebundener Sicherheit; Orientierung an Formalien; Bewahrungsstreben;	***Änderungsfreundliche Unternehmenskultur*** Nutzung von Ungleichgewichten: Suche nach neuen Herausforderungen; Orientierung an Inhalten; Unternehmerisches Denken und Handeln;
Differenziertheit der Unternehmenskultur	***Spitzenorientierung*** Kulturprägung durch Vorbild und Vorgaben der Unternehmensspitze; Ausgeprägtes Zugehörigkeitsgefühl; Identität, die von der Unternehmensspitze vermittelt wird; Vorgaben durch vertraute Unternehmenskultur; Geschlossene, formale und informale Regelbildung;	***Basisorientierung*** Verhaltensbindung an relevanten Abnehmerkulturen; Subkulturen; Offene, laterale Kommunikation und Kooperation mit anderen Subkulturen der Unternehmung;
	Einheitskultur Gleichschaltung des Denkens und Handelns; Gemeinsam akzeptiertes Wertemuster aller Bereiche und Ebenen; Geringe Koordinationsprobleme;	***Subkulturen*** Spartendenken und Ressortegoismus; Wettbewerb und Konflikt zwischen Subkulturen; Differenzierte Verhaltensweisen unterschiedlicher Bereiche und Ebenen; Hoher Aufwand zur Koordination der Subkulturen;

(Fortsetzung)

20.2 Ansätze zur Beschreibung von Unternehmenskulturen

Tab. 20.2 (Fortsetzung)

Faktor	Dimension	
	Pol 1	Pol 2
Kulturprägende Rolle der Führung	*Instrumentelle Kulturprägung* Neigung zur Perfektion; Technokratische Ordnung; Bestrafungskultur mit Angst vor Fehlern; Instrumenten- und Verfahrensorientierung;	*Entwicklungsorientierte Kulturprägung* Improvisationsneigung; Flexible Nutzung von Systemstrukturen; Belohnungskultur; Toleranz gegenüber Fehlern; Sinn- und Zielorientierung;
	Kostenorientierte Kulturprägung Rationalisierungsstreben; Dominanz des Rechnungswesens und Controllings; Investitionen als Kapitaloptimierung; Realisation von mengenbezogenen Kostensenkungseffekten;	*Nutzenorientierte Kulturprägung* Dominanz des Kundennutzens; Investition als Potenzial- und Werteaufbau; Schaffung von Kundenpräferenzen;
Kulturprägende Rolle der Mitarbeiter	*Mitarbeiter als Mitglied* Zugehörigkeitsgefühl; Jeder trägt nach seinen Möglichkeiten zur Erhaltung der Unternehmung bei; Fremdverantwortung für die fremdbestimmte Aufgabenerfüllung; Regelbeförderung bei erwiesener Firmentreue und Normalleistung;	*Mitarbeiter als Akteur* Mitarbeiter als Träger der Handlung; Auseinandersetzung mit Chancen und Risiken; Hohe Freiheitsgrade; Leistungsabhängige Gratifikation und Beförderung;
	Kollektive Kulturprägung Gruppenkompetenz und Gruppenverantwortung; Konformitätsneigung; Kollektive Vorgaben und Zwänge; Indirekte, mittelbare Erfolgszurechnung; Verinnerlichter Wertekonsens durch Gruppenprozesse;	*Individuelle Kulturprägung* Selbst zugeschriebene Kompetenz und Verantwortung; An den Zielen orientierte Selbstbestimmung des Einzelnen; Personalisierte Erfolge und Misserfolge; Selbstmotivation;

Verabschiedungen, Auszeichnungen (Verkäufer des Monats) usw. Arrangements zeigen sich in der Architektur der Gebäude, dem Fuhrpark, der Ausstattung der Räume, etc. Nicht zuletzt besitzt die **Atmosphäre,** die sich durch die Sprache, Pünktlichkeit, Kleidung, Namensschilder usw. ausdrückt, Symbolcharakter.

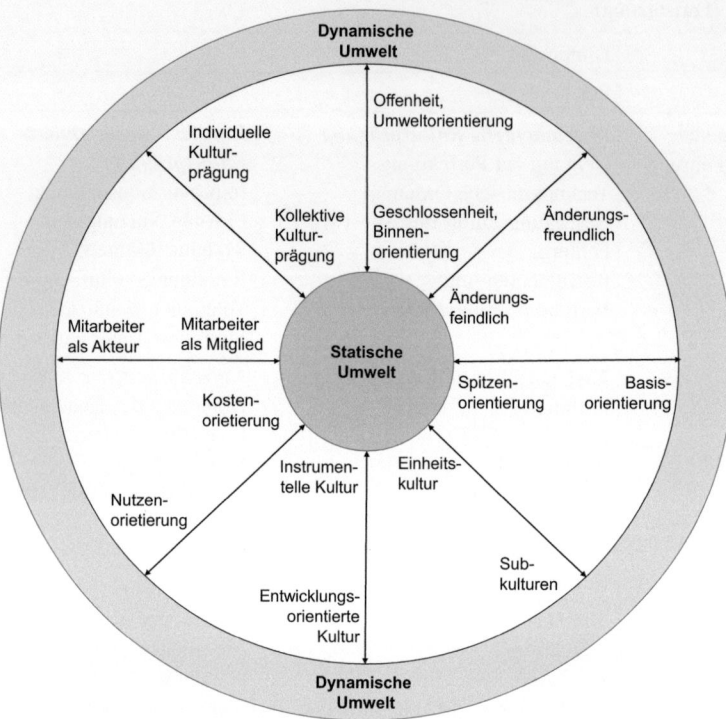

Abb. 20.4 Kulturkreis nach Bleicher und Abegglen

Abb. 20.5 Ebenen der Unternehmenskultur nach Schein

Normen und Standards in Form von Werten, Maximen, Ge- und Verboten sind z. T. sichtbar, z. T. unsichtbar. Sie bestimmen u. a. das Präferenzmuster für Ziele, Strategien und Handlungsalternativen der Mitarbeiter einer Unternehmung (z. B. Qualität bleibt Qualität; Schuster bleib bei deinen Leisten etc.). Die Einhaltung von Normen und Standards wird belohnt, während Abweichungen ggf. sanktioniert werden.

Grundannahmen sind unsichtbare Überzeugungen und Orientierungsmuster, die sich über lange Zeit in der Unternehmung gebildet haben, das Denken und Handeln der Mitarbeiter der Unternehmung prägen und kaum mehr kritisch hinterfragt werden. Die Grundannahmen beziehen sich auf die **Annahmen der Unternehmung zur Umwelt** (z. B. über Veränderungen der Umwelt, Beherrschbarkeit von Umweltveränderungen, den daraus abgeleiteten, notwendigen Aktivitäten usw.). **Vorstellungen über Wahrheit und Zeit** bestimmen, worauf sich Mitarbeiter der Unternehmung stützen müssen, wenn sie Prognosen, Prämissen oder Entscheidungen evaluieren (z. B. an die Wissenschaft, an unternehmensinternen Autoritäten, Traditionen, unternehmensinternen Mehrheitsentscheidungen). Sie bestimmen auch die Zeitvorstellungen, die in der Unternehmung vorherrschen und damit über die kurzfristige oder langfristige Orientierung einer Unternehmung. **Annahmen über die Natur des Menschen** prägen das Menschenbild, das in der Unternehmung vorherrscht und beeinflussen u. a. die Führungstheorien und das Führungsverhalten in der Unternehmung. **Annahmen über die Natur des menschlichen Handelns** drücken die vermeintlichen Wirkungen menschlichen Handelns und die Art erwünschter Handlungen aus. Annahmen über die **Natur zwischenmenschlicher Beziehungen** geben u. a. Hinweise über die richtige Ordnung sozialer Beziehungen, den Umgang mit Emotionen sowie den Charakter zwischenmenschlicher Beziehungen (z. B. Kooperation oder Wettbewerb).

Die Idee starker Unternehmenskulturen wird oft mit einer integrierten, kohärenten und einheitlichen Kultur assoziiert. Strukturell können Unternehmenskulturen aber auch als pluralistische Gebilde interpretiert werden, die aus einer Vielzahl von Subkulturen bestehen (vgl. Schreyögg und Koch 2020, S. 597 ff.). Subkulturen können sich nach verschiedenen Merkmalen wie hierarchischem Rang, Profession, Abteilung, Geschlecht, Hautfarbe, Alter, Nationalität und Religion unterscheiden. Dies führt zu einem fragmentierten System von Subkulturen mit unterschiedlichen Beziehungen zur Hauptkultur (vgl. Martin und Siehl 1983, S. 53 f.). **Verstärkende Subkulturen** sind von der Hauptkultur durchdrungen und unterstützen diese. Sie zeigen kulturkonformes Verhalten, wie z. B. Vorstandsstäbe oder Lehrwerkstätten. **Neutrale Subkulturen** entwickeln ihr eigenes Orientierungssystem, das jedoch nicht im Konflikt mit der Hauptkultur steht. Sie existieren parallel oder ergänzend zur Hauptkultur, z. B. IT-Abteilungen oder Rechtsabteilungen. **Gegenkulturen** besitzen ihr eigenes Orientierungsmuster, das sich explizit gegen die Hauptkultur richtet. Dies kann aus Enttäuschungen oder zur Durchsetzung neuer Ideen entwickelt worden sein.

Subkulturen können selbst stark sein. Es ist jedoch wichtig anzumerken, dass das Konzept einer Unternehmenskultur ein gewisses Maß an Einheit erfordert. Organisationen mit ausgeprägten Gegenkulturen können zu einer schwachen Unternehmenskulturen aufgrund der Heterogenität führen.

20.3 Gestaltung der Unternehmenskultur zur Implementierung eines strategischen Marketings

20.3.1 Strategisches Marketing und Unternehmenskultur

Die Gestaltung einer Unternehmenskultur zur Implementierung eines strategischen Marketings erfordert es, die Werte, das Verhalten und die Einstellungen der Mitarbeiter der Unternehmung auf die Schaffung und Erhaltung von KKVs auszurichten, die das langfristige Überleben der Unternehmung gewährleisten (vgl. Abschn. 2.2). Dies erscheint umso wichtiger, als die Unternehmenskultur das marktbezogene Informationsverhalten, die strategische Marketingplanung, die strategische Marketingkontrolle sowie die Marketingorganisation beeinflusst (vgl. Bea und Haas 2017, S. 481 ff.; Johnson et al. 2018, S. 234 f.; Kreikebaum et al. 2018, S. 181).

Die **Erfassung von Informationen** zum strategischen Marketing wird eine geschlossene, binnenorientierte Unternehmenskultur eher auf der Basis interner Informationen betreiben, wohingegen die offene, außenorientierte Unternehmenskultur dazu vor allem externe Daten nutzt. Auch die Frage, ob die Unternehmenskultur änderungsfreundlich oder -feindlich ist, spielt bei der Auswahl der Informationen und Daten eine Rolle.

Bezogen auf die **strategische Marketingplanung** prägt die Unternehmenskultur die Zielbildung, die Strategiewahl und die Strategieimplementierung (vgl. auch Vollert 2004). Bei der **Zielbildung** werden der Zielbildungsprozess und die Zielinhalte des strategischen Marketings durch die Unternehmenskultur geprägt. Bezogen auf den Zielbildungsprozess bestimmt die Unternehmenskultur, ob die Ziele in einer spitzenorientierten Unternehmung i. S. von Bleicher top down vorgegeben werden oder ob bei einer Basisorientierung alle Mitglieder der Unternehmung bei der Zielbildung integriert sind. Im ersten Fall müssen die Zielvorstellungen der Unternehmensführung in der gesamten Unternehmung durchgesetzt werden, was auch zu Widerständen führen kann. Im zweiten Fall ist zu erwarten, dass die Ziele eher akzeptiert und internalisiert werden, was vor allem in einer dynamischen Umwelt bedeutsam ist. **Zielinhalte** des strategischen Marketings spiegeln das Werte- und Normensystem der Unternehmung wider. Bei der **Wahl der Marketingstrategie** entscheidet die Unternehmenskultur zunächst über den Einsatz bestimmter Analyse- und Bewertungsverfahren. Sie legt maßgeblich fest, ob zur Bestimmung von Marketingstrategien bei einer instrumentellen Kulturprägung analytische oder bei einer entwicklungsorientierten Kultur eher intuitiv geprägte Verfahren herangezogen werden. Zudem prägt die Unternehmenskultur Abstimmungsmechanismen. Während schwache Unternehmenskulturen formal struktureller Koordination bedürfen, schaffen starke Unternehmenskulturen die Basis der Selbstabstimmung, die in einer dynamischer Umwelt Vorteile bietet. Strategieinhalte und die Unternehmenskultur müssen einander entsprechen(vgl. Meffert et al. 2019, S. 913). Einfluss nimmt dabei eine eher kosten- oder nutzenorientierte Kulturprägung. Soweit die Umweltentwicklung Strategien erfordert, die keinen Fit zur Unternehmenskultur aufweisen, darf man erwarten, dass die Unternehmenskultur als Hemmschuh wirkt und verändert werden muss.

Bei der **Durchsetzung der Marketingstrategie** determiniert die Unternehmenskultur deren Ablauf. Eine tendenziell änderungsfeindliche Unternehmenskultur, die auf Sicherheit und Langfristigkeit bedacht ist, wird die Strategieimplementierung als letzte Phase eines Managementprozesses verstehen (synoptisches Vorgehen). Eine änderungsfreundliche Unternehmenskultur, die kurzfristig, intuitiv geprägt ist, wird Planung und Implementierung tendenziell parallel betreiben. Zudem sind personelle Aspekte die Implementierung der Marketingstrategie hinderlich oder förderlich. Soweit eine individuelle Kulturprägung und Subkulturen ein starkes Sicherheits-, Status- und Hierarchiedenken fördert, können Ziel- und Verteilungskonflikte sowie (sub-)kulturelle Konflikte die Strategieimplementierung behindern. Eine starke kollektive Kulturprägung und eine Einheitskulturen wirkt dagegen förderlich, solange Veränderungen in die Unternehmenskultur integriert sind. Eine kollektive Vertrauenskultur, die stark von vergangenen Erfolgen geprägt ist, wird die **strategische Kontrolle** tendenziell vernachlässigen (es hat immer alles geklappt). Soweit eine Kontrolle stattfindet, wird die Unternehmenskultur die Art der Kontrolle (Kontrolle der Prämissen, der Ziele, der Strategieinhalte, der Maßnahmen, der Ergebnisse), sowie den Umgang mit schwachen Signalen und qualitativen Informationen (aus der Umwelt) mehr oder weniger unterstützen (änderungsfeindliche bzw. änderungsfreundliche Unternehmenskultur). Nicht zuletzt bestimmt die Unternehmenskultur, ob die Kontrolle in einer Unternehmung, die ihre Mitarbeiter als Mitglieder betrachtet durch das Top-Management oder in einer Unternehmung, bei der Mitarbeiter Akteure sind, durch die Mitarbeit selbst (z. B. im Rahmen des internen Lieferanten-Kunden-Prinzips) erfolgt.

20.3.2 Erfassung der Unternehmenskultur für ein strategisches Marketing

Ob eine Unternehmung eine Kultur zur Umsetzung eines strategischen Marketings (d. h. zum Aufbau und Erhalt von KKVs) besitzt, ist nicht einfach zu erfassen (vgl. Hilker 1993, S. 77 ff.). Spezielle Dimensionen und zugrunde liegende Faktoren zur Erfassung einer marktorientierten Unternehmenskultur schlägt Webster (1993, S. 124 ff.) vor. Dazu zählen in der Reihenfolge der Bedeutung für die Rentabilität

- die **Leistungserstellungsqualität (Quality)**
  – Die Unternehmung definiert, was als außergewöhnliche Leistung zu verstehen ist.

- Das Top-Management fühlt sich für die Erstellung hochwertiger, kundenorientierter Leistungen verpflichtet.
- Es erfolgt eine systematische, regelmäßige Erfassung und Überprüfung der Mitarbeiterleistung.
- Mitarbeiter achten auf Kundenwünsche, – bedürfnisse und -verhalten.
- Mitarbeiter vertreten die Ansicht, dass ihr Verhalten das Unternehmensimage wiedergibt.
- Mitarbeiter sind daran interessiert, dass die Erwartungen der Unternehmung erfüllt werden.
- In der Unternehmung wird auf die Kommunikationsfähigkeit der Mitarbeiter geachtet.
- Die Mitarbeiter achten bei ihrer Arbeit auf Details.
- **Mitarbeiterorientierung (Interpersonal relationship)**
  - Die Unternehmung achtet auf das Befinden der Mitarbeiter.
  - Jeder Mitarbeiter wird als wichtiger Teil der Unternehmung betrachtet.
  - Die Mitarbeiter werden darin unterstützt, ihre Ansichten den Führungskräften mitzuteilen.
  - Das Top-Management pflegt direkten Kontakt mit den operativ eingesetzten (frontline) Mitarbeitern.
  - Die Vorgesetzten verfolgen eine Politik der offenen Tür.
- **Unternehmensinterne Kommunikation (Internal communication)**
  - Die Unternehmung besitzt ein erprobtes Set an Handlungsanweisungen und sonstigen Managementpraktiken, die allen Mitarbeitern zugänglich sind.
  - Vorgesetzte kommunizieren ihre Erwartungen an die Mitarbeiter klar und eindeutig.
  - Es gibt schriftlich fixierte Unternehmensgrundsätze, die jeder Mitarbeiter kennt.
  - Die Unternehmung gibt finanzielle Unternehmensdaten (und ggf. andere wichtige Interna) allen Mitarbeitern bekannt.
  - Mitarbeiter werden bei der Festlegung von Zielvereinbarungen einbezogen.
  - Die Unternehmung unterstützt Weiterbildungs- und Motivationsmaßnahmen.
- **Innovationsorientierung (Innovativeness)**
  - Alle Mitarbeiter sind gegenüber Veränderungen aufgeschlossen.
  - In der Unternehmung werden neue Ideen erprobt.
  - Die Unternehmung ist veränderungsbereit.
- **Arbeitsablauforganisation (Organization)**
  - Jeder Mitarbeiter ist in der Lage, sich selbst gut zu organisieren.
  - Sorgfältige Planung gehört zur Routine jedes Mitarbeiters.
  - Die Arbeit wird von Mitarbeitern als vorrangig eingestuft.
  - Das Arbeitsumfeld von jedem Mitarbeiter ist gut organisiert.
  - Jeder Mitarbeiter besitzt einen gut strukturierten Tagesplan.
- **Kundenkontaktmanagement (Selling task)**

20.3 Gestaltung der Unternehmenskultur zur Implementierung ...

- Die Unternehmung achtet darauf, geeignete Kundenkontakt-Mitarbeiter zu beschäftigen.
- Die Unternehmung sorgt dafür, dass das Kundenkontaktpersonal gut ausgebildet wird und Produktkenntnisse besitzt.
- Die Unternehmung ermutigt zu kreativen Verkaufsbedingungen.
- Die Unternehmung honoriert gute Verkaufsleistungen.
- Die Mitarbeiter suchen mit Begeisterung neue Kunden.
- Die Unternehmung besitzt bessere Anreizsysteme als die Konkurrenz.
- Die Unternehmung ermutigt die Mitarbeiter zur Suche nach neuen Verkaufstechniken.
- Die Mitarbeiter suchen nach neuen Geschäftsfeldern.

Problematisch ist, dass die Bestimmung der Kriterien der marktorientierten Unternehmenskultur letztlich den inhaltlichen Kulturansätzen zugeordnet werden. Wie die entsprechenden Kriterien in der Unternehmung entstehen und weitergetragen werden, bleibt außen vor. Zudem werden Wettbewerb und Konkurrenz nur implizit betrachtet. Zum Aufbau und Erhalt von KKVs sollte jedoch die Wettbewerbs- und Konkurrenzorientierung explizit bei der Herausbildung der Unternehmenskultur berücksichtigt werden (vgl. Hilker 1993, S. 91).

Homburg und Pflesser (2000, S. 7) wählen zur Analyse der marktorientierten Unternehmenskultur einer Unternehmung in Anlehnung an Schein ein Schichtenmodell (vgl. auch Pflesser 1999; Homburg 2020, S. 1396 ff.). Sie gehen davon aus, dass Basisannahmen zur Marktorientierung die Normen zur Marktorientierung bestimmen. Normen zur Marktorientierung wirken sich zunächst auf die Artefakte der Marktorientierung aus. Nur wenn die Normen der Marktorientierung durch Artefakte anschaulich und lebendig gemacht werden, beeinflussen sie das marktorientierte Verhalten (vgl. Homburg 2020, S. 1399; Pflesser 1999, S. 209). Die marktorientierte Unternehmenskultur beeinflusst signifikant den Markterfolg und den finanziellen Erfolg der Unternehmung. Dieser Zusammenhang wird durch die Marktdynamik moderiert. Demgegenüber besitzt die Marktdynamik tendenziell einen niedrigen Einfluss auf die marktorientierte Unternehmenskultur (vgl. Pflesser 1999, S. 209 f.). Abb. 20.6 zeigt die Zusammenhänge.

Auch bei Homburg und Pflesser findet die Wettbewerb- und Konkurrenzorientierung zum Aufbau und Erhalt von KKVs nur implizit Berücksichtigung. Hier sind weitere theoretische und empirische Überlegungen notwendig.

> **Exkurs: Bestimmung der marktorientierten Unternehmenskultur bei Homburg und Pflesser**
>
> Die im Modell von Homburg und Pflesser berücksichtigten Einflussgrößen werden von einer Vielzahl von Kriterien beschrieben (vgl. Homburg und Pflesser 2000, S. 27 ff.).
>
> **Geteilte grundlegende Werte, die die Marktorientierung unterstützen**

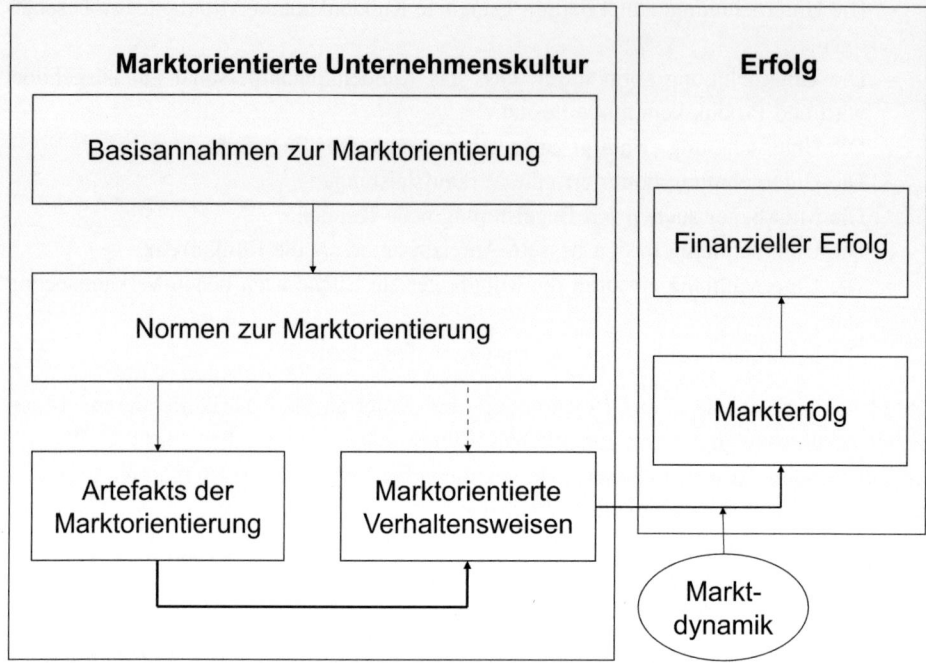

Abb. 20.6 Marktorientierte Unternehmenskultur nach Homburg und Pflesser. (Nach Homburg und Pflesser 2000, S. 7)

Erfolg

1. In unserer Geschäftseinheit legen wir großen Wert auf leistungsorientierte Mitarbeiter.
2. In unserer Geschäftseinheit streben wir sehr stark nach Erfolg.

Innovationsfähigkeit und Flexibilität

1. In unserer Geschäftseinheit legen wir besonders großen Wert auf Innovationsfähigkeit und Kreativität.
2. In unserer Geschäftseinheit bewerten wir die Flexibilität der Mitarbeiter sehr hoch.
3. In unserer Geschäftseinheit sind wir sehr offen für Innovationen (z. B. im Zusammenhang mit Produkten oder Prozessen).

Offenheit der internen Kommunikation

1. In unserer Geschäftseinheit wird offene Kommunikation sehr hoch geschätzt.

2. In unserer Geschäftseinheit streben wir einen hohen Grad an interfunktionalem Informationsaustausch an.
3. In unserer Geschäftseinheit legen wir sehr großen Wert auf Informationsfluss.
4. In unserer Geschäftseinheit streben wir proaktive Kommunikation an.

Qualität und Kompetenz

1. In unserer Geschäftseinheit werden fehlerfreie Arbeitsergebnisse sehr hoch geschätzt.
2. In unserer Geschäftseinheit legen wir sehr großen Wert auf hochwertige Arbeitsergebnisse.
3. In unserer Geschäftseinheit streben wir ein Höchstmaß an Qualifikation und Kompetenz im Fachgebiet an.

Geschwindigkeit

1. In unserer Geschäftseinheit streben wir in allen Arbeitsprozessen Geschwindigkeit an.
2. In unserer Geschäftseinheit strebt jeder Mitarbeiter Geschwindigkeit in den Arbeitsprozessen an.

Interfunktionale Zusammenarbeit

1. In unserer Geschäftseinheit legen wir großen Wert auf interfunktionale Teamarbeit.
2. In unserer Geschäftseinheit wird die Zusammenarbeit zwischen verschiedenen Funktionen (z. B. Marketing und F&E) sehr hoch geschätzt.
3. In unserer Geschäftseinheit streben wir eine kooperative Arbeitsweise an.

Verantwortung der Mitarbeiter

1. In unserer Geschäftseinheit legen wir sehr großen Wert darauf, dass jeder Mitarbeiter unternehmerisch denkt und handelt.
2. In unserer Geschäftseinheit wird die Verantwortung des einzelnen Mitarbeiters sehr stark betont.

Wertschätzung der Mitarbeiter

1. In unserer Geschäftseinheit wird die Wertschätzung des einzelnen Mitarbeiters sehr stark betont.
2. In unserer Geschäftseinheit legen wir großen Wert auf ein Zugehörigkeitsgefühl unter den Mitarbeitern.

3. In unserer Geschäftseinheit streben wir eine hohe Mitarbeiterzufriedenheit an.

Normen für die Marktorientierung

Marktorientierte Erfolgsausrichtung

1. In unserer Geschäftseinheit werden die Marktleistung (z. B. Marktanteil, Kundenzufriedenheit) regelmäßig gemessen.
2. In unserer Geschäftseinheit wird die Marktleistung (z. B. Marktanteil, Kundenzufriedenheit) regelmäßig kontrolliert.

Marktorientierte Innovationsfähigkeit und Flexibilität

1. In unserer Geschäftseinheit erwarten wir, dass allgemein akzeptierte standardisierte Programme regelmäßig überprüft werden, um unseren Märkten besser dienen zu können.
2. In unserer Geschäftseinheit erwarten wir, dass in schwierigen Situationen (z. B. bei massiven Kundenbeschwerden) schnell unbürokratische Lösungen gefunden werden.
3. In unserer Geschäftseinheit erwarten wir, dass kontinuierlich neue wertsteigernde Produkte und Dienstleistungen erkannt und entwickelt werden.
4. In unserer Geschäftseinheit schätzen wir unkonventionelle Ideen (insbesondere, wenn sie vom Kunden kommen).

Offenheit der marktorientierten internen Kommunikation

1. In unserer Geschäftseinheit erwarten wir, dass regelmäßig interfunktionale Besprechungen (z. B. Diskussionen über Markttrends) organisiert werden.
2. In unserer Geschäftseinheit erwarten wir, dass marktbezogene Probleme direkt und offen angesprochen werden.
3. In unserer Geschäftseinheit erwarten wir die Verbreitung und Speicherung von Marktinformationen.
4. In unserer Geschäftseinheit werden die Verbreitung und Speicherung von Marktinformationen kontrolliert.

Marktorientierte Qualitätsausrichtung

1. In unserer Geschäftseinheit erwarten wir, dass Qualität von Kunden bewertet wird oder zumindest aus Kundensicht betrachtet wird.
2. In unserer Geschäftseinheit werden Aufgaben- und Sozialkompetenzen von Mitarbeitern mit Kundenkontakt unbedingt erwartet.

3. In unserer Geschäftseinheit wird die Kompetenz von Mitarbeitern mit Kundenkontakt (z. B. Vertrieb, Kundenservice, Empfang) regelmäßig kontrolliert.

Marktorientierte Geschwindigkeit

1. Kundenanfragen sofort beantwortet werden.
2. In unserer Geschäftseinheit erwarten wir, dass kundenbezogene Prozesse kontinuierlich beschleunigt werden.
3. In unserer Geschäftseinheit wird die Geschwindigkeit der kundenbezogenen Prozesse regelmäßig kontrolliert.
4. In unserer Geschäftseinheit wird eine schnelle Reaktion auf Marktveränderungen erwartet.

Marktorientierte interfunktionale Zusammenarbeit

1. In unserer Geschäftseinheit erwartet jeder Mitarbeiter, dass Kunden in die Planung eines neuen Produkt- oder Dienstleistungsprogramms einbezogen werden (z. B. durch interdisziplinäre Teamarbeit oder Fokusgruppen).
2. In unserer Geschäftseinheit wird die Verfügbarkeit von Marktinformationen in verschiedenen Funktionsbereichen (z. B. Marketing und F&E) kontrolliert.
3. In unserer Geschäftseinheit wird der Grad der Koordination von Entscheidungen über Marketingaktivitäten in verschiedenen Bereichen kontrolliert.

Marktorientierte Verantwortung der Mitarbeiter

1. In unserer Geschäftseinheit erwarten wir, dass sich jeder Mitarbeiter für die Erkennung und Lösung potenzieller und tatsächlicher Kundenprobleme verantwortlich fühlt.
2. In unserer Geschäftseinheit wird von jedem Mitarbeiter erwartet, dass er eine hohe Verantwortung für die Kunden übernimmt.

Marktorientierte Wertschätzung der Mitarbeiter

1. In unserer Geschäftseinheit wird die Individualität jedes Mitarbeiters als Wettbewerbsvorteil angesehen.
2. In unserer Geschäftseinheit akzeptieren wir, dass eine hochwertige Leistung auf verschiedene individuelle Weisen erreicht werden kann.
3. In unserer Geschäftseinheit wird eine hohe Einbindung der Mitarbeiter zur Erfüllung der Kundenbedürfnisse erwartet.

Artefakte für die Marktorientierung

Geschichten über Helden der Marktorientierung
Bitte geben Sie die Häufigkeit von Geschichten unter den Mitarbeitern Ihrer Geschäftseinheit zu folgendem Thema an:

- Beispielhaft kundenorientiertes Verhalten einer Führungskraft (z. B. Gründer, CEO, Manager).

Geschichten über Probleme mit der Marktorientierung
Bitte geben Sie die Häufigkeit von Geschichten unter den Mitarbeitern Ihrer Geschäftseinheit zu folgenden Themen an:

1. Kommunikationsprobleme zwischen verschiedenen Bereichen, die sich negativ auf die Marktorientierung auswirken.
2. Probleme der Geschäftseinheit aufgrund eines geringen Maßes an Marktorientierung.
3. Unauffällige Gesetze (versteckte Regeln) in der Geschäftseinheit, die der Marktorientierung entgegenwirken.

Ausgestaltung der Marktorientierung

1. In unserer Geschäftseinheit sind Gebäude und das äußere Gelände sehr übersichtlich gestaltet, damit Besucher/Kunden sich leicht zurechtfinden.
2. In unserer Geschäftseinheit ist der Kundenempfang gut organisiert und klar gestaltet.
3. In unserer Geschäftseinheit sind Besprechungsräume und Büros in einem Stil gebaut, der die Kommunikation unterstützt.
4. In unserer Geschäftseinheit gibt es attraktive Besprechungs- und Diskussionsbereiche (z. B. Cafeterias), in denen Informationen informell ausgetauscht werden können.

Rituale der Marktorientierung

1. In unserer Geschäftseinheit werden Mitarbeiter, die beispielhaft kundenorientiert sind, regelmäßig ausgezeichnet.
2. In unserer Geschäftseinheit organisieren wir regelmäßig Veranstaltungen für wichtige Kunden.
3. In unserer Geschäftseinheit empfangen wir Kunden sehr individuell (z. B. durch speziell geschulte Mitarbeiter oder durch eine schriftliche Begrüßung an der Rezeption).
4. In unserer Geschäftseinheit organisieren wir regelmäßig spezielle Verkaufsveranstaltungen für Kunden zur Auslieferung von Produkten oder Dienstleistungen.

Marktorientierte Sprache

Bitte geben Sie die Häufigkeit der Äußerung der folgenden oder ähnlichen Sätze während Besprechungen in Ihrer Geschäftseinheit an:

1. „Wenn wir jetzt versuchen, dieses Problem aus der Sicht des Kunden zu betrachten…"
2. „Was ist der Mehrwert für den Kunden, wenn wir das tun?"
3. „Können wir dem Kunden das bieten, was er von uns erwartet?"

Nicht marktorientierte Sprache

Bitte geben Sie die Häufigkeit der Äußerung der folgenden oder ähnlichen Sätze während Besprechungen in Ihrer Geschäftseinheit an:

1. „Das ist eine gute Idee, aber ist in unserem Geschäftsbereich nicht machbar."
2. „Ich kenne die Kundenwünsche ganz gut".
3. „Mich Interessiert nicht, was Konkurrent xy tut. Wir müssen …."
4. „Können wir das nicht einfach so machen, wie wir es immer gemacht haben und es funktioniert?"

Marktorientiertes Verhalten

1. In dieser Geschäftseinheit treffen wir uns mindestens einmal im Jahr mit Kunden, um herauszufinden, welche Produkte oder Dienstleistungen sie in Zukunft benötigen werden.
2. Wir erkennen Veränderungen in den Produktpräferenzen unserer Kunden nur langsam.
3. Wir befragen Endbenutzer mindestens einmal im Jahr, um die Qualität unserer Produkte und Dienstleistungen zu bewerten.
4. Wir erkennen grundlegende Veränderungen in unserer Branche (z. B. Wettbewerb, Technologie, Regulierung) nur langsam.
5. Wir führen interne Abteilungstreffen mindestens einmal pro Quartal durch, um über Markttrends und Entwicklungen zu diskutieren.
6. Das Marketingpersonal in unserer Geschäftseinheit nimmt sich Zeit, um die zukünftigen Bedürfnisse der Kunden mit anderen Funktionsbereichen zu besprechen.
7. Wenn etwas Wichtiges bei einem großen Kunden oder auf dem Markt passiert, erfährt die gesamte Geschäftseinheit davon innerhalb kurzer Zeit.
8. Daten zur Kundenzufriedenheit werden regelmäßig auf allen Ebenen in dieser Geschäftseinheit verbreitet.
9. Wir überprüfen regelmäßig unsere Produktentwicklungsbemühungen, um sicherzustellen, dass sie den Wünschen der Kunden entsprechen.

10. Mehrere Abteilungen treffen sich regelmäßig, um eine Reaktion auf Veränderungen in unserer Geschäftsumgebung zu planen.
11. Die Aktivitäten der verschiedenen Abteilungen in dieser Geschäftseinheit sind gut koordiniert.
12. Wenn wir feststellen, dass Kunden möchten, dass wir ein Produkt oder eine Dienstleistung anpassen, bemühen sich die beteiligten Abteilungen gemeinsam darum.

Ergebnisse

Marktperformance

In den letzten drei Jahren, im Vergleich zu Ihren Wettbewerbern, wie hat sich Ihre Geschäftseinheit in Bezug auf … entwickelt

1. Erreichen der Kundenzufriedenheit.
2. Bereitstellung von Mehrwert für Kunden.
3. Bindung bestehender Kunden.
4. Gewinnung neuer Kunden.
5. Erreichen des angestrebten Wachstums.
6. Erlangen des gewünschten Marktanteils.

Finanzielle Leistung (ROS)

In den letzten drei Jahren, wie hoch war die durchschnittliche jährliche Umsatzrendite Ihrer strategischen Geschäftseinheit?

Moderierende Variable

Marktdynamik

Bitte geben Sie die Häufigkeit von Veränderungen in den folgenden Aspekten der Geschäftsumgebung Ihrer Geschäftseinheit an:

1. Veränderungen bei den von Ihren Wettbewerbern angebotenen Produkten.
2. Veränderungen in den Verkaufsstrategien Ihrer Wettbewerber.
3. Veränderungen in den Verkaufsförderungs-/Werbestrategien Ihrer Wettbewerber. ◄

20.3.3 Realisation einer Unternehmenskultur zur Umsetzung des strategischen Marketings

Nicht jede Unternehmung besitzt eine marktorientierte Unternehmenskultur. Die Meinungen, ob und wie eine marktorientierte Unternehmenskultur realisiert werden kann, gehen auseinander (vgl. Macharzina und Wolf 2023, S. 265 f.; Schreyögg und Koch 2020, S. 604 ff.). Die erste Auffassung der kulturellen Puritisten argumentiert, dass die

Unternehmenskultur vom Management nicht aktiv gestaltet werden kann (vgl. Smircich 1983, S. 339 ff.; Westerlund und Sjöstrand 1981). Die **kulturellen Puritisten** betrachten die Unternehmenskultur als Traditionsgut, das sich einer Gestaltungsrationalität entzieht. Unternehmenskulturen entstehen aus dem Zusammenspiel historisch-gesellschaftlich gewachsener Werte und Normen, die individuell durch Sozialisation übernommen werden (Bendixen 1989). Sie können nicht in einem rationalen Gestaltungsprozess geplant werden, sondern sind das Ergebnis eines spontanen Ordnungsprozesses, an dem alle Mitarbeiter beteiligt sind. Vor diesem Hintergrund ist eine Unternehmenskultur, die ein strategisches Marketing unterstützt entweder vorhanden oder entsteht durch eine zufällige Entwicklung. Die zweite Auffassung besagt, dass das Management die Unternehmenskultur zwar gestalten kann, solche Eingriffe jedoch vermieden werden sollten, da sie unethisch und dysfunktional sein können, sodass **normative Bedenken** bestehen. Kulturinterventionen werden als tiefe Eingriffe betrachtet, die die Lebenswelt der Mitarbeiter stärker beeinflussen als andere organisatorische Maßnahmen (vgl. Willmott 1993; Weber und Mayrhofer 1988). Die Veränderung und Gestaltung der Werte und Einstellung in der Unternehmung wird als fragwürdig angesehen, da die Auswirkungen solcher Interventionen schwer vorhersehbar sind und dysfunktionale Effekte auftreten können. Auch in diesem Fall müsste eine für das strategisches Marketing geeignete Unternehmenskultur entweder existieren oder sich zufällig entwickeln. Ihre bewusste Gestaltung könnte zu negativen Auswirkungen in der Unternehmung führen.

Die dritte Auffassung betont hingegen, dass das Management die Unternehmenskultur beeinflussen kann und sollte. Diese Denkrichtung wird als **kultureller Pragmatismus** bezeichnet und sieht die Unternehmenskultur als Mittel zur Verbesserung des Zusammenhalts unter den Mitarbeitern, der Produktivität, der Gewinnsituation oder anderer Unternehmensziele (Schnyder 1991, S. 260 ff.). Durch eine entsprechende Steuerung behält die Unternehmenskultur ihre Integrations-, Orientierungs- und Motivationsfunktion für die Mitarbeiter.

Das Marketing schließt sich tendenziell dem kulturellen Pragmatismus an (vgl. Backhaus und Schneider 2020, S. 52 f.). So stellen Backhaus und Hilker (1994, S. 251) fest: „Nachdem in der Vergangenheit intensiv diskutiert wurde, inwieweit Unternehmenskulturen überhaupt erfassbar und veränderbar sind, wird heute allgemein davon ausgegangen, dass Unternehmenskulturen grundsätzlich veränderbar sind und dieser Veränderungsprozess mit einigen Einschränkungen auch steuerbar ist. Signifikante Veränderungen sind kurzfristig jedoch nicht möglich." Die Formulierung bzw. Überarbeitung einer Soll-Unternehmenskultur ist i. d. R. ein langwieriger und schwieriger Prozess (vgl. Welge et al. 2017, S. 821 f.). Abb. 20.7 zeigt beispielhaft einen fünfphasigen Prozess (vgl. Bromann und Piwinger 1992).

Zur Umsetzung der Soll-Unternehmenskultur kommen führungsspezifische, kommunikative, personale, strategische, organisatorische und physische Instrumente infrage, die aufeinander abgestimmt sein müssen, sich gegenseitig ergänzen sowie in sich widerspruchsfrei sein sollen (vgl. Tab. 20.3).

Abb. 20.7 Prozess zur Formulierung und Überarbeitung einer Unternehmenskultur

Als Erfolgsdeterminanten der Umsetzung der Soll-Unternehmenskultur hat sich die frühzeitige und umfassende Einbeziehung der Mitarbeiter in den Veränderungsprozess erwiesen. Darüber hinaus ist ein vorteilhaftes und konsistentes Verhalten aller Führungskräfte dringend erforderlich. Inhaltlich muss die Soll-Unternehmenskultur **nachvollziehbar, operational handlungsleitend** sowie **„mitreißend"** sein (vgl. Backhaus und Hilker 1994, S. 251).

Tab. 20.3 Instrumente zur Umsetzung der Soll-Unternehmenskultur. (Quelle: nach Hilker 1993, S. 88)

Strategische Instrumente	Unternehmensphilosophie; Unternehmensleitbilder; CI; …
Organisatorische Instrumente	Aufbauorganisation; Ablauforganisation; …
Führungsspezifische Instrumente	Führungsstil; Führungsgrundsätze; …
Personale Instrumente	Personalfreisetzung; Personalbeschaffung; Personalentwicklung; Anreizsysteme; …
Kommunikative Instrumente	Kommunikationsstil; Kommunikationspolitik; Corporate Communications; Unternehmensgeschichte; …
Physische Instrumente	Büro- und Gebäudegestaltung; Logo; …

20.3.4 Individualebene zur Implementierung eines strategischen Marketings

Neben der Unternehmenskultur und ggf. auftretender Subkulturen ist auch die Individualebene bei der Implementierung eines strategischen Marketings zu berücksichtigen (vgl. auch Homburg und Stock-Homburg 2012, S. 23). „Die Betrachtung des Verhaltens des einzelnen Mitarbeiters ist von besonderem Interesse, da letztlich alle betrieblichen Dispositionen auf allen Hierarchieebenen von Mitarbeitern getroffen werden" (Hilker 1993, S. 116). Insbesondere sind jene Personen, die den Aufbau und die Verteidigung von KKVs deutlich beeinflussen, besonders zu betrachten. Dazu ist zwischen den **Marketingspezialisten** (Marketingführungskräfte, Außendienstmitarbeiter und Marketingsachbearbeiter) sowie den **Nicht-Marketingspezialisten** zu unterscheiden (vgl. Hilker 1993, S. 120; Homburg 2020, S. 1426 ff.; Bruhn 2002, S. 237). Beide Gruppen müssen zum Aufbau und zur Verteidigung von KKVs ein ihrer Verantwortung entsprechendes Verhalten zeigen.

Marktorientierte Führungskräfte zeichnen sich gegenüber weniger marktorientierten Marketingführungskräften insbesondere aus durch

- ein höheres Geschick bei der Verhandlungsführung,
- eine größere Bereitschaft, Informationen weiterzugeben,
- eine starke Mitarbeiterorientierung,
- die Fähigkeit, Strategien zu konzipieren und umzusetzen.

Auch die Berufserfahrung prägt das marktorientierte Verhalten, besitzt aber keinen herausragenden Stellenwert. Bezüglich ihrer Persönlichkeitsmerkmale können marktorientierte Führungskräfte im Gegensatz zu weniger marktorientierten Führungskräften als verantwortungsbewusster, risikofreudiger, geschickt im Umgang mit Menschen, entschlussfähiger, kontaktfreudiger extrovertierter und intelligenter beschrieben werden (vgl. Lingenfelder 1990, S. 146).

Der **Außendienstmitarbeiter** muss durch seine Fähigkeiten und Persönlichkeitsmerkmale externe Marktbeziehungen aufbauen, erhalten und koordinieren können. Fähigkeiten zur effizienten und effektiven Außendiensttätigkeit hängen von der Zahl der abgewickelten Verkäufe ab. Die daraus gewonnenen Erfahrungen muss der Außendienstmitarbeiter strukturieren und verarbeiten und auf neue Situationen übertragen können. Je nach Verkaufsaktivität und Käufertyp kommen ihm dabei Persönlichkeitsmerkmale wie **Alter, Ausbildung, Intelligenz** sowie **soziale Einstellung** und **Persönlichkeit** zugute (vgl. Hilker 1993, S. 126 ff.).

Prinzipiell ist in diesem Zusammenhang kritisch zu hinterfragen, ob zwischen allgemeinen Persönlichkeitsmerkmalen und dem Erfolg eines Mitarbeiters eine Beziehung besteht, da u. a. auch situative Merkmale diesen Zusammenhang moderieren. Zudem konserviert die Vorgabe bestimmter Persönlichkeitsmerkmale ggf. einen Mitarbeitertypus und blockiert die Integration von Mitarbeitern mit innovativen Verhaltensweisen.

Im Normalfall besitzen **Nicht-Marketingspezialisten** aufgrund ihrer Ausbildung und Erfahrung nur bedingt Fähigkeiten und Persönlichkeitsmerkmale, die ihnen ein marktorientiertes Verhalten ermöglichen (vgl. Hilker 1993, S. 131). Es wird deshalb notwendig sein, für Nicht-Marketingspezialisten Schulungs- und Informationsmaßnahmen zu konzipieren und durchzuführen, die die notwendigen Aufgaben und Maßnahmen des strategischen Marketing verdeutlichen. Insbesondere gilt es grundlegende Kenntnisse über das strategische Marketing zu vermitteln sowie negative Einstellungen zum Marketing abzubauen. Ein vorbildliches Verhalten des Top-Managements sowie der Marketingspezialisten ist dabei nicht zu unterschätzen.

Zur Verbesserung des marktorientierten Verhaltens auf der Individualebene lassen sich zwei Gruppen von Maßnahmen unterscheiden (vgl. Backhaus und Hilker 1994, S. 255): Maßnahmen, die die Anforderungen an die Marketingorientierung der betroffenen Mitarbeiter senken und Maßnahmen, die die Marktorientierung der Mitarbeiter steigern.

Anforderungssenkende Maßnahmen können Probleme mangelnder Marktorientierung nicht beseitigen, sondern bestenfalls abmildern, indem sie das Umfeld der Mitarbeiter verändern. Sie sollten ggf. nur zur Überbrückung von Defiziten der Marktorientierung angewandt werden, bis niveausteigernde Maßnahmen wirken. Als anspruchssenkende Maßnahmen kommen u. a. infrage (vgl. Hilker 1993, S. 132 ff.)

- die Verlagerung marktbezogener Aufgaben innerhalb des Unternehmens,
- der Einsatz unterstützender Managementsysteme,
- die Neueinstellung qualifizierter Mitarbeiter,
- der Einsatz externer Berater.

Auch die KI könnte zukünftig hier eingesetzt werden.

Mit **niveausteigernden Maßnahmen** sollten Defizite der Marktorientierung beseitigt werden. Es bietet sich dazu an Aus- und Weiterbildung, Verhaltensentwicklung sowie die Veränderungen des Anreizsystems und des Führungsstils. Man darf erwarten, dass niveausteigernde Maßnahmen erst mittel- und langfristige Wirkungen zeigen.

Literatur

Alvesson, M.; Willmott, H. (2002): Identity Regulation as Organizational Control: Producing the Appropriate Individual. In: Journal of Management Studies 39(5), S. 619–644

Ashforth, B. E.; Mael, F. (1989): Social Identity Theory and the Organization. In: Academy of Management Review 14 (1), S. 20–39

Backhaus, K.; Hilker, J. (1994): Marketingimplementierung in Unternehmen der Investitionsgüterindustrie. In: Bruhn, M.; Meffert, H.; Wehrle, F. (Hrsg.): Marktorientierte Unternehmensführung im Umbruch. Effizienz und Flexibilität als Herausforderungen des Marketing. Schäffer-Poeschel, Stuttgart, S.241–264

Backhaus, K.; Schneider, H. (2020): Strategisches Marketing. 3. Aufl., Schäffer-Poeschel Verlag, Stuttgart

Barney, J. B. (1986): Organizational Culture: Can it be a Source of Sustained Competitive Advantage? In: Academy of Management Review 11 (3), S. 656–665

Bea, F. X; Haas, J. (2017): Strategisches Management. 9. Aufl. ,UTB, Stuttgart

Bendixen, P. (1989): Über die Machbarkeit der Unternehmenskultur – Über die Verantwortbarkeit des Machens. In: Die Betriebswirtschaft 49 (2), S. 199–214

Bleicher, K.; Abegglen, C. (2017): Das Konzept Integriertes Management, Visionen-Missionen-Programme. 9. Aufl., Campus Verlag, Frankfurt am Main, New York

Bromann, P.; Piwinger, M. (1992): Gestaltung der Unternehmenskultur – Strategie und Kommunikation. Schäffer -Pöschel Verlag, Stuttgart

Bruhn, M. (2002): Integrierte Kundenorientierung. Implementierung einer kundenorientierten Unternehmensführung. Gabler, Wiesbaden

Cameron, K. S.; Freeman, S. (1991): Cultural congruence, strength and type: Relationship to effectiveness. In: Research in Organizational Change and Developement 5, S. 23–58. https://webuser.bus.umich.edu/cameronk/PDFs/Organizational%20Culture/Cultural%20Congruence.pdf. Zugegriffen: 10. Mai 2023

Cameron, K. S., Quinn, R. E. (2011): Diagnosing and Changing Organizational Culture: Based on the Competing Values Framework. 3. Aufl., Jossey-Bass, San Francisco

Deal, T. E.; Kennedy, A. (1982): Corporate Cultures: The Rites and Rituals of Corporate Life. Addison Wesley Publishing Company, Reading

Deal, T. E., Kennedy, A. (1983): Culture: A New Look Through Old Lenses. In: Journal of Applied Behavioral Science 19, S. 498–505

Denison, D. R. (1990): Corporate Culture and Organizational Effectiveness. John Wiley & Sons, New York

Deshpandé, R.; Webster, F. (1989): Organizational culture and marketing: Defining the research agenda. In: Journal of Marketing 53 (1), S. 3–15

Herget, J (2020): Unternehmenskulturen gestalten. Springer Gabler, Berlin

Hilker, J. (1993): Marketingimplementierung. Grundlagen und Umsetzung am Beispiel ostdeutscher Unternehmen. Deutscher Universitätsverlag, Wiesbaden

Hofstede, G. (1980): Culture's Consequences: International Differences in Work Related Values. Sage, Beverly Hills, London

Hofstede, G.; Hofstede, G. J. Minkov, M. (2010): Cultures and Organizations: Software of the Mind. 3. Aufl., Mc Graw Hill, New York et al.

Homburg, Chr. (1998): Quantitative Betriebswirtschaftslehre. Entscheidungsunterstützung durch Modelle. 2. Aufl., Gabler, Wiesbaden

Homburg, Chr. (2020): Marketing Management. 7. Aufl., Gabler Springer, Wiesbaden

Homburg, Chr.; Pflesser, Ch. (2000): A Multiple Layer Model of Market-Oriented Organizational Culture: Measurement Issues and Performance Out-comes. Wissenschaftliche Arbeitspapiere Nr. W 36 Institut für marktorientierte Unternehmensführung, Universität Mannheim, Mannheim

Homburg, Ch.; Stock-Homburg, R. (2012): der kundenorientierte Mitarbeiter. Bewerten, begeistern, bewegen. 2. Aufl.; Springer Gabler, Wiesbaden

Hungenberg, H. (2014): Strategisches Management in Unternehmen. Ziele – Prozesse – Verfahren. 8., aktualisierte Aufl., Springer Gabler, Wiesbaden

Hungenberg, H.; Wulf, T. (2021): Grundlagen der Unternehmensführung. 6. Aufl., Springer Gabler, Wiesbaden,

Johnson, G.; Whittington, R.; Scholes, K.; Angwin, D.; Regnér, P.; (2018): Strategisches Management. Eine Einführung. 11., aktualisierte Auflage. Pearson, Hallbergmoos

Kotter, J. P.; Heskett, J. L. (2011): Corporate Culture and Performance. Free Press, New York

Kreikebaum, H.; Gilbert, D. U.; Behnam, M. (2018): Strategisches Management. 8. Aufl., W. Kohlhammer, Stuttgart

Krohmer, H. (1999): Marktorientierte Unternehmenskultur als Erfolgsfaktor der Strategieimplementierung. Deutscher Universitäts-Verlag, Wiesbaden

Lingenfelder, M. (1990): Die Marketingorientierung von Vertriebsleitern als strategischer Erfolgsfaktor. Eine theoretische Analyse zur empirischen Bestandsaufnahme in der Markenartikelindustrie. Duncker und Humblot, Berlin

Macharzina, K.; Wolf, J. (2023): Unternehmensführung: Das internationale Managementwissen – Konzepte, Methoden, Praxis. 12. Auflage , Springer Gabler, Wiesbaden

Martin, J. (1992): Cultures in organizations: Three perspectives. Oxford University Press, Oxford,

Martin, J.; Siehl, C. (1983): Organizational culture and counterculture: An uneasy symbiosis. In: Organizational Dynamics 12 (2), S. 52–64. https://gmdconsulting.eu/nykerk/wp-content/uploads/2020/02/Org-culture-and-counterculture.pdf. Zugegriffen: 26. Mai 2023

Meffert, H. (1994): Marketing-Management. Analyse – Strategie – Implementierung. Gabler, Wiesbaden

Meffert, H.; Burmann, Ch.; Kirchgeorg, M; Eisenbeiß, M (2019): Marketing. 13. Aufl., Springer Gabler, Wiesbaden

O'Reilly, C. A.; Chatman, J. A. (2000): Organizational Culture and Performance: A Review. In: Journal of Management 26 (3), S. 507–553

O'Reilly, C. A.; Chatman, J. Caldwell, D. F. (1991): People and Organizational Culture: A Profile Comparison Approach to Assessing Person-Organization Fit. In: Academy of Management Journal 34 (3), S. 487–516

O'Reilly, C. A. et al. (1991): People and Organizational Culture: A Profile Comparison Approach to Assessing Person-Organization Fit. Academy of Management Journal, 34 (3), 487–516

Parker, M. (2000): Organizational Culture and Identity: Unity and Division at Work. Sage Publications, London, Thousand Oaks, New Delhi

Peters, T. J.; Waterman, R. H. (1982): In Search of Excellence: Lessons from America's Best-Run Comanies. Harper & Row, New York

Pflesser, C. (1999): Marktorientierte Unternehmenskultur, Konzeption und Untersuchung eines Mehrebenenmodells. Verlag Dr. Th. Gabler GmbH Wiesbaden und Deutscher Universitätsverlag GmbH Wiesbaden, Wiesbaden

Prahalad, C. K.; Bettis, R. A. (1986): The Dominant Logic: a New Likage Beetween Diversity and Performance. In: Strategic Management Journal 7, S. 485-501

Sackmann, S. A. (2017): Unternehmenskultur – Erkennen, Entwickeln, Verändern – Erfolgreich durch kulturbewusstes Management. 2. Aufl., Springer Gabler, Wiesbaden

Schein, E. H. (1984): Coming to a New Awareness of Organizational Culture. In: Sloan Management Review 25 (2), S. 3–16

Schein, E. H. (1995): Unternehmenskultur: ein Handbuch für Führungskräfte. Campus Verlag, Frankfurt am Main

Schein, E. H. (2010): Organisationskultur. "The Ed Schein Corporate Culture Survival Guide".3. Auflage., EHP – Verlag Andreas Kohlhage, Bergisch Gladbach

Schein, E. H.; Schein, P. (2018): Organisationskultur und Leadership. 5. Aufl., Vahlen Verlag, München

Scholz, C. (1988): Organisationskultur – Zwischen Schein und Wirklichkeit. In: Zeitschrift für betriebswirtschaftliche Forschung 40 (3), S. 243–272

Schnyder, A. B. (1991): Unternehmenskultur und Corporate Identity. In: Zeitschrift Führung und Organisation 60 (4), S. 260–266

Schreyögg, G. (1995): Unternehmenskultur. In: Corsten, H.; Reiß, M. (Hrsg.): Handbuch Unternehmensführung. Konzepte-Instrumente-Schnittstellen. Verlag Dr. Th. Gabler, Wiesbaden, S. 111–120

Schreyögg, G.; Koch, J (2020): Management. Grundlagen der Unternehmensführung. 8. Aufl.; Springer Gabler, Wiesbaden

Smircich, L. (1983): Concepts of culture and organizational analysis: In: Administrative Science Quarterly 28, S. 339–358

Stähle, W. H.; Conrad, P.; Sydow, J. (1999): Management. Eine verhaltenswissenschaftliche Perspektive. 8. Aufl., Verlag Franz Vahlen, München

Stoi, R.; Dillerup, R. (2022): Unternehmensführung. Erfolgreich durch modernes Management & Leadership. 6. Aufl., Verlag Franz Vahlen, München

Trice, H. M.; Beyer, J. M. (1993): The Cultures of Work Organizations. Prentice Hall, Upper Saddle River

Vollert, K. (2004): Grundlagen des strategischen Marketing. 3. Aufl., PCO, Bayreuth

Weber, W.; Mayerhofer, W. (1988): Organisationskultur – Zum Umgang mit einem vieldiskutierten Konzept in Wissenschaft und Praxis. In: Die Betriebswirtschaft 48 (5), S. 555–566

Webster, C. (1993): Refinement of the Marketing Culture Scale and the Relationship Between Marketing Culture and Profitability of a Service Firm. In: Journal of Business Research 26, S.111–131

Welge, M. K.; Al- Laham, A.; Eulerich, M. (2017): Strategisches Management. 7. Aufl., Springer Gabler, Wiesbaden
Westerlund, G.; Sjöstrand, S.- E. (1981): Organisationsmythen. Klett-Cotta, Stuttgart
Willmott, H. (1993): Strength is ignorance, slavery is freedom: Managing culture in modern organizations. In: Journal of Management Studies 30, S. 515–552
Wunder, T. (2016): Essentials of Strategic Management. Schäffer-Poeschel, Stuttgart

21 Marketingcontrolling zur Implementierung des strategischen Managements

Inhaltsverzeichnis

21.1 Begriff und Funktionen des strategischen Controllings 841
21.2 Marketingcontrolling 846
    21.2.1 Begriff des Marketingcontrollings 846
    21.2.2 Strategisches Marketingcontrolling 850
    21.2.3 Implementierung des Marketingcontrolling 851
Literatur 852

21.1 Begriff und Funktionen des strategischen Controllings

Der Begriff des Controllings ist nicht eindeutig definiert (Küpper et al. 2013, S. 8 f.; Homburg 2001, S. 425 ff.; Baum et. al. 2013, S. 3 ff.; Köhler 1993, S. 255 f.; Brühl 2016, S. 10 ff.; Weber und Schäffer 2016, S. 3; Weber und Schäffer 2006, S. 65; Stelling 2009, S. 10 f.; Reichmann et al. 2017, S. 19). Er geht weit über den Begriff der Kontrolle i. S. eines Soll-Ist-Vergleichs hinaus (Vgl. Welge et al. 2017, S. 964; Weber und Schäffer 2006, S. 65 f.; Weber 2009, S. 9).

▶ Horváth et al. (2020, S. 62) verstehen Controlling als Teil des Führungssystems, der Planung und Kontrolle sowie die Informationsversorgung systembildend und -koppelnd koordiniert, um die Ziele der Unternehmung zu realisieren. (Vgl. ähnlich Meffert 1994, S. 402, Vollert 2004).

Das strategische Controlling wird als Teil des Controllingsystems betrachtet (Vgl. Horváth 2009, S. 23). Es unterstützt die Unternehmung bei der strategischen Planung und

Kontrolle, während das operative Controlling diese Funktionen für die kurz- und mittelfristig orientierte Planung übernimmt (Vgl. Reichmann et al. 2017, S. 586). Das Ziel eines strategischen Controllings besteht im Aufbau und Erhalt von Erfolgspotenziale des Unternehmens, die sich in Form von qualitativen und quantitativen Wettbewerbsvorteilen gegenüber den Konkurrenten, d. h. in Form von KKVs ausdrücken (Vgl. Welge und Eulerich 2021, S. 72). Die Unterschiede zwischen dem strategischen und operativen Controlling sind in Tab. 21.1 dargestellt.

Zur Unterstützung des strategischen Managements kommen verschiedene Controllinginstrumente infrage, die unterschiedlich klassifiziert werden können (Vgl. Eulerich 2009, S. 156; Schlemminger 2018, S. 441).

Franz schlägt dazu eine Systematik vor, die die Controllinginstrumente, die in den einzelnen Phasen des strategischen Managementprozesses genutzt werden können, danach unterscheidet, ob sie einen Kostenbezug besitzen oder nicht. Abb. 21.1 zeigt die Systematik, die keinen Anspruch auf Vollständigkeit erhebt.

In der **strategischen Zielplanung** besitzen u. a. die Shareholder Value – Rechnung, die Kapitalwertmethode sowie ggf. sonstige Methoden der Investitionsrechnung eine Rolle. Zur **strategischen Analyse, der Strategieformulierung und der Strategiebewertung** kommen verschiedene Instrumente mit Kostenbezug wie die Stärken-Schwächen-Analyse,

Tab. 21.1 Strategisches vs. operationales Controlling. (Quelle: in Anlehnung an Welge et al. 2017, S. 969)

Controllingkonzepte		
Abgrenzungskriterium	Strategisches Controlling	Operatives Controlling
Ziel	Langfristiges Überleben der Unternehmung durch Schaffung und Erhalt von Erfolgspotenzialen zur Realisation von KKVs	Erfolgssicherung; Rentabilitätsstreben; Liquiditätssicherung; Produktivität; Wirtschaftlichkeit;
Zeitbezug	Zukunft	Gegenwart
Ausrichtung	Unternehmensexterne Umwelt (Globale Umwelt, Märkte)	Unternehmensinterne Umwelt (bei bestehenden externen Beziehungen)
Fokus	Stärken-Schwächen; Chancen-Risiken;	Kosten-Leistung; Aufwand-Ertrag; Auszahlung Einzahlung; Vermögen-Kapital;
Informationsquellen	Primär extern	Primär internes Rechnungswesen
Sicherheit der Information	Unsicher, dynamisch	Sicher
Art der Information	Insb. qualitativ	Insb. quantitativ

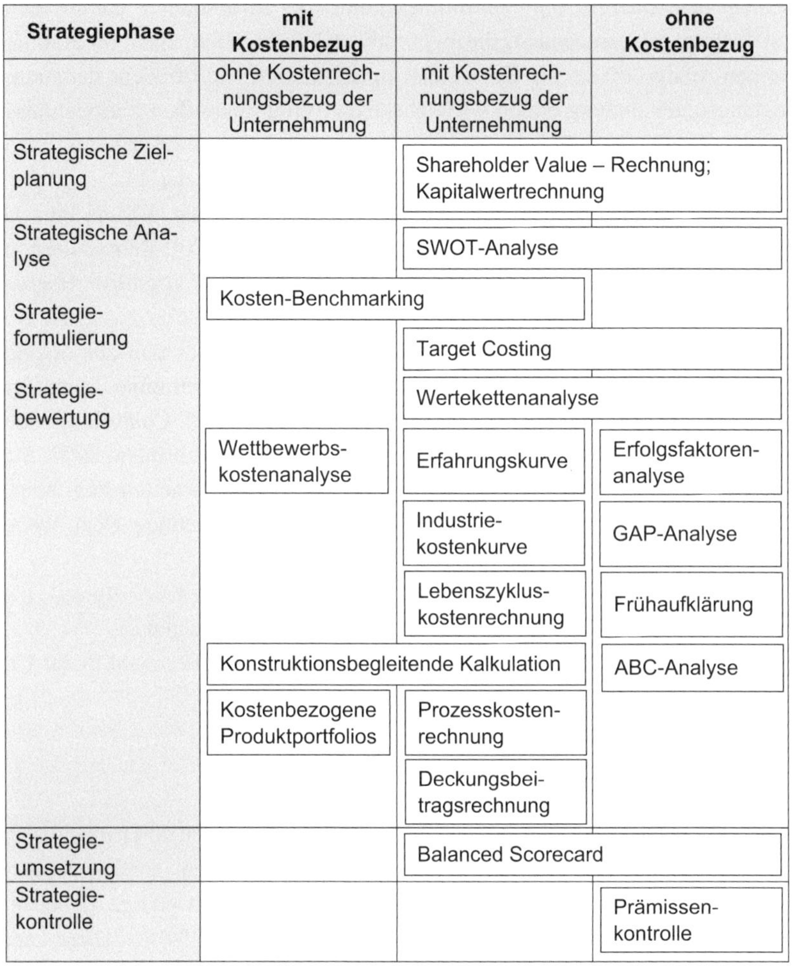

21.1 Begriff und Funktionen des strategischen Controllings

Strategiephase	mit Kostenbezug		ohne Kostenbezug
	ohne Kostenrechnungsbezug der Unternehmung	mit Kostenrechnungsbezug der Unternehmung	
Strategische Zielplanung		Shareholder Value – Rechnung; Kapitalwertrechnung	
Strategische Analyse		SWOT-Analyse	
Strategieformulierung	Kosten-Benchmarking		
		Target Costing	
Strategiebewertung		Wertekettenanalyse	
	Wettbewerbskostenanalyse	Erfahrungskurve	Erfolgsfaktorenanalyse
		Industriekostenkurve	GAP-Analyse
		Lebenszykluskostenrechnung	Frühaufklärung
	Konstruktionsbegleitende Kalkulation		ABC-Analyse
	Kostenbezogene Produktportfolios	Prozesskostenrechnung	
		Deckungsbeitragsrechnung	
Strategieumsetzung		Balanced Scorecard	
Strategiekontrolle			Prämissenkontrolle

Abb. 21.1 Controllinginstrumente zur Unterstützung des strategischen Managements. (Quelle: Nach Franz 2000, S. 328)

das Kosten-Benchmarking, das Target Costing, die Wertekettenanalyse, die Wettbewerbskostenanalyse, die Erfahrungskurve, die Industriekostenkurve, die Lebenszyklus-Kostenrechnung, die konstruktionsbegleitende Kalkulation, die SWOT-Analyse, die kostenbezogene Portfolioanalyse, die Prozesskostenrechnung, die ABC-Analyse, die Deckungsbeitragsanalyse, sowie als Instrumente ohne Kostenbezug die Erfolgsfaktorenanalyse, die Gap-Analyse sowie die strategische Marketingaufklärung (vgl. auch Kap. 44) zum Tragen. Für die **Strategieumsetzung** eignet sich wie gezeigt die Balanced Scorecard (vgl. Kap. 18) und für die **strategische Kontrolle** die Prämissenkontrolle.

Aus Sicht des strategischen Controllings kommt es insbesondere darauf an, die verfügbaren Instrumente anwendungsbezogen so zu kombinieren, dass im Rahmen eines strategischen Analysepfades ein Höchstmaß an Effektivität und Effizienz der strategischen Entscheidungsunterstützung erzielt wird. Das Controlling muss dazu rationalitätssichernd wirken (Vgl. Weber 2009, S. 3 ff., Weber und Schäffer 2006, S. 68 ff.).

Die **Rationalitätssicherung** bezieht sich auf Handlungen der Führung, die andere Handlungen determinieren. Für diese Handlungen der Führung gibt es eine optimale Ausprägung i. S. einer optimalen Zweck-Mittel-Beziehung (Soll-Rationalität), von der aber abgewichen werden kann. Gründe der Abweichung sind kognitive Begrenzungen der Führung, aber auch Opportunismus. Es entsteht eine Lücke zwischen Soll- und Ist-Rationalität, die zu Nutzeneinschränkungen auf individueller und auf organisationsbezogener Ebene führt. Rationalitätsdefizite können durch bestimmte Maßnahmen zur Rationalitätssicherung vermieden oder reduziert werden. Dem Controlling obliegt es, diese Maßnahmen zu identifizieren und durchzusetzen. (Vgl. Kehrmann 2002, S. 13).

Die Rationalitätssicherung bekommt in Folge der Besonderheiten des strategischen Management bzw. strategischen Marketings eine besondere Bedeutung (Vgl. Weber 2009, S. 66). Diese sind gekennzeichnet durch

- einen hohen Anteil von Intuition als Problemlösungsmechanismus,
- eine breite Verteilung des Wissens zu strategischen Problemlösungen in der Unternehmung,
- besondere Kontrollbedingungen,
- die Verbindung von Strategiefindung und -implementierung.

Viele schlecht strukturierte strategische Probleme können nicht durch nachvollziehbare Modelle in Form einer gedanklichen Reflexion gelöst werden, sondern bedürfen der intuitiven Lösung. Dennoch ist eine Rationalitätssicherung notwendig, da bei intuitiven Lösungen Verzerrungen möglich sind (Vgl. Kehrmann 2002, S. 54 ff.). Diese kann durch die Gegenüberstellung von intuitiven und reflexiven Lösungen erfolgen (soweit letztere vorhanden sind). Wenn erhebliche Abweichungen zwischen der intuitiven und reflexiven Lösung existieren, kann eine intensive Diskussion die Güte der intuitiven Lösung verbessern, ohne intuitive Lösungen per se infrage zu stellen.

Die einzelnen Mitarbeiter der Unternehmung besitzen für die Lösung strategischer Probleme i. d. R. bruchstückhaftes Wissen und implizite Informationen, die nur bestimmte Aspekte der strategischen Probleme beleuchten. Um zu einer guten Lösung von strategischen Problemen zu gelangen, ist es notwendig, verschiedenen Wissensfragmente der Mitarbeiter einer Unternehmung zusammenzuführen, wozu eine Selbstabstimmung notwendig ist.

Dazu sind die Rahmenbedingungen der Selbstabstimmung (Kontextgestaltung) zu gestalten und Maßnahmen, die direkt auf die Selbstabstimmungsprozesse abzielen, zu realisieren (Vgl. Abb. 21.2).

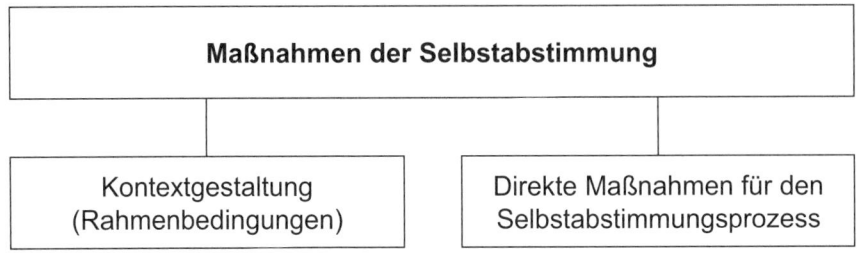

Abb. 21.2 Maßnahmen der Selbstabstimmung

Bei der **Kontextgestaltung** ist insbesondere die Zusammensetzung des Strategiefindungsteams von Bedeutung. Es ist wichtig, sowohl eine ausreichende fachliche Vielfalt als auch eine gute zwischenmenschliche Chemie sicherzustellen. Studien haben gezeigt, dass fachliche Konflikte den Erfolg strategischer Gruppenentscheidungen positiv beeinflussen, während emotionale Konflikte negative Auswirkungen haben. Wenn es personelle Auswahlmöglichkeiten gibt, können bereits durch eine sorgfältige Auswahl der Teammitglieder im Vorfeld eine Reihe von Problemen vermieden werden. Andernfalls ist die Zusammenarbeit in der Gruppe in geeigneter Weise vorzubereiten. Zur Kontextgestaltung gehört auch die Festlegung von „Spielregeln" für den Strategiefindungsprozess. Neben formalen Regelungen wie Anwesenheitspflicht und Protokollführung ist es besonders wichtig, die Rolle von Instrumenten zu definieren. Aufgrund der Wissensdefizite können nicht alle strategische Planungsinstrumente als Werkzeuge betrachtet werden, die unmittelbar einsatzbereite Lösungen liefern. In der Strategiefindung dienen Instrumente eher als Kommunikationsmittel, um die gerichtete Kommunikation der Beteiligten zu unterstützen. Sie erleichtern die primär intuitiv geprägte Strategiefindung durch Reflexionselemente.

Maßnahmen, die sich direkt auf den Selbstabstimmungsprozess beziehen, können durch ein festes Set an Informationen wesentlich unterstützt werden. Durch die Standardisierung des Basissets an Strategieinformationen wird eine angemessene Kommunikationsfähigkeit ermöglicht, indem eine einheitliche Informationsstruktur und eine ähnliche Vorgehensweise zur Generierung der Strategien gewährleistet werden.

Die Besonderheiten der strategischen Kontrolle wurde bereits in Abschn. 2.1.2.4 dargestellt. Die **Durchführungskontrolle** hat die Aufgabe, die nach der Umsetzung der Strategie erfassbaren Ergebnisse zu sammeln und damit im Sinne eines Feedforward die Tragfähigkeit einer Strategie zu beurteilen. Die **Prämissenkontrolle** überprüft die der Planung zugrunde liegenden Annahmen über die Umwelt der Unternehmung und ihrer Entwicklung. Mit der **strategischen Überwachung** sollen ungerichtet solche Entwicklungen identifiziert werden, die bei der Prämissen- und Durchführungskontrolle nicht erfasst werden, die aber den Bestand der Unternehmung bedrohen können und an denen die Angemessenheit der Strategie überprüft wird (Vgl. Schreyögg 2006, S. 104 ff.; Schreyögg und Koch 2020, S. 245 ff.)

Bei der Strategieimplementierung existieren zwei Herausforderungen: zum einen soll an der Strategie auch bei Umsetzungsproblemen möglichst festgehalten werden. Eine vorschnelle Modifikation oder Elimination der Strategie und der strategischen Ziele würde tendenziell zu einem muddling through führen. Zum anderen müssen Führungskräfte, die an der Strategieformulierung nicht beteiligt waren, aber zu deren Umsetzung beitragen sollen, durch Kommunikation und Bindung an die Strategie motiviert werden. Dies kann durch vorbildliches Handeln geschehen. Die am Strategieformulierungsprozess Beteiligten vermitteln den nicht daran Beteiligten durch ihr tägliches Handeln die intendierten Strategien. Sie werden dabei entsprechend informatorisch unterstützt. Zugleich ist zu überprüfen, ob die nicht am Strategieformulierungsprozess beteiligten Personen die Strategie verstanden haben und entsprechend handeln.

Formelle Wege der Strategieumsetzung bezieht sich auf die Begrenzung strategischer Projekte, die im Fokus des Managements stehen, deren Bedeutung in der Unternehmung kommuniziert und verstanden wird und für die konkrete Verantwortliche bestimmt werden. Ein anderer Weg ist die instrumentelle Umsetzung z. B. auf der Basis der Balanced Scorecard.

21.2 Marketingcontrolling

21.2.1 Begriff des Marketingcontrollings

Marketingcontrolling ist ein Teil des Unternehmenscontrollings (Vgl. Zerres und Zerres 2021, S. 4). Es hat sich über die reine Kontrollfunktion zum Performance-Measuring-System gewandelt (Vgl. Bruhn 2022, S. 281 f.).

▶ Das Marketingcontrolling wird als führungsunterstützende Funktion betrachtet, das das Marketingmanagement bei der Steuerung marktbezogener Aktivitäten unterstützt (Vgl. Homburg 2020, S. 1300; Köhler 2006, S. 42).

Dazu gehört insbesondere die Sicherstellung der Effektivität und Effizienz einer marktorientierten Unternehmensführung in allen Phasen des Marketing-Managementprozesses, also des Aufbaus und Erhalts von KKVs (Vgl. Weber und Schäffer 2016, S. 81; Reinecke und Janz 2007, S. 39; Reinecke und Geis 2021, S. 153; Reinecke und Tombach 2022, S. 180; Reinecke et al. 2016, S. 4; Reichmann et al. 2017, S. 23; Zerres und Zerres 2021, S. 7 f.).

Auch das Marketingcontrolling besitzt eine Rationalitätssicherungsfunktion. Dazu übernimmt das Marketingcontrolling – wie in Abb. 21.3 dargestellt – eine Informationsfunktion, eine Planungsfunktion, eine Koordinations- und eine Kontrollfunktion

21.2 Marketingcontrolling

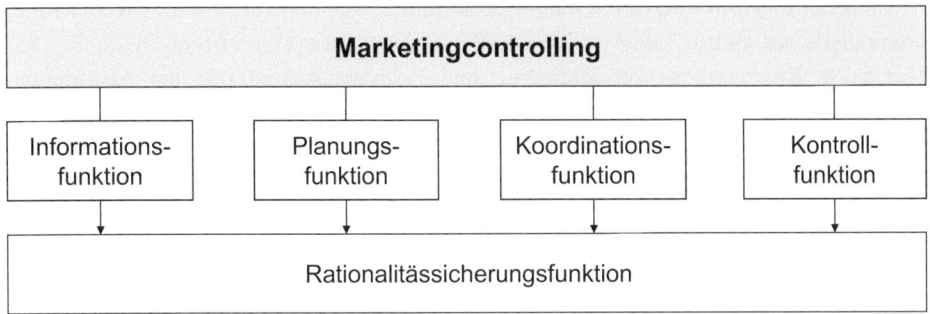

Abb. 21.3 Funktionen des Marketingcontrollings

(Vgl. Bruhn 2022, S. 282 ff., Reinecke und Janz 2007, S. 51 ff.; Link und Heller-Herold 2021, S. 107; Benkenstein und Uhrich 2009, S. 217). Die Funktionen sind nicht überschneidungsfrei.

Die **Informationsfunktion** des Marketing-Controlling bezieht sich auf die Sammlung und Aufbereitung aller planungs-, entscheidungs-, koordinations- und kontrollrelevanter Informationen in der erforderlichen Genauigkeit und Verdichtung zum richtigen Zeitpunkt am richtigen Ort (Vgl. Horváth et al. 2020, S. 189 ff.). Eine enge Koordination mit der (strategischen) Marketingforschung ist dabei unerlässlich (Vgl. Kap. 4). Es ist dazu ein vierstufiger Prozess zu durchlaufen: die Informationsbedarfsanalyse, die Informationsbeschaffung, die Informationsaufbereitung und -speicherung sowie die Informationsübermittlung (Vgl. Bruhn 2022, S. 282 f.). Die **Informationsbedarfsanalyse** stellt fest, welche Informationen für die verschiedenen Marketingentscheidungen benötigt werden (Vgl. Köhler 2006, S. 43). Für das strategische Marketing, dessen Ziel der Aufbau und Erhalt von KKVs in einer dynamischen Umwelt ist, kann die Relevanz von Informationen nicht immer eindeutig bestimmt werden (Vgl. Baum et al. 2013, S. 8 f.). Bei der **Informationsbeschaffung** greift das Marketingcontrolling auf interne und externe Informationen aus der strategischen Marketingforschung zurück und nutzt dabei Informationen der klassischen Marketingforschung, der Marketingprognosen und der strategischen Marketingaufklärung (Vgl. Kap. 4). Probleme können sich aus der Masse der heute auch durch die Digitalisierung entstehenden und abgefragten Daten ergeben. Die **Informationsaufbereitung und -speicherung** kümmert sich um die Selektion, Gewichtung und Aggregation bzw. Disaggregation der gesammelten Daten. Im letzten Schritt der **Informationsübermittlung** sind die Informationen rechtzeitig und in geeigneter Form, entsprechend den Informationsbedürfnissen der Entscheider, bereitzustellen (Vgl. Köhler 1993, S. 260; Köhler 2006, S. 45 f.). Tendenziell nimmt der erforderliche Verdichtungsgrad der Informationen mit steigender Unternehmensebene zu. Schließlich ist es in diesem Zusammenhang Aufgabe des Marketingcontrollings dafür Sorge zu tragen, dass die Informationsweitergabe zwischen den verschiedenen Bereichen abgesichert wird.

Die **Planungsfunktion** des Marketingcontrollings kümmert sich um die Sicherstellung kontinuierlicher und in sich konsistenter Planungsprozesse (Vgl. Bruhn 2022, S. 283). Durch die Koordination von Marketing und Rechnungswesen und die Abstimmung einzelner Marketingteilbudgets wird auch die Budgetierung vom Marketingcontrolling unterstützt. Ein Rationalitätsengpass stellt in der Praxis das fehlende Denken in alternativen Marketingstrategien und -umsetzungsmaßnahmen dar (Vgl. Reinecke und Janz 2007, S. 52 f.). Das Marketingcontrolling kann hier bei der Bewertung und Auswahl der Möglichkeiten methodisch und instrumentell unterstützen, in dem es geeignete Bewertungskriterien für unterschiedliche Alternativen erarbeitet, Bewertungsmethoden bereitstellt und die Konsequenzen verschiedener Handlungsalternativen entwickelt (Vgl. auch Kap. 18).

Die **Koordinationsfunktion** des Marketingcontrolling bezieht sich auf den Informationsversorgungs- sowie den gesamten Marketingplanungs- und -kontrollprozess. In vertikaler Hinsicht werden Marketingziele und -aktivitäten mit den Gesamtunternehmensebene sowie Marketingziele und -aktivitäten untereinander abgestimmt. In horizontaler Hinsicht müssen der Informationsversorgungsprozess sowie die Planungs- und Kontrollprozesse des Marketings mit anderen Unternehmensteilen (F&E, Produktion usw.) koordiniert werden. Es werden dadurch die Durchsetzung von Partikularinteressen und damit verbundene suboptimale Lösungen vermieden. Als weitere Koordinationsaufgabe des Marketingcontrollings sehen Reinecke und Janz (2007, S. 55) den Beitrag des Marketingcontrollings bei Projekten außerhalb des Routinegeschäfts, wie z. B. der Einführung von Marketingkennzahlensystemen, die Aus- und Neugestaltung des Markenauftritts, die Übernahme von anderen Unternehmen etc.

Die **Kontrollfunktion** des Marketingcontrolling befasst sich mit Soll-Ist-Vergleichen, die aufzeigen sollen, ob mit den Marketingstrategien und -maßnahmen die Marketingziele erreicht werden bzw. wurden (Vgl. Reinecke und Janz, 2007, S. 53, Bruhn 2022, S. 283, Köhler 2006, S. 44, Köhler 1993, S. 392). Kontrollen können unterschiedlich klassifiziert werden:

- Nach der Kontrollebene: Strategische und operative Kontrolle,
- nach Objekten: Ablauf- (Prozess-) und Ergebniskontrolle,
- nach dem Ziel: Feed-back- und Feed-forward-Kontrolle.

Die **operative Kontrolle** untersucht Soll-Ist-Abweichungen von Planungsgrößen, die für einen kurzen Planungszeitraum festgelegt wurden. Demgegenüber besitzt die **strategische Kontrolle** Frühaufklärungscharakter (vgl. auch Kap. 4). Ist-Größen werden in der Absicht, Erfolgspotenziale abzuschöpfen, mit langfristigen Zielen in Beziehung gesetzt (Vgl. Köhler 1993, S. 397). Die **Ablaufkontrolle** nimmt Bezug auf die zeitlichen Abläufe, Verfahren und eingesetzten Maßnahmen in den einzelnen Planungsphasen von Marketingprojekten (Erschließung neuer SGFs durch neue Leistungen, Aufbau und Pflege von Distributionskanälen, etc.). Während der Realisation werden die Aktivitäten in Form

21.2 Marketingcontrolling

von Zeitkontrollen und Methodenkontrollen überprüft, um die zeitgerechte und korrekte Durchführung sicherzustellen. Bezogen auf die **Ergebniskontrolle** werden Effektivitäts- und Effizienzkontrollen unterschieden (Vgl. Kotler et al. 2015, S. 796 ff.). Effektivitätskontrollen beziehen sich im Kontext des KKVs (Vgl. Backhaus und Voeth 2014, S. 13 ff.) auf die Realisation von Netto-Nutzen-Differenzen, die Effizienzkontrolle auf den langfristigen Gewinn (Vgl. Abschn. 1.2.). Die **Feed-back-Kontrolle** stellt fest, ob vorgegebene Ist-Wert erreicht wurden. **Feed-forward-Kontrollen** überprüfen, ob Soll-Werte angepasst werden müssen (Vgl. Reinecke und Janz 2007, S. 53).

Ein wichtiges Instrument der strategischen Feed-forward-Kontrolle sind **Marketingaudits.** Das Marketingaudit ist zukunftsorientiert angelegt und beschäftigt sich mit den Voraussetzungen der künftigen Nutzung von Erfolgspotenzialen (Vgl. Köhler 2006, S. 45; Köhler 1993, S. 397 f.). Es soll eine rechtzeitige und umfassend koordinierte Anpassung des marktbezogenen Führungssystems an Umweltveränderungen unter Berücksichtigung sich weiterentwickelnder Informations- und Planungssysteme gewährleisten (Vgl. Köhler 1993, S. 397 f.).

▶ „Ein Marketingaudit ist eine umfassende, systematische, unabhängige und regelmäßige Untersuchung von Marketingumfeld, -zielen, -strategien und aktivitäten eines Unternehmens oder einer strategischen Geschäftseinheit" (Kotler et al. 2015, S. 798).

Umfassend bedeutet, dass sie alle wichtigen Bereiche der marktorientierten Unternehmensführung einbezieht und sich nicht auf Teilbereiche des Marketings wie z. B. Preispolitik beschränkt (Vgl. auch Hilker 1993, S. 150). Es ist eine systematische und ordnungsgemäße Untersuchung, die insbesondere Schwachstellen identifiziert und daraus Verbesserungsmöglichkeiten ableitet. Bezogen auf die Unabhängigkeit sprechen sich Kotler et al. (2015, S. 799) für externe Auditoren aus, die notwendige Untersuchungen objektiver und intensiver durchführen können. Sie übersehen, dass auch externe Gutachter durch ihre Profession eine bestimmte Sichtweise besitzen, z. T. kostenintensiv agieren, sodass ihr Engagement ggf. von der Unternehmung ex ante limitiert wird, und auch die Hoffnung auf Nachfolgeaufträge die Objektivität einschränken kann. Denkbar wäre auch ein internes Auditorenteam, dessen Mitglieder verschiedensten Erfahrungen aufweisen. Vorteile eines internen Auditorenteams sind dessen Markt- und Unternehmenskenntnisse. Voraussetzung ist jedoch eine Unternehmenskultur, die Kritik und daraus abgeleitete Verbesserungen zulässt. Schließlich sollte das Marketingaudit regelmäßig stattfinden und nicht den Charakter eines „Feuerwehrinstruments" bekommen.

Köhler (2006, S. 45) unterscheidet das Verfahrensaudit, das Strategieaudit, das Marketing-Mix-Audit sowie das Organisationsaudit. Das **Verfahrensaudit** prüft Planungs- und Kontrollverfahren sowie die (adäquate) Informationsversorgung. Das **Strategieaudit** kümmert sich um die zugrunde gelegten Prämissen, die strategischen Ziele sowie die Konsistenz der Schlussfolgerungen. Das **Marketing-Mix-Audit** überprüft die Kompatibilität des Einsatzes der Marketinginstrumente mit der strategischen

Grundkonzeption, die geeignete Maßnahmenabstimmung sowie die jeweilige Mittel-Zweck-Angemessenheit. Schließlich beleuchtet das **Organisationsaudit,** ob alle Marketingaufgaben berücksichtigt werden und ob die Auf- und Ablauforganisation geeignet sind, die Aufgaben zu realisieren.

Für das Marketingaudit fehlen vorgegebene Prüfnormen, die eindeutig vorgeben, welche Kriterien in welchem Ausmaß erreicht werden müssen, um bestimmte Zustände zu erreichen. Vielfach wird mit Checklisten agiert (Vgl. Kotler et al. 2015, S. 799 ff.). Das Marketingaudit besitzt damit unvermeidliche Subjektivitäten.

21.2.2 Strategisches Marketingcontrolling

Zum Aufbau und Erhalt von KKVs besitzt das strategische Marketingcontrolling systembildende und systeminterne Funktionen (Vgl. Meffert 1994, S. 409 f.; Meffert et al. 2019, S. 935; Horvàth 2009, S. 25). **Systembildende Funktionen** des Marketingcontrollings sind rahmenschaffende Koordinationsaufgaben. Dazu gehören die Entwicklung und Abstimmung planungs- und kontrollbezogener Informationssysteme, organisatorischer Richtlinien und zielbezogener Planungs- und Kontrollinstrumente (Vgl. Meffert 1994, S. 405). Spezifische **systembildende Funktionen** des strategischen Marketingcontrollings sind

- die Entwicklung eines geeigneten strategischen Marketinginformationssystems (Vgl. auch Kap. 4),
- die Gestaltung des aufbau- und ablauforganisatorischen Basissystems für das strategische Marketing-Management (Vgl. auch Kap. 19),
- die Implementierung von Planungs- und Kontrollinstrumenten (Vgl. u. a. Kap. 18)

Bei den Aufgaben des strategischen Marketingcontrollings im Rahmen der **systeminternen Funktionen** sind Aufgaben im Rahmen der Informationsbereitstellung, Planung, Koordination und Kontrolle zu unterscheiden.

Die **Informationsfunktion** des strategischen Marketingcontrollings umfasst

- die Koordination der Informationsbeschaffung,
- die Interpretation und Bewertung der Informationen für die strategische Marketingplanung,
- die Durchführung von Spezialanalysen für die strategische Marketingplanung, die von der strategischen Marketingforschung nicht oder nicht unmittelbar erstellt werden.

Planungsaufgaben des strategischen Marketingcontrollings beziehen sich auf die Initiierung der Marketing-Prozesse, die (fortlaufende) Überwachung des Planungsfortschritts und die laufende Terminabstimmung.

Koordinationsaufgaben des strategische Marketingcontrolling schließen die Abstimmung der strategischen Marketingpläne, die Abstimmung der strategischen mit den operativen Marketingplänen sowie die Abstimmung funktionsübergreifender Pläne ein. Dazu muss das strategische Marketingcontrolling Prioritäten strategischer Objekte bestimmen, die Realisationsreife strategischer Projekte überprüfen und Hilfestellung bei der Formulierung von Teilzielen leisten.

Die **Kontrollfunktion** des strategischen Marketingcontrolling hat die Aufgabe

- Fehlentwicklungen der Planungs- und Realisationsprozesse zu identifizieren,
- Fehler der Marketingorganisation zu identifizieren,
- die Umsetzung der strategischen Pläne in strategiekonforme Maßnahmenprogramme zu überwachen
- Prämissen strategischer Pläne mit Marketing-Audits zu hinterfragen.

21.2.3 Implementierung des Marketingcontrolling

Zur Implementierung des strategischen Marketingcontrollings bzw. des Controllings allgemein ist dessen Institutionalisierung nicht unbedingt notwendig (Vgl. Meffert 1994, S. 419). Controlling ist eine allgemeine Aufgabe, die in allen Marketing- und Unternehmensbereichen durchzuführen ist. Eine Institutionalisierung lässt in den einzelnen Bereichen ggf. der Auffassung Raum, dass Controlling von einem Controller aus der Controllingabteilung durchgeführt wird und eigenen Aktivitäten nicht nötig wären. Sinnvoll ist eine Controllingabteilung nur zur Koordination verschiedener Controllingaktivitäten unterschiedlicher Bereiche.

Zur Umsetzung des strategischen Marketingcontrollings gehören u. a. (Vgl. Böcker 1988, S. 34 ff.)

- der Abbau von Misstrauen (Sicherheitsziel des strategischen Marketingcontrollings),
- die Anregung zu weiteren Initiativen (Initiierungsziel des strategischen Marketingcontrollings),
- die Verbesserung von Planung und Kontrolle (Lernziel des strategischen Marketingcontrollings).

Mit dem **Sicherheitsziel** des strategischen Marketingcontrollings soll eine reibungslose und vertrauensvolle Zusammenarbeit in der Unternehmung gewährleistet werden. Gleichzeitig sollen Qualität und Motivation gesteigert werden. Dies geschieht, indem das strategische Marketingcontrolling klärt, ob die Realisation von Vorgaben bekannt und sachgerecht beurteilt wird. Das Sicherheitsziel des Marketingcontrolling spielt bei den Beziehungen innerhalb des Marketings als auch zwischen dem Marketing und anderen

Unternehmensteilen eine Rolle. Das Marketingcontrolling weist in Form von Soll-Ist-Abweichungen sowie durch Aufzeigen unangemessener Annahmen über die Umwelt, Ziele, Strategien und Maßnahmen auf bestehenden Handlungsbedarf hin. Nicht der geniale Gedanke eines Einzelnen bzw. einer Gruppe, sondern objektive Faktoren sind dann Ausgangspunkt unternehmerischen Handelns, was nicht zuletzt der Durchsetzung von Neuerungen im Gesamtunternehmen dienlich ist. Das **Lernziel des Marketingcontrolling** bezieht sich auf die Überprüfung der Richtigkeit von Hypothesen und Prämissen, auf deren Basis das Marketing und die Unternehmung arbeitet. Indem die Wirkungen von Planung und Entscheidung der Vergangenheit durch das Marketingcontrolling offengelegt werden, erhält die Unternehmung Information darüber, ob ihre Hypothesen und Prämissen angemessen oder unangemessen sind. Unangemessene Hypothesen und Prämissen können dann für zukünftige Planung und Entscheidung angepasst werden. Insbesondere das **Initiierungs- und Lernziel des Marketing-Controlling** verdeutlichen dessen Bedeutung für die strategische Planung in einer diskontinuierlichen Umwelt. Es trägt dazu bei, die Planung und Durchsetzung von KKVs auf Gesamtunternehmens-, Gruppen- und Individualebene zu unterstützen und zu verstärken.

Literatur

Backhaus, K.; Voeth, M. (2014): Industriegütermarketing, 10. Aufl., Franz Vahlen, München
Baum, H. G; Coenenberg, A. G.; Günther, T. (2013): Strategisches Controlling. 5. Aufl., Schäffer-Poeschel Verlag, Stuttgart
Benkenstein, M.; Uhrich, S. (2009): Strategisches Marketing. 3. Aufl., W. Kohlhammer, Stuttgart
Böcker, F. (1988): Marketing-Kontrolle. Kohlhammer, Stuttgart
Brühl, R. (2016): Controllingl – Grundlagen einer erfolgsorientierten Unternehmenssteuerung. 4. Aufl. Verlag Franz Vahlen, München
Bruhn, M. (2022): Marketing. Grundlagen für Studium und Praxis. 15. Aufl., Springer Gabler, Wiesbaden.
Eulerich, M. (2009): Strategische Planung, Steuerung und Kontrolle von Mergers & Acquisitions: M & A Controlling – M & A-Risikomanagement – Praxiswissen. Peter Lang, Frankfurt am Main
Franz, K.- P. (2000): Strategieunterstützende Controllinginstrumente. In: Welge, M. K., Al-Laham, A., Kajüter, P. (Hrsg.) Praxis des strategischen Managements, Konzepte, Erfahrungen, Perspektiven. Springer Fachmedien, Wiesbaden, S. 317–330
Hilker, J. (1993): Marketingimplementierung. Grundlagen und Umsetzung am Beispiel ostdeutscher Unternehmen. Deutscher Universitätsverlag, Wiesbaden
Homburg, Chr. (2001): Der Selbstfindungsprozess des Controlling: Einige Randbemerkungen aus der Marketing-Perspektive. In: Die Unternehmung 55 (6), S. 425–430.
Homburg, Chr. (2020): Marketing Management. 7. Aufl., Gabler Springer, Wiesbaden
Horvàth, P. (2009): Herausforderungen an das Controlling bei der Strategieumsetzung. In: Reimer, M.; Fiege, S. (Hrsg.): Perspektiven des Strategischen Controllings. Festschrift für Professor Dr. Ulrich Krystek, Gabler I GWV Fachverlage GmbH, Wiesbaden, S. 19–31.
Horváth, P.; Gleich, R.; Seiter, M. (2020): Controlling. 14. Aufl., Verlag Franz Vahlen, München

Kehrmann, T. (2002): Rationalitätssicherung bei hohen Wissensdefiziten. Entwicklung eines Modells zum Controlling strategischer Problemlösungsteams. Deutscher Universitäts-Verlag GmbH, Wiesbaden

Köhler, R. (1993): Beiträge zum Marketing-Management. Planung, Organisation, Controlling. 3. Aufl., Schäffer-Poeschel, Stuttgart.

Köhler, R. (2006): Marketingcontrolling: Konzepte und Methoden. In: Reinecke J.; Tomczak, T. (Hrsg.): Handbuch Marketing-Controlling. 2. Aufl., Gabler, Wiesbaden, S. 39–61

Kotler, P.; Keller, K. L.; Opresnik, M. O. (2015): Marketing-Management. Konzepte – Instrumente – Unternehmensfallstudien; [inklusive MyLab, deutsche Version]. 14. aktualisierte Aufl., Pearson (Wirtschaft), Hallbergmoos.

Hans-Ulrich Küpper, H.-U.; Friedl, G. Hofmann, C.; Hofmann, Y.; Pedell, B. (2013): Controlling Konzeption, Aufgaben, Instrumente. 6. Aufl., Schäffer-Poeschel Stuttgart.

Link, P.; Heller-Herold, G. (2021): Design-Thinking-Methoden für das Marketing-Controlling, Transformation und konkrete Umsetzung mit Mehrwert für den Kunden. In Zerres, Ch. (Hrsg): Handbuch Marketing-Controlling. Grundlagen – Methoden – Umsetzung. 5. Auflage, Springer Gabler Berlin, S. 93–124.

Meffert, H. (1994): Marketing-Management. Analyse – Strategie – Implementierung. Gabler, Wiesbaden.

Meffert, H.; Burmann, Ch.; Kirchgeorg, M; Eisenbeiß, M. (2019): Marketing. 13. Aufl., Springer Gabler, Wiesbaden

Reichmann, T.; Kißler, M.; Baumöl, U.; Hoffjahn, A. (2017): Controlling mit Kennzahlen. Die systemgestützte Controlling-Konzeption. 9. Aufl., Verlag Fanz Vahlen, München.

Reinecke, S.; Janz, S. Hohenauer, R. (2016): Controlling der Marketingkommunikation: Zentrale Kennzahlen und ausgewählte Evaluationsverfahren. In: Esch, F.- R.; Langner, T.; Bruhn, M. (Hrsg.): Handbuch Controlling der Kommunikation. Grundlagen – Innovative Anssätze – Praktische Umsetzungen. 2. Aufl., Springer Gabler, Wiesbaden, S. 3–25.

Reinecke, S.; Geis, G. (2021): Kennzahlensysteme in Marketing und Verkauf: Gütekriterien, Grundprinzipien, Implementierung. In: Zerres, C: (Hrsg.): Handbuch Controlling. Grundlagen – Methoden – Umsetzung. 5. Aufl., Springer Gabler, Berlin, S. 151–177.

Reinecke, S.; Janz, S. (2007): Marketingcontolling. Kohlhammer, Stuttgart

Reinecke, S.; Tombach, A. (2022): Marketingcontrolling in der Unternehmenspraxis. In: Becker, W.; Ulrich, P. (Hrsg.): Handbuch Controlling. 2. Aufl., Springer Gabler, Wiesbaden, S. 179–204

Schlemminger, R. (2018): Strategische Controlling-Instrumente. In wisu 47 (4), S. 441–445

Schreyögg, G. (2006): Strategische Kontrolle einer marktorientierten Unternehmensführung. In: Reinecke, S.; Tomczak, T. (Hrsg.) Handbuch Marketingcontrolling, 2. Aufl., Betriebswirtschaftlicher Dr. Th. Gabler und GWV Fachverlag GmbH, Wiesbaden, S. 99–115.

Schreyögg, G.; Koch, J (2020): Management. Grundlagen der Unternehmensführung. 8. Aufl.; Springer Gabler, Wiesbaden.

Stelling, J. N. (2009): Kostenmanagement und Controlling. 3. Aufl. Oldenbourger Wissenschaftsverlag GmbH, München

Vollert, K. (2004): Grundlagen des strategischen Marketing. 3. Aufl., PCO, Bayreuth.

Weber, J. (2009): Rationalitätssicherung als zentrale Aufgabe des strategischen Controllings. In: Reimer, M.; Fiege, S. (Hrsg.): Perspektiven des Strategischen Controllings. Festschrift für Professor Dr. Ulrich Krystek, Gabler | GWV Fachverlage GmbH, Wiesbaden, S. 3–18

Weber, J.; Schäffer, U. (2006): Marketingcontrolling: Sicherstellung der Rationalität einer marktorientierten Unternehmensführung. In: Reinecke, S.; Tomczak, T. (Hrsg.): Handbuch Marketingcontrolling. 2. Aufl., Betriebswirtschaftlicher Dr. Th. Gabler und GWV Fachverlag GmbH, Wiesbaden, S. 63–80.

Weber, J.; Schäffer, U. (2016): Einführung in das Controlling. 15. Aufl.; Schäffer-Poeschel, Stuttgart

Welge, M. K.; Al- Laham, A.; Eulerich, M. (2017): Strategisches Management. 7. Aufl., Springer Gabler, Wiesbaden

Welge, M. K.; Eulerich, M. (2021): Corporate-Governance-Management. Theorie und Praxis der guten Unternehmensführung. 3. Aufl.; Springer Gabler, Wiesbaden.

Zerres, Ch.; Zerres, M. (2021): Einführung in das Marketing-Controlling. In: Zerres, Ch. (Hrsg): Handbuch Marketing-Controlling. Grundlagen – Methoden – Umsetzung. 5. Auflage, Springer Gabler, Berlin, S. 3–15.

Strategische Flexibilität 22

Inhaltsverzeichnis

22.1 Definition des Begriffs 855
22.2 Anforderungen der strategischen Flexibilität 860
    22.2.1 Organisationale Aufmerksamkeit 861
    22.2.2 Dynamische Fähigkeiten 862
    22.2.3 Strategieemergenz 865
22.3 Strategische Flexibilität vs. Selbstbindung 866
Literatur 868

22.1 Definition des Begriffs

Die Unternehmung agiert meist in einer komplexen, sich dynamisch und abrupt verändernden Umwelt (Vgl. Kaluza und Becker 2005, S. 2; Burmann 2001, S. 169; Burmann und Meffert 2003, S. 132; Damisch 2002, S. 39; Giere 2007, S. 1 ff.; Hasenmüller 2013, S. 69 f.; Horstmann 2011, S. 35 ff.; Zahn et al. 2005, S. 72 f.; Meffert 1994, S. 452; Ansoff et al. 2019, S. 78 f.). Im einfachsten Fall verändern sich im Laufe des Marktlebenszyklus die Wettbewerbskräfte von Porter (Vgl. Porter 2010; Porter 2013).

> **Übersicht**
> Beispiele dafür sind u. a.
>
> - zusätzliche Konkurrenten (ggf. auch aus anderen Ländern mit anderen Geschäftsmodellen),

- Veränderungen der Kundenpräferenzen (ggf. hin zu preisgünstigen Einkäufen),
- Aufkommen neuer oder veränderter Substitutionsleistungen,
- Veränderungen in den Lieferkette und damit der Verhandlungsmacht der Lieferanten.
- Veränderungen von Geschäftsmodellen etablierter Konkurrenten.

Zudem werden Veränderungen in der globalen Umwelt auftreten.

Beispiel

Als Beispiele hierfür können u. a. genannt werden:

- Neue Technologien (z. B. im Rahmen der Kommunikation und Digitalisierung),
- Veränderung der Demographie (z. B. die zunehmende Alterung der Gesellschaft),
- Veränderung der ökologischen Anforderungen (z. B. die Reduktion des CO^2-Ausstosses),
- Veränderungen gesetzlicher Vorgaben (z. B. verschärfte Sicherheitsvorschriften, Im- und Exportverbote),
- der Wegfall von Absatzmärkten durch politische Krisen,
- Veränderungen der Kapitalkosten durch die Geldpolitik der Zentralbanken. ◄

Wie bereits in Abschn. 3.2.2.2 dargestellt, muss die Unternehmung daraufhin ihre Strategien und Maßnahmen zur Bearbeitung eines Marktes verändern, um dauerhaft KKVs zu realisieren (Vgl. Meffert 2018, S. 20; Westkämper und Zahn 2009, S. 67; Rasche 2000, S. 89). Unternehmen, die entsprechende Anpassungen nicht vornehmen können oder wollen, sind gezwungen, ihre Aktivitäten auf andere Märkte zu verlagern oder ihre Aktivitäten einzustellen. In allen Fällen benötigt die Unternehmung entsprechende Flexibilität.

Der Begriff der Flexibilität, der ehemals als Elastizität bezeichnet wurde (Vgl. Kaluza und Blecker 2005, S. 6), ist nicht eindeutig definiert (Vgl. Wolf 1989, S. 13; Kaluza und Blecker 2005, S. 6 ff.). Man ist sich jedoch weitgehend einig, dass mit dem Begriff nicht Anpassungsmaßnahmen selbst, sondern das Potenzial zur Anpassung angesprochen ist (Vgl. Burmann 2005, S. 59; Brehm 2003, S. 87).

▶ Im Folgenden soll in Anlehnung an die Definition von Kaluza und Blecker (2005, S. 9) die Flexibilität als Eigenschaften einer Unternehmung definieren, proaktiv oder reaktiv Änderungen ihrer Konfiguration zu realisieren, um KKVs bei sich verändernden Umweltbedingungen zu schaffen und zu erhalten.

22.1 Definition des Begriffs

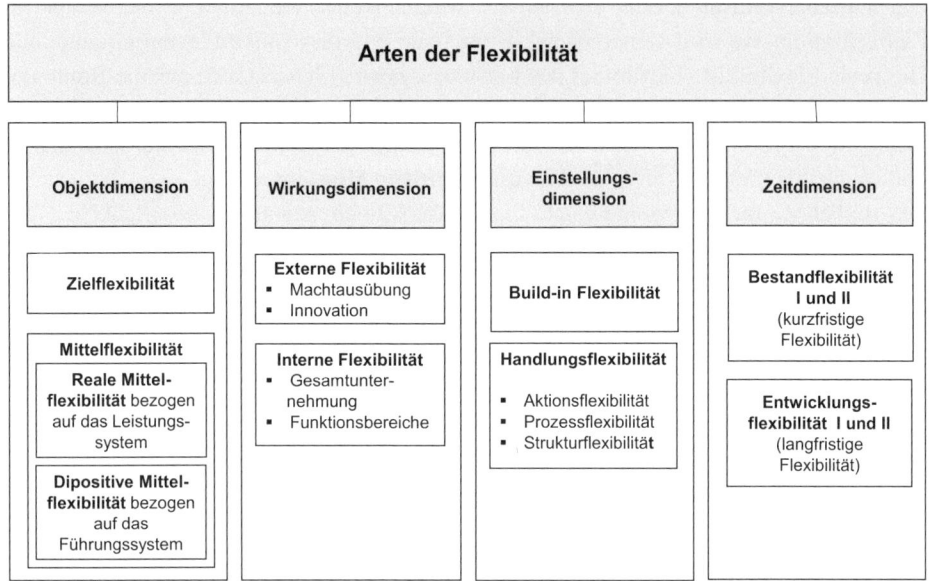

Abb. 22.1 Arten der Flexibilität (nach Burmann 2005, S. 48)

Es werden die Objektdimension, die Zeitdimension, die Einstellungsdimension und die Wirkungsdimension der Flexibilität unterschieden (Vgl. Kaluza 1993, S. 1174 ff., Burmann 2005, S. 47 ff.; Burmann und Meffert 2003, S. 132 ff.; Burmann 2001, S. 174). Einen Überblick gibt Abb. 22.1.

Die **Objektdimension** beschäftigt sich mit der Ziel- und Mittelflexibilität. Die **Zielflexibilität** bezieht sich auf die Möglichkeiten zur Aufnahme neuer und Veränderung bestehender Zielinhalte.

▶ Wenn durch politische Krisen (z. B. Kriege) Absatzgebiete verloren gehen, kann die Akquisition neuer Kunden in bislang nicht bearbeiteten Regionen ein Ziel werden.

Weiterhin kann die Zielflexibilität Veränderungen der Zielgewichtungen im Zielsystem, aber auch der Veränderungen des angestrebten Zielausmaßes einzelner Ziele beinhalten. Die Zielflexibilität betrifft regelmäßig die Handlungsziele und im geringeren Ausmaß die normativen Ziele.

▶ Im Laufe des Marktlebenszyklus nimmt die Bedeutung niedriger Preise und damit implizit das Ziel niedriger Kosten der Unternehmung an Bedeutung zu, während das Ziele der Differenzierung an Bedeutung verliert.

Die **Mittelflexibilität** bezieht sich auf die Möglichkeiten zur Auswahl der Mittel zur Zielrealisation. Sie wird weitergehend in die reale und dispositive Flexibilität unterteilt. Die **reale Flexibilität** (Flexibilität des Leistungssystems) bezieht sich auf die Breite des Einsatzbereiches der Produktionsfaktoren Arbeit, Betriebsmittel, Werkstoffe, aber auch Information (Thommen et al. 2023, S. 6). Die reale Flexibilität kann auf quantitative und qualitative Aspekte abstellen. In **quantitativer Hinsicht** erfolgt eine Betrachtung der zeitlichen, mengenmäßigen und intensitätsmäßigen Anpassungsmöglichkeiten der Produktionsfaktoren an Veränderungen der Beschäftigung.

▶ Ein Beispiel wäre die Abdeckung zusätzlicher Nachfrage in angemessener Zeit aufgrund des Ausfalls eines Konkurrenten.

In **qualitativer Hinsicht** kann die reale Mittelflexibilität bzgl. der Vielseitigkeit und Umrüstbarkeit der Betriebsmittel sowie der Breite und Tiefe der Einsatzfelder der Mitarbeiter beschrieben werden.

▶ Die qualitative reale Mittelflexibilität erlangt z. B. Relevanz, wenn innovative Technologien (wie z. B. E-Autos) bei den Nachfragern an Bedeutung gewinnen und die Unternehmung zum Aufbau und Erhalt von KKVs diese Technologie kurzfristig adaptieren muss.

Die **dispositive Mittelflexibilität** fokussiert die Anpassungsfähigkeit der Unternehmung bzgl. der Planung, Entscheidung, Organisation und Kontrolle.

▶ Hier ist z. B. die Integration neuer Managementtechniken bzw. innovativer Technologien (z. B. künstliche Intelligenz) in den Managementprozess zu nennen.

Die **Wirkungsdimension der Flexibilität** unterscheidet die externe und die interne Flexibilität (Vgl. Ansoff et al. 2019, Ansoff 1976, S. 139; Meffert 1994, S. 453 f., Burmann 2005, S. 49 f.). Die **externe Flexibilität** stellt auf die Einflussnahme der Unternehmung auf ihre Umwelt ab. Dies kann z. B. durch den Einsatz von Machtpotenzialen geschehen oder auch durch Innovationen.

▶ Große Unternehmen mit vielen Mitarbeitern können mit der Drohung der Verlagerung ihrer Aktivitäten ins Ausland und den damit verbundenen Arbeitsplatzverlust Subventionen des Staates erzwingen, durch die Drohung der Kündigung der Lieferverträge ihren Lieferanten niedrigere Preise abringen etc. Auch durch Produkt- und Prozessinnovationen kann der Handlungsspielraum der Unternehmung erweitert werden.

22.1 Definition des Begriffs

Die **interne Flexibilität**, die sich auf die gesamte Unternehmung und auf einzelne Funktionsbereiche beziehen kann, beschäftigt sich mit der Veränderung unternehmensinterner Struktur- und Prozessvariablen, ohne dass damit unmittelbar Einfluss auf die Umwelt genommen wird. Insbesondere der Einsatz der Industrie 4.0 und der KI bietet heute einen breiten Raum, die interne Flexibilität zu steigern.

Bezogen auf die **Einstellungsdimension der Flexibilität** wird zwischen der Build-in und der Handlungsflexibilität differenziert. Die **Build-in-Flexibilität** versucht, negative Einflüsse von Umweltentwicklungen auf die Unternehmung durch Diversifikation (Vgl. Abschn. 6.1), Veränderungen in der Unternehmensstruktur aber auch durch Risikoabwälzung auf Partner zu kompensieren. Die Build-in-Flexibilität ist eine Alternative zur defensiv-passiven Risikovorsorge (Vgl. Meffert 1994, S. 455). Die **Handlungsflexibilität** verschafft der Unternehmung Freiheitsgrade bei einer sich verändernden internen oder externen Situation (Vgl. Koch 1998, S. 474). Burmann (2005, S. 50) kennzeichnet die Handlungsflexibilität als offensiv-aktives Reaktionsvermögen der Unternehmung. Sie unterteilt sich in die Aktions-, Prozess- und Strukturflexibilität (Vgl. Meffert 1994, S. 455 f.).

Die **Aktionsflexibilität** beschreibt die Menge der Handlungsspielräume in den Funktionsbereichen.

▶ Ein Beispiel wäre der (gekonnte) Einsatz verschiedener Kommunikationsinstrumente und -maßnahmen oder auch die Zahl der Vertriebskanäle, die der Unternehmung für das Angebot ihrer Leistungen offenstehen.

Die **Prozessflexibilität** bezieht sich auf die Handlungsschnelligkeit der Planung und der Entscheidungsumsetzung, während die **Strukturflexibilität** die Handlungsbereitschaft der Unternehmung im Bereich der Organisation, des Personals und der Führungssysteme umfasst.

Die **Zeitdimension** wird von Jacob in die Bestands- und Entwicklungsflexibilität aufgeschlüsselt (Vgl. Jacob 1989, S. 18 ff.). Die **Bestandsflexibilität** zeigt die Möglichkeiten der Unternehmung, sich unter Nutzung vorhandener Mittel veränderten Bedingungen anzupassen. Die Bestandsflexibilität wird wiederum in die Bestandsflexibilität I und in die Bestandsflexibilität II unterteilt. Die **Bestandsflexibilität I** beschreibt die Fähigkeit der Unternehmung, bei gegebenem Bestand, wechselnden, nach Art und Umfang bekannte Aufgaben zu entsprechen.

▶ Als Beispiele für die Notwendigkeit der Bestandflexibilität I können saisonale Schwankungen genannt werden.

Die **Bestandsflexibilität II** bezieht sich auf die Möglichkeiten der Unternehmung, bei gegebenem Bestand, mit unterschiedlichen, zu Beginn der Planungsperiode für möglich gehaltenen Situationen umzugehen.

▶ Als Beispiel können Möglichkeiten der Unternehmung gelten, mit ihren Leistungen unterschiedlichen Sicherheitsstandards in Folge sich verändernder gesetzlicher Vorgaben zu entsprechen.

Die **Entwicklungsflexibilität** beschreibt die langfristige Fähigkeit der Unternehmung, sich unvorhersehbaren Veränderungen der internen und externen Situation anzupassen (Vgl. Burmann 2005, S. 51). Auch hier werden zwei Stufen unterschieden. Die **Entwicklungsflexibilität I** beschreibt die Möglichkeiten bei einem dauerhaft unveränderbaren Produktions- und Leistungsprogramm Produktionsfaktoren quantitativ schnell und kostengünstig an dauerhafte Nachfrageveränderungen anzugleichen. Die Entwicklungsflexibilität I hängt ab von (Vgl. Jacob 1989, S. 41)

- der Art der Bindungen der Unternehmung insb. der Kapitalbindung und anderer vertraglicher Verpflichtungen,
- der Zeitdauer und den Kosten, die erforderlich sind, um bestehende Verbindungen aufzulösen bzw. neue (zusätzliche) Verbindungen zu knüpfen,
- der Bandbreite der Verwendbarkeit der vorhandenen Ressourcen.

Die **Entwicklungsflexibilität II**, die von Jacob als **strategische Flexibilität** bezeichnet wird (Vgl. Jacob 1989, S. 57 f.) gibt die Annahme eines vorgegebenen Produktions- und Leistungsprogramms auf.

▶Strategische Flexibilität wird definiert als Handlungspotenziale, die sich in der Handlungsschnelligkeit und Handlungsbreite der Gesamtunternehmung ausdrücken, um aktiv-offensiv durch Veränderungen des Produktions- und Leistungsprogramms zukünftige Wachstums- und Erfolgspotenziale auszuschöpfen (Vgl. Burmann 2005, S. 52) und KKVs zu realisieren (Vgl. auch Volberda, 1998, S. 117 ff.; Hitt et al. 1998, S. 26).

22.2 Anforderungen der strategischen Flexibilität

Eine strategische Flexibilität erfordert, wie in Abb. 22.2 dargestellt, organisationale Aufmerksamkeit, dynamische Kompetenzen und Strategieemergenz (Vgl. Zahn et al. 2005, S. 88; Zahn et al. 2000, S. 63).

Dabei spielen die **dynamic capabilities** von Teece (Vgl. Abschn. 3.6.2) eine entscheidende Rolle.

▶Dynamic capabilities sind Fähigkeit der Unternehmung bestimmte, interne und externe Ressourcen und Kompetenzen zu integrieren, aufzubauen und neu zu konfigurieren, um in einer sich schnell verändernden Umwelt KKVs zu erhalten und aufzubauen (Vgl. Teece

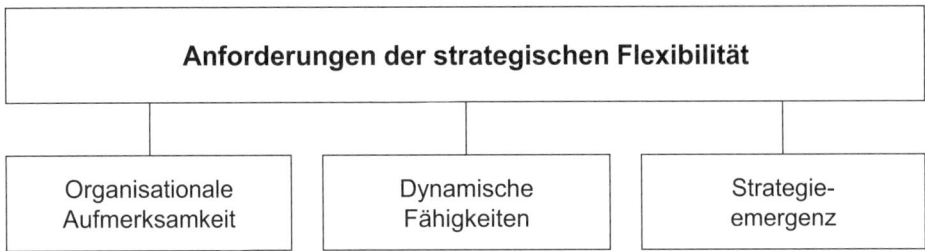

Abb. 22.2 Anforderungen der strategischen Flexibilität

2012, S. 1395, Teece 2007, S. 1319; Teece 2018; Müller-Stewens und Lechner 2016, S. 13).

Sie bestimmen die Geschwindigkeit und das Ausmaß mit der die Unternehmung sich an neue Anforderungen anpassen kann (Vgl. Teece 2012, S. 1395).

22.2.1 Organisationale Aufmerksamkeit

Die organisationale Aufmerksamkeit berücksichtigt Fähigkeiten zur Wahrnehmung von Veränderungen (Vgl. Jenner 2006, S. 159 f.), die zu Chancen und Risiken der Unternehmung im Wettbewerb führen können. Teece spricht in diesem Zusammenhang von Sensing (Vgl. Teece 2007, S. 1322 f.). Diese Fähigkeit bestimmt, ob das Unternehmen in der Lage ist, Chancen und Risikopotenziale zu erkennen und wie es bestehende, neu zu kombinierende und gänzlich neue Ressourcen und Kompetenzen bewertet, um Chancen zu nutzen und Risiken zu minimieren (Vgl. Zahn et al. 2005, S. 88.). Teece nennt insb. (Vgl. Teece 2007)

- Prozesse der internen F&E und der Auswahl neuer Technologien (Vgl. Abschn. 8.2.3),
- Prozesse, um Innovationen von Lieferanten und Komplementäranbieter zu nutzen,
- Prozesse, um wichtige Entwicklungen in Technologie und der Wissenschaft zu erfassen,
- Prozesse zur Identifikation von Zielgruppen, sich verändernden Kundenbedürfnissen und Innovationen der Kunden.

Grundlage dazu bildet die strategische Marketingforschung (Vgl. Kap. 4).

Entscheidend sind beim Sensing auch die Wahrnehmungsgeschwindigkeit und die Wahrnehmungsgenauigkeit (Vgl. Zahn et al. 2005, S. 89). Die **Wahrnehmungsgeschwindigkeit** bestimmt, wie schnell Strategien in der Folge von Umweltveränderungen angepasst werden können. Hier kann die Erfassung schwacher Signale (Vgl. Abschn. 4.4.3) erheblich zu einer Verbesserung beitragen (Vgl. Ansoff 1976, S. 135; Ansoff 1979, S. 47 f.; Ansoff 1980, S. 143 f.). Die **Wahrnehmungsgenauigkeit** bzw. die Einschätzung der Veränderungen bestimmt den Handlungsdruck, der mit deutlicher werdender Einschätzung steigt.

Welche Informationen als relevant erachtet werden, hängt im erheblichen Masse von der Unternehmenskultur ab. Prahalad und Bettis sprechen in diesem Zusammenhang von der Dominant Logic und definieren diese als „… a mind set or a world view or conceptualization of the business and the administrative tools to accomplish goals and make decisions in that business" (Prahalad und Bettis 1986, S. 491). Die Unternehmenskultur hat einen erheblichen Einfluss, welche Entwicklungen der globalen Umwelt und der Aufgabenumwelt für das strategische Management als relevant erachtet werden. Insofern muss die Unternehmung ihre Unternehmenskultur permanent hinterfragen und verändern, um eine adäquate organisationale Aufmerksamkeit zu gewährleisten (Vgl. auch Kap. 20).

22.2.2 Dynamische Fähigkeiten

Als dynamische Fähigkeiten neben dem Sensing nennt Teece in früheren Ansätzen das Coordinating/ Integrating, das Learning und das Reconfiguring (Vgl. Teece et al. 1997). In späteren Ansätzen werden von ihm als zusätzliche dynamische Fähigkeiten das Seizing und das Reconfiguring unterschieden (Vgl. Teece 2007, Teece 2016). Das Learning wir explizit nicht mehr ausgeführt.

Das **Seizing** umfasst die Mobilisierung von Ressourcen zur Realisation von Chancen und der Abwehr von Risiken. Dazu benötigt die Unternehmung neue Produkte, Prozesse und Services (Vgl. Teece 2007, S. 1326). Es werden bei Veränderungen des Marktes und der Umwelt mögliche innovative, kundenbezogene Lösungen bestimmt (Vgl. 8.2.3.3.1) und ein Geschäftsmodell genau abgegrenzt, Entscheidungsmodelle ausgewählt sowie Grenzen der Geschäftstätigkeit festgelegt, um sich mit aus Kundensicht sinnvolle Ergänzungen zu beschäftigen und um die Unternehmenspolitik zu kontrollieren sowie Loyalitäten und Commitment aufzubauen (Vgl. Teece 2007, S. 1326 ff.). „The structure and assets of the organisation helps shape the choice made" (Teece 2016).

▶ Als Beispiel könnte die Ausweitung der Geschäftstätigkeit in neue geographische Gebiete unter Beibehaltung bestimmter Qualitätsstandards genannt werden.

Die Unternehmung bleibt damit in einer gewissen Pfadabhängigkeit (Vgl. auch Hasenmüller 2013, S. 108 f.) und konzentriert sich auf bekannte Problemlösung für den Kunden. Damit gewinnt die **Replikationsfähigkeit** an Bedeutung (Vgl. Teece et al. 1997, S. 524; Teece 2016, Burmann 2005, S. 39). Sie bezieht sich auf die Multiplikation der in der Unternehmung bereits vorhandenen Fähigkeiten. Die Unternehmung kann damit insb.

schnell und effizient auf Veränderungen reagieren. Eine Ausweitung der Tätigkeit auf neue Chancen dient zudem der Verbesserung und der Weiterentwicklung ihrer Fähigkeiten (Vgl. Teece et al. 1997, S. 525). Probleme bereitet das Replikationsparadoxon (Vgl. Burmann und Meffert 2003, S. 139, Burmann 2005, S. 178). Demnach signalisieren Investitionen in die schnelle und kostengünstige Replikation der Fähigkeiten der Unternehmung, dass diese auch von der Konkurrenz schnell imitiert werden können. Kosten und Zeitaufwand der Replikation von Fähigkeiten sollten deshalb unter den Investitionsaufwendungen der Konkurrenz liegen. Zudem sollten Schutzrechte geschaffen werden.

Das **Reconfigering** bezieht sich auf die kontinuierliche Erneuerung und Transformation der Unternehmung (Vgl. Teece 2007, S. 1334 ff.; Teece et al. 1997, S. 520 f.; Teece 2016). Die Rekonfiguration ist mit einer umfassenden Veränderung der Ressourcenausstattung und der Fähigkeiten der Unternehmung in einer sich schnell verändernden Umwelt verbunden.

▶ Als Beispiel kann hier das autonome und umweltfreundliche Fahren gelten, oder die Entwicklung neuer Arzneimittel für altersbedingte Krankheiten, die sich mit der demographischen Entwicklungen ergeben.

Voraussetzungen ist das frühzeitige Erkennen von Veränderungen, was dem Sensing obliegt. Zudem muss die Unternehmung die Möglichkeiten besitzen, die Ressourcen zu beschaffen und Fähigkeiten zu erlernen. Die Anforderungen an strategische Ressourcen (Vgl. Abschn. 3.6.1) sind zu beachten.

Seizing und Reconfiguring werden auch als organisationale **Meta-Fähigkeiten** bezeichnet (Vgl. Burmann 2005, S. 168; Burmann und Meffert 2003, S. 137), da sie auf die parallele Existenz von alten und neuen Fähigkeiten verweisen. Während das Seizing die Handlungsschnelligkeit einer Unternehmung erhöhen kann, kann das Reconfiguring die Handlungsbreite der Unternehmung ausdehnen (Vgl. Abb. 22.3). Bildet die Unternehmung nur eine der Fähigkeiten aus, ist ihre strategische Flexibilität eingeschränkt (Vgl. Burmann und Meffert 2003, S. 141).

Bedauerlicherweise wird das Learning bzw. das Wissen als Ergebnis des Lernens in neuern Ansätzen zu den dynamic capabilities von Teece nicht mehr explizit herausgestellt. Implizit ist es in der Fähigkeit Sensing enthalten, aber auch im Seizing und im Reconfiguring (Vgl. Burmann 2005, S. 42). Wissen wurde in Abschn. 3.6.3 als eigenständiges Element des Organizational View dargestellt und in statisches und dynamisches Wissen unterschieden (Vgl. auch Welge et al. 2017). Zur Steigerung der Replikationsfähigkeit und damit zur Verbesserung des Seizing ist es notwendig, statisches Wissen in der der Unternehmung zu kodifizieren und zu transformieren (Vgl. Burmann 2005, S. 40). Mit der **Kodifizierung** wird implizites Wissen externalisiert. Die **Transformation** erlaubt es, dass Wissen von allen bzw. vielen Mitarbeitern der Unternehmung genutzt wird (Vgl. auch Picot et al. 2020, S. 61). Die Kodifizierung und Transformation sind Voraussetzung

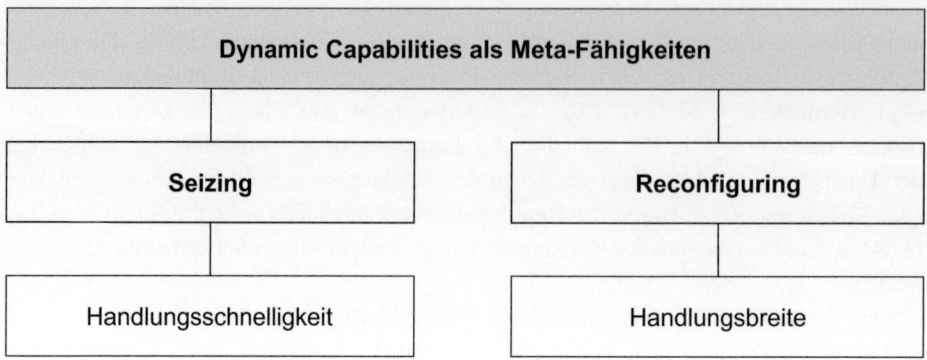

Abb. 22.3 Dynamic Capabilities als Metafähigkeiten

für gruppen-, bzw. teamübergreifende Lernprozesse (Vgl. Burmann und Meffert 2003, S. 143). Sie sind notwendig bei diversifizierten Unternehmen, einer hohen Fluktuation innerhalb der Unternehmung, beim Zukauf von Unternehmungen bzw. bei Kooperationsprojekten mit externen Partnern. Vorteile der Kodifizierung ergeben sich durch eine steigende Replikationsfähigkeit und damit durch die Steigerung der Handlungsschnelligkeit. Nachteilig wirken sich hohe Kosten der Kodifizierung und Transformation aus. Nur wenn diese durch dadurch entstehende Erlöse amortisiert werden, kann von einem positiven Einfluss auf die KKVs ausgegangen werden (Vgl. auch Burmann 2005, S. 40). Weiterhin muss berücksichtigt werden, dass nicht das gesamte Wissen eines Mitarbeiters oder einer Gruppe kodifiziert werden kann. Zudem muss in Betracht gezogen werden, dass die Kodifizierung von Wissen dessen schnelle Imitation ermöglicht. Dies gefährdet den Erhalt KKVs.

Das Reconfiguring bedarf des Erwerbs neuer Fähigkeiten in der Unternehmung. Dies geschieht durch die Rekombination vorhandenen und durch den Erwerb neuen Wissens. Die innovative Rekombination von vorhandenem Wissen wird als **Wissensabstraktion** bezeichnet. Die Wissensabstraktion erweitert potenzielle Anwendungsbereiche des Wissens und ermöglicht dessen Übertragung auf andere Märkte, indem Wissen dekontextualisiert und auf elementare Ursachen-Wirkungsbeziehungen reduziert wird (Vgl. Burmann und Meffert 2003, S. 144). Die Entwicklung neuen Wissens in der Unternehmung erfordert die Aufnahme neuer interner und externer Informationen, was man auch als **Absorptionsfähigkeit** der Unternehmung bezeichnet. Weiter ist es notwendig, dass neues Wissen wiederholt gebraucht und Erfahrungen damit gemacht werden. Meist muss neues Wissen mit vorhandenem Wissen in der Unternehmung verknüpft werden. Abb. 22.4 zeigt die Bedeutung des Wissens für die strategische Flexibilität.

22.2 Anforderungen der strategischen Flexibilität

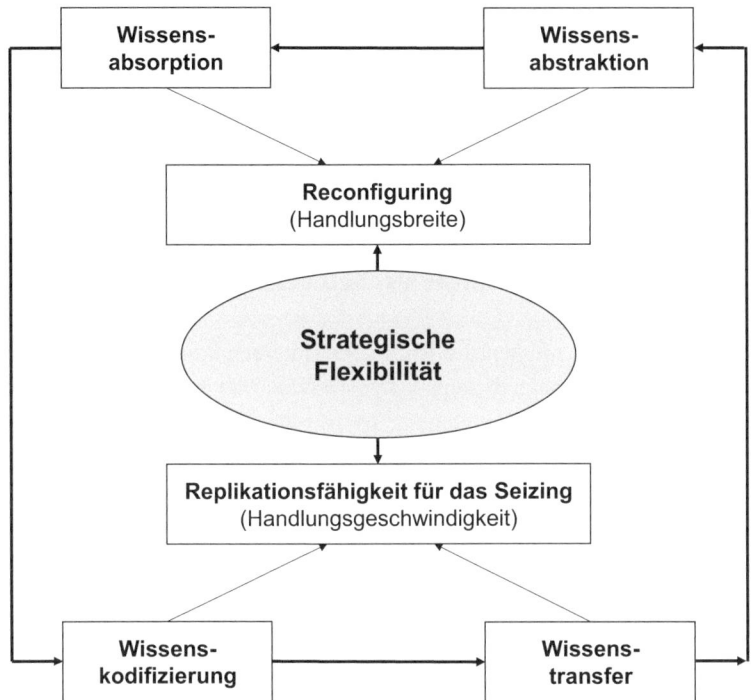

Abb. 22.4 Wissen als Grundlage der strategischen Flexibilität. (In Anlehnung an Burmann und Meffert 2003, S. 146)

22.2.3 Strategieemergenz

Wie bereits in Abschn. 2.1.2.1 dargestellt, kann das Modell der synoptischen strategischen Planung (Vgl. Ansoff 1965) der Dynamik der Umweltentwicklung der Unternehmung und der daraus sich ergebenden Notwendigkeit einer strategischen Flexibilität nicht gerecht werden (Vgl. Zahn et al. 2005, S. 76 f.). Es setzt einen festgelegten, stufenweisen Verlauf von Strategieplanung und Strategieimplementierung voraus, an dessen Ende ein endgültiger strategischer Plan mit normativem Charakter steht (Vgl. Mintzberg 1978, S. 935). Vielmehr bedarf es der Strategieformierung im **Modell des Inkrementalismus** (Vgl. Mintzberg 1978, Mintzberg 1991, S. 43; Mintzberg 1994, S. 107 ff.; Mintzberg 1995, S. 32; Schreyögg und Koch 2020, S. 237 ff.; Backhaus und Schneider 2020, S. 33). Die strategische Flexibilität macht es dabei notwendig, dass sich ursprünglich beabsichtigten Strategien (**intended strategies**) nur teilweise in den realisierten Strategien (**realized strategies**) als geplante Strategien (**deliberate strategies**) wiederfinden. Andere Teile der „intended strategies" sind nicht durchführbar und werden verworfen (**unrealized strategies**). Zudem kommen im Zeitablauf Strategien, die nicht geplant waren, aber durch kohärentes Verhalten in der Unternehmung (ungeplant) entstehen und sich durchsetzen (**emergent strategies**) hinzu. Der „Strategiekanon" wird weiterhin um einen Teil ergänzt, der die bewusste und gewollte Veränderung der intended strategies – den **„changed strategies"** umfasst. Die strategische Flexibilität zeigt sich in den emergenten und den bewusst geänderten Strategien der Unternehmung. Basis bilden das Sensing, das Seizing und die damit verbundene Replikationsfähigkeit sowie das Reconfiguring.

22.3 Strategische Flexibilität vs. Selbstbindung

Wie in Kap. 1 dargestellt, müssen die KKVs der Unternehmung verteidigungsfähig sein, um im dynamischen Wettbewerb langfristige Gewinne zu realisieren. Um Imitationen zu verhindern, benötigt die Unternehmung spezifische Ressourcen und Fähigkeiten, die konkurrierende Unternehmen auf dem Markt nicht jederzeit imitieren oder substituieren können. Dies hängt wiederum von der **Spezifität** der Ressourcen und Fähigkeiten ab. Die Spezifität von Fähigkeiten und Ressourcen wird in die Verwendungs- und Unternehmensspezifität unterteilt (Vgl. Ghemawat und del Sol 1998, S. 26 ff.). **Unternehmensspezifität** besitzen Ressourcen und Fähigkeiten dann, wenn ihr Wert beim Einsatz innerhalb der Unternehmung höher ist als ihr Wert auf den Ressourcenmärkten.

▶ Ein bestimmter Rohstoff gewinnt erst durch ein Patent oder eine exklusiv von der Unternehmung genutzte Technologie an Wert.

Die **Verwendungsspezifität** der Ressourcen und Fähigkeiten zeigt sich in der Breite ihrer möglichen Anwendungen, d. h. in Zahl und Art möglicher Absatzleistungen, Standorte, Betriebsstoffe, Ausbringungsmengen, Tätigkeiten, aber auch anderen Unternehmen. Ein Maß der Verwendungsspezifität ist der Wertverlust, den eine Ressource erleidet, wenn sie einem anderen als ihren bisherigen Verwendungszweck zugeführt wird.

▶ Die Verwendungsspezifität einer Maschine wäre hoch, wenn auf ihr nur ein Produkt in einer eingeschränkten Menge gefertigt werden kann.

Der Aufbau unternehmensspezifischer Ressourcen und Fähigkeiten schützt (temporär) vor Imitation und ermöglicht den Aufbau und Erhalt von KKVs. Gleichzeit gibt die Unternehmung Handlungspotenziale auf. Diese Selbstbindung wird auch als Commitment bezeichnet (Vgl. Rasche 2000, S. 95 f.).

Ressourcen und Fähigkeiten können, wie in Abb. 22.5 gezeigt, bzgl. ihrer Unternehmens- und Verwendungsspezifität klassifiziert werden (Vgl. auch Burmann 2005, S. 65; Rasche 2000, S. 97).

Eine hohe Verwendungsspezifität und eine niedrige Unternehmensspezifität von Ressourcen und Fähigkeiten (Feld 1) führt zu einer **speziellen Flexibilität**. Sie können auf

22.3 Strategische Flexibilität vs. Selbstbindung

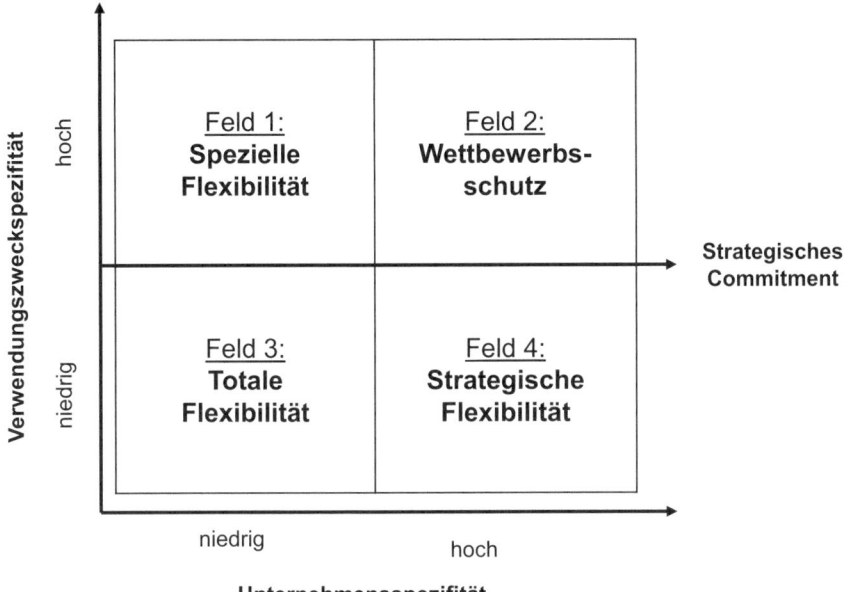

Abb. 22.5 Flexibilitätsmatrix

einem einzelnen Markt zum Aufbau und Erhalt von KKVs dienen. Die Unternehmung kann diese selbst nutzen oder auch verkaufen bzw. tauschen, um andere Ressourcen und Fähigkeiten zu erwerben. Notwendig dazu sind jedoch Transaktionspartner auf dem Markt.

▶ Beispiele sind Schürfrechte für Bodenschätze, Slots von Fluggesellschaften, UMTS-Lizenzen u. ä.

Ressourcen und Fähigkeiten mit einer hohen Verwendungsspezifität und einer hohen Unternehmensspezifität (Feld 2) ermöglichen den Aufbau und Erhalt von KKVs auf einem Markt. Sie können von der Konkurrenz kaum imitiert oder substituiert werden, sodass sie einen **Wettbewerbsschutz** besitzen.

▶ Zu diesen Ressourcen und Fähigkeiten zählen z. B. selbsterstellte Maschinen, eigene F&E- Ergebnisse usw.

Ressourcen und Fähigkeiten mit einer niedrigen Unternehmens- und Verwendungsspezifität sind am flexibelsten einzusetzen (Feld 3). Man kann von einer **totalen Flexibilität** sprechen. Sie bieten kaum Raum für den Aufbau und Erhalt von KKVs, da sie relativ einfach imitierbar und substituierbar sind.

▶ Als Beispiele können u. a. Bargeldbestände, Hardware der Informationstechnologie, ungelernte Arbeitskräfte etc. dienen.

Die **strategische Flexibilität** wird durch Ressourcen und Fähigkeiten gebildet, die eine hohe Unternehmensspezifität, gleichzeitig aber eine niedrige Verwendungsspezifität besitzen (Feld 4). Sie sind schwer imitier- und substituierbar, können aber auf vielen Märkten Verwendung finden. Die Überschneidung zu den Kernkompetenzen ist offensichtlich.

▶ Dazu gehören alle Ressourcen zur Replikation und zur Rekonfiguration.

Für die Unternehmung ist es sinnvoll, möglichst viele unternehmensspezifische Ressourcen und Fähigkeiten zu besitzen. I. S. der strategischen Flexibilität benötigt sie dabei immer auch Ressourcen und Fähigkeiten, mit einer hohen Anwendungsbreite.

Literatur

Ansoff, H. I. (1965): Corporate Strategy. An Analytical Approach to Business Policy for Growth and Expansion. McGraw-Hill, New York.
Ansoff, H. I. (1976): Managing (Surprise) and Discontinuity – Strategic Response to Weak Signals. In: Zeitschrift für betriebswirtschaftliche Forschung 28, S. 129–152.
Ansoff, H. I. (1979): Strategic Management. Wiley, New York.
Ansoff, H. I. (1980): Strategic Issue Management. In: Strategic Mangement 1(2), S. 131–148.
Ansoff, H. I.; Kipley, D.; Lewis, A. O.; Helm-Stevens, R.; Ansoff, R.(2019): Implanting Strategic Management. 3rd. ed.; Springer Nature Cham Switzerland AG. https://link.springer.com/book/ https://doi.org/10.1007/978-3-319-99599-1. Zugegriffen: 24. April 2024.
Backhaus, K.; Schneider, H. (2020): Strategisches Marketing. 3. Aufl., Schäffer-Poeschel Verlag, Stuttgart.
Brehm, C. R. (2003): Organisatorische Flexibilität der Unternehmung. Bausteine eines erfolgreichen Wandels. Deutscher Universitäts-Verlag/GWV Fachverlage GmbH, Wiesbaden.
Burmann, C.(2001): Strategische Flexibilität und Strategiewechsel in turbulenten Märkten. Neuere theoretische Ansätze zur Unternehmensflexibilität. In: Die Betriebswirtschaft 61 (2), S. 169–188.
Burmann, C. (2005): Strategische Flexibilität und der Marktwert von Unternehmen. In: Kaluza, B.; Blecker, T. (Hrsg.): Erfolgsfaktor Flexibilität. Strategien und Konzepte für wandlungsfähige Unternehmen. Erich Schmidt Verlag, Berlin, S. 29—53.
Burmann, C. (2005): Strategische Flexibilität und Strategiewechsel als Determinanten des Unternehmenswertes. Deutscher Universitätsverlag GmbH, Wiesbaden
Burmann, C.; Meffert, H. (2003): Strategische Flexibilität und Strategieveränderungen als Determinanten des Unternehmenswertes. In: Ringlstetter, M. J.; Herbert A.; Henzler, H. A.; Mirov, M. (Hrsg.): Perspektiven der Strategischen Unternehmensführung. Theorien – Konzepte – Anwendungen. Betriebswirtschaftlicher Verlag Dr. Th. Gabler GmbH, Wiesbaden, S. 131–167.
Damisch, P. N. (2002): Wertorientiertes Flexibilitätsmanagement durch den Realoptionsansatz. Springer Fachmedien Wiesbaden GmbH, Wiesbaden.
Ghemawhat, P.; Del Sol, P. (1998): Commitment versus Flexibility. In: CMR 40 (4), S. 26 – 42.

Giere, J. (2007): Marketingflexibilität. Eine empirische Analyse ihrer Konzeptionalisierung, Operationalisierung und Erfolgswirkung. Deutscher Universitäts-Verlag; GWV Fachverlage GmbH, Wiesbaden.
Hasenmüller, M.- P. (2013): Herausforderungen im Nachhaltigkeitsmanagement. Der Beitrag der Pfadforschung zur Erklärung von Implementationsbarrieren. Springer Fachmedien, Wiesbaden.
Hitt, M. A; Keats, B. W; DeMarie, S. M. (1998): Navigating in the new competitive landscape: Building strategic fexibility and competitive advantage in the 21st century. In: Acadedemy of Management Executive 12 (4), S. 22–41.
Horstmann, Ch. (2011): Integration und Flexibilität der Organisation durch Informationstechnologie. Gabler Verlag -Springer Fachmedien Wiesbaden GmbH, Wiesbaden.
Jacob, H., (1989): Flexibilität und ihre Bedeutung für die Betriebspolitik. In: Adam D.; Backhaus, K.; Meffert, H.; Wagner, H. (Hrsg.): Integration und Flexibilität. Eine Herausforderung für die allgemeine Betriebswirtschaftslehre. Betriebswirtschaftlicher Verlag Dr. Th. Gabler GmbH, Wiesbaden, S. 15–60.
Jenner, T. (2006): Controlling strategischer Erfolgspotenziale bei hoher Marktdynamik. In: Reinecke, S.; Tomczak, T. (Hrsg.): Handbuch Marketingcontrolling. 2. Aufl., Dr. Th. Gabler, Wiesbaden, S. 155–171.
Kaluza, B. (1993): Betriebliche Flexibilität. In: Wittmann, W., Kern, W., Köhler, R., Küpper, H.-U., v. Wysocki, K. (Hrsg.): Handwörterbuch der Betriebswirtschaftslehre. 3 Bd., 5. Aufl., Schäffer-Poeschel Verlag, Stuttgart, S. 1173–1184.
Kaluza, B.; Blecker, T. (2005): Flexibilität-State of the Art und Entwicklungstrends. In: Kaluza, B.; Blecker, T. (Hrsg.): Erfolgsfaktor Flexibilität. Strategien und Konzepte für wandlungsfähige Unternehmen. Erich Schmidt Verlag, Berlin, S. 1–25.
Koch, H. (1998): Unternehmenspolitik und Flexibilität. In: Bruhn, H.; Steffenhagen, H. (Hrsg.): Marktorientierte Unternehmensführung. Reflexionen – Denkanstöße – Perspektiven. 2. Aufl., Betriebswirtschaftlicher Verlag Dr. Th. Gabler GmbH, Wiesbaden, S. 470–486.
Meffert, H. (1994): Marketing-Management. Analyse – Strategie – Implementierung. Gabler, Wiesbaden.
Meffert, H. (2018): Marketing Weiterdenken. In: Bruhn, M.; Kirchgeorg , M (Hrsg.): Marketing Weiterdenken. Zukunftspfade für eine marktorientierte Unternehmensführung. Unter Mitarbeit von Heribert Meffert. 1. Aufl., Springer Fachmedien, Wiesbaden, S. 19–22.
Mintzberg, H. (1978): Pattern in Strategy Formation. In: Management Science 24 (9), S. 934–948.
Mintzberg, H (1991): Mintzberg über Management: Führung und Organisation,Mythos und Realität. Gabler, Wiesbaden.
Mintzberg, H. (1994): The Fall and Rise of Strategic Planning. In: Harvard Business Review 72 (1), S. 107–114.
Mintzberg, H. (1995): Die strategische Planung: Aufstieg, Niedergang und Neubestimmung. Hanser Verlag München, Wien.
Müller-Stewens, G.; Lechner, C. (2016): Strategisches Management. Wie strategische Initiativen zum Wandel führen. 5. Aufl., Schäffer-Poeschel, Stuttgart.
Picot, A.; Reichwald, R.; Wigand, R. T.; Möslein, K. M.; Neuburger R.; Neye, A.-K. (2020): Die grenzenlose Unternehmung Information, Organisation & Führung. 6. Aufl., Springer Gabler, Wiesbaden.
Porter, M. E. (2010): Wettbewerbsvorteile. 7. Aufl., Campus, Frankfurt am Main, New York.
Porter, M. E. (2013): Wettbewerbsstrategien. 12. Aufl., Campus, Frankfurt am Main, New York.
Prahalad, C. K.; Bettis, R. A. (1986): The Dominant Logic: a New Likage Beetween Diversity and Performance. In: Strategic Management Journal 7 (6) , S. 485–501.

Rasche, C. (2000): Der Resource Based View im Lichte des hybriden Wettbewerbs. In: Hammann, P.; Freiling, J. (Hrsg.): Die Ressourcen- und Kompetenzperspektive des Strategischen Managements. Dt. Univ.-Verl., Wiesbaden, S. 69–125.

Schreyögg, G.; Koch, J (2020): Management. Grundlagen der Unternehmensführung. 8. Aufl.; Springer Gabler, Wiesbaden.

Teece, D. J. (2007): Explicating Dynamic Capabilities: The Nature and Microfoundations of (Sustainable) Enterprise Performance. In: Strategic Management Journal 28. (8), S. 1319–1350.

Teece, D. J. (2012): Dynamic Capabilities: Routines versus Entrepreneurial Action. In: Journal of Management Studies 49. (8), S. 1395–1401.

Teece, D. J. (2016): Dynamic Capabilities. In: Augier, M.; Teece, D. J. (eds.): The Palgrave Encyclopedia of Strategic Management, S. 1–9. https://doi.org/10.1057/978-1-349-94848-2_689-1.

Teece, D.J. (2018): Dynamic Capabilities. In: Augier, M., Teece, D.J. (eds): The Palgrave Encyclopedia of Strategic Management. Palgrave Macmillan, London S. 444–452. https://doi.org/10.1057/978-1-137-00772-8_689. Zugegriffen: 11.12.23.

Teece, D.; Pisano, G.; Shuen, A. (1997): Dynamic Capabilities and Strategic Management. In: Strategic Management Journal 18 (8), S. 509–533.

Thommen, J.- P.; Achleitner, A.- K.; Gilbert, D. U; Hachmeister, D.; Jarchow, S.; Kaiser, G. (2023): Allgemeine Betriebswirtschaftslehre. Umfassende Einführung aus managementorientierter Sicht. 10. Aufl.; Springer Fachmedien Wiesbaden GmbH, Wiesbaden.

Volberda, H. W. (1998): Building the Flexible Firm: How to Remain Competitive. Oxford University Press, New York.

Welge, M. K.; Al- Laham, A.; Eulerich, M. (2017): Strategisches Management. 7. Aufl., Springer Gabler, Wiesbaden.

Westkämper, E.; Zahn, E. (2009): Wandlungsfähige Produktionsunternehmen. Das Stuttgarter Unternehmensmodell. Springer Verlag, Berlin, Heidelberg.

Wolf, J. (1989): Investitionsplanung zur Flexibilisierung der Produktion. Deutscher Universitäts-Verlag GmbH, Wiesbaden.

Zahn, E.; Foschiani, S.; Tilebein, M. (2000): Wissen und Strategiekompetenz als Basis für die Wettbewerbsfähigkeit von Unternehmen. In: Hammann, P., Freiling, J. (Hrsg.): Die Ressourcen- und Kompetenzperspektive des Strategischen Managements. Springer Fachmedien, Wiesbaden, S. 47–68.

Zahn, E. Nowak, M; Schön, M. (2005): Flexible Strategien für wandlungsfähige Unternehmen. In: Kaluza, B., Blecker, T. (Hrsg.): Erfolgsfaktor Flexibilität. Strategien und Konzepte für wandlungsfähige Unternehmen. Erich Schmidt Verlag, Berlin, S. 71–103.

Stichwortverzeichnis

Symbols

μ σ - Regel, 759
3D-Druck, 68
7-S- Modell von McKinsey, 131

A

Ablauforganisation, 800
Absatzfunktionen des Handels, 527
Absatzmarkt relevanter, 70
    Abgrenzung des, 71
    Beurteilung des, 82
    duale Marktabgrenzung, 78
    Räumliche Marktabgrenzung, 78
    Sachliche Marktabgrenzung, 71
    Segmentierung des, 100
    Zeitliche Marktabgrenzung, 82
Absatzmittlerbezogene Strategien, 520, 533, 548
Absatzprogramm, 576
Absatzvolumen, 98
Adoption, 89
Affiliate Marketing, 682
AIDA-Modell, 671
Akquisitorisches Distributionssystem, 520
Aktivitäten der Unternehmung, 134
Angebotssubstitution, 72
Anpassungsstrategien, 504
Anpassungsstrategien an den Handel, 545
Anspruchsgruppen, 27
Anspruchsgruppenbezogene Strategien, 556, 747, 749
Anspruchsgruppen der Qualität, 330
Anspruchsgruppen der Unternehmung, 247, 467, 557, 667
App-Marketing, 693
Aufbauorganisation, 792
Ausstellungen, 699
Auswahlprinzipien, 167
Auswahl von Ländermärkten, 309
Ausweichstrategien, 502

B

Balanced Scorecard, 762
Basistechnologien, 386
Bayes-Regel, 759
BCG-Matrix, 287–293, 298
Benchmarking, 108
Bestimmung des Kundenwerts, 212, 213, 448–450, 456
Bewertungsplattformen, 688
Big Data, 66
Bluetooth-Marketing, 692
Brand Extension, 586, 587
Breite des Vertriebssystems, 530
Breite des Vertriebsweges, 529
Budgetierung, 766
Business Screen, 287, 293, 295–297

C

CE . *siehe* Customer Experience
CEM . *siehe* Customer Experience Management
Chancen-Risiko-Analyse, 229
Cloud Computing, 67
Controlling, 841

operative Controlling, 842
strategische Controlling, 841
Controllinginstrumente, 842
Controllingkonzepte, 842
CRM . *siehe* Customer Relationship Management
Cross-Channel-Management, 531
Customer Experience, 33
Customer Experience Management, 31–34, 284, 470
Customer Journey, 31
Customer Lifetime Value, 117, 212, 449
Customer Relationship Management, 117, 119, 161, 162, 457, 467–474, 476, 483, 489, 492, 532, 580, 630, 649
    Grundlage des, 467
    Strategieformulierung im, 472

D
Dachmarkenstrategie, 581, 584, 589, 590, 712
Datenauswertung, 171
Delphi-Methode, 180
der Preispositionierung), 623
Deskriptive Forschung, 154
Dialogkommunikation, 668
Diffusionstheorie, 89
Digitale Kommunikation, 678, 721
Digitalisierung, 65
direkter Export, 313
direkter Vertrieb, 521
Direktkommunikation, 694
Display-Werbung, 682
Distributionspolitik, 36, 267, 352, 472, 486, 519, 733
Diversifikation, 107, 110, 281–286, 379, 400, 578, 859
Dynamic Capabilities, 127, 131, 216, 864
Dynamic Capability-Ansatz, 127
Dynamische Fähigkeiten, 862

E
Earned-Media, 673
economies of scale, 99, 211
Efficient Consumer Response, 541
Einzelhändler, 525
Einzelmarkenstrategie, 581
E-Mail-Marketing, 680
Entscheidungen unter Risiko, 759

Entscheidungen unter Sicherheit, 756
Entscheidungen unter Unsicherheit, 756
Entwicklungsprozess von Strategien, 413
Erfahrungskurve, 99, 100, 215, 289, 293, 432, 645, 843
Erfahrungskurveneffekten, 92, 102, 193, 325, 405, 644
Erfolgskette, 117, 119, 120, 469, 470, 472, 473, 476
Erhebungseinheiten, 167
Erhebungsmethoden der Marketingforschung, 156
Event Marketing, 704
Experimentelle Forschung, 154
Expertenmeinungen, 179
Explorative Forschung, 154
exponentiellen Glättung, 175

F
Fähigkeiten, 126
    erster Ordnung, 126
    zweiter Ordnung, 126–129, 215
Familienmarkenstrategie, 584
Filterfunktionen des Handels, 527
Fixkostendegression, 85, 196, 197, 405, 615
Fixkostendegressionseffekt, 99
Flexibilität, 47, 91, 128, 154, 262, 388, 396, 397, 400, 417, 482, 508, 536, 577, 636, 677, 703, 786, 787, 793, 795, 812, 815, 827, 828, 855–861, 863–868
Formalziele, 263
Formen des Markteintritts (bei übernationalen Marktarealstrategien), 311
Forschung und Entwicklung, 381
Franchising, 201, 313
funktionalen Austauschbarkeit, 74

G
Geschäftsbeziehungen, 28
Geschwindigkeit und Anpassung von Aktivitäten, 441
gleitender Durchschnitt, 174
Globales Wirtschaftsethos, 253
globale Umwelt, 60–62, 151, 383
    Globale, 61
Großhandelsunternehmen, 524

H
Handlungsziele, 262
Hurwicz-Regel, 757
hybriden Strategien, 326
Hybride Strategien, 410, 411, 746
Hypothetische Monopolistentest, 72

I
Idealpunktmodell, 572
Implementierung, 761
  Gegenstand der, 762
  Problemstellung der, 761
  Prozess der, 767
Implementierung der strategischen Planung, 50
Indikatorensystems, 190
Indikatormodelle, 177
indirekter Export, 312
indirekter Vertrieb, 523
Industrial Organization, 83
Industrial Organization - Forschung, 193
Industrie 4.0, 63, 68, 196, 200, 211, 219, 293, 314, 398, 407, 410, 414, 416–418, 441, 467, 573, 622, 623, 859
Influencer Marketing, 689
Informationsfluss, 737
Informationsquellen der Marketingforschung, 156
inkrementelle Innovation, 375
Innovation, 7, 8, 11, 16, 90, 92, 98, 122, 132, 334, 344, 369, 370, 374–379, 381, 382, 391, 397, 398, 401, 402, 411, 412, 431, 571, 643, 644, 708, 747, 749, 812
Innovationsfalle, 387
Innovationsstrategie, 379
Innovationswilligkeit, 391
integriertes Qualitätsmanagement, 332
internationales Marketing, 305
internationales strategisches Marketing, 306
Internet of Things, 68
Involvement, 115, 359, 361, 374, 482, 537, 588, 675–677, 714, 715
ISO 9000, 328, 330, 338–340

J
Joint Venture, 30, 314, 399

K
Kernkompetenzen, 20, 126, 127, 284, 382, 577, 578, 735, 800, 868
KKV . siehe Komparativer Konkurrenzvorteil
Klassische Werbung, 674, 718
Knowledge-based View, 129
Kohortenanalysen, 178
Kommunikation, 18, 666
Kommunikationsareal, 720
Kommunikationsbotschaft, 714
Kommunikationsinstrumente, 672, 673, 685, 694, 699, 705, 710, 711, 715–717, 720, 859
Kommunikationsmedien, 715
Kommunikationsobjekt, 712
Kommunikationspolitik, 35, 36, 53, 267, 363, 405, 532, 543, 545, 668, 669, 709, 712, 716, 836
  Managementprozess der, 668
Kommunikationsstrategien, 709
Kommunikationstiming, 722
Kommunikationsziele, 669
Kommunikationszielgruppen, 710
kommunikative Interaktion, 667
Komparativer Konkurrenzvorteil, 7
  Anbieterperspektive, 16
  Definition des Begriffs, 16
  Kundenperspektive des, 8
  Theorie des dynamischen Wettbewerbs als Grundlage des, 7
  Umsetzung des Marketings als Management von, 22
  und Geschäftsmodelle, 18
Konditionenpolitik, 35, 36, 538
Konditionensystem, 655
Konfliktstrategien, 514
Konfliktstrategien mit dem Handel, 537
Konkurrenzinformationssystem, 108
Kontinuierlicher Verbesserungsprozess, 338
Konzept der subjektiven Wirtschaftspläne, 77
Kooperationen, 506
Kooperationsstrategien mit dem Handel, 539
Kostenanalyse, 403
Kostensenkungspotenziale, 404–406, 408, 644
Kulturtypologien, 22, 813

Kunden
  Auswahl der, 14, 447, 448
  Bewertung von, 448
  Methoden der Auswahl, 458
Kundenattraktivität, 213, 450, 451, 460
Kundenbeziehung, 324, 447, 466, 468, 470, 477, 480, 489, 491, 687, 790
Kundenbezogene Strategien, 447, 448, 472, 746, 749
Kundenrückgewinnungsmanagement, 488
Kundensegmente, 14, 20, 60, 100, 102, 107, 113, 114, 119, 191, 192, 199, 210, 212, 229, 266, 311, 407, 408, 459–461, 464, 472, 483, 489, 532, 573, 582, 584, 634, 641, 643, 735
  Bildung von, 117
  Segmentierungskriterien, 114
Kundenwert, 212, 407, 408, 448–450, 454–457, 460, 462–465, 471, 473, 475, 477, 489
Kundenwertportfolio, 451
Kundenzufriedenheit, 481
  und Kundenbindung, 413, 481–483, 485, 594, 617
Künstliche Intelligenz, 68

L
Länge des Absatzkanals, 528
Legitimität der Unternehmung, 553
Leistngsmodifikation, 95
Leistungen, 567
Leistungsbezogene Strategien, 747
Leistungsdifferenzierung, 85, 95, 196, 209, 211, 212, 570–573, 636
Leistungsdifferenzierung;, 194
Leistungselimination, 569, 573
Leistungsinnovationen, 11, 75, 93, 95, 266, 569, 585
Leistungsmodifikation, 35, 570, 571, 574
Leistungspflege, 571
Leistungspolitik, 35, 267, 478, 567, 569, 570, 574, 581
  Strategische Entscheidungen der, 574
Lieferantenposition, 213, 450, 451, 457, 459, 460
Lieferbeschaffenheit, 737
Lieferflexibilität, 737
Lieferservice, 734

Lieferservice-Niveau und Strategie, 737
Lieferzeit, 735
Lieferzuverlässigkeit, 736
Line Brand, 584
Line Extension, 586
Lizenzen, 284, 313, 390, 400, 406, 410, 867
Luxuspreisposition, 619, 620, 632
Luxus- und Premiumkonzepte, 626

M
Managementphilosophie, 252
Marke, 10, 13, 32–34, 95, 263, 268, 323, 347, 348, 350–357, 359–361, 363–369, 403, 476, 477, 485–487, 522, 537, 538, 571, 581–595, 613, 620, 621, 626, 633, 686, 687, 713
  Begriff der, 323, 347
  Definition der, 353
  Starke Marke, 356
  Wirkungskette der, 354
Markenarchitekturen, 308, 368, 591, 592, 712
Markenbekanntheit, 354, 355, 538
Markenhierarchien, 368, 591
Markenidentität, 359, 360, 362, 581, 585, 587, 593
Markenimage, 157, 354, 355, 359, 361, 362, 583–586, 588, 590, 621
Markenorientierung, 327, 347, 539, 620, 621, 626, 751
Markenportfolio, 368, 584, 590, 591, 593, 594
Markenpositionierung, 357, 362, 363, 581, 585
  Methodische Grundlagen der, 357
  Positionierungsmodelle, 358
Markensteuerrad, 360, 363
Markenstrategien, 574, 576, 581, 582, 747
Markentransfers, 587–589
Markenzeichen, 349
Marketing
  als Customer Experience Management, 31
  als Führungskonzept, 22
  als Funktion, 35
  als Management komparativer Konkurrenzvorteile, 7
  als Philosophie, 22
  als Prozess, 24
  als Relationship-Marketing, 27
  differenziertes, 463
  Entwicklung des, 4

konzentriertes, 462
modernes, 6
parzelliertes, 463
Strategiealternativen des, 745
undifferenziertes, 461
Vermarktungsorientierung, 4
Marketing-Accounting, 161
Marketingaudit, 849
Marketingaufklärung, 187
Marketingcontrolling, 846
  Implementierung des, 851
Marketingforschung, 119, 148–153, 155, 156, 165, 178, 221, 227, 307, 440, 452, 457, 539, 617, 636, 768, 794, 847, 850
Marketingforschungsproblem, 153
Marketingforschungsprozess, 152
Marketing-Hysterese, 439
Marketingkommunikation, 667
Marketing-Mix, 35, 36, 103, 307, 308, 432, 461–463, 465, 466, 569, 608, 669, 735, 753, 849
Marketing-Mix, 734
Marketingprognosen, 173, 847
  Qualitative Prognosen, 179
  Quantitative Prognosen, 174
Marketingstrategien, V, 25, 52, 53, 183, 307, 315, 472, 582, 750, 751, 755–757, 760, 823, 848
  Entscheidungen zu den, 755
  Implementierung der, 761
  und strategisches Marketingmanagement, 52
Market Pull – Innovation, 378
Marktanteil, 98
Marktanteils-Marktwachstums-Portfolio, 288
Marktarealstrategien, 81, 303–305, 745, 746, 796
  Nationale Marktarealstrategien, 304
  Übernationale Marktarealstrategien, 305
Marktattraktivität, 287, 288, 292–296, 309–311, 578
Marktattraktivitäts-Wettbewerbspositions-Portfolio, 293, 296
Marktdurchdringungsstrategie, 280
Marktentwicklungsstrategie, 281
Marktfeldstrategien, 279, 287, 324, 435, 745, 746
Marktforschung . *siehe* Marketingforschung

Marktlebenszyklus, 87
Marktpotenzial, 98
Marktstimulierungsstrategien, 324, 326, 580, 581
Marktstruktur-Marktverhalten-Marktergebnis-Paradigma, 83
Marktvolumen, 98
Mass Customization, 414, 415
Maximax-Regel, 757
Maximin-Regel, 757
Media-Mix, 717
Mehrmarkenstrategie, 581, 590, 592–594, 713
Messen, 699
Messung, 166
Microblogging-Dienste, 687
Mittelpreisposition, 621, 625, 630
MMS (Multimedia Message Service), 692
Mobile Computing, 67
Mobile Kommunikation, 691
Mobilitätsbarrieren, 109
Multi-Channel-Managements, 530

N
Nachfragesubstitution, 72
Nachhaltigkeit, 254
Nationale Marktarealstrategien, 304
Netto-Nutzen, 11
Netto-Nutzen-Differenz, 15
Netzwerkkommunikation, 668
Niedigpreisposition, 622
Niedrigpreiskonzepte, 628
Normative Ziele, 248
Normenstrategien, 290, 291, 295, 296, 298, 394, 457

O
Oberziel, 265
offenes strategisches Fenster, 438
Omni-Channel-Management, 531
Online-Communities, 686
Online-Handel, 526
Online-Kommunikation, 678–680, 685
Open Innovation, 377
Operatives Qualitätsmangement, 336
Organisation, 774
  Ablauforganisation, 800

Aufbauorganisation, 792
Organisationale Aufmerksamkeit, 861
Organisationsgestaltung, 791
Organisationstheorie, 775
Organizational-Based-View, 122
Outpacing-Strategien, 410–412
Owned-Media, 673

P
Paid-Media, 672
PDCA-Schema, 337
Penetration-Pricing, 644
Persönliche Kommunikation, 699
PESTEL - Ansatz, 61
physikalisch technischen Produktähnlichkeit, 77
Portfolio-Analyse, 227, 232, 233, 286, 530
Portfoliomanagement, 286, 290, 298, 435
    kritische Würdigung des, 298
    Marktanteils-Marktwachstums-Portfolio, 288
    Marktattraktivitäts-Wettbewerbspositions-Portfolio, 293
Positionierungsmanagement, 363
    aktives, 365
    klassisches, 363
Präferenzstrategie, 324
Preis, 602
Preis-Absatz-Funktion, 603
preisbezogene Kundennutzenkonzepte, 625
Preisbildung, 651
Preisdifferenzierung, 573, 614, 627, 634, 636–639, 641–643, 645, 649, 651, 747
Preiselastizität der Nachfrage, 605
Preisfairness-Konzepte, 627
Preislinienpolitik, 630
Preismanagement, 607
Preis-Mengen-Strategie, 325
Preispolitik, 36, 96, 258, 267, 479, 544, 602, 603, 609, 611, 614, 617, 647, 648, 849
Preispositionierungsstrategien, 617, 618
Preisstrategien, 607, 609, 610, 646, 747
Preisstrategien im Wettbewerb, 646
Preisstrukturpolitik, 632
Preis- und Konditionensystems, 648

Premiumpreisposition, 620, 625, 630
Primärforschung, 156
Product-Placement, 705
Produktentwicklung, 281
Produktinnovation, 371
Projekt Weltethos, 253
Promotions . *siehe* Verkaufsförderung
Prozessinnovation, 371
Prozesstechnologien, 387
Public Relations, 696

Q
QR-Code-Marketing, 692
Qualität, 5, 66, 72, 95, 108, 153, 194, 200, 204, 206, 210, 261, 266, 310, 328, 330–332, 334–337, 342–344, 351, 403, 413, 416, 418, 441, 442, 452, 467, 471, 489, 541, 578, 579, 607, 613, 617, 620, 621, 623, 750, 753, 765, 782, 787, 800, 821, 827, 829, 832, 851
Qualitative Prognosen, 179
Qualitätsbegriff, 328
Qualitätskonzepte, 338
Qualitätskultur, 336
Qualitätslenkung, 337
Qualitätsorientierung, 323
Qualitätsorientierung, 327, 328, 342, 620, 796
Qualitätsplanung, 337
Qualitätspolitik, 334
Qualitätssicherung, 95, 337, 338
Qualitätsstrategie, 334–336
Qualitätssysteme, 336
Qualitätsverbesserung, 338
Quantitative Prognosen, 174
Quotenauswahl, 168

R
radikale Innovation, 375
Range Brand, 584
Rationalisierung, 406
Rationalitätssicherung, 844
reaktiven Austauschbarkeit, 74
Reconfiguring, 127, 128, 216, 862–864, 866
Relaunch, 571
Ressource, 45, 121, 123–125, 129, 133, 214, 285, 406, 780, 866

Ressource-based View, 123
Ressourcenstärke (für eine Technologie), 392

S
Sachziele, 263
Savage-Niehans-Regel, 758
Schema, 355
Schlüsseltechnologien, 385
Schnäppchenkonzepte, 627
Schrittmachertechnologien, 385
schwachen Signale, 219, 226
Search Engine Marketing (SEM), 683
Seizing, 127, 128, 215, 216, 862, 863, 866
Sekundärforschung, 158
Selbstbindung, 866
Sensing, 127, 128, 215, 216, 861–863, 866
SGF . siehe strategisches Geschäftsfeld
Shareholder Value - Ansatz, 257
Sharing Economy, 371
Skaleneffekte . siehe economies of scale
Skimming-Pricing, 643
SMS (Short Message Service), 691
Social Media, 67
Social-Media-Kommunikation, 685
soziale Netzwerke, 687
Sozialtechnische Innovation, 371
Sponsoring, 697
Sprinklerstrategie, 317
Stakeholder . siehe Anspruchsgruppen
Stakeholdertypologie, 558
Stakeholder Value-Ansatz, 256
Stärken-Schwächen-Analyse, 227
Strategie
    Begriff der, 46
    Bewertung und Auswahl von, 749
    Strategiekanon, 47
Strategiealternativen des Marketings, 745
Strategie der Differenzierung, 285, 324, 326,
    327, 334–336, 338, 347, 357, 358,
    395–397, 403, 410, 411, 416, 430,
    431, 463, 530, 539, 548, 580, 626,
    630, 733, 739, 740, 749, 786,
    794–796, 817
    kritische Würdigung der, 402
Strategie der Konzentration auf Schwerpunkte,
    324
Strategie der Kostenführerschaft, 324, 325,
    395, 403, 405, 408–411, 417, 462,
    530, 548, 580, 622, 630, 733, 740,
    746, 749, 776, 782, 784, 794, 817
    kritischen Würdigung der, 409
    Voraussetzungen der, 408
Strategieemergenz, 865
Strategiekombination durch technischen
    Fortschritt, 414
Strategien der Kundenakquisition, 475, 478,
    479, 746, 749
Strategien der Kundenbearbeitung, 461
Strategien der Kundenbindung, 480, 485, 747
Strategien der Kundenrückgewinnung, 488,
    491, 747
Strategien der Preisdifferenzierung, 634
Strategiesystematik von Ansoff, 279
strategische Allianzen, 30, 314
strategische Erfolgsfaktoren, 191
    Erfolgsfaktoren der Kunden und
        Kundensegmente, 212
    Erfolgsfaktoren der strategischen Gruppe,
        209
    Erfolgsfaktoren der unternehmensinternen
        Umwelt, 213
    Erfolgsfaktoren des Marktes, 192
    Erfolgsfaktoren des strategisches
        Geschäftsfelds, 202
    Unternehmensspezifische Erfolgsfaktoren,
        217
Strategische Erfolgspotenziale, 232
Strategische Flexibilität, 860
strategische Flexibilität, 860
Strategische Frühaufklärung, 219
Strategische Früherkennung, 189
Strategische Frühwarnung, 188
Strategische Gruppe, 106
    Karte der strategischen Gruppen, 110
Strategische Kontrolle, 50
Strategische Management, 45, 50, 227, 298,
    862
Strategische Marketing, 4, 52
Strategische Marketingaufklärung . siehe
    Marketingfrühaufklärung
strategische Marketingforschung, 148–152,
    177, 179, 861
    Anforderungen, 148
    Elemente, 151
Strategische Planung, 48
strategische Ressourcen, 123

Strategisches Geschäftsfeld, 100–103,
    105–107, 121, 125, 136, 137, 202,
    203, 207, 208, 223, 225, 229, 231,
    285, 286, 288, 291, 293–298, 309,
    324, 368, 384, 393–398, 403, 404,
    409, 436–438, 475, 578, 590, 712,
    746, 750, 765, 792
Strategisches Management, 43, 45, 46
    als Prozess, 45
    Perspektiven des, 43
Strategisches Marketingcontrolling, 850
Strategisches Marketing und
    Unternehmenskultur, 822
Subumwelten, 61
Supply Chain Management, 539
SWOT-Analyse, 227
    Chancen-Risiko-Analyse, 229
    Stärken-Schwächen-Analyse, 227
Szenario-Technik, 182

T
Technik, 381
Technologieattraktivität, 392, 393
technologiebezogene Konkurrenzanalyse, 383, 389
Technologiebezogene Umweltanalyse – und prognose, 383
technologiebezogene Unternehmensanalyse, 383, 389
Technologiecontrolling strategisches, 402
Technologiefrüherkennung und -prognose, 383
Technologielebenszyklus, 88
Technologien, 63, 66, 90, 91, 93, 99, 103, 185,
    226, 232, 286, 373, 380–382, 384,
    385, 387–390, 392, 394, 396,
    398–401, 408, 410, 416, 430, 435,
    438, 457, 480, 533, 544, 554, 571,
    667, 713, 737, 795, 856, 858, 861
Technologieportfolios, 392, 394
Technologie- und Innovationsmanagement,
    379, 382, 383, 394, 395, 401, 402,
    569
    Strategien im, 394
    Strategisches, 382
Technologie- und Innovationsorientierung, 327,
    369, 795
Technology Push – Innovation, 378
Teilerhebung, 167

TIM . *siehe* Technologie- und Innovationsmanagement
Timing des Marktaustritts, 434
Timing des Markteintritts, 311, 315, 430
Timing des Markteintritts (bei übernationalen Marktbearbeitungsstrategien), 315
Timingstrategien, 315, 324, 429–436, 746, 749
Tochtergesellschaften, 314
Total Quality Management, 338, 342
Touchpoints, 32
TQM . *siehe* Total Quality Management
Transaktionsmarketing, 466, 467, 472, 473, 746
Trendlandschaften, 223, 226
Trendmodelle, 175
Triffin'schen Kreuzpreiselastizität, 72
typischen Auswahl, 168

U
Übernationale Marktarealstrategien, 305
    Ausgestaltung, 306
    Entscheidungen zu, 309
Übervorteilungsposition (bei der Preispositionoierung), 623
Ultra-Niedrigpreisposition, 623, 630
Umgehungs- und Ausweichstrategien, 535
Umwelt
    Globale, 61
    Relevanter Absatzmarkt, 70
    Unternehmensinterne, 121
Unternehmensinterne Umwelt, 121
    Capability-Based-View, 126
    Knowledge-based View, 129
    Ressource-based View, 123
Unternehmenskommunikation, 667
Unternehmenskultur
    Ansätze zur Beschreibung, 813
    Begriff der, 809
    Gestaltung der, 822
    Realisation einer, 833
Unternehmensleitbilder, 260
Unternehmensphilosophie, 256
Unternehmensvision, 250
Unternehmenswebsite, 679
Unternehmenszweck, 249
Unterziel, 265

V

Value-Konzepte, 626
Verkaufsförderung, 695
Vertragsproduktion, 314
virales Marketing, 689
Vollerhebung, 167
Vorteilsposition (bei der Preispositionierung), 624
VRIO-Rahmen, 132

W

Wahl des richtigen Handlungszeitpunkts, 438
Wasserfallstrategie, 315
Web-Analytics, 162, 164
Weblogs, 686
Werbung . *siehe* klassische Werbung
Wertekette, 11, 20, 134–138, 227, 282, 331, 403, 404, 407, 418, 440, 483, 486, 489, 792
Wettbewerbskräfte, 82–87, 90, 94, 192, 195, 202, 209, 211, 311, 647, 855
    Bedrohung durch potenzielle Konkurrenten, 84
    Bedrohung durch Substitutionsprodukte, 84, 87, 198

Verhandlungsmacht der Kunden, 84
Verhandlungsmacht der Lieferanten, 84, 85, 202, 856
Wettbewerb zwischen den etablierten Anbietern, 84
Wettbewerbsposition, 8, 16, 202–204, 218, 287, 288, 292–296, 378, 396, 546, 561, 578, 620, 634
willkürlichen Auswahl, 168
Wissen, 129

Z

Zielausmaß, 263
Zielbeziehung, 264
Ziele
    Handlungsziele, 262
    Normative Ziele, 247
    Zielbegriff und -funktionen, 245
    Zielbildung, 246
    Zielebenen, 247
Zielsystem, 262, 263, 267, 268
Zieltrajektorie, 269, 270
Zwischenziel, 265